Josef Stammhammer

Bibliographie des Sozialismus und Kommunismus

Josef Stammhammer

Bibliographie des Sozialismus und Kommunismus

ISBN/EAN: 9783744607322

Hergestellt in Europa, USA, Kanada, Australien, Japan

Cover: Foto ©ninafisch / pixelio.de

Weitere Bücher finden Sie auf **www.hansebooks.com**

BIBLIOGRAPHIE
DES
SOCIALISMUS UND COMMUNISMUS.

Bearbeitet und herausgegeben

von

Josef Stammhammer,
Bibliothekar des juridisch-politischen Leser-Vereins in Wien.

Band II.
Nachträge und Ergänzungen bis Ende des Jahres 1898.

Jena,
Verlag von Gustav Fischer.
1900.

Vorrede.

Seit dem Erscheinen des ersten Bandes meiner Bibliographie des Socialismus und Communismus, in welchem ich die bis zum Schlusse des Jahres 1891 auf dem obigen Gebiete erschienenen selbständigen Werke und wissenschaftlichen Abhandlungen, so weit sie mir zur sicheren Kenntniss gelangt waren, aufgenommen habe, ist die Litteratur über die unsere Zeit in so hohem Masse beschäftigenden Probleme der Kritik und der Neugestaltung der Gesellschaft in ausserordentlicher Weise angewachsen, so zwar, dass ich mit der Ergänzung des obigen Werkes bis zum Ende des Jahres 1898 nicht länger zögern wollte. Indess hat mich hiezu auch ein anderer nicht minder wichtiger Grund bestimmt. Ich habe in dem ersten Bande dieser Bibliographie die socialistische und communistische Litteratur, die ich durch sorgfältige und langjährige mühevolle Arbeit zusammengestellt hatte, aufgenommen. Dass sich trotzdem zahlreiche Lücken ergaben, war eine Folge der besonderen Natur und Eigenart der von mir gesammelten Litteratur, deren Publication ja zum grossen Teile nicht auf dem gewöhnlichen buchhändlerischen Wege erfolgt und desshalb auch in den gebräuchlichen bibliographischen Werken keine Aufnahme findet. Der Grund, welcher für mich bei Publication dieses zweiten Bandes massgebend gewesen ist, war demnach nicht nur eine zeitliche Fortsetzung des Werkes, sondern, und ich möchte fast sagen, in erster Linie eine Ergänzung desselben in Rücksicht auf seine Vollständigkeit, der ich hiermit um ein Beträchtliches näher gekommen zu sein glaube.

In Hinblick auf diesen doppelten Zweck habe ich nicht nur sämtliche allgemeine bibliographische Werke und alles sonstige, seit dem Erscheinen meines ersten Bandes veröffentlichte bibliographische Material, wie Nettlau, Canestrelli, Destree et Vandervelde, Lux, Charlety etc. etc., benützt, sondern auch überaus reiche Ausbeute in meiner grossen Sammlung von Antiquarkatalogen gefunden. Ich habe principiell nur solche Bücher oder Artikel aufgenommen, die ich als authentisch citirt oder selbst gesehen habe. Eventuelle Lücken, die sich bei einzelnen Werken, besonders bei Almanachen, Kalendern u. dgl. ergaben, wurden nicht ausgefüllt, wenn das Erscheinen dieser Zwischenbände nicht sicher war. Ebenso habe ich eine Reihe von Büchern nicht aufnehmen können, da ihr Titel entweder in anderer Sprache als der der Originalausgabe, oder sonst ohne genaue Bezeichnung citirt war.

Die Bearbeitung ist derjenigen im ersten Bande entsprechend, nur habe ich wegen der grösseren Uebersichtlichkeit das Hauptschlagwort Social pp. 305 ff. immer mit c, statt des auch öfter auf Titeln vorkommenden z geschrieben, um das lästige Suchen unter zwei Rubriken zu vermeiden. Dasselbe gilt von Communismus statt Kommunismus p. 72.

Bücher, die schon im ersten Bande enthalten sind, seit dem Erscheinen desselben aber Neuauflagen erlebt haben, oder von denen ich, besonders bei Zeitschriften, genauere Daten über die Zeit ihres Erscheinens anzugeben im Stande war, sind mit einem * bezeichnet.

Ich spreche allen, die mich in irgend einer Weise bei der Vervollständigung der Arbeit — brieflich oder durch Einsenden von Büchern — unterstützt haben, meinen wärmsten Dank aus, besonders fühle ich mich verpflichtet, den beiden Herren Professoren Carl Menger und Anton Menger für ihre langjährige, werktbätige Hülfe zu danken, wie ich dies auch den Herren Dr. Theodor Mauthner und Dr. Wilhelm Pappenheim, Hof- und Gerichts-Advokaten in Wien, die den vorliegenden Band wesentlich gefördert haben, hiermit thue.

Gleichzeitig stelle ich an Alle die Bitte, Lücken oder irgend welche Irrtümer mir freundlichst bekannt geben zu wollen, damit dieselben in Zukunft vermieden werden.

Wien, im October 1899.

Josef Stammhammer.

A.

***Aaberg**, A., = Kegel, Max.
A bas les affameurs! 8°. Bruxelles, Soc. coop. La Presse socialiste, 1896.
A bas socialistes et collectivistes. 16°. Paris, impr. Dupont, 1898.
Abasso gli anarchici? 16°. Marsala, genn. 1892. (Biblioteca degli „Amici dell' ordine", No. 1.)
Abattoir (L') patriotique. 32°. Londres, déc. 1894. (Brochure du „Père Peinard".)
Abc-Buch (Neues) für freisinnige Wähler. Ein Lexikon parlamentarischer Zeit- und Streitfragen. gr. 8°. Berlin 1888.
   Enth.: Art. über Nihilismus u. Socialismus.
A. (L') B. C. D. de la Révolution. 32°. Londres, nov. 1894. (Brochure du „Père Peinard".)
Abeille du XII°, journal républicain socialiste indépendant. Année I, no. 1, 30 avril 1896. fol. Paris, impr. Balitout.
Abeilles (Les). Journal hebdomadaire. Charleroi, après 1859.
Abel, Kurt, 1. Christenthum, Sozialdemokratie und wahrer Freisinn. Eine Betrachtung. 8°. Freiburg i. Br., F. E. Fehsenfeld, 1891.
— 2. Bei den Elenden Zürichs. Allen Reichen und Sorglosen gewidmet. 8°. Freiburg i. Br. 1891.
Abolicionista (El), periodico defensor de la libertad del trabajo. 8°. Madrid. Anno I 1871. Anno XI 1881.
Abolition de l'esclavage, avec un article de Fourier. 8°. Paris, librair. phalanst., s. a.
Abott, Lyman D. D., Christianity and social problems. 12°. Boston, Houghton, Mifflin and Co., 1896.

About, Edm., Handbook of social economy, or the workers ABC from the french, with a biographical and critical introduction by W. Fraser Rae. 1. edit. 8°. London 1872. 2. edit. 8°. London 1885.
Abraham, Rev. W. H., The Hull strike. (Economic Review, vol. 3, 1893.)
Abramowski, Éd., 1. Le matérialisme historique et le principe du phénomène sociale. (Devenir social, IV, 1898, avril.)
— 2. Le matérialisme historique et le principe du phénomène social. 8°. Paris, Giard et Brière, 1898.
Abschied vom Socialistengesetz. 8°. Verlag von F. Wilke, Druck von A. Vogel u. Co. in Braunschweig, s. a.
Abt, Die Revolution in Baden und die Demokraten. Vom revolutionären Standpunkt aus beleuchtet. 8°. Herisau, Schlupfer, 1846.
Abus (De l') des mots: quelques erreurs de J. J. Rousseau de son contrat social au sujet de la souveraineté du peuple. 8°. Paris 1848.
Accarini, Italo, L' associazione internazionale degli opérai. (La Rivista Europea, 1870, ottobre.)
Acciaresi, Prof., Socialismo e democrazia. 12°. Roma, libr. della Vera Roma di E. Feliziani edit., 1897.
Account (A brief) of the first Concordium, or harmonious industrial college, a home for the affectionate, skilfull, and industrious, incontaminated, by false sympathy, avaricious cunning, or excessive labour. Published at the Concordium. Concordium press, Alcott house, Hamcommon, Spurrey, s. a.

Accused (The) the accusers. The famous speeches of the eight Chicago anarchists in Court. When asked if they had anything to say why sentence should not be passed upon them. On oct. 7th, 8th and 9th, 1886. 8°. Chicago, published by the Socialistic Publishing Society, s. a. (1886).

Achelis, Th., Die Entwickelung der Familie. (Deutsche Revue, 1889, Mai.)

Acht Stunden Arbeit! Warum feiern die Arbeiter am 1. Mai? Acht Stunden Erholung! Acht Stunden Ruhe. (Sep.-Abdr. aus der Arbeiter-Zeitung, Nr. 30.) 8°. Wien, Verl. v. L. A. Bretschneider, s. a.

Acht-Stunden-Tag! Allgemeines gleiches directes Wahlrecht! 8°. Verlag von L. A. Bretschneider, Genoss.-Buchdr. Wien, s. a.

Achtung! Gewehr ab. Antwort eines luxemburgischen Socialisten auf die Programm-Broschüre des Herrn Brasseur, Vertreters der luxemburgischen Regierung auf der Berliner Arbeiterschutz-Conferenz. 8°. Luxemburg, Pierre Brück, 1890.

Acollas, É., 1. Guerre aux monarchies. 8°. Genève 1869.
— 2. L'ideé du droit. 8°. Paris 1871.
— 3. Loi générale de l'évolution de l'humanité. 8°. Paris 1876.
— 4. Ma participation à l'insurrection de Paris. Droit et Liberté. 8°. Berne, impr. J. Allemann, 1871.

Acracia, revista sociologica. 8°. Barcelona janv. 1886—juin 1888, 30 nos.

Acracia, Journ. Santa Clara 1889.

Acten (Vollständige) des Processes gegen Thomas Paine. Aus dem Engl. von C. F. Cramer. 8°. Kopenhagen 1794.

Actenstücke (Zehn) über die Amtsentsetzung des Prof. Hoffmanns von Fallersleben (in Folge des Verbotes der Unpolitischen Lieder, Bd. 2). 8°. Mannheim 1843.

Action (L'). Rédacteur en chef: Lissagaray. gr. 8°. 6 nos. 4 avril 1871 (14 germinal an 79) au dimanche 9 avril (19 germinal). Paris.

Action, organe indépendant du parti socialiste pour les régions de l'Est et du Sud-Est, paraissant le samedi. Année 1, no. 1, du 7 au 14 avril 1895. gr. in fol. Lyon, impr. de l'Action.

Action (L'). Paris, 1 févr. 1896, suivi de l'„Action sociale", nos. 2—5, 8—29 févr. 1896.

Action (L'), organe des revendications sociales, paraissant le samedi. Ire année, 2. série, no. 1, 19—26 mars 1898. fol. Lyon, impr. de l'Action.

Action (L') socialiste au Parlement. Roubaix à la Chambre. 8°. Lille, impr. Delory, 1895.

Action (L') révolutionnaire. Journal. Nimes. 5 mai 1887.

Action (L') révolutionnaire. Journal. Alger 1887.

Adam, Paul, Critique de l'anarchisme et de l'anarchie. („Revue Blanche", 25 mai 1893.)

Adams, Ch. K., 1. Democracy and monarchy in France. post-8°. New York 1875.
— 2. Demokratie und Monarchie in Frankreich. gr. 8°. Stuttgart, Oberheimische Verl.-Buchh., s. a. (1875.)

Adams, F. U., The new democracy. (New Time, 1898, Jan.)

Adams, John, Aswer to Paine's Rights of man. 8°. London 1793.

Adderly, Community life and the social problem. (The Humanitarian, 1894, Dec.)

Adderley, J. G., Some results of the great dock strike. (Economic Review, vol. 2, 1892.)

Addis, Henry, Vide: Firebrand (The).

Address to the working classes of Great Britain by a real friend of reform. 8°. London 1848.

Adieux au Saint-Simonisme. 8°. Paris, impr. E. Martinet, 1864.

Adler, Emma, Buch der Jugend. Für die Kinder des Proletariats herausgegeben. 8°. Berlin, „Vorwärts", 1895.

Adler, Georg, 1. Franç. Noël Babeuf. (Handwörterb. d. Staatswiss., II, 1891.)
— 2. Michael Bakunin. (Handwörterb. d. Staatswiss., II, 1891.)
— 3. Chartismus. (Die Zukunft, Bd. 18, 1897.)
— 4. Commune. (Handwörterb. d. Staatswiss., II, 1891.)
— 5. Eine anarchistische Doktrin des Altertums. (Die Zeit, No. 195, 25. Juni 1898.)
— 6. Prosp. Barthélemy Enfantin. (Handwörterb. d. Staatswiss., III, 1892.)
— 7. Franç. M. Charles Fourier. (Handwörterb. d. Staatswiss., III, 1892.)

Adler, Georg, 8. Soziale Frage im Altertum. (Die Zukunft, Bd. 23, 1898.)
— 9. Soziale Frage im Mittelalter. (Die Zukunft, Bd. 24, 1898.)
— 10. Zur Geschichte der deutschen Sozialdemokratie. (Zeitschr. f. Sozialwissenschaft, Jahrg. 1, 1898.)
— 11. Internationale. (Handwörterb. d. Staatswiss., IV, 1892.)
— 12. Die Marxische Wertlehre und ihre Konsequenzen für die Kritik der kapitalistischen Productionsweise. gr. 8°. Tübingen 1886.
— 13. Plato's Idealstaat. (Zeitschr. f. Sozialwiss., 1898, Mai.)
— 14. Recht auf Arbeit. (Handwörterb. d. Staatswiss., V, 1893.)
— 15. Ein deutscher kommunistischer Romancier des 18. Jahrhundertes (W. Heinse). (Zeitgenosse, Nov. 1890.)
— 16. Saint-Simon und Saint-Simonismus. (Handwörterb. d. Staatswiss., V, 1893.)
— 17. Sozialdemokratie. (Handwörterb. d. Staatswiss., V, 1893, u. Suppl. I, 1895.)
— 18. Sozialismus und Kommunismus. (Handwörterb. d. Staatswiss., V, 1893.)
Adler, J. B., Die französische Revolution und die Pariser Commune in socialistischer Geschichtsanschauung. 16°. Mainz, F. Kupferberg, 1892.
Adler, Dr. Victor, 1. Bericht an den internationalen Socialistencongress zu Brüssel, im Auftrage der Delegirten der österreich. Socialdemokratie erstattet. 8°. Wien, im Aug. 1891. Druck von Wörlein u. Co., Nürnberg.
— 2. Die Lage in Oesterreich und der sozialdemokratische Parteitag. (Neue Zeit, Jahrg. 12, 1893/94.)
— 3. Der Paragraph 43 des österreichischen Pressgesetzes. 8°. Wien, L. A. Bretschneider, 1891. (Wiener Volksbibliothek, Nr. 2.)
— 4. Das allgemeine gleiche und direkte Wahlrecht und das Wahlunrecht in Oesterreich. (Wiener politische Volksbibliothek, Heft 4.) 8°. Wien, 1. Wiener Volksbuchhdlg., 1894.
— Vide: Arbeiterzeitung. Wien.
Adolf, Ernst, Ein Associationsgesetz. Zur Lösung der Arbeiterfrage. 8°. Berlin, W. u. S. Loewenthal, 1879.
Adresse à l'Assemblée nationale à l'effet d'en obtenir la formation d'un comité dans son sein pour appliquer d'une manière spéciale, à la protection et à la conservation de la classe non propriétaire, les grands principes de justice, décrétés dans la Déclaration des droits de l'homme et dans la constitution. 48 pp. 8°. 19 janv. 1790.

Adresse des römischen Volkes an Pius IX. (Freue dich, o Papst, du bist König). (Von Mazzini.) 16°. Köln 1851.

Adrien, Entre ouvriers, dialogue. 16°. Marseille, impr. méridionale, 1896.

Advielle, Victor, Le socialiste picard. Norbert Truquin. 18°. Paris, Lechevalier, 1895.

Aegidi, K. L., Gegen die signatura temporis. 8°. Berlin 1849.

Affaire Rességuier contre ouvriers Jaurès et les journaux La Dépêche et La petite République. (Tribunal civil de Toulouse.) Audiences des 14, 15 et 17 févr. 1896. Playdoirie de M. René Goblet, avocat à la Cour d'appel de Paris, pour La Dépêche. 8°. Toulouse, impr. G. Berthoumieu, 1896.

Affranchi (L'), journal des hommes libres. Réd. en chef: Paschal Grousset. gr. format. 24 nos. du dimanche 2 avril 1871 (13 germinal an 79) au mardi 25 avril (6 floréal). Paris,

Affranchissement des classes déshéritées, par Henri D*.*. 8°. Paris, Périsse frères, 1848.

Age (L') d'or des travailleurs, voté par les Pairs. 8°. Paris 1846.

Age (The new) and Concordium Gazette. A journal of human physiology, education. (From no. 7: The New Age, Concordium Gazette and Temperance Advocate. A Monthly Journal.). 8°. London. no. 1, Saturday, May 6, 1843 — no. 24. December 1, 1844.

Agitador (O). Journal. Covilhã, oct.—nov. 1895, 3 nos.

Agitateur (L'). Marseille, 1. mars 1892. 8 nos. jusqu' au 17 avril 1892 (?); publié de nouveau en 1893, le no. 6 est du 18 févr. 1893.

Agitation (Die gewerbliche) der Sozialdemokratie und die Genossenschaftsgesetzgebung. (Christl.-soz. Blätter, Jhrg. 25, 1892.)

Agitation (Die sozialdemokratische) auf dem Lande. (Christl.-soz. Blätter, Jhrg. 25, 1892.)

Agitationsnummer. Zu beziehen von der

1*

Genossenschafts-Buchdruckerei in Leipzig, Färberstrasse 12, IL Leipzig 1876. Verantwortl. Redact.: Jacob Morbach in Leipzig.

Agitationsprogramm (Das neueste) der deutschen Sozialdemokratie. (Zeitschr. f. Staatswiss., Bd. 48, 1892.)

Agitator (Ein unbekannter socialistischer) der Reformationszeit (Hans Hergott). (Grenzboten 1878,₁.)

Agnoletti, Memorie storiche della ragione et del Bosco del Montello. 8°. Treviso 1876.

Agonie (L') de la Commune. 8°. Paris 1871.

Agrarfrage (Die) und die Sozialdemokratie in Russland. (Neue Zeit, Jahrg. 14,₂, 1895/96.)

Agrarisches und Socialdemokratisches aus Oesterreich. (Christl.-soz. Blätter, Jhrg. 29, 1896.)

Agrarprogramm (Das sozialdemokratische). (Christl.-soz. Blätter, Jahrg. 28, 1895.)

Ah! le bon temps que c'était, la monarchie. 8°. Paris 1850.

Aichinger, Carl, Ist Eigenthum — Diebstahl? Brauchen wir Gütergemeinschaft? Ein Beitrag zur Bekämpfung wirtschaftlicher Irrlehren. (Moser'sche Sammlung zeitgem. Broschüren, Heft 1.) 8°. Graz 1895.

Aide-toi-même. Conseils aux travailleurs. 8°. Paris 1873.

Ajon, Sc., Per la festa del primo maggio della società lavoro ed ordine: parole. 8°. Piazza Armerina 1893.

Akademiker (Die sozialdemokratischen). Allerlei Ausplaudereien. Von A. W. (Die Gegenwart, Bd. 47, 1895.)

Akademiker (Der sozialistische). Red.: J. Sassenbach. 1. Jahrg. 1895. 24 Nrn. gr. 8°. Berlin, H. Baake. 2. Jahrg. 1896. 12 Nrn. Fortsetzung vide: Monatshefte (Sozialistische).

Aken, N. A. M. van, Verboden vereenigingen. 8°. Leiden 1895.

Aktenstücke in der Angelegenheit des Privatdocenten Dr. Dühring, veröffentlicht durch die philosophische Fakultät der Kgl. Universität zu Berlin. 8°. Berlin, G. Reimer, 1877.

Alarm (The). Journ. of Albert R. Parsons. Chicago, 1 Oct. 1884—5 Mai 1886.

Alarm (The). Journ., Red. Dyer D. Lum. Chicago and New York, 5 Nov. 1887—1889.

Alarm (The). Journ. London, 26 July 1896 sq.

Alarma (La). Journ. Habana, 16 dec. 1893 sq.

Alarma (La). Vide: Solidaridad (La).

Alarmklok (De). Socialistisch blaad voor Noord-Holland en Amsterdam. Red. J. Visscher. 1. jaarg. 1893/94. Nr. 1 16. Dec. 1893. fol. Amsterdam, J. A. Fortnijn.

A las madres, por C. M. G. 16°. Barcelona 1887; broch. de l'Agrupacion no. 5.

Alavaill, Justin, De la liberté individuelle par le collectivisme. (Revue socialiste, 1897, oct.)

Albasio, Luigi, La filosofia sociale. Considerazioni e proposte. 8°. Torino, tip. Vinciguerra, 1879.

Albert, Charles, 1. Aux anarchistes qui s'ignorent. (Extrait des „Entretiens pol. et litt.", 1892, no. 33.) 16°. Bruxelles 1895. (Bibliothèque des Temps Nouveaux, no. 1.) — et dans „La Débâcle". Bruxelles, 23 janv. 1893.
— 2. Résolution et Révolution!!! Manifeste des groupes socialistes ralliés à l'anarchie adressé à leurs ex-camerades du parti ouvrier socialiste révolutionnaire français. 16°. (Impr. hors de France) juin ou juillet 1894.

Albertoni, P., La fisiologia e la questione sociale. 8°. Bologna, tip. Gamberini e Parmeggiani, 1891.

Albing, R., 1. Die Arbeit. Eine Studie. (Deutsche Worte, Jhrg. 11, 1891.)
— 2. Karl Marx widerlegt? Eine Besprechung. (v. Wolf's Schrift: Socialismus u. kapitalist. Gesellschaftsordnung.) (Deutsche Worte, Jhrg. 12, 1892.)

Album (Demokratisches). Herausg. von mehreren deutschen Schriftstellern. 4°. Herisau 1848.

Aldrich, Morton A., Die Arbeiterbewegung in Australien und Neu-Seeland. (Jahrb. für Nation.-Oekon. und Stat., Bd. 70, 1898.)

Alerini, Ch., Une page de la vie de Bakounine. („Bulletin" jurassien, 1. oct. 1876.)
— Vide: Solidarité (La) révolutionnaire.
— — Comité de Propagande révolutionnaire.

Alexandra, Lettres d'une nihiliste. Avec le portrait de l'auteur. 8°. Paris, aux Messageries des Journaux, 1880.

Alexei, de, G., le prince, Les nihilistes, ou les dames russes émancipées. 8°. Londres 1867.

Alexis oder von dem goldenen Weltalter. 8°. Riga 1787.

Alfani, G., Che cosa è il socialismo. 16°. Napoli 1893.

Alfieri, V., Von der Tyranney, übersetzt von H. Schweitzer. 2 Bde. 16°. Zwickau 1822.

Albaiza, A., Historique de l'école sociétaire fondée par Ch. Fourier. Suivi d'un Résumé de la doctrine fouriériste et du Sommaire du garantisme, élucidé par Hippolyte Destrem. 8°. Paris, Mme Fumet, 1894.

Allhausen, M., Die Bibel der Gottlosen. Bekenntnisse eines konfessionslosen, königstreuen Socialisten. 8°. Zürich 1888.

Alison, Arch., Principles of population and their connexion with human happiness. 2 vols. Edinburgh, Blackwoods, 1840.

Alissoff, Pierre, S. M. Aléxandre II. le libérateur. Essai biographique. 8°. Bordighero, impr. Garibaldi, s. a.

Alist (The), or Divine, a message to our times. 15 pp. 8°. s. l. s. a.

Alivetti, B. A., Der sociale Boden der jüngsten Ereignisse in Italien. (Neue Zeit, Jhrg. 16, 1897/98.)

Alix, le chevalier d', Dictionnaire de la commune et des communeux. 2. édit. 8°. La Rochelle, A. Fleureux, s. a. (1871.)

Alix, Gabriel, 1. La liberté d'association. (Extrait de la Réforme sociale.) 8°. Paris, impr. Levé, 1896.
— 2. Les lois de la démocratie. (Extrait de la Réforme sociale, 1898.) 2. édit. 18°. Paris, impr. Levé, 1898.

Allard, A., 1. La crise sociale. Congrès monétaire internat. de Paris 1889. 8°. Paris 1889.
— 2. La crise sociale, son origine, le remède. (Congrès scientifique internat. des catholiques, Bruxelles, 4 sept. 1894.) Observations. 8°. Bruxelles, Société belge de la librairie, 1894.
— 3. Dépréciation des richesses. Crise qu'elle engendre. — Maux qu'elle repand. — Souffrances qu'elle provoque dans les classes laborieuses. Accompagné des observations de MM. F. Passy, P. Leroy-Beaulieu, Levasseur, Germain, Léon Say, suivi de l'avis de M. É. de Laveleye. 8°. Bruxelles 1889.

Allard, Paul, Le socialisme dans l'empire romain. Discours de réception. (Travaux de l'Académie des sciences etc. de Rouen, 1873.)

Alleanza anarchica internazionale. 16°. Napoli, tip. Artistico letteraria, 1887.

Allemane, Les transportés. Paroles du citoyen Allemane. (Fait en cellule à l'Ile Nou. Chanté par le citoyen Fauché.) 8°. Paris, impr. Baudu. s. a.

Allen, Grant, 1. Democracy and diamonds. (Contemporary Review, 1891, May.)
— 2. L'inégalité naturelle. (Humanité Nouvelle, 1898, juillet.)
— 3. Social anarchy. (Humanitarian, vol. 7, 1896.)

Allgemeine Zeitung. Salzburg 1893—94. (Nur in den letzten Nrn. anarchistisch.)

*****Alliance** (L') de la démocratie socialiste etc. Deutsche Uebersetzung: Complot (Ein) gegen die internat. Arbeiterassociation.

Alliance des travailleurs en France, fondation de leurs intérêts, par un ouvrier. 8°. Paris 1848.

Allihn, Max, Socialdemokratisches aus der deutschen Vergangenheit: 1) Die Bauernschaft. 2) Die Kaufmannschaft und die städtischen Arbeiter. (Grenzboten, 1873,₂.)

Allix, Edgard, L'oeuvre économique de Karl Marlo (Karl Georg Winkelbech) 1810—1815. 8°. Paris, Giard et Brière, 1898.

Allonghi, Gius., La maffia nei suoi fattori e nelle sue manifestazioni: Studio sulle classe pericolose della Sicilia. 8°. Torino, frat. Bocca, 1886.

Allyre, Plus de conscription. 8°. Paris 1849.

Almanach (Lustiger) der Neuen Glühlichter 1897. Gratis-Beilage zu Nr. 20 der „Neuen Glühlichter, humorist.-satyrisches Arbeiterblatt". Wien, Volksbuchhdlg.
— dto. 1898. Gratisbeilage zu No. 46 etc.

Almanach démocratique et progressif de L'Ami du Peuple, pour 1850, par F. V. Raspail, représentant du peuple à la Constituante. 8°. Paris, chez l'éditeur des ouvrages de M. Raspail.

Almanach de l'égalité pour 1850, par Raginel. 8°. Paris, chez Raginel et au bureau de la Propagande démocratique, s. a.

Almanach de l'Internationale pour 1870. 1. année. Liège 1869.

Almanach du Nouveau Monde, pour 1850. 8°. Paris, impr. Schneider. Pour 1851, par Louis Blanc. 8°. Paris, au bureau du Nouveau Monde.

Almanach du „Monde Nouveau" illustré pour l'année 1895; publié sous la direction de Alphonse Argence. Illustrations d'E. Couturier. 8°. Paris, Administr. du Monde Nouveau. Pour 1896. 8°. Paris. ibid.

Almanach de l'ouvrier pour l'année 1897. 16°. Paris, Blériot, 1896. Pour l'année 1899 (32. année). 16°. Paris, Gautier, 1898.

Almanach de l'ouvrier, publié par la Chambre du travail de Bruxelles. 8°. Bruxelles 1878, 1879, 1880, 1881.

Almanach du Parti ouvrier pour 1894. 16°. Lille, impr. Delory, 1893. Pour 1895, ibid. 1894. Pour 1896, ibid. 1895.

Almanach du Père Duchêne, pour 1849, par le citoyen Thuillier, gérant du Père Duchêne et les rédacteurs du même journal. 8°. Paris, au bureau du Père Duchêne, s. a.

Almanach du Père Peinard pour 1894. 8°. Paris 1893 ff. Pour 1897. 8°. Paris 1896.

Almanach (L') du peuple, pour 1850. 8°. Paris, Michel. Pour 1851. 8°. Paris. Ch. Joubert.

Almanach du peuple pour 1871—75. 1871—73. 8°. Sain-Imier, Propagande socialiste. 1874 et 75. 8°. Locle, Propagande socialiste.

Almanach du peuple pour 1889—1898 (18. année). 8°. Bruxelles, au journal „Le Peuple".

*Almanach phalanstérien pour 1847, 1848, 1849, 1850, 1851 et 1852. 32°. Paris, au bureau de la Démocratie pacifique, 1848—1852.

Almanach des proscrits pour 1850. 8°. Paris, impr. Schneider, s. a.

Almanach (L') de la question sociale pour 1891. Rédigé par les écrivains les plus autorisés du socialisme et l'élite de la littérature sous la direction de P. Argyriadès. 8°. Paris 1890. 9. année pour 1899, ibid. 1898.

Almanach des reformateurs, pour 1850. 8°. Paris. Pour 1851. 8°. Paris, au comptoir des publications nationales. Pour 1852. 8°. Paris, chez l'auteur.

Almanach républicain démocratique pour 1849. 8°. Paris, s. a.

— Idem pour 1850, rédigé par les citoyens Arnaud (de l'Ariège), Barbès, Louis Blanc, Blanqui, Considérant, Pierre Dupont. 8°. Paris, Jules Laisné, s. a.

Almanach de la République française et des barricades; par trois ouvriers. 1. année. 12°. Paris 1847. 2. année. 12°. Paris 1848.

Almanach de la République française pour 1849, rédigé par des représentants du peuple, d'anciens ministres etc. 8°. Paris, Pagnerre, s. a.

Almanach social pour 1840. 12°. Paris 1840.

Cont.: A. Guillot: Biographie de Ch. Fourier. Résumé de sa théorie.

— Idem pour l'année 1841. 12°. Paris 1841.

Almanach du socialisme fédéraliste pour 1869. Collaborateurs: Chemalé, P. Denis, G. Duchêne, Robert Luzarche, Ernest Moullé. gr. 8°. Paris 1869.

Almanach socialiste illustré pour 1895. 16°. Paris, Bibliothèque socialiste, 1894. 5. année pour 1899. 16°. ibid. 1898.

Almanach du travail par des représentants du peuple, des publicistes et des ouvriers. 8°. Paris, à l'union des courtiers, dessinateurs, graveurs, typographes etc., 1852.

Almanach du travailleur pour 1887. gr. 16° caré. Paris, Vic et Amat, 1886. 12. année pour 1898. 32°. ibid. 1898.

Almanacco della „Favilla" per l'anno 1894. 16°. Mantova 1893.

Almanacco dei lavoratori per l'anno bisestile 1892. 8°. Cremona, tip. sociale, 1891.

Almanacco socialista per 1873, di F. Zanardelli. Napoli 1872.

Almeras, L'anarchisme. 16°. Genève s. a. (189.).

Alpdrücken der Gegenwart. Augenscheinlich naturgemässe Lösung der Frage der Socialdemokratie und Kampf der Arbeit gegen das Kapital. gr. 8°. Hamburg 1893.

Al Popolo di Napoli ed agli operai d'Italia e del mondo! par „La Branca Napolitanea dell' Associazione Internazionale de lavoratori". 16°. Napoli, nov. 1894.

Altaroche, Durand Marie Michel, Société des droits de l'homme et du citoyen:

Du gouvernement. 8°. Paris, impr. d'Herban, 1833.

Altgeld, John P., Reasons for pardoning Fielden, Neebe and Schwab. "The Chicago Martyrs". Glasgow 1893.
— Trad. espagnole: Documento oficial en que el Gobernador John P. Altgeld de Illinois otorga la libertad absoluta á Samuel Fielden, Oscar Neebe y Miguel Schwab, 26 Juni 1893. gr. 8°. Broklyn, N. Y., 1893. (Biblioteca de el Grupo "El Ideal".)

Althaus, Frdr., Alexander Herzen. (Unsere Zeit, N. F. Jhrg. 8, 1872.)

Altmeyer, J. J., Der Kampf demokratischer und aristokratischer Prinzipien zu Anfang des 16. Jahrhunderts. Aus dem Franz. 8°. Lübeck 1843.

Altrurian (The). Journ. by E. H. Fulton. Columbus Junction, Jowa, New Series, 22 Juni 1895 sq. 6 nos.

Alvarez, Ernesto, 1. Al Pueblo. 8°. Reus 1896.
— 2. Espartaco (Bosquejo histórico). 8°. Madrid, 23 Nov. 1895 sq. (Biblioteca de la "Idea libre".)
— 3. ¡¡¡Siete Sentensias de muerte!!! Proceso de los Anárquistas en Chicago. Juicio critico y Discursos pronunciados ante los tribunales. 8°. Madrid 1887.

Amadeo, Giov., Il socialismo è un regresso. Risposta ad una conferenza sul socialismo. 2. ediz. 8°. Messina, tip. del Progresso, 1889.

Amari, A., Idealismus und Materialismus in der Politik. (In russ. Sprache.) Thl. 1. 8°. Genf, Druck d. Journ. "Die Sturmglocke", 1877.

Ambsch, E. v., Das Volk und seine Verderber. 8°. Augsburg 1851.

Amber, La constitution de l'avenir, avec réflexions républicaines et une dédicace au Czar Nicolas. 8°. Paris 1848.

Ambrus, István, A Socialismus. (Der Sozialismus). 8°. Erlau, Blay, 1896.

Ameline, Dépositions des témoins de l'enquête parlementaire etc. 3 vols. 8°. Paris 1872.

America compared with England, the prospective social effects of the American and english systems of government and legislation and the missions of democracy. post-8°. London 1848.

Améro, Const., vide: Tissot, Vict., et Const. Amero.

Amerwin, Fr., 1. Der Freibund der gleichgesinnten Edlen als zeitgemässer Ersatz für Kirche und Freimauerei. 8°. Triest 1880.
— 2. Im Freistaat, oder Gesetz und Sitte der Freiheit. Ungefährlich-socialistische Zukunftspläne. 8°. Triest 1880.
— 3. Das Land der Freiheit. Ein Zukunftsbild in schlichter Erzählungsform. gr. 8°. Graz, Verl. Leykam-Josephsthal, 1874.
— 4. Gemeinverständliche Weisheitslehre (Wahrheits-, Klugheits- und Geschmacklehre) sammt drei Beilagen: Arbeitsplan zur Verfassung eines zeitgemässen, gemeinverständlichen Sammelwerkes aller Wissenschaften und Künste in Wort und Bild. 2. Aufl. Triest, Vase, 1881.

Ami (L') des ouvriers. Charleroy, Pennsylvania, 1 avril 1894—1896; suivi de "La Tribune libre", 25 juin 1896 sq.

Ami du Peuple, journal hebdomadaire. Liège 1874—1877.

Ami (L') du Peuple, par A. Vermorel, membre de la Commune. 8°. 4 nos. du dimanche 23 avril 1871 au samedi 29 avril. Paris.

Amicis, Edm. de, 1. Una conferenza sulla questione sociale. (Rivista della beneficenza pubblica, anno 20, 1892.)
— 2. Ueber die sociale Frage. (Deutsche Worte, Jhrg. 12, 1892.)
— 3. Ueber die sociale Frage. Nach einem am 11. Februar 1892 in Turin in einem Universitätsverein geh. italien. Vortrag, mit Genehmigung des Verfassers ins Deutsche übertragen. (Verb. Sonderabdruck aus: "Deutsche Worte".) gr. 8°. Wien, Verlag der "Deutschen Worte", 1892.
— 4. I nemici del socialismo. 12°. Novara, E. Repetto edit., 1896.
— 5. Osservazioni sulla questione sociale. Conferenza, la sera di giovedi, 11 febr. 1892 all' Associazione Universitaria Torinese. gr. 8°. Torino, L. Roux, 1892.

Amico (L') del Popolo. Giorn. Mantova 1888, 15 aprile sq.

Amico (L') del Popolo. Giorn. Milano, 5 dic. 1891—92.

Amico (L') del Popolo. Almanacco sociale per l'anno 1892. 8°. Marsala 1892. (Biblioteca del "Proletario", no. 6.)

Amman, Frz. Sebast., 1. Die Befeindung der katholischen Kirche in der Schweiz, begangen durch Fr. Hurter, gewesenen Anistes, deren vergebliche Vertheidiger. 160 pp. 8°. Bern 1843.

Ammann, Frz. Sebast., 2. Die Geldgier des Papstthums und der Hierarchie. Historisch und an den von den Päpsten aufgestellten Geldtaxen zum Abkauf der Sünden nachgewiesen. 164 pp. 8°. Bern 1844.

Ammon, C. F. v., Die Fortbildung zur Weltreligion. 2 Bde. gr. 8°. Leipzig 1833—35.

Ammon, Otto, Die Gesellschaftsordnung und ihre natürlichen Grundlagen. Entwurf einer Sozial-Anthropologie zum Gebrauch aller Gebildeten, die sich mit sozialen Fragen befassen. gr. 8°. Jena, G. Fischer, 1895. 2. Aufl. gr. 8°. Ebd. 1896.

Amnestie. Le catéchisme de l'ouvrier mutuelliste socialiste. 8°. Gand, impr. Hardyns, 1892.

Amore (L') nella vita de Ferdin. Lassalle, trad. dal russo di Z. E. 8°. Florence 1878.

Amos, Sheldon, Democracy in England. (The Fortnightly Review, 1865.)

Amour (L') divin-esprit de verité dissipant les ténèbres. 12°. s. l. s. a.

An unsere Brüder im Handwerk, eine Petition. 8°. Bonn 1848.

An das deutsche Volk! Flugblatt, hrsg. von dem in Riesbach-Zürich erscheinenden Organ der sozialist. Arbeiterpartei Deutschlands. 8°. Hottingen-Zürich, Schweiz. Vereinsbuchdr., s. a.

Anarchia (L'), de E. Covelli. Giorn. Napoli, 25 agosto—6 oct. 1877, 7 nos; Firenze, 21 oct. 1877, no. 8.

Anarchia (L'). 8°. Torino 1887. (Biblioteca della „Gazzetta Operaia", no. 1.)

Anarchia (L'). Giorn. Marseille, 13 marzo et aprile 1890, 2 nos.

Anarchia (L') alla Corte d'assise. (Prozesso della „Nuova Riscossa".) 16°. Marsala 1890. („Biblioteca del Proletario", no. 2.)

Anarchia (L') nella scienza e nell' evoluzione. 8°. Prato (Toscana) 1892.

Anarchici italiani. La libera iniziativa ai lavoratori. 8°. Tip. del Corriere della serra milano, s. a.

Anarchico (L'). Giorn. New York 1888.

Anarchie (L'), journal de l'ordre, par A. Bellegarrigue. 2 nos. 8°. Paris, avril-mai 1848.

Réimprimé dans le „Supplément de la Révolte" 1893, 20 mai etc. — Trad. espagnole: La anarquia es el orden, „El Corsario", 1893, 11 juin—24 sept., et incomplète dans: „El Derecho à la Vida", Montevideo, 16 sept. au 26 oct. 1893. — Un extrait en avait été publié dans „L'Audace", Paris, 14 mars 1885, et traduit en italien dans „La Questione sociale", Torino, 29 mars 1885.

An-archie. Journ. Amsterdam, 14 mars 1896 sq. (hebdom.).

Anarchism and violence. 8°. London, published by the „Liberty", 1896.

Anarchism, by „an English anarchist". („Justice", London, 8—22 Nov. 1884.)
— Trad. french, in „Terre et Liberté", Paris 1884, nos. 6, 7.

Anarchism drawn up by C. M. Wilson on behalf of the London anarchists. („What Socialism is" Fabian Tracts, no. 4, 1886, p. 10—12.)

Anarchismus (Gegen den). Ein Wort an die Regierungen. Von einem Mann aus dem Volke. gr. 8°. Berlin, G. Müller, 1894.

Anarchismus (Der kommunistische). 8°. New York, Internat. Bibl., Nr. 14. Dec. 1889.

Anarchismus (Der kommunistische). (Anarchistische Bibliothek, Heft 3.) 8°. Berlin, hrsg. v. Alb. Brock, s. a.

Anarchismus, Sozialdemokratie und revolutionäre Taktik. Ein Wort an Freund und Feind. 8°. Hottingen-Zürich, Schweiz. Genoss.-Dr., s. a.

Anarchist (L') Émile Henry aux assises de la Seine (réquisitoire complet de M. l'advocat général Bulot; plaidoire in-extenso de M. Hornbostel.) 8°. Paris, Pedone-Lauriel, 1894. (Les procès célèbres, no. 7.)

Anarchist (The), publ. by H. Seymour. London, Mars 1885—Aug. 1888, 40 nos.
(Communist-anarchist, avril 1886—mars 1887.)

Anarchist (Der). Zeitschr. Saint-Louis, Mo., 1. Aug. 1889—1892. New York 1892—1895.

Anarchist, Journ. Rotterdam, puis Sappemeer et puis Amsterdam. Janv. 1888—21 déc. 1895, 80 nos. et 3 nos. janv. 1896. 2. série. La Haye, 10 oct. 1896 sq.

Anarchist (The). Socialistic Revolutionary Review. Boston, Jan. 1891 sq., 2 nos.

Anarchist (The). Journ. 8°. Sheffield, 18 Mars 1894 sq., 23 nos. (no. 23, Nov. 1895.).

Anarchist (The). Journal manuscrit. Sidney 1896.

Anarchist (The) Labour Leaf. Journal. London 1890, Mai—Aug., 4 nos.

Anarchist Manifesto (An), issued by the London Anarchist Communist Alliance. 8°. London 1895.
— Trad. espagnole: dans „El Despertar". New York 1895.

Anarchiste (L'). Jahn, condamné par la Cour d'Assises de Mons. fol. Liège, janv. 1888, publié par „le groupe anarchiste de Liège".
— Trad. allemande dans „Autonomie", 17 nov.— 15 déc. 1888.
— „Freiheit", 1. Dec. 1888.

Anarchisten (Die). (Grenzboten, 1887,₂.)

Anarchisten (Die) und ihre Begünstiger. (Grenzboten, 1885,₄.)

Anarchisten (Die) in Bern. (Grenzboten, 1885,₂.)

Anarchisten (An die) Wiens. Unterzeichnet: Das Executiv-Comité der Social-Revolutionäre Oesterreichs. s. l. s. a.

Anarchisten, Schlafmützen, grüne Jungen. Reichsfortschrittspartei. In Veranlassung der Caligula-Flugschriften. 8°. Hagen, H. Risel u. C., 1894.

Anarchisten-Katechismus. 8°. Budapest, Dvorzsák János, 1885.

Anarchistenthat (Eine). (Grenzboten, 1885,₁.)

Anarchistes (Les) et ce qu'ils veulent. 8°. Genève 1892. (Réimpr. dans l'„Agitateur", Marseille, 21 janv. 1893 sq.)

Anarchist-Literature. (Quarterly Review, 1894, January.)

Anarchists: their methods and organizations, 1. by Z.; 2. by Ivanoff. (New Review, 1894, Jan.)

Anarchitcheski proces na russkiia nihilist knjaz Petr Krapotkin i Co. . . . . v. Lion. 8°. Sofia 1883.

Anarchy. Journ. by J. A. Andrews. Smithfield, New South Wales, and Rockwood, N. S. W., 1. Nov. 1891—92.

Anarquia (L'). Journ. Madrid, 16 août 1890—93.

Anarquia (La). Journ. La Plata, Provincia de Buenos-Aires, 27 nov. 1895 sq.

Andelfinger, Aug., Der Sozialismus und die Arbeitgeber mit Bezugnahme auf das Rundschreiben Sr. Heiligkeit Leo XIII. „Ueber die Arbeiterfrage." gr.8°. Regensburg, F. Pustet, 1892.

An den Züricher Congress. Bericht über die deutsche Arbeiterbewegung. Von G. L. (Landauer). 8°. Berlin, s. a. (1893.)

Anders, R., Schulze-Delitzsch und Lassalle. Ein Wort an den Berliner Arbeiterverein. 8°. Berlin, Selbstverl., 1868.

Andler, C., Sociologie et démocratie. (Rev. metaphys. et de morale, 1896, mars.)

Andrade, David A., 1. An anarchist plan of campaign. 8°. Melbourne s. a. (1889.)
— 2. The Melbourne Riots and how Harry Holdfast and his friends emancipated the workers. A realistic novel. 8°. Melbourne 1893.
— 3. Money: a study of the currency question, especially in its relations to the principles of equity, utility and liberty. 8°. Melbourne 1887.
— 4. Our social system and how it affects those who work for their living. 8°. Melbourne 1893.

André, Ferd., Catéchisme de chimie et de géologie agricole. 8°. Paris 1847.

André, J., Le suffrage universel. 8°. Paris 1850.

André, Léon, La guerre sociale. 8°. Neuchatel 1871.

Andresen, Carl, Bodenbesitzreform oder Hypothekenrechtereform? (Die Gegenwart, Bd. 45, 1894.)

Andrews, E. B., 1. Individualism as a sociological principle. (Yale Review, vol. 2, 1893.)
— 2. Rodbertus socialism. (Journal of Political Economy, vol. 1, Dec. 1892.)

Andrews, J. A., 1. L'anarchisme et le mouvement social en Australie. (Humanité nouvelle, 1898, août.)
— 2. For truth and right. Criticisms on authority, law and the State. 8°. Carlton, Victoria, s. a. (1895.)
— 3. For truth and right. Each according to his needs. Neither god nor law. 16°. Carlton, Victoria, Oct. 1895.
— 4. A handbook of anarchy. 1894.
— 5. The unemployed and the trades. 1 p. 4°. s. l. s. a.
— Vide: Anarchy.
— — Radical (The).
— — Reason.
— — Revolt (The).

Andrews, Stephen Pearl, 1. The labor dollar. (Reprinted from the „Radical Review".) 8°. Boston 1881.
— 2. The science of Society: No. I. The true constitution of government in the sovereignty of the individual as the final development of protestantism, democracy, and socialism. No. II. Cost,

the limit of price: a scientific measure of honesty in trade as one of the fundamental principles in the solution of the social problem. 8°. Boston 1851. New edit. 8°. Boston 1888.

Andrews, Stephen Pearl, and **Greeley**, Henry James Horace, Love, marriage and divorce. A discussion between H. J. H. Greeley and St. P. Andrews. Including the final replies of Mr. Andrews rejected by the "New York Tribune" and a subsequent discussion, occuring 20 years later, between Mr. James and Mr. Andrews. (Reprint. from "Liberty", 1888.) 8°. Boston, B. R. Tucker, 1889.

Andrieu, The Commune of Paris. (Fortnightly Review, X, 1871.)

Andrimont, Léon d', 1. La coopération ouvrière en Belgique. 8°. Bruxelles, Decq et Dubent, 1876.
— 2. Des institutions et des associations ouvrières de la Belgique. 8°. Bruxelles, Lebègue et Co., 1871.

Anekdota zur neuesten deutschen Philosophie und Publicistik von Bruno Bauer, Ludw. Feuerbach, Friedr. Köppen, Carl Nauwerk, Arnold Ruge und einigen Ungenannten; hrsg. v. Arnold Ruge. 2 Bde. 8°. Zürich u. Winterthur, Literar. Comptoir, 1843.

Anéthan, J. d', 1. L'initiative populaire et le droit au travail en Suisse. (Réforme sociale, 1893.)
— 2. Le mouvement social en Belgique. (Réforme sociale, 1894.)

Angelegenheit (Die) Fritsche-Hasselmann vor dem deutschen Reichstage. (Stenogr. Bericht über die Reichstagssitzung von 19. Febr. 1879.) 8°. Leipzig 1879.

Angelo, F. P. d', Sulla questione sociale: mali e rimedi. 8°. Palermo, tip. Lorenzo di Cristino, 1896.

Anglemont, Arthur d', La question sociale entièrement résolue. 18°. Paris, libr. psychologique et sociologique, s. a. (1894.)

Angot des Rotours, J., Le socialisme évangélique. (Réforme sociale, 1895.)

Anhuth, Paul, Die Verwirklichung des Sozialismus. Auf welche Weise kann die kapitalistische Produktion in die sozialistische umgewandelt werden? gr. 8°. Mainz, Selbstverlag, 1895.

Ankersmit, J. F., Karl Marx, Loon, prijs en winst. Voordracht, geh. in den algem.

raad der "Internationale" op 26. Juni 1865. (Bibliothek van "De Jonge Gids", Nr. 3.) gr. 8°. Amsterdam, D. Bugs Dzn, 1898.

Annalen der leidenden Menschheit in zwanglosen Heften. Hrsg. v. A. F. v. Hennings. 10 Bde. 8°. Altona 1795—1801.

Année (L.') de la Mère (1833). 8°. Lyon 1833.

Anneke, F., Ein ehrengerichtlicher Prozess. 8°. Leipzig, O. Wigand, 1846.

Anniversaire (Quatrième) de la mort du Père. 8°. Paris, impr. de Cusset et Co., le 17 oct. 1868.

Anniversaire (Centième) de la naissance de Fourier. 8°. Paris 1872.

Annuaire de la L.'. "Les Hospitaliers socialistes." Or.'. de Paris. E.'. V.'. 1895. 32°. Paris, impr. Mangeot, 1895.

Anniversario (l'el XXIII.) della fondazione dell' Associazione internazionale di lavoratori. 8°. Napoli 1887, supplemento al no. 23 de l'"Humanitas".

Anonyme (L'), Journal politique. gr. form. 2 nos. parus les 11 et 12 Mai 1871. Paris.

*__Anonymus Veritas__. Acht Jahre hinter Schloss und Riegel. 8°. New York 1890. 2. Aufl. 8°. New York 1890. (International Library, no. 1.)

Anreizung (Die) zum Klassenkampf (§ 130 St.-G.-B.). Von *⁎*. Mit einem Anhange enth.: Die Reichstagsdebatten von 1870 und 1875/76 über § 130 St.-G.-B. 8°. Berlin, J. J. Heine, 1894.

Anseele, Éd., 1. Histoire du Vooruit de Gand. (Almanach de la coopération franç., 1893.)
— 2. Redevoering uitgesproken ter gelegenheid zyner linvryheidstelling, den 6 febr. 1897 in Vooruit. 8°. Gent, Druck J. Foucaert, 1897.
— 3. Sacrifié pour le peuple! 3 vols. 8°. Bruxelles, L. Bertrand-J. Maben, 1887. (Bibliothèque populaire, éditée sous le patronage du parti ouvrier, no. 10—12.)
— 4. Le Vooruit de Gand. (Coopérateurs belges, 1892, janv.—avril.)
— 5. De waare vijand van de werkman en de kleinenburger. 8°. Gent, Drukk. Vooruit, 1890.

Anseele, Waxweiler et **Vanderstegen**, De eischen der werklieden. 8°. Gent, Drukk. F. Hardyns, 1892.
— Vide: Lambillotte et Éd. Anseele.

Ansiaux, Maur., La théorie de l'individualisme. (Revue d'économie polit., X, 1896.)

Ansprache des Bischofs von Regensburg an den Klerus seines Bisthums über die sociale Frage. Am Weihnachtsfeste 1891. gr. 8°. Regensburg, J Habbel, 1892.

Antensteiner, Frz., Der Arbeiter und das allgemeine Wahlrecht. 8°. Wien, Selbstverlag, 1868.

Anthelme, Pierre, Amélioration sociale par le travail, l'économie et la moral. Traité d'agriculture élémentaire pratique et raisonné, pouvant s'appliquer avec le même succès sur tous les points de la terre. Science rendue positive par ses rapports avec la chimie. 2. édit. 3 vols. 8°. Valence, Marc-Aurel, 1853.
La 1. édit. impr. en 1850 n'est pas vendue; elle a été mise au pilon.

Anthenaise, D., Une solution aux questions sociales. 8°. St. Étienne 1871.

Anti-capital crusade (The). (Gunton's Magazine, 1896, Nov.)

Antikrat (Der). Hrsg. von A. Enss, Berlin. Nr. 1, April 1887. (Nr. 12, Herbst 1893. Gegen Parteigewalt und Hebräer-Einfluss. Eine selbständige Geistesführung und sociale Gerechtigkeit.)

Antinori, Gius., La Sicilia, questioni economiche, amministrative e politiche. 8°. Palermo, tip. Montaina, 1877.

Anti-Most. Eine Erwiderung auf die von Seiten der Berliner Socialdemokratie erhobene Beschuldigung. Von C. A. L. 8°. Düsseldorf, Deiters, 1878.

Antipatriote (L'). Paris 1891. Le no. 2 est du 26 juillet.

Antipatriote (L'). Bruxelles 1894. Numéro unique.

Antisemiten (Die selbstlosen) und die ausbeuterischen Socialdemokraten. Beginnend: Wähler Wiens! Wenn Ihr Euch zu entscheiden habt etc. 8°. Wien, Verlag von J. Popp, Druck von L. Bergmann u. Co., 1897.

Antisemitismus (Der) an den Thoren der Sozialdemokratie. Mit einem Verzeichniss einiger Schriften Eugen Dühring's. (Aus: „Westphälische Reform.") gr. 8°. Berlin, Struppe u. Winckler, 1893.

Antisemitismus und Sozialdemokratie. (Grenzboten 1893,₄.)

Anti-Sklaverei. Flugblatt. 8°. Hottingen-Zürich. Vereinsbuchdr., s. a.

Anti-Syllabus. 8°. Chicago, Druck von A. Löschke, s. a. (c. 1878). 8°. Wriezen, Druck von W. Hintze, s. a. (1878).

Anti-Syllabus. 8°. Leipzig, Genossenschafts-Buchdr., 1878.

Anti-„Vorwärts". Wochenschrift für nationalen Socialismus. Hrsg. von Alex. Berg. 1. Jhrg., Nov. 1894—Sept. 1895, 48 Nrn. gr. 4°. Berlin, Laverenz. 2. Jhrg., 1895—1896, 52 Nrn. Ebd.

Antoine, C., Éléments de science sociale. 8°. Poitiers, impr. Oudin et Co., 1894.

Antoine, Victor, Science sociale. Le perfectibilisme. 1. édit. éditee par l'auteur. 8°. Paris, chez l'auteur, 1841. Autre édit. 12°. ibid.

Antologia mazziniana, raccolta ed ordinata da Gaetano Badii e preceduta da un cenno biografico sulle opere e sulla vita di Giuseppe Mazzini e da una lettera di Ern. Nathan. 8°. Pitigliano, tip. di O. Paggi edit., 1898.

Anton, Juan Salas, O socialismo na Europa. 8°. Lisboa 1892.

Anton-Evar, As Grèves. 8°. Lisboa 1895. („Novo Mundo", II.)

Anträge zur Generalversammlung des Allgem. Deutschen Arbeitervereins. 8°. Berlin, C. Ihring's Nachfolger (Ad. Berein), 1874.

Antrobus, Ed. Ed., Anarchy and order, facts for the consideration of all classes of the community. 8°. London 1848.

Antwort (Die) der Arbeiter auf den 11.Nov. 1887, hrsg. von den föderirten Gewerkschaften New Yorks. 8°. New York, s. a.

Anzenberger, Jos., Der Mensch und die Arbeit. — Der katholische Gesellen-Verein zu Passau. Ein Lesestück für Jedermann. 8°. Landshut, Krüll, 1857.

Anzi, Don Gaetano, Del lavoro: discorso letto alla Società di mutuo soccorso di Barbarano. 8°. Vicenza 1875.

Apaisement social: les cercles populaires. (Rev. internat. de sociologie, 1897, janv.)

Apocalypse (Politische) Marat des Jüngeren, eine Parodie auf die Offenbarung St. Johannis, verdeutscht durch Martin Hermes. 94 pp. kl. 8°. Buxtehude 1795.

Apôtre (L') des Saint-Simoniens en Provence, ou le prédicateur de la loi nouvelle. (Revue de Provence, tome 2, Marseille 1830.)

Appel d'un ouvrier prolétaire à ses malheureux confrères. 12°. Bruxelles 1862.

2*

Appel au peuple. Guide du pur démocrate. Souveraineté populaire; la France aux Français. 32°. Marseille, impr. phocéenne, s. a. (1898.)

Appel respectueux d'un industriel de la Vallée des Vosges dans le but de protéger la classe ouvrière contre le travail précoce et excessif. 8°. Strasbourg 1848.

Appel à la raison publique. Principes positives d'organisation sociale. 8°. Paris 1830.

Appel à tous. Organisation du socialisme démocratique. (Par Victor Antoine de Malzeville.) 8°. Paris, chez tous les libr., 1848.

Appel aux travailleurs. Stéphanois par la Commission exécutive des congrès ouvriers. 8°. Lyon, impr. typogr. H. Albert, 1880.

Appell an die Vernunft und das Gewissen des Volkes. Sozialdemokratisches Flugblatt. 8°. Brüssel, Druck von Henri Noele, 1880.

Appello. 4 pp. 4°. Nizza, sett. 1889.

Appleton, Henry, What is freedom and when am I free? Being an attempt to put liberty on a rational basis and to wrest its keeping from irresponsible pretenders in Church and State. 187? 2. edit. 8°. Boston, B. R. Tucker, 1888.

Application du système collectiviste. (Rev. socialiste, 1898, août.)

Appy, F., Trois milliards de Français, ou la solution des questions politique, sociale, philanthropique et de population. 8°. Paris, Giard et Brière, 1897.

Arana, E. Z., La Sociedad. Su presente, su pasado y su porvenir. 8°. Rosario, juin 1896; Grupo de propaganda comunista-anárquica „Ciencia y Progreso".

Araujo, Oscar d', 1. Le mouvement social au Brésil de 1890 à 1896. (Extrait de la Revue internationale de sociologie, 4. annee, 1896.) 8°. Paris, Giard et Brière, 1896.
— 2. Les questions sociales au théâtre. (Revue internat. de sociologie, V, 1897.)

Arbeidsdag (De achturige), een nietafdoend middel. 16°. Gand 1894. (Publ. de „De Fakkel".)

Arbeit (Die). Zeitschr. Villach, 3. Juni 1886. Linz u. Wien 1888. 4 Nrn.

Arbeit (Die). Zeitschr. Marburg, Steiermark, 6. August 1885 ff. Graz, No. 9 vom 8. Dec. 1885. No. 7 des 2. Jhrg. 16. April 1886.

Arbeiter! Flugblatt, beginnend: „Als durch die Verhandlungsberichte über das Niederwalddenkmal" und mit den Schlussworten: „Niemand gezwungen werden." 8°. s. l. s. a.

Arbeiter! Flugblatt, unterzeichnet: „Das Executiv-Comité." (Auf der Rückseite czechisch.) s. l. s. a.

Arbeiter! Flugblatt, beginnend: „Grosse Krankheiten . . ." unterzeichnet: „Das Executiv-Comité." s. l. s. a.

Arbeiter (Der). Organ der internationalen Arbeiter-Association von Basel-Stadt und -Land. 1. Jhrg., Nr. 1—14, 26.|Sept.— 26. Dec. 1868. 2. Jbrg., Nr. 1—7, Jän.—13. Febr. 1869. Druck aus der Officin der „Sissacher-Zeitung" in Sissach.

Arbeiter! Brüder! Flugblatt mit den Eingangsworten: „Wohin auch Euer Auge schweifen mag" und mit dem Schluss: „wird es immer Ge-Liebknechtet werden." 8°. s. l. s. a.

Arbeiter! Brüder! Flugblatt, unterzeichnet: Einige Gruppen der radicalen Socialisten Oesterreichs. Im Mai 1884.

Arbeiter! Brüder! Flugblatt, unterzeichnet: „Das Executiv-Comité der revolutionären Socialisten." August 1884.

Arbeiter! Bürger! Flugblatt mit den Anfangsworten: „Nun schon 8 Jahre versucht eine wüthende Reaction" und mit den Schlussworten: „Hoch die Sozialdemokratie." 8°. Hottingen-Zürich, Vereinsdruckerei, s. a.

Arbeiter! Bürger! Flugblatt mit den Anfangsworten: „Seit 8 Jahren steht Berlin" und mit dem Schlusssatze: „Hoch die internationale revolutionäre Sozialdemokratie." 8°. Hottingen-Zürich, Schweiz. Genoss.-Buchdr., s. a.

Arbeiter und Bürger Berlins! Genossen! Flugblatt mit den Schlussworten: „Um weitmöglichste Verbreitung dieses Flugblattes wird gebeten." 8°. Hottingen-Zürich, Schweiz. Genoss.-Buchdr., s. a.

Arbeiter, Genossen und Freunde der Arbeitersache. 8°. Reichenberg, Verlag von G. Rührich, Druck von C. Eber, s. a.

Arbeiter! Handwerker! Flugblatt. 8°. Stettin, Fritz Herbert, s. a.

Arbeiter! Handwerker! Flugblatt, unterzeichnet: „Mehrere Arbeiter und Handwerker." 8°. Stettin, Fritz Herbert, s. a.

Arbeiter! Handwerker! Bürger! Flugblatt mit den Eingangsworten: „Unsere gesamte wirtschaftliche Entwickelung strebt unwiderstehlich dahin, den Reichen immer reicher, den Armen immer ärmer zu machen." 8°. s. l. s. a.

Arbeiter! Handwerker! Bürger! Männer des Wupperthales! Flugblatt mit der Unterschrift: „Die Arbeiterpartei." 8°. Hottingen-Zürich, Vereinsdr., s. a.

Arbeiter, Handwerker, Parteigenossen! Flugblatt mit den Schlussworten: „Hoch lebe die revolutionäre Sozialdemokratie." 8°. Hottingen-Zürich, Genoss.-Buchdr., s. a.

Arbeiter, Kameraden. Flugblatt mit der Unterschrift: Die auf der Wacht. s.l.s.a.

Arbeiter, Mitbürger! Flugblatt mit den Schlussworten: Hoch lebe die Sozialdemokratie. 8°. Hottingen-Zürich, Genoss.-Buchdr., s. a.

Arbeiter aller Länder vereinigt Euch! Flugblatt mit den Anfangsworten: „Arbeiter bereitet Euch" und dem Schluss: „Hoch die soziale Revolution." 8°. s. l. s. a. (angebl. Zürich.)

Arbeiter, Parteigenossen! Flugblatt mit den Schlussworten: „Hoch die Sozialdemokratie." 8°. Hottingen-Zürich, Genoss.-Buchdr., s. a.

Arbeiter (An alle noch fernstehenden) und Arbeiterinnen Oesterreichs. Flugblatt mit dem Schlusse: Es lebe der 1. Mai. Wien, Verlag der Arbeiterzeitung, L. A. Bretschneider, Genoss.-Buchdr.

Arbeiter (An die) Altonas. Flugblatt. 8°. s. l. s a.

Arbeiter und Arbeiterinnen! Zu beziehen durch R. Gunderson, London.

Arbeiter (An die) Berlins. Flugblatt mit den Anfangsworten: „Die Hochfluth der Reaction wirft immer wildere Wogen u. s. w." und den Schlussworten: „Ein Exemplar dieses Flugblattes zu besitzen ist niemals strafbar." 8°. Augbl. gedr. in der Vereinsdr. Zürich-Hottingen, s. a.

Arbeiter Berlins! Flugblatt mit dem Schluss: „Vorwärts zu rastloser Thätigkeit und zum endlichen befreienden Siege! Hoch lebe die Sozialdemokratie!" 8°. Hottingen-Zürich, Schweiz. Genoss.-Buchdr., s. a.

Arbeiter (An die) Deutschlands! Braunschweig, den 9. Mai 1889. Druck von A. Vogel u. Co. in Braunschweig.

Arbeiter (An die) Deutschlands. 8°. Verl. von E. Poillon, Druckerei d. F. Posckel (Berlin).

Arbeiter (An die) Deutschlands. Heute mir — morgen Dir. Flugschrift, gedr. in Hamburg, s. a.

Arbeiter (Die) und die Dreiklassenwahl. (Neue Zeit, Jhrg. 15, 1896/97.)

Arbeiter (An die) der ganzen Erde. Flugblatt mit der Unterschrift: Die anarchistischen Gruppen in London: Franzosen, Italiener, Spanier, Russen, Polen, Oesterreicher, Engländer, Schweden, Dänen und Deutsche. 8°. s. l. s. a.

Arbeiter (An die) von Nordamerika. Flugschrift. s. l. s. a.

Arbeiter (An die) in Oesterreich. London, Expedition der „Freiheit", s. a.

Arbeiter (An alle) und Arbeiterinnen Oesterreichs! Flugblatt, beginnend: „Habt Ihr schon einmal über Eure Lage nachgedacht?" und schliessend: „Es lebe der erste Mai!" 8°. Wien, Arbeiterzeitung, s. a. (1893).

Arbeiter (An die) im Soldatenrock! Anarchistisches Flugblatt, beginnend mit den Worten: „Durch finstere Nacht" und endigend: „Es lebe die Sozialrevolution." s. l. s. a. (Wien).

Arbeiter und Sozialisten. Flugblatt ohne Datum, gedr. in der Schweiz. Genoss.-Buchdr. Hottingen-Zürich.

Arbeiter als Unternehmer, von E. L. (Handelsmuseum, Bd. 12, 1897.)

Arbeiter- und Gewerkschaftskongress (Internationaler sozialistischer) zu London. (Christl.-soz. Blätter, Jhrg. 29, 1896.)

Arbeiter-Association (Internationale). Flugschrift. New York, s. a.

Arbeiter-Association (Internationale). Aufruf an die Arbeiter aller Länder. 8°. Genf, gedr. bei Witwe Blanchard, s. a.

Arbeiterassociation (Internationale). Proklamation. An die Arbeiter der Vereinigten Staaten von Nordamerika. Pittsburg, 16. Oct. 1883. Der internationale Socialistenkongress. Internat. Druckerei der Freiheit.

Arbeiter - Association (Internationale). Rundschreiben des Centralcomités der Sectionsgruppe deutscher Sprache an die Sectionen der mitgenössischen Gesellschaften. 8°. Genf, Witwe Oettinger u. Co., s. a.

Arbeiterassociationen (Die) in Deutschland. (Grenzboten, 1857,₄.)

Arbeiteraufstand (Der) in Belgien. (Grenzboten, 1886,₁.)

Arbeiterbewegung (Die). Rundschau der

wirtschaftlichen und socialen Vorgänge. Red.: Max Koppe. 1. Jhrg. Oct.—Dec. 1898, 13 Nrn. gr. 4⁰. Berlin, M. Warschauer.

Arbeiterbewegung (Zur amerikanischen). (Christl.-soz. Blätter, Jhrg. 25, 1892.)

Arbeiterbewegung (Die) in England im Jahre 1895. (Verhdl., Mittheil. u. Berichte des Centralverbandes deutscher Industrieller, Nr. 71, 1896.)

Arbeiterbewegung (Die moderne). (Grenzboten, 1886,₁₄.)

Arbeiterbewegung (Die) in England. (Grenzboten, 1890,₁.)

Arbeiterbewegung (Die) in Oesterreich. (Aus dem Berliner Arbeiterverein.) 8⁰. Berlin, Berliner Associat.-Druck., 1868.

Arbeiterbibliothek (Berliner). Hrsg. von Max Schippel. 1. Ser., 12 Hefte. 8⁰. Berlin, Verl. des „Vorwärts", 1889—90. 2. Ser., 14 Hefte. Ebd. 1890—91. 3. Ser., Heft 1—7. Ebd. 1891—92.

Arbeiterbibliothek (Göttinger). Hrsg. von Pfr. Fr. Naumann in Verbindung mit den Pastoren Paul Göhre, O. Lorenz, E. J. Lehmann etc. Bd. 1, Heft 1--10. 1894/95. 8⁰. Göttingen, Vandenhoek u. R. Bd. 2, Heft 1—9, 1897/98.

Arbeiterbibliothek (Jüdische). (Żydowska bibliotek robotnicza.) Nr. 1. Die bittere Parnosse (Gorżki chléb) von Dr. P., und Wer wir sind und was wir wollen? 8⁰. Lwowie (Lemberg), D. Salamandra, 1892. (In hebräischen Lettern.)

Arbeiterbibliothek (Rheinisch-westphälische). Hrsg. in Verbindung mit einer Reihe von Vertretern der evangelischen Arbeitersache, von Weber-M.-Gladbach. 1.—5. Heft. 16⁰. Hottingen, Hundt's sel. Ww., 1894—96.

Arbeiterbibliothek (Wiener). Heft 1—6. 8⁰. Wien, 1. Wiener Volksbuchhdlg., 1897—1898.

Arbeiterbund (Der internationale). (Grenzboten, 1871,₃.)

Arbeiterbund (Der internationale) von Genf an die Arbeiter Spaniens. 8⁰. Genf, Witwe Oettinger u. Co., s. a.

Arbeiterdichtung (Die). Broschüre. 8⁰. s. l. s. a.

Arbeiter-Dichtung (Deutsche). Eine Auswahl Lieder und Gedichte deutscher Proletarier. 1.—5. Bd. 12⁰. Stuttgart, Dietz, 1893.

Arbeiterfrage (Die) in England. (Grenzboten, 1868,₄.)

Arbeiterfrage (Die ländliche). 2. Aufl. 8⁰. Stuttgart 1885.

Arbeiterfrage (Die ländliche). Nach dem Russischen des Kablukow. 8⁰. Stuttgart, Dietz, 1887.

Arbeiterfrage (Zur), von einem ungarischen Katholiken. (Monatsschr. f. christl. Socialreform, Jhrg. 14, 1892.)

***Arbeiterfreund**. Zeitschrift für die Arbeiterfrage. 30.—36. Jhrg. gr. 8⁰. Berlin, Simon, 1892—98.

Arbeiterfreund (The workers friend). London 1886—1894, and since 11 oct. 1895 sq.

Arbeiterfreund (Neuer). Wochenblatt für Stadt und Land. Red.: E. Hülle. 1. Jhrg. 1890. 52 Nrn. 4⁰. Berlin (Leipzig, G. Wallmann). 7. Jhrg. 1896.

Arbeiterführer (Der englische) Ben Tillet. (Christl.-soz. Blätter, Jhrg. 24, 1891.)

Arbeiterkalender für 1881, 1882, 1883. Wien (alle drei confiscirt). Für 1885. Reichenberg (confiscirt).

Arbeiter-Kalender (Oesterreichischer) für das Jahr 1887. Hrsg. v. d. Redactionen „Volksfreund" in Brünn u. „Arbeiterzeitung" in Wien. 8⁰. Brünn, „Volksfreund" ff. Für das Jahr 1896. Ebs.

Arbeiterkalender (Oesterreichischer) für das Jahr 1898. Hrsg. im Auftrage der Parteivertretung der österr. Socialdemokratie. gr. 8⁰. Wien, 1. Wiener Volksbuchhdlg., 1897.

Arbeiterkongress (Der) in London. (Grenzboten, 1888,₃.)

Arbeiterkongress (Der internationale) zu Brüssel. (Neue Zeit, Jhrg. 9, 1890—91.)

Arbeiterkongress (Der internationale), von M. V. (Monatsschr. f. christl. Sozialreform, Jhrg. 15, 1893.)

Arbeiterlieder. Verl. des Schweizer Grütli-Vereins in Zürich, 1890.

Arbeiter-Lieder, enthaltend: 1) Bundeslied. 2) Arbeiterfeldgeschrei, von H. Greulich. 3) Arbeiter-Marseillaise, von H. Greulich. 4) Arbeiter-Marseillaise von J. Audorf jun. 5) Das Lied der Petroleure. 8⁰. Hottingen-Zürich, Schweiz. Volksbuchhdlg., s. a.

Arbeiter-Liederbuch. Gedichte und Lieder freisinniger und besonders sozialdemokratischer Tendenz, von Herwegh, Freiligrath, Geib u. A. 8⁰. Chicago, G. A. Lönnecker, s. a.

Arbeiter-Marseillaise. Verl. der Thüringer Tribüne in Erfurt, s. a.

Arbeiter-Notizkalender (Oesterreichischer) für das J. 1896. 8°. Wien, Volksbuchdlg. Für das J. 1897. 2. Jhrg. Ebs.
Arbeiterorganisation (Die). (Christl.-soz. Blätter, Jhrg. 30, 1897.)
Arbeiterorganisation. (Christ.-soz. Blätter, Jhrg. 31, 1898.)
Arbeiterorganisation (Die) in den Vereinigten Staaten. (Christl.-soz. Blätter, Jhrg. 26, 1893.)
Arbeiterpartei (Soll die socialistische) türkisch werden? Von H. L(evy). 8°. Zürich 1878.
Arbeiterstimme. Wochenblatt für das arbeitende Volk in der Schweiz. Officielles Organ der sozialdemokratischen Partei der Schweiz und des allgemeinen Gewerkschaftsbundes. Neumünster-Zürich. Nr. 1. 1. Jänner 1881. Nr. 15. 9. April 1881.
Arbeitertag (Der) zu Nürnberg. 8°. Nürnberg 1868.
Arbeitertag (Der) in Olten zu Ostern 1890. Vierter und fünfter Jahresbericht des leitenden Ausschusses des Schweizerischen Arbeitersecretariats für die Jahre 1890 u. 1891 nebst den Protokollen des Bundesvorstandes. 8°. Zürich, Buchhdlg. d. Schweiz. Grütlivereins, 1892.
Arbeitertag (Der ausserordentl. Schweizerische) am Sonntag, den 5. Nov. 1893 im Katholischen Vereinshause zu Zürich. Die Volksinitiative für unentgeltliche Krankenpflege. 8°. Zürich, Schweiz. Grütliverein, 1893.
Arbeitertreue. s. l. s. a.
Arbeitervereine und Ausschüsse. (Christl.-soz. Blätter, Jhrg. 30, 1897.)
Arbeitervereine (Die) Hannovers. 8° Hannover 1864.
Arbeitervereinswesen (Das katholische). (Christl.-soz. Blätter, Jhrg. 25, 1892.)
Arbeitervertreter (Die) im deutschen Reichstag, unter Berücksichtigung der Wahlen zusammengestellt von G. H. (Socialdemokratische Fraktion des deutschen Reichstags 1890/95.) 64°. Leipzig, Leipziger Volksbuchhdlg., 1892.
*****Arbeiterwohl**. Organ des Verbandes kath. Industrieller u. Arbeiterfreunde. 12.—18. Jhrg. 1892—1898. gr. 8°. Köln, Bachem.
Arbeiter-Wurzerei. Flugblatt in Partezettel-Form, beginnend: Wir tieftrauernde Unterzeichnete geben hiermit Nachricht von dem höchst bedauerlichen Absterben der von uns so sehr geliebten social-judokratischen Arbeiterwurzerei.... endigend: Knofelkränze verbeten. Wien, Verlag d. christl.-soc. Arbeiter-Reform-Vereins, Buchdr. Hans Dorr (März 1897).
Arbeiterzeitung. Organ der österreichischen Sozialdemokratie. Juli 1889—93 Wochenblatt, 1894 zweimal wöchentlich, seit Jänner 1895 Tageblatt. Frühere Jahrgänge vide: „Gleichheit". Hrsg. von Dr. Victor Adler. fol. Wien.
Arbeiter-Zeitung. Bern, 15. Juli 1876—13. Oct. 1877. 33 Nrn.
Arbeiter-Zeitung (Amerikanische). New York 1886.
Arbeiter-Zeitung, Organ der Anarchisten Deutschlands. Berlin, Nov. 1893. 1 Nr.
Arbeitseinstellung (Die). Nach dem Englischen. 2 Bde. 8°. Leipzig 1870.
Arbeitseinstellung (Die) im Buchdruckereigewerbe. (Grenzboten, 1891,₄.)
Arbeitseinstellungen (Die) im Gewerbebetriebe in Oesterreich während des Jahres 1894. Hrsg. vom Statistischen Departement im K. K. Handelsministerium. (Anhang zur Statistischen Monatsschrift, Jhrg. 21, 1895.) gr. 8°. Wien, A. Hölder, 1896.
Arbeitseinstellungen und Aussperrungen (Die) im Gewerbebetriebe in Oesterreich während des J. 1895. Hrsg. vom statist. Departement im K. K. Handelsministerium. gr. 8°. Wien, A. Hölder, 1897.
— während des J. 1896. 2 Theil. gr. 8°. Wien, A. Hölder, 1898.
Arbeitsstatistik der deutschen Gewerkvereine für das J. 1897. Nach den Angaben der Gewerk- und Ortsvereine zusammengestellt von R. Klein und H. Petersdorf, mit Erläuterungen von M. Hirsch. Lex.-8°. Berlin 1898.
Arbure, Zamfir C. (Z. Ralli). Temnitsa si Exil. 1. partie. 16°. Rimnica-Sarat 1894.
Arcangeli, F., 1. Le evoluzioni della proprietà: conferenza tenuta alla lega socialista di Bergamo, il 7 giugno 1894. 16°. Milano, „Critica sociale", 1894.
— 2. Proprietà e lavoro: pensieri. 8°. Bologna 1883.
Arcès-Sacré, 1. Les lois du socialisme. Conférences faites à la bourse du travail en 1889—90. Livr. 1. I. conférence: Les lois du travail d'après la doctrine sosialiste. 8°. Paris, impr. Allemane, 1891.
— 2. Lois du socialisme. 1. partie: Fin du patronat; Base du socialisme.

2. partie: Lois socialistes transitoires et palliatifs. 3. partie: Lois socialistes de la propriété et collectivisme. 32°. Paris, Fayard et fils, 1894. (Bibliothèque universelle de poche, série no. 2, 3, 4.)

Archenholz, J. W. v., Die Pariser Jacobiner in ihren Sitzungen. Ein Auszug aus ihrem Tagebuch. 8°. Hamburg 1793.

*****Archiv** für sociale Gesetzgebung etc. 5.— 11. Jhrg. 1892—1898. gr. 8°. Berlin, C. Heymann's Verl. (1892—93 Guttentag).

Archivo social. Sociologia y literatura. (Biblioteca de „La Alarma", Habana 1894.)

Arcosso, Massimo, Lettere sociali. 8°. Torino, tip. Camilla C., 1874.

Ardant, E., Question du travail. 8°. Paris 1848.

Ardy, L. Fr., L'equilibrio sociale. 8°. Torino, R. Frassati e Co. tip. edit., 1895.

Arendt, Dr. Otto, u. **Schippel**, Max, Die Sozialdemokratie und die Währungsfrage. Eine Auseinandersetzung zwischen A. und Sch. (Aus: „Sozialpolit. Centralblatt".) gr. 8°. Berlin, H. Walther, 1895.

Aretäus, oder für Privatglück und Gemeinwohl (von K. Chr. Er. Graf v. Benzel-Sternau). 8°. Erfurt, Keyser, 1803.

Argentino, A., Introduzione agli studi delle scienze morali e politiche. 8°. Portici, tip. Vesuviano, 1896.

Cont.: La roba e la proprietà; questioni economiche, socialismo, comunismo ed anarchismo.

Argyll, Duke of, 1. Christian socialism. (Nineteenth Century, 1894, Nov.)
— 2. The unseen foundations of society. An examination of the fallacies and failures of economic science due to neglected elements. 8°. London, Murray, 1893.

Argyriadès, P., 1. Concentration capitaliste. Trusts et accaparements. 8°. Paris, Gagné et Boulimier, s a. (1895).
— 2. La crise du socialisme en Allemagne. („Question sociale". Paris 1891.)
— Trad. allemande dans „Freiheit", 12—19 déc. 1891.
— 3. Essai sur le socialisme scientifique. Critique économique de la production capitaliste. 8°. Paris 1890.
— 4. La femme et le socialisme. Traduction analytique de l'ouvrage de Bebel. 8°. Paris, à l'administr. de la Question sociale, s. a.
— 5. Liberté bourgeoise, réponse à „la Tyrannie socialiste" (par Guyot). (Almanach de la Question sociale pour 1894.)

Argyriadès, P., 6. Le poète socialiste. Eug. Pottier, ancien membre de la Commune. 8°. Paris 1888.
— Vide: Almanach de la Question sociale.

Ariete anárquista. Journ. Barcelona 1896.

Aristokratie (Die) des Geistes als Lösung der sozialen Frage. Ein Grundriss der natürlichen und vernünftigen Zuchtwahl in der Menschheit. gr. 8°. Leipzig, Friedrich, 1885.

Aristoteles, ein Grundpfeiler der modernen Religionsformen, als Stütze der Tyrannei, der Pfaffheit, der socialen Despotie und ihrer Henkersknechte. 2. Aufl. 8°. Dresden, O. Klemisch, 1878.

Ar Lameoh, S., Livre echappé au Deluge, ou Psaumes nouvellement decouverts, composés dans langue primitive. Translaté en franç. par Lahceram. 8°. Sirap 1784.

Arm und Reich. Der Arbeit ABC. Ein lehrreiches Bilderbuch für grosse und kleine Kinder. 8°. Pankow-Berlin, A. Hoffmann, s. a.

Armand-Lévy et **Valleton**, H., Démocratie sociale. I. Introduction. — Le vieux monde et le monde nouveau. — Du gouvernement dans la démocratie. 12°. Paris 1849.

Armée (L') nationale. Bruxelles, 6 févr. 1892, numéro unique.

Armée (L') et le phalanstère, ou lettre d'un sabre intelligent à une plume infaillible. 8°. Paris, J. Correard, 1846.

Armée (L') et le socialisme, simples réflexions sur la question du moment, par un paysan qui a été soldat. 8°. Paris, Mich. Lévy frères. Chartres, Garnier, 1849.

Armeen (Die) gegenüber der Socialdemokratie. (Die Gegenwart, Bd. 14, 1878.)

Armelani, Fr., 1. Ellero o Guyot? Studio critico-sociale. gr. 8°. Pitigliano, tip. di O. Paggi, 1895. Parte 2. ibid. 1896.
— 2. Il primo maggio: studio. 8°. Scansono 1892.
— 3. Umanesimo e socialismo, studio critico sociale. Parte 1. 8°. Pitigliano, tip. edit. della Lente di Ov. Paggi, 1898.

Armentiérois, journal socialiste hebdomadaire. Année 1, no. 1, 4 mars 1896. fol. Lille, impr. ouvrière.

Armiger, M., Die grüne Steiermark und

das allgemeine Wahlrecht, mit einem Anhang für Kärnthen. 8°. Graz, Resel, s. a.
Armsden, J., Value: a criticism of political oconomy and socialism. 12°. London, W. Reeves, 1892.
Arnal, De l'avenir des ouvriers. 12°. Paris 1850.
*****Arnd**, Karl, Die naturgemässe Volkswirtschaft etc. 2. Aufl. gr. 8°. Hanau, Fr. König, 1851.
Arndt, E. M., Nothgedrungener Bericht aus seinem Leben und Urkunden der demagogischen und antidemagogischen Umtriebe. 2 Bde. 8°. Leipzig 1847.
Arndt, Dr. Thdr., Die Religion der Sozialdemokratie. (Evangelisch-soziale Zeitfragen, Reihe 2, Heft 6.) gr. 8°. Leipzig, Grunow, 1892.
Arnim, Bettina v., Die Auflösung des Einzigen durch den Menschen. (Die Epigonen. Bd. 4. Leipzig 1847.)
Arnim, Friedmund v., Die Rechte jedes Menschen. gr. 8°. Bern 1844.
Arnold, Arthur, Free land. 8°. London 1880.
Arnold, J. Juss., Zur Arbeiter-Marseillaise. 8°. Wien, Verlag von L. A. Bretschneider, s. a.
Arnoul, H., Au peuple. Parole de vérité. pt. 8°. Paris 1849.
Arnould, Arthur, Paris et la Commune. Notes et souvenirs personnels. („La Liberté", Bruxelles, du 17 mars au 18 Mai 1872.)
— Vide: Matthey, A.
Arnould, Victor, 1. Avant le combat. (Société Nouvelle, 1886, II.)
— 2. La constitution du parti révolutionnaire en France. 12°. Bruxelles 1870.
— 3. L'évolution sociale en Belgique. 8°. Bruxelles, impr. Ed. Maheu, 1886. (Bibliothèque populaire éditée sous le patronage du parti ouvrier, no. 6.)
— 4. Le programme radical. 8°. Bruxelles, impr. E. Mahou, 1887. (Bibliothèque populaire, éditée sous le patronage du parti ouvrier, no. 18.)
— Vide: Liberté (La). Bruxelles.
Arnoult, Mlle. Clarisse, La régénération pratique et sociale. 8°. Blois, impr. Lecesne, 1873.
Arnoux, Cl., De la reprise du travail et du sort des travailleurs. 8°. Paris 1848.
Arnswaldt, C. H. v., Die Revolution und der demokratische Socialismus. gr. 8°. Schwerin, Stiller, 1896.

A roublard, roublard et demi. 32°. Londres, oct. 1891. (Brochure du „Père Peinard".)
Aroux, E., Dante hérétique, révolutionnaire et socialiste. Révélations d'un catholique sur le moyen âge. 8°. Paris, Jules Renouard et Co., 1854.
Aroux, Félix, Ce que c'est que le socialisme. Projet de discours à un congrès. Précédé de quelques mots de préambule par E. Littré. 8°. Paris, Germer-Baillière, 1870.
Arrestation (L') de S. Sóróbrénikoff par la police de Genève. 8°. Genève, impr. Czerniecki, 1870.
Arsac, Les conciliabules de l'Hôtel-de-Ville, comptes-rendus etc. 8°. Paris 1872.
Articles (Les soixantes), ou réflexions finales sur les droits de l'homme, du citoyen et du monarque. 8°. Paris 1789.
Articolo (L') 248. Giorn. Ancona, genn. 1894 sq.
Aschrott, P. F., Volksbibliothek und Volkslesehalle, eine kommunistische Veranstaltung. gr. 8°. Berlin 1896.
Ashley, W. J., 1. General Booth's panacea. (Political Science Quarterly, vol. 6, 1891.)
— 2. The destruction of the village community. (Economic Review, vol. 1, 1891.)
Asmussen, P., Die Arbeiterfrage auf dem Lande. (Vierteljahrsschr. f. Volkswirtschaft, 1892,3.)
Asino (L'). Giorn. Firenze 1881—82.
Asino (L') umano. Giorn. San Paulo 1893—1894.
Asociación Internac. de Trabajadores. Organización social de las secciones obreras de la Federación Regional Española adoptado por el Congreso obrero de Barcelona y reformado par la Conferencia regional de Valencia y por el Congreso de Córdoba. 8°. Barcelona 1873.
Asociación Internac. de Trabajadores. Federación Regional Española. Programa de realización practica immediata aprobado por las conferencias de 1879 y revisado por las de 1880. 1 p. 4°. España, 8 de aprile de 1881.
Assanto, A., Monarchia e socialismo: prefazione. 8°. Napoli, Gil Blas edit., 1894.
Assailly, Charles d', Le paupérisme et les associations ouvrières 'en Europe. 12°. Paris, Guillaumin et Co., 1869.
Assassinat des Otages par la Commune. 6. conseil de guerre. Compte rendu in

3

extenso des débats. 8°. Paris, libr. de l'Écho de la Sorbonne, 1872.

Assedio (L') di Parigi, 1870—71. Diario del corrispondente della Perseveranza. Coll' aggiunta di lettere inedite. — La Comune. Lettere dello stesso corrispondente. 5 vols. 8°. Milano, Oreste Ferrario, s. a.

Asseline, L., Marie Alacoque et le Sacrécoeur. 8°. Paris, s. a.

Assier, Alex, Légendes, curiosités et traditions de la Bourgogne et de la Champagne. Série 2. 8°. Paris, Rouveyre, 1880/81.
Cont. p. 139 : Les Saint-Simoniens en Champagne.

Assirelli, P. P., La famiglia e la Società. 16° Milano 1887.

Assisen-Procedur gegen Dr. Hermann Becker und Genossen, wegen hochverrätherischen Complottes. (Köln. Zeitung, 13. Oct.—14. Nov. 1852.)

Association (De l') appliquée à l'industrie, par un socialiste. 8°. Lyon 1848.

Association des classes ouvrières en Angleterre, et nouveaux emplois de l'épargne des pauvres. (Revue britannique, sér. 7, tom. 8 et 9, 1852).

Association expérimentale (dite Société de la fraternité active). 8°. Paris, s. a.

Association fraternelle et universelle des travailleurs. No. specimen d'un Journal. Paris, Larvie et Grasseau, rédacteurs, s. a.

Association (L') internationale des travailleurs et les événements actuels. Où en sommes-nous ? Que devons-nous faire ? Qu'est ce que la commune ? Publication du groupe d'initiative et de propagande des sections Genevoises de l'Association internationale. 8°. Genève, Cercle du Temple unique, s. a. (187.).

Association internationale des travailleurs. — Réglement. Réglement spécial de la Section Liègeoise. 8°. Liège, impr. Severeyns, s. a.

Association internationale des travailleurs. — Section Liégeoise: Appel aux ouvriers. 8°. Liège, impr. de l'Internationale, 1869.

Association internationale des travailleurs. 4°. s. l. s. a. (Paris 1870.)

Association (L') des ouvriers de Berlin. 8°. Berlin 1867.

Associations (Les). Conséquences du progrès. — Crédit du travail. 8°. Paris 1863.

Associations ouvrières (Les) de production et la Chambre consultative. 4°. Paris, impr. Mangeot, 1893.

Associazione fra gli operai tipografi italiani Relazione del Comitato centrale sulla gestione del quadriennio 1879—83. Letta il 16 ottobre 1882. 8°. Roma, tip. J. Artero, 1882.

Astfalck, Caesar, 1. Der kategorische Imperativ für den Mittelstand. 3. Beitrag zur Lösung der sozialen Frage. gr. 8°. Köln-Leipzig, C. Astfalck, 1893.
— 2. Ruhende Kampfmittel des Nationalliberalismus wider Sozialismus und Antisemitismus, und die äusserste Nothwendigkeit ihrer Verwendung. 2. Beitrag zur Lösung der socialen Frage. gr. 8°. Köln, Leipzig, C. Astfalck, 1893.

Astoin e. a., Proposition à l'Assemblée nationale tendant à garantir aux travailleurs le revenu de leur salaire en cas de faillite des patrons. 8°. Paris 1848.

Atelier démocratique. fol. Bruxelles 1847.

Atelier socialiste (L'). Journal. Bruxelles, vers 1850.

Athée (L'), journal bimensuel de la Société du baptême civil et de la propagande d'athéisme. no. 1, 5 avril 1894. fol. Paris, impr. Valery.

Atheismus und Christentum. (Christl.-soz. Blätter, Jhrg. 25, 1892.)

Atheismus (Der), ein Gegner der Wissenschaft und Vernunft. 8°. Leipzig 1892.

Athos. Le travail; chanson. In-plano. Lille, impr. Lagrange, s. a. (1898).

Atlanticus. 1. Produktion und Konsum im Sozialstaat. (Neue Zeit, Jhrg. 16,₂, 1897/98.)
— 2. Produktion und Konsum im Sozialstaat. (Umschlag: „Ein Blick in den Zukunftsstaat.") Mit einer Vorrede von Karl Kautsky. 8°. Stuttgart, J. H. W. Dietz Nachf., 1898.

Attaque (L'). Paris 1888—fin avril 1890 (devenue anarchiste en 1889).

Attentat (Das) vom 4. April 1866 in seiner Bedeutung für die culturgeschichtliche Entwickelung Russlands. Eine culturhistorisch-politische Studie von Dr. v. H . . st. 8°. Leipzig, Engelmann, 1867.

Attentat (L') de la Bourse. Gallo devant ses juges. 2 pp. fol. Paris, juin 1886.

Attenhofer, E., 1. Die geheime Chiffre-Schrift der Anarchisten-, Nihilisten- und Sozialisten-Führer. Leichtfassliche Anleitung zum Chiffriren und Dechiffriren. 8°. Zürich, Neumünster, s. a. (1892?).

Attenhofer, Ed., 2. „Der rothe Teufel." Mein zehnjähriger Kampf gegen den Umsturz als Redacteur der Schweizerblätter „Limmat" und „Stadtbote" für Freunde und Feinde übersichtlich dargestellt. 8°. Zürich-Hottingen, Buchdr. Neumünster. 1890.

Atti del primo congresso operaio toscano, tenuto il 26, 27, 28 nov. 1876 in Firenze.

Atto di costituzione della Associazione agricola cooperativa di Cittadella, Comune di Stagno Lombardo, Cremona (approvato nell' Ass. gen. dell' 11 nov. 1887). 16°.

Auburtin, J., Fr. Le Play, sa méthode et sa doctrine. (Revue soc. et pol., année 1, 1891.)

Aucaigne, Théorie sociétaire de Ch. Fourier, Espérance et bonheur. 8°. Lyon, au Centre de l'Union phalanstérienne, 1841.

***Audace** (L'). Paris 1885, 7—21 mars, 3 nos.

Audiffrent, G., 1. Exposé sommaire du positivisme, ou réligion de l'umanité, d'après les derniers conceptions d'Auguste Comte. Lettre à M. le colonel de Rochas. 8°. Paris, Ritti, 1896.
— 2. Le positivisme et la science contemporaine. gr. 8°. Paris, libr. Ritti, 1896.

Audorf, J., 1. Arbeiter-Marseillaise. 8°. Berlin, Druck u. Verl. d. Associations-Buchdr. in Berlin, s. a.
— 2. Gedichte. 8°. Stuttgart, Dietz, 1893. (Deutsche Arbeiter-Dichtung, Bd. 2.)
— 3. Lied der Petrolöra. Hrsg. von Aug. Geib und Heinrich Garvers. 8°. Hamburg, Genoss.-Buchdr., s. a.

Audry, Deux lettres d'un prolétaire à ses frères. 8°. Paris (c. 1848).

Auer, 1. Der Berliner Bierboykott vor dem Gewerbegerichte. (Soz.-pol. Centralblatt, Jhrg. 3, Nr. 41.)
— 2. Entwickelung und Stand des Berliner Bierboykottes. (Soz.-pol. Centralblatt, Jhrg. 3, Nr. 40.)
— 3. Rückblick auf den Berliner Bierboykott. (Soz.-pol. Centralblatt, Jhrg. 4, Nr. 14.)
— 4. Sedanfeier und Sozialdemokratie. Rede. gr. 8°. Berlin, Buchhdlg. des „Vorwärts", 1895.

Auerbach, Wider die kleinbürgerlich-parlamentarische Socialreform, für die revolutionäre Socialdemokratie. 8°. Berlin 1891.

Auerbach, Dr. Leop., Denkwürdigkeiten des Geh. Reg.-R. Dr. Stieber. Aus seinen hinterlassenen Papieren bearbeitet. 8°. Berlin, Engelmann, 1884.

Auerswald, O. Th., Die Religion der Socialdemokratie. gr. 8°. Leipzig, Dürr'sche Buchh., 1892.

Aufgabe (Eine) für die europäische Presse. Von einem Deutschen. Nachtrag zu der Schrift: Der Sturz der Sozialdemokratie oder das Ei des Columbus. Eine Sozialreform im grossen Stil. gr. 8°. Berlin, F. Rentzel, 1895.

Aufgabe (Die sittliche) des Staats und der Gesetzgebung und die Gefahr der socialen Bewegung der Gegenwart. 8°. Stuttgart 1869.

Aufgaben (Die nächsten) der deutschen Gewerkschaftsbewegung. (Neue Zeit, Jhrg. 15, 1896/97.)

Aufgaben (Ueber die nächsten) der socialistischen Partei Oesterreichs. 8°. Zürich-Riessbach, Verl. d. „Socialdemokrat", s. a.

Aufgepasst! Flugblatt mit der Unterschrift: Wien, im Jänner 1889. Das radicale Comité.

Aufgepasst! Flugblatt. 8°. Hottingen-Zürich, Schweiz. Vereins-Buchdr., s. a.

Auflösung (Die) der Eisenbahnerorganisation. Stenogr. Protokoll der Debatte über den Dringlichkeitsantrag der Abg. Dr. Leo Verkauf, Schrammel und Genossen betr. die Organisationen der Eisenbahner, sowie des Verbandes der Beamten, Hilfsbeamten und Unterbeamten der österr. Eisenbahnen. (Sitzung des Abg.-H. vom 30. April 1897.) Hrsg. von der Redaction des „Eisenbahner". Mit einer Einleitung, Randbemerkungen und einem Anhang: „Die blutigen Arbeitergroschen". (Wiener Arbeiter-Bibliothek. Heft 2.) gr. 8°. Wien 1897.

Aufruf. Flugblatt, beginnend: „Auf, ihr Proletarier", endigend: „Es lebe die Commune." s. l. s. a.

Aufruf. Flugblatt, beginnend: „Auf, ihr Proletarier", endigend: „Hoch die Anarchie!" s. l. s. a.

Aufruf an die Arbeiter. Flugblatt, beginnend: „Arbeiter! Unsere Ausbeuter...", schliessend: „Glück und Frieden zu gewinnen." s. l. s. a.

Aufruf an alle Arbeiter und Genossen! s. l. s. a.

Aufruf! An die Arbeiter und Arbeiterinnen. Flugblatt, gefertigt: Pauline König, Ka-

3*

tharina Schiller, Marie Behr. Reichenberg, gedr. bei Karl Ther, 22. Juni 1885.
Aufruf au alle Männer und Proletarier. Arbeiter, Proletarier und Mitmenschen heraus! Flugblatt mit der Unterschrift: A. Kroemer. 8°. s. l. s. a.
Aufruf. An die Maurer Königsbergs! „Schon seit geraumer Zeit" etc. Flugblatt. Verantw. G. Stomke. Königsberg i. Pr., Druck von H. Suter's Nachf.
— ebenso: An die Metallarbeiter aller Branchen Königsbergs!
— — An die Schneider Königsbergs!
— — An die Zimmerer Königsbergs!
Aufruf an die Proletarier Wiens! Unterzeichnet: Wien, im Februar 1884. Das Executiv-Comité der Social-Revolutionäre Oesterreichs.
Aufruhr (Ueber) und aufrührerische Schriften. 8°. Braunschweig 1793.
Aufschlüsse (Nachträgliche authentische) über die badische Revolution von 1849. 8°. Zürich, Verl.-Magaz., 1876.
Aufzeichnungen (Eigenhändige) aus dem Leben eines sozialdemokratischen Agitators (Zielowsky). Mit einem Nachwort (von Pastor A. Meinhof). (Schriften des sächs. Volksschriften-Verlags, Jhrg. 5, Heft 3.) 8°. Leipzig 1896.
Auf sur Rache! Flugblatt in Form eines Briefes aus Zürich vom 12. Nov. 1887 mit den Anfangsworten: „Parsons, Engel" und dem Schluss: „Hoch die soziale Revolution."
Auger, 1. Droit social ou République. 8°. Lyon, Chon, 1885.
— 2. Les lois de la nature et les lois sociales. 12°. Lyon, Perrellon, 1884.
August (Im) **1886.** Lebenszeichen der Anarchisten, Arbeiter! Brüder! Flugblatt. s. l. s. a
Aulard, F. A., 1. Le culte de la raison et le culte de l'être suprême (1793—1794). 12°. Paris 1892.
*— 2. La société des Jacobins. 6 vols. 8°. Paris, Noblet, 1890—97.
Aureli, Cesare, Sul lavoro considerato specialmente nelle classi operaie: discorso. 24°. Roma, tip. della S. C. di Propaganda, 1880.
Ausgewiesene (Der). Gedicht mit der Aufschrift: „Der Ertrag ist für die Familien der aus Berlin und Hamburg Ausgewiesenen bestimmt." s. l. s. a.
Ausonio, Religione e socialismo: conferenza. 12°. Bari, tip. Fusco, 1897.

Ausstand (Der) der Bergarbeiter. (Die Grenzboten, 1893,₁₁.)
Ausstand (Der) in Hamburg. (Grenzboten, 1897,₁₁.)
Ausstand (Der) als Waffe im Lohnkampf. (Grenzboten, 1897,₁₁.)
Ausstände (Die) im Kohlenbezirk Saarbrücken und Dortmund. Von einem Kgl. Geheimen Bergrath. (Die Gegenwart, Bd. 43, 1893.)
Austin, J. B., The duties and the rights of man: a treatise on deontology. 8°. London 1887.
Australian Radical (The). Journal. Red.: W. R. Winspear. Hamilton, New South Wales, 1890.
Auszüge aus den von der Polizei in Paris mit Beschlag belegten Papieren des communistischen Complotts. 8°. s. l. s. a.
Auszüge aus den von der Polizei in Paris mit Beschag belegten Papieren des Am. Göpp. 8°. Karlsruhe, Druck d. Ch. Fr. Müller'schen Hofbuchdr., s. a.
Authorities (Swiss) on direct legislation. (New Time, 1898, March.)
Autographe (L'). Événements de 1870—1871. Directeur H. de Villemessaut. no. 1, 2. sept. 1871. no. 11, 11 nov. 1871 8°. Paris.
Autonomia (La). Journal. Sevilla 1883.
Autonomie (L') individuelle. Paris, mai 1887—mars 1888, 9 nos.
Autonomie (Die). Journ. London, 1886—22. April 1893, 211 Nrn.
Aux affamés! 8°. Paris 1887. (Publication de l'Union des Groupes anarchistes des 12. et 20. arrondissements et de Montreuil-Vincennes.)
Aux Communaux. Proclamation de la Commune révolutionnaire. 8°. Londres 1874.
Aux étudiants bruxellois. Bruxelles 1891.
Aux jeunes gens. Signé: Les anarchistes jurassiens. 8 pp. 8°. Polygraphié, s. a. (1889?)
Aux ouvriers. Du pain, du travail et de la vérité. 8°. Paris, s. a. (1848).
Aux paysans. Confidences et conseils. Par un des leurs. 8°. Alençon, impr. V. Guy, 1896.
Aux typographes. Vive le suffrage universel. Bruxelles 1894.
Avant-Garde (L'), organe de la jeunesse socialiste, avec supplément flamand de „Voorwacht" (organe mensuel). Bruxelles, 1 juillet 1896 jusqu'en août 1897.

Avant-Garde (L'). Journal hebdomadaire. Bruxelles 1886.

Avant-Garde (L') cosmopolite. Paris 1887. 8 nos.

Avant-Garde (L') démocratique de l'arrondissement de Clamecy. Année 1, no. 1, 7 mai 1898. fol. Clamecy.

Avant-Garde du Morbihan, organe hebdomadaire des revendications ouvrières. Année 1, no. 1, 14 févr. 1897. fol. Rennes, impr. commerciale.

Avant-Garde (L'), organe de la Fédération française de l'Association Internationale des travailleurs. Chaux-de-Fonds, 2 juin 1877—24 mars 1878, no. 1—22; journal collectiviste et anarchiste; organe jurassien, après la disparition du „Bulletin" nos. 23—40, 8 avril—2 déc. 1878.

Avant-Garde (L'). Édition du soir du Moniteur du Peuple. gr. format. 69 nos. Du no. 396 (2. année), dimanche 19 mars, au no. 486, samedi 20 mai 1871. Les nos. 484 et 485 n'ont pas paru. Paris.

Avant-Garde (L') provençale, organe socialiste, paraissant tous les matins, à onze heures, excepté le dimanche. 1. année, no. 1, 1 avril 1898. fol. Marseille.

Avant-Garde. Journal républicain socialiste de la région roannaise. 1. année, no. 1, 5 mai 1895. fol. Roanne, impr. Buthy.

Avant-Garde, organe des démocrates de la Corse, paraissant le lundi. 1. année, no. 1, 29 juillet 1895. pet. in-fol. Bastia, impr. spéciale.

Avant-Garde, organe de l'Union radicale socialiste. 1. année, no. 1, 26—27 avril 1896. fol. Perpignan, impr. co-opérative.

Avant-Garde de Voiron, organe des travailleurs du Dauphiné, paraissant le samedi. 1. année, no. 1 (du 9 au 16 déc. 1894). fol. Chambery.

Avant-Garde républicaine, organe des travailleurs des villes et des campagnes, paraissant le dimanche. 1. année, no. 1, 19 août 1894. pet. in-fol. Lavaur.

Avant-Garde (L') républicaine-socialiste de Lot-et-Garonne, journal hebdomadaire. 1. année, no. 1, 1 janv. 1898. fol. Agen, impr. de l'Avant-Garde.

Avant-Garde (L') socialiste, organe, du canton sud d'Aix. 1. année, no. 1, 17 juillet 1898. fol. Marseille, impr. Frua.

Avarna, G., Il movimento socialista operaio in Austria. (Rivista della benefic. pubbl., XXIII, 1895.)

Aveling, Edw., 1. Charles Darwin et Karl Marx. (Le Devenir social, III, 1897.)
— 2. Charles Darwin und Karl Marx. Eine Parallele. (Neue Zeit, Jhrg. 15, 1896/97.)
— 3. Einiges vom neuen Unionismus in England. (Neue Zeit, Jhrg. 12, 1893/94.)
— 4. Zur Geschichte der Maidemonstration für den gesetzlichen Achtstundentag in England. (Neue Zeit, Jhrg. 14, 1895/96.)
— 5. Der Kongress der britischen Trades-Unions. (Neue Zeit, Jhrg. 11, 1892/93.)
— 6. The student's Marx, an introduction to the study of Karl Marx' Capital. 8°. London, Swan-Sonnenschein, 1892.

Avenel, G. de, Histoire économique de la propriété, des salaires, des denrées et de tous les prix en général depuis l'an 1200 jusqu'en l'an 1800. 4 vols. 8°. Paris, impr. nation., 1894—98.

Avenir (L'), journal hebdomadaire, paraissant à Liège, 1888.

Avenir (L'). Genève, 8 oct. 1893—30 juillet 1894, 17 nos.

Avenir (L') d'Albertville, organe de la démocratie de l'arrondissement. 1. année, no. 1, 26 févr. 1898. fol. Albertville.

Avenir du Cher (L'), organe des réformes démocratiques et sociales. 1. année, no. 1, 3 déc. 1893. fol. Saint-Armand, impr. nouvelle.

Avenir (L') des employés, bulletin mensuel de la Société de publications corporatives et d'organisation sociale. no. 1, mai 1898. 4°. Paris, impr. Gratien.

Avenir et réforme. Par un socialiste. 8°. Paris, Leclère, 1848.

Avenir social, organe mensuel de la société l'Avenir social. 1. année, no. 1, déc. 1895. 8°. Paris, 78 rue Taitbout.

Avenir (L') social. Revue du parti ouvrier belge, paraissant tous les mois. no. 1, mai 1896. Bruxelles.

Avenir (L') socialiste, organe républicain socialiste indépendant des cantons de Sceaux et de Vanves. 1. année, no. 1, samedi, 23 avril 1898. fol. Paris.

Avenir des travailleurs, organe hebdomadaire des intérêts ouvriers de la région, paraissant le samedi. 1. année, no. 1, 14 oct. 1894. 4°. Thizy, impr. Alix.

*****Aventures** (Les) de Jacques Sadeur. 8°. Amsterdam, Mortier, 1732. — 8°. Amsterdam 1788. (Voyages imaginaires, t. 24.)

Avis (Simple) aux électeurs. Réunion démocratique des représentants du Palais-

national. Présidence de M. Dupont (de l'Eure). 8°. Paris, Ed. Proux et Co., 1894.
Avogadro, A., Per la pace fra capitale e lavoro: experimenti e risultati. 16°. Como 1893.
Avril, Louis, Mémoires d'un enfant du peuple. Avec une préface par Félix Pyat. 8°. Genève, Bonnant, 1852.
Avril (Le sept.), Banquets commemoratifs de la naissance de Charles Fourier. Années 1843 et 1844. 12°. Paris 1844.
Avvenire (L'). Giorn. Modena 1878. 13 nos. (?)
Avvenire (L'). Giorn. San Paulo, 18 nov. 1894—95.
Avvenire (L'). Giorn. Buenos-Aires, 10 nov. 1895 sq.
Avvenire (L') sociale. Giorn. Messina, 26 gennaio 1896 sq.
Axelrod, P., 1. Die historische Berechtigung der russischen Sozialdemokratie. (Neue Zeit, Jhrg. 16, 1897/98.)
— 2. Die sociale Bewegung in Rumänien. (Jahrb. f. Sozialwiss., III, Zürich 1880.)
— 3. Die Entwickelung der socialrevolutionären Bewegung in Russland. (Sep.-Abdr. aus Socialwiss. u. Soc.-Pol., Jhrg. 2.) 8°. Zürich-Oberstrass, Körber, 1881.
— 4. Germanija. („Obchtchina", Genève, nos. 6—9, 1878—79.)
Axelrod, P., 5. Itogi socialnodemokratitcheskoi partii v. Germanii. „Obchtchina", Genève, nos. 1—4, 1878.)
— 6. Die revolutionären Kräfte Russlands einst und jetzt. (Neue Zeit, Jhrg. 13, 1894/95.)
— 7. Eine nur teilweise auf dem internationalen Arbeiterschutzkongress gehaltene Rede. (Neue Zeit, Jhrg. 16, 1897/98.)
— 8. Die politische Rolle und die Taktik der deutschen Sozialdemokratie. Betrachtet vom Standpunkte eines russischen Revolutionärs. (Neue Zeit, Jhrg. 11, 1892/93.)
Ayala, M. le Comte d', 1. De la liberté et d'égalité des hommes et des citoyens avec des considérations sur quelques nouveaux dogmes politiques. 8°. Paris 1793.
— 2. Ueber Freiheit und Gleichheit der Menschen und Bürger mit Betrachtungen über einige politische Lehrsätze. Aus dem Französ. 8°. Wien 1793.
Ayalo-Valva, Roberto d', Vis Unita — o Venditorio cooperativo cenni. 16°. Taranto, tip. Frat. Latronico, 1882.
Ayrenti, Giuseppe Luigi, Sull' abolizione della ruota per gli esposti: Pensieri. Parte prima. 8°. Oneglia, tip. Ghillini, 1874.

B.

Baader, F., Ueber das Revolutioniren des positiven Rechtsbestandes. 8°. München 1832.
Babut, La loi du travail, d'après l'Écriture sainte. Rapport. 8°. Nimes, impr. Cory, s. a. (1894).
Bacci, G., Mazzini e il socialismo. 8°. Mantova 1893.
Bach, Dr. Hugo, Internationale Arbeitstheilung. Vortrag. gr. 8°. Wien, Manz, 1896.
Bach, Maximilian, 1. Die soziale Frage in der Wiener Revolution von 1848. (Deutsche Worte, Jhrg. 18, 1898.)
Bach, Maximilian, 2. Das Wiener Proletariat am 13. März 1848. (Die Zeit, No. 180, Wien, 12. März 1898.)
Bachelery, Ch., La révolution. 8°. Bruxelles 1869.
Bachelot, Louise, Vide: Phalanstère du Brésil.
Bachi-Bosuki Petersburga. 8°. Genève, impr. du „Rabotnik", 1872.
Bachmann, Rich., Das Christentum, die freie Religion und deren Verhältniss zum Staate. 8°. Crimmitschau, Verl. d. Verf., 1871.
Bäckermeiser Steiermarks! Fachgenossen!

Flugblatt, unterfertigt: Das Agitations-Comité der Bäckerarbeiter Steiermarks. Wien, Verlag v. Frz. Steiner, 1. Wiener Vereinsbuchdr., s. a.

Backhaus, W. E., Allen die Erde! Kritisch geschichtliche Darlegungen zur socialen Bewegung. gr. 8°. Leipzig, Friedrich, 1893.

Bacon, Th. R., The railroad strike in California. (Yale Review, vol. 3, 1894.)

Badewitz, R., Altes und Neues über das Wohl und Wehe der menschl. Gesellschaft. 8°. Berlin 1873.

Baerwart, Th., Die direkte Gesetzgebung durch das Volk vor dem Zürcher Arbeiterkongress. (Schweiz. Blätter f. Wirtschafts- u. Sozialpolitik, I, 1893.)

Baglivo, A. del, L'anarchia e la scuola: conferenza tenuta (in Napoli) il di 16 sett. 1894. 8°. Napoli, tip. Fr. Mormile, 1894.

Bahlmann, Dr. P., Die Wiedertäufer zu Münster. Eine bibliographische Zusammenstellung. (Aus: „Zeitschrift für vaterl. Gesch. u. Alterthumskunde Westfalens", mit Nachträgen u. Register.) gr. 8°. Münster, Regensberg, 1894.

Bahn frei! Vorwärts! Socialismus! s. l s. a.

Bahr, Hermann, Ungedruckte Briefe von Ferdinand Lassalle. (Die Zeit, No. 21, Wien, 23. Febr. 1895.)

Bähr, O., Die Massregeln gegen den Anarchismus. (Die Grenzboten, 1894,4.)

Bailhache, J., La grève des mineurs dans les houillères d'Ecosse. (La Science sociale, t. 18, livr. 12.)

Baillet, Félix, De l'association: son influence sur le rapprochement de l'ouvrier et du patron. 8°. Paris, Larose, 1896.

Bailo, Giov., Il prestito sul onore: conferenza 19 maggio 1887. (Circolo cattolico di S. Giuseppe con M. S. in Bergamo.) 16°. Bergamo, tip. S. Alessandro, 1887.

Bainbridge, E., Tke strike of 1893. (Contemporary Review, 1894.)

Baisir, A., Le fléau de Dieu! La fausseté du collectivisme en théorie et en pratique. 16°. Bruxelles, J. Goemaere, 1895. (Bibliothèque de la propagande antisocialiste, no. 11.)

Baissas, Jér., Agonie des pouvoirs, ou situation sociale et politique de la France. 8°. Paris, Chamerot, 1839.

Baju, Anatole, Principes du socialisme. Avec préface de Jules Guesde. 8°. Paris, Vanier, 1895.

Bakounin, M., 1. A la jeunesse russe (en langue russe). Prem. livre. 8°. Genève 1870. Nouv. édit. 16°. Genève (Elpidine) 1888.

— 2. A la rédaction de la „Liberté" de Bruxelles, 5. oct. 1872. (Société Nouvelle", juillet-août 1894.)
Trad. allemande dans le „Socialist", Berlin, 1894, 29 sept. ff.

— 3. An die russischen, polnischen und alle slavischen Freunde. („Die Glocke", 1862.) Sep.-Abdr. 8°. s. l. 1868. 8°. Genf 1888.

— 4. L'Association Internationale des travailleurs de Genève aux ouvriers d'Espagne. 2 pp. 4°. Genève, 21 oct. 1868.
Trad. allem.: Vorbote, Genf, Nov. 1868. — Réimpr. dans le „Mémoire présenté par la Fédération jurassienne", 1873.

— 5. Aufruf an die Slaven von einem russischen Patrioten, M. Bakounin, Mitglied des Slavencongresses in Prag. 8°. Köthen 1848.

— 6. Aux compagnons de l'Association Internationale des travailleurs du Locle et de la Chaux de Fonds. („Le Progrès" 1895.) Oeuvres, Genève 1895.

— 7. Aux compagnons de la Fédération jurassienne. (Bulletin jurassien, 23 oct. 1873.)

— 8. Bóg i panstrov. (Trad. polon. de „Dieu et l'État.) (Bibliotheka Walki, klas 1, Miscellanoa 1. ser.) 8°. Genève 1889.

— 9. Bůh a Stat. (Trad. tchèque de „Dieu et l'état".) (Dělnické Listy, New York, 18 janv. 1896 ff.)

— 10. Catéchisme de la francmaçonnerie moderne. Mscr. 1865 (1867?).

— 11. Catéchismes révolutionnaires. Mscr. 1868.

— 12. Circulare. Ai miei amici d'Italia in occasione del Congresso operaio convocato a Roma pel 1 nov. 1871 dal Partito Mazziniano. („Paria", Ancona, 13, 17 agosto 1885 ff.)
Broch, sul titulo: Il Socialismo a Mazzini. Ancona 1886.
Reimp. in „Nuovo Combattiamo", Genova, 17 agosto 1889 ff.; „Lavoriamo", Buenos-Aires, Dec. 1891—Jan. 1893 (incpl.).

— 13. La Commune de Paris et la notion de l'État. (Le Travailleur, 1878, avril-mai.) Nouv. édit. dans „Entretiens politiques et littéraires", Paris, vol. 5, no. 29, août 1892.

Réimpr. dans l'"Homme Libre", Bruxelles 1892. Trad. russe dans "Obchtchina", Genève 1878, mai—juillet, et broch. en langue russe, Genève 1882. Trad. bulgar. dans "Bulgarska Socialistitscheska Biblioteka", no. 7, Sofia 1892.

Bakounine, M., 14. Conférence donnée à la section du Locle. (Rapportée dans le "Progrès" du Locle, 1 mars 1869.)

15. Correspondance de Michel Bakounine (Lettres à Herzen et à Ogareff 1860—1874), publiées avec préface et annotations par Michel Dragomanow. Traduction de Marie Stromberg. 16°. Paris, Perrin et Co., 1896.

*— 16. Dieu et l'État. 2 édit. 18°. Paris, au bureau de la Révolte, 1893.

17. Dio e lo Stato. (Biblioteca popolare socialista. no. 6.) 16°. Milano, Fantuzzi, 1893.

— 18. Dios y el Estado. ("Revista social", Madrid, 28 févr. 1884; "Bandera roja", Madrid, 15 juin 1888.) 8°. Madrid 188?. (Trad. de R. M[ella] et E. A[lvarez].)

— 19. Discours au Congrès de Bern, de la Ligue de la Paix et de la Liberté (sept. 1868). ("Annales du Congrès" et le "Kolokol" franç., Genève, 1 déc. 1868.)

- 20. Discours prononcés au Congrès de la paix. 8°. Genève 1869.

21. Discours prononcé pour célébrer le 17. anniversaire de la révolution polonaise 8°. Paris 1847.

— 22. Discours au meeting du Crêt-du-Locle. (Rapporté dans le "Progrès" du Locle, 30 mai 1869 et dans le "Mémoire présenté par la Fédération jurassienne", 1873.)

— 23. Discours dans une réunion publique de Genève le 23 nov. 1868. (Rapporté dans la "Liberté", Genève, 5 déc. 1868.)

— 24. Dumnezeu si Státul. 8°. Foksani 1884.

— 25. Les endormeurs. ("L'Égalité", Genève, 26 juin au 24 juillet 1869.)

26. L'Étatisme et l'anarchie. 8°. Zürich, 1874.

— 27. Fédéralisme, socialisme et anti-théologisme. Proposition motivée au Comité central de la Ligue de la Paix et de la Liberté. (Oeuvres, Genève 1895.)

— 28. God en de Staat. (Radicale Bibliotheek, no. 1, Amsterdam 1888.)

*— 29. God and the State. 8°. Turnbridge, Wells, 1883.

Reprinted in the "Commonweal", 28 Aug.—4 Sept. 1892. incpl. — Broch. 8°. London, Office of the "Commonweal", 1892; 8°. Jowa, Liberty Library, no. 2, Febr. 1896.

Bakounine, M., 30. God and the State. Extracts from unedited manuscript. ("Liberty", London, Mars—Sept. 1894.)

— 31. Gosu darstvennost i Anarchiia. Vvedenie. (1. partie 1873 in "Izdaniia socialnorevoliucionnoi", partii vol. 1.)

Extraits français: "Le gouvernementalisme et l'anarchie", dans l'"Avant-Garde", Chaux-de-Fonds, 10 févr. au 21 oct. 1878.

*— 32. Gott und der Staat. (Freiheit, 2. Mai—13. Juni 1891; Internationale Bibliothek, No. 17. 8°. New York 1892; Freidenker-Bibliothek, No. 1.)

— 33. L'histoire de ma vie. (Revue socialiste, 1898, nov.)

— 34. L'instruction intégrale. (L'Égalité, Genève, 31 juillet au 21 août 1869.)

— 35. Le jugement de M. Coullery. (L'Égalité, Genève, 31 juillet au 21 août 1869.)

— 36. Lettre d'adhésion. (Publié dans le no. spécimen de "la Democratie" de Ch. L. Chassin, Paris 1868.)

— 37. Lettre sur la brochure marxiste "l'Alliance". ("Journal de Genève", 25 sept 1873.)

Réimpr. "Bulletin" jurassien, 12 oct. 1873.

— 38. Lettre sur la circulaire privée du Conseil général de l'Internationale (Locarno, 12 juin 1872). ("Bulletin" jurassien, 15 juin 1872.)

pp. 11—16 de la brochure: Réponse de quelques internationaux membres de la Fédération jurassienne, à la Circulaire privée du Conseil général de Londres. (Extr. du "Bulletin".)

— 39. Lettre (sulla morte di Mazzini e la situazione in Italia) a Celso Cerretti, marzo 1872. ("Société Nouvelle", févr. 1896.)

— 40. Lettres à un Français. Neuchatel, sept. 1870.

— 41. La Montagne. ("L'Égalité", Genève, 10 au 17 juillet 1869.)

— 42. Mémoire sur l'histoire de l'Alliance de la démocratie socialiste. (Dans le "Mémoire jurassien".)

— 43. Un dernier mot sur M. Louis Mieroslawski. 8°. Genève 1868.

— 44. Organisation de l'Internationale. (L'Almanach du peuple pour 1872, Neuchâtel.)

Il en existe deux éditions, plus une avec couverture de Bruxelles: "Simples questions sociales...".

Réimpr. dans la "Science populaire", Verviers, 8 déc. 1872.

Trad. italienne dans la "Questione sociale", no. 6, Firenze, 24 janv. 1884.

Bakounine, M., 45. Oeuvres de Michel Bakounine. Fédéralisme, socialisme et antithéologisme: Lettres sur le patriotisme; Dieu et l'Etat. 1 et 2. édit. 18⁰. Paris, Tresse et Stock, 1895.
— 46. Parijskaia Kommuna.... s pismou P. A. Kropotkina. 8⁰. Genève 1892, „Anarchitcheskaia Biblioteka".
— 47. Quelques paroles à mes jeunes frères en Russie. („Liberté" de Bruxelles, 5 sept. 1869.) 8⁰. Bruxelles 1869.
Trad. allem. dans le „Volksstaat" 1869.
48. La politique de l'Internationale. („L'Égalité", Genève, 7 au 14 août 1869.)
— 49. Program towarzystwa polskiego socialnorewolucyjnego w Zurychu. 1 p. 4⁰. м. l. s. a.
Édit. franç. dans le „Bulletin" du 27 juillet 1872.
— 50. Programme de l'Alliance de la Démocratie socialiste. Dans „Mémoire présenté par la Fédération jurass.", 1873.
— 51. Programme de la Section slave de Zurich. Dans „l'Appendix" de Gos. i Anarchiia.
— 52. Réponse d'un International à Mazzini. („Liberté", Bruxelles, 18 et 19 août 1871.)
— 53. La révolution social ou la dictature militaire. 8⁰. Genève 1870.
Plus tard sous le titre: L'Empire knoutogérmanique.
— 54. Risposta d'un Internazionale à Giuseppe Mazzini. 8⁰. Milano, agosto 1871, suppl. alla „Gazzettino Rosa".
— 55. Risposta all' Unità Italiana. („Gazzettino Rosa", Milano, 10—12 oct. 1871.)
— 56. La science et la révolution. (En langue russe.) 8⁰. Genève 1870.
— 57. O sentido em que somos anarquistas. Extrait portugais de „Dieu et l'Etat". („Propaganda anarquista", no. 2, Lisboa, mars 1895.)
— 58. Staatsium und Anarchie. (In russ. Sprache.) 8⁰. s. l. 1873.
— 59. La teologia politica di Giuseppe Mazzini e l'Internazionale. 8⁰. s. l. 1871.
— 60. La théologie politique de Mazzini et l'Internationale. Première partie. 8⁰. s. l. Commission de la Propagande socialiste, 1871.
Trad. italienne dans „Lo Schiavo", Nizza 1887, 8 oct. ff. et „l'Operaio", Tunis 1888, 8 mai (inachevé).
Trad. allemande dans „Freiheit", New York, 20 juin—20 août 1891.
Trad. anglaise dans „Liberty", Boston 1887.

Bakounine, M., 61. Die Volksrache. Romanof, Pugatchef oder Postel. 8⁰. London 1862.
— 62. Einige Worte an die jüngeren Brüder in Russland. 8⁰. Genf 1869. (Abgedr. im „Briefwechsel".)
— Vide: Elizard Jules.
— — Narodnoe Dyelo.
— — Ours (Les) de Berne.
— — Schelling und die Offenbarung.

Bakounine's (Michael) sozialpolitischer Briefwechsel mit Alex. Iw. Herzen und Ogarjow. Mit einer biogr. Einleitung, Beilagen und Erläuterungen von Prof. Michail Dragomanow. Aus dem Russ. von Prof. Dr. Boris Minzès. (Bibliothek russischer Denkwürdigkeiten, Bd. 6.) gr. 8⁰. Stuttgart 1895.

Baksay, Károly, Communismus és magántulajdon. (Communismus und Privateigentum aus christl.-socialem Gesichtspunkte.) 8⁰. Budapest, Nagel, 1891.

Balas, B., Union et émancipation des travailleurs. Relèvement du drapeau populaire. 16⁰. Auch 1892.

Balathier Bragolonne, A. de, Paris insurgé. Histoire illustrée des événements accomplis du 18 mars—25 mai 1871. Pièces et documents recueillis au jour le jour, classés, coordonnés et annotés. gr. 8⁰. Paris 1872.

Balconi, Gius., Gli scioperi dei contadini lombardi. 8⁰. Milano, frat. Dumolard, 1886.

Baldur, J., Die Geschichte von den Troglodyten. 8⁰. Leipzig 1885.

Baldwin, H., Capital and labour, the Stearn's Prize Essay. 8⁰. London 1875.

Baldwin, J. M., 1. A new factor in evolution. (American Naturalist, 1896, July.)
— 2. The genesis of social interest. (Monist, 1897, April.)
— 3. The psychology of social organization. (Psychological Review, 1897, Sept.)

Ball, Sidney, 1. The moral aspects of socialism. (Intern. Journ. of Economics, 1896, April.)
— 2. Socialism according to Bebel. (Economic Review, vol. 4, 1894.)
— 3. Socialism and individualism: a challenge and an eirenicon. (Economic Review, vol. 7, 1897.)
— Vide: Hirst, F. W., and Sidney Ball.

Ballerini, G., Analisi del socialismo contemporaneo. 16⁰. Siena, Bernardino edit., 1895.

Ballesteros, E., Mouvement social: Chili. (Revue internat. de sociologie, II, 1894.)

Balogh, A., A társadalmi forradalom. Az anarkizmus. (Die sociale Revolution. Der Anarchismus.) 8°. Budapest, Vasuti Lapok, 1894.

Bamberger, Ludw., 1. Die Arbeiterfrage unter dem Gesichtspunkte des Vereinsrechtes. gr. 8°. Stuttgart, Cotta, 1873.
— 2. Deutschland und der Socialismus. (Deutsche Rundschau, 1878, Febr.)

Bancel, A. D., 1. Le coopératisme devant les écoles sociales. Préface de Jean Grave 8°. Paris, Bibliothèque artistique et littéraire, 1897.
— 2. La loi sur l'assistance médicale gratuite. (Revue d'écon. polit., XI, 1897.)
— 3. Trade-unionisme, mutualisme et néo-cooperativisme. (Humanité Nouvelle, 1898, janv.)

Bandera roja (La). Journ. Madrid, 15 juin—21 sept. 1888, 13 nos.

Bandera social (La). Journ. Madrid 1885—1886.

Bandit (Le) du Nord. Roubaix, 9—16 févr. 1890, 2 nos.

Bang, A. Chr., Den tydske Socialisme. 8°. Kjøbenhavn 1878.

Banlieue socialiste, organe des groupes du parti ouvrier socialiste révolutionnaire. 1. année, no. 1, 26 déc. 1896. fol. Saint-Denis.

Banque (La) du peuple doit régénérer le monde, transition de la vieille société au socialisme. 8°. Paris 1849.

Banque (La) Proudhon et autres banques socialistes par Cham. 60 carricatures. 4°. Paris 1849.

Banque générale et fraternelle des travailleurs des villes et des compagnes. 8°. Lyon, Rey-Sézanne, 1848.

Banquet (Premier) communiste, le 1. juillet 1840. Publié par le Comité de rédaction: J. J. Pillot, Th. Dézamy, Dutilloy, Homberg. 8°. (Paris) Impr. de Bourgogne et Martinet (1840).

Banquet (Le) des Égaux. Londres, 24 févr. 1851. 8°. Paris, Charles Joubert, au bureau du Nouveau Monde (1851).

Banquet donné à Clermont, en commémoration de la naissance de Fourier le 7 avril 1846. 8°. Clermont 1846.

Banquet des travailleurs socialistes, président Aug. Blanqui, détenu à Vincennes. pet. 8°. Paris 1849.

Banz, P. Placidus, Christlich-sozial! oder der richtige Weg zur Lösung der sozialen Frage. 12°. Lindau, Verlag des Pelikan, 1897.

Barat, Étienne, Fondation d'une colonie sociétaire agricole, industrielle et domestique. Mémoire adressé aux partisans du progrès par l'association. 8°. Paris, libr. des scienc. soc., 1881.

Barbanti, Avv., Difese proferite dell' Avv. Barbanti per Costa e Matteucci. Vicenza.

Barbaros (Os). Journ. Coimbra, 1 oct. 1894—1 janv. 1895, 7 nos, une revue, 186 pp. 8°.
— Vide: Conquista do Bem anarchista.

Barbe, M., Le cri d'une mère: aux femmes et filles du Peuple. 8°. Verviers, impr. G. Plumham, 1890.

*****Barbes, A.**, Deux jours de condamnation à mort, précédée d'une lettre de Louis Blanc. 8°. Paris 1849.

Barbet, Aug., 1. Au peuple État de l'économie politique et sociale de la France. 8°. Paris, Garnier frères, 1848.
— 2. Constitution démocratique du crédit. (Revue indépendante, 1847, juillet, sept. et oct.)
— 3. Du sang! Pourquoi du sang! 12°. Paris 1848.
  Droit au travail. — Droit de vivre.

Barclay, Joh., 1. Argenis. Ein politischer Roman. Mit beigefügten Erklärungen aus der Geschichte seiner Zeit. Aus dem Lateinischen übersetzt. 2 Bde. 8°. Augsburg, Veithische Buchhdlg., 1770.
— 2. Argenide. Historisch-politischer Roman. Deutsch von J. Chr. L. Haken, 2 Bde. 8°. Berlin 1794.
— 3. Argenis. Politischer Roman vom Anfang des 17. Jahrhunderts. Aus dem Latein. übers. von Dr. Gust. Waltz. 8°. München, Bassermann, 1891.

Barclay, Th., The rights of labour, accord. to John Ruskin. 8°. London 1895.

Barkan, L., Socialdemokratisches Staatswesen. 8°. New York, s. a.

Barker, W., Labour robbery, the politician unmasked. 8°. London 1892.

Barnes, W., Views of labour and gold. 8°. London 1859.

Barnett, S. A., Uitvoerbaar socialismo. Met inleiding en een nieuw hoofstuk van Hel. Mercier. 8°. Amsterdam 1890.

Baronchelli, Donato, Esposizione ed esame critico del collettivismo pratico. 12°. Bergamo, tip. di Maggioni e Secomandi, 1898.

Barrault, E., Le Christ. 1865.
Barricade (La), organe hebdomadaire de concentration socialiste. 1. année, no. 1, 17 sept. 1898. fol. Marseille, impr. Sauvion.
Barrier, Dr. F., 1. Catéchisme du socialisme rationel. 8°. Paris, s. a.
— 2. Esquisse d'une analogie de l'homme et de l'humanité. 8°. Lyon, libr. sociétaire, 1846.
— 3. Sur l'établissement des crèches à Lyon. 8°. Paris 1847.
— 4. Lettre à Girardin sur le nouveau mode d'élection. (Réprésentation proportionelle.) 8°. Paris 1851.
— 5. Réfutation du discours de Massol, avocat général à la Cour Royale sur les réformes sociales. 8°. Paris 1846.
Barrucand, Victor, Le pain gratuit (avec des articles de Henri Rochefort, Elisée Reclus, Kropotkine etc.). 18°. Paris, avril 1896.
Barruel, Abbé, 1. Abrégé des mémoires pour servir à l'histoire du Jacobinisme. 2 vols. 8°. Hambourg 1800.
— 2. Nachrichten zur Erörterung der Geschichte, der Entstehung, der Fortschritte und Folgen der Jakobiner in und ausser Frankreich. gr. 8°. London 1802.
— 3. Mémoires pour servir à l'histoire du Jacobinisme. 3 vols. 8°. Hambourg 1798. 5 vols. gr. 8°. Hambourg 1803.
Barry, W., Democratic ideals. (Nineteenth Century, 1894, Mai.)
Bartels, Die Schule und der Sozialismus, oder Beruf, Aufgabe und Stellung der Schule im Kampfe gegen die Sozialdemokratie. gr. 8°. Gera 1878.
Bartels, A. Vide: Débat social.
— — Patriot (Le) belge.
Barth, Paul, 1. Die Geschichtsphilosophie Hegels und der Hegelianer bis auf Marx und Hartmann. Ein krit. Versuch. 8°. Leipzig 1890.
— 2. Die sogenannte materialistische Geschichtsphilosophie. (Jahrb. f. Nat.-Oek. u. Stat., Bd. 66, 1896.)
— 3. Marx'sche Geschichtsphilosophie und Ethik. (Deutsche Worte, Jhrg. 13, 1893.)
— 4. Nochmals die Marx'sche Geschichtsphilosophie und Ethik. (Deutsche Worte, Jhrg. 13, 1893.)
— 5. Die Philosophie der Geschichte als Sociologie. 1. Thl. Einleitung und krit.

Uebersicht. gr. 8°. Leipzig, O. R. Reisland, 1897.
Barthel, N., Réligion scientifique de l'humanité. Réforme sociale, réligieuse, morale et politique et industriello, suivant la philosophie normale ou le normalisme. 8°. Paris 1859.
Bartlett, E. J., Capital: how to employ it profitably. 8°. London, A. H. Cooper, 1874.
Bary, R. B. de, Charm against Chartism in which the title of the operative is set forth and his estate ascertained. 8°. London 1839.
Bassarabia, journ. par J. Nadejde et Dr. Russell. Jassy 1879.
Bases de l'élection par le suffrage universel et direct avec pièces à l'appui, par un électeur. 8°. Paris 1848.
Bases de la politica positiva. Manifiesto de la escuela societaria fundada por Fourier. Sevilla 1842.
Bas-Querçy (Le), journal de la démocratie républicaine de l'arrondissement de Gourdon, paraissant à Souillac le dimanche. 1. année, no. 1, 24 avril 1898. fol. Souillac.
Bassermannische Gestalten. 8°. Berlin, Carl Schultze, 1851.
Bassi, Erc., Socialismo e cooperazione; questioni sociali: dialoghi popolari. 12°. Milano, casa tip. ed. Giac. Agnelli, 1898.
Basso, Lor. Vide: Cuminetti Giov., e Lor. Basso.
Bastian, A., Wie das Volk denkt. Ein Beitrag zur Beantwortung socialer Fragen auf Grundlage ethischer Elementargedanken in der Lehre vom Menschen. Lex.-8°. Berlin, Felber, 1892.
Bataille (La), organe du parti ouvrier, paraissant les samedis. 1. année, no. 1, 8 janv. 1898. fol. Roubaix.
Bataille (La), organe socialiste républicain, paraissant le dimanche. Dr. A. Defuisseaux. Frameries.
Bataille (La) sociale, organe du parti ouvrier limousin, paraissant le samedi. 1. année, no. 1, 12 mars 1898. fol. Limoges.
Bataille socialiste, organe des revendications prolétaires, journal politique hebdomadaire, paraissant le dimanche. 1 année, no. 1, 19 sept. 1897. 4°. Beziers, impr. du Progrès.
Batchelor, G., Social equilibrium and other

problems ethical and religious. 12°. Boston, G. H. Ellis, 1887.
Battaglia, A., L'evoluzione sociale in rapporto alla proprietà fondiaria in Sicilia. 8°. Palermo 1894.
Bauchery, 1. Le droit au capital ou testament du 19. siècle. 8°. Paris 1886.
— 2. L'impôt et la question sociale. 8°. Paris 1887.
Baudet-Dulary, M., 1. Hygiène populaire. 8°. Paris 1856.
— 2. Quelques mots sur l'organisation du travail. 8°. Paris 1848.
— 3. Principes et résumés de Physiognomie. 8°. Paris 1859.
Baudissin, Graf Wolf, Sociale Fragen der Gegenwart. Allen Freunden wahrer Freiheit gewidmet. gr. 8°. Dresden, v. Grumbkow, 1883.
Baudouin, La voix du peuple. 8°. Paris, Derveaux, 1882.
Baudouin, Félix Marie, La liberté du travail et les coalitions. Lettre d'un prud'homme patron à un prud'homme ouvrier. 8°. Paris, Faure, 1864.
Baudrillart, Henri, 1. L'économie politique et la démocratie. (Journ. des Écon., 1863, janv.)
— 2. L'impôt démocratique (à propos d'un livre récent). (Revue des deux Mondes, 1886, 15 nov.)
— 3. Luxe et travail. Conférences de Vincennes. 18°. Paris, L. Hachette et Co., 1867.
Bauer, Br., 1. Disraelis romantischer und Bismarcks socialistischer Imperialismus. 8°. Chemnitz 1882.
— 2. Vollständige Geschichte der Parteikämpfe in Deutschland während der J. 1842—46. 3 Bde. 8°. Charlottenburg 1847—50.
— 3. Die bürgerliche Revolution in Deutschland. 8°. Berlin 1849.
Bauer, Edgar, 1. Englische Freiheit. 8°. Leipzig, O. Wigand, 1857.
— 2. Die Parteien. Politische Revue in zwanglosen Heften. 1.—3. Heft. 8°. Hamburg, Hoffmann u. Campe, 1849.
— 3. Die Reise auf öffentliche Kosten. (Die Epigonen, Bd. 5, Leipzig 1847.)
Bauer, Erwin, Aus den Tagen der Nihilistengefahr. Erinnerungen und Erlebnisse. gr. 8°. Leipzig, R. Friese, 1897.
Bauer und Socialdemokrat. Ein erstmal. Briefwechsel zwischen dem Schriftsetzer August Hinz zu Leipzig und seinem Vetter dem Bauer Gottlieb Kunz in Schlaudorf. 8°. Leipzig, P. Ehrlich, 1896.
Bauern, vereinigt Euch, Einigkeit macht stark; von einem mährischen deutschen Bauer. 8°. Mährisch-Trübau, Verl. von Ant. Gromer, s. a.
Bauern (Die) und der Socialismus des Symmachos. 8°. Wien, Selbstverlag des „Socialist", 1879.
Bauernbewegung (Zur österreichischen). Der Bauerntag zu Wien. (Monatsschr. f. christl. Socialreform, Jhrg. 19, 1897.)
Bauernbewegung (Die) in Oesterreich, von R. K. (Monatsschr. f. christl. Socialreform, Jhrg. 19, 1897.)
Bauernbewegung (Die neue) in der Schweiz. (Neue Zeit, Jhrg. 9, 1890/91.)
Bauernbewegung (Von der) in Ungarn. (Neue Zeit, Jhrg. 16,11, 1897/98.)
Bauernfrage und Socialdemokratie in Bayern 1895—96. 8°. Nürnberg, Wörlein u. Co., s. a.
Bauernprogramm (Das) der böhmischen christlich-socialen Partei. (Christl.-soc. Blätter, Jhrg. 29, 1896.)
Baug, Gust., Ein Blick auf die Geschichte der dänischen Sozialdemokratie. (Neue Zeit, Jhrg. 16,11, 1897/98.)
Bauge, A., Les conditions du travail et le collectivisme. (Revue polit. et parlem., 1896, sept.)
Baumann, Franz Ldw., 1. Die zwölf Artikel der oberschwäbischen Bauern 1525. gr. 8°. Kempten, J. Kösel, 1896.
— 2. Quellen zur Geschichte des Bauernkrieges aus Rotenburg a. d. Tauber. 8°. Tübingen 1878.
Baumgarten, Dr. O., Neuere evangelischsoziale Bewegungen in Deutschland. (Handwörterb. d. Staatswiss., V. 1893.)
Baumgartner, Dr. Andr. Frhr. v., Die Macht der Arbeit. Vortrag geb. bei der feierl. Sitzung der Kais. Akademie der Wissenschaften am 30. Mai 1855. 8°. Wien, Gerold.
Baumm, W., Die Willensfreiheit und der Streit um die Umsturzvorlage. Offener Brief an Herrn Prof. N. N. als Vorwort für das Kreuzburger Gymnasialprogramm 1895. gr. 8°. Kreuzburg O.-S., E. Thielmann, 1895.
Baumstark, Rhld., Thomas Morus. 8°. Freiburg i. Br., Herder, 1889.
Bausset-Roquefort, le marquis Jean Baptiste Gabriel Ferdinand de, Des droits

de l'homme et ses devoirs dans la société. 12°. Paris, Vaton, 1851.
Bausanern, G. v., Der ungar.-österr. Dualismus und die Aufgabe der modernen Demokratie. 8°. Hermannstadt 1868.
Bavoux, Evarist, Philosophie politique, ou de l'ordre moral dans les sociétés humaines. 2 tom. gr. 8°. Paris et Leipzig, Brockhaus et Avenarius, 1840.
Bax, E. Belfort, 1. Die materialistische Geschichtsauffassung. (Die Zeit, No. 93, Wien, 11. Juli 1896.)
— 2. Outspoken essays on social subjects. 8°. New York, Scribner's Sons, 1897.
— 3. Der Socialismus als Weltanschauung. (Die Zeit, No. 188, Wien, 7. Mai 1898.
— 4. „Voluntaryism" versus „socialism". (Humanitarian, vol. 6, 1895.)
Bax, Belf. E., V. **Dave** and W. **Morris**, A short account of the Commune of Paris. 8°. London 1886.
Bax, E. Belfort. Vide: Morris, W., and E. B. Bax.
— Vide: Belfort-Bax, E.
Bax, W., en F. D. **Niewenhuis**, Debat over het wezenlijk belang der arbeiders. 8°. Amsterdam 1890.
Bayrhoffer, Karl Thdr., Das wahre Verhältniss des freien christlichen Staats zu christl. Religion und Kirche und deren Gegensätzen. Zur wissenschaftlichen Niederschlagung der antisocialen Richtungen und Umtriebe der Gegenwart. gr. 8°. Leipzig, Otto Wiegand, 1838.
Basar alimentaire pour les classes laborieuses. 8°. Paris 1846.
Bazard, Saint-Simon. (Article dans la „Biographie des contemporains", année 1829, p. 1233.)
Beacon (The). Journ. San Francisco 1890.
Beard, J. R., Religion of Jesus Christ defended from the assaults of Owenism in nine lectures. 8°. London 1839.
Beau de Rochas, Alf. Vide: Constitution (La).
Beaulieu, Cl. Fr., Essais historiques sur les causes et les effets de la révolution de France avec des notes sur quelques institutions et quelques événements. 6 vols. 8°. Paris, Maradan, 1801—3.
Beaulieu, P. L., The modern state in relation to society and the individual. 8°. London, Sonnenschein, 1891.
Beauvoir, Roger de. Vide: Varin et R. de Beauvoir.
Beaux, Auguste, Projet pour aider la rédemption du prolétariat. 8°. Milan, impr. P. B. Bellini e Co., 1885.
Beaux-Wascheul, Féodalisme et socialisme. Ni M. Thiers, ni M. Proudhon. 2 édit. 8°. Paris, Garnier frères, 1849.
Bebel, Aug., 1. Der Achtstundenarbeitstag. (Neue Zeit, Jhrg. 15, 1896/97.)
— 2. Attentate und Sozialdemokratie. Nach einer Rede. gr. 8°. Berlin, Buchhdlg. Vorwärts, 1898.
— 3. Akademiker und Sozialismus. Vortrag. gr. 8°. Berlin, Verlag d. sozialist. Monatshefte, 1898.
— 4. Der Ausfall der preussischen Landtagswahlen. (Neue Zeit, Jhrg. 17,₁, 1898/99.)
— 5. Unsere Beteiligung an den preussischen Landtagswahlen. (Neue Zeit, Jhrg. 16,₁, 1897/98.)
— 6. Die hohen Communalsteuern und die städtische Vertretung Leipzigs. 8°. Leipzig 1871.
— 7. Alla conquista del potere: discorso al parlamento tedesco nella tornata del 3 febbr. 1893. 16°. Milano, Lega socialista Milanese, 1893.
*— 8. Die Frau und der Sozialismus. 25. Jubil.-Ausgabe. gr. 8°. Stuttgart, Dietz, 1895. 29. Aufl. gr. 8°. Ebd. 1898.
— 9. Der Hamburger Parteitag. (Neue Zeit, Jhrg. 16,₁, 1897/98.)
— 10. Die Handhabung des Vereins- und Versammlungsrechts im Kgr. Sachsen. Auf Grund des Thatsachenmaterials dargelegt. 8°. Berlin, Buchh. Vorwärts, 1897.
— 11. Klassenpolitik und Sozialreform. 2 Etats-Reden. gr. 8°. Berlin, Buchh. Vorwärts, 1898.
— 12. Ein internationaler Kongress für den Achtstundentag. (Neue Zeit, Jhrg. 11, 1892/93.)
— 13. Der internationale Kongress für Arbeiterschutz. (Neue Zeit, Jhrg. 15, 1896/97.)
— 14. Unsere wirtschaftliche und politische Lage. Rede. 1. u. 2. Aufl. 12°. Zürich, Buchh. d. Schweiz. Grütlivereins, 1893.
— 15. Zu Wilhelm Liebknecht's 70. Geburtstage. (Neue Zeit, Jhrg. 14, 1895/96.)
— 16. Die Maifeier und ihre Bedeutung. (Neue Zeit, Jhrg. 11, 1892/93.)
— 17. Nicht stehendes Heer, sondern Volkswehr! 8°. Stuttgart, J. H. W. Dietz, 1898.
— 18. Noch einmal Herr Findel und die

Sozialdemokratie. 8°. Leipzig, Selbstverl. (Genoss.-Buchdr.), 1880.

Bebel, A., 19. Der Parteitag der deutschen Sozialdemokratie. (Neue Zeit, Jhrg. 11, 1892/93.)
— 20. Paysans et capitalistes. (Almanach de la question sociale pour 1894.)
— 21. Der bevorstehende Parteitag der deutschen Sozialdemokratie. (Neue Zeit, Jhrg. 13, 1894/95.)
— 22. Der bevorstehende Parteitag zu Breslau. (Neue Zeit, Jhrg. 14, 1895/96.)
— 23. Petition an den deutschen Reichstag die politischen Ausweisungen aus dem Kgr. Sachsen betreffend, nebst dem stenogr. Bericht über die Verhandlungen der 2. Kammer des sächs. Landtages am 21. Febr. 1882, denselben Gegenstand betreffend. 8°. Nürnberg, Woerlein u. Co., 1882.
— 24. Pressstimmen über das Freiberger Urtheil. 8°. Leipzig 1886.
— 25. Rede des Reichstags-Abgeordneten A. Bebel über das Unfallversicherungsgesetz. Gehalten in der Reichstagssitzung vom 4. April 1881. Aus d. amtl. stenogr. Bericht. 8°. Hottingen-Zürich, Vereinsbuchdr., s. a.
— 26. Die Reden Bebel's. Gehalten in der ersten Session des deutschen Reichstages, April und Mai 1871. Nach den stenogr. Berichten. 1) Ueber die Diäten. 2) Ueber die Grundrechte. 3) Ueber die 120 Millionen Anleihe. 4) Ueber das Haftgesetz. 5) Ueber die Annexion von Elsass-Lothringen. 8°. Leipzig, Expedit. d. „Volksstaat", s. a.
— 27. Reden Bebel's, gehalten in der zweiten Session des deutschen Reichstages (1871). 8°. Leipzig, Thiele, s. a.
— 28. Soll man die Sozialdemokratie zur akuten Revolution, zu Strassenkämpfen zwingen? (Mit besonderer Bezugnahme auf die gleiche Schrift des Reichsfreih. von Fechenbach-Laudenbach.) (Neue Zeit, Jhrg. 14,$_2$, 1895/96.)
— 29. Mein Schlusswort (zur socialdemokratischen Beteiligung an den preuss. Landtagswahlen). (Neue Zeit, Jhrg. 16,$_1$, 1897/98.)
— 30. Sozialdemokratie und Antisemitismus. Rede. Nebst einem Nachtrag. gr. 8°. Berlin, Verl. d. „Vorwärts", 1894.
— 31. Die Sozialdemokratie und das allgemeine Stimmrecht. Mit besonderer Berücksichtigung des Frauen-Stimmrechtes und Proportional-Wahlsystems. gr. 8°. Berlin, Buchh. d. „Vorwärts", 1895.

Bebel, Aug., 32. Der Stuttgarter Parteitag. (Neue Zeit, Jhrg. 17,$_1$, 1898/99.)
— 33. Die Thätigkeit des deutschen Reichstags von 1887—89. 8°. Nürnberg, Wörlein u. Co., 1890.
— 34. Für Volkswehr gegen Militarismus. Eine Buchbesprechung und Abwehr. 8°. Berlin, Buchh. d. „Vorwärts", 1898.
— 35. De vrouw en het socialisme. (De vrouw in het verleden, in het leden en in de toekomst.) Vert. met eene reeks artikelen op het gebied der vrouwenkwestie van S. Nadejde, P Lafargue etc. 8°. Amsterdam 1891.
— 36. De vrouw en het socialisme. (De vrouw en het verleden, in het heden en in de toekomst.) Vertaling van Sylvia. 8°. Amsterdam, van Looy, 1896. (Internationale Bibliothek, teel 12.)
— 37. Women: her position in the past, present and future. Translated from the German by H. B. Adams Walther. cr.-8°. London, W. Reeves, 1893. (Bellamy library.)
— 38. Zukunftsstaat und Sozialdemokratie. Eine Rede in der Sitzung des deutschen Reichstages vom 3. Febr. 1893. (Aus: Der sozialdemokratische Zukunftsstaat.) gr. 8°. Berlin, Verl. d. „Vorwärts", 1893.

Bebel, A., u. W. Liebknecht, Gegen den Militarismus und gegen die neuen Steuern. 2 Reichstagsreden. gr. 8°. Berlin, Verl. d. „Vorwärts", 1893.

Bebel, Aug. Vide: Commune (Für und wider die).
— — Geiser und Bebel.

Bebel im Lichte der Bibel. Der Sozialismus und die Frau in Vergangenheit, Gegenwart und Zukunft. Von Germanicus. 1. Thl. gr. 8°. Leipzig, A. Deichert Nachf., 1897.

Bebel (August), der Arbeiter-Bismarck. Von einem Socialisten. gr. 8°. Berlin, C. Küchenmeister, 1892.

Bebel (Und) sprach! Zeitroman in 2 Bänden. 8°. Leipzig, E. Herrmann sen., 1893.

Bebel und sein Zukunftsstaat vor dem Reichstag. Nach den stenogr. Berichten der Verhandlungen des Reichstages vom 12., 13., 14. u. 31. Jan. und 3., 4., 6. u. 8. Febr. 1893, nebst Erläuterungen. Hrsg. im Auftrage des Volksvereines

für das katholische Deutschland. gr. 8°. Köln, J. P. Bachem, 1893.
Bebel (Der Sozialdemokrat August) als Denunziant preussischer Offiziere. Von einem Offizier. gr. 8°. Berlin, Militär-Verlag R. Felix, 1897.
Bebel's Bäcker-Enquête. (Die Grenzboten, 1890/4.)
Béchaux, A., 1. Comment étudier les revendications ouvrières. (Réforme sociale, III, 1894.)
— 2. Les revendications ouvrières en France. 18°. Paris, Guillaumin et Co., 1894.
Beck, G., 1. Zur Frage des Rechts auf Arbeit. (Schweiz. Blätter f. Wirtschafts- u. Sozialpolitik, I, 1893.)
— 2. Zur Frage der unentgeltlichen Krankenpflege. Negationen und Positionen. (Diskussionsfragen, 1. Heft.) gr. 8°. Bern 1894.
— 3. Das Recht auf Arbeit. (Schweiz. Blätter f. Wirtschafts- u. Sozialpolitik, I, 1893.)
Beck, Jos., Beitrag zur Geschichte der Wiedertäufer in Kärnten. (Archiv d. histor. Vereins f. Kärnten, Bd. 11.)
***Beck**, Karl, Gedichte. 4., der neuen Ausg. 3. Aufl. 8°. Berlin, Literar. Compt., 1846.
Becker, Bernh., 1. Der grosse Arbeiter-Agitator Ferdinand Lassalle. Denkschrift für die Todtenfeier d. J. 1865. 8°. s. l. Druck von Reinh. Baist, 1865.
— 2. Die deutsche Bewegung von 1848 und die gegenwärtige. 2 Theile. 8°. Berlin 1864.
— 3. Zur Geschichte der revolutionären Pariser Kommune von 1789—1794. 8°. Braunschweig 1875.
— 4. Der alte und der neue Jesuitismus, oder die Jesuiten und die Freimaurer. Eine Klostergefängniss-Arbeit. 8°. Braunschweig, W. Bracke, 1872. 4. Aufl. Ebd. 1875.
— 5. Lassalle und seine Verkleinerer. 8°. Frankfurt a. M., Selbstverlag, 1863.
— 6. Der Missbrauch der Nationalitäten-Lehre. 3. Aufl. 8°. Braunschweig, W. Bracke, 1873.
— 7. National-ökonomische Raketen. 8°. Schleiz, Hübscher, 1871.
  1. Der nat.-ökon. Staat.
  2. Angebot und Nachfrage.
  3. Das Geld.
  4. Die Productionskosten.
  5. Die Arbeit.
  6. Kapital-Zins- und Grundrente.
  7. Die Menschenwaare.
  8. Ursprung und Natur des Arbeitslohnes.

Becker, Herm. Vide: Assisen-Procedur.
Becker, Joh. Phil., 1. Die internationale Arbeiter-Association und die Arbeiterbewegung in Basel im Winter 1868 auf 1869. 8°. Genf, Verl. d. Associat., 1869.
— 2. Offener Brief an die Arbeiter über Schulze-Delitzsch und Ferdinand Lassalle, die Bourgeoisie und das Parlament. Der deutschen und schweizerischen Jugend gewidmet. 8°. Genf, Verlagshalle, 1863.
— 3. Offener Brief an die deutschen Parteigenossen bei Gelegenheit der 50-jähr. Gedenkfeier des Hambacher Festes. Flugblatt mit 2 Liedern. Genf, 21. Mai 1882. 8°. Hottingen-Zürich, Vereinsbuchdr.
— 4. Psalmen in Reimform. Neue Stunden der Andacht. Die Zeitgebrechen blossgelegt durch stricte Schlussfolgerungen aus den überlieferten Anschauungen und Einrichtungen in religiöser, politischer, ethischer und socialer Beziehung. Kriterien und Satire. 8°. Genf, Deutsche Verlagshalle, 1875.
— 5. Neue Stunden der Andacht. 8°. Genf, Deutsche Verlagshalle, 1874.
— Vide: Précurseur (Le).
Bedenken (Rechtliche und politische) über den Prozess Ohm-Waldeck. gr. 8°. Berlin 1850.
Bedeutung (Die wissenschaftliche und kulturhistorische) der Marx'schen Kritik des Kapitalismus. (Monatsschr. f. christl. Sozialreform, Jhrg. 17, 1895.)
Beelzebub. Conseils de Satan aux Jésuites. 8°. Bruxelles, s. a.
Beer, M., Ein Beitrag zur Geschichte des Klassenkampfes im hebräischen Altertum. (Neue Zeit, Jhrg. 11, 1892/93.)
Beeveren, Edm. van, 1. Cooperatie en socialisme. 8°. Gent, Drukk. J. Foucaert, 1889.
— 2. Het algemeen stemrecht door een werkman beoordeeld en verdedigd. 2. dr. 8°. Gent, Drukk. Fr. Hage, 1884.
— 3. Op het allgemeen stemrecht. 8°. Gent, Drukk. J. Foucaert, 1890.
Beffroi de Regny, L. A., La constitution de la lune, rêve politique et moral. 2. édit. 8°. Paris 1792.
Befreiung (Die) der arbeitenden Volksklassen aus dem Joche der Lohnskla-

verei. Flugblatt. 4 Seiten. 8°. Zürich, Druck von C. Conzett, s. a.

Begehungssünden der Kriminaljustiz und Unterlassungssünden des Staates. Von X. Y. Z. 8°. Friedberg i. d. W., Andr. Flor, 1880.

Beger, Lina, Thomas Morus und Plato. (Zeitschr. f. Staatswiss., 1879.)

Begräbnissfeier (Die) Johann Jacoby's in Königsberg i. Pr. am 11. März 1877. 8°. Berlin, Allg. Deutsche Assoc.-Buchdr., s. a.

Behauptungen (Socialistische) und die Thatsachen (in Bezug auf Arbeiterlöhne beim Bergbau). (Christl.-soz. Blätter, Jhrg. 25, 1892.)

Behr, A., 1. Gerechtigkeit. Zeit- und Streitfragen in populärer Form. 8°. Gera, Emil Vetterlein, 1890.
— 2. Morgenroth. Zeit- und Streitfragen in populärer Form. 8°. Gera, Emil Vetterlein, 1890.

Beierlein, Mich. Vide: Eisen- und Metallarbeiter Wiens.

Beigel, R., Die Geld- und Creditwirthschaft und die sozialen Zustände. Ein Beitrag zur Lösung der sog. socialen Frage mit besonderer Rücksicht auf deutsche Verhältnisse. 8°. Mainz und Strassburg. 1878.

Belling, Charles, Paris nach der Belagerung und während des Commune-Aufstandes. (Nord u. Süd, 1897, Mai-Juni.)

Beitrag (Ein) zur Geschichte der socialistischen Arbeiterpartei. Zwei Reichstagsreden. 8°. Berlin, Oberhofbuchdruckerei (fingirt), 1882.

Beitrag eines deutschen Kolonisten zur Lösung der sozialen Frage. (Grenzboten, 1895,₃.)

Bekämpfung (Die) der Socialdemokratie. (Grenzboten, 1890,₃.)

Bekämpfung der Sozialdemokratie. (Christl.-soz. Blätter, Jhrg. 26, 1893.)

Bel-Adam, I. A „Defeza" d'O. de Gaia, notas para a historia da evolução anarchista en Portugal. („A Propaganda", 13—27 janv. 1895.) Vide: Vianna, J. M. G., A evolução anarchista en Portugal.
— 2. O 1° de mayo. 8°. Lisboa 1895. („Novo Mundo", I.)
3. O suffragio universal. 8°. Lisboa, 1895, nov. („Novo Mundo", III.)

Belagerungszustand (Der) in Hamburg-Altona und Umgegend und die Ausweisungen. Mitbürger, Wähler Hamburgs und Umgegend! Flugblatt, unterzeichnet: „Die Ausgewiesenen: J. Röther, Maurer; J. Gross, Gastwirth, Thalstrasse 17."

Belagerungszustand (Der Leipziger) vor dem deutschen Reichstage. Verhandelt am 14. Sept. 1886. (Socialpol. Zeit- u. Streitfragen, Heft 34.) 8°. München, s. a.

Belastingstelsel (Een gemeentelijk) in verband met het sociale vraagstuck, d. Fl. v. d. L. 8°. Dortrecht 1887.

Beleuchtung (Zur) der Werttheorie von Karl Marx. (Christl.-soz. Blätter, Jhrg. 24, 1891.)

Belfort-Bax, E., 1. Der Fluch der Zivilisation. (Neue Zeit, Jhrg. 11, 1892/93.)
— 2. Kolonialpolitik und Chauvinismus. (Neue Zeit, Jhrg. 16₁₁, 1897/98.)
— 3. Der Sozialismus eines gewöhnlichen Menschenkindes gegenüber dem Sozialismus des Herrn Bernstein. (Neue Zeit, Jhrg. 16, 1897/98.)
— 4. Synthetische contra Neumarxistische Geschichtsauffassung. (Neue Zeit, Jhrg. 15, 1896/97.)
— Vide: Bax, E. Belf.

Belina, Les Polonais et la Commune. 8°. Paris 1871.

Belitz, K., Das Vaterland ist in Gefahr. gr. 8°. Dresden, E. Pierson, 1893.

Bell, T. H., An Essay on the principles and progress of society. 8°. Alnwick, Bell, 1818.

Bellamy, Edw., 1. Equality. 12°. New York, Appleton, 1897.
— 2. Gleichheit (Equality). Aus dem Amerikanischen von M. Jacobi. 8°. Stuttgart, Deutsche Verlagsanstalt, 1897.
— 3. Alles verstaatlicht. Sozialpolitischer Roman, bearb. von Malkowsky. 8°. Berlin 1890.

Bellegarrigue, A. Vide: Anarchie (L'), journal de l'ordre.

Bellontani, V., Ordine, lavoro e risparmio. 8°. Milano 1882.

Bellevillois (Le), journal hebdomadaire, socialiste, littéraire. No. 1, 24 avril 1898. fol. Paris, impr. Casta-Lumio.

Bellin, Antoine Gaspard, Exposition critique des principes de l'école sociétaire fondée par Fourier, ou réponse à la 4. question du programme arrêté pour la 5. section du congrès scientifique de France pendant la 9. session tenue à Lyon. 8°. Lyon, Deleuze, 1841.

Bellom, J., Les grèves: leurs origines, leur caractère, leurs causes, leurs conséquences, leur remède. 1.—3. édit. 8°. Paris, l'auteur, 1898.

Belmon, Problème social considéré au point de vue de la morale publique. (Unir à jamais la monarchie et le peuple.) s. l. s. a.

Belmont, Perry, Democracy and socialism. (North American Review, 1897, April.)

Beltrani-Scalia, M., La conferenza internazionale contro l'anarchia ed il riordinamento di P. S. in Italia. (Rivista di discipl. carc., 1898, nov.)

Boluse, E., Les martyrs de Paris. 6. édit. 8°. Paris 1871.

Beluse, J. P., 1. Cheltenham (Colonie icarienne). 8°. Paris 1858.
— 2. La colonie icarienne St. Louis. 12°. Paris 1857.
— 3. Contrat social ou acte de la société de la communauté icarienne. — Loi sur l'admission. 8°. Paris 1857.
— 4. Emprunt icarien de un million de Francs. 8°. Paris 1857.
— 5. Inauguration du cours icarien. 12°. Paris 1858.
— 6. Lettres (1. et 2.) à Maximilien. 12°. Paris 1858.
— 7. Lettre sur la colonie icarienne par un Icarien. 8°. Paris 1856.
— 8. Mort du fondateur d'Icarie. 8°. Paris 1856.
— 9. Organisation du travail dans la communauté icarienne. 12°. Paris 1857.
— 10. Notre situation à Saint-Louis. 8°. Paris 1857.

*****Bemardini,** Didaci, Utopia. 8°. Colon 1649. Edit. secunda. 8°. Dillingae 1670. Edit. quarta. 12°. Dillingae 1714.

Bemis, Edw. W., 1. Benefit features of American Trades-Unions. (Political Science Quarterly, 1887, June.)
— 2. The convention of the American Federation of labor. (Journ. of Polit. Econ., vol. 2, March 1894.)
— 3. Homestead strike. (Journ. of Polit. Econ., vol. 2, June 1894.)
— 4. Relation of labour organizations to trade instruction. (Ann. of the American Academy of pol. and soc. science, vol. 5, 1894.) Publication of the Academy, no. 129. 8°. Philadelphia 1894.
— 5. Relation of trades-unions to apprentices. (Quarterly Journ. of Economics, vol. 6, 1891/92.)
— Vide: Labor organization papers.

*****Bemmelen,** P. van, 1. Le nihilisme scientifique. I. Dialogue entre le docteur Ouden et l'étudiant T, son neveu. II. Correspondence entre l'étudiant Ti et le professeur Ousia. III. Les trois règnes du monde: La matière; la vie; l'esprit. 8°. Leyde, E. J. Brill, 1891—93.
— 2. La question sociale. 8°. Leyden 1880.

Bénard, C., Règne social du Christ. 8°. Paris 1866.

Benda, A, 1. Die Felicier. Geschichtliche Entwickelung eines Urvolkes. 1. Theil. 8°. Leipzig, Frdr. Fleischer, 1827. 6. umgearb. Ausg. 8°. Berlin 1847.
— 2. Grundsätze, nach welchen der Staat der Felicier gebildet ward und geleitet wird. Auszug aus dem 2. Theil des im J. 1827 hrsg. 1. Theiles der Felicier. gr. 8°. Berlin, Friedländer's Buchdr., 1863.

Bendt, Franz, Der Werth der Arbeit. (Die Zukunft, Bd. 8, 1894.)

Benites, J., Derechos del hombre. 8°. Mexiko 1874.

Benjam, Principes de politique appliqués à l'éxamen du Contrat social. Édition augmentée de deux dissertations, l'une sur la révolution française, l'autre sur les États généraux, et d'une lettre sur les moyens d'atténuer les inconveniens de la liberté. 8°. Paris, Desforges, 1837.

Bennett, Ch. G., Das allgemeine Stimmrecht in den Vereinigten Staaten von Nordamerika mit Hinblick auf Frankreich und die Schweiz. 8°. Berlin 1877.

Benoist, Charles, 1. Une démocratie historique. — La Suisse. (Revue des deux Mondes, 1895, 15 janv.)
— 2. De l'organisation du suffrage universel. (Revue des deux Mondes, 1. juillet, 15 août, 15 oct., 15 déc. 1895, 1. avril, 1. juin, 1. août, 1. déc. 1896.)
— 3. Les ouvriers de l'aiguille à Paris. Notes pour l'étude de la question sociale. 18°. Paris, Chailley, 1895.
— 4. La souveraineté du peuple, suivie d'une discussion à laquelle ont pris part MM. de Lamarzelle, A. Gigot, A. Leroy-Beaulieu, Frederiksen, T. Funck-Brentano, d'Eichthal et Delaire. (Réforme sociale, 1895, 16 déc.)

Benoit, J. B., Étude sur la question sociale; solidarité industrielle. 8°. 11 pp. Roanne, impr. Ferlat, 1874.

Benrath, K., Wiedertäufer im Venezianischen. (Theolog. Studien, Jhrg. 1883.)

Benson, Margaret, Capital, labour and trade and the outlook. Plain papers. 18°. London, Society for promoting christian knowledge. 1891.

Benvenuti, G., 1. Problemi sociali, ossia catechismo del popolo. 8°. Mantova, tip. Enrico Bortoli, 1888.
— 2. Riscatto morale, civile ed economico delle classi operaie. 8°. Gonzaga, tip. A. Giannini e Co., 1882.

Benz, G., Christlicher Sozialismus. (Schweiz. Blätt. f. Wirtschafts- u. Soz.-Pol., Jhrg. 3, 1895.)

Benzel-Sternau, K. Chr. Er. Graf v. Vide: Aretäus.

Berard, Alex., C. Lombroso et Van Hamel, Documents d'études sociales. Sur l'anarchie. Les mystiques de l'anarchie; les hommes et les théories de l'anarchie; le crime anarchiste: par Alex. Berard.
— L'anarchie et ses héros; par C. Lombroso. — L'anarchisme et le combat contre l'anarchisme; par Van Hamel. 16°. Lyon, Storck, 1897.

Berardi, D., La legge del valore secondo la dottrina della utilità limite. (Giorn. degli Econom., 1895, sett.)

Berathung der Denkschriften betreffend die Verhängung des Belagerungszustandes über Hamburg-Altona, Harburg, Berlin, Leipzig. Stenogr. Bericht der Verhandlungen des Deutschen Reichstages am 10. Dec. 1881. 8°. Hamburg 1881.

Berathung des Rechenschaftsberichtes betreffend den über Berlin und Umgegend verhängten kleinen Belagerungszustand in der Reichstagssitzung vom 17. März 1879. 8°. Leipzig, Genoss.-Buchdr., s. a.

Berchy, Henri, Au citoyen Jean Allemane. La révolte des exploités. Paroles du citoyen H. Berchy. 8°. Paris, propriété exclusive des groupes du 11. arrondissement, féderation des travailleurs socialistes de France, s. a.

Berg, Alex. Vide: Anti-Vorwärts.

Berg, von. Vide: Rodbertus, von Berg, Lothar Bucher.

Berg, R., Leben und Wirken Ferdinand Lassalle's. 8°. Berlin, Maurer u. Dinninck, 1893.

Bergarbeiterkongress (Der) in Wien. (Christl.-soz. Blätter, Jhrg. 31, 1898.)

Bergarbeiter-Kongress (Internationaler) in Berlin. Bearbeitet von F. Jones. 8°. Berlin, Magazin f. Volksliteratur, 1894.

Bergener, Osw., Studententum und Sozialismus. gr. 8°. Leipzig, M. Hoffmann, 1895.

Berger, Adeline, Die zwanzigjährige Arbeiterinnenbewegung Berlins. gr. 8°. Berlin, Selbstverlag, 1889.

Berger, George, La question sociale. (Génie civil, 1891, 31 oct.)

Berger, O., Le socialisme rationnel. Résumé, en quelques mots, du socialisme de Colins. 4°. Bruxelles, chez l'auteur, 1895.

Bergerand, Paris sous la Commune. 8°. Paris 1872.

Bergeret, Plan d'organisation sociale selon les lois naturelles. 8°. Orléans, impr. Jacob, s. a. (1893).

Bergeron, L., L'avenir des familles. 32°. Paris, impr. Lefebvre, 1873. 16. édit. 32°. Paris, Warnier et Co., 1894.

Bergery, Discours sur le partage des richesses, prononcé à la distribution des prix des cours des industriels de Metz le 1. juin 1834. 8°. Metz, S. Lamort, 1834.

Berghoff-Ising, Dr. Frz. 1. Die socialistische Arbeiterbewegung in der Schweiz. Ein Beitrag zur Geschichte der sozialen Bewegung in den letzten 30 Jahren. gr. 8°. Leipzig, Duncker u. Humblot, 1895.
— 2. Die neuere socialistische Bewegung in der Schweiz. (Schmoller's Jahrb. f. Gesetzgbg., Jhrg. 17,3/4, 1893.)
— 3. Fortschritt und Armuth. (Deutsche Zeit- u. Streitfragen, N. F. Heft 97.) gr. 8°. Hamburg 1892.
— 4. Le socialisme en Suisse. (Extrait de la Revue d'Écon. polit., X, 1896.) 8°. Paris, Larose, 1896.

Bericht der zur Ausmittelung übelgesinnter Gesellschaften in Russland niedergesetzten Untersuchungs-Commission. 8°. Petersburg 1826.

Bericht (Stenogr.) des Processes gegen den Dichter Ferd. Freiligrath, angeklagt der Aufreizung zu hochverrätherischen Unternehmungen durch das Gedicht: „Die Todten an die Lebenden", verhandelt zu Düsseldorf am 3. Oct. 1848. Hrsg. von Karl Arenz. 8°. Düsseldorf, Buddeus, 1848.

Bericht (Stenogr.) über die Verhandlungen vor dem Geschwornengerichte zu Berlin in der Anklage gegen den Obertribunals-

rath Waldeck und Kaufmann Ohm. gr. 8°. Berlin 1849.
Bericht (Histor.) über die am 1. Dec. 1869 begonnene 8-wöchentliche allgemeine Arbeitseinstellung der Waldenburger Bergleute. 8°. Schweidnitz, s. a.
Bericht des Generalrathes der Internationalen Arbeiterassociation an den 4. allgem. Congress in Basel. 8°. Basel 1869.
Bericht der vom 3. Congress eingesetzten Commission zur Prüfung der Rententheorie von Rodbertus. 2 Hefte. 8°. Berlin 1871.
Bericht (Ausführlicher) über die Verhandlungen des 1. deutschen Webertages, abgehalt. zu Glauchau in Sachsen vom 28.—30. Mai 1871. Hrsg. vom deutschen Weber-Central-Comité. 8°. Crimmitschau 1871.
Bericht (Offizieller) des Londoner Generalrathes, verlesen in öffentlicher Sitzung des Internationalen Kongresses, Haag, 6. Sept. 1872. 8°. Braunschweig, Bracke, s. a.
Bericht (Stenogr.) über die Verhandlungen des 1. allgemeinen deutschen Handwerkertages zu Dresden. 8°. Dresden 1872.
Bericht über die Schwurgerichtsverhandlung vom 29. Juni bis 1. Juli 1885 gegen Julius Lieske. 8°. Leipzig 1885.
*****Bericht** über die Untersuchung betreffend die anarchistischen Umtriebe in der Schweiz, an den hohen Bundesrath der schweizer. Eidgenossenschaft erstattet durch Bundesanwalt Eduard Müller. 8°. Bern, Wyss, 1885.
Bericht über die Verhandlungen des Parteitages der deutschen Sozialdemokratie. Abgehalten zu Schönewegen bei St. Gallen vom 2.—6. Oct. 1887.
Bericht über die Verhandlungen des 1. evangelisch-sozialen Kongresses, abgeh. zu Berlin vom 27.—29. Mai 1890. Nach den stenogr. Protokollen. gr. 8°. Berlin, Vaterländ. Verlags-Anstalt, 1890.
— des 2. evangel.-sozialen Kongresses, abgeh. am 23.—29. Mai 1891. gr. 8°. Berlin, ebd. 1891.
— des 3., abgeh. zu Berlin am 20. und 21. April 1892. gr. 8°. Berlin, Rehtwisch u. Seeler, 1892.
— des 4., abgeh. zu Berlin am 1. und 2. Juni 1893. gr. 8°. Berlin, Rehtwisch u. Langewort, 1893.

Bericht über die Verhandlungen des 5. evang.-sozialen Kongresses, abgeh. zu Frankfurt a. M. am 16. und 17. Mai 1894. gr. 8°. Berlin, Rehtwisch u. Langewort, 1894.
— des 6., abgeh. zu Erfurt am 5. und 6. Juni 1895. gr. 8°. Berlin, K. G. Wiegandt, 1895.
— des 7., abgeh. zu Stuttgart am 28. und 29. Mai 1896. Nach den stenogr. Protokollen. gr. 8°. Berlin, G. Wiegandt, 1896.
Bericht (Der) über den Ausstand in Chicago, Juni und Juli 1894. (Neue Zeit, Jhrg. 13, 1894/95.)
Bericht über die socialistische Bewegung in Rumänien. („Freiheit", 22.—29. Febr. 1896; Supplem. zu „Socialist", 5. Sept. 1896.)
Bericht des Bundeskomitee des allgem. schweizer. Gewerkschaftsbundes an die Sektionen, umfassend den Zeitraum vom 1. Jan. 1894 bis 31. Dec. 1895, erstattet an den in Zürich am 4. und 5. April 1896 stattfindenden Gewerkschafts-Kongress. 8°. Zürich, Buchh. d. Schweiz. Grütlivereins, 1896.
Bericht über die Verhandlungen des 9. deutschen Odd-Fellow-Tages in Nürnberg am 24. und 25. Mai 1896. gr. 8°. Leipzig, Th. Loibing, 1896.
Bericht über den 1. Delegiertentag christl. Bergarbeitervereine Deutschlands am 31. Jänner und 1. und 2. Febr. 1897 zu Bochum. Hrsg. im Auftrage des Gewerkvereines christl. Bergarbeiter von Aug. Brust. 8°. Altenessen 1897.
Bericht über die Ursachen und den Verlauf des Münchener Hafnerstreiks im Frühjahr 1897. Versehen mit einem Kommentar über das Verhalten der „Fachsektion der Hafner" des Vereins „Arbeiterschutz" München. Hrsg. von der Streikkommission. gr. 8°. München, M. Ernst, 1898.
Bericht des Bundeskomitee des allgem. schweiz. Gewerkschaftsbundes an die Sektionen, umfassend den Zeitraum vom 1. Jan. 1896 bis 31. Dec. 1897, erstattet an den in Solothurn am 10. und 11. April 1898 stattfindenden Gewerkschaftskongress. 8°. Zürich, Buchh. d. schweiz. Grütlivereins, 1898.
Beringer, Fr., Ueber die Organisation der Volkspartei in Berlin. (Deutsche Monatsschrift, 1850,₄.)

Berington, Simon. Vide: Geschichte des Gaudentio von Lucca.
— — Mémoires de Gaudence de Lucques.
Berjean, J. Ph., et V^{or} **Borie,** Calomnies de la presse réactionnaire sur l'insurrection de juin. Relevé exact des mensonges, dénonciations ou insinuations des journaux, avec le démenti authentique ou officiel au dessous de chaque fait. 8°. Paris, Gustave Sandré, 1849.
Berk, F., Alte und neue Gesänge. 8°. Charlottenburg, s. a.
Bermudes de Castro, S., El problema social y las escuelas political. 4°. Madrid, tip. de los Huerfanas, 1891
Bernard, André, Le socialisme dans le clergé. (Journ. d. Écon., 1898, févr., juillet.)
Bernard, J., Les lettres devant la Plèbe. (Revue socialiste, sept. 1886.)
Bernard, Pierre, L'avenir, au coin du feu causeries libérales, socialistes et humanitaires. 8°. Paris, P. H. Krabbe, 1849.
Bernard, Th., Lettre d'un électeur rouge aux travailleurs des villes et des campagnes. 12°. s. l. s. a.
Bernard-Lavergne, L'évolution sociale. 16°. Paris, Fischbacher, 1893.
Bernadot, F., 1. Le Familistère de Guise, association du capital et du travail, et son fondateur Jean Bapt. André Godin. Etude fait au nom de la Société de Familistère de Guise. 8°. Paris, Dequenne et Co., 1889.
— 2. Le Familistère de Guise et son fondateur, Jean Baptiste André Godin, conférence faite le 9 mai 1893. 8°. Nîmes 1893.
Bernatzik, Dr., Der Anarchismus. Eine akademische Antrittsrede. (Schmoller's Jahrb. f. Gesetzg. etc., Jhrg. 19,,, 1895.) S.-A. 8°. Leipzig 1895
Berner, Ernst, 1. Das rothe ABC oder Sozialdemokratischer Katechismus. Ein Gesprächsbüchlein für das arbeitende Volk. (Abdr. aus dem „Gesellschafter".) 8°. Aussig a. E., Berner, 1894.
— 2. Das rothe Einmaleins, oder so leben wir. Ein sociales Bilderbuch. 8°. Gedruckt in Seiffhennersdorf, s. a. 2. Aufl. 12°. Wien, 1. Wiener Volksbuchhdlg., 1896.
— 3. Die Natur als Staatengründerin. Eine sozialnaturwissenschaftliche Studie. 8°. München, „Münchener Post", 1891.

Berner, Ernst, 4. Das Proletariat in Oesterreich. (Neue Zeit, Jhrg. 10, 1891/92.)
Bernier, C., La grève et les accidents de chemins de fer, avec leurs principales causes. 8°. Paris, impr. Mayer et Co., 1894.
Bernstein, Ed., 1. Die Arbeiter und der Wahlkampf in England. (Neue Zeit, Jhrg. 13, 1894/95.)
— 2. Zur 3. Aufl. von Fr. Engels' „Herrn Eugen Dühring's Umwälzung der Wissenschaft". (Neue Zeit, Jhrg. 13, 1894/95.)
— 3. Der dritte Band des „Kapital". (Neue Zeit, Jhrg. 13, 1894/95.)
— 4. Die Bedeutung der gewerkschaftlichen Organisation der Arbeiter. Referat, gehalten auf dem Arbeiterkongress zu Bern. 8°. Berlin, „Vorwärts", s. a.
— 5. Der Bericht der englischen Arbeitskommission über die Arbeiterfrage in Deutschland. (Neue Zeit, Jhrg. 12, 1893/94.)
— 6. Die Beziehungen zwischen Sozialisten und Radikalen in England. (Neue Zeit, Jhrg. 17,,, 1898/99.)
— 7. Die Börse. (Neue Zeit, Jhrg. 10, 1891/92.)
— 8. Ein ungedruckter Brief Ferdinand Lassalle's. (Neue Revue, Wien, 10. Juli 1895.)
— 9. Die Briefe von Karl Marx über den Krimkrieg und die Orientfrage. (Neue Zeit, Jhrg. 16,,, 1897/98.)
— 10 Carlyle und die sozialpolitische Entwickelung Englands. (Neue Zeit, Jhrg. 9, 1890/91.)
— 11. Die soziale Doktrin des Anarchismus. (Neue Zeit, Jhrg. 10, 1891/92.)
— 12. Die moderne Ehe und die Heirathsannoncen. (Neue Zeit, Jhrg. 13, 1894/95.)
— 13. Einiges über Stirner. (Neue Zeit, Jhrg. 16,,, 1897/98.)
— 14. England und Frankreich. (Neue Zeit, Jhrg. 17,,, 1898/99.)
— 15. Neue Formen gewerblicher Verbindung in England. (Neue Zeit, Jhrg. 17,,, 1898/99.)
— 16. Zur Frage des ehernen Lohngesetzes. (Neue Zeit, Jhrg. 9, 1890/91.)
— 17. Frauenrechtlerei und Arbeiterschutz. (Neue Zeit, Jhrg. 9, 1890/91.)
— 18. Am Gedenktage der „Internationale". (Neue Zeit, Jhrg. 12, 1893/94.)
— 19. Ein Genossenschaftsprojekt. (Neue Zeit, Jhrg. 14, 1895/96.)
— 20. Die Grenzen des Nutzens und Ein-

flusses internationaler Kongresse. (Neue Zeit, Jhrg. 11, 1892/93.)
Bernstein, Ed., 21. Der Kampf der Maschinenbauer und der Gewerkvereinskongress in Birmingham. (Neue Zeit, Jhrg. 16, 1897/98.)
— 22. Der Kampf im englischen Maschinenbaugewerbe. (Neue Zeit, Jhrg. 16,₁₁, 1897/98.)
— 23. Der Kampf der Sozialdemokratie und die Revolution der Gesellschaft. (Neue Zeit, Jhrg. 16,₁₁, 1897/98.)
— 24. Aus früheren Kämpfen. Allerlei aus den Erinnerungen eines englischen Agitators. (Neue Zeit, Jhrg. 14, 1895/96.)
— 25. Ein Kapitel kapitalistischer Expropriation. (Neue Zeit, Jhrg. 13, 1894/95.)
— 26. Klassenkampf und Kompromiss. Eine Antwort auf Giovanni Lerda's Artikel über die Taktik der sozialdemokratischen Partei. (Neue Zeit, Jhrg. 15, 1896/96.)
— 27. Ein moralischer Kritiker und seine kritische Moral. (Sozialdemokrat, Zürich 1886, No. 4 - 7 u. 9.)
— 28. Die preussischen Landtagswahlen und die Sozialdemokratie. (Neue Zeit, Jhrg. 11, 1892/93.)
— 29. Ferdinand Lassalle as a social reformer. Translated by E. Marx-Aveling. 8°. London, Swan Sonnenschein, 1893.
— 30. Ferdinand Lassalle und Georg Herwegh. (Neue Zeit, Jhrg. 14,₂, 1895/96.)
— 31. Eleanor Marx. Erinnerungen. (Neue Zeit, Jhrg. 16, 1897/98.)
— 32. Was Eleanor Marx in den Tod trieb. (Neue Zeit, Jhrg. 16, 1897/98.)
— 33. Das realistische Moment im Sozialismus. Probleme des Sozialismus. (Neue Zeit, Jhrg. 16, 1897/98.)
— 34. Naturwissenschaftliche Nationalökonomie. (Neue Zeit, Jhrg. 13, 1894/95.)
— 35. Naturwissenschaft wider Gesellschaftswissenschaft. (Neue Zeit, Jhrg. 12, 1894.
— 36. Nieuwenhuis über die deutsche Sozialdemokratie. (Neue Zeit, Jhrg. 10, 1891/92.)
— 37. Sozialistische Oekonomie in England. (Neue Zeit, Jhrg. 15, 1896/97.)
— 38. Politische Parteien und wirtschaftliche Interessen in England. (Neue Zeit, Jhrg. 15, 1896/97.)
— 39. Englische Parteientwickelungen. (Neue Zeit, Jhrg. 14, 1895.)
— 40. Probleme des Sozialismus. Eigenes und Uebersetztes. (Neue Zeit, Jhrg. 15, 1896/97.)
Bernstein, Ed., 41. Proudhon als Politiker und Publicist. (Neue Zeit, Jhrg. 14, No 46, 1896.)
— 42. Der Riesenaustand im englischen Kohlengewerbe. (Neue Zeit, Jhrg. 12, 1893/94.)
— 43. Der Sieg der Türken und die Sozialdemokratie. (Neue Zeit, Jhrg. 15, 1896/97.)
— 44. Die deutsche Sozialdemokratie in englischer Beleuchtung. (Neue Zeit, Jhrg. 15, 1896/97.)
— 45. Die Sozialdemokratie und das neue Landtagswahlsystem in Sachsen. (Neue Zeit, Jhrg. 14,₂, 1895/96.)
— 46. Die deutsche Sozialdemokratie und die türkischen Wirren. (Neue Zeit, Jhrg. 15, 1896/97.)
— 47. Der Sozialismus und die gewerbliche Arbeit der Jugend. (Neue Zeit, Jhrg. 16, 1897/98.)
— 48. Eine Statistik über die Arbeitszeit der engl. Arbeiter. (Neue Zeit, Jhrg. 9, 1890/91.)
— 49. Der Strike als politisches Kampfmittel. (Neue Zeit, Jhrg. 12, 1893/94.)
— 50. Acht Stunden. (Neue Zeit, Jhrg. 9, 1890/91.)
— 51. Der Trade-Unionkongress von Cardiff und seine Bedeutung. (Neue Zeit, Jhrg. 13, 1894/95.)
— 52. Der Trade-Unionkongress von Norwich und die Sozialdemokratie in England. (Neue Zeit, Jhrg. 12, 1893/94.)
— 53. Der neueste Vernichter des Sozialismus (gegen J. Wolf's Socialismus und kapitalist. Gesellschaftsordnung). (Neue Zeit, Jhrg. 11, 1892/93.)
— 54. Zur Vorgeschichte des Gothaer Porgrammes. (Neue Zeit, Jhrg 15, 1896/97.)
— 55. Wie die Sozialdemokratie in Preussen bei der Landtagswahl ausrichten kann. (Neue Zeit, Jhrg. 15, 1896/97.)
— 56. Zur Würdigung Fr. Alb. Lange's. I. Biographisches. II. Lange als Sozialpolitiker. (Neue Zeit, Jhrg. 10, 1891/92.)
— Vide: Geschichte des Socialismus.
Berru, Camille, Le revers d'une médaille. 8°. Bruxelles, L. Bertrand, J. Maheu, s. a. (Bibliothèque populaire, éditée sous le patronage du Parti ouvrier, no. 16.)
Berry, L. F., Social teachings of Jesus. (Bibliotheca Sacra, 1898, Oct.)

Bertagnolli, F., Gli scioperi dei contadini. (Giorn. d. Econ., 1886, fasc. 5 e 6.)

Bertall, 1. Les communeux 1871. Types, caractères, costumes. 3. édit. 8°. Paris, E. Plon et Co., 1880.

— 2. The Communists of Paris. Types, physiognomies, characters with text by an Englishman eye-witness of the events of that year. With 40 colour. plates. 4°. London 1871.

Berte, Louis, L'avenir des travailleurs, chanson nouvelle. 4°. Lille, impr. Delory, 1894.

Bertesène, Alfred, La révolution. Poème universel. Précédée d'un exposé du siège de Paris. Deux gravures. 7. édit. 8°. Paris, N. Blanqui, Bibliothèque du dimanche, 1889.

Berthaut, Idendité des morales chrétienne et phalanstérienne. 8°. Paris 1843.

Berthé, Ch., Organisation du suffrage universel. 12°. Paris 1850.

Bertheau, Alfred, Qu'est-ce que l'économie familiale? Aux ouvriers! Aux pères de famille! A tous les honnêtes gens! 18°. Orléans, impr. Bonnefaut, s. a. (1898).

Bertheau, Charles, Brissonet, ou Entretiens avec un ouvrier; avec une préface de M. Jules Simon. 8°. Paris, Chevalier-Marescq et Co., 1897.

Bertheau, Frdr., 1. 5 Briefe über Marx an Herrn Dr. Julius Wolf, Professor der Nationalökonomie in Zürich. gr. 8°. Jena, Fischer, 1895.

— 2. Entgegnung auf die Kritik des Herrn Dr. Schmidt in Zürich über meine Briefe über Marx. (Schweiz. Blätter f. Wirtschafts- u. Soz.-Pol., III, 1895.)

Berthold, A., Volksjustiz oder Klassenjustiz? Proletarische Betrachtungen über Recht und Rechtspflege. 8°. Hamburg, Selbstverlag, 1895.

Bertholdi, H., Proletarier-Lieder. An die Herren im weissen Saal. 8°. Leipzig, Julius Koffka, 1847.

Bertini, Ranin, Saggi di economia politica, della proprietà e del valore. 8°. Torino, Unione tip. editrice, 1891.

Bertoglio-Pisani, N., Se vi sia di fatto una così detta questione sociale. (Rivista della Beneficenza pubbl., anno 20, 1892.)

Bertolini, Angelo, 1. L'aumento del dazio sul grano. (Riforma sociale, Roma 1894, no. 1.)

— 2. Cenno sul socialismo in Italia —

premesso alla traduzione dell' opera: Il socialismo contemporaneo di Giv. Rae. 8°. Firenze, successori Le Monnier, 1889. 2. ediz. 1895.

Bertolini, Angelo, 3. L'Enciclica di Leone XIII sulla questione operaia. 8°. Firenze, Ricci, 1891.

— 4. L'imposta progressiva ed il Cantone di Vaud. (Giorn. degli Economisti, vol. 2, fasc. 5.)

— 5. Gli italiani a Chicago. (Giorn. degli Economisti, 1898, giugno.)

— 6. Die socialistische Literatur in Italien. (Zeitschr. f. Volksw., Soz.-Pol. u. Verw., IV, 1896.)

— 7. Rivista del socialismo. (Giorn. degli Economisti, anno 4, vol. 5, fasc. 1—2.)

— 8. Saggio di bibliografia italiana (1870 —1890). Estratto dal Giorn. degli Economisti. 8°. Bologna, Fava e Garagnani, 1895.

— 9. Scioperi in Italia e all' esterero. (Giorn. degli Economisti, 1898, luglio.)

— 10. Socialismo. (Digesto italiano, 1898.)

— 11. Il socialismo e l'agricoltura. (Rivista „Agricoltura e Bestiame", Milano, anno 1.)

— 12. Il socialismo dello Stato e il socialismo della piazza in Inghilterra. (Giorn. degli Economisti, anno 4, vol. 4, fasc. 5.)

— 13. La trasformazione del Bosco Montello. (Rivista „Agricoltura e Bestiame", 1895, no. 30.)

Bertolini, A., e M. **Pantaleoni**, Cenni sul concetto di massimi edonistici individuali e collettivi. (Giorn. degli Economisti, 1892, aprile.)

Berton, Paul, Lignons-nous contre le socialisme. 18°. Paris, Girard et Brière, 1896.

Bertouch, Ernst v., Vorschläge zur Lösung der Arbeiterfrage. gr. 8°. Wiesbaden, F. Dietrich, 1893.

Bertram, A., 1. The labour party in Queensland. (Contempor. Review, 1896, march.)

— 2. Le mouvement ouvrier en Australasie. (Revue d'Écon. polit., XI, 1897.)

Bertrand, Louis, 1. 1830—1880. Cinquante années de bonheur et de prospérité. 8°. Bruxelles, chez l'auteur, s. a.

— 2. La Belgique en 1886. 2 vols. 8°. Bruxelles, L. Bertrand, J. Maheu, s. a. (Bibliothèque populaire éditée sous le patronage du parti ouvrier, no. 14 et 15.)

— 3. Le budget de la justice dans ses

rapports avec la question sociale. 8°. Bruxelles, au journal Le Peuple, 1895. (Bibliothèque de propagande socialiste, no. 15.)

Bertrand, Louis, 4. Les calomnies cléricales. 8°. Bruxelles, libr. du Peuple, 1895.
— 5. Ce que veulent les socialistes. 8°. Bruxelles, libr. du Peuple, 1896.
— 6. Le communisme anarchiste. (Rev. socialiste, févr. 1888.) broch. 8°. Paris 1888.
— 7. Le congrès international des mineurs, Jolimont du 20 au 24 mai 1890. (Rev. socialiste, 1897, I.)
— 8. Coopération et socialisme. 8°. Bruxelles, libr. du Peuple, 1896.
— 9. Le droit à la vie et ses conséquences logiques. 8°. Bruxelles, au journal Le Peuple, 1895. (Bibliothèque de propagande socialiste, no. 14.) 2. édit. 8°. Bruxelles, impr. V. Brismée, 1897.)
— 10. Aux électeurs communaux. 8°. Bruxelles, libr. du Peuple, 1895.
— 11. Aux nouveaux électeurs. 9. tirage. 8°. Bruxelles, au journal Le Peuple, 1894. (Bibliothèque de propagande socialiste, no. 8.)
— 12. L'évolution économique en Belgique et M. Endore Pirmez. (Revue socialiste, 1885, I.)
— 13. Léopold II. et son règne (1865— 1890). 8°. Bruxelles, messageries de la Presse Belge, 1891.
— 14. Leopold II. von Belgien und seine Regierung. Autor. Uebersetzung aus dem Französischen. 8°. Berlin, H. Baake, s. a.
15. Aux ouvriers mineurs belges. 8°. Bruxelles, chez l'auteur, 1878.
— 16. Le Parti ouvrier et son programme. 8°. Bruxelles 1886. (Bibliothèque du Parti ouvrier.)
— 17. Le parti ouvrier belge et son programme. 2. édit. 8°. Bruxelles, L. Bertrand, J. Maheu, s. a. (Bibliothèque populaire éditée sous le patronage des parti ouvrier, no. 1.)
— Pauvre Belgique! 8°. Bruxelles, messageries de la Presse, 1887.
— 19. Aux paysans. Lettres ouvertes aux petits fermiers et ouvriers agricoles. 8°. Bruxelles, au journal Le Peuple, 1894. (Bibliothèque de propagande socialiste, no. 7.)
— 20. Pourquoi les ouvriers doivent faire partie de leur syndicat. 8°. Bruxelles, impr. Vve. Brismée, s. a.

Bertrand, Louis, 21. Propriété cléricale et propriété bourgeoise: Réponse à M. Paul Janson. 8°. Bruxelles, impr. Brogniez et Van de Wegho, 1883.
— 22. Quelles sont les lois qu'il y aura lieu de faire et celles qu'il y aura lieu d'abroger immédiatement, tant sur le terrain politique, que sur le terrain économique, pour faire triompher le socialisme, si par un moyen quelconque les socialistes arrivent au pouvoir. Rapport belge au congrès socialiste international de Zürich 1881. 8°. Gand, impr. Fr. Haye, 1881.
Trad. flammande par Nieuwenhuis.
— 23. La question électorale: Suffrage capacitaire et suffrage universel. 8°. Bruxelles, chez tous les libraires, 1881.
— 24. La question agraire. (Devenir social, 1896, no. 3.)
— 25. La question ouvrière et la conférence internationale de Berlin. 8°. Bruxelles, messageries de la Presse, 1890.
— 26. La réforme électorale. Le projet Arnould et consorts, et la représentation des intérêts. 8°. Bruxelles, chez tous les libr., 1883.
— 27. La réglementation du travail minier en Belgique. (Revue socialiste, 1892, I.)
— 28. La révision. Suffrage universel, représentation proportionelle et des intérêts. 8°. Bruxelles, messageries de la Presse, 1890.
— 29. Situation des ouvriers houilleurs du Borinage. (Revue socialiste, 1880, 20 mars.)
— 30. Le socialisme en Belgique. (Revue socialiste, 1885, II.)
— 31. Le socialisme communal. 8°. Bruxelles, au journal Le Peuple, 1895. (Bibliothèque de propagande socialiste, sans no.)
— 32. La suppression du travail aux pièces et à forfait. (Revue socialiste, 1891, II.)
— 33. Une visite au Familistère de Guise. 8°. Bruxelles, aux messageries de la Presse Belge. Paris, à la Revue socialiste, 1888.
— Vide: Lettre ouverte à M. Paul Janson.

Bertrand, L., et **Van Loo Romain,** La coopération au point de vue socialiste. (Coopérateurs belges, 1896, no. 10.)

Bertrand, V.. La vraie révolution. Solution pratique de la question sociale. 18°. Paris, impr. Barré, 1891.

Bertucci, P., et J. **Pauwels,** Panthéon démocratique. Les ouvriers de la République. Edit. populaire. 8°. Paris, impr. Imbert, 1895.

Bertulus, Evariste, Du communisme. De la décentralisation intellectuelle et de la réforme médicale. (Marseille médical. 8. année, no. 5 et 6, 1871.)

Beschlüsse der Delegirten-Konferenz der Internationalen Arbeiterassociation zu London 1871. 8°. Leipzig, s. a.

Beschlüsse des Provinzial-Arbeiter-Congresses für Südwestdeutschland. Gehalten am 28. und 29. Januar 1849 in Heidelberg. 8°. Heidelberg, Druckerei der „Republik", s. a. (1849).

Beschouwingen (Philosophische) strekkende tot bestrijding van het Nihilisme. 8°. Haarlem 1873.

Beschwerde (Die) an die Reichskommission betreffend das 2. Verbot der „Südd. Post". 8°. München, Pollner, 1881. (Socialpolit. Zeit- u. Streitfragen, Heft 14.)

Bestrebungen (Die) der Berliner Buchdruckergehülfen und der „Publicist". Ein Wort an die Arbeiter Berlins vom Berliner Buchdruckergehülfen-Verein. 8°. Berlin, Selbstverlag d. Berl. Buchd.-Geh.-Ver., 1864.

Bota, Ottomar, 1. Zur Bodenbesitzreform. (Unsere Zeit, 1891,₃.)
— 2. Der bisher verheimlichte Kernpunkt der socialen Frage. Ueber semitischen und germanischen Socialismus. 8°. Leipzig, s. a.

Bethlen, Graf N., Ungarischer Agrarsozialismus. (Die Zukunft, Bd. 23, 1898.)

Betrachtungen in der „Königl. Sächs. Leipziger Zeitung" über Umsturzparteien und Umsturzgesetze und im Anschluss an diese eine Kritik der heutigen Wirtschaftsordnung, nebst Angabe der Wege zur Ersetzung derselben durch eine neue. Von einem Unparteiischen. gr. 8°. Leipzig, C. Klinner, 1895.

Betrachtungen eines deutschen Proletariers. 8°. München 1848.

Beurtheilung (Zur) der Gewerkschaftsbewegung. (Schweiz. Blätter f. Wirtschafts- u. Sozialpolitik, I, 1895.)

Beurteilung (Zur) der deutschen Socialdemokratie. („Freiheit", 1891—92.)

Bevington, L. S., 1. Commonsense country. 8°. London, „Liberty Press", 1895.
— 2 Liberty-lyrics. 8°. London 1895.

Bewegingen (De vlamsche) het socialisme. 8°. Bruxelles, impr. Vve. Brismée, 1896.

Bewegung (Die anarchistische) in Spanien. (Christl.-soz. Blätter, Jhrg. 25, 1892.)

Bewegung (Die christlich-sociale) in England. (Grenzboten, 1883,₄.)

Bewegung (Die deutsch-sociale) und die konservative Partei. (Grenzboten, 1891,₃.)

Bewegung (Die deutsch-soziale). (Grenzboten, 1893,₈.)

Bewegung (Die evangelisch-soziale). (Neue Zeit, Jhrg. 14,₂, 1895/96.)

Bewegung (Die internationale katholischsociale). (Christl.-soz. Blätter, Jhrg. 25, 1892.)

Bewegung (Die katholisch-demokratische) in Belgien. (Monatsschr. f. christl. Soz.-Ref., Jhrg. 14, 1892.)

Bewegung (Die sociale) in Frankreich. (Grenzboten, 1892,₁.)

Bewegung (Die sociale) in Spanien. (Von José Mesa.) (Jahrb. f. Socialwiss., 1 u. 2, Zürich 1879 u. 80.)

Bewegung (Die sozialistische) im Bauernstande Ungarns. (Christl.-soz. Blätter, Jhrg. 31, 1898.)

Bewegung (Die socialistische) in Dänemark, Schweden und Norwegen. (Jahrb. f. Socialwiss., Jhrg. 1, Zürich 1879.)

Bewegung (Die sozialistische) in England, von H. M. (Deutsche Worte, Jhrg. 15, 1895.)

Bewegung (Die socialistische) in Oesterreich. (Jahrb. f. Socialwiss., 1—3, Zürich 1879—80.)

Bewegung (Socialistische) in Spanien. (Jahrb. f. Socialwiss., Jhrg. 2, Zürich 1880.)

Bewegung (Die socialistische) in Ungarn. (Jahrb. f. Socialwiss., 1—3, Zürich 1879 — 1880.)

Beynet, Léon, Le roman du défricheur. 8°. Paris, s. a.

Bianchi, Giac., Nuovi rapporti sociali fra capitale e lavoro. 8°. Varese, tip. Macchi e Brusa, 1896.

Bianchini, G., Capitale e lavoro. 16°. Città di Castello, tip. S. Lapi, 1895.

Biard, G., 1. L'ami du prolétaire. 8°. s. l. s. a.
— 2. Au peuple, aux chambres, à la presse, sur leurs devoirs réciproques pendant la session. 8°. Paris, impr. Aug. Auffray, s. a.
— 3. De la réforme électorale selon les libéraux et selon les travailleurs. 8°. Paris 1839.

Bible (Social). Laws and regulations of the association of all classes of all nations. Social Hymns for the use of the friends of the rational system of society. 8°. Manchester, Frogatt and Richmond, 1835.

Bibliographie des questions sociales et économiques, paraissant le 25 de chaque mois. Année 1, no. 1, 25 oct. 1898. 8°. Paris, impr. Dosmond.

Bibliothek (Anarchistische). Heft 1—5. 8°. Berlin (1.—4. W. Werner, 5. A. Gruman), s. a. N. F. Heft 1. 8°. Berlin, Gust. Friedrich, 1897.

Bibliothek (Anarchistisch-communistische). Herausg. von der Gruppe „Autonomie" London.
Heft 1. Revolutionäre Regierungen, v. P. Krapotkin, übers. aus d. Franz.
Heft 2. Die Repräsentativregierung, von P. Krapotkin.
Heft 3. Der Alte und der Junge. Ein Zwiegespräch von dem Verfasser vom „Sturm". London 1888.
Heft 4. Das Lohnsystem, von P. Krapotkin, übers. aus d. Engl.
Heft 5. Gerechtigkeit der Anarchie, von J. Peukert.
Heft 6. Anarchistische Moral, von P. Krapotkin, übers. aus d. Franz.
Heft 7. Was die Anarchisten wollen, von Sch. Janovski. Aus d. Hebräischen übersetzt.
Heft 8. Die Irrlehren und Irrwege der Socialdemokratie in Deutschland; eine zeitliche Warnung an die arbeitende Klasse.
Heft 9. Gretchen und Helene von Mina Kancoi.

Bibliothek (Internationale). Monatlich. 8°. New York, John Müller, 167 William St. No. 1, April 1887. No. 16, Juni 1890.

Bibliothek (Russische sozialdemokratische). 8°. Genf-Basel-Lyon, H. Georg, 1875.

Bibliothek (Socialdemokratische). 34 Hefte u. 2 Beilagen. Heft 1—24. 8°. Hottingen-Zürich, Volksbuchhandlg., 1885—1888. Heft 25—34 u. 2 Beilagen. 8°. London, German Cooperative Printing and Publishing Co., 1890.

Bibliothek (Socialistische). Hrsg. von Hermann Teistler. Heft 1—3. 8°. Berlin, „Socialist", 1892.

Bibliothek (Socialistische) in Jüdisch-Deutsch. Von was einer lebt. Uebersetzt aus dem Polnischen von Mordsche, Sohn Pauls. 8°. London, Wernik u. Solotkoff, Printors, 1888.

Bibliothèque démocratique. Journal du peuple, publ. par A. Marchais. 12°. Paris 1850.

Bibliothèque du parti ouvrier (de France). 8°. Lille, impr. ouvrière, G. Delory, s. a.

Bibliothèque populaire, éditée sous le patronage du parti ouvrier. 1—18. 8°. Bruxelles, L. Bertrand, J. Maheu, 1886—1887. Nouv. sér. 1—3. 8°. Bruxelles, J. Hulot, 1895.

Bibliothèque de propagande socialiste. 1—16. 8°. Bruxelles, au journal Le Peuple, 1893 ff.

Bibliothèque de la Revue socialiste. 8°. Paris, bureau de la Revue socialiste, 188..

Bibliothèque des „Temps Nouveaux". 8°. Bruxelles, années 1895—97.

Bidermann, J., Aux ouvriers de France. 18°. Paris, impr. Cresson frères, 1893.

Biedenkapp, Georg, Sancta Libertas. Gedichte. 8°. West Hoboken, N. J., 1893.

Biederlack, Jos., 1. Entwickelung und Stand der heutigen Arbeiterfrage; die Reformziele in derselben gemäss der Arbeiter-Encyclica Leo XIII. Sociale Vorträge, gehalten bei dem Wiener socialen Vortragscurse 1894. gr. 8°. Wien 1895.
— 2. Die soziale Frage. Ein Beitrag zur Orientierung über ihr Wesen und ihre Lösung. 1.—3. Aufl. gr. 8°. Innsbruck, F. Rauch, 1898.
— 3. Der moderne Socialismus. Sociale Vorträge, geh. bei dem Wiener socialen Vortragscurse 1894. gr. 8°. Wien 1895.

Bierboykott (Der Berliner). (Sozialpolit. Centralblatt, Jhrg. 4, No. 4.)

Bierboykott (Der Berliner) vor dem Berliner Gewerbegerichte. (Sozialpolit. Centralblatt, Jhrg. 3, No. 41.)

Biermer, M., 1. Arbeitseinstellungen. (Handwörterb. der Staatswiss., Supplbd. II, 1897.)
— 2. Die Arbeitseinstellungen in Grossbritannien. (Handwörterb. d. Staatswiss., Suppl. I, 1895.)
— 3. Die Arbeitseinstellungen in Preussen in den beiden letzten Jahren. (Jahrb. f. Nat.-Oek. u. Statist., Bd. 68, 1897.)

Biermer, M., 4. Die neueste Entwickelung der britischen Arbeiterbewegung. Vortrag. gr. 8°. Münster, Coppenrath, 1898.
— 5. Die Gewerkvereine in England. (Handwörterb. d. Staatswiss., Suppl. I, 1895.)
— 5. Gewerkvereinsbewegung. (Handwörterb. d. Staatswiss., Suppl. II, 1897.)
— 7. Eine neuere englische Stimme über das Lohn- und Gewerkvereinsproblem. (Schmoller's Jahrb. f. Gesetzgebg. etc., Jhrg. 21, 1897.)
Bigot, Ch., 1. Les classes dirigeantes. 8°. Paris 1875.
— 2. La fin de l'anarchie. 8°. Paris 1878.
Bijleveld, De l'organisation du travail par un meilleur système de crédit. 8°. Paris, Guillaumin et Co., 1848.
Bijmholt, B., Geschiedenis der arbeidersbeweging in Nederland. 8°. Amsterdam, S. L. van Looy, 1893.
Bilderbuch für grosse und kleine Kinder. Jhrg. 1893—95. 8°. Stuttgart, Dietz.
Bildung (Unsere moderne) im Bunde mit der Anarchie. 8°. Stuttgart 1852. 2. Aufl. 8°. Tübingen 1879.
Bilgram, Hugo, 1. Involuntary Idleness. 8°. Philadelphia 1889.
— 2. The iron law of wages. 4°. s. l. s. a.
— 3. Study of the money question. 8°. New York, Humboldt Public. Co., 1895.
Billard, Eugène, Le péril social et la loi du 31 août. 8°. Paris, Dentu, 1883.
Billiard, Ang., De l'organisation de la République depuis Moise jusqu'à nos jours. 8°. Paris, Pagnerre, 1846.
Bilz, F. E., 1. Bessere Zeiten! Die wahre Lösung der sozialen Frage nach dem Naturgesetz. (Beigabe zu Bilz: Das neue Naturheilverfahren.) gr. 8°. Leipzig, F. F. Bilz, 1897.
* — 2. Wie schafft man bessere Zeiten? Die wahre Lösung der sozialen Frage nach dem Naturgesetz. Neue Ausgabe. gr. 8°. Dresden-Radebeul, F. E. Bilz, 1894.
Bimetallism, free trade and democracy. (E. de Laveleye.) (Pall Mall Gazette, 1889, Nov.)
Bimetallism and socialism in Germany. (Yale Review, vol. 4, 1895, May.)
Bimetallismus (Der) und die Arbeiter. (Neue Zeit, Jhrg. 12, 1893/94.)
Biographie (Zur) Bakunin's. („Freiheit", New York, Jänner-April 1891.)
Tschechische Uebers. in „Délnické Listy",
New York 1895, broch.: Zivitopis Bakuninuv. New York 1895.
Biographie complète de Henri Rochefort, par un ami de dix ans. Avec portrait et autographe. 8°. Bruxelles, Alph. Rozez fils, 1869.
Biondi, G., L'impossibilità delle utopie anarchiche!! 8°. Vittoria, tip. Velardi, 1894.
Biraghi, Gius., Socialismo. 12°. Milano, U. Hoepli edit., 1896.
Biré, E., Journal d'un bourgeois de Paris pendant la terreur. 8°. Paris 1884.
Birks, J., Trade unionism in relation to wages. 8°. London, Liberty and Property Defence League, 1897.
Bischof (Ein amerikanischer) über den christlichen Sozialismus, von W. H. (Monatsschr. f. christl. Soz.-Reform, Jhrg. 17, 1895.)
Bischoff, Dietr., Echte und falsche Gerechtigkeit. Ein Wort wider den Socialismus. gr. 8°. Leipzig, M. Hesse, 1898.
Bismarck und die Sozialdemokratie. gr. 8°. Dresden, Druckerei Glöss, 1895.
Bismarck-Bohlen, Graf von, Vortrag über das Proponendum des Kgl. Konsistoriums zu Stettin betr. die sociale Frage, in der Synode Wollgast geh. am 11. Nov. 1891. 1. u. 2. Aufl. gr. 8°. Greifswald 1891. (Berlin, Deutsche Evangel. Buch- u. Tractat-Gesellsch.)
Bisselli, Ioan., Icaria. 12°. Ing. 1637.
Recusa Allopoli, anno 1676.
Bissolati, L. Vide: Conquista (La) delle campagne.
Bittner, Ed., Der Einfluss des Capitals auf Gesittung und Wohlfahrt. 8°. Wien, Hölder in Comm., 1878.
Bizot de Fontenay, Darbot et G. Dutailly, Les réformes démocratiques. Discours prononcés au Cercle républicain de la Haute-Marne à Paris. 16°. Chaumont, impr. Moisson, 1898.
Black, Clementina, The coercion of trade-unions. (Contempor. Review, 1892, Oct.)
Black, W. P., and **Zeisler**, Salomon, Brief and argument for plaintiffs in error. 8°. Chicago 1887.
Blackert, J. G., Sylvester (Jordan) und Herr von Polymar (Vilmar). Geschichten und Mythen aus der Zeit der Dämmerung, geschrieben im Herbst 1847. 8°. Kassel 1853.
Blackie, J. S, 1. Democracy, education,

government; Lectures. 8º. London Hamilton, 1867.

Blackie, J. S., 2. Essays on subjects of moral and social interest. 8º. Edinburgh, D. Douglas, 1890.

Blackie, W. G., Heads and hands in the world of labour. 8º. London 1865.

Blackmar, F. W., The promises of democracy: Have they been fulfilled? (Forum, 1896, June.)

Blackwell, Eliz., Christian socialism. 8º. Hast 1887.

Blaise, Nicodème, Révolution de février. Organisation du travail. 8º. Stuttgart 1877.

Blanc, E, Biographie de Flora Tristan. 8º. Paris 1847.

Blanc, Elie, 1. Études sociales, précédées de l'encyclique „Sur la condition des ouvriers". 16º. Paris, Vie et Amat, 1897.
— 2. La question sociale. Principes les plus nécessaires et réformes les plus urgentes; conférence aux Facultés catholiques de Lyon, suivie d'une esquisse d'un programme électoral et de l'examen de quelques opinions économiques. 8º. Lyon, Vitte, 1891.

Blanc, J., La grève des charpentiers en 1845; épisode de la crise sociale de l'époque. 8º. Paris 1845.

Blanc, Louis, 1. Nouveau discours sur l'organisation du travail, devant l'Assemblée générale des délégués des travailleurs. (Commission de gouvernement pour les travailleurs, séance, du 3 avril 1848.) 8º. Paris, impr. nation., avril 1848.
— 2. Il socialismo. Diritto al lavoro. Risposta ul sig. Thiers, 16º. Napoli 1849.
— 3. Théorie du droit de propriété et du droit au travail. 8º. Paris 1839.

Blanc, Louis. (Gegenwart, Bd. 4, 1850.)

Blanc's (Louis) neuestes Buch. (Revolution.) (Kritische Blätter, 1848.)

Bland, H., English socialism of to-day. 8º. London 1891.

Blanqui, A., 1. De la concurrence et du principe d'association. 8º. Paris 1846.
— 2. Kritik der Gesellschaft. Gesammelte national-ökonomische Schriften. Autoris. deutsche Uebersetzung. 2 Bde. gr. 8º. Leipzig, O. Wigand, 1886.
— 3. La patrie en danger. 8º. Paris, A. Chevalier, 1871.
— Vide: Patrie (La) en danger.

Blaschke, S., Der Zusammenhang der Familien- und Gütergemeinschaft des platonischen „Staates" mit dem politischen und philosophischen System Plato's. Progr. 4º. Berlin, Gärtner's Verl., 1893.

Blatchford, Rob, Merrie England. 8º. London 1895.

Blatt (Das lose). Festzeitung zum deutschsocialen Parteitag zu Leipzig, Pfingsten 17.—19. Mai 1891. gr. 4º. Leipzig, G. Uhl, 1891.

Blätter (Demokratische). Zeitschrift für politische und sociale Fragen. Hrsg. von S. Kokosky. 8º. Königsberg 1871—72.

Blätter (Flüchtige) eines Heimatlosen. Von H. J. G. 8º. Hottingen-Zürich, Volksbuchhandlung, 1879.

Blätter (Kritische). Hrsg. von German Mäurer und Ferdinand Braun. (A. u. d. T.: Pariser Horen.) gr. 8º. Leipzig, E. O. Weller, 1848.

***Blätter** (Christlich-sociale). 31. Jhrg. 1898. 8º. Aachen.

Blätter für Menschenwohl. I. Ueber die Grundquellen des menschlichen Elends. 16º. Erlangen, Besold, 1868.

Blätter (Socialpolitische). Zur Unterhaltung und Belehrung für die deutschen Arbeiter. 1.—3. Jhrg. Berlin, C. Ihring's Nachfolger, 1873—75.

Bleau, l'abbé, Réponse à l'athéisme. 32º. Poitiers, H. Oudin, s. a. (1898).

Blémont, Émile, Vide: Muse (La) républicaine.

Blick in die Werkstätte der Geheimbünde. 8º. Würzburg 1877.

Blignières, C. de, 1. Da doctrine positive, projet de revue. 8º. Paris, Hurtau, 1867.
— 2. Études de morale positive. 8º. Paris, Hurtau, 1868.
— 3. Exposition abrégée et populaire de la philosophie et de la religion positives. 8º. Paris, Chamot, 1857.
— 4. Du progrès des idées politiques. 8º. Paris, s. a.
— 5. Du vraie liberté en pouvoir temporel et spirituel. 8º. Paris 1839.
— 6. Lettre sur la morale à Mgr. l'évêque de Paris. 8º. Paris, s. a.

Blind, Karl, The rise and development of anarchism. (Contempor. Review, 1894.)

Bliss, W. D. P., 1. The encyclopedia of social reform; including political economy, political science, sociology, statistics, ... anarchism, ... charities reform ... socialism. 8º. New York, Funk and Wagnalls Co., 1897.
— 2. A handbook of socialism, a state-

ment of socialism in its various aspects, and a history of socialism in all countries, together with statistics, biographical notes on prominent socialists, Bibliography, Calender, Chronical Table and Chart. 8°. London, Swan Sonnenschein, 1895.

Blissard, W., The ethic of usury and interest: a study in inorganic socialism. er.-8°. London, Swan Sonnenschein, 1892.

Blocher, Herm., Die Trinksitten und die Socialdemokratie. Ein Wort der Erwiderung an Herrn Kautsky. (Aus: Internat. Monatsschrift zur Bekämpfung der Trinksitten.) (Flugschriften-Sammlung der internationalen Monatsschrift zur Bekämpfung der Trinksitten, Nr. 3.) gr. 8°. Bremerhaven, Chr. G. Tienken, 1892.

Block, Maurice, 1. Le budget de l'état collectiviste. (Acad. des scienc. et polit., 1897, juin.)
— 2. L'État et la société, le socialisme et l'individualisme. (Journ. d. Économ., 1894, juin et août.)
— 3. Der Individualismus. (Viertelj. f. Volkswirtsch., Bd. 30₄, 1893.)
— 4. La terre et la propriété privée. (Acad. d. scienc. mor. et polit., 1896, déc.)

Blondel, G., 1. Quelques mots sur Le Play. (Réforme sociale, III, 1894.)
— 2. Les récents progrès du socialisme en Allemagne. (Extrait de La Réforme sociale.) 8°. Paris, au secrétariat de la Société d'économie sociale, 1893.
— 3. La question ouvrière d'après un recent ouvrage: „Herkner, Arbeiterfrage." (Réforme sociale, 1895.)

Blondel, J. E., 1. En l'an trois mille. Fantaisie économique. 8°. Lille 1890.
— 2. L'économie politique et la question sociale. (Revue d'économie politique, VIII, 1894.)
— 3. La question sociale et sa solution scientifique. gr. 8°. Paris 1887.

Blonval, Moyens d'abolir le prolétariat et le pauperisme sans nuire à la richesse universelle. 12°. Bordeaux, ouvriers-associés, 1849.

Blos, Wilh., 1. Zur Geschichte der Commune von Paris. (Sep.-Abdr. aus dem „Socialdemokrat. Wochenblatt".) 8°. Nürnberg, Genossenschafts-Buchdruck., 1874. 2. Aufl. 8°. Braunschweig, Bracke, 1876.

Blos, Wilh., 2. Unsere Presszustände. 8°. Leipzig, Genossenschaftsbuchdr., 1875.
— 3. Die deutsche Revolution. Geschichte der deutschen Bewegung von 1848 und 1849. gr. 8°. Stuttgart, J. H. W. Dietz, 1893.

Blot-Lequesne, J. B. G., Fragments de philosophie sociale, ou études sur les socialistes modernes. Premier fragment: Examen du système Thalysien de M. J. A. Gleizes. 8°. Paris, Ledoyen, 1845.

Blum, Hans, 1. Der Gesetzentwurf gegen die Sozialdemokratie. (Grenzboten, 1878,₄.)
— 2. Die Heiligen unserer Socialdemokratie und die Pariser Kommune von 1871 in ihrer wahren Gestalt. Geschichtliche Erinnerung zur Warnung aller guten Deutschen. gr. 8°. Wurzen, C. Kiesler, 1898.
— 3. Unsere Sozialdemokratie im Spiegel der ersten französischen Revolution. 8°. München, C. H. Beck, 1893.

Blum, Robert, Ausgewählte Reden und Schriften. Hrsg. von Hermann Bebel. Heft 1. Rede über die deutschen Grundrechte, gehalten vor einer Wählerversammlung im Schützenhaus zu Leipzig, am 16. August 1848. 8°. Leipzig, Genoss.-Buchdr., s. a.

Blümel, Ernst, Die Commune von Paris (18. März bis 29. Mai 1871). Ein Erinnerungs- und Warnungsbild für das deutsche Volk. 8°. Eisleben, Christl. Verein, 1896.

Blumenthal, W. v., Wer geht mit? Wider Umsturz und Classenverhetzung. Für Mittelstandsreformen und Zusammenschluss der verschiedenen Classen. Nach seinen Vorträgen zusammengestellt. gr. 8°. Dresden, H. Henkler, 1895.

Bluntschli. Vide: Kommissionsbericht.

Bluturtheil (Das). Die am 14. Sept. 1887 abgegebene Entscheidung des Oberstaatsgerichts von Illinois in dem Monstre-Process gegen die Chicagoer Anarchisten, nebst Commentar zu demselben. (Beilage zum „Vorbote"). 8°. Chicago 1887.

Boa-Nova (A). Critica social-philosofia libertaria. 8°. Lisboa 1895.

Boas, Fr., Der Kampf um's Recht, ein Pflichtgebot. 8°. Berlin 1876.

Boasso, F. Cucchi, Il socialismo e la proprietà fondiaria in Serbia. (Rivista della beneficenza pubblica, anno 20, 1892.)

Bobée, A., De la royauté et de la démocratie. 8°. Paris 1849.
Bobertag, Georg, Die deutschen Frauen und die sociale Frage. (Grenzboten, 1882,₃.)
Boccardo, G., 1. Il dottore Schäffle ed il problema economico e sociale in Germania. (Prefazione al vol. 5 della 3. serie della Biblioteca dell' economista, 1878.)
— 2. Socialismo sistematico e socialisti incoscienti. 8°. Roma, tip. Forzani e Co., 1896.
Bodemer, Heinr., Die Besorgnisse des Handels- und Gewerbestandes. a) Die Fortschritte der Sozialdemokratie. (Bodemer: Handels- und gewerbspolitische Flugblätter, Heft 4.) 8°. Augsburg 1850.
Boden, A, 1. Nachträge zu meiner Vertheidigung des Prof. Jordan wider den Marburger Criminal-Senat. 8°. Frankfurt 1843.
— 2. Schlusserklärung gegen Prof. K. Welcker, betreffend dessen Schrift: Geheime Inquisition, Censur und Kabinetsjustiz im verderblichen Bunde. 8°. Frankfurt 1845.
— 3. Dritte Schrift zur Vertheidigung des Prof. Jordan. 8°. Frankfurt 1844.
— 4. Vertheidigung des Prof. Jordan wider das vom Criminalsenat gefällte Erkenntniss. 8°. Frankfurt 1843.
Boden, Arbeit und Ertrag. Resultate praktischer Beobachtung. 8°. 1832.
Bodenbesitzreform (Die) deutscher Richtung. (Grenzboten, 1893,₃.)
Boeck, Kämpfe der französischen Armee gegen die Pariser Commune. (4. Beiheft zum Militärwochenblatt, Berlin 1879.)
Boell, B., Der Bauernkrieg um Weissenburg anno 1525. 8°. Weissenburg 1873.
Boenigk, Frbr. Otto v., Karl Marx und die Judenfrage. (Die Gegenwart, Bd. 45, 1894.)
Boer u. **Wiskemann,** Beantwortung der Preisfragen: Enthalten die Principien der Demokratie Irrthum oder Wahrheit und liegt in ihrer Durchführung Heil oder Unglück? Wenn in denselben Irrthum und Unheil liegen, wie könnte vorgebeugt, oder wenn sie Wahrheit und Wohlfahrt enthalten, wie kann ihnen Eingang und Erfolg verschafft werden? 4°. Leipzig 1850.
Boeri, A., Il socialismo: conferenza tenuta al Circolo cattolico di Mondovi l'11 marzo 1894. 16°. Mondovi, tip. C. A. Fracchia, 1894.
Boettcher, Friedrich, Die Lage der Sozialdemokratie. (Die Gegenwart, Bd. 39, 1891.)
Bogart, Ernst Ludlow, Die Entstehung und Bedeutung der Volkspartei in den Vereinigt. Staaten Nordamerikas. (Jahrb. f. Nat.-Oek. u. Stat., Bd. 67, 1896.)
Boggiano, Antonio, Le leggi agrarie e la questione sociale nell' antica Roma. (Rivista internaz. d. scienze sociali, 1897, agosto.)
Boglietti, G., 1. L'aristocrazia e il nihilismo russo. (Nuova Antologia, 1881, 1. giugno.)
— 2. Nihilisti e slavofili. (Nuova Antologia, 1881, 14—15 luglio.)
— 3. L'utopia anarchica. (Nuova Antologia, 1894, 15 giugno.)
Bogulawski, A. v., Vollkampf nicht Scheinkampf. 8°. Berlin, Liebel, 1895.
Boh, F., Wider den Boycott. 8°. Dresden, H Henkler, 1895.
Böhm, C., Was heisst leben? Ein Vortrag, geh. im Berliner Handwerkervereine. 2. Aufl. 32°. Berlin, E. Krause, 1847.
Böhm-Bawerk, E. von, 1. Zum Abschluss des Marxschen Systems. („Staatswissenschaftliche Arbeiten", Festgaben für Karl Knies. Hrsg. von O. v. Boenigk.) gr. 8°. Berlin 1896.
— 2. Capital and interest, a critical history of economical theory, translated with a preface and analysis by W. Smart. 8°. London 1890.
— 3. Kapital. (Handwörterb. d. Staatswiss., IV, 1892.)
— 4. Karl Marx and the close of his system : a criticism, transl. by Alice M. Macdonald. 8°. London, Fisher Unwin, 1898.
— 5. Une nouvelle théorie sur le capital. (Revue d'écon. polit., année 3, 1889.)
— 6. The positive theory of capital. Translated with a preface and analysis by W. Smart. 8°. London, Macmillan, 1892.
— 7. The positive theory of capital and its critics. (Quarterly Journal of economics, 1895—96.)
— Vide: Grabski, St.: Böhm-Bawerk.
Bohmer, G., Die Stellung der deutschen Gesinnung zur socialen Frage. 8°. München 1896.
Böhmer, H., Christenthum und soziale Frage. 8°. Bonn 1874.

Böhmert, V., 1. Wirtschaftliche und religiöse Auffassungen und Strömungen in der Arbeiterfrage. (Arbeiterfreund, Jhrg. 32, 1894.)
— 2. Der Beruf der Kirche in der socialen Frage. Vortrag. 8°. Leipzig 1874.
— 3. Die Beziehungen der Arbeiterfrage zur Handwerkerfrage. (Arbeiterfreund, Jhrg. 34, 1896.)
— 4. Fürst Bismarck und die Arbeiterfrage. (Arbeiterfreund, Jhrg. 36, 1898.)
— 5. Die sociale Frage und das Wahlrecht. (Preuss. Jahrbücher, Bd. 85, 1896.)
— 6. Die Handelshochschulen und die Arbeiterfrage. (Arbeiterfreund, Jhrg. 35, 1897.)
— 7. Wilhelm Roscher's Stellung zur Volkswirtschaftslehre und Arbeiterfrage. (Arbeiterfreund, Jhrg. 32, 1894.)
— 8. Die Sozialdemokratie und die Landfrage. (Arbeiterfreund, Jhrg. 34, 1896.)
— 9. Die Wirthschaftslehre als ein Mittel zur Lösung der socialen Frage. (Arbeiterfreund, Jhrg. 11, 1873.)

Böhmert, Wilh., Ferd. Lassalle im Lichte der heutigen Sozialdemokratie. (Arbeiterfreund, Jhrg. 32, 1894.)

Böhrig, Ed., Das Recht auf Arbeit in Verbindung mit einer allgemeinen Krankenkasse, Alters- und Invaliditäts-Versicherung. Sozialpolitische Betrachtungen in philanthropischer u. praktischer Beleuchtung. gr. 8°. Berlin (Hamburg, Herold's Verl.) 1892.

Boicervoise, L., (Ligue intransigeante socialiste.) Le congrès international de Londres. Rapport général. 8°. Paris, impr. Valery (1896).

Boilley, Paul, Les trois socialismes (anarchisme, collectivisme, réformisme). 18°. Paris, F. Alcan, 1895.

Boissard, F., Dante révolutionaire et socialiste, mais non hérétique. Révélation sur les révélations de M. Aroux et défense d'Azanam. 8°. Paris 1854.

Boissevain, Ch., Jerland en de oorzaken van het fenianisme. 8°. Amsterdam 1868.

Boissier, G., Saint-Simon. Les grands écrivains français. 8°. Paris, Hachette et Co., 1892.

Boissieu, Alph. de, Les Saint-Simoniens. 8°. Lyon 1831.

Bojanowski, P. v., Etienne Marcel und die Pariser Commune. (Preuss. Jahrbücher, Bd. 45, 1880.)

Bolanden, Conr. v., 1. Die Socialdemokraten und ihre Väter. Erzählung. 8°. Mainz, F. Kirchheim, 1894.

Bolanden, Conr. v., 2. Götterfeinde und Volksbedrücker. Eine Erzählung für das Volk. 2. Aufl. 8°. Wien, Verlag von J. Heindl, s. a.

Bolanden, Gustave, Les ennemis de l'État; ouvrage traduit par N. Lorain. 18°. 36 pp. Paris, Wattelier et Co., 1874.

Boletin de la Associación de Trabajadores. Journ. Ferrol

Boletin de la Federación Regional Española. Alcoy 1873.

Bolis, Giov., La polizia e le classi pericolose della società. 8°. Bologna 1871.

Bolles, A. S., The labour question. — The meaning, causes, and measure of value. — The currency question. (Bankers Magazine, vol. 28 and 29, New York 1874.)

Bolletino della Federazione italiana dell' Internazionale. Mai 1873 sq.

Bolletino dei lavoratori. Giorn. Napoli 1872.

Bolo, H., Un coin de la question sociale. 18°. Paris, Hatton, 1897.

Bonald, Vicomte H. v., 1. Die Urgesetzgebung. Aus dem Französischen. 2. Aufl. 8°. Koblenz, Hölscher, 1827.
— 2. Essai analytique sur les lois naturelles de l'ordre social, ou du pouvoir du ministère et du sujet dans la société. 2. édit. rev. par l'auteur 8°. Paris, Leclère, 1817. 4. édit. rev. par l'auteur. 8°. Paris, A. Leclère, 1841.

1. édit. était publ. sous le pseudon. du cit. Séverin.

Bonar, J., Value of labor in relation to economic theory. (Quarterly Journal of economics, 1891, January.)

Bonardi, E., Evoluzionismo e socialismo: prolusione ad un corso libero sulla dottrina dell' evoluzione, letta nell' università di Pisa il 23 novembre 1893. 8°. Pisa 1893.

Bondilh, H., Les ouvriers poètes. 8°. Paris s. a.

Bonfadini, Romualdo, Conferenza tenuta in Casalmaggiore il 31 ottobre 1886 agli operai, celebrandosi il XXV anniversario dell' associazione operaia di M. S. 8°. Casalmaggiore, tip. Carlo Contini, 1886.

Bongeart, Projet d'organisation de la Commune. 8°. Paris 1870.

Bonhomme Franklin (Le). Journ. avec

cette épigraphe: Eripuit coelo fulmen sceptrumque tyrannis (Turgot). 8°. 8 nos. Le premier porte comme date: Lundi 10 avril 1871. Les autres: „Avril 1871" seulement. Paris.

Bonhorst, L. v.. An die deutschen Sozialdemokraten. Zwei Flugblätter. 8°. Braunschweig. W. Bracke jun., s. a.

Bonhoure, Dernier état social ou plan d'un gouvernement parfait et invariable. 1. partie. 12°. Paris 1850.

Bonifacio, Giovanni, La repubblica delle api, con la quale si dimostra il modo di ben formare un nuovo democratico governo. Rovigo 1627.

Bonn, Moritz J., Demokratie und Freiheit. (Die Zeit, No. 145, Wien, 10. Juli 1897.)

Bonnard, Arthur de, Organisation du travail au moyen des bénéfices, données par le commerce véridique exercé au nom et au profit des travailleurs. Appel à M. le baron James de Rothschild. 8°. Paris, impr. de Bailly etc. (1848).

Bonnard, Eugène, 1. Organisation légale du travail et établissement de la retraite ouvrière. 4°. Paris, impr. Bonnard, 1894.
— 2. Projet d'organisation légale du travail. 8°. Paris, impr. de l'auteur, 1895.
— 3. Projet d'organisation légale et corporative du travail. 4°. Paris, impr. Bonnard, 1896.

Bonneau, L. Vide: Muse (La) républicaine.

Bonnemère, Eugène, 1. La France sous Louis XIV. 2 vols. 8°. Paris, s. a.
— 2. Histoire de la Jacquerie en 1358. 8°. Paris, s. a.
— 3. La Vendée en 1793. 8°. Paris, s. a.

Bonnet, Charles, L'invasion, — la Commune. — Versailles. — Le pilori. (Poésies.) 8°. Genève, impr. coopérative, 1872.

Bonnet, H., Qu'est-ce que le socialisme? (Philosophie d'avenir, t. 18, 1893, p. 333 —347.)

Bonnet, J. E.. Essai sur l'art de rendre les révolutions utiles. 2. édit. 2 vols. 8°. Paris 1802.

Bonnet Rouge (Le). Rédacteur en chef: Secondigné, gr. form. 13 nos. du Lundi 10 avril 1871 (21 germinal an 79), au samedi 22 avril (3 floréal). Succéda au journal le „Mont-Aventin". Paris.

Bonnier, Ch., 1. Die Dreyfus-Affaire und die französischen Sozialisten. (Neue Zeit, Jhrg. 16,11, 1897/98.)

Bonnier, Ch.. 2. Das Fourier'sche Prinzip der Anziehung. (Neue Zeit, Jhrg. 10, 1891/92.)
— 3. Die französischen Sozialisten in der Kammer. (Neue Zeit, Jhrg. 12, 1893/94.)

Bonomelli, Mons. G., 1. Proprietà e socialismo, ovvero, una franca parola di un amico sincero dei padroni, dei contadini e degli operai. 3. ediz. 16°. Reggio Emilia, tip. Ariosto, 1888.
— 2. La questione sociale e questione morale. 16°. Cremona, s. a.
— 3. Resoconti delle conferenze sul socialismo, tenute nella chiesa dei ss. Martiri in Torino, gennaio-febbraio 1895. 16°. Cremona, E. Maffezzoni edit., 1895.

Bonomi, J. Vide: Conquista (La) delle campagne.

Bon-Sens (Le), ou idées naturelles opposées aux idées surnaturelles. 8°. Londres 1772.

Bon Sens (Le). Journal des honnêtes gens. pet. form. 6 nos., du 28 avril au 7 mai 1871. Paris

Bonthoux, Ad., 1. Le collectivisme. 8°. Lyon, Lecourtois, 1888.
— 2. Compte-rendu des conférences contradictoires individualistes et collectivistes ..... avec quelques mots d'appréciation .... par le groupe de propagande anarchiste de Bordeaux. 8°. Lyon 1882.
— 3. Discours de défense, comme gérant du „Droit social" dans „l'Étendard révolutionnaire" Lyon, no. supplem. du 27 août 1882.
— 4. Ménace à la bourgeoisie. 8°. Lyon 1882.
— 5. Peuple, au vert! 8°. Paris, s. a. (1882).
— 6. La répartition des produits du travail. 16°. Lyon, impr. Albert, 1881.

Bonupf, Karl, u. **Haberreiter**, Karl, Der richtige Weg zur natürlichen Lösung der socialen Frage. 8°. Wien, Haberreiter, 1895.

Boon, M. J., 1. How to nationalize the commons and waste Lands, the railroads, waterworks etc., without the burden of taxation. 8°. London 1873.
— 2. National paper-money, the one and only remedy for outcast London and all other cities for all times and for all people, and a complete answer to the question: Why should London wait. 8°. London, W. Reeves, 1885.

Booth, David, Letter to Malthus, an

answer to the criticism on Godwin's Population in „the Edinburgh Review", with examination of the censuses of Great Britain and Ireland. 8°. London 1823.
Booth, (General) Will., Social problems at the Antipodes. (Contemporary Review, 1892.)
Booth (General) und die Heilsarmee. (Christl.-soz. Blätter, Jhrg. 29, 1896.)
Boothby, Sir Brooke, Observations on the Appeal from the New and the Old Whigs and on Mr. Paine's Rights of Man. In two parts. 8°. London, Stockdale, 1792.
Booth-Tucker, F. de L., 1. The farmcolonies of the Salvation Army. (Forum, 1897, Aug.)
— 2. The life of Catherine Booth, the mother of the Salvation Army. 2 vols. 8°. London, Office of the Salvation Army, 1893.
Boppe, C. Hermann, 1. Die demokratische Republik im Gegensatz zu Communismus und Anarchismus. 8°. Milwaukee, Wis., Freidenker Publishing Co., s. a.
— 2. Der Staat und seine Widersacher. 8°. Milwaukee, Wis., Freidenker Publishing Co., s. a.
Borchard, Pastor, Zur sozialen Frage auf dem Lande. (Arbeiterfreund, 1890,₂.)
Borchardt, Julian, La mounaie d'après Marx. (Annales de l'Instit des scienc. sociales, 1897, mars.)
Borde, Frédéric, Lettre ouverte adressée au compagnon Kropotkine. („Philosophie de l'Avenir", 8. année, 1882—1883, p. 395—414.)
Borie, V°°. Vide: Berjean, J. Ph., et V°° Borie.
Borin-Fournet, J., La société moderne et la question sociale. 8°. Paris, Guillaumin, 1893.
Borkenhagen, H., Christus und die Sozialdemokratie. gr. 8°. Leipzig, W. Friedrich, 1897.
Borkheim, 1. Ma perle devant le Congrès de la paix à Genève 1867. 8°. Bruxelles, s. a.
— 2. Parteien und Politik des modernen Russlands. 8°. Zürich 1872.
Borkheim, S., Zur Erinnerung für die preussischen Mordspatrioten 1806—7. Mit einer Einleitung von F. Engels. 8°. Hottingen-Zürich 1888. (Socialdemokrat. Bibliothek, Nr. 21.)

Borsenko, A., Elisée Reclus über die socialen Verhältnisse in den Vereinigten Staaten von Nordamerika. Vorlesung. (In russischer Sprache.) 8°. Moskau 1892.
Boruttau, C., Religion und Socialismus. Eine nachgelassene Schrift aus dem J. 1869. 8°. Leipzig, Thiele u. Frese, s. a.
Bos, A., Les commencements de la Commune. Notes et impressions d'un témoin oculaire. 8°. Florence, impr. de l'association, 1873.
Bosak-Hauke, La grève. Précédée d'une lettre du Dr. Jean Jacoby, député du parlement prussien. 8°. Genève, Vérésoff et Garriques, 1869.
Bosanquet, B., 1. In darkest England. On the wrong track. 8°. London 1891.
— 2. The socialist ideal. (Humanitarian, vol. 8, 1896, June.)
Bosc, Ernest, Les grandes questions sociales et politiques. Crise financière. La république devant le suffrage universel. Le suffrage universel. 3 br. 8°. Paris, Cherbuliez, 1872.
Bösch, J. M., Die entwicklungstheoretische Idee socialer Gerechtigkeit. Eine Kritik und Ergänzung der Sozialtheorien Herbert Spencers. gr. 8°. Zürich 1896.
Bosch-Kemper, Jer. de, Volkswil en volksbelang. 8°. Amsterdam 1848.
Bosio, Gius., Cause ed effetti del socialismo in Italia. 16°. Milano, P. Carrara edit., 1883.
Bosse, Dr., Ausnahmegesetz gegen die gemeingefährlichen Bestrebungen der Sozialdemokratie. (Handwörterb. d. Staatswiss., 1, 1890.)
Bosselet, H., L'union des classes. 12°. 217 pp. Paris, Lachaud et Burdin, 1874.
Botella, C., El socialismo y los anarquistas. 8°. Madrid, E. Teodoro, 1895.
Botschaft (Die neue). Nr. 1, Graz. 12. Aug. 1897. Beilage zu No. 32 d. „Arbeiterwille" vom 12. Aug. 1897. Graz, Deutsche Vereinsdr. u. Verlagsanstalt.
Bottero, G., Processo dell' Internazionale. Firenze, s. a.
Bottini, Lor., La questione operaia e la corporazione cristiana: relazione al VII. Congresso cattolico italiano. 16°. Lucca, tip. Arcio S. Paolino, 1887.
Boucherville, A. de, L'erreur anti-sociale, son principe et ses conséquences. 2. et 3. édit. 12°. Paris, Tardieu, 1882.
Boudin, Frédéric, Ultramontanisme et Démocratie. 16°. Paris, Lecène et Co., 1897.

Boudoucnost. Journal. Chicago, 16 June 1883—Mai 1886.
Boué (de Villiers). Vide: Muse (La) républicaine.
Bouet, H., Le socialisme en Angleterre. (Journ. d. Économ., 1898, juin.)
Bouge, A., Les conditions du travail et le collectivisme. (Extrait de la Revue polit. et parlem., III, 1896.) Avec une lettre-préface de Paul Deschanel. 8°. Paris, Colin et Co., 1896.
Bougeart, Alfr., Marat, l'Ami du Peuple. 2 vols. 8°. Paris, Lacroix, Verboeckhoven, 1865.
Bouilla-Contréras, Comte de, L'athéisme et les découragements de l'humanité. 8°. Paris, Jos. André et Co., 1898. (Bulletin de la Ligue nationale contre l'athéisme, mars 1898.)
Boulanger, Ambélakia, association hellénique. 8°. Paris s. a.
Boulard, E., Études synthétiques sur une organisation sociale logique, nécessaire conforme aux lois naturelles. Théorie et pratique du collectivisme intégral révolutionnaire. 4. édit. 18°. Paris, impr. Burdin et Co., 1893.
Boullangé d'Aytré, L., Actualités sociales. 8°. Paris, Cherbuliez, 1839.
Boullay, C., L'église et la question sociale, discours à l'assemblée de la Société des anciens élèves des frères du Havre du 28 oct. 1892. 18°. Paris 1893.
Boullier, A., Un roi et un conspirateur. Victor Emanuel et Mazzini. 8°. Paris 1885.
Boullieux, Louis, Magistrature en chemise. 8°. Paris 1871.
Bouloc, Enée, Nouvel aperçu sur les grèves. Il n'y a pas de droit de grève; le louage à long terme. 8°. Paris, Guillaumin et Co., 1896.
Bourdeau, J., 1. Revue du mouvement socialiste. (Revue polit. et parlem., 1897, nov. 16.)
— 2. Le socialisme allemand et le nihilisme russe. 18°. Paris, F. Alcan, 1892.
Bourdon, Émile, Insurrection des agioteurs. 8°. Paris 1847.
Boure. Sbirka revolucnich pisni a básni. 16°. New York 1891.
Bourgeois, Léon, L'éducation de la démocratie française. Discours prononcés de 1890 à 1896. 16°. Paris, Cornely, 1897.
Bourguin, Des rapports entre Proudhon et Karl Marx. (Revue d'écon. polit., 7. année, 1893.)
Bourloton, E., et Robert, E., La Commune et ses idées à travers l'histoire. 8°. Paris 1872.
Bourreiff, Amédée, Organisation pratique du travail. 16 pp. 8°. Saint Germain, impr. Toinon et Co., 1867.
Bourriques (Les) de l'anarchie. Quatre sous de vérités; par L. 32°. Alfortville, impr. Hivon, 1896.
Bousies, A., 1. Il collettivismo e le sue conseguenze. Traduzione, prefazione e note di Salvatore Nicotra Bertuccio. 16°. Catania 1896.
— 2. Le collectivisme à l'état relatif. (Réforme sociale, 1894.)
— 3. Le collectivisme et ses conséquences. 18°. Bruxelles, Société belge de librairie, 1894.
Boutin, J. B., Solution pratique, pacifique et prompte de la question sociale. 8°. Boudeaux, impr. Bory, 1894.
Bontou, Vict, La patrie en danger, au 25 févr. 1848, conspiration du drapeau rouge. 8°. Paris, Dentu, 1850.
Boutsville, Royaume de Dieu sur la terre. 8°. Paris 1847.
Boutry, C., Un remède social. 18°. Paris, Chaix et Co., 1881.
Bouvery, J., Le spiritisme et l'anarchie devant la science et la philosophie. 8°. Paris, Chamuel, 1896.
Bova, Gaspare, La questione sociale: pensieri. 16°. Palermo, tip. Pontoficia, 1898.
Bovier-Lapierre, G., Entretiens familiers sur la question religieuse et sociale. 12°. Paris et Lyon, Delhomme et Briguet, 1897.
Bowles, John, Thoughts on the late general election as demonstrative of the progess of Jacobinism. 8°. London 1802.
Boycott of breweries in Berlin. (Labour Gazette, p. 189, 221, 254, 286, 317, 350.)
Boyenval, A., 1. Proudhon et la sophistique, à propos d'un livre récent: Proudhon, sa vie, ses oeuvres et sa doctrine, par A. Desjardins. (Réforme sociale, 1896, oct. 16.)
— 2. Les réformes successorales. (Revue sociale, no. 100, 1890.)
Boyer de Bouillane, La question sociale et les conférences de Saint-Vincent de Paul. 16°. Nîmes, Gervais-Bedot, 1888.
Braasch, Aug., Irrthümliche Ideale der

Socialdemokratie. gr. 8°. Lübeck, M. Schmidt in Komm., 1898.
Brassch, A. H., Martin Luther's Stellung zum Socialismus. gr. 8°. Braunschweig 1897. (Beiträge zum Kampf um die Weltanschauung, 2. u. 3. Heft.)
Brace, Ch. Loring, Dangerous classes of New York and twenty years' work among them. 8°. New York 1872.
Bracke, W., 1. Hütet Euch vor den 300 Millionen neuen Steuern. Nebst einem Anhange: Die Reden Bracke's im deutschen Reichstage 1877 und 1878. 8°. Braunschweig 1878.
— 2. Die Verzweiflung im liberalen Lager. Antwort auf die 7 Artikel der Magdeburger Zeitung und die Schmähschrift des Herrn von Unruh. 30 pp. 8°. Braunschweig, Bracke, 1876.
Bradlaugh, Charles, 1. Der Sozialismus in Europa. Ein Rundblick. (Socialpolit. Rundschau, Jhrg. 1, 1891/92.)
— 2. Trade-unions policy and social work, force or conciliation in labour disputes. Vide: Socialism, labour and capital.
Bradshaw, J. C., Single tax and labor. (New Time, 1898, Jan.)
Bramwell, Lord, Property. (Nineteenth Century, 1890, March.)
*Brandes, G., Ferdinand Lassalle. 3. Aufl. 8°. Leipzig, Barsdorf, 1894.
Brandfackel (Die). Zeitschr. New York, Juli 1893—Nov. 1894, 9 Nro. (?).
Brandt, Frederick, Fur and feathers. 8°. London, J. F. Hope, 1859.
Brandt, L. O., 1. Die Briefe Ferdinand Lassalle's an Georg Herwegh. (Blätter für literar. Unterhaltung, 1896, Nr. 17.) 4°. Leipzig.
— 2. Ferdinand Lassalle's sozialökonomische Anschauungen und praktische Vorschläge. (Staatswiss. Studien, Bd 5, Heft 4.) gr. 8°. Jena 1895.
— 3. Das Socialistengesetz, nebst den auf Grund desselben erlassenen Anordnungen und ein alphabetisches Verzeichniss der verbotenen Druckschriften und Vereine. 8°. Berlin 1882.
Brandt, Sebast., Stadt und Land im Zukunftsstaate. (Monatsschr. f. christl. Sozialreform, Jhrg. 19, 1897.)
Brano (Un) della difesa del nostro compagno Vittorio Pini. 16°. s. l. 1889.
Branquart, R., A mes frères paysans. 8°. Braine-le-Comte, impr. Lermia, 1892.

Branting, Hjalmar, Die Arbeitsbewegung in Schweden. (Neue Zeit, Jhrg. 11, 1892/93.)
Brasch, M., Der Staatsroman oder der Socialismus im Gewande der Poesie. gr. 8°. Leipzig 1882.
Brassey, Thom., 1. The english labor question. (Internat. Review, 1876.)
— 2. Lectures on the labour question. 1.—3. edit. 8°. London, Longmans, 1878.
Brater, K., Die Reform des Erbrechtes zu Gunsten der Nothleidenden. 8°. München 1848.
Bratowski, St., Oleck, le réfugié. 8°. Paris 1847.
Braun, Adf., Die Parteien des deutschen Reichstages. Ihre Programme, Entwickelung und Stärke. Ein unentbehrliches Handbüchlein für jeden Reichstagswähler. 8°. Stuttgart, Dietz, 1893.
Braun, Ferd., Reich und Arm. (Kritische Blätter, 1848.)
— Vide: Blätter (Kritische).
Braun, Dr. Gfr. H., Zur Lösung der socialen Frage. I. Sociale Fragen des Columbischen Katholiken - Congresses (Sept. 1893). II. Der Anthracitkohlen-Strike in Pennsylvanien 1887/88 im Vergleich mit den Bergarbeiter-Bewegungen in Grossbritannien u. Deutschland. Diss. gr. 8°. St. Louis, Mo. Freiburg i. Br., Herder in Komm., 1893.
Braun, Dr. Heinr., 1. Zur Lage der deutschen Sozialdemokratie. (Archiv f. soz. Gesetzg., Bd. 6, 1893.)
— 2. Fr. Albert Lange als Sozialökonom, nach seinem Leben und seinen Schriften. Inaug.-Diss. 8°. Halle a. S., Druck von Ed. Frommann in Jena. 1881.
Braun-Wiesbaden, Karl, Das Attentat auf dem Niederwald und der Hochverrathsprocess vor dem Reichsgericht. (Nord u. Süd, Bd. 33.)
Braun, K., 1. Berichte und Betrachtungen über die beiden grossen Hochverrathsprozesse vor dem Reichsgerichte. („Pandämonium", Hamburg 1885.)
— 2. Vier Briefe eines Süddeutschen an den Verfasser der „Vier Fragen". 8°. Leipzig 1867.
Braun-Gisycki, Lily, Frauenfrage und Sozialdemokratie. Reden anlässlich des internationalen Frauencongresses in Berlin. 8°. Berlin, Buchh. Vorwärts, 1896.
Bray, C., The philosophy of necessity: or the law of consequences, as applicable

to mental, moral and social science. 2 vols. gr. 8°. London 1841.

Bréal, Mich., Quel est le vrai sens du mot prolétaire. (Revue polit. et parlem., vol. 6, 1895.)

Bréda, Comte de, La loi de Dieu et les règlements sociaux; considérations sommaires sur les lois. 52 pp. 18°. Paris, Alband, 1873.

— 2. La question ouvrière et le gouvernement chrétien. (Extrait de „l'Association catholique" du 15 août.) 8°. Paris, Philipona, 1882.

Breitum, Paul, Des Volkes Protest! Ein Lichtstrahl auf das sociale Leben der Gegenwart. 8°. Elberfeld, Grimpe, 1891.

Brelay, Ernest, Un essay de socialisme pratique: Le Familistère de Guise. (Économiste française, 1882, 21 févr.)

Bremis, E., La grève de Chicago de 1894. (Revue d'écon. polit., IX, 1895.)

Brennecke, Dr., Die sociale Frage und die evangelische Kirche im Lichte der idealistischen Weltauffassung. Vortrag, geh. am 28. Febr. 1894. 8°. Magdeburg, Alb. Rathke, 1894.

Brentano, L., 1. Ueber Arbeitseinstellungen und Fortbildung des Arbeitsvertrages. (Schrift. d. Ver. f. Soz.-Pol., Bd. 45 u. 47, Leipzig 1890.)

— 2. Der Chartismus. (Handwörterb. d. Staatswiss., V, 1893.)

— 3. Die englische Chartistenbewegung. (Preuss. Jahrbücher, Bd. 33, 1874.)

— 4. Entwickelung und Geist der englischen Arbeiterorganisationen. (Archiv f. soz. Gesetzgebung, VIII, 1895.)

— 5. Der Gebildeten Anteil an der Arbeiterbewegung. (Die Zeit, Nr. 99, Wien, 22. Aug. 1896.)

— 6. Gewerkvereine im Allgemeinen. (Handwörterb. d. Staatswiss., IV, 1892.)

— 7. Gewerkvereine in England. (Handwörterb. d. Staatswiss., IV, 1892.)

— 8. Die neue Gewerkvereinsbewegung in England. (Schulze-Gävernitz: Zum socialen Frieden, Bd. 2, Leipzig 1890.)

— 9. Die Gewerkvereinskongress in Liverpool. (Deutsches Wochenblatt, 1890, 20. Nov.)

— 10. The growth of a Trades-Union. (North British Review, 1870, Oct.)

— 11. Der Kongress der Trades-Unions zu Manchester vom 3.—6. Juni 1868. (Zeitschr. d. preuss. stat. Bur., Jhrg. 8.)

Brentano, L., 12. La question ouvrière. trad. de l'allemand par Léon Caubert 8°. Paris 1885.

— 13. Sozialpolitik und Umsturzvorlage. (Die Zukunft, Bd. 10, 1895.)

— 14. Die Stellung der Gebildeten zur socialen Frage. 8°. Leipzig 1890.

— 15. Ueber die Ursachen der heutigen sozialen Noth. Ein Beitrag zur Morphologie der Volkswirthschaft. Vortrag, geh. beim Antritt des Lehramts an der Universität Leipzig am 27. April 1889. 1. u. 2. unver. Aufl. gr. 8°. Leipzig, Duncker u. Humblot, 1889.

Breslauer Parteitag (Der) und die Taktik in den Landtagen. (Neue Zeit, Jhrg. 14, 1895/96.)

Bresson, Eugène, Le prolétaire. Au bénéfice des prévenus d'avril. 8°. Paris, chez les marchands de nouveautés, avril 1836.

Bresson, Léop., Études de sociologie. Les trois évolutions, intellectuelle, sociale, morale. 8°. Paris, Reinwald, 1888.

Bréton, Philippe, 1. L'impôt progressif. 8°. Paris 1848.

— 2. Théorie de la centralisation. 8°. Paris 1848.

Breton socialiste (Le), journal hebdomadaire, paraissant le dimanche. 1. année, no. 1, 1. juillet 1894. fol. Morlaix, impr. Lanoé; Brest, 71 rue de Paris.

Bretschneider, K. G., 1. Auf welche Macht nächst Gott müssen wir bei den bedenklichen Zerwürfnissen in der menschlichen Gesellschaft unsere Hoffnungen setzen? 8°. Gotha 1848.

— 2. Die Theologie und die Revolution. 8°. Leipzig 1835.

Bretschneider, L. A. Vide: Volksbibliothek (Wiener politische).

Brettes, F., Conférences sur la vie sociale. Nos maîtres. 18°. Paris, Gaume et Co., 1891.

Breuil, Victor, L'action anarchiste. 1. série de poèmes: Tout pour l'anarchie, par la liberté. 8°. Paris, impr. Bonnemaire, 1892.

Breval, Mazzini jugé par lui même et par les siens. 8°. Paris 1863.

Brevans, A. de, La collectivité. Étude sociale. 12°. Paris, Le Chevalier, 1872.

Bréviaire du peuple; par Gustave B.... 8°. Luxembourg, L. Schaumburger, 1871.

Brewster, M. E., Arbeit, oder es gibt deren vollauf und wie sie zu thun ist. 2. Aufl. 8°. Berlin, s. a.

Briancourt, Math., 1. Organisation of labour and association. 12°. London 1850.
— 2. Précis de l'organisation du travail. (Extrait de „l'Organisation du travail et l'association".) 12°. Paris 1846.
— 3. Die Welt wie sie ist und wie sein soll. (Précis de l'Organisation du travail et de l'association.) 8°. Colmar 1845.

Brice, H., Le droit d'association et le rapport de M. Goblet. (Revue polit et parlem., III, 1896.)

Bridget, T. E., The life and writings of Sir Thomas More. cr.-8°. London, Burns and Oates, 1891. 2. edit. 1892.

Brief aan alle nederlandsche werklieden leden en geen leden van de Internationale door Jan Stuckadoor, uitg. door J. J. Cremer. 8°. Leeuw 1871.

Brief (Offener) eines Arbeiters an seine Kameraden. 8°. Wien, Tendler, 1848.

Brief (Offener) eines Arbeiters an den Verfasser des „Sonst und Jetzt". 8°. Dresden 1871.

Brief (Offener) an die deutschen Arbeiter. Die Vereinigung aller socialdemokratischen Parteien zum Zwecke der Wahlagitation. 8°. Bremen, Selbstverl. d. Hrsg. Aug. Kühn, 1870.

Brief über die Demagogie. 8°. Leipzig 1825.

Brief (Ein) des jungen Marx. (Neue Zeit, Jhrg. 16, 1897/98.)

Brief (Ein) von Karl Marx an J. B. von Schweitzer über Lassalleanismus und Gewerkschaftskampf. (Neue Zeit, Jhrg. 15, 1896/97.)

Brief (Ein) Jules Simon's über die Mittel zur Bekämpfung der Anarchisten. (Deutsche Revue, 1892, Mai.)

Briefe von und an Georg Herwegh. Hrsg. von Marcel Herwegh. Ferd. Lassalle's Briefe an Georg Herwegh. Nebst Briefen der Gräfin Sophie Hatzfeld an Frau Emma Herwegh. Hrsg. von Marcell Herwegh. Mit einem Bild und Brief Lassalle's. gr. 8°. Zürich, A. Müller, 1895.

Briefe (1848er) von und an Georg Herwegh; hrsg. von M. Herwegh. 8°. München 1896.

Briefe aus Italien und Frankreich (1848 —1849) von einem Russen, Verfasser des: „Vom andern Ufer". 8°. Hamburg 1850.

Briefe (Neue) des Junius, dem Guten zum Schutz — dem Schlechten zum Trutz. Gesammelt und herausgegeben von Ernst Dadt. 8°. Offenbach 1880.

Briefe (16) eines Nihilisten aus den Gefängnissen in Sibirien. Uebersetzt und der Oeffentlichkeit übergeben von Xavier Roux. 8°. Leipzig, Karl Minde, s. a. 3. Aufl. 8°. Ebd. 1880.

Briefe eines reisenden Punditen über Sklaverei, Möncherei und Tyrannei der Europäer, an seinen Freund in U—pang. 8°. Leipzig 1787.

Briefen (Aus den letzten) von Fr. Engels. (Neue Zeit, Jhrg. 13, 1895.)

Briefgeheimniss vor dem Reichstage. Mit einem Nachworte von Liebknecht. 62 p. 8°. Berlin 1878.

Brief-Geheimniss (Das) vor dem deutschen Reichstag. Nach dem amtl. stenogr. Bericht der Sitzung des deutschen Reichstages vom 18. März 1880. 8°. Leipzig, W. Frick, 1880.

Brière, A., De l'organisation du travail par les sociétés en comm. 8°. Paris 1848.

Briganti, Ant., Socialismo o democrazia!? Pensieri ed avvertimenti al popolo italiano. 8°. Torino, tip. Salesiana, 1894.

Briggs, Henry Currer and A., Evidence before the Trades-Unions Commission, 4 March 1868, Question 12485 to 12753. 8°. London 1868.

Brini, Giua, Le opere sociali di Pietro Ellero. Saggio. 16°. Bologna, tip. N. Zanichelli, 1887.

Briol, J., Génie et démocratie. 1. fasc. 8°. Bordeaux, impr. Delmas, 1896.

Bripon (P. Robin), Les bases de la morale. (Tiré de „l'Ami du Peuple", 15 nov. 1874 sq.). 8°. Liège 1875.

Briquet, C. M., Associations et grèves des ouvriers papétiers en France aux 17. et 18. siècles. (Extrait de la Revue intern. de sociologie.) 8°. Paris, Giard et Brière, 1897.

Brisbane, A., 1. Kurze Darstellung der Lehre der Association. Deutsch von Vetter. 8°. Ulm 1847.
— 2. Social destiny of man, or association and reorganisation of industry. 8°. Philadelphia 1840.

Brisbane, Redelia, Albert Brisbane, a mental biography; with a character study by his wife, Redelia Brisbane. 8°. Boston, Arena Publication Co., 1893.

Brismée, La lettre d'un guillotineur à un futur guillotiné. 8°. Bruxelles 1863.

Brismée, Desiré, 1. Causerie sur l'association dans ses différentes formes; de son influence sur la société, de son but et des résultats que les travailleurs doivent en attendre, faite à la Fédération Ensivaloise de l'Internationale. 8°. Bruxelles, D. Brismée, 1873.

Brismée, Désiré, 2. Rapport sur la troisième question à l'ordre du jour du congrès socialiste universel tenu à Gand du 9 au 16 sept. 1897, portant: De l'attitude du prolétariat à l'égard des divers partis politiques. 8°. Bruxelles, typ. D. Brismée, 1877.

Brissac, H., 1. Leurs arguments anticollectivistes. 8°. Paris, Giard et Brière, 1896.
— 2. Leurs arguments socialistes. (Revue socialiste, 1896.)
— 3. Les femmes (poésie). 8°. Paris 1847.
— 4. Le monde marche. (Almanach de la question sociale pour 1894.)
— 5. Quand j'étais au bagne. Poésies. 8°. Paris, Derveaux, 1887.
— 6. La société collectiviste. Avec une préface de Jean Jaurès. 8°. Paris, Petite République, 1895.
— 7. Travail et prolétariat. 8°. Paris, bureau de la Revue socialiste, 1886. (Bibliothèque de la Revue socialiste, no. 9.)

Brissac, Henri, et Naquet, Alfred, Pour et contre le collectivisme. Avec une lettre-préface de A. Millerand. 6. édit. 8°. Paris, Petite République, s. a. (1894?).

Brisson, J., Essai pratique sur le moyen d'organiser le travail. 8°. Belleville, impr. de Galban, mai 1848.

Brissot, J. P., 1. Schilderung der jetzigen Anarchie Frankreichs. 8°. Leipzig 1794.
— 2. On the situation of the National Convention, influence of the anarchists, and the evils it has caused etc., with preface and notes by the translator. 8°. London 1794.

Brix, Th., Die Pflicht zur Arbeit. (Grenzboten, 1896,₂.)

Brocher de la Fléchère, H., Les révolutions du droit. Études par l'intelligence des institutions sociales. 2 tom. 8°. Paris 1878.

„Brochure" (La). 1. série, no. 1—10. 16°. Bruxelles 1894. 2. série, no. 1. 16°. Bruxelles. „Bibliothèque des Temps Nouveaux", Bruxelles 1895, deux séries de réimpression.

Brod, Arbeit und die Wahrheit. Zuruf eines französischen Arbeiters an seine Mitbrüder. 12°. Cassel 1848.

Brodbeck, Dr. Adf., Die friedliche Revolution des 20. Jahrhunderts. gr. 8°. Zürich, C. Schmidt, 1898.

Brodrick, G. C., Socialism. (National Review, 1892, Mai.)

Broedermin (Le) socialiste. Journal. Gand, vers 1850.

Broesicke, Max, Die deutsche Strikebewegung. Unter Berücksichtigung der ausländischen Strikebewegung dargestellt. gr. 8°. Berlin, C. Heymann's Verl., 1898.

Broglie, M. l'abbé, La réaction contre le positivisme. 18°. Paris, Plon, Nourrit et Co., 1894.

Brooke, J. W., The democracy of Marylebone. 8°. London 1839.

Brooke, Rev. Stopford, The story of the womens' trades-union league. (Humanitarian, 1894, Febr.)

Brooks, J. G., Trade-union label. (Bullet. of the Department of labor, 1898, March.)

Broome, R., Observations on Mr. Paine's pamphlet, entitled „The decline and fall of the english system of finance". 8°. London 1796.

Brothier, L., Projet de constitution républicaine. 8°. Paris 1848.

Brouckère, Louis de. Vide: Conscrit (Le) en cours d'assises.

Broues, Fernand, 1. Congrès socialiste internationale de Bruxelles. (Société Nouvelle, 1891,₂.)
— 2. César de Paepe. (Société Nouvelle, 1890,₂.)
— 3. La question sociale au Sénat de Belgique. (Société Nouvelle, 1892,₁.)

Broues, F., et James, A., Congrès agraire international, tenu à Bruxelles, en 1889. (Société Nouvelle, 1889,₁.)

Broues, Jules, 1. Assurance obligatoire et pauperisme. (Société Nouvelle, 1889,₁.)
— 2. La crise. Lettre ouverte à M. Endor Pirmez. (Société Nouvelle, 1884.)
— 3. Études de science sociale. 8°. Bruxelles, Manuon, 1897.
— 4. Les grèves. (Société Nouvelle, 1888.)
— 5. La journée du 1. mai 1890. (Société Nouvelle, 1890,₁.)
— 6. La lutte des classes. (Société Nouvelle, 1893,₁.)
— 7. Du problème social. (Société Nouvelle, 1886,₁.)
— 8. Du problème social. Les manifestations ouvrières. (Société Nouvelle, 1887,₁.)

Brouez, Jules, 9. Le socialisme au dix-neuvième siècle. (Société Nouvelle, 1892₁₁.)
— 10. Le suffrage universel. (Société Nouvelle, 1891₂.)
Brousse, Paul, 1. La crise, sa cause, son remède. 16⁰. Genève, impr. jurassienne, 1879. (Tiré du „Révolté" du 9 août—20 sept. 1879, anonyme.)
— 2. Les dangers du radicalisme. (Almanach du peuple pour 1875.)
— 3. L'état à Versailles et dans l'Association Internationale des travailleurs. 8⁰. Genève 1874.
— 4. La liberté. („La Commune", Almanach socialiste pour 1877.)
— 5. Marx et l'Internationale. 8⁰. Paris 1889.
— 6. La propriété collective et les services publics. Rapport présenté à la „Bibliothèque socialiste" du parti ouvrier. 8⁰. Paris, au bureau du journal „Le Prolétaire", 1883.
— 7. Le suffrage universel et le problème de la souveraineté du peuple. 8⁰. Genève 1874.
— Vide: Comité de Propagande révolutionnaire.
— — Solidarité (La) révolutionnaire.
— — Travail (Le).
Brown, D., From the slum to the farm colony: an account of the social work of the Salvation Army. cr.-8⁰. London, Simpkin, 1896.
Brown, J., Remarks on the plans and publications of R. Owen, Esq. of New Lanark. 8⁰. Edinburgh 1817.
Brown, W. L., Essay on the natural equality of men, the rights that result from it, and on the duties, which it imposes. 8⁰. Edinburgh 1793. 2. edit. enlarg. 8⁰. Edinburgh 1794.
Brownson, H. F., Equality and democracy; a lecture delivered at the University of Notre Dame, Ind. 12⁰. Detroit, H. F. Brownson, 1897.
Bruce, F. J., Henry George's unproved assumption, or the pauperism of capital, a politico-economical sonata. 8⁰. London 1884.
Bruchhausen, C. v., Bürgersoldaten gegen Socialdemokraten. (Die Gegenwart, Bd. 54, 1898.)
Bruck, Dr. Fel. Frd., Neu-Deutschland und seine Pioniere. Ein Beitrag zur Lösung der sozialen Frage. gr. 8⁰. Breslau, W. Koebner, 1896.

Brück, H., Die geheimen Gesellschaften in Frankreich und ihre Stellung zu Kirche und Staat. 8⁰. Mainz 1881.
Brüder, Arbeiter! Flugschrift. s. l. s. a.
Brüder (An unsere) in der Kaserne. Wie man Kriege anzettelt. Flugblatt. s. l. s. a.
Brüder (An unsere) die Proletarier. Flugblatt, hrsg. von den vereinigten Anarchisten Londons, beginnend: Vier Jahre sind vergangen, endigend: Freiheit, Gleichheit und Brüderlichkeit. 8⁰. s. l. s. a.
Brüder (Fromme). Neue Verse, gehauen und gestochen vom sanften Bruder Heinrich. 8⁰. Berlin, Hans Baake, s. a.
Bruderparteien (An die) und Vereinigungen von Gesinnungsgenossen aller Länder, welche an den jüngsten Kongress der deutschen Sozialdemokratie Begrüssungs- und Zustimmungs-Adressen gerichtet haben. Flugblatt der „Socialistischen Arbeiterpartei Deutschlands", s. l. s. a. Unterschrift: Die auswärtige Verkehrsstelle: Walther.
Brügel, Ldw., Von gestern und heute. Sociale Gedichte. 8⁰. Wien, Selbstverlag, 1894.
Brüggemann, Dr. Friedr., Des Freiherrn v. Ketteler, Bischofs von Mainz, Werk: Die Arbeiterfrage und das Christentum; nebst einigen Bemerkungen auf verwandten Gebieten. 8⁰. München, J. G. Weiss, 1870.
Brughmans, V., Étude sur le droit de grève. 8⁰. Louvain, impr. A. Fonteyn, 1895.
Brühl, J. A. M., Die Geheimbünde gegen Rom. Zur Geschichte der italienischen Revolution. 8⁰. Prag 1860.
Brüll, Dr. Andr., 1. Katholische Arbeitervereine. (Handwörterb. d. Staatswiss., VI, 1894.)
— 2. Katholisch-soziale Bestrebungen. (Handwörterb. d. Staatswiss., V, 1893.)
Brüllow, Die Bedeutung der Familie für das Wohl des Individuums, der Gemeinde und des Staates. (Sammlung gemeinnütziger Vorträge, Nr. 21.)
Brun, l'abbé J. A., La science de l'organisation sociale demontrée dans les éléments, ou méthode d'étudier l'histoire, les voyages, l'économie politique, la morale, les droits des nations et d'assurer l'enseignement public. 8⁰. Paris, Cerioux, Montardier, 1799.
Brunel, Camille, La chanson du pauvre. in-plano. Lille, impr. Lagrange, s. a. (1898).
Brunel, François, Le droit à l'existence.

Paroles et musique. 8⁰. s. l. s. a. (impr. Brunel, rue Saint-Denis 30).

Brunellière, Ch. Vide: Classe (La) ouvrière devant le socialisme.

Brunetière, Ferd., La moralité et la doctrine évolutive. (Revue des deux Mondes, 1895, 1. mai.)

Brunhes, M., L'organisation du travail scientifique et l'enseignement des sciences appliquées. 8⁰. Lille, impr. Danel, 1894.

Bruni, T., 1. La questione sociale: lettura. 16⁰. Lanciano, R. Carabba, 1892.
— 2. Il socialismo e l'ambiente sociale. 12⁰. Lanciano, tip. Rocca Carabba, 1897.

Bruniatti, A., I Mormoni dell' Utah. (Nuova Antologia, 1888, 1. Aprile.)

Brusshaver, J., Das allgemeine Wahlrecht und die sociale Frage. Reden in Wiener Arbeiter-Versammlungen gehalten. 8⁰. Wien, Pichler, 1868.

Bry, Mémoire sur le droit d'association. 8⁰. Paris, impr. nationale, 1897.

Bryan, William and others, Some party men on direct legislation. (New Time, 1898, April.)

Bryce, James, Equality. (Century, 1898, July.)

Buch der Freiheit, oder Geist des 19. Jahrhunderts, von einem ausgewanderten Oesterreicher (Hans Normann). 8⁰. Meissen, Goedsche, 1834.

Buchdruckerei-Arbeiter (An alle) Wiens und Niederösterreichs. Wien, 1. Nov. 1891. Verlag von Karl Höger.

Buchdruckerei-Arbeiter (An sämmtliche) Wiens! Flugblatt. Wien, Karl Höger, s. a.

Buchdruckerstreik (Ein). (Grenzboten, 1896,₁.)

Bücher, Karl, 1. Arbeit und Rhythmus. (Aus: „Abhandlungen der sächs. Gesellsch. der Wiss.") Lex.-8⁰. Leipzig, Hirzel, 1896.
— 2. Die Arbeitseinstellungen in der Schweiz. (Handwörterb. d. Staatswiss., I, 1890.)

Bucher und Lassalle. (Neue Zeit, Jhrg. 11, 1892/93.)

Bucher, Lothar. Vide: Rodbertus, v. Berg, Lothar Bucher.

* Büchner, Georg, Der hessische Landbote gr. 8⁰. München, Ernst, 1896. Sammlung gesellschaftswiss. Aufsätze, 10. Heft.

Büchner, Dr. Ldwg., 1. Meine Begegnung mit Ferd. Lassalle. Ein Beitrag zur Geschichte der sozialdemokratischen Bewegung in Deutschland. Nebst 5 Briefen Lassalles. 8⁰. Berlin, A. Hertz u. Süssenguth, 1893.

Büchner, Ludwg., 2. Georg Büchner, der Sozialist. (Die Zukunft, Bd. 16, 1896.)
— 3. Darwinismus und Sozialismus oder der Kampf ums Dasein und die moderne Gesellschaft. gr. 8⁰. Leipzig, E. Günther, 1893.
— 4. Die demokratische Krankheit. (Die Gegenwart, Bd. 46, 1894.)

Büchner, Paul, Der Socialismus des 20. Jahrhunderts. Vorschlag zur Lösung der socialen Frage. gr. 8⁰. Berlin, E. Staude, 1894.

Budgell, A., Liberty and property, a pamphlet highly necessary to be read by every Englishman, who has the last regard for this invaluable blessings. 4. edit. 8⁰. London 1732.

Budget (A) for the socialists, containing the Female Socialist, the Lord's Prayer of the Owenites, and the Gospel according to St. Owen. 8⁰. London 1840.

Budin, Organisation de l'instruction et du travail. 8⁰. Dolce 1848.

Budzynowskij, W., Der Bauernbesitz und der Bauernsozialismus in Galizien. (Deutsche Worte, Jhrg. 14, 1894.)

Bueck, H. A., 1. Zur Arbeiterbewegung. (Verhandlungen etc. d. Centralverbandes deutscher Industrieller, Nr. 62.)
— 2. The conflicts of capital and labour in Germany. (Liberty Review, 1893.)
— 3. Der sociale Friede. S.-A. aus „Stahl u. Eisen", 1892.
— 4. Korreferat über Arbeitseinstellungen und die Fortbildung des Arbeitsvertrages. (Schriften d. Ver. f. Soz.-Pol., Bd. 47.) Leipzig 1890.

Buerbaum, J. F., Eigendom is diefstal. Antisocialistisch verhaal. 8⁰. Anvers, impr. Buerbaum-Vandergoten, 1895.

Buessard, Paul, Le devoir, livre de toutes les classes sociales. 18⁰. Paris, impr. Lacrampe, 1842.

Buffa, D., Delle origini sociali, studi. 8⁰. Firenze 1847.

Bugeaud, Marschall, Die Socialisten und die gemeinsame Arbeit. (Magazin f. d. Literat. d. Auslandes, 1848, Nr. 100 u. 101.)

Buhr, Gustav, Gedanken eines Arbeiters über Gott und Welt. Mit einem Vorwort von Dr. Theobald Ziegler. 8⁰. Stuttgart, Krabbe, 1892.

Buhr, Vict., Der Socialismus in der deutschen Armee. Selbst-Erlebtes. 12°. Berlin, Moderner Verlag, 1893.

Buisson, Benj., Guerre civile et guerre sociale. Origine et portée de la révolution du 18 mars. 8°. Bruxelles, A. N. Lebègue et Co., 1871.

Buisson, Eugène, 1. L'homme, la famille et la société considérés dans leurs rapports avec le progrès moral de l'humanité. 3 vols. 12°. Paris, Cherbuliez, 1857.
— 2. Der Mensch, die Familie und die Gesellschaft in ihren Verhältnissen zur sittlichen Entwickelung der Menschheit. Aus d. Französischen. 8°. Basel, Bahnmaier, 1859.

Bulgarini, G. B., La scienza in relazione con la moralità e la questione sociale: conferenza. 16°. Prato Toscana, tip. Liri, 1884.

Bulla, Eugen, Die Ursache der Krystallformen. Monistische Beleuchtung der Naturformen und Naturkräfte. 8°. Druck von der sozialdemokr. Genoss.-Buchdr. „Freiheit" in London, s. a.

Bulle, Oscar, Die socialistischen Bauernbünde in Sicilien. (Die Gegenwart, Bd. 45, 1894.)

Bulletin (Socialdemokratisches), hrsg. von den Internationalen Sectionen des Jura. 1 no. 2 pp. 4°. Chaux-de-Fonds, 24 mai 1874.

Bulletin Communal, Organe des clubs. form. moyen. Un seul numéro, le samedi 6 mai 1871. Paris.

Bulletin de la Fédération Jurassienne de l'Association Internationale des travailleurs. Souvillier, Locle, Chaux-de-Fonds, Souvillier, 15 févr. 1872—25 mars 1878 (année 7, no. 12). 4°. et fol.

Bulletin des groupes anarchistes. Paris, 15 nov. 1881, 1 no. polygraphié.

Bulletin (Le) du jour. gr. form. 8 nos. du mardi 16 mai au mardi 23 mai 1871. Paris.

Bulletin de la Maison du Peuple. Bruxelles 1895 (quelques numéros parus).

Bulletin de Propagande antipatriotique. Paris, août 1890, polygraphié, 2 nos. (?).

Bulletin de la Revue socialiste polonaise Równość (Égalité). 1. année, oct. et nov. 1879.

Bundeslied der deutschen Socialdemokratie. Illustr. Flugschrift. Druck u. Verlag von Jean Holze in Hamburg. s. a.

Bungeroth, Herm., Der Simultanstaat. Seine Grundlage, sein positives Recht und seine Entwickelung. I. Der Ursprung und das Wesen des Simultanstaates nach philosophischen Grundsätzen entwickelt. 8°. Barmen, D. B. Wiemann, 1892.

Buono, L., La scuola e il socialismo in Italia. 8°. Napoli, tip. Tramontano, 1896.

Buratti, Carlo, L'armonia degli interessi sociali. Scritti popolari di economia politica. 16°. Milano 1874.

Burckhard, Dr. Max, Aesthetik und Sozialwissenschaft. 3 Aufsätze. (1. Die Kunst und die soziale Frage. 2. Volkstümliche Klassikeraufführungen. 3. Die Kunst und die natürl. Entwickelungsgeschichte.) gr. 8°. Stuttgart, J. G. Cotta Nachf., 1895.

Burdeau, A., Notes sur le collectivisme. (Extr. de la Revue polit. et parlem., 1895, oct.) 8°. Paris, impr. Davy, 1895.

Burdinski, Dr. Rich., Die Produktiv-Genossenschaft als Regenerationsmittel des Arbeiterstandes. Eine Kritik der Thornton-Lassalle'schen Wirtschaftsreform. gr. 8°. Leipzig, G. Fock, 1894.

Bureau, Allyre, 1. L'art dans la république. Aux musiciens. 8°. Paris 1848.
— 2. Plus de conscription. 8°. Paris 1849.
— 3. Plus de droits réunis. 8°. Paris 1849.

Bürger! Seit mehreren Jahren sind wir Zeugen etc. Flugblatt, s. l. s. a. Mit der Unterschrift: Vera Sassulitsch. Peter Lawroff.

Bürgers, H., Die Kölner Septembertage des J. 1848. Vom Verfasser autoris. Abdruck aus den „Erinnerungen an Ferdin. Freiligrath". (Rheinische Wochenschrift, 1876, Nr. 24.)

Bürgerthum (Das) und die soziale Frage. gr. 8°. Hamburg, Seippel, 1890.

Burgy, Jules, Détresse des ouvriers dévoilée. 2. édit. 8°. Paris 1847.

Burke, E., 1. Betrachtungen über die französische Revolution. Nach dem Engl. des Herrn Burke neu bearb. mit einer Einleitung, Anmerkungen, politischen Abhandlungen und einem critischen Verzeichniss der in England über diese Revolution erschienenen Schriften von Friedr. Gentz. 2 Theile. gr. 8°. Berlin, Vieweg, 1793.
— 2. Betrachtungen über die franz. Staatsrevolution. Aus d. Engl. gr. 8°. Wien, Schaumburg u. Co., 1799.
— 3. Betrachtungen über die franz. Revolution. Aus dem Engl. 2 Theile. 8°. Wien, Wallishauser, 1794.

Burke, Edm., 4. The inherent evils of all State Government demonstrated, being a reprint of Edmund Burke's celebrated essay, entitled: „A vindication of natural society", with notes and an appendix briefly enunciating the principles through which „natural society" may gradually realized. 8°. London, Holyoake and Co., 1858. 8°. Boston, B. R. Tucker, 1885.
— 5. Reflections on the French Revolution. 8°. London 1790. 9. edit. 8°. London 1791.
— 6. Réflexions sur la Révolution de France etc. Trad. de l'angl. (par Dupont). 5. édit. 8°. Paris 1791. Nouv. édit. corr. et rev. et augm. des notes par J. A. A···· (Auvray). 8°. Paris 1819 (ou 1823).
— Vide: Vindication (A) of natural society.

Bürkli, Karl, 1. Demokratische Bankreform, oder wie kommt das Volk zu billigerem Zins. Sieben Fragen und Antworten über die Reorganisation der Kantonalbank. 8°. Zürich, Buchh. d. Schweiz. Grütlivereins, 1881.
— 2. Demokratisirung unseres Heerwesens. Vortrag, geh. am socialdemokrat. Parteitage in Winterthur am 15. Nov. 1896. (Sep.-Abdr. aus dem „Grütlianer", Nr. 5—10, vom 12—23. Jan. 1897.) 8°. Zürich, Schweiz. Grütliverein, 1897.
— 3. Directe Gesetzgebung durch das Volk. 8°. Zürich, Buchh. d. Schweiz. Grütlivereins, s. a.
— 4. Eine Kantonalbank, aber keine Herren-, sondern eine Volksbank, keine 5 und 6 Proz., sondern 2, höchstens 3 Prozent Zins. Sturz der Geldaristokratie durch eine Staatsbank ohne Gold- und Silbergeld. 8°. Zürich, C. Honegger-Schmid, 1866.
— 5. Meine Proporz-Perle vor dem Zürcher Kantonsrath (15. Sept. 1891). Eine Rede über die Proportional-Vertretung, wie Sozialdemokraten sie wollen. (Sep.-Abdr. aus dem „Grütlianer", 22. Sept.—22. Dec. 1891.) 8°. Zürich, Buchhandl. des Schweiz. Grütlivereins, 1891.

Bürkli, Karl, 6. Der wahre Winkelried. 8°. Zürich, Buchh. d. Schweiz. Grütlivereins, s. a.
Burnell, A., Some thoughts on socialism. 8°. London 1895.
Burnett, J., Trade-unions. Their policy and social work. (In Samuelson: Subjects of the day, Aug. 1890.)
Burns, John. Vide: Manning (Cardinal) and J. Burns.
Burns, John, and **Keir Hardie**, J., The labour party and the new Parliament. (New Review, 1892, Aug.)
Burri, Ant., Il lavoro: Studio sociale. 8°. Roma, stab. Gius. Civelli, 1888.
Burton-Piérard, Victor, Pourquoi je suis libre-penseur, avec un mot sur le socialisme. 8°. Bruxelles, au journal „Le Peuple", 1893.
Bus, G., Waarom wij Anarchisten zijn en wat wij willen. Openbar debat tusschen onzen kameraad G. Bus en der Heer V. Heymans, gewezen professor. 8°. Gand 1894.
Busch, Ernst, Der Irrtum von Karl Marx. Aus E. B.'s Nachlass hrsg. von Dr. Arth. Mülberger. gr. 8°. Basel, Dr. H. Müller, 1894.
Busch (Ernst) und die sociale Frage. (Die Gegenwart, Bd. 48, 1895.)
Busch, Moritz, Wunderliche Heilige. Religiöse und politische Geheimbünde und Sekten. 8°. Leipzig 1879.
Buss, Das Rongethum in der badischen Abgeordnetenkammer. 8°. Freiburg 1846.
Bussy, Ch. de, 1. Les conspirateurs en Angleterre 1848—1858. Étude historique. 8°. Paris, Lebigre-Duquesne frères, 1858.
— 2. Les révoltés contre l'église et l'ordre social. 2 vols. 8°. Paris 1863—1868.
Bütow, Otto v., 1. Socialer Aufruf an das deutsche Volk. gr. 8°. Braunschweig, A. Limbach, 1896.
— 2. Die sociale Frage. (2. Bd. der „Weltordnung".) gr. 8°. Braunschweig, A. Limbach, 1895.
Büttner, Heinr., Ferd. Lassalle, der Held des Volkes, oder: Um Liebe getödtet. Socialer Roman. Nach Briefen, Acten und Angaben naher Verwandter Lassalle's. gr. 8°. Berlin, Friedrichs u. Co., 1892—93.

C.

Cabet, Étienne, 1. A bas les Communistes. 4 pp. 8°. s. l. s. a.
— 2. Adresse du fondateur d'Icarie aux Icariens. 8°. Paris 1856.
*— 3. Almanach icarien pour 1843, 1844, 1845, 1846, 1847, 1848, 1852. 16°. Paris, Pievat, 1842 etc.
— 4. Arrestations illégales des crieurs publics; poursuites du Populaire et de ses crieurs contre M. Gisquet, ses commissaires de polices et M. de Saint-Didier, juge d'instruction; procès du crieur Delente et mémorable arrêt de la Cour Royale contre l'appel du procureur-général Persil. 8°. Paris, au bureau du journal Populaire, 1833. (Troisième publication du Populaire.)
— 5. Aux membres du Gouvernement provisoire. 8°. Paris, typogr. Félix Malteste et Co., 17 avril 1848.
— 6. Colonie ou République icarienne. 2. édit. 8°. Paris 1855.
— 7. Der dem Communismus vom Jesuiten Fournier geworfene Handschuh aufgehoben. 8°. Bern 1844.
— 8. Compte-rendu par le Président de la Communauté. 8°. Paris 1854.
— 9. Correspondance avec Louis-Philippe, Dupont de l'Eure, Barthe etc., sur la marche du gouvernement depuis le 1. août 1830. 8°. Paris, Rouanet, 1833.
— 10. Défense et acquittement du citoyen Cabet accusé d'escroquerie au sujet de l'émigration icarienne, devant la Cour d'Appel de Paris. 8°. Paris 1851.
— 11. Départ de Nauvoo du fondateur d'Icarie avec les vrais Icariens. 8°. Paris, nov. 1856.
— 12. Dialogue entre un garde national républicain et d'un garde national justemilieu. La garde national veut aussi la république. 8°. Paris, impr. L. E. Herhan, s. a. (Sixième publication du Populaire.)
— 13. Discours prononcé le 1. mars 1831 (à l'occasion du rétablissement du jury en Corse.) 8°. Bastia, J. Fabiani, 1831.
— 14. Onze discours à la société fraternelle. 8°. Paris 1848.

Cabet, Étienne, 15. Faits préliminaires au procès devant la Cour d'assises contre M. Cabet, député de la Côte-d'or. 1.—4. partie. 8°. Paris, Rouanet, 1833. 5. partie: Procès devant la Cour d'assises contre M. Cabet, ex-procureur général en Corse, député de la Côte-d'or. 8°. Paris, Rouanet, 1833. 6. partie: M. Cabet défendu et justifié par S. M. Louis-Philippe, MM. de Broglie, Thiers, Soult et autres ministres, MM. Persil, Madier-Montjau, Viennet et autres députés. 8°. Paris, Rouanet, 1833.
— 16. Le fondateur d'Icarie aux Icariens. 8°. Paris, avril 1856.
— 17. Guerre de l'opposition contre le citoyen Cabet, fondateur d'Icarie. 8°. Paris, août 1856.
— 18. Histoire de 1830 et situation présente. 8°. Paris 1833.
— 19. Icarie. Les Icariens d'Amérique. 8°. Paris, au bureau du Populaire, 15 march 1849.
— 20. L'Icarie survivra-t-elle à son fondateur?
— 21. Insurrection de juin 1848, avec ses causes, son caractère et ses suites, expliquée par la marche et les fautes de la révolution du 24 févr. 8°. Paris, au bureau du Populaire, 1848.
— 22. Curieuse lettre du citoyen Cabet à Louis Napoléon. 8°. Paris, oct. 1851.
— 23. Lettre sur la Réforme icarienne. 8°. Paris 1854.
— 24. Lettres et mémoire au roi. (Correspondance avec Sa Majesté Louis-Philippe I., depuis le 1. août 1830.) 8°. s. l., impr. de Douillier à Dijon, 1830.
— 25. Deux lettres à Louis Napoléon par le citoyen Cabet. 8°. Paris 1851.
*— 26. Ma ligne droite, 2. édit. 8°. Paris, au bureau du Populaire, juin 1847.
— 27. Manifestations et adresses par les Icariens de Nauvoo au fondateur d'Icarie. 8°. Paris, juin 1856.
— 28. Manifeste de l'opposition et réponse du citoyen Cabet. 8°. Paris, nov. 1856.
— 29. Manuel de l'instituteur pour les élections. s. l. s. a.

Cabet, Etienne, 30. Manuel républicain de l'homme et du citoyen. s. l. s. a.
— 31. Nécessité de populariser les journaux républicains. Moyen. 1 feuill. 8°. s. l. (Paris), impr. de L. E. Herhan, s. a.
— 32. Opinion de M. Cabet, député de la Côte-d'Or, sur l'abrogation de la loi concernant le 21 janvier 1793 jour de l'éxécution de Louis XVI. 8°. Paris, Rouanet, s. a.
— 33. Opinion icarienne sur le mariage; — organisation icarienne, naturalisation. (Le Communiste, 1855.)
— 34. Opinions et sentiments publiquement exprimés concernant le fondateur d'Icarie. 8°. Paris, mars 1856.
— 35. Péril de la situation présente, 14 oct. 1851. Compte à mes commettans. 8°. Paris, Auguste Mie, 1851.
— 36. Poursuite du gouvernement contre M. Cabet, député de la Côte-d'Or, directeur du Populaire. Deux parties. 8°. Paris, impr. de Herhan, 1884. (Publication du Populaire.)
— 37. Le Procès de Quénisset. 8°. Paris 1841.
— 38. Progrès de la colonie icarienne. 8°. Paris 1854.
— 39. Prospectus. Bibliothèque sociale rédigée par une société d'écrivains, sous la direction de M. Cabet, ex-député, ex-procureur général, publiée par souscription et par livraisons. 8°. Paris, C. Bajat, 6 juin 1841.
— 40. Prospectus de la colonie icarienne. „Icarie". 8°. Paris 1855.
— 41. Réalisation d'Icarie Nouvelles de Nauvoo. 6 livr. (la 1re sous le titre „Icarie".) 8°. Paris 1849.
— 42. Réfutation de la Bible de la liberté. 8°. Paris s. a.
— 43. Réfutation du Dictionnaire politique (contre les articles: Babouvism, Communauté, Ascocition, Propriété) et de la Revue des deux Mondes (sur le communisme). 8°. Paris, au bureau du Populaire, sept. 1842.
— 44. Réfutation de l'Humanitaire (demandant l'abolition du mariage et de la famille). 8°. Paris 1841.
— 45. Réfutation de la Revue des deux Mondes (sur le communisme). 8°. Paris 1842.
— 46. Réfutations de M. Thoré, de M. de Lamennais, du National, de MM. Ledru-Rollin, Arago, Formenin, Fournier de Virginie. s. l. s. a.

Cabet, Étienne, 47. Réponse au National sur la communauté. 2 pp. 8°. s. l. s. a.
— 48. Réponse aux calomnies des pamphlétaires de la police. 8°. s. l. s. a.
— 49. Républicains, vous seriez criminels. 1 feuille. 8°. (Paris) typ. Félix Malteste et Co., s. a.
— 50. La République du Populaire. 8°. Paris 1839.
— 51. Le salut est dans l'union, la concurrence est la ruine. 8°. Paris 1845.
— 52. Salut par l'union, ou ruine par la division. La paix ou la guerre entre le Populaire et La Réforme. 8°. Paris, au bureau du Populaire, nov. 1845.
— 53. Si j'avais 500000 dollars. s. l. s. a.
— 54. Société fraternelle centrale. 11 discours de Cabet. 11 fasc. 8°. Paris au bureau du Populaire, 1848.
  1. Discours du citoyen Cabet, sur la garde national, la liberté de la presse, le droit d'association, de réunion et de discussion, les élections et le travail.
  2. — sur la nécessité d'éloigner les troupes et d'ajourner les élections.
  3. — sur la manifestation du 17 mars et la nécessité d'ajourner les élections.
  4. — sur ce qu'il fallait faire et sur l'ajournement des élections.
  5. — sur la profession du foi à éxiger des candidats à l'assemblée nationale.
  6. — sur les élections.
  7. et 8. — sur les élections. Discours de Robert Owen.
  9. — sur la proscription contre les communistes, et sur l'esprit du communisme.
  10. Exposé rapide sur la doctrine et la marche du communisme icarien.
  11. Persécution contre le communisme et émigration. Arrivée de la 1re avant-garde.
— 55. Stand der socialen Frage in England, Schottland, Irland und Frankreich. 12°. Genf 1843.
— 56. Système de fraternité. (Extrait du Populaire, no. 1, sept. 1849; no. 2, nov. 1849.) 8°. Paris, au bureau du Populaire, 1849.
— 58. Toute la vérité au peuple. s. l. s. a.
— 58. Les villageois, leurs misères actuelles, des divers remèdes proposées. Leur future bonheur dans la communauté. s. l. s. a.
— 59. Le voile soulevé sur le procès de Tours. s. l. s. a.
— 60. Voyage en Eldorado. s. l. s. a.
— 61. Voyage en Icarie. Le Nouveau

8*

Monde. 8°. Bordeaux, impr. Gounouilhon, 1898.

Cabet (M.) ancien procureur général, ancien député, directeur du Populaire, et réponse aux ennemis du communisme. 8°. Paris, au bureau du Populaire (1847?).

Cabet (A Monsieur), ex-député, ex-procureur général. Quelques lignes en réponse à son pamphlet, en ce qui concerne une partie des anciens fondateurs de La Fraternité de 1845. Signé: Allard, Castagné, Denis, Leroux, Pouvret, au nom de tous les anciens fondateurs attaqués par M. Cabet. 8°. Paris, 10 janv. 1846.

Cabétise (La) ou voyage en Ignarie. 8°. Paris, impr. d'A. René, s. a.

Caboulot le communiste et Jolybois le phalanstérien. Par un ami des ouvriers. 8°. Besançon, Tubergue, 1848.

Cabrini, Angiolo, Natale, canto socialista. 8°. Borgo, San Donnino, dicembre 1890.

Cabuchet, Première lettre d'un Saint-Simonien. 8°. Lyon 1832.

Cafiero, Carlo, 1. Anarchie et communisme. („Le Révolté", Genève, du 13—27 nov. 1880: Congrès jurassien de la Chaux-de-Fonds, du 9—10 oct. 1880.) Réimpr. par E. Darnaud, Foix 1890.
  Trad. italienne: Anarchia e comunismo. 16°. Ancona 1891. Per cura del gruppo socialista-anarchico dei Facchini. — 16°. Livorno 1892. „Biblioteca del Sempre Avanti", no. 4.
  — Dans „La Favilla", Mantova 1892.
  Trad. espagnole dans „El Perseguido", Buenos-Aires, du 23 oct.—15 déc. 1892.
  Trad. portugaise dans „Os Barbaros", Coimbra, 1. janv. 1896.
  Trad. allemande: „Freiheit, 5 avril 1890.
— 2. Revolution. Série d'articles dans „La Révolution sociale", Paris, II, no. 10, du 20 févr. 1881 sq.

Cagnola, C., Appunti sulle dottrine socialistiche nei loro rapporti col problema sociale: tesi in economia politica. 8°. Milano, tip. Bernardoni.

Cahiers du prolétariat. An 86—87 de la République française. vol. 1. fasc. 1—10. 1—5 Sancerre, impr. Aupetit, 1878; 6—10 Chateauroux, impr. Aupetit, 1879.

Cahiers (Les) du travail; hebdomadaire. Liége, 10 juillet 1870 sq.

Caïn et Abel, Rédacteur en chef: A. Le Béalle. Avec cette épigraphe, pour soustitre: „Les hommes se sont mis en société pour s'aider les uns les autres, pour protéger Abel contre Caïn. petit form. 3 nos., du 15 au 17 avril 1871. Paris.

*__Ça ira (Le)__. Paris, 27 mai 1888—89. 10 nos.

Caird, Edw., Individualism and socialism, being the inaugural address to the civic society of Glasgow. 8°. Glasgow, Maclehose, 1897.

Cairnes, John Elliot, Mr. Herbert Spencer on social evolution. (Fortnightly Review, 1875, Jan., Febr.)

Caisse de grève et coopération. (Coopérateurs belges, 1896, no. 7.)

Calaber, Essai sur la question sociale. Gouvernants et gouvernés. 16°. Paris, Delhomme et Briquet, 1893.

Calamandrei, Rod., Logica del radicalismo italiano. 8°. Firenze, tip. di L. Nicolai, 1895.

Calazou, S., Les questions sociales et le Syllabus. (Sociologie catholique, III, no. 30, 1894.)

Calenda di Tavani, A., Fra T. Campanella e la sua dottrina soc. e polit. di fronte al socialismo moderno. 8°. Noc, 1895.

Calendrier Saint-Simonien. 8°. s. l. 1833.

Callnau, Dictionnaire des jacobins vivans dans lesquels on verra les hauts faits de ces Messieurs. 12°. Hambourg 1799.

Calippe, Charles, La propriété dans une démocratie chrétienne (concours de la démocratie chrétienne [1895—96]). Préface de M. le chanoine Perriot. 8°. Lille, impr. Le Bigot frères, 1896.

Calland, V., 1. Fondement de la science sociale d'après la théorie du christianisme. 8°. Paris 1848.
— 2. De la science sociale au point de vue catholique, réponse aux politiques du jour. 8°. Paris, impr. Dubuisson, 1859.

Calmes, Th., La propriété devant le socialisme contemporain. 18°. Paris, Lecoffre, 1897.

Calwer, Rich., 1. Arbeiterkatechismus. Eine sozialdemokratische Antwort auf das Preisausschreiben des Pfarrers Weber zur Anfertigung eines Arbeiterkatechismus für evangelische Arbeiter. gr. 8°. Berlin, Buchh. Vorwärts, 1896.
— 2. Die ländliche Bevölkerung und die Sozialdemokratie. (Neue Zeit, Jhrg. 11, 1892/93.)
— 3. Einführung in den Socialismus. 8°. Leipzig, G. H. Wigand, 1896.
— 4. Das kommunistische Manifest und

die heutige Socialdemokratie. 8°. Braunschweig, Günther, 1894.

Calwer, Rich., 5. Wen wähle ich? Eine Agitationsschrift für die ländliche Bevölkerung für die Reichstagswahlen 1898. 8°. Berlin, „Vorwärts", 1898.

Camauer, J., Évangile contre socialisme. 8°. Louvain, Poleunis et Centerick, 1895.

Cambier-Dupret, E., Dix articles sur le socialisme. (Publiés dans la „Gazette de Charleroy" du 10 févr. au 11 juin 1895.) 8°. Charleroy, Henry Quinet, 1895.

Camet, Camille. Vide: Solidarité (La) révolutionnaire.

Campagna (La). Giorn. Napoli 1871—72.

Campagna (La). Giorn. Macerata 1890—91.

Camps, Patricio, Catéchisme politique, démocratique, social, ou Programme des droits de l'homme, dédié aux membres monarchistes de l'Assemblée nationale de Versailles. 16°. 44 pp. Bordeaux, impr. Cadoret, 1871.

Camus, M., Organisation sociale de tous les travailleurs de l'agriculture, de l'industrie, du commerce, des arts et des sciences. Adressée à l'Assemblée nationale. (Extrait de son ouvrage.) 8°. Paris, chez tous les principaux libraires, 1848.

Canaglia (La). Giorn. Genova 1874.

Candaux, L'Internationale et les intrigants. 8°. Genève 1873.

Candidature socialiste, organe des intérêts du canton de Saint-Maur. 1. anée, no. 1, mai 1896. 4°. Paris, impr. Gourdineau.

Canedi, Pietro, 1. Memorie sulla associazione generale degli operai di Torino. 4°. Torino, tip. V. Bona, 1884.

— 2. Petit recueil des Mémoires sur l'association générale des ouvriers de Turin. 4°. Turin, impr. Candeletti, 1885.

Cannan, E., The Malthusian anti-socialist argument. (Economic Review, vol. 2, 1892.)

Cantagrel, F., 1. Les enfants au Phalanstère. Extrait du Fou du Palais Royal. 8°. Paris, libr. phalanstérienne, 1840.

— 2. Élection véridique (système proportionel). 8°. Paris 1858.

— 3. L'être, étude de la vie universelle. 8°. Paris 1857.

— 4. Nécessité d'un nouveau symbole. 8°. Paris 1858.

— 5. De l'organisation des travaux publics et de la réforme des ponts et des chaussées. gr. 8°. Paris, libr. phalanstérienne, s. a.

Cantagrel, F., 6. Où nous allons. 8°. Paris 1858.

Cantiello. Vide: Zuccarini, E., Pensa, L., e Cantiello.

Cantù, Cesare, Del communismo. (Rivista Universale, anno 4, 1870, gennajo et febbr.)

Capadose, A., Le despotisme considéré comme le développement naturel du système liberal et comme le complément de la révolte de l'homme contre dieu. 8°. Amsterdam 1880.

Capart, A., La propriété individuelle et le collectivisme. 8°. Namur, V. Delvaux, 1898.

Capart, V., 1. Les armes du prolétaire, chanson nouvelle. 4°. Lille, impr. Delory, 1896.

— 2. La vie ouvrière (chanson). pet.-fol. Tourcoing, impr. Capart, 1896.

Capelle, E., Le problème actuel, Études philosophiques sur le socialisme. 8°. Bruxelles, Société belge de librairie, 1895.

Capelli, V., Della questione sociale in Italia. 8°. Bologna, tip. succ. Monti, 1884.

Capen, Nahum, History of democracy illustrated. vol. 1. imp.-8°. Hartford, U. S., 1875.

Capes, J. M., The just demand of the working man. (Fortnightly Review, 1866,₁.)

Capestro (Il). Giorn. Fermo 1873.

Capital and labour. 8°. London 1857.

Capodieci, A., Socialismo e collettivismo. 12°. Mesagne, tip. Castorini, 1895.

Capot, Anastase, L'ordre dans le travail. 14 pp. 8°. Agen, impr. Noubel, 1869.

Cappellazzi, A., La questione operaia: brevi lezioni sull' encyclica Rerum novarum di Leone XIII. 8°. Milano 1893.

Cappello, Leone, 1. Pensieri d'un operaio. 8°. Milano, Ambrosoli, s. a.

— 2. Pensieri di un socialista. 16°. Lodi, tip. cooperativa, 1872.

Capraro, T., Sulla questione sociale. Cenni. 8°. Bassano, tip. Sante Pozzato, 1887.

Capresi, Ettore, Il secolo che muore: vademecum per l'operaio (con prefazione di Napoleone Colajanni). 24°. Colle d'Elsa, tip. V. Meone, 1889.

Caracteres (De algunos) morales de la

agitación social. C. E. (La Controversia, 1894, nov.)

Cardaillac, Xavier de, 1. L'association, c'est l'avenir. 8°. Tarbes, impr. Perrot-Prat, 1894.
— 2. Le socialisme, c'est l'ennemi. 8°. Tarbes, impr. Perrot-Prat, 1894.

Cardias (Giovanni Rossi), Un comune socialista. 8°. Milano 1878. (Biblioteca socialista, no. 4.) 4. ediz. 8°. Brescia 1884. 5. ediz. 8°. Livorno 1891; con appendice: Parte terza: La Colonia Cecilia. 8°. Roma, „Circolo di studii sociali Barriera", 1891.

Caricature (La). Politique. Moyen format. 6 nos. Les cinq premiers parurent du 8 févr. au 11 mars 1871.
La „Caricature" fut supprimée au cinquième numéro, et ne reparut plus qu'une seule fois pendant la Commune, le jeudi, 23 mars, no. 6.

Carini, S., La quistione sociale in Sicilia. (Rivista internaz. di scienze sociali, vol. 5, 1894.)

Carlantonio Biagio, T., Briciole di socialismo. 4 fasc. 16°. Torino, libr. edit. socialista del „Grido del Popolo", 1895.
Contiene: L'arma del voto. — Le istituzioni e la morale nel socialismo. — Individualismo e collettivismo. — Il socialismo è il bene per tutti.

Carlisle, Bishop of, Comte's atheism. (Nineteenth Century, 1887.)

Carlyle, Beiträge zum Evangelium der Arbeit. Mitgetheilt von J. Neuberg 8°. Berlin 1851.

Carmagnole (La). Pet. form. Un numéro spécimen: 10 févr. 1871, et cinq numéros du 24 févr. au 2 avril. Paris.

Carmagnole (La) sociale. Poésie. 1 p. 4°. Calais, au bureau de „la Révolte des affamés", 1886.

Carmausien, journal républicain progressiste antisocialiste, paraissant trois fois par semaine. 1. année, no. 1, 16 avril 1896. fol. Albi, impr. Corbière.

Carnegie, Andrew, 1. L'évangile de la richesse. gr. 8°. Paris, Fischbacher, 1891.
— 2. Das Evangelium des Reichthums. Mit einer kurzen Biographie des Autors von H. A. Brüstlein. Ins Deutsche übertragen von Prof. Jos. v. Ehrenwerth. gr. 8°. Graz, „Styria", 1892.
— 3. Die Pflichten des Reichthums. 2 Aufsätze. Vom Verfasser autor. deutsche Ausgabe. gr. 8°. Leipzig, P. Hobbing, 1894.

Carneri, B., Demokratie, Nationalität und Napoleonismus. Drei Worte an die deutsche Nation. 8°. Wien 1862.

Carnot, M., Sur le Saint-Simonisme. Lecture faite à l'Académie des sciences morales et politiques. 8°. Paris, Alph. Picard, 1887.

Caro, Elme, 1. M. Littré et le positivisme. 18°. Paris, Hachette, 1883.
— 2. Le prix de la vie humaine et la question du bonheur dans le positivisme. (Revue des deux Mondes, 1882, 1. août.)
— 3. Problèmes de morale sociale. 1. édit. Paris, Hachette, 1876. 2. édit. 18°. Paris, Hachette, 1887.
— 4. Question sociale. Dans quelle mesure et par quels moyens chaque citoyen doit-il contribuer à assurer la moralité et la prospérité? 32°. Paris, Bourgonet-Calas et Co., 1880.

Carpenter, Edw., 1. Die Ehe in der freien Gesellschaft. Deutsch von H. B. Fischer. gr. 8°. Leipzig, M. Spohr, 1895.
— 2. Das Weib und seine Stellung in der freien Gesellschaft. Deutsch von H. B. Fischer. gr. 8°. Leipzig, M. Spohr, 1895.
— 3. Woman and her place in a free society. 4°. Manchester 1894.

Carrau, Ludovic, L'humanité primitive et l'évolution sociale. (Revue des deux Mondes, 1. avril 1880.)

Carte in tavola; quale sarà lo Stato avvenire?: alcune domande ai socialisti. 16°. Torino, G. Speirani e figli edit., 1894. (Biblioteca popolare di propaganda sociale cattolica.)

Carter, J., 1. Christian socialism in England. 8°. London 1891.
— 2. What is christian socialism? (Economic Review, vol. 6, 1896, Avril.)
— Vide: Rasdall, H., Fry, T. C., and Carter, J.

Carteret, Antoine, L'égalité. (Bulletin de l'Institut national Genevois, tome 25.)

Carton de Wiart, École de propagandistes. Programme sociologique. 1) Les lois électorales. 2) Le travail. 2 brochures. 8°. Bruxelles, Société belge de librairie, 1896.

Cartouche (La dernière). La dernière flèche. Appel aux hommes de coeur. Études politiques et sociales sur les élections en France. Programme révolutionnaire. 2. édit. 8°. Paris, impr. E. Rinny, s. a.

Casaretto, P. Fr., Influence reciproche tra movimento operaio, produzione e ricchezza. 8°. Torino, L. Roux et Co., 1893.

Caserio. Journ. en espagnol. Buenos-Aires, 14 févr. 1896, 1. no.

Caserio, Santo, Déclaration (dont la publication fut interdite par la loi franç.) dans: Il n'est pas mort! Brochures périodiques du „Père Peinard", no. 1, Londres, sept. 1894.
Trad. italienne dans „La Serra", journ. bourgeois de Milan, 8 août 1894.
Trad. allemande (d'après l'italien de „La Serra") dans „Freiheit", New York, 1 sept. 1894.
Trad. espagnole dans „El Despertar", 30 août 1894; „El Perseguido", 11 nov. 1894, 24 juin 1895.
Trad. portugaise dans „A Propaganda", 14—21 sept. 1894.
Trad. anglaise dans „Freedom", oct. 1894: „Liberty", oct. 1894; dans la brochure: Anarchy on Trial „Freedom Pamphlets", no. 9.
Trad. flamande dans „De Fakkel", Gand, 30 sept. 1894.
Trad. arménienne dans „Hamajnk", 1894, no. 4.

Caserne (La), organe annuel antimilitariste de la Fédération nationale des jeunes Gardes socialistes.

Casilis, A., Politique populaire. Discussion entre Jean Burin, ajusteur, et son patron sur le droit au travail. 12°. Paris 1848.

Cassagne, P., Deux lettres. I. Droit divin, à qui? Culte d'un homme. Peuple de Paris. II. L'agriculteur et l'ouvrier. — Projet de loi sur la représentation nationale. Poésie admirable de Béranger à Manuel, sur la Révolution. 8°. Paris 1848.

Cassel, Paulus, 1. Zum 1. Mai. Sociale Betrachtungen gegen Felix Dahn. gr. 8°. Berlin, R. Boll's Verl., 1892.

— 2. Die Erbsünde und die soziale Frage. Abhandlung. gr. 8°. Berlin, Bibliogr. Bureau, 1891.

— 3. Für das Volk in Berlin. Eine sociale Betrachtung. 8°. Berlin 1882.

— 4. Weihnachten und die Socialdemokratie. gr. 8°. Berlin, Rosenbaum, 1891. (Cassel: Sammlung wissensch. Abhandl. u. Vorträge, Heft 4.)

Cassetten-Diebstahl (Der) in Köln. Criminal-Process des Kammergerichts-Assessors J. A. Oppenheim, verhandelt am 24. Nov. 1846 vor dem Assissenhof zu Köln. Mit einem Vorwort. 8°. Berlin 1846.

Castagnola, Stefano, La questione sociale: orazione inaugurale dell' anno scolastico 1889—90 nell' Università di Genova. 8°. Genova, stab. tip. lit. Pietro Martini, 1880.

Castelar, Emilio, 1. Defensa de la fórmula del progreso. Madrid 1870.

— 2. Historia del movimiento republicano in Europa. 2 vol. 8°. Madrid 1873.

— 3. Ideas democráticas. La fórmula del progreso. 8°. Madrid 1858, 1870, 1876.

— 4. De la idea democrática como forma de gobierno: introduccion á la Biblioteca del demócrata. 8°. Madrid 1870.

— 5. Ueber die Internationale. 8°. Dresden 1870.

— 6. Ueber die Monarchie und Republik. 8. Würzburg 1869.

— 7. Rede über die unveräusserlichen Menschenrechte. 8°. Würzburg 1869.

— 8. Republican movement in Europe. France, Italy and Spain, slavic peoples. (Fortnightly Review, 1872.)

— 9. Republikanischer Volkskatechismus. 8°. Würzburg 1871.

Castelein, A., Le socialisme et le droit de propriété. 8°. Bruxelles, Goemaere, 1896.

Castellane, Marq. de, Les gaités du socialisme. Le grand lendemain. Drame. 18°. Paris, Havard fils, 1896.

Castelot, E., 1. Les attaques contre le capitalisme au 16. siècle en Allemagne. (Journ. d. Écon., 1895, sept.)

— 2. La morale de la dynamite d'après M. Auberon Herbert. (Journ. d. Écon., 1894, déc.)

Castian, Adelson, Lettres démocratiques. Avec une biographie de l'auteur. 8°. Bruxelles, impr. Ed. Mabeu, 1886. (Bibliothèque populaire, éditée sous patronage du parti ouvrier, no. 3.)

Castille, Hippolyte, Le Père Enfantin. Avec portrait et autographe. 8°. Paris, E. Dentu, 1859. (Portraits historiques au dix-neuvième siècle, 2. série 2.)

Catalogue de la bibliothèque Russe à Genève, Rue du Rhône 96, près l'Hôtel de la Métropole. 1876.

Catechism (A new) for the use of the Chartists, necessary to be read in all political unions. 12°. New Castle, D. France, 183·.

Catéchisme d'un anarchiste, réponse au sieur Léon Defuisseaux. 8°. Bruxelles 1886.

Catéchisme (Le petit) socialiste, par un

jeune garde. 8°. Bruxelles, impr. Vve. Brismée, 1893.

Cathrein, Vict., 1. Das Privatgrundeigenthum und seine Gegner. Die soziale Frage beleuchtet durch die „Stimmen aus Maria-Laach", Heft 5. gr. 8°. Freiburg i. Br. 1892. 3. Aufl. 1896.

— 2. Der Socialismus. 5. mit Berücksichtigung des Erfurter Progamms bedeutend verm. Aufl. gr. 8°. Freiburg i. Br. 1892. 6. Aufl. gr. 8°. Ebd. 1894. 7. Aufl. gr. 8°. Ebd. 1898.

— 3. Socialism: a chapter of the author's moral philosophy, ed. by J. Conway. 12°. New York, Benziger, 1892.

— 4. Het socialismus. Zijne gronden onderzocht en zijne onmogelijkheid bewezen, uit het hoogduitsch vertaald door E. Soens. 8°. Leuven, K. Peeters, 1892.

Catilina, Die anarchistischen Lehren und ihr Verhältniss zum Communismus. („Socialistischer Akademiker", Berlin 1895, Nr. 15 u. 24.)

Catineau, P. H., Lettres à M. Leplay. 2 brochures. 8°. Paris, s. a.

Catolicismo (El) y la cuestión social, par C. G. M. 8°. Sabadell 1886.

Cattolici (I) nelle presenti agitazioni socialistiche. (Rivista internaz. di scienze sociali, vol. 5, 1894.)

Caumont, A., Droit économique ou philosophie du travail. 8°. Paris 1871.

Caunes, Auguste, Du gouvernement de tous, ou de la république sans anarchie, sans déchirements et sans factions dédiée au peuple souverain. 8°. Paris, Garnier frères, s. a.

Cavaglieri, G., Svolgimento e forme dell' azione collettiva. (Rivista ital. di sociologia, 1898, luglio.)

Cavaignac, E. L., der Besieger des Arbeiteraufstandes. Skizze seines Lebens und Schilderung des Aufstandes der Arbeiter von Paris 1848. 8°. Stuttgart 1848.

Cavallina, C., Poche pagine di un ignorante sulla questione sociale, scritte per causa d'insomnia: articolo da giornale. 16°. Bologna 1890.

Cavassi, La questione sociale nei suoi rapporti coll' agricoltura. (Negli: Annali della Società agraria provinciale di Bologna, in continuazione delle memorie della società medesima, vol. 19 degli Annali e 29 delle Memorie.) 4°. Bologna 1879.

Cavel, H., La loi du monde social. 8°. Perpignan (1848).

Cavour, Gustave de, Des idées communistes et des moyens d'en combattre le développement. (Bibliothèque universelle de Genève, série 4, année 1, no. 1, 15 févr. 1846.)

Cayley, George John, The working classes; their interest in administrative, financial and electoral reform. 30 pp. 8°. London 1858.

Cazajeux, J., Le meilleur commentaire de l'Encyclique sur la condition des ouvriers. (Réforme sociale, 11. année, 1891.)

Cazzaniga. F., L'equità e le sue applicazioni: capitoli. 8°. Cremona, tip. Ronzi e Signori, 1888.

Čech, Swatopluk, Lieder eines Sklaven. Freie Uebertragung ins Deutsche von Jan Kontek. Illustrirt von G. H. Jentzsch. 8°. Stuttgart, Dietz, 1897.

Cecilia, comunità anarchica sperimentale. Un Episodio d'amore nella Colonia Cecilia. 8°. Livorno 1893. (Biblioteca del „Sempre Avanti", no. 7.)

Trad. française dans la „Revue Libertaire", 1894, no. 3—5 (inachevée.).

Trad. espagnole de Cecilia. 8°. Barcelona 1896. — Un episodio de amor en la colonia Cecilia. 8°. Buenos-Aires 1896, Biblioteca della Questione sociale.

Trad. allemande dans le „Socialist", Berlin, 23 juin—25 sept. 1894. — Dans le „Zukunft", Wien; et „Freiheit", New York.

Trad. anglaise: Cecilia. Notes on an experimental anarchist colony in Brazil. „Solidarity", New York.

Célébration du premier anniversaire de la naissance du foudateur d'Icarie, édit. Béluze. 8°. Paris 1857.

Célébration à St. Louis du neuvième anniversaire de la fondation d'Icarie, édit. Béluze. 8°. Paris 1857.

Celesia, F., Le società operaie: ammonimenti. 8°. Genova, tip. Artisti tipografi, 1885.

Celnart, Félicité Elisabeth Canard dame Bayle-Mouillard, Du progrès social et de la conviction religieuse. 8°. Paris, Treuttel et Wurtz, 1840.

Cencelli, A., Il socialismo e la costituzione della proprietà; demeni e terre incolte. (Estr. dalla „Nuova Rassegna", anno 2.) 16°. Roma, tip. d. Unione cooper. edic., 1894.

Cencelli-Perti, Alberto, La proprietà collettiva in Italia. 8°. Roma, libr. Aless. Manzoni, 1889.

Ce que c'est que l'Internationale, sa raison d'être, son but, ses moyens, ses tendances, où elle nous conduit. 8°. Bruxelles, P. J. D. de Somer, 1869.

Ce que veulent les anarchistes, Camérades de l'Armée, pourquoi nous sommes anarchistes, le rêve d'un niveleur. Bruxelles 1893.

Ce qu'il faut faire. 1 p. fol. Paris.

Cercueil, E., Socialisme possible à appliquer. Solution de la question sociale à bref délai sans changer les bases actuelles de la société. 8°. Paris, s. a.

Cerminara, G., Che è socialismo: opuscolo di propaganda. 12°. Nicastro, tip. Gigliotti, 1896.

Certamen (Segundo) socialista celebrado en Barcelona el dia 10de novembre de 1889 en el Palacio de Bellas Artes. (Articles de R. Mella, Sergio di Cosmo, Teobaldo Nieva, N. Tasso, Soledad Gustavo, Anselmo Lorenzo, Abuzá Garriga, José Lluñas, et F. T. M. (Barcelona), J. T. R. (Barcelona), M. B. (Sabadell) et R. C. R. (Alicante). 8°. Barcelona 1890.

Cervanky lipanske, casopis ceskych radikalnich socialistů, no. 1, nov. 1883.

Cotty, H., Esquisse d'un programme social-chrétien. (L'Association Catholique, 1897, févr.)

Chabanne, H., L'organisation du travail. Nouvelle architecture sociale. 8°. Paris, Baillière et Messager, 1883.

Chacun pour soi et Dieu pour tous. Extrait du „Révolté (par Adh. Schwitzguébel). 16°. Genève 1880.

Chaigne, Études historiques sur quelques hérésies du cinquième siècle. Caractère du socialisme du Pélage. (La Revue indépendante, 1844.)

Chailley, Jos., La démocratie d'après un livre récent. (Journ. des Econom., 1885, novemb.)

Challié, Frau von, Freiheit, Gleichheit, Brüderlichkeit, oder was wir wollen, was wir sollen und was wir können. Beantwortet aus dem Gesichtspunkte der Religion, des Staates und der Persönlichkeit. Nach dem Französischen, deutsch mit Randbemerkungen von F. v. Bindenfeld. 8°. Weimar 1850.

Cham, Proudhoniana, ou les socialistes modernes commentés et illustrés. Album dédié aux propriétaires. 4°. Paris, s. a.
— Vide: Banque (La) Proudhon.

Chambard (Le) socialiste, satirique, illustré, paraissant tous les samedis. no. 1, 16 déc. 1893. fol. Paris, impr. Gardanne.

Chamberlain, J., The labour question. (Nineteenth Century, 1892, Nov.)

Chambers, R. W., The red republic. 8°. London 1896.

Chambly, De la Tour-du-Pin, 1. De la démocratie sociale chrétienne. (L'Association Catholique, 1897, août.)
— 2. Les phases du mouvement social chrétien. (L'Association Catholique, 1897, nov.)

Chambrun, Aldebert de, La république réformiste et la république révolutionnaire. 8°. Paris, Amyot, 1848.

Champion, H., The great dock strike. (The Universal Review, 1889, 15. Oct.)

Channing, W. E., Der grosse Endzweck des Christenthums und die Ehe, welche allen Menschen gebühret. gr. 8°. Berlin, H. Schultze, 1847.

Chansonnier populaire. 5 part. 16°. Verviers, E. Piette, impr. de „La Persévérance", 1879. (Publication du Cercle „L'Etincelle de Verviers.)

Chant (Le) de la bannière sociale, chanson nouvelle; par L. E. 4°. Lille, impr. Delory, 1896.

Chant (Le) du soldat socialiste. 4°. Lille, impr. Delory, 1894.

Chants démocratiques du parti ouvrier. (Souvenirs de vingt ans, 18 mars; jeune homme trompé etc.) plano. Lille, impr. Delory, 1895.

Chants, poésies, discours des réunions fouriéristes. 12°. Paris 1839.

Chants du parti ouvrier Belge. 8°. Bruxelles, Milot, 1893—95.

Chants du Peuple. 1. série, no. 1. 4 pp. 8°. Genève, impr. jurassienne, 1879.

Chants (Les) du Peuple. no. 1. 15 pp. 8°. Genève, impr. jurassienne, 1888.

Chaplet, F., Essai sur la question sociale. 8°. Laval, impr. Barnéoud et Co., 1898.

Charakteristik (Zur) der sozialdemokratischen Agitation in Berlin. (Christl.-soz. Blätter, Jhrg. 24, 1891.)

Charakteristik (Zur weiteren) der sozialdemokratischen Agitation. (Christl.-soz. Blätter, Jhrg. 25, 1892.)

Charakteristik (Zur) Lassalle's und zur weiteren Charakteristik Lassalle's. (Christl.-soz. Blätter, Jhrg. 25, 1892.)

Charavey, G., Le projet de constitution jugé au point de vue démocratique par un membre de l'ex-comité central de Lyon. 8°. Lyon 1848.

Charges sur le communisme, le socialisme et sur les idées de ce genre par les dessinateurs du Charivari (H. Daumier, Cham, Vannier etc.). gr. 4°. Avec 20 pl. Paris s. a. (c. 1875).

Charles, Ernest, Théories sociales et politiciens (1870—1898). 8°. Paris, Fasquelle, 1897. (Bibliothèque Charpentier.)

Charles-Albert, Aux anarchistes qui s'ignorent. 8°. Bruxelles, Bibliothèque des temps nouveaux, année 1896, no. 1. (2. édit.)

Charléty, Sébastien, Histoire du Saint-simonisme (1825—1864). 18°. Paris, Hachette et Co., 1896.

Charlier, J., 1. L'anarchie désarmée par l'équité. Corolaire à la question sociale résolue. 8°. Bruxelles, P. Weissenbruch, 1894.
— 2. La question sociale résolue, précédée du testament philosophique d'un penseur. 8°. Paris, Lecène, Oudin et Co, 1894.

Charma, A., Leçons de philosophie sociale (année scolaire 1837—38). 8°. Paris, Hachette, 1838.

Charnay, Maurice, Législation directe et le parlementarisme. 16°. Paris, impr. Allemane: Bibliothèque socialiste. 1895.

Charpillet, C., 1. La croyance en Dieu et la science sociale. 8°. Tours, Péricat, 1891.
— 2. Erreurs de Léon XIII dans l'encyclique „De conditione opificum". 18°. Paris, Grasilier, s. a. (1894).

Chartist Circular. The organ of the Chartist movement in Scotland, edited by Wm. Thomson. Sept. 28, 1839 to July 9, 1842 (cpl.). 2 vols. fol. Glasgow.

Chasteau, Recueil des dépêches françaises officielles. 8°. Paris 1871.

Chataing, A., Qu'est-ce que l'égalité? (3. question). 8°. Lyon, impr. Alriey et Fauque, s. a. (1896).

Chateaubriand, F. A. de, 1. Essai historique, politique et morale sur les révolutions anciens et modernes. 8°. London 1797. 8°. London 1815.
— 2. Versuch über die engl. Literatur und Betrachtungen über den Geist der Menschen, der Zeiten und der Revolutionen. 2 Bde. gr. 8°. Stuttgart, Metzler, 1836.

Chatelanat, A., Die schweizerische Demokratie in ihrer Fortentwickelung. 1879.

Chatenet, Gust., 1. Un club au village ou l'instituteur républicain. Dialogues familiers sur les droits et les devoirs du citoyen. 2. édit. 18°. Paris, Cosse et Delamotte, 1848.
— 2. Aux démocrates socialistes. 8°. s. l. Impr. de Courlet, nov. 1848.

Chatiment (Le). Journal quotidien. (Edition de Paris.) Rédacteur en chef: Alfred Sirven.
Ce journal, dont les 17 premiers numéros parurent à Bordeaux, commença sa publication à Paris, au no. 18 (jeudi 23 mars 1871), pour finir au no. 39 (jeudi 13 avril). En tout 22 numéros. Par suite d'une erreur de numérotation, le no. 32 n'existe pas: — no. 31 mercredi 5 avril — no. 33 jeudi, 6 avril. Le 10, le journal ne parut pas. Le no. 37 portait comme date: Lundi et mardi, 10 et 11 avril, Paris.

Chaudes-Aigues, J., Saint-Simon et Fourier. Dans Chaudes-Aigues: Ecrivains modernes, 1841.

Chaumet, Charles, Socialistes et anarchistes; avec une préface de M. Yves Guyot. 18°. Bordeaux, impr. Gounouilhou, 1894.

Chausson, Gabriel, Une page d'histoire. Le siège et la Commune de Paris en 1871. 2. édit. 8°. Paris, Aug. Ghio, 1880.

Chauvet, Emmanuel, 1. Galien. Ce que les anciens ont pensé du travail. 8°. Caën, F. Le Blanc-Hardel, 1876.
— 2. Le travail. Études morales. Les professions (agriculture, industrie, commerce). 8°. Caën, Delesques, 1897.
— 3. Le travail, études morales; la femme, l'enfant. (Extr. des Mémoires de l'Acad. nat. des sciences, arts et belles-lettres de Caën.) 8°. Caën, Delesques, 1891.
— 4. Le travail. Études morales. Les domestiques. (Extrait des Mémoires de l'Académie nationale des sciences, arts et belles-lettres de Caën, 1896.) 8°. Caën, Delesques, 1896.
— 5. Le travail. Études morales: l'épouse, la mère. 8°. Caën, H. Delesques, 1895.
— 6. Le travail. Études morales. Les professions (Médecine; Barreau). (Extr. des Mémoires de l'Acad. national des sciences, arts et belles-lettres de Caën, 1898.) 8°. Caën, Delesques, 1898.

Chelgounoff, N. V. Vide: Mai (Der 1.).

Cheltenham, éd. Béluze. 8°. Paris 1858.

Chemalé. Vide: Almanach du socialisme fédéraliste.
— — Fédéraliste (Le).

Chenu, A., 1. Les chevaliers de la république rouge en 1851. 8°. Paris, Giraud et J. Dagneau, 1851.
— 2. Les montagnards de 1848, encore quatre nouveaux chapitres précédés d'une réponse à Caussidière et autres démocasocs. 2. édit. 8°. Paris. Giraud et J. Dagneau, 1850.
— 3. Die Verschwörer. Die geheimen Gesellschaften. Die Polizei-Präfectur unter Caussidière. Die Freicorps. 8°. Wien. Pest. Leipzig, Hartleben, 1850. (Histor. Lese-Cabinet, Bd. 11.)
Cherbuliez, A. E., 1. De la démocratie en Suisse. 2 tomes. Paris 1842.
— 2. Examen critique du système de Fourier. (Bibliothèque universelle de Genève, nouv. sér., tome 30, nov. 1840.)
— 3. Simples notions de l'ordre sociale à l'usage de tout le monde. 8°. Paris, Guillaumin, 1848. 2. édit. 18°. Ibid. 1880.
Cherouny, H., Socialism and christianity. 8°. New York 1882.
Che siamo. Giorn. Pesaro 1890.
Chesnelong (Senator), Der soziale Einfluss des Christenthums. Rede, geh. zu Paris am 5. Febr. 1877 im kathol. Vereine d. Luxembourg. Aus dem Franz. übersetzt. gr. 8°. Wien, Mayer u. Co., 1877.
Chevalier, Michel, 1. Le désir du bienêtre est légitime, il peut obtenir satisfaction, mes sous quelles conditions? Disc. au Coll. de France le 15 janv. 1851. (Journ. des Econ., 1851, févr.) gr. 8°. Paris, L. Mathias, 1851.
— 2. Turgot et la liberté du travail. (Journ. des Econ., 1873, févr.) 20 pp. 8°. Paris, Guillaumin et Co., 1873.
Chevalier (Michel) und der Saint-Simonismus. (Grenzboten, 1848,₂.)
Chevé, C. F., Catéchisme socialiste. 8° Paris 1850.
Chevé, Émile, 1. Méthode d'harmonie. 2 vols. 8°. Paris, s. a.
— 2. Musique vocale. 8°. Paris 1847.
Cheysson, E., 1. La crise du revenu et l'Ere du travail. (Extrait de la Revue politique et parlementaire, nov. 1897.) 8°. Paris, impr. Davy, 1897.
— 2. Frédéric Le Play. l'homme, la méthode, la doctrine. (Extrait de la Quinzaine, 15 janv. 1896.) 8°. Paris, Guillaumin et Co., 1896.
— 3. La lutte des classes. (Extrait de la Revue internat. de sociol., 1, 1893.) 8°. Paris, Giard et Brière, 1893.

Cheysson, E., 4. Le rôle et le devoir du capital. (Extrait de la Réforme sociale, sér. 3, 1895.) 8°. Paris, impr. Levé, s. a.
Chez nous en Suisse ou les libertés helvétiques mises à nu. 8°. Genève, impr. jurassienne, 1889.
Chiapelli, A., 1. Patria e socialismo. (Nuova Antologia, 1894, 1. marzo.)
— 2. Le premesse filosofiche del socialismo. 8°. Firenze 1897.
— 3. Il socialismo e il pensiero moderno. 12°. Florence success. Le Monnier, 1897.
Chiazzari de Torres, Del lavorazione a cottimo e dei rapporti fra capitale e lavoro. 4°. Torino 1883.
Chicago Martyrs (The). 8°. London, International Socialistic Societies, 1888. 3. edit. 1890. 4. edit. with „Reasons" by John P. Altgeld. 8°. Glasgow 1893.
Chiefly a Dialogue concerning some difficulties of a dunce. 8°. London, „Freedom Office", 1895.
Chiesa (La) e la questione sociale, da un Ex-Ministro. (Nuova Antologia, 1887, 16 nov.)
Chincholle, Les survivants de la Commune. 8°. Paris 1885.
Chirac, Auguste, 1. Le droit de vivre, analyse socialiste. 18°. Paris, Savine, 1896.
— 2. La légende anarchiste (les origines chrétiennes). (Revue socialiste, 1897, 15 août.)
— 3. La situation économique de la Belgique en 1888: Lettre au docteur C. de Paepe. (Société Nouvelle, 1887,₂.)
Choiseul-Gouffier, La Russie et le Panslavisme. 8°. Nancy 1870.
Choisy, Essai sur l'organisation des classes ouvrières chez les Romains. 29 pp. 8°. Paris, impr. Cusset et Co., 1873.
Cholera (Die), unser Bürgerthum und die Sozialdemokratie. Von *₊*. 8°. Leipzig, Thiele, 1892.
Choux, Jules. Vide: Némésis (La) galante.
Christ anarchiste, revue universelliste, paraissant tous les mois. no. 1, juin 1895. 4°. Toulon, impr. coopérative.
Christentum oder Atheismus? Wohin treiben wir? Was konnen wir dagegen thun? gr. 8°. Berlin, Vaterländ. Verl.-Anst., 1893.
Christentum und soziale Frage. (Christl.-soz. Blätter, Jhrg. 27, 1894.)
Christentum und sociale Frage. (Grenzboten, Jhrg. 54,₁₁, 1895.)
***Christenthum** und Sozialismus. Eine Pole-

9*

mik etc. gr. 8°. Berlin, Verlag d. Vorwärts, 1892.

Christianisme (Le) et la question sociale. Conférences données dans la salle de la Réformation, à Genève, sous les auspices de la Société chrétienne suisse d'économie sociale. 8°. Paris, Fischbacher, 1893.

Christianity and secularism contrasted. Report of the debate at Wigan between „Iconoclast and Mr. W. M. Hutchings". 63 pp. 8°. London, Holyoake and Co., s. a.

Christian socialism (The new). (Quarterly Review, 1894, July.)

Christlich-social. (Christl.-soz. Blätter, Jhrg. 29, 1896.)

Christlich-sozial. Ein Handbuch für Jedermann. 1.—3. Aufl. gr. 8°. Berlin, Vaterländ. Verlagsanstalt, 1898.

Christlich-Sozialen (Die) des österreichischen Parlamentes. (Christl.-soz. Blätter, Jhrg. 30, 1897.)

Christlich-Soziales und Pseudochristlich-Soziales aus Oesterreich. (Christl.-soz. Blätter, Jhrg. 30, 1897.)

Christlich-Soziales und Sozialdemokratisches aus Oesterreich. (Christ.-soz. Blätter, Jhrg. 31, 1898.)

Chronik, Dr., Umrisse eines staatswissenschaftlichen Systems der Democratie. (Deutsche Vierteljahrsschrift, 1865,₃.)

Chronique du mouvement social aux États-Unis. (Revue internat. de sociol., I, 1893.)

Ciampi, E., La questione sociale e la chiesa 16°. Parma, tip. della Rassegna, 1895.

Ciccotti, F., Socialismo di stato e socialismo democratico. 16°. Milano, Critica sociale, 1894.

Ciclone (Il). Giorn. 1 sett. 1897, numero unico.

Ciencia social. Rivista de sociologia, artes y letras. Barcelona, oct. 1895 — été 1896.

Cigale (La), organe sосialiste, satyrique, illustrée. Bruxelles 1868.

Cipelli, P., Alcune ragioni intime dell' istituto della proprietà. 8°. Livorno, tip. d. G. Meucci, 1891.

Cipriani, A., Demolissons. (Almanach de la question sociale pour 1894.)

Circulaire à toutes les Fédérations de l'Association Internationale des travailleurs; Sonvillier, le 12 nov. 1871. Les délégués au Congrès de la Fédération jurassienne. 2 pp. 4°. s. l.
Réimpr. dans la „Révolution sociale", Genève, 11. déc. 1871.

Circular. 2 pp. 4°. Nizza, 6 oct. 1889.

Circulare. Collegen! Holzarbeiter! Flugschrift vom Ausschuss der Holzarbeiter-Gewerkschaft für Tirol und Voralberg. s. l. s. a.

Civilisation (La), journal socialiste, publié par H. Samuel. (Bruxelles) 1852—54.

Civilisation (The) of our day; a series of original essays, on some of its more important phases at the close of the 19. century by expert writers, edited by James Samuelson. gr. 8°. London 1896.

Cladel, Léon, Mon ami le sergeant de ville, Nazi-Revanche. Épisode de la Commune. 8°. Bruxelles, H. Kistemaekers, 1878.

Claeys, Émilie, Vide: Fédération nationale.

Clair, le R. P., Les confréries ouvrières. 34 pp. 12°. Paris, J. Le Clère et Co., 1873.

Clairon (Le); hebdomadaire. La Louvière, 1896.

Clairon socialiste. No. 1. 22 mars 1896. 8°. Paris, impr. P. Dupont.

Clairville et **Siraudin**, L'âne à Baptiste, ou le berceau du socialisme. Grande folie lyrique en quatre actes et douze tableaux. 8°. Paris, Beck, 1849.

Clamadieu, l'abbé, Martyrologie et socialisme providentiel. (Les Voix de la rue Jean-Goujou et celle de J. B. de la Salle.) 16°. Paris, Delagrave, s. a. (1897).

Clameur amiénoise (La). Amiens, 3 nov. 1896 sq.

Clarendon, Edw. of, A view and survey of the dangerous and pernicious errors to church and state in Hobbes' Leviathan. 4°. Printed at the Theater, 1676.

Claris, A., La proscription française en Suisse 1871—72. 8°. Genève, impr. Vve. Blanchard, 1872.

Clark, F. C., A neglected socialiste (Weitling). (Annals of the Americ. Acad. of Polit. and Soc. Science, vol. 5, 1895.)

Clark, J. B., The genesis of capital. (Yale Review, vol. 2, 1893.)

Clarke, W., The limits of collectivism. (Contemporary Review, 1893.)

Clasen, L., Die soziale Frage auf der Kanzel. Eine zeitgemässe Untersuchung. 8°. Halle a. S., E. Strien, 1892.

Clason, O., Vor mehr als 2000 Jahren. Eine politische und soziale Parallele. 8°. Rostock 1872.

Classe ouvrière, chanson. 8°. Lille, impr. Delory, 1891.

Classe (La) ouvrière, devant le socialisme (par Ch. Brunellière). 8°. Nantes, impr. G. Meynieu, 1891.
Classe (An die beherrschte) in Oesterreich. Flugblatt. s. l. e. a.
Classenkampf. Sociale Fragen und Antworten. 1. Heft. 8°. Bremen, Nordd. Volksschr.-Verl. A. G., s. a.
Classes (Les) moyennes dans la démocratie moderne; des causes qui menacent leur influence, des conditions qui peuvent la maintenir. 32 pp. 8°. Paris, Guillaumin et Co., 1868.
Claudel, Le sort reservé aux empereurs et rois. 8°. Bruxelles 1878.
Clauss, Otto. Vide: Kampf (Der) gegen die Sozialdemokratie.
Clavé, J., Une association d'ouvriers bûcherons à Thiers. (L'Association, no. 3.)
Clavel, Adolphe, 1. Critique et conséquence des principes de 1789. 12°. Paris, Noiret et Co., 1866.
— 2. La morale positive. 12°. Paris, Germer Baillière, 1873.
— 3. Statique sociale. De l'équilibre et de ses lois. 12°. Paris, Poulet-Malassis, 1861.
Claverie, Maur., La confédération générale du travail. (Revue socialiste, 1898, 15 févr.)
Clemence, A., L'antagonisme social, ses causes et ses effets. 8°. Paris 1871.
Clemens, A., Die Revolutionen in ihrem Einfluss auf Körper, Geist und Gemüth der Völker. 8°. Frankfurt 1857.
Clemens, G. C., Primer of anarchy. The elementary principles of anarchism explained to the primary class. („The Alarm", 24 Mars 1888—1889.)
Trad. espagnole de R. Mella: Elementos de anarquia, dans „El Productor", 17 nov. 1892—15 juin 1893; dans la „Questione sociale", Buenos Aires 1896.
Clément, Les rouges et les pâles. 8°. Londres 1871.
Clement, A., 1. Das Gottthum, eine göttliche Botschaft für jedes insbesondere für das Zürcherische Volk und seine hohe Regierung. 8°. Zürich 1866.
— 2. Zürcherische Herren- und Volkszeitung. Organ für sociale, politische und religiöse Reformen. No. 1. Zürich, Dec. 1866.
Clément, A., Des nouvelles idées de réformes industrielles, et en particulier du projet d'organisation du travail de M. Louis Blanc. 18°. Paris, Guillaumin et Co., 1848.
Clement, F. B., Philosophie sociale de la Bible. 2 vols. gr. 8°. Paris 1843.
Clément, H., 1. Les revendications ouvrières en France. (La Réforme sociale, 3. série, 1894.)
— 2. Le socialisme au 18. siècle. (Extrait de la Réforme sociale, 16. avril, 1. mai, 16. mai 1896.) 8°. Paris, impr. Levé, 1896.
Clément, J. B., Questions sociales à la portée de tous: 1—24. 12°. Paris, chez Jean Marie, impr. Perreau, 1888. 2. série 1—3. 12°. Paris, 68 rue Grenéta.
La première brochure de la 1. série porte pour nom d'auteur: „par un homme du peuple".
Clercq, D. de, De socialistische kolonie te Sinaloa. 12°. Amsterdam, J. A. Fortuyn, 1892.
Clère, J., 1. Les hommes de la Commune. Biographie complète de tous ces membres. 16°. Paris 1871.
— 2. Histoire du suffrage universel depuis 1789 jusqu'à nos jours. 2. édit. 8°. Paris 1875.
Clerici, Sn., Considerazioni economiche sull' origine della famiglia. 8°. Venezia, stab. tip. success. M. Fontana, 1896.
Cless, Alfr., 1. Theoretischer Anarcismus. gr. 8°. Zürich 1898.
— 2. Der individualistische Communismus. 8°. Wien, Breitenstein, 1892.
— 3. Ein Zukunftsbild der Menschheit. 8°. Zürich, Verlags-Magazin (J. Schabelitz), 1893.
Clodio, La lotta di classe. 12°. Cagliari, Reu. Manzini edit., 1897. (Biblioteca dell' Idea socialista, no. 1.)
Cloix, Pierre, Le collectivisme sous le joug du superflu. 18°. Paris, impr. Chaix, 1895.
Cloots Anarchasis, oder die Weltpolitik. (Kritische Blätter, 1848.)
Closson, Carlos C., Social selection. (Journ. of polit. Econ., vol. 4, Sept. 1896.)
Clousard, J. J. A., Étude sur la rétribution légitime du travail manuel, intellectuel et du capital. 8°. Paris, Guillaumin, 1888.
Club (Der demokratische) an das Volk von Berlin. fol. Berlin 1848.
Club (Der demokratische) gegen den Berliner Magistrat. fol. Berlin 1848.
Clubs (Die) und Volksversammlungen Berlins bis zum Lindenclub hinab oder vielmehr hinauf. 8°. Berlin 1848.

Cluseret, le général, 1. Armée et démocratie. 8°. Paris 1869.
— 2. Mémoires. 3 tomes. (1 et 2 Le second siège; 3 La fin de l'empire.) 8°. Paris, Jules Lévy, 1887—88.

Coalitionsrecht (Das) vor Gericht! Stenogr. Protokoll der Verhandlung gegen die Genossen R. Preussler u. A. Schäfer wegen Uebertretung der §§ 2 und 3 des Coalitionsgesetzes und wegen Verleitung nach § 9 des Strafgesetzes vor dem k. k. Bezirksgerichte Josephstadt, mit einem Vorwort über die Entstehung der Anklage und die Bedeutung des Coalitionsrechtes für den Arbeiter. gr. 8°. Wien, 1. Wiener Volksbuchh. in Komm., 1898.

Cobb, W. F., The fathers of property. (Economic Review, vol. 5, 1895.)

Cocq, G., Nouvelle organisation sociale. 8°. Lyon 1848.

Codet, S., Idée du Saint-Simonisme et préservatif contre l'athéisme qu'il renferme. 8°. Rennes 1832.

Coeurderoy, Ernest, 1. Jours d'exil. 1. partie. 8°. Londres 1854. 2. partie. 8°. Londres 1855.
La „troisième et dernière partie", annoncée sur la couverture des „Jours d'exil" de 1855 n'a probablement jamais été publiée.
— 2. Hurrah!!! ou la Révolution par les Cosaques. 8°. Londres, oct. 1854.
— 3. Trois lettres au journal „l'Homme" organe de la démagogie française à l'étranger. 8°. Londres 1854.

Coeurderoy, Ernest, et **Vauthier**, Octave, La barrière du combat, ou dernier grand assault qui vient de se livrer entre les citoyens Mazzini, Ledru-Rollin, Louis Blanc, Étienne Cabet, Pierre Leroux, Martin Nadaud, Malarmé, A. Bianchi (de Lille), et autres Hercules du Nord. 12°. Bruxelles 1852.

Cogley, T. S., The law of strikes, lockouts and labour organizations. gr. 8°. Washington, W. H. Lowdermilk and Co., 1894.

*****Cognetti de Martiis**, Il socialismo negli Stati Uniti d'America. 8°. Torino 1891.

Cohen, F. Alb. Lange. (Preussische Jahrbücher, Bd. 37, 1898.)

Coignet, Mme C., 1. Victor Considerant, sa vie, son oeuvre. 8°. Paris 1895.
— 2. Saint-Simon et le Saint-Simonisme. (La Nouvelle Revue, 1. janv. 1883.)

Coignet, François, 1. Des agences communales. 8°. Paris 1848.
2. Le crédit collectif suppléant le crédit individuel, inutilité de l'usure, de l'agiotage, du prêt individuel sur l'hypothèque, de la spéculation et de l'accaparement; suivi de: le Gouvernement pour tous. 8°. Paris, Librairie sociétaire, 1851.

Coignet, François, 3. Institution d'agences communales ou application perfectionnée des entrepots et comptoirs nationaux. 8°. Lyon, impr. Chanoine, juin 1848.
— 4. Organisation politique du peuple. Réalisation de l'ordre absolu et de la liberté illimitée. 8°. Paris, librairie sociétaire, juin 1851.
— 5. Projets d'association entre patrons et ouvriers. 8°. Paris 1848.
— 6. Réforme de la circulation. 8°. Paris, s. a.
— 7. Réforme du crédit et du commerce. Appel à tous les producteurs-manufacturiers et agricoles. 12°. Paris, librairie sociétaire, 1849.
— 8. Reform des Credits und Handels. Aufruf an alle Gewerbsleute und Landwirthe. Für Deutschland bearbeitet von Jos. Leop. Stiger. 8°. Leipzig, Matthes in Comm., 1850.
— 9. Socialisme appliqué au crédit, au commerce, à la production, à la consommation. 8°. Paris, libr. phalanst., 1849.

Colacito, F., L'Internazionale à Roma. 8°. Roma 1875.

Colajanni, Nap., 1. Gli avvenimenti di Sicilia e le loro cause, con prefazione di M. Rapisardi. 2. ediz. 8°. Palermo, Remo Sandron edit., 1896.
— 2. Il socialismo. 2. ediz. 12°. Palermo-Milano, Remo Sandron edit., 1898.
— 3. Di alcuni studi recenti sulla proprietà collettiva. (Giorn. degli Econ., anno 2, 1887.)
— 4. Das anarchistische Verbrechen und die Verantwortlichkeit Italiens. (Die Zeit, Nr. 210, 8. Okt. 1898.)

Colas, Alb., Le socialisme et la liberté. Conférence. 8°. Paris, Henri Jouve, 1892.

Colin, Benjamin, Plus de gouvernement! („L'Homme", Londres, 19 avril 1856.)

Colin, Jules, Du suffrage universel, avec la manière de s'en servir. 8°. Moulins, impr. Rob. Dulac, 1898.

Collins, Le socialisme, ou organisation sociale rationnelle. 8°. Paris 1849.

Collectivisme (Le). pet.-8°. Abbeville, Paillart, s. a. (1898). (Bibliothèque de l'ouvrier, no. 2.)

Collectivisme (Le) devant la 10. chambre. (Affaire du Congrès ouvrier international socialiste.) Défense collective etc. 8º. Paris, impr. Ad. Reiff, 1878.

Collet, Sophia D., G. J. Holyoake and modern atheism. An essay. 8º. London 1855.

Collin, Bern., Le capital et le travail. Question sociale. Au point de vue de la morale. Trad. par J. Card. 8º. Genève, s. a.

Cölner-Parteitag (Der). (Neue Zeit, 1893, 3. Nov.)

Colonie icarienne, journal d'organisation sociale. 1. année, 1854.

Colonie (La) icarienne à St. Louis, édit. Béluze. 8º. Paris 1857.

Colonisation de l'Algérie, par un officier de l'armée d'Afrique. 8º. Paris 1847.

Colonna, Aux travailleurs manuels de la France. 64º. Genève 1876.

Coloquies on religion and religious education. Originally published as a Supplement to a Hampden in the Nineteenth Century. 8º. London, Gilpin, 1850.

Combat (Le); journal hebdomadaire. Directeur Le Defuisseaux. Bruxelles 1888.

Combat (Le). Directeur politique: Félix Pyat. gr. form. 131 nos. du vendredi 16 sept. 1870 (29 fructidor an 78), au lundi 23 janv. 1871 (3 pluviôse an 79). Paris.

Le no. 31, dimanche 16 oct., est mal daté et mal numéroté. Il porte par erreur: no. 30, samedi 15 oct. On peut reconnaître le no. 31 au premier article qui a pour titre: „Les Invasions". Le no. 94 porte la même date que le no. 93: samedi 17 oct.

Combat (Le), organe socialiste révolutionnaire, paraissant tous les samedis. 1. année, no. 1, 15 déc. 1894. fol. Marseille, impr. Vial.

Combat (Le), organe officiel de la section calaisienne du parti ouvrier français et de la démocratie rurale et républicaine du Calaisis. 1. année, no. 1, 29 janv.—5 févr. 1898. fol. Dunkerque.

Combat (Le) algérien, organe socialiste, paraissant les mercredi et samedi. 1. année, no. 1, 18 juin 1898. fol. Mustapha.

Combat social (Le), organe officiel de l'agglomération socialiste de Nîmes. 1. année, no. 1, 24 déc. 1893. fol. Nîmes.

Combat socialiste, paraissant tous les dimanches. 1. année, no. 1, 29 mars 1896. fol. Lyon, impr. des Arts.

Combate (El). Journ. Bilbao, 11 nov. 1891 sq., 2 nos.?

Combattiamo! Giorn. Genova, 1. nov. 1887 sq.

Combattiamo (Il Nuovo)! Genova, 4 agosto 1888 sq.

Combe, Abram, 1. An Address to the Conductors of the periodical Press upon the causes of religious and political disputes. 8º. Edinburgh 1823.

— 2. The religious creed of the New System, with an explanatory catechism. 8º. Edinburgh 1823.

— 3. Metaphorical sketches of the old and new systems. 24º. Edinburgh 1824.

— 4. Observations on the old and new views, and their Effects on the conduct of Individuals. 8º. Edinburgh 1823.

— 5. The sphere for Joint-Stock Companies: or the way to increase the value of Land, Capital and Labour. 8º. Edinburgh 1825.

Comité (Le) italien pour la révolution sociale aux délégués formant le Congrès général de l'Association internationale des travailleurs à Bruxelles. 2 pp. 4º. s. l. n. a. (sept. 1874). Réimpr. dans „l'Ami du Peuple", Liège, 8 sept. 1874.

Comité de Propagande révolutionnaire socialiste de la France méridionale. Signé: Brousse, Alerini et Camet. 2 pp. 4º. Barcelone, le 4 avril 1873, polygraphié.

Commission de gouvernement pour les travailleurs. Séance du 10 mars 1848 (présid. L. Blanc). 8º. Paris 1848.

Commonweal (The). Journ. London. Febr. 1885—92, 331 nos. (Anarchist, 1890—1891). 2. serie, 1. mai 1893—1894, 31 nos.

Communarde (La). Air de la Carmagnole, par J. B. C. 8º. Paris, 58 rue Greneta, s. a.

Commune (Die) und die Internationale. (Grenzboten, 1871,₃.)

Commune (Die Pariser) vor der Deputirtenkammer in Versailles. Uebers. von Franz Rohleder. 8º. Braunschweig, Bracke, 1876.

Commune (Die Pariser). (Sociale Fragen und Antworten. Heft 8.) 8º. Bremen, Nordd. Volksschrift.-Verl. A. G., s. a.

Commune (Für und wider die). Disputation zwischen den HH. Bebel und Sparig in der „Tonhalle" zu Leipzig, Freitag den 10. März 1876. 8º. Leipzig, Genoss.-Buchdr., s. a.

Commune (La). Série de portraits avec notice biographique, no. 1—55. Paris, A. Mordret éditeur, s. a.

Commune (La). Journal politique quotidien. Par les rédacteurs du „Combat" et du „Vengeur". gr. form. 60 nos. du lundi 20 mars 1871 (29 ventôse an 79), au vendredi 14 mai (30 floréal). Paris.

Commune (La). Revue socialiste, paraissant le 20 de chaque mois. 1. année, no. 1, avril 1874—no. 8, nov. 1874. 8°. Genève, chez le citoyen Lefrançais, impr. coopérat.

Commune démocratique. 8°. Paris, s. a.

Commune (La) devant les conseils de guerre. Compte rendu des débats 1. groupe: Ferre, Assi, Urbain, Champy, Paschel-Grousset etc. imp.-8°. Paris 1871.

Commune (La) dévoilée. Par un ami des travailleurs. pet. form. N'a eu que le no. 1 sans date, signé: Charles Petit, adjoint au maire d'Asnières (Seine) Paris.

Commune (La) de Paris devant les anarchistes. 4 pp. fol. Bruxelles, „Les groupes anarchistes bruxellois", s. a. (vers le 18 mars 1885).

Communisme (Le) anarchiste. 16°. Bruxelles 1889. Publication du „Drapeau Noir".

Communismus und Socialismus in Frankreich. (Ergänzungsblätter zu allen Conversationslexiken, Nr. 14, Leipzig, 1. Oct. 1845.)

Communismus (Der) und die liberalen Bestrebungen unserer Zeit. (Das Vaterland, Zeitschrift, Nr. 234—235, Darmstadt, 3—4. Oct. 1843.)

Communismus (Weder) noch Kapitalismus. (Von Jentsch.) (Grenzboten, 1892, 4.)

Communismus (Der) der Huterischen Brüder in Mähren im 16. und 17. Jahrhundert. (Zeitschr. f. Sozial- u. Wirthschaftsgeschichte, Bd. 3, 1894.)

Communist (Der). Organ der ikarischen Gemeinschaft in Nauvoo. 1852—1856. (Deutsch und französisch.)

Communist (Der). Zeitschrift für Socialpolitik, Volkswirtschaft und Litteratur. Nr. 1. Mitte März 1882. Budapest.

Communist. Zeitschrift. Pest, März-April 1892. 2 Nrn.

Communist (Der). Journ. London, 2. April 1892 sq. 19 Nrn.

Communiste (Le). Londres, 23 avril 1892, 1 no.

Communiste (Le) libertaire, organe de la Communauté icarienne. Corning, Jowa, Juillet — Automne 1881.

Compagnons (Les) de la femme au peuple et à tout le monde. 8°. Dijon 1833.

Compas, V., L'église et le socialisme. 16°. Charleville, Association ouvrière de l'imprimerie, s. a. (1898).
Propagande socialiste anticléricale.

Compère-Morel, Du socialisme. 8°. Breteuil, impr. Hochard, 1894.

Compiano, A., Le nuove idee: contributo alla propaganda socialista (elezioni politiche 26 maggio 1895). 12°. Valenza, tip. Farina, 1895.

Complainte du p'tit anarchiste: par X. 1 p. 4°. Paris, Vvo. Frior, 1894.

Complot démocrate socialiste. Acte d'accusation. Signé: Le procureur général: De Bavay. 8°. Bruxelles, impr. d'Em. Devroye et Co., 1849.

Compte-rendu, édit. Béluze. 8°. Paris 1858.

Compte-rendu de la Géranco à la Communauté icarienne à St. Louis, édit. Béluze. 8°. Paris 1857.

Compte-rendu du deuxième congrès ouvrier chrétien, Reims, mai 1894. 8°. Reims, impr. Mouco, 1894.

Compte-rendu du congrès ouvrier chrétien de Paris tenu les 6 et 7 juillet 1895, 26 rue Hermel, sous le haut patronage de S. Ém. le cardinal archevêque de Paris. 8°. Paris, impr. Schneider, M. Delavenne, 1895.

Compte-rendu du congrès ouvrier de l'Association internationale des travailleurs tenu à Genève du 3 au 8 sept. 1866. 8°. Genève, impr. J. C. Ducommun et Co., 1866.

— du II. congrès . . . tenu à Lausanne, du 2 au 8 sept. 1867. 8°. Chaux-de-Fonds, impr. de „la Voix de l'Avenir", 1867.

— du III. congrès . . . tenu à Bruxelles, du 6 au 13 sept. 1868. 8°. Bruxelles, publié par le journal „Le Peuple belge", 1868.

— du IV. congrès . . . tenu à Bâle, du 6 au 11 sept. 1869. 8°. Bruxelles 1869.

— du V. congrès . . . tenu à la Haye, du 7 au 13 sept. 1872. 8°.

— du VI. congrès . . . tenu à Genève, du 1 au 6 sept. 1873. 8°. Locle, au siège du Comité féd. jurass., 1874.

— du VII. congrès . . . tenu à Bruxelles, du 7 au 13 sept. 1874. 8°. Verviers 1875.

— du VIII. congrès . . . tenu à Berne, du 26 au 30 oct. 1876. 8°. Berne 1876.

— du IX. congrès . . . tenu à Verviers, du 5 au 8 sept. 1877. 8°. Verviers 1877.

Compte-rendu du I. congrès du Parti ouvrier tenu à Bruxelles, les 5 et 6 avril 1885. 8°. Bruxelles, Ed. Maheu, 1885.

— du V. congrès . . . tenu à Jolimont, les 21 et 22 avril 1889. 8°. Bruxelles, libr. du Peuple, 1889.

Compte-rendu du VI. congrès du Parti ouvrier tenu à Louvain, les 6 et 7 avril 1890. 8°. Bruxelles, libr. du Peuple, 1890.
— du VII. congrès... tenu à Verviers, les 28 et 29 juin 1891. 8°. Ibid. 1891.
— du VIII. congrès... tenu à Namur, les 29 et 30 mai 1892. 8°. Ibid. 1892.
— du IX. congrès... tenu à Gand, les 2 et 3 avril 1893. 8°. Ibid. 1893.
— du congrès extraordinaire... tenu à Bruxelles, les 25 et 26 déc. 1893, et du X. congrès... tenu à Quaregnon, les 24 et 26 mars 1894. 8°. Ibid. 1894.
— du XI. congrès... tenu à Anvers. les 14 et 15 avril 1895. 8°. Ibid. 1895.
-- du XII. congrès... tenu à Charleroi-Nord, les 5 et 6 avril 1896. 8°. Ibid. 1896.
· du XIII. congrès... tenu à Vooruit de Gand, les 18 et 19 avril 1897. 8°. Ibid. 1897.
Compte-rendu du deuxième congrès international des travailleurs des voies ferrées, tenu à Paris le 3, 4, 5 et 6 oct. 1894. 8°. Paris, Allemane, 1895.
Compte-rendu du onzième congrès régional de l'Union fédérative du Centre, tenu à Paris du 21 août au 11 sept. 1892. 18°. Paris, impr. Allemane, 1892. (Publication du parti ouvrier socialiste révolutionnaire.)
Compte-rendu du meeting démocratique de Patrignies. 12°. Bruxelles 1864.
Compte-rendu des opérations du comité d'initiative pour soutenir à Paris la candidature d'un ouvrier au sénat. 8°. Sancerre, A. Aupetit, 1876.
Compte-rendu du procès de l'anarchiste Jahn devant la Cour d'Assises du Hainaut. 4°. Bruxelles, groupe „La Liberté", 1887, déc.
Compte-rendu du procès de Lyon. 16°. Genève, impr. jurassienne, 1883.
Compte-rendu des travaux du congrès ouvrier régional tenu à Reims le 20, 21 et 22 mai 1893. 8°. Reims, Dubois-Poplimont, 1893.
Compte-rendu: Vide auch Congrès, Protokolle, Verhandlungen.
Comsa, D. N., De la nécessité de l'intervention de l'État en matière économique (la sélection artificielle, cause de l'évolution sociale). 8°. Paris, Pédone, 1896.
Comunardo (Il). Giorn. Fano 1873.

Comunista (El). Journ. Zaragoza, 6 nov. 1895 sq.
Comunista (Il). Giorn. London 1892. 2 nos.
Concetto (Il) dello Stato nella borghesia e nel proletariato. 8°. Terni 1891. (Biblioteca della plebe, I.)
*****Concordia**. Zeitschrift für die Arbeiterfrage etc. 14. u. 15. Jhrg. gr. 8°. Mainz 1892—93. 20. Jhrg. Zeitschr. d. Vereins zur Förderung des Wohles der Arbeiter. gr. 4°. Ebd. 1898.
Condenado (El). Journ. Madrid 1872—1874.
Condenado (El). Journ. Alcoy 1890—91.
Conelli, Giov. Antenore, 1. Canti anarchici. 32°. Londra „Biblioteca di Propaganda anarchica", 1895; altre ediz.: Canti anarchici rivoluzionari. 16°. New York City, s. a. (1896).
— 2. Liriche d'un ribelle. 16°. Torino 1893.
Confais, Organisation du travail, proposée par Confais et adoptée par Moreau, Hoste etc., membres de la commission de la corporation des ouvriers peintres. 12°. Paris 1848.
Conférences préparatoires à l'organisation du travail à Bruxelles. 8°. Bruxelles 1881.
Conferencia de los trabajadores del campo celebrada los dias 20 y 21 de mayo de 1893 en Barcelona. 16°. Barcelona 1893.
Confession d'un communiste Icarien. Simples récits. 8°. Paris, Garnier frères, 1849.
Conflict (The) between capital and labour. (Quarterly Review, 1891, July.)
Congrès des directeurs et protecteurs des associations ouvrières catholiques tenu à Amiens (Somme) du 3 au 7 sept. 1891. 8°. Paris, impr. Mersch, 1895. (Union des associations ouvrières catholiques de France.)
Congrès des directeurs et protecteurs des associations ouvrières catholiques tenu à Clermont-Ferrand (Puy-de-Dôme) du 19 au 23 août 1895. 8°. Paris, impr. Mersch, 1895. (Union des associations ouvrières catholiques de France.)
Congrès van Gent in 1897. Verslag der afgevaardigden van de Federatie van Verviers. 8°. Gent, Drukk. Stantmas, 1897.
Congrès (Le) de Malines et la coopération. (Coopérateurs belges, 1891, 1 oct.)
Congrès des oeuvres sociales à Liège,

26—29 sept. 1886. 8°. Liège, Demarteaux, 1886. — Deuxième session, 4—7 sept. 1887. 8°. Liège 1887.

Congrès des oeuvres sociales à Liège, 1.—3. sess. 8°. Liège 1889—91.

Congrès international ouvrier socialiste, tenu à Bruxelles du 16 au 23 août 1891. Rapport. Publié par le secrétariat Belge. 8°. Bruxelles, impr. Vve. Brismée, 1893.

Congrès quatrième, socialiste ouvrier de France. Chambre syndicale des mégissiers de Paris. Rapport du citoyen J. Pluye, délégué au congrès indépendant du Havre. 8°. Paris, impr. A. Claverie, 1881.

Congrès (15.) national du parti ouvrier, tenu à Paris du 10 au 13 juillet 1897 suivi des principales résolutions des quatorzième et treizième congrès nationaux, tenus à Lille (1896) et Romilly (1895). 12°. Lille, impr. Lagrange, 1897. (Bibliothèque du parti ouvrier français.)

Congrès (Troisième) socialiste algérien, tenu à Mustapha, près Alger, les 22, 23 et 24 juin 1895. 8°. Alger, impr. Casabianca, 1896.

Congrès de l'Union ouvrière belge, tenu à Bruxelles en 1878. 8°. Bruxelles, impr. Brismée, 1878.

Congreso de la Federación de trabajadores de la region española celebrado en Sevilla los dias 24, 25 y 26 setiembre de 1882. 61°. Barcelona, dec. 1882.

Congreso obrero de 1881.

Congreso (Primer) de la Union de obreros en hierro y metales, celebrado en Madrid 1882. 8°. Malaga 1882.

Congreso de la Union manufacturera, 1881 (ou 1882?). Reus.

Congress (1.) der deutschen demokratischen Republikaner in Frankfurt a. M. am 14.—17. Juni 1848. 8°. Frankfurt a. M. (1848).

Congress (Der sociale) in Eisenach. (Grenzboten, 1872.₄)

Congress (Inter-denominational). Discussions of the Inter-denominational Congress in the interest of city-evangelization, held in Cincinnati, Dec. 7—11, 1885. 8°. Cincinnati, Cranston and Stowe, 1886.

Contents: Menace of the modern city to our civilization. — Socialism, by Prof. R. T. Ely. — The atheistic trend of socialism, by S. Gilbert. — The homeless classes, by K. Beecher. — The enforcement of moral legislation, by S. F. Scovel. — Church neglect as caused by the strife between labor and capital. — Sabbath desecration. — The relation of certain phases of immorality to business interests, by M. Shipley. — Christian work for the population of foreign parentage. — Christianity and the breadwinners, by Clifton Penich.

Congresso (Il) delle Trades-Unions in Inghilterra. (Rivista della beneficenza pubblica, XXII, 1894.)

Congreve, Rich., Religion of humanity: an Address. 8°. London, Kegan Paul, 1879.

Conil, Pierre, Liberté, égalité, fraternité. Argent, crédit, association. 16 pp. 8°. Lacroix, Verboeckhoven et Co., 1870.

Conny, J. A. de, Le travail, sa dignité et ses droits. 96 pp. 18°. Paris, Poussielgue frères, 1878.

Conquista do Bem anarchista. Journ. Coimbra, 27 mai — 29 juin 1894; 4 nos.!(?) suivi de „Os Barbaros".

Conquista (La) delle campagne. 12°. Milano, Critica sociale, 1896. (Biblioteca della Critica sociale: polemiche agrarie fra socialisti. I.)

Contiene: La conquista delle campagne, di Lucio. — Le casse rurali di prestito e il partito socialista, di G. Gatti. — La questione agraria, di L. Bissolati. — La piccola proprietà compagnola e il partito socialista, di G. Gatti. — La nostra propaganda nelle campagne, di J. Bonomi.

Conquista (La) del Pan. Journ. Barcelona, 1. juill. 1893 sq. 5 nos.

Conrad (Der arme). Illustrierter Kalender für das arbeitende Volk für das Jahr 1876—1879. 1.—4. Jhrg. 8°. Leipzig, Genoss.-Buchdr.

Conrad, J., Die neueste deutsche Litteratur über Verstaatlichung des Grund und Bodens. (Jahrb. f. Nat.-Oekon. u. Stat., Bd. 49, 1887.)

Conrad, Dr. M. G., Die Sozialdemokratie und die Moderne. Münchener Flugschrift. gr. 8°. München, C. Mehrlich, 1892.

— Vide: Quidde, L., u. Conrad, M. G.

Consorit (Le). Paris, janv. 1892. 1 no.

Consorit (Le), organe annuel anti-militariste. 1885—1898.

„Consorit" (Le) en cours d'assises. Le procès de Louis de Brouckère et de Jules Lekeu. 8°. Bruxelles, libr. du Peuple, 1896.

Conséquences (Quelques) du principe égalitaire, par J. B. 8°. Paris, Guillaumin et Co., 1881.

Conservatism and democracy. (Quarterly Review, 1893, January.)
Considerant, Vict., 1. Appel au ralliement des socialistes. 8°. Paris 1847.
— 2. Les deux communismes. 8°. Paris 1847.
— 3. I destini sociali. vol. 1. 8°. Genova 1883.
— 4. Contemporain dialogue aux enfers entre Machiavel et Montesquieu ou la politique de Machiavel au 19. siècle. 8°. Bruxelles 1865.
— 5. Trois discours à l'hôtel de ville. 8°. Paris 1836.
— 6. Simples explications. 8°. Paris, libr. phalanst., s. a.
— 7. Journée du 13 juin 1849. Simples explications à mes amis et à mes commettants. pet. 8°. Paris 1849.
— 8. La paix ou la guerre. A la France et au Corps électoral. 2. édit. 8°. Paris, au bureau de La Phalange, févr. 1839.
— 9. Sens vrai de la Rédemption Du Morceau détaché de la destinée sociale. 8°. Paris, libr. phalanst., s. a.
— 10. Sincérité du gouvernement représentatif ou — élection véridique (système proportionnel). 8°. Paris 1846.
— 11. Au Texas. Quatrième partie. Complément. Bases et statuts de la société de colonisation européo-américaine au Texas. (École sociétaire, 28. année.) 8°. Bruxelles, au siège de la société. Paris, libr. phalanst., 1854.
Considérations sur l'organisation sociale, appliquées à l'état civil, politique et militaire de la France, et de l'Angleterre à leurs moeurs, leur agriculture, leur commerce et leurs finances. 3 vols. 8°. Paris 1802.
Constable, A. Strickland, 1. The fallacies and follies of socialist-radicalism exposed. 8°. London, the Liberty Review, 1896.
— 2. Equality: a socialist-radical fallacity. 8°. London, „Liberty Review" publish. Co., 1897.
Constançon, Maurice, Le principe de la propriété. 16°. Paris, Guillaumin et Co., 1896. (Comité de défense et de progrès social.)
Constant, A., 1. Trois malfaiteurs: Jésus Christ et les deux larrons. 8°. Paris, s. a.
— 2. Rabelais à la Basmette. 8°. Paris, s. a.
— 3. Seigneur de la Devinière. 8°. Paris, s. a.

Constant, Le R. P., Le révolution et la liberté. 8°. Paris, impr. Ronchail, 1895.
Constansi, E., La ristaurazione cristiana ed il problema sociale. (Rivista internaz. di scienze sociali, vol. 5, 1894.)
Constitution (La) politique et sociale. Rédact. en chef: Alph. Beau de Rochas. gr. form. 7 nos. du jeudi 18 mai au samedi 27 mai 1871. Au-dessus le titre cette devise: Laboremus. Paris.
Constitution de la Fédération Ibérica. 8°. Barcelona 1860.
Constitution républicaine par un penseur. 8°. Paris 1848.
Contrasignatur (Die) der Proklamation vom 18. März 1849. 8°. Berlin 1849.
— Vide: Signatura temporis.
Contrat (Le) démocratique, par O. 18°. Paris, libr. Grasilier, 1894.
Contrat social ou acte de société de la Communauté Icarienne, éd. Béluze. 8°. Paris 1857.
Contrat (Le) social du peuple souverain, organe du parti proudhonien, socialiste, républicain, fédéraliste. 1. année, no. 1, avril et mai 1898. fol. Paris.
Contrat social ou principes du droit politique. 12°. London 1782.
Contrat social (Le nouveau) ou place à la femme, par M™° E. A. C. 8°. Paris 1831.
Controversia (La). Journ. Barcelona, 3 juin 1893 sq., 5 nos.
Contzen, Heinr., Die Aufgabe der Volkswirthschaftslehre gegenüber der socialen Frage. gr. 8°. Zürich, Schulthess, 1875.
Converti, Niccolò, 1. Brevi cenni su Carlo Pisacane. Reimpr. dans „La Questione Sociale" de Paterson, New Jersey, 1895.
— 2. Idee generali. („La Protesta Umana", Tunis 1896.)
— 3. Della proprietà. 16°. Marseille, „Biblioteca anarchica", 1886.
— 4. Repubblica ed anarchia. 8°. Tunis, tip. dell' „Operaio", 1889.
Conway, J., Socialism exposed and refuted. cr.-8°. London, Washbourne, 1892.
Conway, Moncure D., The life of Thomas Paine; with a history of his literary, political and religious career in America, France and England. 2 vols. 8°. New York, P. Putnam's Sons, 1892.
Consett, C., 1. Nationale und internationale Arbeits- oder Fabriksgesetzgebung oder wie kommt die bessere Zeit? 8°. Hot-

10*

tingen-Zürich, Aktionskomitee d. schweiz. Arbeitertages, s. a.

Consett, C., 2. Rettung oder Ruin! oder Ursache und Beseitigung der sogen. schlechten Zeit. 8°. Hottingen-Zürich, Volksbuchhdlg., s. a.
— 3. Wie soll's noch enden? oder was wollen die Socialdemokraten? 8°. Zürich-Hottingen, Schweiz. Volksbuchhdlg., s. a.

Cook, Ch. H. W., The true solution of the labour question. 8°. New York (1886).

Cook, Joseph, Labour, with preludes on current events. 8°. Boston 1880.

Cooper, Thom. (Chartist), 1. Eight letters to the young men of the working classes. 8°. London 1849.
— 2. The life of Th. Cooper, the Chartist, written by himself. 8°. London 1872. 4. edit. 8°. London 1875.

Cooper, Thom., A Reply to Mr. Burke's invective against Mr. Cooper and Mr. Watt in the House of Commons on the 30. of April 1792. gr. 8°. Manchester 1792.

Coopération et socialisme. (Coopérateurs belges, 1893, 1. juin.)

Corcelle, François de, Documents pour servir à l'histoire des conspirations, des partis et des sectes. 8°. Paris, Paulin, 1831.

Cordelier (Le vieux). Journal rédigé par Camille Demoulins, doyen des Jacobins. no. 1—7, 5 déc. 1793 – pluviôse, an. II. 8°. Paris.

Cordonnier, Th., L'oeuvre municipale des socialistes lillois, chanson nouvelle en patois de Lille, plano. 1 p. Lille, impr. Lagrange, s. a. (1898)

Cornelii Lucii Europaei Monarchia Solipsorum. Ad. L. Allatium. Cui nuperrime accessit clavis onomastica. (M. Inchhoffer.) Juxta-ed. 12°. Venetum 1648.

Cornelissen, Chrétien, 1. Le communisme révolutionnaire. Projet pour une entente et pour l'action commune des socialistes révolutionnaires et communistes anarchistes. 8°. Bruxelles, édit. de la „Société nouvelle", 1896.
— 2. Privat bezit. Voordracht. 8°. Amsterdam, J. Hoekstra, 1894.
— 3. Het revolutionaire kommunisme, zijn beginselen en zijn taktiek. Ontwerp voor een overeenkomst en voor het samengaan van de revolutionaire socialisten en de kommunistische anarchisten. gr. 8°. Amsterdam, Ph. Oudkerk, 1897.

Cornelius, Bodo, Schafft bessere Generationen! Ein Beitrag zur Lösung der sozialen Frage. gr. 8°. Leipzig, A. Strauch 1898.

Corniano, R., L'agitazione socialista in Sicilia. (Rassegna Nazionale, 1894, 1. gennajo.)

Corrèze (La) républicaine, organe progressiste des travailleurs de la Corrèze, paraissant les lundi, mercredi, jeudi, samedi. 1. année. no. 1, 11 août 1893. fol. Tulle, impr. Rastoul, 1893.

Corsaire (Le). Journal quotidien. Moyen form. 9 nos. du lundi 8 mai au mardi 16 mai 1871. Paris.

Corsario (El). Journ. La Coruña 1890 – 1895, 211 nos., et 9 janv. 1896—3 oct. 1896, no. 212—246.

Corto, Matteo, Rothe Larven. Stichproben aus den Herzensergiessungen socialistischer Volksführer. 3. Aufl. gr. 8°. Wien, Verlag d. Reichspost, 1897.

Corvey, Joh., Die deutsche Streikbewegung im J. 1891. (Arbeiterfreund, Jhrg. 29, 1891.)

Corville, Jean, Le rêve de Louis Blanc sur l'organisation du travail. Simple discours d'un fileur de Déville à M. L. Blanc. 8°. Paris 1848.

Cosmo, Sergio di, 1. Anarchia. En italien et espagnol p. 73—80 du „Segundo Certamen socialista", Barcelona 1890. Réimpr. dans „El Derecho á la vida", 1896.
— 2. La democrazia e gli anarchici. Polemica. 16°. Molfetta 1891.
— 3. L'emancipazione della donna. 8°. Bitonto 1888.
— 4. L'„Eureka" sociale. 16°. Trani 1887.
— 5. L'ideale dell' avvenire. 8°. Bitonto 1888.
— 6. Libertà ed eguaglianza. Religione borghese e morale anarchica. 16°. Marsala, marzo 1891. (Biblioteca del „Proletario", no. 3.)
— 7. Miseria e ribellione. 8°. Bitonto 1889.
— 8. Gli operai e la questione sociale. 16°. Molfetta 1894.
— 9. Origine della richezza. En italien et en espagnol p. 271—294 du „Segundo Certamen socialista", Barcelona 1890. broch. 16°. Marsala, nov. 1891. (Biblioteca del „Proletario", no. 5.)
— 10. Liberi pensieri. 8°. Trani 1885.
— 11. Repubblica o anarchia. 8°. Trani 1889.

Cosmo, Sergio di, 12. Un tramonto ed un' aurora. Polemica. 16°. Molfetta 1893.

Cosmopolita (El). Journ. Valladolid, 1 août 1884 sq.

Cossmann, Frdr., Beitrag zur Lösung der socialen Frage. gr. 8°. Coblenz, Bädeker in Comm., 1849.

Costa, Die sociale Bewegung in Griechenland. (Jahrb. f. Sozialwiss., II, Zürich 1879.)

Costa, Andrea, Vita di Michele Bacunin. (Biblioteca del Martello, vol. I, Bologna 1877.)

Costa, J., Colectivismo agrario en España. Partes 1 y 2. 4°. Madrid, Murillo, 1898.

Costanzi, E., 1. Attenenze religiose della questione sociale. (Rivista internaz. di scienze sociali, vol. 3, 1893, maggio.)
— 2. Di alcuni cavalleri morali dell' agitazione socialistica. (Rivista internaz. di scienze sociali, vol. 3, 1898, nov.)
— 3. L'idea cristiana del lavoro. (Rivista internaz. di scienze sociali, 1897, marzo.)
— 4. La restaurazione cristiana ed il problema sociale. (Rivista internaz. di scienze sociale, 1894.)

Coste, Adolphe, Les bénéfices comparés du travail et du capital dans l'accroissement de la richesse depuis cinquante ans. 8°. Paris, Guillaumin et Co., 1897.

Coster, Organisation du travail. — Ebénisterie française. Projet d'association générale dans toute la France entre fabricants, ouvriers, marchands et commissionnaires en meubles en tout genre. 8°. Paris 1851.

Costes, Paul, Avenir et néophytes, ou la prochaine bataille sociale. 8°. s. l. (Paris), impr. Blanc, s. a. (1895).

Co to jest socyalizm? 8°. Lipsk, dnia 8 sierpnia, 1878.

Coulazou, J., Les grèves survenus en France pendant l'année 1892. (Sociologie catholique, III, 1894.)

Coup de feu, Revue bimensuelle politique, socialiste, littéraire et artistique. 8°. Paris, sept. 1885—août 1888.

Coup-d'oeil impartial sur la réligion nouvelle. (Le Mercure de France au dix-neuvième siècle, 1831.)

Courbebaisse, Organisation du suffrage universel. 8°. Paris 1847.

Courcelle-Seneuil, J. G., 1. D'une application contestée du principe de la propriété. (Journ. des Econ., 1859, août.)
— 2. Le congrès de Bâle et de Lausanne;
Question des rapports des ouvriers et des capitalistes. (Journal des Écon., 1869, oct.)

Courcelle-Seneuil, 3. La démocratie. (Journ. des Écon., 1887, août.)
— 4. Étude sur la valeur économique des associations ouvrières. (Journ. des Écon., 1856, sept.)
— 5. Lettres à Edouard sur les révolutions. 1833.

Courché, T. F., Essai sur les questions du travail. 8°. Paris, Guillaumin et Co., 1884.

Couret, Émile, Les plaies sociales. I. L'idée de Dieu. 12°. Paris, Cresson frères, 1895.

Courier (Le) du dimanche. 2. année. sér. B. 4 numéros. no. 1 dimanche 19 mars 1871. 4°.
no. 2 à 4 du dimanche 26 mars au dimanche 9 avril 1871. gr. form. Il y eut une deuxième édition du no. 2, tirée sur feuille double en forme du placard et qui fut affichée. Le „Courier du dimanche" avait député en avril 1870 et avait en quinze numéros.

Courier (Le) du soir. Journal quotidien. no. 1, mardi, 25 avril 1871. Paris.
Cette publication n'a eu qu'un numéro.

Courier francais (Le), par Vermorel. Paris 1866 ff.)

Courier social (Le); illustré. Paris, 1. nov. 1894, 2 nos.

Courlay, H., Current sophisms about labour. (National Review, 1893, Febr.)

Cours (Petit) de politique et d'économie sociale à l'usage des ignorants et des savants. 2. édit. 18°. Paris, libr. sociétaire, 1844. 2. édit. 4. tirage. 18°. Paris, libr. phalanstérienne, 1847.

Cours of thirteen lectures to socialists by Ministers in connection with the Christian Instruction Society. 8°. London 1839—40.

Courthe, 1. La démocratie. Coup d'oeil sur cette forme de gouvernement précédé de quelques mots sur la dernière brochure de M. Guizot. gr. 8°. Bruxelles, impr. de N. J. Slingeneyer jeune, 1849.
— 2. La démocratie et la monarchie. Considérations sur l'état démocratique; ou examen critique des principales objections faites contre cette forme de gouvernement. gr. 8°. Bruxelles, impr. de J. H. Briard (1851).

Courtney, Leonard, Individualism versus collectivism. (Popular Science Monthly, 1896, Dec.)

Courtois, E. B., Der Zweck Robespierres

und seiner Mitschuldigen. Bericht an den Convent. 2 Bde. 8º. Altona 1795.

Coutarel, A., Le participationisme, ou la justice dans l'organisation du travail. 8º. Paris, Giard et Brière, 1898.

Couturier de Vienne, A. F, Liberté du travail, venalité des offices ministériels (notaires, avoués, commissaires, priseurs, avocats à la Cour de cassation etc.). Ouvrage adressé au Sénat. 8º. Paris, Dentu, 1863.

Covelli, Emilio, 1. L'economia politica e il socialismo. 8º. Napoli 1874.
— 2. Redattori della lotta. 1 p. 4º. Loudra, 17 nov. 1880.
— Vide: Anarchia (L').
— — Malfattori, 1.

Cowan, W. A., History of Lanark and guide to the surrounding scenery. 8º. Lanark 1867.

Cox, A., Evolution and equality. (National Review, 1891, Nov.)

Cox, Harold, 1. Land nationalisation. cr.-8º. London, Methuen, 1892.
— 2. Socialismus und Bevölkerungsfrage. Vortrag. Autoris. Uebersetzung. 8". Neuwied, Heuser, 1895.

Cox, J. C., The advantages of trades-unions! A lecture delivered at Ripley, Aug. 29, 1872. 27 pp. 8º.

Coyteux, F., Des vrais principes sociaux et politiques et des principales questions relatives à leur application. 8º. Bruxelles 1853.

Cramer, F., Despotismus und Volkskraft. gr. 8º. Berlin 1874.

Cramp, C. C., Labor, capital and money; their just relations. 16º. Bradford, Camp, 1888.

Crane, Walter, Cartoons for the Cause 1886—1896. A souvenir of the international socialist workers and trade union congress, 1896. 8º. London, The twentieth Century Press, 1896.

Craon, W^{me} la princesse de, Thomas Morus, Lordchancelier du royaume d'Angleterre au 16. siècle. 2 vols. 8º. Bruxelles, J. P. Meline, 1834.

Cravache (La), organe républicain pour le combat pour les réformes démocratiques et sociales. 1. année. no. 1, 2 avril 1898. fol. La Rochelle.

Cravache, organe international des travailleurs. 1. année. no. 1, 1. nov. 1897. fol. Roubaix.

Cravacheur (Le). Journal hebdomadaire,

organe international des travailleurs. 1. année. no. 1, 4—11 févr. 1898. fol. Wattrelos.

Crawford, Mrs., An object lesson in christian democracy. (Fortnightly Review, 1896, January.)

Crédit (Le). journal quotidien. Directeur gérant Léopold Amail. Rédacteur en chef: Ch. Duveyrier. 1. nov. 1848—31 août 1850. 646 nos. fol., plus un spécimen.

Cree, J. S., Eine Kritik der Theorie der Gewerkvereine. Autoris. deutsche Ausgabe. gr. 8º. Berlin, Mitscher u. Röstell, 1897.

Creuse, journal socialiste révolutionnaire, paraissant tous les dimanches. 1. année. no. 1, 11 août 1895. fol. Paris, impr. H. Richard.

Crevel, A., Cries of the People. 8º. London 1818.

Cri (Le) d'alarm contre le communisme. Signé: Un propriétaire incorrigible. 8 pp. s. l. Lévy, s. a.

Cri (Le) des opprimés. Charleroi, oct. 1896, 2 nos.

Cri (Le) du peuple. Journal politique quotidien. Rédacteur en chef: Jules Vallès. form. moyen du no. 1 au no. 5. grand form. du no. 6 à la fin. 83 nos. du mercredi 22 février au mardi 23 mai 1871. Paris.

Cri (Le) du travailleur, chanson, par E. E. plano. Lille, impr. Delory, 1896.

Cri (Le) social, organe des travailleurs, paraissant les mardi et vendredi. 1. année, no. 1, 30 juillet 1898. fol. Alger, impr. rapide.

Cri (Le) des travailleurs du Tarn, de l'Aveyron et de l'Hérault, journal socialiste. 1. année, no. 1, 20 mars 1898. fol. Carmaux, impr. Boyanique.

Cri typographique (Le). Paris 1891—92.

Crioonia, Giov., Lo Stato, la Chiesa e la Scienza relativamente alla questione sociale: considerazione e proposte. 16º. Milano, frat. Dumolard, 1890.

Criori (Le). pet. form. 5 nos. sans date. Paris.

Crimes (Les) de Robespierre et de ses principaux complices, leur supplice, la mort de Marat, son apothéose; le procès et le supplice de Charlotte Corday. 3 vols. 16º. Paris 1830.

Crippa, D., Terra e lavoro: conferenza. 8º. Bergamo 1892. (Nucleo socialista federativo trevigliese.)

Crise sociale (La). Journal. New York 1891.

Crisenoy, Jules de, Mémoire sur les causes de l'insurrection du 18 mars, adressé à la commission d'enquête. (Extrait du Moniteur des 3 et 7 août.) 8°. Paris, typogr. de A. Pougin, 1871.

Cristofori, Carlo de, La libertà delle banche e la soluzione del problema sociale. 2. ediz. con aggiunte e biogr. dell' autore. 16°. Milano, s. a.

Critica sociale, rivista quindicinale del socialismo scientifico. 1. anno, 1891 4°. Milano. 8. anno, 1898.

*Critique sociale (La). Genève, 26 mai 1888 sq.

Croce, Benedetto, Essai d'interprétation et de critique de quelques concepts du marxisme. (Extrait du Devenir social, IV, 1898.) 8°. Paris, Girard et Brière, 1898.

Croce (La) di Savoia. Giorn., di Paolo Schicchi. Genève. 8 25 agosto 1891, 2 nos.

Croll, C., Ter toelichting van mijn uitreden uit de „Sociaaldemocrat-Partij". 3. dr. 8°. 's Gravenhage 1890.

Crönert, Fr., Christentum und sociale Frage. Vortrag. (Aus: Deutsch-evangel. Blätter.") gr. 8°. Halle, Buchh. d. Waisenhauses, 1895.

Cronica de los trabajadores de la region Española. gr. 8°. Barcelona 1882—83.

Cronthal, M., Die Stadt Würzburg im Bauernkriege. Mit Anhang: Hammer, Geschichte des Kitzinger Bauernkrieges, hrsg. von Wieland. 8°. Würzburg 1887.

Crowther, Rich., Letter to the socialists on the doctrine of irresponsibility. 8°. Manchester 1838.

Crozier, J. B., Civilization and progress, being the outlines of a new system of political, religious and social philosophy. 8°. London 1885. 3. edit. revis. and enlarg. gr. 8°. London, Longmans, Green and Co., 1892.

Crüger, Hans. 1. Arbeitergenossenschaften. (Arbeiterfreund, Jhrg 30.)

-- 2. Ist die Beseitigung des Gewinnes am Preise durch Arbeitergenossenschaften oder durch den Staat möglich und wünschenswert? (Arbeiterfreund, Jhrg. 31, 1893.)

Cryse, E. de, Les socialistes et les citations des Pères de l'Église sur le droit de propriété. (Revue Soc. Cathol., 1897,13,4,5.)

Cuarto (El) Estado, revista acrata bimensual. Orense, 1886 - 87.

Cucheval-Clarigny, La grève des chemins de fer aux Etats-Unis. (Revue des deux Mondes, 1 et 15 oct. 1877.)

Cucuat, Adrien, Conseils à la classe laborieuse sur l'abolition des grèves, l'épargne et l'association, suivis des proverbes de l'atelier. 8°. Paris, Dentu, 1869.

Cuestion (La) social en Valencia. Dictámen que á la Seccion de ciencias sociales de la S. E., presentó la Comision al efecto desiguada; y el cual hubo de retirar despues. Redactóle D. Eduardo Perez Pujol, Ponente de la misma. 1. tom. Valencia 1872.

Cuestion (La) social. Journ. Valencia, 30 avril 1892, sq.

Culture and Anarchy. (Quarterly Review, 1892, April.)

Cuminetti, Giov, e Basso, Lor., La verità intorno allo scioperi degli operai panattieri di Torino: Esposizione di fatti. 8°. Torino, tip. Operaia, 1881.

Cunow, H., 1. Soziale Evolutionen in biologischer Auffassung. (Neue Zeit, Jhrg. 14,₁₁ 1895/96.)

— 2. Sozialphilosophische Irrgänge. (Neue Zeit, Jhrg. 16, 1897 98.)

— 3. Die Klassengegensätze in den spanischen Zunftkämpfen zu Anfang des 16. Jahrhundertes. (Neue Zeit, Jhrg. 14,₂, 1895/96.)

— 4. Soziologie, Ethnologie und materialistische Geschichtsauffassung. (Neue Zeit, Jhrg. 12, 1893/94.)

— 5. Die soziale Verfassung des Inkareiches. Eine Untersuchung des altperuanischen Agrarkommunismus. 8°. Stuttgart, J. H. W. Dietz, 1896.

-- 6. Die soziale Verfassung des Inkareiches. Selbstanzeige. (Neue Zeit, Jhrg. 14, 1895/96.)

— 7. Zur Zusammenbruchstheorie. (Neue Zeit, Jbrg. 17,₁₁, 1898.99.)

Curci, C. M., Di un socialismo cristiano, nella quistione operaia e nel concerto selvaggio dei moderni stati civili. 8°. Firenze, frat. Bencini edit., 1885.

Curti, Th., Zur Geschichte der Volksrechte. (Neue Zeit, Jhrg. 11, 1892 93.)

Curtius, P., Der Weg zum Frieden. Denkschrift über die social-conservativen Bestrebungen. gr. 8°. Berlin 1881.

Cyclone (Le). Buenos-Aires, 12 nov. 1895 sq., 5 nos. (?).
Cyon, E. de, Nihilisme et anarchie. Études sociales. 8°. Paris 1892.
Czettritz-Neuhaus, Frhr. v., Die ländliche Arbeiterfrage. Vortrag auf der General-Versammlung des schles. Provinzial-Vereins für innere Mission zu Liegnitz am 23. Mai 1872. gr. 8°. Breslau, Max u. Co. in Comm., 1872.
Czynski, Jean, Notice biographique sur Charles Fourier. 8°. Bruxelles, libr. Belge-Française, 1840.

D.

Dacia viitoare. Journ. Paris, 1. févr. 1883, puis à Bruxelles.
Dacier, H., Le canon russe et le spectre rouge. 8°. Paris 1851.
Dagneau, L., Rudiment social. Coup d'oeil moral, religieux et politique sur l'histoire de l'humanité. 8°. Paris, Desloges, 1842.
Dahn, E., Ein Sozialstaat der Wirklichkeit. Dem deutschen Volke zu Nutz und Frommen gewidmet. gr. 8°. Braunschweig, Appelhans und Pfennigstorff, 1894.
Daily Psycho-Anarchist. Chicago, Oct. 1887.
Dain, Charles, 1. Solution du problème social par l'histoire. 8°. Paris 1836.
— 2. Système du droit harmonien. 8°. Paris, s. a.
Dairnvaell, Georges, Organisation du travail. Les écrivains ouvriers de la pensée ont-ils le droit de vivre? Lettre à M. Louis Blanc. 8°. Paris, Georges Dairnvaell, 1848.
Dall, Guillaume, L'éducation de la démocratie, à propos d'un livre récent. 8°. Paris, Ollendorff, 1898.
Dalla Volta, R., 1. La democrazia socialista in Germania. (Rassegna di scienze sociali e politiche, 1890, 15 luglio.)
— 2. Una lotta operaia epica: lo sciopero dei meccanici inglesi. (Giorn. degli Economisti, 1898, maggio.)
— 3. Philosophie du droit et socialisme. (Extr. de la Revue de sociologie, II, 1894.) 8°. Paris, Giard et Brière, 1894.
Dallemagne, J., Quelques phases de l'évolution de la propriété. (Extrait de la Revue internat. de sociologie.) 8°. Paris, Giard et Brière, 1897.
Dal Monte, Giov., Ciò che è, ciò che vuole il socialismo: due conferenze tenute all' Accademia olimpica nel settennio 1894. 8°. Venezia, tip. commerc. fratelli Giuliani, 1894.
Dalsème, 1. Histoire des conspirations sous la Commune. 8°. Paris 1872.
— 2. Paris pendant les 65 jours de la Commune. 8°. Paris 1871.
Damaschke, Ad. Vide: Streitfragen (Sociale).
— — Volksstimme (Deutsche).
Dambor, Das Heil auf individuellem, socialem und politischem Gebiete. 8°. Leipzig 1890.
Dame Opulence et dame Pauvreté, ou la solution du grand problème social. 8°. Paris, lib. Vic, 1880.
Damé, La résistance, les maires etc. 8°. Paris 1871.
Dameth, H., 1. Agitation socialiste. Propagation et réalisation de la science sociale. 8°. Paris 1848.
— 2. Appel aux socialistes. 8°. Paris 1848.
— 3. Le crédo socialiste ou principaux généraux d'organisation politique et sociale. 8°. Paris, siége de la société, 1849.
Damiron, A., Exposition méthodique des principes de l'organisation sociale. 8°. Paris 1848.
Dana, Charles A., Proudhon and his Bank of the People. (First published in „New York Tribune", 1847.) 8°. New York, R. B. Tucker, 1896.

Danesi, A. G., Socialismo e migliore avvenire dell' operaio: discorso. 16°. Mistretta, tip. dell' „Progresso", 1894.

Danevsky, W., Opinion impartiale d'un Russe sur l'extradition des nihilistes. gr. 8°. Paris 1881.

Danguin, X., Le problème social. Pétition adressée à la Chambre des députés. 8°. Châlons-sur-Saône, impr. L. Landa, 1882.

Danton, D., Du capital et du travail appliqués à l'industrie et particulièrement aux mines. 8°. Paris, Baudry, 1888.

Danton, J. F., et **Senamaud**, J., Principes, religion, ordre social. 8°. Bordeaux, les auteurs, 1880.

Darbaumont, Désorganisation du travail, ou examen critique de l'organisation du travail du citoyen Louis Blanc. 8°. Paris 1849.

Darbot. Vide: Bizot de Fonteney, Darbot et G. Dutailly.

Dareste, Pierre, La liberté d'association. (Revue des deux Mondes, 1891, 15 oct.)

Darkest England salvation army social scheme, first annual report: a brief review of the first years work. 8°. London, Office, 1891, Dec.

Darlegung (Amtliche) der Bundes-Centralbehörde der Hauptresultate aus den wegen der revolutionären Complotte der neueren Zeit in Deutschland geführten Untersuchungen. 4°. Frankfurt a. M. 1838.

Darlegung (Offene) der Gefahren, welche mit den vorgeschlagenen künstlichen Finanzoperationen, dem Mobilmachen der Capitalien verbunden sind, und der Principien nach denen der Kampf zwischen Capital und Arbeit zu beurtheilen und zu lösen sei. 8°. Berlin 1848.

Darlington, J. J., A treatise on the law of personal property, founded on Williams. 8°. Philadelphia, Johnson and Co., 1891.

Dariu, A., M. Brunetière et l'individualisme, à propos de l'Article „Après le procès". 16. Paris, Colin et Co., 1898. Questions du temps présent.

Darnaud, Émile, 1. Aux anarchistes de l'Ariège. 4°. Foix, 31 oct. 1889.
— 2. Anarkismen i Slumttal. („Fedraheimen", 1891.)
— 3. Brumaire. 8°. Foix 1888.
— 4. Causerie. 8°. s. l. 1890.

Darnaud, Émile, 5. Le communisme anarchiste expliqué aux paysans par un ancien maire de village. 4 pp. 4°. s. l. 1889.
— 6. Les compagnons ariégeois. Groupe d'études. 8°. Foix, juillet 1888.
— 7. Fructidor. 8°. Foix 1888.
— 8. Mendiants et vagabonds. 8°. s. l. s. a.
— 9. Messidor. 8°. Foix 1888.
— 10. La vraie morale. 8°. s. l. 1891.
— 11. La paternité anarchiste. 4°. Foix, 4 mars 1889.
— 12. Propos d'un philosophe rose. 8°. Foix (189?)
— 13. 140, rue Mouffetard, Paris. 8°. s. l. 1889.
— 14. „89". 8°. s. l. 1889.
— 15. Une révolte à Foix (13 janv. 1840). 8°. s. l. s. a.
— 16. La séparation des bêtes et des gens. 3 pp. 4°. s. l. 25 août 1891.
— 17. Le socialisme en 1888. Lettres d'un militant à un néophyte. 16°. Foix 1888.
— 18. La Société future. 8°. Paris 1890.
— 19. Thermidor. 8°. Foix 1888.
— 20. Vagabonds et mendiants. 8°. s. l. 1889.

Darstellung der Hauptsätze der Vernunftreligion. 8°. Leipzig, Rein, 1802.

Darstellung (Actenmässige) des Processes des Buchdruckereibesitzers Sievers gegen den General Vogel von Falkenstein und den Polizeidirector Meyer wegen Entschädigung. Hrsg. von dem Anwalte des Klägers Dr. Franz Dedekind. 8°. Braunschweig, Bracke, 1876.

Darwinismus und die Sozialdemokratie oder Haeckel und der Umsturz. Von einem denkenden Naturforscher. (Katholische Flugschriften „Zur Wehr und Lehr", Nr. 97.) 16°. Berlin 1895.

Dass weltliche Oberkeit den Widerteuffern mit leiblicher Strafe zu wehren schüldig sey, Etlicher bedencken zu Witeberg 1536. 8 Blatt. 4°. Wittemberg 1536.

Dassel, Ad. v., Wahrhaftige Geschichte und elendigliches Ende des communistischen Ochsen und des socialistischen Esels. Nach dem Engl. hrsg. durch die Propaganda der gesunden Vernunft. 8°. Tübingen, Osiander, 1853.

Daszynska, Z., Der Sozialismus in Polen. (Die Zukunft, Bd. 22, 1898.)

Dauban, C. A., La démagogie en 1793 à Paris. Histoire, jour par jour, de l'année 1793. 8°. Paris 1868.

Daudet, Ernest, L'agonie de la Commune. Paris à feu et à sang (24—29 mai 1871). 12°. Paris, Lachaud, 1871.

Daudville, Charles, Étude sur la liberté. La liberté sociale, politique, religieuse. 8°. Paris, Le Chevalier, 1873.

Daulny, P., Étude sur le socialisme contemporain, discours prononcé à Bourges 16°. Bourges, impr. Tardy-Bigelet, 1896.

Daumer, G. Fr., Die Religion des neuen Weltalters. 3 Bde. 8°. Hamburg 1850.

Dauphin, M. l'abbé, Monopole et communisme. Discours prononcé à la distribution des prix le 17 août 1848. 8°. Lyon, Louis Perrin, 1848.

Dauray de Brie, A., Theorie des lois sociales. 8°. Paris, an XII (1804).

Dave, V. Vide: Bax, Belf. E., Dave, V., and Morris, W.

Davidson, Th., The democratization of England. (Forum, 1896, June.)

Davies, J. Llewelyn, Social questions from the point of christian theology. 12°. New York, Macmillan, 1885.

Davis, C. W., Does machinery displace labor? (Forum, 1898, July.)

Davis, J., The communism of capital. (Arena, 1892, Sept.)

Davis, John, La nueva esclavitud. 8°. Tampa, Fla, 1896; publ. par le groupe „Centro de Propaganda obrera".

Davoglio, G., Ferdinando Lassalle: conferenza tenuta alla sede dell' associazione democratica sociale il giorno 27 dicembre 1891. 16°. Bergamo 1892.

Dawson, William Harbutt, The unearned increment: or reaping without sowing. 8°. London, Sonnenschein and Co., 1890. (Social Science Series.)

Débacle (La). Bruxelles, 7 janv. 1893 sq. 11 nos.

Débacle bourgeoise. 32°. Londres, janv. 1895.
Brochure du „Père Peinard".

Débacle (La) sociale. Ensival, 4 janv. 1896 sq. 10 nos. Vide: Le Plébéien.

De-Bardi, C. F., Studi di questioni sociali. 8°. Firenze, tip. di Mariano Ricci, 1886.

*****Débat (Le) social.** Journal démocrate-socialiste, publié par A. Bartels à Bruxelles en 1836 et 1837.

Debate on the Evidences of Christianity; containing an Examination of the „Social System" . . . held in the City of Cincinnati 1829 between R. Owen and A. Campbell. Reported by C. H. Sims. With an appendix written by the Parties. 2 vols. 8°. Bethany 1829. 5. edit. 8°. London 1854.

Debatte (Die) über die Auslagen der Staatspolizei im österr. Abgeordnetenhause nach dem stenogr. Protokolle der 144. Sitzung der 10. Session am 6. Mai 1887. Sep.-Abdr. aus Nr. 21 der „Gleichheit". 8° Wien, „Gleichheit", Genoss.-Buchdr., 1887.

Debatte (Die) über das Sozialisten-Gesetz im Deutschen Reichstag, 2. u. 3. Lesung (8—12. Mai 1884). 8°. München, Georg Pollner, s. a. (Sozialpolit. Zeit- u. Streitfragen, Heft 9.)

Debatten über die sociale Frage. (Grenzboten, 1882,₄.)

Debessé, T., Essai sur l'organisation du travail et des travailleurs. 8°. Bordeaux 1848.

Debock, G., La communarde. Pot-pourri en vers libres. Bruxelles, sept. 1871. (Propagande révolutionnaire.) 8°. Paris, libr. socialiste internat. Achille Leroy, s. a.

Debost, Quelques réflexions sur le principe de la souveraineté du peuple. 8°. Paris 1848.

Debrit, Marc., Du système de Fourier. (Bibliothèque universelle de Genève, sept. 1855.)

Déchard (L). Damery-Brunet, Marne, 27 févr. 1892 sq.

Dechesne, L., 1. La grève contre le tissage à deux métiers dans l'industrie lainière de Verviers en 1895—1896. 8°. Verviers 1897.

— 2. Le mouvement social évangélique en Allemagne. (Revue d'écon. polit., X, 1896.)

Déclaration (La) des anarchistes de Lyon. („Révolté", du 20 janv. 1883.)
Trad. anglaise: 4°. London 1883.

Déclaration (La) des droits de l'homme et du citoyen mise à la portée de tout le monde et comparée avec les vrais principes de tout société. 8°. Paris, Boudoin, 1790.

Déclaration des droits de l'homme et du citoyen avec commentaires. gr. 8°. Strasburg 1793.

Déclaration de la section française en 1871, à Londres.

Déclaration des soldats anarchistes. 1 p. fol. Paris, févr. 1893.

Declaration (Public) of English working men on the Paris Commune of 1871, delivered at a public meeting at Franklin Hall, Castle St. London, 17 March 1875. 8°. s. l. (London) s. a. (1875).

Decourson, Aurélien, Lettres sur le socialisme. 8°. Paris, Naton, 1849.

Decoux, A., Bien être universel. 8°. Paris 1849.

Decurtius, C., Der Zürcher Arbeiterkongress. (Monatsschr. f. christl. Socialreform, Jhrg. 19, 1897.)

Defence of the working classes, in reply to „Strikes — their statistics". 8°. London s. a.

Défense et acquittement de Cabet, accusé d'escroquerie au sujet de l'émigration Icarienne. 8°. Paris 1851.

Défense de Cyvoct. („L'Hydre Anarchiste", Lyon, 9 mars 1894 sq.; continuée dans „La Lutte" et „Le Droit anarchique".)

Défense du Fouriérisme. M. Reybaud et l'Academie française. 8°. Paris 1845.

Défense de l'anarchiste Gille devant la Cour d'Assises de Brabant. 2 pp. 4°. Bruxelles 1889.

Défense (La) des pauvres et des ouvriers; par un curé de campagne. 8°. Lyon, impr. nouvelle, 1896. La question sociale.

Défense (La) du Compagnon Pini (suivi de: „Mort aux Voleurs!). 2 pp. fol. Paris 1889.

*Défi (Le), organe anarchiste. fol. Lyon, 3—17 févr. 1884. 3 nos.

Definizione dello Stato socialista. Tre sedule storiche al Reichstag tedesco. (Rivista internaz. di scienze sociali, vol. I.)

Defré, Jésuitisme et socialisme. 1850.

Defuisseaux, Alfred, 1. Le catéchisme de la femme du Peuple. 8°. Frameries, D. Murvile, s. a.

— 2. Le catéchisme du Peuple. 8°. Bruxelles, à l'Administr. du Peuple, 1886.

— 3. Deuxième catéchisme du Peuple. 8°. Bruxelles 1886.

— 4. Le grand catéchisme du Peuple. 8°. Bruxelles, au „Peuple", 1886.

— 5. L'esclavage belge. 8°. Wasmes, impr. Delattre, s. a.

Defuisseaux, Alfred, 6. Les hontes du suffrage censitaire. 8°. Bruxelles, S. Plapied, 1887.

— 7. Mes procès. 8°. Bruxelles, libr. du Peuple, 1886.

— Vide: Bataille (La).

— — Combat (Le).

— — Suffrage (Le) universel.

Defuisseaux, Léon, Le procès des socialistes republicains belges. 8°. Bruxelles, Dechenne et Co, 1886.

Degreef, Guill., 1. Abrégé de psychologie. 8°. Bruxelles, impr. Lefèvre, 1882.

— 2. La banque nationale de Belgique en 1896. (Science sociale, 1897, mai.)

— 3. Le budget et l'impôt en Belgique. 8°. Bruxelles, H. Kistemaekers, 1883.

— 4. La consommation considérée dans ses rapports avec l'évolution sociale. (Revue socialiste, 1889,$_{11}$.)

— 5. La constituante et le régime représentatif. 8°. Bruxelles, office de la Publicité, 1892.

— 6. Essai sur la monnaie, le crédit et les banques. (Annales de l'Institute de Science sociale, 1898.)

— 7. L'évolution des doctrines politiques. (Société Nouvelle, 1890,$_2$.)

— 8. Les impôts de consommation. 8°. Bruxelles, impr. Ed. Maheu, 1884.

— 9. Introduction à la sociologie. 2 vols. 8°. Bruxelles, Mayolez, 1886—89.

— 10. Les lois sociologiques. 8°. Bruxelles, Mayolez, 1891.

— 11. L'ouvrière dentellière en Belgique. 32°. Bruxelles 1874. 8°. Bruxelles, libr. du Peuple, 1887.

— 12. Participation aux bénéfices; associations coopératives de production. 8°. Bruxelles, Weissenbruch, 1889.

— 13. Projet de loi sur les syndicats professionnels. (La Réforme [Bruxelles], 1889, sept. 14, 17, 18, 20 et 21.)

— 14. Le rachat des charbonnages. 8°. Bruxelles, impr. Ed. Maheu, 1886.

— 15. Regime parlementare e regime rappresentativo. 8°. Palermo, Remo Sandron, 1896.

— 16. Le socialismo dans ses rapports avec la liberté individuelle, la religion, la famille et la propriété, XII chapitres. (Le Peuple, 1894.)

— 17. Sociologie générale élémentaire. 8°. Bruxelles, Vve. F. Larcier, 1895.

— 18. Le transformisme social. 8°. Paris, F. Alcan, 1895.

Degreef, G. Vide: Liberté (La). Bruxelles.
Degreef, Guillaume, par E. K. (Revue socialiste, 1892,₁₁.)
Dehn, Paul, 1. Die sozialdemokratische Bourgeoisie. (Die Gegenwart, Bd. 42, 1892.)
— 2. Generalstreik — Massenstreik. (Die Gegenwart, Bd. 45, 1894.)
Dehon, L., Catéchisme social. 8°. Paris. Blond et Barral, 1898.
Deinhardt, H., Die Volkssouveränetät und die Souveränetät der Nation. (Deutsche Monatschrift, 1851,₁₁.)
Déjacque, Ernest, Béranger au pilori. 8°. Nouvelle Orléans, 185?.
Déjacque, Joseph, 1. De l'être humain, mâle et femelle. Lettre à P. J. Proudhon. 8°. Nouvelle Orléans 1857.
— 2. Les extrêmes. („Le Libertaire", 20 nov. 1858, New York.)
— 3. L'Humanisphère. Utopie anarchique. („Le Libertaire", New York, 9 juin 1858—18 août 1859.)
— 4. Les Lazaréennes, fables et poésies sociales. 8°. Paris, chez l'auteur, 1851 (août 1851 saisi). 2. édit. augm.: Les Lazaréennes. Fables et chants. Poésies sociales. 8°. Nouvelle Orléans 1857.
— 5. La question révolutionnaire. 32°. New York, s. a.
— Vide: Libertaire (Le).
Déjacque (Joseph), ein Vorkämpfer des communistischen Anarchismus. („Freiheit", New York, 25 Jänn.—15 Febr. 1890.)
Deklamator (Der sozialdemokratische). Sammlung von ernsten und heiteren Gedichten. 8°. Hottingen-Zürich, Volksbuchhdlg., 1887.
Delachenalle, La Commune de Paris ou la révolution communale et sociale. 8°. Bruxelles 1871.
Delagrange, P., Organisation du travail, association professionnelle pour la formation des ateliers. 12°. Paris, Levé, 1884.
Delaire, A., 1. Une enquête sur la question sociale. (Réforme sociale, 1897, févr.)
— 2. Fr. Le Play et la science sociale. 3. édit. 18°. Paris s. a. (1896).
— 3. Unions de la paix sociale. (Réforme sociale, 1893.)
— 4. Unions de la paix sociale. (Réforme sociale, série 3, 1895.)
— 5. Les unions de la paix sociale et les écoles socialistes. (Réforme sociale, 1895.)

Delasiauve, Un an de révolution, ou examen des questions politiques et sociales. 8°. Paris 1849.
Cont.: Socialistes. — Droit au travail. — Question financière. — Thiers. — Événements de juin. — Cavaignac et Bonaparte.
Delattre, Devoirs du suffrage universel. 8°. Paris 1863.
Delaurier, 1. Abolition de tous les impôts et de la misère. 4°. Paris, impr. Mas, 1897.
— 2. Extinction de la misère par l'abolition des impôts sur tous les vivants. fol. Paris, impr. Mas, 1897.
Delavigne, Casimir, Événements de Paris des 26, 27, 28 et 29 juillet 1830 et jours suivans par plusieurs témoines oculaires. 2. édit. augm. de la Marche parisienne. 32°. Bruxelles, Tarlier, 1830.
Delbrell, F., Nos devoirs dans la question sociale et dans la presse, contenant un rapport lu à l'assemblée générale des catholiques (3 juin 1878). 81 pp. 12°. Paris, impr. Roussel, 1878.
Delbrel, P., République, monarchie, socialisme. Montrer le passé. — Expliquer le présent. — Préparer l'avenir. 8°. Paris 1871.
Delbrück, Hans, 1. Die Arbeitslosigkeit und das Recht auf Arbeit. (Preuss. Jahrbücher, Bd. 85, 1896.)
— 2. Die Sozialdemokratie in der grossen französischen Revolution. (Göttinger Arbeiterbibliothek, Bd. 1, Heft 10.) 8°. Göttingen 1895.
— Vide: Harnack, Adf.
Delbruck, J., 1. Crèches modèles. 8°. Paris, libr. phalanstérienne, s. a.
— 2. Visite à la crèche modèle. 8°. Paris 1846.
Del Drago, P., Il socialismo. (Rassegna nazionale, 1881, agosto.)
De Lepine, Le dieu malgré lui, ou le club sous un clocher. (Histoire de Saint-Simon. — Histoire des Saint-Simoniens. — Saint-Simonisme réfuté par lui même.) 8°. Brignoles, impr. de Pereymond-Dufort, 1832.
Deleroyère, Henri, La revanche des ouvriers, chanson. 4°. Lille, impr. Lagrange, 1897.
Delescluze, Ch., De Paris à Cayenne. Journal d'un transporté. 2. édit. 8°. Paris, A. Le Chevalier, 1872.
Delessert, Eugène, Épisodes pendant la Commune. 8°. Paris, Charles Noblet, 1872.

Deleuze, Le droit au travail avec son organisation pratique. 8°. Paris 1848.
Delfico, T. de Filippis, Sulla questione sociale. Considerazioni. 8°. Roma 1878.
Delion, Les membres de la Commune et du Comité central. 8°. Paris 1871.
Delmann, G., Ehrlos! Soziale Studie. 8°. Berlin, A. H. Fried, 1892.
Delmas, La terreur et l'église. 8°. Paris 1871.
Delmasso, A., 1. Economia politica e socialismo. 8°. Macerata 1874.
— 2. Il socialismo examinato sulla bilanzia dell' opinione pubblica nelle sue origini. 8°. Mondovi 187?.
Delobel, J. B., Marche de la république sociale. (Vers) 8°. Lille, impr. Delory, 1894.
Délnické Listy. Journal. Wien, 2. Febr. 1881—Jänner 1884.
Délnické Listy. Journal. Chicago 1887.
Délnické Listy. Journ. New York, 4. Nov. 1893 fl.
Deloire, P., De la cité socialiste. (Revue socialiste, 1897, 15 août.)
Delon, 1. La question sociale devant les Corps élus. (Revue socialiste, 1897, 15 août.)
— 2. Le socialisme au parlement. (Revue socialiste, 1897, 15 déc.)
Delory, La solution de la question sociale. 8°. Paris, Charles, 1892.
Delory, Jules, 1. Honneur aux socialistes bruxellois, chanson-cantate. piano. Lille, impr. Lagrange, 1897.
— 2. L'union des travailleurs, chanson nouvelle. 4°. Lille, impr. Lagrange, 1897.
Delphi-Fabrice, L'ouvrier; monologue. 4°. Paris, Benoit, 1896.
Delpit, Le 18 mars. 8°. Paris 1872.
Delron, Ch., Philosophie sociale. (L'Association Catholique, 1896, juillet.)
Delvan, A., A bas le suffrage universel. 8°. Paris 1850.
Dolville, A., A l'oeil droit du socialisme. 12°. Bruxelles, Société belge de librairie, 1896.
Publications sociologiques primées par la Fédération des cercles catholiques de Belgique, no. 2.
Delville, G., Socialisme et propriété: discours prononcé à la Chambre des députés, 1897. 8°. Paris, à la Petite République, 1898.
Demade, Pol., De l'éducation à l'anarchie. gr. 8°. Bruxelles, Lyon-Claesen, 1895.

Demagogues in British Politics. (Quarterly Review, 1894, April.)
Demagogues (Two), a parallel and a moral, by „Z." (New Review, 1895, April.)
Demarteau, J., Le socialisme belge, ses projets, sa propagande et ses menaces. Notes et citations. (Extr. de la „Gazette de Liège".) 12°. Liège, Demarteau, 1895.
De Metz-Noblat, A., Les origines du droit de propriété. 8°. Paris, Charles Douniol, 1854.
Demmler, G. A., Neues und Altes. Eine Vertheidigungsschrift. 8°. Schwerin 1874.
Democracy in the old world and the new. 8°. London 1884.
Democracy in Switzerland. (Edinburgh Review, 1890, January.)
Democracy. (Quarterly Review, no. 169 [1819].)
Democracy (English) and Irish Fenianism. (Quarterly Review, no. 243 [1867].)
Democracy and Irish local government, by „Unionist". (National Review, 1891, Sept.)
Democracy and leadership. (Fortnightly Review, 1896, Dec.)
Democracy and liberty. (Edinburgh Review, 1896, April.)
Democracy on its trial. (Quarterly Review, no. 219 [1861].)
Democracy and taste. (National Review, Nov. 1886.)
Démocrate (Le). Journal hebdomadaire. Charleroi, vers 1850.
Démocrate (Le); publié par H. A. 8°. Marseille, impr. de Vve. Regnier, s. a.
Démocrate (Le) limousin, organe républicain radical de l'arrondissement de Saint-Yrieix, paraissant tous les jours. 1. année, no. 1, 27 avril 1898. fol. Limoges, impr. Dulac.
Démocrate (Le), organe radical socialiste d'Aix. 1. année, no. 1, 8 mai 1898. fol. Aix, impr. Niel.
Démocrate de Roanne, organe de groupes radicaux progressistes de l'arrondissement. 1. année, no. 1, 29 nov. 1896. fol. Roanne.
Démocrate (Le) soissonnais, organe de la défense des intérêts de la démocratie et de l'agriculture, paraissant les dimanche, mercredi et vendredi. 1. année, no. 1, 9 janv. 1898. fol. Soissons.
Démocrate de Thiers, journal paraissant le jeudi et le dimanche. no. 1, 21 avril

1895. fol. Thiers, impr. Treille de Grandsaigne.

Démocrate de l'Yonne, journal républicain radical, paraissant tous les jours. 1. année, no. 1, 10 oct. 1895. fol. Cravant-Bazarnues, impr. Bertheim.

Democratic finance. (Quarterly Review, 1896, July.)

Democratic (The) Review, published by Lothrop Withington. 8 nos 1882.

Démocratie (La), par Théophile Thoré et Victor Schoelcher. 1839.

Démocratie, organe de l'union des républicains progressistes des Hautes-Pyrénées. 1. année, no. 1, 3 janv. 1897. fol. Tarbes, impr. Vimard.

Démocratie (La), revue mensuelle, publiée avec l'adhésion de 100 abonnés fondateurs. 8°. juin 1843—1846. Paris.

Démocratie (La) et l'argent, par X. (Revue polit. et parlem., vol. 6, 1895.)

Démocratie (La) des Basses-Alpes, journal républicain socialiste. 1. année, no. 1, 11 avril 1898. fol. Marseille, impr. Achard et Co.

Démocratie (La) du Cambrésis, journal du vieux parti républicain, paraissant les mercredi et samedi soir. 1. année, no. 1, 13 mars 1898. fol. Cambrai, impr. Bruneel.

Démocratie (La) devant la guerre. 8°. Paris 1866.

Démocratie, journal républicain, paraissant le jeudi. 1. année, no. 1, 24 oct. 1895. fol. Bastia, impr. Fabiani.

Démocratie du Lot, journal républicain, paraissant les mardi, jeudi et samedi. no. 1, 16 févr. 1897. fol. Cahors, impr. Brissac.

Démocratie du Maine-et-Loire, journal politique et d'intérêts locaux, paraissant les mardi, jeudi et samedi. 1. année, no. 1, 9 juin 1895. fol. Saumur, impr. L. Picard.

Démocratie du Nord et du Pas de Calais, organe républicain socialiste hebdomadaire. 1. année, no. 1, 14 mars 1897. fol. La Madeleine-lez-Lille, impr. spéciale de la Démocratie.

Démocratie et protection; par F. D. 8°. Paris, librairie internationale, 1869.

Démocratie républicaine, organe du Comité central républicain radical de la troisième circonscription (Bordeaux-Bègles) paraissant tous les jeudis. 1. année no. 1, 18 nov. 1897. fol. Bordeaux.

Démocratie (La) rouennaise, organe de défense du parti démocratique, journal bihebdomadaire, paraissant le mardi et le vendredi. 1. année, no. 1, 26 avril 1898. fol. Rouen, impr. Maréchal.

Démocratie (La) socialiste allemande devant l'histoire. 8°. Lille, impr. ouvrière G. Delory, 1893.

Démocratie socialiste, paraissant tous les samedis, organe des travailleurs du Puy-de-Dôme et de la Haute-Loire. 1. année, no. 1, 1. mai 1897. fol. Issoire, impr. Caffard.

Démocratie (De la) dans les sociétés modernes. 8°. Paris 1837.
Critique des ouvrages d'Alletz et de Billiard.

Demofilo, A., La democrazia e la questione sociale. Opuscolo I—II. 16°. Firenze 1892.

Demokrat (Der) Correspondenz der demokratischen Partei. Hrsg. vom Parteiausschuss. 1. Jbrg., Juli 1887—Sept. 1888. 4 Nrn. 4°. Berlin u Leipzig. 2. Jhrg., Oct. 1888—Sept. 1889. 12 Nrn. 4°. Ebd.

Demokrat (Der bekehrte). 8°. Weissenfels, Severin, 1795.

Demokraten und Conservative. gr. 8°. Potsdam, Döring, 1862.

Demokratie und Aristokratie. (Die Gegenwart, Bd. 9, 1854.)

Demokratie oder Bureaukratie? Pressfreiheit oder Censur? Zwei Zeitfragen, beantwortet von einem Staatsdiener. gr. 8°. Nordhausen, Förstemann, 1846.

Demokratie (Christliche). (Christl.-soziale Blätter, Jhrg. 31, 1898.)

Demokratie (Die deutsche). (Grenzboten, 1848,₁.)

Demokratie (Die) von F. Guizot. Für das deutsche Volk ins rechte Licht gesetzt und widerlegt von einem Demokraten. gr. 8°. Berlin, Kohn, 1849.

Demokratie (Die) und Graf Arnim-Boytzenburg. gr. 8°. Berlin, Springer (Stettin), 1849.

Demokratie und Monarchie. Eine freie Uebersetzung aus dem Griechischen des Dio Cassius. Nebst einem Fragment über die Regierungsform im Uranos. Gedruckt in der Hauptstadt des Uranos 1797.

Demokratie und Nationalität. Antwort auf die „Demokraten-Stimme aus der freien Schweiz". gr. 8°. Hamburg, Richter in Komm., 1864.

Demokratie (Ueber österr.). Von einem Preussen. (Stimmen der Zeit, 1861,₁.)

Demokratie (Schweizerische) oder internationaler Sozialismus. Ein Beitrag zur Orientirung in der socialen Frage. gr. 8°. Frauenfeld, J. Hubers Verl., 1892.

Demokratie (Die schweizerische) und ihre Fortentwickelung. (Grenzboten, 1896,₃.)

Demokratie und das Sittengesetz. 100 Aphorismen. 8°. Würzburg 1850.

Demokratie und Sozialismus, von einem Landwirt. (Schweiz. Blätter f. Wirtsch.u. Soz.-Pol., Jhrg. 6, 1898.)

Demokratie und Socialismus, das allgem. Wahlrecht und die Gleichberechtigung aller Nationalitäten in Oesterreich. Von G. W. (Gerson Wolf). 8°. Wien 1849.

Demokratie (Die), für das Volk bearbeitet von einem wahrhaften Volksfreunde. 8°. Colberg, Post, 1849.

Démocrite, Le tréteau électoral. 8°. Paris s. a. (publié d'abord dans le Supplément de „la Révolte").

Demoliamo. Giorn. Rosario de Santa Fé, 1893.

Demolière, H., La justice du peuple. Les ouvriers. 8°. Paris, impr. L. E. Herhan, s. a. (Onzième publication du Populaire.)

Demolins, Edm., 1. Cours d'exposition de la science sociale. (La Science sociale, VIII—IX, 1893--94.)

— 2. Quel est le devoir présent? Réponse à M. Paul Desjardins. 8°. Paris, Firmin-Didot, 1894.

3. L'enseignement de la science sociale et l'école des voyages. 8°. Paris, aux bureaux de „la Réforme sociale", 1893.

4. La nécessité d'un programme social et d'un nouveau classement de partis, suivie d'une réponse de MM. Maur. Barrès, C. Clémenceau, H. de Kerohant, A. Millerand, G. Rouanet. 12°. Paris, Firmin Didot, 1895.

— Vide: Socialismo: Articolo.

Demolitore (Il). Giorn. Napoli, 17 sept.— 1 oct. 1887. 2 nos.

Demophilus, Umsturzbestrebungen und Volkserziehung. Ein Mahnwort. gr. 8°. Berlin, H. Walther, 1898.

Démoulin, G., Cloches et grélots, poésies. 8°. Paris 1848.

De-Nardi, Pietro, Giuseppe Mazzini, la vita, gli scritti, le opere. 8°. Milano, Enrico Politti, 1872.

Denis, Hector, 1. Deux conférences sur la constitution de la sociologie et d'organisation du suffrage universel. 8°. Bruxelles, impr. des Travaux publics, 1891.

— 2. De la consitution de la morale positive. Leçon d'introduction, donné à la Faculté des sciences à l'Université de Bruxelles. (Société Nouvelle, 1896,₁₁.)

— 3. Sur la définition du socialisme et la sociologie. (Société Nouvelle, 1884.)

— 4. Étude sur l'Association internationale, considérée comme être collectif. (La Liberté, 1872, 14 juillet.)

— 5. Étude sur l'industrie houillère. (La Liberté, 1872, oct.)

— 6. Études sur l'évolution du droit économique. (Société Nouvelle, 1884.)

— 7. L'évolution des sociétés coopératives de production à Paris. Étude de morphologie sociale. (Société Nouvelle, 1896,₂.)

— 8. Histoire des systèmes économiques et socialistes. (Revue socialiste, 1890,₁/₂.)

— 9. Histoire des systèmes économiques et socialistes. 8°. Bruxelles, Ch. Rozez, 1897.

— 10. L'impôt. Leçons données aux cours publics de la ville de Bruxelles. 1. série. 8°. Bruxelles, impr. Vve. Monnon, 1889.

— 11. L'impôt sur le revenu. Rapport et documents présentés à MM. les Membres du Collège et du Conseil communal de la ville de Bruxelles. 8°. Bruxelles 1881.

— 12. L'indication statistique et les fondements physiologiques de notre civilisation industrielle. 8°. Paris 1881.

— 13. Pierre Leroux. (Almanach de la question sociale pour 1894.)

— 14. La mission sociale de la philosophie positive. 8°. Bruxelles, Em. Bruylant, 1894.

— 15. La morale rationaliste. 8°. Bruxelles, bureau de la Raison, 1895.

— 16. L'obligation de l'assurance contre l'invalidité et la vieillesse. (Avenir social, 1896, no. 3.)

— 17. Organisation représentative du travail. (Articles parus dans „La Liberté" en 1867.) 8°. Bruxelles 1873.

— 18. L'organisation de la statistique internationale du travail. (Société Nouvelle, 1892.₂.)

— 19. Des origines et de l'évolution du droit économique. La physiocratie. 8°. Paris, aux bureaux de la „Philosophie positive", 1881.

Denis, H., 20. Proudhon und die Principien der Tauschbank. (Zeitschr. f. Volkswirtsch., Soz.-Pol. u. Verw., Bd. 5, 1896.)
— 21. Rapport sur l'organisation de la statistique internationale du travail. Rapport au congrès de la réglementation du travail. 8°. Anvers, août 1893.
— 22. Die physiokratische Schule und die erste Darstellung der Wirtschafts-Gesellschaft als Organismus. (Zeitschr. f. Volkswirtsch., Soz.-Pol. u. Verw., Bd. 6, 1897.)
— 23. Simonde de Sismondi. (Société Nouvelle, 1893,₁₁₂, 1894,₁,)
— 24. Tendances actuelles du prolétariat européen. (Philosophie positive, 1873, 1874 et 1875.)
— 25. La transformation du système monétaire. (Annales de l'Instit. des scienc. soc., 1896, juin.)
— Vide: Liberté (La). Bruxelles.
Denis, P. Vide: Almanach du socialisme fédéraliste.
Denk, M., Zum wie und warum. 2 Theile. London 1887, Juli, Aug.
Denkschrift zur Leipziger Maurer-Bewegung im Jahre 1887. 8°. Thonberg-Leipzig, Ernst Fahr, 1887.
Denkschrift (Eine geheime) über die nihilistischen Umtriebe, vom Jahre 1875. (Deutsche Rundschau, Bd. 27, 1881.)
Denkschrift (Eine sozialdemokratische). Von? (Preuss. Jahrbücher, Bd. 80, 1895.)
Denkschrift (Eine zweite sozialdemokratische). Von B. (Preuss. Jahrbücher, Bd. 80, 1895.)
Dénouement suprême de toutes les questions sociales, politiques et financières, par un Polonais. 8°. Londres 1849.
Dénouement des utopies anciennes et modernes, par C. Ph. (Mercure de France au dix-neuvième siècle, 1830.)
Denzin, R., Die Beziehungen der Volksschule zur sozialen Frage. (An der Tagesordnung. Beiträge zur Klärung der öffentl. Meinung, 5. Heft.) gr. 8°. Berlin, Lesser, 1893.
Départ du citoyen Cabet pour l'Icarie, par D. R. 8°. Paris, Lévy, s. a.
Deplace, Z. Vide: Trait-d'Union.
Deploige, S., 1. Le Boerenbond belge. (Revue soc. cathol., 1897, no. 5 et 6.)
— 2. Politique catholique et politique socialiste. (Revue sociale catholique, 1898, juin.)

Derecho (El). Journ. Cordoba 1873.
Derecho (El) à la vida. Journ. Montevideo, 16 sept. 1893 sq.
Derfel, R. J., Landläufige Irrthümer über Socialismus. Aus dem Engl. übers. von Ford. Heigl. gr. 16°. Bamberg 1893.
Derrion, Constitution de l'industrie et organisation pacifique du commerce et du travail, ou tentative d'un fabricant de Lyon pour terminer d'une manière définitive la tourmente sociale. 8°. Lyon 1834.
Des Aspres, G., Un peuple exproprié. Études sociales. 18°. Paris, Grasilier, 1894.
Descamisado (El). Journ. (Argentine) 6 janv. 1879 sq.
Descamisados (Los). Organo de las ultimas capas sociales. 30 mars 1873 sq.
Descamps, Désiré, Les étapes de l'avenir de l'humanité. 8°. Lille, impr. C. Lagache, 1886.
Deschamps, Quelques vues sur la révolution. 8°. Paris 1848.
Deschamps, Auguste, Le travail base de la synthèse de l'histoire. Conférence faite à l'Hôtel-de-ville de Melun, le 22 avril 1873. 12°. Paris, Lacroix et Co., 1873.
Deschamps, Desirée, La grève générale. 8°. Paris, Le Roy, 1895. (Bibliothèque du peuple.)
Deschanel, Émile, Catholicisme et socialisme. Première partie. (Extrait de „La liberté de penser", Revue philosophique, 1850.) 8°. Paris, impr. E. de Soye, 1850.
Deschanel, Paul, 1. L'agriculture et le socialisme, discours prononcé à la Chambre des députés le 10 juillet 1897. 18°. Paris, impr. Boullay, 1897.
Association nationale républicaine.
— 2. Les conditions du travail et le collectivisme. (Revue polit. et parlem., 1896, oct.)
— 3. Discussion du projet de loi concernant les menées anarchistes. Discours prononcé à la séance de la Chambre des députés du 25 juillet 1894. 4°. Paris, impr. du Journ. offic., 1894.
— 4. La question sociale. 1. et 2. édit. 18°. Paris, C. Lévy, 1898.
— 5. La question sociale et le socialisme. (Revue polit. et parlem., IV, 1897.)
— 6. La question sociale et le socialisme. 16°. Paris, impr. Boullay, 1897.
Association nationale républicaine.

Deschenaux, Clé d'analogie en botanique. 8°. Paris 1847.

Des Cilleuls, Alfred, Projet de loi sur la liberté d'association. 8°. Paris, impr. nation., 1897.

Desdouits, Théophile, La liberté et des lois de la nature. Discussion des théories panthéistes et positivistes sur la volonté 8°. Paris, E. Thorin, 1868.

Des Etrivières, Jehan, Les amazones du siècle. (Les gueulardes de Gambetta.) Biographies de Louise Michel. — Leonie Rouzade etc. 3. édit. 8°. Paris, impr. et lith. de Destenay, Saint-Amand, 1882.

Desewffy, Graf M., Beiträge zu einer Doctrin des menschlichen Friedens und des allgemeinen menschlichen Rechtszustandes. gr. 8°. Leipzig 1861.

Deshayes, F. V., Dialogue entre un ouvrier mécanicien de Paris, membre du club du progrès, et son frère, agriculteur en Normandie. 12°. Paris 1848.

Deshayes-Dubuisson, A., Histoire d'une grève. 12°. Paris, Fischbacher, 1896.

Desheredados (Los). Journ. Sabadell 1882 — 1885.

Desjardins, Arthur, 1. Conférence sur Proudhon, faite à Besançon, le 12 déc. 1897. Avec introduction et le portrait de l'auteur. 8°. Besançon, impr. Jacquin.
— 2. P. J. Proudhon: sa vie, ses oeuvres, sa doctrine. 2 vols. 16°. Paris, Perrin et Co., 1896.
— 3. Questions sociales et politiques. gr. 8°. Paris, Plon, 1893.
Cont. entre autres: Questions ouvrières: Les mines et les mineurs. Le code civil et les ouvriers.
— 4. Le socialisme et la liberté. (Revue des deux Mondes, 1894, 1 janv.)

Desjardins, N., En 1989, roman sociologique. 16°. Bordeaux, impr. Vve. Riffaud, 1896.

Deslogos, L., Histoire de 60 ans de folies révolutionnaires et sociales de 1789 à 1849. 8°. Paris 1849.

Desmoulins, Cam., 1. Oeuvres. 3 vols. 32°. Paris, Bibl. nat., 1881.
— 2. Oeuvres. 32°. Paris, Bibliothèque nationale, 1883.
Cont.: La France libre 1789. — La Montagne et la Gironde. — Le Vieux Cordelier.
— 3. Oeuvres. tom. 1. 32°. Paris, Pflüger, 1896. (Bibliothèque nationale, no. 89.)
— Vide: Cordelier (Le vieux).

Desouches, Ch., Études élémentaires politiques, sociales et philosophiques, dédiés aux ouvriers. 8°. Paris 1872.

Despertar (El). Journ. Brooklyn, 1891 sq., parait encore.

Despotismo (El) en la democracia, ó la política de Maquiavelo en el siglo XIX. Madrid 1871.

Despres, Armand, La politique républicaine et le socialisme. 18°. Paris, impr. Noizette et Co., 1894.

Desroches, P., La fraternelle association du capital et du travail pour participer à la construction des travaux publics de France. 8°. Chavellerault 1848.

Dessaigne, L., Le retour du proscrit. A propos de l'amnestie. En l'honneur de la fête du 14 juillet 1880. 8°. Paris, impr. P. Dubreuil, s. a.

Dessaint, Ernest, Muse ouvrière. Quelques rimes, suivies d'une notice sur les ouvriers poëtes. Avec une lettre-préface de Méderic Charcot. 16°. Coulommiers, impr. Brodard, 1895.

Dessi-Magnetti, V., Sulla questione sociale: opinione. 8°. Roma, tip. Regolani, 1894.

Dessus, Aimé. Vide: Socialisme paternel.

D'Ester, Carl, Der Kampf der Demokratie und des Absolutismus in der preuss. constituirenden Versammlung. 8°. Mannheim, Grohe, 1849.

Destrée, Jules, 1. Art et socialisme. 8°. Bruxelles, libr. du Peuple, 1896.
— 2. Les oeuvres d'art dans les églises. (Avenir social, 1893, no. 6.)
— 3. Préocupations intellectuelles, esthétiques et morales du parti socialiste belge. (Revue socialiste, 1897, sept.)
— 4. Le socialisme et les femmes. 12°. Bruxelles, impr. Vve. Brismée, 1897. (Bibliothèque de Propagande socialiste.)
— 5. Les troubles de Charleroi. (Société Nouvelle, 1886.)

Destrée, J., et **Vandervelde**, E., Le socialisme en Belgique. Avec un appendice sur la bibliographie du socialisme belge, par Deutscher. 18°. Paris, Giard et Brière, 1898. (Bibliothèque socialiste internationale, IV.)

Destrem, H., 1. Du moi divin. 8°. Paris s. a.
— 2. Pétition à la Chambre des députés pour la réalisation pratique et légale du droit au travail etc. 8°. Paris, chez l'auteur, s. a.

Deutelmoser, Die evangelischen Arbeitervereine in Westfalen. gr. 8°. Magdeburg 1886. 2. Aufl. Die evangelischen

Arbeitervereine in Rheinland und Westfalen. gr. 8°. Ebd. 1890.
Deutsch, J., 1. Agrarsozialismus in Ungarn. (Die Zeit, Nr. 83, Wien, 2. Mai 1896.)
— 2. Zur Geschichte der Arbeiterbewegung in Ungarn. (Die Zeit, Nr. 162, Wien, 6. Nov. 1897.)
Deutscher, Paul, The socialist movement in Belgium: The working men's party. (The Free Review, 1896, March.)
Deutsch Land. Monatsschrift zur Förderung einer friedlichen Social-Reform. Red.: Mich. Flürscheim. Jhrg. 1887, 12 Hefte. gr. 8°. Harxheim-Zell, Schmitt. Jhrg. 1888, 12 Hefte. gr. 8°. Bubenheim, J. Schmitt. Jhrg. 1889. Organ des „Bundes f. Bodenbesitzreform". 12 Hefte. gr. 8°. Ebd.
Deutsch-national und christlich-sozial. Ein Ruf zur Mahnung und Abwehr an die deutsche Bauern- und Bürgerschaft. Verfasst von Mitglieder des „Deutschen Volksvereins" in Wien. gr. 8°. Wien, Kubasta u. Voigt, 1895.
Deval, Arthur, Der Anarchismus und die Lösung der socialen Frage im Verhältnis zur Rechtspflege. gr. 8°. Berlin, Cassirer u. Danziger, 1894.
Devaux, R. L., Partageons. De l'égalité des conditions. Petite étude sur la question sociale. 18°. Paris, Chamuel, 1898.
Devenir social, revue international d'économie, d'histoire et de philosophie. 1. année, no. 1, avril 1895. 2.—3. année, 1896—1897. 8°. Paris, Giard et Brière.
Devernay, Gustave, 1. Le devoir des travailleurs, chanson. 8°. Lille, impr. Delory, 1896.
— 2. Oeuvre de solidarité. Pour les grévistes de Carmaux, chanson. in plano. Lille, impr. Delory, s. a. (1895).
Devidé, Thaddäus, Das Recht auf Erziehung. Beitrag zur Lösung der socialen Fragen. gr. 8°. München, Staegmeyr, 1890.
Deville, Gabriel, 1. L'anarchisme. 8°. Paris 1885. 8°. Paris 1887.
Trad. italienne. 8°. Altamura 1893.
— L'État et le socialisme. Conférence faite au quartier latin le 26 avril 1895. 8°. Paris, Publications du groupe des étudiants collectivistes, 1895.
— 3. Philosophie du socialisme. 8°. Lille, impr. du Comité ouvrier, s. a.

Deville, Gabriel, 4. Principes socialistes. 18°. Paris, Giard et Brière, 1896. (Bibliothèque socialiste internationale, I.)
— 5. Socialisme et propriété, discours prononcé à la Chambre des députés, le 6 nov. 1897. 16°. Corbeil, impr. Crété; Paris, à la Petite République, s. a. (1898). Édition de la Petite République.
— 6. Socialisme, révolution, internationalisme, conférence faite le 27 nov. 1893. 8°. Paris, l'Ere nouvelle, 1893.
Devillers, L. Vide: Pradinaud, F., et Devillers, L.
Devinne, Aug., 1. Rapport des délégués de la coopérative ouvrière: „La Maison du Peuple" du congrès socialiste international tenu à Bruxelles du 16 au 23 août 1891. 8°. Bruxelles, impr. Vve. Brismé, 1892.
— 2. Le socialisme à la commune: Roubaix, trois années d'administration ouvrière. 8°. Bruxelles, libr. du Peuple, 1896.
— 3. Vooruit en zyne lasteraars. 8°. Gent, Drukk. A. de Bakker, 1896.
Devoir (Le). Journal. Verviers.
Devoir (Le). Journal hebdomadaire. Liège, vers 1868—1870.
Devoir (Le), Revue des questions sociales, réd. par J. B. Godin, fondateur du Familistère de Guise. gr. 8°. Guise 1878—1895.
Dexter, S. Vide: Labor organization papers.
Deynaud, S., Le Familistère de Guise. gr. 8°. Guise, Baré, 1884.
Desamy, Théodore, 1. Conséquences de l'embastillement et de la paix à tout prix. Dépopulation de la capitale. Trahison du pouvoir. 8°. Paris, Rouanet, Prevot, P. Masquana, 1840.
— 2. Toute la vérité au peuple. 8°. Paris 1842.
D'Heylli, Georges, 1. Victor Hugo et la Commune. 12°. Paris 1871.
— 2. Le livre rouge de la Commune. Extraits du Journal officiel. 12°. Paris 1871.
Diagnosi del morbo sociale e rimedi; è possibile la felicità? svollazzanti pensieri d'un solitario, per R. V. 8°. Torino, tip. credi Botta, 1896.
Dialogue entro un anarchista et un autoritaire. Réimpr. de „La Révolte". 2 part. 16°. Bruxelles, s a. (1891). „Publications anarchistes."
Dialogue entre un ouvrier et un patron. Récit d'un vieux forgeron victime du

capital, publié par le groupe d'études sociales du quartier de l'Epeule, à Roubaix. 18°. Lille, impr. Delory, 1894.

Dialogue entre plusieurs ouvriers sur les avantages des machines. 8°. Paris 1831.

Dialogue sur le système social de Robert Owen 8°. Paris 1847.

Dialogues Saint-Simoniens, ou réponse aux accusations portées contre la religion Saint-Simonienne et ses apôtres. Enseignement populaire. Première dialogue: Le prolétaire et le bourgeois. 8°. Bordeaux, impr. P. Condert, 1833.

Diamant, Théodore, Aux amis de la liberté, de la justice et de l'ordre. 8°. Paris, 25 avril 1833.

Dibblee, G. Binney, The socialism of Ferdinand Lassalle. (Economic Review, vol. 1, 1891.)

Dibdin, R. W., The mutual low of Christ and his church. A sermon to which is prefixed a letter on Owenism to Lord Melbourne. 8°. London, Hastings, 1839.

Di Bernardo, L., Problemi sociali studiati o risoluti. 16°. Firenze, tip. dell' Arte della stampa, 1879.

Di Broglio, Alienazione del bosco domaniale inalionabile Montello. 4°. Roma, tip. della Camera dei Deputati, 1887.

Di Castania, U., Del presente dissesto sociale. 8°. Napoli 1880.

Dick, R., Labour, its unequal distribution and unnecessary excess. cr.-8°. London 1858.

Diderot. Vide: Félicité publique.

Dieckmann, Dr. Aug., 1. Der evangelischsociale Kongress in Erfurt. (Zeitfragen des christl. Volkslebens, Heft 154.) gr. 8°. Stuttgart 1896.

— 2. Welche Schranken zieht das Evangelium dem Geistlichen bei seiner Mitarbeit an der socialen Frage? 8°. Giessen, E. Roth, 1895.

Diehl, K., 1. Der Anarchismus. (Deutsches Wochenblatt, Nr. 20, 21. Juli 1892.)

— 2. Bodenbesitzreform. (Handwörterb. d. Staatswiss., Suppl. I, 1895.)

— 3. Zur Erinnerung an die Pariser Commune. (Die Gegenwart, Bd. 49, 1896.)

— 4. Joh. Gottlieb Fichte. (Handwörterb. d. Staatswiss., III, 1892.)

— 5. Ferdinand Lassalle. (Handwörterb. d. Staatswiss., IV, 1892.)

— 6. Zur neuesten Litteratur über die Verstaatlichung des Grund und Bodens.

(Jahrb. f. Nat.-Oekon. u. Stat., Bd. 58, 1892.)

Diehl, K., 7. Thomas Morus. (Handwörterb. d. Staatswiss., IV, 1892.)

— 8. P. J. Proudhon. (Handwörterb d. Staatswiss., V, 1893.)

*— 9. P. J. Proudhon. III. Sein Leben und seine Socialphilosophie. gr. 8°. Jena, Fischer, 1896. (Samml. nat.-ökon. Abhandl. d. staatsw. Sem. zu Halle, VI,4.)

— 10. Proudhon's praktische Vorschläge zur Lösung der socialen Frage. (Habilitations-Schrift) gr. 8° Halle 1890.

— 11. Johann Carl Rodbertus. (Handwörterb. d. Staatswiss., V, 1893.)

— 12. Jean Jacques Rousseau. (Handwörterb. d. Staatswiss., V, 1893.)

— 13. Sozialismus und soziale Bewegung im 19. Jahrhundert. (Preuss. Jahrbücher, Bd. 87, 1897.)

— 14. Ueber das Verhältniss von Wert und Preis im ökonomischen System von Karl Marx. (Aus: Festschrift zur Feier des 25-jähr. Bestehens des staatswiss. Seminars zu Halle a. S.) gr. 8°. Jena, G. Fischer, 1898.

— 15. Wirtschaft und Recht. (Jahrb. f. Nat.-Oekon. u. Stat., Bd. 69, 1897.)

Diekmann, E., Die socialen Verhältnisse und das Christenthum. Ein Vortrag. 8°. Leipzig, Mentzel, 1878.

Diepen, Arn., 1. Het arbeidersvraagstuck. 8°. Gorinchem 1887.

— 2. Mr. N. G. Pierson en de sociale quaestie. 8°. Gorinchem 1887.

Dieskau, Konr. v., Wie sollen wir die Sozialdemokratie bekämpfen? Ein Beitrag zum Verständnis und zur Lösung der socialen Frage. gr. 8°. Berlin, R. Eckstein, 1894.

Diessel, G., Die Arbeit, betrachtet im Lichte des Glaubens. Ein Beitrag zur Lösung der socialen Frage. gr. 8°. Regensburg, Pustet, 1891. 2. Aufl. gr. 8°. Ebd. 1897.

Dieterici, W., Ueber preussische Zustände, über Arbeit und Kapital. gr. 8°. Berlin 1848.

Dieterle, Chrn., Jesus und ein Sozialist. Ein Vortrag. 2. Aufl. gr. 8°. Cannstatt, Verl. d. Wesleyan. Methodist. Gemeinsch., 1895.

Dietrichson, L., En arbeider. 8°. Christiania 1875.

Dietze, H., Sociales. 8°. Würzburg 1894.

Dietzel, H., 1. Beiträge zur Geschichte des Sozialismus und des Kommunismus. (Zeitschr. f. Lit. u. Gesch. d. Staatswiss.. Bd. 1, 1893; Vierteljahrschr. f. Staats- u. Volkswirtsch., Bd. 5, 1897.)
— 2. Individualismus. (Handwörterb. d. Staatswiss., IV, 1892.)
— 3. Das Problem des litterarischen Nachlasses von Rodbertus. (Jahrb. f. Nat.-Oek., Bd. 47, 1886.)

Dietzgen, Jos., 1. Streifzüge eines Socialisten in das Gebiet der Erkenntnistheorie. 8°. Zürich s. a. (1887).
*— 2. Die Zukunft der Sozialdemokratie. Neuer Abdr. 8°. Berlin, „Vorwärts", 1894.
— Vide: Wesen (Das) der menschlichen Kopfarbeit.

Dieu et humanité: Union des socialistes chrétiens. Manifeste. La ferté sous Jouarre. 8°. Paris 1850.

Di Fratta, Pas., La socializzazione della terra. 8°. Milano, La Critica sociale edit., 1893.

Digeon, Émile, 1. A l'Armée. 15 pp. 32°. s. l. s. a. Réimpr. dans „La Lutte", Lyon, du 22 juillet 1883.
— 2. La Commune de Paris devant les anarchistes. 4 pp. fol. Bruxelles, s. a. (18 mars 1895.)
— 3. Droits et devoirs dans l'Anarchie rationelle. 8°. Paris 1882.
— 4. Le 14 juillet 1789. 8 pp. 8°. Paris 1884.
— 5. Ne votons pas. (Propagande abstentionniste. Élections municipales de 1884. Groupe anarchiste „La Liberté", no. 2. 8 pp. 32°.

Dike, S. W., The problem of the family in the United States. (Contemporary Review, 1893, Nov.)

Diktatur (Zeitweilige) des Proletariats. Aus den Akten des Pariser Wohlfahrts-Ausschusses. (Deutsche Rundschau, Bd. 83, 1895.)

Dilke, Sir Ch. W., Problems of Greater Britain. 2 vols. 8°. London, Macmillan, 1890.

Dillon, J. F., Property: its rights and duties in our legal and social systems: an address delivered before the New York State Bar Association at Albany. 8°. Albany, Banks and brothers, 1895.

Dimidi, G., Autorità, libertà: studio sociale. 4°. Treja 1892.

Dio lo vuole! — Che non è socialista? Milano, uffici della Critica sociale, 1894. (Piccola biblioteca dei contadini.)

Diogenes, Weshalb das Volk socialistisch wählt. (Die Gegenwart, Bd. 54, 1898.)

Dippe, Dr Afr., Sozialismus und Philosophie auf den deutschen Universitäten. gr. 8°. Leipzig, G. Fock, 1895.

Dirichlet, W. L., Das verdammte Geld. Nach dem Französischen des Bastiat bearb. für die deutsche Gegenwart. 1. u. 2. Aufl. 8°. Berlin 1885.

Diritto (Il). Giorn. Monselice, Venezia, 1877, nov.

Discailles, E., Le socialiste Français Victor Considerant en Belgique. 8°. Bruxelles, impr. F. Hayez, 1895.

Discours (Petit) sur le communisme et le christianisme. 8°. Paris, impr. de M. Ducloux et Co., s. a.

Discours sur le travail. 18°. Amsterdam 1766.

Discredato (Il). Giorn. Genova 1880(?).

Dittrich, F. J., Sendschreiben an die Egoisten. Mahnruf an die deutschen Spiess- und Mastbürger. 8°. Schandau, Selbstverlag, 1872.

Dobrogeanu, C. Vide: Gherea, J.

Doctrine de l'harmonie universelle et de l'organisation du travail. Publications de l'école phalanstérienne fondée par Fourier. 8°. s. l. (Paris), impr. L. Lévy et Co., s. a.

Doctrine de la liberté, adresse aux évêques. 8°. Paris s. a.

Doctrine (De la) du progrès continu. 8°. Paris 1834.

Doctrines (Les) sociales de M. l'abbé de Pascal: Lettres de G. de Pascal, Cl. Jannet et J. Rambaud. (Réforme sociale, 1891, no. 9.)

Documents sur les événements de 1870—1871. Littérature officielle sous la Commune. 12°. Paris, Jouaust, 1871.

Doehler, Gottfried, Im Zukunftsstaat. Lustspiel in 4 Akten. 8°. Plauen i. V., Neupert, 1892.

Doehn, Rud., 1. Die sozialdemokratische Agitation in Amerika. (Die Grenzboten, 1878,₃.)
— 2. Das allgemeine Stimmrecht in den Vereinigten Staaten. (Die Grenzboten, 1878,₃.)

Doergens, R., Ueber die Ursachen der heutigen socialen Missstände. 4°. Berlin 1892.

Dogmes (Les), le clergé et l'État, études

religieuses par M. M. E. Pelletan, A. Collin, H. Morwonnais et V. Hennequin. gr. 8°. Paris, libr. phalanstér., s. a.

Dohany, Conrad, Die Entwickelungsgeschichte der Sozialidee. (Die Gegenwart, Bd. 43, 1893.)

Doherty, Hugh, 1. Études religieuses. (Coll. de la Phal.) 8°. Paris s. a.

— 2. Charles Fouriers Theory of attractive Industry. 8°. London 1841.

Döhlers, Ph. Joh. Fr, Entdeckung einer wohl eingerichteten und glücklichen Republick; worinn nicht nur die eigentl. Fehler entdecket etc. etc. 8°. Regensp., Seyff., 1744. 8°. Regensp., Seyf., 1750.

Döll, E., 1. Eugen Dühring. Etwas von dessen Charakter, Leistungen und reformatorischem Beruf. 8°. Leipzig, C. G. Naumann, 1893.

— 2. Das Schicksal aller Utopien oder Charlatanerien und das verstandesgemäss Reformatorische. gr. 8°. Leipzig, C. G. Naumann, 1897.

Dollfus, Charles, 1. Essai sur la philosophie sociale. 18°. Paris, Lévy frères, 1856.

2. Les problèmes. Problème économique; problème international; problème religieux. 8°. Paris, Fischbacher, 1893.

Domanico, G., Il concetto dello Stato nella borghesia e nel proletariato. 16°. Terni 1891. (Biblioteca della „Plebe", no. 1.)

Domanski, Ladislas, 1. L'égalité. (Journ. d. Écon., 1895, juillet.)

— 2. La liberté. (Journ. des Économistes, 1896, nov.)

— 3. La liberté, l'égalité, la fraternité. Études critiques. 18°. Paris, Guillaumin et Co., 1897. (Collection d'auteurs étrangers contemporains.)

Dombre, Roger, La fille de l'anarchiste. 18°. Paris, Gautier, s. a. (1894).

Domenico, Zino, Nuovi orizzonti. Versi sociali. 1893.

Domet de Vorges, E., D'une nouvelle forme de socialisme. (Annales de philosophie chrétienne, 1893, juin et juillet.)

Donati, V., Anarchia; studio sociologico. 8°. Udine, tip. Domenico del Bianco, 1894.

Doni, Franc, Les Mondes Célèstes, Terrestres et Infernaux. Le Monde petit, Grand, Immaginé, Meslé, Risibile, des Sages et Fols, et le Tresgrand, L'enfer des Ecolier, des mal Mariez, des Putains et Ruffians des Soldats, des pietres Docteurs, des Usuriers, des Poëtes et Compositeurs ignorans; Tirez des oeuvres de Doni Florentin, par Gabriel Chappuis Tourangeau. Depuis reveuz, corrigez et augmentez du Monde des Cornuz, par F. C. T. 8°. à Lyon, pour Barthelony Honorati, 1580. Avec privilége du Roy.

Donisthorpe, Wordsworth, 1. The claims of labour, serfdom, wagedom and freedom. 8°. London 1880.

— 2. In defence of anarchy. (New Review, 1891, Sept.)

— 3. Individualism, a system of politics. 8°. London, Macmillan, 1889.

— 4. Labour capitalization. 12°. London 1887.

— 5. Law in a free State. 8°. London 1896.

— 6. Liberty or law. 32 pp. 8°. London 1884.

Donno, Achille de, La chiesa e la questione sociale. 8°. Lecce, premiata tipolitogr. edit. Salentina, 1885.

Doole, C. F., The coming people. 12°. London 1898.

Doppe, A., Sozialismus und Philosophie auf den deutschen Universitäten. gr. 8°. Leipzig s. a.

Dorado y Montero, P., El positivismo de la ciencia jurídica y social italiana. Parte 1 y 2. 4°. Madrid 1892.

Doré, P., L'art, le capital et la patente, ou essai sur l'organisation du travail. 8°. Paris 1848.

Doret, J., Reflexionen eines politisch Parteilosen. 8°. Genf 1883.

Döring, A., Sozialdemokratie und ethischer Unterricht. (Die Gegenwart, Bd. 45, 1894.)

Döring, H., Denkwürdigkeiten der geheimen Gesellschaften in Unteritalien, besonders der Carbonari. 8°. Weimar 1822.

Dornbusch, F. W., Blutrosen. Sozialpolitische Gedichte. 8°. Zürich, Volksbuchh. J. Franz, 1876.

Do Robotnikow Poznania. Bezw.: „An die Arbeiter in Posen." Flugblatt in polnischer und deutscher Sprache, beginnend mit den Worten: „Bracia, sie w nedzny i ucisku", bezw. „Arbeiter, Genossen! Seit Zeiten sind wir unterdrückt und leben im Elend." 8°. s. l. s. a.

*****Dorpius**, H., Warhafftige historie, wie das Evangelium zu Münster angefangen, etc. 18 Bl. 4°. s. l. 1536. 25 Bl. 4°. s. l. 1536. Mit Vorrede J. Bugenhagii, 32 Bl. 4°. s. l. 1536.

Douai, Adolph, 1. Das ABC des Sozialismus. 8°. Altenburg, Expedition des Volksblattes, 1851. Folgende Auflagen:
— 2. ABC des Wissens für die Denkenden. 4. unver. Aufl. 8°. Leipzig, Genossenschaftsbuchdr., 1878. 3. (?) Aufl Hottingen-Zürich, Schweiz. Genossenschafts-Buchdr., 1884. 1. Aufl. = 1. Das ABC des Sozialismus.
— 3. Antwort an die Bekenner des Theismus. 8°. Leipzig, Genoss.-Buchdr., 1875.
— 4. Volkskatechismus der Altenburger Republikaner von 1848. 8°. Druck von Conzett u. Co. zu Chur, s. a.
— 5. Wider Gottes und Bibel Glauben. 2 Schriften. 1. Abc des Wissens für die Denkenden. 2. Antwort an die Bekenner des Theismus. 8°. Berlin, Verlag des „Vorwärts", 1894.

Doutreboux, La question ouvrière. (Sociologie catholique, III, no. 24, 1894.)

Drabitius, W., Das Himmelreich auf Erden. Eine Divination der Zukunft. 8°. Cottbus, Selbstverlag, 1870.

Drage, Geoffroy, 1. Eton and the labour question: an address delivered at Eton College on May 26, 1894. cr.-8°. London, Simpkin, 1894.
— 2. The labour problem. 8°. London, Smith, Elder and Co., 1896.

Dragomanow, Mich., 1. Michel Bakounine et son action politique en Europe. Esquisses et notes biographiques. (Revue socialiste, nov. et déc. 1895.)
— 2. Michail Bakunin's politische Ideen. (Die Zeit, Nr. 33, Wien, 18. Mai 1895.)
— 3. Le tyrannicide en Russie et l'action de l'Europe occidentale. 8°. Genève, impr. d. „Robotnik" et de la „Hromada", 1881.

Draguicha, Stan., Le communisme individualiste. Nouveau projet de réorganisation sociale. 8°. Genève 1870.

Drake, Fr., Alliance des Jacobins de France avec le Ministère anglais, suivie des stratagèmes de Fr. Drake. 8°. Paris, an XII.

Drammer, Dr. Jos., Die Greuelthaten der Kommune im J. 1871 zu Paris. Eine historische Erläuterung des Satzes: Religion ist Privatsache. Zur Lehr und Wehr für das kathol. Volk hrsg. 12°. M.-Gladbach, A. Riffarth, 1891.

Drapeau (Le). Journal politique quotidien. N'a paru qu'une seule fois, le dimanche 19 mars 1871 sous le no. 25, 2. année. petit format. Paris. (Un no. du „Cri du Peuple".)

Drapeau (Le) noir. Bruxelles, avril—29 août 1889. 11 nos.

Drapeau (Le) noir. Marseille 1888. Journ.

Drapeau (Le) noir. Lyon, 12 août—2 déc. 1883. 17 nos.

Drapeau (Le) rouge. Revue hebdomadaire, politique, critique et humoristique. Paris. Un seul numéro, autographié de huit pages, sans date (1871).

Drapeau (Le) rouge, organe de la Ligue collectiviste-anarchiste. Bruxelles 1880.

Drapeau (Le) rouge. Journal hebdomadaire. Bruxelles 1882.

Drapeau (Le) rouge. Journal. Lyon 1889.

Drapeau (Le) rouge; chanson. plano. Lille, impr. Lagrange, s. a. (1898).

Dréolle, E., La journée du 4 sept. au corps législatif. Avec notes sur les journées du 3 et 5 sept. 1871. Souvenirs. 8°. Paris 1871.

Drepturile Omului, rivista mensuala sub directiunea d-lui C. A. Filitis. Bucarest, juin 1884 sq.

Dresbach, Pfr. Ewald, Was lässt sich im Rahmen unserer Kirchenordnung zur Lösung der sozialen Frage thun? gr 8°. Düsseldorf, F. Bagel, 1890.

Drews, Arthur, Die sociale Frage im Lichte der Culturentwickelung. (Die Gegenwart, Bd. 46, 1894.)

Drexler, A., 1. Frei Land; ein Menschenrecht. Ein Beitrag zur praktischen Durchführung der Bodenbesitzreform. gr. 8°. Zürich, C. Schmidt, 1894.
— 2. Die soziale Gesellschaftsordnung und der Zukunftsstaat. (Schweiz. Blätter f. Wirtsch.- u. Soz.-Pol., II, 1895.) gr. 8°. Bern, A. Siebert, 1896.
— 3. Das Recht auf Arbeit und die Arbeiterversicherung. gr. 8°. Basel, Dr. H. Müller, 1894.
— 4. Das Recht auf Arbeit und die allgemeine Volksversicherung. (Schweiz. Blätter f. Wirthschafts- u. Soz.-Polit., Jhrg. 2, 1894.)
— 5. Die soziale Reform der Arbeit und des Kapitals. Eine Volksschrift zur Aufklärung über die Ursachen, Ziele und Mittel der sozialen Bewegung. gr. 8°. Aarau, J. J. Christen's Verl., 1893.

Dreyfus, F., La lutte légale contre l' anarchie. (Revue pénitentiaire, 1896, may.)

Dreyfus, F. Camille, L'évolution des mondes et des sociétés. 8°. Paris, Alcan, 1888.

Drioux, Le mouvement féministe et le socialisme, discours prononcé à l'audience solennelle de rentrée de la Cour d'appel d'Orléans, le 16 oct. 1896. 8°. Orléans, impr. Morand, 1896.

Drioux, Jos., Étude économique et juridique sur les associations. Les coalitions d'ouvriers et de patrons de 1789 à nos jours. 8°. Paris 1884. 8°. Paris 1887.

Droit (Le). Journal hebdomadaire. Charleroi, vers 1868—70.

Droit du peuple, organe républicain, paraissant les mardi, jeudi et dimanche. 1. année, no. 1, 12 nov. 1895. fol. Cherbourg, impr. Saint-Joseph.

Droit (Le) du peuple, journal hebdomadaire, organe républicain démocratique. 1. année, no. 1, 5 févr. 1898. fol. Tourcoing.

*Droit (Le) social. Lyon 1882, 12 févr.— 13 juillet, 23 nos., suivi de l'„Étendard révolutionnaire", 30 juillet—15 oct. 1881, 12 nos.

Droit social. Marseille, 16 mai 1885 sq.

Droit (Le) social de l'église et ses applications dans les circonstances présentes, par P. Ch. M. 8°. Paris, Larose et Forcel, 1892.

Droit de la vie, journal — revue bimensuel. 1. année, no. 1, 18 mai 1895. fol. Limoges, impr. Perrette.

Droits (Les) de l'homme dans le vrai sens. gr. 8°. Paris 1832.

Droits de l'homme, organe socialiste du Midi. 1. année, no. 1, 4 sept. 1896. fol. Béziers, impr. Bouineau Pézenas.

Drones (The) and bees: a fable. 8°. Edinburgh 1831.

Droulers, Ch., 1. Une colonie socialiste au Paraguay: la Nouvelle Australie. (Réforme sociale, 3. série, 1895.)
— 2. Socialisme et colonisation. Une colonie socialiste au Paraguay: la „Nouvelle Australie". 8°. Paris, impr. Tremaux, 1895.

Droz, Numa, Alexis de Tocqueville et la démocratie libérale. (Zeitschr. f. Sozialwissensch., I, 1898.)

Drummond, Hen., Social duties on christian principles. 12°. London, Hatchard, 1839.

Drury, Victor, The policy of the labor movement. 8°. Philadelphia 1885.

Dry-Dupré, Organisation juridique du travail: 1) Esclave devant la loi romaine. 2) Corporations dans l'ancien droit. 3) Patrons et ouvriers, en droit actuel. 8°. Paris, impr. Lahure, 1883.

Duareg, La souveraineté du peuple est le droit divine. Système politique unitotrinitaire. 8°. Paris 1850.

Duboc, Julius, Sociale Briefe. 1. u. 2. Aufl. 8°. Hamburg, Herm. Grüning, 1873.

Du Bois, A., Des principes de la révolution française comme principe général du socialisme et du communisme. gr. 8°. Lyon 1851.

Dubois, E., 1. L'état actuel des tradesunions et le congrès de Norwich 3—8 sept. 1894. 8°. Gand, A. Siffer, 1895.
— 2. Les trades-unions et les associations professionnelles en Belgique. 16°. Gand, A. Siffer, 1894.

Dubois, Fel., 1. Die anarchistische Gefahr. (Le péril anarchiste.) Uebers. von Max Trüdjen. 8°. Amsterdam, A. Dieckmann, 1894.
— 2. The anarchist peril. Translated, edited and enlarged with a supplementary chapter by Ralph Derechef. 8°. London, Unwin, 1894.
— 3. Le péril anarchiste. („Figaro", Paris, suppl. litt. du 14 janv. 1894; „L'Illustration", Paris, 10 févr. 1894.) 18°. Paris 1894, avril.
— 4. Le péril anarchiste; l'organisation secrète du parti anarchiste: origine et historique; la propagande anarchiste sous toutes ses formes, la doctrine et ses précurseurs. 18°. Paris, Flammarion, 1896.

Dubois, Lucien, Chapitres nouveaux sur le siège et la commune 1870—1871. 8°. Paris, A. Le Chevalier, 1872.

Dubois de l'Étang, É., Opinions d'un ministre de Napoléon sur la propriété et le crédit. 8°. Le Mans, impr. Mannoyer, 1891. (Publications de la Société d'études économiques, II.)

Dubost, Paul, 1. L'idée de justice sociale et des transformations depuis cent ans. (Réforme sociale, 1896, sept. 1.)
— 2. La socialiste. 16°. Paris, Perrin et Co., 1898.

Duboul, Jules, Le positivisme, sa méthode, ses antécédents et ses conséquences. 8°. (Bordeaux) Paris, Hachette et Co., 1867.

Dubruel, Louis, Un socialiste en province. Vaudeville en un acte. 8°. Paris, Bede, Tresse, 1849.

Dubs, J., 1. Beitrag zur Würdigung der sogen. demokratischen Bewegung d. J. 1854. 8°. Winterthur s. a.
— 2. Die schweizerische Demokratie in ihrer Fortentwickelung. 8°. Zürich 1868.

Dubut de Laforest, Pathologie sociale. 8°. Paris 1897.

Duc, V. M., Essai de sociologie et d'économie politique: l'évolution sociale sous l'influence des intérêts collectifs et individuels. 16°. Aurillac, impr. Gentet, 1885.

Du Camp, Maxime, 1. La Banque de France pendant la Commune. (Revue des deux Mondes, 1878, mai—juillet.)
— 2. Les convulsions de Paris. 4 vols. 8°. Paris, Hachette, 1880. 8. édit. 4 vols. Paris, Hachette, 1898.

Duch Casu. Journal. Prossnitz, Mähren, März 1884—1886.

Duch Volnosti. Journal. Chicago, 16. März 1895 sq. 7 Nrn.

Duchêne, G. Vide: Almanach du socialisme fédéraliste.

Duclos, I., Le premier mai. (Sociologie catholique, XII, 1894.)

Ducpétiaux, Ed., 1. La grève dans l'arrondissement de Charleroi. (Revue générale, Bruxelles, vol. 7.)
— 2. La question ouvrière. (Bulletins de l'Académie Roy. d. scienc., des lettres et des beaux arts de Belgique, 1867.)

Duc-Quercy, Le „Vooruit" de Gand. (Coopérateurs belges, 1895, no. 1.)

Dufaï, Alexandre, Lélila, ou la femme socialiste. Poème en quatre nuits. 8°. Paris, au comptoir des imprimeurs, 1851.

Dufaure, Discours prononcé à l'Assemblée nationale sur le droit au travail. (Conforme au Moniteur.) 8°. Paris, Michel Lévy, 1848.

Dufrené, Hector, L'histoire du travail. Extrait des „Études sur l'Exposition en 1867" publiées par Eug. Lacroix. 8°. Paris, E. Lacroix, 1869.

Du Gers, Jean Louis, Le programme socialiste français. (Généralités; État politique; État social; Réformes; Réformes politiques; Réformes sociales; Finances; Résumé; Conclusions.) 8°. Auch, impr. Capin, 1898.

Dugge, Charles, L'émeute et les martyrs. Poème en cinq chants. 8°. Paris, Ledoyen et Laroque, 1848.

Duguet, Ch., 1. Adieux à l'ancien monde. 8°. Paris, 1833, mai, Mésnilmontant.

Duguet, Ch., 2. Pythagore. 8°. Paris, impr. Bethune, 1834.
— 3. Pythagore, ou Précis de philosophie ancienne et moderne dans ses rapports avec les métamorphoses de la nature ou la métempsycose. 8°. Paris, Joubert, 1841.
— 4. Il y a dix-huit siècles que le fils de l'homme, le divin libérateur des esclaves, est mort sur une croix. 8°. Paris, impr. Duverger, 1833.

Dühring, Dr. Eug., 1. Der Positivismus in der Philosophie. (Deutsche Vierteljahrsschr., 1865,4.)
— 2. Sache, Leben und Feinde. Als Hauptwerk und Schlüssel zu seinen sämmtlichen Schriften. gr. 8°. Karlsruhe 1882.
— 3. Der Werth des Lebens populär dargestellt. 2. umgearb. u. bed. verm. Aufl. gr. 8°. Leipzig, Fues, 1877.

Dulac, P., Un marais de sangsues, critique sociale. 8°. Paris s. a.

Dulary, B., Projet de réalisation d'un phalanstère à Condé-sur-Vègre. 8°. Paris 1845.

Dulk, A., Patriotismus und Frömmigkeit. Ein Wort zur Erkenntniss der Zeit. (Aus dem „Deutschen Demokrat".) 8°. Kaiserslautern, Ph. Rohr, 1871.

Dulon, Rudolph, 1. Gruss und Handschlag. An meine Gemeinde in Süd und Nord. 8°. Hamburg, in Comm.bei A. B. Laciss, 1853.
— 2. Vom Kampf um Völkerfreiheit. Ein Lesebuch fürs deutsche Volk. 2 Hefte. 8°. Bremen, A. D. Geissler, 1849—50. 1. Heft, 2. Aufl.

Du Maroussem, P., et Guérie, C., La question ouvrière. Cours libre professé à la Faculté de droit de Paris. Introduction de Th. Funck-Brentano. 4 vols. 8°. Paris, A. Rousseau, 1893—94.

Dumartheray, Aux travailleurs manuels partisans de l'action politique. Aux électeurs de la Haute-Savoie. 64°. Genève 1876.

Dumas, Alex. fils, Une lettre sur les choses du jour. 2. édit. 8°. Paris, Michel Lévy frères, 1871.

Dumolard, l'abbé, Le Congrès national et la démocratie dans le clergé. fol. Lyon, impr. Delaroche et Co., 1897.

Dumons, F., 1. Examen critique du siècle et plan d'améliorations sociales. Dédié au roi et au peuple. 8°. Paris, impr. d'Urtubie, 1839.

Dumons, F., 2. Organisation du travail. Crédit foncier, agricole et industriel. Société universelle ou commanditaire. 8°. Bordeaux 1848.

Dumont, Arsène, 1. Natalité et démocratie. Conférences faites à l'École d'anthropologie de Paris. 16°. Paris, Schleicher frères, 1898.
— 2. Les principes de 1789. 12°. Paris 1861.

Dumoulin, A., Des moyens d'organiser le travail immédiatement par le concours des travailleurs et du gouvernement. 8°. Paris 1848.

Dunant, Adph., Die directe Gesetzgebung in der schweizerischen Eidgenossenschaft und ihren Kantonen. Diss. gr. 8°. Heidelberg (J. Hörning) 1894.

Duncan, H. H., A plea for anarchism. 8°. Aberdeen 1893. 8°. London, „Liberty Press", 1896.

Dunckley, H., M. de Laveley on democratic government. (Contemporary Review, 1891, Dec.)

Dunkelarrest (Der) vor dem Schwurgericht. (Pressprocess Heigl.) Mit einer neuen dem jetzigen Stand der Frage entsprechenden Vorrede. 3. Aufl. 8°. Bamberg, Handelsdruckerei, 1887.

Dunn-Gardner, A., The drift to socialism. (Contemporary Review, 1894.)

*Dunning, T. J., Trades-unions and strikes. 8°. London 1873.

Dunoyer, Ch., De la liberté du travail, ou simple exposé des conditions dans lesquelles les forces humaines s'exercent avec le plus de puissance. 3 vols. 8°. Paris, Guillaumin, 1845. 2. édit. 2 vols. lex.-8°. Bruxelles, Meline Cans et Co., 1846. Nouv. édit., Paris 1885.

Dupanloup, Vesc. d'Orléans, L'ateismo e il pericolo sociale. 8°. Genova 1867.

Duparc, Fr. Le Play et les jugements de la presse. (Réforme sociale, II, 1882.)

Du-Pérat, G., Catéchisme antisocialiste révolutionnaire. Réponse à différents passages du Petit Catéchisme socialiste d'Adolphe Tabaraut. 16°. Cognac, impr. Vincent, 1893.

Dupin, Ch., Abolition de la misère et du prolétariat. 12°. Paris 1868.

Duplan, J., Du contrat social au XIX° sièle, ou Traité de législation politique et criminelle, basé sur les droits de l'humanité. 8°. Paris, Montardier, 1828.

Dupont, J. F., et **Marrast**, A., De l'organisation du suffrage universel. 12°. Paris 1848.

Dupont, L., Souvenirs de Versailles pendant la Commune. 8°. Paris 1881.

Dupont, Paul, Deux mots sur l'assistance et le socialisme à propos d'une association de bienfaisance entre tous les gardes nationaux et habitants de la rue de Grenelle-Saint-Honoré. 8°. Paris, impr. administr. de Paul Dupont, 1850.

Dupont-White, Charles, Essai sur les relations du travail avec le capital. 8°. Paris, Guillaumin, 1846.

Dupré, Jacques, Du communisme. (Revue indépendante, 1841.)

Du Prel, K., Occultismus und Anarchismus. (Die Zukunft, Bd. 9, 1894.)

Dupuy, P., De la démocratie en France. Tendances nationales et principes démocratiques pouvant nuire à la démocratie française. 8°. Bordeaux 1882.

Dupuy, S. R., Credo socialiste, ou le socialisme avec ses doctrines et ses hommes, mis en parallèle avec les hommes et les doctrines du parti réactionnaire. 8°. s. l. (Paris), impr. Ed. Roux et Co., 1849.

Dupuynode, Gustave, 1. Les lois naturelles de l'économie politique et le socialisme. (Journ. des Économistes, 1892, août.)
— 2. Le socialisme chrétien. (Journ. des Économistes, 1897, août.)
— 3. Le socialisme en 1896. (Journ. des Économistes 1896, juin.)

Durand, Braidisme ou hypnotisme nerveux. 8°. Paris s. a.

Durando, C., Il Congresso delle associazioni operaie del Regno Unito d'Inghilterra tenuto in Liverpool dal 1. al 6. settembre 1890. (Rivista della beneficenza pubblica, 1891, aprile.)

Durant fils, J. P., Petit catéchisme pratique et social, ou la politique et le socialisme mis à la portée de tout le monde. 8°. Paris 1850.

Durant, le docteur Léopold, Essai de philosophie sociale. Les congrès internationaux de Bruxelles et de Gand pour le progrès des sciences sociales. 8°. Anvers, L. Gerrits, 1864.

Duret, Victor, L'Union en Amérique. Renseignements sur la colonie de M. V. Considerant au Texas. 11 pp. 8°. Onex, 12 sept. 1856.

Durham, Lord Bishop of, The Christian Social Union. (Economic Review, vol. 5, 1895.)

Du Roys, Des principes de la révolution française considérés comme principes générateurs du socialisme et du communisme. 8°. Lyon 1851. (Du Bois, A.?)

Durr, Emile, Manuel de l'ouvrier. Recherches sur la solution de la question sociale. Dédié aux ouvriers et aux philanthropes. 8°. Bruxelles, chez l'auteur, 1875.

Dürrnberger, Dr. Adf., Der Einfluss socialistischer Postulate auf das Privatrecht. Ein Vortrag, geh. im Juristenvereine in Linz. gr. 8°. Wien, C. Konegen, 1893.

Duru, H., Quelques mots sur l'organisation du travail. 8°. Paris, H. Duru, 1848.

Duruy, Souvenirs de la Commune. 8°. Paris 1874.

Dusch, A. v., Zur Pathologie der Revolutionen. gr. 8°. Heidelberg 1852.

Dutailly, G. Vide: Bizot de Fonteney, Darbot et G. Dutailly.

Duties (Social) considered with reference to the organisation of effort in works of benevolence and public utility, by a man of business. 8°. London 1867.

Duval, Adrien, De l'esprit de la révolution. 18°. Paris, Pierret, s. a. (1897).

Duveyrier, Ch., La civilisation et la démocratie française, suivies d'un projet de fondation d'institut de progrès social. 8°. Paris 1865.

— Vide: Crédit (Le), journal quotidien.

Duyvis, J., Brieven over socialisme. 8°. Koog a. d. Z. 1884.

Dva goda iz jizni D. Mokrievitcha. (Vyestnik Narodnoi Voli, Genève, vol. 1, 1883; vol. 2, Przeglad spoleczny, Lemberg 1887.)

Dybfest, Arne, Blandt Anarkister. 8°. Kristiania 1890.

Dyes jr., L. G., Die Zukunft des Deutschen Reiches. Beitrag zur Lösung der sozialen Frage. gr. 8°. Ludwigshafen, W. Hofmann, 1895.

Dyetoubiistvo soverchaemoe russkim pravetelstvom. Jenchtchiny processa moskovskikh socialisto; Izdanie redakcii Ukrainskago Sbornika „Gromada". („Obchtchina", Genève 1877.)

Dyhrenfurth, Gertrud, 1. Ein Blick in die gewerkschaftliche Bewegung der englischen Arbeiter und Arbeiterinnen. (Schmoller's Jahrb. f. Gesetzg., Jhrg. 19,$_3$, 1895.)

— 2. Die gewerkschaftliche Bewegung unter den englischen Arbeiterinnen. (Archiv f. soz. Gesetzgeb., Jhrg. 7, 1894.)

Dynamitarbeiter (Die). (Neue Zeit, Jhrg. 14,$_2$, 1895/96.)

Dynamite (La). A bas la politique; Père La Purge; Peuple debout! Poésies. 4 pp. 4°. Paris 1886; publ. par „La Jeunesse anarchiste du XVe".

Dynamite et Panama. 1 p. fol. Paris, fin de 1892.

Dynamit-Gesetz (Das) vor dem deutschen Reichstage. Nach der amtl. stenogr. Reichstagssitzung vom 24. März 1886. 8°. München, Viereck, s. a. (Socialpolit. Zeit- u. Streitfragen, Heft 28.)

Dynamitis (Die) und die Staatsquacksalber. Bunte Gedanken über ein schwarzes Kapitel socialer Geschichte. gr. 8°. Berlin, Magazin f. Volkslitteratur, F. Harnisch u. Co., 1894.

E.

Ebel, Ed., Die soziale Frage und das Evangelium. 8°. Graudenz, J. Gaebel, 1892.

Ebeling, Heinrich, Kirchenpolitik, Socialismus, Staatspolitik im Lichte der Bibel. gr. 8°. Zwickau, J. Herrmann, 1898.

Ebenhoch, A., Was sind und was wollen die Sozialdemokraten? Kleine Erzählungen für das Volk. 2. Aufl. Hrsg. vom kathol. Volksverein für Oberösterreich. 8. Linz, F. J. Ebenhoch, 1894.

Eberl, Frdr., Die Kirche und die Association der Arbeiter. Gekrönte Preisschrift. gr. 8°. Passau, Deiters, 1866.

Ebray, A., La lutte contre le socialisme en Allemagne. (Revue polit. et parlem., IV, 1897.)

Eccaleobion (The human): or, the New Moral Warren; being a concise but faithful Exposition of Socialism, instituted by R. Owen. 8°. London 1842.

Eccarius, J. G., Eines Arbeiters Widerlegung der national-ökonomischen Lehren J. S. Mill's. 8°. Berlin 1869. 8°. Zürich 1888.

***Echo** (Rheinisches). Nr. 32, 9. Juni 1850.

Écho (L') de Paris. National, politique et littéraire. Rédacteur en chef: Édouard Hervé. pet. format.
3 nos. du mercredi 17 mai au vendredi 19 mai 1871. Continuation du „Journal de Paris" supprimé le 15 mai par la Commune. Paris.

Écho (L') du Peuple; organe quotidien. Bruxelles.

Écho des prolétaires du VIIe, organe du parti ouvrier indépendant. 1. année, no. 1, 26 avril 1896. pet. fol. Paris, impr. Allemane.

Écho (L') du soir, journal de la dernière heure. grand format.
6 nos. du mercredi 26 avril au lundi 1. mai 1871, jour, où il fut supprimé par la Commune. Paris.

Écho de Var, organe de défense sociale, paraissant le samedi. 1. année, no. 1, 15 août 1896. 4°. Toulon, impr. régionale.

Écho socialiste, organe des socialistes de Boulogne, Issy-les-Moulineaux, Sèvres, Garches, Saint-Cloud, Meudon, Chaville, Viroflay et Versailles, paraissant le dimanche. 1. année, no. 1, 24 nov. 1895. 4°. Billancourt, impr. Mercier.

Echstein, N., Tagesfragen. 1. Rom oder Berlin? 2. Strike. 3. Liberté, égalité, fraternité. 8°. Berlin 1873.

Eckard, J., 1. Encyklika Leo XIII. über die Arbeiterfrage. Für den Gebrauch der Arbeiter hrsg. gr. 8°. Stuttgart, Verlag des Deutsch. Volksblatts, 1896. 2. Aufl. gr. 8°. Ebd. 1897.
— 2. Warum gründen wir katholische Arbeitervereine? gr. 16°. Stuttgart, Verlag des Deutschen Volksblatts, 1896. 2. Aufl. gr. 16°. Ebd. 1897.

Ecker, A., Der Kampf ums Dasein in der Natur und im Völkerleben. 8°. Konstanz 1871.

Eckert, E. E., 1. Die Revolutionsgesellschaften der That, ihr Wirken in Deutschland von 1815—1830. 2. Aufl. gr. 8°. Regensburg 1884.

Eckert, E. E., 2. Der Tempel Salomonis, d. h. General-Charte des Arbeitsplanes des Revolutionsbundes. Mit Karte. 4°. Prag 1855.

Eckartshausen, K. v., Was trägt am meisten zu den Revolutionen itziger Zeiten bey? Und welches wäre das sicherste Mittel ihnen künftig vorzubeugen? 8°. München 1791.

Eckrud, Wilh., Licht und Schatten im Deutschen Reiche. Eine Denkschrift zum 2. Sept. 1895. Dem arbeitenden Volke gewidmet. gr. 8°. Leipzig, E. Wiest Nachf., 1895.

Éclaireur (L'), organe républicain socialiste de Lot-et-Garonne, journal hebdomadaire, paraissant tous les samedis. 1. année, no. 1, 10 avril 1898. fol. Agen, impr. spéciale de l'Éclaireur.

Éclaireur (L') socialiste. Journal hebdomadaire. Thuin 1897.

Eco (L') de Ravachol. Journ. 1892. 1 no.

Eco (El) del Rebelde. Journ. Zaragoza, 1. mai 1895 sq. 4 nos.

École sociétaire. Ire brochure: Petit résumé de la théorie phalanstérienne. 12°. Paris 1840.

Ecos de „El Productor" por varios obreros. 8°. Habana 1891.

Écrivains (Aux) russes. Le jour de l'inauguration du monument d'Alexander Pouchkin 26 mai 1880. Signé: Grigoriev, Dragomanow. 8°. (Genève) 1880.

Ede, W. M., The attitude of the church to some of the social problems of town life. 8°. London 1896.

Edelstat, D., Volksgedichte; hrsg. von der Gruppe „Freie Arbeiterstimme". 8°. New York 1892:

Edinger, G., 1. Dialogues des morts, Carnot et Ravachol aux enfers. 63 pp. 32°. Paris s. a. (1892 ou 93).
— 2. La dynamite et l'anarchie. 7 pp. 8°. Lille, janv. 1893.

Edmond, Ch., Célébrités contemporaines (livr. 3, L. Blanc). 8°. Paris 1883.

Edmonds, T. R., Practical moral and political Economy; or the government, religion and institutions most conducive to individual happiness and to national power. gr. 8°. London, Effingham Wilson, 1828.

Edward, G. (Stirner, M). Die philosophi-

13*

schen Reactionäre. (Die Epigonen, Bd. 4. Leipzig 1847.)

Edwards, Clement, 1. Der Ausstand der englischen Maschinenbauer. (Archiv f. soziale Gesetzgebung, Bd. 12, 1898.)
— 2. Lock-out in the coal-trade. (Economic Journal, vol. 3, 1893.)

Eekhoud, Georges, Burch Mitsu. 8°. Bruxelles. (Bibliothèque des temps nouveaux, année 1896, no. 1.)

Effner, Emil, Das platte Land und die Sozialdemokratie. gr. 8°. Berlin, Verl. d. „Vorwärts", 1894.

*****Egalitaire** (L'). Genève, 30 mai 1885 — janvier 1886.

Egalité (L'). Genève, spécimen: décembre 1868. 23 janvier jusqu' à la fin de 1869, anarchiste.

Égalité (L'). Organe collectiviste et révolutionnaire. 2. série. 1880. 32 nos. 4°. Paris.

Egalité (L'). Journal. Tournai 1887

Eggenschwyler, Konrad, Geschichte der Pariser Revolution vom J. 1871. 8°. Bern, Jent u. Reinert, 1874.

Egger, Bischof Augustin, Der Atheismus. Populäre Widerlegung desselben. 12°. Einsiedeln, Benziger u. Co., 1893.

Egidy, M. v., Beseitigung der Klassengegensätze. Vortrag. gr. 8°. Hannover, A. Sponholz, 1896.

Eglise (L') et le socialisme; par les membres des cercles chrétiens d'études sociales des Ardennes. Réponse au citoyen V. Compas. 16°. Charleville, impr. du Courrier d'Ardennes, s. a. (1898). (Propagande socialiste).

Ego, Adam, Die sociale Frage und ihre Lösung. Alltagsbetrachtungen. gr. 8°. Bremen, M. Heinsius Nachf., 1897.

Egoism. San Francisco, May 1890 ff.

Egoismus (Der) als Weltprincip. Socialmoral-philosophische Studie. 2 Aufl. 8°. Dresden, Klemich, 1877.

Eguagliansa (L'). Giorn. Girgenti 1871—72.

Ehrenberg, A. von, Demokratische Moral und Justiz. Aus den Erlebnissen eines Deutschen in Zürich. 8°. Hagen 1888.

Ehrenberg, Richard, 1. Der Hamburger Hafenstrike. (Die Zeit, Nr. 118, Wien, 2. Jänner 1897; Nr. 120, Wien, 16. Jänner 1897; Nr. 124, Wien, 13. Febr. 1897.)
2. Der Ausstand der Hamburger Hafenarbeiter 1896/97. (Jahrb. f. Nationalökonomie u. Stat., Bd. 68, 1897.)

Ehrmann, K. M., Wie wars? und was wird werden? Ein Glaubensbekenntniss nach einigen sozialpolitischen und staatsrechtlichen Forderungen. gr. 8°. Regensburg 1894.

Eichhoff's, A., Deutscher Arbeiterkalender auf das gemeine Jahr 1869. 8°. Berlin, A. Eichhoff.

Eichhoff, W., Berliner Polizei-Silhouetten. 8°. Berlin, Selbstverlag, 1860.

Eichthal, E. d', 1. Démocratie et liberté. (Revue polit. et parlem., 1896, avril et mai.)
— 2. Socialisme, communisme et collectivisme. Coup d'oeil sur l'histoire et les doctrines. 12°. Paris, Guillaumin et Co., 1892.
— 3. Souveraineté du peuple et gouvernement. (La souveraineté du peuple: la séparation des pouvoirs politiques; Représentant nationale et gouvernement.) 18°. Paris, F. Alcan, 1895. (Bibliothèque d'histoire contemporaine.)
— 4. Tocqueville et la „Démocratie en Amérique". (Extr. de la Revue polit. et parlem., 1896, avril et mai.) 8°. Paris, impr. Davy, 1896.
— 5. Alexis de Tocqueville et la démocratie libérale, étude suivie de fragments des Entretiens de Tocqueville avec Nassau William senior (1848—1858). 18°. Paris, C. Lévy, 1897.

Eichthal, G. d', Notice sur le dogme. Mesnilmontant, sept. 1832.

Eichthal, d', et **Urbain,** Lettres sur la race noire et la race blanche. 8°. Paris 1839.

Eidlitz, Otto, Zwei Sätze aus der socialistischen Theorie. Unparteiisch beurteilt. 8°. Prag, Selbstverlag, 1882.

Eigene (Der). 1. Jahrg. April 1896 — März 1897. 24 Nrn. gr. 4°. Berlin-Wilhelmshagen (Neurahnsdorf), Ad. Brand's Verl.

Eigentum (Das). (Die Grenzboten, 1894,₄.)

Eigenthum (Das). (Motto: „Jedem das Seine!") 8°. Wien, Oesterr. Volksschr.- Verein, 1885.

Eigenthumswahnsinn. Flugblatt. Hrsg. von der „Freiheit", London s. a.

Einblicke in die Zustände des Sozialismus (in Belgien). (Magazin f. Literat. d. Auslandes, 1859, Nr. 128—130.)

Einbrecher (Der). 1 Nr. s. l. s. a.

„Einheits-Staat" (Der kommende), genannt: Reich Gottes auf Erden und dessen (ger-)echter Sozialismus! Zeitgemässe Reform- und Friedens-Vorschläge zur Lösung sozialer Fragen! (Von Karl

Kleninger.) gr. 8°. Schwäb. Hall (Münster, F. C. Mickl) 1898.

Einigkeit (Durch) zur Freiheit. Prolog zur Abendunterhaltung der Sozialisten in Zürich, 5. Febr. 1882. s. l.

Einsle, Anton, Catalogus librorum in Austria prohibitorum. Verzeichniss der in Oesterreich bis Ende 1895 verbotenen Druckschriften, mit Ausschluss der politischen Tages- und der slavischen Literatur. gr. 8°. Wien, Verl. d. Vereins d. österr. Buchhändler, 1896.

Eisen- und Metallarbeiter Wiens (An sämmtliche). Unterfertigt von Mich. Baierlein, Schriftführer, und Ignaz Schulz, Obmann. (Deutsch und böhmisch.) Wien, Genossensch.-Buchdr., Verlag d. Vereins, s. a.

Eisenbahner-Gesetzentwurf (Der sozialdemokratische), eingebracht vom Verband der sozialdemokratischen Abgeordneten im österr. Abgeordnetenhause in der Sitzung vom 21. März 1898. Hrsg. von der Redaction des „Eisenbahner". gr. 8°. Wien, 1. Wiener Volksbuchh. in Komm., 1898.

Eisenbahn-Unglück (Das Steglitzer) vor den Geschwornen zu München. Process Rohleder wegen Vergehens der Beleidigung des preuss. Eisenbahnministers. 8°. München, Pollner, 1884. (Socialpolit. Zeit- u. Streitfragen, Nr. 12.)

Eisenhart, W., Gegen das allgemeine gleiche Wahlrecht. 8°. Halle 1890.

Eitelberg, M., J. G. Fichte und der Socialismus. (Deutsche Worte, Jhrg. 18, 1898.)

Elben, A., Vorderösterreich und seine Schutzgebiete im J. 1524. Ein Beitrag zur Geschichte des Bauernkrieges. gr. 8°. Stuttgart 1889.

Elberskirchen, Johanna, 1. Socialdemokratie und sexuelle Anarchie. Beginnende Selbstzersetzung der Socialdemokratie? 8°. Zürich, Verlags-Magazin in Komm., 1897.
— 2. Das Weib, die Klerikalen und der christliche Socialismus. gr. 8°. Zürich 1898.

Elbogen, Fr., 1. Die Erlösung. Sociale Studien. 8°. Zürich 1889.
— 2. Ein Mahnruf an das arbeitende Volk. (Die Arbeiter und der Antisemitismus.) 8°. Wien, Selbstverlag, 1885.

Elieser, Benj., Die Judenfrage und der socialistische Judenstaat. gr. 8°. Bern, Steiger u. Co., 1898.

Elizard, Jules (M. Bakunin), Die Reaktion in Deutschland. Fragment eines Franzosen. (Deutsche Jahrbücher, 1843.)

Ellenbogen, W., 1. Die Eisenbahnen und die Sozialdemokratie. 8°. Wien, Verlag des „Eisenbahner", 1896.
— 2. Geschichte des Arbeiter-Bildungs-Vereins in Gumpendorf. 8°. Wien, Verlag d. Arbeiterbildungs-Vereins, 1892.
— 3. Wer lügt? Ein Mahnwort an die Wähler. 8°. Wien, 1. Wiener Volksbuchhdlg. (Ig. Brand), s. a. (1897).
— Vide: Festschrift zur Maifeier 1895.

Ellero, Pietro, La tirannide borghese. 2. ediz. 8°. Bologna (Modena, tip. Zanichelli e Co.) 1879.
— Vide: Armelani: Ellero y Guyot.
— — Brini, Gius.: Le opere sociali.

Ellissen, Fr. Alb. Lange. Eine Lebensbeschreibung. 8°. Leipzig 1891.

Elm, A. v., 1. Die Leistungen der Gewerkvereine und der Gewerkschaften in Deutschland. (Neue Zeit, Jahrg. 16, 1897/98.)
— 2. Die Wahrheit im Streik der Hafenarbeiter und Seeleute in Hamburg im J. 1896/97. (Schmoller's Jahrb. f. Gesetzgebung, Jhrg. 21, 1897.)

Elory, L'anarchie. 8°. Dole s. a. (1848).

Elphe, A. d', Clinique sociale. Ce qui perd . . . . ce qui sauve. 8°. Bruxelles, Société belge de librairie, 1893.

Elsner, H., Maximilian Robespierre, Dictator von Frankreich. Vollständige Geschichte seines Lebens mit Sammlung seiner Reden. 8°. Stuttgart 1838.

Elster, Ldwg., 1. Saint-Amand Bazard. (Handwörterb. d. Staatswiss., II, 1891.)
— 2. Jean Jos. Louis Blanc. (Handwörterb. d. Staatswiss., II, 1891.)
— 3. Adolphe Jerôme Blanqui. (Handwörterb. d. Staatswiss., II, 1891.)
— 4. Is. Mar. August François Xavier Comte. (Handwörterb. d. Staatswiss., II, 1891.)

Elting, J., Dutch villages communities on the Hudson river. 8°. Baltimore 1886.

Elvers, R., Zwei Briefe Lassalles. (Grenzboten, 1885, 11.)

Ely, The Dean of, The church and labour problems. (Humanitarian, 1894, July.)

Ely, R. E., Prince Kropotkine. (Atlantic, 1898, Sept.)

Ely, Richard T., Socialism, an examination of its nature, its strength and its weakness, with suggestions for social reform. 8°. London, Swan Sonnenschein, 1894.

Emancipador (O). Journ. Porto, 19 nov. 1892, quelques nos.

Émancipation (L'), organe des travailleurs. Liège.

Emancipation. Betrachtungen über die sozialen Verhältnisse. Von dem Verfasser des Freiherrn von Enlen-Spiegel. gr. 8°. Breslau, Trewendt, 1848.

Emancipation (Die) des Vierten Standes und die Zerstörung des russischen Uebergewichtes. gr. 8°. Leipzig, Ehrlich in Comm., 1890.

Emancipation, organe hebdomadaire de la classe prolétarienne de la Seyne, paraissant tous les samedis. 1. année, no. 1, 27 nov. 1897. pet. fol. Toulon.

Émancipation, organe officiel de la Fédération socialiste de l'Hérault, paraissant tous les samedis. 1. année, no. 1, 20 juillet 1895. fol. Béziers, impr. Boizeau.

Émancipation socialiste, paraît le samedi. 1. année, no. 1, 29 sept. 1895. gr. fol. Lyon. Grand Imprimerie.

Emancipazione (La) sociale. Giorn. Napoli, 11 giugno 1893; numero unico.

Emanuel, Der Anarchismus und seine Heilung. 8°. Leipzig, W. Friedrich, 1894. 8°. Ebd. 1898.

Emeritus, Democracy and leadership. (Fortnightly Review, 1896, Dec.)

Emil, Carl. Der Fürst und sein Volksrath. Eine polit. Phantasie. gr. 8°. Linz, E. Mareis' Sort., 1895.

Emmenes, A. Vide: Voorwaarts.

Emo, N., Religion und Ehe fin de siècle. Auch ein Beitrag zur socialen Frage. gr. 8°. Berlin, F. Gottheimer, 1895.

Empereur (A l'). Les cahiers populaires I. Édition populaire. 8°. Paris, E. Dentu, 1861.

Employé (L'). Organe de toutes les revendications. 1. année, no. 1, 10 août 1893. 4°. Paris, impr. Delerue.

Enault, Louis, Paris brûlé par la Commune, ouvrage illustré. 8°. Paris, Henri Plon, 1871.

En avant, socialistes! Chanson. piano. Lille, impr. Lagrange, s. a. (1898).

En avant pour le suffrage universel. Red. L. Defuisseaux. Bruxelles, paraissant tous les samedis à partir du 10 avril 1886.

Endean, J. Russell, Will socialism be a remedy for present social ills? (Westminster Review, 1893, May.)

En-Dehors (L'). Paris, 5 mai 1891—10 févr. 1893. 91 nos.

Endemann, W., Die rechtliche Behandlung der Arbeit. (Jahrb. f. Nat.-Oek. u. Stat., Bd. 67, 1896.) S.-A. u. d. T.: Die Behandlung der Arbeit im Privatrecht. 8°. Jena, G. Fischer, 1897.

Endemone, Le cinquième congrès socialiste italien. (Revue socialiste, 1897, Nov.)

Endlich! Flugblatt, hrsg. von dem kommunistischen Arbeiter-Bildungsverein in London, gedr. in der Genossenschafts-Buchdr. „Freiheit", s. a.

Endrici, C., Lavoratori cattolici, attenti alle insidie del socialismo. 16°. Milano, casa edit. del Lavoratore italiano, 1897. (Bibliotheca del Lavoratore italiano, serie 1. no. 6.)

Enero (8) **1892.** 10 febrero 1893. Los sucesos de Jerez. („El Corsario", 25 déc. 1892 sq.) 16°. Barcelona 1893.

Enfant terrible. 9 nos. San Francisco, nov. 1891—31 janv. 1892.

Enfantin, P., 1. Mes chers amis, le dogme a été assez longtemps éclipsé. Lithogr. 26 pp. s. l. s. a.

— 2. Correspondance philosophique et religieuse 1843—45. 8°. Paris, typogr. Lacrampe fils et Co., 1847.

— 3. Lettre du Père à Charles Duveyrier sur la vie éternelle. Juin 1830. 8°. Paris, Johanneau, 1834.

Enfants (Les) au phalanstère. Dialogue sur l'éducation. 12°. Paris 1844. 2. édit. 12°. Paris, libr. sociétaire, 1846.

En garde, journal d'organisation et de défense sociales du canton d'Argenteuil. 1. année, no. 1, 7 juin 1896. fol. Argenteuil.

En Garde! Le socialisme est là, ou son plan d'attaque contre la religion, la famille, la propriété. 8°. Liège, impr. Demarteau, 1897.

Engel, Gustav, Die Philosophie und die sociale Frage. Vortrag. 8°. Halle a. S., Pfeffer, 1891. (Philos. Vorträge, hrsg. v. d. Philos. Gesellschaft zu Berlin, N. F. Heft 21.)

Engelmann, M., Die Revolution der Zukunft. 8°. Berlin s. a.

Engelmann, P., Zwei sozialdemokratische Bauernkongresse. (Neue Zeit, Jhrg. 15, 1896/97.)

Engels, Fr., 1. Der Anteil der Arbeit an der Menschwerdung des Affen. Ein nachgelassener Aufsatz. (Neue Zeit, Jhrg. 14,₂. 1895/96.)
— 2. Die Arbeiterbewegung in America. 8°. New York 1887. (Auch in „Neue Zeit".)
— 3. Barbarie et civilisation. (Almanach de la question sociale pour 1894.)
— 4. Die Bauernfrage in Frankreich und Deutschland. (Neue Zeit, Jhrg. 13, 1894/95.)
— 5. Sur la conception matérialiste de l'histoire. Lettres. Londres, 21 sept. 1891, à Londres, 25 janv. 1894. (Devenir social, III, 1897.)
*— 6. The condition of the working class in England. With preface written in 1892. cr.-8°. London, Sonnenschein, 1892. (Social science series.)
*— 7. Herrn Eug. Dühring's Umwälzung der Wissenschaft. 3. Aufl. 8°. Stuttgart, Dietz, 1894.
— 8. Einleitung zum Neudruck von Marx' „Klassenkämpfe in Frankreich 1848 bis 1850". (Neue Zeit, Jhrg. 13, 1894/95.)
— 9. Kann Europa abrüsten? S.-A. aus dem „Vorwärts". 8°. Nürnberg, Wörlein u. Co., 1893.
— 10. Zur Geschichte des Bundes der Kommunisten, als Einleitung zu den Enthüllungen von Marx über den Kölner Kommunistenprozess. 8°. Zürich 1885.
— 11. Zur Geschichte des Urchristentums. (Neue Zeit, Jhrg. 13, 1894/95.)
— 12. Gewalt und Oekonomie bei der Herstellung des neuen Deutschen Reichs. Ein nachgelassener Aufsatz. (Neue Zeit, Jhrg. 14, 1895/96.)
— 13. Internationales aus dem Volksstaat (1871—1875). Aus: „Volksstaat". 8°. Berlin, Verl. des „Vorwärts", 1894.
*— 14. Die Lage der arbeitenden Klasse in England. 2. durchges. Aufl. gr. 8°. Stuttgart, Dietz, 1892.
— 15. Karl Marx. (Handwörterb. d. Staatswiss., IV, 1892.)
— 16. De ontwikkeling van het socialisme van utopie tot wetenschap. 8°. 's Gravenhage 1886.
— 17. L'origine de la famille, de la propriété privée et de l'État (pour faire suite aux travaux de Lewis H. Morgan). Traduction française par H. Ravé. 18°. Paris, Carré, 1893.
— 18. Origen de la familia, de la propriedad privada y el estado. 8°. Madrid, la España moderna, 1895.
Engels, Fr., 19. Von Paris nach Bern. Ein Reisefragment. (Neue Zeit, Jhrg. 17,₁₁, 1898/99.)
— 20. Die auswärtige Politik des russischen Zarentums. (Neue Zeit, Jhrg. 8, 1889/90.) Auch ins Französische, Englische, Russische und Rumänische übersetzt.
— 21. Socialism, utopian and scientific. Translated by E. Aveling. With an introduction specially composed for this edition by the author. cr.-8°. London, Swan Sonnenschein, 1892.
— 22. Il socialismo utopico ed il socialismo scientifico. Tradotta da Z. Martignetti. 8°. Napoli, La Cava C., 1884.
— 23. Socialism utopic si socialism stintific. 8°. Bukarest, J. Woiss, 1891. (Biblioteca socialista.)
— 24. Der Sozialismus in Deutschland. (Neue Zeit, Jhrg. 10, 1891/92.)
*— 25. Der Ursprung der Familie. 6. Aufl. gr. 8°. Stuttgart, Dietz, 1894.
— 26. The working class movement in America. 8°. London 1888.
— 27. Ein Stück Zukunftsstaat. Schreiben an Herrn Dr. Rud. Meyer von Fr. Engels, London, 19. Juli 1893. (Monatsschr. f. christl. Socialreform, Jhrg. 10, 1897.)
— Vide: Marx und Engels.
— — Po und Rhein.
— — Savoyen, Nizza und der Rhein.
— — Schnaps (Preussischer).
Engels, Friedrich. (Handwörterb. d. Staatswiss., III, 1892.)
Engels, Friedrich. (Neue Zeit, Jhrg. 13, 1894/95.)
Engels, Friedrich. Zu seinem 70. Geburtstage. (Neue Zeit, Jhrg. 9, 1890/91.)
Engels, Friedrich. Sein Leben, sein Wirken, seine Schriften. gr. 8°. Berlin, Buchh. d. Vorwärts, 1895.
Engels', Fr., letzte Arbeit: Ergänzung und Nachtrag zum 3. Buch des „Kapital". (Neue Zeit, Jhrg. 14, 1895/96.)
Engels, Frdr., Biographie und Bibliographie. (Nachrichten aus dem Buchhandel und den verwandten Geschäftszweigen für Buchhändler und Bücherfreunde, Nr. 197 u. 205 [24. Aug. u. 4. Sept.] 1895.)
England. Zur Frage über das Coalitionsrecht, „Strike" und „Lock-out". (Magaz.

f. Literatur d. Auslandes, Jhrg. 34, Nr. 16, 1865.)

England (In darkest) and the way out. Report of the Committee, 19. Dec. 1892. cr.-8°. London, Harrison and Sons, 1893.

Englander, S., L'abolizione dello Stato: cenno storico-critico dei partiti del governo diretto, repubblicano, federale ed individualista, traduz. dall' ingles. di F. S. Merlino. 16°. Milano 1879. (Biblioteca socialista, vol. 6.)

Engler, J., Die Arbeiterfrage in den Tropenkolonien der verschiedenen Nationen. (Arbeiterfreund, Jhrg. 34, 1896.)

Enne, Francis, L'abbé Delacollonge. Moeurs cléricales. 2 tomes. 8°. Bruxelles, L. Bertrand, J. Maheu, s. a. (Bibliothèque populaire, éditée sous le patronage du parti ouvrier, no. 7 et 8.)

Ennemi (L') voilà! Garde à vous! Par l'auteur de: Qu'avez vous fait de la France? Signé: Cyprien Millot, Genève, 27, 28 et 29 juillet 1868. 8°. (Genève) impr. universelle, 1868.
Interdit en France!

Enquête (L') sociale ou examen raisonné de la civilisation ancienne et moderne sous le rapport de l'organisation du travail, de l'enseignement etc., publiée sous les auspices du vicomte Du Bouchage et sous la direction de Joseph Morand, 10 mai 1846 au 10 juillet 1848. 43 nos. 4°. Paris.

Enquête (1871) sur la Commune de Paris. 2. édit. 8°. Paris, éditions de la Revue blanche, s. a. (1897).

Ensebo, Ludovico, Socialismo. 8°. Torino, Unione tipogr.-editr., 1896.

Enss, A. Vide: Antikrat.

Enthüllungen über den Kommunisten-Process zu Köln. kl. 8°. Basel 1853.

Entretiens politiques et littéraires. Paris.
Anarchiste pendant quelque temps, en 1892.

Entwickelung (Die historische) des Anarchismus. 16°. New York 1890. (Internationale Bibliothek, Nr. 16.) Abdr. aus der „Freiheit": Zur Geschichte des Anarchismus, 19. April—17. Mai 1890.

Entwickelung (Zur) des Berliner Bierboykotts. (Sozialpolit. Centralblatt, Jhrg. 3, Nr. 42.)

Entwickelung (Zur) der internationalen Socialdemokratie. Bericht über den 4. internationalen Socialisten-Congress in London vom 27. Juli—1. Aug. 1896.

(Uebersetzung aus dem Musée social, Circulaire no. 3, Paris.) Mit einem Vorworte von Ludwig Bamberger. (Volkswirtschaftl. Zeitfragen, Heft 145 u. 146.) gr. 8°. Berlin 1897.

Entwurf einer provisorischen Regierung der Republik Polen. 8°. Dresden 1848.

Entwurf einer republikanischen Verfassungs-Urkunde, wie sie in Deutschland taugen möchte. 8°. Im 7. Jahre der Mutterrepublik (1797).

Episcopat (L') français et la question sociale. (Sociologie catholique, III,₃,₄, 1894.)

Episodio (Un) d'amore nella Colonia Cecilia. Vide: Cecilia, comunità anarchica sperimentale.

Episteln eines Narren und Rath eines Klugen. Von ..z.. 8°. Wien, (Jasper, Hügel) Manz, 1851.

Épitre de Paul Jean au Dijonnais. 8°. Paris 1848.

Épitre aux Saint-Simoniens, par E. L. (Le Mercure de France au dix-neuvième siècle, 1831.)

Equality, or a History of Lithconia. 8°. Philadelphia 1837. 8°. Philadelphia 1863. 8°. Boston 1889.

Erasmus Redivivus, Der Moloch des Militarismus. Ein Mahnwort an alle Welt. 8°. Zürich, Verlags-Magazin, 1894.

Erba, Virgil, Le prime organizzazioni sociali: conferenza dettata per il corso di scienza sociale nella R. Università di Torino. 8°. Torino, tip. G. Candeletti, 1891.

Erdmannsdörffer, H. G., 1. Dem Abgrunde zu! Die deutsch-soziale Reformpartei in kritischer Beleuchtung. gr. 8°. Hannov.-Münden, R. Werther, 1898.
— 2. Ein Phantasiestaat. Darstellung und Kritik von Bellamy's „Im Jahre 2000", Rückblick auf 1887. Vortrag, geh. im Deutsch-socialen Reform-Verein zu Leipzig. gr. 8°. Leipzig, Werther, 1891.

Ère (L') du socialisme. Journal-revue hebdomadaire. 1. année, no. 1, 14 oct. 1894. fol. Paris.

Ereignisse (Die) von Falkenau und Ostrau im Parlamente. Nach dem stenograph. Protolle. 8°. Wien, 1. Wiener Volksbuchhdlg., 1894.

Erfurter-Association (Die) für Arbeiter. (Grenzboten, 1859,₄.)

Erfurter-Programm (Das). 8°. Stuttgart, J. H. W. Dietz, s. a.

Erhebung (Die jüngste) des Anarchismus. (Christl.-soz. Blätter, Jhrg. 25, 1892.)

Erio, Eene sociaal-democratische republiek. Schets uit de geschiedenis der twintigste eeuw. 2. dr. gr. 8°. 's Hage, Liebers u. Co., 1891.

Erinnerung (Eine) an Georg Herwegh. Sep.-Abdr. aus dem „Volksstaat". 8°. Leipzig, Genoss.-Buchdr., 1875.

Erinnerung (Zur) an den 11. November 1887. 8°. New York 1890.

Erinnerung (Zur) an die am 11. November 1887 in Chicago hingerichteten Märtyrer des Proletariats. Das Agitationscomité der I. A. A. 8°. New York 1887.

Erinnerungen (Aus den) eines Owenistisch. Agitators. (Neue Zeit, Jhrg. 10, 1891/92.)

Eris, Karl, Arbeiter-Evangelium. 3 Vorträge an die Arbeiter. 3 Hefte. gr. 8°. Stuttgart, Glaser u. Sulz, 1893.

Erklärung der wunderseltzamen Landcharten Utopiae, so da ist das neu entdeckte Schlaraffenland wor. all u. jede Laster der schalkhaften Welt beschrieben. 12°. Gedruckt zu Arbeitshausen in der Grafschaft Fleissig (c. 1650).

Erlebnisse eines Nihilisten. (Von ihm selbst erzählt.) Der Oeffentlichkeit übergeben von Gregor Iwan. Kuptschanko. 8°. Leipzig, Minde, u. a. (1880).

Ermetes, A., La democrazia e la finanza: intemperanze e freni, con una lettera di Ruggero Bonghi. 4°. Roma, fratelli Bocca, 1887.

Ermordung (Die) des Polizeirath Dr. Rumpf vor dem Schwurgericht zu Frankfurt a. M. vom 29. Juni bis 1. Juli 1885. Redigiert von dem Journalisten Hugo Friedländer aus Berlin nach den von demselben prima vista niedergeschriebenen Zeitungsberichten. 2. Aufl. 8°. Leipzig, Leopold u. Bär, 1885.

Ermordung (Die) Carnots und die anarchistische Propaganda; von F. de B... 8°. Wiesbaden, Jurany u. Hensel's Nachf., 1894.

Ernouf, Baron, Un précurseur du socialisme en Allemagne: Johann Fischart, sa vie et son oeuvre. (Revue de France, 2. année, 29 févr. 1872.)

Ernst, C. B., Soll die Vernunft regieren, oder der Glaube? Vom Standpunkte der Demokratie. 8°. Bremen 1850.

Ernst, Paul, 1. Die reine Demokratie. (Die Gegenwart, Bd. 53, 1898.)

Ernst, Dr. Paul, 2. Demokratie, Freiheit und Fortschritt. (Die Zukunft, Bd. 12, 1895.)
— 3. Landwirtschaftliche Entwickelung und sociale Evolution. (Neue Zeit, Jhrg. 12, 1893/94.)
— 4. Ein socialistisches Experiment. (Die Gegenwart, Bd. 51, 1897.)
— 5. Die Gegner der materialistischen Geschichtsauffassung. (Schweiz. Blätter f. Wirtsch.- u. Soc.-Pol., Jhrg. 6, 1898.)
— 6. Lassalle. (Die Zukunft, Bd. 21, 1897.)
— 7. Karl Marx. (Die Zukunft, Bd. 21, 1897.)
— 8. Die gesellschaftliche Reproduction des Kapitals bei gesteigerter Productivität der Arbeit. gr. 8°. Berlin, Magazin f. Volkslitteratur, F. Harnisch u. Co., 1894.
— 9. Die Urgeschichte der Familie. (Die Zukunft, Bd. 8, 1894.)

Erörterungen zu den vier Fragen, von einem Nicht-Ostpreussen. 8°. Berlin 1841.

Errore (L') giudiziario. Num. unico. Ancona 1896.

Erwachen (Das politische) der russischen Arbeiter und ihre Maifeier von 1891. (Neue Zeit, Jhrg. 10, 1891/92.)

Erz, Rud., Die Entwickelung des socialistischen Gedankens in der hebräischen Presse Osteuropas. (Jahrb. f. Sozialwiss., II, Zürich 1879.)

Erzberger, M., Christliche oder sozialdemokratische Gewerkschaften? 12°. Stuttgart, Deutsches Volksblatt, 1898.

Esboeufs, V. d', 1. Trahison et défection au sein de la Commune. Le coin du voile, suivi d'une étude politique etc. 8°. Genève, impr. Vve. Blanchard, 1872.
— 2. La vérité sur le gouvernement de la défense nationale, la Commune et les Versaillais. 8°. Genève, impr. coopérat., 1871.

Escard, François, 1. Solutions anciennes de la question sociale. Les communautés de famille en France. (Extr. de la Revue générale internationale, scientifique, littéraire et artistique, mars 1896.) 8°. Evreux, impr. Hérissey, 1896.
— 2. Solutions anciennes de la question sociale. Paroisses et communes autonomes (Hoedic et Houat). gr. 8°. Evreux, impr. Hérissey, 1897.

Esclave (L'), organe mensuel des revendications prolétariennes. 1. année, no. 1, 1. août 1898. pet. fol. Nice, impr. niçoise.

Esclavage (L') dans la Société moderne, origine et fin du socialisme, par l'auteur de l'Avenir de la France. XII et 72 pp. 8°. Paris, Féchoz, 1873.

Esclave (L'), organe de la fédération socialiste révolutionnaire de la région du Nord. Paraît le dimanche. no. 1, 28 juillet 1883. pet. fol. Armentières, Nocq.

Esclavo (El). Journ. Tampa, Florida, juin 1849 sq. Paraît encore.

Esclavo (El) moderno. Journ. Villanueva y Geltrù 1886.

Escravo (O). Journ. Porto 1881.

Esenbeck, N. v., Die demokratische Monarchie. 8°. Berlin 1848.

Esperson, A., Saggi economico-sociali. 8°. Sassari 1893.
Contiene: Istruzione e questione sociale. — Cooperazione e case operaie. — Gli anarchici. — Un libro sulla questione sociale del conte L. Tolstoi. Una nuova teoria sul capitale del prof. L. Caporali.

Espiègle (L'). Journal hebdomadaire. Bruxelles, vers 1868—1870.

Espinas, A., La philosophie sociale du XVIII. siècle et la révolution française. 8°. Paris 1898.

Espinassous, Philosophie de l'oraison dominicale. 8°. Paris s. a.

Espori (L'). Journal hebdomadaire. Renaix, vers 1850.

Esprit (L') de Révolte. Paris, num. progr. et no. 1, mai 1885.

Esquiros, A. de, 1. Le droit au travail, de son organisation par le réforme des institutions du crédit. 12°. Blois 1849.
— 2. Histoire des montagnards. 8°. Paris 1847.
— 3. Paris au XIX. siècle. 8°. Paris s. a.
— 4. Les paysans. 8°. Paris s. a.
— 5. Les vierges folles. 12°. Paris 1844. 12°. Paris 1846.
— 6. Les vierges martyres. 3. édit. 12°. Paris 1846.
— 7. Les vierges sages. 2. édit. 12°. Paris 1848.

Essai sur la grève générale. Premier fragment. La grève générale et le patriotisme par le compagnon N... 8°. Bruxelles 1890.

Essais de politique démocratique, suivis de quelques réflexions sur plusieurs écrits de M. le comte de Paris; par. L. F. 12°. Paris, librairie internat., 1872.

Essay (An) on the right of property in land, with respect to its foundation in the law of nature; its present establishment by the municipal laws of Europe; and the regulations by which it might be rendered more beneficial to the lower ranks of mankind. (Ogilvie.) 8°. London s. a. (probably 1786).

Esso, Elchard, La politique internationale du prolétariat et la question d'Orient. (Devenir social, IV, 1898.)

Estafette (L'). grand format. 30 nos. du dimanche 23 avril 1871 (4 floréal an 79) au mardi 23 mai (14 prairial). Paris.
L'Estafette fut la continuation du „Bonnet Rouge".

Estate (The fourth): or the moral influence of the press; by a Student at law. gr. 8°. London, Ridgway, Piccadilly, 1839.

Ester, C. d', Der Kampf der Demokratie und des Absolutismus in der Preuss. constituir. Versammlung, 1848. 8°. Mannheim 1849.

Esteve, Petro, A los anarquistas de España y Cuba. 1893. („El Despertar", 1896.)

Étendard, organe radical socialiste. 1. année, no. 1, 6 juin 1897. fol. Bordeaux, impr. spéciale.

Ethnicus, Why am I a Socialist? or a defence of social principles in a letter to a Christian friend. 16°. Glasgow 1840.

Etiévant, Alfred, Dialogues socialistes. 8°. Troyes, impr. Arbouin; Paris, Biblioth. franç., s. a. (1897).

Etiévant, G., 1. Déclarations de G. Etiévant. 8°. Paris, bureau de „La Révolte", 1893; tiré de „La Révolte", 15—22 et 29 oct. 1892: autre édition sous le titre: Un anarchiste devant les tribunaux. 8°. Bruxelles 1895. (Biblioth. des Temps Nouveaux, no. 4.)
— 2. Défense d'Etiévant que les jugeurs de Versailles ont refusé d'entendre. 4 pp. 4°. Paris, impr. A. Berio, 9 rue Rodier (1892).

Étincelle (L'). Chants, pensées et poésies révolutionnaires. 1. année, no. 1. 16°. Bruxelles, 12 nov. 1892.

Étoile (L'). grand format. 8 nos. du vendredi 5 mai 1871 au vendredi 12 mai. Supprimé le 12 mai par la Commune. Paris.

Étoile (L') socialiste; revue hebdomadaire. Charleroi.

Étude philosophique sur le devoir social. 8 pp. 8°. Roubaix, impr. Béghin, 1872.

Étude sur la liberté du travail. Du rôle de l'État dans l'ordre économique, par F... A... 8°. Saint-Nazaire, Girard, 1884.

Étude sur la nationalisation du sol, d'après les expériences faites en Australie; par un républicain de Louviers. 8°. Louviers, impr. Izambert, 1897.

Étude critique du vrai et sincère socialisme, par M**. 8°. Nimes, Ballévet et Fabre, 1849.

Études sociales catholiques, publiées par G. Decurtins. I. Oeuvres choisies de Mgr. Ketteler. 8°. Paris, A. Schulz et Fribourg, 1892.

Études sur le socialisme. Réponse à Mr. le prof. Thonissen par un socialiste phalanstérien. 8°. Louvain s. a.

Étudiant (L') socialiste, organe bi-mensuel des étudiants socialistes. Bruxelles 1890—1896.

Étudiants (Aux). — Un peu d'économie sociale. (Brochure éditée par les étudiants socialistes.) 8°. Gand, impr. F. Foucaert, 1889.

Etwas vom sozialen Königtbum. (Neue Zeit, Jhrg. 10, 1891/92.)

Eudämonia oder deutsches Volksglück, ein Journal für Freunde von Wahrheit und Recht. 6 Bde. gr. 8°. Leipzig, Frankfurt u. Nürnberg 1795—98.

Eulenburg (Minister Graf zu) und die deutsche Sozialdemokratie. Verhandlungen des deutschen Reichstages vom 27. Januar 1876 über den § 130 des deutsch. Reichs-Strafgesetzbuches. (Nach dem amtl. stenograph. Berichte.) 8°. Berlin, Allgem. deutsche Associations-Buchdr., 1876.

Eulenstein, Bernh., 1. Die soziale Frage, dennoch eine Grund- und Bodenfrage. Eine Replik. (Aus: „Kritik".) gr. 8°. Berlin, Kritik-Verlag, 1896.
— 2. H. George und die Bodenbesitzreformer deutscher Richtung. (Die Gesellschaft, 1894, März.)
— 3. Henry George und die Bodenbesitzreformer deutscher Richtung. Eine Abhandlung in 2 Repliken. gr. 8°. Leipzig, W. Friedrich, 1894.
— 4. Nur eine einzige Steuer. („Henry George's single tax.") Eine Steuerstudie. gr. 8°. Berlin, E. Staude, 1894.

Eusebio, Ludovico, Socialismo. 8°. Torino, Unione tipografico-editrice, 1896.

Evangelium (Das) der Freiheit und Wahrheit, gegründet auf das Natur- und Sittengesetz. 8°. Leipzig 1865.

Evelyne, John, Cooperation: An Adress to the labouring classes on the Plans to be pursued and the Errors to be avoided in conducting trades-unions. 8°. London 1830.

Evolution und Revolution. s. l. s. a.

Evolution sociale, organe socialiste pour Paris et le banlieu, paraissant le 1. et le 15 de chaque mois. 1. année, no. 1, 15 avril 1898. 4°. Paris, impr. de l'Évolution sociale.

Evrard, Ferdinand, Souvenirs d'un otage de la Commune. Notes d'un sergent-major réfractaire du 106. bataillon. 8°. Paris, Paul Dupont, 1871.

Ewald, J. L., Ueber Revolutionen, ihre Quellen und die Mittel dagegen. 8°. Berlin 1792.

Ewerbeck, Herm., 1. J. B. Marat als Mann der Wissenschaft und der Politik. (Rheinische Jahrbücher, II, 1846.)
— 2. L'Allemagne et les Allemands. gr. 8°. Paris, Garnier frères, 1851.

Ewerbeck, H., = pseud. Wendel-Hippler.

Examen de la critique et des doctrines l'école socialiste sur le capital. (L'Association catholique, 1896, juillet.)

Examen de quelques questions sociales. Publication du cercle de émulation. 8°. Bruxelles, impr. D. Brismée, 1866.

Examination (An) of Mr. Owens doctrine of Human Responsability, and the Influence of Circumstances in the formation of Character. 8°. London 1840.

Exilé (L'). Almanach pour 1851. Rédigé par L. Avril, Boichot, Jaunot, Kopp, Felix Pyat, Rolland, représentants du peuple, proscrits etc. 8°. Paris, chez l'éditeur, impr. Blondeau, 1850.

Existence (The) of God. A Discussion between Rev. Woodville Woodmand and „Iconoclast". 74 pp. 8°. London 1861.

Existenzminimum (Das). (Neue Zeit, Jhrg. 15, 1896/97.)

Expansión (La) individual. Journ. Buenos-Aires, févr., 1896.

Exposure of the noted Robert Owen! concerning his late visit the Queen... With an account of the victims of Seduction, and his New Moral Marriage System. 12°. London 1840.

Extraits de la Défense de l'anarchiste Salvador Frank (Franch). Signé: L'Anonymat. 1 p. fol. s. l. s. a.

Exul, Republikaner und Sozialisten in Italien. (Neue Zeit, Jhrg. 16,, 1897—1898.)

Eychêne, A., Le socialiste réformateur. 32°. Toulouse, impr. Ispa, 1894.

Eylenbosch, G., Intérêts généraux de la classe ouvrière. 8°. Gand, impr. „Het Volk", 1895. (Congrès de la Ligue démocratique belge à Gand, 1. section.)

E. Z. Vide: Amore (L') nella vitta di F. Lassalle.

F.

Faber, Heinrich, An die Hilfsarbeiter und Hilfsarbeiterinnen der Buchdruckereien Wiens. 8°. Wien, H. Faber, Genossenschafts-Buchdr., s. a.

Faber, W., Kommunismus und Christentum. Vortrag, geh. am 18. Dezbr. 1892 in St. Adelheid bei Greiz, nebst der nach dem Vortrage stattgefundenen Discussion. 8°. Leipzig, Akad. Buchh., 1893.

Fabiani, Luciani, Dei futuri destini d'Italia: problemi sociali. 8°. Ravenna, E. Lavagna, 1887.

Fable (La) des abeilles, ou les fripons devenus honnêtes gens (par B. Mandeville), trad. par J. Bertrand. 4 vols. 8°. Londres 1740. 8°. Londres 1750.

*****Fable of the bees,** or privat vices, public benefits, with an Essay on charity and charity school, and a Search into the nature of Society (by Mandeville). 8°. London 1723. 3. ed. 8°. London 1724. n. ed. 2 vols. 12°. Edinburgh 1772.

Fabre, Auguste, 1. La concurrence asiatique et l'avenir des ouvriers européens. 8°. Nimes, bureaux de l'Emancipation, 1897.

— 2. Un socialiste pratique. Robert Owen. Avec introduction par Ch. Gide. 8°. Nimes, impr. Vve. Laporte, 1896.

Fabre, Jean Antoine, Solution du problème social pour l'association de l'agriculture et des capitaux. 8°. Toulouse, impr. Pinel, 1818.

Fabroguettes, P., 1. La question sociale. Le contrat de travail; les coalitions et les grèves devant la loi; Rôle des syndicats; Arbitrage; Conciliation (législation ouvrière). 8°. Toulouse, Soubiron frères, 1896.

Fabroguettes, P., 2. Société, État, Patrie. Études historiques, politiques, philosophiques, sociales et juridiques. 2 vols. 8°. Paris, Chevalier-Maresq et Co., 1898.

Fabrizi, Ugo, Il lavoro e la civiltà. 16°. Città di Castello, tip. S. Lapi, 1887.

Fagnot, F., Les Syndicats ouvriers en Angleterre. Resumé historique (1799—1895). 8°. Versailles, impr. Aubert; Paris 1898. (Publication du Cercle des prolétaires positivistes de Paris.)

Faguet, Émile, 1. Auguste Comte. I. Ses idées générales et sa méthode. II. Sa morale et sa réligion. (Revue des deux Mondes, 1895, 15 juillet, 1 août.)

— 2. Charles Fourier. (Revue des deux Mondes, 1896, 1. août.)

— 3. Proudhon. (Revue de Paris, 1896, 15 mai.)

— 4. Le Comte de Saint-Simon. (Revue des deux Mondes, 15 juin 1894.)

Faillet, E., Le parti ouvrier français (Bourgeoisie et prolétariat; Doctrine; Origine et progrès du parti; les élus du parti à l'Hôtel de Ville). 16°. Paris, Dentu, s. a. (1894).

Fair Play, by E. C. Walker and Lillian Harman. Valley Falls, Kansas, 1888—1889.

Fais ce que veux. 8°. Genève, impr. jurassienne, 1887. (Publications anarchistes.)

Fakkel (De). Gand, 28 janv. 1894 sq. 30 nos. ou plus.

Falkenheiner, W., 1. Philipp der Grossmüthige im Bauernkriege. Mit urkundlichen Beilagen. 8°. Marburg 1847.
— 2. Zur Verständigung und zur Versöhnung. An den Arbeiterstand. 8°. Kassel 1867.
Faliés, Gust., 1. Nécessité de la révolution. 32°. Paris 1884. („Petite Bibliothèque de la Jeunesse socialiste", no. 3.)
— 2. La révolution et la jeunesse. 32°. Paris 1883, févr. („Petite Bibliothèque de la Jeunesse socialiste", no. 2.)
Falk, Kurt, 1. Antisemitismus und Sozialdemokratie. Hrsg. vom rheinischen Agitationskommittee. 2. Aufl. 8°. Elberfeld 1892.
— 2. Die Bestrebungen der Sozialdemokratie, beleuchtet vom Irrsinn Eugen Richter's. 1. u. 2. Aufl. 8°. Nürnberg, Wörlein u. Co., 1891.
— 3. Die christliche Kirche und der Sozialismus. Eine sozialdemokratische Antwort auf die Encyklika Leo's XIII. 8°. Nürnberg, Wörlein u. Co., 1891.
Falkenburg, Ph., 1. De Belgische arbeidersvereenigingen. (De Economist, 1892,₁.)
— 2. De Engelsche vereenigingen van ongeleerde arbeiders. (Sociaal Weekblad, 1890, no. 42, 43, 44; 1891, no. 30, 31, 32; 1892, no. 53.)
Fall (Der) Marx. (Neue Zeit, Jhrg. 10, 1891/92.)
Falletti, G., La patria e gli anarchici: discorso pronunziato il 2 ottobre in Gerace Marina seguito da alcuni articoli analoghi. 8°. Catanzaro, tip. del giornale „Il Sud", 1894.
Fallmerayer, J. Ph., Ueber das Grundprincip aller socialen Verhältnisse des Menschen. 4°. Landshut 1826.
Falot (Le) cherbourgeois. Cherbourg, 1. janv. 1892 sq.
Fame (La). Giorn. Genova 1873.
Familienbibliothek für das arbeitende Volk. Ausgewählte Sammlung proletarischer Interessen-Literatur etc., hrsg. von Rud. Hauser und Al. Gollen. 8°. Wien, „Familienbibliothek", 1890 ff.
Familistère (The) of Guise. (Social Science Review, 1865, Oct.)
Farbenlehre (Zur politischen). Ein Schauspiel in 3 Akten. Hrsg. von W. Liebknecht. gr. 8°. Borsdorf 1888.
Farbstein, Dr. David, Das Recht der unfreien und der freien Arbeiter nach jüdisch-talmudischem Recht, verglichen mit dem antiken, speciell mit dem römischen Recht. gr. 8°. Frankfurt a. M., J. Kauffmann, 1896.
Farrer, Lord, Kidd's „social evolution". (Contemporary Review, 1894, June.)
Fascio (Il) Operaio. Giorn. Bologna 1872.
Faubourg (Le). Journal politique quotidien. Rédacteur en chef: Gustave Maroteau. moyen format. Un seul uo. le dimanche 26 mars 1871. Paris.
Faucher, Léon, 1. Coalition des ouvriers charpentiers. (Journ. des Écon., 1845, août.)
— 2. De la coalition des ouvriers mécaniciens en Angleterre. (Journ. des Écon., 1852, févr.)
— 3. Les coalitions condamnées par les ouvriers anglais. (Journ. des Écon., 1845, sept.)
Pauconnier, E., La question sociale. Rente, intérêt, société de l'avenir. 18°. VIII et 335 pp. Paris, libr. Germer Baillière et Co, 1878.
Faulheit (Die). Flugblatt. s. l. s. a.
Faure, Fern., La statistique et la démocratie. (Revue polit. et parlem. I, 1895.)
Faure, Sébastien, 1. Almanach anarchiste pour 1892. 8°. Paris 1891.
— 2. L'anarchie eu Cour d'Assises. 29 pp. 8°. Paris 1891.
— 3. Autorité ou liberté. 21 pp. 8°. Paris 1891.
— 4. Défense du compagnon Séb. Faure (pour un discours prononcé dans une réunion publique, le 12 mars 1892). 44 pp. fol. 1892.
— 5. La douleur universelle. Philosophie libertaire. Préface d'Émile Gautier. 18°. Paris, juillet 1895.
— 6. Féodalité ou révolution. 2. édit. 27 pp. 8°. Paris 1891.
*****Fauth**, Ad., Die Sozialdemokraten, was sie wollen etc. 4. Aufl. gr. 8°. Herborn 1894.
Fauveau, G., Les effets de la liberté du travail. (Journ. des Économistes, 1885, sept.)
Fauvety, Ch. Vide: Solidarité (La).
Fava, N., Sulle cose di stato e questione sociale. 8°. Milano, tip. P. B. Bellini e Co., 1890.
Faventine, de, De la monarchie et de la propriété, ou Considérations sur les rapports qui existent entre la propriété

et diverses sortes de monarchies. 8°. Paris, Lenormant, 1831.

Favero, Luigi, 1. Il bosco del Montello. (Giorn. degli Econom., 1876, sett.)
— 2. La selva del Montello nel Trivigiano: memoria. 16°. Milano, Paolo Carrara, 1875.

Favilla (La). Mantova 1872 sq.

Favilla (La). Giorn. Mantova 1891—93 (ou 94).

Favre, L., Les questions sociales au théatre. (Revue internat. de sociologie, IV, 1896, mars.)

Fawcett, Henry, 1. The nationalisation of the land. (Fortnightly Review, 1872, Nov.)
— 2. Strikes: their tendencies and remedies. (Westminster Review, 1860, July.)
— 3. Theory and tendency of strikes. Transactions of the National Association for the promotion of social science 1859.

Fechenbach-Laudenbach, Reichsfrhr. v., 1. Die Bedeutung der heutigen Sozialdemokratie für Staat und Gesellschaft, oder: Was will, kann und soll man? gr. 8°. Frankfurt a. M., A. Foesser's Nachf., 1895.
— 2. Die kaiserl. Erlasse vom 4. Febr. 1890. Ihre Bedeutung für die Entwickelung der staatlichen, wirthschaftlichen und gesellschaftlichen Verhältnisse unter nachträglicher Berücksichtigung der Entlassung des Fürsten Bismarck. 2. Aufl. 8°. Frankfurt a. M., A. Foesser's Nachf., 1890.
— 3. Soll man die Sozialdemokratie zur akuten Revolution, zu Strassenkämpfen zwingen? gr. 8°. Leipzig, F. Luckhardt, 1896.

Feddersen, F. A., Christlich-sozial. Moderne Psalmen. 8°. Berlin, Bibliogr. Bureau, 1895.

Federación (La). Journal. Barcelona, 1. août 1869—26 mai 1872 et après une interruption forcée 1872—73.

Federación (La) Igualadina. Journ. Igualada, 9 févr. 1883—1885?

Federación (La) obrera. Journ. Rosario, le no. 2 est du 24 août 1896.

Federación de Trabajadores. Journ. Montevideo, 5 sept.—21. nov. 1885, 13 nos. (?)

Federación de trabajadores de la Region Española. Memoria de los trabajos realizados por la Comisión Federal en el desempeño de su carga 1887 á 1889. 16 pp. 8°. s. l. juin 1889.

Fédéraliste (Le). Rédacteur en chef: Odyssée-Barot. grand format. N'a eu que deux numéros les dimanches et lundi 21 et 22 mai 1871. Paris.

Fédéraliste (Le), de Fribourg et Chemalé. Paris, juillet 1858.
Il n'est pas certain que cette publication ait paru. Netlau.

Fédération (La), journal socialiste, cantonal, hebdomadaire. 1. année, no. 1, 5 mai 1894. fol. Toulon, impr. Foa.

Fédération (La) communale. Étude. Plutôt un placard qu'un journal. Feuille simple, grand format. Paris.

Fédération française des groupes socialistes de la Libre-Pensée. Compte-rendu du congrès universel de 1883, tenu à Paris, Salle Molière, les 23 . . . sept. 8°. Amiens, impr. centrale Cadé van Messem. 1884.

Fédération nationale des ouvriers mineurs belges fondée le 25 dec. 1889. Statuts. 8°. Bruxelles, impr. Mahen, 1890.

Fédération nationale des sociétés des librespenseurs. Congrès de Herstal, tenu les 21 et 22 mai 1893. Les droits de la femme. Rapport de M. Mévisse. Rapport de Mme Émilie Claeys. 8°. Bruxelles, Mahen, 1893.

Fédération (La) républicaine de la Garde nationale. moyen format, sauf le no. 4 grand format. 4 nos. Le premier, sans no., 25 février 1871 ; le second, également sans no. d'ordre, 7 mars; no. 3, 12 mars ; no. 4 samedi 15 avril. Paris.

Fédération des syndicats ouvriers de Limoges et du Centre, organe de défense des travailleurs, paraissant chaque mois. 1. année, no. 1, 1 janv. 1895. fol. Limoges, impr. Dulac.

Fédération du travail, organe des comités d'arrondissement pour la défense des intérêts du travail, bimensuel. 1. année, no. 1, 29 mars 1896. gr. fol. Paris, impr. Gourdineau.

Fédération des travailleurs socialistes.—Historique comparée.—Bourgeoisie.—Parti ouvrier.—Étude pour la propagande socialiste pour le groupe d'études sociales du 10. arrondissement. 12°. Paris 1887.

Fédération (La) typographique Belge (édition française). Mensuel. Bruxelles, depuis 1889.

Federazione internazionale fra socialisti anarchici-rivoluzionari. 2 pp. 4°. s. l. s. a. (febbr. 1895).
Trad. anglaise: International Federation of revolutionary anarchist-socialists. 1 p. 4°. s. l. s. n.

Fédéré (Le) des Batignoles. Un seul no., daté du 25 avril 1871. Paris.

Fedraheimen, Journ. de Arne Garborg. Tönsett et depuis le 10 janv. 1891 à Skien. Fondé en 1877, depuis 1889 organe anarchiste.

Feig, J., Die Londoner Dockarbeiter und ihr Gewerkverein. (Deutsche Worte, Jhrg. 13, 1893.)

Feigenbaum, R., 1. Die sozialistische Bewegung in Russland und dortige Jiden. A. Propagandabroschüre extrageschrieben zu vertheilen zwischen die jidische Arbeiter in Russland im Allgemeinen und in Russisch-Polen besonders. (In hebräischen Lettern.) 8°. New York, Druck von H. Wohl, 1896.
— 2. Einleitung. Wie kommt ein Jude zum Sozialismus? 8°. London 1889; Volksbibliothek in jüdisch-deutscher Sprache, hrsg. von den Vereinigten Gruppen der „Ritter der Freiheit" in England und Amerika.
— 3. Das Gesetz der Entwickelung. 8°. London, The People's Library, United Groups „Knights of Liberty" of England and America, 1890.
— 4. Woher stammt der Mensch? 8°. London, The People's Library, „Knights of Liberty", 1889.

Feilbogen, S., Die Sozialfrage im Handelsgewerbe. (Das Handelsmuseum, Bd. 12, 1897.)

Feistleg, Herm., Der Parlamentarismus und die Arbeiterklasse. s. l. s. a.

Félicité publique (De la), ou considérations sur le sort des hommes dans les différentes époques de l'histoire (par Diderot). 2 tom. 8°. Amsterdam 1772. Nouv. éd. rev. 2 tom. 8°. Bouillon 1776.

*****Felix, Ludw.,** 1. Entwickelungsgeschichte des Eigenthums. 4. Bd. 1. Theil: Der Einfluss von Staat und Recht auf die Entwickelung des Eigenthums. gr. 8°. Leipzig, Duncker u. Humblot, 1896.
— 2. Kritik des Sozialismus. gr. 8°. Leipzig, Duncker u. Humblot, 1893.

Felix, Th., Der Protestantismus und die soziale Frage. 1. Theil. 8°. Strassburg 1884.

Fellowes, Robert, Common sense truths, proposed for the consideration of the working classes of the philanthropic ultras. 8°. London 1845.

Felt, C. W., Free labour, the first condition of free trade. pst.-8°. London 1870.

Felton, Katharine, Rousiers' theory of the evolution of the laborer. (Journ. of Polit. Economy, vol. VI, 1898, June.)

Femme (La) nouvelle, ou l'Apostolat des femmes. 8°. Paris 1832 — avril 1834 (31 nos.). Le no. 1. porte le titre: La Femme libre. (Le sous-titre est devenu: Tribune des femmes.)

Femmes (Aux) juives! (Probablement de Burranlt.) 8°. s. l. s. a.

Fer (Le) rouge. 8°. Bruxelles 1886. 1 no. 18 pp.

Ferand, Séverin, Phraseurs et prolétariat. 1884.

Féréal, M. V. v., 1. Die Geheimnisse der Inquisition und anderer geheimen Gesellschaften. Deutsch von L. v. Alvensleben. 8°. Brünn 1862.
— 2. Mystères de l'inquisition et autres sociétés secrètes d'Espagne. Avec notes et introduction de Cuendias. 8°. Paris 1845.

Foret, P., La question ouvrière. 16°. Paris, Lethielleux, 1893.

Feringa, F., Demokratie en wetenschap. 1. en 2. herz. dr. 8°. Groningen 1872. Fabriekskinderen wet. — Socialisme en associatie. — Internationaal arbeidersvereeniging. — Staatsfinancien en belastingwezen.

Fermé, Albert, Les conspirations sous le second empire. Complot de l'Hippodrome et de l'Opéra comique. 8°. Paris, libr. de la renaissance, 1869.

Ferneuil, Th., La crise de la souveraineté nationale et du suffrage universel. (Revue polit. et parlam., III, 1896.)

Ferrand, E., Le grand Dieu et les petits Dieux. 8°. Paris s. a.

Ferrand, St., Les tarifs de la ville et les grèves. 8°. Paris 1865.

Ferrari, Pietro, Sulla questione sociale e sopra i mezzi per risolverla in Italia: Osservazioni. 8°. Camairore, Benedetti, 1889.

Ferraris, A., La questione sociale e la trasformazione del sistema tributario in Italia. 8°. Como 1893.

Ferraz, M., Histoire de la philosophie en France au XIX. siècle. Socialisme, naturalisme et positivisme. (Saint-Simon, Ch. Fourier, Louis Blanc, Pierre Leroux, Gall, Proudhon.) 8°. Paris 1877. 8°. Paris 1882.

Ferreira, S. P., Declaração dos direitos e deveres do Homem e do cidadão. 8°. Paris 1836.)

Ferrero, Guglielmo, Socialismus in Russland. (Die Zeit, Nr. 117, Wien, 26. Dec. 1896.)

Ferret, Abbé, Notions de la propriété, et deux de ses charges en fonctions. (L'Association catholique, 1896, avril.)

Ferret, P., La question ouvrière. 16°. Paris, Lethielleux, 1893.

Ferri, Enrico, 1. Kriminelle Anthropologie und Sozialismus. (Neue Zeit, Jhrg. 14, 1895/96.)

— 2. I contadini mantovani al processo di Venezia, 16 febbr., 27 marzo 1886. 8°. Venezia, C. Ferrari, 1886.

— 3. Discordie positiviste sul socialismo (contro Garofalo). 12°. Palermo, Remo Sandron edit., 1895.

— 4. Socialisme et science positive (Darwin, Spencer, Marx). 8°. Paris, Giard et Brière, 1896.

— 5. Socialismo e scienza positiva (Darwin, Spencer, Marx). 8°. Roma, casa editr. italiana, 1894.

— 6. Socialismo y ciencia positiva. Darwin, Spencer, Marx. 8°. Madrid, F. Marqués, 1895.

— 7. Socialismo e criminalità. 8°. Torino 1883.

— 8. Der Sozialismus in Italien. (Die Zeit, Nr. 19, Wien, 9. Febr. 1895.)

— 9. Socialismus und moderne Wissenschaft. Uebersetzt und ergänzt von Dr. Hans Kurella. (Bibliothek für Sozialwissenschaft, Bd. 5.) 8°. Leipzig 1895.

— 10. Sunto della conferenza sul socialismo, tenuta a Montepulciano il 13 aprile 1894. 16°. Montepulciano, tip. Fumi, 1894.

Ferroglio, G., La questione sociale e le opere pie. 8°. Torino, stamp. reale, ditta G. B. Paravia e Co. di L. Vigliardi, 1885.

Ferry, Jules, au peuple: „le Toscin", no. 4, 1893. 2 pp. fol. Paris.

Fertilizzazione (La) del suolo e la questione sociale; contributo di studi all'economia sociale. 8°. Parma, tip. vesc. Fiaccadori, s. a.

Festeau, Chansons sociales, critiques et populaires. 8°. Paris 1847.

Festlieder zum 1. deutsch-sozialen Parteitage zu Leipzig am 17., 18. u. 19. Mai 1891. Mit einem Plane der Stadt Leipzig. 16°. Leipzig, G. Uhl, 1891.

Festschrift zur Maifeier 1895. Red.: Dr. Wilh. Ellenbogen. 1. Aufl. (confiscirt). 2 Aufl. (nach der Confiscation). gr. 4°. Wien, 1. Wiener Volksbuchhandlung, 1895.

Festy, O., Démocratie industrielle. (Annales de l'École libre des scienc. pol., 1898, sept.)

Fetridge, W. P., The rise and fall of the Paris Commune in 1871; with a full account of the bombardement, capture and burning of the city. With a map and portraits. 8°. New York 1871.

Fetzer, C. A., Ueber die Stellung und Aufgabe der National-Demokratie in Württemberg. 8°. Stuttgart 1868.

Feuchtwanger, Dr. Ed., Sozialistische Gesinnung und soziales Elend auf deutschen Hochschulen. (Cyclus academischer Broschüren, Heft 7.) gr. 8°. Leipzig 1895.

Feuerbach, Fr., Gedanken und Thatsachen zur Verständigung über die wichtigen Bedingungen des Menschenwohls. 8°. Hamburg 1862.

Feuerbach. Vide: Wesen (Ueber das) des Christenthums.

Feuerbach und der Einzige. Die Consequenzen Feuerbach's und ihr Kampf gegen die Kritik und den Einzigen. (Wigand's Vierteljahrsschrift, Bd. 3, Leipzig 1845.)

Feugère, La persécution religieuse sous la Commune. 8°. Paris 1871.

Feuille (La) prophétique du triomphe du socialisme par les hommes d'état mêmes qui, après en avoir invoqué le principe à leur profit contre les rois en 1830 et 1848, dans le suffrage universel etc. 5. édit. 8°. Paris, Hivert, 1849/50.

Feves, Discours sur l'organisation et l'utilité des associations. (Mémoir. de l'Acad. d. sciences de la Somme, 1843—44.)

Fèvre, 1. L'organisation du quatrième état. 8°. Paris et Lyon, Delhomme et Briguet, 1893.

— 2. Présent et avenir de la démocratie, discours prononcé dans différentes réunions publiques. 8°. Saint-Didier, impr. Thévenot.

Fevreiro (10 de). Aos Garratados de Jerez. 8°. Lamego 1893. (Bibliotheco do grupo anarchista „Os Vingadores".)

Fiaccola (La) rossa. Giorn. Firenze 1887.

Fiamingo, G., 1. The conflict of races, classes and societies. (Monist, 1897, April.)
— 2. Die sociale Metaphysik. (Vierteljahrsschr. f. Staats- u. Volksw., V, 1896.)
— 3. Mouvement social: Italie, la question sicilienne. (Revue internat. de sociologie, III, 1895.)
— 4. Die ethische Seite des Sozialismus. (Deutsche Revue, 1896, Sept.)

Fiaux, Histoire de la guerre civile. 8°. Paris 1879.

Fichte, J. G., Der geschlossene Handelsstaat. 8°. Tübingen 1800. gr. 16°. Leipzig, Reclam, 1880. (Universalbibliothek, Nr. 1824.)

Fichte's (J. G.) geschlossener Handelsstaat. (Grenzboten, 1892,₃.)

*****Ficquelmont.** Vide: Nachtgedanken des Publicisten Gotth. Zurecht.

Fidelis, Serge. Le devoir socialiste! 18°. Paris, libr. Chamuel, 1896.

Fiebig, A., Das Wort als Geld und Ware. Untersuchungen über das Für und Wider der Marx'schen Theorien. gr. 8°. Berlin, Fussinger, 1891.

Fiedler, Herm. Ernst, Die Arbeiterfrage auf dem Lande, und Vorschläge zur Reform des ländlichen Arbeiterwesens. gr. 8°. Leipzig, R. Werther, 1895.

Fierfort, Stanislas, Le contrat humanitaire. Exposé philosophique de la question sociale ainsi que de la théorie de la solution pratique. 18°. Paris, Giard et Brière, 1896.

Figarollo di Groppello, L., L'organizzazione operaia e la legislazione sociale in Svizzera. (Rivista della benef. pubbl., XXII, 1894.)

Filette, J. B. A., Organisation du travail et formation d'une caisse pour l'amélioration du sort de la classe ouvrière. Système J. B. A. Filette, développé avec ses effets présumés. 8 pp. 8°. Paris, imp. Masquin et Co., 1878.

Fili, E., Justice! justice au peuple!! Solution pratique du problème social. 40 pp. 8°. Paris, tous les libr., 1872.

Filitis, C. A. Vide: Drepturile Omului.

Filon, A., Histoire de la démocratie Athénienne. gr. 8°. Paris 1851.

Fils Duchêne (Le), feuille publique par les citoyens Hugène, Gugusse et Dodorre, paraissant chaque fois que la rédaction n'aura pas trop fait la noce. no. 1 10 (23 avril—28 mai 1871). Bruxelles, Ch. Sacré Duquesne.

Fils (Le) du père Duchêne, illustré, paraissant deux fois par semaine. 10 nos. du 1. floréal au 4 prairial, 1871. Paris.

Filzer, Johann M., Anschauungen über die Entwickelung der menschlichen Gesellschaft von ihrem Urzustande bis zur Gegenwart mit besonderer Berücksichtigung des Bauernstandes. 8°. Kitzbühel, Selbstverl. d. Verf., 1895.

Findel, J. G., Der Kampf wider die Socialdemokratie und die deutsche Fortschrittspartei. Ein ketzerisches Votum. 8°. Leipzig 1877.
— 2. Des Reichskanzlers Wohlfahrts-Politik und die Demokratie. 1. u. 2. verb. Aufl. gr. 8°. Leipzig, Findel, 1881.
— 3. Die Sozialdemokratie und die Wahlen. 8°. Berlin 1877.
*— 4. Der innere Zerfall der Sozialdemokratie. 3. Aufl. 8°. Leipzig, Findel, 1895.

Finger, F. A., Waren die ersten Christen Communisten? 4°. Frankfurt a. M. 1875. (Jahresbericht der mittleren Bürgerschule zu Frankfurt a. M.)

Fink, Ph., 1. Die Arbeiter-Orden. Ein Vorschlag zur raschen und endgültigen Lösung der sozialen Frage auf friedlichem Wege. Allen Klassen der menschlichen Gesellschaft gewidmet. gr. 8. Stuttgart, Fink in Comm., 1888.
— 2. Der Organismus der Arbeiter-Orden. 8°. Mainz 1889.

Fiocchi, G. U., L'uomo de la società. 8°. Urb. 1868.

Fioro, Pasquale, Der Staat und die Rechte der Menschen. (Jahrb. der intern. Vereinig. f. vergleich. Rechtswiss. u. Volkswirtschaftslehre, 1. Jhrg., 1. Abth.) gr. 8°. Berlin 1895.

Fiorentini, Lucio, Socialismo ed anarchia. s. l. s. a.

Florese, avv. Sabino, La società civile ed il lavoratore: consigli di economia sociale. 8°. Bari 1879.

Firebrand (The). Journ. by Henry Addis. Portland, Oregon, 27 Jan. 1895 sq.

Firemann, P., Kritik der Marx'schen Werttheorie. (Jahrb. f. Nat.-Oek. u. Stat., Bd. 58, 1892.)

Fischer, Adolph, Autobiography. („Freedom", Chicago, 1891.)

Fischer, Arnold, 1. Die Entstehung des Anarchismus. (Die Gegenwart, Bd. 54, 1898.)
— 2. Die Entstehung des socialen Problems. 1. Hälfte. gr. 8°. Rostock. C. J. E. Volckmann, 1896.
— 3. Christlich-social als Zeitproblem. (Brennende Zeitfragen, II.) gr. 8°. Rostock, C. J. E. Volckmann, 1896.

Fischer, Ernst, Der Wert der Sozialdemokratie für die Arbeiterschaft. Erlebnisse eines in der Partei thätig gewesenen Genossen. gr. 8°. Berlin, H. Walther, 1897.

Fischer, F., Jordan. Vertheidigungsschrift eines deutschen Advokaten. gr. 8°. Leipzig, O. Wigand, 1844.

Fischer, Franz, L'histoire d'une grève: la grève des menuisiers. (Avenir social, 1896, no. 8; 1897, no. 2.)

Fischer, F. C. J., Ueber die Geschichte des Despotismus in Teutschland. Mit Urkunden. 8°. Halle 1780.

Fischer, J. G., Florian Geyer, der Volksheld im deutschen Bauernkrieg. 8°. Stuttgart 1866.

Fischer, Johs. (d'Artagnan), Ein Fideikommiss der Arbeiter. Ein Beitrag zur Lösung der socialen Frage. Eine kritische Analyse des Flürscheim'schen Vorschlages: Die Verstaatlichung von Grund und Boden. 1. u. 2. Theil. gr. 8°. Berlin, Selbstverlag, 1885.

Fischer, Kuno, Ein Apologet der Sophistik und „ein philosophischer Reactionär". (Die Epigonen, Bd. 4, Leipzig 1847.)

Fischer, Paul, 1. Die Marx'sche Werttheorie. Zur Einführung in das Studium von Marx. (Neudruck.) (Berliner Arbeiterbibliothek, 1. Serie, 9. Heft.) 8°. Berlin 1889.
— 2. Das Ostende von London. Ein soziales Nachtbild. 2 Abth. (Berliner Arbeiterbibliothek, 2. Serie, 10. u. 11. Heft.) 8°. Berlin 1891.

Fischer-Colbrie, Die Encyklica „Rerum novarum" als sichere Führerin in unseren sozialen Bestrebungen. (Monatsschr. f. christl. Sozialreform, Jhrg. 13, 1891.)

Fisher, D. W., Socialism in Italy. (Presbyterian and Reformed Review, 1897, April.)

Fisher, J. Greez, Voluntary taxation. 8°. London 1890.

Fitau, A., Questions algériennes. L'organisation du travail en Algérie. 8°. Paris, Guillaumin, 1860.

Fitz-Gerald, Charles, L'individualisme. Droit individuel et droit autoritaire. 8°. Paris, chez l'auteur, impr. Vallée, 1870.

Fitzgibbon, E. G., Essence of „Progress and Poverty" by Henry George, done into and dealt with in Plain English. 8°. Melbourne 1884.

Flambeau (Le) républicain, Études politiques et sociales, par A. Jamet. 9 nos. du dimanche 26 février au samedi 13 mai 1871. Paris.

Flamma, Julien, Le Jesuitisme socialiste de la Dépêche; Les indigènes. 18°. Toulouse 1897.

Flammermont, J., Mémoire sur les grèves et les coalitions ouvrières à la fin de l'ancien régime. (Extrait du Bulletin des sciences économiques et sociales du Comité des travaux historiques et scientifiques, année 1894.) 8°. Paris, impr. nationale, 1895.

Flaustier, P., Catéchisme du jeune propagandiste. 16°. Saint-Josse-ten-Noode 1893.

Flèche (La). Journal politique, satirique, illustré, moyen format. Cette publication n'eut que deux numéros, datés du 1. et du 8 avril 1871. Paris.

Flegler, A., Geschichte der Demokratie des Alterthums. gr. 8°. Nürnberg 1880.

Fleischmann, G. W., De tumultis rusticanis seculo XVI motis. Vom Bauernkrieg. 4°. Argentor. 1712.

Fleischmann, Otto, 1. Bilder aus der Pariser Kommune vom Jahre 1871. Vortrag, gehalten am 5. Dez. 1892 im evangel. Arbeiterverein zu Kaiserslautern. gr. 8°. Kaiserslautern, Evangel. Verein, 1893.
— 2. Die vorige und die kommende Revolution. Eine Vorlesung aus Anlass des französischen Revolutions-Jubiläums dem deutschen Volke gehalten. gr. 8°. Kaiserslautern, J. J. Tascher, 1892.

Fliegen (Die) und die Spinnen. (Aus dem „Sozialdemokrat".) Hrsg. von dem National-Exekutiv-Commitee der Sozialistischen Arbeiter-Partei. 8°. s. l. s. a.

Flint, R., Socialism. gr. 8°. London, Isbister and Co., 1894. 8°. Philadelphia, J. B. Lippincott and Co., 1896.

Flora, Fed., La finanza e la questione sociale. 8°. Torino, frat. Bocca edit., 1897.
Florian, E., Giuseppe Mazzini e il socialismo. (Il Pensiero italiano, 1894, marzo.)
Flottard, E., Société agricole et industrielle de Beauregard. 8°. Paris s. a.
Flotte, P. de, De la souveraineté du peuple. Essai sur l'esprit de la révolution. 8°. Paris 1851.
Flourens, Gustave, Paris livrée. 2. édit. 8°. Paris, libr. internat., 1871.
Flugblätter (Sociale). Nr. 1—60. gr. 4°. à 2 Seiten. Berlin, Verlag des christl. Zeitschriften-Vereins, 1895—97.
Flügel, Otto, Idealismus und Materialismus der Geschichte. (Aus: Zeitschr. f. Philosophie u. Pädagogik.) gr. 8°. Langensalza, H. Beyer u. Söhne, 1898.
Flugschriften des evangelischen Arbeitervereins zu Leipzig. Nr. 1. 8°. Leipzig, Hinrichs Sort., 1892. Nr. 2—3. 8°. Leipzig, R. Werther, 1895.
Flürscheim, M., 1., Die heutige Aufgabe der Demokratie. 8°. Gaggenau s. a.
— 2. Die Bodenbesitzreform. (Die Zukunft, Bd. 5, 1893.)
— 3. Die Bodenverstaatlichung. (Die Zukunft, Bd. 6, 1894.)
— 4. Deutschland in 100 Jahren oder die Galoschen des Glücks. Ein sociales Märchen. gr. 8°. Dresden, Pierson, 1890. 2. Aufl. gr. 8°. Ebd. 1894.
— 5. Individualisme en socialisme, of de werkelijke beteekenis van het grondvraagstuck. Uit het Engelsch vertaald door J. J. Duintjer. Nagezien, onder toegoeving van het aanteekeningen door J. Stoffel. gr. 8°. St. Anna-Parochie, J. Kniken, 1892.
— 6. Modell-Gemeinwesen. Orientierendes über die Freiland-Kolonie in Mexiko. (Aus: „Schweizer Blätter f. Wirtschafts- u. Sozialpolitik", II, 1894.) gr. 8°. Basel, H. Müller, 1894.
*— 7. Der einzige Rettungsweg. gr. 8°. Dresden, Pierson, 1890.
— 8. Die Rolle des Kapitals in der Volkswirtschaft. 8°. Berlin, „Frei-Land"-Expedition, 1892.
— 9. Utopismus und Anarchismus. (Schweiz. Blätter f. Wirtschafts- u. Socialpolitik. Jhrg. 4, 1896.)
— 10. Währung und Weltkrise. Ein Versuch zur Beseitigung des Geldmonopols. (Aus: „Die Zeit", Nr. 21—24, 23. Febr.

—16. März 1895.) gr. 8°. Wien, Verlag „Die Zeit", 1895.
Flürscheim, M., 11. Auf friedlichem Wege. Ein Vorschlag zur Lösung der sozialen Frage. 1. u. 2. Aufl. 8°. Baden-Baden, Sommermeyer, 1884.
— 12. Der Zins. (Der Zukunft, Bd. 3, 1893.)
— 13. Der Zukunftsstaat Libertad. (Die Zukunft, Bd. 4, 1893.)
.— Vide: Seiling, Max: Flürscheim's Vorschlag.
Flürscheim (Michael) und die Bodenreform. (Zeitschr. für Agrarpolitik, 1888/89.)
Foerster, Dr. Friedr. Wilh., Ethische Aufgaben der sozialen Bewegung. gr. 8°. Berlin, F. Dümmler's Verl., 1895.
*Foi nouvelle. Tome I, onze livraisons. gr. 8°. Paris 1833/34.
Foi nouvelle (La), chants et chansons. 8°. (Paris) 1835.
Fokke, Arnold, Ein geistlicher Bekämpfer der Sozialdemokratic (Superintendent Raydt). (Die Gegenwart, Bd. 44, 1893.)
Folgore (La). Giorn. Forli, 26 sett. 1889.
Follenberg, C., 1. Actenstücke über die unter dem Namen des Männerbundes etc. bekannten demagogischen Umtriebe. 8°. Leipzig 1833.
— 2. Geschichte der geheimen Verbindungen der neuesten Zeit. 4 Hefte. 8°. Leipzig 1831.
Fonsegrive, George, Catholicisme et démocratie. 8°. Paris, Lecoffre, 1898.
Fontaine, Arthur, Les grèves et la conciliation. 16°. Paris, Colin et Co., 1897. Questions du temps présent.
Fontaine, J. S. J., 1. Conférence sur le socialisme (ses causes et ses résultats). 16°. Cherbourg, impr. Saint-Joseph, 1897.
— 2. Conférence sur le socialisme (ses remèdes). 16°. Cherbourg, impr. Saint-Joseph, 1897.
Fontana and **Prati,** Saint-Simonism in London. 8°. London 1833.
Fontana, Fernando, Socialismo: epistola ad Enrico Bignami. 16°. Milano, tip. Guglielmo, 1876.
Fontana, F., e **Gnocohi-Viani,** Il socialismo. 16°. Milano, tip. Annoni e Miller, 1882.
Fontanelli, C., Gli scioperi: memoria premiata al concorso del 1873 dal R. Istituto d'incoraggiamento. 4°. Napoli, tip. G. Nobili, 1875.

Fontoulieu, P., Les églises de Paris sous la Commune. Préface par A. de Pontmartin. 8°. Paris 1873.

Fonvielle, W. de, 1. Paris en flammes, ou les journées de mai 1871. 8°. Paris 1871.
— 2. La terreur, ou la Commune de Paris en l'an 1871 dévoilée. 8°. Paris 1871.

Foray, Adrien, La société idéale. 16°. Paris, Savine, 1896.

Forbes, J. M., The new trades-union movement. (The english illustrated Magazine, 1890, Oct.)

Forçat (Le). Journal. Paris, 4 juillet 1891.

*****Forçat (Le) du travail.** Bordeaux, 19 sept. 1885—1886 (le no. 12 est du 31 mars 1886).

Forche (Le) repubblicane. Giorn. Imola, 9. nov. 1890; numero unico.

Forchhammer, P. W., Demokraten-Büchlein. 16°. Berlin 1849.

Forderungen (Nothwendige und berechtigte) der Arbeiter. Veröffentlicht vom demokratischen Arbeiterverein. 8°. Berlin 1869.

Forderungen (Die) der Bauhandwerker „Vor die Baustelle". Vernichtung des Entwurfs der Regierung und Zerstörung der Kapital-Allmacht. Von *⁎*. 8°. Hagen, H. Risel u. Co., 1898.

Forderungen (Ueber die) an die moderne Gesellschaft, mit einem Anhange, „Aus dem Testamente des Alten vom Berge". Populäre Vorträge von Sir. gr. 8°. Zürich, C. Schmidt, 1894.

Forecasts of the coming century. 8°. Manchester, The Labor Press, 1897.

For Freedom and Unity. 2 pp. 8°. s. l. s. a.

Formento, G., Dello spirito di associazione nella evoluzione sociale. 16°. Milano, succ. Battezzati, 1891.

Fornasini, Raff., Democrazia borghese e democrazia socialista. 8°. Bologna 1893.

Forni, Jules, (Les célébrités de la Commune) Raoul Rigault, procureur de la Commune. Étude. Avec portrait. 8°. Paris, libr. centrale, 1871.

Fornovi, J., La cuestion social y las manifestaciones obreras. Ensayo de un plan de reformas practicables en todas las esferas de la actividad humana que den por resultado o mejoramiento real y positivo de las clases trabajadoras. 8°. Madrid, impr. Juste, 1891.

Forrer, R., Rechtseinheit und sociale Frage im Privatrecht. (Schweiz. Blätter für Wirtsch. u. Soz.-Pol., Jhrg. 6, 1898.)

Förster, Dr. Paul, Unsere deutsch-sozialen Grundsätze und Forderungen. Vortrag, gehalten auf dem deutsch-sozialen Parteitage in Breslau. 12°. Leipzig, Deutscher Verlag, 1892. (Auch: Sammlung deutsch-sozialer Flugschriften, Nr. 4.)

Fort, Frédéric, Paris brulé. 8°. Paris, E. Lachaud, 1871.

Foster, J. M., Secret societies and the State. Arena 1898, Febr.

Foucou, Félix, Histoire du travail. La nature et l'homme. 12°. Paris, Hetzel, 1868. 2. édit. 12°. Ibid. 1868.

Fouet, journal illustré, paraissant le dimanche, organe de la démocratie socialiste. no. 1, avril 1896. fol. Béziers, impr. nouvelle.

Fougerousse, Actes etc. du comité central. 8°. Paris 1871.

Fougerousse, A., Patrons et ouvriers de Paris; Réformes introduites dans l'organisation du travail par divers chefs d'industrie. Étude présentée au Congrès des institutions de prévoyance en juillet 1878. 8°. Paris, Guillaumin et Co., 1880.

Fouillée, Alfr., 1. L'enseignement et la démocratie: Les études libérales et la „Crise universitaire". (Revue polit. et parlam., IV, 1897, dec.)
— 2. Les études classiques et la démocratie. 18°. Paris, Colin et Co., 1898.
— 3. L'individualisme et le sentiment social en Angleterre. (Revue des deux Mondes, 1898, 1 octobre.)
— 4. La morale, l'art et la religion, d'après M. Guyau. 8°. Paris 1889.
— 5. Le mouvement idéaliste et la réaction contre la science positive. 8°. Paris, F. Alcan, 1896.
— 6. Le mouvement positiviste et la conception sociologique du monde. 8°. Paris, F. Alcan, 1896. (Bibliothèque de philosophie contemporaine.)
— 7. La philosophie du suffrage universel. gr. 8°. Paris 1884.
*— 8. La propriété sociale et la démocratie 2. édit. rev. et augm. 16°. Paris, Hachette, 1895.

Foulon, Ch. C., Du suffrage universel; De la représentation proportionnelle des majorités et des minorités au Parlement. 8°. Reims, impr. Cérès, 1896.

Fourier, Ch., 1. De l'anarchie industrielle et scientifique. 12°. Paris 1847.

Fourier, Ch., 2. The social destiny of man, or theory of the four movements, translated by Henry Clapp, with a treatise on the functions of the human passions and an outline of Fourier's system of social science, by Albert Brisbane. 8°. New York 1857.
— 3. Lettre confidentielle des membres de la réunion du 31 juillet (1837) en réponse à une brochure intitulée: Aux Phalanstériens, la Commission préparatoire de l'Institut sociétaire. 8°. Paris 1838.
— 4. Les deux prostitutions. (Almanach de la question sociale pour 1894.)
Fourier et (le journal) la Champagne catholique. 8°. Paris s. a.
Fourier o sua explanacion del sistema sociedario. gr. 8°. Barcelona 1841.
Fourier'sche Socialsystem (Das), seine Anhänger und Erklärer. ("Freihafen" 1841₂, p. 90—107.)
Fournier de Virginie, Horace, Lettre sur le communisme, adressée à M. Cabet. 8°. Paris, Letendu, Dolin, 1843.
Fournière, Eugène, 1. La cité idéale. (Revue socialiste, 1898, août.)
— 2. L'idéalisme social. (Revue socialiste, 1896, mars.)
— 3. La propriété. (Revue socialiste, 1897, mars.)
— 4. La propriété idéale. (Revue socialiste, 1897, juin.)
Foville, A. de, La liberté du travail. (Journ. d. Écon., 1887, novembre.)
Fowler, Charles T., 1. Corporations. An essay showing how the monopoly of roilroads, telegraphs etc., may be abolished without the intervention of the State. 8°. Kansas City, Mo., 188?
— 2. Co-operation, its law and principles. An essay showing liberty and equity as the only conditions of true co-operation and exposing the violation of these conditions by rent, interest, profit and majority rule. 8°. Kansas City, Mo., 188? New edit. 8°. Londres, The Bijou library, 1894 or 95.
— 3. Co-operative homes. An essay showing how the kitchen may be abolished and the independance of woman secured by severing the State from the home, thereby introducing the voluntary principle into the family and all its relationships. 8°. Kansas City, Mo., 188?

Fowler, Charles T., 4. The labor question: what it is, and the true method of its solution. 187?
— 5. Land tenure: An essay showing the governmental basis of land monopoly, the futility of governmental remedies and a natural and peaceful way of starving out the landlords. 8°. Kansas City, Mo., 188?
— 6. Prohibition. An essay on the relations of government to temperance, showing that prohibition cannot prohibit and would be unnecessary if it could. 8°. Kansas City, Mo., 188?
— 7. The reorganisation of business. An essay showing how the principles of cooperation may be realized in the store, the bank and the factory. 8°. Kansas City, Mo., 188?
Fra contadini (dialogo). Nuova edizione riveduta. 16°. Reggio, Emilia, 1893. (Propaganda socialista)
Fraction (Die sozialdemokratische). (Christlich-soziale Blätter, Jhrg. 25, 1892.)
Fractionis christiano-socialis in Polonia austriaca res gestae et discrimina. 8°. Paris, impr. Leroy, 1897.
Frage! (Die eine). (Woises Gesetz, sociales Glück; — keine Frage.) gr. 8°. Leipzig, Fr. Fleischer, 1842.
Frage (Zur orientalischen), oder soll die socialistische Arbeiterpartei türkisch werden? Ein Mahnruf an die deutsche Socialdemokratie von H. L. gr. 8°. Zürich, Volksbuchhdlg., 1878.
Frage (Zur) des Rechts auf Arbeit. (Schweiz. Blätter f. Wirtschafts- u. Sozialpolitik, I, 1893.)
Frage (Die religiöse) und das arbeitende Volk. Motto: Die Arbeiter sind der Fels, auf dem die Kirche der Gegenwart gebaut werden soll. F. Lassalle. 8°. Leipzig, Kommiss.-Verlag von R. E. Böhme, s. a.
Frage (Zur sozialen). (Staatsanzeiger, 1876, Beilage 20—21, 26—27.)
Frage (Die sociale). (Grenzboten, 1880₁.)
Frage (Zur socialen). (Grenzboten, 1886₁.)
Frage (Zur socialen). (Grenzboten, 1881₄.)
Frage (Zur socialen). (Grenzboten, 1891₃.)
***Frage** (Die soziale), beleuchtet durch „die Stimmen aus Maria Laach". 3.—11. Heft. gr. 8°. Freiburg i. Br., Herder, 1892—96.
Frage (Die sociale) oder die Armen und die Reichen. Aus dem Französischen

übers. von A. F. 8°. Bonn, J. Schergens, 1893.
Frage (Die sociale). Ein Beitrag zur Lösung derselben vom Standpunkte der gesunden Vernunft. Von einem Oesterreicher. gr. 8°. Dresden, C. Reissner, 1894.
Frage (Die sociale) im Reichslande. (Grenzboten, 1887,₄.)
Frage (Zur sozialistischen). Von J. (Magazin f. die Literat. d. Auslandes, 1849, Nr. 49.)
Fraineau, M. le chanoine, 1. La démocratie chrétienne. 8°. La Rochelle, Roux-Vinet, 1895.
— 2. L'ouvrier au XX. siècle. 8°. La Rochelle, Roux, 1896.
France démocratique, organe de propagande radicale. 1. année. no. 1, 10 janv. 1897, gr. 8°. Paris, impr. Dangon.
France (La) libre, publié par Maximilien Marie. 6 nos. 4°. Paris, avril—octobre 1848.
France-ouvrière, organe des intérêts du travail, revue politique et économique bimensuelle. 1. année, no. 1, 5 déc. 1895. 8°. Paris, 251, rue del Faubourg Saint-Antoine.
Franceschi, Gius. de, Evoluzione del partito socialista in Italia. (Lotta di Classe 1. maggio 1893.
Franchi, Ans., Il razionalismo del popolo. 3. ediz. corr. 8°. Milano 1864.
Francini, V., La questione sociale. 8°. Arezzo, tip. Grilli, 1884.
Franck, Victor. Vide: Samson-Himmelstjerna, H. v.
François, G., Socialism in France; with Appendix: Agricultural program of the workingmen's party. (Journal of political Economy, vol. 7, 1898, Dec.)
Franc-Parleur de Chambéry, indépendant, radical et socialiste, journal politique hebdomadaire. 1. année. no. 1 (du 1. au 8 décembre 1895). fol. Aix-les-Bains, impr. spéciale du Franc-Parleur.
Franc-Parleur, organe démocratique, paraissant le jeudi. 1. année. no. 1, 16 mai 1895. fol. Aix, impr. spéciale.
Frankenstein, Kuno, 1. Arbeitseinstellung u. Einigungsämter. (Grenzboten, 1892,₁.)
— 2. Der Strike der englischen Kohlenarbeiter. (Die Zukunft, Bd. 6, 1894.)
Franklin, Benj., On the labouring poor. 1768.
Franko, Iwan, Die Bauernbewegung in Galizien. (Die Zeit, Nr. 51, Wien, 21. Sept. 1895.)

Frans, J., 1. Anti-Syllabus, der gesunde Menschenverstand gegen die Uebergriffe der Papstherrlichkeit und die Offenbarungs-Religion, als Morgengabe zum öcumenischen Consilium in Rom und als Antwort auf die von liberaler Seite ausgesprochene Behauptung, dass die socialdemokratische Arbeiterpartei ultramontane Tendenzen verfolge. Mit Anmerk. hrsg. 8°. s. l. Druck von Jos. Deschler, s. a.
— 2. Socialdemokratische Lieder und Declamationen. Mit einem Anhange: Die Prinzipien-Erklärungen der internationalen Arbeiter-Association und der socialdemokratischen Partei, sowie des schweiz. Arbeiterbundes. Hrsg. und verlegt durch das Depot socialdemokratischer Literatur. 8°. Hottingen-Zürich s. a.
Franz, P, Die soziale Frage und Vorschläge. 2. verb. Aufl. 12°. Mariann-Hill (Wien, H. Kirsch) 1892.
Frary, R., Manuel du démagogue. 8°. Paris 1884.
— 2. Handbuch der Demagogen. Deutsch von B. Ossmann. 8°. Hannover 1884.
Fratellanza (La). Napoli 1869.
Fraternité (La) de 1845. Organe des intérêts du peuple, journal de réorganisation sociale et de politique générale. 40 nos. 4°. Janv. 1845 à 19 mars 1848. Paris.
Fratini, G., Il socialismo cattolico nel suo terreno pratico: note, appunti e proposte. 16°. Trevi, G. Fratini, 1893.
Fratta, di, La socializzazione della terra. 16°. Milano, La critica sociale, 1893.
Frau (Die) und der Socialismus. (Grenzboten, 1891,₁.)
Frau (Die) im Bebel'schen Sozialismus. Von M. v. H. (Die Gegenwart, Bd. 39, 1891.)
Frauen und Mädchen des arbeitenden Volkes wacht auf. Flugblatt, endigend: Die Proponentinnen. s. l. s. a.
Frauen (An die) des Volkes. Flugblatt, beginnend: „Schwestern", und endigend: „Hoch die Anarchie!" s. l. s. a.
Frédéric, Al., Les jeunes gardes socialistes. 8°. Liége, impr. J. Paquay, 1894.
Frederick, J. M. H., Machinery as a factor in social and industrial evolution. (Americ. Magazine of Civics, 1896, Sept.)
Freedom. 1 p. 8°. s. l. s. a.

Freedom. Journ. London, 1. Oct. 1886 Jan. 1895, 92 nos.; Mai 1895 sq.
Freedom Pamphlets, 1889 sq. 9 brocl.
Freedom. Anarchist movement. 1 p. 4°. Sydney, New South Wales, s. a.
Freedom. Journ. Chicago 1889—1892(?).
Free Exchange, by H. Seymour. 3 nos. London, May 1892 ff.
Free labor bureau. (Lend a Hand, 1896, April.)
Free Life (The). no. 1, 24 May 1890 ff., London.
Free Trade. 8 nos. London, 15 January 1892 ff.
Free trade and trade unionism, by a shipowner. 8°. London, Simpkin, 1881.
Frei, Heinr., Freiheit und Glück. Ein Wort für die Armen. gr. 8°. Königsberg, Bornträger, 1848.
Freida, A., L'anarchia in Italia. 8°. Spezia, tip. frat. Barone, 1894.
Freie Arbeiterstimme. Journ. New York, 1890—1893(?).
Freie (Die) Gesellschaft. Zeitschr. Zürich, 23. April 1892 sq. 7 Nrn.
Freie Gesellschaft. Revue. New York, 15. Oct. 1895 sq.
Freie Meinung. Organ für die Interessen des arbeitenden Volkes. 1. Jhrg., Nr. 1, Karbitz, 13. Juli 1893.
Freie (Erste) Presse Cisleithaniens. Flugblatt, März, Mai u. Dec. 1883, 3 Nrn.
Freie Wacht. Zeitschr. Philadelphia, Febr. 1894 sq.
Freigeist (Der). Sozialdemokratische Zeitschrift für das arbeitende Volk. Hrsg. von Schiller. 4°. Reichenberg in Böhmen 1889 ff.
Freiheit. Zeitschrift. London, 3. Jänner 1879—7. Oct. 1882; Schweiz, 18. Nov. 1882; New York, 9. Dec. 1882; New Jersey 1886—87; New York 1887 ff.
Freiheit (Die). Zeitschr. Graz, 5. April u. 6. Mai 1894. 2 Nrn.
Freiheit. Zeitschr. Heilbronn 1895—96.
Freiheit. Organ für die christliche Arbeiterschaft Oesterreichs. Hrsg. von Kunschak. fol. Wien 1896 ff.
Freiheit (Für die) Deutschlands. Die Abgesandten der deutschen Sozialdemokratie an die Gesinnungsgenossen in den Vereinigten Staaten. New York, 5. Febr. 1881. Flugblatt, unterzeichnet: F. W. Fritzsche und L. Viereck.
Freiheit und Gleichheit! Oder hat die oberste Gewalt ihre Quelle im Volke? Im Hinblick auf unsere religiösen und politischen Verhältnisse und insbesondere auf die Bestrebungen eines Ruge, Bruno Bauer, Herwegh u. s. w. 2. Aufl. 8°. Düsselthal (Leipzig, Bart) 1843.
Freiheit und Ordnung, die Grundpfeiler der bürgerlichen Gesellschaft. (Oesterr. Monatsschrift für christl. Socialreform, 1887.)
„Freiheit-Prosecution" (The). The trial of Herr Johann Most with verbatim rapport of the Address of Mr. A. M. Sullivan, M. P., for the defence. 8°. London, June 1881.
Freiheitsbote. Sociale Monatsschrift. Hrsg. von C. Stern. Red.: A. W. Müller. 1. Jhrg., Juli 1896—Juni 1897, 12 Hefte. gr. 8°. Wien (XVIII/₂ Gersthof).
Freiheitsfunken. Eine Sammlung von socialen Gedichten für das arbeitende Volk. Hrsg. u. verl. durch Joh. Haberfellner. Druck von Jos. Schwarzinger, Wien 1892.
Freiheitsgedichte. 2 Bde. 8°. Paris 1797.
Freiheitslied. 8°. Hamburg, A. Schierwater, s. a.
Freiheitspoesie. Arbeiterlieder und Declamationen. Hrsg. von der Redaction der „Volksstimme". 1. Heft. 8°. Budapest 1879.
„Freiland" und die Freilandbewegung. Hrsg. vom Freiländischen Actions-Comité. kl. 8°. Dresden u. Leipzig, E. Pierson, 1891.
Freiland. Organ der Freiland-Vereine. Hrsg. von Dr. Theod. Hertzka. Red.: Heinr. Herrnfeld. 1. Jhrg, 15. Juli 1891 —14. Juni 1892, 24 Nrn. gr. 4°. Wien (Leipzig, Literar. Anst. Schulze). 2. Jhrg., 15. Juli 1892—30. Juni 1893, 24 Nrn. Ebd. 3. Jhrg., 20. Juli 1893—9. Juni 1894, 24 Nrn. Ebd. 4. Jhrg., 15. Aug. —20. Nov. 1894, 3 Nrn. Ebd.
Frei Land. Zeitschrift für Sozialreform. Eigentum des deutschen Bundes für Bodenbesitzreform. 4. Jhrg., 1893, 24 Nrn. gr. 8°. Berlin. 5. Jhrg., 1894.
Freiland's Wirthschaftsordnung. Nach den von Dr. Hertzka am 29. und 30. Nov. und 1. Dec. 1893 zu Berlin gehaltenen Vorträgen, hrsg. von der Berliner Freilandsgruppe. 1. u. 2. Aufl. 8°. Berlin Gerstmann, 1894.
Freiligrath, F., 1. Der König und der Proletarier. 8°. Berlin 1848.

Freiligrath, F., 2. Leipzigs Todten. kl. 8°. Bello-Vue 1846.
— 3. Die Todten an die Lebenden. Juli 1848. 8°. Düsseldorf, Druck der Franckschen Buchdr.
Freiligrath's erster politischer Prozess vor dem Geschworenen-Gerichte. F. Freiligrath angeklagt, durch sein Gedicht: „Die Todten an die Lebenden" die Bürger aufgereizt zu haben. 8°. Düsseldorf 1848.
Freimund, A. Vide: Kalender (Demokratischer).
Frei Russland. Deutsches Organ der Freunde der russischen Freiheit. 1. Jhrg., Nr. 1. Zürich, Jan. 1892. Schweiz. Grütliverein.
Freistaat (Im), oder Gesetz und Sitte der Freiheit. 8°. Triest, gedr. bei L. Hermanstorfer, 1880.
Freistaat (Der) unter jedem Himmelsstrich, oder die Constitution des Menschengeschlechtes. 8°. Berlin 1795.
Fremdenführer. Flugblatt. s. l. Abdruck des Artikels: „Auf Schritt und Tritt faule Schäden", aus Nr. 7 der in London erscheinenden Zeitschrift die „Freiheit", vom 12. Febr. 1881.
Frémont, Auguste, Ouvriers et socialistes (étude toute d'actualité). 12°. Flers, impr. Lévesque, 1897.
Freppel, évêque d'Angers, La Révolution française à propos du centenaire de 1789. 8°. Paris, Roger et Chernoviz, 1889.
Freudenstein, G., Der Bierboykott der Brauereien und Vorschläge zum Ersatz seiner Schäden. 8°. Minden i. W. 1894.
Freund, Georg, 1. Liberalismus und Sociademokratie. Die Sclaverei oder Heidentum und Christentum. (Moser's Sammlung zeitgemässer Broschüren, 7. Heft.) 16°. Graz 1897.
— 2. Der soziale Papst. 12°. Münster, Alphonsus-Buchhdlg., 1897.
— 3. Sociale Vorträge. 12°. Münster, Alphonsus-Buchhdlg., 1897.
Freunde, Bürger und Arbeiter in Stadt und Land. Flugblatt, Druck in Hottingen-Zürich, s. a.
Freunde und Feinde der Arbeiter, oder christlich-sozial oder sozialdemokratisch. Von vier Freunden der Wahrheit. 3. Aufl. 16°. Warnsdorf, A. Opitz, 1898.
Freunde und Genossen! Arbeiter! Flugblatt. s. l. Deutschland, Anfang Oct. 1881.

Freunde (An unsere) und Gesinnungsgenossen und alle rechtlich denkenden Leute in Leipzig und Umgegend. Flugblatt. s. l. Unterzeichnet: „Im Namen sämmtl. Ausgewiesener: A. Bebel, W. Hasenclever, W. Liebknecht."
Freunde und Parteigenossen! Flugblatt der socialist. Arbeiterpartei Deutschlands. s. l. Mit der Unterschrift: Deutschland, Ende Febr. 1880.
Freunde (An unsere) und Parteigenossen in Berlin. Flugblatt, mit den Worten schliessend: Es lebe das Proletariat! Es lebe die Sozialdemokratie! Mit sozialdemokratischem Gruss (folgen 24 Namen). 8°. Berlin, Druck d. Allg. deutsch. Assoc.-Buchdr., s. a.
Freunde (An die) des Volks. Flugschrift. 8°. Leitmeritz, Karl Pickert, s. a.
Frey, A., Charactere der Gegenwart. 1. Bd. in 2 Abth., 2. Bd. 1. Abth. 8°. Mannheim 1849.
Wirth, Blum, Heinzen, Oberländer, Sallet, Welcker, Itzstein, Jacoby, Simon, Röling, Schaffrath, 11. Joseph, Freiligrath, A. Ruge.
Frey, Thom., Das ABC der sozialen Frage. (Kleine Aufklärungs-Schriften, 1. Samml. Nr. 1.) 12°. Leipzig, Th. Fritsch, 1892.
Frey- und Gleichheits-Büchlein. 8°. Leipzig 1794.
Freymund, Dr. H., Wie ist die Sozialdemokratie erfolgreich zu bekämpfen. Antisocialistische Erwägungen. 8°. Augsburg, Kranzfelder, 1891.
Fribourg. Vide: Tribune (La) ouvrière.
Priö, J. V., Zur Idee des demokratischen Kulturstaates. Ein Beitrag zur Verfassungslehre. 8°. Berlin 1873.
Fricke, Ferd., 1. Schwarz oder Roth? Socialdemokratisches Bekenntniss eines ehemaligen Ultramontanen. 8°. Nürnberg, Wörlein, 1894.
— 2. O diese Sozialisten. Posse in 1 Akt. 8°. Berlin, A. Hoffmann, s. a.
Fricke, G. A., Woher kommt das anarchistische Treiben und wie ist ihm abzuhelfen? 8°. Leipzig 1848.
Fridrichowicz, Dr. E., Die Lehren der Arbeiterbewegung in der Garderobenkonfektion. (Zeitschr. f. Staatswissenschaft, Jhrg. 53, 1897.)
Friede wollt' er Sperlinge. Beitrag zur Lösung der sozialen Frage. 8°. Magdeburg 1868.
Priedel, Friedrich, Das sterbende Handwerk, oder das Lied vom armen Mann.

Parodie zu Schiller's Glocke. Sensationsgedicht. 8°. Erfurt, Selbstverlag, s. a.
Friedensbedingungen (Die) des britischen Maschinenbauer-Ausstandes von 1897—1898. (Zeitschr. f. Socialwiss., 1898, März.)
Friedensburg, Wilh., Zur Arbeiterfrage. Eine volkswirthschaftliche Studie. gr. 8°. Breslau, Schottländer, 1882. 2. (Titel-) Aufl. gr. 8°. Ebd. 1890.
Friedenthal, M. B., Das Eigentum und die Arbeit nach dem Grundprincipe der Uroffenbarung. Aus dem Hebräischen übersetzt. 8°. Leipzig 1850.
Friedheim, J., Atheismus und Idealismus. (Preuss. Jahrbücher, Bd. 82, 1895.)
Friedheim, W., In der besten der Welten. Naturalistisch-soziales Lebensbild aus unseren Tagen. 8°. Zürich 1886.
Friedländer, Benedict, Der freiheitliche Socialismus im Gegensatz zum Staatsknechtstum der Marxisten. Mit besond. Berücksichtigung der Werke und Schicksale Eug. Dührings. 8°. Berlin, Freie Verlagsanstalt, 1892.
Friedländer, Hugo, Das Dynamit-Attentat gegen das Leben Sr. M. des Kaisers, des deutschen Kronprinzen und der versammelten deutschen Bundesfürsten bei der Enthüllungsfeier des Niederwalddenkmales vor dem Reichsgerichte. 2. Aufl. 8°. Leipzig, Milde, 1884.
Friedländer, Dr. M. H., Die Arbeit nach der Bibel, dem Talmud und den Aussprüchen der Weisen in Israel. gr. 8°. Pisek (Brünn, Epstein u. Co.) 1890.
Friedländer, Siegbert, u. **Nordeck**, Erich, Der Kaiser und die Sozialdemokratie. Ein Beitrag zum § 95. 8°. Berlin, F. Wesemann, 1896.
Friedrich, Heinr. (F. Bosse), 1. Die Arbeiter und die Kunst. Schwank in 1 Akt. 8°. Leipzig, F. Bosse, 1897.
— 2. Die Arbeitervereine haben doch eine Zukunft! Sociales Bild in drei Abtheilungen. 8°. Leipzig, Ed. Schultze, 1890.
— 3. Im Kampf. Drama aus dem Arbeiterleben in 4 Akten. 8°. Leipzig, Selbstverlag (Volksbuchh. G. Heinrich), s. a.
— 4. Der 1. Mai. Ein Zeitbild in drei Abtheilungen. 8°. Leipzig, Eduard Schultze, 1890.
— 5. Verschiedene Weltanschauungen. Soziales Bild in 1 Aufzuge. 8°. Leipzig, G. Heinrich's Volksbuchhandlung, s. a.

Friedrich, Karl, 1. Der Buchdruckerstreik. (Die Gegenwart, Bd. 40, 1891.)
— 2. Das Recht auf Arbeit und Versorgung. Zum Antrag der sozialistischen Abgeordneten Berlins. (Die Gegenwart, Bd. 40, 1891.)
Fries, G. E., Der Aufstand der Bauern in Niederösterreich am Schluss des 16. Jahrhunderts. (S.-A. aus den Blättern d. Vereins f. Landeskunde von Niederösterreich, 1897.) gr. 8°. Wien, Seidel u. Sohn, 1898.
Frigieri, A., Il socialismo: dialoghi fra il sac. di Pietro e il sarto Amadio. 16°. Palermo, G. Bondi e Co., 1894.
Fritzauer, Franz, Zwei Lieder für Lassalleaner. 8°. Selbstverlag, Druck von K. Vogt, s. a.
Fritzsche, F. W., Die sociale Selbsthilfe nach der Lehre Ferdinand Lassalle's. Ein Beitrag zur Klärung der öffentlichen Meinung. 3. Aufl. 8°. Leipzig, Selbstverlag, s. a.
Fröbel, Jul., 1. Das Königtum und die Volkssouverainetät, oder gibt es eine demokratische Monarchie? gr. 8°. Berlin 1848.
— 2. System der socialen Politik. 2. Aufl. der „Neuen Politik". 2 Thle. 8°. Mannheim, Grohe, 1847. 2 Thle. 8°. Leipzig, Verlagsbureau, 1850.
— 3. Theorie der Politik als Ergebniss einer erneuerten Prüfung demokratischer Lehrmeinungen. 8°. Wien 1864.
Fröbel, **Rau**, **Kriege**, **Meyen** u. **Heramer**, Der Centralausschuss der Demokraten Deutschlands an das deutsche Volk. fol. Berlin 1848.
Fröbel's Theorie der Politik. (Stimmen der Zeit, 1861,11.)
Froger, La question sociale et la colonisation, conférence faite à la Société philomatique le 8 févr. 1886. 8°. Bordeaux, impr. Gounouilhou, 1886.
Fröhlich, Abrah. Eman., Der junge Deutsch-Michel. 2. verb. u. verm. Aufl. 8°. Zürich 1843. 3. Aufl. 8°. Zürich 1846.
Fröhlich, Conrad, 1. Anarchismus und Communismus. 8°. s. l. s. a. (1894).
— 2. Das individuelle Erwachen; Gedichte. 8°. London 1892.
— 3. Die Gottlosigkeit. Eine Kritik der Gottesidee. 8°. s. l. s. a. (1894).
— 4. Der Weg zur Freiheit. 8°. London 1891.
Froehlich, R., Capitale e lavoro: La

questione delle „otto ore". (Rivista della beneficenza pubbl., anno 21, 1893).
Frohme, Karl, 1. Demagogie und Sozialdemokratie. 8°. Nürnberg, Wörlein, 1885.
— 2. Die Entwickelung der Eigentums-Verhältnisse. gr. 8°. Bockenhausen 1883.
— 3. Friedliche Entwickelung oder gewaltsamer Umsturz. Ein Mahnwort an alle Gesellschaftsklassen. 8°. Nürnberg, Wörlein, 1885.
— 4. Feierstunden. Dichtungen in gebundener und ungebundener Rede. 8°. Frankfurt a. M. 1876.
— 5. Freikugeln, selbstauferlegte Bussarbeit für begangene politische Sünden. 8°. Borkenheim, G. Schilde, 1879.
— 6. Ein Immortellenkranz. Sozialdemokratische Dichtungen. 8°. Verlag d. Allg. Deutschen Arbeiter-Vereins in Bremen, s. a.
— 7. Die nationale Mission der deutschen Socialdemokratie. Eine Denkschrift zu Schutz und Trutz. 8°. Nürnberg, Wörlein u. Co., s. a.
— 8. Aus Nacht zum Licht! Essays über die Herrschaft des Aberglaubens und des bevormundenden Geistes der Macht. 8°. Nürnberg, Wörlein u. Co., 1884.
Frohme, K. F. Vide: Hasenclever, W., Frohme, K. F., u. Lepp, Ad.
Frohschammer, J., Ueber die Organisation und Cultur der menschlichen Gesellschaft. Philosophische Untersuchungen über Recht und Staat, sociales Leben und Erziehung. gr. 8°. München, Ackermann's Nachf., 1885.
Fromageot, Henri, Mémoire sur l'organisation et le rôle des associations ouvrières et marchandes en Chine. 8°. Paris, impr. nation., 1897.
Fronde (La) illustrée. Journal politique hebdomadaire, moyen format. 1. année, no. 1, jeudi 27 avril 1871. Paris.
Frondeur. Journal. Liège.
Frotscher, Paul, Sozialdemokraten aus alten Zeiten. (Schriften des sächs. Volksschriften-Verlags, Jhrg. 1, Heft 4 u. 5.) 8°. Leipzig, Sächs. Volksschr.-Verl., 1892.
Froude, J. A., Liberty and property. 8°. London 1887.
Frowein, P. C. F., Nog eens algemeen stemrecht. 8°. Amsterdam 1881.
Frühauf, Dr. Julius, Die Kämpfe um Freiheit der Arbeit bis zum Erlass der norddeutschen Gewerbeordnung. (Arbeiterfreund. Jhrg. 10, 1872.)

Fry, T. C. Vide: Rasdall, H., Fry, T. C., and Carter, J.
Fuchs, Jaques, Wiener Sonette, nebst einem Anhange socialer Gedichte. 8°. Wien, Arming'sche Buchh., Druckerei „Vindobona", 1891.
Fuerza (La) de la Razon. Journ. Chivilcoy 1896.
Fuld, L., 1. Die Geheimbundprocesse in Deutschland. (Grenzboten, 1887,₄.)
— 2. Das bürgerliche Recht und die Besitzlosen. (Die Gegenwart, Bd. 39, 1891.)
— 3. Die dritte Republik und die Arbeiterfrage. (Das Leben, Jhrg. 2, 1898, Januar.)
— 4. Der Sozialismus und die Strafrechtspflege. (Die Gegenwart, Bd. 39, 1891.)
— 5. Der französische Staat und die Arbeiter. (Die Zeit, Nr. 31, Wien, 4. Mai 1895.)
— 6. Der österreichische Strafgesetzentwurf und die deutsche Umsturzvorlage. (Die Zeit, Nr. 29, Wien, 20. April 1895.)
— 7. Anarchistische Verbrechen. (Die Gegenwart, Bd. 41, 1892.)
— 8. Die Verstaatlichung des Grund und Bodens. (Deutsche Zeit- u. Streitfragen, N. F. 93—94.) gr. 8°. Hamburg 1891.
Fulda, Pfr. Carl v., Ueber Arbeitslohn und Kapitalgewinn und ihren Zusammenhang mit dem Volksvermögen. (Jahrb. d. Geschichte von Pölitz, 1832, Bd. 1.)
Füllner, Zur Arbeiter- und Dienstboten-Frage. Ein christlicher Wegweiser für Arbeitnehmer und Arbeitgeber. 8°. Gotha, F. A. Perthes, 1868.
Fulton, E. H. Vide: Altrurian (The).
Fulvius, E., Der Zukunftsstaat. 12°. Köln-Ehrenfeld, P. Brandts, 1892.
Fumeron d'Ardeuil, Dissolution politique et sociale. 8°. Paris 1849.
Funck, Fr., Die Fackel aufgesteckt. gr. 8°. s. l. 1882.
Funck-Brentano, Frantz, Les luttes sociales au XIV. siècle. Jean Colombe de Bordeaux. 8°. Paris, E. Bouillon, 1897.
Funcke, O., Englische Bilder in deutscher Beleuchtung. 2. Aufl. 8°. Bremen 1883. Ent.: „Die sociale Frage vom relig. Standpunkte."
Für Joh. Jacoby. Nach einer Rede im 2. Berliner Wahlbezirke am 12. Mai 1862. 8°. Berlin 1862.
Für wen arbeitet die Socialdemokratie? 8°. Leipzig, Druck von H. Hüthel, s. a.

Furnivall, F. J., History of the London working men's College. 2 pts. gr. 8°. London 1860.
Furrer, Dr. K., Reden zur Verteidigung des christlichen Glaubens, geh. im sozialdemokratischen Arbeiterbildungsverein „Eintracht" in Zürich. gr. 8°. Zürich, A. Frick, 1893.
Fürth, Henriette, Der Strike der Wäscherinnen in Neu-Isenburg. (Neue Zeit, Jhrg. 15, 1896/97.)

G.

Gabelli, Aristide, 1. La libertà in Italia. (Nuova Antologia, 1887, 1. nov.)
— 2. Il mio e il tuo: conferenza populare. 8°. Milano, frat. Treves, 1886.
Gabet, Ch., Le socialisme. A propos burlesque mêlé de couplets. 8°. Paris, Mich. Huan, 1848.
Gaboriau, Journal d'un garde national mobilisé pendant le siège de Paris. 18°. s. l. e. a.
Gagern, H. C. E. v., Civilisation. Thl. I. Wohnung, Arbeit und Eigentum, oder die Familie. gr. 8°. Leipzig 1847.
Gagneur, M. L., Les vierges russes. 8°. Paris 1880.
Gagneur, M. L., 1. Croisade noire. 8°. Paris s. a.
— 2. Les forçats du mariage. (Question de divorce.) 8°. Paris s. a.
— 3. Chair à Canon. 8°. Paris s. a.
— 4. Jean Caboche. 8°. Paris s. a.
— 5. La part du feu. 8°. Paris s. a.
Gagneur, Wladimir, 1. Aux cultivateurs. Crédit à bon marché. 8°. Paris s. a.
— 2 Fruitières du Jura. (Fromageries sociétaires.) 8°. Paris 1889.
Gagnière, A., Histoire de la presse sous la Commune (du 18 mars au 24 mai 1871). 12°. Paris, Lachaud, 1872.
Gaiger, J., Ferdinand Lassalle. Roman al fresco. 2 Bde. 8°. Wien 1873.
Gaillard fils, Poésies de l'éxil. I. Le peuple. — La Commune. — Versailles 1870, 1871, 1872. 8°. Genève, impr. coopérative, s. a.
Galandauer, Hch., Der Socialismus in Bibel und Talmud. 8°. Mainz 1891.
Galbert, Salut au 1. mai. 4°. Lille, impr. Lagrange, 1897.

Galdieri, G., Una pagina della questione sociale. 8°. Caserta 1892.
Galeotti, E., Studio sul quarto libro del „Contratto sociale" di J. J. Rousseau. 8°. Prato, tip. Aldina, 1891.
Galin, Exposé d'une nouvelle méthode (musique). 8°. Paris s. a.
Gall, Jean, Essai sur la pensée de P. J. Proudhon. Ses idées morales, religieuses et sociales. 8°. Montauban, impr. Granié, 1897.
Gall, Ldw., 1. Meine Auswanderung nach den Vereinigten Staaten in Nordamerika im Frühjahre 1819 und meine Rückkehr nach der Heimath im Winter 1820. 2 Thle. gr. 8°. Trier, Gall, 1822.
— 2. Beleuchtung der Förster'schen sog. Kritik der gerühmten Destillirgeräthe. Nebst Vorschlägen zu einem Wettrennen zwischen denjenigen Apparaten, welche darauf Anspruch machen, die zweckmässigsten zu sein. Anhang: Mein Wollen und mein Wirken. 8°. Trier, Gall, 1835.
— 3. Menschenfreundliche Blätter, oder praktische Beiträge zur Volksbeglückungslehre, gesammelt im Gebiete der neuesten Literatur des Auslandes und deutsch in zwanglosen Heften. 1. Heft. Kirckhoff's Denkschrift über die Wohlthätigkeits-Colonien zu Frederiks-Oord und Wortel. Mit Anmerkungen des Uebersetzers. gr. 8°. Trier, Gall, 1828.
— 4. Zur Orientirung in der Freihandelsfrage, mit besond. Beziehung auf die Rübenzucker-Industrie. gr. 8°. Trier, Troschel in Comm., 1850/51.
— 5. Papiergeld, durch Getraidevorräthe verbürgt; ein schnelles, vielleicht das

einzige Mittel, Deutschlands gesunkenen Wohlstand zu heben und fest zu begründen und jeder Noth des Mangels und des Ueberflusses auf immer zu begegnen. Mit 8 Tafeln. 8°. Trier, F. A. Gall, 1825. (Umschlagstitel: Was könnte helfen etc.)

Gall, Ldw., 6. Vorschläge zur Errichtung von Versuchs- und Lehr-Anstalten für die landwirthschaftlich-technischen Gewerbe, zunächst für die Rübenzucker-Fabrikation, dem dringendsten Bedürfnisse der deutschen Landwirthschaft, wozu von keiner Seite weder Geld- noch Zeitopfer in Anspruch genommen werden. Mit 2 Steintaf. 8°. Trier, Gall, 1835.

— 7. Was könnte helfen? Immerwährende Getreidelagerungen, um jeder Noth des Mangels und des Ueberflusses auf immer zu begegnen, und Credit-Scheine, durch die Getreide-Vorräthe verbürgt, um der Alleinherrschaft des Geldes ein Ende zu machen. A. mit d. Umschlags-Titel: Papiergeld, durch Getreidevorräthe verbürgt. Mit 8 Steintaf. u. 8 Formular. gr. 8°. Trier, Gall, 1825.

Nur der Vollständigkeit wegen führe ich hier die übrigen Werke des ersten deutschen Socialisten mit abgekürzten Titeln an:

— Anleitung für den Landmann zur Syrup- und Zuckerbereitung aus Kartoffeln. 8°. Trier, Gall, 1825.
— Praktische Anleitung nach unseren Erfahrungen, alljährlich feinste Dessertweine .... darzustellen. 2 Abth. 8°. Trier, Gall, 1861.
— Anweisung .... das wirksamste Brennereimalz zu bereiten. 8°. Trier, Gall, 1825.
— Anweisung zu Frucht-Maischen. 8°. Trier, Gall, 1835.
— Anweisung zum Gebrauche seines Schweisserregungsapparates. 8°. Trier, Gall, 1832.
— Beschreibung und Abbildung meiner brennstoffersparenden tragbaren Dampferzeuger. 2. verm. Aufl. gr. 8°. Trier, Gall, 1844.
— Beschreibung eines neuen — Dephlegmators. gr. 8°. Trier, Gall, 1843.
— Beschreibung des Schwarz'schen Dampfbrennapparates. gr. 8°. Trier, Gall, 1843.
— Beschreibung meiner rauchverzehrenden Dampfkesselöfen. gr. 8°. Trier Gall, 1855.
— Die Branntweinbrennerei mittels Wasserdämpfen von A. Kölle geprüft und beleuchtet. gr. 8°. Trier, Gall, 1830.
— Die Dampfwäsche allen Klassen zugänglich gemacht. gr. 8°. Trier, Gall, 1842.
— Ueber Darstellung sehr guter Mittelweine. 12°. Trier, Gall, 1851.
— Fingerzeige zu Abänderungen bei meiner rauchlosen Kesselfeuerung. 8°. Trier, Gall, 1856.
— Die Füllflasche und deren Anwendung. 12°. Trier, Gall, 1854.
— Das Gallisiren. Vollständiges Handbuch der Weinbereitung. gr. 8°. Trier, Gall's Verlag, 1867.

Gall, Ldw.
— Der Gall'sche oder Rheinländische Dampfbrennapparat. 8°. Trier, Gall, 1834.
— Erste Kunde von einer in der Ausführung begriffenen Unternehmung. 16°. Trier, Gall, 1856.
— Prakt. Mittheilungen zur Förderung eines ration. Betriebes der landw. Gewerbe. 2 Bde. gr. 8°. Trier, Gall, 1855—1859.
— Die vortheilhaftesten Methoden der Weinbereitung. 16°. Trier, Gall, 1856. Nachtrag dazu. gr. 8°. Trier 1859.
— Technische Mittheilungen aus dem Gebiete der Erfahrungen. 2 Bde. gr. 8°. Trier, Gall, 1824 u. 1831.
— Ausführliche Nachrichten über mein Weinbereitungs-Verfahren. 12°. Trier, Gall, 1854.
— Die einzig richtigen Principien, wonach die Dampfbrennapparate zu construiren sind. gr. 8°. Trier, Gall, 1842.
— Rückblick auf die Geschichte des Fortschrittes in der Weinbereitung. gr. 8°. Trier, Gall, 1861.
— Ueber Verbesserung der Weine etc. 8°. Trier, Gall, 1826.
— Eine in 10 Minuten einzurichtende Verbesserung an Stubenöfen. 8°. Trier, Gall, 1854.
— Verfahren die Gährungs-Gefässe gegen Säuerung zu schützen. gr. 8°. Trier, Gall, 1836.

Galland, Dr., Der rothe Wolf der Sozialdemokratie. Rede. Letzte Ausgabe. 8°. Osnabrück, B. Webberg, 1894.

Gallenga, A., Democracy across the Channel. 8°. London 1883.

Gallerie der demokratischen Volksvertreter, vor denen die Wahlmänner sich zu hüten haben, oder Rückblicke auf die Nationalversammlung von 1848 und ihre Koryphäen. 8°. Berlin 1849.

Inhalt: Waldeck — Jakoby — Stein — d'Ester — Elsner — Nees v. Esenbeck — Temme — Berends — Jung — Reichenbach — Schneider — Rodbertus — v. Berg v. Kirchmann — v. Unruh — Parisius.

Gallet, Louis, Guerre et Commune. Impressions d'un hospitalier (1870—1871). 18°. Paris, C. Lévy, 1898.

Galletti, B., Il regresso nel progresso, cioè socialismo, clericalismo e statolatria: saggi di critica dialettica. 8°. Palermo, tip. G. Spinnato, 1889.

Gallus, Marmite liberatr., Commerce transformé. 8°. Paris s. a.

Galopin, A., Crédit sans remboursement ou la gratuité du crédit par la création du capital. 12°. Paris 1877.

Galton, F. W., Select documents illustrating the history of trade-unionism. Vol. I. The tailoring trade, with preface by Sidney Webb. 12°. New York, Longmans Green and Co., 1896.

Gambirasio, L., Il positivismo e l'anarchia: polemica con Enrico Ferri et Cesare

Lombroso. 8°. Milano, tip. Marco Polo, 1898.

Gamelle (La). Chanson populaire. — Appel à l'égalité. 8°. Paris, Prévot et Rouanet, s. a.

Gamet, H., Réponse à la brochure de M. Hipp. Marlet intitulée: Les Fouriéristes à Semur. 12°. Dipon 1846.

Gammage, R. G., History of the Chartist movement 1837—1854, with prefatory Memoir and Index. 8°. London, Truslove, 1894.

Gand, Maurice, La propriété collective en Suisse. L'Allmend dans le canton d'Obwalden. (Extr. de la Revue de Lille, juillet—sept. 1897.) 8°. Paris, Sueur-Charruey, s. a. (1898).

Gandon, Que serait une société sans dieu, sans gouvernement et sans propriété? 8°. Paris 1851.

Gans-Ludassy, J. v., Unsere und andere Sozialdemokraten. (Volkswirtsch. Wochenschrift, Bd. 20, Nr. 515, 1893.)

Gante, Emilio, ¡Dinamita! 8°. Madrid, Ducazcal, 1893.

Gantier (Le). Journal mensuel. Bruxelles 1893—1898.

Gans, Hugo, Der ungarische „Sozialismus". (Die Zeit, Nr. 123, Wien, 6. Febr. 1897.)

Gapp, J., Der heil. Franziskus von Assisi und die sociale Frage. (S.-A. aus: „Pastor bonus", durchgesehen und erweitert.) 2. Aufl. 12°. Trier, Paulinus-Druckerei, 1898.

Garborg, Arne, Domesdag. („Fedraheimen", 1886, Nr. 12.)
— Vide: Fedraheimen.

Garelli, A., La proprietà sociale. 2 vol. 8°. Milano 1897.

Garelli della Morea, G. E., Il quarto stato: studio sulla questione sociale: appendice ai: „Principii di economia politica." 8°. Torino, E. Loescher, 1881.

Garibaldi, G. Vide: Lettere edite.

Garnier, l'abbé, Le socialisme et le décalogue. (Réforme sociale, année 11, 1892.)

Garnier, A., Du droit et du fait de la propriété. 8°. Paris 1831.

Garnier, Barthélemy, Poème social. Le travail et le monopole. 24 pp. 12°. Lyon, impr. Vve. Lepagnez et fils, 1868.

Garnier, Charles, De la famille et de ses ennemis. 8°. Nimes, impr. Lafare frères, 1895.

Garnier, le marquis Germain, De la propriété dans ses rapports avec le droit politique. 1 vol. 18°. Paris 1792.

Garnier, J. Cl., De la formule phalanstérienne: association du capital, du travail et du talent. (Journ. des Econom., sér. 1, vol. 6, 1843.)

Garnier, Joseph, 1. Pensées sur le travail.
— La ruche sociale. (Journ. des Écon., 1872, août.)
— 2. La question sociale et ses diverses solutions. 18°. Evreux, impr. Odieuvre, 1893.

Garnier, de Nimes, J. D., Du droit des travailleurs à l'élection et à la dotation. 8°. Paris 1848.

Garnier-Pagès, Histoire de la révolution de 1848. 2. édit. 10 vols. gr. 8°. Paris, Pagnerre, 1866.

Garofalo, R., 1. La superstizione socialista. 8°. Torino 1895.
— 2. La superstition socialiste. Traduit de l'italien par A. Dietrich. 8°. Paris 1895.

Garraud, R., L'anarchie et la répression. 8°. Paris, Larose, 1895.

Garrido, Fernando, Historia de las asociaciones obreras en España. 2 vol. 8°. Barcelona, Manero, 1864.

Garroni-Olivari, Adolfo, La famiglia del lato storico, razionale e sociale. 16°. Roma, Paolini, 1879.

Gärtner, Dr. F. W., Ein Beitrag zur Widerlegung der Marx'schen Lehre vom Mehrwert. (Zeitschrift f. Staatswissenschaft, Bd. 49, 1893.)

Garwood, J., Force of circumstance: a poem. post-8°. Birmingham 1838.

Gasch, Arth., Geschichte des kgl. preuss. Gewerkvereins der Buchdrucker und seiner Leitung. gr. 8°. Leipzig 1896.

Gascogne, Jean, Anarchiste, monologue. 18°. Paris, Ollendorff, 1895.

*****Gasparin**, Cte. Agén. de, L'égalité. 1. édit. 8°. Paris, M. Lévy frères, 1869.

Gastyne, J. de, Mémoires secrets du Comité central et de la Commune. 8°. Paris 1871.

Gätschonberger, L., Nihilismus, Pessimismus und Weltschmerz. 8°. Berlin 1881.

Gatti, Gerol., 1. Le parti socialiste et les classes agricoles en Italie. (Revue socialiste, 1898, 15 févr.)
— 2. Il partito socialista e le classi agricole: relazione. 12°. Milano, tip. degli Operai, 1897.
Congresso nazionale del partito socialista italiano, Bologna, 18—20 sett. 1897.

Gatti, G. Vide: Conquista (La) delle campagne.

Gatti de Gamont, 1. Fourier and his system. Translated from the 4th french edition by C. T. Wood. 8°. London 1842.
— 2. The phalanstery, or attractive industry and moral harmony, translated from the French (Fourier et son système). 8°. London 1841.

Gaupp, Otto, 1. Die englischen Arbeiter und die Sozialdemokratie. (Die Gegenwart, Bd. 45, 1894.)
— 2. Darwinismus wider Sozialismus. (Die Gegenwart, Bd. 43, 1893.)
— 3. Der englische Kohlenstreik. (Die Gegenwart, Bd. 44, 1893.)
— 4. Der englische Maschinenbauerausstand. (Die Gegenwart, Bd. 53, 1898.)
— 5. Der Sozialismus in England. (Die Gegenwart, Bd. 43, 1893.)

Gaussen, M., Le congrès ouvrier, tenu à Paris du 2 au 8 octobre 1876. 8°. Paris 1877.

Gauthereau, J. B., Lettre sur le travail, adressée aux jeunes gens. 8°. Toulouse, Douladoure-Privat, 1896.

Gautier, Émile, 1. L'anarchie. fol. 2 pp. Paris, „le groupe parisien de propagande anarchiste", 1882. — Broch. publié par le groupe d'études sociales de Bourges. 16°. Cher, s. a. (1889).
— 2. Anarchie et autorité. fol. Paris 1882, „Propagande anarchiste".
— 3. Manifeste anarchiste du groupe de propagande anarchiste de Paris. 2. édit. 12°. Paris 1885.
— 4. Mort aux voleurs. Publié par la „Propagande socialiste". fol. Paris 1882.
— 5. La première des anarchistes aux travailleurs. Les anarchistes et l'Internationale. fol. Paris 1883, „le groupe parisien de propagande anarchiste".
*— 6. Propos anarchistes. I. Le parlementarisme. 8°. Paris 1884. 12°. Marseille, libr. populaire, 1885. II. Les Endormeurs. 1) Les libertés politiques: 2) Les heures du travail. 8°. Paris 1880.

Gautier, J. B., Le travail ancien et le travail moderne. 2. édit. 8°. Paris, Chaix, 1889.

Gauvain, F. X., La canaille et l'homme honnête aux yeux de l'aristocratie et de l'ignorance. 12°. Paris 1848.

Gayraud, abbé, Questions du jour politiques, sociales, religieuses, philosophiques. 18°. Paris, Blondot Barral, 1897.

Gazzetta Operaia. Torino, 4 giugno 1887 —24 marzo 1888; 38 nos.

Gazetta (Nuova) Operaia: 31 marzo 1888 —8 sett. 1889; 54 nos.

*— **Geächtete** (Der). 2. Bd. 6 Hefte. 8°. Paris 1835—36.

Geburtstagsfeier(Zur) Ferdinand Lassalle's am 17. April 1870. 8°. Chemnitz, Druck von C. A. Hager, s. a.

Geck, O., Die Sozialdemokratie in den deutschen Grossstädten. Eine statist. Studie. (Neue Zeit, Jhrg. 12, 1893/94.)

Gedächtniss (Zum) der Pariser Kommune. (Neue Zeit, Jhrg. 14, 1895/96.)

Gedächtniss (Zum) an den tapferen, opfermutigen, getreuen Genossen Hermann Stellmacher, unterzeichnet: Hoch die sociale Revolution! New York, Die Exekutive, s. a.

Gedächtniss (Zum) an die tapferen, opfermuthigen, getreuen Genossen Herrn. Stellmacher und Anton Kammerer. (Deutsch und böhmisch). New York, Die Exekutive.

Gedächtniss (Zum) an Hermann Stellmacher. 8°. s. l. s. a.

Gedanke (Der). Philosophische Zeitschrift. Organ der Philosophischen Gesellschaft zu Berlin. Hrsg. von C. L. Michelet. 4 Bde. Oct. 1860—1863. gr. 8°. Berlin, Nicolai.

Gedanke (Der demokratische), ein Volksbuch der christlichen Moral. Mit einer Karte der Humanität und des Blutes. 8°. London 1853.

Gedanken über die Arbeiterfrage. 8°. Basel 1880.

Gedanken des 19. Jahrhunderts zur unausbleiblichen Lösung der sozialen, politischen und religiösen Frage von einem Juden, seiner Geburt und orthodoxen Erziehung nach. Mit einem Vorworte von Lehrer G. S. Schäfer. gr. 8°. Berlin, Rubenow, 1885.

Gedanken eines arbeitslosen Philosophen. Mit Titelvignetten von Rich. Grimm. 8°. München, M. Ernst, 1897.

Gedanken über den Prozess Weidig. (Abgedr. aus dem „Deutschen Bürgerblatt".) 8°. Siegen und Wiesbaden, Friedrich's Buchhdlg, 1844.

Gedanken (Einige) über Wissenschaft und Sozialismus. (Christl.-soziale Blätter, Jhrg. 26, 1893.)

Gedenkblatt an den 11. Nov. 1887. Flugblatt mit der Ueberschrift: "Die Opfer des neuen Freiheitskrieges". Extrabeilage zum "Vorboten". Hrsg. v. d. Socialistic Publishing Society.

Gedenkbuch. Erinnerung an Karl Heinzen und die Enthüllungsfeier des Heinzen-Denkmals. gr. 8°. Milwaukee 1887.

Gedenktag (Ein) des Kommunismus. Veröffentlichung (1848) des "Kommunistischen Manifestes" von Marx und Engels. (Neue Zeit, Jhrg. 16, 1897/98.)

Gedge, J. D., History of a village community in the eastern country. 4°. Norwich 1893.

Gedichte (Gesammelte) für das deutsche Volk. Hrsg. von Otto Kapell in Berlin. 8°. Berlin 1871.

Gedichte und Lieder freisinniger und besonders sozialdemokratischer Tendenz. 8°. Zürich-Hottingen, J. Franz, Mai 1872.

Geesink, W., Individualisme en socialisme. Toespraak bij het vijftien-jarig bestaan van de Amsterdamsche afdeeling van het Nederlandsch werkliedenverbond "Patrimonium", gehouden den 29. maart 1892. 8°. Amsterdam, Fernhout, 1892.

Gefahr (Die sociale) der Arbeiterfrage und die Möglichkeit ihrer Abwendung. 8°. Wien 1868.

Gegen Demokraten helfen nur Soldaten. 8°. Berlin, Ende Nov. 1849.

Gegen das Recht auf Arbeit. 8°. s. l. s. a. (Bern, c. 1880.)

Gegen die signatura temporis. Von einem freimüthigen Widersacher der Revolution. 8°. Berlin 1849.

Geheimpolizei (Die deutsche) im Kampfe mit der Sozialdemokratie. Aktenstücke und Enthüllungen auf Grund authentischen Materials gesammelt. gr. 16°. Hottingen-Zürich 1882.

Gehlsen, H. Joach., Das Christenthum und der anarchistische Kommunismus. Ein sozialpolitisches Andachtsbüchlein für Jedermann. Zeitgemässe Betrachtungen. gr. 8°. Hagen, H. Risel u. Co., 1895.

Geib, Aug., Gedichte. 2. verm. Ausg. 12°. Leipzig 1876.

Geib, August. Flugblatt, welches auf der einen Seite seine Lebensbeschreibung, auf der andern Seite einen Artikel mit der Aufschrift: "Aug. Geib's Leichenbegängniss" enthält. 8°. Hamburg, Druck von J. H. W. Dietz, s. a.

Geigel, Dr. Mart., Die sociale Frage und die Herstellung volkswirthschaftlich gesunder Zustände in Deutschland. gr. 8°. München, Franz, 1883.

Geiger, Frz., Ueber die Freiheit. 8°. Altdorf 1831. (Leipzig, Schmidt.)

Geigy-Merian, R., Ueber die Arbeiterfrage. 8°. Basel 1890.

Geiregat, P., 1. Gedachten ontleend aan Bebel en Richter. (Het socialisme in Duitschland.) 8°. Gent 1895.
— 2. Maatschappolijke vraagstukken. Gedachten ontleend aan Bellamy, de Laveley en Richet. 8°. Gent 1893.

Geiser und **Bebel,** Aus den Verhandlungen über die Verlängerung des Socialistengesetzes. Reden der Abg. Geiser und Bebel. 8°. Nürnberg, C. Grillenberger, s. a.

Geist (Der) der Rechte der Menschen in seiner Anwendung auf die Bedürfnisse unserer Zeit. 8°. Leipzig 1801.

Gemeinden (Die communistischen) Nordamerikas. (Unsere Zeit, N. F. Jhrg. 15, Bd. 1 u. 2.) Leipzig 1879.

Gendre, B. (Mme. Nikitine), Études sociales, philosophiques et morales. 18°. Paris, Chaix, 1886.
Cont.: La Russie révolutionnaire. — L'Allemagne ouvrière et socialiste. — L'ouvrier en Italie. — Les luttes de l'Irlande. — Le catholicisme socialiste en Allemagne. — Les journées du travail.

Generalversammlung der katholischen Arbeitervereine in Frankreich. (Christl.-soziale Blätter, Jhrg. 28, 1895.)

Genesis (Zur) der Umsturzvorlage. (Neue Zeit, Jhrg. 13, 1894/95.)

Genfer Mord (Der). (Neue Zeit, Jhrg. 16, $_2$, 1897/98.)

Gengel, F., 1. Aphorismen über demokratisches Staatsrecht. 8°. Bern 1864.
— 2. Die Erweiterung der Volksrechte. 8°. Bern 1868.
— 3. Die Selbstregierung des Volkes. 8°. Bern 1868.

Genillier, Droit au travail. Intervention de l'État. 12°. Paris 1850.

Genossen! Schweizer Bürger! Flugblatt. Unterzeichnet: Eine geheime Gruppe schweizerischer Anarchisten. s. l. s. a.

Genossenschafts-Pionier (Der). Journal. Grosslichterfelde bei Berlin, 15. Nov. 1896 ff.

Gent, Paul, 1. An die Scholle gefesselt! Drama aus dem Arbeiterleben in 1 Akt.

8°. Pankow-Berlin, A. Hoffmann, 1894. (Sammlung „Vorwärts", III. Serie, Nr. 2.)

Gent, Paul, 2. Ravachol, oder das Socialistenfieber. Satirisches Gegenwartsbild mit Gesang in 1 Akte. 8°. Zeitz, A. Hoffmann, 1893. (Sammlung „Vorwärts", III. Serie, Nr. 1.)

Georg, Sind die mancherlei unrichtigen statistischen Angaben Bebel's in seinem Hauptwerk Fälschungen oder Dummheiten? gr. 8°. Ribnitz, W. Clauser in Komm., 1892.

George, Het licht der nieuwe wereld. De millionairs, de rijken, de burgermiddenstand, de armen, bekeken door eenen socialen bril. 8°. Amsterdam, J. G. Stemler, 1888.

George, Henry, 1. The condition of labour: an open letter to pope Leo XIII. With an appendix containing the Encyclical of pope Leo XIII on the condition of labour. 8°. London, S. Sonnenschein, 1891.
— 2. La condizione dei lavoratori. Trad. di Eusebio. 8°. Torino 1891.
— 3. Die Entschädigung der Grundeigentümer. Deutsch von Bernh. Eulenstein. Nebst einem Briefe von Graf Leo Tolstoi. (Aus: „Die Gesellschaft".) gr. 8°. Leipzig, W Friedrich, 1896.
— 4. Zur Erlösung aus sozialer Noth. (The condition of labour.) Offener Brief an Se. Heiligkeit Papst Leo XIII. Einzig autor. Uebersetzung. Deutsch von Bernh. Eulenstein. Nebst dem Rundschreiben des Papstes über die Arbeiterfrage. gr. 8°. Berlin, E. Staude, 1893.
*— 5. Fortschritt und Armuth. 5. Aufl. gr. 8°. Berlin, Staude, 1892.
— 6. Fortschritt und Armuth. (Bibliothek der Gesammtlitteratur des In- und Auslandes, Nr. 576—578, 1892.)
— 7. Fortschritt und Armuth. (Universalbibliothek, Nr. 2931—2935.) Leipzig, Reclam, 1892.
— 8. Fremskridt or fattigdom. En undersøgelse of årsagerne til de industrielle kriser op fattigdommens vaekst midt under den voksende rigdom. Oversat fra engelsk af V. Ullmann. 8°. Kopenhagen 1885.
— 9. The labor conference. 8°. Newy 1886.
— 10. Our land and land policy. 8°. San Francisco 1871.
— 11. Problemi sociali. Traduzione autorizzata dall' autore, con uno studio sulle teorie di H. George, per E. Masè-Dari. 16°. Torino, F. Casanova edit., 1895.
*George, Henry, 12. Progress and poverty. 8°. New York 1887.
*— 13. Protection or free trade. 8°. London 1888.
— 14. The science of political economy. Introducted by Henry George jun. 8°. New York 1898.
— 15. Vooruitgang en armoede. Toenemend gebrek bij klimmenden rijkdom hoe te verklaren? hoe de genezen? Uit de Engelsch vert. door J. W. Straatman. 8°. Haarlem 1875. 2. goedkeur. druk. 8°. Haarlem, H. D. Tjeenk Willink, 1893.
— 16. Het vraagstuk van den arbeid. Open brief aan Paus Leo XIII. Vert. d. J. Stoffel. 8°. Amsterdam 1892.
— 17. Writtings. Memorial edition. 10 vls. 8°. New York, Doubleday and Mac Clure Co., 1898.

George, J. E., The coal miners strike of 1897. (Quart. Journ. of Economics, 1898, Jan.)

Georges, Édouard, Révolution sociale. 8°. Paris 1848.

Georgi, Erwiderung auf die Schrift: „Die geheimen Inquisitionsprocesse gegen Weidig und Jordan. 8°. Sieg. 1844.

Gerau, Franz, Was der Sozialismus will und wie er es will. Rede, gehalten vor dem Turnverein in Williamsburg 1885. Hrsg. vom National-Exekutiv-Comité der socialistischen Arbeiterpartei. 8°. New York 1885.

Geraud, P., Idées sur la mise en pratique du principe de la fraternité. 8°. Paris, impr. Bonaventure et Ducessois, mars 1848.

Gerbel-Embach, C. N. v. (Nikolai Karlowitsch), Die Attentatsperiode in Russland. (Zeitfragen des christl. Volkslebens.) 8°. Heilbronn 1881.

Gerhard, Adele, 1. Eine socialistische Genossenschaft. (Vorwuit in Gent.) (Die Zukunft, Bd. 13, 1895.)
— 2. Konsumgenossenschaft und Sozialdemokratie. 8°. Nürnberg, Wörlein u. Co., 1895.

Gerlach, 1. Die Freiheitstendenzen unserer Zeit. Vortrag. 8°. Berlin 1866.
— 2. Goethe als Sozialpolitiker. Ein Beitrag zur Beurteilung der socialen Frage. 8°. Dessau-Leipzig, Rich. Kahle, 1892.

Germanicus, Bebel im Lichte der Bibel.

Der Sozialismus und die Frau in Vergangenheit, Gegenwart und Zukunft. 8°. Leipzig, A. Deichert, 1898.

Gersdorf, Emil, Arbeiterlieder. 8°. Wien, Selbstverlag, 1878.

Gerspach, E., (Études sur la Commune.) Le colonel Rossel. Sa vie et ses travaux. Son rôle pendant la guerre et la Commune. Son procès. 8°. Paris, E. Dentu, 1873.

Geschäftskrisis (Die) und die sociale Frage in Italien. (Perrot's Monatsschr. f. Eisenb.-Ref., Jhrg. 1, 1890.)

Geschichte (Zur) des Anarchismus. („Freiheit", New York, 19. April—17. Mai 1890.)
— Vide: Entwicklung (Die historische) des Anarchismus.

Geschichte der Arbeit und Cultur. Eine Skizze nach Kirchmann. 8°. Reutlingen, s. a.

Geschichte (Zur) der Arbeitervereine. 8°. s. l. s. a.

Geschichte der menschlichen Ausartung und Verschlimmerung durch das gesellschaftliche Leben. 8°. Altona 1795.

Geschichte des deutschen Bauernkrieges in den Jahren 1524 u. 1525. 8°. Ulm 1828.

Geschichte der nachtheiligen Folgen der Staatsrevolutionen alter und neuer Zeiten. 12°. Hohenz. 1793.

Geschichte des Gaudentio von Lucca, Gefangener der Inquisition zu Bologna, oder merkwürdige Nachrichten von einem in den afrikanischen Wüsten gelegenen bisher unbekannten Land, nebst der Beschreibung von den Sitten, Gebräuchen und Religionsbegriffen der Einwohner desselben. Nach dem Französischen umgearbeitet und mit den Anmerkungen des Herrn v. Rhedi begleitet (von Simon Berington). 8°. Leipzig u. Altona, Joh. Heinr. Kaven, 1792.
Franz. Uebers. Vide: Mémoires de Gaudence de Lucques.

Geschichte (Zur) der geheimen Gesellschaften in Russland von B. P. Aus dem Russischen übersetzt von E. G. 8°. München 1865.

Geschichte (Zur) der deutschen demokratischen Legion aus Paris. Von einer Hochverrätherin. gr. 8°. Grünberg 1849.

Geschichte (Zur) des Rechts auf Arbeit. (Grenzboten, 1884,₂.)

Geschichte Sethos, Königs von Aegypten. (Von Abbé de Terrasson.) Uebersetzt von Mathias Claudius. 2 Thle. Neue Ausg. 8°. Leipzig, Sommer, 1794.

Geschichte (Die) des Sozialismus in Einzeln-Darstellungen. 1. Bd. 1. u. 2. Thl. Die Vorläufer des neueren Sozialismus. Red. von E. Bernstein u. K. Kautzky. gr. 8°. Stuttgart, Dietz, 1894—1895. 3. Bd. 1. u. 2. Thl. Mehring's Geschichte der deutschen Socialdemokratie. gr. 8°. Stuttgart 1897—98.

Geschichte (Geheime) des Verschwörungssystems der Jakobiner in den österr. Staaten. 8°. London 1795.

Geschichte (Zur) des allgemeinen Wahlrechts. (Neue Zeit, Jhrg. 16,₂, 1898.)

Geschriften over sociale vragen, uitgegeven van wege de Liberale Unie. 1—6. Nijmegen, H. C. A. Thieme, 1886—92.

Gesellschaft (Die geheime) Marianne. 8°. Leipzig s. a.

Gesellschaft (Die menschliche) als realer Organismus. Von P. L. 8°. Mitau 1873.

*Gesellschaft (Die moderne), gekennzeichnet durch die Reden der verurtheilten Chicagoer Anarchisten A. R. Parsons, August Spies, Sam Fielden, Oscar Neebe, M. Schwab, B. Ling, A. Fischer, G. Engel in dem grossen Tendenzprocesse vor Richter Gary am 7., 8. u. 9. Oct. 1886. Gründe, warum das Urtheil nicht vollzogen werden sollte. 8°. Chicago, Socialistic Publishing Society, s. a. (1887).

*Gesellschaft (Die neue). 3. Jhrg., 1.—6. Heft, Oct. 1879—März 1880. 8°. Zürich.

Gesellschaft (Die sozialdemokratische), was sie kann und was sie nicht kann. Von einem früheren deutschen Studenten. 8°. München, Münchner Handelsdr. u. Verl.-Anst. M. Poessl, 1893.

Gesellschaften (Die geheimen) des Mittelalters. Aus dem Engl. von Drugulni. Mit Abbildungen. 8°. Stuttgart 1847.

Gesetz und Autorität. 31 pp. 8°. London, International Publishing Co., s. a.

Gesetzbuch (Bürgerliches) und Arbeiterfrage. (Christl.-soziale Blätter, Jhrg. 31, 1898.)

Gesetze der Arbeit (Von dem). Pastoral-Anweisung von dem hochw. Erzbischofe von Cambrai. 1845. Aus dem Franz. 12°. Aachen, Heuertz, 1846.

Gespräche (Politische) aus dem Volke. Wiedergegeben von Demophil. I. Ueber die Theilung der Güter. II. Das Recht auf Arbeit und die Obrigkeit. III. Der Republikaner. Von E. A. W..... n.

Flugblatt. 4 pp. Druck von J. F. Starcke in Berlin.

Gessmann, Dr. Albert, Stand der socialdemokratischen Bewegung in Oesterreich und deren Bekämpfung. Sociale Vorträge, geh. bei dem Wiener socialen Vortragscurse, 1894. gr. 8°. Wien 1895.

Gesterding, F. C., Darstellung der Lehre vom Eigenthum und solchen Rechten, die ihm nahe kommen. 8°. Greifswald 1817.

Gewehr, Wilh., 1. Briefe eines Sozialisten an einen sozialpolitischen Zweifler im besonderen Interesse der ländlichen Bevölkerung. 8°. Elberfeld, Selbstverlag, 1891.
— 2. Warum der Kampf gegen die Sozialdemokratie? Vier Briefe. 8°. Elberfeld, Grimpe, 1894.

Gewerkschaften (Christliche). (Christl.-soziale Blätter, Jhrg. 28, 1895.)

Gewerkschaften (Die deutschen) im Jahre 1892. (Christl.-soziale Blätter, Jhrg. 26, 1893.)

Gewerkschaftsbewegung (Die). (Christl.-soziale Blätter, Jhrg. 25, 1892.)

Gewerkschaftsbewegung (Zur). (Christl.-soziale Blätter, Jhrg. 29, 1896.)

Gewerkschaftsbewegung (Zur internationalen). (Christl.-soziale Blätter, Jhrg. 26, 1893.)

Gewerkschaftsbewegung (Die) auf dem Brüsseler Sozialistenkongress, sowie auf Versammlungen der Bergarbeiter, Posamentierarbeiter, Maurer, Böttcher etc. in Köln, Elberfeld und Barmen, Halle a. S., Berlin etc. (Christlich-soziale Blätter, Jhrg. 24, 1891.)

Gewerkschaftsbewegung (Zur) in Frankreich. (Christl.-soziale Blätter, Jhrg. 25, 1892.)

Gewerkschaftsbewegung (Zur) in Oesterreich, von M. V. (Monatsschr. f. christl. Sozialreform, Jhrg. 16, 1894.)

Gewerkschaftsbewegung (Ueber die) in Ost- und Westpreussen. (Christl.-soziale Blätter, Jhrg. 26, 1893.)

Gewerkschaftskongress. Wien, Weihnachten 1893. Geschäftsordnung, Anträge, Statistik der Gewerkschaften in Oesterreich am Schlusse des J. 1892. 8°. s. l. (Wien), Kloedorfer, Erste Wiener Vereinsbuchdr., s. a.

Gewerkschaftskongress (Der deutsche) in Halberstadt, von M. V. (Monatsschr. f. christl. Sozialreform, Jhrg. 14, 1892.)

Gewerkschaftskongress (Der österreichische). (Zeitschr. f. Staats- u. Volkswirtsch., V,$_{2-4}$.)

Gewerkschaftskongresse (Die internationalen) in Zürich. (Schweiz. Blätter f. Wirtschafts- und Sozialpolitik, I, 1893.)

Gewerkvereine (Sind die deutschen) politische Vereine? (Grenzboten, 1887,$_{11}$.)

Gewerkvereine (Die englischen). (Christl.-soziale Blätter, Jhrg. 28, 1895.)

Gewerkvereine (Die englischen) im Jahre 1890. (Christl.-soziale Blätter, Jhrg. 25, 1892.)

Gewerkvereine (Die englischen). (Grenzboten, 1896,$_4$.)

Gherea, J. (C. Dobrogeanu), 1. Anarchismul si socialismul. („Revista sociala", Jassy 1887, vol. II.)
— 2. Robiea si socialismul. („Revista sociala", Jassy 1884.)

Ghesquière, H., La femme et le socialisme. 18°. Lille, impr. Delory, 1893. (Publication du comité des femmes de Lille.)

Ghezzi, L., La questione sociale nei suoi rapporti colla beneficenza. 8°. Milano, tip. Annoni et Co., 1883.

Ghinassi, Il dovere sociale delle classe dominante: conferenza tenuta nella sala del casino Alighieri in Ravenna, il 2 gennaio 1898. 8°. Bologna, Nic. Zanichelli tip. edit., 1898.

Gibbins, H. de B., English social reformers (Langland, John Ball, Thom. More, Wesley, Wilberforce, Lord Shaftesbury, Rob. Owen, Carlyle, Kingsley, Ruskin). cr.-8°. London, Methuen, 1892.

Gibel, G., La question sociale. Pourquoi je suis monarchiste et catholique. 12°. Bordeaux, impr. St. Pierre, 1891.

Gibelli, Pas., La volatizzazione del socialismo. 8°. Milano, tip. della soc. edit. Sonzogno, 1895.

Gibon, A., 1. Les conseils d'usine. Patronage et socialisme. 8°. Paris, Guillaumin, 1895.
— 2. La grève de Carmaux, la conciliation de l'arbitrage dans l'industrie. (Extr. de la Réforme sociale, 1893.) 8°. Paris, Guillaumin, 1893.
— 3. Le socialisme et l'industrie; suivi d'observations de MM. Limousin et Welche. (Réforme sociale, 1894.)
— 4. Le socialisme et l'industrie, Les meilleures pratiques de la paix des ateliers. (Extr. de la Réforme sociale, 1894.) 8°. Paris 1894.

Giddings, F. H. 1. The destinies of democracy. (Political Science Quarterly, vol. 11, 1896.)
— 2. Principes de sociologie. Ouvrage traduit de l'anglais et précédé d'une préface par le vicomte de Lestrade. 8°. Paris, Giard et Brière, 1897. (Bibliothèque sociologique internationale.)
— 3. The principles of sociology: an analysis of the phenomena of association and of social organisation. 8°. London, Macmillan, 1896. 2. edit. 8°. New York, Macmillan, 1896.
— 4. The theory of socialisation: a syllabus of sociological principles. 8°. London, Macmillan, 1897.

Gide, Charles, 1. Le collectivisme et M. Paul Leroy-Beaulieu. (Journ. d. Économistes, 1884, déc.)
— 2. Le néo-collectivisme. (Revue d'écon. polit., VIII, 1894.)
— 3. Les prophéties de Fourier. 8°. Nîmes 1886. (Bibliothèque coopérative de l'émancipation.)
— 4. Les théories économiques de Karl Marx. (Revue de Christianisme social, 1898, sept.)

Gids (De sociale). Socialistisch tijdschrift voor Noord- en Zuid-Nederland. Onder red. van B. Ruber, Secutus en Peer Corstiaan. 1. année. 8°. 's Gravenhage 1893.

Giese, W., Kritik der Umsturzvorlage. Mit einem Anhange: „Historisches zur Umsturzvorlage", von Jul. Schultz. gr. 8°. Berlin, H. Walther, 1895.

Giftmischerei (Die politische) und die Arbeiterfrage. Aufgedeckt von Jean Ouvrier. 8°. Berlin 1863.

Gilardoni, Camille, Le positivisme. 8°. Vitry-le-François, impr. Vve. Tavernier et Fils, 1898.

Gilbert-Boucher, Étude sur les trades-unions. 8°. Paris, C. Levy, 1896.

Giles, C., Il conflitto fra il lavoro e il capitale: sua causa e rimedio. 8°. Firenze, tip. di Mariano Ricci, 1886.

Giles, J. E., Socialism, as a religious theory, irrational and absurd. 8°. Leeds printed, 1838.

Gilliot, Alphonse, Question religieuse. 8°. Paris s. a.

Gilman, Nic. Paine, Socialism and the American spirit. cr.-8°. Boston, Houghton, Mifflin and Co., 1893.

Gilmour, William, The creed of liberty: a cried exposition of philosophical anarchism. 8°. London 1895.

Gilon, E., Der Kampf um die Wohlfahrt. Preisgekrönt von der belg. Akademie und vom grossen Orient von Brüssel. Bearbeitet von Dr. E. Harmening und Gust. Maier. 2 Theile in 1 Bd. 8°. Leipzig, J. G. Findel, 1892.

Ginoux, Edm., (comp. de la femme), Gloire à tous et à toutes. 8°. s. l. s. a.

Giovanola, senatore, Delle cause degli scioperi e dei mezzi per evitarli. Memoria letta all'Associazione novarese per gli studi economici. 8°. Novara 1877.

Girard, E. de, Ketteler et la question ouvrière avec une introduction historique sur le mouvement social catholique. (Berner Beiträge zur Geschichte der Nationalökonomie, Nr. 9.) gr. 8. Bern 1896.

Girard, Henri. Vide: Pelloutier, Fern., et Girard, Henri.

Girardin, Émile de, 1. L'égale de l'homme. Lettre à M. Alex. Dumas fils. 2. édit. 8°. Paris 1881.
— 2. La révolution légale par la présidence d'un ouvrier, solution démocratique de 1852. (Articles extraits du „Bien-être universel".) 8°. Paris, libr. nouvelle, 1851.

Girardin, St. M., Histoire de l'idée du travail. Extr. 8°. Paris 1848.

Giraud, L. A., Pétition à l'Assemblée nationale, indiquant les moyens d'organiser et d'indiquer le travail, d'assurer le bien-être des populations ouvrières, d'empêcher l'émigration des habitants de campagnes, d'extirper le germe des révolutions. 8°. Périgueux, Faure et Rastouil, 1848.

Giraud-Teulon, A., Double péril social: l'église et le socialisme. 18°. Paris, Guillaumin, 1894.

Gisborne, Thomas, An enquiry into the duties of men in the higher and middle classes of society in Great-Britain, resulting from their respective stations, professions and employments. 4°. London 1794. 2 vols. 8°. London 1795. 2 vols. 8°. London 1824.

Gisquet, préf. de police, Mémoires. 5 vols. 8°. Bruxelles 1841.

Gissong, Geo, Demos, a story of english socialism. n. edit. 8°. London 1888.

Giuffrida, Santi, La questione sociale e l'educazione: discorso recitato nella

17*

grand' aula del palazzo municipale di Catania. 8°. Catania 1884.
Giugno (L' 8). Giorn. Firenze, numero unico.
Giuliani, A. de, Politischer Versuch über die unvermeidlichen Veränderungen in der bürgerlichen Gesellschaft. Aus dem Italienischen. 8°. Wien 1791.
Giulietta, Lu., Progresso o povertà di Henry George: recensione sulla traduzione italiana dell' avv. Ludovico Eusebio. 8°. Bergamo, stab. tip. frat. Cattaneo succ. Gaffuri e Gatti, 1890.
Giustiniani, Giamb., L'egualianza: conferenza letta à la Società operaia di Fermo. 8°. Montegiorgio, tip. Cestoni di W. Delbello, 1879.
Giustizia (La). Giorn. Girgenti 1873.
Giustizia (La) sociale, o parola del Vangelo, da P. F. 8°. Brescia, tip. commerciale, 1888.
Gizycki, Lily von, Englischer Sozialismus. (Die Zeit, Bd. 4, Nr. 45, 1895.)
Gladbach, M. Vide: Arbeiterbibliothek (Rheinisch-westphälische).
*Glaneur (Le) anarchiste. 1. janv. 1885 —mai 1885. 2 nos. 8°. Paris.
Glauben und Wissen. Populäre Kritik der bestehenden Religionsgesellschaften im Gegensatz zum Wissen. Hrsg. durch die Vereinigung „De Dageraad" (Morgenröthe) zu Amsterdam. Aus dem Holländischen von F. R. 2. Aufl. 8°. Elberfeld, Grimpe, 1892.
Glaubensbekenntniss eines deutschen Patrioten. 8°. s. l. s. a.
Gleichheit (Die). Zeitschrift für die Interessen der Arbeiterinnen. Hrsg. von Emma Ihrer. Red. Frau Clara Zetkin. (1. Jhrg. Vide: Arbeiterin [Die].) 1. Jhrg., 1891. 26 Nrn. gr. 4°. Stuttgart, Dietz. 3.—4. Jhrg., 1893—94.
Gleichheit (Die). Socialdemokratisches Wochenblatt. Wien, 25. Dec. 1886 —Juli 1889. (Fortsetzung vide: Arbeiterzeitung, Wien.)
Gleichheit (Die) vor dem Ausnahmsgerichte. Stenographischer Bericht über die Schlussverhandlung gegen Dr. V. Adler u. L. A. Bretschneider am 27. Juni 1889. 8°. Wien, hrsg. von Adler und Bretschneider, 1889.
Gleichheitsprinzip (Das) im allgemeinen geheimen directen Wahlrecht. 8°. Leipzig 1893.
Gloss, A., Gesammelte Aufsätze. Amorika.

Heft 1 u. 2, 1850—51. 8°. Richmond 1853.
Enth. Aufsätze über Weitling und Heinzen.
Glück (Das wahre). Ein Büchlein zur Lösung der sozialen Frage. Von dem Verfasser von „Das neue Preussen und seine Zukunft". 12°. Saulgau, H. Kitz, 1891.
Glühlichter. Humoristisch-satirisches Arbeiterblatt. Wien. 1.—7. Jhrg. Nr. 1, 30. Nov. 1889; Nr. 166, 27. März 1896. (Schluss.)
Glühlichter-Almanach 1894. Hrsg. von Franz Schuhmeier. 8°. Wien, „Arbeiterzeitung".
Gmelin, J., Evangelische Freiheit! Auch ein Beitrag zur Lösung der sozialen Frage. 8°. Tübingen, Fuess, 1892.
Gnocchi-Viani, O., 1. Die sociale Bewegung in Italien. (Jahrb. f. Socialwiss., Bd. 1—3, Zürich 1879—80.)
— 2. Il capitale borghese. 2. ediz. 32°. Milano, tip. Pagnoni, 1879. (Propaganda socialistica, no. 2.)
— 3. La Comune di Parigi e l'Internazionale. 16°. Piacenza. tip. Marchesotti e Co., 1874.
— 4. I nostri contadini. 32°. Milano, edit. „La Glebe", 1879. (Propaganda socialistica, no. 6.)
— 5. Evoluzione economica del proletariato: conferenza tenuta inaugurandosi la Camera del lavoro di Genova. 8°. Genova, Camera del lavoro edit., 1896.
— 6. Il nostro ideale: dalla conferenza tenuta al teatro Castelli la sera del 27 ottobre 1882. 32°. Milano, tip. Annoni e Co., 1882.
— 7. La letteratura socialistica in Italia. („Rivista internaz. del socialismo", Milano, 1. agosto 1880. — „La Revue socialiste", Paris 1880.)
— 8. In marcia! 3. ediz. 32°. Milano, tip. Pagnoni, 1879. (Propaganda socialistica, no. 1)
— 9. Dal mazzinianismo al socialismo: conferenza. 8°. Colle 1893. (Pubblicato a cura della sezione socialista regionale toscana del partito dei lavoratori italiani.)
— 10. Il proletario e noi. 18°. Milano, tip. Pagnoni di Colombo e Cordani, 1881.
— 11. Il socialismo e le sue scuole con introduzione di F. Turati. 8°. Milano, uffici della „Critica sociale", 1892.
— Vide: Fontana, F., e Gnocchi-Viani.
Gnodalius, P., Der Peurisch und Protestirende Krieg, das ist Bericht der Bewe-

rischen empörunge, so 1525 in Teutschland entstanden, in Teutsch gebracht und vermehret durch J. Schlusser. fol. Basel 1573.

Goblet d'Alviella, Émile de Laveleye, sa vie et son oeuvre. (Extr. de l'annuaire de l'Académie.) 16°. Paris, Alcan, 1895.

Gobin, Ad., Mémoire sur l'organisation du travail suivi d'un essai pratique, applicable à l'industrie des bronzes. 8°. Paris, impr. Paul Renouard, 1848.

Godau, A., Was wollen die Sozialdemokraten? Ein nicht gehaltener Vortrag. 8°. Königsberg 1886.

Godefroy, E. Louis, La voulez-vous, la paix sociale? gr. 8°. Paris, Hayard, 1896.

Godelle, C., De principes fondamentals de la famille moderne. 8°. Metz 1869.

Godin, J. B. A., 1. Associations ouvrières. Enquête de la Commission extraparlementaire au Ministère de l'Intérieur. 8°. Paris, s. a. (187·).
— 2. Le Familistère de Guise. Solution de la question ouvrière. 8°. Paris s. a. (187·).
— 3. Le vrai socialisme en action. 8°. Paris 1883.

Godkin, E. L., 1. The real problem of democracy. (Atlantic Monthly, 1896, July.)
— 2. Problems of modern democracy. Political and economic essays. 8°. London, Constable, 1896.

Godwin, P., A popular view of the doctrines of Ch. Fourier. 8°. New York 1844.

Godwin's political justice: a reprint of the essay on property. From the original edition. Edited by H. S. Salt. 8°. London, Swan Sonnenschein, 1890.

Godwin, Will., Untersuchung über politische Gerechtigkeit und ihren Einfluss auf Moral und Glückseligkeit; aus dem Engl. mit Anmerkungen und Zusätzen von G. M. Weber. 1. Bd. gr. 8°. Würzburg, Stahel, 1803.

Godwin, Caleb William. Traduction précédée d'une notice biographique et littéraire, par A. Pichot. 2 vols. Paris 1868.

Goebel, J., Der sozialistische Staat bei den Chinesen. (Die Zukunft, Bd. 3, 1893.)

Goepel, Dr., Praktische Versuche mit dem Sozialismus. Vortrag, geh. im Handwerkerverein zu Frankfurt a. O. am 24. Nov. 1890. gr. 8°. Frankfurt a. O., Trowitzsch u. Sohn, 1890. 2. Aufl. gr. 8°. Ebd. 1891.

Göpp. Vide: Auszüge.

Goguel, G., Travail et moralisation. 71 pp. 8°. Montbéliard, Maclet, 1873.

Göhre, Paul, 1. Ein Arbeiterschicksal. (Die Zukunft, Bd. 20, 1897.)
— 2. Die evangelischen Arbeitervereine. (Christl. Welt, 1892, Nr. 21.)
— 3. Evangelische Arbeitervereine. (Handwörterb. d. Staatswiss., VI, 1894.)
— 4. Die evangelisch-soziale Bewegung, ihre Geschichte und ihre Ziele. gr. 8°. Leipzig, F. W. Grunow, 1896.
— 5. Evangelical-social movement in Germany, its history and aims. Abridged transl. 8°. London, Ideal Publ. Union, 1898.
— 6. Christlicher Sozialismus in Deutschland. (Die Zeit, Nr. 92, Wien, 4. Juli 1896.)
— 7. Ueber nationalen Sozialismus in Deutschland. (Schweiz. Blätter für Wirtsch.- u. Soz.-Pol., Jhrg. 6, 1898.)

Goldbach, P., Mandeville's Bienenfabel, mit besonderer Rücksicht auf ihren Charakter als politische und soziale Satire. 8°. Halle 1886.

Goldbeck, Eduard, Die Proletarierfibel. (Die Zukunft, Bd. 13, 1895.)

Goldoni, G. M., Considerazioni generali sul miglior modo di dirigere la pubblica beneficenza e sulla associazione. 8°. Milano 1850.

Gollen, Al. Vide: Familienbibliothek.

Golowin, Iwan, 1. Das revolutionäre Europa. Aus dem Französ. 8°. Leipzig 1849.
— 2. Der Sozialismus als positive Lehre. (In russ. Sprache.) 8°. St. Petersburg 1892.

Goltz, Frhr. Th. v. der, 1. Die ländliche Arbeiterfrage und ihre Lösung. gr. 8°. Danzig, Kafemann, 1872. 2. umgearb. Aufl. gr. 8°. Ebd. 1874.
— 2. Die Landarbeiterfrage im nordöstlichen Deutschland. (Die Zukunft der Landbevölkerung, Bd. 1, Heft 6.) gr. 8°. Göttingen 1896.
— 3. Das Wesen und die Bedeutung der deutschen Socialdemokratie. (Grenzboten, 1875,₄.)

Gompers, Sam., Strikers and coal-miners. (Forum, 1897, Sept.)

Gompers, G. Vide: Labor organization papers.

Gonetta, G., Cenni storici sulla società operaia di Medi-Lomellina: con proemio sull' origine, scopo e utilità delle società di m. s. 16°. Napoli, tip. Renaldi e Seletto, 1883.

Gooch, G. P., The history of English democratic ideas in the 17. century. 8°. London 1898.

Goodeves, Modern law of personal property. 2. edit. by H. W. Elphinstone and J. W. Clark. 8°. London, Swet and Maxwell, 1892.

Gordon, Samuel H., Revolution. Its necessity and its justification. 8°. s. l. (Philadelphia?), 1894; published by the „Knights of labor".

Gori, Pietro, 1. Gli anarchici o l'art. 248 del Codice penale Italiano. Difesa dell'avv. Pietro Gori innanzi al tribunale penale di Genova. (Processo contro Luigi Galleani e 34 comp.) 16°. New York, maggio 1895. (Biblioteca della „Questione sociale", di Paterson, N. Y., no. 1.)
— 2. Primo maggio, bozzetto dramatico in un atto. 8°. Barre, Vermont, s. a. (marzo 1896).
— 3. Prigione e battaglie. Versi. 3 part. 16°. Milano 1891. (Biblioteca popolare socialista.)
— 4. Il nostro processo. La difesa di Pietro Gori. 16°. Chieti, aprile 1894. (Biblioteca del „Pensiero", uo. 1.)
— 5. La sociologia anarchica. 16°. Livorno 1892. (Biblioteca del „Sempre Avanti".)

Goron, Mémoires. 1. partie: De l'invasion de l'anarchie. 8°. Paris, E. Flammarion, 1897.

Görne, Georg v., Kritik und materielle Grundlagen des Socialismus. 8°. Berlin, Selbstverl., Deutsche Verlags- u. Buchdr. A.-G., 1894.

Görwitz, Hermann, Der rothe Socialdemokrat. Humoristisch-satyrische Gesangs-Dichtung. 8°. Sulza, Eduard Rost, s. a.

Gothein, E., 1. Thomas Campanella. (Zeitschrift f. Kulturgeschichte, N. F. I.)
— 2. Familie. (Handwörterb. d. Staatswiss., III, 1892.)

Gotta, Car., La scienza ed il socialismo. Parte 1 e 2. 8°. Torino, tip. Piemontese, 1896—97.

Gottfried, V., Der rothe Judasbart der Sozialdemokratie, eingeseift und mit der Wurzelbürste herausgewaschen. 1. Büchel. Vom rothen Gottesfeind. 16°. München, H. Korff, 1892.

Gotthardt, Karl, 15 Jahre Sozialdemokrat!

Wahrheitsgetreue Schilderungen des inneren Wesens der Sozialdemokratie. 8°. Magdeburg, A. Rathke, 1898.

Gottschall, R., 1. Barrikaden-Lieder. 12 Gedichte. 8°. Königsberg 1848.
— 2. Censurflüchtlinge. 12 Freiheitslieder. 8°. Zürich 1843.
— 3. Die mystisch socialen Gemeinden der Gegenwart. Ein Essay. (Unsere Zeit, N. F. V,,, 1869.)
— 4. Aus meiner Jugend. Erinnerungen. (Deutsche Revue, August 1897.)
— 5. Eine Liebe Ferdinand Lassalle's. (Unsere Zeit, N. F. XIV,,, 1878.)
— 6. Lieder der Gegenwart. 8°. Königsberg 1842.
— 7. Die Marseillaise. Dramatisches Gedicht. 8°. Hamburg 1849.

Goubareff, D., Le socialisme à notre époque. 8°. Beaulieu-sur-mer, impr. Niçoise, 1886.

Gounelle, Élie, Catholicisme social et protestantisme social. (Revue de Christianisme social, 1898, sept.)

Gouraud, Ch., Les destinées. De l'inégalité entre les hommes. 8°. Paris 1868.

Gourdon, Camille, La question sociale et l'enseignement. 23 pp. 8°. Lyon, impr. Jevain et Bourgeon, 1872.

Gouvernement (Du) de l'industrie; pour prévenir une fausse organisation du travail. 8°. Bruxelles 1848.

Gouzien, Alain, 1. L'Église et la question sociale. 18°. Paris, Téqui, 1895.
— 2. Les fractions socialistes. 8°. Paris, E. Moreau, s. a.

Goyau, Georges (Léon Grégoire), Autour du catholicisme social. 16°. Paris, Perrin et Co., 1897.

Grab (Das) zu Ottensen. Flugblatt. Gedicht. 8°. s. l. s. a. „Zum Besten der aus Hamburg Ausgewiesenen."

Gräbenteich, E., Arbeiter-Katechismus für deutsche evangelische Arbeiter. 8°. München-Gladbach, Verein für christl. Volksbildung, 1898.

Grabinski, le Comte Joseph, Le mouvement révolutionnaire en Italie. (Extrait du „Correspondant".) 8°. Paris 1894.

Gräbner, A. L., Zur Arbeiterfrage. gr. 8°. St. Louis, Mo. (Zwickau, Schriften-Verein der sep. evang.-luth. Gemeinden u. A. C. in Sachsen) 1894.

Grabowsky, Dr. Norbert, 1. Das Elend der Menschheit, sein eigentlicher Grund

und Zweck. Zum erstenmale aufgehellt. Ein Trostbuch 'für alle, die im Elend sind. Zugleich ein unentbehrliches Handbuch für jeden, der sich mit den socialen Fragen beschäftigt. gr. 8°. Leipzig, M. Spohr, 1896.

Grabowsky, Dr. Norbert, 2. Die Zukunftsreligion und Zukunftswissenschaft auf Grundlage der Emancipation des Mannes vom Weibe. Zugleich ein unentbehrliches Handbuch für alle jene, die sich mit den Fragen der Emancipation des Weibes vom Manne beschäftigen. gr. 8°. Leipzig. M. Spohr, 1897.

Grabscheidt, Frz. v., Der Einfluss der gegenwärtigen Handelsverhältnisse auf den Socialismus. gr. 8°. Korneuburg (Wien, L. Weiss) 1895.

Grabski, St., 1. Böhm-Bawerk als Kritiker Karl Marxens. (Deutsche Worte, Jbrg. 15, 1895.)

— 2. Karl Marlo (Karl Georg Winkelblech) als Socialtheoretiker. (Berner Beiträge zur Geschichte der Nationalökon., Nr. 12.) gr. 8°. Bern 1898.

Gracklauer, O., Verzeichniss von Schriften aus dem Gebiete der Sozialwissenschaften. Sozialdemokratie, Commune, Internationale, brgl. Gesellschaft, Parteien, Presse und Arbeiterwesen. Systematisch zusammengestellt in 21 Rubriken. 8°. Leipzig, Gracklauer, 1878.

Gräff, H., Vertheidigungsschrift für Heinrich Simon in Criminaluntersuchungssachen wegen Majestätsbeleidigung. 8°. Leipzig 1847.

Graham, Prof., The collectivist prospect. (Nineteenth Century, 1895, Jan.)

Gramatieri, Demetrio, Ciò che l'Italia aspetta: discorso sulla questione sociale. 8°. Fano, tip. Pasqualis, 1878.

Gramegna, L., 1. Evoluzione o vibrazione? (Giornale degli Economisti, 1896, marzo.)

— 2. Progresso e bisogni. 8°. Torino 1894.

Gramola, Antonio, Questioni del giorno. 16°. Milano, C. Varisco fu Gius., 1889.

Grandage, La loi du temps. 8°. Paris s. a.

Grandin, F., Réflexions sur l'ordre social. 12°. Paris, Guyot, 1842.

Graetzer, Rud., Der soziale Kongress zu Frankfurt a. M. am 8. u. 9. Okt. 1893. (Zeitschr. f. Litter. u. Gesch. d. Staatswiss., III, 1894.)

Graue, Dr., Wirtschaftliche Lebenslage und sittliche Charakterbildung. Ein Wort gegen die Verirrungen des modernen Socialismus. gr. 8°. Chemnitz, F. W. Kasten, 1897.

Grault euch nicht! vor Socialisten und Atheisten. Eine Epistel an die Dummen. 8°. Berlin, O. Harnisch, 1892.

Grave, Jean, 1. L'autonomie selon la science. („Le Révolté", 4 févr. 1882 sq.) Broch.: la révolution et l'autonomie selon la science, par Jehan de Vagre. 12°. Paris 1885.

— 2. Autorité et organisation. („Le Révolté", 16 mars — 8 juin 1885.)

— 3. L'enfant dans la société nouvelle. („Le Revolté", 1885.)

— 4. La grande famille. Roman militaire. 18°. Paris. (Bibliothèque sociologique, no. 18, 1896, juin.)

— 5. L'individu et la société. 18°. Paris, P. V. Stock, 1897. (Bibliothèque sociologique, no. 18.)

6. De stervende maatschappij en de anarchie. Vertaald (uit het Fransch) door B. P. van der Voo. Met een voorwoord van F. Domela Nieuwenhuis. 8°. Rotterdam, Van der Voo, 1896.

— 7. Organisation de la propagande révolutionnaire. („Droit social", 2—23 juillet 1882 sq.) 18°. Paris 1883. (Publications des groupes des 5. et 13. arrondissem.)

— 8. La société au lendemain de la révolution. 8°. Paris 1882, par Jehan de Vagre, impr. à Genève, impr. jurassenne. 2. édit. 8°. Paris 1889. 3. édit. 8°. Paris 1893. (La 2. et la 3. édit. sont augmentées de „L'autonomie selon la science".)

— 9. La société future. 18°. Paris, P. V. Stock, 1895. (Bibliothèque sociologique.)

— 10. La société mourante et l'anarchie. Avec préface par O. Mirbeau. 18°. Paris, Tresse et Stock, 1893. Édit. populaire, augmentée etc 16°. Paris, au bureau de „la Révolte", impr. à Bruxelles, 1894, janv. — Édit. complète, impr. à Londres. 16°. 1895, janv.

Graveau, A., Le peuple. 8°. Paris 1867.

Graziadei, A., La produzione capitalistica. 8°. Torino, fratelli Bocca, 1898.

Greaves, James R., Letters and extracts from his ms. writings. 2 vols. 8°. London 1845.

Greeley, Henry James Horace. Vide: Andrews, Pearl, Stephen and Greeley, H. J. H.

Green, N. W., Mormonism; its rise, progress and present condition. 8°. Hartford 1870.
Greene, G. F. What the working classes owe to christianity. (Bibliotheca Sacra, 1896, April.)
Greene, William B., 1. International Address, an elaborate, comprehensive and very entertaining exposition of the principles of the working people's international association. 1873.
Greene, William B., 2. Mutual banking, showing the radical deficency of the existing circulating medium and how interest of money can be abolished. 8°. New York, New England Labor Reform League, 1870.
— 3. Socialistic, communistic, mutualistic and financial Fragments. 187?.
— 4. The working woman. 187?.
Greenwood, H., General Booth and his critics. 8°. London 1890.
Greg, Percy, 1. Across the zodiac. The story of a wrecked record deciphered, translated and edited. 3 vols. 8°. Hamburg, Grädener, 1880.
— 2. Jenseits des Zodiakus. Der Bericht einer Reise nach dem Mars, dechiffrirt, übersetzt und herausgegeben. Autoris. deutsche Ausgabe. 4 Bde. 8°. Berlin, Barthol u. Co., 1882.
Grégoire, The priest and the revolutionist. 8°. Leipzig 1876.
Grégoire, L., Le pape, les catholiques et la question sociale. 16°. Paris, Perrin et Co., 1893. 2. édit. refondue, précédée d'une lettre de S. Ém. le Cardinal Langénieux, Archevêque de Reims. 16°. Paris 1895.
— Vide: Goyau, Georges.
Gregorovius, Em., 1. Het ware volksgeluk. Verhaal uit het jaar 1912. Naverteld d. L. C. Schuller tot Peursum. 8°. Rotterdam 1892.
— 2. Der Himmel auf Erden in den Jahren 1901—1912. 8°. Leipzig 1892.
Greiffenrath, Dr. F., Bischof Wilhelm Emanuel Freiherr von Ketteler und die deutsche Socialdemokratie. (Frankfurter zeitgemässe Broschüren, N. F. Bd. 14, Heft 10/11.) gr. 8°. Frankfurt a. M. 1893.
Greins, Rudolf Heinrich, Moderne Erbsünden. Ein Zeitspiegel. 6. Aufl. 8°. Leipzig, Aug. Schlupp, 1895. (Deutsche Volksschriften, Heft 6.)

Grois, J., Republik oder Monarchie. Beantwortet durch T. Paines gesundeu Menschenverstand. kl. 8°. Hamburg 1848.
Grelot (Le). Journal illustré, paraissant le samedi. grand format. 1. année, no. 1, dimanche 9 avril 1871. Le no. 22 fut saisi avant la mise en vente. Paris.
Grempo, P. M., Die soziale Lage der deutschen Maschinisten und Heizer. (Neue Zeit, Jhrg. 16, 1897/98.)
Greulich, H., 1. Die sociale Bewegung in der Schweiz. (Jahrb. für Socialwiss., Bd. 1—3, Zürich 1879—80.)
— 2. Ueber materialistische Geschichtsauffassung. Vortrag. 8°. Berlin, Buchh. „Vorwärts", 1897.
— 3. Vor hundert Jahren und heute. Die Revolution des Bürgerthums und der Befreiungskampf der arbeitenden Klasse. Vortrag. 8°. Zürich, Buchh. des schweiz. Grütlivereins, 1895.
— 4. Thesen über die Rechte der Gewerkschaften. 8°. Zürich 1890.
— 5. Vivre en travaillant ou mourir en combattant. Das Verbrechen. Zwei Arbeiterlieder. s. l. s. a.
Grève (La) des charpentiers, ou solution du problème pour toutes les professions, par H. L. 12°. Paris 1845.
Grève (La) générale et le patriotisme par le compagnon N. 8°. Bruxelles 1890.
Grève (La) générale. — Rapport présenté par le conseil général du parti ouvrier. 8°. Gand, impr. Foucaert, 1888.
Grèves (Les). (Bulletin de l'office du travail, 1894, juillet.)
Grèves (Plus de). Le gain proportionné au salaire. Étude sociale, par X et XX. 8°. Ixelles, Legrand-Maerskalcke, 1893.
Grèves (Les) en janvier. (Bulletin de l'office du travail, I, 1894, févr.)
Grèves (Les) d'Amiens. Étude impartiale par X. 8°. Amiens, aux bureaux de la „Terre de France", 1893.
Grèves (Les) aux États-Unis. (Journ. d. Économ., 1895, nov.)
Grey, John, 1. A letter on human happiness. 1825.
— 2. The social system, a treatise on the principle of exchange. 8°. Edinburgh 1831.
— 3. An efficient remedy for the distress of notions. 8°. Edinburgh 1842.
Grido (Il) dell' Operaio. Giorn. Spezia, 15 giugno 1892, numero unico.

Grido (Il) degli Oppressi. Giorn. Chicago e New York, 5 giugno 1892—94.
Grido (Il) del Popolo. Giorn. Napoli, agosto 1880—1881.
Grido (El) del Pueblo. Journ. San Martin de Provensals, 1886.
Grimaldo, Enzo, 1789—1889. Considerazioni storico-sociali. 8°. Venezia, stab. tip. lit. Ferrari, Kirchmayr e Scozzi, 1889.
Grimard, G., 1. L'action socialiste du Parlement 1894—95. 8°. Bruxelles, libr. du Peuple, 1895.
— 2. L'action socialiste au Parlement. Années 1895—96 12°. Bruxelles, impr. Vve. Brismée, 1897. (Bibliothèque de propagande socialiste.)
— 3. La vérité sur le socialisme. 8°. Bruxelles, libr. du Peuple, 1897.
Grimaux, E., Le credo socialiste. in-plano. Lille, impr. Lagrange, 1896.
Grisenthwaite, W., A refutation of every argument brought against the truth of christianity and revealed religion by Thomas Paine in The age of reasons. 8°. Wells 1822.
Grito de Revolta. Journ. Porto, 15 janv. 1895, 2 nos.
Gröber, Die Bedeutung des bürgerlichen Gesetzbuches für den Arbeiterstand. 8°. Stuttgart, J. Roth, 1896.
Grodosinsky, N., Was verursacht und fördert die Unzufriedenheit. Sozialpolitische Betrachtungen. 8°. Berlin, H. Steinitz's Verl., 1894.
Groddeck, C. Th., 1. Die demokratische Krankheit, eine neue Wahnsinnsform. gr. 8°. Naumburg (Berlin, Schneider u. Co.) 1850.
— 2. De la maladie démocratique, nouvelle espéce de folie, trad. de l'allemand. 8°. Paris 1850.
Grohmann, A. F., 1. Bildung, Schulen und Socialdemokratie. (Grenzboten, 1892,₁₂.)
— 2. Sociales Wissen. Abhandlung. gr. 8°. Berlin, A. Schindler, 1875.
Gromier, A., Lettres d'un bon rouge à la Commune de Paris. Préface d'A. Mounantouil. 8°. Paris, André Sagnier, 1873.
*****Gronlund**, Laurence, 1. The co-operative commonwealth. Edited by E. B. Shaw. 8°. London, Reeves, 1891. 4. edit. 8°. London, Sonnenschein, 1892.
— 2. Le socialisme comme problème moral et national. (Revue d'écon. polit., 6. année, 1892.)

Gronlund, Laur., 3. Une tournée missionnaire socialiste à travers les État-Unis. (Revue d'écon. polit., 10. année, 1896.)
— Vide: Socialist (Ein amerikanischer).
Groos, Fr., Der Skopticismus in der Freiheitslehre. 8°. Heidelberg 1830.
Groppali, Alessandro, Le mouvement social en Italie. (Extrait de la Revue internat. de sociologie.) 8°. Paris, Giard et Brière, 1897.
Grosse, A. Vide: Monatsschrift (Socialdemokratische).
Grosse, E., Das erschütterte könig- und bedrohte bürgerliche Besitztum. Mit Andeutungen, wie die zunehmende Verarmung und der dadurch drohende Krieg der Besitzlosen wider den Besitz zu verhindern. 8°. Berlin 1848.
Grossgrundeigenthum und sociale Frage. Von A. v. H. (Die Gegenwart, Bd. 54, 1898.)
Gross-Hoffinger, A. J., Adresse an unsern Herrgott. 8°. Dresden 1848.
Grossmann, Friedr., Die evangelisch sociale Bewegung in Deutschland. (Schmoller's Jahrb. f. Gesetzg., Jhrg. 16,₁₁, 1892.)
Grossmann, Stefan, Unabhängiger Socialismus in Oesterreich. („Die Wage", Wien, Jhrg. 1, Nr. 2, 1898, 8. Jänner.)
Gröteken, H., Herr Fritz Mende und seine Grundsätze. Ein Wort zur Charakterisirung der Sozialdemokratie und zur Volksaufklärung. 8°. Köln u. Neuss, L. Schwann, s. a.
Groth, Ernst, Charles Kingsley als Dichter und Sozialreformer. 8°. Leipzig, Grunow, 1893.
Grousset, Pascal, et Jourde, Fr., 1. Les condamnés politiques en Nouvelle Calédonie. Récit de deux évadés. 8°. Genève, Ziegler u. Co., 1876.
— 2. Die Märtyrer der Commune in Neu-Caledonien. Bericht zweier Entwichenen. 8°. Leipzig, Genoss.-Buchdr., 1876.
Grousset, Pascal. Vide: Nouvelle (La) République.
Gruber, Herm. Père, 1. August Comte, fondateur du positivisme; sa vie, sa doctrine. Précédé d'une préface par Ollé-Laprune, trad. de l'allemand par Ph. Mazoyer. 12°. Paris, J. Lethielleux, 1892.
— 2. Der Positivismus vom Tode August Comte's bis auf unsere Tage, 1857—1891. (Stimmen aus Maria Laach, Ergänzungsheft 52.) gr. 8°. Freiburg i. Br., Herder, 1891.

Grundbegriffe (Ueber die) einer christlichen Sozialordnung. Von Dr. *** r. 8°. Aachen 1874.

Gründet Arbeitervereine! (Christl.-soz. Blätter, Jhrg. 27, 1894.)

Grundideen (Die) des Socialismus vom juristischen Standpunkte. (Von Dr. Emil Steinbach.) (Juristische Blätter, 1886, Nr. 45—47.)

Grundlage (Die) der Gesellschaft vom historischen Standpunkte betrachtet. 2 Thle. 8°. Regensburg 1856.

Grundrechte (Die) des deutschen Volkes. 32°. Stuttgart 1848.

Grundsätze und Forderungen der Socialdemokratie. 8°. Berlin, Verlag der Expedition des „Vorwärts", s. a.

Grundstatuten (Die) der deutschen Arbeiter-Verbrüderung. 8°. Leipzig 1850.

Grüning, Hermann, Das Verbot der „Hamburger Rundschau" durch die Polizeibehörde (Senator Dr. G. Hachmann) der Freien und Hansestadt Hamburg. 8°. Hamburg, Grüning, 1888.

Grupos (Los) anárquico-comunistas de Madrid à los trabajadores en general. Mayo de 1887. Signé: Un grupo anárquico-comunista. 1 p. fol. Madrid.

Grupp, Phpp., Die „Verbrechen" der Sozialdemokratie. 2. Aufl. gr. 8°. Pforzheim (Esslingen, C. Amsler) 1894.

Gryse, E. de, Les socialistes et les citations des Pères de l'Église sur le droit de propriété. (Revue du Christianisme sociale, 1897, janv.—mars.)

Guadagnin, Girolamo Sac., L'Internazionale ed il suo rimedio. 16°. Venezia, tip. M. Fantana, 1872.

Guarin de Vitry, Qu'est ce que le communisme? Ce n'est pas le partage. 8°. Paris, chez tous les libr., avril 1848.

Guarnieri, L., Radicali socialisti dell' avvenire in Italia: principi e programma. 8°. Roma, tip. Ed. Perino, 1894.

Gubernatis, Angelo de, Il nichilismo. (Nuova Antologia, 1878, 1. luglio.)

Guénée et **Tandon**, Un voyage en Icarie, vaudeville en un acte. 8°. Paris, Deschaume, 1848.

Guénin, L. P. Vide: Massacre de la rue Haxo.

Guêpe (La). Journal illustré, moyen format. Un seul numéro, en date du dimanche 21 mai 1871, Paris.

Guérard, Eugène, Le Congrès de Londres. 8°. Paris, impr. Allemane, 1896.

Guerazzi, F. D. Vide: Lettere edite.

Guérie, C. Vide: Du Maroussem, P., et Guérie, C.

Guérin, E. 1. L'assassinat des otages. 8°. Paris 1872.
— 2. Massacre de la rue Haxo. 8°. Paris 1872.
— 3. Massacre des otages. 8°. Paris 1876.
—. 4. Une plaie sociale. La brasserie. 8°. Paris, Ferreyrol, 1891.

Guérin, U., La science sociale et l'école de la paix sociale. Introduction au tome V des „Ouvriers des deux mondes", publiée par la Société internationale des études pratiques d'économie sociale. 8°. Dieppe, impr. Leprêtre, 1883.

Guerra (La). 8°. Torino 1888, „Biblioteca di scritti sociali".

Guerra (La) all' Oppressore. c. 1890.

Guerre (La) et la Commune 1870—1871. Dessins par les principaux artistes de la France et de l'étranger, texte par A. Darler. 8°. Paris, Michel Lévy frères, 1872.

Guerre des Communeux de Paris 18 mars —28 mai 1871. Par un officier supérieur de l'armée de Versailles. 8°. Paris 1871.

Guerre (La) aux coopérateurs. (Coopérateurs belges, 1890, 1. avril.)

Guerre de l'opposition contre le citoyen Cabet, fondateur d'Icarie. 8°. Paris 1856.

Guerre aux préjugés! Almanach de l'affranchissement pour 1871. 16°. Bruxelles 1893.

Guesde, J., 1. Le collectivisme. (Revue sociale et politique, 1. année, 1891.)
— 2. Le collectivisme au Palais Bourbon (séance du 20 nov. 1891). 8°. Lille, impr. Delory, s. a. (Bibliothèque du parti ouvrier.)
— 3. Il collettivismo. Discorso del deputato J. Guesde alla Camera francese. 8°. Milano, stab. tip. Morosimi e Co., 1895.
— 4. Discours de J. Guesde à ses électeurs. 8°. Lille, impr. ouvrière, 1894.
— 5. Des lois protectrices du travail, ce qu'elles sont, ce qu'elles devraient être; discours à la Chambre des députés. 16°. Lille, impr. Lagrange.
— 6. Le parti ouvrier à la Chambre (séance du 16 févr. 1894). Discours. 8°. Lille, impr. Delory, 1894.

Guesde, J., 7. Le problème et la solution. Les huit heures à la Chambre. 18°. Lille, impr. Delory, 1895. (Bibliothèque du parti ouvrier.)
— 8. Le socialisme au jour le jour. 18°. Paris 1898.
— 9. Le suffrage universel. (Almanach de peuple pour 1873.)
*Guesde, J., et Lafargue, P., Le programme du parti ouvrier etc. 3. édit. 16°. Lille 1894. 4. édit. 16°. Lille 1897.
Guesde. Vide: Seilhac, L. de; M. Guesde.
Guettré, Jean, Le parti socialiste et la question agricole. Lettres au paysans, préface d'A. Veber. 16°. Charleville, chez Chalté, 1895.
Gueudeville, Idée d'une république heureuse, ou l'Utopie de Thomas Morus. 8°. Amsterdam 1730.
Gueux (Le). Paris, 27 mars 1892 sq. 2 nos.
Guichard, C., Qu'est-ce que l'ouvrier? qu'est-ce que le patron? Étude sociale. 8°. Lyon 1868.
Guichard, Victor, La propriété sous la monarchie, à propos de la révision. 18°. Paris, Garnier frères, 1851.
Guidi, A., Le cause storiche della questione operaia. (Rivista internaz. di scienze sociali, 1897, giugno.)
Guillard, E., Protection et organisation du travail. 8°. Paris, Guillaumin, 1887.
Guillaume, J., 1. Esquisses historiques. Études populaires sur les principales époques de l'histoire de l'humanité. 1. série. 1. et 2. 8°. Neuchâtel 1876?
— 2. Idées sur l'organisation sociale. 8°. Chaux-de-Fonds 1876.
— 3. Idee sull' organizzazione sociale. Traduz. dal francese. 16°. Bologna 1877.
— 4. Deux mots sur la peine de mort. 32°. Genève 1879. (Collection de brochures populaires à un sou, no. 2.)
Guillemenot, Pierre, L'Église et le prolétariat, conférence au clos Saint-Joseph de Nevers. 8°. Nevers, impr. Cloix, 1894.
Guillemont, Le Roi Rodrigue, drame en prose. 8°. Paris s. a.
Guillois, F., Le capital et le travail. 12°. Paris 1850.
Guillot, A., Biographie de Fourier. Vide: Almanach social, 1840.
Guinault, La France républicaine. 8°. Paris s. a.

Guizot, Fr., 1. Die Demokratie in den neueren Gesellschaften. Deutsch von Runkel. 8°. Elberfeld 1837.
— 2. Discours prononcé par M. Guizot, Ministre de l'Instruction publique, dans la discussion du projet de loi sur les associations. Séances du mercredi 12 mars, Chambre des députés, session de 1824. (Extrait du Moniteur du 13 mars 1834.) 8°. Paris, Everat, 1834.
Gümbel, Der rechte evangelische Arbeiter. Aus den Verhandlungen der 7. General-Versammlung des Evangel. Bundes zu Bochum 6.—9. Aug. 1894. (Flugschr. des evangel. Vereins, Heft 93, Leipzig 1894.)
Gumplowicz, Ladisl., 1. Das Eigenthum als sociale Thatsache. (Neue deutsche Rundschau, 1895, Febr.)
— 2. Zur Kritik des Communismus. (Die Zeit, Nr. 168, Wien, 18. Dec. 1897.)
— 3. Mouvement social: Autriche. (Rev. internat. de sociologie, II, 1894.)
— 4. Le mouvement social en Autriche. La question polonaise. (Extrait de la Revue internat. de sociologie, III, 1895, févr.) 8°. Paris, Giard et Brière, 1895.)
— 5. Le mouvement social en Autriche. La question slovène. 8°. Paris, Giard et Brière, 1896.
— 6. Le mouvement social en Autriche (1896). La nouvelle réforme électorale. (Extrait de la Revue internat. de sociologie). 8°. Paris, Giard et Brière, 1897.
— 7. Die Strike der Maschinenbauer. (Die Zukunft, Bd. 22, 1898.)
— 8. Zur Theorie des Agrarsocialismus. (Die Zeit, Nr. 202, 13. Aug. 1898; Nr. 203, 20. Aug. 1898.)
Gumprecht, A., Ueber Anarchismus. 8°. Berlin 1888.
Gumprecht, W. B. A., Die Socialdemokratie und die deutsche Presse. (Grenzboten, 1876, 2.)
Gunter, Sadi, Die materialistische Geschichtsauffassung und der praktische Idealismus. (Neue Zeit, 16. Jahrg., 1897/98.)
Gunton, G. Vide: Labor organization papers.
Gustave ou la propriété et le travail. Par un ami de la jeunesse. 8°. Avignon 1874.
Gustavo, Soledad, 1. El amor libre. („Segundo certamen socialista", Barcelona 1890, p. 173—178.)
— 2. Dos cartas. Reus 1891.
— 3. Las preocupaciones de los despreocupados. 1891.

Gustavo, Soledad, 4. A las proletarias. Propaganda emancipadora entre las mujeres. 8°. Buenos-Aires s. a. (1896). (Biblioteca della „Questione sociale".)

Gutenberg (Le), organe de l'Association des compositeurs typographes de Bruxelles. Bruxelles 1872.

Gütergemeinschaft (Die) in der ersten Christengemeinde. (Grenzboten, 1890, 1.)

Guthlin, l'abbé Aloïse, Les doctrines positivistes en France. 1. éd. 1865. Nouv. édit. revue et considérablement augmentée. 8°. Paris, Bray et Retaux, 1873. 12°. Ibid. 1878.

Güttinger, G., Die Entwickelung der menschlichen Gesellschaft. Mit besonderer Berücksichtigung der deutschen Geschichte. Ein Lesebuch für das Volk. gr. 8°. Stuttgart, Strecker-Moser, 1898.

Guy, François, Les préjugés et l'anarchie. 8°. Béziers 1888.

Guyau, Jean Marie, 1. L'art au point de vue sociologique. 8°. s. l. s. a.
— 2. Education and heredity. A study in sociology. 8°. London 1891.
— 3. Esquisse d'une morale sans obligation ni sanction. 8°. Paris 1885.
— 4. L'irréligion de l'avenir. Étude sociologique. 8°. Paris 1887.
— 5. The non-religion of the future: a sociological study. From the French. 8°. New York 1897.

Guyon de Saulieu, De l'organisation sociale en rapport avec les moeurs, l'éducation, le climat, le gouvernement représentatif, les rouages administratifs existants, la richesse et les divisions topographiques de la France. 8°. Paris, chez l'auteur, 1846.

Guyot, Yves, 1. La comédie socialiste. 8°. Paris, Fasquelle, 1897.
— 2. Le droit au travail. (Journal des Économistes, 1893, juin.)
— 3. Études sur les doctrines sociales du christianisme. 2. édit. revue et augm. 8°. Paris, C. Marpon et Flammarion, 1881.

Guyot, Yves, 4. Labor, socialism and strikes. 8°. London, Clement Wilson, 1896.
— 5. L'organisation de la liberté, conférence faite au cercle Voltaire de Bordeaux, le 12 juin 1897. 16°. Bordeaux, impr. Gounouilhou, 1897.
— 6. Nos préjugés politiques. 8°. Paris, libr. de la bibliothèque démocratique 1872. (Bibliothèque démocratique, no. 22.)
— 7. Les principes de 89 et le socialisme. 8°. Paris, Ch. Delagrave, 1894.
— 8. Protectionnisme et socialisme, discours prononcé à Lyon au banquet du 30 novembre 1895. 12°. Paris, impr. Balitout, 1895. (Publications du Siècle de Lyon.)
— 9. Socialism and liberty. (Liberty Review, no. 1, 1893, Avril.)
— 10. Socialism in France. (Nineteenth Century, 1893, Dec.)
— 11. Le socialisme et l'individualisme. (Journ. d. Écon., 1898, juin.)
— 12. Le travail, conférence faite à Saint-Étienne, à la Société d'études économiques, le 9 janv. 1896. 12°. Paris, au bureau du Siècle, 1896.
— 13. La tyrannie socialiste. 8°. Paris, Ch. Delagrave, 1893.
— 14. The tyranny of socialism. Edited with introduction by J. H. Levy. 8°. London, S. Sonnenschein, 1894.

*****Guyot**, Yves, et **Lacroix**, Sigm., Die wahre Gestalt des Christentums. 2. Aufl. 8°. London, German cooperative print. et publish. Co., 1889. 3. Aufl. gr. 8°. Berlin, Verlag des „Vorwärts", 1893.

Guyot, Yves. Vide. Armeliani: Ellero o Guyot.
— — Lafargue P., et Guyot, Y.
— — Saviguyes, Anna: Mrs. Y. Guyot.

Gwinner, W. F. R., Grundlage einer Kritik der Idee der Volkssouverainität. 8°. Tübingen 1849.

Gymnasium (Das preussische) und der Sozialismus. (Christlich-soziale Blätter, Jhrg. 30, 1897.)

H.

Haarer, P., 1. Eigentliche Warhafftige beschreibung des Bawrenkrieges, wie derselbe vor 100 Jahren an allen Enden Tentschen Landes angegangen und wider gedempfet worden. Jetzunder erstmals in Teutscher Sprach. 4⁰. Frankfurt 1625.
— 2. Beschreibung des Bauernkrieges 1525. Mit Anhang: Zeitgenössisches über die Schlacht bei Frankenhausen. 8⁰. Halle 1881.
Haberfellner, Joh. Vide: Freiheitsfunken.
Haberreiter, Karl. Vide: Bonupf, Karl, und Haberreiter, K.
Häcker, S., Der Sozialismus in Polen. Eine Entgegnung. (Neue Zeit, Jhrg. 14,₁₇, 1895/96.)
Haeckel, Ernst, Die Wissenschaft und der Umsturz. (Die Zukunft, Bd. 10, 1895.)
Hägele, J. M., Die Revolution und die moderne Gesellschaft mit besonderem Bezug auf Baden. 8⁰. Frankfurt a. M., G. J. Hamacher, 1869.
Haenisch, Konr., 1. Zur Frage der gewerkschaftlichen Arbeitslosenunterstützung. (Neue Zeit, Jhrg 16,₂, 1898.)
— 2. Die Vortheile der gewerkschaftlichen Arbeitslosenunterstützung. (Neue Zeit, Jhrg. 16,₁, 1897/98.)
Hagedorn, Die Organisation der (deutschen) Arbeiter zum Zweck von Unterstützungskassen. 8⁰. Königsberg 1874.
Hagen, K., Proletariat nnd Communismus. „Fragen der Zeit, vom histor. Standpnnkte aus betrachtet". 2 Bde. 8⁰. Stuttgart 1843.
Hagen, Th., Worum handelt es sich in der Welt? Beitrag zur socialen Oekonomie. 8⁰. Hamburg 1848.
Hahn, H., Die Ritter vom Fleische. Beitrag zur Lösung der socialen Frage. 8⁰. Berlin 1869.
Hainisch, Michael, Zur österreichischen Wahlreform. I. Die prinzipielle Seite des allgemeinen Wahlrechtes. (Deutsche Worte, Jhrg. 15, 1895.)
Hake, E., and Wesslau, O. E., Free trade in capital, or free competition in the supply of capital to labour and its bearings on the political and social questions of the day. 8⁰. London, Remington and Co., 1890.
Hall, Bolton, Even as You and I: collected fables on social questions of land, labor, capital, poverty etc. 12⁰. Wilmington, Del. Justice Public. Co., 1897.
Hall, F. S., Sympathetic strikes and sympathetic lockouts. 8⁰. New York, The Macmillan Co., 1898.
Hall, Jos. Vide: Mundus alter et idem.
Hall, W. K., The Ballot Box a farce. 8⁰. London s. a. (1896).
Hallay, Maur., La vérité sur le socialisme. Résumé vulgarisateur sous forme familière. 12⁰. Bruxelles, J. Lebègue et Co., 1896.
Hallberg, Trois utopistes anglaises (Th. Morus, J. Godwin et Manley). 8⁰. Paris 1889.
Haller, Conrad, Der Boycott in Deutschland. (Die Gegenwart, Bd. 52, 1897.)
Haller, K. Ldw. v., Satan und die Revolution. Gegenstück zu „Paroles d'un croyant". 8⁰. Luzern 1834.
Halles, O., De la solidarité coopérative du travail et du capital dans l'industrie sociétaire. gr. 8⁰. Paris 1870.
Hallier, Prof. Dr. Ernst, Die sozialen Probleme und das Erbrecht. Eine rechtsphilosophische Studie. gr. 8⁰. München, Dr. E. Albert u. Co., 1892.
Hallmann, H. G., 1. Das Existenz-Gesetz. Lösung der socialen Frage. Ein Wort zur Zeit. gr. 8⁰. Hamburg 1878.
— 2. Das Morgenroth goldener Zeit. Der Anbruch besserer Lebenstage. Ein Wort zur Zeit. 2. verm. Aufl. (des obigen). gr. 8⁰. Ebd. 1880.
Halphen, Louis, Questions ouvrières. 61 pp. 32⁰. Paris, impr. Rouge frères, Dunon et Fresné, 1869.
Halpin, T., Temperance and the social question. (Dublin Review, 1893, Oct.)
Hamburin, Maurice, Le catéchisme du campagnard. 8⁰. Bruxelles, au journal Le Peuple, 1895. (Bibliothèque de propagande socialiste, no. 9.)

Hamel, Ernest, Saint-Just. 2 vols. 12°. Bruxelles (1860).
Hamel, G. A. van, L'anarchisme et le combat contre l'anarchisme au point de vue de l'anthropologie criminelle. Rapport présenté au X. Congrès internat. d'anthropologie crimin., session de Genève 1896. (Archive d'anthropologie criminelle, 1896, sept.)
*****Hammann,** Otto, Die kommunistische Gesellschaft. (Zeitfragen, hrsg. v. Vaterlandsvereine, Heft 7.) gr. 8°. Berlin 1896.
— Vide: Socialistentödter (Ein).
Hammer, M. J. de Witt, De arbeidersvereenigingen. gr. 8°. Leyden 1866.
Hammerstein, L. v. 1. Meister Breckmann, wie er wieder zum Glauben kam und aufhörte Sozialdemokrat zu sein. 8°. Trier, Paulinusdruckerei, 1888.
— 2. Die Wahrheit über Christus und die Evangelien, gegen sozialdemokratische Wissenschaft vertheidigt. (Katholische Flugschriften, zur Wehr und Lehr, Nr. 81.) 16°. Berlin 1894.
Hamon, A. 1. Un anarchisme, fraction du socialisme. („La Société Nouvelle", février-mars 1896.)
— 2. De la définition du crime. 8°. Lyon, A. Storck; Paris, G. Masson, 1893.
— 3. De la définition du socialisme. (L'Humanité Nouvelle, 1897, juillet.)
— 4. Déterminisme et responsabilité. 8°. Paris, Schleicher frères, 1898. (Bibliothèque internat. des sciences sociologiques.)
— 5. Les hommes et les théories de l'anarchie. 8°. Paris 1893, tiré de „l'Art social". (Paris).
— 6. Patrie et internationalisme. 8°. Paris 1896, janvier, Bibliothèque des Temps Nouveaux. (Tiré des „Temps Nouveaux", Paris, 31 août 1895 sq.)
— 7. Psicologia del anarquista-socialista. 8°. Buenos Aires 1897.
— 8. Psychologie de l'anarchiste-socialiste. 18°. Paris, libr. Stock, 1895.
— 9. Le socialisme et le congrès de Londres, étude historique. 18°. Paris, P. V. Stock, 1897.
Hampden in the Nineteenth Century, or Coloquies on the errors and improvement of society, illustrated with portr. of John Hampden and Rob. Owen, view of New Lannark etc. (by John Minter Morgan). 2 vols. 8°. London 1884.

Hancock, Ch., The Familistère at Guise. (Fortnightly Review, 1893.)
Hancock, W. N., Report on the alleged violence of the working classes in Irish towns as an impediment to the employment of capital. 8°. Dublin 1865.
Hand-book of the Oneida community 1875. 8°. Oneida, N. Y., office of Oneida Circular.
Handbuch für sozialdemokratische Wähler. Der Reichstag 1893—1898. Hrsg. vom sozialdemokratischen Parteivorstand. 8°. Berlin, Buchh. Vorwärts, 1898.
Handbüchlein für Wühler, Anleitung in wenigen Tagen ein Volksmann zu werden, von Peter Struwel, Demagog. Mit Holzschnitten. 8°. Leipzig 1848.
Handwerkerbewegung (Zur). (Christl.-soz. Blätter, Jhrg. 25, 1892.)
Handwerkerbewegung (Die) und ihr möglichstes Ziel. (Grenzboten, 1885,₂.)
Hanne, W. J. W., Zeitspiegelungen. 8°. Hannover 1852.
Enth. u. a.: Christenthum und Sozialismus.
— Die Widersprüche des Sozialismus in sich selbst.
Hannich, Jos., Bauern merkt auf! Ein Wort zur Belehrung und Aufmunterung für die arbeitende Bevölkerung auf dem Lande und in den Städten. 8°. Steinschönau (Wien, 1. Wiener Volksbuchh.) 1896.
Hans, Ludovic, Second siège de Paris. Le comité central et la Commune. Journal anecdotique. 8°. Paris, Alphonse Lemerre, 1871.
Hansen, Chr., Was kann in grossstädtischen Verhältnissen eine Arbeitergenossenschaft leisten? (Arbeiterfreund, Jhrg. 35, 1897.)
Hansen, Fritz, Die Arbeiterbewegung und ihr Verhältniss zur Kunst. 2. Aufl. 8°. Berlin, Selbstverlag, 1893.
Hansen, Joh. Ant. Jos., Die Demokratie, vom Standpunkte der Vernunft und des Christentums betrachtet. gr. 8°. Trier, Gall, 1850.
Hanser, Rud., 1. Strahlen, oder ein Allerseelen-Licht am Schlachtfelde der Gegenwart. Sociale Sonntags-Reminiscenz. 8°. Budapest, A. Ihrlinger u. Genossen, 1886.
— 2. Proletarier-Liederbuch. Sammlung von ausgewählten Liedern und Gedichten für das arbeitende Volk. 2. Ausg. 8°. Wien, A. Heimann u. L. Bretschneider, 1891.

Hanson, J., Dissection of Owenism dissected, or a socialist's answer to F. R. Lees. 8°. Leeds 1838.
Hanstein, Adalbert v., Die sociale Frage in der Poesie. Erweiterter Abdruck aus der Akademischen Rundschau, 1896. 8°. Leipzig, Akademischer Zeitschriften-Verlag, Freund und Möschla, 1897
Häntzschel, W., Beamtenthum und Socialdemokratie. 8°. Leipzig-Neuschönefeld, Gebr. Kretschmar, 1893.
Harcourt, le duc d', Quelques réflexions sur les lois sociales. 8°. Paris, E. Didot et Co., 1886.
Hardeg, A. R., Die platonische Verehrung des Sozialismus und die deutsche Gesellschaft für ethische Kultur. (Deutsche Worte, Jhrg. 13. 1893.)
Hardegg, G. D., Das ewige Evangelium oder die Mittel zur Lösung der socialen Frage. Versuch eines Programmes für die Freunde Jerusalems in Europa, Asien und Amerika. 8°. Stuttgart, Schober, 1866.
Hardeland, Thdr., Die Heilsarmee nach Geschichte, Wesen und Wert. (Zeitfragen d. christl. Volkslebens, Heft 174.) gr. 8°. Stuttgart 1898.
Hardie, J. Keir., 1. The case for an independent labour-party. (New Review, 1894, June.)
— 2. The independent labour party. (Nineteenth Century, 1895, Jan.)
Harding, C. G. Vide: Republican (The).
Hardyns, F., 1. Les syndicats professionnels et le mouvement ouvrier. 8°. Bruxelles, libr. du Peuple, 1896.
— 2. De volkswil. Op voor het algemeen stemrecht. 8°. Gent, drukk. Vooruit, 1892.
Harembert, Armand, Le droit humain. Code naturel de la morale sociale expliqué par la céphalométrie et mis à la portée de tout le monde. gr. 8°. Paris, Dentu, 1862.
Harion, Maur., Leçons sur le mouvement social, données à Toulouse en 1898. 8°. Paris, L. Larose, 1898.
Harkort, F., 1. Arbeiter-Spiegel. 8°. s. l. 1874. 3. Aufl. 8°. Hagen 1875.
— 2. Bürger- und Bauernbrief. 8°. Braunschweig 1851. 2. Bürger- und Bauernbrief. gr. 8°. Elberfeld 1852.
Harman, Moses, 1. Autonomy, self-law: What are its demands? A brief exposition of the based principles of individualism in its relation to society and government.
Harman, Moses, 2. Autonomistic marriage as viewed from the standpoint of law, justice and morality. To the „outraged" christians of Valley Falls, Kans., by John R. Kelso.
— Vide: Kansas (The) Liberal.
— — Lucifer.
Harman-Walker, Lillian. Vide: Fair Play.
— — Kansas Fight.
— — Lucifer.
Harmel, Léon, 1. L'apostolat ouvrier, discours. 18°. Reims, impr. Mons, 1898.
— 2. La démocratie chrétienne, discours prononcé le 5 juin 1897, au Congrès ouvrier de Tours. 32°. Paris, Rondelet et Co., 1897.
Harmening, Dr. Ernst, Die Lösung der socialen Frage durch die Bodenbesitz-Reform. Vortrag, geh. am 16. März 1891 in öffentl. Versammlung des deutschen Bundes für Bodenbesitz-Reform zu Berlin. gr. 8°. Berlin. W. Latte, 1891.
Harmonie. Marseille, oct. 1891—déc. 1893. 27 nos. anarchiste en 1893.
Harmonie (L'). Journal hebdomadaire. Liège, vers 1850.
Harnack, Ad., Die evangelisch-soziale Aufgabe. im Lichte der Geschichte der Kirche. (Preuss. Jahrb., Bd. 76, 1894.)
Harnack, Ad., u. **Delbrück,** Hans, Evangelisch-sozial. gr. 8°. Berlin, H. Walther, 1896.
Harper, J. W., Money and sozial problems. 8°. London, Oliphant, 1896.
*****Harrington,** James, 1. The Oceana and other works. 4°. London 1700. 2. edit. by Birch. 8°. Dublin 1737. 3. edit. 8°. 1747. 4. edit. by Hollis. 8°. London 1771.
— 2. Oeuvres politiques de Jacques Harrington, écuyer, contenant la République Oceana, les aphorismes et les autres traités du même auteur, précédé de l'histoire de sa vie, écrite par J. Towland. 3 vols. 8°. Paris, an III (1795).
Harris, John, Industrial policy of England in 1877, a second letter to the public, labour and capital, 8°. London 1878.
Harris, W. J., Statistics versus socialism. (Forum, 1897, Oct.)
Harris' (Commissioner) statistics and socialism. (Arena, 1898, March.)
Harrison, The political function of the working classes. 8°. London 1868.

Harrison, Fred., 1. The positiv problem. (The Fortnightly Review, 1869.)
— 2. Present and the future: a positivist address. 8°. London 1880.
Hart, Joh., Die Schule im socialdemokratischen Zukunftsstaate. Nach socialdemokratischen Schriften dargestellt. (Frankfurter zeitgemässe Broschüren, N. F. Bd. 16, Heft 3.) gr. 8°. Frankfurt a. M. 1895.
Hartmann, A., Das allgemeine Wahlrecht. Eine Studie über seine politische Bedeutung. gr. 8°. Berlin, H. Walther, 1897.
Hartmann, Ed. v., 1. Der Anarchismus. (Die Gegenwart, Bd. 51, 1897.)
— 2. Die Gefahr der Demokratie. (Die Gegenwart, Bd. 46, 1894.)
— 3. Die Kampfmittel gegen die Socialdemokratie. (Die Gegenwart, Bd. 51, 1897.)
— 4. Das Recht des Kapitals auf Antheil am Arbeitsertrage. (Die Gegenwart, Bd. 43, 1893.)
— 5. Die Socialdemokratie. (Die Gegenwart, Bd. 50, 1896.)
— 6. Die Vertheilung des Arbeitsertrages. (Die Gegenwart, Bd. 43, 1893.)
— 7. Die Verteilung des Arbeitsertrages zwischen Capital und Arbeit. (Preuss. Jahrbücher, Bd. 71 u. 72, 1893.)
Hartmann, Geo. Wilh., Sensationelle Enthüllungen über die Führer der „sozialdemokratischen Partei". 8°. Hamburg (Epstein u. Engelke; Leipzig, Ch. Gütlich) 1893.
Hasbach, W., 1. Larochefoucauld und Mandeville. (Schmoller's Jahrb., XIV₁, 1890.)
— 2. Die Zukunft der Coalitionsfreiheit und der Gewerkvereine. (Die Gegenwart, Bd. 53, 1898.)
Hasenclever, Wilh., 1. Erlebtes. Skizzen und Novellen. 8°. Leipzig, Wilh. Röhl, s. a.
— 2. Der Feldzug des Herrn Findel gegen die Socialdemokratie, enthaltend die Verbots-Verfügung der binnen acht Tagen vergriffenen Brochüre: „Noch einmal Herr Findel und die Sozialdemokratie", mit einem Anhange. 8°. Leipzig, Selbstverlag, 1880.
— 3. Liebe, Leben, Kampf. Gedichte. 8°. Hamburg, Philipsen, 1876.
— 4. Rede des Abgeordneten Hasenclever zum Tabakmonopol. Amtl. stenogr. Bericht vom 14. Juni 1882. Flugblatt. 8°. Hottingen-Zürich, Schweiz. Vereinsbuchdruckerei, s. a.
Hasenclever, Wilh., 5. Was will die Arbeiterpartei? Ein offenes Wort an die Arbeiter, Handwerker und Kleinbauern in den kleinen Städten und auf dem Lande. 8°. Druck u. Verlag von Schönfeldt u. Harnisch in Dresden, Selbstverlag d. Verfassers, s. a.
Hasenclever, Wilh., **Frohme**, K. F., u. **Lepp**, Ad., Gedichte. 8°. Stuttgart, Dietz, 1893. (Deutsche Arbeiter-Dichtung, Bd. 1.)
Hasner, Prof. Dr. L. v., Das Verhältnis der socialen zur Staats-Theorie. (Magazin f. Rechts- u. Staatswissenschaft, Bd. 1, 1850.)
Hass der Br.: Br.: (Freimaurer) und Socialisten gegen die christliche Religion. (Christl.-soz. Blätter, Jhrg. 29, 1896.)
Hast, Dr. Joh., Wohin? und Wie? Praktische Sozietätsphilosophie gegen den Krebs europäischer Menschheit. gr. 8°. Berlin, Gebr. Rocca, 1847.
Haulik, Georg von, Von der Gleichheit (Égalité) in moralischer und in socialer Beziehung. Pastoralschreiben vom 24. Jän. 1869 an den Agramer Diöcesan-Clerus. (Uebers. aus d. latein. Original.) 8°. Agram, Fr. Suppan (Albrecht u. Fiedler), 1869.
Hauptmann, Gerhart, Die Weber. (Uebertragung.) Schauspiel aus den vierziger Jahren. 8°. Berlin, A. Fischer, 1892.
Hauptversammlung (Die 3.) der freien kirchlich-sozialen Konferenz zu Berlin am 19. und 20. April 1898. 8°. Berlin, Verl. d. Buchhdlg. der Berliner Stadtmission, 1898.
Haurion, Leçons sur le mouvement social données à Toulouse en 1898. 8°. Paris 1898.
Hauser, H., Une grève d'imprimeurs parisiens au XVI. siècle (1539—1542). Extr. de la Revue internat. de sociologie, 7. juillet 1895. 8°. Paris, Giard et Brière, 1895.
— 2. Histoire d'une grève au XVI. siècle. Les imprimeurs lyonnais de 1539 à 1542. (Extr. de la Revue internat. de sociologie, sept. 1894.) 18°. Paris, Giard et Brière, 1894.
— 3. Les suites d'une grève au XVI. siècle (1542—1573). 8°. Paris, Giard et Brière, 1898.

Hauser, Rud. Vide: Familienbibliothek.
Haushofer, Max, Der moderne Sozialismus. 12°. Leipzig, J. J. Weber, 1896.
Haussonville, le comte d', 1. Études sociales. Socialisme et charité. 8°. Paris, C. Lévy, 1895.
— 2. Socialisme et charité. 18°. Paris, C. Lévy, 1896. (Études sociales. — Bibliothèque contemporaine.)
— 3. Socialisme d'État et socialisme chrétien. (Revue des deux Mondes, 1890, 15 juin.) 8°. Paris, impr. Motteroz, 1890.
Hawley, F. B., The fundamental error of „Kapital and Kapitalzins". (Quarterly Journal of Economics, vol. 6, 1892.)
Haymann, Franz, Jean Jacques Rousseau's Sozialphilosophie. 8°. Leipzig, Veit u. Co., 1898.
Hayter, A. D., Essay on production and its increase, by the freedom of commerce and the best distribution of capital and labour. 8°. London 1864.
Hasell, A. P., The quantity theory of money from the Marxist standpoint. (Journ. of polit. Econ., vol. 7, 1898, Dec.)
Headlam, Stewart D., Christlicher Sozialismus in England. (Die Zeit, Nr. 86, Wien, 23. Mai 1896.)
Heath, Rich., The church and social democracy in Germany. (Contemporary Review, 1898, Oct.)
Hébert, E., La lutte des classes. 32°. Versailles, impr. Peuret-Hatton, 1894.
— 2. Réflexions d'un socialiste sur la grrr.... ande concentration opportuno-radicale de Seine-et-Oise. 18°. Versailles, l'auteur, 1893.
Hebler, C., Elemente einer philosophischen Freiheitslehre. gr. 8°. Berlin, G. Reimer, 1887.
Hébras, Méditation d'un vieil ouvrier sur la réorganisation du travail, des améliorations importantes que l'on peut en obtenir par des moyens pratiques et conciliants, précédée de la situation ouvrière, ainsi que des abus qui ont perpétué les misères. 8°. Paris, impr. Masquin et Co., 1872.
Hecht, Ernest, Pullmann City et la question ouvrière. (Extr. des Mémoires de la Société des ingénieurs civils de France, 1896, nov.) 8°. Paris, impr. Chaix, 1897.

Heckel, Max v., 1. Der Boykott. (Jahrb. f. Nat.-Oekon., Bd. 65, 1895.)
— 2. Boykott. (Handwörterb. d. Staatswiss., Suppl. I, 1895.)
— 3. Zur Statistik der Arbeitseinstellungen in Frankreich. (Jahrb. f. Nat.-Oek. u. Stat., Bd. 64, 1895.)
Heckethorn, C. W., The secret societies of all ages and countries. New edit. thoroughly revised and greatly enlarged. 2 vols. 8°. London, G. Redway, 1898.
Heger, R., Die Erhaltung der Arbeit. gr. 8°. Hannover, Helwing, 1896.
Hegewisch, Karl, Die Anfänge der evangelisch-socialen Bewegung. (Die Gegenwart, Bd. 50, 1896.)
Heigl, Ferd., 1. Freistaat und Monarchie. Rede, gehalten zu Nürnberg am 9. Nov. 1890. 8°. Bamberg, Handelsdr. u. Verlagsh., 1890.
— 2. Gedanken über die soziale Frage. gr. 8°. Bamberg, Handelsdr. u. Verlagsh., 1892. 2. Aufl. 12°. Ebd. 1894.
— 3. Spaziergänge eines Atheisten. Ein Pfadweiser zur Erkenntniss der Wahrheit. Polemisches und Akademisches. 5. Aufl. 8°. Bamberg, Handelsdruckerei, s. a. (1891).
Heilsarmee und Politik. (Grenzboten, 1892,₁.)
Heilsarmee (Die) als Gesellschaftsretterin. (Die Gegenwart, Bd. 39, 1891.)
Heiman, A. Vide: Volksbibliothek (Wiener politische).
Heine, Aug., Ein Bauernsocialist über die sociale Frage und die Landwirtschaft. Den Mitgliedern der sozialdemokratischen Agrarkommission gewidmet. gr. 8°. Leipzig, E. Wiest Nachf., 1895.
Heine, Heinr. (Pseudonym), Ein neues Wintermärchen. Heine's Besuch im neuen deutschen Reich der Gottesfurcht und frommen Sitte. Den Herrn Staats- und Gesellschaftsvertretern gewidmet. 8°. London, German Cooperative Publishing Co., s. a. 8°. Boston, „Pionier", 1872.
— 2. Daniel in der Löwengrube. Vom Verfasser des „Neuen Wintermärchens". 8°. Zürich, Volksbuchh. (J. Franz), 1876. 3. Aufl. 8°. Berlin, „Vorwärts", 1891.
Heine, Wolfg., 1. Paul Barth's Geschichtsphilosophie und seine Einwände gegen den Marxismus. (Deutsche Worte, Jhrg. 18, 1898.)
— 2. Die Sozialdemokratie und die Schichten der Studirten. Vortrag. gr. 8°. Berlin,

Verlag der socialist. Monatshefte, 1897. 2. Aufl. gr. 8°. Ebd. 1898.

Heinemann, Strafbarkeit des Boykotts nach geltendem Reichsrecht. (Sozialpolit. Centralblatt, Jhrg. 4, Nr. 44.)

Heinemann, Ernst, Aktiengesellschaften und Gewerkschaften. (Preussische Jahrbücher, Bd. 81, 1895.)

Heinemann, Dr. Hugo, Der österreichische Strafgesetzentwurf und die arbeitende Klasse. (Archiv für sociale Gesetzgeb., VII, 1894.)

Heinse, Ardinghello und die glückseeligen Inseln. Eine italiänische Geschichte aus dem 16. Jahrhundert. 2 Bde. 8°. Frankfurt u. Leipzig 1792.

Heinse, Rudolf, Ueber Lassalle's Briefe an Sophie Soluzeff. (Sep.-Abdr. aus: „Unsere Zeit", 1881, Heft 2.) gr. 8°. Leipzig, Brockhaus, s. a.

Heinzen, K., 1. Meine Ausweisung aus Zürich. 8°. Bern 1847.
— 2. Die preussische Büreaukratie. 8°. Darmstadt, Leske, 1845.
— 3. Dankadresse deutscher Preussen an Itzstein und Hecker. 1845.
— 4. Der teutsche Editoren-Kongress zu Cincinati oder das gebrochene Herz. 8°. Boston 1872.
— 5. Einiges über teutschen Servilismus und Liberalismus. 12°. New York 1847.
— 6. Erlebtes. Bd. 1. Vor meiner Exilirung. 8°. Boston 1864.
— 7. Politische und unpolitische Fahrten und Abentheuer. 2 Bde. 8°. Mannheim 1846.
— 8. Künftige Kabinetsordres Olims des Grossen. 1845.
— 9. Mehr als 20 Bogen. 8°. Darmstadt 1845.
— 10. Opposition gegen das Volk. (Püttmann's Bürgerbuch.)
— 11. Preussisches und Deutsches. 8°. Bellevue 1845.
— 12. Gesammelte Schriften. 3 Bde. 8°. Boston 1864—67.
— 13. Ein Stück Beamtenleben. 8°. Herisau 1846.
— 14. Was ist die wahre Demokratie? 8°. New York 1871.
— 15. Weniger als 20 Bogen. 1845.
— 16. Wer und was ist das Volk? Hrsg. von dem Verein zur Verbreitung radikaler Principien. 8°. Sandusky, Ohio, 1869.

Heinzen, K., 17. Ein Wort über erlaubten Widerstand. (Püttmann's Bürgerbuch.)

Heinzen, Karl, and Anarchism. („Liberty", Boston, 1. Aug. 1891.)

Heinzig, B., Die Erklärung der allgemeinen Menschen- und Bürgerrechte in Frankreich. (Grenzboten, 1890,₃.)

Heise, H., Das Volk siegt doch. 8°. Frankfurt a. M. 1851.
— Vide: Kellner, G., u. Heise, H.

Held, A., 1. Arbeitseinstellungen und Geldentwerthung. (Konkordia, II, 1872, Nr. 24—25.)
— 2. Zur Beurtheilung der Sozialdemokratie in Sachsen. (Konkordia, IV, 1874, Nr. 15/16, 19/20, 23/24, 26/27.)
— 3. Der englische Chartismus und die deutsche Sozialdemokratie. (Konkordia, V, 1875, Nr. 12—16.)
— 4. Der Liberalismus und die soziale Frage. (Konkordia, VI, 1876, Nr. 18—20.)
— 5. Robert Owen, der Vater des englischen Socialismus. (Konkordia, VI, 1876, Nr. 5—10.)
— 6. Sozialdemokratie und Ultramontanismus. (Konkordia, IV, 1874, Nr. 48—50.)
— 7. Der Sozialismus und die Wissenschaft. (Konkordia, II, 1872, Nr. 8, 11/12, 16, 18.)
— 8. Die christlichen Sozialisten in England. (Konkordia, V, 1875, Nr. 31—37.)
— 9. Steuerreform und sociale Frage. (Konkordia, I, 1871, Nr. 2, 4, 6.)
— Vide: Volksvertreter (Der).

Held, E., Aux électeurs. Le mensonge politique. Abstention. 16°. Genève 1896.

Held, H. v. Vide: Jakobiner (Die wahren).

Heldengeist und Despotismus der älteren und neueren Zeit, unparteiisch gewürdigt von einem deutschen Mann. 8°. Altona 1795.

Heldt, B. H., Wat onderscheidt de sociaaldemocratische beweging van het algemeen Nederl. werklieden-verbond? 8°. Amsterdam 1885.
— Vide: Nederlandsch werklieden-verbond (Algemeen).

Hellen, Dr. Ed. v. d., Das rote Programm. Leitfaden für Agitatoren, sowie zum Selbstunterricht in der Sozialdemokratie. 1.—3. Tausend. gr. 8°. Weimar, H. Weissbach, 1892.

Hellenbach, L. B., 1. Die Insel Mellonta. Ein Zukunftsbild. 3. Aufl. 8°. Leipzig, Oswald Mutze, 1896.

Hellenbach, L. B., 2. Das neunzehnte und zwanzigste Jahrhundert. Kritik der Gegenwart und Ausblicke in die Zukunft. Aus dem handschriftl. Nachlass hrsg. von Dr. Karl du Prel. 8°. Leipzig, Oswald Mutze, 1893.

Heller, Leopold, Selbsthilfe. Ein Roman der Sparsamkeit und Lebenskunst. Realsocialistisches Zukunftsbild. 8°. Leipzig, H. Hartung u. Sohn, 1894.

Hellwald, F. v., Die menschliche Familie in ihrer Entstehung und natürlichen Entwickelung. gr. 8°. Leipzig 1889.

Helot, C., Étude sur la propriété et les devoirs qu'elle impose. A propos d'une brochure de Ch. Legay sur le même sujet. 8°. Grenoble, Baratier et Dardelet, 1891.

Helps, Sir Arthur, Claims of labour. 2. edit. 8°. London 1845.

Helwigk, Im Nihilistenstaate Neu-Sodom, oder Historia von der schönen Dinah. 8°. Leipzig s. a.

Hélynck, Arthur, Travailleurs, debout! (1. mai 1895), chanson. in plano. Lille, impr. Delory, 1895.

Hément, Félix, Une conférence. Famille, propriété, patrie. 35 pp. 18°. Paris, tous les libr., 1872.

Henckell, Karl, 1. Buch der Freiheit. 8°. Berlin, „Vorwärts", 1893.
— 2. Poetisches Skizzenbuch. Mit einem Vorworte von Heinrich Hart. 8°. Minden, Bruns, 1885.

Henderson, C. R., 1. Business men and social theories. (Americ. Journ. of Sociology, vol. 1, Jan. 1896.)
— 2. The place and functions of voluntary associations. (Americ. Journ. of Sociology, vol. 1, Nov. 1895.)
— 3. The social spirit in America. 8°. Meadville 1897.

Henne am Rhyn, A., 1. Aria, das Reich des ewigen Friedens im 20. Jahrhundert. Ein Zukunftsbild auf der Grundlage der Geschichte. gr. 8°. Pforzheim 1895.
— 2. Das Buch der Mysterien und geheimen Gesellschaften. 3. Aufl. 8°. Leipzig 1890.

Hennequin, Victor, 1. Féodalité, ou association-type d'organisation du travail pour les grands établissements industriels à propos des houillères du bassin de la Loire. 8°. Paris, impr. de Lange-Levy, 1846.

Hennequin, Victor, 2. Religion. Tome 1. 12°. Paris, Dentu, 1854.
— 3. Voyage en Angleterre et en Écosse. 8°. Paris 1844.

Henniker, Lord, Speech on the labour question. 8°. London 1874. (Privately printed.)

Hennings, A. F. v. Vide: Annalen der leidenden Menschheit.

Henrich-Wilhelmi, Hedwig, Leibliches und geistiges Proletariat. Vortrag. gr. 8°. Leipzig, E. Wiest Nachf., 1895.

Henry, Agnes, Anarchist communism in its relation to State socialism. („Liberty", June-July 1896.) 8°. London, „Liberty Press", 1896.

Henry, Emile, 1. Déclaration d'Émile Henry .... le 28 avril 1894. 16°. Bruxelles 1894. („La Brochure", 2. sér. no. 1.)
— 2. Élection et révolution, par un Nivelleur. 8°. Troyes 1895. (Publications du groupe anarchiste „les Nivelleurs" de Troyes.)
— 3. Hypothèse sur la possibilité d'une forme sociale communiste-anarchiste. Réponse aux Étatistes. 8°. Paris s. a. (1886). (Publication du groupe de propagande anarchiste „Le Drapeau noir".)

Henry, Fortuné, Les civilisateurs. Satires. 8°. Paris 1846.

Henry, R., Le socialisme agraire et la prétendue concentration de la propriété rurale en France. (Annales de l'école libre des scienc. polit., 1896.)

Henry, Victor, Solidarisme. Parti solidariste évolutionnaire. 8°. Paris, impr. Richard, 1895.

Hepner, Ad., 1. Die politische demi-monde. 1. Heft: Das „Leipziger Tageblatt". 8°. Leipzig, Thiele, 1870.
— 2. Die Aussichten des Sozialismus in Amerika. (Neue Zeit, Jhrg. 12, 1893/94.)
— 3. Die Erschiessung der Geisseln. Ein Beitrag zur Geschichte der Pariser Kommune. (Neue Zeit, Jhrg. 10, 1891/92.)
— 4. Meine 3½-jährige Leipziger Polizeicampagne. Heiteres und Ernstes. Publicist und Jurist. gr. 8°. Berlin 1874.

Heramer. Vide: Fröbel, Rau, Kriege, Meyen u. Heramer.

Herbert, Auberon, 1. Anarchy and voluntarism. (The free Life, vol. 2, 1894, Oct.)
— 2. The ethics of dynamite. (Contempor. Review, May 1894.)
— 3. A politician in sight of heaven; being a protest against government of

man by man. Reprinted from „The free Life". 4⁰. Boston 1890.
Herbert, Auberon, 4. The right and wrong of compulsion by the State. s. l. a. a.
— 5. Staatszwang oder Freiheit? Eine Einführung in die Weltanschauung der Freiheitspartei. Mit Genehmigung des Verfassers für deutsche Leser bearbeitet und eingeleitet von Dr. Wilh. Bode. (Tages- u. Lebensfragen, Nr. 3—4.) 8⁰. Bremerhaven, Chr. G. Tienken, 1892.
6. State socialism in the court of reason. (The Humanitarian, vol. 7, 1895.)
Herbert, Fritz, Die Sozialdemokratie in Pommern. Eine geschichtliche Darstellung der Entwickelung der socialdemokratischen Bewegung von 1869—92. Mit einem Anhang: Marseillaise der pommerischen Arbeiter. 8⁰. Stettin, Fritz Herbert, 1893.
Hereje (O). Journ. Lisboa, 30 germinal 89, 1 no.
Horsebachius, C., Historia anabaptistica de fact. Monaster. 1534 etc., 1536 descripta, cum notis theologic. histor. ac pol. op Th. Strackii. 16⁰. Amstelodami 1637.
Hergott, Hans. Vide: Agitator (Ein unbekannter).
Hérisson, le comte d', Nouveau journal d'un officier d'ordonnance — la Commune. Quatorzième édition. 8⁰. Paris, Paul Ollendorff, 1889.
Heritier, L., 1. Michael Bakunin und seine Schriften. (Neue Revue [Wien], Jhrg. 6, Nr. 39—40, 1895.)
2. Jean Paul Marat vor 1789. Seine politischen und sozialen Ideen. (Neue Zeit, Jhrg. 13, 1894/95.)
Herkner, H., Alkoholismus und Arbeiterfrage. (Aus: „Neue deutsche Rundschau".) gr. 8⁰. Hildesheim, München, J. F. Lehmann's Verl., 1896.
— 2. Die Arbeiterfrage. Eine Einführung. gr. 8⁰. Berlin, J. Guttentag, 1894. 2. Aufl. gr. 8⁰. Ebd. 1897.
— 3. Gewerkvereine in Oesterreich. (Handwörterb. d. Staatswiss., IV, 1892.)
4. Gewerkvereine in der Schweiz. (Handwörterb. d. Staatswiss., IV, 1892.)
5. Die sozialdemokratische Krisis. (Die Zukunft, Bd. 9, 1894.)
— 6. Owen. (Handwörterb. d. Staatswiss., V, 1893.)
— 7. Der Parteitag der Sozialdemokratie. (Die Zukunft, Bd. 13, 1895.)

Herkner, H., 8. Das Vereins- und Coalitionsrecht der Arbeiter im Deutschen Reiche. Referat. (Schriften d. Vereins f. Soz.-Pol., Bd. 76, 1898.)
Herlin, A. N., Das Rechtssystem der Sozialdemokratie. Ein erster Entwurf. 8⁰. Nürnberg, Wörlein u. Co., 1894.
Herman, R., (Une page de collectivisme.) La médecine gratuite. 8⁰. Bracquegnies, Hector Tecqmenne, 1892.
Hermann, J., Robespierre's Leben. 1. Thl. 4⁰. Berlin 1871.
Hermann, W., Religion und Socialdemokratie. 1891.
Hernu, Charles, Chant socialiste, chanson nouvelle. in plano. Lille, impr. Delory, 1895.
Herold (The) of Anarchy, by A. Tarn. 14 nos. London, Oct. 1890 — Febr. 1892.
Herpfer, J. D., De laboris commodis, utilitatibus et effectis. 4⁰. Argentor. 1663.
Herrenhaus-Junker (Die) und die Arbeiter. Reden, gehalten von v. Puttkammer und v. Stumm in der Sitzung des preuss. Herrenhauses vom 24. Juni 1897. Nach dem stenogr. Bericht. gr. 8⁰. Berlin, Buchh. d. Vorwärts, 1897.
Herrmann, Chr., Vortrag über die Arbeiterfrage, Kommunismus und Sozialismus. Gehalten am 11. März 1877 im Arbeiterbund zu Heilbronn. 8⁰. Heilbronn, Chr. Herrmann, 1877.
Herrmann, Eman., Die Familie vom Standpunkte der Gesammtwirthschaft. (Volkswirthsch. Zeitfragen, Heft 80, Berlin 1889.)
Herron, G. D., 1. Christianity and property: bibliography of literature containing Christian teachings and ideas on ownership. (Commons, 1898, Jan.)
— 2. Impressions of the English labor movement. (Commons, 1897, Sept.)
Herrschaft (Die) der Verbrecher. Flugblatt, beginnend mit den Worten: „Das Organ Bismarcks" etc. 8⁰. Riesbach-Zürich, Verlag d. „Sozialdemokrat", s. a.
Hertzberger, H., Die Arbeiterfrage und die soziale Bewegung in Norwegen. (Sozialpolit. Rundschau, Jhrg. 1, 1891/92.)
Hertzka, Dr. Theod., 1. Anarchismus und Freiland. (Die Zukunft, Bd. 8, 1894.)
— 2. Entrückt in die Zukunft. Sozialpolitischer Roman. gr. 8⁰. Berlin 1895.
— 3. Freeland, a social anticipation, translated by A. Ranson. 8⁰. London 1891.
* 4. Freiland. 5.—6. durchges. Aufl.

gr. 8°. Dresden, Pierson, 1892. 7.—8. Aufl. gr. 8°. Ebd. 1893. 10. durchges. Aufl. Mit einem Vorwort über die Freiland-Expedition. gr. 8°. Ebd. 1896.
Hertzka, Th., 5. Freiland und Antisemitismus. (Die Zukunft, Bd. 5, 1893.)
— 6. Die Probleme der menschlichen Wirtschaft. I. Das Problem der Gütererzeugung. gr. 8°. Berlin, F. Dümmler's Verl., 1897.
— 7. Eine Reise nach Freiland. (Universalbibliothek, Nr. 306—62.) gr. 16°. Leipzig, Reclam, 1893.
— 8. Le socialisme et son développement. (Revue sociale et polit., année 3, 1893.)
— 9. Szabadföld, a jövő korszak társadalmi képe. Szerző engedélyével németből forditotta Herman Sándor dr. (Freiland. Ein sociales Zukunftsbild. Mit Erlaubniss des Verfassers aus d. Deutschen übersetzt von Dr. A. Hermann.) 8°. S. Székesfehérrár, Klökner, 1893.
— 10. Un voyage à Terre-Libre. Coup d'oeil sur la société de l'avenir. Roman traduit de l'allemand, avec une introduction de T. de Wyzewa. 18°. Paris, libr. Chailley, 1894.
— 11. Die soziale Zukunft. (Die Zukunft, Bd. 3, 1893.)
Hertzka's individualistischer Sozialismus. Von A. v. H. (Die Gegenwart, Bd. 41, 1892.)
Hertzka, Theodor. (Handwörterb. d. Staatswiss., IV, 1892.)
Hervé, Édouard. Vide: Écho (L') de Paris.
Herwegh, Emma, Zur Geschichte der deutschen demokratischen Legion aus Paris. 8°. Grünberg 1849.
Herwegh, Georg, 1. Gedichte und kritische Aufsätze aus den Jahren 1839 und 1840. 8°. Belle-Vue bei Constanz, Verlags- u. Sort.-Buchh., 1845.
— 2. Gedichte eines Lebendigen. 10. Aufl. 8°. Stuttgart, Göschen, 1877. (Die ersten Auflagen sind anonym: Vide: Gedichte eines Lebendigen.)
— 3. Neue Gedichte. Hrsg. nach seinem Tode. 8°. Zürich, Verlags-Magazin, 1877.
— 4. Die wahrhafte Geschichte vom deutschen Michel und seinen Schwestern. Mit 6 Bildern von M. Disteli. 8°. Zürich 1843.
Herwegh (Georg). (Neue Zeit, Jhrg. 14, 1895/96.)
Herwegh (Georg) u. Robert Prutz. Ungedruckte Briefe. (Die Zeit, Nr. 131-135, Wien, 3. April—1. Mai 1897.)
Herzen, A., 1. M. Bakunin i polskoe dyelo. („Sbornik posmertnych statii", Genève 1870.)
— 2. Camicia Rossa. La chemise rouge. Garibaldi à Londres. 8°. Bruxelles 1866.
— 3. L'enseignement public au point de vue social. Avec planche. 8°. Lausanne 1887.
— 4. Robert Owen e lo esperimento di New Lannark. (La Rivista Europea, 1870, sett. et ottobre.)
— 5. Le peuple russe et le socialisme. 2. édit. 8°. Nice 1851.
— 6. Proudhon et „la Voix du Peuple". (Revue blanche, no. 46, 1. mai 1895.)
7. De l'autre rive. 4. édit. Traduit du russe par Alex. Herzen fils. 8°. Genève, impr. Czerniecki, 1870.
— 8. Russlands sociale Zustände. Aus dem Russischen. 8°. Hamburg, Hoffmann u. Campe, 1854.
— 9. Die russische Verschwörung und der Aufstand vom 14. Dec. 1825. Eine Entgegnung auf die Schrift des Baron Modeste Korff: „Die Thronbesteigung Kaiser Nicolaus I. von Russland im Jahre 1825." 8°. Hamburg, Hoffmann u. Campe, 1858.
— Vide: Briefe aus Italien.
— — Kolokol (Le).
Hess, M. Vide: Zustände (Die gesellschaftlichen).
Hesslein, B., Katechismus der Volksrechte. 2. Aufl. 16°. Berlin 1863.
Heste, Ed., Die Arbeit. Dichtung. 8°. Hamburg 1865.
Heugel, C., Demokratisches ABC und Lesebuch. Mit Bildern und erbaulichen Versen. 8°. Berlin 1850.
Heurtaux-Varsaveaux, La crise actuelle des trade-unions, à propos d'un livre récent (de M. Howel). (Réforme sociale, année 11, 1892.)
Hewins, W. A. S., The origin of trade-unionism. (Economic Review, vol. 5, 1895.)
Hey, Rich., Happiness and rights. A dissertation upon several subjects relating to the rights of man and his happiness. 8°. York 1792.
Heydenreich, K. H., Versuch über die Heiligkeit des Staates und die Moralität der Revolutionen. gr. 8°. Leipzig 1894.

Heylli, Georges d', 1. Le livre rouge de la Commune. Extraits du Journal officiel. 8°. Paris, E. Dentu, 1871.
— 2. Victor Hugo et la Commune. 8°. Paris. libr. générale, 1871. (Documents sur la guerre de 1870—71 et sur la Commune publiés par Georges d'Heylli.)

Heymann, Berth. Vide: Monatshefte (Socialistische).
— — Student (Der socialistische).

Heywood, Ezra, 1. Cupid's Yokes; — Cupid's Yokes and the Holy Scripture contrasted. — The Evolutionists. — Un civil liberty. 5 br. 187?.
— 2. Hard cash, an Essay to show that financial monopolies hinder enterprise and defraud both labour and capital: and that panics and business revulsions will be effectually prevented only through free money.
— 3. The great strike (1877), its relation to labor, property and government.
— 4. The Word. Journal, monthly. Princeton (Mass.) 1872—189?.
— 5. Yours or mine, an essay to show the true basis of property and the causes of its inequitable distribution.

Hicks, E. I., The ethics of socialism. (Economic Review, vol. 6, 1896.)

Hickmann, Ernst, Armee und Sozialismus. 8°. Warmbrunn i. Schl., Max Leipelt, s. a.

Hieronymi, Wilh., Herr Herostrat-Lassalle, der ökonomische Kronprätendent, oder Agitation und Ehrgeiz. gr. 8°. Darmstadt, Diehl, 1864.

Hijo (El) del Trabajo. Journ. Pontevedra 1882.

Hildebrand, R., Le problème d'une évolution générale du droit et des moeurs. (Revue internat. de sociologie, II, 1894.)
— 2. Ueber das Problem einer allgemeinen Entwicklungsgeschichte des Rechts und der Sitte. Lex.-8°. Graz, Leuschner u. Lubensky, 1894.

Hildebrandt, Martin, Nicht gegen den Kaiser! 8°. Berlin, Ad. Hein, 1890.

Hill, Future of the democratique organization. (Forum, 1897, Febr.)

Hill, W., Socialism and sense: a radical review. 8°. London, W. Scott, 1895.

Hille, Peter, Die Sozialisten. Roman. 8°. Leipzig, Wilh. Friedrich, s. a.

Hillmann, Karl, Die internationale Arbeiterassociation, 1864—1871, ihre Geschichte, Programm, Thätigkeit u. s. w. 8°. Berlin 1871.

Hiltrop, Zur socialen Frage. (Materialien z. Besserung d. gewerbl. u. socialen Verhältnisse, Heft 2, 1879.)

Hilty, Prof. E., 1. Freiheit. Sep.-Abdr. aus dem Polit. Jahrbuch der schweiz. Eidgenossenschaft, 1890.
— 2. Einige Gedanken über die Gründung christlich-socialer Vereine. gr. 8°. Bern, A. Siebert, 1896.

Himmel und Hölle. 8°. Berlin 1863.

Himmel (Der) der Sozialdemokratie in Traum und Wirklichkeit. Von Rhenanus. 8°. Stuttgart, Levy u. Müller, 1893.

Hints (Useful) to labourers, selected from the Publications of the Labourers Friend Society. 2 vols. 12°. London 1836—44.

Hipler, W., Ehe die Schlacht beginnt. Ein Mahnruf an die deutsche Jugend und ihren Kaiser. gr. 8°. Leipzig, Jacobsen, 1892.
Weltlage. — Die Macht der Revolution. — Das soziale Königthum und der Mittelstand. — Giebt es noch einen Mittelstand? — Der socialistische Zukunftstaat. — Produktivgenossenschaften mit Staatskapital. Verstaatlichungen der Kraft. — Bodengenossenschaften. Börsen und Banken der Zukunft.

Hirsch, Heinr., Socialpolitische Studien. Beiträge zur Politik, Geschichte und Ethik der socialen Frage. 2 Bücher. gr. 8°. Berlin, R. L. Prager, 1897.

Hirsch, Karl, 1. Die deutsche Arbeiterpartei. Ihre Prinzipien und ihr Programm. 8°. Berlin 1868.
— 2. Der Staat und das Genossenschaftswesen. 8°. Leipzig 1870.
— Vide: Laterne (Die).

Hirsch, Max, 1. Die Arbeiterbewegung und Organisation in Deutschland. 8°. Berlin, Verl. d. Volkszeitung, 1892.
— 2. Die Arbeiterfrage und die deutschen Gewerkvereine. Festschrift zum 25-jähr. Jubil. der deutschen Gewerkvereine (Hirsch-Duncker). gr. 8°. Leipzig, C. L. Hirschfeld, 1893.
— 3. Ueber die Entwickelung der Arbeiterberufsvereine in Grossbritannien und Deutschland. (Jahrb. d. internat. Vereinig. f. Rechtsw. u. Volksw., 1. Jhrg., 2. Abth., 1895.)
— 4. Die Entwickelung der Arbeiterberufsvereine in Grossbritannien und Deutschland. gr. 8°. Berlin, H. Bahr's Buchh., 1896.

Hirsch, Richard, 1. Vom sozialdemokratischen Parteitag in Frankfurt a. M. (Die Gegenwart, Bd. 46, 1894.)

Hirsch, R., 2. Der Sozialistenkongress in Zürich. (Die Zukunft, Bd. 4, 1893.)
Hirschberg, Dr. E., Die amtliche Statistik und die Arbeiterfrage im Deutschen Reich. (Volkswirthsch. Zeitfragen, Heft 106—107.) gr. 8°. Berlin, Simion, 1892.
Hirschel, M., Apologie der Menschenrechte. 8°. Zürich 1793.
Hirscher, Joh. Bapt. v., Die socialen Zustände der Gegenwart und die Kirche. gr. 8°. Tübingen, Laupp, 1849. (1.—4. Abdr.)
Hirschfeld, Ludw. v., Die proportionale Berufsklassenwahl. Ein Mittel zur Abwehr der socialistischen Bewegung. (Grenzboten, 1885,4.) S.-A. gr. 8°. Leipzig, Grunow, 1885.
Hirst, F. W., and **Ball,** Sidney, Individualism and socialism. (Economic Review, vol. 8, 1898, April.)
Hirtenbrief (Der) der belgischen Bischöfe zur sozialen Frage. (Christl.-soz. Blätter, Jhrg. 28, 1895.)
Hisely, Fréd., Réflexions sur l'homme et le progrès social. 16 pp. 8°. Lausanne 1864.
Hislop, A., Die rothe Republik oder das scharlachfarbige Thier der Offenbarung Johannis, eine Untersuchung über die Periode der Weissagung, die zwei Zeugen und über das Thier, das sie tödtet. Aus d. Engl. 12°. Stuttgart 1849.
Histoire des anabaptistes, cont. leur doctrine, leurs diverses opinions. Grand nombre de planches grav. 8°. Amsterdam 1700.
Histoire ancienne. Un Vaillant en 1836. 32°. Londres, oct. 1894. (Brochure du „Père Peinard".)
Histoire d'une Association ouvrière. L'imprimerie nouvelle 1870—1878. 128 pp. 8°. Paris, impr. nouv., 1878.
Histoire de la Commune de Paris (18 mars —31 mai 1871 (avec plan). 8°. Paris, au bureau de l'Eclipse, 1871. (Bibliothèque populaire.)
Histoire de la conjuration de Max Robespierre. 8°. Paris 1796.
Historie der Severambes, Volkeren die een gedeelte van het darde Vast-land bewoonen, gemeenlijk Zuidland genaamd. Uit het Franch d. G. van Boekhuizen (d. Vairasse). 4 tom. 4°. Amsterdam 1682. 4 tom. 4°. Amsterdam 1701.
Historique de la grève de 1894—95 dans l'industrie du tissage mécanique des cotonnades de Roanne. 8°. Roanne, impr. Souchier, 1896.

History of the Commune of 1871. Translated from the French by Eleanor Marx-Aveling. 8°. London 1886.
History of the middle and working classes; with a popular exposition of the economical and political principles, which have influenced the past and the present condition of the industrious orders, with an Appendix and Index. 8°. London 1833.
History (The) of Sevarites or Sevaramby, a Nation inhabiting Part of the third Continent commonly called Terrae Australes Incognitae, with an Account of their admirable Government, Religion, Customs and Language written by one Capitain Siden, a Worthy Person. Who together with many others, was cast upon those Coasts and lived many Years in that Country (by Vairasse). 8°. London, Printed for Henry Brome, at the Gun at the West End of St. Pauls Church Yard, 1675.
History of the working tailors association (by Th. Hughes). 8°. London 1850.
Hoadly, G., Constitutional guarantees of the right of property. (Journ. of Soc. Science, 1890, Febr.)
Hobbes. Vide: Clarendon, Edw. of.
Hobein, Th. L. A., Schutzschriften für des Hochverraths und der Demagogie, des Giftmordes etc. Angeschuldigte, nebst Urtheilssprüchen. 8°. Schwerin 1844.
Hobelspäne (Sozialdemokratische). 2. Aufl. 8°. Bern, E. Magron, 1878.
Hobhouse, L. T., 1. Ethical basis of collectivism. (Internat. Journ. of Ethics, 1898, Jan.)
— 2. The labour movement. With preface by R. B. Haldane. 8°. London, Fisher Unwin, 1893. 2. edit. 8°. London, Fisher Unwin and Co., 1898.
Hobson, J. A., 1. Edward Bellamy and the utopian romance. (The Humanitarian, vol. 13, 1898.)
— 2. The influence of Henry George in England. (Fortnightly Review, 1897, Dec.)
— 3. Mr. Kidd's social evolution. (Americ. Journ. of Sociology, vol. 1, Nov. 1895.)
Hoch, Gustav, Der Strike der Dynamitarbeiter in Hanau. (Neue Zeit, Jhrg. 15, 1896/97.)
Hoch die Arbeiter-Solidarität! Wien, Verlag von Kleedorfer, Druck von Kamus u. Strezek, s. a.
Hochfärber, Friedrich, Recept. Praktische

Anweisung zur „Schaffung neuer Paradiese". Hrsg. und mit Vorwort, biographischen Mittheilungen und dem Gutachten eines Grossgrundbesitzers versehen von der Actiengesellschaft Pionier zu Berlin. 8°. s. l. s. a. (Druck von Hesse u. Becker in Leipzig, ca. 1887).

Höchstetter en Oschwald, Het sociale vraagstuck en de kerk. 8°. Leiden 1874.

Hochverrath der Camarilla und Gegenbestrebungen der demokratischen Partei in der preuss. constituir. Versammlung. 8°. Berlin 1848.

Hochverrathsprocess (Der) gegen Dr. Joh. Jacoby wegen seiner Betheiligung an den Sitzungen der deutschen Reichsversammlung in Stuttgart. Verhandelt am 8. Dec. 1849 vor dem Königsberger Schwurgericht. 8°. Königsberg 1849.

Hochverraths-Prozess (Der) wider Liebknecht, Bebel, Hepner vor dem Schwurgericht zu Leipzig vom 11.—26. März 1872. Mit einer Einleitung von W. Liebknecht. gr. 8°. Berlin, Verlag d. „Vorwärts", 1894.

Hochverraths-Prozess (Der) gegen die Mannheimer „Volksstimme". Eine Anklage gegen Dressbach etc., verhandelt vor dem Schwurgericht zu Mannheim am 20. Okt. 1894. 8°. Mannheim, Aktienbuchdr., 1894.

Hochverrathsprocess (Der erste) vor dem deutschen Reichsgericht. Bericht über die Verhandlungen des vereinigten 2. und 3. Strafsenats des Reichsgerichtes in Anklagesachen wider den Schuhmacher Jos. Brender aus Frankfurt a. M., den Litteraten Victor Dave aus London und 13 Genossen wegen Vorbereitung zum Hochverrat und wegen anderer Verbrechen, verhandelt zu Leipzig vom 10.—21. Oct. 1881. Auf Grund stenogr. Niederschrift hrsg. von E. Künzel. 8°. Leipzig, Max Hesse, 1881.

Hodgkin, Thomas, 1. Labour defended against the claims of capital. 18°. London 1825.

— 2. Popular political economy, four lectures delivered at the London mechanics institutions. 8°. London 1827.

— 3. The natural and artificial right of property contrasted. 16°. London 1832.

Hodgson, Earl W., 1. Disabilities of democracy. (National Review, 1893, Jan.)

— 2. A Tory plea for the rights of man. (National Review, 1889, Sept.)

Hoenig, Fritz, Die Scharnhorst'sche Heeresreform und die Sozialdemokratie. gr. 8°. Berlin, Militär-Verlag R. Felix, 1894.

Hoensbroech, Graf Paul v., 1. Ultramontane Leistungen. I. Ultramontanismus und Sozialdemokratie. II. Die Wunderberichte des Bischofs von Trier. (Durchgesehener Sonderabdruck aus: „Preuss. Jahrbücher".) gr. 8°. Berlin, H. Walther, 1895.

— 2. Die Sozialdemokratie und der Reichstag. (Die Zukunft, Bd. 9, 1894.)

Hoerens, Vernünftiges und Unvernünftiges an der Sozialdemokratie. gr. 8°. Berlin, O. Nahmmacher, 1898.

Hoffmann, Adf., 1. Der Arbeit Rechte und Pflichten. Christliche Reden über sociale Fragen. 8°. Basel, R. Reich, 1893. 2. Aufl. 8°. Ebd. 1894.

— 2. Friede auf Erden? Ein Weihnachtsbaum für Erwachsene. — Ein neues Jahr — ein schlimmes Jahr. Eine Mahnung in elfter Stunde. 8°. Pankow-Berlin, A. Hoffmann, s. a.

— 3. Die 10 Gebote und die besitzende Klasse. Nach dem gleichnamigen Vortrage. Vielfach ergänzt mit Berücksichtigung der Einwürfe der Gegner und der Zugeständnisse der Herrn Pastoren. 3. unv. Aufl. gr. 8°. Zeitz, Verl. d. Volksboten, 1892. 5. unv. Aufl. gr. 8°. Zeitz 1893.

— 4. Die Sozialdemokraten kommen. Vorsicht! Hütet Euch! Eine wahre Dorfgeschichte. 1. Aufl. 8°. Zeitz, „Volksbote", 1892 2. Aufl. gr. 8°. Zeitz, Pankow-Berlin, A. Hoffmann, 1893. 3. Aufl. gr. 8°. Ebd. 1894.

— 5. De sociaal-democraten komen! Weest op uwe hoede. 8°. Amsterdam 1890.

— 6. Ein Warnungsruf! An die Frauen und Mädchen aller Stände. 2. Aufl. 8°. Pankow-Berlin, A. Hoffmann, 1893.

Hoffmann, B. A., Die soziale Frage der Gegenwart und die Versuche ihrer Lösung. gr. 8°. München, Regensburg, Nation. Verlags-Anst., 1898.

Hoffmann, Franz L. Vide: Passer, Arnold von der.

Hoffmann, Ludw., 1. Die staatsbürgerlichen Garantien, oder über die wirksamsten Mittel, Throne gegen die Empörungen und die Bürger in ihren Rechten zu sichern. 2. völl. umgearb. Aufl. 2 Bde. 8°. Leipzig, Hartmann, 1831.

Hoffmann, Ludw., 2. Ist Religion Privatsache? Eine Erörterung des Verhältnisses der Sozialdemokratie zum Christenthum. 8°. Berlin, L. Abel, 1891.

Hoffmann von Fallersleben, Deutsche Lieder aus der Schweiz. 3. Aufl. 8°. Zürich und Winterthur, Liter. Compt., 1845. 1. Aufl. anonym; vide: Lieder (deutsche) aus der Schweiz.

Hofmann, Friedr., Die Zukunft der deutschen Gewerkschaften und ihre nächste Aufgabe. Mit einem Anhang: Die Thätigkeit der Vertrauensleute in der Organisation. 8°. Berlin, Sassenbach, 1896.

Hofstetten, J. B. von. Vide: Social-Demokrat.

Höger, Karl, Aus eigener Kraft! Die Geschichte eines österreichischen Arbeitervereines seit fünfzig Jahren. Hrsg. vom Niederöstorr. Buchdrucker- und Schriftgiesser-Vereine. Im Auftrage des Vereines verfasst. 8°. Wien, Niederösterr. Buchdr.- u. Schriftgiesser-Verein, 1892.

Hogeweg, D. und **Krüssenberg,** A., Die gefährlichen Strömungen auf socialem Gebiet und die Aufgabe der Schule beim Blick auf dieselben. Vorträge, geh. in der amtl. Konferenz der Kreisschulinspektion Mülheim a. d. Ruhr am 30. Juni 1891. gr. 8°. Mülheim a. d. R., H. Bädeker, 1892.

Hohenthal, C. A. Fr. v., Das Recht des Stärkeren nach seinem Ungrund und der Freyheit und Unabhängigkeit der Völker. 4°. Regensburg 1789.

Hohoff, W., 1. Die sociale Frage in Deutschland während des 19. Jahrhunderts und ihre Lösung. (Monatsschrift f. christl. Sozialreform, Jhrg. 20, 1898.)

— 2. Die sogenannte „Fruchtbarkeit" oder Produktivität des Kapitals. (Monatsschrift für christl. Sozialreform, Jhrg. 18, 1896.)

— 3. Die Geschichte des Wortes „Kapital". (Monatsschrift für christl. Sozialreform, Jhrg. 19, 1897.)

— 4. Was ist Kapital? (Monatsschrift f. christl. Sozialreform, Jhrg. 16, 1894.)

— 5. Was versteht der wissenschaftliche Sozialismus unter Kapital? (Monatsschrift f. christl. Sozialreform, Jhrg. 17, 1895.)

Hohoff, W., 6. Die herrschende ökonomische „Wissenschaft" und Karl Marx. (Monatsschr. f. christl. Sozialreform, Jhrg. 18, 1898.)

Holbach's sociales System oder natürliche Principien der Moral und der Politik mit einer Untersuchung über den Einfluss der Regierung auf die Sitten. Nach dem Original übersetzt von Joh. Umminger. gr. 8°. Leipzig, Th. Thomas in Komm., 1898.

Holberg, Ludw., Niels Klim's Wallfahrt in die Unterwelt. Aus dem Latein übersetzt von Ernst Gottlob Wolf. 2. Aufl. 8°. Leipzig, Brockhaus, 1847.

— Vide: Klim's unterirdische Reise.

— — Klimii (Nicol.) iter subterraneum.

— — Voyage de Nic. Klimius.

Holbrook, M. L., Associated effort and its influence on social progress. (Arena, 1896, Aug.)

Holbrook, Z. S., 1. Christianity and social problems. (Bibliotheca Sacra, 1897, April.)

— 2. Individualism and societism. (Bibliotheca Sacra, 1896, June.)

Holinski, A., Cabet et les Icariens. (Revue socialiste, 1891—92.)

Holland, On some legal disabilities of trades-unions. (Nineteenth Century, 1895, March.)

Holland, H. S., 1. The church of good and social work. (Economic Review, vol. 5, 1895.)

— 2. Encyclical letter of pope Leo XIII. on the condition of labour. (Economic Review, vol. 1, 1891.)

Hollins, J., The salvation army: a note of warning. (Contemporary Review, 1898, Sept.)

Holmes, William, 1. The historical, philosophical and economical bases of anarchy. 8°. Columbus Junction, Jowa, Jan. 1896. („Liberty Library", no. 1.)

— 2. Why I, an anarchist, work with socialists. Vide: Why (The) I am's.

Holst, H, Die Administration Jacksons in ihrer Bedeutung für die Entwickelung der Demokratie in den Vereinigten Staaten. 8°. Düsseldorf 1874.

Holthof, Ludw., Der russische Vulkan. Ein Versuch zur Erklärung der Zustände und Geistesströmungen im modernen Russland. 8°. Frankfurt a. M., Morgenstern, 1882.

Holyoake, G. J., 1. Cooperation and socialism: Vide: Socialism, labour and capital.
— 2. The workman and the suffrage. Letters to the Right Hon. Lord John Russel, M. P. and the „Daily News". 8°. London, Holyoake and Co., s. a.
— 3. Sixty years of an agitator's life. 2 vols. 8°. London 1892.

Holzerland, Franz, Die Arbeiterbewegung in Berlin. (Deutsche Rundschau, 1886.)

Homberg, Th., Le positivisme d'après un livre de M. Caro; lecture faite à l'Académie des sciences, belles-lettres et arts de Rouen. (Extrait du „Précis des travaux de l'Académie de Rouen", 1882—83.) 8°. Rouen, Cagniard, 1884.

Homme (L') s'agite, Dieu le mène. Quelques réflexions à propos des 2 et 20 décembre, par C. de L. 8°. Paris, Garnier frères, 1852.

Homme (L') libre. Bruxelles, 11 avril 1891—10 déc. 1892. 1. année, 35 nos. 2. année, 8 nos.

Homme (L'). Organe politique et quotidien de la Fédération universelle. Rédacteur en chef: L. Maretheux. moyen format. 7 nos. du jeudi 19 ventôse 79 (9 mars 1871) au 25 ventôse (mercredi 15 mars). Paris.
(Cette publication se continua à partir du no. 8 sous le titre de L'Homme libre.)

Homme (L') libre. Organe politique et quotidien de la Fédération universelle. Rédacteur en chef: L. Maretheux. grand format. 5 nos. du no. 8, 26 ventôse 79 (vendredi 17 mars 1871) au no. 12, 18 germinal (vendredi 7 avril). Paris.

Homme (L') nouveau, ou le Messager du bonheur. Prospectus. 8°. Lyon, impr. de D. L. Ayné, s. a.

Hommes (Les) et les choses de la Commune. 7 livr. 8°. Genève 1871.

Honesty. 13 nos. Avril 1887—Fevr. 1889. Melbourne.

Honneur (L') national. Journal illustré d'actualités. Paraissant deux fois par semaine. grand format.
Les 13 premiers numéros parurent à Bordeaux, du samedi 13 janv. 1871 au dimanche 12 mars. Les nos. 14, 15, 16 et dernier parurent à Paris, du 20 mars au jeudi 6 avril.

d'Hont, Hector, Des tendances socialistes en matière d'impôts. 8°. Louvain 1860.

Hood, Ed. Paxton, Literature of labour. Illustrious instances of the education of poetry in poverty. 8°. London 1851.

Hoogeboom, De sociale mooden in Friesland. Referaat gehouden den 9 februari 1893 voor de algemeene vergadering van antirevolutionaire kiesvereenigingen in Friesland, te Leeuwarden. 8°. Kollum, T. Slagter, 1893.

Hoorn, Joseph, Socialistische Wirtschaftsgenossenschaften. (Die Zeit, Nr. 137, Wien, 15. Mai 1897.)

Hopf, A., Die Revolution unter den Communisten oder Bruder Hobelspahn im Communisten-Netz. Eine sociale Komödie. 8°. Charlottenburg, Egb. Bauer, 1847.

Hopkins, The true history of nihilism, its words and deeds. 8°. London s. a.

Horn, Chr. Adam, 1. Ueber den wahren Begriff von Freiheit. 8°. Nürnberg 1794. (v. Kleefeld in Leipzig.)
— 2. Ueber Gleichheit und Ungleichheit aus dem Gesichtspunkte gegenwärtiger Zeiten. 8°. Hildburghausen, Hanisch, 1792.

Horn, E., 1. Absolutismus und Sozialismus. (Die Zukunft, Bd. 1, 1892.)
— 2. Max Stirner und der Anarchismus. (Die Zukunft, Bd. 2, 1893.)
— 3. Visite au Familistère de Guise. (Journ. d. Econom., 1866.)

Hospes, De sociaal-democratie. Hare oorzaken beteugeling. Populaire beschouwing. 8°. Assen, H. Born, 1893.

Hotchkiss. Vide: Labor organization papers.

Hottinger. Vide: Kommissionalbericht.

Hottinger, Ch., Zur socialen Frage. 8°. Karlsruhe 1871.

Hottinger, J. J., Aristokratie und Demokratie in der alten Zeit, Kirche und Staat in der neuen. 8°. Zürich 1843.

Houdoux, H., L'union des prolétaires, chanson dédiée aux ouvriers du Nord. plano. Lille, impr. Delory, 1896.

Hourwich, Isaac A., Rate of profits under the law of labor. (Journ. of polit. Econ., vol. 2, March 1894.)

Houssaye, Arsène, (Liberté — égalité — fraternité.) Aux peuples des campagnes. 8°. s. l. (Paris), typ. de Plon, avril 1848.

Houssaye, Henri, La loi agraire à Sparte. Extrait de l'Annuaire des études grecques pour 1884. 8°. Paris, libr. acad. Didier, Émile Perrin, 1884.

Houtbewerker (De), maandelyks orgaan der houtbewerkers. Brüssel 1892.

Houten, S. van, Bijdragen tot d. strijd over God, eigendom en familie. 8°. Haarlem 1878.

Houzel, Constitution sociale déduite des lois éternelles et immuables de la justice universelle, appliquée à l'homme vivant en communion; lois dont le bonheur est le seul but, la fraternité le moyen, et d'on découlent, comme conséquonce, égalité, liberté, souveraineté, propriété. 8°. Paris, Cosse et Delamotte, 1848.

Howell, G., 1. L'influenza delle Trades-Unions sulla vita sociale e industriale dell'Inghilterra. (Riforma sociale, 1894.)
— 2. The labour platform: old style: a reply. (New Review, 1892.)
— 3. Questions sociales d'aujourd'hui. Le passé et l'avenir de trade-unions, traduction et préface par Ch. Le Cour Grandmaison. 8°. Paris, Guillaumin et Co., 1892.
— 4. The provident side of trades unionism. (New Review, 1891, Dec.)

Hubbard, Arthur, Liberté, égalité, fraternité. Essais de politique légale. Lettres d'un inculpé. 12°. Paris, Le Chevalier, 1870.

Huber, Joh., 1. Kleine Schriften. gr. 8°. Leipzig 1871.
(Enth. einen Art. über „Socialismus und Communismus".)
— 2. Der Sozialismus. Rückblick auf das Altertum. (Sammlung gesellschaftsw. Aufsätze, Heft 8.) gr. 8. München 1895.

Huber, L., Verzeichnis der katholischen Arbeitervereine Deutschlands, Oesterreichs und der Schweiz. kl. 8°. München, Verlag des „Arbeiters", 1897.

Huber, V. A., Concordia. Beiträge zur Lösung der socialen Fragen in zwangslosen Heften. 8 Hefte. gr. 8. Altona, Haendke u. Lehmkuhl, 1861.
— 2. Die gewerblichen und wirthschaftlichen Genossenschaften der arbeitenden Classen in England, Frankreich und Deutschland. (Zeitschr. f. Staatsw., 1859,₂,₃.)

Huber-Liebenau, Th. v., Ein Beitrag zur Lösung der Arbeiterfrage. (Vierteljahresschr. f. Volkswirthschaft etc., 1885,₃.)

Hubert, Em., Monographie manuscrite sur l'Association des compositeurs typographes (1842—1889).

Hubert-Galisson, Des droits et des devoirs sociaux dans leurs rapports avec la religion. 8°. Paris, Sagnier et Bray, 1851.

Hubert-Valleroux, 1. Les coopératives socialistes en Belgique. (Économiste français, 1892.)
— 2. Les grèves d'Amiens. (Réforme sociale, XIII, 1893.)
— 3. Les socialistes et les profits du capital dans l'industrie. (Extrait de la Réforme sociale, XIV, 1894.) 8°. Paris, impr. Levé, 1894.

Hucke, Jul., Das Geldproblem und die sociale Frage. 4. Aufl. der Schrift: „Das verwünschte Geld". 8°. Berlin, Mitscher u. Röstell, 1894.

Huckert, Egon, Welche Bedeutung gebührt der Religion in den sozialen Kämpfen der Gegenwart? gr. 8°. Neisse, F. Huch in Komm., 1892.

Hudault, A., 1. Économie sociale. Reformons! Le paupérisme. — L'Internationale. 8°. Paris 1871.
— 2. La Russie et les idées révolutionnaires. (Réforme sociale, 1898.)

Huet, A., 1. Productieve associatie van arbeid en kapital. Verspreide bijdragen. 8°. Leeuwarden 1879.
— 2. Cooperative tuschen patroon en werkman. 8°. Amsterdam, Funke, 1871.

Huet, François, Le règne social du Christianisme. 8°. Paris, Didot frères, 1853.

Hug, G. J., Rundschreiben Leo XIII. über die Arbeiterfrage. Vorträge. 8°. Ingenbohl (St. Gallen, A. J. Köppel) 1893. 2. Aufl. gr. 8°. Freiburg (Schweiz), Univ.-Buchh., 1898.

Hugas y V. Serrano, E., Estudio de controversia. Diálogos del Calabozo. El socialismo colectivista y el comunismo anárquico. 16°. Barcelona 1890.

Hugenpoth, J. B. v., Anti-sociale rechtsbeschouwingen. 8°. Amsterdam 1877.

Hughes, Edward Vansittart Neale as christian socialist. (Economic Review, vol. 3, 1893.)

Hughes, Hugh Price, M. A., Sociales Christenthum. Eine Sammlung der hierüber in St. James's Hall, London, gehaltenen Predigten. Deutsch von Rob. v. Zwingmann und Carl Krause. 2. (Titel-)Aufl. gr. 8°. Leipzig, R. Werther, (1895) 1896.

Hughes, Th. Vide: History of the working tailors association.

Hugo, C., 1. Die sizilischen Ereignisse von 1893. (Neue Zeit, Jhrg. 13, 1894/95.)
— 2. Gewerkvereine und Sozialdemokratie. Eine Erwiderung. (Neue Zeit, Jhrg. 16, 1897/98.)
— 3. Die englische Gewerkvereinsbewegung. Nach G. Howell's „The conflicts of capital and labour". 8°. Stuttgart, J. H. W. Dietz, 1896.
— 4. Die „Red Van" Agitation in England. (Neue Zeit, Jhrg. 12, 1893/94.)
— 5. Der Sozialismus in Frankreich während der grossen Revolution. (Neue Zeit, Jhrg. 11, 1892/93, u. Jhrg. 12, 1893/94.)
— 6. Theorie und Praxis der englischen Gewerkvereine. (Neue Zeit, Jhrg. 16, 1897/98.)
— Vide: Stegmann, Carl, u. Hugo, C.
Hugonin, Mgr., Philosophie du droit social. 8°. Paris, Plon et Co., 1885.
Hülle, E., Die socialdemokratische Jugendlitteratur. Vortrag. 8°. Berlin, Verl. des christl. Zeitschriften-Vereins, 1895.
— Vide: Arbeiterfreund (Neuer).
Hülsen, v., Die Tyrannei des mobilen Kapitals und die Sozialdemokratie. (Samml. theol. u. soz. Reden u. Abhdl., 3. Serie, 10.—12. Liefer.) 8°. Leipzig, Wallmann, 1892.
Hulst, Abbé d', Philosophie ancienne et nouvelle. Le positivisme et la science expérimentale. (Extrait des „Annales de philosophie chrétienne".) 8°. Paris 1881.
Humanité (L') ou le tableau de l'indigence; triste drame. Par un aveugle tartare. 8°. s. l. 1761.
Hummeln (Die) im Bienenstocke des Staates. 8°. Hildesheim, Gerstenberg, 1799.
Hundeshagen, Communismus und Socialismus. (Herzog's Realencyclopädie.)
Hungrigen (An die) und Nackten. Flugblatt. 8°. London (?) s. a.
Hunt, Henry, A report of the proceedings of a public meeting of the Radical Reform Association. 15 pp. 8°. London 1830.
Huret, Jules, Enquête sur la question sociale en Europe. 18°. Paris, Perrin et Co., 1897.
Hürlimann, Heinrich, Erstes Sendschreiben an alle Universitäten, überhaupt an alle Weisen und Guten über die dem menschlichen Geschlechte allein homogene Vollendung des grossen Weltgedankens, über den Streit wegen dieses Gedankens mit der hohen staatswiss. Fakultät in Zürich. 8°. Schaffhausen, Brodtmann, 1861.
Husson, F., La seconde révolution française. Solution et dénouement pacifique de la question sociale ouvrière. 18°. Paris, Guillaumin et Co., 1892.
Hutchinson, G., Exposition of the erroneous nature of Owen's plan for ameliorating the condition of mankind. 8°. Glasgow 1835.
Hüter, A., Die Socialdemokratie in Mecklenburg. Ein Beitrag zu ihrem 25-jähr. Jubiläum. 8°. Lübeck, Friedr. Meyer u. Co., 1896.
Hütet Euch vor den 300 Millionen neuer Steuern! Nebst einem Anhange: Die Reden Bracke's im deutschen Reichstage 1877 und 1878. 8°. Braunschweig, Bracke, 1878.
Hutton, Will. Holden, Sir Thomas More. 8°. London 1895.
Huxley, Thom. H., 1. Anarchie oder Bevormundung. (Die Zukunft, Bd. 14, 1896.)
— 1. Capital, the mother of labour. (Nineteenth Century, 1890, March.)
— 3. Soziale Essays. Deutsche Ausgabe mit einer Einleitung von Alex. Tille. gr. 8°. Weimar, E. Felber, 1897.
Enth.: Die natürliche Ungleichheit der Menschen. — Natürliche und politische Rechte. - Kapital die Mutter der Arbeit. — Anarchie oder Bevormundung? — Staatsnihilismus. — Der Daseinskampf in der menschlichen Gesellschaft. — Ethik. Entwickelung.
— 4. On the natural inequality of men. (Nineteenth Century, January 1890.)
— 5. Kapital, die Mutter der Arbeit. (Die Zukunft, Bd. 16, 1896.)
— 6. The struggle for existence: a programme. (Nineteenth Century, February 1888.)
Huzard, Gustave, La solution du problème social. Appel aux hommes de bonne volonté. 30 pp. 8°. Paris, Le Chevalier, 1874.
Hydre (L') anarchiste. Lyon, 17 févr. — 30 mars 1884. 6 nos.
Hyndman, H. M., 1. The economics of socialism; being a series of seven lectures on political economy. 8°. London, Twentieth Century Press, 1896.
*— 2. Socialism and slavery. 2. edit. 8°. London 1889. 5. edit. 8°. London 1897. 18°. New York, International Publ. Co., 1898.
Hyndman, H. M., et Magmy, Jules, Un autre économiste socialiste. (Réforme sociale, 1897, févr.)

I.

Ibarra, D. Diego Gonzales, Principios fundamentales de toda organizacion social. Discurso inaugurale. Valladolid 1878.
Ibbeken, Herm. Gerh., Himmelreich oder Paradies. Ein Rückblick aus dem Jahre 1891. 8°. Einbeck, Ibbeken, 1892.
Ibels, H. G., Les chansons colorées. 8°. Paris 1894. (Bibliothèque de la Plume.)
Icarie (La jeune). 1856—1884 (?).
Idea (L') libre. Journ. Madrid 1894—96. 111 nos.
Ideal commonwealth. With an introduction by H. Morley. 6. edit. 8°. London, G. Routledge and Sons, 1893.
Ideals (The) of anarchists. — Friedrich Nietzsche. (Quarterly Review, 1896, Oct.)
Idée (L'). Bruxelles, 15 mai 1894 sq., série 1, no. 1 et 2; 25 juin 1894 sq., série 2, no. 1—7.
Idée (L') libre. Journ. Agen, 29 oct.— 22 nov. 1896, 4 nos.
Idée (L') ouvrière. Le Havre, 10 sept. 1887—1888. Le no. 40 est du 9 juin 1888.
Idée (L') du progrès et l'anarchisme. (Humanité nouvelle, 1898, nov.)
Ideen zur Geschichte der Arbeit. Von L. S. (Deutsche Vierteljahrsschr., 1849,.)
Ideen zur Lösung der socialen Frage. gr. 8°. Berlin, Böttcher, 1866.)
Idées (Les) sociales de John Ruskin. (Revue polit. et parlem., IV, 1897.)
Idees (The) of November. Chicago, Oct. 1887.
Ideville, Les prisonniers de la Commune. 8°. Paris 1876.
Iglesias, Pablo, Die sozialistische Arbeiterpartei in Spanien. (Neue Zeit, Jhrg. 10, 1891/92.)
Ihouney, A., Esotérisme et socialisme. Le Christ ésotérique, la philosophie occulte et la science moderne: les phénomènes spirituels. 8°. Tours 1893.
Ihrer, Emma, 1. Die Arbeiterinnen im Klassenkampf. Anfänge der Arbeiterinnenbewegung, ihr Gegensatz zur bürgerlichen Frauenbewegung und ihre nächsten Aufgaben. 8°. Hamburg, Generalkommission der Gewerkschaften Deutschlands, 1898.
Ihrer, Emma, 2. Die Organisation der Arbeiterinnen Deutschlands, ihre Entstehung und Entwickelung. gr. 8°. Berlin, Verlag des „Vorwärts", 1893.
— Vide: Gleichheit (Die).
Ihrlinger, A., Was wir wollen! Ein Wort der Arbeiterpartei an den ungarischen Landtag zur Bekräftigung und Beleuchtung der von den Arbeitervereinen Ungarns an den h. Landtag gerichteten Petitionen. 8°. Pest, Selbstverlag, 1870.
Illégalités, outrages, tyrannie et despotisme du Ministre de la guerre de Louis-Philippe envers les officiers d'artillerie et l'armée française. 8°. Paris, impr. du Poussielgue, s. a. (Publicat. du Populaire.)
Illenatuom, J., As nossas convicções. Verdades elementares. 16°. Lisboa 1895. (Bibliotheca comunista-anarchista do grupo „A Propaganda".)
Il n'est pas mort. 32°. Londres, sept. 1894. (Brochure du „Père Peinard".)
Ilota (L'). Giorn. Pistoja 1883—83.
Ilse, L. Fr., Geschichte der politischen Untersuchungen, welche durch die neben der Bundesversammlung errichteten Commissionen, der Central-Untersuchungs-Commission zu Mainz und der Bundes-Central-Behörde zu Frankfurt in den Jahren 1819 bis 1827 und 1833 bis 1842 geführt sind. gr. 8°. Frankfurt a. M., Meidinger u. Co., 1860.
Imer, F., La question ouvrière peut-elle recevoir une solution satisfaisante, sans bouleversement social et politique, dans les limites de la justesse universelle et réciproque? (Bullet. d'ut. publ. de la Suisse rom., 1874.)
Impôt (L') dans les démocraties. Déficits budgétaires, crises ouvrières. 3 parties. 4°. Paris, Chaix, 1884.
Impôt (L') et la question sociale, par le Solitaire. 12°. Paris 1887.
Impôt (L') du sang; par un membre du parti ouvrier. 8°. La Hestre, J. Léonard, s. a.
Impôt (L') contre les travailleurs. 18°.

Paris, impr. Boullay, 1898. (Association nationale républicaine.)

Inauguration du Cours Icarien, éd. Béluze. 8°. Paris 1858.

Inauguration (L') de la statue de Lassalle à Luneville (29 oct. 1893). 8°. Paris, Berger-Levrault, 1894.

Inchhoffer, M. Vide: Cornelii Lucii Europaei Monarchia Solipsorum.

Incidents (Les) du „Vooruit". (Coopérateurs belges, 1896, no. 42.)

Indépendance (L') française, grand format. 8 nos.
Les sept premiers parurent du samedi 13 mai 1871 au vendredi 19 mai, date de la suppression du journal. Le huitième numéro est du vendredi 26 mai, l'aris.

Indépendant (L'). Commery 1891. Le no. 3 est du 22 août.

Indépendant de la Côte-d'Or, journal républicain radical, paraissant le samedi. 1. année, no. 1, 14 déc. 1895. grand fol. Dijon, impr. Berthoud.

Indépendant de Noisy, républicain socialiste, organe des cantons de Noisy-le-Sec et de Pantin. 1. année, no. 1, 20 janv. 1895. 4°. Paris, impr. Dervieux.

Indicateur (L') anarchiste. 8°. Londres s. a. (vers 1887?). Autre édit. abrégée. 8°. Londres s. a. (vers 1893?).

Individualismo. 16°. Marsala 1892. (Biblioteca dell' „Uguaglianza sociale", no. 1.)

Individualists and socialists, by the Dean of Ripon. (Nineteenth Century, no. 240, 1897, Febr.)

Industrie (L') nouvelle. Revue scientifique bimensuelle, organe des travailleurs agricoles et industriels. 1. année, no. 1, mars 1898. gr. 8°. Montdidier, impr. Fabart.

Infanterie - Regiment (Ein beleidigtes). Pressprocess gegen die „Süddeutsche Post". 8°. München, Pöllner, 1883. (Sozialpolit. Zeit- u. Streitfragen, Heft 4.)

Ingalls, J. K., 1. Periodical business crises, their cause and cure. 187?.
— 2. Economic equities: a compend of the natural laws of industrial production and exchange. 12°. New York, Truth Seecker Co., 1886.
— 3. Land and labor, their relations in nature — how violated by monopoly. 187?.
— 4. Social wealth: the sole factors and exact ratios in its acquirement and apportionment. 8°. New York, Social Science Publ. Co., 1885.

Ingalls, J. K., 5. Work and wealth. 8°. Boston 1881. 8°. London 1887.

Ingersoll, C., Fears for democracy, regarded from American point of view. 8°. Philadelphia 1875.

Ingwer, J., 1. Der zweite österreichische Gewerkschaftskongress. (Neue Zeit, Jhrg. 15, 1896/97.)
— 2. Die Personal-Einkommensteuer und die Arbeiter. Vortrag, geh. im Volksverein „Gerechtigkeit", mit einem vom Vereine beigegebenen prakt. Anhange. 8°. Wien, 1. Wiener Volksbuchh., 1898.

In Marcia! Giorn. Pesaro, sept. 1885—86.

Innes, A. Taylor, A world-wide democratic church. (Contempor. Review, 1891, May.)

In Reih und Glied. Gedichte von einem Namenlosen. 8°. Stuttgart, Dietz, 1893. (Deutsche Arbeiter-Dichtung, Bd. 3.)

In's Schlaraffenland mit den Socialdemokraten. Sieben Leitartikel der Magdeburger Zeitung. kl. 8°. Magdeburg 1876.

Insurgé (L'). Organ communiste-anarchiste de la région du Sud-Est, paraissant tous les samedis. no. 1, 12 août 1893. fol. Lyon. 15 nos.

Insurrection (The) in Paris, related by an Englishman. 8°. Paris 1871.

Intelligenz (Die proletarische) und der Sozialismus. (Neue Zeit, Jhrg. 13, 1894 -1895.)

Internacional (El). Journ. Malaga 1872 - 1873.

Internacional (El). Journ. Montevideo 1878.

International (L'). Londres, mai 1890 sq. 7 nos. (?).

Internationale (Die) und die Schule. (Neue Zeit, Jhrg. 12, 1893/94.)

Internationale (L'). Bulletin par Dumay, Joukowsky, Lefrançais, Montels. 2 ou 3 nos. 4°. Genève, le 25 déc. 1871 sq.

Internationale (L'), Karl Marx, Mazzini et Bakounine. 2. édit. 8°. Bruxelles, libr. cosmopolite, oct. 1871.

Internationale (L'), choeur à quatre voix. in-plano. Lille, impr. Delory, 1896.

Internationale et révolution à propos du Congrès de La Haye par les réfugiés de la Commune. 8°. Londres 1872.

Internationale (L'). Journal. Bruxelles 17 janvier 1869 — fin de 1873.

Internazionale (L'). Giorn. Napoli 1871.

Interpellation der Abgeordneten Bebel und Gen., den kleinen Belagerungszustand über das Gebiet der Stadt und Amtshauptmannschaft Leipzig betreffend, deren Motivirung und Beantwortung seitens der Kgl. Staatsregierung. 5. öffentl. Sitzung der 2. Kammer am 5. November 1881. Nach dem amtl. stenogr. Bericht. 8º. Nürnberg, Woerlein u. Co., s. a.

Introduction historique à la science de l'avenir. Par un prolétaire. 8º. Paris, A. Apport, 1845.

Invencible (El). Journ. Zaragoza, 27 août 1895 sq.

Inviolabilité (De l') de la propriété. 12º. Paris 1857.

Invocation du peuple à Dieu (datée: Prison d'Angers, 20 avril 1833). 8º. s. l. s. a. (Paris, impr. Sétier.)

Iron, I. La Comune parigina del 1871. Parte 1—4. 16º. Torino 1886—87.
— 2. I mezzi e gli strumenti di lavoro e la borghesia. 16º. Torino, tip. cooperativa, 1887.
— 3. Necessità di un partito operaio. 16º. Torino, tip. lit. C. Bianco, 1887.

Isegrim (Caesar de Paepe), Examen de quelques questions sociales. 8º. Bruxelles 1866.

Iselin. Vide: Versuch über die gesellige Ordnung.

Isenburg-Birstein, C. Fürst zu, Was rettet die Gesellschaft? Ein Wort über die soziale Gefahr. 8º. Mainz 1881.

Issaieff, A. A., Schmoller's Auseinandersetzung mit Smithianern und Marxianern. (Neue Zeit, Jhrg. 16, 1897/98.)

Ist Netschajeff ein politischer Verbrecher oder nicht? Unterschrieben: Alexander Oelsnitz, Zemphiri Rally, Valerian Smirnoff, Woldemar Holstein, Lazar Goldenberg, Michael Bakounin, Waldemar Ozeroff, russische politische Flüchtlinge. 8º. Zürich, Genossenschafts-Buchdr., 1872.

Ivanoff. Vide: Anarchists, their methods etc.

Ivanouel, J. E., De la vie simple. Étude sociale. 8º. Paris, Giard et E. Brière, 1893.

Ives, G., A socialist view of liberty. (The Humanitarian, 1895, May.)

Ivio, Mt., Die Haus-Kommunionen. 8º. Semlin 1874.

Iwanow, P., Confession d'un nihiliste, précédée d'une étude sur les nihilistes en général. 8º. Paris, libr. génér. de L. Sauvaitre, 1887.

Izalguier, Eugène d', Loi de corrélation de la forme sociale et de la forme esthétique. 8º. Paris 1836.

Izdanie Obchtchestva narodnoi raz-pravy, par S. G. Netchaev. Genève 1869—70. 2 nos.

Izambard, Henry, La presse parisienne .... depuis le 22 févr. 1848 jusqu'à l'empire. 8º. Paris, Krabbe, 1853.

Izdanie Socialno-revoljucionnoi partii. 8 vols. 8º. s. l. impr. à Zurich 1873—74.
Vol. 1. Gosudarstvennost i Anarchiia (par Bakounine). 1873.
Vol. 2. Istoritcheskie razvitie Internacionala. 1. partie. 1873.
Vol. 3. Anarchia po Prudonu. 1874.

Izoulet, J., Les quatre problèmes sociaux. gr. 8º. Paris, Colin et Co., 1898.

J.

Jacas y Cuadras, Joaquin, La cuestion social presente. Estudios sobre los males que afligen á la humanidad y sus remedios. Barcelona 1856.

Jacobini, F., Fine di sciopere. 12º. Galatino, tip. P. Galatino, 1897. (Biblioteca del Salento, organo del partito socialista del provincia di Lecce, no. 2.)

Jackson, W., Positivism: a lecture. 12º. London, Hodder and S., 1871.

Jacobi, E., Der Völkermord. 8º. Neuwied u. Leipzig, Schupp, 1893.

Jacobiner (Die Pariser) in ihren Sitzungen. Auszug aus ihrem Tagebuch, veranstaltet von J. W. v. Archenholz. 9º. Hamburg 1793.

Jacobiner (Die) in Wien. Oesterreichische Mémoiren aus den letzten Decennien des 18. Jahrhundertes. 8º. Zürich 1843.

Jacobiner (Die neuen) in den preussischen

Staaten. Bittschrift einiger Landstände an den König, nebst Abfertigung. 8⁰. s. l. 1811.

Jacobinism displayed, in an Address to the People of England. 8⁰. Birmingham 1798.

Jacoby, Dr. Joh., 1. Beitrag zu einer künftigen Geschichte der Censur in Preussen. 8⁰. Paris 1838.
— 2. Beschränkung der Redefreiheit. Eine Provokation auf rechtliches Gehör. gr. 8⁰. Mannheim, Bassermann, 1846.
— 3. Deutschland und Preussen! Zuruf an die preuss. Abgeordneten am 18. Mai 1848. gr. 8⁰. Frankfurt a. M., Literar. Anst., 1848.
— 4. Vier Fragen, beantwortet von einem Ostpreussen. Nebst Erkenntniss des Oberappellations-Senates des Kammergerichtes in der wider den Dr. J. Jacoby geführten Untersuchung. 8⁰. Leipzig 1863. (1. Aufl. anonym 1841, vide: „Vier Fragen".)
— 5. Die Grundsätze der preuss. Demokratie. Zwei Reden, geh. in der Königsberger Urwähler-Versammlung am 10. und 11. Nov. 1858. gr. 8⁰. Berlin, F. Duncker, 1859.
— 6. Hochverrath der Camarilla und Gegenbestrebungen der demokratischen Partei. 8⁰. Berlin 1848.
— 7. Kant und Lessing. Eine Parallele. Rede zu Kant's Geburtstags-Feier. (Abdruck a. d. „Neuen Preuss. Provinzial-Blättern".) gr. 8⁰. Königsberg, Theile, 1859. 2. Aufl. gr. 8⁰. Königsberg 1867.
— 8. Die Königsberger Wahlbewegung. Ein Wort zur Aufklärung über unsere polit. Parteien. 8⁰. Königsberg 1858.
— 9. Lessing als Philosoph. 8⁰. Berlin, Guttentag, 1863.
— 10. Der freie Mensch. 8⁰. Berlin 1867.
— 11. Sind die Mitglieder des Herrenhauses Volksvertreter? Vortrag, in dem Vereine der Verfassungsfreunde am 21. März 1863 gehalten. gr. 8⁰. Königsberg, Theile, 1863.
— 12. Preussen im Jahre 1845. 8⁰. Glarus 1845. 2. Aufl. 8⁰. Belle-Vue 1845.
— 13. Quatre questions résolues par un habitant de la Prusse orientale. Trad. par Riva. 8⁰. Paris 1842.
— 14. Rechtfertigung meiner Schrift: Preussen im Jahre 1845. gr. 8⁰. Bergen, Beaumann, 1846.
— 15. Meine Rechtfertigung wider die gegen mich erhobene Anschuldigung des Hochverrathes, der Majestätsbeleidigung und des frechen, unehrerbietigen Tadels der Landesgesetze. 8⁰. Zürich 1842.

Jacoby, Dr Joh., 16. Rede, gehalten in der Wahlmänner-Versammlung des zweiten Berliner Wahlbezirkes am 13. Nov. 1863. Nach stenogr. Aufzeichnungen. gr. 8⁰. Leipzig, O. Wigand, 1863.
— 17. Ueber das Recht des Freigesprochenen. 8⁰. Königsberg 1844.
— 18. Rede. Gehalten vor einer Wählerversammlung am 12. Sept. 1848. gr. 8⁰. Berlin, Stargard, 1848.
— 19. Schiller der Dichter und Mann des Volkes. Schillerfestrede. 8⁰. Königsberg 1859.
— 20. Heinrich Simon. Ein Gedenkbuch für das deutsche Volk. gr. 8⁰. Berlin, Springer's Verl., 1865. 2. Aufl. Ebd. 1865.
— 21. Ein Urtheil des Berliner Kriminalgerichts. gr. 8⁰. Leipzig, O. Wigand, 1864.
— 22. Ein Urtheil des Königsberger Kriminal-Senates, beleuchtet. gr. 8⁰. Mannheim, Hoff, 1846.
— 23. Ueber das Verhältniss des Ober-Regierungsrathes Streckfuss zur Emancipation der Juden. 8⁰. Hamburg 1833.
— 24. Vertheidigung meiner Schrift: Das königliche Wort Friedrich Wilhelms III. gr. 8⁰. Mannheim, Fr. Bassermann, 1846.
— 25. Vertheidigungsrede vor dem Berliner Kriminalgericht. Am 1. Juli 1864. gr. 8⁰. Gotha, Stollberg, 1864.
— 26. Zu den Wahlen. Rede, gehalten am 7. Juni 1870. 8⁰. Königsberg, Braun u. Weber, 1870.
— 27. Was bestimmt das Gesetz über Auflösung öffentlicher Versammlungen? 3. Aufl. 8⁰. Königsberg 1863.
— 28. Die Wirksamkeit der ständischen Ausschuss-Versammlung d. Jahres 1842. 8⁰. Königsberg 1843.
— 29. Das königliche Wort Friedrich Wilhelms III. 8⁰. Königsberg 1845.
— 30. Das königliche Wort Wilhelms I. Ein Gedenkblatt für das Volk. 8⁰. Hamburg, O. Meissner, 1863.
— 31. Die drei Zauberformeln. 8⁰. Königsberg, Nov. 1871.
— 32. Das Ziel der deutschen Volkspartei. Rede vor seinen Berliner Wählern am 30. Jan. 1868. 8⁰. Berlin, A. Jonas,

1868. 2. durch einen Anhang vermehrte Aufl. gr. 8°. Königsberg, Theile, 1869.

Jacoby, Dr. Joh. Vide: Bosak-Hanke: La grève.

— — Mensch (Der freie).

— — Zukunft (Die).

Jacoby, Dr. Joh., u. **Kirchmann**, v., Ob stehendes Soldatenheer? ob Volkswehr? Zwei Reden im Abgeordnetenhause. 8°. Leipzig 1865.

Jacoby (Dr. Joh.) vor dem Criminalsenate des Kammergerichtes. Am 9. Jan. 1865. 8°. Leipzig, O. Wigand, 1865.

Jacoby, L., Bilder und Zustände aus Berlin. 2 Bde. 12°. Altenburg 1833.

Jacoby, Leop., 1. Es werde Licht! Poesien. 2. Aufl. 8°. Berlin, G. E. Oliven, 1873. 3. Aufl. 8°. Berlin 1886. 4. Aufl. 8°. München, M. Ernst, 1893.

— 2. Die Grundsätze der preuss. Demokratie. 8°. Berlin 1859.

— 3. Die Idee der Entwickelung. Eine social-philosophische Darstellung. 1. Thl. gr. 8°. Berlin, H. Oliven, 1874. 2. Thl. gr. 8°. Berlin, E. Neuenhahn, 1876.

— 4. Ein Kapitel aus einer Philosophie für Arbeiter. (Neue Zeit, Jhrg. 13, 1894/95.)

— 5. Der Raum. Ein Kapitel aus einer Philosophie für Arbeiter. (Neue Zeit, Jhrg. 12, 1893/94.)

— 6. Gläubige Wissenschaft. Neue Beiträge zur Begründung der Umsturzvorlage. (Neue Zeit, Jhrg. 13, 1894/95.)

Jacolliot, Jules, Histoire naturelle et sociale de l'humanité. Le monde primitif, les lois naturelles, les lois sociales. 8°. Paris, Lacroix, 1884.

Jacques, Les paradoxes de la semaine. I. Samedi 18 mars. 8°. Paris, Madre, 1871.

Jacques, frère, 1. Esquisse de réforme religieuse et sociale. Réflexions d'un solitaire. 12°. Nantes, Lessard, 1897.

— 2. De la nationalisation du sol. Projet d'une réforme sociale. 18°. Nantes, Lessard, 1897.

Jacques Bonhomme. Cahier in 8°. 8 nos. sans date (mai 1871). Paris.

Jacques Bonhomme. Organe du parti radical socialiste de l'arrondissement de Fontainebleau, journal politique, littéraire et d'annonces légales, commerciales et diverses, paraissant le mardi et le vondredi. no. 1, 10 août 1897. fol. Nemours.

Jäger, Adf., 1. Die sociale Frage im wissenschaftlichen und biblischen Kleide. 3 Bde. gr. 8°. Neu-Ruppin, R. Petrenz Verl., 1891—1894.

— 2. Die sociale Frage. Ein Schlüssel zur Prophetie des Neuen wie des Alten Testamentes. 1. Bd. gr. 8°. Neu-Ruppin, Petrenz, 1891.

— 3. Der revolutionäre Kampf der Gemeinwirtschaft gegen die Einzelwirtschaft infolge allgemeiner Verarmung und Erwerbsnot. (Zeit- u. Streitfragen, beleuchtet vom konservativen Standpunkte, Nr. 2.) gr. 8°. Bielefeld, R. Mainz, 1892.

— 4. Zur letzten Stunde. I. Die Funktionen des nationalen Geldes und die internationalen Verkehrsmittel. II. Die geschichtliche Entwickelung unseres Münzwesens und seine wechselvolle Einwirkung auf die nationale Wohlfahrt. III. Der Währungsstreit. IV. Der socialistische Streit. V. Theologische Ausblicke und Rückblicke. gr. 8°. Bielefeld, E. Siedhoff, 1894.

Jaeger, Martin, Die sociale Frage. Vorträge, geh. im kathol. Männervereine in Zweibrücken. 8°. Speyer, Jäger, 1897.

Jahre (100) nach der Revolution 1789. (Christl.-soz. Blätter, 1889.)

Jahresbericht (2.) des Arbeiter-Sekretariats Nürnberg für das Geschäftsjahr 1895/96 nebst Berichten über die Gewerkschaftsorganisationen, Lohnbewegungen, Streiks und einem Bericht der Arbeiter-Beisitzer des Gewerbegerichtes Nürnberg. 8°. Nürnberg, Wörlein u. Co., 1896.

Jakobiner (Die wahren) im preussischen Staate, oder aktenmässige Darstellung der bösen Ränke und betrügerischen Dienstführung zweyer preussischer Staatsminister. (Von H. v. Held.) 8°. Ueberall u. Nirgends, 1801.

James, A. Vide: Brouez, F., et James, A.

James, C. L., 1. Anarchy: a tract for the times. 8°. Eau Claire, Wisconsin, 1886.

— 2. The modern economy. A study of the fundamental principles of economy as viewed by an anarchist. („The Alarm", Chicago, 25 Febr. 1888.)

Jandeau, François, Amélioration du sort des travailleurs, ou lois organiques du travail. 8°. Paris, Chaix, 1849.

Janin, Olga, Christianisme et démocratie. 18°. Paris 1894.

Jannaccone, P., La questione operaia in Inghilterra. (Biblioteca dell' Economista, ser. 4, disp. 61.) gr. 8°. Torino 1896.
Jannet, A. Vide: Flambeau (Le) républicain.
Jannet, Cl., L'organisation chrétienne de l'usine et la question sociale. (Réforme sociale, année 11, 1892.)
Jannet's (Claudio) Kritik der deutschen Sozialbewegung und Sozialgesetzgebung. (Christl.-soz. Blätter, Jhrg. 22, 1889.)
Jannet, S., Projet d'organisation sociale. 32°. Auxerre, impr. Lanier, s. a. (1895).
Jannin, Émilie, A chacun selon son travail. 8°. Paris, impr. Jean Allemane, 1896.
Janowsky, Sch., Was wollen die Anarchisten? 8°. London, „Workers Friend", 1890. (Anarchistisch-Commun. Bibliothek, hrsg. von der Gruppe „Ritter der Freiheit".)
Janson, Paul, Discours sur la revision de la constitution, prononcé le 6 déc. 1885 à Mons.
— Vide: Liberté (La). Bruxelles.
Jardon, Cornelia, Die Frau in Bebel's Utopien. gr. 8°. Minden i. W., J. C. C. Bruns Verl., 1892.
Jasper, Chr., Evangelisch-sozial. (Die Grenzboten, 1896,₃.)
Jaubert, D., Le programme radicale. 8°. Paris s. a.
Jaurès, J., 1. Une défense du socialisme. Discours prononcé à la Chambre française le 21 novembre 1893. 8°. Bruxelles, impr. du journal Le Peuple, s. a. (Bibliothèque de propagande socialiste, no. 3.)
— 2. L'instruction publique. (La Pensée nouvelle, vol. 1.) 8°. Paris, René Godfroy, s. a.
— 3. Organisation sociale. (Revue socialiste, 1895, juin.)
— 4. Patriotisme et internationalisme, discours. Précédé du manifeste du conseil national du parti ouvrier. 16°. Lille, impr. Delory, 1895. (Bibliothèque du parti ouvrier.)
— 5. Le socialisme à la Chambre. Séance du 23 nov. 1893. Discours de Jaurès. 8°. Lille, impr. Delory, 1894.
— 6. De primis socialismi germanici lineamentis apud Lutherum, Kant, Fichte et Hegel. Thèsis. 8°. Toulouse 1891.
Jaurès, Jean, et Lafargue, Paul, Idéalisme et matérialisme dans la conception de l'histoire. Conférence de Jean Jaurès et réponse de Paul Lafargue. 8°. s. l. impr.

spéciale, févr. 1895. (Publications du groupe des étudiants collectivistes.)
Jay, A. O., 1. Life in darkest London. 8°. London 1891.
— 2. The social problem: its possible solution. cr.-8°. London, Simpkin, Marshall and Co., 1893.
Jay, J., Les solutions démocratiques de la question des impôts. 8°. Paris 1886.
Jay, Raoul, L'évolution du régime légal du travail. (Revue polit. et parlem., 1897, juin.)
Jean, L., De l'anarchie. 8°. Marseille, impr. économique, 1892.
Jeanneret, Georges, Paris pendant la Commune révolutionnaire de 1871. 8°. Neuchatel, impr. G. Guillaume fils, 1872.
Jeannin, Jules, 1. Garde à vous! 8°. Paris, Georges Robert, 1887.
— 2. La voix du peuple. 8°. Paris, libr. socialiste internat. Achille Le Roy, 1886.
Jefimenko, A., Das Princip der Arbeit im gemeinen Volksrechte. (Neue Gesellschaft, Jhrg. 2, 1878/79.)
Jeger, Maur. D. Vide: Swit.
— Trybun ludowy.
Jegorow, J., Aus den Mysterien des russischen Nihilismus. gr. 8°. Leipzig 1885.
Jéhan-Préval, Anarchie et nihilisme. 18°. Paris, Savine, 1892.
Jelley, S. M., The voice of labor. Revised and enlarged edition. 12°. Chicago 1891.
Jellinek, Dr. Geo., Die Erklärung der Menschen- und Bürgerrechte. Ein Beitrag zur modernen Verfassungsgeschichte. (Staats- u. völkerrechtliche Abhandlg., Bd. 1, Heft 3.) gr. 8°. Leipzig 1895.
Jenks, P. Vide: Labor organization papers.
Jensen, Ad., Le socialisme en Danemark. (Revue d'économie polit., X, 1896, juin.)
Jentsch, Karl, 1. Die evangelisch-soziale Bewegung im Deutschen Reich. (Die Zeit, Nr. 88, Wien, 6. Juni 1896.)
— 2. Darf ein Christ und guter Patriot Sozialdemokrat sein? (Die Zeit, Nr. 167, Wien, 11. Dec. 1867.)
— 3. Eine Geschichte der Arbeit. (Die Zeit, Nr. 111, 14. Nov., Nr. 112, 21. Nov. u. Nr. 113, 28. Nov. 1896, Wien.)
— 4. Weder Kommunismus noch Kapitalismus. Ein Vorschlag zur Lösung der europ. Frage. 8°. Leipzig, Grunow, 1893. (Vide auch: Kommunismus-(Weder) noch Kapitalismus.)
— 5. Zur Kritik des Marxismus. (Grenzboten, 1897,₁.)

Jentsch, Karl, 6. Das Recht des „freien" Arbeiters. (Die Zeit, Nr. 215, 12. Nov. u. Nr. 216, 19. Nov. 1898.)
— 7. Die Rohheit des Arbeiterstandes. (Die Zeit, Nr. 14, 5. Jänner, u. Nr. 15, 12. Jänner 1895, Wien.)
— 8. Sozialaristokratie. (Das Leben, I, 1897.)
— 9. Socialauslese und Arbeiterbewegung. (Die Zeit, Nr. 126, Wien, 27. Febr. 1897.)
— 10. Sozialauslese. Kritische Glossen. 8°. Leipzig, F. W. Grunow, 1898.
— 11. Ein kleiner Umsturz von Oben in Sicht. (Die Zeit, Nr. 137, Wien, 15. Mai 1897.)
— 12. Wider den Umsturz! Für die Ordnung. (Die Zeit, Nr. 10, Wien, 8. Dec. 1894.)
Jets over de revolutionaire beweging en de propaganda deer daad in Spanje. 8°. s. l. s. a. (1895).
Jeune (La) Garde. Tribune libre des jeunes gardes socialistes. Bruxelles, 1892, 7 nos. parus.
Jeune (La) Icarie. Organe du communisme progressif. 1878–1879. 20 nos.
Jeunesse (La) nouvelle. Journ. Lyon, 5 déc. 1896 sq.
Jeunesse socialiste. Revue mensuel du socialisme scientifique, publiée par le groupe des étudiants socialistes. 1. année, no. 1, janv. 1895. 8°. Toulouse, impr. spéciale.
Jezierski, Louis, Entrée de l'armée dans Paris. Bataille de sept jours, dimanche 21 mai à dimanche 28 mai 1871. Avec un plan de Paris. 8°. Paris, Garnier frères, 1871.
Job, Socialisme. Voyage d'un Autunois en Icarie à la suite de Cabet. 16°. Autun, impr. Dejussieu, 1898.
Job (Le socialiste). Le dernier banquet de la bourgeoisie. 8°. Paris, à la libr. rue Saint-André des Arts 39, 1849.
Jobard, J. B. A. M., Organisation rationnelle du travail. Dialogue. 8°. Paris s. a.
Jochmus, H., Geschichte der Kirchenreformation zu Münster und ihres Unterganges durch die Wiedertäufer. Mit Portr. des Königs Johann v. Leyden. 8°. Münster 1825.
Jockusch, W., Ueber Lassalle's ehernes Lohngesetz. Inaug.-Diss. 8°. Bielefeld, Druck von E. Siedhoff, 1892.
Johannsen, Alb., 1. Arbeit für die Arbeitslosen. Jedem der volle Ertrag seiner Arbeit, sowie allgemeiner Wohlstand bei Erhaltung des freien Verkehrs und der völligen persönlichen Selbständigkeit. Ein Vorschlag zur prakt. Lösung des socialen Problems. gr. 8°. Husum (Leipzig, R. Friese) 1894.

Johannsen, Alb., 2. Die kapitallose Wirtschaftsweise. Ein Vorschlag zur prakt. Lösung des socialen Problems. gr. 8°. Husum, F. Petersen, 1895.

John, G. Fr., Ueber das Aufbrausen der Völker gegen die Fürsten und Landesverfassungen. Nebst 2 Hymnen. 8°. Königsberg 1790.

John, ouvrier ébéniste, Réflexions d'un ouvrier sur l'organisation de la société. Projets de réforme sociale. 8°. Paris 1847.

John, V., 1. Der Collectivismus in den englischen Gewerkvereinen. (Zeitschrift f. Volkswirtsch., Soz.-Pol. u. Verw., IV,₁, 1895.)
— 2. Gewerkverein und Produktivgenossenschaft in England. (Zeitschrift f. Volkswirtsch., Soz.-Pol. u. Verw., IV,₂, 1895.)

Johnston, A. W., Strikes, labour questions, and other economic difficulties. A short treatise on political economy. 8°. London, Bliss, 1895.

Joie (Une) grande et imprévue pour la France (par A. Koroboff). 8°. Genève, Messager de la Vérité, 1877.

Joigneaux, P., 1. Lettre trouvée à la porte d'une caserne. 8°. Paris, au bureau de la Propagande démocratique et sociale, 1849.
— 2. Lettres d'un paysan aux cultivateurs. 8°. Paris, au bureau de la Propagande démocratique, 1849.
— 3. Dernières lettres d'un paysan aux cultivateurs. 8°. Paris, au bureau de la propagande démocratique, 1849.

Jolibert. Vide: Système social pratique.

Jollos, Gregor, Alexander Herzen's socialpolitische Ideen. (Jahrb. f. Gesetzgeb., Verwalt. u. Volkswirtsch., Jhrg. 22, 1898.)

Jolly, Ludwig, Das württembergische Vereins- und Versammlungsrecht. (Schmoller's Jahrb. f. Gesetzgeb. etc., Jhrg. 20, 1896.)

Joly, Henry, Le socialisme chrétien. Les origines, la tradition, les hérésies, théologiens, prédicateurs, missionnaires. La crise de 1848. Les dernières écoles. 16°. Paris, Hachette et Co., 1892.

21*

Joly, M., Les principes de 89. 8º. Paris 1865.
Jones, E. Vide: Labourer (The).
Jones, Ebenezer, The land monopoly, the suffering etc., caused by it, and the justice and expediency of its abolition. 8º. London 1849.
Jones, Ernest, 1. Democracy vindicated. 8º. London 1867.
— 2. Notes to the people. gr. 8º. London, Pavey, 1851—52.
Jones, F. Vide: Bergarbeiter-Kongress.
Jones, Henry, Social and individual evolution. (New World, 1898, Sept.)
Jones, J., The reasons of man: with strictures on Paine's Rights of man. 2 parts. 8º. Canterbury 1793.
Jongeling (De). Orgaan de socialistische jonge Wacht van Antwerpen. Anvers 1894 (paraissant irrégulièrement).
Jonker, J. A. Th., Het sociale vraagstuck. 8º. s. l. s. a.
Jordan, Silv., 1. Aktenstücke über die Frage, ob § 71 der kurhessischen Verfassungs-Urkunde auch auf die Deputirten der Landes-Universität zu beziehen sei oder nicht. 8º. Offenburg 1833.
— 2. Lehrbuch des allgemeinen und deutschen Staatsrechts. 1. (einz.) Bd. 8º. Cassel 1831.
— 3. Versuch über allgemeines Staatsrecht. 8º. Marburg 1828.
— 4. Wanderungen aus meinem Gefängnisse am Ende des Sommers und im Herbste 1839. 8º. Frankfurt 1847.
Jordan und Dingelstedt. Zeitstimmen aus Hessen 1840—1848. 8º. Kassel 1848.
Jordan's Ankunft und die Feier des 15. Sept. oder Marburgs feierliche Woche vom 11.—15. Sept. 1832. 8º. Marburg s. a.
Jost, Adf., Das Recht auf den Tod. Sociale Studie. gr. 8º. Göttingen, Dieterich's Verl., 1895.
Jouanne, La question sociale résolue par les collectivités unitaires appliquées à tous les travaux de ménage, culture et fabrique etc. 34 pp. 8º. Ry (Seine-Inférieure), l'auteur, 1879.
Joubert, Ch., Biographies et portraits d'après nature des candidats socialistes du Département de la Seine. Avec gravures sur bois par Ch. Marville. 16º. Paris 1849.
Jouet, l'abbé P., De l'idée religieuse et du laicisme dans le monde, le patriarche, genèse de la famille. 2 vols. 8º. Paris 1886.
Jouffroy d'Albans, le comte C. J. F. de, Méthode réaliste, ou analyse de loi du travail. 3 vols. 8º. Paris, Guillaumin et Co., 1869—72.
Jouin, L'Assemblée nationale et les ouvriers. 8 pp. 8º. Angers, impr. Lainé frères, 1872.
Joukowsky, N., Reformy i revoljuciia. („Obchtchina", no. 5, mai 1878.)
— Vide: „—" Revue socialiste.
— — Internationale (L'). Bulletin.
— — Narodnoe Dyelo.
Jounet, Albert, La question sociale. Les Harmonistes. (Extrait de la Coopération des idées.) 8º. Saint-Raphaël (Var), villa Saint-Antoine, 1898.
Jourdain, Victor, La législation française sur les coalitions ouvrières. Son évolution au XIX. siècle. 8º. Lille, Le Bigot frères, 1898.
Jourdan, Charles, Le droit à la vie. 8º. Saigon, Claude et Co., 1897.
Jourde, Souvenirs d'un membre de la Commune. 8º. Bruxelles 1877.
Jourde, Fr. Vide: Grousset, Pasc., et Jourde, Fr.
Journal (Mon) pendant le siège et la Commune, par un bourgeois de Paris. 12º. Paris 1871.
Journal de l'insurrection du 18 mars et des événements qui l'ont précédé, par un spectateur philosophe. 8º. Paris 1871.
Journal des Journaux de la Commune. Tableau résumé de la Presse quotidienne du 19 mars—24 mai 1871. 2 vols. 12º. Paris, Garnier, 1872.
***Journal** officiel de la République française. no. 144 = 24 mai 1871. [67 nos. parus pendant la Commune: no. 78 (19 mars 1871) au no. 144 (24 mai).]
Journal officiel de la Commune de 1871. Réimpression in extenso. fol. Paris 1872.
Journal (Le) officiel. Petite édition du soir. pet. format. 61 nos. du no. 78, dimanche 19 mars, au no. 138 et dernier, vendredi 19 mai. Paris.
Journal (Le) du Peuple; hebdomadaire. Liège, après 1850.
Journal (Le) populaire. grand format. Remplaça le „National" supprimé par le décret de la Commune du 15 mai. 6 nos. du mercredi 17 mai au mercredi 24 mai 1871. Paris.
Journal du Soir. grand format. 3 nos. du

vendredi 5 mai au dimanche 7 mai 1871. Paris.

Journet, Jean, 1. Association expérimentale. — Société de la fraternité active. 8°. Paris s. a.
— 2. Cri de délivrance. 8°. Paris, nov. 1846.

Jousseaume, Robert, Étude sur les lois contre les menées anarchistes et sur les modifications que ces lois ont apportées à la législation pénale. 8°. Paris, Pichon, 1894.

Jousserandot, Louis, De la démocratie républicaine. 8°. Paris 1886.

Jovenes Hijos del Mundo. Journ. Guanabacoa, no. 1 et 2, 13 et 20 janv. 1892.
— Suivi de Hijos del Mundo. Ibid. no. 3, 4 et 5, 18 févr., 12 et 18 mars 1892 (en tout 5 nos.).

Joynes, J. L., Il catechismo socialista. Traduzione italiana dal inglese di E. D. E. 16°. Milano, Critica sociale edit., 1893.

Judas! 32°. Londres, janv. 1895. (Broch. du „Père Peinard".)

Jude. Sozialdemokratie. Militär. Eine sozialpolitische Skizze von einem Süddeutschen. (Katholische Flugschriften, Heft 65.) 16°. Berlin, Germania, 1893.

Judéo-Maçonnerie (La) et le socialisme; par un sous-officier de l'armée catholique. 8°. Calais, impr. des Orphelins, 1896.

Juifs (Les) dans le socialisme. no. 1. 1*°. Roanne, impr. ouvrière, s. a. (1896). nos. 2—3. Ibid. s. a. (1896).

Julho (11 de) de 1892—11 de Julho de 1893. Ravachol Commemorando. 7 pp. 16°. Grupo „Os Invisiveis".!

Julien, Louis, Notice sur le Saint-Simonisme. (Bulletin de la Société des sciences etc. du Var, vol. 1, Toulon 1833.)

Julius, G. Vide: Trinks, F., u. Julius, G.

Junius, Curiosités révolutionnaires. Le citoyen Proudhon devant l'Assemblée nationale. 8°. Paris 1848.

Junius, Compte-rendu satyrique et burlesque des séances de la Commune de Paris. 8°. Londres, libr. étrang. de W. Jeffs, 1871.

Junius, H., et une société des travailleurs, La Ménippée nouvelle. Satire sociale ou vérités sur la civilisation. 1. livr. 8°. Paris, Pillon, 1849.

Junius, Junior, Secret of socialism and secularism. 8°. Woolwich, Cattermole, 1892.

Jurnitschek, O., Ueber den Strike der englischen Maschinenbauarbeiter in den Jahren 1897—1898. Nach persönlichen Beobachtungen. gr. 8°. Wien, Manz 1898.

Justice (La). Organe électoral de l'Alliance démocratique de l'arrondissement de Bruxelles, 1896.

Justice (La). Organe hebdomadaire. Bruxelles, Mai 1893—1895.

Justice (La). Journal politique quotidien. grand format. 10 nos. parus du mercredi 10 mai au vendredi 19 mai 1871. Paris.

Justice (La) sociale. Journal hebdomadaire. Bruxelles 1882, 8 nos.

Justice (La) sociale. Journal d'union socialiste. 1. année, no. 1, 2 avril 1898. fol. Reims.

Justice for England; or how to fight socialism, by „an old torry". cr.-8°. London, Swan Sonnenschein, 1893.

Justicia (La). Journ. Malaga 1872—73.

Justicia (La) humana. Journ. Barcelona 1886.

Justizgreuel (Die) von Barcelona. Dokumentarisch belegter Bericht über die Anwendung der Tortur im heutigen Spanien. 2. Aufl. 8°. Berlin, Wilh. Spohr, 1897.

Justus, P., Liberté, femmes!!! 8°. Lyon 1833.

Justus, S., Wo ist das wahre Heil zu suchen, nachdem das chronische Siechthum des organischen Völkerlebens von allen Seiten zur Krisis gelaugt? 8°. Leipzig 1849.

Justus Veracius, 1. Jesus Christus. Zur Würdigung der Schrift Dr. Dulke's: „Der Irrgang des Lebens Jesu". 8°. München, Viereck, s. a. (Sozialpolitische Zeit- u. Streitfragen, Heft 27.)
— 2. Das Problem des ewigen Friedens. 8°. München, L. Viereck, s. a. (Sozialpolit. Zeit- u. Streitfragen, Heft 31.)

K.

Kablukow. Vide: Arbeiterfrage (Die ländliche).

Kaemmel, Otto, 1. Der Nihilismus und die russische Gesellschaft. (Grenzboten, 1879,₂.)
— 2. Russische Nihilisten über Entwickelung und Ziel des Nihilismus. (Grenzboten, 1879,₁.)
— 3. Russische Socialisten über die Kaiserattentate. (Grenzboten 1878,₃.)

Kaempfe, Walter, Courrier d'Autriche: Le congrès de Graz et les tendances de la petite industrie. La parti social-chrétien et ses dangereuses propagandes. (Réforme sociale, 1893.)

Kaff, S., 1. Ein Gewerkschaftskongress in Oesterreich. (Neue Zeit, Jhrg. 12, 1893/94.)
— 2. Die Streikbewegung in Oesterreich 1896. (Deutsche Worte, Jhrg. 18, 1898.)

Kaiserreich (Das sociale) und das Ende der Kapitalherrschaft. Zwei Reichsgesetze aus dem Volke für das Volk. Von? gr. 8°. Leipzig, W. Friedrich, 1895.

Kaiserthum (Das sociale). (Grenzboten, 1890,₁.)

Kalandár dělnictva českoslovanského na rok 1883. Wien (confisciert).

Kalender (Demokratischer) für 1849. Hrsg. von A. Freimund. 8°. Mainz 1849.

Kall, J., Die Noth der Armen. Eine Volksschrift. 8°. Leipzig 1845.

Kalliste (Die deutsche) oder die sansculottische Oligokratin. 8°. Zürich 1893.

Kalthoff, A., An der Wende des Jahrhunderts. Kanzelreden über die socialen Kämpfe unserer Zeit. Gehalten in der Martinskirche zu Bremen. 8°. Berlin, C. A. Schwetschke u. Sohn, 1898.
Inh.: Der Einzelne und die Gesellschaft. — Die Konkurrenz. — Sociale Wissenschaft. — Die Wertschätzung der Arbeit. — Der Verbrecher. — Die Todesstrafe. — Die Frauenfrage. — Armut und Reichtum. — Die Trunksucht. — Die Socialdemokratie. — Christlichsocial. — Wohlthätigkeit. — Innere Mission.

Kambli, C. W., 1. Das Christenthum und die soziale Frage. (Studien und Lesefrüchte.) gr. 8°. Bern 1870.

Kambli, C. W., 2. Haben Christenthum und Sozialdemokratie ein Interesse einander zu bekämpfen? (Schweiz. Blätter f. Wirtschafts- und Sozialpolitik, Jhrg. 4, 1896.) 8°. Bern, A. Siebert, 1896.
— 3. Die sozialen Ideen des Christentums und ihre Verwerthung in den Kämpfen der Gegenwart. 8°. Zürich 1878.
— 4. Die Stellung des freisinnigen Protestantismus zum Sozialismus und zu der christlich-sozialen und evangelischsozialen Partei. (Schweiz. Blätter f. Wirtsch.- u. Soz.-Polit., Jhrg. 3, 1895.) gr. 8°. Bern, A. Siebert, 1896.

Kampf (Der). Journ. Berlin, Dec. 1879.

Kampf (Der) um den Achtstundentag. Festschrift zum 1. Mai 1890. 8°. Leipzig, Eduard Schultze, s. a.

Kampf oder Kompromiss? In medio virtus. Versuch einer Lösung der sozialen Frage auf Grundlage des Kompromisses. gr. 8°. Dresden, E. Pierson, 1895. 2. (Umschlag-) Aufl. gr. 8°. Dresden 1897.

Kampf bis zum Sieg. Flugblatt. Sep.-Abdr. aus d. „Sozialdemokrat", Centralorgan der deutschen Sozialdemokratie. s. l. s. a.

Kampf (Der) gegen die Sozialdemokratie in der Armee vom Standpunkte eines Hauptmannes a. D. und früheren Kompagniechefs. (Otto Clauss.) (Schriften zur deutschen Heeresreform, III.) gr. 8°. Stuttgart, Lutz, 1891.

Kämpfe (Die) der Pariser Kommune. Leben und Thaten des Generals Jaroslaw Dombrowski. Nach den Aufzeichnungen seines Adjutanten. 3 Hfte. gr. 8°. Leipzig. Genoss.-Buchdr., 1876.

Kämpfe (Die sozialen) im Spiegel der Poesie. gr. 8°. Berlin s. a.

Kämpfer (Der). Zeitschr. von O. Rinke. Saint-Louis, 25. Juli 1896 sq.

Kampffmeyer, B., Anarchisten und Sozialisten in Zürich. (Die Zukunft, Bd. 4, 1893.)

Kampffmeyer, Paul, 1. Die Bedeutung der Gewerkschaften für die Taktik des Proletariats. Ein Beitrag zur Entwickelungsgeschichte der Gewerkschaften. 8⁰. Berlin, Verl. d. Socialist, 1892.

Kampffmeyer, Paul, 2. Zur Entwickelungsgeschichte des Kapitalismus in Deutschland. Mit besonderer Berücksichtigung Mittel- und Norddeutschlands. (Berliner Arbeiterbibliothek, Ser. 2, Heft 5 u. 6.) 8⁰. Berlin 1890.

— 3. Geschichte der modernen Gesellschaftsklassen in Deutschland. gr. 8⁰. Berlin, Buchh. Vorwärts, 1896.

— 4. Ist der Sozialismus mit der menschlichen Natur vereinbar? (Berliner Arbeiterbibliothek, Ser. 3, Heft 1.) 8⁰. Berlin 1891.

— 5. Von Vollmar und die Socialdemokratie. Gegen das Vollmarthum in der sozialdemokratischen Partei. 8⁰. Berlin 1892.

Kanewi, Minna, 1. Gretchen und Helene. Zeitgemässe Plaudereien. („Autonomie", 20. Febr.—14. Mai 1892.) 8⁰. London s. l. s. a.

— 2. An die Hungrigen und Nackten. 8⁰. s. l. s. a. (c. 1886). (Abdr. in der „Freiheit".)

Kannengiesser, A., Ketteler et l'organisation sociale en Allemagne. 16⁰. Paris, Lethielleux 1894.

Kanner, Heinrich, Friedrich Engels. (Die Zeit. Nr. 54, Wien, 12. Okt. 1895.)

Kannst du ein Sozialdemokrat sein? 8⁰. Graz, Styria, 1895.

Kanonen-Katechismus (Kleiner) zum Gebrauche des gemeinen Mannes deutscher Nation im hlg. römischen Reiche. Hrsg. vom Deutschen Michel. 8⁰. Luzern, Härdi, 1873.

Kansas Fight (The). Free Press. By E. C. Walker and Lillian Harman. Valley Falls (Kansas) 1889.

Kansas Liberal (The). A radical freethought journal, red. Moses Harman and E. C. Walker. Valley Falls (Kansas) 1882.

Kapell, O., Dr. Max Hirschkuh oder das Amt des Heuchlers. Characterbild aus der Berliner Arbeiterbewegung. 8⁰. Berlin 1872.

Kapital (Das) von Karl Marx. (Grenzboten, 1895,₃.)

Kapital und Arbeit. (Monatsschr. f. christl. Sozialreform, Jhrg. 17, 1895.)

Kapitalprofit (Der) und seine relative Berechtigung. (Christl.-soz. Blätter, Jhrg. 31, 1898.)

Kapp, Ernst, Der constituirte Despotismus und die constitutionelle Freiheit. 8⁰. Hamburg, Hoffmann u. Campe, 1849.

Karabác. Supplément satirique au „Proletár", 20 févr. 1896 sq.

Kardorff-Wabnitz, W. v., Die Strikes der Bergleute in den Kohlendistrikten und die Währungsfrage. (Deutsches Wochenblatt, Nr. 28, Berlin 1888.)

Karlowitsch, Nikolai. Vide: Gerbel-Embach, C. N. v.

Kastner, J. B., Ueber den Revolutionismus unserer Tage. 8⁰. Sulzbach 1831.

Katalog von Werken der sozialen Litteratur, alphabetisch nach Gruppen geordnet. Hrsg. vom katholisch-politischen Pressverein Brixen. 8⁰. Brixen, Buchh. d. kath.-pol. Pressvereins, 1893.

Katastrophe (Die) von Rosenfeld vor der Strafkammer zu Frankfurt a. M. 8⁰. Braunschweig, Bracke, s. a. (1874.)

Katechismus (Republikanischer), oder Grundsätze der Philosophie, der Moral und der republikanischen Politik. 8⁰. Frankenthal, Jahr 7.

Katechismus (Rother) für das Deutsche Volk. 8⁰. New York u. Boston, Druck von W. Derby, s. a.

Katō, Hiroyuki, Der Kampf ums Recht des Stärkeren und seine Entwickelung. gr. 8⁰. Berlin, R. Friedländer u. Sohn, 1894.

Katzenstein, Simon, 1. Kritische Bemerkungen zu Bebel's Buch „Die Frau und der Sozialismus". (Neue Zeit, Jhrg. 15, 1896/97.)

— 2. Die Rechtsstellung der Arbeiterkoalitionen im Deutschen Reich. (Neue Zeit, Jhrg. 17,₁, 1898/99.)

Kätzler, G., Sozialdemokratie und Bauernschutz. (Die Gegenwart, Bd. 47, 1895.)

Kauffmann, Glob., Die Lösung der sozialen Frage. gr. 8⁰. Leipzig, L. Fischer, 1895.

Kaufmann, M., 1. Charles Kingsley, christian socialist and social reformer. cr.-8⁰. London, Methuen, 1892.

— 2. Der neuere christlich- und ethischreformatorische Socialismus in England. (Handwörterb. d. Staatswiss., V, 1893.)

— 3. Socialism and social politics in Austria. (Economic Review, vol. 6, 1896.)

— 4. Socialism and modern thought. 8⁰. London, Methuen and Co., 1895.

— 5. Prescientific socialism and scientific

socialism: Vide: Socialism, labour and capital.
Kaufmann, M., 6. The society of the future. 8°. London 1880.
Kaulich, W., Ueber die Freiheit des Menschen. gr. 8°. Prag 1866.
Kautsky, K., 1. Demokratische und reaktionäre Abrüstung. (Neue Zeit, Jhrg. 16,₂, 1897/98.)
— 2. Alkoholismus und seine Bekämpfung. (Neue Zeit, Jhrg. 9, 1890/91.)
— 3. Der Arbeiterschutz, besonders die internat. Arbeiterschutzgesetzgebung und der Achtstundentag. 8°. Nürnberg 1890.
— 4. Arbeiterschutz und Bauernschutz. (Neue Zeit, Jhrg. 14, 1895/96.)
— 5. Die Arbeitslosigkeitsversicherung und die Frankfurter Zeitung. (Neue Zeit, Jhrg. 15, 1896/97.)
— 6. Auswanderung und Kolonisation. Eine Entgegnung. (Neue Zeit, Jhrg. 1.)
— 7. Ein Bauer über die Agrarfrage. (Neue Zeit, Jhrg. 14, 1895/96.)
— 8. Der Breslauer Parteitag und die Agrarfrage. (Neue Zeit, Jhrg. 14, 1895/96.)
— 9. Die Breslauer Resolution und ihre Kritik. — Und nochmals die Breslauer Resolution. (Neue Zeit, Jhrg. 14, 1895/96.)
— 10. Communism in central Europe in the time of the Revolution. 8°. London, T. Fisher, Unwin and Co., 1898.
— 11. Consumvereine und Arbeiterbewegung. (Wiener Arbeiterbibliothek, Heft 1.) 8°. Wien 1897.
— 12. Darwinismus und Marxismus. (Neue Zeit, Jhrg. 13, 1894/95.)
— 13. Friedrich Engels. (Oesterr. Arbeiterkalender für 1888 [Brünn, Verlag des „Volksfreund"]. — Abgedr. im „Züricher Sozialdemokrat", Nr. 45—50, 1887.)
— 14. Friedrich Engels und das Milizsystem. (Neue Zeit, Jhrg. 17,₁, 1898/99.)
— 15. Das Erfurter Programm und die Landagitation. (Neue Zeit, Jhrg. 13, 1894/95.)
— 16. Das Erfurter Programm, in seinen grundsätzlichen Theilen erläutert. 1. bis 3. Aufl. gr. 8°. Stuttgart, Dietz, 1892.
— 17. Finis Poloniae? (Neue Zeit, Jhrg. 14,₂, 1895/96.)
— 18. Die materialistische Geschichtsauffassung und der psychologische Antrieb. (Neue Zeit, 1896, Nr. 47.)

Kautsky, K., 19. Die direkte Gesetzgebung durch das Volk und der Klassenkampf. (Neue Zeit, Jhrg. 11, 1892/93.)
— 20. Die Intelligenz und die Sozialdemokratie. (Neue Zeit, Jhrg. 13, 1894/95.)
— 21. Irland. Kulturhistorische Skizze. gr. 8°. Leipzig, Erich Koschny, 1880.
— 22. Der Kapitalismus fin de siècle. (Neue Zeit, Jhrg. 12, 1893/94.)
— 23. Aeltere und neuere Kolonialpolitik. (Neue Zeit, Jhrg. 16, 1897/98.)
— 24. Die Konkurrenzfähigkeit des Kleinbetriebes in der Landwirtschaft. (Neue Zeit, Jhrg. 13, 1894/95.)
— 25. Die überseeische Lebensmittelkonkurrenz. Sep.-Abdr. aus den staatswirthschaftl. Abhdlg., Serie 2, Heft 4—5. 8°. Leipzig 1881.
*— 26. Karl Marx's ökonomische Lehren. 4. durchges. Aufl. 8°. Stuttgart, Dietz, 1893. 5. Aufl. 8°. Ebd. 1894.
— 27. Ein Nachtrag zu der Diskussion über die Konkurrenzfähigkeit des Kleinbetriebes in der Landwirtschaft. (Neue Zeit, Jhrg. 14, 1895/96.)
— 28. Der Parlamentarismus, die Volksgesetzgebung und die Sozialdemokratie. 8°. Stuttgart, J. H. W. Dietz, 1893.
— 29. Partei und Gewerkschaft. (Neue Zeit, Jhrg. 17,₁, 1898/99.)
— 30. Der Parteitag und der Staatssozialismus. (Neue Zeit, Jhrg. 11, 1892/93.)
— 31. Unser neuestes Programm. (Neue Zeit, Jhrg. 13, 1894/95.)
— 32. Socialismo e Maltusianismo. Trad. dal tedesco di L. Bissolati. 8°. Milano 1884.
— 33. Das böhmische Staatsrecht und die Sozialdemokratie. (Neue Zeit, Jhrg. 17,₁, 1898/99.)
— 34. Umsturzgesetz und Landtagswahlen in Preussen. (Neue Zeit, Jhrg. 15, 1896/97.)
— 35. Vollmar und der Staatssozialismus. (Neue Zeit, Jhrg. 10, 1891/92.)
— 36. Zukunftsstaaten der Vergangenheit. (Neue Zeit, Jhrg. 11, 1892/93.)
— 37. Deutsche und amerikanische Zollpolitik. (Neue Zeit, Jhrg. 9, 1890/91.)
— Vide: Geschichte des Socialismus.
Kautsky, K., und Schönlank, Bruno, Grundsätze und Forderungen der Sozialdemokratie. Erläuterungen zum Erfurter Programm. 1. u. 2. durchges.

Auß. gr. 8°. Berlin, Verlag des „Vorwärts", 1892.

Kawelin's, Konstantin, und Iwan Turgenjew's Sozialpolitischer Briefwechsel mit Alexander Iw. Herzen. Mit Beilagen und Erläuterungen hrsg. von Prof. Mich. Dragomanow. Autoris. Uebers. aus dem Russischen von Dr. Boris Minzes. 8°. Stuttgart, Cotta, 1894. (Bibliothek russ. Denkwürdigkeiten, Bd. 4.)

Kay-Shuttleworth, Sir James, Thoughts and suggestions on certain social problems contained chiefly in Addresses to meeting of workmen in Lancashire. 8°. London 1873.

Kayser, Max, Der 18. März. Eine historische Skizze. Festrede, geh. beim allgemeinen Arbeiterfest in Dresden am 18. März 1878. 8°. Dresden, Klemich's Selbstverl., s. a.

Kean, L'Encyclique Rerum Novarum. (L'Association catholique, 1893, 15 juillet.)

Keeser, K., Die Aufgaben unserer Kirche gegen das Eindringen der Sozialdemokratie auf dem Lande. 8°. Leipzig 1891.

Kegel, Max, 1. Gedichte. 8°. Stuttgart, Dietz, 1893. (Deutsche Arbeiter-Dichtung, Bd. 4.)
— 2. Freie Lieder. Gesammelte Gedichte. 8°. Chemnitz, Genoss.-Buchdr., 1878.
*— 3. Sozialdemokratisches Liederbuch. 5. verb. Aufl. 16°. Stuttgart, Dietz, 1893. Neue Folge. 16°. Ibid. 1893. 6. Aufl. Ibid. 1894.
— 4. Pressprocesse oder die Tochter des Staatsanwalts. Lustspiel in 2 Aufzügen. 8°. Zürich, Volksbuchhandlung, 1876. (Sozialistische Theaterstücke, Nr. 2.)
— 5. Die Tochter des Staatsanwalts. Schwank in 1 Akte. 8°. Berlin, „Vorwärts", 1894. (Sozialistische Theaterstücke.)

Keil, E. Vide: Völkergeist (Der moderne).

Keine Demokratie! Ein Gespräch zur Belehrung des gemeinen Mannes über einige Zeitfragen, der Oeffentlichkeit übergeben von einem Freunde der Wahrheit. 8°. Grimma 1850.

Keir Hardie, M. P., The independent labour party. (Nineteenth Century, 1895, no. 1.)

Keir Hardie, J. Vide: Burns, John, and Keir Hardie, J.

Keller, Charles, Le droit du travailleur, chant international. (Almanach du peuple pour 1874.)

Keller, Émile, L'ouvrier libre. 18°. Paris, Lecoffre, 1898.

Keller, Past. S., Sozialdemokratie und Christentum. Vortrag. gr. 8°. Düsseldorf, C. Schaffnit, 1895.

Kellner, G., und Heise, H., Programm des demokratisch-socialen Vereins zu Kassel. Im Namen des Komites aufgestellt und vorgelegt. 8°. Kassel, Wilh. Appel, 1848.

Kelly, M. E. J., Women and the labor movement. (North American Review, 1898, April.)

Kelly, John F., Taxation or free trade? A criticism upon Henry George's „Protection or free trade". 16°. Boston, R. Tucker, 1897. (Reprinted from „The Alarm". Taxation no remedy. 5. Nov. —3. Dec. 1887.)

Kempo, A., Jets over de ongelijkheid in stand en over sociale toestanden. gr. 8°. Rotterdam, Nijgh en v. Ditmar, 1894.

Kempe, Paul, Christus und die Sozialdemokratie. Für die ländliche Bevölkerung. 8°. Braunschweig, Günther, 1893.

Kempner, N., 1. Commonsense socialism, the inadequacy of the reward of labour, the depression of trade and the organisation of material progress. gr. 8°. London 1887.
— 2. Das Recht auf Leben nicht nur „Recht auf Arbeit". 8°. Berlin 1884.

Kemsies, F., Socialistische und ethische Erziehung im Jahre 2000. 8°. Berlin 1893.

Kennan, George, Les prisonniers politiques en Russie. Traduit de l'anglais par Alf. Testuz. 8°. Genève, libr. Stapelmohr, 1896.

Kenny, P. D., How to prevent strikes: applied economics. 8°. London, Heywood, 1894.

Kennzeichnung (Zur) der Kapitalherrschaft. (Monatsschr. f. christl. Sozialreform, Jhrg. 19, 1897.)

Kenworthy, J. C., From bondage to brotherhood: A message to the workers. cr. 8°. London, W. Scott, 1894.

Kerdijk, A., Karl Marx. 8°. Harlem 1879.

Kergall, L'impôt démocratique sur le revenu. 16°. Paris, Colin et Co., 1896.

Kergorlay, Louis, De la propagande de la presse socialiste. (Revue provinciale, 1849—50, p. 161—173.)

Kergorley, R. Comte de, Le socialisme et

les moyens de le combattre. (Sociologie catholique, III, 1894.)

Kern, Dr. Ed., Die Aeusserung des Volkswillens in der Demokratie. Eine staatsrechtliche Skizze als Beitrag zur Frage der Wahlreform. gr. 8°. Basel, R. Reich, 1893.

Kernpunkt (Der) der socialen Frage und ein Hinweis auf die grosse Gefahr, welche in dem liberalen Antrag auf Unfallversicherung enthalten ist. 8°. Berlin s. a.

Kernpunkt (Der bisher verheimlichte) der socialen Frage vom Mann aus dem Monde. 8°. Leipzig s. a. (1877).

Kessler, Gustav, 1. Die Religion soll Privatsache werden. Glaube, Religion, Sittlichkeit und Kirche im Verhältniss zur Sozialdemokratie. 8°. Berlin, Baake, 1894.
— 2. Wer zerstört die Familie? 8°. Berlin, Baake, s. a. (Sammlung gemeinverständlicher Abhandlungen, Nr. 1.)
— 3. Die Ziele der sozialdemokratischen Partei. Volksthümlich entwickelt. gr. 8°. Berlin, Buchh. des „Vorwärts", 1895.

Ketteler, W. E. van, Vraagstuk der arbeiders en het christendom. 8°. Leiden 1865.

Kettle, Rupert, Strikes and arbitrations. gr. 8°. London 1866.

Keyth, James, New chapter in the history of labour. 8°. London 1893.

Khitraia Mekhanika. Div. éditions, 1875—1877.

Khoudiakoff, J. A., Mémoires d'un révolutionnaire. — Moeurs russes. 8°. Paris, Calmann Lévy, 1887. (Bibliothèque contemporaine.)

Kidd, B., 1. Sociale evolutie. Uit het Eng. d. L. v. B. Met een naschrift v. M. W. F. Treub. 8°. Haarlem 1897.
— 2. Social evolution. 8°. London 1894. New edit. revis. and enlarged. 12°. New York, Mac Millan Co., 1898.
— 3. L'évolution sociale. Trad. de l'anglais par P. Le Monnier. 8°. Paris 1896.
— 4. Social evolution. (Nineteenth Century, 1895, Febr.)
— 5. Soziale Evolution. Aus dem Englischen übersetzt von E. Pfleiderer. gr. 8. Jena, G. Fischer, 1895.

Kidd on social evolution. (Edinburgh Review, 1894, April.)

Kiebel, Herm., Die Steuerpolitik der Besitzlosen. gr. 8°. Wien, M. Breitenstein, 1898.

Kiefer, Wendel., Faule Früchte am Baume der heutigen Gesellschaft. Kritischsoziale Skizze. (Moser's Sammlung zeitgemässer Broschüren, Heft 4.) gr. 16°. Graz 1896.

Kieninger, Karl. Vide: Einheits-Staat (Der kommende).

Kill, Kastor, Denkschrift für Alle. Die Grundlagen zur Lösung der socialen Frage. 12°. Heppenheim (Jugenheim, Qu. Kuhn) 1896.

Kimball, John C., Why did You protest against the hanging of the anarchists. (Twentieth Century Library, No. 30, 1891, 30. Jan.)

King, J., 1. Democracy and our old universities. (Contemporary Review, 1892, Nov.)
— 2. Man an organic community. 2 vols. 8°. London 1893.

King, W. L. Mackenzie, Trade-union organization in the United States. (Journ. of Polit. Econ., vol. 5, March 1897.)

Kingsbury, F. J. Vide: Labor organization papers.

Kingsbury, Mary M., Socialism as an educative and social force on the east side. (Publications of the Christian social union, 1898, May.)

Kirche (Die) und die Arbeit. (Monatsschr. f. christl. Sozialreform, Jhrg. 14, 1892.)

Kirche (Die) und die Arbeiterfrage nach der Encyklika Leo's XIII. (Christlichsoziale Blätter, Jhrg. 30, 1897.)

Kirche (Die katholische) und die sociale Frage. (Grenzboten, 1887,₁₄.)

Kirche (Die protestantische) und die sociale Frage. (Grenzboten, Jhrg. 54,₁₁, 1895.)

Kirche und Socialismus. gr. 8°. Erfurt, H. Güther, 1894.

Kirchenheim, A. van, 1. L'éternelle Utopie. Étude du socialisme à travers les âges. Édition française par A. Chazaud des Granges. 18°. Paris, Le Soudier, 1897.
— 2. Die neuesten Utopien. (Zeitschr. f. Sozialwissenschaft, Jhrg. 1, 1898.)

Kirchmann, Jul. v., Die Grundrente in ihrer Beziehung zur sozialen Frage. gr. 8°. Neugarten 1850. Ratibor, Jacobsohn in Comm.
— Vide: Jacoby, Joh., u. Kirchmann, v.

Kirchmann, P. F., Geschichte der Arbeit

und Cultur, dargestellt als Lehrgegenstand für Schulen und als Lesebuch für Jedermann. gr. 8°. Leipzig, G. Mayer, 1855. 2. Aufl. gr. 8°. Leipzig 1858.

Kirchmann. Vide: Geschichte der Arbeit.

Kiriaki, de, Gli scioperi. (Rivista Veneta, 1872.)

Kirkup, T., 1. Darwinism and socialism. (Economic Review, vol. 1, 1891.)
— 2. A history of socialism. 8°. London 1892.

Kirmss, P., Der christliche Socialismus der Gegenwart. Vortrag. gr. 8°. Berlin, K. G. Wiegandt, 1896.

Kissewetter, Wilh. Vide: Volksfreund.

Klaar, Ernst, Die letzte Nacht. Zur Erinnerung an die Entlassung Aug. Bebel's aus dem Landesgefängniss zu Zwickau am 14. Aug. 1887. 8°. Dresden, Emil Lübke, s. a.

Klassen (Die gefährlichen) Wiens. Mit einem Wörterbuch der Gaunersprache. 8°. Wien 1857.

Klassenkampf (Aus dem). Soziale Gedichte. Hrsg. von Eduard Fuchs, Karl Kaiser, Ernst Klaar. 8°. München, M. Ernst, 1894.

Kleekamm, Joh., Die Aufgaben des Religionsunterrichtes mit Rücksicht auf die sociale Frage. gr. 8°. Breslau, F. Goerlich, 1892.

Kleermaker (De), organe de la fédération des tailleurs. Gand 1891.

Klein, E., Der Sozialdemokrat hat das Wort! Die Sozialdemokratie beleuchtet durch mehrere hundert Zeugnisse von Parteigenossen. 8°. Freiburg, Herder, 1892.

Klein, J. L., Kavalier und Arbeiter. Sociale Tragödie in 5 Akten. 8°. Berlin, A. Hofmann u. Co., 1850.

Klense, H., Zeitgemässe Betrachtungen. Christentum und Buddhismus. Ueber sozialdemokratische Ziele. 8°. Berlin, Bibliogr. Bureau, 1893.

Klimii (Nicolai) iter subterraneum, novam telluris theoriam ac historiam quintae Monarchiae exhibens (a L. Holberg.) 8°. Havn. et Lips. 1741. edit. 3. 8°. Havn. 1754.

Klim's unterirdische Reise, worinnen eine ganz neue Erdbeschreibung, wie auch eine umständliche Nachricht von der 5. Monarchie enthalten ist (von L. Holberg). 8°. Kopenhagen, Preuss, 1741. 8°. Kopenhagen u. Leipz. 1762. 8°. Ebd. 1780.

Klims (Niels) underjordiske Reise. Oversat af Jens Baggesen (L. Holberg). 4°. Kiöbenhagen 1789.

Klimm's (Niels) unterirdische Reisen. Neuverteutscht von W. C. S. Mylius (von Holberg). 8°. Berlin 1788.

Klopp, Wiard, Freier Boden. (Monatsschr. f. christl. Sozialref., Jhrg. 19, 1897.)

Knapp, G. F., Referat über die ländliche Arbeiterfrage. (Schriften d. Ver. f. Soz.-Pol., Bd. 58, Leipzig 1893.)

Knapp, J. M., Universities and the social problem. 8°. London 1895.

Knoepfler, L., Essai sur la démocratie, l'instruction publique et les universités. 8°. Paris, Berger-Levrault et Co., 1897.

Knoop, H., Der Mehrwert. 8°. Bremen 1888.

Knorr, Ludw., Sozialdemokratischer Katechismus für das arbeitende Volk. 4. durchges. u. verm. Aufl. 8°. Nürnberg 1894.

Knortz, K, 1. Die wahre Inspirationsgemeinde in Jowa. Ein Beitrag zur Geschichte des christlichen Pietismus und Communismus. 8°. Leipzig 1896.
— 2. Amerikanische Lebensbilder. Skizzen und Tagebuchblätter. gr. 8°. Zürich, Verlagsmagazin, 1884.
— 3. Die christlich-kommunistische Kolonie der Rappisten in Pennsylvanien und neue Mittheilungen über Nik. Lenau's Aufenthalt unter den Rappisten. Vortrag. gr. 8°. Leipzig, E. Wiest, 1892.

Knox, Vicesimus, Spirit of despotism. 8°. London 1795. Reprint. 8°. London 1822.

Knudsen, Olsen, S., und **Olsen,** M., Bericht der Sozialdemokratie in Dänemark. 16°. Bruxelles, P. Weissenbruch, 1891.

Koalitionsrecht (Das) der deutschen Arbeiter im Lichte der Thatsachen, eine Petition an den Reichstag von der Agitationskommission der Maurer. 8°. Hamburg 1889.

Koalitionsrecht und Koalitionspraxis. (Grenzboten, 1897,4.)

Kober, Johs., Karl Mez Ein Vorkämpfer für christlichen Socialismus. Lebensbild nach den besten Quellen dargestellt. 8°. Basel, C. F. Spittler, 1892.

Köberle, J. Geo., Der Volkstribun. Kritische Beleuchtung der Umwälzung und Neugestaltung Europas. Mit vorzüglicher Bezugnahme auf Deutschland. Nr. 1—6. gr. 8°. Leipzig, Kössling, 1848.

22*

Koch, C., Der Process gegen den Ausschuss der socialdemokratischen Arbeiterpartei. 1) Den Kaufmann W. Bracke jun. zu Braunschweig. 2) Den Techniker Leonhard von Bonhorst aus Caub. 3) Den früheren Lehrer zu Wolfenbüttel Samuel Spier, jetzt zu Frankfurt a. M. 4) Den Schneidergesellen Joh. Aug. Carl Kühn aus Leipzig. Verhandelt vor Herzogl. Kreisgerichte Braunschweig am 23., 21. u. 25. Nov. 1871. Aktenmässig dargestellt. 8°. Braunschweig, Jul. Krampe, 1871.

Koechlin-Geigy, Ueber Strikes und die Arbeiterfrage. (Zeitschr. f. schweiz. Statistik, Jhrg. 27, 1891.)

Kodrie, K., Die Idee der Freiheit in ihrer Verwirklichung durch das Menschenleben. 8°. Kad. 1885.

Koelreutter, G. A., Reformation und soziale Revolution 8°. Berlin 1880.

Koennecke, Friedr. Wilh., Auferstehungsruf zum 18. März. 8°. Hamburg, G. Müller'sche Druckerei, s. a.

Kögel, Rud., Die Aufgabe des evangelischen Geistlichen an der socialen Frage. Vortrag im evangel. Verein für kirchl. Zwecke zu Berlin am 25. März 1878. 8°. Bremen 1878.

Kohlengräberausstand (Der) in den Vereinigten Staaten. (Monatsschr. f. christl. Sozialreform, Jhrg. 19, 1897.)

Köhler, Gleichheit und Freiheit im wahren Gesichtspunkte samt den Folgen und Wirkungen unpartheiisch betrachtet. 8°. Mainz 1797.

Köhler, Bruno, Wegweiser zum wahren Glück! Ein Beitrag zur Lösung der sozialen Frage. 8°. Limbach, Stoll, s. a.

Köhler, H., Die sogen. ethische Bewegung und die Sozialdemokratie. gr. 8°. Leipzig, J. C. Hinrichs' Verl., 1893.

Kohler, J., Kollektivismus und Individualismus in der Geschichte. (Zeitschr. f. Sozialwissenschaft, I, 1898.)

Köhler, Osw., 1. Knechtschaft und Freiheit. Zur Aufklärung über unsere Zustände und die Ziele der Sozialdemokratie. Im Auftrage und unter Mitwirkung der sozialdemokratischen Agitationskommission zu Liegnitz hrsg. gr. 8°. Dresden, R. Schnabel, 1893.

— 2. Die wahre Natur des Menschen und der soziale Fortschritt. gr. 8°. Leipzig, E. Grude in Komm., 1894.

— 3. Der sozialdemokratische Staat. Grundzüge einer muthmasslichen ersten Form einer sozialdemokratischen Geschäftsverfassung nebst einleitender Schilderung des bestehenden Systems. 8°. Nürnberg, Wörnlein, 1891.

Kokosky, S., Raketen und Leuchtkugeln geschleudert in die Nacht des Socialistengesetzes. 8°. Berlin, Fr. Wilke, 1891.

— Vide: Blätter (Demokratische).

Kol, H. van. Vide: Rienzi.

Kolischer, H., Rodbertus' Ansichten über den landwirtschaftlichen Hypothekar-Credit. 8°. Wien 1876.

Kolk, H. van, Der jüngste holländische Parteitag. (Neue Zeit, Jhrg. 12, 1893/94.)

Koller, Ad., Die Demokratisirung des Wahlrechts in England und ihr Einfluss auf die parlamentarische Regierung. 8°. Berlin 1869.

Kolokol (Le). (La Cloche.) Journal hebdomadaire. Publié a Bruxelles par Alex. Herzen, 1862—66.

Kolossow, Nicolai, Die Organisation der russischen Arbeiter. (Neue Zeit, Jhrg. 16,„ 1897/98.)

Kommissionalbericht an die Regierung des Staates Zürich über die Kommunisten in der Schweiz. Nach den bei Weitling vorgefundenen Papieren. (Von Bluntschli u. Hottinger.) 130 pp. 8°. Zürich 1843.

Kommune (Die Pariser) vor der Deputirtenkammer in Versailles. Generaldebatte über die Amnestieanträge und Rede Raspails (Vater) vom 16.—18. Mai 1876. Nach dem amtl. Bericht ins Deutsche übertragen von Franz Rohleder. 8°. Braunschweig, Bracke, 1876.

Kommunismus. Vide: Communismus.

Komorzynski, J. v., 1. Der dritte Band von Karl Marx' „Das Kapital". (Zeitschr. f. Volkwirtsch., Soz.-Pol. u. Verw., Bd. 6, 1897.)

— 2. Das Wesen und die beiden Hauptrichtungen des Sozialismus. (Monatsblätter des Wissenschaftl. Club in Wien, Jhrg. 14, Nr. 12, 15. Sept. 1893.) Lex.-8°. Wien, Manz'sche Hof-Verl.-Buchh., 1893.

Komplott (Ein) gegen die deutsche Arbeiterklasse. Aktenstudien über eine Koalition deutscher Metall-Unternehmer-Verbände mit Kgl. preuss. Behörden. 8°. London, E. Bernstein, 1891.

Konoberg, Herm., Die päpstliche Encyclika und die Arbeiterfrage. Erläutert zunächst für die Mitglieder katholischer

Vereine und ihrer Vorstände. 8°. Augsburg, Literar. Inst. v. Huttler, 1891.
Kongres der sociaaldemokratische arbeiderspartij in Nederland, gehouden op 5 en 6 april 1896, in het „Volksgebouw" te Utrecht. gr. 8°. Amsterdam, J. A. Fortuyn, 1896.
Kongress (Der) von Belfast, von E. B. (Neue Zeit, Jhrg. 11, 1892/93.)
Kongress (Der evangelisch-sociale). (Grenzboten, 1896,₂.)
Kongress (Evangelisch-sozialer) und Parteitag der Christlich-Sozialen. (Christl.-soziale Blätter, Jhrg. 28, 1895.)
Kongress (Ein protestantisch-sozialer). (Monatsschr. f. christl. Sozialreform, Jhrg. 15, 1893.)
Kongress (Der) der englischen Trades-Unions zu Belfast. (Christl.-soziale Blätter, Jhrg. 26, 1893.)
König Lear-Methode (Die) in der sozialen Frage. Von ٭٭٭. 8°. Leipzig, Fritsch, 1890.
König Mammon und die Freiheit. Ein Bilderbuch für kleine und grosse Kinder Entworfen und gezeichnet von L. Berg. Text zusammengestellt von E. Rossbach. 8°. Leipzig, Gen.-Buchdr., s. a.
Königsberger, Die Volkssouverainität und die absolute Macht. Ein Wort zur Zeit. 8°. München 1831.
Königslöw, C. v., Die Arbeiterfrage und praktische Winke zu ihrer Lösung gr. 8°. Berlin, R. Taendler, 1895.
Königthum (Das sociale). (Grenzboten, 1884,₄.)
Konrad (Der arme). Zeitschrift. Berlin, 20. Aug. 1896 sq.
Koppe, Max. Vide: Arbeiterbewegung (Die). Rundschau.
Koranbrun, R., De l'organisation du travail agricole. 12°. Paris 1848.
Körber, Vilém, Ethicky anarchismus. 16°. Zizkov-Prag 1896.
Koroboff, A. Vide: Joie (Une) grande.
— — Pétition adressée au Grand Conseil.
Korrektie (De). Journ. Gand, févr. 1895, numéro unique.
Korrespondensblatt der Generalkommission der Gewerkschaften Deutschlands. Hamburg 1891 ff.
Kosegarten, Wilh., Organisation der Arbeit und der freien Konkurrenz. (Janus, Jhrg. 1847, Heft 2—4.)
Kovalewsky, Maxime, 1. Le passage historique de la propriété collective à la propriété individuelle. (Extr. du t. 2 des Annales de l'Institut internat. de sociologie.) 8°. Paris, Giard et Brière, 1896.
Kovalewsky, Maxime, 2. Les questions sociales au moyen âge. 8°. Paris, Giard et Brière, 1897.
Kräcker, Jul., Der Kampf gegen den Socialismus. Ein nicht gehaltener Vortrag. 8°. Breslau, H. Zimmer u. Co., s. a.
Kraemer, Ch., Der Familienbund, sein Programm und provisorisches Statut. Eine Antwort auf die soziale Frage. 8°. Leipzig 1884.
Krafft, Die Arbeit. Eine Studie. (Schweiz. Blätter f. Wirtschafts- u. Sozialpolitik, Jhrg. 5, 1897.)
Krafft, Rudolf, Wider Junkertum und Pickelhaube! Bilder aus dem neuen deutschen Reich. 8°. Nürnberg, Wörlein u. Co., 1897.
Kraft, Otto, Die Harmonie der sechs ersten evangelisch-sozialen Congresse. 8°. Halle, A. Kegel, 1896.
Kralik, Emil, Nutzen und Bedeutung der Gewerkschaften. gr. 8°. Wien 1891. (Wiener polit. Volksbibliothek, Heft 1.)
Kraneburg, Wilh., Socialer Handweiser. Zur Orientirung für Laien auf dem Gebiete der socialen Frage. 8°. Duisburg, J. Hoffmann, 1880.
Krantz, J. B., Le présent et l'avenir; coup d'oeil sur la théorie de Fourier. 12°. Paris 1848.
Krapotkine, Pierre, 1. L'agriculture. 16°. Paris, au bureau de la Révolte, 1893.
— 2. Intensive agriculture. (The Forum, 1891, june.)
٭— 3. L'anarchie dans l'évolution socialiste. 16°. Bruxelles 1895. (Bibliothèque des Temps Nouveaux, no. 2.)
— 4. Sur l'anarchie. 8°. Paris, au bureau de la Révolte, 1894.
— 5. Anarchie, sa philosophie, son idéal. 12°. Paris, P. V. Stock, 1896.
— 6. De anarchie. Philosophie en ideal. 8°. Amsterdam 1896.
— 7. L'inévitable anarchie. 8°. Bruxelles 1896. (Bibliothèque des Temps Nouveaux, no. 6.)
— 8. The coming anarchy. (Nineteenth Century, 1887, Aug.)
— 9. Anarchist communism: its basis and principles. 8°. London 1891. (Freedom Pamphlets, no. 4.) 2. edit. 1895.
— 10. Brain work and manual work. (Nineteenth Century, 1890, March.)

Krapotkine, Pierre, 11. The breakdown of our industrial system. (Nineteenth Century, 1888, April.)
— 12. Le capital de la Révolution. (La Révolte, 1891, 7 mars.)
— 13. La Commune. (Révolté, 1—15 mai 1880; „Paroles d'un Révolté", p. 105—118.)
— 14. La Commune de Paris. (Révolté, 20 mars 1880; „Paroles d'un Révolté", p. 119—141.)
— 17. La décomposition des États. (Révolté, 5 avril 1879; „Paroles d'un Révolté", p. 9—16.)
— 16. La division du travail. (Révolté, 21 avril 1889.)
— 17. Les droits politiques. (Révolté, 18 févr. 1882; „Paroles d'un Revolté", p. 33—41.)
— 18. L'esprit de révolté. 16°. Genève 1881, oct. 2. édit. 1882, sept. 8°. Genève 1888, mai. 8°. Paris 1892. („Paroles d'un Révolté", p. 207—305.)
— 19. Etude sur la Révolution. (La Révolte, 10 juillet 7 nov. 1891.)
— 20. The exile in Siberia. (Nineteenth Century, 1884, March.)
— 21. L'expropriation. (Révolté, 25 nov. 1882; „Paroles d'un Révolté", p. 315—342.)
— 22. Gefängnissleben. (Zukunft, Bd. 2, 1893.)
— 23. Le gouvernement représentatif. (Révolté, 6 mars 1880 ff.; „Paroles d'un Révolté", p. 169—212.)
— 24. Le gouvernement révolutionnaire. („Paroles d'un Révolté", p. 245—265.)
— 25. La guerre. („Paroles d'un Révolté", p. 77—85.)
— 26. Idée anarchiste au point de vue de sa réalisation pratique. 4 pp. 4°. Genève, impr. jurassienne, 1879.
— 27. La libre entente. (Révolté, 2 avril —23 juillet 1887.)
— 28. Le logement. Les denrées. Le vêtement. Les besoins scientifiques. (Révolté, 24 juillet 1886—12 févr. 1887; „Conquête du pain", p. 65—129.)
— 29. La loi et l'autorité. 16°. Genève 1882, sept. 6. édit. 16°. Paris 1892 („Paroles d'un Révolté", p. 213—244.)
— 30. Les minorités révolutionnaires. (Révolté, 26 nov. 1881; „Paroles d'un Révolté", p. 87—95.)
*— 31. La morale anarchiste. 16°. Paris, impr. Blat, 1898. (Publications des temps nouveaux, no. 9.)

Krapotkine, Pierre, 32. Mutual aid among animals. (Nineteenth Century, Sept. and Nov. 1890.) Mutual aid among savages. (Ibid. April and Dec. 1891.) Mutual aid among the Barbarians. (Ibid. January 1892.) Mutual aid in the medieval city. (Ibid. Aug. and Sept. 1894.) Mutual aid among modern men. (Ibid. January 1896) Mutual aid among ourselves. (Ibid. June 1896.)
— 33. La nécessité de la révolution. (Révolté, 5 mars 1881; „Paroles d'un Révolté", p. 17—24.)
— 34. L'ordre. (Révolté, 1. oct. 1881; „Paroles d'un Révolté", p. 97—104.)
— 35. Outcast Russia. I. The journey of Siberia. (Nineteenth Century, 1883, Dec.)
— 36. Les prisons. Influence morale des prisons sur les prisonniers. Conférence faite le 20 déc. 1887 à la Salle Rivoli. 16°. Paris 1888.
— 37. The fortress prison of St. Petersburg. (Nineteenth Century, 1883, June.)
— 38. Russian prisons. (Nineteenth Century, 1883, January.)
— 39. Le procès Solovieff. (La vie d'un socialiste russe.) 8°. Genève 1879.
— 40. Production et consommation. (Révolté, 2 juillet 1887; „Conquête du pain", p. 235—244.)
— 41. La question agraire. (Révolté, 18 sept. 1880—19 févr. 1881; „Paroles d'un Révolté", p. 143—167.)
— 42. Repräsentative Regierungen. 8°. London 1888. (Anarchist.-communist. Bibliothek, Nr. 2.)
— 43. Revolutionäre Regierungen. 8°. London 1887. (Anarchist.-communist. Bibliothek, Nr. 1.) 8°. Berlin 1893. (Anarchist. Biblioth.)
— 44. La grande Révolution. 8°. Paris, au bureau de la Révolte, 1893.
— 45. La prochaine révolution. (Révolté, 7 févr. 1880; „Paroles d'un Révolté", p. 25—32.)
— 46. Revolutionary government. 8°. London, office of „The Commonweal", 1892.
— 47. Revolutionary studies. 8°. London, office of „The Commonweal", 1892.
— 48. Nos richesses. L'aisance pour tous. Le communisme anarchiste. (La Révolte, 26 juillet—31 août, 6—20 sept.,

11 oct.—15 nov. 1890; „Conquête du pain", p. 1—45.)
Krapotkine, Pierre, 49. The russian revolutionary party. (Fortnightly Review, 1882.)
— 50. Le salariat. (La Révolte, 20 août—30. sept. 1888: „Conquête du pain", p. 213—234.) 16°. Paris 1889. Publications de la „Révolte".
— 51. Recent science. (Nineteenth Century, 1892, Mai; 1893, April; 1896, Aug.; 1897, Nov.; 1898, Aug.)
— 52. Un siècle d'attente 1789—1888. 8°. Paris, au bureau de la Révolte, 1893.
— 53. La situation. (Révolté, 8 mars 1879; „Paroles d'un Révolté", p. 1—8.)
— 54. La situazione. Lo sfaceto degli Stati. 8°. Torino 1890. (Biblioteca per il popolo, no. 1.)
— 55. Un temps d'arrêt. (Les Temps Nouveaux, 25 mai—7 sept. 1896.)
— 56. Théorie et pratique. („Paroles d'un Révolté", p. 307—314.)
— 57. Tous socialistes. (Révolté, 15 sept. 1881; „Paroles d'un Révolté", p. 267—273.)
— 58. Le travail agréable. (La Révolte, 1—8 févr. 1890; „Conquête du pain", p. 153—164.)
— 59. L'Utopie gouvernementale. (La Révolte, 11 nov. 1892—21 janv. 1893.)
— 60. La vérité sur les exécutions en Russie, suivie d'une esquisse biographique sur Sophie Perovskaia. 16°. Genève, impr. jurassienne, 1881, avril.
— 61. The industrial village of the future. (Nineteenth Century, 1888, Oct.)
— 62. The wage-system. 8°. London 1889. (Freedom Pamphlets, no. 1.) New edit. 8°. London 1894; 1895.
— 63. Der Wohlstand für alle. Deutsch von B. K. 8°. Zürich 1896.
Les détails, les plus minutieux, vide: Nettlau.
Krasser, Friedr., 1. Anti-Syllabus. Gedicht. 8°. Braunschweig, W. Bracke, 1878.
— 2. Ceterum censeo. 8°. Chicago, Löschke, s. a.
— 3. Das alte und das neue Glaubensbekenntniss. 8°. s. l. s. a.
— 4. Marseillaise des Christenthums. 8°. Berlin, „Vorwärts", 1891. 8°. Budapest, Verlag d. Arbeiter-Wochenchronik, s. a.
Krassow, v., Ueber Ursprung und Ziele der socialistischen Arbeiterbewegung. 8°. s. l. s. a. Als Mscr. gedr.
Kraus, Jos., Die wissenschaftlichen Grundlagen des Socialismus. Kritik der Marxschen Werthlehre. Vortrag. gr. 8°. Wien, Manz, 1896.
Krause, Gerh., 1. Die Arbeiterbewegung im Lichte der materialistischen Geschichtsauffassung. (Berliner Arbeiterbibliothek, Serie II, Heft 13.) 8°. Berlin 1891.
— 2. Die Entwickelung der Geschichtsauffassung bis auf Karl Marx. 8°. Berlin, Arbeiter-Biblioth., 1891. (Berliner Arbeiterbibliothek, Serie II, Heft 12.)
Krausse, W., Wieder ein Kämpfer! Characterbild aus dem Arbeiterleben. 8°. Berlin, „Vorwärts", 1894. (Sozialistische Theaterstücke.)
Kroal, August, Zur Geschichte der Arbeiterbewegung Oesterreichs 1867—94. Eine kritische Darlegung nebst Ergänzungen von X. Y. 8°. Berlin 1894.
Kreutzer, Johannes, Zur Beurtheilung der Bodenreformbestrebungen. (Grenzboten, 1893,3.)
Krieg, Sim., Die Volksgemeinschaft. (Deutsch-christlich-social.) Anhaltspunkte zur weiteren Ausführung. gr. 8°. Mannheim, Vaterländ. Verlagsanstalt, 1894.
Kriege. Vide: Fröbel, Rau, Kriege, Meyen und Hermer.
Kriegel, Frdr., J. St. Mill's Lehre vom Wert, Preis und der Bodenrente. gr. 8°. Berlin, Puttkammer u. Mühlbrecht, 1897.
Kritiek van een radicaal op Karl Marx. Een antwoord op Mr. Treub's brochure: De radicalen enz. d. Clemens. 8°. 's Gravenhage 1891.
Kritik der von Noellner verfassten Darstellung des Processes Weidig von einem Freunde des Rechts und des Fortschrittes. 8°. Leipzig 1844.
Kritik der von Noellner gelieferten Darstellung des wegen Hochverrathes eingeleiteten gerichtlichen Verfahrens gegen Weidig, von einem Kriminalisten. 8°. Wiesbaden 1844.
Kritisches zum internationalen Londoner Sozialisten- und Gewerkschaftskongress. (Neue Zeit, Jhrg. 14,2, 1895/96.)
Kritschewsky, S. B., 1. J. J. Rousseau und Saint Just. Ein Beitrag zur Entwickelungsgeschichte der sozialpolitischen Ideen der Montagnards. (Berner

Beiträge zur Gesch. d. Nat.-Oek., Nr. 7.) gr. 8⁰. Bern 1895.
Kritschowsky, S. B., 2. Saint-Just's Utopie. (Neue Zeit, Jhrg. 13, 1894/95.)
Krogmann, W. H., Der Kommunismus. 8⁰. Altona 1872.
Kronawetter, Ferd., Ueber die Geheimbündelei und das objective Verfahren. Rede bei der Berathung des Budgets für das Jahr 1888 am 21. Mai 1888. 8⁰. Wien, „Gleichheit", 1888.
Krüssenberg, A. Vide: Hogeweg, D., und Krüssenberg, A.
K russkim revoljucioneram. no. 1. 1873, sept. Publ. par la „Revoljucionnaia Obchtchina Russkich Anarchistov". 16⁰. Genève.
Kubinek, Gyula, Parasztsocialismus (Bauernsocialismus). 8⁰. Budapest, Eggenberger, 1895.
Kühn, August, Offener Brief an die deutschen Arbeiter. Die Vereinigung aller sozialdemokratischen Parteien zum Zweck der Wahlagitation. 8⁰. Bremen 1870.
Kühn, Emil, Der Diktaturparagraph und das Sozialistengesetz. (Grenzboten, 1897₁₁.)
Kühne, P. Benno, Der Zusammenhang der atheistischen Wissenschaft mit dem Sozialismus. Aus den Enthüllungen des hochwürdigsten Bischofs Dupanloup von Orleans nachgewiesen. 8⁰. Einsiedeln, New York und Cincinnati, Gebr. Carl u. Nic. Benziger, 1872.
Kulemann, Wilhelm, 1. Vom evangelisch-socialen Congress. (Die Gegenwart, Bd. 49, 1896.)
— 2. Helfershelfer der Sozialdemokratie. (Die Zukunft, Bd. 18, 1897.)
— 3. Der evangelisch-sociale Kongress und der kirchliche Liberalismus. (Die Gegenwart, Bd. 48, 1895.)
— 4. Die internationale Organisation der Buchdrucker. (Jahrbuch f. Gesetzgbg., Verwalt. u. Volksw., Jhrg 22,₂, 1898.)
— Vide: Welt (Die neue).

Kunert, Fritz, Fernziele. Eine festliche Ansprache. 8⁰. Nürnberg, Wörlein u. Co., s. a. (1892).
Kunschak. Vide: Freiheit. Wien.
Kunst (Die bürgerliche) und die besitzlosen Klassen. (Neue Zeit, Jhrg. 11, 1892/93.)
Kunst und Sozialdemokratie. (Deutsche Worte, Jhrg. 13, 1893.)
Kuntz, Henri, P. J. Proudhon. 8⁰. Besançon, impr. Millot frères, 1897.
Künzel, E., Der erste Hochverrathsprocess vor dem Reichsgerichte. Stenogr. Protokoll. 8⁰. Leipzig 1881.
Kuposanko, Grégor, Le nihilisme russe: traduit do l'allemand, par l'avoc. Joseph Collini. 16⁰. Milan, impr. Cogliati, 1885.
— Vide: Erlebnisse eines Nihilisten.
Kurrein, Ad., Die Pflichten des Besitzes nach Bibel und Talmud. 8⁰. Frankfurt a. M., J. Kauffmann, 1892.
Kurt, N., Das Freiheitsdogma in seinen neuesten Gestaltungen. Kritische Weckrufe an die Gebildeten aller Stände. gr. 8⁰. Leipzig, W. Friedrich, 1892.
Kutschbach, A., 1. Im Anschluss an die Memoiren der Helene von Rakowitza. 8⁰. Chemnitz 1880.
— 2. Aufruf zum Beitritt zur „Freien Arbeiter-Partei". 8⁰. Cassel 1877.
— 3. Die Wahlsiege der Sozialdemokraten in ihrer Bedeutung für die Arbeitgeber. 8⁰. Leipzig 1875.
Kuyper, A., 1. De Christus en de sociale nooden en democratische klippen. 8⁰. Amsterdam 1895.
— 2. Het sociale vraagstuk en de christelijke religie. Rede bij de opening van het sociaal congres og 9 Nov. 1891 gehouden. gr. 8⁰. Amsterdam, J. A. Wormser, 1891.
Kwestie (De sociale) in den burgerstand. 8⁰. 's Gravenhage 1888.
Kyle, A solution of the labor problem. gr. 8⁰. Washington 1894.

L.

Laan, C. L., Het socialisme en het christelijk huisgezin. Eeen blijvend sociaal vraagstuck. gr. 8°. Utrecht, Breijer, 1898.
Laar, A. R. van de, Landnationalisatie. 8°. Utrecht 1895.
Labarre, Louis, Le suffrage universel. Au roi. 8°. Bruxelles, messageries de la Presse, 1887.
La Bedollière, E. de, La république rouge justifiée. 12°. Paris 1849.
Labitte, Ch., De la démocratie chez les prédicateurs de la Ligue. 8°. Paris, Joubert, 1841.
Labor and social problems. An interview with Sir J. Gorst. (Humanitarian, vol. 4, 1894.)
Labor (La) Corchera. Journ. Palamos 1892.
Labor organization papers. (Journ. of soc. Science [Boston], 1891, Oct.)
1. Practical suggestions on trades-unions by S. M. Hotchkiss.
2. Aims, methods, and achievements of trades-unions by G. Gompers.
3. Trades-unions and wages, by Pr. Jenks.
4. Shoemaking in Conecticut, by F. J. Kingsbury.
5. Voluntary arbitration.
6. Compulsory arbitration, by S. Dexter.
7. Social influence by labor organizations, by G. Gunton.
8. Trades-unions and apprentices, by E. W. Bemis.
Labor question (The) in Britain. (Charity Organisation Review, 1896, July.)
Labor question. (French.) (Gunton's Magazine, 1896, July.)
Laboulaye, Charles Pierre Lefebvre, De la démocratie industrielle. Études sur l'organisation de l'industrie française. 12°. Paris, Guillaumin, 1848. 2. édit. Ibid. 1849.
Laboulaye, R. de, Thorold Rogers; ses théories sur la propriété. 8°. Le Mans, impr. Monnoyer, 1891.
Labour and luxury: a reply to „Merrie England" (by Nemo). 8°. London, Scott, 1895.
Labour leaders on the labour question.
1) The unemployed, by J. Burns. —
2) Mr. Chamberlain's programm, by

Th. Burt, H. H. Champion, J. Keir Hardie, Sam Woods. (Nineteenth Century, 1892, Dec.)
Labour war (The) in the United States. (Nineteenth Century, 1894, Aug.)
Labourer (The). A monthly magazine, edited by Fergus O'Connor and E. Jones. 2 vols. 8°. London 1847.
Labourers Friend. Useful hints for labourers, from the Publications of the Labourers Society. 2 vols. 18°. London 1841—44.
Laboureur (Le), organe hebdomadaire de la démocratie rurale. Bruxelles, au Peuple, 1894—96.
Laboureur et soldat. 16°. Paris, impr. Dupont, 1898.
Laboureurs et députés, par un petit laboureur. 12°. Paris, impr. Fournier, 1889.
Labriolo, A., 1. Discorrendo di socialismo e di filosofia: lettere a G. Sorel. 8°. Roma, E. Loescher e Co. edit., 1898.
— 2. Essai sur la conception matérialiste de l'histoire. 1. série. 8°. Paris, Giard et Brière, 1897. (Bibliothèque socialiste internationale, III.)
— 3. In memoria del manifesto dei comunisti. 8°. Roma 1895.
— 4. Proletariato e radicali: lettera ad Ettore Socci a proposito del congresso democratico. 16°. Roma, tip. La Cooperativa, 1890.
— 5. Del socialismo: conferenza. 8°. Roma, tip. edit. Edoardo Perino, 1889.
— 6. Ancora la teoria marxistica del valore. (Giorn. degli Econom., 1898, ottobre.)
— Vide: Schubmann, J.: Ein wissenschaftlicher Socialist.
Lacan, Raymond, Cinq mois chez les collectivistes. Une déception; la Juiverie. 8°. Lille, impr. Ducoulombier, 1898.
Lachambéaudie, Fables. 8°. Paris 1847.
La Chapelle, A. Comte de, La situation démocratique. Déclaration de Napoléon. 8°. Londres 1878.
La Chapelle, Séverin de, Le suffrage universel. Ses deux cadres et ses trois

modes de scrutins. 8°. Paris, Larose, 1898.

Lacombe, Am., De la démocratie appliquée aux lois financières. 8°. Bordeaux 1849.

Lacombe, Fr., De l'organisation générale du travail. 8°. Paris 1848. 3. édit. augmentée d'une réfutation du communisme et de la théorie de M. Louis Blanc. 8°. Paris 1848.

Lacombe, P., Le vote libre. (Revue métaphysique et de morale, 1898, nov.)

Lacoste ainé, Le reveil de l'homme ou l'enfer est un vain mot. 8°. Paris 1871.

Lacou, Jean, Réformes radicales et organisations socialistes. 8°. Bordeaux, impr. Delmas, 1895.

Lacroix, L'année infâme. 8°. Paris 1872.

Lacy, Georg, Liberty and law, being an attempt at the refutation of the individualism of Herbert Spencer and the political economists, an exposition of natural right, and of the principles of justice and socialism, and a demonstration of the worthless of the supposed dogmas of orthodox political economy. 8°. London 1888.

Ladévi-Roche, Jean, Le positivisme au tribunal de la science. 8°. Bordeaux, Coderc, Degréteau et Poujol, 1870.

Laorda, Giov., Il socialismo e la sua tattica. 8°. Gênes, libreria editr. ligure, 1897.

Lafargue, Paul, 1. Le communisme et l'évolution économique. 8°. Lille, impr. ouvrière G. Delory, 1892. 18°. Lille, impr. Delory, 1895. (Bibliothèque du parti ouvrier.)
— 2. Conservative und Socialisten in Frankreich. (Die Zeit, Nr. 103, Wien, 19. Sept. 1896.)
— 3. Il diritto all ozio; prima versione italiana a cura del circolo di studi sociali di Alessandria. 8°. Alessandria, tip. sociale diretta G. Panizza, 1891.
— 4. Die Entwickelung des Eigentums. Aus dem Französischen von E. Bernstein. 8°. London, German Cooperative Publishing Co., 1890. (Sozialdemokrat. Bibliothek, Bd. 31.) Neue Aufl. gr. 8°. Berlin, Verlag des „Vorwärts", 1893.
— 5. The evolution of property from savagery to civilisation. 8°. London, Swan Sonnenschein, 1891.
— 6. La fonction économique de la bourse. Contribution à la théorie de la valeur.

(Extr. du Devoir social.) 8°. Paris, Giard et Brière, 1897.

Lafargue, Paul, 7. Die ökonomischen Funktionen der Börse. Ein Beitrag zur Werththeorie. (Neue Zeit, Jhrg 15, 1896/97.)
— 8. Kommunismus und Kapitalismus. Der Kommunismus und die ökonomische Entwickelung. Uebers. v. R. Bernstein. gr. 8°. Berlin, Verl. d. „Vorwärts", 1894.
— 9. L'origine e l'evoluzione della proprietà, con introduzione critica di Achille Loria. 16°. Palermo 1896.
— 10. Pamphlets socialistes. Le droit à la paresse. La religion du capital. 8°. Bruxelles, L. Bertrand, s. a. (Bibliothèque populaire, éditée sous le patronage du parti ouvrier, no. 13.)
— 11. Parlamentarismus und Socialismus in Frankreich. (Die Zeit, Nr. 46, Wien, 17. Aug. 1895.)
— 12. Programme agricole du parti ouvrier français, commenté. 16°. Lille, impr. Delory, 1895. (Bibliothèque du parti ouvrier.) Nouv. édit. 32°. Lille, impr. Lagrange, 1897.
— 13. La propriété. Origine et évolution. Thèse communiste. Réfutation par Yves Guyot. 8°. Paris 1895.
— 14. Das Recht auf Faulheit. Aus dem Französischen übersetzt. 8°. Hottingen-Zürich, Gen.-Buchdr., 1884.
— 15. Das Recht auf Faulheit. Aus dem Französischen übersetzt v. Ed. Bernstein. 8°. Berlin, Verl. d. „Vorwärts", 1891.
— 16. Die Religion des Kapitals. 8°. London, German Cooperative Publishing Co., 1890. (Sozialdemokrat. Bibliothek, Nr. 34.)
— 17. La religione del capitale: catechismo del lavoratore francese. 24°. Alessandria, tip. lit. G. M. Picconi, 1890.
— 18. Socialism in France from 1876—1896. (Fortnightly Review, 1897, Sept.)
— 19. Der Strike von Carmaux. (Neue Zeit, Jhrg. 11, 1892/93.)
— 20. Kritische Studie über das Zeitalter der grossen Revolution. (Neue Zeit, Jhrg. 15, 1896/97.)
— 21. Der Ursprung der abstrakten Idee. (Neue Zeit, Jhrg. 17,1, 1898/99.)

Lafargue, P., et Guyot, Yves, La propriété communiste; par P. Lafargue. Réfutation par Yves Guyot. 18°. Paris, libr. Delagrave, 1895.

Lafargue, P. Vide: Jaurès, Jean, et Lafargue, Paul.
Laffitte, P., 1. Le paradoxe de l'inégalité. 8°. Paris 1887.
— 2. Le suffrage universel et le régime parlementaire. 8°. Paris 1888.
Lafontaine, H., Freiland. Un roman collectiviste. (Société Nouvelle, II, 1892.)
Laforest, Adolphe, 1. L'alerte du travailleur, chanson. 8°. Lille, impr. Lagrange, 1897.
— 2. Le cri du prolétaire, chanson. 8°. Lille, impr. Delory, 1896.
— 3. La lutte électorale, chanson. plano. Lille, impr. Delory, 1896.
Lafranchise, Les prolétariennes (lettres ouvertes aux ouvriers). 1. lettre. 18°. Lyon, Alriey, 1898. 2. lettre. 18°. Ibid. 1898.
Lagardelle, Hubert, La question agraire et le socialisme. (Extrait du Devenir social, mars 1898.) 8°. Paris, Giard et Brière, 1898.
Lagarosse, P., Les socialistes et les profits du capital. (Réforme sociale, 1894.)
Lagarrigue, J., Le faux et le vrai positivisme: 1. Le sophiste Pierre Laffitte, nommé prof. officiel au Collège de France. 2. Programme d'un véritable enseignement positiviste. 12°. Le Mans 1892.
Lage (Unsere). Flugblatt beginnend: „Als vor nunmehr 4 Jahren in Deutschland das Unerhörte und anscheinend Unmögliche zur Thatsache ward", und mit den Schlussworten: „Darum an die Gewehre, Kameraden!" 8°. s. l. s. a.
Lager (Aus dem) der katholischen Sozialreformer Frankreichs. (Monatsschr. f. christl. Sozialreform, Jbrg. 15, 1893.)
Lagoutte, M. l'abbé, De la révolution: son génie, ses oeuvres, et ses dangers. 8°. La Chapelle-Montligeon 1898.
La Grasserie, Raoul de, 1. De l'individualisme et de ses conséquences chez les Anglo-Américains (essai de psychologie sociologique). (Extrait de la Revue internat. de sociologie, VI.) 8°. Paris, Giard et Brière, 1898.
— 2. Mémoire sur le droit d'association. 8°. Paris, impr. nationale, 1898. (Extrait du Bulletin des sciences économiques et sociales du Comité des travaux historiques et scientifiques, année 1897.)
— 3. De la transformation du suffrage universel amorphe en suffrage universel organique. 8°. Paris, Giard et Brière, 1896. (Extrait de la Revue internat. de sociologie, 4. année, no. 4, 1896.)
Lagrue, A., Le budget socialiste, trois milliards de recettes chaque année, sans frais de perception au moyen du timbre mobile, système du crédit-impôt etc. 8°. Paris, M. Platant s. a.
La Grue sur la religion Saint-Simonienne. 8°. Nancy 1832.
La Guéronnière, A. de, 1. La catastrophe de la France. L'anarchie démagogique. 8°. Bruxelles s. a.
— 2. La Commune sanglante ou le legs incendiaire. Histoire et tablettes du sang de la Commune de Paris l'internationale. 8°. Paris 1871.
— 3. L'Internationale et la guerre civile en France. 1. et 2. édit. 8°. Bruxelles, Vital Puissant; Paris, A. Sagnier, 1871.
Lahautière, Deux sous pour les bastilles. 8°. Paris 1840.
La Hodde, Luc. de, La naissance de la république en févr. 1848. 1. et 2. édit. 8°. Paris 1850.
Lahrssen, Hermann, Unter der roten Fahne. Blätter aus dem Tagebuche eines Volksschullehrers im Jahre 151 (1943). 8°. Leipzig, Peter Hobbing, 1891.
Laicus, Philipp, 1. Die Petroleuse. Nach dem Französischen des A. Téram. 8°. Mainz, Kirchheim, 1875.
— 2. Der Werkführer. Eine Episode aus der Arbeiterbewegung unserer Tage. 8°. Mainz, Kirchheim, 1872.
La Landelle, G. de, Pauvres et mendiants. Roman des questions sociales. 12°. Paris 1877.
Lallemand, Léon, 1. Les grands problèmes sociaux à l'Académie Royale des sciences morales et politiques d'Espagne. (Extr. du Compte-rendu de l'Acad.) 8°. Paris, Alph. Picard, 1889.
— 2. La révolution et les pauvres. 8°. Paris, Picard et fils, 1898.
Lamarche, H., Projet de constitution et catéchisme républicain, servant d'exposé des motifs. 8°. Paris 1848.
Lamartine, A. de, Le conseiller du peuple. 1. année 1849. gr. 8°. Paris 1849.
Lamazou, l'abbé, 1. Die Pariser Commune; historische Aktenstücke über derselben Anfang und Ende. Mit einem Briefe von Felix Dupanloup. 8°. Mainz 1872.
— 2. La Place Vendôme et la Roquette.

Documents sur le commencement et la fin de la Commune. 1.—7. édit. 8°. Paris, Douniol, 1871. 12. édit. 8°. Paris 1873.

Lambert, Réorganisation de la société au 19. siècle. Questions principales. 12°. Paris, Dentu, 1865.

Lamberteschi, P., Gli scioperi in Francia. (Nuova Antologia, 1888.)

Lambillotte et Anseele, Édouard (parti ouvrier belge), Cartouche et Co. Discours prononcés dans la discussion du budget de la justice. 8°. Bruxelles, au journal Le Peuple, 1895.

Lambrechts, Hector, Le Congrès de Zürich. (Revue sociale catholique, 1897, oct.)

Lambry, Émile, Les mystères du cabinet noir sous l'empire et la poste sous la Commune. 8°. Paris, Dentu, 1871.

Lamé Fleury, E., Bakounine, d'après une publication fragmentaire de ses oeuvres. (Journ. d. Écon., 1895, août.)

Lamennais, F. de, 1. De l'absolutisme et de la liberté. Dialoghetti. gr. 8°. Genève, A. Cherbuliez, 1834.

*— 2. Paroles d'un croyant. 32°. Paris, Pfluger, 1897. (Bibliothèque nationale, no. 20.)

*— 3. Du passé et de l'avenir du peuple. 32°. Paris, Pfluger, 1896. (Bibliothèque nationale.)

La Messine, Mme. Juliette, Idées anti-Proudhoniennes sur l'amour, la femme et le mariage. 8°. Paris, Alph. Taride, 1858.

Lamour, Charles, La grève des verriers, dialogue dramatique. 4°. Paris, Repos, 1896.

Lampa, A., Eine naturwissenschaftliche Vernichtung der Socialdemokratie. (Deutsche Worte, Jhrg. 14, 1894.)

Lampertico, Fedele, 1. Il lavoro. 8°. Milano 1875. (Economia dei popoli e degli stati.)

— 2. La proprietà. 16°. Milano, frat. Treves, 1876 (Vol. 3 dell' Economia dei popoli e degli stati.)

Lamprecht, K., Historikertag und Umsturzvorlage. (Die Zukunft, Bd. 11, 1895.)

Landagitation (Zur). 8°. Berlin, „Vorwärts", s. a.

Landarbeiter (An die). s. l. s. a.

Landarbeiter (An die). London, Autonomie.

Landarbeiter (An die). Flugschrift, s. l. s. a.

Landauer, G., 1. Der Anarchismus in Deutschland. (Die Zukunft, Bd. 10, 1895.)

— 2. Aus meinem Gefängnis-Tagebuch. („Der Socialistische Akademiker", Nr. 13 —18, Berlin 1895.)

— 3. Ein Weg zur Befreiung der Arbeiterklasse. 8°. Berlin 1895.

— Vide: An den Züricher Congress.

Landé, H., Mehrwerth und Profit. (Neue Zeit, Jhrg. 11. 1892/93.)

Landfrage (Die) auf den Kongressen der Internationale. Eine Reminiscenz. (Neue Zeit, Jhrg. 13, 1894/95.)

Landi, G., Il vero socialismo o come un popolo possa rendere impossibile l'estrema miseria senza ricorrere alla carità. 12°. Milano 1871.

Landleute (An die) der Umgegend von Cöln. Flugblatt mit der Unterschrift: Das Centralwahl-Comité der Arbeiter für den Landkreis Cöln. s. a.

Landrin, E., La lutte de la classe. (Almanach de la question sociale pour 1894.)

Landtag (Der bayerische) und der sozialdemokratische Antrag auf Einführung des allgemeinen, gleichen und directen Wahlrechts für die bayerischen Landtagswahlen. (Stenogr. Bericht über die dabei gehaltenen wichtigsten Reden.) 8°. Nürnberg, Wörlein u. Co., 1893.

Lane, Joseph, An Antistatis! Communist Manifests. 8°. London 1887. („International Revolutionary Library", no. 1.)

Lanessan, J. L. de, La république démocratique. 8°. Paris, Colin et Co., 1897.

Lang, O., 1. Zur Geschichte der schweizerischen Arbeiterbewegung. (Schweiz. Blätter f. Wirtschafts- u. Socialpolitik, Jhrg. 4, 1896.)

— 2. Die Geschichtschreibung des Sozialismus. (Neue Zeit, Jhrg. 14$_{II}$, 1895/96.)

Lange, Ernst, Karl Marx als volkswirtschaftlicher Theoretiker. (Jahrb. f. Nat.-Oek. u. Stat., Bd. 69, 1897.)

Lange, Franz, Sozialdemokratie? oder Nationaldemokratie? Programm einer deutschen Zukunftspartei. gr. 8°. Berlin, P. Moedebeck, 1896.

Lange, F. W., Opposition gegen die verwerflichen Bestrebungen des Herrn Bernh. Becker, gewesenen Präsident des Allgem. deutschen Arbeitervereines. 8°. Leipzig 1865.

Lange, J. P., Ueber die Risse und Zerklüftungen der heutigen Gesellschaft. 8°. Heidelberg 1876.

Lange, W., Recht und Arbeit. (Grenzboten, 1884,₂.)

Langénieux, le cardinal, L'athéisme et ses influences dans la vie des catholiques, instruction pastorale. 18°. Reims s. a. (1894).

Langermann, Jhs., Stein — Pestalozzi — Fichte in ihrer Beziehung zur sozialen Frage der Gegenwart. gr. 8°. Barmen, Steinborn u. Co., 1896.

Langerock, H., Le socialisme agraire. 8°. Bruxelles, Rosez, s. a.

Langlois, A. L'association, la vie domestique et l'école dans leurs rapports avec la question sociale. 3. édit. 8°. Paris 1886.

Langner, Carl, Ein Streifzug auf dem Gebiete der kulturgeschichtlichen Entwickelung im Zusammenhang mit der Idee des Sozialismus. Vortrag. 8°. Evansville, Indiana, 1885.

Langsdorff, Wilh. v., Die Familie und das öffentliche Leben. Vortrag, geh. im evang. Arbeiterverein zu Chemnitz. gr. 8°. Leipzig, Richter, 1890.

Lano, Pierre de. (La Commune.) Journal d'un vaincu. 8°. Paris, Victor-Havard, 1892.

Lantarn (De vlaamsche). Almanach socialiste. 8°. Gand 1878, 1879, 1880.

Lanterna (La). Giorn. Firenze 1882.

La Paliza, M. de, La cuestion social y económica. 8°. Madrid 1892.

Laparra, Henri, Le mal social et ses remèdes. 16°. Paris, Savine, 1895.

Lapenna, Fr., Oro e potere e loro evoluzione sociale-umana. Parte I. 8°. Torino, Roux, Fraccatti e Co. tip. edit., 1895.

Lapenta, G., Le prolétariat intellectuel en Italie. (Devenir social, III, 1897.)

Lapeyre, P., 1. L'enseignement anarchique. (Sociologie catholique, III,₂₄, 1891.)
— 2. La frayeur de la question sociale. (L'Association Catholique, 1897, janv., févr.)
— 3. Le socialisme catholique, ou christianisme integral. T. I. Les vérités mâles. 8°. Mesnil, Firmin-Didot; Paris, Lethielleux, 1894.

Laporte-de la Porte, H., Étude sur la réforme économique et financière d'après les idées d'un socialiste chrétien. 8°. Wien, Mayer et Co., 1896.

Laprade, Jules de, La république des honnêtes gens, ou conseils au peuple sur les affaires du jour. 12°. Paris, Garnier frères, 1850.

Laprade, Victor de, Les démolisseurs. (Ouvrage interdit en France.) 8°. Genève, F. Margueron, 1863.

Larcher, L. J., Le droit au travail. Solution du problème social. Par un travailleur. gr. fol. Paris, 18 févr. 1849. En vente au bureau central etc. Typ. Schneider.

Larivière, Ch. de, P. J. Proudhon. (Rev. polit. et parlem., 1896.)

Larned, J. N., Talks about labour and concerning the evolution of justice between the labourers and the capitalists. 8°. New York 1876.

La Rochejaquelein, H. de, Association générale de patronage et de mutualité au profit des classes ouvrières de l'un et de l'autre sexe. 8°. (Paris) Batignolles, impr. de Hennuyer et Co., 1849.

La Rochethulon, Marquis de, Du rôle de la garde nationale et de l'armée de Paris dans les préparatifs de l'insurrection du 18 mars. Rapport spécial fait à la Commission d'enquête, suivi de pièces justificatives, lettres et relation de la bataille de Buzenval. 8°. Paris, Léon Téchener, 1872.

Larocque, Jean, 1871. Souvenirs révolutionnaires. 8°. Paris, Albert Savine, 1888.

Laroque, Rénovation religieuse. 8°. Paris s. n.

La Sagra, de, Sur les conditions de l'ordre et des réformes sociales. 8°. Paris 1849.

*'**Lassalle,** F., 1. Die Agitation des Allgem. deutschen Arbeitervereins. gr. 8°. Berlin, „Vorwärts", 1892.
*— 2. Offenes Antwortschreiben etc. 8°. Chicago, Ch. Ahrens, 1879. gr. 8°. Berlin, „Vorwärts", 1895.
* — 3. An die Arbeiter Berlins. gr. 8°. Berlin, „Vorwärts", 1892.
*— 4. Zur Arbeiterfrage. 8°. Hottingen-Zürich, Volksbuchhdlg., 1884.
*— 5. Arbeiterlesebuch. 8°. Hottingen-Zürich, Volksbuchhdlg., 1887. (Sozialdemokrat. Bibliothek, Nr. 20.)
*— 6. Meine Assisen-Rede. 8°. London, Germ. Coop. Printing and Publish. Co.,

1889. (Sozialdemokr. Biblioth., Nr. 22.) 8°. Berlin, Verl. d. „Vorwärts", 1892.
*Lassalle, F., 7. Verschiedene kleinere Aufsätze. 8°. Chicago, Charles Ahrens, 1872. 8°. Berlin, C. Ihring's Nachf., 1874. 8° Hottingen-Zürich, Volksbuchhdlg., 1888. (Sozialdemokr. Bibliothek, Nr. 23.)
Die franz. Nationalwerkstätten von 1848. — Antwort an Herrn Prof. Rau. — Lassalle und die Statistik. — Herr Wackernagel oder der moderne Herostratus. — Erwiederung auf eine Recension der Kreuzzeitung. — Statut des Lassalle'schen Allgem. Deutsch. Arbeitervereins sammt diversen Anhängen.
*— 8. Herr Bastiat-Schulze von Delitzsch. Neue Ausg. gr. 8°. Berlin, Verl. d. „Vorwärts", 1893.
*— 9. Briefe an Hans von Bülow. 3. Aufl. 8°. Dresden u. Leipzig 1893.
— 10. Briefe an Georg Herwegh. Nebst Briefen der Gräfin Sophie Hatzfeldt an Frau Emma Herwegh. Hrsg. von Marcell Herwegh. 8°. Zürich, Albert Müller, 1896.
*— 11. Die Feste, die Presse und der Frankfurter Abgeordnetentag. gr. 8°. Berlin, C. Ihrings Nachf., 1871. gr. 8°. Berlin, Verl. d. „Vorwärts", 1892.
*— 12. Fichte's politisches Vermächtniss. 4. Aufl. 8°. Leipzig, J. Röthing, 1874.
— 13. Kapital i praca, czyli Pan Bastiat Sjulce z Deliczn, Julian Ekonomiczny; przłożył K. W. Lwów, nakładem Antoniego Mankowskiego, 1878.
— 14. G. E. Lessing vom kulturhistorischen Standpunkte. (Wallesrode's demokratische Studien, Hamburg 1861.) 2. Aufl. 1877. 3. Aufl. 8°. Berlin, Röthing, 1880.
*— 15. Die Philosophie Fichte's. 8°. Leipzig, Röthing, 1873. 4. Aufl. 8°. Leipzig, Röthing, 1879.
*— 16. Reden und Schriften. 3 Bde. 8°. Berlin, Verl. d. „Vorwärts", 1891—93.
*— 17. Herr Julian Schmidt. 8°. Leipzig, Röthing, 1872. 8°. Culm a/W., Anton Metz, 1878.
— 18. Franz von Sickingen. Eine dramatische Dichtung in 5 Akten. Für die Bühne bearbeitet und eingerichtet von O. G. Flüggen. 8°. Leipzig, Aug. Schupp, 1896.
*— 19. Die indirekte Steuer. gr. 8°. Berlin, Verl. d. „Vorwärts", 1892.
— 20. Ueber Verfassungswesen. Ein Vortrag, geh. in einem Berliner Bürger-Bezirks-Verein. — Was nun? 2. Vortrag über Verfassungswesen. — Macht und Recht. Offenes Sendschreiben. gr. 8°. Leipzig, Röthing, 1873. gr. 8°. Berlin, Verl. d. „Vorwärts", 1892.
*Lassalle, F., 21. Vorrede zum System der erworbenen Rechte. 2. Aufl. gr. 8°. München 1894.
— 22. Ueber den gegenwärtigen Zusammenhang der gegenwärtigen Geschichtsperiode mit der Idee des Arbeiterstandes. 8°. Zürich 1887.
— 23. What is capital? Freely transl. from chapt. 1 of „Herr Bastiat Schulze von Delitzsch". 12°. New York, Internat. Publ. Co., 1898.
— 24. Working man's programme and addresses transl. by E. Peters. 12°. New York, Internat. Publ. Co., 1898.
Lassalle's Schreiben an den Instructionsrichter Herrn Ebermaier. (Aus der Neuen Rheinischen Zeitung. Geschrieben im Gefängniss zu Düsseldorf 11. Dec. 1848. F. Lassalle.) 8°. s. l. Druck der Stahl'schen Buchhdlg. (W. Kaulen) s. a.
*Lassalle. Der Hochverraths-Process wider F. Lassalle. gr. 8°. Berlin, Verlag des „Vorwärts", 1892.
*Lassalle. Der Lassalle'sche Criminalprocess. 1. u. 2. Heft. 8°. Dresden, Rössner, 1872. 3. Heft. 2. Aufl. 8°. Leipzig. Röthing, 1873. 1.—3. Heft. gr. 8°. Berlin, „Vorwärts", 1892.
*Lassalle. Der Process F. Lassalle's vor der Korrect.-Appellkammer. 8°. Berlin, Allg. Assoc.-Buchdr., 1877.
Lassalle, ein literarisches Charakterbild. („Die Wage", Wochenblatt f. Politik u. Literatur, Jhrg. 5, Nr. 10—13, Berlin, 9.—30. März 1877.)
Lassalle. Dokumentarische Darstellung seiner letzten Lebenstage. Von Augenzeugen und Freunden. 8° Berlin 1865.
Lassalle gegen Stahl. (Grenzboten, 1880,₄.)
Lassalle (Ferdinand). (Grenzboten, 1877,₂.)
Lassalle und das eherne Lohngesetz. (Beilage zur „Allgem. Zeitung", Jhrg. 1878, Nr. 303 u. 305.)
Lassalle's Leiden. Dargestellt auf Grund einer verloren geglaubten Handschriften-Sammlung mit dem Portrait Helene v. Racowitza's von Franz v. Lenbach und 2 Briefen in Facsm. 1.—3. Aufl. 8°. Berlin, Henning, 1887.
Lassalle's Liebe und Tod, eine wahre Geschichte von N. N. N. 8°. Leipzig 1877.

Lassalle'sches Liederbuch. 8°. Chemnitz, C. A. Hager, s. a.

Lasswitz, Kurd, Bilder aus der Zukunft. Zwei Erzählungen aus dem 24. und 39. Jahrhundert. 2. Aufl. 2 Bde. 8°. Breslau u. Leipzig, Schottländer, 1879.

Laterne (Die). Hrsg. von K. Hirsch. 15. Dec. 1878—29. Juni 1879. 29 Nrn. Brüssel.

Laterade, A., Le mutualisme et la question sociale. 16°. Auch, impr. Capin, 1896.

Latorré, Paulino Pallás. Lettre. („El Rebelde", Zaragoza, 11. nov. 1893.)

La Tour du Pin La Charce, le Marquis, Les phases du mouvement social chrétien. 8°. Paris, impr. Gainche, 1897. (Extrait de l'Association catholique.)

Lattorf, A. v., Die Unteroffizierfrage und die Sozialdemokratie in der Armee. 8°. Hannover 1878.

Laugier. Vide: Longepied et Laugier.

Laulerie, Martin, La politique de Jean-Pierre. Deuxième dialogue. 8°. Paris, Jules Laisné, s. a. (1819?)

Laurentius, Krapotkin's Morallehre und deren Beziehung zu Nietzsche. gr. 8°. Dresden 1896.

Lauser, W., Unter der Pariser Commune, ein Tagebuch. 8°. Leipzig 1878.

Lavarenne, Ch. de, Le Gouvernement provisoire et l'Hôtel de ville dévoilés. 2. édit. 8°. Paris, Garnier frères, 1850.

La Vausserie, Les martyrs de la seconde terreur. 8°. Paris 1871.

Laveleye, Ém. de, 1. Les communautés de famille et de village. (Revue d'écon. polit., 1888.)

— 2. Die Entstehung des heutigen Socialismus. (Die Gegenwart, Bd. 47, 1895.)

— 3. Recent progress of democracy in Switzerland. (The Nineteenth Century, 1885, Sept.)

* — 4. Le socialisme contemporain. 6. édit. 18°. Paris, Alcan, 1891.

— 5. Der Socialismus der Gegenwart. Mit einem Anhange: Der Socialismus in England von G. H. Orpen. Uebers. von Chr. Jasper. (Bibliothek der Gesamtlitteratur des In- und Auslandes, Heft 825—829.) 8°. Halle 1895.

— Vide: Bimetallism, free-trade and democracy.

Laverdant, Désiré, 1. Colonie maternelle: Appel aux phalanstériens. 8°. Paris 1851.

— 2. La déroute des Césars. gr. 8. Paris, libr. phalanstérienne, s. a. (1851).

Laverdant, Désiré, 3. Mission de l'art, rôle des artistes. 8°. Paris 1845.

— 4. Socialisme catholique. — La déroute des Césars. — La Gaule très chrétienne et le Czar orthodoxe. 12°. Paris 1851.

Lavergne, B., 1. L'évolution sociale. 8°. Paris, Fischbacher, 1893.

— 2. Le socialisme collectiviste. (Extrait du journal La Dépêche de Toulouse.) 16°. Paris, impr. Mouillot, 1894.

Lavergne, Léonce de, Les éléments révolutionnaires et les éléments conservateurs. (Revue des deux Mondes, 1840, 15 sept.)

Lavergne-Peguilhon, M. v., Der Liberalismus und die Freiheit. gr. 8°. Königsberg, Tag u. Koch, 1846.

Laviron, P. E., 1. La morale d'après Charles Fourier. 8°. Paris, impr. Jean Allemane, 1896.

— 2. Un mot sur le socialisme intégral du Charles Fourier, à propos du droit à l'existence et du droit à la retraite. 2. édit. 8°. Paris, libr. Ach. Leroy, 1895.

— 3. Le socialisme français et le collectivisme allemand. 2. édit. 8°. Paris, impr. Jean Allemane, déc. 1895.

Lavisse, E., Essais sur l'Allemagne impériale. 2. édit. 8°. Paris 1888.

Cont.: Les partis socialistes en Allemagne. — L'émigration allemande. — La crise économique en Allemagne.

Lavollée, R., 1. Étude de morale sociale. Lectures et conférences. 8°. Paris, Guillaumin, 1897.

Cont.: La loi d'airain du salariat et la hausse des salaires en Angleterre. — Le socialisme agraire.

— 2. La loi d'airain du salariat et la hausse des salaires en Angleterre. 8°. Paris 1890.

— 3. Le socialisme agraire. (Réforme sociale, série III, 1895.)

Lavoratore (Il). Giorn. Genova 1881.

Lavoratore (Il). Giorn. Alexandria (Egypte), 11 febbr. 1887 sq. 3 nos.

Lavoratori (Ai) della terra. 12°. Parma, tip. Grazioli, 1898. (Pubblicazione della Camera del lavoro di Parma e provincia, no. 2.)

Lavoriamo. Giorn. Buenos-Aires 1893.

Lavy, A., Le parti ouvrier à l'Hôtel-de-ville. 12°. Paris 1887.

Law, Will., Remarks on the fable of the bees: With introduction by F. D. Maurice. With appendix cont. the poem of the fable of the bees, Mandeville's introduction and treatise on the origin of morality. 8°. Cambridge 1844.

Laycock, F. U., Economics and socialism. 8°. London 1895.

Lazare, Bernard, 1. L'écrivain et l'art social. Conférence faite le 4 avril 1896. 8°. Paris, Bibliothèque de l'art social (1896).
— 2. Histoire des doctrines révolutionnaires, leçon d'ouverture faite le 16 déc. 1895, au collège libre des sciences sociales. (Extr. du Devenir social, janv. 1896.) 8°. Paris, Giard et Brière, 1896.
— 3. Lettres prolétariennes. No. 1. Antisémitisme et révolution. 8°. Paris, mars 1895.
— 4. Le socialisme allemande et ses divisions. (Revue Parisienne, 3. année, 10 mai 1894.)
— Vide: Lettres prolétariennes.

Lazarus, H., The English revolution of the twentieth century; a prospective history; with introduction and edit. by H. Lazarus. 8°. London 1894.

Lazzari, Cost., Il partito operaio, suo programma, sua organizzazione: conferenza tenuta nel teatro Rici di Cremona il giorno 14 febbr. 1886. 8°. Alessandria, tip. sociale, 1886.

Léauthier, Lettre à Séb. Faure du 12 nov. 1893. Réimpr. p. ex. dans „Le Libertaire", Bruxelles, 17 oct. 1893.

Lebassu, Mme. Josephine, La Saint-Simonienne, 8°. Paris, L. Tendré, 1833.

Lebeau, Périssent Dieu et la prêtraille. 8°. Genève 1873.

Leben und Thaten des Generals Jaroslas Dombrowski nach den Aufzeichnungen seines Adjutanten (von Rosalowski). 8°. Leipzig, Gen.-Buchdr., 1876.

Leben und Tod Job. Paul Marats, nebst einer kurzen Geschichte seiner Mörderin Charlotte Corday. Mit Portrait und einer Carrikatur. 8°. Mannheim 1794.

Leben und Meinungen eines Proletariers. Ein Buch für arme Leute und armer Leute Freunde. 8°. Zwickau, Verein zur Verbreitung von Volksschriften, 1850.

Lebensgeschichte (Die wahrhaftige) des Josua Davidsohn. Aus dem Englischen übersetzt von Natalie Liebknecht. Mit einem Vorwort versehen von Wilhelm Liebknecht. Neue Ausg. 8°. Nürnberg, Wörlein u. Co., 1891.

Lebensweise (Ueber die jetzige) der Saint-Simonisten. (Magazin f. Literatur des Auslandes, 1832, Nr. 84.)

Le Blond de Neuveglise, 1. Robespierre's Leben und Laster von seiner Geburt bis zu seinem Tode. 8°. Augsburg 1795.
— 2. La vie et les crimes de Robespierre, surnommé le tyran, depuis sa naissance jusqu'à sa mort. 8°. Augsburg 1795.

Lebloys, Ernest, Le soldat Loup-garou. 8°. Paris, à la Propagande démocratique et sociale, (1849).

Le Bon, Gustave, 1. Lois psychologiques de l'évolution des peuples. 2. édit. revue et augm. 18°. Paris, F. Alcan, 1895.
— 2. Psychologie du socialisme. 8°. Paris, F. Alcan, 1898. (Bibliothèque de philosophie contemporaine.)
— 3. Le socialisme suivant les races. (Revue philosophique, 1897, juillet - août.)

Lebrecht, G., 1. Per l'inchiesta governativa sugli scioperi: note. (Estratto dalla Rivista della Beneficenza pubblica.) 8°. Milano 1879.
— 2. Unionismo o socialismo? 18°. Verona, tip. G. Civelli, 1885.

Le Chevalier, La Commune 1871. 8°. Paris 1871.

Lechevalier, J., Lettres sur l'organisation de l'industrie. 8°. Paris 1846.

Lecky, W. E. H., 1. Conservatism of the British democracy. (North American Review, 1897, Febr.)
— 2. Democracy and liberty. 2 vols. 8°. London 1896.

Leclaire, De l'organisation du travail. 8°. Paris 1848.

Le Clercq, T., Een protest tegen het Leger des Heils. M. Naschr. van P. H. van der Velde. 8°. Amsterdam 1892.

Lecocq, Georges, Un manifeste de Gracchus Babeuf. 8°. Paris, libr. des bibliophiles, 1885.

Leçons (Trois) du Prof. Cherbuliez sur Fourier, son école et son système, reproduites et réfutées par un ministre du St. Evangile. 8°. Paris 1845.

Lecoq, Camille, La république cléricale. Socialistes chrétiens et ralliés. 18°. Paris, Léon, 1898.

Lecoq, P. de, Le mémoire pittoresque. 8°. Paris 1848.

Lecoq de Boisbaudran, H., Prélude à l'unité religieuse. 8°. Paris 1847.

Le Cour Grandmaison, Charles, La grève du batiment. (Revue des deux Mondes, 1898, 15 déc.)

Lecouteulx de Canteleu, Comte J. H. E., Les sectes et sociétés secrètes, politiques et religieuses; essai sur leur histoire, depuis les temps les plus reculés jusqu'à la révolution. 8°. Paris, Didier, 1863.

Lecouturier, Ch. H., La science du socialisme universel, suivie de: Le dieu de Proudhon. 8°. Paris 1860.

Lecuyer, Les martyrs d'Arcueil. 8°. Paris 1871.

Ledoux, L'organisation du travail dans les mines et les houillères. (Annales de l'École libre des sciences politiques, 1890, no. 2.)

Ledru-Rollin, 1. Du gouvernement direct du peuple. 8°. Paris 1851.
— 2. Le 13 juin. 8°. Paris 1849.
— 3. Rede auf dem Banquet am 19. Jan. 1849 in Chateau-rouge, auf Deutschlands Zukunft und den Tod Robert Blums. Flugblatt. Druck von Wiede in Leipzig s. a.
— 4. Aux travailleurs. 8°. Paris 1844.

Lee, Vernon, 1. Gospels of anarchy. (Contemporary Review, 1898, July.)
— 2. A may-day dialogue. Economic, not pastoral. (Contemporary Review, vol. 63, 1893.)

Lees, F. R., 1. Owenism dissected. An examination of the fundamental principles put forth by Mr. R. Owen as the basis of his „New Moral World". 2. edit. 12°. Leeds 1839.
— 2. The Owenite anatomized. An analysis of the blunders and fallacies put forth by one John Hanson, in his misstyled answer to „Owenism dissected". 12°. Leeds 1838.

Lefebure, L., Le devoir social. 8°. Paris, Perrin et Co., 1890.

Leforest, Adolphe, La revanche des travailleurs; chanson nouvelle. Papier rouge. plano. Wattrelos, impr. Deryckère, 1898.

Lefrançais, G., 1. Un communard aux électeurs français. 8°. Genève 1876.
— 2. La Commune et la révolution. 32°. Paris, impr. P. Dupont, 1896.
— 3. Où vont les anarchistes? 8°. Paris 1889. (Bibliothèque du Comité central de l'Union des socialistes pour l'action révolutionnaire".)

Lefrançais, G., 4. République et révolution. 8°. Genève 1873.

Lefson, E., Anti-Stöcker. Offener Brief und Nachwort. 8°. Berlin 1879.

Legalidad (La). Journ. Gracia.

Le Gall, avocat-général, La doctrine individualiste et l'anarchie devant la science et la justice. Discours prononcé à l'audience solennelle de la Cour d'appel de Toulouse le 14 oct. 1894. 8°. Toulouse, Lagarde et Sebille, 1894.

Legay, Ch., La question sociale. L'unique solution. 8°. Paris, Guillaumin, 1891.

Léger, Augustin, Journal d'un anarchiste. 2. édit. 16°. Paris, Savine, 1895.

Léger, Camille, La liberté intégrale. Esquisse d'une théorie républicaine des lois. 18°. Paris, F. Alcan, 1897.

Legien, C., 1. Die Gewerkschaftsbewegung in Deutschland im Jahre 1896. (Neue Zeit, Jhrg. 16, 1897/98.)
— 2. Der Streik der Hafenarbeiter und Seeleute in Hamburg-Altona. Darstellung der Ursachen und des Verlaufs des Streiks, sowie der Arbeits- und Lohnverhältnisse der im Hafenverkehr beschäftigten Arbeiter. 8°. Hamburg, Verlag der Generalkommission der Gewerkschaften Deutschlands, 1897.

Légion, citoyen, Némesis. Chansons rouges. 8°. Londres, John Harrison, 1870.

Le Gouillou, l'abbé Correntin Marie, Les grandes questions sociales au point de vue biblique. 8°. Paris, Sagnier et Bray, 1850.

Le Hardy de Beaulieu, Les grèves d'ouvriers mineurs au Borinage. 8°. Bruxelles 1861.

Lehmann, Daniel, Gedanken eines Sozialisten im Gefängnisse. 8°. Hottingen-Zürich, Schweiz. Genoss.-Dr., s. a.

Lehmann, Ernst, Bodenwucher u. Bodenbesitzreform. (Göttinger Arbeiterbibliothek, Heft 4.) 8°. Göttingen 1894.

Lehmkuhl, Aug., 1. Arbeitsvertrag und Strike. (Die soziale Frage, beleuchtet durch die „Stimmen aus Maria Laach", 2. Heft.) 3. Aufl. 8°. Freiburg i. Br. 1895.
— 2. Die soziale Frage und die staatliche Gewalt. (Die soziale Frage, beleuchtet durch die „Stimmen aus Maria Laach", Heft 6.) gr. 8°. Freiburg i. Br. 1893. 3. Aufl. gr. 8°. Freiburg i. Br. 1896.
— 3. Die sociale Noth und der kirchliche Einfluss. (Die soziale Frage, beleuchtet durch die „Stimmen aus Maria

Laach", Heft 4.) 8°. Freiburg i. Br. 1892. 3. Aufl. 8°. Freiburg i. Br. 1896.

Lehmkuhl, Aug., 4. La question sociale: Le mal social et l'influence de l'Église. Opuscule traduit de l'allemand par C. Fritsch. 8°. Louvain, Uistpruyst-Dieudonné, 1894.

— 5. Internationale Regelung der socialen Frage. (Die soziale Frage, beleuchtet durch die „Stimmen aus Maria Laach", Heft 7.) gr. 8. Freiburg i. Br. 1893. 3. Aufl. gr. 8°. Freiburg i. Br. 1896.

Lehr, J., 1. Die Durchschnittsprofitrate auf Grundlage des Marx'schen Wertgesetzes. (Vierteljahrsschr. f. Volkswirtschaft, 1892,ııı.)

— 2. Die Kartelle und die Arbeiterfrage. (Bayer. Handelszeitung, 1889.)

Lehren (Die) der Encyklika „Rerum novarum". (Christl.-soz. Blätter, Jhrg. 24, 1891.)

Leibbrand, Ch. H., This age of ours. Containing the book of problems and the book on socialism. With letters from Herbert Spencer, W. E. H. Lecky, J. Tyndall and J. A. Froude. 8°. London, Low, 1895.
Cont.: Anarchism. — The people's banks. — Agricultural credit societies. — The immigration question. — Eight hours a day and foreign competition. — France and colonial enterprise. — Free-trade, fair trade, protection, and the Russian-German commercial treaty. — Socialism.

Leimbach, K. A., Die Arbeiter-Einigungen des Mittelalters. Nach dem Französ. des Prof. Dr. G. Kurth bearbeitet. gr. 8°. Fulda, Fuldaer Aktiendruckerei, 1894.

Leixner, Im Hohlspiegel. I. 2086 oder das Weltalter der Gleichheit. 8°. Frankfurt 1887.

Leken, Jules. Vide: Conscrit (Le) en cours d'assises.

L'Eleu, André, Des communautés rurales dans l'ancienne France jusqu'à la fin du XIII siècle. 8°. Paris, Arthur Rousseau, 1896.

Leloup, J., Le socialisme actuel. 8°. Arras 1898.

Lemme, Fr., Kurzer Abriss der socialen Frage. (Zeitfragen des christl. Volkslebens, Heft 120.) gr. 8°. Stuttgart, Ch. Belser's Verl., 1892.

Lemoine, J., L'Irlande qu'on ne voit pas. Les Fénians et le Fénianisme aux États-Unis. (Revue internat. de sociologie. I. année, 1893.)

Lemonier, Histoire de la révolution de Paris. 2 vols. 8°. Paris 1871.

Lemonnier, Ch., Présent et avenir. 8°. Toulouse 1834.

Lemonnyer, J., Les journaux de Paris pendant la Commune. Revue bibliographique complète de la presse parisienne du 19 mars au 27 mai. 8°. Paris, J. Lemonnyer, s. a. (1871).

Le Moyne, N. R. D., 1. Baronie d'Asile, ou ménage sociétaire. 8°. Paris 1842.

— 2. Dissertations philosophiques et politiques. 8°. Paris s. a.

— 3. Doctrine hiérarchique fusionnaire.

— Théorie des améliorations sociales pour obtenir par la constitution scientifique de l'inégalité humanitaire. Réforme sociale hiérarchique. 12°. Paris 1857.

— 4. Essais scientifiques sur les croyances. 8°. Paris s. a.

— 5. Lettres sur les idées sociales et provident. 8°. Paris 1865.

— 6. Socio-providentialisme. — Théories sociales. 8°. Paris s. a.

— 7. Sociosophie, principes naturels et lois. 8°. Paris 1871.

Lence, D., 1. Apuntos sociologicos. I. Del derecho á la vida. II. Del cambio. 8°. Barcelona, „Biblioteca ácrata", 1895.

— 2. Preciosas canciones anárquicas de varios autores. 16°. Ferrol s. a. (1895).

Lenglet, Lucien, L'homme et sa destinée. 8°. Paris s. a.

Lenz, Adolf, Der Anarchismus und das Strafrecht. (Zeitschr. f. die ges. Strafrechtswiss., Bd. 16, 1896.)

Lenz, Sophie, George Rapp et la secte des Harmonistes. (Comptes-rendus de l'Athénée Louisianais. livr 5, série 2, tome 2.) New Orleans 1883.

Lenzi, Orazio, La teoria del fondo salari e la questione operaia. 8°. Siena, E. Torrini edit., 1898.

Lensmann und **Philippa**, Das Recht auf Arbeit. (Demokratische Studien, Heft 1, Berlin 1884.)

Leo XIII., 1. De la condition des ouvriers, lettre encyclique de N. T. S. P. Léon XIII. Texte latin et traduction française officielle. 8°. Poussielgue 1891.

— 2. The pope and the people. Select letters and adresses on social questions. Edited by W. H. Eyre. cr.-8°. London, Art and Book Co., 1895.

Leo XIII., 3. Rundschreiben über christliche Staatsordnung. Erlassen am 1. Nov. 1885. gr. 8°. Freiburg 1885.
— 4. Enciclica del Pontifice sulla questione sociale (28 dic. 1878). Lettera al Cardinale Rampolla, suo Segretario di Stato. 16°. Bologna, tip. già Compositori, 1887.
Leo XIII., Papst, und **Graf Moltke**, Feldmarschall, und ihre Bekämpfung der Socialdemokratie durch die Sicherung der Heimstätte. 1.—5. Tausend. gr. 8°. Dresden, C. C. Meinhold u. Söhne, 1892.
Leo XIII. und die französischen Arbeiter. (Christlich-soziale Blätter, Jhrg. 24, 1891.)
Leo XIII. über die Arbeiterfrage. Einige Sätze aus der Encyklika des hlg. Vaters Leo XIII. über die Arbeiterfrage vom 15. Mai 1891. gr. 4°. Stuttgart, Verlag des „Deutsch. Volksblattes", 1897.
Leo XIII. und die socialen Parteien. Von einem Clericalen. (Die Zeit, Nr. 30, Wien, 27. April 1895.)
Leo XIII., der Wiederhersteller der sozialen Wissenschaften. (Christl.-soziale Blätter, Jhrg. 26, 1893.)
Léo, 1. La conjoncture capitaliste. (Revue socialiste, 1894,₁.)
— 2. La conjoncture capitaliste ou la fin d'un régime et d'une doctrine. Conférence donnée à l'école mutuelle d'orateurs de Bruxelles. 8°. Bruxelles, Maison du Peuple, 1894.
— 3. Le parti ouvrier et les compagnards. 8°. Bruxelles, libr. du Peuple, 1893.
— 4. La propriété et le socialisme. 8°. La Hestre, impr. Brutoux, 1893.
Leo, A., La guerre sociale, discours prononcé au congrès de la paix à Lausanne (1871). 8°. Neuchatel 1871.
Leo, Heinrich, Thomas Münzer. Vortrag. 8°. Berlin 1856.
— Vide: Signatura temporis.
Leonardi, C., Il dissidio sociale. 8°. Roma, tip. di A. e Salv. Festa, 1894.
Le Play, Fr., 1. Les trois âges du travail. (Réforme sociale, I, 1881.)
*— 2. La constitution essentielle de l'humanité. 2. édit. 8°. Paris 1893.
— 3. L'école de la paix sociale, son développement et son avenir. (Réforme sociale, II, 1882.)
— 4. La méthode expérimentale et la loi divine. Lettre de M. Pratié, député de l'Aveyron et réponse de M. Le Play. 8°. Tours 1875.
Le Play, Fr., 5. Les moyens de salut. Quelques pages oubliées (écrites il y a 20 ans.). (La Réforme sociale, série 3, 1894.)
*— 6. Organisation de la famille. 4. édit. avec un épilogue et trois appendices. 18°. Paris 1895.
— 7. The organisation of labor in accordance with custom and the law of the decalogue. 8°. Philadelphia 1872.
— 8. La organización del trabajo según la consuetud de los talares y la ley del Decalogo, con un resumen de observaciones. 6. ediz. Version castellana de Don Luis de Olivier de Riera. 18°. Tours, Mame et fils, 1896.
— 9. La paix sociale selon la pratique des autorités soumises au décalogue. 12°. Paris 1871.
— 10. Programme de gouvernement et d'organisation sociale d'après l'observation comparée de divers peuples par une groupe d'économistes. Avec une lettre-préface de F. Le Play. 12°. Paris 1881.
— 11. La réforme en Europe et le salut en France. Le programme des unions de la paix sociale avec une introduction de H. M. A. Munro Butler Johnstone. 8°. Tours 1877.
Lepp, Adolf. Vide: Hasenclever, W., Frohme, K. F., und Lepp, Ad.
Lerda, Giov., 1. Le socialisme en Italie. (Devenir social, III, 1897.)
— 2. Il socialismo e la sua tattica. 8°. Gênes, librairie ligurienne, 1897.
— 3. Die Taktik der sozialdemokratischen Partei. (Neue Zeit, Jhrg. 15, 1896/97.)
Leriche, Histoire des Jacobins en France, ou examen des principes anarchiques et désorganisateurs de la révolution française. Notice historique sur Louis XVI., Marie Antoinette et Mme. Elisabeth, par un député des États-Généraux de 1789. 2 vols. 12°. Hamburg 1795.
Lermina, Jules, Question sociale. Ventre et cerveau. 8°. Paris, Chaumel, 1894.
Lerminier, E., 1. De la littérature des ouvriers. (Revue des deux Mondes, 15 déc. 1841.)
— 2. Des questions soulevées par le Saint-Simonisme. (Revue des deux Mondes, 15 août 1832.)

24*

Le Rousseau, Julien, 1. Notions de phrénologie (au point de vue de la science passionelle). 8°. Paris 1847.
— 2. La prospérité de l'État et la stabilité des pouvoirs par la réforme économique et l'organisation des libertés. 12°. Paris, Guillaumin et Co., 1872.
Le Roux, Hugues, L'attentat Sloughine (moeurs terroristes). 16°. Paris, Flammarion, s. a. (1895).
Leroux, Joseph, Discours prononcé sur le tombeau de Pierre Leroux par son fils Jos. Leroux. 8°. Paris, Jeanmaire, 1880.
Leroux, Pierre, 1. Doctrine de l'humanité. D'une religion nationale ou du culte. Nouv. édit. 8°. Paris, Gustave Sandre, 1846.
*— 2. Malthus et les économistes, ou Y aura-t-il toujours des pauvres? 2 vols. 8°. Paris, Pfluger, 1897. (Bibliothèque nationale, no. 338—339.)
Le Roy, Achille, 1. Fusillé deux fois. Épisode de la semaine sanglante. (Et quelques autres pièces.) 8°. Paris, impr. Marni et Co., s. a.
— 2. La liberté de l'amour avec la carmagnole sociale. — Le Père La Purge. — La Marseillaise des travailleurs. — Madame la Marquise. — La ronde des démolisseurs. — Aux Hugolâtres. — La Commune immortelle. 8°. Paris, libr. socialiste internat. Ach. Le Roy, 1887. (Bibliothèque ouvrière cosmopolite.)
— 3. Les réformes sociales urgentes. — Chants des prolétaires et „à Blanqui". 12°. Paris 1880.
Leroy, L. Amédée, Le nouveau philosophe, ou la vérité et le bonheur dans l'état social. Dédié à l'Europe. 4°. Paris, impr. Pinard, 1832.
Leroy-Beaulieu, Anatole, 1. Collectiviste et anarchiste. — Dialogue sur le socialisme et l'individualisme. (Revue des deux Mondes, 1898, 15 octobre.)
— 2. Individualisme et socialisme. (Réforme sociale, 1890, mars.)
— 3. Papacy, socialism and democracy, followed by the papal Encyclical on the condition of labour. Translated from the French. With explanatory notes and preface by R. L. O'Donnell. cr. 8°. London, Chapman and Hall, 1892.
— 4. La papauté, le socialisme et la démocratie. I. L'évolution du Saint-Siège et l'enseignement social de Léon XIII. II. L'Église, l'intervention de l'Etat et la législation sociale. III. Les syndicats, l'alliance avec le quatrième état et la paix sociale. (Revue des deux Mondes, 1891, 15 déc.; 1892, 15 janv., 1. mars.)
Leroy-Beaulieu, Anatole, 5. La papauté, le socialisme et la démocratie. Ouvrage suivi de l'Encyclique pontificale sur la condition des ouvriers. 8°. Paris, Calm. Lévy, 1892.
— 6. La patrie française et l'internationalisme. 16°. Paris, impr. Levé, 1897. (Comité du défense et de progrès social, no. 8.)
— 7. Pourquoi nous ne sommes pas socialistes. (Réforme sociale, 1895.)
— 8. Pourquoi nous ne sommes pas socialistes. (Extrait de la Réforme sociale.) 3. édit. 18°. Paris, impr. Levé, 1895. 4. édit. Ibid. 1897.
Leroy-Beaulieu, Paul, 1. La citations de M. Jaurès et la véracité des socialistes. Grande, moyenne et petite propriété. 16°. Paris, impr. Levé, 1897. (Comité de défense et de progrès social, no. 9.)
— 2. Collectivisme agraire et nationalisation. 16°. Paris, impr. Levé, 1897. (Comité de défense et de progrès social, no. 10.)
— 3. Le socialisme dans les colonies australiennes. (Réforme sociale, 1896.)
Lesebuch (Sozialdemokratisches). Sammlung von sozialpolitischen, belehrenden und unterhaltenden Aufsätzen. 8°. Zürich s. a.
Leseur, Félix, Un essai loyal de socialisme en Chine. 18°. Paris, Guillaumin, 1894.
Lesigne, Ernest, Anarchism and collectivism, their respective differences stated. (Leaflet.)
Leslie, Stephen, Social rights and duties. 2 vols. 8°. London, Swan Sonnenschein, 1896.
Lespilette, C., La vérité sur la grève des mineurs du Nord et du Pas-de-Calais en 1893; avec portraits. 8°. Lille, impr. Lefebvre-Ducrocq, 1894.
Lessner, Fr., 1. Erinnerungen eines Arbeiters an Karl Marx. (Neue Zeit, Jhrg. 11, 1893.)
— 2. Vor 1848 und nachher. Erinnerungen eines alten Kommunisten. (Deutsche Worte, Jhrg. 18, 1898.)

Letainturier, Jules, Le socialisme devant le bon sens. 16°. Nice, impr. Ventre et Co., 1894.

Letourneau, Ch., 1. L'évolution de la propriété. 8°. Paris 1888.
— 2. Property, its origin and development. 8°. London 1892.

Lettere edite ed inedite di Felice Orsini, G. Mazzini, G. Garibaldi ed F. D. Guerrazzi intorno alle cose d'Italia. (2. edizione con molte aggiunte. 24°. Milano, Francesco Sanvito, 1862.

Letters by a labourer. Part I. To labourers. Part II. To employers. 8°. London 1830.

Lettre à Lamartine, par un abonné au Conseiller du Peuple (par F. Sabatier). 8°. Paris, libr. phalanstérienne, s. a.

Lettre sur la colonie Icarienne, par un Icarien, éd. Béluze. 8°. Paris 1856.

Lettre à Maximilien, éd. Beluze. 8°. Paris 1858. — 2. lettre à Maximilien. éd. Béluze. 8°. Paris 1858.

Lettre (Première) à tous les peuples par les bûcherons du désert. Révolution. — Décentralisation. 32°. Londres s. a. (c. 186?).

Lettre (Deuxième)?

Lettre (Troisième). La liberté ou la mort. 32°. Londres s. a. (a été réimprimée dans „l'Étendard révolutionnaire", Lyon, 1 oct. 1882).

Lettre ouverte à M. Paul Janson sur la réforme électorale, par un manouvrier (L. Bertrand). 8°. Bruxelles 1882.

Lettre d'un bourgeois publiée dans „Le Révolté" du 20 janv. 1884. 8°. Foix, Darnaud, 1891, déc.

Lettres du diable à la République française. 1. lettro (seule parue). 8°. Paris 1848.

Lettres d'un bourgeois socialiste aux bourgeois. pet. 8°. Lille, impr. Delory, 1894. (Publications de l'Alliance républicaine socialiste du Nord.)

Lettres prolétariennes, publiées par Bernard Lazare, paraissant tous les trois mois. no. 1, mars 1895. 16°. Paris.

Leullier, A., Organisation des travailleurs libres. 4°. (Paris s. a.)

Leury, De l'égalité civile; ses origines, son progrès, son avènement. 8°. 49 pp. Angers, impr. Lainé frères, 1873.

Leuschner, R., Die soziale Frage und die Arbeitseinstellungen. 8°. Stettin 1873.

Levacher, De l'homme en société. Complément à la législation de Mably. 2 vols. 8°. Parme 1804.

Levae, A., Les Jacobins, les patriotes et les représentants prov. de Bruxelles 1792—93. 8°. Bruxelles 1846.

Levasseur, É, 1. La liberté civile et la révolution. (Journ. des Écon., 1860, oct.)
— 2. La propriété. (Extrait du Dictionnaire général de la Politique de M. Block.) gr. 8°. Strasbourg, Vve. Berger-Levrault, 1864.
— 3. Le socialisme aux États-Unis. (Rev. polit. et parlam., 1897, avril.)

Levavasseur, G., Anarchie et socialisme. Les parties et le gouvernement. 8°. Paris, Charles, 1896.

Leven (Ons), uitgegeven ter gelegenheid der inhulding van het nieuw lokaal der socialistische samenwerkende maatschappij de proletaar in Leuwen. 8°. Gent, Drukk. F. Hardyns, 1892.

Levêque, A., et Martin, P., Essai sur la régularisation du travail de la menuiserie applicable à peu près à tout ce qui a rapport au batiment. 8°. Paris, Matthias, libr. industrielle, 1848.

Levêque, Isidore, 1. Le petit catéchisme socialiste. 8°. Bruxelles, impr. Vve. Brismée, 1893.
— 2. Il piccolo catechismo socialista. 3. ediz. 24°. Milano, tip. degli Operai, 1896. (Piccola Biblioteca di propaganda.)

Leverdays, E., 1. Les assemblées parlantes. Critique du gouvernement représentatif. 8°. Paris 1883.
— 2. Les causes de l'effondrement économique suiv. du prolétariat agricole et du prolétariat ouvrier. 18°. Paris 1893.
— 3. L'organisation de la république. 8°. Paris, vers 1888.
— 4. La résistance à outrance. 8°. Paris 1870.

Lévesque, Division du temps (nouv. calendrier). 8°. Paris 1844.

Levi, G. G., 1. L'errore del socialismo, i suoi mezzi ed i suoi ostacoli, il bene che puo fare ed il male. 8°. Torino, Roux, Frassati e Co., 1898.
— 2. Lavore e libertà, trattato popolare di scienza economica, politico-sociale. 2 parte. 8°. Torino, L. Roux, 1893—94.

Levinstein, Gust., Die wirtschaftliche Unzufriedenheit der arbeitenden Klassen

und ihre Berechtigung. (Vierteljahrschr. f. Volkswirtschaft, 1892,,.)
Lévy, Armand. Vide: Patriote (Le).
Levy, H. Vide: Arbeiterpartei (Soll die sozialistische) türkisch werden?
Lévy, R. G., 1. Le socialisme, sa force et sa faiblesse (à propos d'un recent ouvrage de R. Ely). (Réforme sociale, 3. série, 1895.)
— 2. Le socialisme: sa force et sa faiblesse, à propos d'un récent ouvrage américain. (Extrait de la Réforme sociale.) 8°. Paris, impr. Levé, 1895.
Lewandowski, Maur., La question sociale à Rome au temps des Gracques. Avec une lettre préface de Paul Viollet. gr. 8°. Paris, Guillaumin, 1896.
Lewes, G. H., Max Robespierre. Life. 8°. London 1849.
Lewetzki, S., Willensbildung. Ein Beitrag zur Lösung der socialen Frage. gr. 8°. Berlin, Selbstverlag, 1898.
Lewy, Heinr., Die soziale Frage und das jüdische Altertum. Vortrag. gr. 8°. Frankfurt a. M., J. Kauffmann, 1896.
Lexis, W., 1. Die Arbeitseinstellungen in Frankreich und in anderen Ländern. (Handwörterb. d. Staatswiss., Suppl. I, 1895.)
— 2. Étienne Cabet. (Handwörterb. d. Staatswiss., II, 1891.)
— 3. Tommaso Campanella. (Handwörterb. d. Staatswiss., II, 1891.)
— 4. Die Geworkvereine in Frankreich. (Handwörterb. d. Staatswiss., Suppl. I, 1895.)
— 5. Gewerkvereine in Italien und Dänemark. (Handwörterb. d. Staatswiss., IV, 1892.)
— 6. Zur Kritik der Rodbertus'schen Theorien. (Jahrb. f. Nat.-Oek., Bd. 43, 1884.)
— 7. The concluding volume of Marx's capital. (Quarterly Journal of Economics, 1895, Oct.)
Ley, Conr. Alb., A. Bebel und sein Evangelium. Sozialpolitische Studie. 2. gänzl. umgearb. Aufl. gr. 8°. Düsseldorf, L. Schwann, 1892.
Leyen, Alfred von der, Der Ausstand der Eisenbahnarbeiter in Chicago im Sommer 1894. (Preuss. Jahrbücher, Bd. 81, 1895.)
Leyen, Gust. Franz von der, Der Ruf des Gewissens, oder meine Sr. Majestät dem Könige Friedrich Wilhelm III. von Preussen verheissene Entschleierung des Illuminaten-Ordens. 8°. Enskirchen 1849.

Leynadier, Camille, Histoire de la famille et de son influence sur les moeurs dans les sociétés antiques et dans les sociétés modernes. 8°. Paris, Davesnes, 1844.

Lhotaky, J., Regeneration of Society the only corrective for the distress of the country. 8°. London 1845.

Liane, Philosophie et socialisme. 8°. Paris, impr. Mangeot, 1897.

Liber, Demokratische Konsequenzen. (Schweiz. Blätter f. Wirtsch.- u. Sozial-Politik, Jhrg. 5, 1897.)

Libero Patto (Il). Giorn. Ancona 1889.
Libertà e Giustizia. Journ. Napoli 1866 —67.

Libertaire (Le). Journal du mouvement social, par J. Déjacque. 27 nos. New York du 9 juin 1858 au 4 févr. 1861.
Libertaire (Le). Alger, 10 janv. 1892 sq. le no. 7 est du 25 avril 1892, polygraphié.
Libertaire (Le). Bruxelles, 22 oct. 1893 —10 mars 1894. 11 nos.
Libertaire (Le). Paris, 16 nov. 1895 sq.
Libertario (O). Journ. Porto, 8 sept. 1895.
Libertas, hrsg. v. B. R. Tucker (in deutscher Sprache). 8 Nrn. 17. März—September 1888.
Liberté (La), rédigée par Victor Arnould, Hector Denis, C. De Greef, Paul Janson, Eugène Robert. Bruxelles, 7 juillet 1867 au 1. juillet 1873.
Liberté (La). Bruxelles, 23 oct. 1885 sq.: Verviers, du 11 déc. 1886 au 29 mai 1887. 18 nos.
Liberté (La). Buenos-Aires, 23 janv.— 17 avril 1893. 13 nos.
Liberté (La). Buenos-Aires, 18 mars— 9 sept. 1894. 24 nos.
Liberté (De la) en général, de la liberté du travail et des moyens d'assurer le bien-être matériel et moral des classes laborieuses. Avec un éloge de Turgot. 8°. Paris 1849.
Liberty and property preserved against Republicains and Levellers, a collection of tracts and songs. no. 1—9. 8°. London 1792—1793.
Liberty edited by B. R. Tucker. Boston and New York, 6 Aug. 1881 ff.

Liberty, published by James Tochatti. London, Jan. 1894—Dec. 1896; new published Mai 1897.
Liberty Leaflets. 8°. s. l. s. a.
1. Government: a warning to the electors.
2. Free love explained and defended, by D. A. Andrade.
3. Thomas Paine and anarchy.
4. Questions for anarchists.
5. The rights of labour.

Library, Socialistic. 8°. New York, National Executive Committee of the Socialistic Labor Party, 1886. 12 nos.

Libre Iniciativa (La). Journ. Rosario de Santa Fé, 18 août 1895 sq.

Libre noir (Le) de la Commune de Paris. L'Internationale dévoilée. 8°. Bruxelles 1871.

Libre-pensée (La). Par un travailleur. L. B. 3. édit. 8°. Paris, libr. du Progrès, s. a.

Licht en Waarheid. Journ. Amsterdam 1894—95.

Lichtenberger, A., 1. Note sur un précurseur du socialisme: Pechmeja. (Rev. internat. de sociologie, I, 1893.)
— 2. Les précurseurs du socialisme au XVIII. siècle. (La Nouv. Revue, 1. sept. 1895.) Paris.
— 3. Le socialisme au XVIII. siècle. Étude sur les idées socialistes dans les écrivains français du XVIII. siècle, avant la Révolution. 8°. Paris, F. Alcan, 1895.
— 4. Le socialisme et la révolution française. 8°. Paris 1898.
— 5. Le socialisme utopique. Étude sur quelques précurseurs inconnus du socialisme. 18°. Paris, F. Alcan, 1898.

Liebe (Freie) und bürgerliche Ehe. Schwurgerichtsverhandlung gegen die „Arbeiterinnen-Zeitung", durchgeführt bei dem k. k. Landes- als Schwurgericht in Wien am 30. Sept. 1895. gr. 8°. Wien, 1. Wiener Volksbuchhdlg., 1895.

Lieber, Francis, Essay on property and labour, as connected with natural law and the constitution of Society. 12°. New York 1842.

Liebermann, Bernh., Der antisozialistische Bund. Weck- und Werberufe zur Lösung der sozialen Frage. gr. 8°. Bonn, J. Schergens, 1895.

Liebermann v. **Sonnenberg** (Herr) als Parteiführer und Gesinnungsgenosse. Aufschlüsse über die Vorgänge in der deutsch-sozialen Bewegung Frankreichs. Von einem Deutsch-Sozialen. gr. 8°. Leipzig, H. Träger in Komm., 1893.

Liebes-Episode (Eine) aus dem Leben Ferdinand Lassalles. Tagebuch. — Briefwechsel. — Bekenntnisse. 8°. Leipzig, Brockhaus, 1878.

Liebesepisode (Eine) aus dem Leben Ferdinand Lassalles. Von H. B. (Grenzboten, 1878,₁,.)

Liebknecht, Wilh., 1. Robert Blum und seine Zeit. 8°. Nürnberg, Wörlein u. Co., 1888.
— 2. Die Emser Depesche, oder wie Kriege gemacht werden. 8°. Berlin, „Vorwärts", s. a. 3. Aufl. 8°. Nürnberg, Wörlein u. Co., 1892.
— 3. Etwas vom allgemeinen Wahlrecht. (Die Zeit, Nr. 36, Wien, 8. Juni 1895; Nr. 37, 15. Juni 1895.)
— 4. Fraktion oder Parteitag? (Neue Zeit, Jhrg. 16,₁₁, 1897/98.)
— 5. Hochverrath und Revolution. 8°. Hottingen-Zürich, Volksbuchhdlg., 1887. (Sozialdemokrat. Biblioth., Nr. 17.) 8°. Berlin, Verlag des „Vorwärts", 1892.
— 6. Zum Jubeljahr der Märzrevolution. 8°. Berlin, Buchhdlg. „Vorwärts", 1898.
— 7. Karl Marx zum Gedächtniss. gr. 8°. Nürnberg 1896.
— 8. Zum 18. März und Verwandtes. 8°. Nürnberg, Wörlein u. Co., 1893.
— 9. Das Maifest der Arbeit. Abgedr. in Wiener Maifestschrift, 1891.
— 10. Die Orientdebatte im Deutschen Reichstag (vollständig nach dem amtl. stenogr. Bericht). Kurz beleuchtet von W. L. 8°. Leipzig, R. E. Höhme, s. a.
— 11. Robert Owen, sein Leben und socialpolitisches Wirken. Zwei ausgegrabene Skizzen. 8°. Berlin, „Vorwärts", s. a. 8°. Nürnberg, Wörlein u. Co., 1892.
— 12. Proportionalgesetzgebung. (Neue Zeit, Jhrg. 16, 1897/98.)
— 13. Rede über den Kölner Parteitag mit besonderer Berücksichtigung der Gewerkschaftsbewegung gehalten zu Bielefeld am 29. Okt. 1893. 8°. Bielefeld, „Volkswacht", 1893.
*— 14. Ueber die politische Stellung der Socialdemokratie. 8°. Berlin, „Vorwärts", 1893.
— 15. Acht Tage in Holland. (Neue Zeit, Jhrg. 15, 1896/97.)
— 16. Was ich im Berliner Reichstage sagte. Nach den stenogr. Berichten. 8°. Leipzig 1867.

*Liebknecht, Wilh., 17. Was die Socialdemokraten sind etc. 8º. Chemnitz, Albin Langer, 1894.
*— 18. Wissen ist Macht. Neue Aufl. gr. 8º. Berlin, „Vorwärts", 1894.
— Vide: Bebel und Liebknecht.
- - - - Farbenlehre (Zur politischen).
Liebknecht über Marx. (Neue Zeit, Jhrg. 15, 1896/97.)
Liechtenstein (Prinz) über die soziale Frage. (Christl.-soz. Blätter, Jhrg. 26, 1893.)
Liechtenstein (Fürst Alois), Die Bedeutung seiner Candidatur für den Antisemitismus und die christlich-soziale Reform in Oesterreich. 8º. Wien 1891.
Liechti, Eug., Die Verruferserklärungen im modernen Erwerbsleben, speciell Boykott und Arbeitersperre. Diss. gr. 8º. Zürich, Art. Inst. Orell Füssli, 1897.
Lied der deutschen Arbeiter und „Bet und Arbeit". Flugblatt mit 2 Gedichten unter vorstehendem Titeln. 8º. Dortmund, Druck von H. Ostermann, s. a.
*Lieder (Deutsche) aus der Schweiz. (Von Hoffmann von Fallersleben.) 3. verm. Aufl. 8º. Zürich 1845.
Lieder (Socialdemokratische). a) Arbeiterlied von Georg Herwegh. b) Aufruf an die Arbeiter. c) Der Arbeitsmann von Alice Reynard. d) Die Arbeit, Gedicht von Scheu. e) Frisch auf, Kameraden. f) Volksgesang. 8º. s. l. (Chemnitz?) s. a.
Lieder (Socialdemokratische) zur Maifeier, arrangirt von den Arbeitern Bremens. s. l. s. a.
Lieder (Sozialdemokratische) und Deklamationen. 3. bed. verm. Aufl. 8º. Zürich, Volksbuchhdlg., 1875. 4. Aufl. 8º. Ebd. 1875. 5. verm. 1881. 8º. Ebd. 1878. 6. verm. Aufl. 1881. 7. verm. u. verb. Aufl. 1883. (Die folgenden Auflagen unter dem Titel: Liederbuch [Sozialdemokratisches].)
Liederbuch für die katholischen Arbeitervereine Deutschlands. 2. Aufl. 16º. Berlin, Germania, 1895.
Liederbuch für das arbeitende Volk. 8º. London, German Coop. Publish. Co., 1892.
Liederbuch (Demokratisches) zum Gebrauch der Volksvereine, hrsg. von einer Kommission des demokratischen Vereins in München. 12º. Stuttgart, Lutz, 1895. 2. Aufl. 12º. Stuttgart, Lutz, 1898.
Liederbuch (Deutsch-soziales). 60 der beliebtesten Lieder zusammengestellt vom deutsch-sozialen Reform-Verein zu Leipzig. 16º. Leipzig, Th. Fritsch, 1892.
Liederbuch für den Gesammtverband evangelischer Arbeitervereine Deutschlands. 2.—4. unveränd. Abdruck der 2. revid. Auflage. 16º. Breslau, M. Woywod, 1891—92. 2. Ausgabe mit Noten. 16º. Ebd. 1895.
Liederbuch (Socialdemokratisches). 8. veränd. Aufl. 8º. Zürich, Volksbuchhdlg., 1885. 9. Aufl., 1886. 10. Aufl., 1889.
— Sammlung revolutionärer Gesänge. 11. Aufl. 8º. London, German Coop. Publ. Co., 1889. — 8º. Zürich, Buchdr. d. schweiz. Grütlivereins, 1890. (1.—7. Aufl. unter dem Titel: Lieder [Soz.-dem.] und Deklamationen.)
Liederen (Socialistische) en gedichten. 2. vols. 8º. 's Gravenhage 1889—90.
Liedersammlung des Allgem. Arbeiter-Sängerbundes. 8º. Gotha, Emil Sauerteig, s. a.
Liederschatz (Kleiner) für Arbeiter. Nr. 1 u. 2. 8º. Teplitz, Verlag der Zeitschrift „Der Gesellschafter", s. a.
Liesse, André, 1. Die soziale Frage. Aus dem Französischen von L. A. Hauff. (Bibliothek der sozialen u. polit. Wissenschaften Frankreichs, Bd. 1.) gr. 8º. Zittau 1896.
— 2. La question sociale. 8º. Paris 1894.
Lietz, Herm., Die Probleme im Begriff der Gesellschaft bei Auguste Comte im Gesammtzusammenhange seines Systems. Diss. gr. 8º. Jena (Leipzig, G. Fock) 1891.
Ligneau, Jean de, La fin d'un siècle sans Dieu. Épisodes de la terreur. 8º. Paris, libr. Tolra (1898).
Ligner, F. G., Om Folksouverainetoten. 4º. Upsala 1850.
Ligue (La) du bien public. Pour la défense, la pratique et la propagation des principes: liberté, égalité, fraternité, grand format. N'a eu qu'un seul numéro, en date du samedi 15 avril 1871. Paris.
Likawets-Oberhauser, A., Die Demokratie in Oesterreich. 8º. Prag 1849.
Liljenkrantz, Die socialistische Bewegung in Dänemark, Schweden und Norwegen. (Jahrbücher f. Socialwissensch., II, III, Zürich 1879—80.)

Lille, Fortuné de, La fausse Commune, ou la mascarade funèbre de 1871. Cauchemar politique en vers infiniment libres. 8°. Paris, chez tous les libr., 1871.

Lilly, W. S., 1. British monarchy and modern democracy. (Nineteenth Century, 1897, June.)
— 2. A century of revolution. 8°. London 1889.
— 3. Christianity and communism. (New Review, 1894, Oct.)

Limanowski, Bol., Die sociale Bewegung in Polen. (Jahrb. f. Socialwiss., I—III, Zürich 1879—80.)

Limbourg, A. de, Le socialisme agraire au parlement belge. (Revue sociale catholique, 1897, no. 9.)

Limousin, Ch., 1. Le collectivisme révolutionnaire et le communisme pacifique. (Revue du mouvement social, 1880.)
— 2. De la prétendue folie de Fourier. (Revue d'econom. polit., XII, 1898.)
— 3. Le Fouriérisme. Bref exposé. La prétendue folie du Fourier. Réponse à un article de M. Edmond Villey, intitulé : Fourier et son oeuvre. 8°. Paris, Guillaumin et Co., 1898.
— 4. Libertà ed autorità. (Giorn. degli Econom., 1876, marzo.)
— 5. La liberté individuelle et la liberté collective à propos de la condition des ouvriers en France. Rapport de M. Ducarre. (Journ. d. Econom., 1876, avril.)
— 6. Le parti socialiste belge. (Revue du mouvement social, 1880.)
— 7. Les progrès du communisme d'État. (Extrait de la Nouvelle Revue du 15 juillet 1891.) 8°. Paris, La Nouvelle Revue, 1891.
— 8. Socionomique. Pourquoi je ne me dirai plus socialiste, mais socionomiste. Lettre ouverte à M. Frédéric Passy. (Extrait du Bulletin des sommaires.) 16°. Paris, Guillaumin et Co., 1897.
Vide: Tribune (La) ouvrière.

Linati, F., La famiglia e la società, studi. 8°. Parma, tip. Ferrari e Pellegrini, 1894.

Lincoln, C. H., Rousseau and the French Revolution. (Annals of the Americ. Academy of polit. and soc. science, vol. 10, 1897.)

Lindau, Paul, Tagebuch Ferdinand Lassalles. (Nord und Süd, 1891.) 8°. Breslau, Schles. Buchdr., 1891.

Linderberg, Fernando, 1. Die Arbeiterbewegung Dänemarks. (Schweiz. Blätter f. Wirthsch.- u. Soz.-Pol., Jhrg. 6, 1898.)
— 2. Frikonkurrencen og socialismen. 8°. Kopenhagen, Lehmann en Stage, 1895.

Linderer, R., Freie Lieder. 8°. Berlin 1850.

Linee (Alcune) e quesiti di un programma di economia sociale cristiana. (Opera dei comitati e dei congressi cattolici in Italia, Comitato generale permanente 2. sessione: economia sociale cristiana.) 16°. Bergamo, tip. S. Alessandro, 1886.

Lingg, Louis, 1. Autobiography. („The Alarm", 29 Dec. 1888—1889.)
— 2. Principles. („The Alarm", 17 Dec. 1887.)

Linton, Mrs. Lym., The wild women as social insurgents. (Nineteenth Century, 1891, Oct.)

Linton, W. J., European Republicans: Recollections of Mazzini and his friends. 8°. London, Lawrence and Bullen, 1893.

Lion, I. J., De staatsregelingen in Europa na 1848. 2 stn. 8°. 's Gravenhage 1852.

Lionell, Ernst, 1. Der Fürst des 19. Jahrhunderts. 8°. Leipzig, Ernst Schäfer, 1848. (Portfolio des Fortschritts, IV.)
— 2. Die Menschenrechte. 8°. Leipzig 1848. (Portfolio des Fortschritts, II.)

Lipinski, Rich., Friede auf Erden, oder die Ausweisung am Weihnachtsabend. Soziales Bild in 2 Aufzügen. 8°. Leipzig, Selbstverlag, 1895.

Lippert, 1. Henry George. (Handwörterb. d. Staatswiss., III, 1892.)
— 2. Joh. Bapt. Andr. Godin. (Handwörterb. d. Staatswiss., IV, 1892.)
— 3. Will. Godwin. (Handwörterb. d. Staatswiss., IV, 1892.)
— 4. James Harrington. (Handwörterb. d. Staatswiss., IV, 1892.)
— 5. Fr. Alb. Lange. (Handwörterb. d. Staatswiss., IV, 1892.)
— 6. Fréd. Le Play. (Handwörterb. d. Staatswiss., IV, 1892.)
— 7. Paul Pierre Mercier, de la Rivière. (Handwörterb. d. Staatswiss., IV, 1892.)
— 8. Wilhelm Weitling. (Handwörterb. d. Staatswiss., VI, 1894.)

Liquidation sociale. 8°. Bruxelles 1872.

Lischka, Jos., Das rothe Gespenst, oder Was die Sozialdemokraten sind und was sie wollen. 8°. Wien, Verl. der Oesterr. Metallarbeiter, 1893.

Lissagaray, 1. Geschichte der Commune von 1871. Neue Aufl. Mit einem Nachtrag: Die Vorgeschichte und inneren Triebkräfte der Commune von Stanislaus Mendelson. gr. 8°. Stuttgart, Dietz, 1894.
— 2. Histoire de la Commune de 1871. 18°. Paris, Dentu, 1896.
— 3. Les huit journées de mai derrière les barricades. 8°. Bruxelles, bureau du Petit-Journal, 1871.
— Vide: Action.
— — Tribune (Le) du Peuple.
Littérature (La) officielle sous la Commune. 8°. Paris 1871.
Littlejohn, A. N., Individualism; its growth and tendencies. Sermons. 8°. London 1881.
Littré, Émile, 1. Application de la philosophie positive au gouvernement des sociétés et en particulier à la crise actuelle. 8°. Paris, Ladrange, 1849.
— 2. Auguste Comte et la philosophie positive. 8°. Paris, Hachette et Co., 1863. 2. édit. 1864.
— 3. Auguste Comte et Stuart Mill, par E. Littré. Suivi de Stuart Mill et la philosophie positive par G. Wyrouboff. 8°. Paris, Germer Baillière, 1866.
— 4. Paroles de philosophie positive. 8°. Paris, A. Delahays, 1859. 2. édit. 12°. Paris, Ladrange, 1863.
— Vide: Philosophie positive (La).
Livre des actes publiés par les femmes. 8°. s. l. 1833.
Livre noir (Le) de la Commune de Paris. (Dossier complet) L'Internationale dévoilée. 8°. Bruxelles 1871.
Livre rouge (Le). Petit brochure in-16°, n'a eu qu'un seul numéro: no. 1, du 22 avril 1871. Paris.
Livre (Le) rouge de la justice rurale. Documents pour servir à l'histoire d'une république sans républicains. 1. partie. 8°. Paris (p. 1—82). Genève, impr. Vve. Blanchard, 1871.
Livres (Les petits) rouges de la science politique, démocratique et sociale. Par un ami du peuple (Albert Maurin). 2 livr. I. Exposition. La France est démocrate, la grande majorité des Français a tout intérêt à la réforme sociale. II. Situation. Les questions politiques. 8°. Paris, I. chez tous les dépositaires, II. aux bureaux de la Propagande démocr. et sociale, 1849.

Lloyd, Jones, The life, times and labours of Robert Owen. 2 vols. cr.-8°. London 1889—90. (Vol. 2 edited by William C. Jones.)
Llunas y Pujals, José, 1. Almanaque de la Biblioteca del Proletariado para 1883. Que es anarquía? — Que es federación? — Que es colectivismo? — Moral independiente y moral religiosa. — La política y la revolución. — El arte del porvenir. — La familia del porvenir.
— 2. El ariete socialista internacional. 2. edic. Barcelona 1887.
— 3. Bases científicas en que se funda el colectivismo. („Segundo certamen socialista", 1890.)
— 4. Bosquejos históricos. Estudios populares. (Traduct. des „Esquisses historiques" de J. Guillaume.)
— 5. Estudios filosofico-sociales. (La familia. Apuntes de estadística universal. — Que es anarquia? — La cuestion política.) 8°. Barcelona, „Biblioteca del Proletariado", no. 2.
— 6. La revolución. Poema en tres cantos. 8°. Barcelona 1881.
Lobrandt, Marx und die Philosophie. (Beilage z. Allg. Ztg., München 1897, Nr. 248.)
Locatelli, Paolo, Sorveglianti e sorvegliati. Appunti di fisiologia sociale. 8°. Milano, Brigola 1876.
Lock, Fréd., La Commune, deuxième siège de Paris, 1871. 8°. Paris, libr. A. Courcier, s. a.
Locsevits, J., L'organisation corporative du travail national. 8°. Paris 1883.
Loder, B. C. J., De leer der volkssouvereiniteit in hare ontwikkeling, aanbeveling en bestrijding. 8°. Leiden 1873.
Lodi, E., La quistione sociale è la quistione religiosa. 2 vol. 16°. Savona 1891 92.
Lodieu, J., Max Robespierre. 12°. Arras 1850.
Loewenthal, Ed., Der Anarchismus und das Recht der Schwachen oder die drei Grundübel unserer Zeit. gr. 8°. Berlin, H. Brieger, 1894.
Loge und Sozialdemokratie. (Christlich-soziale Blätter, Jhrg. 28, 1895.)
Lohmann, W., Das Arbeitslohn-Gesetz. Mit besonderer Berücksichtigung der Lehren von Ricardo, Marx und H. George. gr. 8°. Göttingen, Vandenhoeck und Rupprecht, 1897.

Lohngesets (Das eherne). (Grenzboten, 1891,,.)

Lohren, A., Die Arbeitseinstellungen oder der Kampf zwischen Kapital und Arbeit und die Mittel zur Versöhnung. 8°. Berlin 1872.

Lollini, Vittorio, Gli anarchici sono malfattori? Discorso — . . . nel processo Cipriani e compagni, 14 ottobre 1891. 16°. Roma 1891.

Lomanoco, G., Della distinzione dei beni e del possesso. 8°. Napoli 1891.

Lombart, Georges, Les ouvriers, chanson nouvelle. piano. Lille, impr. Lagrange, 1897.

Lombroso, C., 1. Gli anarchici. 8°. Torino, Fratelli Bocca, 1894. 2. ediz. con aggiunte. 8°. Ibid. 1894. (Biblioteca antropologico-giuridica, II, vol. 23.)
— 2. Der Anarchismus. (Deutsche Revue, 1894, October.)
— 3. Die Anarchisten; deutsch von Kurella. 8°. Hamburg 1895.
— 4. Les anarchistes. Traduit de la 2. édition italienne par les docteurs M. Hamel et A. Marie. 18°. Paris, Flammarion, 1897.
— 5. Der Kampf gegen den Anarchismus. (Die Zukunft, Bd. 10, 1895.)
— 6. Dopò la morte di Caserio. („Piccola Antologia", Roma, 2 sett. 1894.)
— Vide: Bérard, Alex., Lombroso, C., et Van Hamel.

Lommel, Georg, 1. Johannes Huss. 6. Aufl. 8°. Leipzig, Genossenschaftsbuchdr., 1880. 8. Aufl. 8°. Nürnberg, Wörlein u. Co., s. a.
— 2. Jesus von Nazareth, historische Studie. 7. Aufl. 8°. Leipzig, Genossenschaftsbuchdr., 1880. 10. Aufl. 8°. Nürnberg, Wörlein u. Co., 1892.

Loncoa, E., Guerre e lotte di classe. (Rivista ital. di sociologia, anno 2, 1898.)

London Phalanx (The), established for the purpose of calling public attention to the practical importance of universal principles; and more particularly to the science of attractive industry, propounded by the late Charles Fourier, as a component part of the law of universal unity and harmony, by him discovered. Published for the proprietor, Hugh Doherty. Vol. 1, nos. 1—57, April 3, 1841—April 30, 1842. fol. New series. nos. 58—69, June 1842—May 1843. 8°. London.

Londoner Arbeiter-Zeitung. London, 2. Nov. 1895 sq. Nr. 11, 11. Juli 1896.

Londoner Congress (Der). Zur Beleuchtung der Vorgänge auf demselben. 8°. Berlin, November 1896. Abdruck aus „Der Socialist", 8. Aug.—17. Oct.: Der Londoner Congress und die Anarchie.

Longe, F. D., The coal strike and a minimum wage. (Economic Journal, vol. 4, 1894.)

Longepied et Langier, Comité révolutionnaire club des clubs et la commission. 8°. Paris 1850.

Longoni, A., Il socialismo nella dottrina e nelle applicazioni: studio critico, con prefazione di R. Bonfadini. 16°. Milano, Frat. Treves, 1895.

Longuet, Ch., Fédération et mutualité. Discours prononcé au congrès de la paix. 8°. Genève, Vaney, 1867.
— Vide: Rive gauche.

Loos (Das unglückliche) der Freyheitsvölker. Eine allegorische Geschichte. 8°. s. l. 1799.

Looteling (De), organe annuel antimilitariste.

López, J. Fr., Decadencia y regeneración social. 8°. Paris, Garnier hermanos, 1896.

Lorand, G., 1. La nation armée. 8°. Bruxelles, messageries de la Presse, 1889.
— 2. Le régime de l'alcool en Belgique. (Revue polit. et parlem., 1897, avril.)

Loraux, communiste, Les principes du petit manteau bleu sur le système de la communauté. 8°. Paris, impr. de Guillois, 1847.

Loreau, Alph., De l'association appliquée au recrutement de l'armée. 8°. Paris 1846. 2. édit. 8°. Paris 1849.

Lorentzen, Thdr., 1. Arbeiter-Partei oder Revolutions-Partei? Wer hat Recht, Naumann oder ich? Mahnruf eines deutschen Arbeiters an seine Genossen. gr. 8°. Kiel, Lipsius und Tischer, 1898.
— 2. Die Sozialdemokratie in Theorie und Praxis oder ein Blick hinter die Coulissen. gr. 8°. Kiel, Lipsius u. Tischer, 1896.

Lorenz, Handbuch für evangelische Arbeitervereine. 8°. Leipzig 1892.

Lorenz, Max, 1. Mein Austritt aus der Sozialdemokratie. (Die Zukunft, Bd. 17, 1896.)
— 2. Der nationale Kampf gegen die Sozialdemokratie. 8°. Leipzig, F. W. Grunow, 1897.

25*

Lorenz, Max, 3. Die Marxistische Socialdemokratie. (Bibliothek für Socialwissenschaft, Bd. 9.) 8°. Leipzig 1896.
— 4. Religion und Sozialdemokratie. (Aus: „Die christliche Welt".) 8°. Berlin, Verlag der „Zeit", 1896.
— 5. Die Sozialdemokratie und der nationale Gedanke. (Preussische Jahrbücher, Bd. 88, 1897.)
— 6. Sozialdemokratie und Gewerkschaftsbewegung. (Preuss. Jahrbücher, Bd. 94, 1898.)
— Vide: Sohm, Rud., und Lorenz, Max.
Lorenz, Past., Kirche und Sozialismus. 1. Die Lösung der Bekenntnissfrage. gr. 8°. Erfurt, H. Güther, 1893.
Lorenzo, Anselmo, 1. Acracia o república. 8°, Sabadell 1886.
— 2. El Estado, consideraciones generales sobre su esencia, su acción, y su porvenir. 16°. Barcelona s. a. (1895?). Biblioteca acrata.
— 3. Fuera politica. 8°. Sabadell 1886.
— 4. Preversión de un juicio futuro. (Segundo certamen socialista, 1890.)
— 5. La revolución es la paz, la procreación humana, capacidad revolucionaria del proletariado. (Segundo certamen socialista, 1890.)
Lores, M., Consecuencias del Estado. Breve disertación. 8°. Coruña 1896. (Biblioteca de „El Corsario", no. 2.)
Loria, Ach., 1. Analisi della proprietà capitalista. 2 vol. 8°. Torino 1889.
— 2. Darwinisme sociale. (Extr. de la Revue internat. de sociologie.) 8°. Paris, Giard et Brière, 1896.
— 3. Problèmes sociaux contemporains. Avec une préface de R. Worms. gr. 8°. Paris, Giard et Brière, 1897.
La question sociale. — La liberté. — La propriété. — La population. — Le socialisme. — Le Darwinisme social. — L'évolution. — La révolution.
— 4. La proprietà fondiaria e la questione sociale : studi. 12°. Verona-Padova, Frat. Drucker edit., 1897.
— 5. Socialismo giuridico. (La Scienza del diritto privato, 1893, agosto.)
— 6. La terre et le système sociale; trad. par Paul Valéry. (Revue d'écon. polit., 6. année, 1892.)
— 7. La théorie de Karl Marx sur la valeur. (Journ. d. Économ., 1884.)
Lorimer, G. Claude, Christianity and the social state. 8°. Philadelphia, American Baptist Publ. Society, 1898.
Löser, J., Führer durch die soziale Frage des Alterthums, des Mittelalters und der Neuzeit bis gegen Ende des 19. Jahrhunderts. gr. 8°. Karlsruhe, O. Neumich, 1894.
Loserth, Joh., 1. Der Anabaptismus in Tirol von seinen Anfängen bis zum Tode Jakob Huters (1526—1536). Aus den hinterlassenen Papieren des Hfr. Dr. Jos. R. v. Beck. (Aus: Arch. f. österr. Geschichte.) gr. 8°. Wien, Tempsky in Komm., 1892. — Dasselbe vom Jahre 1536 bis zu seinem Erlöschen. (Aus: Arch. f. österr. Geschichte.) gr. 8°. Ebenda 1892.
— 2. Der Communismus der Huterischen Brüder in Mähren im 16. u. 17. Jahrhundert. (Zeitschr. f. Sozial- u. Wirtschaftsgeschichte, III,$_1$.)
— 3. Der Communismus der mährischen Wiedertäufer im 16. u. 17. Jahrhundert. Beiträge zu ihrer Geschichte, Lehre und Verfassung. (Aus: Arch f. österr. Geschichte, Bd. 81.) Lex.-8°. Wien, F. Tempsky in Komm., 1894.
— 4. Dr. Balthasar Hubmaier und die Anfänge der Wiedertaufe in Mähren. Aus gleichzeitigen Quellen und mit Benutzung des wissenschaftlichen Nachlasses des Hofr. Dr. Jos. Ritt. v. Beck. Hrsg. von der histor. statist. Section der k. k. mährischen Gesellschaft zur Beförderung der Landwirthschaft, der Natur- und Landeskunde. gr. 8°. Brünn, C. Winiker, 1893.
— 5. Die Stadt Waldshut und die vorderösterr. Regierung in den Jahren 1523 —26. Ein Beitrag zur Geschichte des Bauernkrieges und der Reformation in Vorderösterreich. 8°. Wien 1891.
Lösung (Die) der sozialen Frage von einem Philosophen (Dr. M. L. Stern). gr. 8°. Leipzig, M. Spohr, 1894.
Loteling (De). Journal. Malines 1894.
Lotsy, C. L., Het algemeen stemrecht geen recht, maar een eisch v. h. Nederlandsch volk. 8°. Amsterdam 1884.
Lotta (La). Giorn. Mantova 1887.
Lotta (La) di classe. Raccolta delle principali deliberazioni prese nei congressi tenuti dal partito operajo italiano. A cura del Comitato Centrale Alessandrina. 8°. Alessandria, tip. sociale diretta da G. Panizza, 1889.

Lotta (La) sociale. Revue anarchiste. Milano, gennaio 1894. (2 nos. saisis.)

Lotta Umana (La). Giorn. Ancona 1896. Numeri unici.

Louguinine, W., Les artèles et le mouvement coopérative en Russie. 8°. Paris, au cercle Saint-Simon, 1886. (Publications du cercle Saint-Simon, no. 4.)

Louis, Gust., Thomas Morus und seine Utopia. Progr. gr. 4°. Berlin, R. Gaertner, 1895. (Beil. z Jahresbericht der 11. städt. Realschule zu Berlin.)

Louis, Paul, Essai sur le travail. 12°. Paris, Lachand, 1872.

Lourdoueix, H. de, Le dernier mot de la révolution. M. Proudhon refuté. Exposé critique du Fouriérisme. 8°. Paris, Dentu, 1852.

Love, 1. Identité des agents. 8°. Paris s. a.
— 2. Spiritualisme rationel. 8°. Paris s. a.

Lovisoni, Ermanno, Libertà e socialismo: discorso. 8°. Milano, Frat. Rechiedei edit., 1889.

Löwe, W., Die landwirtschaftliche Arbeiterfrage. 8°. Leipzig 1873.

Lowell, C. R., Rights of capital and labor and industrial conciliation. (Church Social Union, 1897, June.)

Lowell, J. R., Democracy and other addresses. 8°. London 1887.

Lowrey, Dwight M., Basis of interest (ad Henry George). (Annals of the American Academy of polit. and soc. science, vol. 2, 1892.)

Loyseau, Jean, 1. Pouvoir et liberté. 18°. Paris, Dillet, 1872.
— 2. Le suffrage universel à travers les âges, à Athènes, à Rome, à Florence, dans l'Église, de nos jours. 16°. Paris, Chamuel, 1895.

Lozé, E., La grève de 1891 dans les bassins houillers du Nord et du Pas-de-Calais. 8°. Arras 1891.

Lubanski, H. G., La vérité sur les lettres de M. J. Proudhon. 8°. Turin 1862.

Lubenow, Hugo, Grundriss der allgemeinen Volkswirthschaftslehre für die Gebildeten aller Stände mit besonderer Berücksichtigung der sozialen Frage verfasst. gr. 8°. Berlin, Puttkammer u. M., 1891.

Lucha (El) Obrero. Journ. Montevideo, 2 mars—28 sept. 1881, et no. specimen, 29 et 1 nos.

Lucha obrera (La). Journ. Coruña 1886.

Lucha (La) Obrero. Journ. Buenos-Aires 1884.

Luchonnais (Le petit), organ républicain socialiste indépendant. 1. année, no. 1, 2 déc. 1893. 4°. Luchon, impr. spéc. du Petit Luchonnais.

Lucifer. Journal edited by Moses Harman, Lillian Harman-Walker and E. C. Walker. Valley Falls, and after Topeka (Kansas), 1884 ff.

Lucio. Vide: Conquista (La) delle campagna.

Ludlow, J. M., 1. Christian socialism and its opponents: a lecture. 12°. London 1851.
— 2. Two dialogues on socialism. (Economic Review, vol. 4, 1894.)
— 3. Some of the christian socialists of 1848 and the following years. (Economic Review, vol. 3, 1893; vol. 4, 1894.)
— 4. Trade Unions in the United Kingdom. (Atlantic, 1896, Dec.)

Ludwig, Frz., Fordert das allgemeine Wahlrecht! Ein Mahnwort an alle österr. Reichsrathswähler und an solche, die es noch nicht sind. gr. 8°. Reichenberg, Fritsche in Comm., 1891.

Luigi, Stef., Giuseppe Mazzini, notizie storiche. 8°. Milano, C. Barbini, 1868.

Lullier, Mission politique et maritime de la France. 8°. Paris 1860.

Lum, D. D., 1. Bases d'une morale anarchiste. (Humanité Nouvelle, 1898, avril.)
— 2. Economics of anarchy: a study of the industrial type. gr. 8°. New York, Twenty Century Publications Co., 1892.
— 3. Social problems of to day or the Mormon question in its economic aspect. 8°. s. l. 1883.
— 4. Why I am a social revolutionist. Vide: Why (The) I am's.
— Vide: Alarm (The). Chicago and New York.

Lumpenproletarier (Der). Journ. London, April 1893 sq. 9 Nrn. in fol., 2 Nrn. von 1894 in 16°.

Lupicin, P., Le droit des travailleurs. 12°. Paris 1869.

Luporini, C., La questione sociale e l'educazione popolare. 8°. Palermo 1898.

Lurine, L., Les mystères du travail. 8°. Paris 1847.

Luro, Victor, Du travail et de l'organisation des industries dans la liberté. Paris, Guillaumin et Co., 1848.

Lusa, La grève de Cholet. 1888.
Lütgenau, Franz, 1. Der Essener Meineids-Process vom 14.—17. Aug. 1895. Geschichte und Glossen. 8°. Berlin, "Vorwärts", 1895.
— 2. Die Jesuitenfrage. Eine politisch-geschichtliche Abhandlung zur Aufklärung des arbeitenden Volkes. 8°. Bielefeld, Hancke, 1894.
— 3. Das eherne Lohngesetz und der Achtstundentag. Nach einem Vortrage. 8°. Berlin, Maurer, Werner u. Co., 1891.
— 4. Natürliche und soziale Religion. 8°. Stuttgart, J. H. W. Dietz, 1894.
Luther, Martin, 1. Ermanüge zum fride auff die zwelff artickel der Bawrschafft yn Schwaben. 1525. 4°. Wittemberg 1525.
— 2. Ein Schrecklich geschicht ond gericht Gottes über Thomas Müntzer, darinn Gott offenlich desselbigen geyst lugen strafft und verdammet. 4°. s. l. s. a. (1525).
— 3. Vrteil wider die Vffrürischen vnd sturmenden pawren vnd vnterweysung der oberkeyt. 4°. s. l. s. a. (1525).
— 4. Wider die Mordischen vnd Reubischen Rotten der Bawren. 4°. s. l. s. a. (1525).
Luthers Character, seine socialen Grundsätze und sein Antheil am Bauernkriege. Vom katholischen Standpunkte betrachtet. 8°. Mainz 1842.
Lutte (La) des classes; organe du parti ouvrier socialiste révolutionnaire de communes de Montreuil, Vincennes, Fontenay, Saint-Mandé, Bagnolet. 1. année, no. 1, janv. 1891. pet.-fol. Vincennes.
Lutte sociale, organe socialiste des Alpes-Maritimes, paraissant le dimanche. 1. année, no. 1, 2 mai 1897. fol. Nice, impr. niçoise.
Lutte sociale (La) du V. arrondissement, organe du groupe d'études sociales adhérent au parti ouvrier socialiste révolutionnaire. no. 1, 15 févr. 1894. fol. Paris, H. Magin.
Lutte sociale (La). Journal hebdomadaire, paraissant le samedi, organe du parti ouvrier et de la Fédération régionale socialiste du Sud-Est. 1. année, no. 1, 6 août 1893. fol. Lyon, impr. Caffer.

Lutte (La) pour la vie. Paris, 27 mai —25 juin 1893. 4 nos.
Lux, H., 1. Aussichten des Berliner Bierboykotts. (Sozialpolitisches Centralblatt, Jhrg. 3, Nr. 46.)
— 2. Étienne Cabet und der Ikarische Kommunismus. Mit einer historischen Einleitung. 8°. Stuttgart, J. H. W. Dietz, 1894.
— 3. Die technische Revolution und der Kapitalismus. (Sammlung gemeinverst. Vorträge, Nr. 2.) 12°. Berlin 1895.
— 4. Sibirien! — Briefe aus einem Todtenhause. 8°. Magdeburg, "Volksstimme", 1891.
Lux, Jean, Le crime du 18 mars. Causes, origine, histoire, conséquences, et documents. 8°. Paris, libr. centrale, 1871.
Luxemburg, Rosa, 1. Neue Strömungen in der polnischen socialistischen Bewegung in Deutschland und Oesterreich. (Neue Zeit, Jhrg. 14,₂, 1895/96.)
— 2. Von Stufe zu Stufe. Zur Geschichte der bürgerlichen Klassen in Polen. (Neue Zeit, Jhrg. 16,₁₁, 1897/98.)
Lus (La). Journ. Montevideo, fin de 1895 —96.
Lusarche, Robert. Vide: Almanach du socialisme fédéraliste.
— — Rive gauche.
Luzzatto, Giacomo, 1. Socialismo e criminalità: note bibliografiche sopra un'opera di Enrico Ferri. (Ateneo Veneto, 1883, dic.)
— 2. Socialismo e Malthusianismo: a proposito di due pubblicazioni recenti. (Ateneo Veneto, 1885, marzo ed aprile.)
Luzzatti, Luigi, 1. Le classi dirigenti e gli operai in Inghilterra, a proposito della lotta di classi. 16°. Verona, Fratelli Ducker, 1893.
— 2. Il risorgimento dell'internazionale. (Nuova Antologia, 1888, dic.)
— 3. I recenti scioperi del Belgio. (Nuova Antologia, serie 3, fasc. 7, 1. aprile 1886, vol. 2.)
— 4. Le diverse tendenze sociali degli operai italiani. (Nuova Antologia, 1888, 16 ottobre.)
Lynkeus am Rande des Abgrundes. Wider Sozialdemokratie und Anarchismus. Ein Mahnruf an Fürsten und Völker. gr. 8°. Leipzig, B. Elischer Nachf., 1894.

M.

Maas, B., Mein Staat. Gewidmet den Arbeitern und Proletariern. 8°. New York, Theod. Bergmann, s. a.

Mabilleau, Léop., La fédération des travailleurs du livre. (Musée social, 1897, nov.)

Mac Call, Will., Elements of individualism. 8°. London 1847.

Mac Candlish, J. M., A study of christian socialism. 8°. London, Blackwood, 1898.

Mac Cormac, Henry, 1. On the best means of improving the moral and physical condition of the working classes. 8°. London, Longman, 1830.
— 2. Moral-sanatory economy. 8°. London, Longman etc., 1853.
— 3. Plan for the relief of the unemployed poor. 12°. Belfast 1830.

Mac Dermot, Geo., Note on the term „Social Evolution". (Americ. Journ. of sociology, vol. 1, March 1896.)

Macdonald, J. R., 1. The socialist bogey: a reply to the Earl of Wemyss. (The Humanitarian, 1896, January.)
— 2. Problem der Demokratie in England. (Neue Zeit, Jhrg. 14, 1895/96.)

Macé, Jean, 1. Profession de foi d'un communiste. Première partie: De la forme actuelle de la société. 8°. Paris, A. Lacour, 1848.
— 2. Les vertus du républicain. 12°. Paris 1848.

Mäcenas, Ueber Volksgewalt und Alleinherrschaft. 8°. Halle 1816.

Mac Gavin, Wm., Letters on Mr. Owen's new system. (7 letters in 4 parts.) From the Glasgow Chronicle. 12°. London 1823.

Macgowan, D. J., Chines Guilds, or Chambers of commerce and Trade-Unions. 8°. London 1886.

Mac Gregor, Hugh, The incorporation of the working class. (Forum, 1898, Jan.)

Mach, E., 1. Zur Geschichte des Arbeitsbegriffes. (Aus: „Sitzungsber. d. K. Akad. d. Wiss.".) Lex.-8°. Wien, Gerolds Sohn, 1874.
— 2. Die Geschichte und die Wurzel des Satzes von der Erhaltung der Arbeit. 8°. Prag 1872.

Machine breaking and the changes occasioned by it, a tale of the Times, Nov. 1830. 8°. Oxford 1830.

Machines (Des), de leur influence sur la prospérité de la nation et le bien-être des ouvriers. 8°. Paris 1831.

Macht (Die) des Kapitals und die Macht der Civilisation in verschiedenen weltgeschichtlichen Epochen. Von O. F. P. (Deutsche Vierteljahrsschr., 1852,4.)

Mackay, John Henry, 1. Der Alte und der Junge. 8°. London 1888. (Anarchistisch - Communistische Bibliothek, Nr. 13.)
*— 2. Die Anarchisten. Volksausgabe, mit Vorwort und Bild des Verfassers. 8°. Berlin, Magazin für Volksliteratur, 1893.
— 3. Anarchistes. Moeur du jour. Trad. p. Hessem. 2. édit. 8°. Paris 1892.
— 4. Arma parato fero! Ein sociales Gedicht. 8°. Zürich 1887.
— 5. Der kleine Finger und Anderes in Prosa. 8°. Berlin, S. Fischer, 1896.
— 6. Fortgang. Der „Dichtungen" erste Folge. 8°. Grossenhain u. Leipzig, Baumert u. Ronge, 1888.
— 7. Helene. 8°. Zürich, Verlags-Magazin (J. Schabelitz), 1888.
— 8. Das starke Jahr. Der „Dichtungen" zweite Folge. 8°. Zürich, Verlags-Magazin (J. Schabelitz), 1890.
— 9. Jenseits der Wasser. Uebertragungen aus englischen und amerikanischen Dichtern des 19. Jahrhunderts. 8°. Zürich, Verlags-Magazin (J. Schabelitz), 1889.
— 10. Kinder des Hochlands. Eine Dichtung aus Schottlands Bergen. Neue Ausgabe. 8°. Berlin, S. Fischer, 1893.
— 11. Lives of the Chicago martyrs. (Reprinted from „The Commonweal".) 32°. Aberdeen 1891.
— 12. Die Märtyrer von Chicago. 8°. s. l. 1890.

Mackay, John Henry, 13. Die Menschen der Ehe. Schilderungen aus der kleinen Stadt. 8°. Berlin, S. Fischer, 1892.
— 14. Acht Opfer des Classenhasses. 8°. Zürich, Mitgliedschaft deutscher Socialisten, 1888.
— 15. Die letzte Pflicht. Eine Geschichte ohne Handlung. 8°. Berlin, S. Fischer, 1893.
— 16. Albert Schnell's Untergang. Schluss der Geschichte ohne Handlung: Die letzte Pflicht. 8°. Berlin, S. Fischer, 1895.
— 17. Max Stirner, sein Leben und sein Werk. gr. 8°. Berlin, Schuster u. Löffler, 1897.
— 18. Moderne Stoffe. Zwei Berliner Novellen. Neue Ausgabe. 8°. Berlin, S. Fischer, 1893.
— 19. Sturm. Gedichte. 8°. Zürich 1888. 2. Aufl. 8°. Zürich 1890.
— 20. Die Tragödie von Chicago. Zur Erinnerung an den 11. November 1897. (Auszug aus: „Die Anarchisten".) gr. 8°. Cincinnati 1891.
— 21. Wiedergeburt. Der „Dichtungen" dritte Folge. 8°. Berlin, S. Fischer, 1896.
Mackay, Thom. Vide: Plea for liberty.
Mac Kechnie, W. S., The State and the individual. Introduction to political science, with special reference to socialistic and individualistic theories. 8°. London, Maclehose, 1896.
Mackenzie, J. S., An introduction to social-philosophy. 8°. London, Macmillan, 1890. 2. edit. revis and enlarg. 8°. London 1895.
Mac Lean, G. J., De sociale kwestie of het werkmansvraagstuck. Eene samenspraak tusschen vier personen, ten dienste der chr. jongelings-vereenigingen. 8°. Kollum, T. Slagter, 1896.
Maclure, W., Opinions on various subjects dedicated to the industrial producers. Vol. 1 (only published). gr. 8°. New Harmony, Indiana, 1831.
Mac Neill, George E., The labor movement, the problem of to-day. gr. 8°. Boston 1887.
Macrosty, Henry M., Der Kohlenstrike in Süd-Wales. (Die Zeit, Nr. 207, 17. Sept. 1898.)
Macy, Jesse, Twentieth century democracy. (Political Science Quarterly, vol. 13, 1898.)
Madrolle, A., Défense de l'ordre social attaqué dans ses fondements au nom du libéralisme du XIX. siècle par M. de Montlosier. 8°. Paris 1826.
Madsen-Mygdal, V. J., Frihed. En belysning af socialpolitikens vei op maal. 8°. Kopenhagen, Philipsen, 1891.
Maestre, Manuel Gil., El anarquismo en España y el especial de Barcelona. 8°. Madrid 1897.
Maffei, G., Programma agrario dei socialisti e quistioni minori: lettera al deputato C. Prampolini pel secondo congresso socialista nazionale. 8°. Reggio nell' Emilia, 1893.
Magalotti, L., Lettere contro l'ateismo. 5 vol. 12°. Venezia 1837.
Maggio (1°). Giorn. Napoli, 15 marzo 1891 sq.
Maggio (1°). Giorn. San Paulo, 1. gennaio 1892.
Maggio (1°). Giorn. Lugano, 1. maggio 1893, numero unico.
Magmy, Jules. Vide: Hyndmann, H. M., et Magmy, Jules.
Magnier, L., Cloches et grêlots, poésies. 8°. Paris 1848.
Magnin, Fab., Le congrès ouvrier de Marseille. Programme et lettre adressés aux organisateurs. fol. Paris s. a.
Magnus, J., Labourers and capitalists, how related, separated and united. 8°. London 1878.
Mahaim, Ernst, 1. Gewerkvereine in Belgien. (Handwörterb. d. Staatswiss., IV, 1892.)
— 2. L'histoire du trade-unionisme. (Revue d'écon. polit., XI, 1897.)
— 3. La paix sociale. Exposé de l'éducation sociale et politique du peuple anglais au XIX. siècle. (Revue d'écon. polit., V, 1891.)
Mahnruf! An alle Arbeiter der Vereinigten Staaten Nord-Amerikas. Flugblatt der sozialrevolutionären Clubs. 8°. New York s. a.
Mahnwort (Ein). Flugblatt mit den Eingangsworten: „Wenn Unverstand im Schoosse der Gesellschaft herrscht" und der Unterschrift: „Hoch die Sozialdemokratie!" 8°. s. l. s. a.
Mai (Der 1.). Vier Reden für Arbeiter, gehalten in einer geheimen Gesellschaft in St. Petersburg, nebst der Denkschrift der Petersburger Arbeiter an N. V. Chelgounoff. Vorrede von Plechanoff. (In russischer Sprache.) 12°. Genf 1892.

Mai (Der 1.) auf dem Lande. Maifestspiel in 1 Bild (mit lebendem Bilde: Maifestzug). Von F. R. 8°. A. Hoffmann, 1895.

Mai (Der 1.) und der Militarismus. (Neue Zeit, Jhrg. 11, 1892/93.)

Mai (Premier). Les trois huit, publié par la fédération bruxelloise du parti ouvrier. 8°. Bruxelles, au journal Le Peuple, 1892.

Mai (Premier), ou Huit heures de travail, par le prince V. N. plano. Lyon, impr. de l'Association typogr., 1896.

Mai (Le premier) publié par la fédération ouvrière Bruxelloise. 8°. Bruxelles, au journal Le Peuple, 1894. (Bibliothèque de propagande socialiste, no. 10.)

Mai 1871. Le cercle de la rue Royale pendant la bataille. Journées des 21, 22, 23 et 24 mai. (Au bénéfice de l'oeuvre des femmes de France.) Par A. E. 8°. Paris, impr. J. Claye, 1872.

Maia, Edoardo, Autoridade e anarchia. Carta ao Exmo Sr. Conseilheiro M. Pinheiro Chagas. 8°. Lisboa 1888.

Maier, Gust., 1. Sociale Bewegungen und Theorien bis zur modernen Arbeiterbewegung. Aus: „Natur und Geist". 2 Bdchen. 8°. Leipzig, Teubner, 1898.
— 2. Der Kampf um Arbeit. Eine Reform-Studie. gr. 8°. Berlin, F. Tümmler's Verl., 1896.

Mai-Feier. 8°. Gedruckt in Berlin 1893.

Maifeier (Zur). (Neue Zeit, Jhrg. 9, 1890/91.)

Maifeier (Zur) 1894. (Christlich-soziale Blätter, Jhrg. 27, 1894.)

Maifestschrift. Berlin, 1. Mai 1891 ff.; ebenda 1. Mai 1898.

Maifestschrift. Braunschweig s. a.

Maifestschrift. Graz, zum 1. Mai 1891.

Maifestschrift. 9 Nrn. Wien, 1. Mai 1890 — 1. Mai 1898.

Mai-Festschrift der österr. Socialdemokratie 1894. Hrsg. von J. Popp und F. Schuhmeier. Red.: L. A. Bretschneider. Nach der Konfiskation 2. Aufl. fol. mit 2 farb. Abbildungen. Wien, 1. Wiener Volksbuchhdlg., 1894.

Maifestschrift. Unter dem Titel: Gedenkblatt an die Maifeier der oppositionellen österr. Sozialisten im Jahre 1892. Wien.

Maifestschrift der oppositionellen sog. unabhängigen österr. Sozialisten. Wien, zum 1. Mai 1892.

Mailfer, H. Ch., 1. De la démocratie en Europe, questions religieuses et juridiques. Droit public international. 8°. Paris, Guillaumin et Co., 1875.

Mailfer, H. Ch., 2. De la démocratie dans ses rapports avec l'économie politique. 8°. XIX et 512 pp. Paris, Guillaumin et Co., 1878.

Maillard, Firmin, 1. (Élections du 26 mars et 16 avril 1871.) Affiches, professions de foi, documents officiels, clubs et comités pendant la Commune. 8°. Paris, E. Dentu, 1871.
— 2. Les publications de la rue pendant le siège et la Commune. Satires — canards — complaintes — chansons — placards et pamphlets. Bibliographie pittoresque et anecdotique. 8°. Paris, Auguste Aubry, 1874.

Maillard, J. T., Au prolétariat français. Déclaration des principes. 16°. Paris, impr. Lambert-Epinette, 1894.

Maillet-Lacoste, De la souveraineté nationale. 2. édit. augm. d'un article sur la dissolution de l'Assemblée nationale. 8°. Paris 1849.

Mainato, N., Questione sociale e classe operaia: studio. 16°. Genova, tip. P. Pellas fu L., 1882.

Maine, H. S., 1. Popular government. 4 Essays. 3. edit. gr. 8°. London 1886.
— 2. Die volksthümliche Regierung. Autorisirte deutsche Ausgabe. gr. 8°. Berlin, Springer, 1887.

Mainländer, Ph., Die Philosophie der Erlösung. 2 Bde. gr. 8°. Berlin 1879—86.

Maisch, G., 1. Das religiöse Gemeinschaftsleben, ein Heilmittel für unsere socialen Schäden. gr. 8°. Leipzig, R. Werther, 1892.
— 2. Religion und Revolution nach ihrem gegenseitigen Verhältnis in drei Geschichtsbildern. I. Das Reich der Wiedertäufer zu Münster (16. Jahrh.). II. Die Revolution in England (17. Jahrh.). III. Die Revolution der Freidenker in Frankreich (18. Jahrh.). gr. 8°. Leipzig, R. Werther, 1892.

Maison (La) du Peuple. Discours d'ouverture lu au congrès du parti ouvrier, 25 et 26 déc. 1866.

Maitre Pierre, ou le républicain de 1848. 8°. Paris 1848.

Majestäts-Beleidigungen (Die) vor dem Reichstage. Stenographischer Bericht der Verhandlungen des Deutschen Reichstages am Mittwoch den 12. Mai 1897. 8°. Berlin, „Vorwärts", 1897.

Majoranna, A. G., 1. La cattedra di economia politica di Catania e l'odierno socialismo. 8°. Roma, Loescher e Co., 1891.
— 2. Socialismo inglese. (Nuova Antologia, 1880, 1 luglio.)

Majovó Pisnĕ „Proletáro". Sbírka písní a básní dělnických. 16°. Reichenberg 1896.

Malardier, République et socialisme. 8°. Paris 1870.

Malatesta, Errico, 1. L'anarchia. 16°. London, mars 1891. (Biblioteca dell'Associazione, no. 5.)
— 2. La politica parlamentare nel movimento socialista. 16°. London 1890. (Biblioteca dell' Associazione. no. 4.)
— 3. Programma e organizzazione della associazione internazionale dei lavoratori. Pubblicato a cura della redazione del giornale „La Questione sociale". 16°. Firenze 1884.
— 4. Propaganda socialista, Fra Contadini. 16°. Firenze 1884, settembre. (Pubblicazione del giornale „La Questione sociale".) — 16°. London, dic. 1890 — avril 1891. (Biblioteca dell' Associazione, no. 3.) — 8°. Prato 1892. (Biblioteca della Plebe, no. 3.) — 8°. Mantova 1893.
— 5. In tempo di elezioni. Dialogo. 16°. London 1890. (Biblioteca dell' Associazione, no. 2.)
— Vide: Questione sociale (La).

Malato, Ch., 1. Some anarchist portraits. (Fortnightly Review, 1894, Sept.)
— 2. Avant l'heure. 20 pp. 8°. Paris 1887.
— 3. De la Commune à l'anarchie. 18°. Paris, Tresse et Stock, 1894. 18°. Paris, Stock, 1897.
— 4. Les joyeusetés de l'exil. 18°. Paris, nov. 1896. („Bibl. sociologique", no. 12.)
— 5. La philosophie de l'anarchie. 8°. Paris s. a. (févr. 1889). — Philosophie de l'anarchie (1888—1897). 18°. Paris, P. V. Stock, 1897. („Bibl. sociologique", no. 16.)
— 6. Révolution chrétienne et révolution sociale. 8°. Paris 1891.
— 7. Les travailleurs des villes aux travailleurs des campagnes. 24 pp. 8°. Paris 1888. 8°. Lyon, impr. de „L'Insurgé", 1893.
— Vide: Gegout, E., et Malato, Ch.

Malfattore (Un) ai lavoratori (G. Reymond). 8°. Torino 1887. (Supplem. al no. 13 della „Gazzetta Operaia".) — 2 pp. fol. Milano 1892. — Marsala 1891. („Biblioteca anarchica di Marsala", no. 1.)

Malfattori (I). Giorn. di E. Covelli. Genova, 21 mai — 23 giugno 1881. 4 nos.

Malfattori (I). Giorn. Imola, 18 oct. 1890 Numero unico.

Malgarini, Aless., Nuovo esame della questione sociale coll' aggiunta di alcune considerazioni sul diritto italiano. 8°. Milano, Gattinoni, 1877.

Malglaive, de, Mémoire sur l'organisation du travail. 8°. Nancy 1849.

Mallet de Chilly. Vide: Tellam.

Mallock, W. H., 1. The buck-jumping of labour. (Nineteenth Century, 1897, Sept.)
— 2. Conservatism and property. (National-Review, 1888, May.)
— 3. L'égalité sociale, étude sur une science qui nous manque. Trad. par Fr. R. Salmon. 8°. Paris, Didot, 1883.
— 4. Unrecognized essence of democracy. (Fortnightly Review, 1897, Sept.)
— 5. Social equality. A short study in a missing science. 2. ed. 8°. London 1882.
— 6. Social remedies of the labour party. (Fortnightly Review, 1893, April.)
— 7. Il socialismo nelle pubblicazioni della „Fabian Society". (Giornale degli Economisti, 1894, giugno.)
— 8. A socialist in a corner. (Fortnightly Review, 1894, May.)
— 9. Wealth and the working classes. (Fortnightly Review, 1887.)

Malo, L., La grève et les chemins de fer. 8°. Lyon, impr. du „Salut public", 1892.

Malon, B., 1. Die sociale Bewegung in Frankreich. (Jahrb. f. Socialwiss., Jg. 1—3, Zürich 1879—80.)
— 2. Les chemins de fer et le commerce français. (Revue socialiste, juin 1887.)
— 3. Le collectivisme. (Socialisme progressif, 1878, no. 4.)
— 4. Histoire critique de l'économie politique. 8°. Lugano 1876.
— 5. La grande iniquité économique. (Almanach de la question sociale pour 1894.)
— 6. Lundis socialistes. I. Précis historique, théorique et pratique du socialisme. 18°. Paris, F. Alcan, 1892.

Malon, B., 7. La morale sociale. Genèse et évolution de la morale: morales religieuses; morales philosophiques; conclusions. 18º. Paris, F. Alcan, s. a. (1895). — Avec préface de J. Jaurès et bibliographie de L. Cladel. 18º. Paris, Giard et Brière, 1895.
— 8. César de l'aepe. Nécrologe. (Rev. socialiste, 1891,,.)
— 9. Précis historique, théorique et pratique du socialisme. 1. série des lundis socialistes. 18º. Paris, F. Alcan, 1892.
— 10. La religione e la morale dei socialisti: dialogo. 32º. Milano, tip. Annoni e Co., 1882.
— 11. Réponse à M. Limousin sur le collectivisme. (Le Socialisme progressif, 1878, no. 6.)
*— 12. Le socialisme intégral. 2. partie: Les réformes possibles et des moyens pratiques. 8º. Paris, F. Alcan, 1894.
— 13. Il socialismo: compendio storico, teorico, pratico. Unica traduzione italiana autorizzata. 8º. Milano, M. Kantarowicz, 1894.
— 14. Fra socialisti. Servizii pubblici: critica dei servizii pubblici esistenti. 16º. Milano, edit. il giorn. „La Plebe", 1876.
— 15. Fra due socialisti: risposta ad alcune accuse contro il socialismo. 16º. Milano, tip. Guglielmini, 1876.
Maltese, Fel., Socialismo. 8º. Vittoria, tip. Velardi, 1894.
Malthusius, F., Das Weib in der Ehe und die soziale Frage. 8º. Frankfurt 1891.
Malseville, Vict. Ant. de. Vide: Appel à tous.
Manacéine, Marie de, L'anarchie passive et le comte Léon Tolstoï (Le salut est en vous). 18º. Paris, F. Alcan, 1895.
Manatschal, F., Social-politische Streiflichter. Ein Beitrag zur Kenntniss vom Wesen des Staates und der Gesellschaft. In 7 Artikeln. (Aus: „Bündner Volksblatt".) 8º. Chur 1882.
Mancel, A., La république et la tyrannie du capital. 8º. Paris 1848.
Mandat impératif et lettre à M. Pyat. 8º. Genève 1873.
Mandat impératif (Le), journal républicain socialiste bourguignon, paraissant tous les samedis. no. 1, 21 mars 1894. fol. Auxerre, impr. Laurier.
Mandello, Ch., Le mouvement social en Hongrie. (Extr. de la Revue internat. de sociologie.) 8º. Paris, Giard et Brière, 1894.
Mandeville, Bernard. Vide: Fable des abeilles.
— — Fable of the bees.
— — World unmasked.
Mangoldt, Karl von, Die soziale Frage und die oberen Klassen. Rede. gr. 8º. Göttingen, Vandenhoeck u. Ruprecht, 1895.
Manifest an die deutschen u. französischen Arbeiter. 1870.
*Manifest (Das kommunistische). 6. deutsche Ausg. 8º. Berlin, „Vorwärts", 1894.
Manifest der communistischen Partei. Hrsg. vom communistischen Arbeiter-Bildungsverein in London. 8º. London s. a.
Manifest des Congresses der sozialistischen Arbeiter-Partei, abgeh. vom 26.—28. Dec. 1883 zu Baltimore, Md.
Manifest (Sozialdemokratisches), unterzeichnet: Die Vertretung der deutschen Sozialdemokratie. dat. Sept. 1884. Stuttgart, Dietz.
Manifest der socialrevolutionären Arbeiterpartei Oesterreichs an das arbeitende Volk. Flugschrift, beginnend: „Arbeiter! Brüder! . . .", schliessend: „Es lebe die sociale Revolution!" s. l. s. a.
Manifest der unabhängigen Socialisten an das österreichische Proletariat. Berlin, W. Werner, s. a.
Manifestà di convocazione del XVIII. congresso nazionale operaio italiano. Società affratellata al patto 1871 ed aderenti. Palermo, 26—29 maggio 1892.
Manifestation (La) du 1. mai, organe officiel international du comité général d'organisation. Numero unique: fol. Paris, impr. Allemane, 1894.
Manifeste Lucifers an die Rothen, Blauen und Schwarzen. 8º. Augsburg, K. Kollmann, 1852.
Manifeste adressé à toutes les associations ouvrières et à tous les travailleurs par le congrès général de l'Association internationale des travailleurs etc. Pour le congrès, les secrétaires: Adhémar, Schwitzguébel, et J. N. Demoulin. 8º. Verviers (1874) Réimpr. dans „L'Ami du Peuple", Liège, 11 oct. 1874 etc.
Manifeste de l'Association internationale des travailleurs du réglement provisoire. 8º. Bruxelles 1866.

26*

Manifeste adressé aux ouvriers du Vallon de Saint-Imier. 8°. Neuchâtel 1870.
Manifeste des anarchistes suisses. Manifest der Schweizer Anarchisten; en français et en allemand. 2 pp. fol. Imprimé à Paris, 2 août 1889.
Manifeste de la Commune révolutionnaire contre le 1. mai. Le 1. mai, une manifestation allemande. fol. Paris, impr. Hue, 1894.
Manifeste des dynamiteurs. 1 p. fol. Paris.
Manifeste électoral. Aux ouvriers de l'industrie, aux ouvriers de la terre. A la fin: „Tel est l'idéal des communistes anarchistes". Paris, impr. Ad. Reiff s. a.
Manifeste aux étudiants du monde entier. fol. Placard. Groupe international d'étudiants anarchistes.
Manifeste aux travailleurs des campagnes par le Comité de propagande. 8°. Genève 1870.
Manifesto degl' anarchici in lingua italiana al popolo d'Italia. 2 pp. fol. Londra, 1. nov. 1888.
Manifesto (An Anarchist). Issued by the London Anarchist communist Alliance. 8°. London, Metropolitan Printing Works, 1895.
Manifesto of the communists. Published by the international workingmens association (Marx und Engels). 2. edit. 8°. New York, Schaerr u. Frantz, 1883.
Manifesto ai socialisti ed al popolo d'Italia e programma del partito socialista rivoluzionario anarchico italiano. Risoluzioni del congresso socialista italiano di Capolago, 5 gennaio 1891. 16°. Forli, 2 marzo 1891.
Manifesto (The) of the socialist league. Signed by the provisional council at the foundation of the league on 30. Dec. 1884 and adopted at the general conference held at Farringdon Hall, London, on July 5 1885. A new edition, annotated by William Morris and E. Belfort Bax. 8°. London, Socialist league office, 1885.
Manigot, Charles. Vide: Toginami-Selrahc.
Maningsrop, til folket; feuille volante. Londres. Réimpr. dans „Nystrom's Reformerandon".
Manini, Candido Cav., Intorno al socialismo. 16°. Torino, tip. Marietta, 1883.
Mann, Friedr., Sozialismus, Communismus und Aristokratenthum mit besonderer Rücksicht auf das Associationswesen erläutert. 8°. Wiesbaden, H. W. Ritter, 1850.
Mann, Tom., 1. La grève des mécaniciens et l'évolution ouvrière en Angleterre. (Revue socialiste, 1898, mars.)
— 2. Trade-unionisme et coopération de l'avenir. (Humanité Nouvelle, 1898, août.)
Manndorf, Rud. Frhr. v., Staatsromane und Gesellschaftsideale. (Monatsschr. f. christl. Socialreform, Jhrg. 19, 1897; Jhrg. 20, 1898.)
*****Mannequin**, T., La question sociale et la science. 2. édit, rev. corrig. et augm. 8°. Paris, Guillaumin, 1894. Nouv. édit. rev., corrig. et augm. 8°. Ibid. 1897.
Männer (An die) des arbeitenden Volkes in Oesterreich! 8°. Wien, im Febr. 1894. Druck von F. Varnai in Budapest.
Mannhú, Leone XIII. e la questione operaia. 12°. Torino, scuola tip. parrocchiale, 1898.
Manning, Kardinal, Die Arbeit, ihre Würde und ihr Recht. (Deutsche Revue, 1890, März—April.)
Manning (Cardinal), and **Burns**, John, The great strike. (New Review, 1889, Oct.)
Manning, Will., Wrongs of man exemplified, with a vindication of the original and equal right of the independent, industrious labouring classes to the freedom of suffrage, also an Appendix in which the false doctrine attempted by Malthus in his Essay is refuted. 8°. London 1838.
Mannsdorf, J. D. F., Geschichte der geheimen Verbindungen der neuesten Zeit. 8 Hefte. 8°. Leipzig 1831—34.
Manoury, A., Individualisme, coopération et collectivisme. (Coopérateurs belges, 1894, 1. janv.)
Manual of liberty, or Testimonies in behalf of the rights of mankind, selected from the best authorities. 8°. London 1795.
Manuale anarchico. 8°. s. l. 1895.
Manuel des associations ouvrières par un délégué au Luxembourg. 12°. Paris 1850.
Manuel démocratique des droits et des devoirs, comprenant les principes politiques, religieux, sociaux. 16°. 93 pp. Paris, A. Chevalier, 1873.
Manufacturarbeiter (An die) von Alt- und Neu-Gersdorf und Umgegend. Von dem Gesammtvorstande des Fachvereins der Fabrikweber und verwandten Berufsgenossen zu Alt- und Neu-Gersdorf im Januar 1888 erlassenes Flug-

blatt. Neu-Gersdorf in Sachsen, Verl. von Reinh. Lucke.

Marat's, J. P., Leben und Tod, nebst einer kurzen Geschichte seiner Mörderin Charlotte Corday. Mit Marat's Portrait und einer Karrikatur. 8°. München 1794.

Marbaix, T., Les communards parisiens et les socialistes belges. 8°. Bruxelles, Société belge de librairie, 1898. (Publications du Cercle d'études sociales et de propagande de Binch.)

Marcacci, P., Un socialista antisocialista, ossia cenni biografici di Pietro Marconi. 8°. Pisa 1892.

March, Thomas, The history of the Paris Commune of 1871. 8°. London, Swan Sonnenschein, 1896.

March, Viconte, Cómo vos diezman. 16°. Sabadell 1889. (Réimpr. comme 3. public. de „l'Expropriación, grupo de propaganda comunista-anarquica", Buenos-Aires 1895.)

Marchais, A. Vide: Bibliothèque démocratique.

Marchal, Ch., Du pain au peuple. 8°. Paris 1848.

Marchant, De la fraternité mise en pratique ou organisation du travail par l'extinction de la mendicité. 8°. Paris, impr. Bonaventure et Ducessois, 1848.

Marche (La) des prolétaires, chant socialiste. 4°. Lille, impr. Delory, 1891.

Marchef Girard, Mlle., Des facultés humaines. 8°. Paris s. a.

Märchenbuch für die Kinder des Proletariats. 8°. Berlin, Hans Baake, s. a.

Marchese, V., Il diaconato cattolico e la questione sociale: lettera apologetica di varie sue stampe sulla questione sociale e principato politico del papa. 8°. Torino, tip. L. Roux et Co, 1891.

Marculescu, Gh., Le socialisme en Roumanie. (L'Humanité nouvelle, 1897, juillet.)

Marcus, Synd., Die wirthschaftliche Berechtigung des Privatcapitals. Vortrag, geh. im Reichsverein zu Bremen am 17. Dec. 1877. gr. 8°. Bremen, Kühtmann u. Co., 1878.

Marescotti, A., Il socialismo, forza, assiomi e temperamenti suoi: note, con una lettera di Olindo Guerini. 16°. Bologna, tip. Zanichelli, 1891.

Margani Ortisi, A., La giustizia sociale: esame critico del malessere economico e morale del popolo italiano e della questione sociale, appogiato sul fatto e su' principi della filosofia del diritto, del diritto pubblico e del economia politica. 8°. Catania, R. Giuntini, 1894.

Mariani, Emilia, Il primo maggio delle donne lavoratrici: conferenza. 8°. Torino, sezione femminile di propaganda edit., 1897.

Mariano, R., Lassalle e il suo Eraclito; saggio di filosofia Egheliana. 8°. Firenze 1865.

Marie, Maxim. Vide: France libre (La).

Mario Jessie, W., Mazzini nella sua vita e nel suo apostolato. 4°. Milano, E. Sonzogno, 1891.

Marion, Henri, Devoirs et droits de l'homme. 12°. Paris, Martin, 1880.

Marken, J. C. van, De sociaal-democratie.
— Scheidsgerechten kapitaal en arbeid. 8°. Haarlem 1888.

Märker, Otto, Evangelische Arbeitervereine. (Zeitfragen des christlichen Volkslebens, Heft 124.) gr. 8°. Stuttgart, Belser, 1892.

Marle, P. H. P. van, Coöperatie en socialisme. 8°. Gouda 1894.

Marlo, Karl (Winkelblech), Untersuchungen über die Organisation der Arbeit oder System der Weltökonomie. 3 Bde. gr. 8°. Kassel, Wilh. Appel, 1850—1857. 2. vervollst. Aufl. 4 Bde. gr. 8°. Tübingen, Laupp, 1884—86. 2. Aufl. (neue billige Titel-Ausgabe). gr. 8°. Tübingen, Laupp, 1898.
— Vide: Alix, Edg.: L'oeuvre économique.

Marmile sociale (Le). Alger, 15 janv. 1893 sq.

Maron, Albert, 1. Le bilan et l'histoire de la grève du Pas-de-Calais. (Extrait de la Réforme sociale.) 8°. Paris, impr. Levé, 1894.
— 2. Communautés et communisme. Les Jault et les Pêcheurs de Fort-Mardyck. (Extrait de la Réforme sociale.) 8°. Paris, impr. Levé, 1896.

Maroteau, Gustave. Vide: Faubourg (Le).
— — Montagne (La).
— Salut public (Le).

Maroussem, P. de, La question ouvrière. 1 Charpentiers de Paris, compagnons et indépendants. Préface de Th. Funck-Brentano. 8°. Paris, Rousseau, 1891.

Marpaux, A., Le droit au travail. Étude sur la journée de huit heures. 2. édit. 8°. Dijon, impr. Carré, 1891.

Marperger, Paul Jacob, Abbildung Einer, nach allen natürlichen und politischen, auch Policey-, Cammer-, Commercien und Oeconomie Requisitiv wohlbestellten und mehrentheils (so weit es in der weltlichen Unvollkommenheit zu bringen ist) Vollkommenen Republic, ohne dass man dessfalls auf eine Platonische, Utopische oder Severambische zu verfallen Ursach habe etc. etc. 8º. s. l. n. a.

Marquardt, Ludw., Das geistliche Amt und die sociale Lage. Welche Aufgaben stellt die sociale Lage insonderheit dem geistlichen Amte? Unter Berücksichtigung der auf dem Evangelisch-socialen Kongress zu Berlin im Mai 1890 gepflogenen Verhandlungen. gr. 8º. Berlin, Spamer, 1891.

Marrast, A., 1. Les funérailles révolutionnaires. 12º. Paris 1848.
— 2. De l'organisation du suffrage universel. 8º. Paris 1848.
— Vide: Dupont, J. F., et Marrast, A.

Mars 18 1871—1893. 1 p. fol. Paris.

Marschall v. Nibelung, Ludw., Wirtschaftlich socialer Neubau des Staates auf dem bestehenden, monarchischen Fundament. Krieg gegen zwei Fronten. (Das Wort, Heft 5.) gr. 8º. Wiesbaden 1895.

Marseillaise (La). Rédacteur en chef: Henri Rochefort. grand format. 156 nos. du no. 1, dimanche 19 déc. 1869 au no. 156 lundi 25 juillet 1870 et un no. 1, 3. série, du vendredi 9 sept. 1870.
— En tout 157 nos. Paris.

Marselan, Nicolas Alonso, Pensamientos sociales arreglados. 1872. (Réimpr. dans „La Alarma", Sevilla, 5 déc. 1889.)

Marshall, Alfr., The future of the working classes. („The Eagle", Cambridge 1874.)

Marteau, Amédée, Aux riches sur l'attitude qu'ils doivent prendre dans la situation présente. 2. édit. 8º. Paris, chez tous les libr., 1848.

Martello (Il), redact. Vicenzo Pezza. Milano, 4 febbr. 1872 sq. 4 nos.

Martello (Il). Giorn. Fabriano, più tardi Jesi, 1876, giulio. Nov. ser. Bologna, 1 genn. 1877—18 marzo. 11 nos.

Martello, Tullio, L'economia politica antimalthusiana e il socialismo. 8º. Venezia 1894.

Märtens, O., Ergebnisse einer Enquête über wirtschaftliche und materielle Leistungen der Reservekasse des schweizer. Gewerkschaftsbundes, sowie seiner Verbände und Sektionen. 8º. Zürich, Buchh. des schweiz. Grütlivereins, 1896.

Martensen, H., Socialisme og christendom. 2 opl. 8º. Kjöbenhavn 1874.

Martial, D. des Aigaux, Organisation du travail dans l'industrie du tailleur. 16 pp. 8º. Paris, impr. Parent, 1868.

Martin, 1. Annuaire philosophique pour 1864 et 1865. 8º. Paris.
— 2. Histoire complète de la révolution de Paris. 8º. Paris 1871.
— 3. Pétition aux citoyens Représentants à l'Assemblée constituante pour la création d'une banque nationale ouvrière. 8º. Paris 1848.

Martin, G., Le cataplasme social de la Chambre. (Almanach de la question sociale pour 1894.)

Martin, Louis, 1. La question sociale est-elle une question morale? (Thèse). 8º. Paris, Giard et Brière, 1898.
— 2. Le socialisme. 8º. Paris, impr. R. Veneziani, 1896.

Martin, M., Le travail humain, son analyse, ses lois, son évolution. 368 pp. 18º. Paris, Guillaumin et Co., 1878.

Martin, Paul, L'ami des ouvriers et des pauvres, sans être l'ennemi des maîtres et des riches. 12º. Lille, Guarré, 1866.
— Vide: Levéque, A., et Martin, P.

Martin, R., Die Sozialdemokratie und die englischen Parlamentswahlen. (Grenzboten, 1895, 4.)

Martin, V. Woodhull, The principles of social freedom. (The Humanitarian, VI, 1895.)

Martin, Wm., An exposure of a new system of irreligion, which is .... called „the new moral world", promulgated by R. Owen, Esq. 8º. London 1839.

Martin-Bruere, Droit au capital, inviolabilité de la propriété. Extrait d'un projet d'organisation sociale qui a pour base: la consommation pour moyen principal, le droit au capital, pour conséquences: la suppression des impôts, le travail, le bien-être, la moralité, la prolongation de l'existence. 8º. Paris, aux bureaux de l'Intermédiaire, 1849.

Martineau, E., 1. La doctrine économique de l'encyclique sur la condition des ouvriers. (Journal des Économistes, 1892, sept.)
— 2. Un programme contradictoire. (Journ. des Économistes, 1883, avril.)

Martineau, E., [3. Y-a-t-il incompatibilité entre la République et le socialisme? (Revue polit. et parlement., IV, 1897.)
Martinelli, Jules, Harmonies et perturbations sociales. Esquisse des oeuvres de F. Bastiat, suivie de quelques considérations. 12°. Paris, Guillaumin, 1852.
Martinet, C., Le socialisme en Danemark. Préface de P. Baudin. 18°. Paris, Société d'éditions scientif., 1893.
Märtyrer (Die) von Chicago. Kurze Skizze ihres Wirkens und Duldens mit ihrem Portrait. 8°. London, Redaction der „Autonomie", s. a.
Martyres (Aos) de Chicago. 11 de novembro 1887 a 1893. 8°. Porto 1893. (Bibliotheca dos grupos anarchistas do Porto, no. 1.)
Martyres (Os) do Porvir. 8°. Porto 1893. (Bibliotheca do grupo anarchista „Revolução social", no. 5.)
Marx, Karl, 1. Gesammelte Aufsätze. Hrsg. von H. Becker. 1. (einz.) Heft. 8°. Köln 1851.
Bemerkungen über die neueste preuss. Censurinstitution, Dec. 1841. — Die Debatten des 6. Rhein. Landtages über Pressfreiheit und Publication der landständischen Verhandlungen. 80 pp. (Bricht mitten im Satze ab. Vollständig?)
*— 2. Der 18. Brumaire. 3. Aufl. gr. 8°. Hamburg, O. Meissner, 1883.
— 3. The civil war in France. 8°. London 1871.
— 4. Le capital. 8°. Milano 1886.
— 5. Le capital. Extraits faits par Paul Lafargue, avec une introduction par Vilfredo Pareto. pt. 16°. Paris, Guillaumin et Co., 1893. (Petite Bibliothèque économique française et étrangère.)
— 6. Il capitale, riassunto da Gabriele Deville con brevi cenni sul socialismo scientifico. 8°. Cremona, L'Eco del popolo, 1893.
— 7. Capitale e salario, colla biografia dell' autore e con una introduzione di Fr. Engels. Prima traduz. ital. di Martignetti. 8°. Milano, Critica sociale, 1893.
— 8. The first nine chapters of capital: a critical analysis of capitalist production. Translated from the 3. german edition by Samuel Moore and Edw. Aveling, and edited by Frederic Engels. 8°. London, Swan Sonnenschein, 1897.
— 9. Critique de la philosophie du droit de Hegel. 8°. Paris, Giard et Brière, 1896.

Marx, Karl, 10. The eastern-question. A reprint of letters written 1853 to 56 dealing with events of the Crimean war; transl. by E. M. and E. Aveling. 8°. London, Swan Sonnenschein and Co., 1897.
*— 11. Das Elend der Philosophie. 2. Aufl. 8°. Stuttgart, Dietz, 1892. 3. Aufl. Deutsch v. E. Bernstein u. K. Kautsky. gr. 8°. Ebenda 1895.
— 12. La guerre civile en France. 8°. Bruxelles, Truyts, 1871.
*— 13. Das Kapital. 2. Bd. 2. Buch. 2. Aufl. gr. 8°. Hamburg, Meissner, 1893. 3. Bd. 2 Theile. Der Gesammtprocess der kapitalistischen Produktion, hrsg. von Fr. Engels. gr. 8°. Ebenda 1894.
— 14. Zwei Kapitel aus dem dritten Bande des „Kapital". (Neue Zeit, Jhrg. 12, 1893/91.)
— 15. Het kapitaal, kritiek van de staathuishoudkunde. De I. Boek. I. Het produktieproces van het kapitaal. 4. herzien e druk, uitgegeven door Engels. In het Nederlandsch vertaald door F. van der Goes on M. Tribels. 8°. Amsterdam, S. L. van Looy, 1894.
— 16. Kapitaal en arbeid; bew. d. Domela Nieuwenhuis. 8°. 's Hage 1881.
— 17. Die Klassenkämpfe in Frankreich 1848 bis 1850. (Aus: „Neue Rhein. Zeitung", Polit.-ökonom. Revue, Hamburg 1850.) Mit Einleitung von Friedr. Engels. gr. 8°. Berlin, Buchh. d. „Vorwärts", 1895.
— 18. Zur Kritik der politischen Oekonomie. Hrsg. von Karl Kautsky. 8°. Stuttgart, J. H. W. Dietz Nachf., 1897.
— 19. Lohn, Preis und Profit. Vortrag, gehalten im Generalrat der „Internationale" am 26. Juni 1865. Uebers. von E. R. Bernstein. (Neue Zeit, Jhrg. 16, 1897/98.)
— 20. Oesterreichs Schwäche. (Zuerst in der New Yorker „Tribune" am 7. Mai 1855.) (Die Zeit, Nr. 57, Wien, 2. Okt. 1897.)
— 21. Zur Orientfrage. Uebersetzt von Friedr. W. Adler. (Deutsche Worte, Jhrg. 18, 1898.)
— 22. Quelques questions relatives aux dettes publiques. (Devenir social, 1898, juillet.)
— 23. Revolution and counter-revolution; or Germany in 1848. Edited by Eleanor Marx-Aveling. cr.-8°. London, Swan

Sonnenschein, 1896. 8°. New York, C. Scribners Sons, 1896.

Marx, Karl, 24. Revolution und Kontre-Revolution in Deutschland. Deutsch von K. Kautsky. 8°. Stuttgart, J. H. W. Dietz, 1896.
— 25. Salaire, prix et profits. (Le Devenir social, IV, 1898.)
— 26. The theory of value. Complete. Forming the 9 chapters of „capital". 8°. London, W. Reeves, 1893.
— 27. Value, price and profit. Addressed to working men; edit. by Eleanor Marx-Aveling. 12°. London, Swan Sonnenschein, 1898.

Marx, K., et Engels, F., Manifeste du parti communiste. 8°. Paris, 9 rue Daubenton, s. a. (1895). 18°. Paris, Giard et Brière, 1897.

Marx, C., e Engels, F., Il manifesto del partito communista con un nuovo proemio al lettore italiano di F. Engels. Versione da Pompeo Bettini. 16°. Milano, „La Critica sociale", 1893.

Marx und **Engels,** das Anarchistenpaar. (Neue Zeit, Jhrg. 13, 1894/95.)

Marx' (Aus Karl) „Das Kapital". (Die Zeit, Nr. 10, Wien, 8. Dec. 1894.)

Marx und der wahre Sozialismus. (Neue Zeit, Jhrg. 14,₂, 1895/96.)

Marx, Karl, vor den Kölner Geschworenen. Prozess gegen den Ausschuss der rheinischen Demokraten wegen Aufrufs zum bewaffneten Widerstand (9. Febr. 1849). (Aus: „Neue rheinische Zeitung".) Mit einem Vorwort von Fr. Engels. (Neudr.) 8°. Berlin, Buchh. d. „Vorwärts", 1895.

Marx, Karl. (Guntons Magazine, 1898, Dec.)

Marx Aveling, Eleonore, 1. Die Arbeiterclassen-Bewegung in England. Uebers. von Gertrud Liebknecht. Mit einem Vorwort von W. Liebknecht. (Sep.-Abdr. aus Bd. 2 des Volkslexikons.) 8°. Nürnberg, Wörlein u. Co., 1895.
— 2. Wie Lujo Brentano zitiert. (Neue Zeit, Jhrg. 13, 1894/95.)

Marzo 18. Giorn. Milano, 18 marzo 1891; numero unico.

Masaryk, Th. G., 1. La crise scientifique et philosophique du Marxisme contemporain. Traduit par W. Bugiel. (Extr. de la Rev. intern. de sociologie.) 8°. Paris, Giard et Brière, 1898.
— 2. Die wissenschaftliche und die philosophische Krise innerhalb des gegenwärtigen Marxismus. (Aus: „Die Zeit", Nr. 177—179, 19. Febr.—5. März 1898.) gr. 8°. Wien, Administration „Die Zeit", 1898.

Masaryk, Th. G., 3. Die Krise innerhalb des Marxismus. Zum Stuttgarter Parteitag. (Die Zeit, Nr. 213, 29. Okt. 1898.)

Maschinenalter (Das). Zukunftsvorlesungen über unsere Zeit. Von Jemand. (Bertha von Suttner.) gr. 8°. Zürich, Verlags-Magazin, 1891. 2. Aufl. 8°. Berlin 1892. 3. Aufl. 8°. Dresden, E. Pierson, 1898.

Masè-Dari, E., 1. Saggio sullo sciopero. (Estratto dal Digesto italiano.) 8°. Torino, Unione tip. edit., 1890.
— 2. Lo sciopero nella economia e nella legge. 16°. Torino, L. Roux e Co., 1890.
— 3. Il socialismo. 8°. Torino, L. Roux e Co., 1890.

Masers de Latude, H., Le despotisme dévoilé. 3 vols. 8°. Paris 1790.

Massacre (Le) des anarchistes à la Guyane en 1894. („La Sociale", Paris, 8 mars 1896.)

Massacre de la rue Haxo par la Commune. VI. conseil de guerre. Compte rendu in extenso des débats par L. P. Guénin. 8°. Paris 1872.

Massart, Jean, et Vandervelde, Émile, Parasitisme organique et parasitisme social. 16°. Paris, Reinwald, Schleicher frères édit., 1898. (Bibliothèque internat. des sciences sociologiques, II.)

Massart, Jean. Vide: Vandervelde, E., et Massart, J.

Masse, Capt., Causes of social revolt. 8°. London 1872.

Massias, De la souveraineté du peuple. 8°. Paris 1833.

Massingham, H. W., The trades union congress. (Fortnightly Review, 1892, Oct.)

Massoneria e socialismo. 12°. Milano, Lavoratore italiano, 1897.

Massow, C. v., 1. Die Bekämpfung der Sozialdemokratie. (Die Zukunft, Bd. 14, 1896.)
— 2. Reform oder Revolution? gr. 8°. Berlin, O. Liebmann, 1894. 2. Aufl. gr. 8°. Berlin 1895.

Massregeln (Die) gegen die Anarchisten. (Grenzboten, 1894,₁.)

Masurel, Gustave, Pour l'organisation sociale. Le parti ouvrier contre l'alliance

opportuno-cléricale, chansonette. 4°. Lille, impr. Lagrange, 1897.
Mataja, Vict., 1. Die Arbeitseinstellungen in Frankreich. (Handwörterb. d. Staatswiss., I, 1890.)
— 2. Die Arbeitseinstellungen in Oesterreich. (Handwörterb. d. Staatswiss., I, 1890.)
— 3. Die gewerblichen Arbeitseinstellungen in Oesterreich 1895. (Jahrb. f. Nat.-Oek. u. Stat., Bd. 68, 1897.)
— 4. Frédéric Bastiat. (Handwörterb. d. Staatswiss., II, 1891.)
— 5. Die Statistik der Arbeitseinstellungen. (Jahrb. f. Nat.-Oek. u. Stat., Bd. 68, 1897.)
Match (The). Journ. Columbus Junction, Jowa, 1896.
Materialien zur Arbeiterfrage. (Annalen des Deutschen Reiches für Gesetzgebung etc., 1874.)
Materialien zur Arbeiterfrage und zur Abänderung der Gewerbeordnung. (Annalen des Deutschen Reiches für Gesetzgebung etc., 1873.)
Materialien zur Geschichte der socialistisch-revolutionären Bewegung in Russland. (In russ. Sprache.) Bd. 1—10. 12°. Genève, le groupe des vieux révolutionnaires, 1890—1896.
Materialien für praktische Versuche zur Lösung der Arbeiterfrage. (Arbeiterfreund, 1886, 1887, 1889.)
Mather, Jos., Socialism exposed: or „The book of the New Moral World" examined and brought to the test of fact and experience. 2. edit. 12°. London 1839.
Matheson, Scott., The church and social problems. 8°. London, Oliphant Anderson und Ferrier, 1893.
Mathews, Shailer, 1. Christian sociology (Americ. Journ. of sociology, vol. 1, July 1895, vol. 2, Nov. 1896.)
— 2. The social teachings of Jesus: an essay in christian sociology. 12°. New York, Macmillan and Co., 1897.
Mathieu, G. Vide: Almanach démocratique et social.
Matice dělnická. Journ. Wien, 10. Juni 1896 ff.
Matice dělnická. Journ. Prossnitz, Mähren, 1885.
Matice dělnická. Revue. New York 1893.
Matillon, Réponse à M. Maxime du Camp. 8°. Paris 1879.

Maton de la Varenne, P. A. L., Die Verbrechen Marats und anderer Würger. Aus dem Französischen übersetzt. kl. 8°. Chemnitz 1796.
Matthey, A. (Arthur Arnould), Michel Bakounine. („Nouvelle Revue", Paris, 1 août 1891.)
Matthias, K. G. W., Die Idee der Freiheit im Individuum, im Staat und in der Kirche. Mit Hinsicht auf geschichtliche Entwickelung der Freiheit in den genannten Beziehungen wissenschaftlich dargestellt. gr. 8°. Marburg, Elwert, 1834.
Mattia, Ed., Il socialismo calunniato. 8°. Milano, uffici della „Critica Sociale", 1894. (Piccola Biblioteca pei contadini.)
Maubert, P., Régénération financière et sociale de la France par l'émission-solidaire. 8°. Paris 1848.
Mauer-Anschläge (Französische, politische) während der Zeit vom Sept. 1870 bis zum Mai 1871. Ins Deutsche übertragen von Otto Simon. 8°. Amsterdam u. Leipzig, Aug. Dieckmann, s. a.
Maumus, V., L'église et la démocratie. Histoire et questions sociales. 16°. Paris, Lethielleux, 1893.
Mauny-Talvande, Maurice de, L'union sociale. (Extrait de la Réforme sociale.) 8°. Paris, impr. Levé, 1897.
Maurel, A., 1. Démocratie chrétienne. Un grain de bon sens, esquisse politique de la situation. 12°. 43 pp. Foix, Francas, 1873.
— 2. Démocratie chrétienne. D'une seconde chambre, du renouvellement partiel de la chambre actuelle et de ses conséquences. 8°. 31 pp. Foix, lib. Francal, 1873.
Maurel, A., 1. Du malaise sociale, ses causes et ses remèdes. 8°. Toulouse, impr. Bénichet, 1835. 2. édit. 8°. Foix, impr. Pomiès frères, 1839. Autre édit. 8°. Paris, Debécourt, 1839.
— 2. Des sophistes anciens et modernes, et du sophisme, pour faire suite au malaise social. 12°. Foix, impr. Pomiès, 1841.
Maurer, German, Das Weltdrama. (Kritische Blätter, 1848.)
— Vide: Blätter (Kritische).
Maurer, Th., Der 16. October 1881 zu Mainz, oder: Wie machen wir das Socialistengesetz unentbehrlich? 8°. Mainz 1884.

Maurer, Hilfsarbeiter u. Hilfsarbeiterinnen Wiens! 8°. Wien, Verlag der österr. Bauarbeiterzeitung, s. a.

Maurer und Steinmetze Wiens. Unterschrift: Der Ausschuss. s. l. s. a.

Maurin, Albert, Le soldat du pape ou le role de l'armée sous le ministère Faucher-Darrot. Pamphlet politique, socialiste et électoral. 8°. Paris, à la Propagande démocratique et sociale, s. a.

— Vide: Livres (Les petits) rouges.

Maurize, A., Danger de la situation sociale actuelle de la France. 8°. Paris 1833.

Maurisio, Adam, 1. De Amicis und sein Sozialismus. (Neue Zeit, Jhrg. 10, 1891/92.)

— 2. Die Bankkrise und die Demokratie in Italien. (Deutsche Worte, Jhrg. 13, 1893.)

Max, A., Zur Frage der Organisation des Proletariats der Intelligenz. (Neue Zeit, Jhrg. 13, 1894/95.)

Maxim, H. S., 1. National differences in labor-handling methods. (Engineering Magazine, 1897, Dec.)

— 2. The effects of trade-unionism upon skilled mechanics. (Engineering Magazine, 1897, Nov.)

Maximes sociales par Yga. 8 pages lithogr. s. a.

Maxwell, D., Stepping stones to socialism. cr.-8°. London, Simpkin, 1891.

May, Max, 1. Zur Bodenbesitzreform in den Städten. (Schweiz. Blätter f. Wirtschafts- u. Soz.-Pol., Jhrg. 6, 1898.)

— 2. Die Profitwuth. (Deutsche Worte, Jhrg. 18, 1898.)

May, R. E., Die Kanone als Industriehebel nach national-sozialem Recept. Ein Wort über die wahren Interessen der deutschen Industrie und der deutschen Arbeiter. Mit einem Vorwort von Dr. F. W. Förster. 8°. Zürich, K. Henckel u. Co., 1897.

May, Walth., Die deutschen Buchdrucker in ihren Kämpfen gegen das Kapital. (Berliner Arbeiterbibliothek, Serie 2, Heft 14.) 8°. Berlin 1891.

Mayer, A., Der Socialismus, seine Grundidee und seine Irrthümer. 8°. Karlsruhe 1875.

Mayer, Gust., Lassalle als Sozialökonom. gr. 8°. Berlin, Mayer u. Müller, 1894.

Mayer, Sigm., Die sociale Frage in Wien. Studie eines Arbeitgebers. gr. 8°. Wien, Hölder, 1871.

Mayer-Ebstein, 1. Comment se terminera la question sociale. Nouvelle étude sociale sur le relèvement social des classes laborieuses. 8°. Paris, C. Levy, 1893.

— 2. Étude sur la question sociale au point de vue économique, industriel, commercial et financier. 8°. Chalons-sur-Marne, impr. Morceau, 1885.

Mayo (El 1° de). s. l. s. a.

Mazaros, J. P., 1. La question sociale. Réponse au journal le „Rappel". gr. 8°. Paris 1874.

— 2. La revanche de la France par le travail, les besoins et les intérêts organisés; suite des grèves de 1880. Lettres et documents corporatifs et fédératifs, suivis d'études correlatives sur les ressources du mensonge, sur la réforme de la magistrature et la mairie centrale de Paris, avec un épilogue. 8°. Paris, Guillaumin, 1882.

— 3. Le socialisme maçonnique, qu'il faut opposer du système social israëlite sur lequel nous végétons. I. gr. 8°. Paris 1884.

Mase, Hippolyte, La lutte contre la misère. 8°. Paris, Cerf, 1883.

Mase-Sencier, G., Le socialisme en Espagne. (Extrait de la Revue politique et parlementaire, 1898, août et sept.) 8°. Paris, impr. Davy, 1898.

Masimann, Auguste, Le socialisme de l'avenir, ou la mutualité par l'État. 8°. Paris, Giard et Brière, 1894.

Mazzei, R., 1. Questioni operaie. (Rassegna nazionale, 1883, febbr.)

— 2. Questioni operaie: schiarimenti. (Rassegna nazionale, 1883, giugno.)

Mazzini, Gius.*), 1. Address to the People's International League. 8°. London, Palmer and Clayton, 1847.

— 2. Address to Pope Pius IX on his encyclical letter. 16°. London, Trübner and Co., 1865.

— 3. Alliance républicaine universelle. — Lettre de Joseph Mazzini adressé au département polonais (Ognisko R. polskie). 16°. s. l. 1868.

— 4. Alleanza repubblicana. — Agli Italiani. 12°. s. l. 1866.

— 5. La santa alleanza dei popoli. (L'Italia

---

*) Der Vollständigkeit wegen sind auch die politischen Schriften aufgenommen.

del Popolo, Losanna, vol. 1, no. 3, ottobre 1849.) 24°. Genova, Dagnino, 1850.

Mazzini, Gius., 6. Allocuzione del Consiglio della lega internazionale dei popoli stabilita in Londra per proclamare e coadjuvare il diritto di ogni popoli alla propria nazionale independenza. 8°. Firenze 1847.

— 7. Atti, proclami, manifesti ecc. della Repubblica Romana, 31 marzo 1849 — 2 giugno 1849. Repubblica Romana — Bolletino delle leggi. Edizione officiale. Vol. 1, T. 2. 8°. Roma, tipogr. governativa, 1849.

— 8. Aufruf an die Deutschen. Aus dem Italienischen. 16°. Berlin, F. Winckler, 1861.

— 9. Brief J. Mazzini's über die Unterdrückung der Republik Rom durch die französische Republik, an die Minister Tocqueville und Falloux. 16°. Bern, Jenny u. Sohn, 1849.

— 10. D'alcune cause que impedirono finora lo sviluppo della libertà in Italia. (La Giovini Italia, Marsiglia 1832, quaderni 2 e 3.)

— 11. Al Conte di Cavour. 8°. Londra 1858.

— 12. Cenni e documenti intorno all' insurrezione lombarda e alla guerra regia del 1848. (L'Italia del Popolo, Losanna, vol. 1, no. 6, dic. 1849; vol. 2, no. 7, 9, genn.-febr. 1850.)

— 13. Cenni e documenti intorno all' insurrezione lombarda e ella guerra regia del 1848. (Estr. dall' Italia del Popolo.) 24°. Bruxelles 1850.

— 14. Alla commissione direttiva delle società operaie. (La Roma del Popolo, Roma, anno 1, no. 42, 14 dic. 1871.)

— 15. Il Comune e l'Assemblea. (La Roma del Popolo, Roma, anno 1, no. 15, 17, 18, 1871.) 16°. Roma, Rechiedei e Ripamonti, 1871.

— 16. Il Comune e l'Assemblea di Francia nel 1871. (Quinto migliaio.) (Roma per cura della Commissione edit. degli scritti di Gius. Mazzini.) 16°. Città di Castello, tip. di S. Lapi, 1887.

— 17. Il congresso democratico. (La Roma del Popolo, Roma, anno 1, no. 32, 5 ott. 1871.)

— 18. Sulle condizioni e sull' avenire d'Italia. (Monthly Chronicle, London 1839, May—September.)

Mazzini, Gius., 19. Un congresso democratico. (La Roma del Popolo, Roma, anno 2, no. 49, 1. febbr. 1872.)

— 20. Dal consilio a dio. 16°. Milano, tip. sociale, 1870. 8°. Milano, Corradetti, 1870.

— 21. Constituente e Patto nazionale. 16°. Roma, Commiss. oditrice, 1885.

— 22. Corrispondenza inedita di Gius. Mazzini con ***. 8°. Milano, Edoardo Sonzogno, 1872.

— 23. Ein Credo Mazzinis als Antwort an die Encyclika. 16°. Waldenburg, Ferd. Domel, 1865.

— 24. Du devoir d'agir. Au parti national. 16°. Saint-Helier, imprimerie universelle, 1851.

— 25. Dio, patria, umanità, pensieri e giudizi raccolti da' suoi scritti per P. di Colloredo Mels. 32°. Firenze, G. Barbera, 1886.

— 26. Documenti sull' Internazionale. (La Roma del Popolo, anno 1, Roma, no. 38, 39, 41, 1871.)

— 27. Dovere della democrazia. (Tre Ricordi alla democrazia italiana, p. 4 — 8.) 16°. Roma, stamp. della Dir. Centrale dello St. Rom.

— 28. Doveri dell' uomo. 24°. Genova, Dagnino, 1851. 16°. Londra 1860. 16°. Roma, Ripamonti, 1873. ediz. 5. 16°. Roma, Civelli, 1881. ediz. 10. 16°. Firenze, Civelli, 1884. ediz. popolare. 16°. Milano, Rechiedei, 1884.

— 29. The duties of man, addressed to working men. 8°. London 1862.

— 30. Sull' enciclica di Papa Pio IX agli arcivescovi e vescovi d'Italia. Pensieri. Ai sacerdoti italiani. (L'Italia del Popolo, Losanna, vol. 2, no. 8, febbr. 1850.)

— 31. Encyclique du pape Pie IX. aux évêques d'Italie. Text latin avec traduction française en regard, précédée d'une réfutation des doctrines papales, par G. Mazzini, triumvir de la République romaine. 16°. Lausanne, Genton, Luquiens et Co., 1850.

— 32. Essays: selected from the writings literary, political and religious, of J. Mazzini. Republished by the special permission of Madame E. A. Venturi, and edited, with an introduction by William Clarke. 16°. London, Walter Scott, 1887.

— 33. Foi et avenir. gr. 8°. Bienne, impr.

27*

de la Jeune Suisse. 1835. 8°. Paris, Beaulé et Co., 1850.

Mazzini, Gius., 34. Frammento di una lettera inserita nel Northern Star. (Roma del Popolo, p. 40—44.) 16°. Roma 1850.

— 35. I. The Franco-German war. II. The Commune. (Reprinted from the Contemporary Review, vol. 17, April and June 1871.) 8°. London, Virtue and Co., 1871.

— 36. Fratellanza de' popoli. (La Giovini Italia, Marsiglia 1832, quaderno 2.)

— 37. The late Genoese insurrection defended. Parties in Italy: What are they? What have they done? 8°. London, Holyoake and Co., 1858.

— 38. Ai giovani d'Italia. Parole di G. Mazzini. ed. 6. 16°. Roma, Commiss. editrice, 1887.

— 39. Ai giovani delle Università italiane. 16°. Geneva, tip. economica, 1887.

— 40. Della giovini Italia. (La Giovini Italia, Marsiglia 1832.)

— 41. Della giovini Italia. 24°. Genova, Dagnino, 1851.

— 42. Ai giudici nel processo pei fatti del 29 giugno 1857. 8°. Londra, Zeno Swietoslawski, 1858.

— 43. Della guerra d'insurrezione conveniente all' Italia. 16°. s. l. 1849.

— 44. La iniziativa. (Estratto dall' Unità Italiana.) 16°. Milano, Enrico Politti, 1870.

— 45. Iniziativa rivoluzionaria dei popoli. (Tre Ricordi alla democrazia italiana, p. 8—13.) 16°. Roma, stamp. della Dir. Centrale dello St. Rom.

— 46. All' Internazionale di Napoli. (La Roma del Popolo, anno 1, no. 13, Roma, 24 maggio 1871.)

— 47. L'internazionale, cenno storico. (La Roma del Popolo, Roma, anno 1, no. 30, 31, 1871.)

— 48. L'Internazionale svizzerra. (La Roma del Popolo, Roma, anno 1, no. 29, 11 sett. 1871.)

— 49. French intervention in Rome. A letter to Messrs. de Tocqueville et de Falloux, ministers of France. 8°. London, Charles Fox, 1849.

— 50. The Italian question and the republicans. 8°. London, Effingham Wilson, 1861.

— 51. The Italian school of republicanism. 16°. London, Trübner and Co., 1872.

Mazzini, Gius., 52. L'Italie, l'Autriche et le Pape. (Extr. de la Revue indépendante, 10 et 25 sept. 1845.) 8°. Paris, Schneider et Langrand, s. a.

— 53. Italien, Oesterreich und der Papst. Ein Brief an Sir James Graham, Bart. 16°. Bern, Jenny Sohn, 1847.

— 54. Italy, Austria and the Pope — a letter to Sir James Graham, Bart. 8°. London, U. Albanesi, 1845.

— 55. Letters to Daniel Manin. Letter I. On the theory of the dagger. Letter II. The Piemontese question stated. Letter III. The case of Italy stated. Revised edition. 8°. London, Holyoake and Co., 1856.

— 56. Lettera di G. Mazzini intorno gli affari di Roma ai Sigg. De Tocqueville et De Falloux, ministri della Repubblica Francese. 16°. Firenze 1849.

— 57. Lettera a F. Crispi edita a cura del Circolo — Pensiero e Azione — di Genova. Sezione Propaganda, settembre 1887. 24°. Voltri, Circolo: „Pensiero e Azione", 1887.

- 58. Duecento lettere inedite di G. Mazzini con proemio e note di Domenico Giuriati. 8°. Torino-Napoli, L. Roux e Co., 1887.

— 59. Two letters to the people of England on the war. 16°. London, Holyoake and Co., 1856.

— 60. Lettre de Mazzini à Louis Napoléon, traduite en français par un réfugié politique. Avec une préface par Ad. Wolff. 16°. Londres, Holyoake, 1858.

— 61. Lettere di G. Mazzini alle società di operaje d'Italia, scritte nel decennio 1861—1871, raccolte e pubblicate per cura della Consociazione operaja di Genova e della Società nazionale per la pubblicazione delle opere di G. Mazzini. 8°. Genova, stab. degli Artisti tipografi, 1873.

— 62. Lettres sur la Jeune Italie à la Revue du Progrès. (La Revue du Progrès.) Paris (?) 1840.

— 63. Lettres de Jos. Mazzini à Daniel Stern (1864—1872), avec une lettre autographiée. 16°. Paris, Germer-Baillière, 1872.

— 64. Libertà e despotismo ossia la guerra fra Garibaldi e Luigi Bonaparte. Dall' Unità Italiana. 24°. Milano, Robecchi Levino, 1862.

— 65. Life and writings of J. M. Auto-

biographical, political, critical and literary. 6 vols. 8°. London 1864—78.
Mazzini, Gius., 66. Manifesto of the republican party. By Kossuth, Ledru-Rollin et Mazzini. 16°. London, Holyoake and Co., 1855.
— 67. Sul manifesto del Comune parigino. (La Roma del Popolo, anno 1, no. 10, 3 maggio 1871.)
— 68. Mazzini e l'Internazionale. 8°. Roma, Rechiedei e Ripamonti, 1871.
— 69. Giuseppe Mazzini a Carlo Alberto. 24°. Genova Dagnino, 1851.
— 70. Giuseppe Mazziui al clero italiano. 24°. Genova, Dagnino, 1850.
— 71. Giuseppe Mazzini agli operai italiani. 24°. Genova, Dagnino, 1851.
— 72. G. Mazzini a Pio IX Papa. Il Piemonte minacciato e gli accordi segreti. 8°. Milano, Corradetti, C., e Co., 1865.
— 73. Alla memoria dei martiri di Cosenza (25 luglio 1844). (Estr. dall' Italia del Popolo, Milano, no. 66, 26 luglio 1848.) 16°. Milano, Agnelli, 1848.
— 74. A Luigi Napoleone, Presidente alla Repubblica Francese. (L'Italia del Popolo, Losanna, serie 2, no. 2, dic. 1850.)
— 75. A Luigi Napoleone. 8°. Londra, Zeno Swietoslawski, 1858.
— 76. To Louis Napoleon. 8°. s. l. 1858. 4. edit. 16°. London, Effingham Wilson, 1858.
— 77. Necessità dell' ordinamento speciale degli operai italiani. 16°. Roma, Commiss. editrice, 1874.
— 78. Agli operai italiani. (La Roma del Popolo, Roma, anno 1, no. 20, 13 luglio 1871.) 8°. Vicenza, Brunello e Pastorio, 1885.
— 79. Agli operai. — Doveri e diritti dei cittadini, L (L'Unità Italiana, Giornale politico quotidiano, anno 3, no. 10, Milano 1862.)
— 80. Opuscoli politici di G. Mazzini. 16°. Genova, Dagnino, 1851.
— 81. Organizzazione della democrazia. (L'Italia del Popolo, Losanna, serie 2, no. 1, nov. 1850.)
— 82. Il Papa nel secolo XIX. 24°. s. l. 1849.
— 83. Dal Papa al Consiglio. 24°. s. l. 1849.
— 84. Dal Papa al Consiglio. — Dal Consiglio a Dio. Scritti di G. Mazzini. 16°. Roma, Commiss. editrice, 1875. —

Ristampati in nome della fratellanza operaia di Roma nel terzo anniversario della morte dell'autore. 16°. Roma, tip. alle Terme Dioclez., 1875.
Mazzini, Gius., 85. Le Pape au dix-neuvième siècle. 16°. Bruxelles, Vve. Wouters, 1850. 16°. Paris, Dondé-Dupré, 1850.
— 86. Parole ai giovani d'Italia. Torino, il giornale „Il Diritto" editore, 1861.
— 87. Il partito d'azione. Cenni. 24°. s. l. 1853.
— 88. Il partito nazionale. (L'Italia del Popolo, Losanna, serie 2, no. 2, dic. 1850.)
— 89. Pensieri sulla storia d'Italia. — Introduzione. (L'Educatore, Londra, no. 1—5, agosto 1843.)
— 90. Pio IX. Lettera di Gius. Mazzini al clero italiano. 16°. Torino, tipogr. nazionale, 1850.
— 91. Politica internazionale. ed. 2. 16°. Roma, Commiss. editrice, 1885.
— 92. Le due politiche (Consiglio di G. Mazzini agli operai. (L'Emancipazione, Roma, anno 3, no. 27, 17 ott. 1874.)
— 93. The pope in the nineteenth century. 8°. London, Charles Gilpin, 1851.
— 94. Proclama ai Romani, febbraio 1850. (L'Italia del Popolo, Losanna, vol. 2, no. 10, marzo 1850.)
— 95. Pubblicazione nazionale delle opere di G. Mazzini. — Dubio e fede. Ricordi di G. Mazzini. 16°. Roma, Commiss. editrice, 1876.
— 96. Pubblicazione nazionale delle opere di G. Mazzini. — La questione d'oriente. Lettere slave. Politica internazionale. 16°. Roma, tip. del Commercio, 1877.
— 97. Pubblicazione nazionale delle opere di G. Mazzini. — Suffragio universale, Constituente e patto nazionale. 16°. Roma, Civelli, 1880.
— 98. Pubblicazione popolare degli scritti di G. Mazzini. Parole di G. M. ai giovani d'Italia (1859). ed. 5. 16°. Milano, Golio, 1882.
— 99. Questione economica. (L'Emancipazione, Roma, anno 1, 1872, no. 18, 19, 20 e 21.)
— 100. La questione italiana e i repubblicani. Torino, il giornale „Il Diritto" editore, 1861. 16°. Napoli, C. Maleschi, 1861. 8°. Milano, Angelo, Cimanago, 1861.

Mazzini, Gius., 101. Questione morale. 24°. Milano, tip. sociale, 1866.
— 102. Questione morale. Pensieri. 8°. Messina, tip. primo, settembre, 1866.
— 103. Questione sociale. (La Roma del Popolo, Roma, anno 1, 1871, no. 40, 41, 42.)
— 104. La repubblica Romana del 1849. Memorie. ed. 2. 16°. Roma, Civelli, 1876. ed. 3. 16°. Roma, Commiss. editrice, 1885.
105. Aux républicains. Appel de Kossuth, Ledru-Rollin et Mazzini. 24°. Jersey, impr. universelle, 1855.
— 106. I repubblicani e l'Italia. Scritto inedito. 8°. Milano, G. Brambilla, 1872.
— 107. Republik und Königtum in Italien. 8°. Köln 1851.
- 108. République et royauté en Italie. Traduction et préface par George Sand. 8°. Paris, bureau du Nouveau Monde, 1850.
— 109. Ricordi dei fratelli Bandiera e dei loro compagni di martirio in Cosenza il 25 luglio 1844. Documentati colla loro corrispondenza. 16°. Parigi, Lacombe, 1844.
— 110. Ricordi di Gius. Mazzini agli Italiani con prefazione del medesimo. — Pensieri raccolti ed ordinati per cura di F. Dobelli. 16°. Milano, Emilio Croci, 1870. ed. 2. 16°. Milano, Croci, 1882.
— 111. Sulla Rivoluzione Francese del 1789. Pensieri. (La Roma del Popolo, anno 1, 1871, no. 11, 12, 13, 14, 15, 19, 21.)
— 112. Roma e il governo di Francia. (L'Italia del Popolo, Losanna, vol. 1, no. 4, ottobre 1849.)
— 113. La Roma del Popolo agli operai. (La Roma del Popolo, Roma, Supplem. al no. 20, 16 luglio 1871.)
— 114. Royalty and republicanism in Italy, or notes and documents relating to the Lombard insurrection and to the royal war of 1848. 8°. London, Gilpin, 1850.
- - 115. Schriften. Aus dem Italien. von L. Assing. 2 Bde. 8°. Hamburg 1868.
— 116. Scritti politici ed economici. Vol. 1. 16°. Milano, E. Sonzogno, 1894. (Biblioteca classica economica, no. 100.)
— 117. Scritti editi ed inediti di G. Mazzini. Edizione diretta dall' autore. 18 vol. 16°. Vol. 1—7. Milano, G. Daelli, 1861—64. Vol. 8. Milano, Robecchi Levino, 1871. Vol. 9—18. Roma,

Commiss. editrice degli scritti di G. Mazzini, 1877—1891.
Mazzini, Gius., 118. I sistemi e la democrazia. Pensieri. (L'Italia del Popolo, Losanna, vol. 2, no. 10, 11, 12, marzo-luglio 1850; serie 2, no. 1, nov. 1850.)
— 119. Il socialismo e la democrazia. (L'Unità Italiana, giornale politico-quotidiano, Milano, anno 3, no. 307, 21 nov. 1862.)
— 120. Des socialistes français. 8°. Bruxelles, J. B. Tarride, 1852.
— 121. Alle società operaie „l'Avenire" di Torino e „l'Universale" della Specia. (La Roma del Popolo, Roma, anno 1, no. 32, 5 ott. 1871.)
— 122. Alle società politiche e umanitarie Livornesi, democratica di Viareggio, operai di Savona, dei reduci dalle patrie battaglie di Macerata, dogli operai di Bologna e altre. (La Roma del Popolo, Roma, anno 2, no. 50, 8 febbr. 1872.)
— 123. A M M. de Tocqueville et de Falloux. Lettre de Mazzini sur les événements de Rome. 16°. Paris, E. Brière, 1849.
— 124. Dell' unità italiana. (L'Italia del Popolo, Losanna, serie 2, no. 4, febbr. 1851.)
— 125. L'universale associazione cooperativa fra gli operai per istruzione e soccorso in Specia. — Agli operai italiani (frammento). (La Roma del Popolo, Roma, anno 1, no. 24, 10 agosto 1871.)
— 126. La voce della verità. (La Giovini Italia, Marsiglia 1832, quaderno 3.)
— 127. The war and the Commune. (Reprinted from „The Contemporary Review".) 8°. London, Strahan and Co., 1871.
— 128. Bibliografia degli scritti di G. Mazzini, pubblicata da Giulio Canestrelli. gr. 8°. Roma 1892.
— Vide: Adresse des römischen Volkes.
— Lettere edite.
Mazzini, Joseph. A memoir by E. A. V. With two essays by Mazzini: Thoughts on democracy and The duties of man. With two autotype portraits. 16°. London, Henry S. King and Co., 1875.
Mazzoni, Anna Maria, Il socialisti e l'emancipazione della donna: pubblicazione della società mutua e miglioramento fra le sorelle del lavoro di Alessandria. 16°. Alessandria 1892.
Mazzoni, V. S., Barlumi d'ideale. 8°.

Messina 1896. (Bibliot. di Propag. dell' „Avvenire sociale".)
Meacci, Ces. Sac., Socialismo e religione. 8°. Cascina, tip. L. Bertini, 1890.
Means of assisting to promote the independence of labouring class. Offered to the consideration of their superiors and employers at the present juncture. By a guardian of the poor in the county of Hants. 8°. s. l. 1836.
Medepligtigen (De) aan het kommunisme. 8°. Utrecht 1848.
Medico, I, Al pueblo. Reus 1896.
Meesters, P., Revolutionaire catechismus. Nieuwejaars-geschenk voor alle tegenw. en toekom. revolutiemakers. 8°. Amsterdam 1833.
Meeting de l'Association de la démocratie militante à Patignies (Belgique). 8°. Bruxelles 1863.
Mège, Marcel, Essai de constitution démocratique. 8°. Limoges, Ducourtieux, 1896.
Mehring, F., 1. Bijdrage tot de geschiedenis der sociaaldemocratie. Vert. door J. R. Jungmann. 8°. Arnheim 1881.
— 2. Der Briefwechsel Lassalle-Rodbertus. (Grenzboten, 1878,₈.)
— 3. Socialistische Chronik. (Grenzboten, 1877,₁₄, 1878,₁,₁₂,₃.)
— 4. Der Fall Lindau. 8°. Berlin, Kurt Brachvogel, 1890.
*— 5. Zur Geschichte der deutschen Sozialdemokratie. Neue Aufl. 2 Theile. gr. 8°. Stuttgart, Dietz, 1897—98. (Geschichte des Socialismus in Einzeldarstellungen, Bd. 3.)
— 6. Gustav Adolf. Ein Fürstenspiegel zu Lehr und Nutz der deutschen Arbeiter. 8°. Berlin, „Vorwärts", 1894.
— 7. Kapital und Presse. Ein Nachspiel zum Falle Lindau. 8°. Berlin, Kurt Brachvogel, 1891.
— 8. Lassalles Anfänge. (Neue Zeit, Jhrg. 15, 1896/97.)
— 9. Die Lessing-Legende. Eine Rettung. Nebst einem Anhang über den historischen Materialismus. 8°. Stuttgart, Dietz, 1892.
— 10. Socialistische Litteratur. (Grenzboten, 1878,₁₄.)
— 11. Nochmals Marx und der „wahre" Socialismus. (Neue Zeit, Jhrg. 14,₂, 1895/96.)
— 12. Herrn Eugen Richters Bilder aus der Gegenwart. Eine Entgegnung. 8°. Nürnberg, Wörlein u. Co., 1892.
Mehring, F., 13. Zur neueren Rodbertus-Litteratur. (Neue Zeit, Jhrg. 12, 1893/94.)
— 14. Die socialistische Werttheorie. (Arbeiterfreund, Jhrg. 15, 1877.)
Mehring, O., Kleine Bilder aus der grossen Stadt. Das Recht auf Arbeit. (Monatsschrift f. christl. Sozialreform, Jhrg. 20, 1898.)
Mehrmann, Pfr., Trau! Schau! Wem? oder Bauer, nimm dich vor der Sozialdemokratie in Acht! Flugschrift zur Bekämpfung der Sozialdemokratie auf dem Lande. (Unter Berücksichtigung des neuen Programms der Sozialdemokraten.) 30.—52. verb. Aufl. 8°. Kulmbach, R. Rehm, 1893.
Meifredy, Henri, Conseils aux travailleurs; étude économique, commerciale, industrielle, agricole, politique et sociale. Préface de M. Deltour. 18°. Paris, Delagrave, 1886.
Meineid und Socialdemokratie. Ein Beitrag zu einer brennenden Tagesfrage. Auf Grund authentischer Quellen .*.. 1. u. 2. Aufl. gr. 8°. Berlin, Wilhelmi, 1892.
Meitinger, G., Der Schlüssel zur Lösung der socialen Frage für Alle. Mit Proistaxe für sämmtliche Wagenbau-Handwerker. gr. 12°. München 1877.
Melanchthon, Ph., 1. Etliche Propositiones wider die lehr der Widerteuffer. 4 Bl. 4°. s. l. 1535.
— 2. Ein schrifft Philippi Melanchthon wider die Artickel der Pawerschaft. 16 Bl. 4°. s. l. (1525). 12 Bl. 4°. s. l. 1525.
— 3. Ain schrifft wider die artickel der Baurschafft. 14 Bl. 8°. s. l. 1525.
— 4. Verlegung etlicher vnchristlicher Artikel Welche die Widerteuffer furgeben. 20 Bl. 4°. Wittemberg s. a. (ca. 1535). 20 Bl. 4°. Zwickau 1536.
Méline, La politique républicaine libérale; la question sociale. Discours prononcés par M. M. président du Conseil, à Remiremont, le 10 oct. 1897, à la Chambre des députés, les 13 et 20 nov. 1897. 8°. Clermont-Ferrand, impr. moderne, 1898.
Meliora or Better times to come, being the contribution of many men, touching the present state and prospects of society edited by Viscount Ingestre. 2 series. 2 vols. 12°. London 1842—43.

Meliora, a quarterly review of social science in its ethical, economical, political and ameliorative aspects. Vol. 1 — 8. 8°. London 1859—65.

Mella, Ricardo, 1. L'anarchia nella scienza e nell' evoluzione. 16°. Prato 1892. Biblioteca della „Plebe", no. 4. (Tiré du „Segundo Certamen socialista", 1890.)
— 2. Entre anarquistas. Dialogos. („Anarquia", Madrid 1891.)
— 3. Breves apuntos sobre las pasiones humanas. („Segundo Certamen socialista", Sevilla 1890, p. 115—137.)
— 4. La coaccion moral. („El Despertar", 15 juillet 1893 sq.)
— 5. El colectivismo, sus fondamentos cientificos. („Segundo Certamen socialista", Sevilla 1890, p. 309—327.)
— 6. El crimen de Chicago. Reseña historica de los sucesos de Chicago en 1886—1887. („Segundo Certamen socialista", 1890, p. 373—428.)
— 7. Emigracion en Galicia. (Tiré du „Primero Certamen socialista" de Reus.)
— 8. Episodios de la miseria. El hambre, por R. M. („Solidaridad", Sevilla, 19 août 1888 sq.)
— 9. Evolución y revolución. Discurso pronunciado en el Circulo Federal de Vigo. 8°. Sabadell 1892
— 10. Lombroso y los anarquistas. Refutación. („Ciencia social", Barcelona, mars 1896.) 1 p. 18°.
— 11. La Nueva Utopia. („Segundo Certamen socialista", Sevilla 1890, p. 201 —227.)
— 12. Organización, agitación revolución. („Segundo Certamen socialista", Sevilla 1890. p. 349—368.)
— 13. Sinopsis social. La anarquia, la federación y el colectivismo. 8°. Sevilla 1891.

Mello, T. de, L'armée des déshérités. 8°. Paris 1864.

Meloni, P., La questione sociale: anarchici e socialisti. 8°. Sassari, tip. U. Satta, 1894.

Memminger, Ant., 1. Blicke in die Zukunft. 8°. Wülflingen 1878.
— 2. Lieutenant Hofmeister als Sozialdemokrat vor dem Militär-Schwurgerichte. 2. Aufl. 8°. Würzburg, Verl. d. „Neuen Bayer. Landeszeitung", 1893.
— 3. Wer soll bluten? Einige Vorschläge zu einer Reform der Volkswirthschaft. 8°. Würzburg, Selbstverl., 1885.

Mémoire couronné par l'Athénée des arts de Paris, dans sa séance annuelle du 17 juillet 1838, sur cette question: „Quelle serait l'organisation du travail la plus propre à augmenter le bienêtre des classes laborieuses?" 8°. Paris, F. Maltese et Co., 1838.

Mémoire sur mes anciennes rélations d'affaires avec M. de Saint-Simon (par J. E. de Redern). 4°. Caen 1812.

Memoiren Maximilian Robespierres. Hrsg. von G. Erhardt. 8°. Berlin s. a.

Mémoires d'un détenu, pour servir à l'histoire de la tyrannie de Robespierre. 8°. Paris 1795.

Mémoires aux sections génévoises. 8°. Genève 1873.

Mémoires (Les) du Père Duchêne. Feuille in 8°, qui devrait paraître deux fois par semaine, mais qui n'eut en somme qu'un seul numéro. Paris.

Mémoires authentiques de Max de Robespierre, ornés de son portrait et facsimile. 2 vols. 8°. Bruxelles 1830.

Memoirs of Hildebrand Freemann, Esq., or a sketch of the right of man, a recent story founded upon facts. 8°. London 1792.

Memoirs of the secret societies of the south of Italy, particularly the Carbonari, translated from the original M. S. 8°. Murray 1821.

Ménard, Louis, Les questions sociales dans l'antiquité. Cours d'histoire universelle 8°. Paris, libr. de l'Art indépendant, 1898.

Mendel, Eugen, Der Geist der Revolution und der Kommunekämpfer auf der Flucht. Zwei Vorträge, verfasst zur Feier der General-Versammlung des Allgem. Deutschen Arbeitervereins in Berlin, beziehungsweise zum Stiftungsfeste desselben Vereins. 8°. Berlin, C. Ihring, s. a.

Mendès, Catulle. Die 73 Tage der Commune. Vom 18. März bis 29. Mai 1871. Autoris. deutsche Ausgabe. 8°. Wien, Pest, Leipzig, A. Hartleben, 1871.

Mendthal, S., Ueber Besitz und Freiheit. gr. 8°. Memel, Schmidt, 1881.

Menger, Ant., 1. Die socialen Aufgaben der Rechtswissenschaft. gr. 8°. Wien, Braumüller, 1895. (Abgedr. in: Die Zukunft, Bd. 13, 1895.)

Menger, Ant., 2. Die socialen Aufgaben der Rechtswissenschaft. Russische Uebersetzung von J. Jurowski. 8°. St. Petersburg 1896. (Internationale Bibliothek, Nr. 43.) — von Gredeskul. 8°. Charkow 1896.
— 3. Die soziale Bewegung in der Kulturwelt. (Die Zukunft, Bd. 26, 1899.)
— 4. El derecho civil y las clases pobres. Trad. p. Posada. 8°. Madrid 1897.
— 5. Il diritto civile e il proletariato. 8°. Torino 1894.
— 6. Le droit au produit intégral du travail. Essai historique par A. Menger, traduit sur la 2. édition par Alfred Bonnet, avec préface de Ch. Andler. 18°. Paris, Giard et Brière, 1899. (Bibliothèque internationale d'écon. polit.)
— 7. La misión social de la ciencia del derecho. Trad. p. Adolfo Posada. 8°. Madrid 1899.
— 8. The right to the whole produce of labour. The origin and development of the theory of labour's claim to the whole product of industry. Translat. by M. E. Tanner. With an introduction and bibliography by H. S. Foxwell. 8°. London, Macmillan and Co., 1899.
— 9. Du rôle social de la science du droit. 8°. Paris, libr. de la Société du recueil gén. des lois et des arrêts, 1896.

Mensch (Der freie). Rück- und Vorschau eines Staatsgefangenen (Dr. Joh. Jacoby). 8°. Berlin, Springer's Verl., 1866.

Menschenliebe (Allgemeine) und allgemeiner Klassenkampf. (Christl.-soziale Blätter, Jhrg. 26, 1893.)

Menschenrechte diesseits und jenseits des Rheins. Ein Wort zur Beherzigung an deutsche Unterthanen im Jahre 1792. 8°. s. l. s. a.

Menschheit (Die). Nach der Auffassung Br: . Br: . und der Sozialisten. (Christl.-soziale Blätter, Jhrg. 28, 1895.)

Menu, Pierre, Chanson socialiste. plano. Lille, impr. Lagrange, 1896.

Menza, Gius. di, Evoluzioni del socialismo. Carlo Marx et le sue dottrine. Memoria del socio consigliere Giuseppe di Menza, letta nella tornata del giorno 8 sett. 1873. (Atti della Accademia di Palermo, classe di scienze morali e politiche, nuova serie, Palermo 1874.)

Méray, Antony, 1. La part des femmes, défense socialiste. 8°. Paris 1847.
— 2. Les tribulations d'un joyeux monarque. 8°. Paris s. a.

Mercier, Hélène, 1. Sociaale droomen en daden. 8°. Haarlem 1893.
— 2. Verbonden schakels. 2. dr. 8°. Haarlem 1891.

Mercier, J., Dieu, le peuple et la femme (en vers). 8°. (Paris) 1833.

Mercier, Die Nachtmütze. 4 Bde. 8°. Berlin, Friedrich Unger, 1784—1786.

Mère (La) Duchêne, marchande de berlingots. Cahier. 8°. 3 nos. du 3 au 5 avril 1871. Paris.

Mère (La) Duchêne, marchande des poissons. Feuille. 8°. Un numéro spécimen et deux numéros sans date. Paris (1871).

Merendini, G. M., La società cattoliche operaie: pensieri. 16°. Parma 1892.

Merivale, Herm., Historical studies. (On some of the precursors of the French Revolution.) 8°. London 1865.

Merkel, G., Hume's und Rousseau's Abhandlungen über den Urvertrag, nebst einem Versuch über Leibeigenschaft, den Liefländischen Erbherrn gewidmet. 2 Theile. 8°. Leipzig 1797.

Merklen, A. Épisode inédite de l'histoire des coalitions ouvrières en Alsace au moyen âge. (Notes et documents tirés des archives de Colmar par X. Mossmann, Colmar 1871, no. 18—23.)

Merle, Isidore, Suite des réflexions d'un ouvrier. 8°. 22 pp. Marseille, impr. Doucet, 1879.

Merlino, Francesco Saverio, 1. Dell'anarchia o d'onde veniamo e dove andiamo! 16°. Firenze 1887. (Suppl. al no. 12 della „Fiaccola Rossa".)
— 2 Les bourgeois s'amusent. Appunti elettorali. 16°. Napoli 1880.
— 3. Caractère pratique de l'anarchisme. (Journ. d. Économ., 1890, févr.)
— 4. Collectivisme, communisme, social-démocratie et anarchisme. (Revue socialiste, 1897, juin.)
— 5. Les deux congrès impossibilistes. („La Révolte", 10 août 1889.) 16°. Paris 1889.
— 6. Critique du communisme-anarchiste. („Société Nouvelle", fin de 1893.)
— 7. La doctrine de Marx et le nouveau programme des socialistes-démocrates allemands: Le programme d'Erfurt.

("Société Nouvelle"; réimpr. dans le Suppl. de „La Révolte".)
Merlino, Francesco Saverio, 8. La fine del parlamentarismo. 16°. Napoli 1887, „Biblioteca Humanitas", no. 1. („Humanitas" 23 genn.—27 marzo 1887.)
— 9. Formes et essence du socialisme. Avec une préface de G. Sorel. 8°. Paris, Giard et Brière, 1898. (Bibliothèque socialiste internationale.)
— 10. L'individualismo nell' anarchismo. 8°. Roma, edit. de „l'Asino", 1895.
— 11. L'integration économique. Exposé des doctrines anarchistes. (Journ. d. Écon., 1889, déc.)
— 12. L'Italie telle qu'elle est. 18°. Paris, A. Savine, 1892.
— 13. Manualetto di scienza economica. 8°. Firenze 1888.
— 14. La morale et le socialisme. (Humanité Nouvelle, 1898, août.)
— 15. Nécessité et bases d'une entente. 16°. Bruxelles, mai 1892. (Propag. socialiste-anarchiste-révolutionnaire, no. 1.)
— 16. Obiezioni in voga contro il socialismo anarchico. 8°. Ancona 1892. (Biblioteca di propaganda del Circolo Studi sociali, no 1.)
— 17. Per chè siamo anarchici? 8°. New York 1892. (Biblioteca comunista-anarchica del „Grido degli Oppressi", no. 1.)
— 18. Carlo Pisacane. 16°. Milano, Bignami, vol. 11 degli „Opusculi", ca. 1879, ed „In Marcia!", 31 janp. 1886.
— 19. Il popolo aspetta! 16°. Milano, Bignami, „Opusculi a cent. 5", no. 24.
— 20. Pro e contro il socialismo: esposizione critica dei principi e dei sistemi socialisti. 16°. Milano, Frat. Treves, 1897.
— 21. Il nostro programma. 8°. Napoli 1890. (Biblioteca del Gruppo, 1. maggio, no. 3.)
— 22. A proposito del processo di Benevento. Bozzetto della questione sociale. 187?.
— 23. La quintessence du socialisme. (Société Nouvelle, 1896, juin.)
— 25. La nuova religione. 16°. Napoli, tip. artistico-letteraria, 1887.
— 26. Vincenzo Russo. 32°. Milano, tip. A. Guerro, edit. „La Plebe", 1879. (Propaganda socialistica, no. 5.)
*— 27. Socialismo o monopolismo? Saggio critico del sistema economico vigente. Dati scientifici del socialismo. Schizzo d'un ordinamento comunisto-anarchico. Confutazione delle obiezioni in voga contra il socialismo. 8°. Napoli-Londra 1887. — Extr.: Obiezioni in voga contra il socialismo anarchico. 8°. Ancona 1892. (Biblioteca di propaganda del Circolo Studi sociali.)
Merlino, Francesco Saverio, 28. L'utopia collettivista e la crisi del socialismo scientifico. 8°. Milano, frat. Treves edit., 1898.
Mesa, José. Vide: Bewegung (Die sociale) in Spanien.
Meschtscherski, Fürst K. W., Geheimnisse von Petersburg. Die Nihilisten. Ins Deutsche übertragen von Dr. Herm. Roskoschny. 2 Bde. 8°. Leipzig, Gressner u. Schramm, s. a.
Mesdach de ter Kiele, Propriété individuelle et collectivisme. Discours. 8°. Bruxelles, Brugland, 1894.
Meslier, Jean, Le testament de Jean Meslier, curé d'Étrepigny et du But en Champagne, décédé en 1733. Ouvrage inédit, précédé d'une préface, d'une étude biographique etc. par Rudolph Charles. 3 vols. 8°. Amsterdam, R. C. Meijer, 1864.
Message au Peuple, signé: „Pour Carnot: Le Toscin", no. 3. 1 p. fol. 1893.
Messenhauser, W. Vide: Volkstribüne (Die).
Messie (Le). Solution de la question sociale. Le Messie à la presse française, à la France, pour l'humanité. 8°. Clermont-Ferraud, l'auteur, 1891.
Metallarbeiter (Der). Zeitschrift. New York 1888. 14 Nrn.
Metallarbeiter! (Genossen! Flugblatt beginnend: Den Beschluss der ...., endigend: Es lebe die Organisation der Arbeit! Mit der Unterschrift: Ludw. Exner. Wien, Druck der Gesellsch.-Buchdr., s. a.
Methods (The) of the new Trade-Unionism. (Quarterly Review, 1895, Jan.)
Métin, Albert, Le socialisme en Angleterre. 18°. Paris, Félix Alcan, 1897. (Bibliothèque d'histoire contemporaine.)
Métreau, J., La résistance au socialisme. 18°. Paris, Guillaumin et Co., 1895.
Meunier, Victor, Jésus-Christ dev. cons. de guerre. 8°. Paris 1848.
Mevisse. Vide: Fédération nationale.
Meyboom, H. U., Socialisme. 8°. Amsterdam 1888.

Meyen. Vide: Fröbel, Rau, Kriege, Meyen und Heramer.
Meyer, B. von, Die sociale Gefahr der Arbeiterfrage und die Möglichkeit der Abwendung. 8°. Wien 1868.
Meyer, Ch. 1. Handwerk und Arbeit in geschichtlicher Betrachtung. (Vierteljahrsschr. f. Volkswirtsch., 1892,₁₁.)
— 2. Studien zur Geschichte der modernen Gesellschaft. I. Entwickelung des modernen Städtebürgertums. II. Zur Geschichte des deutschen Arbeiterstandes. III. Zur Geschichte des deutschen Bauernstandes. IV. Zur Geschichte des deutschen Adels. (Zeitschrift für deutsche Kulturgeschichte, N. F. III, 1892/93.)
Meyer, E., 1. L'utilité publique et la propriété privée. 8°. Paris, G. Masson, 1893.
— 2. Gracchische Bewegung. (Handwörterb. d. Staatswiss., Suppl. II, 1897.)
Meyer, Jul., 1. Arbeit. (Diess Buch gehört dem Volke, I, 1845.)
— 2. Die Volkswirthschaftlehre in heutiger und zukünftiger Gestaltung. (Diess Buch gehört dem Volke, II, 1845.)
Meyer, J. B., 1. Weltelend und Weltschmerz. 8°. Bonn 1872.
— 2. Der Wert und die Ehre der Arbeit. 8°. Bonn 1879.
Meyer, Rud., 1. Die Anfänge der evangelisch-sozialen Bewegung. (Die Zukunft, Bd. 18, 1897.)
— 2. Zwei Briefe von Rodbertus. (Neue Zeit, Jhrg. 13, 1894/95.)
— 3. Zu Friedrich Engels' Tode. (Die Gegenwart, Bd. 48, 1895.)
— 4. Die grüne Internationale. (Die Zeit, Nr. 119, Wien, 9. Jänner 1897; Nr. 120, 16. Jänner 1897; Nr. 121, 23. Jänner 1897.)
— 5. Die schwarz-rothe Internationale. (Die Gegenwart, Bd. 52, 1897.)
— 6. Die altconservative Theorie in der Arbeiterfrage. (Die Zeit, Nr. 185, Wien, 16. April 1898; Nr. 186, 23. April 1898; Nr. 187, 30. April 1898.)
Meyer, Th., 1. Die Arbeiterfrage und das christlich-ethische Sozialprincip. gr. 8°. Freiburg i. Br., Herder, 1891. 3. Aufl. gr. 8°. Freiburg 1895. (Die soziale Frage beleuchtet durch die „Stimmen aus Maria Laach", Heft 1.)
— 2. La question sociale I. La question ouvrière et les principes fondamentaux de la sociologie chrétienne. Opuscule traduit de l'allemand par C. Fritsch. 8°. Louvain, Uystpruyst - Dieudonné, 1893.
Meyer von Waldeck, Frdr., Die russischen Nihilisten. (Unsere Zeit, N. F. XV,₂, 1879.)
Meyers, A., L'utopie et l'idéal socialiste au parlement belge. (Revue sociale catholique, 1898. no. 1.)
Mezőfi, N., Az igazi socialismus. (Der wirkliche Sozialismus.) 8°. Budapest, Magyar Hirlap, 1893.
Michael, R. J., Social gospel. 8°. London 1867.
Michaux, Édouard, Le vrai remède à la crise sociale, exposé succinct des institutions créées en vue du bien-être matériel, moral et intellectuel des classes travailleuses, conférence faite à Valenciennes. 8°. Paris, Guillaumin, 1886.
Michel, 1. La clé de la vie. 2 vols. 8°. Paris s. a.
— 2. Reveil des peuples. 8°. Paris s. a.
— 3. La vie universelle. 8°. Paris s. a.
Michel, Louise, 1. The Commune of Paris. (Commencé dans „The Commonweal", 1894, continué dans „Freedom", 1894, et „Liberty" 1895; inachevé.)
— 2. La Commune. 18°. Paris, libr. Stock, 1898.
— 3. L'ère nouvelle, pensée dernière, souvenirs de Calédonie. Chant des captifs, avec illustrations et portrait de l'auteur. (Bibliothèque ouvrière cosmopolite.) 8°. Paris, A. Leroy, 1887.
— 4. La grève dernière. (Nouvelle.) 8°. Paris 1882.
— 5. Légendes et chants de gestes Canaques. Avec dessins et vocabulaires. 8°. Paris, Keva et Co., 1885.
— 6. Mémoires de Louise Michel, écrits par elle-même. Tome 1 (unique). 18°. Paris 1886.
— 7. Louise Michel devant le 6. conseil de guerre. Son arrestation. Par elle-même dans une lettre au citoyen Paysant. 8°. Paris, Salle des dépêches du Citoyen, 1880.
— 8. Les microbes humains. 18°. Paris 1886.
— 9. La misère. 4°. Paris, libr. républicaine, (1894).
— 10. Le monde nouveau. 18°. Paris 1888.

Michel, Louise, 11. Poésies. Dédiées au groupe d'études sociales du X. arrondissement. 8°. Paris, impr. More, s. a. (1880).
— 12. Prise de possession. 8°. Saint-Denis 1890. (Publication du groupe anarchiste de Saint-Denis „la Jeunesse libertaire".)
— 13. The strike, a drama. (The Commonweal, 19 Sept. 1891—10 Oct. 1892.)

Michel, Louise et **Maria,** Grèves et révoltes. (Feuilleton du „Droit Social", Lyon 1882—1883.)

Michel, Louise, et **Gautier,** Émile, Les paysans. gr. 8°. Paris s. a.

Michel (Der rothe) von ***. 8°. Dresden 1892. 4. Aufl. 8°. Dresden, Verl. d. Druckerei Gloss, 1892.

Michelet, C. L. Vide: Gedanke (Der).

Michelini, A., La teoria socialistica di un abate del secolo XVIII. 8°. Rocca S. Casciano, tip. L. Capelli, 1898.

Midi, organe de défense sociale, mensuel. No. 1, juillet 1897. 4°. Bordeaux, impr. spéciale.

Mieroslawski, Louis, Dernière réponse du général Mieroslawski à M. Michel Bakounine. D^{de}. Paris, 20 janv. 1863. 8°. Paris, impr. de L. Martinet, s. a.

Mikkelsen, M. A., The Bishop Hill colony. A religious communist settlement in Henry County, Ill. 8°. Baltimore 1892.

Milanese, G., Origine prima della famiglia umana. (Rivista internaz. di scienze sociali, vol. 1.)

Milano, Edoardo, Primo passo all' anarchia. 16°. Livorno 1892. (Biblioteca del „Sempre Avanti", no. 6.) 2. ediz. 1894.

Milder, Robert, Ein Fürst und sein Minister. 32°. Zürich und Winterthur, Liter. Comptoir, 1843.

Milhaud, Albert, La lutte des classes en Flandre au moyen âge. Artisans contre marchands. (Extrait de la Revue internationale de sociologie.) 8°. Paris, Giard et Brière, 1897.

Milhaud, Léon, Les questions ouvrières. Les réformes possibles et pratiques dans les questions ouvrières. 18°. Paris, Giard et Brière, 1894. (Petite Encyclopédie sociale, économique et financière.)

Militarismus (Der) der Socialdemokratie. (Grenzboten, 1892, $_{14}$.)

Mill, John Stuart, On liberty. 12°. London 1859. 3. ed. 8°. London 1864.
Trad. française: La Liberté. 8°. Paris 1861. 2. éd. revue 1864.
Trad. italienne: La Libertà; trad. di G. Marsiaj. 16°. Torino 1875.
Trad. espagnole: La Libertad. 8°. Madrid 1880.
Trad. allemande: Ueber die Freiheit. gr. 8°. Frankfurt 1880. 8°. Leipzig 1896.
Trad. hollandaise: Om Vrijheid. 8°. Gand 1870.
Trad. islandaise: Um Frelsid, 1886.
Trad. tchèque: O Svobodě. 8°. Leipzig 1861.

Mill (John Stuart) über die Freiheit. (Stimmen der Zeit, 1860, Nov.)

Millar, John, 1. Observations concerning the distinction of ranks in society. 2. ed. 8°. London 1773.
— 2. The origin of the distinction of ranks, or an inquiry into the circumstances which give rise to influence an authority in the different members of society. 3. edit. corr. and enlarg. 8°. London 1781. 8°. Basil 1793.

Milleraud, A. Vide: Vaillant, Éd., et Milleraud, A.

Millet, Henri, L'évolution socialiste à Romilly-sur-Seine. 16°. Troyes, impr. Ardouin, 1896.

Mindestlohn (Der) und die Encyklica: „Rerum novarum". (Christl.-soz. Blätter, Jhrg. 25, 1892.)

Mingardi, G., La società e le leggi naturali. 16°. Macerata, tip. Mancini, 1884.

Minèès, Boris, 1. Eine marxistische Culturgeschichte Russlands. (Die Zeit, Nr. 155, Wien, 18. Sept. 1897.)
— 2. Eine neue Quelle des internationalen Anarchismus. (Die Zeit, Nr. 41, Wien, 13. Juli 1895.)
— 3. Une question sociale et économique encore non résolue dans l'histoire de la grande Révolution française. (Revue d'écon. polit., année 7, 1893.)

Mirabeau, H. G. R. de, Essai sur le despotisme. 2. éd. Londres 1776. 8°. Paris 1792.

Mirabeau (Le), organe du Syndicat des tisserands de Verviers. Verviers, déc. 1867—mai 1880.

Miraglia, L., Le teorie di Spencer, di George, di Loria, sulla proprietà della terra. 8°. Napoli, tip. della R. Univers., 1893.

Mirbach, zu Saint-Denis 1871. 8°. Berlin 1876.

Mirecourt, Eug. de, 1. Louis Blanc. 8°. Paris 1858.
— 2. Considerant. Biographies contemporaines. (Les Contemporains, Journ. crit. et biograph., I, no. 40 et 41, Paris, 6 et 13 oct. 1857.)
— 3. Garnier-Pagès. — Le père Enfantin. (Histoire contemporaine. Portraits et silhouettes au XIX. siècle.) 8°. Paris 1869.
— 4. Ledru Rollin. 3. édit. (Histoire contemporaine. Portraits et silhouettes au XIX. siècle.) 8°. Paris 1869.
— 5. Pierre Leroux. 3. édit. 8°. Paris, Gustave Havard, 1856. (Les Contemporains, 2. série, 59.)
— 6. Proudhon. (Les Contemporains, no. 32.) 8°. Paris 1856.
Miron, 1. Séparation du spirituel et du temporel. 8°. Paris s. a.
— 2. Les Hebertistes modernes. 8°. Paris s. a.
Miserabili (I). Giornale. Parma 1885.
Misère (La). Bruxelles, 9 avril—24 sept. 1892. 10 nos.
Misère et mortalité par la groupe des étudiants socialistes de Paris. 8°. Paris, libr. socialiste, 1897.
Miseria (La). Giorn. Alessandria, 6 nov. 1881. 1 no.
Miseria (La). Journ. Buenos-Aires, 16 nov. 1890. 2 nos.
Missbrauch (Vom) des freien Willens. Lasset uns alle Socialisten und Kommunisten werden im Geiste und in der Wahrheit. 8°. Berlin 1871.
Mission. Arbeitendes Volk heraus! Wien, Druck von A. Wacht, s. a.
Missstände im heutigen Erwerbsleben und deren Beseitigung. Eine sociale Frage, von einem Praktiker bearbeitet. Von J. S. 4°. Bern, Schmid und Francke, 1897.
Mistoufe (La), organe communiste-anarchiste, paraissant tous les dimanches à Dijon. No. 1, 5 nov. 1893. 18°. Dijon, impr. Hinaut.
Mitbürger, Deutsche! Gewerbetreibende! Landwirte! Arbeiter! Gedruckt zu Warnsdorf bei Ed. Strache, 1889.
Mitbürger und Arbeitsgenossen. Aufruf. Gedruckt bei Jos. Groak und Ekler in Brünn, s. a.
Mitglieder (An die) der sozialdemokratischen Partei der Schweiz, des Allgemeinen Gewerkschaftsbundes, des Grütlivereines und der deutschen sozialdemokratischen Partei! Flugblatt mit der Unterschrift: Die vom Kongress bestellte Fünfer-Kommission, s. a.
Mitras, Hermann, Der grosse Bauernkrieg der Deutschen im 16. Jahrhundert. (Kritische Blätter, 1848.)
Mittel zur Verhütung von Revolutionen. 12°. Zürich 1843.
Mittelstädt, Otto, 1. Der Sozialismus der gebildeten Stände. (Die Zukunft, Bd. 18, 1897.)
— 2. Die Umsturzvorlage. Ein kriminalpolitischer Rückblick. (Preuss. Jahrbücher, Bd. 80, 1895.)
Mittheilungen des Wiener Freiland-Vereins. 8°. Wien, Mai 1895. Verlag von M. Engel und Söhne. (Einzige erschienene Nummer.)
Modave, Le Saint-Simonisme, ou la religion du progrès. (Le Chansonnier des graces, 1832, p. 155—158.)
Moens, G., Revue du Saint-Simonisme. Réfutation de la doctrine de Saint-Simon. 2 vols. 8°. Liège 1832.
Mohl, Mor., Antrag auf Herstellung der staatsbürgerlichen Gleichheit, insbesondere mittelst Aufhebung des Adels. 8°. Frankfurt 1848.
Möhler, J. A., Gesammelte Schriften und Aufsätze. Hrsg. v. J. J. Döllinger. 2 Bde. gr. 8°. Regensburg 1839—40.
  Enth. u. A.: Bruchstücke aus der Geschichte der Sklaverei. — Der Saint-Simonismus.
Mohnike, Otto, Hamburg's Rechtfertigung gegen die Sozialdemokratie. Auslassungen eines Hamburger Senators mit einem Aufruf an die staatserhaltenden Parteien. gr. 8°. Hamburg, Colonnaden 80 III, Selbstverl., 1893.
Mojon, H., Gehen wir einer socialen Katastrophe entgegen? Oeffentlicher Vortrag. gr. 8°. Basel, R. Reich, 1894.
Molinari, G. de, 1. Comment se résoudra la question sociale. (Journ. d. Econom., 1896, févr.) 18°. Paris, Guillaumin et Co., 1896.
— 2. Le congrès socialiste de Zurich. (Journ. d. Écon., 1893, sept.)
— 3. La pacification des rapports du capital et du travail. (Journ. d. Économ., 1892, mars.)
Molinari, Luigi, 1. Comunismo anarchico. La conquista del pane. Conferenza, Mantova, 3 giugno 1892. 16°. Prato 1892. (Biblioteca della „Plebe", no. 5.)

Molinari, Luigi, 2. Paolo Schicchi. 16°. Milano, Fantuzzi, agosto 1893. („Biblioteca dei Lavoratori", no. 9.)

Möllé, Das Attentat auf den deutschen Kaiser. 8°. Berlin 1878.

Möller, J., Johann Jacoby. Rede. 8°. Königsberg 1877.

Mollicone, Cesidio, Uno sguardo sopra una profonda piega sociale. 16°. Sora, stab. tip. C. Pagnanelli, 1886.

Mollin, Gabriel, Les dessous du positivisme. Lettre à M. le docteur Robinet. 8°. Paris, à la librairie des publicat. populaires, 1879.

Momo, C. G., Saggio sull' armonia sociale. 12°. Torino 1829.

Monanges, Maurice, Les associations ouvrières en France depuis 1789. 8°. Montluçon, impr. Herbin, 1898.

Monarchy (Old) or new republic; conversations about constitutions, communism, capital and liberty. 8°. London 1872.

Monatshefte (Socialistische). Red. Berth. Heymann. 3. Jhrg. des „Socialistischen Akademikers", 1897. 12 Hefte. Nebst der Beilage „Der socialistische Student". gr. 8°. Berlin, H. Baake.

Monatsschrift (Socialdemokratische), hrsg. von A. Grosse. Jhrg. 1889 u. 90. gr. 8°. Wien, Bretschneider, 1890/91.

Mondanari, Tito, Giuseppe Mazzini e il nostro tempo: discorso. 8°. Milano, tip. cooperativa, 1891.

Mondenard, Jean-Saint-Sardos de Montagu, marquis de, Considérations sur l'organisation sociale, appliquées à l'état civil, politique et militaire de la France et de l'Angleterre, à leurs moeurs, leur agriculture, leur commerce et leurs finances, à l'époque de la paix d'Amiens. 3 vols. 8°. Paris, Migneret, an X (1802).

Money, E., La caricature sous la Commune. (Revue de France, avril 1872.)

Monicat, Pierre, La liberté et le progrès social sous le régime opportuniste. Avec une préface par M. Chambert. 18°. Carpentras, Seguin, 1896.

Monin, H., Une épidémie anarchiste sous la Restauration. Etude sur le „système d'incendie" de 1830. (Extr. de la Revue internat. de sociol., II, no. 11, 1894.) 8°. Paris, libr. Giard et Brière, 1894.

Moniteur (Le) du Peuple, ancien moniteur de la guerre. Même format et même devise que „l'Avant-Garde" dont il était l'édition du matin. Il cessa de paraitre sous la Commune le 18 avril, au no. 447. Paris 1871.

Monnanteuil, Arthur, Neuf mois de Pontou. Paroles d'un détenu. 8°. Paris, André Sagnier, 1873.

Monnier, Marc., La doctrine Saint-Simonienne. (Revue de Paris, 15 mars 1856.)

Mono, A., Tegen het socialism. Voor ons werkvolk. Eigendom en kapitaal. 8°. Roulers, J. De Meester (1895).

Monsabré, J. M. L., Radicalisme contre radicalisme suivi du miserere de la France. 8°. Paris 1883.

Monstreprozess (Der) gegen die Vorstände der Berliner Gewerkschaften. 8°. München 1883.

Montagna (La). Giorn. San Remo, 12 febbr. 1887 sq.

Montagnard (Le). Journal des revendications prolétariennes, organe de la Fédération socialiste des Alpes, paraissant le dimanche. Année 1, no. 1, 6 mars 1898. fol. Grenoble, impr. générale.

Montagne (La), organe socialiste hebdomadaire, paraissant tous les samedis. Année 1, no. 1, 26 mars 1898. fol. Marseille, impr. Colbert.

Montagne, Histoire de l'insurrection de 1871. 8°. Paris 1872.

Montagne (La). Journal de la révolution sociale. Rédacteur en chef: Gustave Maroteau. grand format. 22 nos. et un no. 1 bis, du dimanche 2 avril 1871 (12 germinal an 79) au mardi, 25 avril (5 floréal). Paris.

Montagu, A. de, Études sociales d'après la révélation. Réponse à M. Donoso Cortès. 8°. Paris 1851.

Montand, C. Barral de, Notes journ. sur l'état de Paris durant la Commune. 8°. Paris 1871.

Mont-Aventin (Le). Écho des Buttes-Montmartre. moyen format. Le premier numéro est du dimanche 26 mars 1871 (6 germinal an 79). Le deuxième et dernier parut le jeudi 30 mars (9 germinal). Paris. (Fut remplacé par le „Bonnet rouge".)

Monteil, Souvenirs de la Commune. 8°. Paris 1883.

Monteis, Jules, Lettre aux socialistes révolutionnaires du midi de la France. 32°. Genève, publication de la „Revue socialiste", 1876.

— Vide: Revue socialiste.

Montels, Jules. Vide: Internationale (L'), Bulletin.

Monti, Aug., Questione sociale: conferenze letta nella cattedrale di Cremona l'inverno del 1896. 12º. Cremona, tip. edit. Giov. Foroni, 1896.

Monticelli, Carlo, 1. Il costumi del popolo di Taiti, ossia la morale nei rapporti sessuali secondo l'opinione di Diderot. Compendio e traduzione del Francese. 8º. Venezia 1892.
— 2. Alla rivoluzione! Poesie. 8º. Londres 1881.
— 3. Schioppettate poetiche. 8º. Milano, „Tito Vezio", 1883.
— 4. Socialismo popolare. 2. ed. 12º. Venezia, tip. degli eredi Tondelli fu Lorenzo, 1897.

Montlaur, Joseph-Eugène de Villardi, De l'ordre social, études politiques. 18º. Moulins, Thibaud, 1849.

Montlosier, F. D. R. comte de, Mémoire à consulter sur un système religieux et politique tendant à renverser la religion, la société et le trône. 5. édit. 8º. Paris 1826.

Montore, Pietro, Due massime collettiviste rivoluzionarie al crogiolo della filosofia e della storia: conferenze. 12º. Napoli, tip. Pierro e Veraldi, 1896.

Montpellier, Bisch. v. Lüttich, Hirtenschreiben über die Gefährlichkeit des internationalen Arbeiterbundes. 12º. Aachen 1872.

Montry, Albert de, Crédit viager. Contrat social entre le crédit public et le suffrage universel. 8º. Paris, Guillaumin et Co., 1869.

Montseny, Juan, 1. Consideraciones sobre el hecho y la muerte de Pallás. 8º. La Coruña, 1893.
— 2. La ley de la vida. („La Anarquia", Madrid 1892—93.) Réimpr. à Reus 1898, par le groupe „Juventud anárquica".
— 3. El proceso de un gran crimen. 8º. La Coruña, 1895; réimpr. dans „L'Obrero Panadero", Buenos-Aires.
— 4. La religion y la cuestion social. 8º. Buenos-Aires s. a. (1896). (Biblioteca de la „Questione sociale".)
— 5. Sociologia anárquista. 8º. La Coruña, 1896; mai: Biblioteca de „El Corsario", vol. 1.

Mony, Étude sur le travail. 8º. Paris, Hachette et Co., 1878. 2. édit. revue, augm. et mise au courant des faits actuels. 2 vols. 8º. Paris, Hachette et Co., 1882.

Mook, Friedr., Anton Memminger, Redacteur des „Fürther demokratischen Wochenblattes". Eine socialdemokratische Charakter-Studie. gr. 8º. Mannheim, 1. Deutsche Gen.-Buchdr., 1873.

Moore, C., Die Arbeiterpartei und der Bauernstand. Ein ernstes Wort in ernster Zeit. 2. Aufl. 8º. Graz, Verl. „Leykam", 1893.

Moore, Wentworth, The individualist. (Fortnightly Review, 1898, Aug. and Sept.)

Moormeister, Eduardus, De antiquarum quae feruntur utopiarum vera natura. Dissertatio philologica etc. 8º. Euskirchenae, typis Aug. Rabuskii, 1869.

Morainville, Dialogue entre Victor et Père André, sur la religion Saint-Simonienne, divisé en trois entretiens. 8º. Nantes, impr. d'Hérault, s. a.

Moral (Anarchistische). Anarchistische Bibliothek, Heft 4. Hrsg. von Albert Brock. Berlin, Verlag: W. Werner, s. a.

Morale (La) universelle, ou les devoirs de l'homme fondée sur la nature. 3 vols. 8º. Amsterdam 1776.

Morale universelle, enseignée par une mère 8º. Paris 1874.

Morandi, G., Il lavoro, saggio storico e non inmorale. 2 vol. 8º. Rim. 1885.

Morant, A. C., Évolution du socialisme. (Humanité Nouvelle, 1898, nov.)

Moraview-Burjalow, H. v., Der Czarenmord am 13. März 1881. Eine politische Studie. 8º. Dresden 1882.

Mordiconi, Michel, Solution du problème social. Le mot de l'énigme; le bonheur de la France; le dernier anarchiste. 1. partie. 8º. Paris, impr. Dupont, 1894.

Moreau, J., La révolution. Chants des socialistes belges. 8º. Bruxelles, dépot: 36 rue des pierres, s. a.

Morel, Hector, 1. Dialogue entre un anarchiste et un autoritaire. 16º. Bruxelles 1891. (Publications anarchistes, I et II.)
— 2. Les nationalités considérées au point de vue de la liberté et l'autonomie individuelle, par un prolétaire. 8º. Bruxelles 1862.

Morel, Henry, Le pilori des Communeux. Biographie des membres de la Commune, leurs antécédents, leurs moeurs, leur caractère. Révélations. 12°. Paris, Lachaud, 1871.

Morel, N., De la liberté chez les peuples anciens et modernes. 8°. Paris 1830.

Morès et ses amis, Rothschild, Ravachol et Co. 8°. Paris, impr. Hayard, 1892.

Moretti, A., Il socialismo scientifico: conferenza tenuta al circolo operaio di Budrio, 28 giugno 1891. 8°. Bologna, tip. Monti, 1891.

Morgan, John Minter. Vide: Hampden in the Nineteenth Century.

Morgan, L. H., 1. Ancient society, human progress, savagery to civilisation. 8°. London, Macmillan, 1877.
— 2. Die Urgesellschaft. Untersuchungen über den Fortschritt der Menschheit aus der Wildheit durch die Barbarei zur Zivilisation. Aus dem Englischen übertragen von W. Eichhoff unter Mitwirkung von K. Kautsky. gr. 8°. Stuttgart, Dietz, 1891.

Morgani Ortisi, A., La giustizia sociale: esame critico del malessere economico e morale del popolo italiano e della questione sociale, appoggiato sul fatto e su' principi della filosofia del diritto pubblico e dell' economiapolitica. 8°. Catania, R. Giunti, 1893.

Morgari, Oddino, L'arte della propaganda socialista. Parte 1. 12°. Milano, „Lotta di classe", 1896.

Morgenrood (T°). Socialistisch weekblad vor Harlingen en omstreken (trimestriell). 8°. Haarlem 1893.

Morhard, Travail, liberté, propriété pour tous. Appel d'un Américain aux riches et aux prolétaires de l'Europe. 8°. s. l. 1846.

Moriac, Ed., 1. Les conseils de guerre de Versailles. 8°. Paris 1871.
— 2. Paris sous la Commune, 18 mars —28 mai. Précédé des commentaires d'un blessé par H. de Pène. 12°. Paris, Dentu, 1871.

Moriaud, P., La question de la liberté et la condition humaine. 8°. Paris 1898.

Morin, Fr., Origines de la démocratie. La France au moyen âge. 3. édit. 8°. Paris 1865.

Morin, H., Le présentiment social à propos de la révolution de 1848. (Revue internat. de sociologie, V, 1897.)

Morin, Pierre, L'armée de l'avenir. 8°. Paris s. a.

Morin, T., Essai sur l'organisation du travail et l'avenir des classes laborieuses. 8°. Paris 1845.

Morley, John, Mr. Lecky on democracy. (Nineteenth Century, 1896, May.)

Mormina, Fr., 1. Mazzinianismo e socialismo: appunti. 12°. Firenze, tip. Campolmi, 1895.
— 2. La sintesi Mazziniana: appunti. 12°. Terni, tip. Decaterinis, 1897. (Pubblicazione della Propaganda repubblicana a cura della Federazione repubblicana Mazziniana di Terni.)

Mormina-Penna, Fr., 1. Monarchia, repubblica e questione sociale. (Società operaie italiane affratellate in Roma.) 16°. Roma, a cura della commissione direttiva, 1887.
— 2. La nazionalizzazione della terra. 16°. Faenza, tip. sociale, 1889.

Mormonen (Die) am grossen Salzsee. (Grenzboten, 1871,14.)

Mormonisme (Le), histoire et doctrine des Mormons. 8°. Lausanne 1855.

Morosond, Nik., Die Kampfmethode der Terroristen. 8°. London, Russ. Buchdr., 1880.

Morpurgo, Emilio, L'individualismo e lo Stato, a proposito di una pubblicazione del Senatore Ciccone. (Atti del R. Istituto Veneto di scienze, lettere ed arti, vol. 2, 1876.)

Morris, William, 1. All for the cause, words by Morris, music by Bax. 4°. s. l. s. a.
— 2. Art and socialism, the aims and ideals of the English socialists of to day. 8°. London s. a.
— 3. Gesänge für Sozialisten. Verdeutscht von W. L. Rosenberg, Andreas Schou und John Henry Mackay. 8°. Milwaukee Wis., Freidenker Publishing Co., 1889.
— 4. Letters on socialism. 8°. 4 pp. facsim. London, privately printed, 1894.
— 5. Hoe de maatschappij is, hoe zij behoorde te zijn. („True and false society".) Vert. door K. A. B. 8°. Amsterdam, J. A. Fortuyn, 1898.
— 6. The manifesto of the Socialist League. 8°. London 1885.
— 7. Monopoly, or how labour is robbed. 8°. London 1886. 8°. London 1893.
— 8. News from nowhere; or an epoche of rest. Being some chapters from an Utopian romance. 8°. London 1891. 8°. London, Kelmscott Press, 1892.

8°. Boston 1890. 8°. New York, Twentieth Century Publishing Co., s. a.

Morris, W., 9. The present outlook of socialism in England. (The Forum, vol. 21, 1896, April.)
— 10. The Paris Commune, march 8, 1871. 8°. London 1890.
— 11. The revival of handicraft. (Fortnightly Review, vol. 54, 1888.)
— 12. La futura rivoluzione sociale ossia un capitolo del libro: Un paese che non esiste. Traduzione di Ruggero Panebianco. 16°. Milano 1893.
— 13. The tables turned, or napkins awakened. 8°. London 1887.
— 14. Wie ich Sozialist wurde. Aus dem Englischen. (Deutsche Worte, Jhrg. 17, 1897.)
— 15. Useful work versus useless soil. 8°. London 1893.
— Vide: Bax, Belf. E., Dave, V., and Morris, W.
— — Vallame, A.: W. Morris.

Morris, W., and **Bax**, E. Belfort, Socialism, its growth and outcome. 8°. London, Sonnenschein u. Co., 1893.

Morse, A. D., The democratic party. (Political Science Quarterly, vol. 6, 1891.)

Mort à Carnot! fol. Paris 1894.

Mort du fondateur d'Icarie. éd. Beluze. 8°. Paris 1856.

Mort aux juges! Mort aux jurés! 1 p. fol. Paris.

Morus, Thom., 1. Utopia. Hrsg. von V. Michels und Theob. Ziegler. (Lateinische Litteraturdeukmäler des 15. und 16. Jahrh.) gr. 8°. Berlin 1896.
— 2. Utopia. Uebersetzt und mit sachlichen Anmerkungen versehen von Dr. Ign. Eman. Wessely. Nebst einem Vorwort des Herausgebers. Mit 5 phototyp. Nachbildungen und dem Bildniss Thom. Morus. (Sammlung gesellschaftswiss. Aufsätze, 11.—13. Heft.) gr. 8°. München 1896.
— 3. The Utopia. In Latin from the edition of march 1518, and in English from the 1. edition of Ralph Robinson's translation in 1551. With additional translations, introduction, and notes, by J. H. Lutton. 8°. London, H. Frowde, Clarendon Press warehouse, 1895.
— 4. L'Utopie. Traduction nouvelle par Victor Stouvenel, avec une introduction, une notice bibliographique et des notes par le traducteur. 8°. Paris, Paulin, 1842.
— 5. L'Utopie. Idée ingénieuse pour remédier au malheur des hommes et pour leur procurer une félicité complette. Plan d'une république, dont les lois, les usages et les coutumes tendent unique à faire aux sociétés humaines le passage de la vie dans toute la douceur imaginable, trad. en Franç. par Gueudeville. pt. 8°. Leide, P. v. d. An., 1715.
— 6. De Utopie. Een boock seer profijtelijck ende vermakelijck om lesen. Nu eerst overghesedt in neder Duytssche. pt. 8°. Antwerpen, Hans de Laet, 1553.
— 7. De optimo reipublicae statu, libellus vere aureus. Ordentliche und Ausaführliche Beschreibung der überaus herrlichen und gantz wunderbarlichen, doch wenigen bisher bekandten Insul Utopia: Sampt umständlicher Erzählung aller derselben Gelegenheiten, Städten und der Einwohner etc.; Erstlich durch den hochgelahrten und weitberümpten Herrn Thomam Morum, des Königreichs Engelland Obristen Cantzler, in Lateinischer Sprach an den tag gegeben: Nun aber mit sonderm Fleiss in unsere deutsche Sprach übergesetzt. 12°. Gedruckt zu Leipzig, in verlegung Henning Grossen des Jüngern, anno 1612.
— 8. Het onbekent en wonderlijk Eyland Utopia entdeckt door R. Hythlodens beschreven. In Nederl. vert. d. F. v. H. 12°. Rotterdam, F. v. Hoogstracten, 1677.

More, Sir Thomas. (Quarterly Review, 1896, Oct.)

Morus (Thomas), Lordkanzler von England. Ein kleines Lebensbild des grossen Mannes, gezeichnet von einem Priester der Erzdiöcese Köln. 8°. Steyl, Missionsdruckerei, 1894.

Mosca, Cesare, Quid agendum nella legge sugli scioperi. 8°. Biella, tip. Amosso, 1882.

Möser, G., Der Socialdemokrat. Eine lehrhafte Geschichte. 12°. Leipzig 1878.

Moses, Rabbi A., Democracy and despotism. (American Magazine of Civics, 1896, Oct.)

Moses, Bernard, Democracy and social growth in America: four lectures. 8°. New York, Putnam's Sons, 1898.

Moses, Jacob M., The law applicable to

strikes. 8°. Baltimore, printed by King brothers, 1895.

Most, Joh., 1. Die Anarchie. 8°. New York, Januar 1888. (Internationale Bibliothek, Nr. 10.) Neue Aufl. Juni 1892.
— 2. Der communistische Anarchismus. 8°. New York, Dec. 1889. (Internationale Bibliothek, Nr. 14—15.) 8°. Berlin 1893. (Anarchistische Bibliothek, Nr. 3.)
— 3. Betrachtungen über den Normalarbeitstag. Ein ernstes Wort an die Arbeiter von Chemnitz und Umgebung. 8°. Chemnitz, Selbstverl. d. Verf., 1871.
— 4. Offener Brief an die Wähler des 5. Berliner Reichstagswahlkreises. Flugblatt: London.
— 5. Die Eigenthumsbestie. 8°. New York 1883. 8°. New York 1884. 8°. New York 1887. (Internationale Bibliothek, Nr. 7.)
— 6. Zwischen Galgen und Zuchthaus. 8°. New York 1887. (Internationale Bibliothek, Nr. 9.)
— 7. Zur Geschichte der „Freiheit" (Zeitschrift). („Freiheit", New York, 20. Juni 1896—3. Oct. 1896.)
— 8. Die freie Gesellschaft. Eine Abhandlung über die Principien und Taktik der communistischen Anarchisten. 8°. New York 1884. 8°. New York 1893. (Internationale Bibliothek, Nr. 5.)
*— 9. Die Gottespest und Religionsseuche. 8°. New York 1883. 12. Aufl. 8°. New York 1887. (Internationale Bibliothek, Nr. 3.)
*— 10. Kapital und Arbeit. 8°. New York, John Müller, 1892. (Internat. Libr., no. 2.)
— 11. Revolutionäre Kriegswissenschaft. 8°. New York 1885, Juli. 3. Aufl. 1885. Deo.
— 12. Der Narrenthurm. 8°. New York 1888. (Internationale Bibliothek, Nr. 11.) Neue Aufl. Dec. 1892.
— 13. An das Proletariat. 8°. New York, April 1887. (Internationale Bibliothek, Nr. 1.)
— 14. Neuestes Proletarier-Liederbuch. 3. verb. Aufl. 16°. Chemnitz 1873. 4. Aufl. 16°. Chemnitz, Genoss.-Buchdr., 1873. 5. Aufl., hrsg. v. Grilhof. 12°. Chemnitz 1875.
— 15. August Reinsdorf und die Propaganda der That. 8°. New York, Selbstverl. d. Verf., 1885.
— 16. The social monster. 8°. New York, March 1890. (Internationale Bibliothek, Nr. 16.)
Most, Joh., 17. Stammt der Mensch vom Affen ab? 8°. New York, Juli 1887. (Internationale Bibliothek, Nr. 4.)
— 18. Unsere Stellung in der Arbeiterbewegung. 8°. New York, Mai 1890. (Internationale Bibliothek, Nr. 15.)
— 19. Der Stimmkasten. 8°. New York, Juni 1888. (Internationale Bibliothek, Nr. 13.);
— 20. Vive la Commune. 8°. New York 1888. (Internationale Bibliothek, Nr. 12.)
— 21. Why I am an communist? Vide: Why (The) I am's.

Mot d'Ordre (Le). Rédacteur en chef: Henri Rochefort. grand format. 86 nos. du vendredi 1. févr. 1871 (15 pluviôse an 79) au samedi 20 mai (1. prairial). Paris.

Mot (Un) aux patrons et ouvriers sur la loi du 27 déc. 1892, à propos des grèves de Bordeaux. 18°. Bordeaux, impr. Delagrange, 1893.

Motley, J. L., Democratie, het toppunt van politieke ontwikkeling en de toekomst van geavanceerde volken. Een historisch essay. 8°. Rotterdam 1869.

Moto (Il). Giorn. Imola 1880?

Motto d'Ordine (Il). Giorn. Napoli 1872.

Mottola, D., Considerazioni sulla questione sociale in rapporto alle otte ore di lavoro. 3. ediz. 8°. Catanzaro 1893.

Mottu, John, Les désastres de Paris, ordonnés et causés par la Commune dans le seconde quinzaine de mai 1871. (Publiés dans le journal Le Moniteur universel.) 8°. Paris, chez l'auteur et à la libr. intern., 1871.

Moulin, Octave, Travail et capital. 8°. Bruxelles, H. Lamertin, 1892.

Moullé, Ernest. Vide: Almanach du socialisme fédéraliste.

Movimento (El) social. Journ. 1880.

Movimento sociale (Il). Giorn. Napoli 1879—1880.

Mozzoni, Anna Maria, Alle fanciulle. 16°. Milano 1891. (Biblioteca dei lavoratori, no. 1). — Alle fanciulle che studiano; alle figlie del popolo.

Mucke, Joh. Rich., Horde und Familie in ihrer urgeschichtlichen Entwickelung. Eine neue Theorie auf statistischer Grundlage. gr. 8°. Stuttgart, F. Enke, 1895.

Mucker-, Pfaffen- und Königsschwindel.

Zur Naturgeschichte der Volksausbeuter. 8°. Hottingen-Zürich, Schweiz. Genoss.-Buchdr., 1883.

Mügel, H., Religion und Sozialdemokratie. 8°. Strassburg, J. H. E. Heitz, 1894.

Mühlemann, C., Christlicher Socialismus. Kritische Betrachtungen, nebst socialethischen Erörterungen. gr. 8°. Bern, Steiger u. Co., 1897.

Mühlhausen, Aug., Goethe ein Socialist? gr. 8°. Leipzig, O. Wigand, 1892.

Mühlpfordt, Karl Marx und die Durchschnittsprofitrate. (Jahrb. f. Nat.-Oek., Bd. 65, 1895.)

Muiron, Just., 1. Aperçus sur les procédés industriels, urgence de l'organisation sociale. 2. édit. 8°. Paris, au bureau de la Phalange, 1840.
— 2. Aperçus sur les procédés industriels et l'organisation sociétaire, suivis d'un essai sur l'éducation morale. 3. édit. 8°. Paris, libr. sociétaire, 1846.
— 3. Lettres parisiennes. 8°. Paris s. a.
— 4. Procédés industriels, organisation sociétaire, statuts du Comptoir communal. 3. édit. 8°. Paris 1824.

Mujer (La). 8°. s. l. s. a. (impr. à Montevideo).

Mujickaja Pravda. 1876.

Mülberger, Arthur, 1. Der Irrthum von Karl Marx. Aus Ernst Busch's Nachlass herausgegeben. 8°. Basel, H. Müller, 1894.
— 2. Kapital und Zins. Die Polemik zwischen Bastiat und Proudhon. Mit Einleitung und Uebersetzung herausgegeben. gr. 8°. Jena, G. Fischer, 1896.
— 3. Zur Kenntnis des Marxismus. Kritische Skizzen. gr. 8°. Stuttgart, G. J. Göschen, 1894.
— 4. Karl Marx und Ludwig Feuerbach. Eine Parallele. (Deutsche Worte, Jhrg. 13, 1893.)
— 5. Ueber die Notwendigkeit einer Gesamtausgabe der Schriften von Karl Marx. (Deutsche Worte, Jhrg. 13, 1893.)
— 6. P. J. Proudhon. Leben und Werke. gr. 8°. Stuttgart, F. Frommann, 1898.
— 7. Aus meinen Proudhon-Kollektaneen. (Deutsche Worte, Jhrg. 14, 1894; Jhrg. 16, 1896.)

Müller, Adolf, Fuchsmühl. Eine Skizze aus dem Rechtsstaat der Gegenwart. Mit 2 photogr. Aufnahmen. 8°. München, M. Ernst, 1895.

Müller, A. W. Vide: Freiheitsbote.

Müller, Carl, Die Arbeiterpartei und der Bauernstand. 2. Aufl. gr. 8°. Graz, Verl. Leykam, 1893.

Müller, Dan. Ernst, Die durch die freie Arbeit zu erringende Vergesellschaftung der Menschen. gr. 8°. Aschaffenburg (Krebs) 1867.

Müller, Ed. Vide: Bericht über die Untersuchung.

Müller, Ernst, 1. Ein Rückblick aus dem Jahre 2037 auf das Jahr 2000. Aus den Erinnerungen des H. Julian West. 1. u. 2. unveränd. Aufl. gr. 8°. Berlin, Ulrich u. Co., 1891. 3. durchges. u. verm. Aufl. gr. 8°. Ebenda 1891.
— 2. Das Volk gegen den Sozialismus. gr. 8°. Berlin, F. Fontane u. Co., 1892.

Müller, F. Max, Die sociale Frage im Buddhismus. (Die Zukunft, Bd. 16, 1896.)

Müller, Gust., Die einzig mögliche und wahre Lösung der sozialen Frage. Ein Lichtblick in dem wirren Getümmel der Welt in der Gegenwart. gr. 8°. Leipzig, M. Spohr, 1894.

Müller, Hans, 1. Ein wiedergefundener Aufsatz von Karl Marx. (Die Zeit, Nr. 122, Wien, 30. Jänner 1897; Nr. 123, Wien, 6. Febr. 1897.
— 2. Der Klassenkampf in der deutschen Sozialdemokratie. Mit einem polemischen Nachwort: K. Kautsky's Abenteuer in Zürich. gr. 8°. Zürich, Verlags-Magazin, 1892.
— 3. Die schweizerische Sozialdemokratie. (Schweiz. Blätter f. Wirtsch.- u. Soz.-Pol., Jhrg. 5, 1897.)
— 4. Sozialwissenschaft und Arbeiterbewegung. (Schweiz. Blätter f. Wirtsch.- u. Soz.-Pol., Jhrg. 6, 1898.)
— 5. Die Stärkung der Gewerkschaftsbewegung durch Konsumgenossenschaften. Ein Beitrag zur Förderung freiheitlicher Sozialreform. gr. 8°. Zürich, E. Speidel, 1896.
— 6. Wert und Bedeutung politischer Demonstrationen. 8°. Berlin 1892. (Socialistische Bibliothek, Nr. 2.) 2. Aufl. 1894.

Müller, K. G., Die leidenden Volksglieder. gr. 8°. Halle 1874.

Müller, L., Beiträge zur Geschichte des Bauernkrieges im Riess und seinen Umlanden. gr. 8°. Augsburg 1891.

Müller, Mor., Zur Aufklärung über Socialistisches, Socialdemokratisches und Materialistisches. 8°. Stuttgart 1881.

Müller, Mor. sen., Ueber die sozialdemokratische Bewegung und die Notwendigkeit gründlicher Reformen. gr. 8°. Kiel, Lipsius u. Tischer, 1894.

Müller, Philipp, Rede, gehalten am 1. Oct. 1890 zur Feier des Erlöschens des Socialistengesetzes im „Schützenhof" Darmstadt. 8°. Darmstadt, Selbstverl. d. Verf., s. a. (1890).

Müller, Rekt., Verwertung religiöser Stoffe zur Betrachtung socialer Fragen in der Schule. Vortrag, geh. auf der amtl. Kreislehrerkonferenz zu Saalfeld i. O. am 7. Sept. 1891. gr. 8°. Leipzig, F. Richter, 1892.

Müller, Victor, Le Vooruit. (Science sociale, 1898, juillet, août.)

Müllinen, Wolfg. Frdr. v., Der Jakobinerstaat. Ein Vortrag. 8°. Bern, Exped. d. Berner Tagblattes, 1894.

Munari, P., Un italiano in Australia: note e impressioni. 8°. Milano, tip. degli operai, 1897.
La vita del bosco. — I minatori dell' oro. — L'operaio australiano. — Socialismo applicato. — Libertà e progresso. — La stampa etc.

Munding, Karl. Vide: Rundschau (Socialpolitische).

Mundt, T., Robespierre. 3 Bde. 8°. Berlin 1859.

Mundus alter et idem. In Latein gestellt durch Albericum Gentilem in England. Nun verteutscht und mit neuen Kupfern und Landtaffeln geziert. 8°. Leipzig 1613.

Mundus alter et idem, sive Terra Australis antehac semper incognita, longis itineribus peregrini academici nuperrime lustrata. Autore Mercurio Britannico (Joseph Hall). 8°. Francof. s. a. 12°. Utrecht 1643.

Municipio (El) libre. Hoja socialista-revolucionaria. Malaga (?), nov. 1879 —mai 1880. 8 nos.

Münsterischen Königreichs (Des) vnd Widertauffs an- vnd abgang, Bluthandel vnd End, Auff Sambstag nach Sebastiani. Anno 1536. Ein gedechtnus wirdig Histori. 4 Bl. 4°. s. l. s. a. (1536).

Munteanu, Gr., Opt scrisori catre tarani. Editiunea noua. 16°. Bucarest 1885.

Murailles (Les) politiques françaises depuis le 18 juillet 1870 jusqu' au 25 mai 1871. Affiches françaises et allemandes. La guerre — la Commune. Paris — Province. 2 vols. 8°. Paris, Le Chevalier, 1874.

Murdoch, J., The landquestion, a reply to R. Wallace and H. George. 8°. Glasgow 1884.

Murhard, Fr., 1. Die Volkssouverainität im Gegensatz der sog. Legitimität. 8°. Kassel 1832.
— 2. Ueber Widerstand, Empörung und Zwangsübung der Staatsbürger gegen die bestehende Staatsgewalt. 8°. Braunschweig 1832.

Muri, R., Le origini economiche del socialismo secondo i principi della scienza positiva. (Rivista internaz. di scienze sociali, 1897, marzo.)

Murphy, J. L., Essay towards a science of consciousness (dedicated to Rob. Owen). 8°. London 1835.

Musatti, Eugenio, 1. La proprietà. Memoria. 16°. Padova 1878. (Non in commercio.)
— 2. Di alcune tra le più ardenti questioni del giorno. 8°. Padova, tip. Gio. Batt. Randi, 1886.

Muse (La) républicaine, par Émile Blémont, L. Bonneau, Boné (de Villiers) etc. Année 5, 1879. 8°. Paris, Alfred Chérie, 1879.

Musée (Le) social. Statuts, organisation. service. 18°. Paris, Firmin Didot et Co., 1897.

Musée (Le) social. Fête du travail (3 mai 1896). 4°. Paris, C. Levy, 1896.

Muser, Osk., Demokratische Aufgaben. Rede. 8°. Mannheim, Bensheimer's Verl., 1890.

Museux, Ernest, Les défenseurs du prolétariat. Eugène Pottier et son oeuvre. 18°. Paris, libr. Allemane, s. a. (1898).

Mut (Der) der Kaltblütigkeit gegenüber der anarchistischen Propaganda des Verbrechens. Von ***. gr. 8°. Leipzig, K. F. Pfau, 1894.

Mutaboff, Christo, Zur Geschichte des Rechts auf Arbeit mit besonderer Rücksicht auf Charles Fourier. (Berner Beiträge zur Geschichte der Nationalökonomie, Nr. 10.) gr. 8°. Bern 1898.

Mutter, Du, was läuft der Herr Gendarm so? Schliessend: Werdet alle Socialdemokraten! 8°. Berlin, Verlag der Exped. d. „Vorwärts", s. a.

Mutualité des travailleurs; continuation de la banque du peuple, siège provisoire rue du Faubourg Saint-Denis 23. Propositions soumises aux associations ouvrières ainsi qu'aux adhérents et aux actionnaires de la société P. J. Proudhon et Co. en liquidation. 8°. Paris, au siège provisoire etc. (1849).

N.

Nachrichten (Interessante) von des berüchtigten Joh. Paul Marat's Leben und Tod und einer kurzen Geschichte seiner Mörderin Charlotte Corday. Mit Portrait und Carricatur. 8°. Stuttgart 1793.

Nachschrift zu Dr. Troxlers „Fürst und Volk". Thatsächliche Darstellung der Schicksale dieses Buches und seines Verfassers unter Schweizer Regenten mit interessanten Belegen. Hrsg. von Freunden von „Fürst und Volk". 8°. Stuttgart, J. B. Metzler'sche Buchh., 1822.

*Nachtgedanken des Publicisten Gotthelf Zurecht im Febr. 1851 (Ficquelmont). gr. 8°. Leipzig, Fleischer, 1851.

Nacimiento (Del) de las ideas anárquicocolectivistas en España. („La Rivista social", Madrid 1883—84; réimpr. dans „El Corsario", La Coruña, 1893.)

Nadejde, J. Vide: Basarabia.

Nain (Le) mystérieux, proverbe dramatique. 8°. Lyon 1832.

Nani, C., Il socialismo nel codice civile. 8°. Turin, Frat. Bocca, 1892.

Napier, Jos, Labour and knowledge, labour and rest, lectures. 8°. London, Wertheim, 1860.

Napoleoni, Luigi, La libertà: lettura popolare. 8°. Orvieto 1872.

Naquet, A., 1. Collectivism and the liberal school; a criticism and an exposition. Translated by W. Heaford. cr. 8°. London, Sonnenschein, 1891.

— 2. Discussion du projet de loi tendant à réprimer les menées anarchistes. Discours prononcé à la séance de la Chambre des députés du 26 juillet 1894. 4°. Paris, impr. des Journ. offic., 1894. (Extr. du Journal officiel du 27 juillet 1894.)

Naquet, A., 3. La république radicale. 8°. Paris 1873.

— Vide: Brissac, Henri, et Naquet, A.

Nardi, Giuseppe Mazzini, la vita, gli scritti e le sue dottrine. 8°. Milano 1872.

Narodnoe Dyelo. Journ. par Bakounine et N. Jonkowski. No. 1. Genève, 1. sept. 1868.

Narodt i revoluciata; trad. du russe. 16°. Gabrovo 1889.

Nash, H. S., Genesis of the social conscience; the relation between the establishment of christianity in Europe and the social question. 8°. London and New York, The Macmillan Co., 1897.

Nash, Vaughan, Der Gewerkverein der Dockarbeiter. (Deutsches Wochenblatt, 1890, Nr. 49.)

— Vide: Smith, H. Lev., and Nash, V.

Nathusius, Mart. v., 1. Die Mitarbeit der Kirche an der Lösung der socialen Frage. I. Die soziale Frage. II. Die Aufgabe der Kirche. gr. 8°. Leipzig, J. C. Hinrichs' Verl., 1893—94. 2. völlig neu bearb. Aufl. gr. 8°. Leipzig 1897.

— 2. Was ist christlicher Sozialismus? Leitende Gesichtspunkte für evangelische Pfarrer und solche, die es werden wollen. gr. 8°. Berlin, Reuther u. Reichard, 1896.

Nation (La) souveraine. Réducteur en chef: Alexandre Rey. grand format. 19 nos. du samedi 15 avril au mercredi 3 mai 1871. Paris.

Nationaldemokratie. Von einem Aristokraten. gr. 8°. Berlin 1895.

Nationalitäten (Die) in Oesterreich und die Sozialdemokratie. (Neue Zeit. Jhrg. 15, 1896/97.)
Nationalitätsdünkel. Eine Studie für Mordspatrioten, Erbfeinde und sonstige Chauvinisten. 8°. Dresden, O. Klemich, 1877.
Nationalités (Les) considérées au point de vue de la liberté et de l'autonomie individuelle. Par un prolétaire. 8°. Bruxelles, impr. de A. Fischlin, 1862.
Nationalliberalen (Die) und die Socialistenvorlage. (Grenzboten, 1890,₁.)
Natorp, Paul, 1. Pestalozzi's Lehren über Arbeiterbildung und soziale Frage. Eine Rede. (Deutsche Worte, Jhrg. 14, 1894.) 8°. Heilbronn, E. Salzer, 1894.
— 2. Plato's Staat und die Idee der Sozialpädagogik. (Archiv f. soz. Gesetzgebung, VIII, 1895.)
Naturgeschichte (Zur) des französischen Sozialismus. Originalbericht von ٭٭٭ (Sozialpolitische Rundschau, Jhrg. 1, 1891/92.)
Naudet, l'abbé, 1. Le christianisme social (propriété, capital et travail). 18°. Paris, Blond et Barral, 1898.
— 2. Sur la démocratie chrétienne et le nombre des décès par inanition. Avec réponse de Cazajeux. (Réforme sociale, XVI. 1897.)
Naudier, Fernand, Le socialisme et la révolution sociale, étude historique et philosophique. 18°. Augers, F. Alcan, 1894.
Naumann, Friedr., 1. Soziale Briefe an reiche Leute. (Die Zukunft, Bd. 8, u. Bd. 9, 1894.)
— 2. Sociale Briefe an reiche Leute. 8°. Göttingen, Vandenhoeck u Ruprecht. 1894.
— 3. Christlich-sozial. (Die Zukunft, Bd. 6, 1894.)
— 4. Einige Gedanken über die Gründung christlich-socialer Vereine. Entgegnung auf Prof. Dr. Hilty's gleichnamigen Vortrag. gr. 8°. Bern, A. Siebert, 1896.
— 5. National-socialer Katechismus, Erklärung der Grundlinien des nationalsocialen Vereins. 8°. Berlin, Buchverlag der „Zeit". 1897.
— 6. Was heisst Christlich-social? Gesammelte Aufsätze. gr. 8°. Leipzig, A. Deichert's Nachf., 1894. 1. Heft. 2. Aufl. 8°. Leipzig, A. Deichert, 1896.
— 7. Zum sozialdemokratischen Landprogramm. (Ans: „Die Hilfe".) gr. 8°. Frankfurt a. M. (Göttingen. Vandenhoeck u. Ruprecht in Komm.) 1895.
Naumann, Friedr., 8. Officiöses vom evangelisch-sozialen Kongress. (Die Zukunft, Bd. 7, 1894.)
— Vide: Arbeiterbibliothek (Göttinger).
Nava, Cesare, Il lavoro di fronte alla Chiesa e alla rivoluzione: conferenza 28 gennaio 1887. (Società della Gioventù cattolica italiana, circolo di S. Luigi in Bergamo.) 16°. Bergamo, tip. S. Alessandro, 1887.
Návay, L. v., Die Arbeiterfrage in Alfeld mit besonderer Rücksicht auf die Arbeiterverhältnisse im Comitate Czanad. (Zeitschr. f. Volkswirtsch., Soz.-Pol. u. Verwalt., VI, 1897.)
Naville, E., La démocratie représentative 8°. Genève 1881.
Nas, Simche Bunem ben, Das Gan-Eden hatáchataun. (Das Paradies hienieden.) A wunderliche unese Maisse, wie men is dergangen dem Weg zum Gan-Eden auf der Welt, un wie Menschen fohren ahin. (In hebräischen Lettern.) 8°. Warschau, Typographie ....., 1875.
Nazarbek, Avétis, Die armenische Frage und der Sozialismus. (Neue Zeit, Jhrg. 14,₂, 1895/96.)
Nazzani, dott. prof. Emilio, Alcuni quesiti sulla domanda di lavoro: saggio. 16°. Forli 1880.
Neale, Edward V., A characteristic features of some of the leading systems of socialism. A lecture. 8°. London 1851.
Neale, J. M., Songs and ballads for manufacturers. 24 pp. 8°. London 1846.
Nederlandsch werklieden verbond (Algemeen), 1871—1896 (d. B. J. Heldt). gr. 4°. Leew, Coöperatieve handelsdrukkerij, 1896.
Needham, M., De la souveraineté du peuple et de l'excellence d'un état libre. Traduit de Th. Mandar. Enrichi des notes de J. J. Rousseau, Bossuet, Condillac, Montesquieu, Raynal etc. 8°. Paris 1790.
Neese, C., Der Vegetarismus und die sociale Frage. Vortrag, geh. in der diesjährigen öffentl. Frühjahrsversammlung des Vegetar. Vereins zu Berlin. gr. 8°. Berlin, H. Brieger, 1892.
Negri, Aug., I socialisti e l'insegnamento religioso: relazione alla sezione socia-

listica imolese, 15 ottobre 1896. 12°. Imola, tip. Lega, 1897.

Nehr, J. G., Ueber bürgerliche Freyheit und Gleichheit. 4°. Windsh. 1793.

Nekrassoff, N. A., La poésie socialiste en Russie. Vide: Vogue, E. M. de: Regards histor. et litter.

Nelson, R. A., The law of property. 8°. London 1895.

Nemesis. New York 1887.

Nemesis. Journ. Baltimore 1884.

Némésis (La) galante. Gazette politico-satyrique. Rédacteur en chef: Jules Choux. grand format. Un seul numéro paru, 29 avril 1871. Paris.

Nerrlich, Paul, Der Sozialismus und die deutsche Philosophie. (Preuss. Jahrbücher, Bd. 82, 1895.)

Nerva, S. Émile, Respectueuses remontrances de l'ame humaine à l'ame de la terre. 8°. Paris, Dentu, 1853.

Nestor, Die Coulissen der Socialdemokratie. (Die Gegenwart, Bd. 51, 1897.)

Netchaev, S. G., 1. Catéchisme révolutionnaire. (L'Alliance de la démocratie socialiste, 1873.)

— 2. Postanovka revoljucionnago voprosa. Genève.

— Vide: Ist Netchaev ein politischer Verbrecher?

— — Izdanie Obchtchestra.

— — Obchtchina.

Nettlau, M., Bibliographie de l'anarchie, préface d'Elisée Reclus. gr. 8°. Bruxelles, Bibliothèque des „Temps Nouveaux". Paris, P. V. Stock, 1897.

Nettuno (Il). D. Francolini. Giorn. Rimini 1877—78.

Neuberg, J., Beiträge zum Evangelium der Arbeit. Aus den Schriften Th. Carlyle's mitgetheilt. 8°. Berlin 1851.

Neuer, A., Für Deutschthum in Gesetz und Sitte! Darstellung des Verhaltens der Deutsch-Conservativen gegenüber dem Socialistengesetz. 2. Aufl. 8°. Berlin 1879.

Neujahrsgruss! Flugblatt mit der Unterschrift: „Deutschland am Neujahrstage 1881."

Neujahrsgruss! Arbeiter Berlins. Flugblatt mit den Eingangsworten: „Das vergangene Jahr war für die Berliner Sozialdemokratie ein Jahr der Sammlung" etc. und mit den Schlussworten: „Hoch die internationale revolutionäre Sozialdemokratie.". 8°. Hottingen-Zürich, Schweiz. Genoss.-Buchdr., s. a.

Neujahrsgruss an die Genossen Berlins. Flugblatt. 8°. Hottingen-Zürich, Genoss.-Buchdr., s. a.

Neujahrsgruss an die Arbeiter Brandenburgs-Westhavelland. Flugblatt mit dem Schluss: „Hoch die Sozialdemokratie." 8°. Brandenburg, Otto Stage, s. a.

Neumann, R., Zur Geschichte des deutschen Bauernkrieges. 4°. Frankfurt a. M. 1882.

Neumann-Hofer, Adolf, Die Entwickelung der Sozialdemokratie bei den Wahlen zum deutschen Reichstage. Statistisch dargestellt. gr. 8°. Berlin, C. Skopnik, 1894. 2. Aufl. gr 8°. Ebenda 1898.

Neupauer, Jos. Ritt. v., 1. Etwas über Kollektivismus. (Deutsche Worte, Jhrg. 17, 1897; Jhrg. 18, 1898.)

— 2. Oesterreich im Jahre 2020. Sozialpolitischer Roman. 8°. Dresden, E. Pierson, 1893.

— 3. Die Regenerirung der Oesterreichischen Monarchie nach dem Wahlspruche: „Viribus unitis". Ein Beitrag zur Lösung der Arbeiterfrage. 8°. Wien, Selbstverlag (Genoss.-Buchdr.), 1889.

New-Age (The) and Concordium Gazette. Nos. 1—24, January 1843—Dec. 1844. Vol. 1 (published 1845). 8°. London.

New-Australia: Communistic work at the Antipodes. (Westminster Review, 1893, Nov.)

New England-Anzeiger. New Haven 1885.

New Jersey Arbeiter-Zeitung. Jersey City Hights, 1884.

New Republic (The): a scheme to abolish poverty, the anti-poverty society on the American plan: social democracy. 24°. New York, the New Era publishing Co., 1894.

New social teachings, by Politicus. 8°. London, Paul, 1886.

Cont.: On political economy, competition, socialism.

Ni socialistes, ni francs-maçons. (Extrait du Courrier de la Vienne.) 32°. Poitiers, impr. Oudin et Co., s. a. (1896).

Nicholas, M., Christianity and socialism. 8°. London 1893.

Nicholson, J. S., 1. Historical progress and ideal socialism: an evening discourse delivered to the British Association at Oxford in the Sheldonian theatre, Aug. 13, 1894. 8°. London, Black, 1894.

Nicholson, J. S., 2. Strikes and social problems. 8°. London, A. and Ch. Black, 1896.

Nichtgentleman (Der erste) auf dem Zeugenstande. Bericht über den Münchener Geheimbunds-Prozess am 26. u. 27. Oct. 1888 vor dem Landgerichte München I. 8°. München, M. Ernst, s. a.

Nicolas, August, Der Staat ohne Gott, das sociale Uebel unserer Tage. Aus dem Französischen. 8°. Mainz, Franz Kirchheim, 1872.

Nicoll, David J., 1. Anarchy at the bar. 8°. London, Febr. 1894.
— 2. The ghosts of Chelmsford jail. 8°. Sheffield, "The Commonweal", 1896.
— 3. Justice in England! Ten years penal servitude. („The Anarchist". no. 19.) 8°. Sheffield 1896. Other edition: Life in English prisons etc. 8°. Sheffield 1896.
— 4. Life in English Prisons. („The Anarchist", no. 18.) 8°. Sheffield 1896.
— 5. The Walsall anarchists. 8°. London, Jan. 1894.

Nicolo, J., La musique dans le nouveau monde de Fourier. (La France musicale, 1843.)

Nicotra-Randassi, G., Il comunismo nel triplice aspetto: con note e schiarimenti. 8°. Catania 1883.

Niederberger, Leonz., Der Sozialdemokrat oder wie einer ins Elend geräth. Erzählung aus dem Arbeiterleben der Gegenwart. 12°. M.-Gladbach, Riffarth, 1891.

*****Ni dieu ni maitre**. Bruxelles, 24 mai 1885—1886; plus tard, des éditions françaises ont paru sous les titres: „La Guerre sociale" et „L'Interdit".

Ni dieu ni maitre. (Revue sociale catholique, 1898, août.)

Ni Dios ni Amo. Journ. Buenos-Aires, 6 mars 1896 sq.

Niebergall, Friedr., Ein Weihnachtsbesuch bei einem socialdemokratischen Redacteur. (Sammlung theologischer und socialer Reden und Abhandlungen, Serie 2, Heft 12.) gr. 8°. Leipzig, Wallmann, 1891.

Niebuhr, B. G., Ueber die geheimen Verbindungen im preussischen Staat und deren Denunciation. 8°. Berlin 1815.

Nieder mit dem Hunger! oder Wollt Ihr im Elend bleiben? Eine Frage an das arbeitende Volk. 8°. Wien, S. Strauss, 1896.

Nieder mit der Sozialdemokratie, nur so wäre uns allen geholfen! Eine Sozialreform im grossen Stil. Von *₊*. 8°. Berlin, Rentzel, 1893. (Auf dem Umschlag lautet der Titel: Der Sturz der Sozialdemokratie, oder das Ei des Columbus. Eine Sozialreform etc.)

Niederlage (Die dritte) des französischen Proletariats. 8°. Chicago, Ch. Ahrens, 1879.

Nielsen, Fr., Charles Kingsley og den „kristelige socialisme" in England. 8°. Kjöbenhavn 1888.

Nietzsche, Friedr., Von Gesellschaft und Staat. (Die Zukunft, Bd. 18, 1897.)

Nietzsche gegen den Sozialismus. (Neue Zeit, Jhrg. 15, 1896/97.)

Nieuwenhuis, Domela, 1. Mein Abschied von der Kirche. Zwei Vorträge. Aus dem Holländischen ins Deutsche übersetzt von H. Harders und E. Groth. 3. Aufl. 12°. Bielefeld, Zwiener u. Co., 1891.
— 2. Die holländische Arbeiterenquête und ihre socialpolitischen Ergebnisse. (Deutsche Worte, Jhrg. 9, 1889.)
— 3. Autoritair en libertair socialisme. 8°. Amsterdam, Ph. Oudkerk, 1897.
— 4. Die Bibel. Ihre Entstehung und ihre Geschichte. Eine historisch-kritische Abhandlung zur Aufklärung des arbeitenden Volkes. Aus dem Holländ. ins Deutsche übersetzt von H. Harders-Bünde u. Dr. Frz. Diderich-Dortmund. 8°. Bielefeld, G. Slomke, 1892. 2. Aufl. Mit einem Anhang: „Ein neuentdecktes Leben Jesu." Nebst Bemerkungen zu der Frage: Buddhismus und Christenthum. 8°. Ebenda 1895.
— 5. Capital und Arbeit. Eine gedrängte Darstellung der Marx'schen Lehre. Uebersetzt von C. Derossi. (Sep.-Abdr. aus dem Buchdruckergehilfen-Organ „Vorwärts".) 8°. Wien, E. Kralik und L. A. Bretschneider, 1879.
— 6. Les divers courants de la démocratie socialiste allemande. („Société Nouvelle", mars 1891.) 8°. Bruxelles 1892.
— 7. De Fransche Burgervoorlag van het yaar 1871. 8°. Haarlem, W. C. de Graaf, s. a.
— 8. Der Gottesbegriff. Seine Geschichte und Bedeutung in der Gegenwart. Kritisch-historische Abhandlung zur Auf-

klärung des arbeitenden Volkes. Aus dem Holländischen. 8°. Bielefeld, G. Slomke, 1895.

Nieuwenhuis, Domela, 9. Das Leben Jesu. Eine historisch-kritische Abhandlung zur Aufklärung des arbeitenden Volkes. Aus dem Holland. ins Deutsche übersetzt von H. Harders-Bunde und Dr. Fr. Diederich-Dortmund. 8°. Bielefeld, G. Slomke, 1893.

— 10. De Jersche landvraag en het eigendomsrecht op grond en bodem. 8°. Gand, A. Hoste, 1883.

— 11. Karl Marx in memoriam. 8°. Amsterdam, gedr. bij Gebroeders Binger, s. a.

— 12. Le militarisme. (Almanach de la question sociale pour 1894.)

— 13. De Petrustype of de zwakke. Een voordracht uitgegeven door de Vereeniging Ter bevordering der Vrije Gedachte... t's Gravenhage. 8°. s. l. s. a.

— 14. De Pylatustype of de twijfelaar. Voordracht. 8°. s. l. s. a.

— 15. Le socialisme en danger. 8°. Bruxelles 1894.

— 16. Le socialisme étranger. Préface d'Elisée Reclus. 18°. Paris, P. V. Stock, 1897. (Bibliothèque sociologique, no. 15.)

— 17. Socialisme libertaire et socialisme autoritaire. 8°. Bruxelles 1895.

— 18. Socialismo libertario e socialismo autoritario. 8°. Ancona 1896.

— 19. Algemeen stemrecht. 8°. Haarlem, W. C. de Graaf, 1879.

— 20. Die verschiedenen Strömungen in der deutschen Sozialdemokratie. Aus dem Französischen übersetzt von Alb. Auerbach. Mit einem Vorwort des Verfassers. gr. 8°. Berlin, Harnisch, 1892.

— 21. Die Stückarbeit und der Sozialismus. (Neue Zeit, Jhrg. 10, 1891/92.)

— 22. Stückarbeit und kein Ende. (Neue Zeit, Jhrg. 10, 1891/92.)

— Vide: Bernstein: Nieuwenhuis.

— — Van der Woo en Nieuwenhuis.

Nieva, Teobaldo, Quimica de la cuestion social o sea organismo cientifico de la revolución. Pruebas deducidas de las leyes naturales de las ideas anarquico-colectivistas. 4°. s. l. 188..

Nihilisten (Die). Festspiel in vier Aufzügen. Nach histor. Quellen für die Bühne frei bearbeitet von ***. Für die Commune-Feier in der Nordseite-Turnhalle, Chicago, am 18. März 1882 verfasst und bei dieser Gelegenheit zum 1. Male aufgeführt. 8°. Chicago, Ill., hrsg. v. d. Socialist. Publish. Society.

Nihilistes (Les) ou les dames Russes émancipées. Par le prince Alexeï de G. 8°. Londres et Bruxelles, Prag, A. G. Steinhauser, 1867.

Nikel, Joh., Socialpolitik und sociale Bewegungen im Alterthum. (Aus: „Bericht d. wissenschaftl. Gesellschaft Philomathie in Neisse".) gr. 8°. Paderborn, Schöningh, 1892.

Niles, F., Das rechte Mittel gegen die Socialdemokratie. Ein ernstes Wort. gr. 8°. Leipzig, W. Fiedler, 1894.

Nippold, Prof., Christlich-sozial, evangelisch-sozial, kirchlich-sozial. (Die Zukunft, Bd. 17, 1896.)

Nitti, F. S., 1. Catholic socialism. Translated from the 2. Italian edition by Mary Mackintosh. With an Introduction by D. C. Ritchie. 8°. London, Swan Sonnenschein, 1895.

— 2. Italian anarchists. (North American Review, 1898, Nov.)

— 3. Le mouvement économique et social en Italie en 1891. (Revue sociale et politique, année 2, 1892.)

— 4. Population and the social system. Translated under the author's supervision. 8°. London, Swan Sonnenschein, 1894.

— 5. La population et le système sociale. Avec une préface de René Worms. 8°. Paris, Giard et Brière, 1896. (Bibliothèque sociologique internationale, III.)

— 6. La popolazione e il sistema sociale. 8°. Torino, L. Roux et Co., 1894.

— 7. I problemi del lavoro: prolusione al corso di economia politica, fatta il 4 dicembre 1893 nella università di Napoli. 16°. Roma, Unione cooperativa edit., 1893.

— 8. Le socialisme catholique. Traduit de l'italien avec l'autorisation de l'auteur. 8°. Paris, Guillaumin, 1894. (Collection d'auteurs étrangers contemporains.)

— 9. Il socialismo cattolico. 2. ediz. ampl. gr. 8°. Torino 1891.

— 10. Le travail humain et ses lois. (Revue internat. de sociologie, III, 1895.)

Nobbe, M. A., 1. Zur ländlichen Arbeiterfrage. Vortrag auf dem 2. evangelisch-socialen Kongress zu Berlin 1891.

Nobbe, M. A., 2. Der Fall des Socialistengesetzes. (Preuss. Jahrbücher, Bd. 94, 1898.)
— 3. Der evangelisch-soziale Kongress und seine Gegner. 1.—2. Aufl. gr. 8⁰. Göttingen, Vandenhoeck u. Ruprecht, 1897.

Noël, Octave, La Banque de France sous la Commune. (Revue de France, année 2, 29 févr. 1872.)

Noel, R. R., Gedanken über sociale Fragen der Gegenwart. 8⁰. Leipzig, Arnold, 1848.

Noeller, Ernst, Proletariat und Privatrecht. Kritische Betrachtungen eines Arbeiters über den Entwurf eines bürgerlichen Gesetzbuches für das deutsche Reich. 8⁰. Dresden, „Sächsische Arbeiterzeitung", s. a. (1896).

Nogues, A., Essai sur la rémunération du travailleur et du capitaliste dans l'oeuvre de la production. (Extr. de l'Association catholique du 15 janv. 1897.) 8⁰. Paris, impr. Gainche, 1897.

Nohle, Carl, Die Staatslehre Plato's in ihrer geschichtlichen Entwicklung. Ein Beitrag zur Erklärung des Idealstaates der Politeia. gr. 8⁰. Jena, E. Frommann, 1880.

Nöldechen, Wilh., Aufstand - Aufstand. Dichtung. 12⁰. Altenburg, St. Geibel, 1891.

Nollet, P., Question du travail. 8⁰. Reims 1848.

Nolli, Rab., Problème social, questions et réponses. 8⁰. Paris, Dubreuil, 1884.

Nolte, W., Nachtigallenlieder. Gewidmet der Berliner Freiheit. 8⁰. Paris 1842.

Nöltingk, G. C., Die christlich-soziale Partei in Deutschland. 1882.

Nonsensometer (Theologischer). Ein Fragekasten für erwachsene Kinder und solche, die es nicht bleiben wollen. (Nach Ingersoll's Talmagian Catechism.) Deutsch von Wolfgang Schaumburg. 8⁰. Wien, Schaumburg, s. a.

Noodkreet (De). Malines, août 1894— févr. 1895. 7 nos.

Noógrafo (El). Journ. Barcelona, 15 sept. 1882 sq.

Nordamerika (Ueber) und Demokratie. Ein Brief aus England. 8⁰. Kopenhagen 1782.

Nordeck, Erich. Vide: Friedländer, Siegb.

Nordstern (Der). Zeitschr. 1.—7. Jhrg. Hamburg 1860—1866.

Norman, George Warde, Papers on various subjects. 8⁰. London 1869 (for private circulation).
Contents: Effect of poor laws upon agricultural wages. — Democratic government. — Reign of the middle classes. — Capital and labour.

Normann, Hans. Vide: Buch der Freiheit.

Normanus, Prof. der Ethik, Im Namen der Gerechtigkeit! Kritik der Umsturz-Vorlage. gr. 8⁰. Berlin, R. Taendler, 1895.

Norrenberg, P., Handbüchlein zur Gründung und Leitung von Arbeiterinnen-Vereinen. 8⁰. Mainz 1881.

Norton, Lord, Socialism. 8⁰. London, Rivington, 1895.

Norton, Seymour, Ten men of Money Island. With Appendix by Henry Seymour. 8⁰. London 1895.

Nossig-Prochnik, Felicie, Die sociale Frage auf der französischen Bühne. (Neue Zeit, Jhrg. 16₁₁, 1897/98.)

Nostiz, H. v., Die englischen Gewerkvereine. (Grenzboten, 1894,₈.)

Notenblätter, Katzenmusik aus Breslau, als Beitrag zur Würdigung demokratischer Personen und Zustände von Abr. Spiessbürger. gr. 8⁰. Sondershausen 1848.

Notes sur le mouvement. Résumé du Mémoire de la Fédération Jurassienne. Du Bulletin de la Fédération Jurassienne. De l'Avant-Garde. Du Révolté et de La Révolte. 3 parties. I. de 1865 à 1878; II. de 1879 à sept. 1887; III. de sept. 1887 à oct. 1891. 8⁰. Foix, Darnaud, août, sept. et oct. 1891.

Notes sur la question sociale. Vraies remèdes et fausses interprétations. 8⁰. Bayeux, impr. Payan, 1896.

Notice sommaire sur l'histoire du travail dans le royaume de Norvège. 8⁰. Paris, F. Dupont, 1867.

Notice complémentaire et explicative de droit social sur le partage des intérêts, par „un solitaire". 8⁰. Bourges, Pigelet et Tardy, 1885.

Notions élémentaires de la science sociale de Fourier. 12⁰. Paris 1844.

Notre Union, chant ouvrier (vers). plano. Lille, impr. Delory, s. a. (1894).

Nötscher, Therese, Das Lied der Arbeit von J. J. Zapf und seine Bedeutung! Vortrag. 8⁰. Wien, Selbstverlag, Druck von Fr. Martinek, s. a. (1896).

Nougarède, Auguste, La vérité sur la révolution de févr. 1848. 8°. Paris, Amyot, 1850.

Nougaret, P. J. B., Contrat social des républiques et essai sur les abus religieuses, politiques, civiles etc., parmi toutes les nations et principalement en France. 12°. Paris, an VIII.

Nouveau Nord-Est, organe de la démocratie ardennaise, paraissant le samedi. Année 1, no. 1, 11. Sept. 1897. pet. fol. Charleville.

Nouvel Étendard, organe radical socialiste. Année 1, no. 1, 13 juin 1897. fol. Bordeaux, impr. spéciale.

Nouvelle Humanité (La). Paris, août 1895 sq. polygraphié.

Nouvelle République (La). Journal politique quotidien. Rédacteur en chef: Paschal Grousset, grand format. 13 nos. (no. 8 au no. 20) du dimanche 19 mars 1871 (28 pluviôse an 79) au samedi 1. avril (12 germinal). Paris. Les nos. 1 à 7 avaient paru sous le premier siège du 26 octobre au 1. nov. 1870.

November (Der 11.) 8°. New York s. a.

November (11) 1887 (hollandais). 8°. La Haye s. a.

November (Der 11.) 1887, herausgegeben von den „Pionieren der Freiheit" und „Vereinigten Rittern der Freiheit", der I. A. A. 8°. New York 1889 (en jargon juif).

Novembre (11 de) 1887—1892. 8°. Lamego 1892, Bibliotheca do Grupo anarchista „Os Vingadores".

Noviembre (11 di). Journ. Montevideo 1889. 1 no.

Novikow, J., 1. Les gaspillages des sociétés modernes. Contribution à l'étude de la question sociale. 8°. Paris, F. Alcan, 1894.

Novikow, J., 2. L'insignifiance de la force brutale. (Rev. internat. de sociol., I, 1893.)
— 3. Les luttes entre les sociétés humaines et leurs phases successives. gr. 8°. Paris, F. Alcan, 1893. 2. édit. revue. gr. 8°. Paris, F. Alcan, 1896.

Novikow, L., L'État considéré comme propriété. (Revue politique et parlem., I, 1894.)

Nowikow, N., Ueber die Principien der der Arbeitsteilung bei Adam Smith und Karl Marx. 8°. Bern, Druck v. Obrecht u. Kaeser, 1894.

Noyes, John Humphrey, Essay on scientific propagation. 8°. Oneida, N. Y. published by Oneida Community, s. a.

Nübling, Eug., Kritische Beiträge zur socialen Frage. (Grenzboten, 1886,.)

Nuéjouls, E., Le capital. Le crédit. Le travail. Solution pratique de ces questions. 8°. Paris, Guillaumin et Co., 1867.

Nueva Idea (La). Journ. Gracia, 23 févr. 1895 sq. 4 nos.

Nuit (La) du 31 oct. 1870. 8°. Paris, impr. Lefebvre, 1870.

Nuova Gioventù (La). Giorn. Firenze 1891.

Nus, Eugène, 1. Les grands mystères (vie universelle — vie individuelle — vie sociale). 3. édit. 8°. Paris 1866.
— 2. Des dogmes nouveaux. 8°. Paris 1861.

Nyblaeus, Axel, Om staatsmaktens grund och väsende. Med anledning af Proudhon's skrift: „Les confessions d'un révolutionnaire". 4°. Lund 1864.

Nyström, Anton, Reformerande eller revolutionär socialism? 8°. Stockholm 1886.

O.

Obchtchina. Journ. par S. G. Netchaev. London 1871 (?). 2 nos.

Obchtchina, socialno-revoljucionnoi obozryenie, Genève, janv.—déc. 1878, paru dans l'été 1879. 9 nos.

Oberbreyer, Max, Das neue Programm der Socialdemokratie. Ein Taschenbuch für Jedermann. 16°. Mainz, Fl. Kupferberg, 1891.

Oberwinder, Heinrich, 1. Die Anfänge

der Arbeiterbewegung. (Die Zukunft, Bd. 20, 1897.)
Oberwinder, Heinrich, 2. Die Anfänge der modernen socialen Bewegung in Oesterreich. (Die Zeit, Nr. 156, Wien, 25. Sept. 1897.)
— 3. Socialpolitische Wandlungen in den conservativen Parteien. (Die Zeit, Wien, Nr. 136, 8. Mai 1897.)
Objeto, fin, medios, organización y cuotas de „la Federación de Trabajadores de la Región española. 4°. s. l. 1881.
Obrero (El). Journ. Sabadell.
Obrero (El). Journ. Granada.
Obrero (El), puis La Revolución social. Journ. Palma, Mallorca, 1869—1871.
Obrero (El) Panadero. Journ. Buenos-Aires, 16 sept. 1894 sq.
O'Brien, J. Bronterre, To the oppressed and mystified people of Great Britain. (A chartist and socialist broadside.) 4°. s. l. 1851.
O'Brien, W., Was Fenianism ever formidable? (Contemporary Review, 1897, May.)
Obrigkeit (Die) (Autorität) nach der Auffassung der Freimaurer und Sozialisten. (Christl.-sociale Blätter, Jhrg. 29, 1896.)
Observations on the critique, contained in the Edinburgh Review for October 1819, of Mr. Owen's Plans for relieving the national distress. By a lover of truth. 8°. Edinburgh 1819.
Ockel, C. G., Volksbuch über die sociale Frage. Ein Beitrag zur untrüglichen Lösung derselben vom sittlichen und ökonomisch-technischen Standpunkte, auf Erfahrung gestützt, volksfasslich in 2 Abschnitten dargestellt. I. Nüchternheit, Sparsamkeit und Fleiss. II. Nützlichkeit des Anbaues der Runkelrübe etc. 8°. Breslau, Dülfer, 1853.
O'Connor, Ferg. Vide: Labourer (The).
Odescalchi, Baldassarre, Lettere sociali. 16°. Roma, E. Perino, 1894.
 Cont.: Anarchici: costumi del giorno di J. H. Mackay.
Oehninger, Friedr., Die grosse Frage, oder Sind die Angriffe gegen die Bibel und ihre Religion begründet? Für denkende Leser, auch Sozialisten beantwortet. 8°. Konstanz u. Emmishofen, C. Hirsch, 1895.
Oelbermann, Hugo, Bonner Traktat. Socialpolitische Studien, als ebenso viele Beiträge zum Stückwerk unseres Wissens und Weissagens von göttlichen und menschlichen Dingen. 8°. Leipzig, Otto Wigand, 1890.
Oelsner-Monmerqué, G., Die Rothen und die Blauen. Pariser Corruptions-Skizzen. Ein Tendenzroman. 8°. Bremen, Franz Schlodtmann, 1850.
Oelsnitz, A., Stenko Razine. („La Commune", Almanach socialiste pour 1877.)
Oertzen, Dietr. v., Landeskirchentum und sociale Frage. Vortrag. Mit einigen Zusätzen. gr. 8°. Berlin, Vaterland. Verlagsanstalt, 1897.
Oeuvre sociale (L'). Marseille, févr.— 30 juin 1895. 6 nos.
Offenbarung (Die natürliche) über Selbsthilfe. Originalausgabe von B. Franklen. 8°. Davenport, Jowa, 1874.
Offermann, Alfr., 1. Wissen und Arbeit, ihre soziale Bedeutung. gr. 8°. Leipzig, O. Wigand, 1889.
— 2. Ueber die Zukunft der Gesellschaft oder die Wirkung der grossen Zahlen. gr. 8°. Leipzig, O. Wigand, 1893.
Office du travail. Statistique des grèves et des recours à la conciliation et à l'arbitrage survenus pendant l'année 1893. 8°. Paris, Berger-Levrault, 1894. — pendant l'année 1894. 8°. Ibid. 1895. — pendant l'année 1895. 8°. Ibid. 1896. — pendant l'année 1896. 8°. Paris, impr. nat., 1897. — pendant l'année 1897. 8°. Paris, Berger-Levrault, 1898.
O'Flym, Jas., Popular social philosophy. I. An Inquiry into the material causes of social misery. 8°. London 1856.
Ofner, Jul., Das Erfurter Programm. Vortrag, geh. im Wissenschaftl. Club zu Wien am 16. Jan. 1893. (Aus: „Monatsblätter des Wissenschaftl. Club".) 8°. Wien, A. Hölder, 1893.
Ogareff, N., Essai sur la situation russe. Lettres à un Anglais. 8°. Londres, Trübner et Co., 1862.
Oggero, G., 1. Conferenza intorno al socialismo, tenuta la sera del 1. maggio 1893 per l'inaugurazione del circolo socialista sondriese. 16°. Sondrio 1893.
— 2. Sorgete! 8°. Torino 1894. (Socialismo popolare, fasc. 1.)
Ogilvie. Vide: Essay on the right of property.
Ogilvy, A. J., Landnationalisation. 8°. Manchester 1892.
Olberg, Oda, 1. Der Sozialistencongress von Florenz. (Die Zukunft, Bd. 16, 1896.)

Olberg, Oda, 2. Der Strike in der Konfektion. (Die Zukunft, Bd. 14, 1896.)
Oldenberg, K., 1. Die Arbeitseinstellungen in Deutschland seit Aufhebung der Koalitionsverbote. (Handwörterbuch d. Staatswiss., I, 1890, u. Suppl. I, 1895.)
— 2. Die Gewerkvereine in Deutschland. (Handwörterb. d. Staatswiss., Suppl. I, 1895.)
Oldenburg, H., Wat willen de sociaaldemokraten? N. L. Hoogd. 8°. Haarlem s. a.
Oldys, F., Th. Paine's life, with review of his writings, particularly of Rights of Man. 5. edit. 8°. London 1792.
Olerich, Henry, A cityless and countryless world. An outline of cooperative individualism. America 189(?).
Olive, l'abbé J. de Cette, Le travail est-il la liberté? Quel est l'homme le plus libre? Lettre à deux amis. 119 pp. 8°. Montpellier, Séguin, 1873.
Olivier, Émile, Solutions politiques et sociales. 18°. Paris, Société des écrivains français, 1894.
Ollé-Laprune, De la responsabilité de chacun devant le mal social. (Réforme sociale, série 3, 1895.)
Olsen, M. u. S. Vide: Knusden, Olsen, S., u. Olsen, M.
Olympiade (Die) oder die eilf Stück vom Glück der rheinischen Sozial-Republik. Ein Heldengedicht, wer's liest, wird darnach dümmer nicht. 8°. Solingen 1851.
Omladina. Journ. Aussig, 7 nov. 1895 —1896.
Oncken, A., Die soziale Frage im Lichte der Philosophie. (Schweiz. Blätter für Wirtsch.- u. Soz.-Pol., Jhrg. 5, 1897.)
Onclair, Aug., 1. Les causes et les remèdes du socialisme. 18°. Paris, Téqui, 1896.
— 2. Le clergé et la question sociale, par le docteur Scheicher. Examen critique. 18°. Paris, Téqui, 1898.
— 3. Le communisme dans l'histoire et les systèmes socialistes d'à present d'après le père Steccanella. 8°. Namur, V. Delvaux, 1895.
Ondei, Gonsildo, Della democrazia sociale. 16°. Bergamo 1891.
Onesicratus oder Versuch über die Mittel, in einer republikanischen Verfassung unabhängig und glücklich zu leben. 8°. Bregenz 1785.

Ontwaking (De). Journ. Anvers 1896.
Operaio (L'). Giorn. Tunis, 20. nov. 1887—1888. 18 nos.
Operaio (L'). Giorn. Reggio-Calabria 1888, 8 marzo sq.
Operaio (L'). Giorn. Spezia 1891—92.
Operaio (L'). Giorn. San Paulo, 2 febbr. 1896 sq.
Operaio cattolico (L'). Problema del secolo XIX. 32°. Genova, tip. della Gioventù, 1885.
Operaio (L'). Giornale democratico, red. P. Perego, E. Lavelli. T. 1—3. 8°. Milano 1848 (compl.)
Opfer (Ein) oder die Juristerei als Geschäft. Volkstrauerspiel in 5 Aufzügen. Nach dem Roman Otto-Walster's: „Am Webstuhl der Zeit". Für die Bühne bearbeitet von E. S. 8°. Zürich, Volksbuchhdlg. (J Franz) 1876. (Sozialist. Theaterstücke, Nr. 3.)
Opinion (A l') publique des peuples civilisés. Flugblatt, unterfertigt: P. Alissow, Dragomanov, Elpidine, Fomine etc. 8°. Genève, impr. Pfeffer, s. a.
Opinion de los más prominentes anárquistas sobre la cuestion de Cuba. (Supplément au „Proletario" de Key West, Florida.)
Opitz, Herm., Heinrich VIII. und Thomas Morus. Eine kirchenpolitische Skizze. (Frankfurter zeitgemässe Broschüren, N. F. Bd. 16, Heft 9.) gr. 8°. Frankfurt 1896.
Opitz, Th., 1. Die Helden der Masse. 8°. Grünberg 1847.
— 2. Proudhon's neueste Schrift: Theoretischer und praktischer Beweis des Socialismus. 8°. Leipzig 1849.
Oppenheim, Heinr. Bernh., 1. Zur Kritik der Demokratie in Deutschland. (Deutsche Monatsschrift, 1850, I.)
— 2. Philosophie des Rechts und der Gesellschaft. (Aus: Encyclopädie (Neue) der Wissenschaften und Künste. Red. von Frdr. Grieb u. Joh. Scherr. Stuttgart, Frankh, 1847—1852. Bd. 5.) gr. 8°. Stuttgart 1850.
— 3. Vermischte Schriften in bewegter Zeit. 2 Theile. 8°. Stuttgart 1866—69.
Enth. u. A.: Kritik der Demokratie. — Die Lassalle'sche Bewegung im Jahre 1863.
— 4. Benedikt Franz Leo Waldeck, der Führer der preussischen Demokratie (1848—1870). gr. 8°. Berlin 1873.

Oppenheim, J., 1. De souvereiniteit des volks. 8°. Leyden 1849.
— 2. De volksregeering in het constitioneel stelsel. 8°. Groninchem 1885.
— 3. Volkswil en vrije verkiezingen. 8°. Leyden 1848.

Oppenheimer, Frz., 1. Freiland in Deutschland. 8°. Berlin, F. Fontane, 1895.
— 2. Grossgrundeigentum und sociale Frage. Versuch einer neuen Grundlegung der Gesellschaftswissenschaft. gr. 8°. Berlin, Vita: Deutsches Verlagshaus, 1898.
— 3. Soziologischer Pessimismus. (Die Zukunft, Bd. 24, 1898.)
— 4. Die Siedelungsgenossenschaft. (Die Zukunft, Bd. 17, 1896.)
— 5. Die Siedelungsgenossenschaft. Versuch einer positiven Ueberwindung des Kommunismus durch Lösung des Genossenschaftsproblemes und der Agrarfrage. gr. 8°. Leipzig, Duncker u. Humblot, 1896.

***Opposition** (Die). Redig. von W. Marr. Heft 1—6. 8°. Hamburg, C. Fischer, 1863, Juli—Dec.

Oppresso (L'). Giorn. Pergola, 18 août 1883 sq.

Oprimido (El). Journ. Santiago (Chile) 1893.

Oprimido (El). Journ. Algeciras, 18 sept. 1893 sq.

Oprimido (El). Journ. Lujan, Provincia de Buenos-Aires, 1894 sq. ... est transféré à Buenos-Aires, 23 août 1896.

Opstand (De). Gand, 25 sept. 1887 sq. 7 nos. ?

Opstand (De). Anvers, fin de 1881—1882; publié à nouveau à Bruxelles, 20 sept. 1885—1886 (?).

Opstandeling (De). Anvers, févr. 1894 sq. 4 nos.?

Ordon (El). Journ. Cordoba 1873.

Ordon (El), hoja socialista de propaganda y de acción revolucionaria. 1875—77: le no. 18 est du 14 oct. 1877.

Ordine (L'). Giorn. Torino, 6 agosto 1892 1894.

Ordre (L') règne à Paris! Mai et juin 1871. 8°. Genève, impr. coopérative, 1872.

Orest - Pylades, Socialdemokratische Kampfesweise. Eine Antwort auf die Broschüre Frz. Schuhmeier's: „Christlich-social oder socialdemokratisch?"

(Volksaufklärung. Nr. 13.) 16°. Warnsdorf, A. Opitz, 1898.

Organamento (L') pratico del socialismo, communismo anarchico. 16°. Napoli 1884. (,,Opuscoli di propaganda", no. 2.)

Organe (L') **socialiste**, journal hebdomadaire. Bruxelles, impr. du Peuple, 18..—1898.

Organisacion social de las secciones obreras, federacion regional española. 8°. Barcelona 1870.

Organisation (Zur) der Arbeit. (Grenzboten, 1848,4.)

Organisation der Arbeiter. (Christlichsociale Blätter, Jhrg. 29, 1896.)

Organisation (L') sociale, journal hebdomadaire. Bruxelles, vers 1850.

Organisation (De l') du travail. 8°. Paris 1844.

Organisation (L') du travail par un meilleur système de crédit. 8°. Paris 1848.

Organisation du travail dans la Communauté Icarienne, éd. Béluze. 8°. Paris 1857.

Organisation du travail des ouvriers. Société pour l'émancipation des femmes. Manifeste d" Paris, 16 mars 1848. Paris, impr. de A. Guyot.

Organisation (L') des travailleurs par les corporations nouvelles. 8°. Paris 1861.

Organisation corporative des travailleurs. 8°. Paris, libr. du Luxembourg, 1883.

Organisationsfrage (Die). Ein Beitrag zur Entwickelung der Gewerkschaftsbewegung. Hrsg. von der Generalkommission der Gewerkschaften Deutschlands. 8°. Hamburg. Legien, 1891.

Organisez le travail. Signé: Les Rédacteurs de la Démocratie pacifique. Paris, 10 mars 1848, impr. Lange, Lévy et Co.

Organissazioni (Le) operaie e la conguista dei pubblici poteri. — Dialogo fra due operaj. 8°. Cremona, tip. sociale, 1894.

Organised labor abroad. (Gunton's Magazine, 1897, march.)

Origine, H., Esquisse de la philosophie démocratique. Partie politique. 8°. Leipzig 1865.

Origine (De l') et des progrès de l'esprit révolutionnaire, par un ancien ministre du roi de France. 8°. La Haye 1833.

Origine (De l') du terrorisme, par E. A. 8°. Paris 1795.

Ornum, W. H. van, 1. Fundamentals in

Reform. 8°. Columbus Junction, Jowa, May 1896. ("Liberty Library", no. 5.)

Ornum, W. H. van, 2. Why government at all? 12°. s. l. 189..

Orsat, Les précurseurs de l'anarchie, discours prononcé à l'audience solennelle de rentrée de la Cour d'appel de Chambéry, le 16 oct. 1894. 8°. Chambéry, impr. nouvelle, 1894.

Orsini, Fel. Vide: Lettere edite.

Orsolini Pirro e la bomba lanciata in Pisa la sera del 20 nov. 1878. ("Il Socialista", Pisa, 20 genn. 1884 sq.)

Oschwald. Vide: Höchstetter en Oschwald.

Osensky, Joh., Beitrag zur Lösung der socialen Frage. Volkswirthschaftliche Studie. 12°. Prag, H. Dominicus, 1892.

Osius, R., Die Arbeiterinnenfrage. (Die Frau im gemeinnützigen Leben, Jhrg. 4, 1889.)

O'Squarr, Flor., Les coulisses de l'anarchie. 18°. Paris, A. Savine, 1892.

Osselin, A., Les grèves et la question des salaires, salaires pratiques. 8°. Paris, Cosse, Marchal et Co., 1870.

Osten, v. d., Gewerkvereine in Frankreich. (Handwörterb. d. Staatswiss., IV, 1892.)

Osterberg-Verakoff, Max, Das Buch Judäa im Jahre 6000 (2241 christl. Zeitrechnung). Roman. 8°. Stuttgart, Foerster u. Co., 1893.

Ostrander, Dempster, 1. The social crisis, the duty of the government. 12°. New York, F. T. Neely, 1898.

— 2. Social growth and stability: a consideration of the factors of modern society and their relation of the character of the coming State. 12°. Chicago, Griggs and Co., 1895.

Ostwald, Wilh., The failure of scientific materialism. (Popular Science Monthly, 1896, March.)

Oswald, Eugene, Direct legislation by the people versus representative government. 36 pp. 8°. London 1869.

Oswald, Marie, L'organisation du parti socialiste belge. (Revue socialiste, 1895, ٩.)

Ott, Alexandre, Travail et liberté. 16 pp. 8°. Paris, impr. Turfin et Juvet, 1870.

Ottantonove (L'). Giorn. Venezia, 8 genn. 1888 sq.

Otto, A., Des associations ouvrières. 8°. Paris 1849.

Otto, Berthold, 1. Agrarier, Arbeiter, Arme als innerer Dreibund der Begehrlichen. Ein politisches Aktionsprogramm. gr. 8°. Leipzig, B. Elischer Nachf., 1898.

Otto, Berthold, 2. Der Umsturz. Briefe und Gespräche. gr. 8°. Leipzig, A. Warnecke, 1896.

Otto-Walster, A., 1. Ein verunglückter Agitator oder die Grund- und Bodenfrage. Lustspiel in 2 Akten. Hrsg. in St. Louis 1877. Druck von der "Volksstimme der Westens".

— 2. Das rothe Gespenst und die Casaren. Ein Zeitgedicht. Dem tapfern Freiheitskämpfer Joh. Phil. Becker in Genf gewidmet. 2. Aufl. 8°. Dresden, Selbstverlag, Druck v. W. Brunner, s. a.

— 3. Kranke Herzen. Zwei Novellen. 1) Der Traum im Walde. 2) Die letzten Walzer eines Wahnsinnigen. 2. Aufl. 8°. Braunschweig, W. Bracke jr., 1876.

— 4. Eine mittelalterliche Internationale. Historische Novelle. 8°. Braunschweig 1876.

— 5. Ein Ostergruss an die deutschen Arbeiter. 8°. Leipzig, Selbstverlag, Druck von Bär u. Hermann, 1866.

— 6. Allerhand Proletarier. Eine Hausgeschichte. 8°. Leipzig, Genoss.-Buchdr., 1874.

— 7. Am Webstuhl der Zeit. Sozialpolitischer Roman in 3 Büchern. 8°. Braunschweig, W. Bracke, 1873. Neue Aufl. Ebenda 1877. 3 Bde. 8°. Braunschweig, A. Günther, 1892.

Our New Humanity. Review (quarterly). 8°. Topeka, Kansas, 1896.

Ours (Les) de Berne et l'ours de St. Pétersbourgh. Complainte patriotique d'un Suisse humilié et désespéré (par M. Bakounine). 8°. Neuchâtel 1870.

Outis. The great democratic joke. (New Review, 1895, Febr.)

Ouvret, Jean-Samuel, Les principes du catholicisme social en face de l'Écriture sainte. 8°. Montauban, impr. Granié, 1895.

Ouvrier, J, Die politische Giftmischerei in der Arbeiterfrage. 8°. Berlin 1863.

Ouvrier (L'), journal hebdomadaire. Liège, vers 1830.

Ouvrier (L') chrétien, sa formation; par l'auteur de l'Initiateur du vœu national. 16°. Argenteuil, impr. Notre-Dame-du-Bon-Conseil (1896).

Ouvrier de l'Est, organe de la Fédération des syndicats ouvriers de Meurthe-et-

Moselle, paraissant les premier et troisième samedis de chaque mois. Année 1, no. 1, 4 sept. 1897. fol. Nancy.

Ouvrier (L') du Finistère, organe officiel de la Fédération des travailleurs du Finistère, paraissant le 1. et le 16 de chaque mois. Année 1, no. 1, 1. avril 1898. fol. Brest, impr. Gadreau.

Ouvrier prends la machine! Prends la terre, paysan! (par E. Reclus). 16°. Genève, impr. jurasienne, 1880.

Ouvrier (L') révolté. Calais, 19 juin 1887 sq. 2 nos.

Ouvrier en voiture (L'), organe de la fédération nationale et groupes ouvriers de la voiture, paraissant une fois par mois. Année 1, no. 1, août 1893. fol. Paris, Arnaud.

Ouvriers (A tous les), aux véritables amis de la prospérité publique. 8°. Paris, chez l'auteur, impr. centr. de Nap. Chaix et Co., 1848.

Ouvriers (Aux) socialistes des États-Unis de l'Amérique du Nord, les sociétés slaves socialistes révolutionnaires de Londres. s. l., impr. du journal russe „En Avant", s. a. (1876).

Ouvriers (Les) et le suffrage universel. Études sociales et politiques, par D. R. D. 8°. Paris, chez tous les libr., 1870.

Overmyer, David, The future of the democratic party: a reply. Arena 1897, Sept.

Owd Smeeton. The Sheffield outrages. 8°. Sheffield 1896. (From „The Anarchist".)

Owen, Robert, 1. Address delivered by R. Owen, at a public meeting..... in .... Philadelphia.... To which is added an exposition of the pecuniary transactions between that gentleman and W. Mc Clure. 8°. Philadelphia 1827.
— 2. The address of Robert Owen, delivered at the great public meeting, held at the National Equitable Labour Exchange, Charlotte Street, Fitzroy Square, on 1. May 1833, denouncing the old system of the world, and anouncing the commencement of the new. 8°. London 1833.
— 3. The addresses of Robert Owen (as published in the London Journals), preparatory to the development of a practical plan for the relief of all classes, without injury to any. 8°. London 1830.
— 4. Adresse à l'Assemblée nationale de France. d¹⁰ Paris, 25 mai 1848. 8°. (Paris) Napoléon, Chaix et Co. (1848).

Owen, Robert, 5. Proposed arrangements for the distressed working classes shown to be consistent with sound principles of political economy. 8°. London 1819.
— 6. A development of the principles and plans on which to establish self-supporting home-colonies, as a most secure and profitable investment of capital. 4°. London 1841.
— 7. Discussion between Mr. Owen and Mr. Brindley. 1. evening, Tuesday, 5 January 1841. 2. evening, Wednesday, 6 January 1841. 3. evening, Thursday, 7 January 1841.
— 8. Two discourses on a new system of society as delivered in the Hall of Representatives at Washington. 8°. London 1825.
— 9. A lecture delivered in the Mechanics Institute, London, on the 30. March 1840, in reply to the errors and misrepresentations made on the subject of the rational system of society in both Houses of Parliament. 2. edit. 8°. London, Home colonization Society, 1841.
*— 10. The life of Rob. Owen. A supplementary appendix to the first volume of the life of Rob. Owen. Containing a series of reports, addresses, memorials, and other documents, referred to in that volume 1803—1820. 8°. London, Effingham Wilson, 1858.
— 11. Manual of the association of all classes of nations founded 1. May 1835. 12°. London.
— 12. Robert Owen on marriage, religion and private property, and on the necessity of immediately carrying into practice the „rational system of society" to prevent the evils of a physical revolution. Large boardside folio. London 1839.
— 13. Peace on earth.... Development of the plan for the relief of the poor and the emancipation of mankind. 8°. London 1817.
— 14. Propositions fondamentales du système social, de la communité des biens, fondé sur les lois de la nature humaine. Traduit de l'anglais, par Jules Gay. 8°. Paris 1837.
— 15. The new religion; or religion founded on the immutable laws of the universe contrasted with all religions

founded on human testimony as developed in a public lecture at the London Tavern, Oct. 20, 1830. 8°. London, published by J. Brooks, s. a. — 2. lecture on the new religion, Vide: Bibliogr. L, Owen 28.

Owen, Robert, 16. The signs of the times; or the approach of the millenium. An address to the tories, whighs, radicals, and chartists, churchmen, catholics, dissenters and infidels; to all producers of wealth, and non producers in Great Britain and Ireland. 2. edit. 8°. London, Home colonization Society, 1841.

— 17. Social bible, laws and regulations of all classes of all nations, with a collection of social hymns. 18°. Manchester 1835.

— 18. Social hymns for the use of the friends of the rational system of society. 18°. Salford 1838. 2. edit. 18°. Leeds 1840.

— 19. Statement submitted to the most noble the Marquis of Normanby, Secretary of State for the home department, relative to the principles and objects of the universal community religion of rational religionists. 8°. London, Johnston, s. a.

— 20. A statement regarding the New Lanark establishment. 8°. Edinburgh 1812. Privately printed.

Owen, Robert, 21. Synopsis of a course of four lectures (to be delivered at Sunderland) ... explanatory of the errors and evils of the .... society. 4 pp. 8°. Birmingham 1838.

Owen, R., and Campbell, A., Debate on the evidences of christianity; containing an examination of the social system, and of all the systems of scepticism of ancient and modern times, held in the city of Cincinnati, for eight days successively, between Robert Owen of New Lanark, Scotland, and Alexander Campbell, of Bethany, Virginia. With an appendix by the parties. 8°. London, R. Groombridge, 1839.

Owen's Société coopérative, fondée par M. Owen, à New Harmony en Amérique. (Journal des connaissances utiles, 1826.)

Owen's (Mr.) plans for relieving the national distress. (Edinburgh Review, 1819, October.)

*Owen, R. D., 1. Moral physiology, or a brief and plain treatise on the population question. 1. edit. 8°. New York 1830. 3. edit. 8°. New York 1831. 8. edit. (64 pp.) 8°. London, Truelove, 1832. 10. edit. 8°. London 1838. 8°. London 1848. 12°. London 1852. 8°. London 1870.

— 2. Outline of the system of education in New Lanark. 8°. Glasgow 1824.

P.

Pachini, S., Trattato della giustizia sociale in ordine di natura, di società e di morale. 8°. Firenze 1865.

Pachnicke, H., L'organisation du travail parlementaire au Reichstag Allemand. (Revue politique et parlem., II, 1895.)

Pachtler, G. M., Der stille Krieg gegen Thron und Alter oder das Negative der Freimaurerei. Nach Dokumenten. 2. Aufl. 8°. Amberg, J. Habbel, 1876. Enth. u. A.: Der socialistische Krieg des Geheimbundes gegen die Gesellschaft (p. 270—360) und Die Freimauerei und die Internationale (p. 395—403).

Pachtler, Mich., Die Ziele der Socialdemokratie und die liberalen Ideen. (Die soziale Frage, beleuchtet durch die „Stimmen aus Maria Laach", Heft 8.) 8°. Freiburg 1892. 3. Aufl. 8°. Freiburg 1895.

Paepe, C. de, 1. Appendice à l'essai sur l'organisation des services publics. (Revue socialiste, 1890,₁.)
— 2. Attitude politique des socialistes belges. A propos du manifeste du parti socialiste. (Le Socialisme progressif, 1878, no. 1 et 2.)
— 3. Die socialistische Bewegung in den Niederlanden. (Jahrb. f. Socialwiss., Bd. 1—3, Zürich 1879—80.)
— 4. Bulletin du mouvement social. (Société Nouvelle, 1887,₁, 1888,₁.)
— 5. Le communisme relatif. (Revue socialiste, 1889,₁.)
— 6. Compte rendu du meeting de Patignies. 8°. Bruxelles, fin de 1863.
— 7. Le congrès international des mineurs. (Société Nouvelle, 1890,₁.)
— 8. Le congrès ouvrier belge. Séance des résolutions. (Société Nouvelle, 1886,₂.)
— 9. Les congrès socialistes. (Société Nouvelle, 1887,₂.)
— 10. Cours d'économie sociale. (Publié dans „L'Économie sociale", journal hebdomadaire, no. 1—no. 30, 15 déc. 1875 —15 août 1876.)
— 11. Une digression linguiste et littéraire à propos de la presse démocratique néerlandaise. (Socialisme progressif, 1878, no. 22 et 23.)
— 12. De l'excès de travail et de l'insuffisance de l'alimentation dans la classe ouvrière. (La Revue socialiste, 1880, no. 7.)
— 13. De l'excès de travail et de l'insuffisance d'alimentation dans la classe ouvrière. (Extrait d'un „Traité inédit d'hygiène sociale".) 8°. Bruxelles 1880.
— 14. Les grèves et l'agitation ouvrière en Belgique. (Société Nouvelle, 1887,₁.)
— 15. La lutte des classes et l'organisation ouvrière. (Avenir social, 1897, no. 3.)
— 16. Manifeste et programme électoral. (Élections législatives du 18 juin 1884.) 8°. Bruxelles, impr. Ch. Witt, 1884.
— 17. Mémoire sur la propriété terrienne, présenté au congrès de Bruxelles. (Extr. du Compte rendu officiel.) 12°. Bruxelles 1868. — Présenté au congrès de Bâle. 12°. Bruxelles 1869. (Réimpr. dans la „Revue socialiste", juin 1889.) 8°. Paris.

Paepe, C. de, 18. John Stuart Mill socialiste. (Société Nouvelle, 1895,₁.)
— 19. Le mouvement international de la libre-pensée. (Société Nouvelle, 1886,₂.)
— 20. Objet de la science économique. (Extrait inédit d'un cours d'économie politique.) (Société Nouvelle, 1888,₁,₂, 1889,₁,₂, 1890,₂.)
— 21. De l'organisation des services publics dans la société future. Mémoire présenté au congrès de Bruxelles au nom de la section bruxelloise 1874. 8°. Bruxelles, typ. D. Brismée, 1874.
— 22. Le parti ouvrier belge aux dernières élections. (Revue socialiste, 1887,₂.)
— 23. Polémique collectiviste. (Revue socialiste, 1889,₂.)
— 24. Les grands problèmes de notre époque. (Série d'articles dans la „Rive Gauche" du 23 juillet 1865 au 13 mai 1866.)
— 25. De la propriété collective. (Revue socialiste, 1889,₁.)
— 26. La protection internationale des travailleurs. Conférence faite en sept. 1880 au congrès du commerce et de l'industrie à Bruxelles. (Moniteur industriel, 1880, sept.; Revue du mouvement social, 1880, nov.)
— 27. Rapport sur les grèves et les „Trades-Unions". (Extr. du Compte-rendu officiel.) 12°. Bruxelles 1868.
— 28. Rapport sur la question de l'héritage, présenté au congrès de Bâle. (Extr. du Compte-rendu officiel.) 12°. Bruxelles 1869.
— 29. Réponse à quelques critiques sur le congrès de Gand. (Socialisme progressif, 1878, no. 3.)
— 30. Les services publics. (Revue socialiste, 1889,₂.)
— 31. Les services publics, précédés de deux essais sur le collectivisme. Notice biographique, par B. Malon. 2 tomes. 12°. Bruxelles, J. Milot, 1895. (Bibliothèque populaire, éditée sous le patronage du parti ouvrier, nos. 2 et 3.)
— 32. Silhouette d'une société collectiviste (inachevé). (Revue socialiste, 1888,₂.)
— 33. Socialisme et coopération. (Coopérateurs belges, 1891, 1. mars.)

Paepe, C. de, 34. Le socialisme impérial. (Société Nouvelle, 1890,₁.)
— 35. Le socialisme et le programme du parti ouvrier. (Société Nouvelle, 1887,₂.)
— 36. Les socialistes Gantois. (Société Nouvelle, 1884.)
— 37. Les sociétés coopératives. (Coopérateurs belges, 1891, 1. févr.)
— 38. Le suffrage universel et la capacité politique de la classe ouvrière. 8°. Gand, impr. I. Foucaert, 1890.
— 39. La théorie de l'histoire. — Le travail. — La propriété. — L'école liberale et l'école socialiste. — Quelques considérations sur le mouvement flamand. (Avenir social, 1897, nos. 1 et 2.)
— 40. Untersuchungen über die Grundprincipien der Socialökonomie. (Zukunft, Jhrg. 1.)
— Vide: Isegrim.
Paetow, Franz, 1. Sozialistische Kolonien in Nordamerika und Mexiko. (Arbeiterfreund, Jhrg. 31, 1893.)
— 2. Die socialistischen Gemeinwesen in Nordamerika. (Die Zeit, Nr. 163, Wien, 13. Nov. 1897.)
— 3. Eine religiös-wirtschaftliche Secte (Koreshan - Unity). (Die Gegenwart, Bd. 48, 1895.)
Page d'histoire relative aux évènements de la Commune. 8°. Nantes, J. Lessard, 1893.
Pagès-Duport, A., Le socialisme dans les campagnes. (Revue provinciale, 1849—50.)
Pagnoncelli, Ant., Coalizione e scioperi. 4°. Roma, Frat. Pallotta, 1888.
Paillette, Paul, 1. Amour libre. Poésie. 3 pp. 8°. Paris s. a.
— 2. Chansons et poésies extraites des tablettes d'un lézard. 12°. Paris s. a. (1892?).
— 3. Échos anarchiques (Quand nous en serons au temps d'anarchie, et La chanson des enfants de la nature). 8°. Paris s. a.
— 4. Les enfants de la nature. 12°. Paris 1887.
— 5. Voix nouvelle. 3 pp. 8°. Paris s. a.
— 6. Tablettes d'un lézard. 18°. Paris 1893. Nouv. édit. 8°. Paris s. a. (1895).
— 7. Les tablettes d'un lézard, extraits. 12°. Paris, N. Blanpain, 1888.

Paine, Thom., 1. Case of the officers of excise, with remarks on the numerous evils arising to the revenue from the insufficiency of the present salary. 8°. London 1817.
— 2. The American crisis. 8°. London, R. Carlisle, 1819.
— 3. Droits de l'homme, trad. p. F. Soulès. 8°. Paris 1791. 8°. Hamburg 1791.
— 4. Gesunder Menschenverstand. Aus dem Englischen. 8°. Kopenhagen 1794.
— 5. Prospects on war and paper currency. 2. ed. correct. 8°. London 1793.
— 6. Théorie et pratique des droits de l'homme. Trad. par Lauthenais. 8°. Paris 1792.
— 7. Works, comprising the rights of man, age of reasons, letters, miscellaneous etc. 2 vols. 8°. Philadelphia 1797.
— 8. Writings of Th. Paine, edited by Conway. 2 vols. 8°. London 1834.
Paine's political and moral maxims, selected from the fifth edition of Rights of man pts. 1 and 2; with explanatory notes and elucidations. 8°. London 1792.
Paix sociale, journal de Reims. Année 1, no. 1, 1. oct. 1897. pet. fol. Reims.
Paix sociale (La), journal quotidien indépendant. 6. série (nouv. série), no. 1, 15 déc. 1893. fol. Paris, impr. Schiller.
Pallazzini, N., La famiglia. Osservazioni critiche. 8°. Milano 1883.
Palma, Luigi, La libertà. (Scienza del popolo, serie 2, vol. 11.) 32°. Milano, E. Treves, 1871.
Palmer, E., Principles of nature, or a development of the moral causes of happiness and misery among the human species. 8°. London 1829.
Palombo, Ernesto, Della proprietà e degli ordinamenti sociali studi storico-economici. 8°. Napoli 1869.
Panattoni, Car., Coalizioni e scioperi (tornata del 17 e 19 febbr. 1886). 8°. Volterra, tip. Volterrana, 1886.
Panizza, Mario, La questione operaia: discorso. 8°. Roma 1890, 4 luglio.
Panse, K., Kaiser? — Republik? — oder was sonst? 8°. Weimar 1848.
Pantaleoni. Vide: Bertolini, A., e Pantaleoni.
Pap, Jul., Die Studentenschaft und die sociale Frage. (Aus: „Neue Revue".) 12°. Wien, Leipzig, G. H. Meyer, 1896.

31*

„Papa" Koch, der „Antipfaff" und Socialist, die neue, die wissenschaftliche Weltanschauung und in dem von H. Komyn verfassten Anhange der kosmopolitisch-sociale Kampf gegen die theokratisch-barbarische Weltdespotie. 8°. Zürich 1898.

Papale, G. V., Darwinismo naturale et Darwinismo sociale. 8°. Roma 1888.

Papst (Der) und die Christlich-Sozialen in Belgien. (Christl.-soz. Blätter, Jhrg. 28, 1895.)

Papst Leo XIII. und die katholischen Arbeitervereine Deutschlands. (Christl.-soz. Blätter, Jhrg. 25, 1892.)

Papst Leo XIII., Moltke und ihre Bekämpfung der Socialdemokratie durch die Sicherung der Heimstätte. 8°. Dresden 1892.

Papus, Anarchie, indolence et synarchie. Les lois physiologiques d'organisation sociale et l'ésotérisme. 8°. Paris, Chamuel, 1894.

Paquay, O., Le prolétaire urbain et rural. 8°. Bruxelles, Brismée, 1895.

Paradijs (Het) der socialisten. Vrijbewerkt naar het hoogduitsch van Rhenanus door J. C. van den Berg. 8°. Leyden, G. L. van den Berg, 1894.

Paradoxa zur sozialen Frage. Ein Wort zur Zeit von einem schwarzgelben Menschenfreunde. gr. 8°. Wien, Rosner, 1877.

Paredes, V. S. de, La defensa del derecho de propriedad y sus relaciones con el trabajo. 8°. Madrid 1874.

Pareto, Vilfredo, 1. Karl Marx. Le capital. Extraits faits par M. Paul Lafargue. 32°. Paris, Guillaumin et Co., 1897.

— 2. Protectionismo et communisme. (Journ. d. Économ., 1895, janv.)

Paria (Il). Giorn. Ancona, 26 avril 1895 — 87.

Paria (Le). Paris, journal manuscrit, 1892—1895; le no. 13 et dernier est d'avril 1895.

Parieu, F., Rapport à l'Assemblée nationale sur les propositions Turck concernant les mesures à prendre au sujet des travailleurs. 8°. s. l. 1848.

Paris révolutionnaire. 4 vols. 8°. Paris, Guillaumin, 1833—34.

Paris sous la Commune. Par un témoin fidèle. La photographie. 26 livraisons. Paris, 17 rue du croissant, s. a. (1896).

Paris-Commune, par un officier d'état major. 8°. Paris 1872.

Pariser-Kommune (Die) vor der Deputirtenkammer in Versailles. Generaldebatte über die Amnestieanträge und Rede Raspails vom 16.—18. Mai 1876. Deutsch von Fr. Rohleder. 8°. Braunschweig 1876.

Parisi, Gius., Reminiscenze (a proposito del socialismo). 8°. Bari, tip. Fratelli Pansini fu S., 1897.

Parisis, La démocratie devant l'enseignement catholique. 8°. Louvain 1849.

Parker, Theod., Sermons on theism, atheism and the popular theology. 8°. London 1853.

Parl, Pierre, L'Union des peuples, organe internationale. 1. année. 8°. Paris 1892. 2. année. 8°. Paris, libr. internat. Achille Leroy, 1893. 3. année. 8°. Paris, libr. de l'Union des peuples, 1894.

Parole (Die). Ztschr. Saint-Louis, März 1884 sq.—1890.

Parseval, F. de, Note sur l'individualisme. 8°. Paris, impr. Picquoin, s. a. (1896).

Parsons, Albert R., 1. Anarchismus. Seine Philosophie und wissenschaftliche Grundlage. Dargestellt von einigen seiner Jünger. 8°. Chicago s. a. (1888).

— 2. Autobiography. („Freedom", Chicago 1890—1891.)

— Vide: Alarm (The).

Parsons, Alzina, Die Gewerkvereine der Vereinigten Staaten. (Archiv f. soziale Gesetzgebung, Bd. 12, 1898.)

Parsons, Lucy E., 1. Life of Albert R. Parsons with brief history of the labor movement in America. 8°. Chicago 1889.

— 2. L'ordre social et le contrat libre. 8°. Paris 1896.

Partei (Die sozialdemokratische) und die Gewerkschaften. (Grenzboten, 1893,₄.)

Partei (Die sozialdemokratische) Oesterreichs) an die Arbeiter. s. l. s. a.

Parteien (Die) des deutschen Reichstages und die sozialen Fragen der Gegenwart. 8°. Neuwied 1882.

Parteien (Die sozialistischen) Frankreichs nach R. Schüller. (Zeitschr. f. Staatswissenschaft, Jhrg. 53, 1897.)

Parteigenossen! Flugblatt. 8°. Verlag des Sozialdemokrat" in Zürich, s. a.

Parteigenossen! Flugblatt mit der Unterschrift: „Deutschland d. 18. Dec. 1880. Die Parteivertretung."

Parteigenossen! (An unsere). Flugblatt, an dessen Kopf sich die Bemerkung befindet: „Der Ertrag dieses Flugblattes ist für die Familien der Berliner Ausgewiesenen bestimmt.". Mit den Unterschriften: J. Auer, A. Bebel, J. W. Fritzsche, W. Hasenclever, M. Kayser, W. Liebknecht, J. Vahlteich, Ph. Wiener. 8°. Osnabrück, Ph. Achtermann, s. a.

Parteigenossen! Flugblatt mit den Schlussworten: „Hoch die Sozialdemokratie! Paul Singer." 8°. Hottingen - Zürich, Schweiz. Genoss.-Buchdr., s. a.

Parteigenossen, Arbeiter, Handwerker! Flugblatt mit den Schlussworten: „Es lebe die Sozialdemokratie!" 8°. Hottingen-Zürich, Genoss.-Buchdr., s. a.

Parteigenossen, Mitbürger Berlins! Flugblatt mit dem Schluss: „Es lebe das kämpfende und siegende Proletariat! Hoch die Sozialdemokratie!" 8°. Hottingen-Zürich, Genoss.-Buchdr., s. a.

Parteigenossen! (An die). Rechenschaftsbericht der sozialdemokratischen Reichstagsfraction in Gestalt eines 4 Seiten starken Flugblattes, beginnend: „Nachdem die erste Session der laufenden Legislaturperiode", endigend: „Hoch die Sozialdemokratie!" Unterzeichnet von 24 Mitgliedern der sozialdemokratischen Reichstagsfraction. 8°. Hottingen - Zürich, Genoss.-Buchdr., s. a. 8°. Nürnberg, Wörlein u. Co., s. a.

Partei- und Gesinnungsgenossen (An die) von Nürnberg und Umgegend. Flugblatt mit den Unterschriften: C. Grillenberger, J. Scherm. 8°. Nürnberg, Genoss.-Buchdr., s. a.

Parteilied. 8°. Verlag von A. Schierwater in Hamburg, s. a.

Partei-Litteratur (Die socialdemokratische). (Zeitfragen, hrsg. v. Vaterlands-Verein, Heft 5.) gr. 8°. Berlin 1896.

Parteitag (Zum demokratischen). (Christl.-soz. Blätter, Jhrg. 25, 1892.)

Parteitag (Der sozialdemokratische) zu Köln. (Christl.-soz. Blätter, Jhrg. 26, 1893.)

Parteitag (Sozialdemokratischer) Deutschlands zu Frankfurt a. M. 1894. (Christl.-soz. Blätter, Jhrg. 27, 1894.)

Parteitag (Zum socialdemokratischen). (Die Gegenwart, Bd. 48, 1895.)

Parteitag (Vom socialdemokratischen) in Stuttgart. (Christl.-soz. Blätter, Jhrg. 31, 1898.)

Parteitag (Der) der deutschen Sozialdemokratie zu Siebleben-Gotha. (Christl.-soz. Blätter, Jhrg. 29, 1896.)

Parteitag (Der fünfte sozialdemokratische). (Grenzboten, 1894,₄.)

Parteitag (Vierter) der österreichischen Sozialdemokratie, von M. V. (Monatsschrift f. christl. Soz.-Ref., Jhrg. 16, 1894.)

Parteitag (Der) der deutschen Sozialdemokratie Oesterreichs. (Christl.-soz. Blätter, Jhrg. 31, 1898.)

Parteitag der sächsischen Sozialdemokraten. (Christl.-soz. Blätter, Jhrg. 29, 1896.)

Parteitag (Der sozialistische) in Erfurt. (Christl.-soz. Blätter, Jhrg. 24, 1891.)

Parteitag der sozialistischen Arbeiter Deutschlands am 12. Oct. u. ff. 1890 zu Halle a. S. im Lokale zum Hofjäger. Die Vorlagen an denselben, als Geschäftsordnungs-Entwurf, Programm, Organisation, Anträge etc.

Parti progressiste (Le): Ce qu'il peut et doit être, par un député. (Revue polit. et parlem., 1897.)

Parti (Le) du travail dans le Queensland, par M. L. R. (Journal d. Econom., 1896, avril.)

Parvus, 1. Die Gewerkschaften und die Sozialdemokratie. Kritischer Bericht über die Lage und die nächsten Aufgaben der deutschen Arbeiterbewegung. 8°. Dresden, Sächs. Arbeiter-Zeitung (Aug. Kaden), 1896.

— 2. Wohin führt die politische Massregelung der Sozialdemokratie? Kritik der politischen Reaktion in Deutschland. 8°. Dresden, Sächs. Arbeiter-Zeitung (Herm. Wallfisch), 1897.

Pascal, de, Les droits des ouvriers. 8°. Montpellier 1892.

Pascal, G. de, 1. Le collectivisme et la réforme sociale chrétienne. (Sociologie catholique, 1893, févr.)

— 2. Exposition de la solution catholique de la question sociale. 8°. (Sociologie catholique, III, no. 26, 1894.)

— 3. Note sur l'idée traditionnelle de la valeur et sur le capital. (L'Association catholique, 1896, sept.)

Pascal, G. de, 4. La propriété dans l'avenir. (L'Association catholique, 1897, mai.)

Pascal, R. P. de, Philosophie sociale. 12°. Paris 1896.

Pascaud, H., Le droit d'association: Conditions qu'il comporte pour se concilier avec la liberté individuelle et l'ordre social. (Revue polit. et parlem., V, 1898, avril—août.)

Pasmanik, D., 1. Die materialistische Geschichtstheorie im Lichte der Thatsachen. (Die Zeit, Nr. 143, Wien, 26. Juni 1897.)
— 2. Zur Kritik der materialistischen Geschichtstheorie. (Die Zeit, Nr. 140, Wien, 12. Juni 1897.)

Passer, Arnold von der (pseudon. f. Franz L. Hoffmann), 1. Mene tekel! Eine Entdeckungsreise nach Europa. 8. Aufl. 8°. Erfurt und Leipzig, Bacmeister, 1893.
— 2. Todten-Tanz. Vision eines Lebenden. 8°. Leipzig, Bacmeister, 1894.

Passes, Ernest, La désorganisation de la famille et ses conséquences sociales, conférence faite au congrès annuel de la Société d'économie sociale et des Unions de la paix sociale (seizième session 19—26 mai 1897). (Extrait de la Réforme sociale.) 8°. Paris, impr. Levé, 1897.

Passy, Fr., 1. La démocratie et l'instruction. 8°. Paris 1864.
— 2. L'histoire du travail. 32°. Paris, libr. Franklin, 1872. (Forme le tome 3 de la „Bibliothèque Franklin".)
— 3. La liberté du travail et les traités de commerce. Étude faite à l'assemblée générale de la Société protestante du travail à la mairie du 1. arrond. de Paris le 12 mai 1879. 8°. Paris, impr. Vve. Ethion-Pérou et Klein, libr. Guillaumin, 1879.

Pastori, G., La democrazia cristiana: conferenza. 16°. Milano, casa edit. del „Lavora Svol. ital.", 1898.

Patek, Jos., Die Freiheit hoch! 8°. Wien-Hernals, L. Kunschak, s. a.

Patrie (La) en danger. Journal quotidien. Rédacteur en chef: A. Blanqui. petit et grand format. 8º nos. du no. 1, 1. année 20 fructidor an 78 (7 sept. 1870) au no. 89, 18 frimaire (jeudi 8 déc.). Paris.
Il existe un no. 90, épreuve unique corrigée par P. Grousset.

Patriote (Le) belge, journal démocrate socialiste publié par Bartels. Bruxelles 1835.

Patriote (Le). Organe de la République française et universelle. Journal politique quotidien, fondé le 4 sept. 1870. Rédacteur en chef: Armand Lévy. grand format. Ce journal s'était arrêté pendant le siège au no. 24. Il reprit sa publication le 18 mars. Le premier numéro parut encadré d'un filet de deuil: no. 24. 2. année dimanche 19 mars 1871. Il eût 6 nos. (nos. 24 à 29) du 19 au 24 mars. Paris.

Patriotenlied. 8°. Verlag von A. Schierwater in Hamburg, s. a.

Pau, Jules, La délivrance de Paris. Récit complet de huit journées de mai. 18°. Paris s. a.

Paul. Vide: Pierre et Paul.

Pauli, J. W., Umtriebe der Demokratie in Frankreich. Rechtfertigung Ludwig Philipps. 8°. Leipzig 1849.

Paulsen, Friedr., Die Universitäten und der Umsturz. (Die Zukunft, Bd. 10, 1895.)

Paultre, P., Études sociales. Socialisme, collectivisme, anarchie. 16°. Châteaudun, impr. Prudhomme, 1898.

Paulus, A., Le collectivisme familial et le Code Sinoannamite. 8°. Paris, impr. nationale, 1895. (Extrait du Bulletin des sciences économ. et soc. du Comité des travaux histor. et scientif., 1894.)

Paupe, Idées d'un ouvrier sur l'organisation du travail. 8°. Paris 1848.

Paupertas. Giorn. Piedimonte d'Alife, 10 aprile 1887 sq.

Pauvres et riches, actualité (vers). plano. Lille, impr. Delory, 1896.

Pauw v. Wieldrecht, M. J., Bevoordeeling van het werk van Henry George: „Vooruitgang en armoede". 8°. Utrecht 1885.

Pauwels, J. Vide: Bertucci, P., et Pauwels, J.

Payn, Lucien, Étude sociale. La science propagandiste immanente du collectivisme collectiviste. 8°. Troyes, impr. Martelot, 1897.

Payot, Jules, L'éducation de la démocratie. 16°. Paris, Colin et Co., 1895. (Questions du temps présent.)

Pearson, George, The progress and tendencies of socialism. A sermon preached before the University of Cambridge,

17 novembre 1839. 8°. Cambridge 1839.
Pearson, K., 1. Socialism and natural selection. (Fortnightly Review, 1894.)
— 2. Sozialismus und Darwinismus. (Neue Zeit, Jhrg. 16,₁₁, 1897/98.)
Péchenet, Charles, Les Jacobins en 1793 et l'époque actuelle, conférence faite le 20 mars 1896, au Collége libre des sciences sociales. 8°. Paris, Rousseau, 1896.
Pecori, G., La morale socialista. 16°. Milano, tip. L. Rusconi, 1897. (Bibliotechina del lavoratore italiano, serie 1, no. 1.)
Pedersani-Weber, J., Giuseppe Mazzini und seine Ideen zur Linderung des sozialen Elends. gr. 8°. Berlin, Gergonne u. Co., 1888.
Pedron, Cité ouvrière, chanson; suivie de: Chant socialiste du 1. mai. 4°. Lille, impr. Delory, libr. Gosselin, 1896.
Peek, Francis, General Booth's social work. (Contemporary Review, 1892, July.)
Pellarin, Ch., 1. 104 anniversaire natal de Fourier. 8°. Paris 1876.
— 2 Choléra ou typhus indien, épidemie de 1865. 8°. Paris 1865.
— 3. Page d'histoire du Saint-Simonisme et du Fouriérisme. 8°. Paris 1876.
— 4. Paix et stabilité politique par le gouvernement vrai de la souveraineté nationale. fol. à 5 col. 2 pp. Paris, chez l'auteur, 1872.
— 5. Qu'est-ce que la civilisation? Lecture faite à la Société d'anthropologie de Paris, dans la séance du 18 juillet 1867. 8°. Paris, libr. des sciences sociales, 1874.
Pallegrini, Pietro, I diseredati e il loro diritto. 8°. Borgo a Mozzano, N. Vannini, 1897.
Pelletan, C., 1. Le Comité central de la Commune. 8°. Paris 1879.
— 2. La semaine de mai sous la Commune. 8°. Paris 1880.
Pelletan, Eugène, 1. Les dogmes, le clergé et l'État (avec Hennequin, Morvonnais et Colin). 8°. Paris 1844.
— 2. La famille. La mère. 8°. Paris 1865.
— 3. Die Familie. Die Mutter. Aus dem Französischen. 8°. Leipzig 1865.
— 4. Le travail au XIX. siècle. 12°. Paris, Pagnerre, 1869.

Pelletier, Solution du problème de la misère. 16°. Paris, Garnier frères, 1848.
Pelletier, Claude, 1. La centralisation du mutualisme. 8°. 1848?
— 2. Dictionnaire socialiste, indiquant les vrais moyens de résoudre le problème social. 3 vols. (ou plus). 8°. New York 187?.
— 3. Petit dictionnaire socialiste. (Bulletin de l'Union républicaine de langue française.) New York 1874.
— 4. Les soirées socialistes de New York. — Atercratie. 8°. New York 1873.
Pellicer, Antonio, En defesa de nuestros ideales. („Productor".) Réimpr. 16°. s. l. 1894.
Pellissery, François, jeune, Code du peuple souverain et de la fraternité. Dédié aux manes de son vertueux fils Laurent-Marius Pellissery. 8°. Paris, au bureau du journal Le Soleil, 1848.
Pelloutier, Fernand, 1. L'art et la révolte. 16°. Paris 1896. (Bibliothèque de l'art social.)
— 2. L'organisation corporative et l'anarchie. 16°. Paris, 5 impasse de Béarn, 1896.
Pelloutier, Fern., et **Giard**, Henri, Qu'est-ce que la grève générale? Paris s. a. (1895).
Peñalver, D. Nicolás, La familia y la propriedad. (Discursos pronunciades en las audiencias en las solemnidades de apertura.) Barcelona 1857.
Pensa, L. Vide: Zuccarini, E., Pensa, L., e Cantiello.
Pensa, Pasquale, 1. Gli apostoli del socialismo in Russia: trad. de Olimpia Cafiero. 8°. Napoli 1887. (Biblioteca Humanitas, no. 5.)
— 2. Il processo degli anarchici di Chicago. Torino, dic. 1887, ediz. di „Gazzetta Operaia" (complet. saisie).
— 3. Vittime e pregiudizi. 16°. Napoli 1887. (Biblioteca Humanitas, no. 4.)
Pensieri di un lombardo sulla essenza sociale degli uomini per legge di natura. 8°. Mendr. 1839.
Pensiero (Il). Giorn. Chieti 1893—30 sett. 1894.
Pensiero e Dinamite. Giorn. Genève, 18—28 giuglio 1891. 2 nos.
Pentecost, Hugh C., El crimen de Chicago. 8°. Sabadell, „Biblioteca de El Productor", 1890.
— Vide: Twentieth Century.

People (The), a Magazine devoted to reform, national abuses, bettering the condition of the country and the working classes. No. 1—15. 8°. London 1817.

Peper en Zout, journal hebdomadaire. vers 1870.

Pépin, L., La grève des mineurs du Borinage en juillet 1897. 8°. Wasmes, impr. Delattre, 1897.

Perdiguier, A., 1. Conseils d'un ami aux républicains. 8°. Paris 1873.
— 2. Despotisme et liberté. 12°. Paris 1864.
— 3. La verité sur le pape et les prêtres. 8°. Paris 1873.

Père Duchêne (Le), enfin expliqué par le Père Dubois, ou le Duchêne réactionnaire. Feuille in 4°. No. 1, avril 1871. Il n'a eut qu'un seul numéro. Paris.

Père Duchêne, organe anarchiste des XI., XII., XIII., XIX., XX. arrondissements et de la banlieue de Paris, paraissant tous les samedis. Année 1, no. 1, du 21 au 28 mars 1896. fol. Paris, impr. Guyard.

Père Fouettard (Le). Feuille in 8°. 9 nos. sans date. (1871) Paris.

Père Peinard (Le). Paris, 24 févr. 1889 — 21 janv. 1894. 253 nos.
Continuation en petites brochures. No. 1, sept. 1894: „Il n'est pas mort". No. 2, quinzaine 1, oct. 1894: „A Roublard, Roublard ½". No. 3, quinzaine 2, oct. 1894: „Un Vaillant ... en 1830". No. 4, quinzaine 2, nov. 1894: „L'ABCD de la révolution". No. 5, quinzaine 1, déc. 1894: „L'abattoir patriotique". No. 6, quinzaine 2, déc. 1894: „Tont à l'égout". No. 7, quinzaine 1, janv. 1895: „Judas". No. 8, quinzaine 2, janv. 1895: „Débacle bourgeois". 8°. Londres, E. Pouget.

Père Peinard (Le) au populo (à l'occasion des élections). Onze placards in fol. du 27 janv. 1889, (la date du 2. placard, 28 juillet?), 22 sept., 6 oct. 1889; 27 avril, 13 juillet, 2 nov. 1890; 1. mai 1892; 16 avril, 20 août, 3 sept. 1893.

Perenno, Aug., Socialismo per tutti. 24°. Valenza, tip. di L. Battezzati, 1898.

Pergameni, Herman, Le vicaire de Noirval. Scènes de la vie Wallonne. 8°. Bruxelles, L. Bertrand, s. d. (Bibliothèque populaire, éditée sous le patronage du parti ouvrier, no. 17.)

Péril social (Le) devoilé; par l'auteur de „Grandeur ou décadence future de la nation française". 8°. Bruxelles 1877.

Perin, Ch. H. Xav., 1. L'économie politique d'après l'encyclique sur la condition des ouvriers. gr. 8°. Paris, V. Lecoffre, 1891.
— 2. Le socialisme dans les écrits des économistes. (Le Correspondant, 1850, sept.)

Perino, Giov. G., Il pio sacerdote d. Giov. Bosco e la quistione sociale. 12°. Torino, tip. Salesiana, 1898.

Per la Propaganda. Giorn. Napoli 1893.

Per la Verità. Giorn. Livorno, 20 giuglio 1884; numero unico.

Pernet, Solidarité du travail et du capital ou organisation du crédit en France. 29 pp. 8°. Lyon, impr. Rey et Sézanne, 1872.

Pernolet, Le suffrage universel complété et moralisé par la création de votes supplémentaires en faveur de la famille. 8°. Paris 1874.

Perny, Deux mois de prison sous la Commune. 8°. Paris 1871.

Perrare, A., 1. Encore un soufflet. Aux Lyonnais. 64°. Genève 1876.
— 2. Aux travailleurs manuels de Lyon. 64°. Genève 1876.

Perreymond, 1. Cracovie, derniers débris de la nation politique. 8°. Paris 1848.
— 2. Le droit communal. 8°. Paris s. a.
— 3. Le pain du prolétaire, ou le commerce des peuples. Réponse à M. Thiers. 8°. Paris, librairie nouvelle, 1851.
— 4. Richesse et impôts, ou usure et travail. 8°. Paris 1852.

Perrin, J. B., Labour and capital: shewing some of the consequences of the nine hours movement. 8°. London 1872.

Perrin, Lucien, 1. Cause célèbre, affaire Souhain. Une mère qui poussée par la misère étrangle ses cinq enfants. Plaidoirie in extenso de P. Argyriadès. ... Avec une préface de Paule Mink. 8°. Paris, administr. de la Question sociale, s. a. (Bibliothèque de la Question sociale, no. 1.)
— 2. Conte socialiste. (Almanach de la Question sociale pour 1894.)

Perseguido (El). Journ. Buenos-Aires, 18 mai 1890 sq.: le no. 99 est du 31 mars 1896; a reparu le 6 déc. 1896 (no. 100).

Persévérance (La). Verviers, août 1880 —1881.

Pertus, C., Les rois sont morts vive la république. 8°. Paris 1849.

Pertusi, L., Operai! alla conquista del capitale. 8°. Torino, tip. Roux e Favale, 1886.

Perusson, E., Union et bonheur pour tous, ou le Phalanstère mis à la portée de tout le monde: exposé .... de la doctrine .... de Ch. Fourier. 8°. Châlons-sur-Saône, impr. de J. Duchesne, 1843.

Pesch, Chrn. S. J., Die christliche Staatslehre nach den Grundsätzen der Encyclika vom 1. Nov. 1885. gr. 8°. Aachen, Barth, 1887.

Pesch, Heinr., 1. Die soziale Befähigung der Kirche in protestantischer Beleuchtung. (Aus: „Christ und Antichrist", Bd. 3.) gr. 8°. Berlin, Germania, 1892.
— 2. Liberalismus, Socialismus und christliche Gesellschaftsordnung. 1. Theil. Einige Grundwahrheiten der christlichen Gesellschaftslehre. (Die sociale Frage, beleuchtet durch die „Stimmen aus Maria Laach", Heft 8, 10 u. 11.) gr. 8°. Freiburg i. Br. 1893—1896. 1. Theil. 2. Aufl. gr. 8°. Ebenda 1898.

Pestalozzi, J., 1. Herr Hofprediger Stöcker und die christlich-soziale Arbeiterpartei. Ein Beitrag zur Wegleitung des öffentlichen Urtheils. 8°. Halle, Eugen Strien, 1885.
— 2. Ein Wort über hirtenamtliche Arbeitsorganisation im Sinne der vom „Reichsboten" vertretenen Auffassung. gr. 8°. Leipzig, Uhlig in Comm., 1886.

Peter, H., Der allgemeine deutsche Arbeiter-Congress in Berlin. 8°. Berlin 1868.

Petersdorff, R., Die sozialen Gegensätze und ihre Ziele, für die Schule und die Familie beleuchtet. gr. 8°. Strehlen, E. Asser, 1892.

Petit, Auguste. Vide: Souveraineté (La) du peuple.

Petitin, Anselme, La liberté. (Extr. de la Revue contemp.) 8°. Paris 1866.

Petit-Crétal, De l'organisation du travail et de l'amélioration du sort des travailleurs. 12°. Niort 1849.

Petit-Dutaillis, Ch., Les prédications populaires. Les Lollards et le soulèvement des travailleurs anglais en 1381. (Extrait des Études d'histoire du moyen Age.) 8°. Paris, Cerf, 1896.

Petitier, Esquisse sur l'origine et le fondement économique de la propriété privée. 8°. Rouen, impr. Lecerf, 1888.

Pétition à l'Assemblée nationale indiquant les moyens d'organiser et d'indiquer le travail, d'assurer le bien-être des populations ouvrières, etc. 8°. Périgueux 1848.

Pétition adressée au Grand Conseil de la République et du canton de Genève (par A. Koroboff). 8°. Genève, impr. nouvelle, le 23 janv. 1879.

Petitjean, Essai sur la réorganisation des travailleurs et du commerce. 8°. Paris 1848.

Petite Sociale (La), organe chauvinois de propagande socialiste. Année 1, no. 1, du 11 au 18 sept. 1898. fol. Poitiers, impr. Bousrez.

Petit Sparnacien (Le), journal socialiste, organe du parti ouvrier français, paraissant les mardi, jeudi et samedi. Année 1, no. 1, 19 juillet 1898. fol. Epernay, impr. Lamasse.

Petroleumspritzen (Socialdemokratische). 8°. Genf 1871.

Petrolio (Il). Giorn. Ferrara 1873.

Petzler, Johann, Grosse Jubiläumsfeier und imposanter Triumphzug in Erinnerung des hundertjährigen Bestehens der sozialdemokratischen Staatseinrichtung in Britannien. 8°. Nürnberg, Selbstverlag, Druck von Wörlein u. Co., 1897.

Peukert, Joseph, Gerechtigkeit in der Anarchie. („Autonomie", London, 7. Juni —5. Juli 1890.) 8°. London 1890. Neue Aufl. 8°. New York.

Peuple (Le), journal hebdomadaire. Liège, après 1850.

Peuple belge (Le), organe quotidien. Bruxelles 1867—70.

Peuple (Le), organe quotidien de la démocratie socialiste. Bruxelles 1895—1898.

Peuple (Le), organe du parti ouvrier socialiste-nationaliste de Meurthe-et-Moselle, paraissant tous les mois. Année 1, no. 1, octobre 1898. fol. Malzéville, impr. Thomas. Nancy, 16 boulevard Lobau.

Peuple, tribune socialiste ouvrière du Midi, journal hebdomadaire. Année 1, no. 1, 14 avril 1895. fol. Toulouse, impr. spéc. du Peuple.

Peuple de la Loire, journal socialiste quotidien. Année 1, no. 1, 1. mai 1895. gr. fol. Saint-Étienne, impr. spéc. du Peuple de la Loire.

Peus, Heinr., 1. Gewissensfreiheit. 8°. Dessau, „Volksblatt für Anhalt", 1892.
— 2. Verstand, Vernunft u. Freiheit. Vortrag. 8°. Dessau, „Volksbl. für Anhalt", 1892.

Peus, Heinr., 3. Was will die Sozialdemokratie? 8°. s. l. s. a. (Druck von H. Francke in Dessau.)
— 4. Weltlichkeit der Schule. 8°. s. l. (Dessau), „Volksblatt für Anhalt", 1892.
Peyer, W., Der Kampf ums Dasein. Populärer Vortrag. gr. 8°. Bonn 1869.
Pezza, Vinc. Vide: Martello (II).
Pezzi, Francesco, Un errore giudiziario. 8°. Firenze 1882.
Pfaff, La grande nation in ihren Reden und Thaten. 8°. Kassel 1872.
Pfaffentrug oder ein Radau-Abend bei Stöckern. Flugblatt, Druck von A. Schultze in Berlin, s. a.
Pfau, Ludw., 1. Gedichte. 4. Aufl. 8°. Stuttgart, Bonz u. Co., 1889.
— 2. Proudhon und die Franzosen. (In dessen gesammelten Werken, Bd. 6.) 8°. Stuttgart u. Leipzig 1888.
— 3. Freie Studien. Lex.-8°. Stuttgart 1866.
Pfeiffer, Gustav, Der Agitator. Sociales Bild in 2 Aufzügen. 8°. Berlin, A. Hoffmann, s. a.
Pfizer, G., 1. Arbeit und Eigenthum. (Neuzeit, Jhrg. 2.)
— 2. Soziales Recht. Vortrag, geh. in der Versammlung der deutschen Partei am 25. Nov. 1892 zu Ulm. gr. 8°. Ulm, Gebr. Nübling, 1893.
Pflug, A., Die Arbeiterfrage auf dem Lande. (Zeitschr. f. Staatswissensch., Bd. 49, 1893.)
Pflüger, P., 1. Einige Bemerkungen zu Dekan Kamblis: Haben Christentum und Sozialdemokratie ein Interesse, einander zu bekämpfen? (Schweizer Blätter f. Wirtsch.- u. Soz.-Pol., Jhrg. 4, 1897.)
— 2. Das sociale Krebsübel. Rede zur Maifeier 1896 in Chur. 8°. Zürich, Buchh. des schweiz. Grütlivereins in Komm., 1896.
— 3. Das sociale Princip. Festrede. 8°. Zürich 1898. (Socialwiss. Volksbibliothek, Heft 11.)
— Vide: Volksbibliothek (Soc.-wiss.)
Pfund, Max, Unsere Taktik. Ein ehrliches Wort zur Klärung. 8°. Berlin, Maurer u. Dimmick, 1891.
Pfyffer v. Heidegg, Alph., Was ist Freiheit? 4°. Luzern 1798.
Phalanstère du Brésil. Voyage dans l'Amérique méridionale (par Louise Bachelot). 8°. (Paris) chez tous les libr. et à l'agence coloniale du Brésil, 1842.
Phalanstère d'enfants. 12°. Paris, libr. sociét., 1841.
Phare (Le) de l'Est, journal républicain progressiste, organe des intérêts de l'Est, de l'Algérie et de la Tunisie. Paraît les mardi, jeudi, samedi. No. 1, 19 sept. 1885. fol. Bône, impr. centrale.
Philimund, Kunst und Socialismus. 8°. Berlin 1873.
Philip, A., The function of labour in the production of wealth. 8°. London, Blackwood and Sons, 1890.
Philip, Robert, The royal marriage: an antidote to socialism and Oxfordism: A sermon preached at Maberly Chapel, 12. February 1840. 8°. London 1840.
Philippi, A., Der Student und die sociale Frage. 8°. München, Acad. Verlag, 1896.
Philippovich, Eug. v., 1. Ueber den Arbeiterkrieg. (Die Zeit, Nr. 10, Wien, 8. Dec. 1894.)
— 2. Das allgemeine Wahlrecht in Deutschland und in Oesterreich. (Deutsche Worte, Jhrg. 15, 1895.)
— 3. Der Ziegelarbeiterausstand. (Die Zeit, Nr. 30, Wien, 27. April 1895.)
Philipps. Vide: Lenzmann und Philipps.
Philippson, F. C., Der Kongress der englischen Gewerkvereine zu Newcastle und die Sozialisten. (Vierteljahrsschr. f. Volkswirtsch., 1892.)
Phillimore, Margaret, The agricultural labourer, past and present. (Economic Review, vol. 7, 1897.)
Phillipps, Mr., Letter to his workpeople respecting views of the Chartists. 8°. Bradford 1839.
Phillipps, Miss E. March, The progress of women's trades-unions. (Fortnightly Review, 1893, July.)
Phillpotts, Henry, Bishop of Exeter, 1. Progress of socialism. The Bishop of Exeter's speech in the House of Lords, 24. January 1840. 8°. London 1840.
— 2. Socialism. Second speech of the Bishop of Exeter, in the House of Lords, 4. February 1840. 8°. London 1840.
Philosoph (Ein) (Paulsen, Prof. d. Philos. in Berlin) über die soziale Frage und den Sozialismus. (Christl.-soz. Blätter, Jhrg. 28, 1895.)
Philosophie (Moderne anarchistische) oder „Der Lump". Eine zeitgemässe

Satire. (Deutsche Worte, Jhrg. 16, 1896.)
*Philosophie (La) de l'avenir. 8°. Paris, 23. année, 1898.
Philosophie positive (La). Revue dirigée par E. Littré et G. Wyrouboff. 31 vols. gr. 8°. Paris, juillet 1867—déc. 1883 (compl.).
Philosophie sociale. Dédiée au peuple françois. Par un citoyen de la section de la République françoise, ci-devant du Roule. gr. 8°. Paris, chez Froullée, 1793.
Philosophy (social). (Westminster Review, January 1880.)
Philosophy (Unsound social). (Edinburgh Review, no 182, 1849.)
Phipson, Cecil Balfour, The redemption of labour; or free labour upon free land. 2 vols. 8°. London, Swan Sonnenschein, 1888—92.
Picard, Edm., 1. L'art et la révolution. (Société Nouvelle, 1890, s.)
— 2. Mon cens d'éligibilité. 8°. Bruxelles, F. Larcier, 1883.
— 3. Comment on devient socialiste. 8°. Bruxelles, Paul Lacomblez, 1895.
— 4. Déclaration de M. Ed. Picard à l'assemblée générale de l'association progressiste, le 10 mai 1894. 8°. Bruxelles, impr. F. Callevaert, 1894.
— 5. Quarante-huit heures de pistole. Conte morale. 8°. Bruxelles, libr. du Peuple, 1893.
— 6. Mon oncle le jurisconsulte. La veillée de l'huissier. 8°. Bruxelles, 11 rue de Persil, 1886. (Bibliothèque populaire, éditée sous le patronage du parti ouvrier, no. 4.)
— 7. Profession de foi politique. 8°. Bruxelles, Larcier, 1882.
— 8. Sabre à la main: Aux petits électeurs. 8°. Bruxelles, libr. du Peuple, 1896.
Piccione, Enrico, Concetto positivo del diritto di proprietà. Questione sociale. 8°. Bologna, stab. tip. Gius. Civelli, 1890.
Piccone (Il). Giorn. Napoli 1885.
Piccone (Il). Giorn. Catania 1890—91.
*Piche, Louis, Étude sur la question sociale. 8°. Lorient, impr. Colignon et Vezin, 1882.
Pick, G. V., Digest of political economy and some of its applications to social philosophy. cr. 8°. London, Swan Sonnenschein, 1892.

Picot, Geo., 1. Der Kampf wider den Umsturz. Aus dem Französischen von Ed. Goldbeck. gr. 8°. Berlin, Fussinger, 1896.
— 2. La lutte contre le socialisme révolutionnaire. (Revue des deux mondes, 1895, 15 nov.) et 8°. Paris, Colin et Co., 1895. (Questions du temps present.)
— 3. Les magistrats et la démocratie. gr. 8°. Paris 1884.
— 4. Self-help for labour: an address. 8°. London, Property Defence League, 1892.
— 5. Le socialisme et la liberté d'association. (Réforme sociale, série 3, tome 7, 1894.)
— 6. Le socialisme et la liberté d'association, discours à la réunion régionale, tenue à Lille le 11 mars 1894, des Unions de la paix sociale. (Extrait de la Réforme sociale.) 8°. Paris 1894.
— 7. La solution française de la question sociale, discours prononcé à Londres, devant la Ligue, pour la défense de la propriété et de la liberté. (Réforme sociale, année 11, 1892.)
— 8. Usage de la liberté. (Réforme sociale, XIII, 1893.)
— 9. L'usage de la liberté et le devoir social. (Extrait de la Réforme sociale.) 3. édit. 18°. Paris, impr. Levé, 1895.
Picpus pendant la Commune; par un prêtre de la Congrégation des Sacrés-Coeurs, dite de Picpus. 8°. Evreux, impr. Odieuvre, 1898.
Picrate, Le dernier des anarchistes. 8°. Lille, impr. Montaigne, s. a. (1894).
Pictot, E., Der Kongress der britischen Genossenschaften von Peterborough. (Schweizer Blätter f. Wirtsch.- u. Soz.-Pol., Jhrg. 6, 1898.)
Pidgeon, Daniel, Old world questions and new world answers. 8°. London 1884.
Cont.: Communism an industrial battle, factory system, labour, wages and the tariff.
Pièges et charlatanisme des deux sectes Saint-Simon et Owen, qui promettent l'association et le progrès. 8°. Paris, impr. Lachevardière, s. a. (Vide: Fourier I.)
Pierotti, Ermete, Décrets et rapports officiels de la Commune et du gouvernement français à Versailles du 18 mars au 31 mai 1871, avec notes et appendice etc. 8°. Paris 1871.
Pierre et Paul, Les plaisantes mésaven-

tures de M. L'Effaré. Actualité. 8°. Paris, Garnier frères, 1848.

Piersig, W., Mysterien der Berliner Demokratie. 1. Theil vom März—12. Nov. 1848. 8°. Berlin 1849.

Pierson, N. G., De sociale quaestie. 8°. Amsterdam 1887.

Pigs' Meat, or Lessons for the swinish multitude, intend to promote among the labouring classes the proper ideas of their situation, importance and their rights. 2 vols. 8°. about 1793.

Pillage (Le) de l'Hôtel de la rue Monceau. L'anarchiste Duval devant ses juges. Défense que devait prononcer le compagnon Duval. fol. Paris s. a. (1887).

Pilo, Ad., I gruppi sociali umani e la legge di loro evoluzione. 8°. Genova, tip. Cimonago, 1897.

Pilotelle, Georges, (Une révélation historique.) Marat, l'ami du peuple aux braves Parisiens, 26 août 1792. Huitième placard. 8°. Londres et Paris 1892.

Pinardi, G., Il socialismo al estero. I socialisti e l'imposta su la borsa in Germania. 8°. (Critica sociale, 1894, 1. genn.)

Pineau ainé, F., Code politique de la République française démocratique et sociale ou fraternelle. 8°. Poitiers 1848.

Pinel, Louis, Essai de philosophie positive. 1. édit. Paris, Mme. Lenormant, 1854. 2. édit. revue et augmentée. 8°. Paris, Ladrange, 1857.

Pinet, L'École polytechnique et les Saint-Simoniens. (Revue de Paris, 15 mai 1894.)

Pingault, Maximilien, La conscience dans l'existence. 8°. Paris, impr. J. Allemane, 1896. (Propagande socialiste, collectiviste, internationaliste et anticléricale.)

Pinnaferra, G., 1. Orientazioni sociologiche dalla Sardegna. Con prefazione di Angelo Bertolini. 8°. Bari, Pansini, 1898.
— 2. I partiti socialisti del militarismo o di Stato, del cristianismo, o della demagogia, contro un partito individualistico pei diritti del uomo e per le costituzioni politiche a forma razionale. 8°. Sassari 1889.

Pinot, R., La classification des espèces de la famille donnée par Le Play est-elle exacte? (La Science sociale, année 9, 1894.)

Pintaura, A., L'utopio del socialismo: conferenza tenuta nell' anno 1886 in Troina. 8°. Catania 1894.

Pioger, Julien, Pierre Leroux socialiste. 8°. Paris, Giard et Brière, 1896.

Pioger, Jules, 1. La question sanitaire, dans ses rapports avec les intérêts et les droits de l'individu et de la société. 18°. Paris, Giard et Brière, 1895.
— 2. Les revendications ouvrières en hygiène. 18°. Paris, Giard et Brière, 1896.

Pique hardie, hebdomadaire, journal socialiste. Année 1, no. 1, 13 juin 1896. fol. Amiens, impr. nouvelle.

Pirate (Le). Journal quotidien. Petit format. 1 no. du mercredi 17 mai 1871 au samedi 20 mai. Paris.

Piria, Francesco, El socialismo triunfante. Lo que será mi pais dentro 200 años. 8°. Montevideo, Domaleche y Reves, 1898.

Pisa, U., Liberisti, protezionisti e socialisti: conferenza tenuta la sera del 24 maggio 1892. 8°. Milano 1892.

Pisacane, Carlo, 1. Guerra combattuta in Italia negli anni 1848—1849. Narrazione 8°. Genova s. a.
— 2. Saggi storici-politici-militari sull'Italia. 4 vols. 8°. Milano 1860.
— 3. Il testamento politico. 16°. Marsala 1892. (Biblioteca del Proletario, no. 7.)

Pisacane o i Mazziniani. („Questione Sociale", Firenze, 29 dic. 1883.)

Pisacane. Giorn. Napoli 1884. Numero unico.

Pistoja, Ad., Ai socialisti ed ai conservatori: un po' di luce. 16°. Torino 1893.

Pistolesi, Agostino, Il Comune di Parigi e il socialismo. 32°. Milano, tip. Annoni e Miller, 1882.
- Vide: Socialismo in Italia.

Pittsburger Proklamation, 16. Oct. 1883.

Planck, K. Chr., Halbes und ganzes Recht, eingeleitet von A. Gubitz. 8°. Tübingen 1885.

Planck, Stadtpfr., Stellt sich das Christenthum auf die Seite des Kapitals oder der Arbeit? Vortrag, geh. auf Veranlassung des evangel. Arbeitervereines als Erwiderung auf den Vortrag der Frau Henrich-Wilhelmi. gr. 8°. Esslingen. W. Langguth, 1892.

Platon, G., 1. La démocratie et le droit fiscal dans l'antiquité et particulièrement à Athènes. (Devenir social, III, 1897; IV, 1898.)
— 2. Le droit de propriété dans la so-

ciété franque et en Germanie. (Revue d'écon. polit., 1888—90.)
Platon, G., 3. Un lettre de Karl Marx (remarques critiques sur le programme socialiste). (Revue d'écon. polit., VIII, 1894.)
— 4. Le socialisme en Grèce. gr. 8°. Paris, Giard et Brière, 1895.
Platt, J., Excelsior. 8°. London, Simpkin, 1892.
Contents: Notable men. — Social reformers. — Commerce. — Capital and labour etc.
Platter, J., 1. Die Aussichten der Sozialdemokratie. (Die Zukunft, Bd. 21, 1897.)
— 2. Kritische Beiträge zur Erkenntnis unserer socialen Zustände und Theorien. gr. 8°. Basel, Dr. H. Müller, 1894. 2. (Titel-)Aufl. gr. 8°. Bern, Steiger u. Co., 1898.
— 3. Die Bodenverstaatlichung der „Freiländer". Vortrag in der Versammlung der „Gesellschaft schweizerischer Landwirte" am 8. Jan. 1892 in Zürich. (Deutsche Worte, Jhrg. 12, 1892.)
— 4. Demokratie und Socialismus. (Bibliothek f. Sozialwissenschaft, Bd. 10.) gr. 8°. Leipzig 1897.
— 5. Freiheit und Gleichheit. (Deutsche Worte, Jhrg. 7, 1887.)
— 6. Der allgemeine schweizerische Gewerkschaftsbund. (Handelsmuseum, Bd. 11, 1896.)
— 7. The right of private property in land. (Internat. Journ. of ethics, 1891.)
— Vide: Rüefli, J.: Zur Lösung.
Playfair, W., 1. Geschichte des Jacobinismus, seine geheimen Triebfedern, Verbrechen, Grausamkeiten und treulosen Handlungen, deutsch von Fick. 1. (einz.) Bd. 8°. Frankfurt 1796.
— 2. History of Jacobinism, its crimes, cruelties and perfidies, from the commencement of the French Revolution, comprising an inquiry into the manner of disseminating, under the appearance of philosophy and virtue, principles, which are equally subversive of order, virtue, liberty and happiness. 2 vols. 8°. London 1798.
*Plea for liberty: etc. Edited by Thomas Mackay. New and revised edit. 8°. London, Murray, 1892.
Plebaglia (La). Giorn. Imola, 18 maggio 1890 sq., suivi de „La Marmalia", Imola, 10 agosto 1890.

Plebe (La). Giorn. Terni, 18 ott. 1891—92.
Plébéien (Le). Dison, 1 avril—13 mai 1894, 4 nos., (Vaux-sous-Olne, Nessonvaux, puis Ensival) 6 janv.—25 déc. 1895, 25 nos.; suivi de „La Débacle social", Ensival, 4 janv. 1896 sq. 10 nos.
Plechanow, Georg, 1. Anarchismus und Socialismus. („Socialdemokrat", Berlin 1894.) 8°. Berlin, „Vorwärts", 1894.
— 2. Der russische Arbeiter in der revolutionären Bewegung der Gegenwart. (In russ. Sprache.) 8°. Genf 1892.
— 3. Beiträge zur Geschichte des Materialismus (Holbach—Helvetius—Marx). 8°. Stuttgart, Dietz, 1896.
— 4. Bernstein und der Materialismus. (Neue Zeit, Jhrg. 16,₂, 1897/98.)
— 5. Zu Hegels 60. Geburtstag. (Neue Zeit, Jhrg. 10, 1891/92.)
— 6. Konrad Schmidt gegen Karl Marx und Friedrich Engels. (Neue Zeit, Jhrg. 17,₁, 1898/99.)
— 7. Socializm i polititcheska borba. 1883.
— 8. N. G. Tschernischewsky. Eine literarisch-historische Studie. gr. 8°. Stuttgart, J. H. W. Dietz, 1894.
— 9. Die sozialpolitischen Zustände Russlands im Jahre 1890. (Neue Zeit, Jhrg. 9, 1890/91.)
Plevna (The) of labour, by an onlooker. (Contemporary Review, Jan. 1898.)
Ploeg (De), organe électoral pour l'arrondissement de Bruxelles, 1866.
Plou, Jacques, Les conservateurs et la démocratie. (Revue des deux Mondes, 1897, 15 juin.)
Plume (La). Numéro exceptionnel composé par André Veidaux et consacré à l'anarchisme. (Année 5, no. 97, 1. mai 1893.) Paris, administration et rédaction 31 rue Bonaparte.
Plumptre, E. H., Christianity and socialism. (Contemporary Review, Nov. 1889.)
Pluyette, Manifeste sociale. 8°. Mello 1848.
Po und Rhein (von Friedr. Engels). 8°. Berlin 1859.
Pobédonostseff, C. P., Questions religieuses, sociales et politiques. Traduit du russe. 8°. Paris, Baudry et Co., 1898.
Poersch, Bruno, 1. Die Aufgaben der Gewerkschaftskartelle. (Neue Zeit, Jhrg. 16,₁, 1897/98.)
— 2. Politik und Religion in den gewerk-

schaftlichen Organisationen der Arbeiter. (Neue Zeit, Jhrg. 17,₁₁ 1898/99.)
Poersch, Bruno, 3. Zur Praxis des Strikebeschlusses. (Neue Zeit, Jhrg. 16,₁₁ 1897/98.)
— 4. Woran krankt die deutsche Gewerkschaftsbewegung? Ein zeitgemässes Wort mit besonderer Berücksichtigung der Arbeitslosen- Unterstützungsfrage. 8⁰. Berlin, J. Sassenbach, 1897.
Poesia prophetica da Anarchia. 8⁰. Porto 1889. (Bibliotheca dos Trabalhadores, II. Publicação dos operaios - comunistas portuguezes.)
Pof, La Commune devant la justice. 8⁰. Paris 1872.
Pöhlmann, Robert, 1. Die Anfänge des Sozialismus in Europa. (Historische Zeitschrift, Bd. 79, 1897.; Bd. 80, 1898.)
— 2. Geschichte des antiken Kommunismus und Sozialismus. Bd. 1. gr. 8⁰. München, C. H. Beck, 1893.
Poinsard, Léon, 1. Essais de solutions de la question ouvrière. (Science sociale, 1898, janv., févr.)
— 2. La guerre des classes peut-elle être évitée et par quels moyens pratiques? Préface par E. Demoulins. 8⁰. Paris, Le Soudier, 1898.
Poisson, Restitution à la liberté du travail de la profession d'avoué. Paris 1852.
Pokrok. Journ. Kolin, October 1895 ff.
Pol Justus à Marie Talon, apotre artiste de l'individualisme. 2 pp. autographiées. 4⁰. Marseille 1834.
Polak, H., 1. Die Arbeitervereine in Holland. (Neue Zeit, Jhrg. 13, 1894/95.)
— 2. Die Kämpfe der Amsterdamer Diamantarbeiter. (Neue Zeit, Jhrg. 14, 1895/96.)
— 3. Die Krisis in der sozialistischen Bewegung Hollands. (Neue Zeit, Jhrg. 12, 1893/94.)
— 4. De strijd der diamantbewerkers, gr. 8⁰. Amsterdam, S. L. van Looy, 1896.
Polak, O., Social oder liberal? Vortrag. 8⁰. Prag 1884.
Poli, Del lavoro messo a capitale o della sua applicazione agli scienziati e letterati italiani. Memorie del R. Istituto Lombardo di scienze e lettere, Classe di lettere e scienze morali e politiche, Vol. 10, Ser. 3 Vol. 1, Fasc. 2. Torino e Firenze 1868.

Poli, Baldassare, Sui problemi sociali dal lato economico. 3 fasc. 8⁰. Milano, tip. Bernardoni, 1875.
Poli, L., Il lavoratore italiano educato alla vita sociale moderna: letture popolari e per le scuole degli adulti. 12⁰. Milano, tip. G. B. Colombo, 1896.
Politik (Die) der Freimaurer und Sozialisten. (Christl.-soz. Blätter, Jhrg. 29, 1896.)
Politik des Nichts und der Arbeit. (Christl.-soz. Blätter, Jhrg. 31, 1898.)
Politique (La). Rédacteur en chef A. Gaulier. grand format. 7 nos. parus: pendant la Commune, du mercredi 17 mai 1871 au mardi 23 mai. — Il reparut sous le no. 8, six jours après, le lundi 29 mai, et dut cesser de paraitre au no. 11, jeudi 1. juin, par défaut d'autorisation de l'autorité militaire. Paris.
Politique nouvelle (La). Revue. Paris, mars—nov. 1851.
Politique (La) des travailleurs, par un homme de travail. 8⁰. Paris 1849.
Politis, Nic., 1. Mouvement social: La Grèce. (Revue internat. de sociologie, II, 1894.)
— 2. Le mouvement social en Grèce. (Extrait de la Revue internat. de sociologie.) 8⁰. Paris, Giard et Brière, 1896.
Pölitz, K. H. L., 1. Erinnerungen an Emanuel Sieyès, den Theoretiker der Revolution. (Jahrb. f. Gesch. u. Staatskunst, Jhrg. 9, 1836.)
— 2. Die politischen Grundsätze der Bewegung und der Stabilität nach ihrem Verhältnisse zu den drei politischen Systemen der Revolution, der Reaction und der Reformen. (Jahrb. f. Gesch. u. Staatskunst, Jhrg. 4, 1831.)
— 3. Das Programm der Bewegungspartei und das Programm des Systems der Reformen. (Jahrb. f. Gesch. u. Staatskunst, Jhrg. 9, 1836.)
— 4. Die demagogischen Umtriebe im Zeitalter der Kirchenverbesserung. (Jahrb. f. Gesch. u. Staatskunst, Jhrg. 3, 1830.)
Politzer, Sigm., Die Behandlung der politischen Gefangenen in Bayern. Prozess Franz Rohleder's. Zusammengestellt nach stenogr. Aufzeichnungen. 8⁰. München, Politzer, 1878.
Polizei (Die) und die Arbeitslosen. Stenographischer Bericht über die Gerichts-

verhandlung gegen die 8 Redacteure vom 8—9. Mai 1894. gr. 8°. Berlin, Ullstein u. Co., Verlag des „Vorwärts", 1894.

Polizei (Die politische) in Preussen. Bericht über die Verhandlungen im Prozess Leckert-Lützow-Tausch am 2., 3., 4. und 7. Dezember 1896 vor dem Landgericht I zu Berlin. Nach stenogr. Aufnahmen. Mit Einleitung und Anhang. 8°. Berlin, „Vorwärts", 1896.

Polizeischuftereien (Deutsche). Aktenstücke und Enthüllungen auf Grund authentischen Materials dargestellt. 8°. Hottingen-Zürich, Schweizer Genoss.-Buchdr., 1882.

Pollak, A., Das Programm der Freiländer. Dargelegt und begründet im Auftrage der „Ersten Wiener Freiland-Gesellschaft im 1. Bez." 8°. Wien, Schaumburg, 1894.

Polo y Peyrolan, El anarquismo. (La Horniga de oro, 1894, 7 e 23 giugno.)

Polozow, A. L., Sul socialismo: conferenza data al Circolo filologico di Napoli il 18 maggio 1893. 16°. Napoli 1893.

Polska expeditionen sch Bakunin i Stockholm. („Ryska Afslöjanden", Stockholm 1885?)

Pomeroy, Eltweed, The direct legislation movement and its leaders. (Arena. 1896, June.)

Pompery, Éd. de, 1. Appel aux vrais socialistes. Les thélémites de Rabelais et les harmonies de Fourier. 8°. Paris, C. Reinwald et Co., 1892.

— 2. Blanquisme et opportunisme. La question sociale; légitimité de la revendication du prolétaire; fausseté de la théorie des coups de force. 8°. Paris, Auguste Ghio, 1879.

— 3. Un cas de socialisme pratique (Familistère). 8°. Paris 1875.

— 4. La femme dans l'humanité, sa nature. 8°. Paris s. a.

— 5. Le dernier mot du socialisme rationnel. 18°. Paris, Grasilier, 1894.

— 6. Un vrai Voltairien. 8°. Paris s. a.

— 7. Le vrai et le faux de la morale indépendante. 8°. Paris s. a.

Pomsta, organ socialne-revolucni strany ceské. Febr. 1894—April 1895. 22 nos.

Ponlevoy, P. A. de, Die Opfer der Insurrection zu Paris im Jahre 1871 aus der Gesellschaft Jesu. Eine aktenmässige Darstellung etc. Nach dem französ. Originale. 8°. Regensburg, New York u. Cincinnati, Pustet, 1871.

Pons, Mlle. de, Une épisode du temps de la terreur. 8°. Paris 1857.

Popolo (Il). Giorn. Firenze 1883, maggio.

Populus, Jacques, Histoire de l'Internationale. 8°. Paris, au bureau de l'Eclypse, 1871. (Bibliothèque populaire.)

Porritt, Edward, 1. Trade-unionism and the type-setting machine. (Journ. of polit. econ., vol. 2, March 1894.)

— 2. The vicissitudes of english socialists in 1895. (Yale Review, vol. 4, 1896, Febr.)

Portalis, Ed. Vide: Verité (La).

Porvenir (El) anarquista. Journ. en espagnol, italien et français. Barcelona, 15 nov. et 20 déc. 1891. 2 nos.

Porvenir (El) social. Journ. Barcelona 1894—96.

Posada, Adolfo, 1. Le droit et la question sociale. (Extrait de la Revue internat. de sociologie.) 8°. Paris, Giard et Brière, 1898.

— 2. L'évolution sociale en Espagne, 1894 et 1895. gr. 8°. Paris, Giard et Brière, 1896.

— 3. Mouvement social: Espagne. (Revue internat. de sociologie, II, 1894.)

— 4. Le mouvement social en Espagne (1896). (Extrait de la Revue internat. de sociologie.) 8°. Paris, Giard et Brière, 1897.

— 5. Le mouvement social en Espagne 1897. (Extrait de la Revue internat. de sociologie.) 8°. Paris, Giard et Brière, 1898.

— 6. Sociologia e anarquismo. (Revista general de legislación y jurisprudencia, 1894, ottobre.)

— 7. Théories modernes sur les origines de la famille, de la société et de l'État. Ouvrage traduit de l'Espagnol, avec l'autorisation de l'auteur par Frantz de Zeltner. 8°. Paris, Giard et Brière, 1896. (Bibliothèque sociologique internationale, IV.)

Posadowsky, Graf, und die Koalitionsfreiheit vor dem Reichstage. Verhandlungen des deutschen Reichstages über den Erlass des Staatssecretärs des Innern vom 11. Dec. 1897 gegen angeblichen Missbrauch der Koalitionsfreiheit. Nach dem offiziellen stenogr. Bericht. gr. 8°. Berlin, Buchhdlg. des „Vorwärts", 1898.

Possibilité d'une nouvelle organisation sociale et d'un nouveau système politique et administratif, pour préparer et garantir infailliblement en quatre années le bonheur du peuple français etc. etc. A Louis-Napoléon Bonaparte, président de la République Française, par M. D. G. 8°. Paris, Charpentier, 1849.

Postbeamten! (An die „unteren"). Leidensgenossen. Flugblatt, gedruckt in der sozialdemokrat. Genoss.-Buchdr. der „Freiheit" in London.

Pot-à-Colle (Le). Bagnolet, Seine, 1891—92.

Potter, Agath. de, 1. L'ABC de la science sociale ou signification claire et rationelle de quelques mots dont la valeur indéterminée entretient la confusion dans les esprits et le désordre dans les choses. Bruxelles 1848.
— 2. Les Belges de 1830 et la Belgique de 1850. 24 pp. gr. 8°. Bruxelles 1850.
— 3. Catéchisme rationnel à l'usage de la jeunesse précédé d'une courte instruction pour les enfants. 8°. Bruxelles 1854.
— 4. Les catholiques, les libéraux et les modérés à l'oeuvre. (Bibliothèque de la „Science sociale".)
— 5. La concurrence. (Société Nouvelle, 1893,₂.)
— 6. Le congrès national du parti ouvrier belge tenu à Gand le 25 et 26 avril 1886. (Société Nouvelle, 1886,₁.)
— 7. Dictionnaire rationnel des mots les plus usités en sciences, en philosophie, en politique, en morale et en religion, avec leur signification déterminée et leur rapport aux questions d'ordre social. gr. 8°. Bruxelles et Leipzig, A. Schnée, 1859.
— 8. Le droit de suffrage. (Société Nouvelle, 1895,₂.)
— 9. Étude d'économie sociale. Richesse et pauvreté. (Société Nouvelle, 1892,₂.)
— 10. Étude sur la propriété: Le collectivisme. (Société Nouvelle, 1888,₁.)
— 11. Examen au point de vue social de quelques articles de la constitution belge. (Société Nouvelle, 1887,₁.)
— 12. De l'instruction obligatoire comme remède aux maux sociaux. 8°. Paris 1865.
— 13. L'individu et l'État. (Société Nouvelle, 1890,₂.)
— 14. De la liberté de toutes les libertés à propos du projet de loi sur l'enseignement moyen. 16 pp. gr. 8°. Bruxelles, avril 1850.

Potter, Agath. de, 15. La logique. 8°. Bruxelles, chez l'auteur, 1866.
— 16. Le minimum du salaire et le maximum d'heures de travail. (Société Nouvelle, 1890,₁.)
— 17. La nationalisation du sol. (Société Nouvelle, 1888,₁.)
— 18. Du paupérisme à propos du congrès international de bienfaisance. 12°. Bruxelles 1857.
— 19. Question d'économie sociale; le libre-échange et le protectionisme. (Société Nouvelle, 1891,₂.)
— 20. La révolution sociale prédite. 8°. Bruxelles 1886.
— 21. La science sociale, amenée à son principe. 8°. Bruxelles, A. Jamar, 1840.
— 22. Le socialisme libertaire, ou anarchisme individualiste et le socialisme rationnel. (Société Nouvelle, 1891,₂.)

Potter, Beatrice, Cooperation and tradeunionism. 8°. Manchester 1892.

Potter, Louis de, Les partis en Belgique. (A propos de la lettre du roi Léopold I. lors de la clôture de la session législative de 1856—57.) (Société Belge, 1884.)

Pottier, Eugène, L'Internationale, musique de Degeyter. 4°. Lille, impr. Delory, libr. Gosselin, 1894.

Pottier-Gruson, 1. Des destinées de la France au point de vue de la prévoyance, du crédit et du travail national. Ouvrage contenant des données pratiques pour améliorer la condition des travailleurs et étendre le bien-être de la société sans toucher aux bases de l'organisation actuelle, suivi d'une nouvelle combinaison électorale et politique. 8°. Paris, Garnier frères, 1851.
— 2. Il est de l'intérêt de tous, pour élections, de lire la solution de ce qu'on appelle l'organisation du travail, en opposition au projet du citoyen Louis Blanc, et de voter pour son auteur. 8°. Paris, impr. de Pommeret et Moreau, s. a. (1848?).

Potwin, Th. S., The socialism of Moses. (Yale Review, vol. 3, 1895.)

Pötzsch, H., Zum Gewerkschaftskongress. (Neue Zeit, Jhrg. 14, 1895/96.)

Poubelle, J. N., Des patriotes, des libéraux et des doctrinaires, pour servir à l'histoire de la révolution de juillet. gr. 8°. Paris 1832.

Pouget, Émile, 1. Les révolutionnaires au congrès, suivi du Compte-rendu des conférences de Londres. 8°. Paris 1896, en vente à „La Sociale" et aux „Temps Nouveaux".
— 2. Variations guesdistes. Recueillies et annotées. 16°. Paris, juillet 1896. (Bibliothèque de La Sociale.)

Poujol, A., Le krach social. 8°. Paris, Barbré, 1892.

Poulin, Religion et socialisme. 8°. Paris 1867.

Poulin, P., Irrationnalités du socialisme dit rationnel du feu baron de Colins. 8°. Bruxelles 1874.

Pourille, Stas., dit Blanchet, Causes de la défaite de la Commune de Paris, ses fautes. 8°. Genève 1872, octobre.

Pourquoi nous sommes collectivistes. (Socialisme progressif, 1878, no. 3.)

Pourquoi nous sommes internationalistes. (Groupe des étudiants socialistes révolutionnaires internationalistes de Paris, no. 2.) 18°. Paris, impr. Allemane, 1895.

Powderly, T. V., Thirty years of labor: a history of the organization of workingmen since 1860. 8°. Columbia (Ohio), Excelsior Publication House, 1891.

Pozzoni, C., Imposte e questione sociale. 8°. Genova 1893.

Price. Journ. Brünn, 12. Dec. 1883—23. Jänner 1884. 4 nos.

Price. Journ. Chicago 1887.

Pradié, La démocratie française, ses rapports avec la monarchie et le catholicisme, son organisation. 8°. Paris 1860.

Pradinaud, F., et Devillers, L., Délégation ouvrière de Saint-Denis à l'exposition internationale et coloniale de Lyon en 1894. Rapports sur l'exposition ouvrière, les associations ouvrières, l'enseignement professionnel et divers exposant. 8°. Saint-Denis, impr. Bouillant, 1896.

Pradines, L'autorité morale et la démocratie. 8°. Paris 1883.

Präservative wider Revolutionen. Nebst einem schnell wirkenden, ganz neuen Mittel, jeden Gassentumult und Auflauf ohne Blutvergiessen zu stillen. kl. 8°. Leipzig, C. H. Reclam, 1831.

Praetor, Julius, Souvenirs d'un déporté en Nouvelle-Calédonie (1871). 8°. Paris, Arthème Fayard, 1875.

Prange, Otto, Das rote Gespenst. Sozialistische Gedanken eines Nicht-Sozialdemokraten. Ein Mahnruf an die Gebildeten und Besitzenden des deutschen Volkes. gr. 8°. Stuttgart, R. Lutz, 1894.

Prat, D. Marcolino, A M. Cabet à propos de son projet d'émigration en Icarie. 8°. Paris, Gabriel Jeune; Bruxelles, au bureau de l'atelier démocratique, 1847.

Prati. Vide: Fontana and Prati.

Précis sur Icarie (von den Jung-Icariern hrsg.) 8°. Corning, Jowa, 1880.

Précurseur (Le). Organe démocratique social des associations des travailleurs. Rédigée par Joh. Ph. Becker. Année I, no. 1, 6 janv. 1877. Année 3, 1879. Genève, impr. coopérative.

Preczang, Ernst, Sein Jubiläum. Ein Bild aus dem Handwerkerleben in einem Aufzuge. 8°. Berlin, „Vorwärts", 1896. (Sozialistische Theaterstücke.)

Preiswerk, R., Die sozialistischen Zukunftshoffnungen unserer Zeit im Lichte der göttlichen Offenbarung. gr. 8°. Basel, A. Geering, 1893.

Preller, C. H., Zum Verständniss der Zeit, ihrer Noth und ihrer Aufgabe. Betrachtungen über das Wesen der Gesetze und Verfassungen: der Obrigkeiten und Revolutionen; der Ehe, der Familie, des Volkes und der Volksobrigkeit; des Eigenthums und des Handels. gr. 8°. Hamburg, Perthes-Besser und Mauke, 1849.

Prélude à l'unité religieuse. 8°. Paris 1847.

Présent et avenir des ouvriers par un typographe. 18°. Paris 1847.

Presles, Jules de, Conseils sur la royauté, au C. de Paris. 8°. Paris, Guarin, 1846.

Presse (Die socialdemokratische). (Grenzboten, 1892,₁.)

Presse (Die sozialdemokratische). (Christl.-soz. Blätter, Jhrg. 25, 1892.)

Presse (La) ouvrière, organe de l'Association des compositeurs typographes de Bruxelles. Bruxelles 1896.

Pressensé, Edmond de, 1. Conférences sur le christianisme dans son application aux questions sociales. 8°. Paris, Ladrange, 1849.
— 2. Les leçons du 18 mars; les faits et les idées. 8°. Paris, Michel Lévy frères, 1871.

Pressensé, Francis de, Le congrès socialiste international de Londres. (Revue des deux Mondes, 1896, 1. sept.)

Pressigny, J., Amour et marriage. (Almanach de la question sociale pour 1894.)

Pressprocess der „Gleichheit". Bericht über die Schlussverhandlung in der Klageangelegenheit des Herrn H. Oberwinder gegen O. Scheu und Rob. Wagner, wegen Vergehen gegen die Sicherheit der Ehre, durchgeführt vor dem Kreisgericht als Pressgericht Wiener Neustadt am 12., 13. und 14. März. 8°. Wiener Neustadt 1874.

Pressprozesse (Zwei) gegen die „Süddeutsche Post". Verhandlungen des oberbayerischen Schwurgerichtes vom 4. Juli 1884 gegen Herrn L. Viereck und H. Chr. Michael. Nach dem stenographischen Berichte. 8°. München, Pollner (Viereck), 1884. (Sozialpolit. Zeit- u. Streitfragen, Heft 13.)

Pressstimmen über das am 4. August 1886 vom Landgericht zu Freiberg gefällte Urtheil wider die Angeklagten Auer, Bebel, Dietz, Frohme, Heinzel, Müller, Ulrich, Viereck und v. Vollmar. 8°. Nürnberg, Wörlein u. Co., s. a.

Preuss, Hugo, Die Bodenbesitzreform als soziales Heilmittel. (Volkswirtschaftliche Zeitfragen, Heft 109—111.) gr. 8°. Berlin, Simion, 1892.

Prévost, Proudhon, jugé et traité selon ses doctrines métaphysiques. 8°. Paris 1858.

Price, Rich., 1. Observations on the nature of civil liberty and the principles of government. 1.—8. ed. gr. 8°. Edinburgh and London 1776. Philadelphia 1776. A new edit. gr. 8°. London 1817.

2. Additional observations on the nature and value of civil liberty, and the war with America: also observations on schemes for raising money by public loans. An historical deduction and analysis of the national debt and a brief account of the debts and resources of France. gr. 8°. Dublin 1777. 2. edit. gr. 8°. London 1777. gr. 8°. Philadelphia 1778.

— 3. Two tracts on civil liberty, the war with America, and the debts and finances of the kingdom, with a general introduction and supplement. 8°. London 1778.

Priestley, Jos., An essay on the first principles of government, and the nature of political, civil and religious liberty. 2. edit. 8°. London 1771.

Prieur-Duperray, Théophile, L'harmonie universelle dans l'ordre social à tous les points de vue. 8°. Saumur, impr. Godet, 1873.

Primero (O) de Maio. Journ. Coimbra, 12 oct. 1890—2 févr. 1891.

Primo Maggio. Giorn. Ancona, numero unico, 1. maggio 1892.

Princeteau, Les grèves des verriers du Bordelais. (Réforme sociale, année 11, 1891.)

Principes (Des premiers) du système social, appliqué à la révolution présente. 8°. Nice 1790.

Prins, A., 1. Les défaillances de l'état moderne et la démocratie au moyen âge. 8°. Bruxelles 1881.

— 2. La démocratie et le régime parlementaire. 8°. Paris, Guillaumin, 1884.

— 3. Freiheit und sociale Pflichten. Deutsch von Dr. E. Münsterberg. gr. 8°. Berlin, O. Liebmann, 1897.

— 4. L'organisation de la liberté et le devoir social. 8°. Paris, Alcan, 1895.

Prinzip (Das demokratische) und seine Anwendung. Zum Gothaer Parteitag. (Neue Zeit, Jhrg. 15, 1896/97.)

Proal, L., Les origines de l'anarchie. (Le Correspondant, Paris, 1894, 25 avril.)

Problem (Das soziale). (Grenzboten, 1895,₁.)

Procès des accusés d'avril devant la Cour des pairs, publié de concert avec les accusés. 3 tom. 8°. Paris, Pagnerre, 1835.

Procès (Le) des anarchistes de Chicago. 18°. Paris, impr. Beaugiron, 1892. (Publications anarchistes.)

Procès des trente anarchistes. Association de malfaiteurs. Biographie des accusés. plano. Avec portraits. Paris, Hayard, s. a. (1894).

Procès des anarchistes de Vienne, 12 avril 1890. 8°. Saint-Étienne, 1890.

Procès de l'Avant Garde 1879. 74 pp. 8°. Chaux-de-Fonds 1879.

Procès de l'Avenir. 8°. Paris, Agence générale pour la défense de la religion catholique, 1831.

Procès de J. Barberet, chef du bureau des sociétés professionelles au ministère de l'intérieur contre le Prolétaire.

10. chambre correctionnelle, audiences des 23 avril, 7, 28 et 29 mai 1880. Supplément au no. 90 du „Prolétaire", journal républicain des ouvriers démocrates socialistes, 19 juin 1880. Saint-Cloud, au bureau du journal.

Procès de Berkmann, de Pittsburgh. („Der Anarchist", New York; „Solidarity", New York; „El Despertar", 1. mars 1893 sq.)

Procès (Le) de la Commune devant les conseils de guerre. Compte-rendu complet des débats. 1. groupe: Les membres de la Commune. Edition illustrée. 8°. Paris, libr. internat., 1871.

Procès du droit d'association soutenu et gagné en décembre 1832 par la Société des amis du peuple. 8°. Paris, Rouanet, 1833.

Procès d'Emma Goldmann. („Brandfackel", New York 1893, nov.) (Eine ungehaltene Rede.)

Procès de l'Internationale à Paris. 1868.

Procès de l'Internationale à Turin. Juin 1870.

Procès de Liebknecht, Bebel et Hepner. Assises de Leipzig, 11 mars 1872; ornées de gravures. 8°. Paris s. a.

Procès de manoeuvre à intérieur et de société secrète. Affaires Accolas-Naquet. 8°. Paris 1868.

Procès des membres de la Commune. Compte-rendu in extenso. 8°. Paris 1872.

Procès de Paolo Lega. („Socialist", Berlin, 28 juillet—11 août 1894 [tiré du „Secolo"]: „Freiheit", 11—18 août 1894.)

Procès de Lorion. („Révolte", 15 nov. 1890; 3 janv. 1891.) — Défense de Lorion. („Révolte", 10 janv. 1891, publié aussi en feuille, à Roubaix; en allemande: „Autonomie", 20 nov. 1890, 17—24 janv. 1891.)

Procès (Le) de Montbrison. Défense de Bordat. 8°. Genève, impr. jurassienne, 1888.

Procès des ouvriers tailleurs à Paris. Grève de mars-avril 1867. Association de plus de vingt personnes, non autorisée. (Société fraternelle de solidarité et de crédit mutuel.) 8°. Paris, Rouanne, 1868.

Procès du Propagateur du Pas-de-Calais, journal républicain. Acquitté par la Cour d'assises de St. Omer. Contenant la défense complète du citoyen Degeorge et la plaidoirie de Mc. Ledru. (Première publication du Populaire.) 8°. (Paris) au bureau du journal, impr. de L. E. Herhan, 1833.

Procès des „Trente" août 1894: discours de S. Faure. (Socialist, 15. Sept. 1894.)

Proceso de los anárquistas de Chicago. Siete condenados á muerte. Traducción del original francés. 18°. Barcelona 1887. (Biblioteca anárquico-communista, no. 2.)

Procès-verbal van het social congres, gehouden to Amsterdam den 9, 10, 11, 12 november 1891. gr. 8°. Amsterdam, Höveker et Zoon, 1892.

Process (Der) der Commune von Paris. (Unsere Zeit, N. F. VIII,₁₁, 1872.)

Process piatidesiati, sujdennykh za socialno-revoljucionnaju propagandu v Ivanovo-Voznesenske, Tulye, Kiovye i Moskoye. 8°. London 1877. 8°. Leipzig 1880. („Mejdinarodnaia Biblioteka", no. 29.)

Processo dos anarchistas de Lisboa. 16°. Lisboa 1888. (Publicação do grupo anarchista.)

Processo (Il) degli anarchici di Chicago. 8°. Torino 1887. (Biblioteca della „Gazzetta Operaia".) (Compl. confisc.)

Processo di Giovanni Passanante. 8°. Firenze 1879.

Processo degli internazionali discusso dal R. Tribunale civile e correzionale di Forli. 15 nos. fol. Forli 1879.

Prochownik, Berth., Das angebliche Recht auf Arbeit. Eine historisch-kritische Untersuchung. gr. 8°. Berlin, Puttkammer u. Mühlbrecht, 1892.

Proclamation an die Arbeiter der Vereinigten Staaten von Nord-Amerika. Pittsburg, 16. October 1883.

Proclamation (A) to all spiners and dealers in linen yarn in the countries of Mayo and Sligo. 8°. London 1784.

Producteur (Le). Le Havre, 30 avril 1890. 1 no.

Produktivgenossenschaften (Sozialdemokratische). (Christl.-soz. Blätter, Jhrg. 25, 1892.)

Productor (El). Journ. Habana 1887—90; Habana 1893, 26 mars sq.

Productor (El). Journ. Barcelona, 1. févr. 1887—21 sept. 1893. 369 nos.

Productor (El). Journ. Guanabacoa 1890—91 (?).

Produits (Les) de la terre. 8°. Genève, impr. jurassienne, s. a.

Program (Het sociaal) van patrimonium en de conclusiën van het sociaal congres. 12°. Amsterdam, A. Fernhout, 1896.

Program socyalistów polskich wschodniej Galicyi. 8°. Lwów, w. styczniu, 1831. (Impr. polonaise, chemin-neuf 13, Genève.)

Program (The radical) with pref. by Chamberlain. 8°. London 1885.

Programm (Ein katholisch - soziales). (Christl.-soz. Blätter, Jhrg. 27, 1894.)

Programm (Das katholisch - soziale). (Christl.-soz. Blätter, Jhrg. 28, 1895.)

Programm der sozialdemokratischen Partei Deutschlands, beschlossen auf dem Parteitag zu Erfurt 1891. Flugblatt. 8°. Berlin, „Vorwärts", s. a.

Programm (Ein praktisch - soziales). (Christl.-soz. Blätter, Jhrg. 26, 1893.)

Programm (Auch ein radikales). 4°. Leipzig 1890.

Programm der sozialdemokratischen Arbeiterpartei. Unterzeichnet vom Ausschuss der sozialdemokratischen Arbeiterpartei : Ed. Prey, Vorsitzender. Th. York, Secretär. 8°. s. l. s. a.

Programm und Organisation der sozialdemokratischen Partei Deutschlands, beschlossen auf dem Parteitag zu Erfurt 1891. (Aus: „Protokoll über die Verhandlungen des Parteitages".) 8°. Berlin, Verlagsbuchh. des „Vorwärts", 1891.

Programm der sozialistischen Arbeiterpartei Deutschlands mit einem Aufruf: „Arbeiter Deutschlands!" Unterzeichnet: „Der Vorstand der sozialistischen Arbeiterpartei Deutschlands (Hamburg)." 8°. Genoss.-Buchdr. in Leipzig, s. a.

Programm der sozialistischen Arbeiterpartei Deutschlands mit einem Aufruf: „An die Arbeiter Deutschlands!" Von dem verantwortl. Herausgeber C. Drossi. 8°. Hamburg, Genoss.-Druck., s. a.

Programm der socialistischen Arbeiterpartei Deutschlands nebst einem Aufruf mit der Ueberschrift: „Arbeiter!" Flugblatt, s. l. s. a.

Programm der sozialistischen Arbeiterpartei Deutschlands nebst einem Aufruf des Vorstandes der sozialistischen Arbeiterpartei Deutschlands an die „Arbeiter Deutschlands". 8°. Berlin, Allg. Deutsche Associat.-Buchdr., s. a.

Programm der sozialistischen Arbeiterpartei Deutschlands. Flugblatt, enthaltend ausser dem Programm einen Aufruf mit der Ueberschrift: „Arbeiter!" und ein aus 12 Paragraphen bestehendes Statut mit der Ueberschrift: „Organisation der deutschen Sozialdemokraten in der Schweiz." 8°. s. l. s. a.

Programm zur Todtenfeier Ferdinand Lassalles, Sonntag den 19. Sept. 1869. 8°. Chemnitz, Druck von C. A. Hager, s. a.

Programm des Vereins zum Schutze des Eigenthums und zur Förderung des Wohlstandes aller Volksklassen. 8°. Berlin 1848.

Programma en Statuten der belgische socialistische Arboidersparty, herzien op het landelijk congrès te Antwerpen op 5 Juli 1885. 8°. Gent, Drukk. F. Hage, 1885.

Programma e regolamento della federazione italiana. 8°. Rimini 1872.

Programma, statuto e tattica del partito socialista dei lavoratori italiani. 16°. Milano, tip. degli operai, 1894.

Programme agricole du parti ouvrier. 18°. Paris, à l'administration du Socialiste, 1893.

Programme de la démocratie socialiste russe, tiré du journal „La Cause du Peuple". 8°. Genève s. a. (Réprod. dans le „Liberté", Bruxelles, 20 sept. 1868.)

Programme démocratique. gr. 8°. Lyon 1848.

Programme électoral aux coopérateurs. Les droits économiques. Ni démocrates, ni socialistes, par B. A. 8°. Clichy, impr. de M. Loignon, 1868.

Programme de gouvernement et d'organisation sociale, d'après l'observation comparée de divers peuples, par un groupe d'économistes, avec une lettre-préface par M. F. Le Play. 18°. Paris, Tardieu, 1881.

Programme et statuts du parti ouvrier belge. 8°. Bruxelles, impr. Berghmans, 1885.

Programme et statuts du parti ouvrier belge, adoptés dans les congrès de Bruxelles 1893 et de Quaregnon 1894. 8°. Bruxelles, au journal „Le Peuple", 1894. (Bibliothéque de Propagande socialiste, no. 13.)

Programme (Le) social et la Ligue du travail de Lessines. 8°. Lessines, Oa. Pacquay, 1892.

Programme des socialistes Polonais. (Genève?) sept. 1879.

Programme et statuts de l'Universelle, société générale ouvrière collectiviste à capital variable, fondée par les citoyens: A. Bonthoux etc. etc. 8°. Lyon, impr. nouv. Lyonnaise, 1889.

Progrès (Le). 42 nos. Locle, 18 déc. 1868—2 avril 1870.

Progrès (Le), organe hebdomadaire des ouvriers du centre. Jolimont 1888—89.

Progrès du XV., organe républicain socialiste indépendant des quartiers de Grenelle, Javel, Necker et Saint-Lambert, paraissant toutes les semaines. Année 1, no. 1, 6 juin 1895. fol. Paris, impr. Lambert, Epinette et Co.

Progrès social, hebdomadaire. Année 1, no. 1, 21 nov. 1896. fol. Paris, impr. Fontaine.

Progrès socialiste, organe hebdomadaire des socialistes de Toulouse et de la région. Année 1, no. 1, 14 avril 1895. fol. Toulouse, impr. du Progrès socialiste.

Projet d'association industrielle et domestique pour les classes ouvrières et les familles indigentes des soldats morts à la guerre, par Marie Louise M***. 8°. Londres 1855.

Projet d'association libre et volontaire entre patrons et ouvriers et de réforme commerciale, présenté aux comités du travail et de l'agriculture de l'Assemblée nationale au nom du comité du travail de Lyon. 8°. Paris, impr. Lange Lévy et Co., juillet 1848.

Projet de Communauté philosophe avec un plan géometral du séjour champêtre de cette société par J. A. V. de H. 8°. Paris 1777.

Projet de constitution fédérale pour République française. 8°. Genève 1871.

Projet de constitution pour la République française, présenté par la Commission des onze. Dans la séance du 5 messidor l'an III. 74 pp. 8°. Dijon.

Projet de programme présenté au congrès annuel du parti socialiste belge, tenu à Anvers les 17 et 18 avril 1881. 8°. Gand, impr. Hage, 1881.

Proklamationen und Versprechungen deutscher Fürsten (1813—1849). Eine Neujahrsgabe für das deutsche Volk. Mit einem einleitenden Wort von Ed. Burckhardt. 8°. Leipzig, Bibliopolische Anstalt, 1851.

Prokrokové Listy. Journ. Weinberge-Prag 1896.

Proles, Charles, 1. Les hommes de la révolution de 1871. Charles Delescluze (1830—1848—1871). Avec une lettre préface d'A. Millerand, député de la Seine. 18°. Paris, Chamuel, 1898.

— 2. Les hommes de la révolution de 1871. Raoul Rigault; la préfecture de police sous la Commune: les otages. 18°. Paris, Chamuel, 1898.

— 3. Les hommes de la révolution de 1872. Gustave Flourens (Insurrection crétoise 1867—1868. — Siège de Paris 1870—71). Avec une lettre-préface d'Amilcar Cipriani. 18°. Paris, impr. Vve. Albony, 1898.

Prolétaire (Le), journal hebdomadaire. Verviers, mars 1868—70.

Prolétaire (Le), organe du parti ouvrier de l'arrondissement de Narbonne, hebdomadaire, paraît le jeudi. No. 1, 29 mars 1894. fol. Narbonne, impr. Pons.

Prolétaire (Le). Organe des revendications sociales (11. arrondissement). 4 nos. du mercredi 10 mai au mercredi 24 mai 1871. Paris.

Prolétaire algérien, organe socialiste, paraissant les premier et troisième dimanches de chaque mois. Année 1, no. 1, 4 juillet 1897. fol. Constantine, impr. Marlo et Biron.

Prolétaire (Le) socialiste, publié Bruxelles vers 1840.

Prolétaires (Les) aux prochaines élections; chanson. piano. Lille, impr. Lagrange, s. a. (1898).

Prolétár. Journ. Wien, 3. Febr.—1. April 1883. 8 nos.

Proletár. Organ Radikálních Socialistu leskych. New York 1885.

Prolétár. Journ. Reichenberg, 6. Febr. 1896 ff.

Proletären. Journ. Kopenhagen, 2. Febr. 1896.

Proletariat! (An das deutsche) „Die Würfel sind gefallen" etc. Flugblatt. s. l. s. a.

Proletariat (Das) und die Gewerbefreiheit. 8°. Salzburg 1848.

Proletariat. Organ der internationalen sozialrevolutionären Partei. (In polnischer Sprache.) Warschau.

Proletariat (Our american). (Gunton's Magazine, 1896, May.)
Proletariato (Il). Giorn. Marsala, 19 agosto 1891 sq.
Proletarier aller Länder, vereinigt Euch! Flugblatt. Sep.-Abdr. aus Nr. 22 des „Sozialdemokrat", 30. Mai 1880.
Proletarierdichter und Proletarierlieder. (Die Grenzboten, 1893, ₃.)
Proletarierlied. 8°. Erfurt, Druck von Paul Rosenthal, s. a.
Proletarier-Liederbuch (Neuestes) von verschiedenen Arbeiterdichtern. Gesammelt von Joh. Most. 3. verb. Aufl. 8°. Chemnitz, Genoss.-Buchdr., 1873.
Proletario (Il). Giorn. Palermo 1885.
Proletario (Il) italiano. Torino 1871 sq.
Proletario (Il). Journ. San Feliu de Guixols, 14 févr. 1890—91 (?).
Proletario (Il). Giorn. Trapani-Marsala 1890—92.
Proletario (Il). Giorn. Trieste, agosto 1892 sq.
Prolo, Jacques, Le communisme devant le parti ouvrier, VIII. congrès. 8 pp. 8°. Paris 1887. (Publications du groupe cosmopolite „Bibliothèque révolutionnaire cosmopolite".)
Promemoria. Das Treiben der deutschen Flüchtlinge und Arbeiter in dem westlichen Theile der Schweiz betreffend 8°. s. l. s. a. (1849?)
Prométhée, Le paradis trouvé. Étude socialiste dédiée aux francs-maçons. 2. édit. 8°. Paris, Aug. Ghio, 1880.
Pronier, H., et **Thurow,** H., 1. mai 1895. Qu'avons-nous obtenu? 8°. Paris, libr. socialiste, s. a. (1895).
Pronier, H. Vide: Thurow, H., u. Pronier, H.
Propaganda (La). Journ. Vigo 1881, fin de mars 1883. 75 nos.
Propaganda (La). Giorn. Imola 1893.
Propaganda (A) anarchista. Journ. Lisboa, 13 févr. 1894—95. 61 nos. (?).
Propaganda (Die anarchistische). Enthüllungen über den Anarchismus von F. de B..... 2. Aufl. gr. 8°. Wiesbaden, Jurany u. Hensel's Nachf., 1894.
Propaganda révolutionnaire 1868—69. 8°. Bruxelles 1869.
Propaganda socialista (fra contadini). Pubblicazione del giornale „La Questione sociale". 16°. Firenze, tip. Toni, 1884.
Propagande (La) démocratique. Les candidats républicains de 1898. M. Léon Bourgeois. 18°. Paris, impr. Hemmerlé et Co., 1898.
Propagande communiste révolutionnaire. Le socialisme et les étudiants. 16°. Paris, impr. Allemanne, 1895.
Propagande (La) de la Fédération ouvrière Bruxelloise. 8°. Bruxelles, au journal Le Peuple, 1894. (Bibliothèque propagande socialiste, no. 9.)
Prophète (Le), journal mensuel, déiste, socialiste, financier, immobilier et commercial. Année 1, no. 1, sept. 1898. fol. Paris, impr. Camproger.
Prophétie. La liquidation sociale. 8°. Bruxelles, chez Verrycken. 1872.
Proprietà privata (La) e l'interesse pubblico: studio giuridico sociale. 8°. Roma 1892.
Propriété (La). No. 1 et 2. 18°. Roanne, impr. ouvrière, s. a. (1896).
Propriété (La) et le socialisme. Conférence donnée à la mutualité socialiste. 1. et 2. partie. 2. édit. 8°. Bruxelles, au journal Le Peuple, 1894. (Bibliothèque de propagande socialiste, no. 11 et 12.)
Protest gegen das allgemeine Stimmrecht. 8°. Berlin 1878.
Protest against Th. Paines Rights of man addressed to the Members of a book society. 8°. London 1792.
Protesta (La) **Umana.** Revue. Tunis, 9 febbr. 1896 sq.
Protestanten (Socialistische). Von K. (Die Zeit, Nr. 102, Wien, 12. Sept. 1896.)
Protestation des ouvriers républicains français contre la seconde guerre de Rome. (Lue à Londres, au meeting du 3 décembre 1867.) 32°. s. l. s. a.
Prothero, R. E., French boycotting and its cure. (Nineteenth Century, Nov. 1896.)
Protokoll über den 1. Congress der socialdemokratischen Arbeiterpartei zu Stuttgart am 4., 5., 6. u. 7. Juni 1870. 8°. Leipzig, Druck von Thiele, 1870.
— 2. Congress, abgeh. zu Dresden am 12., 13., 14. u. 15. Aug. 1871. 8°. Leipzig, Exped. d. „Volksstaat", 1871.
— 3. Congress, abgeh. zu Mainz am 7.—11. Sept. 1872. 8°. Braunschweig 1872.
— 4. Congress, abgeh. zu Eisenach am 23., 24., 25., 26. u. 27. Aug. 1873. 8°. Leipzig, Genoss.-Buchdr., 1873.
— 5. Congress, abgeh. zu Coburg am

18. 19., 20., 21. Juli 1874. 8°. Leipzig, Gen.-Buchdr., 1874.
Protokoll des Vereinigungs-Congresses der Socialdemokraten Deutschlands, abgeh. zu Gotha vom 22.—27. Mai 1875. 8°. Leipzig, Gen.-Buchdr., 1875.
Protokoll des Socialisten-Congresses zu Gotha vom 19.—23. Aug. 1816. kl. 8°. Berlin, Allg. deutsche Assoc.-Buchdr., 1876.
— zu Gotha vom 27—29. Mai 1877. kl. 8°. Hamburg, Genoss.-Buchdr., 1877.
Protokoll des Kongresses der deutschen Socialdemokratie. Abgeh. auf Schloss Wyden in der Schweiz vom 20.—23. Aug. 1880. 8°. Zürich, Herter, 1880.
— in Kopenhagen, abgeh. vom 29. März — 2. April 1883. 8°. Hottingen-Zürich, Schweiz. Genoss.-Buchdr., 1883.
— in St. Gallen, abgeh. vom 2.—6. Oct. 1887. 8°. Hottingen-Zürich, Schweiz. Genoss.-Buchdr., 1887.
Protokoll über die Verhandlungen des Parteitages der sozialdemokratischen Partei Deutschlands. Abgeh. zu Halle a. d. S. vom 12.—18. Oct. 1890. 8°. Berlin, Verlag der Exped. des „Berliner Volksblatt", 1890.
— Abgeh. zu Erfurt vom 14.—20. Oct. 1891. 8°. Ebenda 1891.
— Abgeh. zu Berlin vom 14.—21. Nov. 1892. 8°. Ebenda 1892.
— Abgeh. zu Köln a. Rh. vom 22.—28. Oct. 1893. 8°. Ebenda 1893.
— Abgeh. zu Frankfurt a. M. vom 21.—27. Oct. 1894. 8°. Ebenda 1894.
— Abgeh. zu Breslau vom 6.—12. Oct. 1895. 8°. Ebenda 1895.
— Abgeh. zu Gotha vom 11.—16. Oct. 1896. 8°. Ebenda 1896.
— Abgeh. zu Hamburg vom 3.—9. Oct. 1897. 8°. Ebenda 1897.
— Abgeh. zu Stuttgart vom 3.—8. Oct. 1898. 8°. Ebenda 1898.
Protokoll der Generalversammlung des Allgem. deutschen Arbeitervereins zu Berlin vom 19.—25. Mai 1871. 8°. Berlin 1871.
— vom 22.—25. Mai 1872. 8°. Berlin, Druck von C. Ihring, s. a.
— vom 18.—24. Mai 1873. 8°. Berlin, Druck von C. Ihring, s. a.
Protokoll des internationalen Arbeiterkongresses zu Paris 1889. Mit einem Vorwort von W. Liebknecht. 8°. Nürnberg 1890.

Protokoll des internationalen Arbeiterkongresses zu Brüssel. 1891.
Protokoll des internationalen sozialist. Arbeiterkongresses in der Tonhalle Zürich vom 6.—12. August 1893. Hrsg. vom Organisationskomité. gr. 8°. Zürich, Buchh. d. Schweiz. Grütlivereins, 1894.
Protokoll (Stenographisches) über den Kongress der Arbeiter in den Lebensmittelbranchen Oesterreichs am 5.—6. April (Ostern) 1896 in Wien. Nebst Anhang. 8°. Wien, „Zeitgeist", 1896.
Protokoll des 1. österreichischen Bäckerarbeitertages in Wien 1891.
— des 2. österr.-ungar. Bäckertages in Wien vom 2.—4. April 1893. 8°. Wien 1893.
— des 3. österr.-ungar. Bäckertages in Wien vom 1.—3. Jänner 1898. 8°. Wien 1898.
Protokoll des internationalen Bergarbeiter-Congresses zu Aachen. Abgeh. vom 25.—28. Mai 1896. Mit einem Vorwort von Heinrich Möller-Weitmar. 8°. Bochum, Brangenberg, 1896.
Protokoll des katholischen südösterreichischen Gewerbe- und Arbeitertages am 8., 9., 10. August 1897 in Salzburg. Hrsg. vom vorbereitenden Localcomité. 8°. Salzburg, A. Pustet, 1897.
Protokoll über die Generalversammlung der Gewerkschaft der Schuhmacher, abgeh. zu Cassel vom 5.—8. Juni 1876. 8°. Augsburg, Genoss.-Buchdr., 1876.
Protokoll der Verhandlungen des 1. Kongresses der Gewerkschaften Deutschlands. Abgehalten zu Halberstadt vom 14.—18. März 1892. 8°. Hamburg, Legien, 1892.
— des 2. Kongresses. Abgeh. zu Berlin vom 4.—8. Mai 1896. 8°. Ebenda 1897.
Protokoll über die Verhandlungen den 1. internationalen Kongresses der Lithographen, Steindrucker und Berufsgenossen, mit einem Anhang des internationalen Federations-Entwurfes. Abgehalten in London am 3., 4. u. 5. Aug. 1896. 8°. Berlin, O. Sillier, s. a. (1897).
Protokoll des österr. Metallarbeiter-Congresses in Brünn vom 26., 27. u. 28. Dec. 1890. Hrsg. von Ludw. Exner. 8°. Wien, Ludw. Exner (Genoss.-Buchdr.), 1891.
Protokoll des Congresses der Metallarbeiter Deutschlands im Dec. 1884 zu Gera. kl. 8°. Mannheim 1885.

Protokoll der Verhandlungen des Congresses der Holzarbeiter und der 4. Generalversammlung der Gewerkschaft der Holzarbeiter, abgehalten in Nürnberg vom 4.—8. Oct. 1873. 64 pp. 8°. Leipzig, Genoss.-Buchdr., 1873.

Protokoll der 3. General-Versammlung des Verbandes der Klempner (Spängler) und verwandten Berufsgenossen. Abgehalten zu Hannover vom 4.—7. Juni 1876. 8°. Hamburg, Genoss.-Buchdr., 1876.

Protokoll über die Verhandlungen des National-socialen Vereines (zweiter Delegiertentag) zu Erfurt vom 26.—29. Sept. 1897. 8°. Berlin, Eugen Kundt, s. a.

Protokoll über die Verhandlungen des 2. Parteitages der bayerischen Sozialdemokratie. Abgehalten zu München am 30. Sept.—1. Oct. 1894. 8°. Nürnberg, Wörlein u. Co., 1894.

— des 3. Parteitages. Abgeh. zu Nürnberg am 12.—13. Juli 1896. 8. Ebenda 1896.

Protokoll des Parteitages der Sozialdemokratie Ungarns in Budapest vom 7. u. 8. Dec. 1890. Hrsg. von Jakob Kürschner und Paul Engelmann. 8°. Budapest, Buchdr. u. Verlagsanst., 1891.

Protokolle des Kongresses der deutschen Holzarbeiter, der 3. ordentlichen Generalversammlung der Vereinigung der Drechsler und Berufsgenossen Deutschlands und des 5. ordentlichen Verbandstages des deutschen Tischlerverbandes. Abgehalten zu Cassel am 3.—7. April 1893. 8°. Stuttgart, Dietz, 1893.

Protokolle des 3. Congresses der keramischen und verwandten Arbeiter von Oesterreich-Ungarn in Wien. Hrsg. von Rud. Heckl. 8°. Wien 1893.

Protokolle. Vide auch: Compte rendu.

— — Verhandlungen.

Protot, Eugène, 1. Le grand état-major allemand et la démocratie allemande. 8°. Paris, impr. Hue, 1895.

— 2. Les manifestes de la Commune révolutionnaire contre le 1. mai. 8°. Paris, impr. Huet, 1895.

Protzen, Rud., Was kann die Schule thun, um den sozialistischen und communischen Ideen der Umsturzparteien entgegen zu arbeiten? (Sammlung pädagogischer Vorträge, Bd. 3, Heft 12.) gr. 8°. Bielefeld 1891.

Proudhon, P. J., 1. Amour et mariage. Oeuvre posthume. 1 vol. 8°.

Proudhon, P. J., 2. Au Président de la République: Le socialisme reconnaissant. (Extrait de la „Voix du Peuple".) 8°. Paris 1850.

— 3. Beweis des Socialismus, oder Revolution durch den Credit, hrsg. v. Opitz. 8°. Leipzig 1849.

— 4. De la capacidad politica de las clases populares; trad. y prólogo de F. Pi y Margall. 8°. Madrid 1869.

— 5. Contradictions politiques. 8°. Paris 1870.

— 6. Die französische Februarrevolution. Nach dem Französischen des P. J. Proudhon, von Karl Grün. In: Die Revolution im Jahre 1848. In zwanglosen Heften. Heft 1. Trier 1848.

— 7. La federación y la unidad en Italie; trad. de Alfredo Alvarez y prólogo de Julian Sanchez Ruano. 8°. Madrid 1870.

— 8. Idea general de la revolución en el siglo XIX. Colección de estudios acerca de la practica revolucionaria e industrial; vertida al castellano de la segunda edición francesa por J. Comas. 8°. Barcelona 1868.

— 9. Jésus et les origines du christianisme. Préface et manuscrits inédits classés par Clément Rochel. 8°. Paris, Havard fils, 1896.

— 10. La justice poursuivie par l'église, appel du jugement rendu par le tribunal de police correctionnel de la Seine le 2 juin 1858. 8°. Bruxelles, libr. de l'office de publicité, 1858.

— 11. Trois lettres inédites de Proudhon. 8°. Lons-le-Saunier, Camelet, 1871.

— 12. Lettres inédites de P. J. Proudhon à son ami Jouvenot. (Revue d'Alsace, nouvelle série, année 11, 1882.)

— 13. Les Malthusiens. 1. et 2. édit. 8°. Paris, au bureau du „Peuple", 1848.

— 14. Napoléon et Wellington. Papiers inédits publiés par Clement Rochel. („Cosmopolis", London, Oct. 1896 sq.)

— 15. El principio federativo; trad. y prólogo de F. Pi y Margall. 8°. Madrid 1868.

— 16. Des réformes à opérer dans l'exploitation des chemins de fer. 8°. Paris 1855.

*— 17. Ausgewählte Schriften. 2 Bde. 8°. Leipzig, Verlagsbureau, 1850. 3. Bd. 8°. Leipzig, Arnold'sche Buchh., 1851. Inh.: 1) Bekenntnisse eines Revolutionärs. Hrsg. v. Arn. Ruge. 2) Revolutionäre Ideen

Mit einem Vorworte von Alfr. Darimon. 3) Das Recht auf Arbeit und das Recht des Eigenthums. Organisation des Credits und der Circulation und Lösung der socialen Frage, Kapital und Rente. Erörterungen zwischen Proudhon und Bastiat.

Proudhon, P. J., 18. Sistema delle contradizione economiche, o filosofia della miseria. (Biblioteca dell' Economista, serie 3, vol. 1, 1882.)
— 19. Teoria delle Imposte. (Biblioteca dell' Economista, serie 2, vol. 10, 1868.)
— 20. Teoria de la propriedad; trad. de Gabino Lizárraga. 16°. Madrid 1873.
— 21. Was ist Eigenthum? Erste Denkschrift. Untersuchungen über den Ursprung und die Grundlagen des Rechts und der Herrschaft. Aus dem Französischen zum 1. Male vollständig übersetzt und mit einem Vorworte von A. F. Cohn. 8°. Berlin, B. Zack, 1896.
— 22. What is property? Or an inquiry into the principle of right and government. Trad. by B. R. Tucker. 8°. Boston 1885. 8°. New York, Humboldt Publish. Co. 8°. London, Bellamy Library, no. 23 and 24, 1892.

Proudhon en voyage. 60 carricatures par Cham. 4°. Paris, au bureau du Charivari, 1817.

Proudhon und das geistige Eigentumsrecht. (Magazin für die Literatur des Auslandes, Jhrg. 31, Nr. 53, 31. Dec. 1862.)

Proudhon, der Original-Socialdemokrat, von H. B. (Magazin für die Literatur des Auslandes, Jhrg. 34, Nr. 13, 1865.)

Proudhon als Politiker und Publizist. (Neue Zeit, Jhrg. 14₂, 1895/96.)

Proximus tuus. Giorn. Torino, 8 sett. 1883 sq.

Prozess (Der) Bebel-Liebknecht und die officielle Volkswirtschaft. gr. 8°. Breslau 1872.

Prozess Liebknecht (Der). Verhandlung wegen Majestätsbeleidigung vor dem Landgericht zu Breslau am Donnerstag den 14. Nov. 1895. Mit einem Vor- und Nachwort von W. Liebknecht. 8°. Berlin, „Vorwärts", 1895.

První svobodná tiskárna v. Cechách. No. 1. 1883.

Pribram, Gust. Vide: Walter, H.

Psenner, Ludw., 1. Die Organisation der Arbeit. (Monatsschr. f. christl. Soz.-Reform, Jhrg. 19, 1897.)
— 2. Die Rettung aus dem socialen Elend. 1. Theil. Die Gesetze der menschlichen Gesellschaft. 9. Aufl. gr. 8°. Wien, Verlag der Reichspost, 1897.
— 3. Der christliche Zukunftsstaat. gr. 8°. Augsburg, Litterar. Inst. Dr. Huttler, 1893.

Publicola, Capital and labour: The three estates; or household suffrage in its relation to capital and labour. 8°. London 1880.

Publicola, A., Georg Herwegh. Fragmente zur Geschichte des Tages. 8°. Nürnberg 1843.

Puccini, E., Scienza e socialismo. 16°. Roma, tip. del „Corriere dei Comuni", 1884.

Pugnale (Il). Giorn. Aprile et 14 agosto 1889. 2 nos.

Pujol, D., Eduardo Perez. Vide: Cuestion social.

*****Püttmann**, Herm., Sociale Gedichte. 8°. Bellevue bei Constanz, Verlags- u. Sortimentsbuchhdlg., 1845.

Pyat, F., 1. Adresse des ouvriers républicains à Juarez. 12°. London s. a.
— 2. Discours aux ouvriers, prononcé à Londres, sur la tombe d'un défenseur de la république. 8°. Paris 1867.
— 3. Lettre aux électeurs de la Seine, du Cher et de la Nièvre. 8°. Paris, à la libr. Passage du commerce, no. 9, 1849.
— 4. Deuxième lettre au peuple de la classe dirigée. 32°. Lausanne 1876. (Publications de la section d'étude et de propagande de Lausanne.)
— 5. Loisirs d'un proscrit. 2 vols. 12°. Paris 1851.
— Vide: Combat (Le).
— — Vengeur (Le).

Pygmée (Le). Bruxelles, 27 janv. 1895.

Pyrau, D., Catechismus des gesellschaftlichen Menschen. Aus dem Französ. 8°. Frankfurt 1776.

Q.

*Quack, H. P. G., 1. De socialisten. Personen en stelsels. 4 vols. 8°. Amsterdam 1875—96. 2. druck. 3 vols. Amsterdam 1887—91.
   Het socialisme voor de 19. eeuw. I. Plato, de Gracchen, de Essecêrs, Middeleeuwsch socialisme, Staatsromans, Socialisme do Fransche 18. eeuw, Samenzwering de Babeuf, Economie en socialisme etc. II. De Saint Simon, Ch. Fourier, Rob. Owen, J. G. Fichte. III. Sain-Simonisten, Fourieristen en communisten. IV. Karl Marx, Michael Bakounin.
— 2. Studien en schetsen. 8°. Amsterdam 1886.
   Sociale Politiek. — Een sociale gedachte. — Een nihilist anarchist. — Sociale rechtvaardigdheid.

Quacksalber (Der rothe Doctor). Wider die Sozialdemokraten. 8°. M.-Gladbach, Riffarth, s. a. (4. Flugschrift des Volksvereins f. d. kathol. Deutschland; hrsg. vom Vorstande.)

Quaestie (De sociale) uit het Vaticaan bezien. Vert. d. C. E. v. Koetsveld. 8°. s. l. 1889.

Quaglio, Albert, Der Kampf um das tägliche Brod. Volksroman aus der Gegenwart. 4 Bde. 8°. Wien u. Leipzig, Zamarski u. Dittmarsch, s. a.

Quarck, Max, 1. Das Ende des Durhamer Kohlenstrikes. (Neue Zeit, Jhrg. 10, 1891/92.)
— 2. Handwerk, Zünftlertum und Socialdemokratie. Eine Agitationsschrift für Gesellen und Meister. 8°. Nürnberg. Wörlein u. Co., 1896.
— 3. Zur Naturgeschichte der Frankfurter Zeitung und der bürgerlichen „Demokratie". Redactionserlebnisse. 8°. Frankfurt a. M., „Volksstimme", 1896.
— 4. Das „Problem" des Nachlasses von Rodbertus. (Oesterr. Monatsschr. f. christl. Sozialref., 1884.)
— 5. Rodbertus. Ein Gedenkblatt zu seinem Todestage. (Deutsche Wochenschrift von Friedjung, Wien 1883.)

Quartini, Leopoldo, La questione operaia in Italia. 2. ediz. 8°. Firenze, tip. Cellini e Co., 1887.

Quelch, H., Trade-unionism, co-operation and socialdemocracy. 8°. London 1897.

Quellen zur Geschichte des Bauernkrieges in Oberschwaben, hrsg. v Baumann. 8°. Stuttgart 1876.

Qu'est ce qu'un démocrate? Ou Timon décrété d'absolutisme. 12°. Paris 1845.

Qu'est ce que la république démocratique? Lettre à J. Bonhomme par un ignorant (par J. Thibout). pet. 8°. Paris 1849.

Qu'est-ce que le travailleur? — Rien. Que doit-il être? — Tout. Par un victime du capital. 8°. Genève, impr. Vve. Blanchard, s. a.

Question ouvrière (De la). Projet pour constituer une rente à tous les citoyens et amortir la dette publique. 16 pp. 8°. Paris, Dubuisson et Co., 1872.

Question ouvrière. Comment on prépare une révolution, ou une annexion. Instruction pour M. Frère-Orban. 12°. s. l. s. a.

Question sociale (La) en Irlande. (Revue britannique, sér. 6, tome 25, 1850.)

Question sociale. Dieu y soit; association des ouvriers aux bénéfices; revenu „minimum" probable du capital 7 % Par X. 8°. Paris, Dentu, 1881.

Question sociale (La) et la science par un volontaire de la science. 8°. Paris 1888. 2. édit. rev., corrig. et augment. 8°. Amiens, impr. Lennet, 1893.

Question (La) sociale. Revue illustrée du mouvement socialiste international, économique, politique, littéraire et bibliographique. Sous la direction de P. Argyriadès. Année 6 (série 3). Paris 1896.

Questione sociale (La); per Enrico Malatesta. Firenze, 22 dic. 1883—3 agosto 1884.

Questione sociale (La). Giorn. Firenze, 20 maggio 1888 sq.

Questione (La) sociale. Giorn. Paterson, New Jersey, 15 luglio 1895 sq ...

Questione sociale (La). Giorn. Buenos-Aires 1885.

Questione (La) sociale. Giorn. Prato, sett. 1892. Revue, no. 1.

Questione sociale (La). Revue en italien et en espagnol. Buenos-Aires 1894 sq. ...

Questione sociale (La). Almanaque parú el año 1895 (en espagnol et en italien). 8°. Buenos-Aires 1894. — Pará el año 1896. 8°. Ibid. 1895.

Questions sociales et ouvrières, publiées par le conseil des études de l'oeuvre des cercles catholiques d'ouvriers. I. Régime du travail. 8°. Paris, Lecoffre, 1888.

Questions sociales à la portée de tous. Par un homme du peuple. No. 1—10. 8°. Paris (no. 1—3 chez tous les libr., no. 4-8 libr. du Progrés, no. 9—10, Baron) s. a. Vide: Clément, J. B.
  1) Les gouvernements; 2) La société; 3) Travailleurs et parasites; 4) Le péril social; 5) Le combat pour la vie; 6) La société devant les tribunaux; 7) La question sociale; 8) La science de Jacques Bonhomme; 9) Aux femmes du peuple; 10) Il faut bien des riches, pour faire aller le commerce?

Questions (Simples) de socialisme évolutionniste, par Nivel D. 32°. Lille, impr. Lagrange, s. a.

Questions (Few plain) and a little honest advice to the working people of Great Britain. 2. ed. 8°. London, Newark, 1792.

Questions (A few plain) to the working people of Scotland. 8°. s. l. 1793.

Quételet, A., Du système social et des lois qui le régissent. 8°. Paris, Guillaumin et Co., 1848.

Quidde, L., u. Conrad, M. G., Wetterleuchten der Reaction. Zwei Betrachtungen über die Umsturzvorlage. Mit einem Bericht über die Münchener Volksversammlung vom 4. Jan. 1895. gr. 8°. München, Staegmeyr, 1895.

Quillot, M., Le nihilisme sentimental. L'entrainé. 16°. Paris, Perrin et Co., 1892.

Quinet, Le siège de Paris et la défense nationale. 8°. Paris 1871.

R.

Raay, J. C. van, Mijn afscheid van den social-democrat. bond. 8°. 's Gravenhage 1886.

Rabaud, Camille, Le travail, sa loi et ses fruits. 12°. Paris, Dentu, 1864.

Rabbeno, Ugo, 1. Die Arbeitseinstellungen in Italien. (Handwörterb. d. Staatswiss., I, 1890.)

— 2. I doveri della proprietà fondiaria e la questione sociale, di A. Mortara. (Giorn. d. Econom., 1886, fasc. 3.)

— 3. L'evoluzione del lavoro. Saggio di sociologia I. 8°. Torino 1883.

— 4. Godin. (La Cooperazione rurale, vol. 4, Padova 1888.)

— 5. Le leggi economiche ed il socialismo. (Rivista di filosofia scientifica, 1884, Milano.)

— 6. Loria's social system. (Political Science Quarterly, vol. 7, 1892.)

Rabbeno, Ugo, 7. Il movimento socialista in Italia. (Estratto dalla Rassegna agraria, industriale, commerciale politica.) 8°. Napoli 1892.

— 8. Scioperi e cooperazione in Inghilterra 1887. (La Cooperazione italiana, 1887, dicembre.)

Rabineau, Album socialiste. No. 1: Les Malthusiens. Paroles de Victor Rabineau. Musique de marquerie. 8°. Paris, libr. chansonnière de Durand, s. a.

Rabotnik, gazeta dlia russkikh rabotchikh. fol. Genève, janv. 1875 — mars 1876. 15 nos.

Rache (Die). Journ. London. 6 nos.

Rachfahl, Felix, Ueber die Theorie einer „kollektivistischen" Geschichtsforschung. (Jahrb. f. Nat.-Oek. u. Stat., Bd. 68, 1897.)

Rackow, Henry, Vor und nach der Schlacht. Vortrag. 8°. London, Detloff, 1888.

Racowitza, Helene von, Meine Beziehungen zu Ferd. Lassalle. 8°. Breslau 1879. 10. Aufl. 8°. Breslau u. Leipzig, Schottländer, 1880.

Rade, Pfr. Martin, Die Konfessionen und die sociale Frage. (Flugschriften des sächs. Landesvereins des Evangelischen Bundes, Nr. 7.) Leipzig 1891.

Radical. Ztschr. Pest, März 1883—März 1884. 13 nos.

Radical (The). Journ. Hamilton, New South Wales, 1887 ff.

Radical (The). By J. A. Andrews. Melbourne, April 1896.

Radical de l'Hérault, organe du parti radical socialiste. Année 1, no. 1, 4 déc. 1896. fol. Béziers, impr. Bouineau.

Radical Review (The), red. by B. R. Tucker. Vol. 1. 4 nos. New Bedford.

Radulowits, M. W., Die Hauskommunion der Südslaven. gr. 8°. Heidelberg, A. Siebert, 1892.

Rae, Giov. M. A., Il socialismo contemporaneo: prima traduzione italiana autorizzata dall' autore, con un cenno sul socialismo in Italia del Prof. Aug. Bertolini. 8°. Firenze, succ. Le Monnier, 1889. 2. ediz. ital. sulla 2. ediz. inglese. Con un „Cenno sul socialismo in Italia". 2. ediz. interamente rifatte. 8°. Firenze, Succ. Le Monnier, 1895.

*— 2. Contemporary socialism. New edit. revis. and enlarg. 8°. London, Sonnenschein, 1898.

— 3. Social philosophy. (The Contemporary Review, July 1883, Febr. 1884, June 1885.)

Raffalovich, A., 1. La discussion du programme et de la doctrine socialistes au Reichstag allemand. (Revue internat. de sociologie, I, 1893.)

— 2. Les socialistes allemands. Le programme d'Erfurt et la satire de M. Richter. gr. 8°. Paris, Guillaumin, 1892.

Rafina, Gesner, Une mission secrète à Paris pendant la Commune. Rapports adressés an gouvernement. 8°. Paris, E. Dentu, 1871.

Raggi (I). Giorn. Spezia, 15 ottobre 1892. Numero unico.

Raginel. Vide: Almanach de l'égalité.

Raiga, E., Une solution démocratique de l'impôt. (Revue socialiste, oct. et déc. 1896.)

Raimund, Der Ostermorgen des deutschen Volkes 1848. 8°. Karlsruhe 1848.

Raimund, M., Fünf Tagesfragen. 1) Zur Minderung der socialen Spannung. 2) Die Aufgaben der Religion in der sozialen Bewegung. 3) Unser Adel. 4) Der lateinische Hochmut 5) Die kleinen Soldaten. gr. 8°. Stettin, H. Dannenberg u. Co. in Komm., 1897.

Raleigh, Th., An outline of the law of property. gr. 8°. Oxford, Clarendon Press, 1890.

Ralli, Z., 1. Parijskaia Kommuna. 8°. Genève 1874.

— 2. Le parti socialiste en Russie. („La Commune", Almanach socialiste, pour 1877.)

— Vide: Arbure, Zanofir C.

Ralliement (Le) socialiste. Année 1, no. 1, 17 april 1898. fol. Lyon, impr. lyonnaise.

Ramages (Les) du Beffroi révolutionnaire. Poésie. 8°. Armentières 1888. (Publication des anarchistes d'Armentières, de Roubaix, et de Mouveaux, no. 1 et 2.)

Rambonnet, C. L., Jets over de sociale questiën. Populaire studiën. 8°. Zaltbommel, Bruinings-Gising, 1888.

Rambot, G., Histoire abrégée des anabaptistes, ou considérations sur le communisme et le socialisme mis en pratique an XVI. siècle. 8°. Aix, typ. Aubin, 1850.

Rameix, de, La question sociale en Belgique et le Congo. 8°. Bruxelles, J. Lebegue et Co., 1891.

Rames, J., A propos de l'infâme capital. 18°. Paris, impr. Charaire et Co., 1893.

Ramsay, A. M. v., 1. Reisender Cyrus, welcher die höchste Weisheit seiner Zeiten, sowol in Staats-Sachen, als Philosoph und übernatürlichen Dingen erforschet. Nebst Abhandlung von der Gottesgelahrtheit und Dichtkunst der Alten von Mattheson. 8°. Hamburg, Seel. Thom. v. Wiesings Erben, 1728.

*— 2. Les voyages de Cyrus. Avec un discours sur la mythologie. 2 vols. 8°. Amsterdam, Covens et Mortier, 1728.

Ramsay, Thomas, Is Christian socialism à church matter? A lecture delivered in Blagrove's Rooms, Mortimer Street, Cavendish Square, 8. August 1851, at the invitation of the Central Co-operative Agency. 8°. London 1851.

Ranc, A., 1. Anarchie. (Article dans l'Encyclopédie générale de L. Asseline, Paris; réimpr. dans le „Glaneur anarchiste", no. 2, 1885.)
— 2. Une évasion de Lambèse. Souvenirs d'une excursionniste malgré lui. 8°. Bruxelles, Sardou, 1877.
— 3. Pendant la Commune. 8°. Bruxelles, A. Lefèvre, 1876.
— 4. La question du surlendemain. 8°. Lausanne 1852.

Randu, N., La question sociale résolue aux frais des conservateurs. 2. échelon. 8°. Bourges 1893.

Ransome, J. St., Modern labour. A review of the labour question. 8°. London, Eyre and Spottiswoode, 1895.

Rappaport, Phil., 1. Klassenkampf und Klassengaukelei in Amerika. (Neue Zeit, Jhrg. 17, 1898/99.)
— 2. Die neueste sozialdemokratische Partei in Amerika. (Neue Zeit, Jhrg. 15, 1896/97.)

Rappel (Le). Journal politique quotidien. grand format. 67 nos. parus pendant la Commune, du no. 643, samedi 18 mars 1871 (27 ventôse an 79) au no. 709, mardi 23 mai (4 prairial). Paris.

Rappel oadurcien, journal républicain socialiste. Année 1, no. 1, 15 févr. 1896. fol. Cahors, impr. Layton.

Rappel du Centre, organe des républicains socialistes. Année 1, no. 1, 1. mai 1895. fol. Limoges, impr. spéc.

Rappel social (Le), organe républicain socialiste du Lot, paraissant le dimanche. Année 1, no. 1, 8 oct. 1893. fol. Figeac, impr. Maloville.

Rappel socialiste, organe républicain indépendant du Lot. Année 1, no. 1, 29 juin 1896. fol. Cahors.

Rappoport, Ch., Die sociale Frage und die Ethik. gr. 8°. Bern, Goepper u. Lehmann, 1895.

Rapport à la Société positiviste par la Commission chargée d'examiner la question du travail. 15 pp. 8°. Paris, Mathias, 1848.

Rapport sur les travaux du Cercle à Rouen. 8°. Rouen 1869.

Rapport du Comité fédéral romande (Internationale). 8°. Genève 1872.

Rapport sur le crédit mutuel (l'Internationale). 8°. Bruxelles s. a.

Rapport envoyé au congrès de l'Internationale à Bruxelles 1874, par la section de propagande à Genève.

Rapport du Procureur général de la Confédération au Conseil fédéral sur les menées des anarchistes en Suisse (mai et juin 1885). Signé: Le Procureur général de la Confédération etc. Muller. (Feuille fédérale Suisse, année 37, vol. 3, p. 487—665.)

Rashdall, H., Fry, T. C., and Carter, J., The „Quarterly Review" and the new christian socialism. (Economic Review, vol. 5, 1894.)

Raspail, La nécessité de l'amnestie. 8°. Paris 1876.

Raspail, F. V. Vide: Almanach démocratique et progressif.

Rastoul, A., L'action sociale de l'église. Essai historique. 8°. Paris et Lyon, Delhomme et Briguet, 1896.

Rathbone, W., Protection and communism. A consideration of the effects of the American tariff upon wages. 8°. New York 1884.

Rathlosigkeit (Die) der Socialdemokratie. (Grenzboten, 1891,₃.)

Rathschläge für die socialistische Agitation. 8°. Hottingen-Zürich, L. Hübscher, s. a.

Ratzenhofer, Gust., Die sociologische Erkenntnis. Positive Philosophie des socialen Lebens. gr. 8°. Leipzig, F. A. Brockhaus, 1898.

Rau. Vide: Fröbel, Rau, Kriege, Meyen u. Heramer.

Rau, H., Feuerflocken der Wahrheit. 12 Predigten. 8°. Wiesbaden 1854.

Rauh, Anti-contrat social oder Rationelle Begründung des historischen Rechtes. 16°. Au. 1854 (Augsburg, Pilon u. Co.).

Rauh, Les idées sociales de M. Wundt. (Réforme sociale, XI, 1891.)

Raunig, A. G., Die Arbeiterbewegung in Neunkirchen oder der sogen. Generalstrike in Neunkirchen. Hrsg. vom Industriellen Club in Wien. gr. 8°. Wien, G. Szelinski, 1896.

Rauschenbusch, Walter, Stake in the church in the social movement. (Amer. Journ. of sociology, vol. 3, 1897, July.)

Raussnern, Guido v., Der ungarisch-österreichische Dualismus und die Aufgabe der modernen Demokratie. 8°. Hermannstadt 1868.

Rautenberg, A., Das Recht auf Arbeit. Ein Vorschlag zur Discussion. (Die Gegenwart, Bd. 46, 1894.)

Ranc, S., Le mouvement social chrétien dans la région du Nord. (Sociologie Catholique, année 30, no. 23, 1894, 1. janv.)

Ravachol, Déclaration du compagnon Ravachol. 2 pp. 8°. Paris 1892.

Ravachol. Journ. Sabadell 1892. 2 nos.

Ravachol. 8°. Buenos-Aires, mai 1895. („La Expropriacion", grupo de propaganda comunista anárchiqua, publicat. no. 4.)

Ravachol anarchiste? Parfaitement. 20 pp. 8°. Paris 1892. („Bibliothèque anarchiste".)

Ravanier, Aux ouvriers français. Le travail national en bourse, ou le crédit aux travailleurs des villes et de la campagne. Association intime du capital et du travail; partage des bénéfices. 8°. Paris, impr. Barré, 1891.

Ravet-Anceau, Vérité et justice sur le socialisme et ses détracteurs. 8°. Lille 1848.

Ravoire, L., De l'émulation dans l'ordre social. 8°. Milan 1833.

Raydt, Th., Die Sozialdemokratie und ihre Bekämpfung. Synodal-Vortrag. (Aus: „Synodal-Protokoll".) gr. 8°. Hannover, Kniep'sche Buchh., 1893.

Razón (La). Journ. Sevilla, ca. 1871—72.

Razvratirea, journ. de Focșani. 21 juillet — 2 août 1891. 4 nos.

Read, Samuel, Political economy. An inquiry into the natural grounds of right to vendible property on wealth. Edinburgh and London 1829.

Reaktion (Die freche). Eine kurze Besprechung des Ketzergerichtes über Dr. Eugen Karl Dühring, nebst Aufruf der Berliner Studenten. 8°. Dresden 1877.

Réalisation d'Icarie. Nouvelles de Nauvoo. Publiées à Paris 1849. No. 1—4. Paris, typ. lith. Félix Malteste et Co., 1849.

Reason, by J. A. Andrews. Melbourne, 21 Jan. 1895 sq.

Reay, Lord, Certain aspects of social-democracy in Germany. 8°. London 1880.

Rebe, M., Herrschen und Dienen. Eine alte Lösung einer immer neuen Frage. 8°. Strassburg 1879.

Rebelde (El). Journ. Granada 1870.

Rebelde (O). Journ. Lisboa, 20 avril 1889. 1 no.

Rebelde (El). Journ. Zaragoza 1893.

Rebell (Der). Journ. London 1881, no 1; 1884—1886, no. 2—16.

Rebell (The). Journ. Boston, 20 sept. 1895 sq.

Rebellus, La foire aux candidats, précédé d'une introduction, par Ch. Guérin. 1884—85.

Rebeyrol, J., Liberticide. Attentat au liberté des prolétaires par le patronat et le capital. 8°. Limoges, impr. Dulac, 1895.

Rechenschaftsbericht der sozialdemokratischen Mitglieder des deutschen Reichstages. 8°. Zürich, Verlag von A. Herter, Industrie-Halle Riesbach, 1879.

Recht (Das) auf Arbeit, das Eigenthumsrecht und die Lösung der socialen Frage. 8°. Leipzig 1849.

Recht auf Arbeit (Das) in der Schweiz. (Christl.-soz. Blätter, Jhrg. 26, 1893.)

Recht (Das) auf Arbeit oder kritische Beleuchtung unserer kapitalistischen Produktionsweise. Von einem Sozialdemokraten. 8°. Hottingen-Zürich, Genoss.-Buchdr., 1884.

Recht (Das) und die soziale Frage. Die soziale Frage vom Standpunkte der deutschen Rechtspartei beleuchtet. gr. 8°. Leipzig, Volksschriften-Verlag, 1897.

Recht (Das natürliche) als Grundlage zum Kampf gegen die Sozialdemokratie. 8°. Crimmitschau 1878.

Recht voor allen. Orgaan der sociaaldemokratische partij. Hoofdredacteur F. Domela Nieuwenhuis. Jaarg. 16, 1894. fol. Amsterdam, stoomdrukkerij „Excelsior", ff.

Recht (Das) auf Revolution. Flugblatt. s. l. s. a.

Recht (Zweierlei). Stenographischer Bericht der Verhandlungen des deutschen Reichstages über die Handhabung des Vereins- und Koalitionsrechts. 8°. Berlin, „Vorwärts", 1896.

Rechtlieb, Traugott, Der Cölner Cassetten-Diebstahl und die Criminal-Procedur gegen den Kammer-Assessor F. A. Oppenheim. 8°. Berlin, Adolf u. Co., 1847.

Rechtsfrage (Die) beim Uebergang in den socialistischen Staat. (Grenzboten, 1878,₃.)

Reclus, Elisée, 1. A mon frère le paysan. 8°. Genève 1894.
— 2. L'anarchie. 8°. Paris (Publication des Temps Nouveaux, no. 2) 1896.
— 3. Anarchy by an anarchist. (Contemporary Review, 1884, Mai.)
— 4. L'avenir de nos enfants. (La Commune, Almanach socialiste, pour 1877.) 2. édit. 8°. Paris, Biblioth. internat., libr. des Deux-Mondes, 1887.
— 5. Les Chinois et l'Internationale. (Almanach du Peuple pour 1874.)
— 6. L'évolution légale et l'anarchie. Au compagnon Baux. 16°. Bruxelles 1895. (Bibliothèque des Temps Nouveaux, année 1895, no. 3.)
— 7. Evolution et révolution; conférence faite à Genève, le 5 févr. 1880. 16°. Genève 1880. 6. édit. Paris, au bureau de „La Révolte", 1891.
— 8. L'évolution, la révolution et l'idéal anarchique. 18°. Paris, Stock, 1898. (Bibliothèque sociologique, no. 19.)
— 9. L'idéal et la jeunesse. 8°. Bruxelles 1894.
— 10. Leçon d'ouverture du cours de géographie comparée dans l'espace et dans le temps. (Extrait de la „Revue Universitaire".) 8°. Bruxelles 1894.
— 11. Lettre (sur l'abstention) du 26 sept. 1885. en placard. Paris 1885.
— 12. Quelques mots sur la propriété. (Almanach du Peuple pour 1873.) — Et sous le titre: A mon frère le paysan. 16°. Genève 1893.
— 13. Ouvrier prends la machine! Prends la terre, paysan! 16°. Genève, impr. jurasienne, 1880 (sans nom d'auteur).
— 14. La peine de mort, conférence faite à une réunion convoquée par l'Association ouvrière de Lausanne. 8°. Genève 1879.
— 15. Pages de sociologie préhistorique. (Humanité Nouvelle, 1898, févr.)
— 16. Pourquoi sommes-nous anarchistes? 4°. Bruxelles s. a. (ca. 1894).
— 17. (en collaboration avec un anonyme), Les produits de la terre. 32°. Genève, impr. jurasienne, 1885. — Les produits de l'industrie. 32°. Paris 1887. (Les deux brochures réunies: 8°. Dijon 1891. Publication de la „Revue social".)
— 18. (en collaboration avec un anonyme), Richesse et misère. 16°. Paris, au bureau de „La Révolte", 1888.

Reconciliation between the middle and labouring classes. 8°. Birmingham 1841.
Recueil des chants socialistes. (Patrons, prenez nos places; Unissons nous; Chant de l'ouvrier.) gr. 8°. Lille, impr. Delory, 1893.
Recueil de chansons socialistes. (L'Internationale; L'actualité; L'avenir du travailleur; Jean Misère; Le repos du laboureur.) plano. Lille, impr. Lagrange, 1896.
Recueil de chants démocratiques. 8°. Bruxelles, J. Millot, 1893.
Reden (Zwei) gehalten in der Versammlung des „Deutschen Volksvereines" aus Wien am 29. Juni 1894 in Judenburg (Stoiermark). I. Die Grundzüge der Socialreform auf deutsch-nationaler Grundlage, besprochen von Dr. Joseph Karl Kernreuter. II. Sociale Reform oder sociale Revolution, besprochen von Georg Schönerer. gr. 8°. Horn N.-Oest. (Leipzig, H. Beyer) 1894.
Redern, Comte de, Considérations sur la nature de l'homme en soi-même, et dans ses rapports avec l'ordre social. 2 vols. 8°. Paris 1835.
Redern, J. E. de. Vido: Mémoires sur mes anciennes relations.
Reed, Chester A., Peaceable boycotting. (Annals of the American Acad. of pol. and soc. Science, vol. 5, 1894, and Public. of the American Acad. of pol. and soc. Science, no. 123.) 8°. Philadelphia 1894.
Rees, W. L., From poverty to plenty; or the labour question solved. 8°. London, Wyman, 1888.
Réflexions d'un cultivatur du Trièves (Isère), sur les élections prochaines. (Réunion démocratique des représentants du Palais-national. Présidence du M. Dupont de l'Eure.) 8°. Paris, Édouard Proux et Co., 1849.
Réflexions sur la perfectibilité de l'homme, sur la souveraineté du peuple, sur la liberté indéfini, sur l'égalité parfaite et sur M. Necker. Trad. de l'Allem. 8°. a. l. 1797.
Réforme (La), journal hebdomadaire. Verviers 1860.
Réforme (La), organe socialiste et libre-penseur de la région du Sud-Est, paraissant le dimanche. Année 1, no. 1, 4 octobre 1896. fol. Vienne, impr. du Journal.

Réforme (La) démocratique de l'arrondissement d'Orange, organe radical socialiste. Année 1, no. 1, 7 avril 1898. fol. Vaison, impr. Roux.

Réforme démocratique par un carrier de la Gironde. 8°. Bordeaux 1849.

Réforme sociale (La) de l'Yonne, journal républicain socialiste, paraissant tous les quinze jours, le samedi soir. Année 1, no. 1, 22 sept. 1894. fol. Sens, impr. J. Chapron.

Réformes ou révolution. 8°. Paris, au bureau des Temps Nouveaux; publ. par le Groupe des étudiants socialistes révolutionnaires internationalistes.

Refrains (Les) des travailleurs. 1. fasc. Carmagnole sociale. — Soutenez la presse révolutionnaire. — La belle Victorine. — Catalogue de la librairie socialiste internationale. 8°. Paris, Achille Le Roy, s. a.

Régénération sociale (La), par la prophylactique. grand format. N'a eu qu'un seul numéro (avril 1871). Paris.

Régénération sociale et triomphe de l'Église. 18°. Saint-Amand, impr. Saint Joseph, 1894.

Regime socialista (Il). 12°. Rieti, Circolo elettorale socialista edit., 1897.

Reglamento tipico aprobado por el primero congresso obrero de la Region Española de la Asociación internacional de trabajadores celebrado en Barcelona á 19 de Junio de 1870. 8°. Barcelona 1870.

Regungen (Sozialistische) in Norwegen. Der Arbeiter-Agitator Thrane. (Magazin für die Literatur des Auslandes, 1851, Nr. 11.)

Reich, Emil, 1. Socialistische Genossenschaften. (Die Zeit, Nr. 53, Wien, 5. Oct. 1895.)
— 2. Die bürgerliche Kunst und die besitzlosen Volksklassen. (Panem et circenses.) gr. 8°. Leipzig, W. Friedrich, 1892.
— 3. The social question in the light of philosophy. (International Journal of Ethics, 1898, April.)
— 4. Schubert-Soldern über die soziale Frage. (Vierteljahrsschr. f. wiss. Philosophie, 1898, Juli.)

Reich, M., Das Geschäftsgebaren der gewerkschaftlichen Arbeiter-Consumvereine in Oberschlesien. fol. Beuthen 1892.

Reichards Hochverrathsprozess. Anklageakte, errichtet durch den kgl. Generalstaatsprokurator der Pfalz, nebst Urtheil der Anklagekammer des kgl. Appellations-Gerichtes der Pfalz in Zweibrücken vom 29. Juni 1850 in der Untersuchung gegen Martin Reichard und 332 Consorten wegen bewaffneter Rebellion gegen die bewaffnete Macht, Hoch- und Staatsverraths etc. 4°. Zweibrücken 1850.

Reichardt, A., Des Bellamy Zeitalter 2001—2010. Erfindungen, Entdeckungen und Begebnisse. Der Gegenwart zur Belustigung aufgezeichnet. 8°. Berlin, R. A. Decker, G. Schenck, s. a. (1893).

Reichel, Adolphe, Bakounine. (Supplément de la „Révolte", 25 nov. au 2 déc. 1893.)

Reichel, Alex., Der Anarchismus. (Schweiz. Socialdemokrat, Jhrg. 2, 1889.)

Reichenbach, A., 1. Die Arbeit in ihrem Wesen, ihrer Entwickelung und kulturgeschichtlichen Bedeutung. gr. 8°. Zürich, Buchh. d. schweiz. Grütlivereins, 1898.
— 2. Religion, Kirchenthum und Sozialismus. 8°. Solingen, Genoss.-Buchdr, s. a.

Reichenbach, M., Die Mazzinisten. 8°. Hamburg 1860.

Reichensperger, Peter, Die preussische National-Versammlung und die Verfassung vom 5. December. Beleuchtung der Ansprache des Abgeordneten Rodbertus an seine Wähler. 8°. Berlin, Wilh. Hertz, 1849.

Reichesberg, Naûm, 1. Die Arbeiterfrage einst und jetzt. Ein akademischer Vortrag. 8°. Leipzig. G. H. Wigand, 1897.
— 2. Friedrich Engels. Nekrolog. (Schweiz. Blätter f. Wirtsch.- u. Soz.-Pol., III, 1895.)
— 3. Sozialismus und Anarchismus. gr. 8°. Bern, A. Siebert, 1895.
— 4. Die Sociologie, die sociale Frage und der sogen. Rechtssocialismus. Eine Auseinandersetzung mit Herrn Prof. Dr. Ludwig Stein, Verfasser des Buches: „Die soziale Frage im Lichte der Philosophie". gr. 8°. Bern, Steiger u. Co., 1898.

Reichsbürger (Der). Leipzig. 1879, Probenummer 11. Mai 1879; Nr. 1 (15. Mai)
— Nr. 66. 1880, 105 Nrn. 1881, Nr. 1
— Nr. 14 (15. Sept.), cpl.

Reichstag (Der deutsche) als Gerichtshof, oder die angebliche Vernichtung der Sozialdemokratie in den Reichstagsdebatten vom 31. Jan. und 3.—7. Febr. 1893. Von einem durch die „Zukunftsstaats"-Debatten zur Sozialdemokratie Bekehrten. 8°. Nürnberg, Wörlein u. Co., 1893.

Reichstag (Was der) thut und was er nicht thut! Rechenschafts-Bericht für die Wähler des 13. sächsischen Wahlkreises, gehalten am 18. Mai 1885 von L. Viereck, Mitglied des deutschen Reichstages. 8°. München, Viereck, s. a. (Sozialpolitische Zeit- und Streitfragen, Heft 18.)

Reichs-Umsturzgesetz (Das neue) nach dem Regierungsprogramm: „Festigkeit ohne Reaction". 8°. Leipzig, Grunow, 1897.

Reidlinger, Jos., Eine Antwort auf Friedrich Engels' Brief über die landwirtschaftliche Arbeit. (Monatsschr. f. christl. Sozialreform, Jhrg. 19, 1897.)

Reiff, Amtsdek., Die Arbeit und ihr Segen. Vortrag, geh. im Saalbau der Evangel. Gesellschaft in Stuttgart. 1. u. 2. Aufl. Stuttgart, Buchh. d. Evang. Ges., 1885.

Reifling, Fr., Ferd. Lassalle. (Volksbibl. des menschl. Wissens.) 8°. Breslau, Geiser, 1891.

Reinach, Joseph, Démagogues et socialistes. 18°. Paris, Chailley, 1896.

Reinach, Théodore, Le collectivisme des Grecs de Lipari. (Revue des études grecs, tome 3, no. 9, janv.—mars 1890, Paris.)

Reinsdorf, August, Zur Organisation. („Freiheit", London, 10. Juli, 18. Sept., 25. Sept., 9. Oct. 1880.)

Reinsdorf (August) und die Propaganda der That. 8°. New York, März 1885. 2. Aufl. 8°. New York, 15. Oct. 1890. („International Library", no. 3.)

Reinsdorf u. Genossen. Anarchistenprozess zu Leipzig vom 15.—22. Dec. 1884. Mit 8 Portraits. Nach stenogr. Niederschrift hrsg. von S. Werner. 8°. Leipzig 1884.

Reinwald, Etta, Das Recht der Enterbten. Ein Wort für den Neu-Malthusianismus. gr. 8°. Leipzig, M. Spohr, 1897.

Reinwald v. Birkenfeld, J. G., Die eine Frage! (Weises Gesetz, sociales Glück; keine Frage —.) gr. 8°. Leipzig, Fr. Fleischer, 1842.

Reise (Die) in den Mond. I. Theil. Sep.-Abdr. des sozialökonomischen Volksblattes „Die Wahrheit". 8°. Pressburg, Verlag von Karl Hauslitschek, 1880.

Reismann-Grone, 1. Die Arbeitseinstellung auf den Kohlengruben Durhams im Jahre 1892. gr. 8°. Essen, G. D. Bädeker, 1892.

— 2. Die Bergarbeiterbewegung der niederrheinisch-westphälischen Zechen im Jahre 1890/91. gr. 8°. Essen, G. D. Bädeker, 1892.

Relazione presentata a. S. E. il Ministro dell' interno dalla commissione d'inchiesta sugli scioperi. 4°. Roma 1885.

Religion (Die neue). Begründung und Entwurf einer Religion der Zukunft. Von einem Ungenannten. gr. 8°. Altona, Gebr. Harz, 1892.

Religion und Moral. Ein Wort wider die atheistische Gegenwart von einem „wissenschaftlich ungebildeten Mann". gr. 8°. Gotha, Fr. Perthes, 1892.

Religion (Die Saint-Simonistische). Fünf Reden an die Zöglinge der polytechnischen Schule. Nebst einem Vorberichte über das Leben und den Character Saint-Simons. Aus dem Französischen übersetzt. 8°. Göttingen, Georg Kühler, 1831.

Religion und Schule nach dem sozialdemokratischen Programm. (Christl. soz. Blätter, Jhrg. 26, 1893.)

Religion und Sozialdemokratie. Debatten in Versammlungen des Allgemeinen Arbeiter-Vereins für Magdeburg u. Umgegend zwischen dem Herrn Pastor Schall (Bahrdorf), Redacteur Dr. H. Lux (Magdeburg) und Schriftsteller H. Peus (Dessau). 2. Aufl. 8°. Magdeburg, Volksstimme, 1894.

Reliquien Dr. Fr. L. Weidigs, gew. Pfarrers in Obergleen im Grossherzogthum Hessen. Zum Besten der Wittwe Weidigs hrsg. von einigen Freunden. 2. unveränd. Aufl. 8°. Mannheim, Hoff, 1838.

Remarks on Godwin's inquiry concerning population. 8°. London 1821.

Remarks (Cursory) on Paine's Rights of man. gr. 8°. London 1792.

Rembert, K., Die Wiedertäufer in Herzogtum Jülich. 8°. Münster 1893.

Remedy (A practical) for strikes. (Gunton's Magazine, 1897, August.)

Reminiscenzen von August Spies. Seine

Rede vor Richter Gary, socialpolitische Abhandlungen, Briefe, Notizen etc., übers. u. redig. von Albert Currlin, hrsg. von Frau Christine Spies. 8°. Chicago s. a. (1888.).

Remy, A., Mensonges révolutionnaires. 8°. Paris 1854.

Ronan, E., Soziale Strömungen im Judenthum. (Die Zukunft, Bd. 1, 1892.)

Renard, Georges, 1. La conversion d'André Savenay. Roman socialiste. 8°. Paris, Dentu, 1892.
— 2. Critique du combat. 1. série. 18°. Paris, Giard et Brière, 1894. 2. série. 18°. Ibid. 1895.
— 3. L'homme est-il libre? 3. édit. 8°. Paris, Félix Alcan, s. a. (Bibliothèque utile.)
— 4. Lettre aux femmes, publiée dans la Revue socialiste. 8°. Paris, Giard et Brière, 1895.
— 5. Lettre aux membres du corps enseignant, suivie d'une réponse aux journaux: La Paix, Le Temps, Les Débats, publiées dans la Revue socialiste. 18°. Paris, Giard et Brière, 1895.
— 6. Lettre aux militaires. 18°. Paris, Giard et Brière, 1896.
— 7. Lettre aux paysans. 18°. Paris, Giard et Brière, 1896.
— 8. La méthode d'étude de la question sociale. (Revue socialiste, 1897, févr.)
— 9. Le régime socialiste (mécanisme de l'organisation politique). (Revue socialiste, 1897, 15 déc.)
— 10. Le régime socialiste. Principes de son organisation politique et économique. 18°. Paris, F. Alcan, 1898. (Bibliothèque de philosophie contemporaine.)
— 11. Le socialisme en 1896. (Réforme sociale, 1896, déc.)
— 12. Socialisme intégral et Marxisme. 8°. Paris, Giard et Brière, 1896.
— 13. Socialisme libertaire et anarchie. 18°. Paris, Giard et Brière, 1895.
— 14. Solidarité. (Almanach de la question sociale pour 1894.)
— 15. Die Studentenschaft und die sociale Frage. Aus dem socialistischen Briefen von G. Renard, übers. von P. Hoffmann. (Deutsche Worte, Jhrg. 17, 1897.)
— 16. Une thèse socialiste en Sorbonne. (Revue socialiste, 1897, juillet.)

Renaud, H., 1. Antidote. Réponse à une compilation anonyme intitulée: Le monde phalanstérien. 8°. Besançon 1841.
— 2. Raison et préjugés. 8°. Paris s. a.
*— 3. Solidarité. Vue synthétique etc. 7. édit. 8°. Paris, Bibl. phalanst., 1898.

Renegaten- und Communisten-Lieder. 8°. Dresden, Villig, 1844.

Renker, Félix, Um schnöden Mammon. Sociales Schauspiel in 3 Akten. 8°. Berlin, A. Hoffmann, 1895. (Sammlung „Vorwärts", Serie 3, Nr. 5.)

Renkin, J., Le mouvement démocratique-chrétien. 8°. Bruxelles, impr. „het christen drukwezen", 1894.

Renouvier, Ch., Année philosophique. 8°. Paris 1867.

Rénovation (La) française. Programme avant-garde. Précédé d'une lettre au général Boulanger. 8°. Paris, Bromond, 1889.

Renslaw, E. R., Zeitspiegel. Politische Bilder aus der Gegenwart. 8°. Berlin, Decker, 1893.
  Enth.: Socialdemokratische Taktik. — Die Pressthätigkeit der Socialisten. — Liberalismus, Demokratismus, Socialismus, die Etappen zum Anarchismus.

Réparateur (Le). Propriétaire-Rédacteur: Boullay. petit format. 11 nos. No. 1, 6 févr. 1871; les nos. 2 à 5, févr. 1871; les nos. 6 à 8, mars 1871; le no. 9, sans date: le no. 10, mars 1871; le no. 11, avril 1871. Paris.

Réponse à l'appel du 21 octobre de la Ligue de la Paix et de la Liberté. 8°. Dijon 1870.

Réponse à M. Coegg à propos de la grève à Genève des ouvriers en bâtiment. 8°. s. l. s. a.

Réponse aux fusilleurs. Flugblatt, unterzeichnet: Londres, le 11 nov. 1893, un groupe d'anarchistes.

Réponse à Jules Guesde. 16°. Bruxelles s. a. (Réimpr. dans „La Révolte" du 28 mars 1891.)

Réponse de quelques internationaux membres de la Fédération jurassienne, à la circulation privée du Conseil général de Londres. 8°. Lausanne, 10 juin 1872.

Réponse d'un républicain aux calomnies des pamphlétaires de la police. 8°. Paris, impr. d'Herhan, s. a. (5. publication du Populaire.)

Réponse d'un socialiste à M. Mestdagh de Ter Kiele. 12º. Bruxelles 1871.

Réponse à Satan au sujet de M. Proudhon par l'archange St. Michel. 8º. Paris 1848.

Report of the Commission of inquiry (into the origin, progress etc. of the secret societies in Russia) translated from the French by G. Elliott. 8º. St. Petersburg 1826.

Report (Annual) of the Women's Trades' Union Provident League. 8º. London 1875—91.

Report on the strikes and lockouts of 1891 by the labour correspondent to the Board of trade. fol. London, print. by Eyre and Spottiswoode, 1893.

Report by the chief labour correspondent on the strikes and lock-outs of 1895. fol. London, printed by Eyre and Spottiswoode, 1896.
— of 1896. fol. Ibid. 1897.

Repos du Monde (Le). Projet Auguste Fabius ou plan pour l'amélioration du sort des ouvriers en général. 8º. Paris 1851.

Represalias (Las). Journ. 1874. Le no. 5 est du 15 juin.

Républicain (Le) sancerrois, organe des réformes démocratiques et sociales, paraissant le jeudi et le dimanche. Année 1, no. 1, jeudi, 28 avril 1898. fol. Paris.

Républicain, organe démocratique pour la défense des intérêts aixois, paraissant le jeudi soir. Année 1, no. 1, 26 sept. 1897. fol. Aix.

Républicain (Le), organe de la démocratie périgourdine, paraissant le dimanche. Année 1, no. 1, 9 janv. 1898. fol. Périgueux.

Républicain (Le), journal politique quotidien. grand format. 5 nos. du dimanche 14 mai au vendredi 19 mai 1871. Paris

Républicain (Le), journal radical progressiste des cantons du Cateau, de Clary et de Solesmes, journal hebdomadaire. Année 1, no. 1, 10 mars 1898. fol. Cambrai, impr. Bruneel.

Républicain du Finisterre, organe des intérêts des ouvriers du port et des ouvriers civils, journal hebdomadaire. No. 1, 17 janv. 1895. fol. Brest, impr. de la Marine.

Republican (The): a Magazine advocating the sovereignty of the people, edited by C. G. Harding. Vol. 1. 8º. London 1848.

Republiek (Een sociaal-democrat.). Schoots uit de geschiedenis der 20. eeuw, door Erik. 8º. Amsterdam 1884.

Republik! Deutschland eine konstitutionelle Macht oder Republik? — Die Natur der Monarchie oder die Republik. — Was ist wohlfeiler, die Republik oder die Monarchie? 8º. Mannheim 1848.

Republik oder nicht? An die Arbeiter. 8º. s. l. s. a. (1848).

Republikaner (Der). Illustrirter Volkskalender auf das Jahr 1877. Hrsg. von R. Ruëgg. 6. Jhrg., 1882. 8º. Zürich, Volksbuchhdlg., 1876—82.

Republikaner (Die deutschen). (Grenzboten, 1848,ᵥ.)

République (La) belge, organe hebdomadaire du parti socialiste républicain, fondé en 1886.

République (La) démocratique et sociale. Exposition des principes socialistes et de leur application immédiate en France. 8º. Paris 1849.

République (La) progressiste, journal hebdomadaire, organe des cantons de Saint-Germain-en-Laye, Argenteuil, Poissy et Meulan. Année 1, no. 1, 12 déc. 1897. fol. Paris, impr. Bivort.

République (La vraie), organe d'union socialiste de la Marne, de l'Aisne et des Ardennes, journal politique et d'annonces commerciales et diverses, paraissant le samedi. Année 1, no. 1, 22 août 1897. fol. Avize (Marne).

République (La) du peuple. Almanach démocratique, 1851. 8º. Paris, Prost. Année 2, 1852. 8º. Paris, bureau du National.

République sociale, journal hebdomadaire, paraissant le dimanche. Année 1, no. 1, 21 juillet 1895. fol. Nice, impr. niçoise.

République (La) sociale du XIV. arrondissement, organe des socialistes révolutionnaires. Année 1, no. 1, 1. mai 1898. fol. Paris.

Resch, H., Was heisst social? 8º. Leipzig 1879.

Resel, J., Nichts von Goethe und Schiller. Aus Proletarier-Mussestunden. 8º. Graz, „Arbeiterwille", s. a.

Résolutions du congrès anti-autoritaire international à Saint-Imier. 1872.

Rest (Ein) Agrarkollectivismus, von M. V. (Monatsschrift f. christl. Sozialreform, Jhrg. 13, 1891.)

Restauration (De la) de la Société française. Idées générales sur les sociétés: constitution de la Société française; de l'établissement du despotisme en France. gr. 8°. Paris 1833.

Résumé der Geschichte des Saint-Simonismus. Nach französ. Dokumenten. (Magazin f. Litteratur des Auslandes, 1843, Nr. 42.) Berlin.

Rétablir sans attenter aux transactions un meilleur équilibre entre ces deux propriétés: Le patrimoine et le travail. 8°. Paris 1848.

Rethel, Alfr., Le socialisme. Nouvelle danse des morts. Avec 6 planches dessinées par A. Rethel. 4°. Paris s. a. (ca. 1870).

Retté, Adolphe, 1. La forêt bruissante. 8°. Paris 1896.
— 2. Lectures libertaires. Réflexions sur l'anarchie. 16°. Paris 1894. Initiative du groupe „l'Idée nouvelle".
— 3. Promenades subversives. 18°. Paris, Bibliothèque artistique et littér., 1896.
— 4. Similitudes. 8°. Paris 1895.

Rettung (Die) des Eigentums. Vorschläge zur Bildung einer freisinnig-socialen Partei. Von ***. gr. 8°. Berlin, Cassirer u. Danziger, 1891.

Reusche, Frdr., Ferdinand Lassalle und die Arbeiterfrage. Eine übersichtliche Darstellung der Lehren Ferdinand Lassalle's. 8°. Wien, M. Auer, 1868.

Revancha (La). Journ. Rous 1893.

Revanche (La) de la France et de la Commune. Par un représentant du peuple de Paris. 8°. Genève 1871.

Réveil (Le). Journal. Seraing.

Réveil (Le) du XV., organe d'union républicaine socialiste, journal hebdomadaire. Année 1, no. 1, 31 juillet 1898. fol. Paris.

Réveil des campagnes, journal républicain libre. Année 1, no. 1, 21 avril 1895. fol. Péronne, impr. du Réveil.

Réveil de Créon, organe démocratique des intérêts du canton, paraissant le dimanche. Année 1, no. 1, 29 déc. 1895. gr. fol. Bordeaux, impr. spécial du Réveil.

Réveil (Le) de la Drôme, organe de l'union républicaine socialiste, journal hebdomadaire, paraissant le samedi. Année 1, no. 1, 5 mars 1898. fol. Romans.

Réveil des Flers, journal ouvrier traitant des questions économiques et sociales. Année 1, no. 1 (du 1—31 déc. 1896). fol. Flers, impr. Levesque.

Réveil fourmisien, organe du parti ouvrier de la région de Fourmies. Année 1, no. 1, 21 au 28 mars 1897. fol. Fourmies, impr. du Réveil fourmisien.

Réveil (Le) français, journal socialiste, organe du parti ouvrier français d'Algérie, paraissant le mercredi et le dimanche. Année 1, no. 1, 3 oct. 1898. fol. Mustapha, impr. Maçon.

Réveil libournais, organe démocratique de l'arrondissement de Libourne, paraissant le dimanche. Année 1, no. 1, 15 déc. 1895. gr. fol. Bordeaux, impr. spéciale du Réveil.

Réveil lillebonnais, organe démocratique. Année 1, no. 1, 5 févr. 1896. fol. Paris, impr. Fergant.

Réveil (Le) des Masses. Newfoundland, Pennsylvania, 1889—90.

Réveil (Le) des mineurs. Hastings, Cambria County, Pennsylvania, 1. nov. 1890—92 (?).

Réveil nantais, organe socialiste indépendant. Année 1, no. 1 (du 7 au 14 déc. 1895). fol. Nantes, impr. Salières.

Réveil de l'Ouest, organe socialiste indépendant. Année 1, no. 1 (du 1. au 14 déc. 1895). fol. Nantes, impr. Salières.

Réveil des ouvriers plombiers-couvreurs-zingueurs, organe de la corporation. Année 1, no. 1, 3 déc. 1896. fol. Paris, impr. Pochy.

Réveil des paysans, journal socialiste, agricole et viticole, paraissant le dimanche. Année 1, no. 1, 4 févr. 1894. fol. Dijon.

Réveil (Le) du Peuple. Paraissant tous les jours. grand format. 34 nos. du mardi 18 avril 1871 (28 germinal an 79) au lundi 22 mai (3 prairial). Paris.

Réveil (Le) du prolétaire, revue mutualiste, organe des prolétaires clairvoyants et du comité de défense des intérêts des sociétaires de l'Avenir du prolétariat, paraissant les 15 et 30 de chaque mois. Année 1, no. 1, 7 févr. 1898. fol. Paris, Noizette.

Réveil (Le) républicain, organe de la démocratie, quotidien. Année 1, no. 1, janv. 1898. fol. Lyon.

Réveil, républicain socialiste de l'arrondissement de Rochefort. Année 1, no. 1,

9 au 22 févr. 1896. fol. Niort, impr. Chiron.

Réveil républicain des Hautes-Pyrénées, journal démocratique, paraissant le dimanche et le jeudi. Année 1, no. 1, 1. juillet 1894. fol. Tarbes.

Réveil de Saint-Fargeau, organe du parti ouvrier socialiste révolutionnaire (Fédération du Centre). No. 1, 21 oct. 1894. fol. Paris, impr. Allemane.

Réveil social d'Auteuil-Point-du-Jour, organe du parti ouvrier. Année 1, no. 1, 2 mai 1896. 4°. Paris, impr. Mercier.

Réveil social, organe de la démocratie bordelaise, paraissant le dimanche. Année 1. no. 1, 15 déc. 1895. gr. fol. Bordeaux, impr. spéciale du Réveil.

Réveil socialiste de la Dordogne, paraissant tous les dimanches. Année 1, no. 1, 1. févr. 1897. fol. Périgueux.

Réveil socialiste d'Oullins, organe socialiste hebdomadaire, paraissant tous les dimanches. Année 1, no. 1, 6 déc. 1896. fol. Lyon.

Réveil de l'Yonne, journal républicain socialiste du département, absolument indépendant, paraissant tous les dimanches. Année 1, no. 1, 23 août 1896. fol. Nevers, impr. Gourdet.

Révélations d'un ex-mouchard sur les véritables candidats socialistes, qui ont fait leur preuves antérieurement à la révolution de février et qui, loin de craindre la lumière etc. Flugblatt s. a. Paris, impr. de Guiraudet et Jouaust.

Revendicateur (Le). Page spécimen et 3 nos. du 8 déc. 1860 au 9 févr. 1861.

Revendication (La) des droits féminins. Revue mensuel. Bruxelles, quelques numéros parus.

Revendications (Les) des garçons de café. 8°. Paris, impr. Beaudelot, 1894.

Réville, André, Le soulèvement des travailleurs d'Angleterre en 1381. Études et documents publiés, avec une introduction historique, par Ch. Petit-Dutaillis. 8°. Paris, Picard et fils, 1898.

Revista social. Journ. Gracia.

Revista social, eco del proletariado. Madrid, 11 juin 1881—84.

Revolt (The). By J. A. Andrews. Sydney, May 1893.

Revolta (A). Journ. Lisboa, 12 mai 1889 — févr. 1890.

Revolta (A). Journ. Lisbo, 11 sept. 1892 — 11 nov. 1893. 44 nos.

Revoltado (O). Journ. Lisboa, févr. 1887. 3 nos.

Révolté (Le). Genève, 22 févr. 1879— 14 mars 1886 (année 7, no. 24); Paris, 12 avril 1885 (série 2, année 1, no. 1) au 10 sept. 1887 (année 9, no. 23). Suivi de „La Révolte", organe communiste-anarchiste. Paris, 17 sept. 1887—10 mars 1894 (année 7, no. 26), et „Les Temps Nouveaux".

Révolte (La). Paris, 17 sept. 1887— 10 mars 1894.

Révolte (La) des affamés. Calais 1886 (en été). 18 nos. (?).

Révolté (Le) sédanais. Sédan 1891, polygraphie. (Journal.)

Revolução social (A). Journ. Porto, nov. 1887—1891. 48 nos.

Revoluce. Journ. ? no. 2, 1888.

Revolución (La) popular. Feuille d'action révolutionnaire, automne 1877.

Revolución (La) social (La). Journ. 1885.

Revolución (La) social. Journ. Barcelona 1889—90. 7 nos.

Revolución (La) social. Journ. Montevideo 1882.

Revolución (La) social. Journ. Buenos-Aires, 8 mars 1896 sq.

Revolucionario (El). Journ. en espagnol et en français. Barracas, Provincia de Buenos-Aires, 15 août 1895, et 1 no. sans date.

Revolution (Die friedliche soziale) am Anfange des 20. Jahrhunderts. Ein Zukunftsbild von einem Menschenfreunde. gr. 8°. München, A Schupp, 1897.

Revolution oder Reform, was soll die deutsche Socialdemokratie thun? 8°. s. l. s. a.

Révolution (La). Journal quotidien. moyen format. Année 1, no. 1, 5 déc. 1870. Pendant la Commune, le journal reparait, mais une seule fois, sous le no. 2, le mardi 11 avril 1871 (22 germinal, an 79). Paris.

Révolution (La) cosmopolite. Paris, 4 sept. 1886 sq.; 1887 en revue. 5 nos.

Révolution (La) politique et sociale. Association internationale des travailleurs. Sections de la gare d'Ivry et de Bercy réunies. Rédacteur en chef: Jules Nostag (de l'Internationale). grand format. 7 nos. du dimanche 2 avril

1871 (13 germinal an 79) au lundi 15 mai (25 floréal). Paris.

Révolution (La) politique et sociale, grand format Un seul numéro-spécimen, en date du 26 floréal 79 (16 mai 1871). Paris.

Révolution (La) sociale. Genève, 26 oct. 1871—4 janv. 1872, 10 nos., du no. 5 au no. 10 organe de la Fédération jurassienne.

Révolution (La) sociale, organe anarchiste. Paris, 12 sept. 1880 18 sept. 1881. 56 nos. (?).

Revolutionär (Der). Journ. London, 6. Aug. 1892 ff. 5 Nrn.

Revolutionary Review (The), by H. Seymour. 9 nos. London 1889.

Revolutionen (Die) und die Herrschenden. (Die Grenzboten, 1894,₄.)

Revolutionist (The). 1 no. 1. Jan. 1887. London.

Révolutionnaires (Les) au congrès de Londres. Conférences anarchistes. 16º. Paris, impr. Blot, 1896. (Publications des „Temps Nouveaux", no. 4.)

Revolutionselemente (Religiös-soziale) in Russland. (Grenzboten, 1850,₃.)

Revue anarchiste (La). Paris, 15 août 1893 sq. 8 nos. Suivi de la „Revue libertaire", 15 déc. 1893—20 févr. 1894. 5 nos.

*****Revue antipatriote** (La) et révolutionnaire. Paris 1881, oct.—nov. 2 nos.

Revue (Nouvelle) icarienne, organe de la Communauté établie à St. Louis. 1857—1860 (no. 77, 15 mars 1860).

Revue libertaire (La). Vide: Revue anarchiste.

Revue du mouvement social, paraissant tous les mois. 8º. Bruxelles, Montagne de Sion 17. No. de juillet, 1880.

Revue nationale. 8º. Paris 1847—48.

Revue (La) **rouge**, hebdomadaire, pamphlet socialiste, anticlérical, politique, littéraire et artistique. Année 1, no. 1, 13 févr. 1898. gr. 4º. Lyon.

„ " Revue socialiste, par L. Chalain, N. Joukowsky, G. Lefrançais, Jules Montels, E. Teulière, A. Tomachot. 8 nos. Genève, mai—nov. 1874.

*****Revue socialiste.** 8º. Paris. Année 6, 1890. Année 14. 1898.

Rey, Alex. Vide: Nation (La) souveraine.

Rey, J., Appel au ralliement des socialistes. Avec observations par V. Considerant. 12º. Paris 1847.

Rey, Joseph Auguste, Théorie et pratique de la science sociale, ou Exposé des principes de morale, d'économie publique et de politique et application à l'état actuel de la société de moyens généraux, immédiats et successifs d'améliorer la condition des travailleurs et même des propriétaires. 3 vols. 8º. Grenoble, Prudhomme, 1842. Paris, Delahaye, 1848.

Rey, Miguel, 1. Certamen socialista organizado por el Centro de Amigos de Reus con el concurso de varias corporaciones obreras de Cataluña. 8º. Reus 1885. 2. edic. 1887.

— 2. Donde esta Dios? Poema. 1. edic. 1889; 2. edic. 8º. Barcelona 1894 ou 95. (Biblioteca acrata.)

Reybaud, Louis, Les réformateurs du XIX. siècle. (Nouveau Tableau de Paris au XIX. siècle, tome 1, Paris 1834.)

Reydemorande, Aux travailleurs nos frères. Organisation du travail. 8º. Paris, autogr. de Gabillet, s. a. (1848?).

Reymond, G. Vide: Malfattore (Un) ai lavoratori.

Resawa, Eine Schwergeburt (über den polnischen Demokratismus seit 1863). (Neue Zeit, Jhrg. 12, 1893/94.)

Rhaye, Pascal, Les condamnés de Versailles. 8º. Paris, chez l'éditeur, impr. Napoléon Chaix et Co., 1880.

Rhenanus, Der Himmel der Sozialdemokratie im Traum und Wirklichkeit. 8º. Stuttgart, Levy u. Müller, s. a.

Riant, Aimé, Le travail et la santé. Conférences populaires faites à l'Asile de Vincennes. 18º. Paris, Hachette et Co., 1867.

Riassi, Folchino, Beneficenza e socialismo, ossia il vero caposaldo nella questione che si agita intorno al riordinamento dell' assistenza pubblica sanitaria: relazione all' Onor. Giunta municipale di Cremona. 4º. Cremona, tip. Enrico Leoni, 1887.

Ribbe, Charles de, L'organisation du travail et le foyer domestique. 8º. Paris, typ. A. Pougin, 1870.

Ribelli (I). Giorn. Imola, 24 sept. 1890. Numero unico.

Ribes, F., 1. Discours sur la vie universelle. 8º. Paris 1833.

Ribes, F., 2. Discours sur la vie de l'individu. 8º. Montpellier 1835.
— 3. Étude sur la Commune. A MM. les représentants de l'Association nationale. 8º. Paris 1848.
— 4. Études pratiques sommaires sur la méthode positive. 8º. Paris 1856.
— 5. Discours sur la vie de l'espèce humaine. 8º. Montpellier 1834.
Ribot, P., Du suffrage universel et de la souveraineté du peuple. 8º. Paris 1874.
Ricca-Salerno, Gius., 1. Le controversie del socialismo in Inghilterra. (Nuova Antologia, 1891.)
— 2. La libertà del lavoro considerata come principio supremo dell'ordinamento sociale. 8º. Palermo 1874.
— 3. La nazionalizzazione della terra e le riforme sociali. (Nuova Antologia, 1893, 1. dic.)
Ricci, L., Capitale e lavoro: appunti sulla questione operaia. 8º. Chiavari, tip. Artigianelli di A. Gemelli, 1897.
Ricciotti, P., Ideali del socialismo. 8º. Roma 1895.
Richard, L'association internationale des travailleurs. 8º. Lyon 1870.
Richard, Karl Marx et la philosophie de l'histoire. Le matérialisme économique et la sociologie comparée. (Revue politique et littérare, Revue bleue, série 4, tome 15, Paris, 10 oct. 1896.)
Richard, A., Les débuts du parti socialiste française. (Revue polit. et parlem., IV, 1897.)
Richard, Albert, La révolution sociale et la guerre européenne. 8º. Genève, impr. Blanchard, 1876.
Richard, Ch., 1. Les lois de dieu et l'esprit moderne. 2. édit. 8º. Paris s. a.
— 2. Étude sur l'insurrection du Dahra. 8º. Paris 1847.
3. Essai d'une philosophie synthétiste. 8º. Paris s. a.
— 4. Les mystères du peuple arabe. Moeurs arabes. 8º. Paris s. a.
— 5. Origine et fin des mondes. 8º. Paris s. a.
— 6. Réponse au directeur de la Critique philosophique. 8º. Paris 1876.
— 7. De la sanctification du travail ou de l'alliance de la religion et de l'industrie pendant le moyen âge. (Extrait de la Revue de Bruxelles, nouv. sér., tome 3.) 8º. Bruxelles, au bureau de la Revue de Bruxelles, 1847.

Richard, Gaston, Le socialisme et la science sociale. 18º. Paris, F. Alcan, 1897.
Richard, Mgr., Lettre pastorale pour la publication de l'encyclique du pape Léon XIII. sur la condition des ouvriers et la consécration du diocèse de Paris à St. Joseph. 18º. Paris, impr. Levé, 1892.
Richardson, Essai sur le mal ou le péché. 8º. Paris 1844.
Richardson, J., How it can be done; or constructive socialism. 8º. London, Swan Sonnenschein, 1895.
Richdale, L. Vide: Suffrage (Le) universel.
Riche (Le) et l'ouvrier, actualité (vers); par le groupe des défenseurs de l'humanité. plano. Lille, impr. Delory, 1896.
Riche-Gardon, L. P., 1. Le droit du travailleur sans domicile au suffrage universel. 12º. Paris 1850.
— 2. Essai de doctrine démocratique, par une théorie des rapports corrélatifs qui subsistent entre les droits et les devoirs, soumis à l'appréciation de l'Assemblée nationale. 8º. Paris, Comon, 1848.
— 3. Providentialisme. Science générale, révélation directes sur les lois vives, constitutives de tous les êtres; philosophie et christianisme rationnels, ou religion positive universelle. 8º. Paris, Cherbuliez, 1853.
— 4. Traité des devoirs de l'homme et du citoyen expliqués par leurs rapports corrélatifs, avec les droits naturels, sociaux et politiques. 8º. Paris 1851.
Richemond, de, La grève des mines, causeries sur l'histoire naturelle locale. 8º. 31 pp. Saint-Jean d'Angely, Lemarié, 1869.
Richer, Le divorce, avec lettre à Louis Blanc. 8º. Paris s. a.
Riches et pauvres (tiré de „L'enquête sur le socialisme", de Jules Huret, „Figaro", 1893). 8º. Paris, au bureau de „La Révolte", 1893. (Groupe de Propagande communiste-anarchiste par la „Brochure à distribuer", no. 2.)
Richesse et misère. 2. édit. 8º. Paris, au bureau de „La Révolte". 1890. (Publication de la Révolte.)
Richman, J. B., Pure democracy and pastoral life in Inner Rhoden. A Swiss study. cr. 8º. London, Longmans, 1895.
Richter, C., Anacharsis Cloots. Ein

historisches Bild aus der französischen Revolution von 1789. 8°. Berlin 1865.
Richter, E., 1. Die Fortschrittspartei und die Sozialdemokratie. 1. u. 2. Aufl. 8°. Berlin 1878.
— 2. Pictures of the socialistic futur. Cheaper edit. 8°. London, Swan Sonnenschein, 1894.
— 3. Richter gegen Bebel. Zwei Reichstagsreden über den sozialdemokratischen Zukunftsstaat. Nach der stenogr. Aufzeichnung. gr. 8°. Berlin, Verlag des „Vorwärts", 1893.
— 4. Où mène le socialisme, journal d'un ouvrier. Édition française, par P. Villard, avec une préface de P. Leroy-Beaulieu. 18°. Paris, Le Soudier, 1892.
— 5. Die Sozialdemokraten, was sie wollen und was sie wirken. 8°. Berlin 1878.
— 6. Gegen die Sozialdemokratie. gr. 8°. Berlin, Verlag „Fortschritt" A.-G., 1897.
— 7. Tafereelen uit de sociaaldemocratische toekomst. Met aanteek. en naschrift van Rochussen. 8°. 's Gravenhage 1892.
Richter's, Eugen, Sprengbombe und ihre Wirkung. Von einem Freisinnigen. gr. 8°. Berlin, R. Wilhelmi, 1893.
Richter, Fr., Ein Wort über den Abgeordneten Dr. Eug. Richter. 12°. Wittenberge, Th. Gotthardt, 1892.
Richter, Helene, Mary Wollstonecraft, die Verfechterin der Rechte der Frau. (Deutsche Worte, Jhrg. 17, 1897.) gr. 8°. Wien, C. Konegen, 1897.
Richter, Jul., Die Ultramontanocommunisten. Eine griechische Komödie. gr. 8°. Jena, Frommann, 1873.
Richter's, Jul., Ultramontanocommunisten. Aus dem Griechischen verteutscht und von einem Vorreiter eingeführt. gr. 8°. Berlin, Fr. Nicolai, 1873.
Richter, Stef., Die soziale Frage und die Landwirthschaft. Vortrag, geh. im land- u. forstw. Verein für den Steuerbez. Tetschen. (Aus: „Deutscher Landwirth".) gr. 8°. Prag, Dominicus, 1890.
— 2. Die Landarbeiterfrage mit besonderer Berücksichtigung der Organisation des landwirtschaftlichen Arbeitsmarktes in Böhmen. Referat. gr. 8°. Prag, J. G. Calve, 1898.
Rick, C., Evangelium der Freiheit. 8°. Wien 1850.
Rickman, Thom. Clio, Mr. Pitt's Democracy manifested in a letter to him, containing praises and strictures on the income tax. 8°. London, A. Seale, 1800.
Ricordiamoci! Giorn. Faenza, aprile 1887. Numero unico.
Ridpath, J. C., 1. Democracy — its origins and prospects. (Arena, 1897, March.)
— 2. Three epochs of democracy and three men. (Arena, 1898, April.)
Rieck, C., Ueber Arbeit, Capital und Association, mit besonderer Beziehung auf unsere Gewerbsindustrie. Beitrag zur Erörterung dieser Zeitfrage nebst einigen Vorschlägen. gr. 8°. Hannover, Hahn, 1846.
Rienzi (pseud. pour H. van Kol), 1. L'anarchisme (traduction du néerlandais par Aug. Dewinne). 8°. Bruxelles, libr. du Peuple, 1893.
— 2. Kapitalisme en socialisme of arbeidslon. 2 vols. 8°. Gent 1888.
— 3. Le paradis terrestre. Traduit du néerlandais par Franz Martial. 8°. Bruxelles, au journal Le Peuple, 1895. (Bibliothèque de propaganda socialiste.)
— 4. Socialisme et liberté. 18°. Paris, Giard et Brière, 1898. (Bibliothèque socialiste internationale.)
— 5. Socialisme en vrijheid. gr. 8°. Amsterdam, J. A. Fortuyn, 1893.
— 6. Die Wahlen in Belgien. (Neue Zeit, 1893/94).
— Vide: Warum sind wir arm.
Riesenaufstand (Der) der englischen Kohlengräber. (Neue Zeit, Jhrg. 10, 1891/92.)
Rieu, Fernand, La coopération ouvrière à travers les âges. (Étude extraite d'une thèse présentée à l'École des sciences sociales.) 8°. Paris, Chevalier-Maresq et Co., 1898.
Riflard (Le). Paris 1891 ou 92?
Riflard (Le). Paris, 16 déc. 1895 sq.
Rig, Jules, 1. La philosophie positive par Aug. Comte. Résumé. 2 vols. 8°. Paris 1880.
— 2. Die positive Philosophie von Aug. Comte. Deutsche Bearbeitung von Kirchmann. 2 Bde. 8°. Heidelberg 1883.
Rights of citizens, being an examination of Mr. Paine's principles, touching government. By a Barrister. gr. 8°. Dublin, Watts, 1791.
Rights (The) of industry: addressed to workingmen of the United Kingdom;

by the author of the „Results of machinery". No. 1. Capital and labour. 12°. London, 15 Nov. 1831.

Rights (The) of necessity and the treatment of the necessitous by various nations. 8°. London, Richardson, 1839.

Rigoletto. Journal illustré. Feuille in 4°. Le premier numéro est du vendredi 24 mars 1871. Le deuxième numéro, qui est le dernier, est du 30 mars. Paris.

Rinaldi, A., La terra pubblica e la questione sociale. 8°. Roma 1896.

Rinke, O. Vide: Kämpfer (Der).

Ripon, Dean of, Individualists and socialists. (Nineteenth Century, 1897, Febr.)

Riscatto (Il). Giorn. Messina 1888.

Riscossa (La). Giorn. Firenze 1881.

Riscossa (La). Giorn. Trapani-Marsala 1889. — La Nuova Riscossa. Trapani-Marsala 1890.

Riscossa (La). Giorn. Buenos-Aires, 14 oct. 1893—94.

Risposta a Mazzini di un internazionalista. 8°. Milano 1879.

Risposta di un socialista all' ultima enciclica di Leone XIII. (Supplem. alla „Plebe", no. 3 del 1879, Milano.)

Rissmann, R., Individualismus und Sozialismus in der pädagogischen Entwickelung unseres Jahrhundertes. (Pädagogische Zeitfragen, Heft 25.) gr. 8°. Gotha, E. Behrend, 1892.

Riston, V., Des différentes formes de la propriété. 8°. Paris 1887.

Risveglio (Il). Giorn. Siena 1873.

Ritchie, D. G., 1. Locke's theory of property. (Economic Review, I, 1891.)
— 2. The social contract theory. (Political Science Quarterly, vol. 6, 1891.)

*****Rittinghausen,** Mor., 1. La législation directe par le peuple. Nouv. édit. augm. d'une notice biographique. 8°. Bruxelles, J. Lebègue, 1893.
— 2. Die direkte Gesetzgebung durch das Volk. 5. Aufl. (Früher erschienen als: Sozialdemokratische Abhandlungen, Heft 1—5, 1868—1872.) gr. 8°. Zürich, Buchh. d. Schweiz. Grütlivereines, 1893.
— 3. Ueber die Organisation der Staats-Industrie. 8°. Cöln 1848.
— 4. Le système protecteur et le libre-échange devant le congrès de économistes de 1847. 12°. Bruxelles 1856.

Rive gauche, journal fondée par Charles Longuet et Robert Luzarche. No. 1, 20 oct. 1864. Paris. Depuis le no. 17 (année 2, 14 mai 1865) jusqu'au no. 30 et 31 (29 juillet et 5 août 1866), publiée à Bruxelles. fol.

Rives, Gabriel, Les iniquités sociales. Chant révolutionnaire dédié à l'union de tous les travailleurs, créé par Fernande d'Erlincourt. Paroles de G. Rives, musique de Wittmann. 8°. Paris, libr. socialiste internat. Achille Le Roy, s. a.

Rivière, L., Le mal social et son remède. (Réforme sociale, série 3, 1895.)

Rivista popolare di socialismo. Anno I, no. 1, 15 marzo 1898. 4°. Milano, tip. M. Polo.

Rivista social. Sans, 1885.

Rivoluzione (La) e la questione sociale: versione di un parocco, dal Francese. 8°. Firenze, tip. Bencini, 1881.

Robert, Charles, 1. Les abbés socialistes d'Ille-et-Vilaine. 8°. Rennes, Dubail, 1897.
— 2. Utilità dello studio delle questioni sociali. (La Cooperazione rurale, vol. 3, Padova 1887.)

Robert, E. Vide: Bourloton, E., et Robert, L.
— Liberté (La). Bruxelles.

Robert, Wilh., Die Lösung der socialen Frage. gr. 8°. Berlin, J. Becker, 1895.

Roberts, W. P., Trade Union Bill 1871. 8°. London 1871.

Robertson, E. Stanley, Mr. Chamberlain and the individualists. (Liberty Review, no. 1, 1893, April.)

Roberty, E. de, Auguste Comte et Herbert Spencer. Contributions à l'histoire des idées philosophiques au XIX. siècle. 8°. Paris, F. Alcan, 1896.

Robespierre, Charlotte, Mémoires de Ch. Robespierre sur ses deux frères; précédés d'une introduction, par Laponneray. 8°. Paris 1835.

Robespierre, M., 1. Bericht an den Nationalkonvent im Namen des öffentlichen Wahlausschusses des 18. Floréal. Ueber die Beziehung der Ideen der Religion und Moral mit den republikanischen Grundsätzen; und über die Nationalfeste. 8°. Im 2. Jahre der Republik.
— 2. Le défenseur de la constitution. 12 nos. 8°. Paris 1792—93.
— 3. Ueber die politische Lage von Frankreich; aus dem Französ. übers.

von A. G. Rebmann. 8°. Hamburg (Herold jun.) 1795.

Robespierre, M. (u. St. Just), 4. Ueber die politische Lage von Frankreich; aus dem Französ. mit Anmerk. (von K. A. v. Rade). 8°. Frankfurt u. Leipzig, Barth, 1794.

— 5. Lettres de M. Robespierre à ses Commettans. 2 vols. 8°. s. a. (1792—93).

— 6. Mémoires authentiques. 2 vols. 12°. Bruxelles 1830.

— 7. Nachgelassene Schriften und Reden. 2 Bde. 8°. Kassel 1852.

Robespierre. Mit Beziehung auf die neueste Zeit. 8°. Leipzig 1837.

Robespierre's, Max, politisches Leben, merkwürdige Thaten und traurigen Ende. Aus dem Französischen. 8°. s. l. 1798.

Robin, Ch., Louis Blanc, sa vie et ses oeuvres. 8°. Paris 1851.

Robin, Paul, 1. De l'enseignement intégral. (Extrait de „La Philosophie positive".) 8°. Versailles 1869. 2. article. Ibid. 1870.

— 2. Sur l'enseignement intégral. Rapport présenté au congrès de Mayence par le Cercle d'Études sociales de Paris. 8°. Paris, juillet 1870.

Robinet, J. Fr. E., 1. Littré et le positivisme. 8°. 14 pp. Paris, Buron, 1872.

— 2. De la philosophie positive. Auguste Comte et Mr. Pierre Lafitte. 32°. Paris, Germer-Baillière et Co., 1881.

*— 3. Notice sur l'oeuvre et sur la vie d'Aug. Comte. 3. édit. augm. 8°. Paris, impr. Larouse, 1891.

Robin-Fournet, J., La société moderne et la question sociale. 18°. Paris, Guillaumin et Co., 1893.

Robinski, Severin, Zur Beseitigung der Umsturzbewegungen in der Menschheit. Betrachtungen. Ehrerbietigstes Sendschreiben an Se. Majestät Wilhelm II, deutschen Kaiser, König von Preussen. Lex.-8°. Berlin, Robinski u. Co., 1895.

Robotnik. Jour. Krakovice, 4 janv. 1883 sq.

Rocco di Zerbi, La miseria di Napoli. (Nuova Antologia, 1879, 15 dic.)

Rochard, J. C., Union du capital et du travail: Association coopérative de consommation, de production, de crédit, de secours et d'encouragement. 8°. Paris, impr. Philipona, 1884.

Roche, Achille, Manuel du prolétaire. 8°. Moulins, Place-Bujon, 1833.

Rochefort, Henri, 1. La lanterne. Série 1, no. 1 (31 mai 1868) — no. 77 (20 nov. 1869); série 2, no. 1 (4 juillet 1874); — no. 86 (19 févr. 1876). Paris et Bruxelles.

— 2. Mes treize premières lanternes. 8°. Paris, libr. centrale, 1868.

— 3. Lettre de H. Rochefort sur Louise Michel. (Almanach de la question sociale pour 1894.)

- Vide: Marseillaise (La.)
— — Mot d'Ordre (Le.)

Rocher, 1. Qu'est ce que travailleur? rien! que doit-il être? tout! Par un victime du capital. gr. 8°. Genève s. a.

— 2. Les véritables incendiaires de Paris. 8°. Londres, impr. universelle, s. a.

Rochussen, W. H., 1. Tafereelen uit de socialdemocratische toekomst. Vrij naar Eug. Richter's „Sozialdemokratische Zukunftsbilder" met eenige aanteekeningen en een naschrift. 5. dr. met eenige slotopmerkingen. 8°. 's Gravenhage, H. L. Smits, 1892.

— 2. Na twintig jaren. Sociale quaestie en muntquaestie. 8°. 's Hage, H. L. Smits, 1893.

Rocquain, F., The revolutionary spirit preceding the french revolution. Condensed and translated by J. D. Hunting. With an introductory note by Prof. Huxley. 8°. London, S. Sonnenschein, 1891.

Rocquigny, C. de, Les syndicats agricoles et le socialisme agraire. 8°. Paris 1893.

*Rodbertus-Jagetzow, Carl, 1. Zur Erklärung und Abhülfe der heutigen Creditnot des Grundbesitzes. 2. unveränd. Aufl. mit einem Vorwort von Rud. Meyer. gr. 8°. Berlin, H. Bahr, 1893.

— 2. Over-produktion and crises. Translated by Julia Franklin. Introd. by John B. Clark. 8°. London, Swan Sonnenschein, 1898.

— 3. Schriften. Neue wohlf. (Titel-)Ausg. 4 Bde. gr. 8°. Berlin, Puttkammer u. Mühlbrecht, 1898.
1. Das Kapital. Hrsg. v. Ad. Wagner u. Theoph. Kozack. — 2. Zur Beleuchtung der socialen Frage. 1. Thl. 2. Aufl. Hrsg. von Mor. Wirth. — 3. Dasselbe 2. Thl. Unter Mitwirkung von Th. Kozak hrsg. und mit einer Einleitung versehen von Ad. Wagner. — 4. Gesammelte kleine Schriften. Mit einem

Anhange: Aufruf an die Deutschen von Joseph Mazzini. Hrsg. von Mor. Wirth.

Rodbertus, Berg, von, **Buchor,** Lothar, Erklärung. — Seid deutsch. Ein Mahnwort. — An Mazzini. Offener Brief. — Wohl sonst. 4 Flugschriften. gr. 8°. Berlin, Verlags-Comtoir, 1861.

Röder, A., Der evangelisch-soziale Kongress in Frankfurt a. M. (Zeitfragen des christl. Volkslebens, Heft 145.) gr. 8°. Stuttgart 1895.

Röder, K., Die Fortbildung der Gesellschaft zur wahren Freiheit und zur Herrschaft des Rechts. Zwei Vorträge. (Sep.-Abdr. aus der „Neuen Zeit".) 8°. Prag 1870.

Rodrigues, Edgar, Le carneval rouge. 8°. Paris 1872.

Roebuck, Rev. J. H., Lectures. No. 1. Anti-Owenism. 12°. London 1840.

Roesicke, Rich., 1. Das Ende des Bierboykotts und der Arbeitsnachweis der Berliner Brauereien. (Preuss. Jahrbücher, Bd. 79, 1895.)

— 2. Entwickelung und Stand des Berliner Bierboykotts. (Soc.-polit. Centralblatt, Jhrg. 9, Nr. 39.)

Rössler, Max, Ueber den Arbeiterkrieg. gr. 8°. Berlin, C. Heymann's Verl., 1894.

Rössler, Const., 1. Die Sozialdemokratie. (Die Vorgänger. — Das Wesen. — Die anscheinende Gefährlichkeit. — Die verlangte Abwehr der Sozialdemokratie.) gr. 8°. H. Walther, 1894.

2. Die Weltkrisis und ihre Aerzte. gr. 8°. Berlin, H. Walther, 1895.

Rogers, J. E. Th., 1. Six centuries of work and wages. The history of english labour. 8°. London, Sonnenschein, 1884. Abridged edition 1885.

— 2. Histoire du travail et des salaires en Angleterre depuis la fin du XIII. siècle. Traduction avec notes, par E. Castelot. 8°. Paris, Guillaumin et Co., 1897. (Collection d'auteurs étrangers contemporains.)

— 3. Die Geschichte der englischen Arbeit. (Six centuries of work and wages.) Uebersetzt von Max Pannwitz. Rev. von Karl Kautsky. gr. 8°. Stuttgart, J. H. W. Dietz, 1896.

Rogge, W. Vide: Walter, R.

Röhrich, W., Offenes Sendschreiben an die deutschen Arbeiter betreffend das „Offene Antwortschreiben" des Herrn F. Lassalle und den „Offenen Brief" des Herrn Rodbertus. 8°. Coburg 1863.

Rohrlack, G., Die Entwickelung des deutschen Metallarbeiterverbandes. (Neue Zeit, Jhrg. 15, 1896/97.)

Rôle (Le) du clergé dans la question sociale, par X. 8°. Bourg, impr. Tardy-Bigelot, s. a. (1897).

Rolland, Léon, L'hécatombe, poème dédié aux manes des otages de la Commune. 8°. Paris, F. Curot, 1871.

Roller, Heinrich, Der bekehrte Nagelschmied. 8°. Braunschweig, W. Bracke, 1865.

Romagnolo (Il). Giorn. Ravenna 1871 et 74.

Roman (Ein sozialistischer). Ein Rückblick. Nach dem Amerikanischen des Edward Bellamy. 8°. Berlin, „Volkstribüne", 1889. (Berliner Arbeiterbibliothek, Serie 1, Heft 1.)

Romani, Pompeo, Il positivismo e le sue forme. (Il R. Liceo ginnasiale „Salvatore Rosa" nell' anno scolastico 1875 -1876.) 8°. Potenza 1877.

Romann, A., Die soziale Weisheit des alten Testamentes. (Allg. konservat. Monatsschrift, 1888, Mai.)

Romano - Catania, G., Sul comunismo. Notizie storiche. Roy.-8°. Palermo, R. Sandron, 1892.

Romieu, A., Das rothe Gespenst von 1852. Aus dem Französischen. Mit einem preussischen Nachworte. 8°. Berlin, A. W. Stayn, 1851. — Nach d. 3. Aufl. d. franz. Orig. übers. von Ludw. Fort. 8°. Grimma u. Leipzig, Verlags-Comptoir, 1851.

Romulle, La peste rouge ou les saturnales révolutionnaires. 8°. Paris, H. Dumineray et Jeanne, 1851.

Rondelet, A., 1. Philosophie des sciences sociales. 12°. Paris, Palmé, 1883.

— 2. Le travail et ses lois. 32°. Paris, Pichon-Lamy et Dewez, 1869.

Ronge, J., Rechtfertigung. 3. Aufl. 8°. Jena 1846.

Roper, Guil., 1. Vita D. Thomae Mori, accedunt Mori epistolae, de Scholasticis, Academiae Oecomoniensis epistolae et orationes ed. Tho. Hearnius. 8°. London 1716.

— 2. The life and death of Sir Thomas Morus. 8°. London 1731.

Roques, J., L'idéal social. Solution scientifique de la question sociale. 18°. Paris, Gagné et Boulinier, 1895.

Rosa, Gabrielle, 1. Casetlici sociali. 24°. Brescia, tip. Istit. Pavoni, 1886.
— 2. Socialismo naturale. 8°. Brescia, tip. F. Appollonio, 1890.

Rosalowski. Vide: Leben und Thaten des Generals Dombrowski.

Roscher, Carl, Die Betheiligung der evangelischen Geistlichen an der socialen Bewegung unserer Zeit. Eine Umschau anlässlich eines auf der diesjährigen sächsischen Kirchen-Pastoral-Conferenz erstatteten Vortrags ausgearbeitet. gr. 8°. Berlin, Puttkammer u Mühlbrecht, 1878.

Roscher, Wilh., Umrisse zur Naturlehre der Demokratie. (Aus: Abhandlungen d. Kgl. sächs. Ges. d. Wiss.) Lex.-8°. Hirzel, 1890.

Rose, A new political economy, the social teaching of Thom. Carlyle, John Ruskin and Henry George, with observations on Joseph Mazzini. 8°. London 1891.

Röse, F., Die deutsche Volksbewegung von Gottes Gnaden 1848. 8°. Stuttgart 1849.

Rose, J. H., The rise of democracy. 8°. London 1897.

Rose, U. M., Strikes and trusts. (American Law Review, vol. 27.)

Roson, H. v., Die socialpolitischen Ideen Alex. Herzens. 8°. Halle 1893.

Rosenberg, Wilh., Entwicklung und Stand der Arbeiterfrage. In gemeinfassl. Darstellung. Hrsg. vom Deutschen Verein zur Verbreitung gemeinnütziger Kenntnisse in Prag. gr. 8°. Prag, Haerpfer in Comm., 1892.

Rosenberg, W. L., Aus dem Reiche des Tantalus. 8°. Zürich, Verlags-Magazin (J. Schabelitz), 1888.

Rosenblatt, Jos., Vertheidigungsrede, geh. im Krakauer Schwurgerichtssaale am 13. April 1880 im Prozesse der polnischen Sozialisten. Uebers. von Edm. Mikiewicz, 8°. Wien, Dirnböck's Buchhdlg. (1880).

Rosenfeld, S., Sozialismus und Naturwissenschaft. (Deutsche Worte, Jhrg. 15, 1895, u. Jhrg. 16, 1896.)

Rosenthal, Ed., Zur Geschichte des Eigenthums in der Stadt Würzburg. Ein Beitrag zur Geschichte des Eigenthums in den deutschen Städten. Mit Urkunden. 'gr. 8°. Würzburg, Stuber, 1878.

Rosenthal, Léon, Les destinées de l'art social, d'après P. J. Proudhon. (Extr. de la Revue internat. de sociologie, II, 1894.) 8°. Paris, Giard et Brière, 1894.

Rosewater, Frank, „96": a romance of Utopia, presenting a solution of the labor problem, a new god and a new religion. 8°. Omaha (Nebraska, U. St.), the Utopia Co., 1894.

Roskoschny, H., Geschichte der Strikes. 8°. Berlin 1890.

Ross, Denman W., Studies in the early history of institutions. The theory of village communities. The theory of primitive communism. 8°. Cambridge, U.S.A. University Press, 1880—81.

Rossbach, E., König Mammon und die Freiheit. Ein Bilderbuch für kleine und grosse Kinder. Entworfen und gezeichnet von L. Berg. 4°. Leipzig s. a.

Rossel, Papiers posthumes, publ. par Amigues. 8°. Paris 1871.

Rossi, Adolfo, Die Bewegung in Sicilien mit Hinblick auf die letzten Verurtheilungen. Deutsch von Leop. Jacoby. 8°. Stuttgart, Dietz, 1894.

Rossi, Ag., Il disagio economica nel contado Vercellese: avvisaglie isocialistiche. 8°. Genova, tip. dell' Istit. dei Sordomuti, 1889.

Rossi, Aless., 1. Socialismo e fraternato. (Rassegna nazionale, 1887, 10 dic.; 1888, 1. gennaio e 1. febbraio.)
— 2. Uso ed abuso del capitale. 16°. Milano, tip. Bernardoni di C. Rebeschini e Co., 1889.

Rossi, Giovanni, 1. Cecilia, comunità anarchica sperimentale. Un episodio d'amore nella colonia „Cecilia". 8°. Livorno, S. Bolforte e Co., 1893. (Biblioteca del „Sempre avanti!", no. 7.)
— 2. Un comune socialista. 16°. Brescia, tip. operaia, 1884.
— 3. Cosa vogliano i contadini. 8°. Milano 1879.
— 4. Utopie und Experiment. Studien und Berichte, nebst Artikeln von Sextilio Rossi, Filippo Turati, Ettore Guindani etc. Gesammelt und übersetzt von Alfred Sanftleben („Slovak"). gr. 8°. Zürich (Berlin, R. Zack in Komm.), 1897.
— Vide: Cardias.

Rossi, Pel., De la démocratie en Amérique. (Revue des deux mondes, 1840, 15 sept.)

Rossi, Virgilio, Il fattore economico dei moti rivoluzionari. (Estr. dall' Archivio di Psichiatria, vol. 9, fasc. 1.) 8°. Roma 1890.

Rössig, K. G., Ueber die Verdienste des Staates um die Rechte der Menschen, zur Widerlegung einiger herrschenden Irrthümer unserer Zeit. 8°. Leipzig 1794.

Rossignoli, Leone XIII. e la restaurazione delle scienze soziali. (Rivista internaz. di scienze soc., vol. 1.)

Rossmann, Wilh., Ist die öffentliche Aufforderung zum Streik strafbar? Zur Auslegung des § 110 des deutschen Strafgesetzbuches. gr. 8°. München, J. Schweitzer, 1892.

Rostan, L., Le travail selon les principes du christianisme. (Bulletin trimestriel de la Société des sciences, belles-lettres et arts du département du Var, séant à Toulon, année 16, Toulon 1848.)

Rostand, Eug., 1. Le crédit populaire par le socialisme et par l'association libre. (Réforme sociale, XIII, 1893.)
— 2. A l'école de la coopération et à l'école du socialisme. 16°. Paris, impr. Levé (1898). (Publications du Comité de défense et de progrès social, no. 11.)
— 3. Le progrès social par l'initiative individuelle. (Extrait de la Réforme sociale, 1895.) 18°. Paris, impr. Levé, 1895. 12. mille. 18°. Paris, impr. Levé (1898). (Publications du Comité de défense et de progrès social, no. 3.)
— 4. Les solutions socialistes et le fonctionnarisme. (Extrait de la Réforme sociale, 1896, mai.) 8°. Paris, impr. Levé, 1896.

Rosskowski, Gust., Ueber das Wesen des Eigenthums. Inaugural - Dissertation. gr. 8°. Freiburg i. Br., Wagner, 1870.

Rother, Erich, Der Industriestaat und die arbeitenden Klassen. 8°. Berlin, J. Sassenbach, 1897.

Röthing, Julius, Der Lassalleaner. Sammlung sozialdemokratischer Lieder und Gedichte. 8°. Leipzig 1870.

Rothschild (Le). Londres, 15 juin 1891 sq. 3 nos. (?).

Roubaigno (Lo Vrai), journal socialiste et anticlérical en Patois, organe socialiste des travailleurs, petits commerçants et petits industriels roubaisiens. Année 1, no. 1, 9 nov. 1895. fol. Roubaix, impr. du Vrai Roubaigno.

Roueir, F., La commune sociétaire. 8°. Bruxelles 1870.

Rouge (La). Journal des jeunes. Journal quotidien. petit format. 2 nos seulement parus les mercredi et vendredi 17 et 19 mai 1871. Paris.

Rouges (Les) jugés par eux-mêmes. Oeuvre éminemment consciencieuse et instructive due au patriotisme des sieurs Considérant, Proudhon, Cabet, Raspail, Ledru-Rollin, Barbès, Caussidière, Blanqui, Flotte et autres grands citoyens. 8°. s. l. s. a.

Roumieux, Irénée, Des maux de la société. Le Peignage. 18°. Lille, impr. Delory, 1894. (Biblioth. de la propag. social.)

Round, J. H., Geoffroy de Maudeville, a study of anarchy. 8°. London 1892.

Rousiers, P. de, 1. Le congrès des tradesunions à Belfast. (La Science sociale, tome 16.)
— 2. Une nouvelle enquête sur le tradeunionisme anglais. (Science sociale, 1896, mars.)
— 3. La grève des mineurs en Angleterre. (La Science sociale, VIII.)
— 4. The labour question in Great Britain, with a preface by H. de Tourville, translated by F. L. D. Herbertson, B. A. 8°. London 1896. 8°. New York, Macmillan and Co., 1896.
— 5. L'ouvrier américain et l'évolution industrielle. (Science sociale, 1898,₁₄.)
— 6. La question ouvrière en Angleterre. Avec une préface de M. Henri de Tourville. 8°. Paris, Firmin-Didot, 1895.
— 7. Le trade-unionisme en Angleterre. Avec la collaboration de MM. de Carbonnel, Festy, Fleury et Wilhelm. 18°. Paris, Colin et Co., 1896. (Bibliothèque du Musée social.)
— 8. I sindacati operai in Inghilterra. (Rivista della benefic. pubbl., anno 25, 1897.)

Rousseau, A., La grève du borinage. (Revue sociale catholique, 1897, no. 11.)

Rousseau, Eug., 1. Histoire du socialisme et de la coopération dans le centre. 8°. La Louvière 1895.
— 2. La mutualité. 8°. Bruxelles, au bureau du Peuple, 1896.
— 3. La mutualité ouvrière dans ses rapports avec l'idée socialiste. 8°. Haine-Saint-Pierre, impr. Émile Saintes, 1895.

Rousseau, J. J., 1. Du contrat social; édition comprenant, avec le texte définitif, les versions primitives de l'ouvrage, collationnées sur les manuscrits autographes de Genève et de Neuchâtel, une introduction et des notes par Edmond Dreyfus-Brisac. 8°. Paris, F. Alcan, 1896.

Rousseau, J. J., 2. Du contrat social, ou principes du droit politique. 8°. Paris, libr. de la Bibliothèque nationale, 1898. (Bibliothèque nationale.)
— 3. Discours sur l'origine et les fondements de l'inégalité parmi les hommes. 32°. Paris, impr. Mangeot, 1895. (Bibliothèque nationale.)
— 4. Discourse upon the origin and foundation of the inequality among mankind. 8°. London 1761.
— 5. Inquiry into the nature of the social contract, or principles of political right, translated from the French. 12°. London 1764.

Rousseau, J. Mathurin, Régularisation du travail pour l'ouvrier et le commerçant, ou système moral et financier du travail. 8°. Paris, Mme. Lacombe, 1848.

Rousseau, P., La République, ou la clef du royaume de l'autre monde, ou la solution de la question sociale par un paysan. 8°. Epernay, impr. Doublat-Lallement, 1873.

Roussel, Félix, La grève générale et le syndicat guérard. (Revue pol. et parl., 1898, nov.)

Roussel, Napoléon, 1. Athée, déiste ou chrétien? 8°. Paris 1895.
— 2. Athéisme. 8°. Paris 1895.

Routier, Gaston, La question sociale et l'opinion du pays (enquête du Figaro). 18°. Paris, Le Soudier, 1894.

Roux, Jaques, 1. L'anarchie et la révolution. 8°. Paris s. a. (1889).
— 2. Exemple de fonctionnement de la société anarchiste. 8°. Agen 1891. (Publication du groupe anarchiste d'Agen.)
— 3. Poignée de vérités sur le socialisme, ses chefs, ses meneurs et ses traqueurs. 2. édit. 8°. Paris 1890. (Publication du groupe „La Liberté".)

Roux, X., 16 Briefe einer Nihilistin aus den Gefängnissen in Sibirien. 8°. Leipzig 1880.

Rouxel, La genèse du capitalisme. (Journ. d. Econom., 1898, avril.)

Rouxade, Léonie, 1. Petit catéchisme de morale laïque et socialiste. 8°. Paris, impr. Mangeot, 1895.

Rouxade, Léonie, 2. Ci et ça, ça et là. 8°. Paris, libr. internat. A. Lacroix, Verboeckhoven et Co., 1872.
— 3. Développement du programme de la société L'Union des femmes. 8°. Paris, au siège social de L'Union des femmes, 95 Faubourg Saint-Martin, s. a.
— 4. La femme et le peuple. Organisation sociale de demain. 8°. Paris, impr. Mangeot, 1896.
— 5. Le roi Johanne. 8°. Paris, libr. internat. A. Lacroix, Verboeckhoven et Co., 1872.

Rowland, Edw., The Familistère at Guise. (Harpers Magazine, 1885, Nov.)

Rowntree, J. S., Quakerism: past an present, an inquiry into the causes of its decline. 8°. London 1859.

Rowper, Will., The life of Sir Thomas Moore, written by his son in law W. R. 8°. London s. a. (ca. 1557).

Roxby, R. B., General Booth limited: a limelight on the „darkest London", scheme. cr. 8°. London, Sutton, 1893.

Royer, A., La question sociale à travers les âges et les prévoyants de l'avenir. 18°. Paris, Guillaumin et Co., 1891.

Royer, Émile, 1. L'anarchie en Cour d'Assises. Plaidoirie (pour Henri Willems du „Libertaire" de Bruxelles). 16°. Ensival s. a. (1895). (Publications du „Plébéien".)
— 2. Plaidoirie pour l'anarchiste Jules Moineau. 4°. Bruxelles 1894. („L'Homme Libre", 1892.) 8°. Ensival, mars 1896.

Rubinstein, J., Das Eigentum in der Vergangenheit, Gegenwart und Zukunft. Eine für jedermann leichtverständliche Darstellung zur Einführung in den wissenschaftlichen Socialismus mit einer Polemik gegen den deutschen Reichsrathsabgeordneten Eugen Richter. 8°. Krakau, Druck von Alex. Slomski, s. a.

Rückblicke und Ausblicke auf die soziale Frage. (Die Grenzboten, 1893,₂.)

Rüdebusch, Emil F., 1. Freie Menschen in der Liebe und Ehe. 8°. Mayville, Wis. 1895.
— 2. The old and the new ideal. 8°. Mayville, Wis. 1896.

Ruedi, F., La banque d'état et la grève du Nord-Ouest en Suisse. (Revue socialiste, 1897, avril.)

Rüefli, J., Zur „Lösung". (Polemik gegen die Pr. Platter'sche Beurteilung der

Marx'schen Wertlehre.) (Schweiz. Blätter f. Wirtsch.- u. Soz.-Pol., III, 1895.)
Rufini, Mémoires d'un conspirateur. 8°. Paris 1855.
Ruge, A., 1. Polemische Briefe. 8°. Mannheim 1847.
— 2. Die Religion unserer Zeit. 8°. Leipzig 1849.
Ruggles, Thomas, 1. History of the poor, and the laws respecting them. 2 vols. 8°. London 1793—94. 2. edit. improv. 4°. London 1797. 8°. 2 vols. 1797.
— 2. Histoire des pauvres, de leurs droits, de leurs devoirs et des lois concernant la mendicité. Traduit de l'anglais par A. C. Duquesnoy. 2 vols. 8°. Paris, an X (1802).
Ruhkopf, Karl, Rodbertus' Theorie von den Handelskrisen. Darstellung und Kritik. Eine Studie. gr. 8°. Leipzig, F. Gräfe, 1892.
Ruhland, G., 1. Das Dauernde und das Vergängliche an der Sozialdemokratie. (Monatsschr. f. christl. Sozialreform, 1898.)
— 2. Landwirtschaft und Socialismus in England. (Die Zukunft, Bd. 14, 1896.)
Ruinen (Aus den) von Nimrut und Olympia. Von G. R. 8°. Leipzig, Genoss.-Buchdr., 1876.
Ruiz, J. Martinez, Anárquistas literarios. Notas sobre la literatura española. 8°. Madrid 1895.
— 2. Notas sociales, vulgarizacion. 8°. Madrid 1895.
Rülf, J., Das Erbrecht als Erzübel in Hinblick auf die zukünftige Entwickelung der menschlichen Gesellschaft. gr. 8°. Leipzig, Friedrich, 1893. 2. (Titel-) Ausg. gr. 8°. Ebenda 1896.
Rümelin, Emil, Die Selbstverwaltung in ihrer Bedeutung für die sociale Frage. 8°. Stuttgart, Kohlhammer, 1891.
Rümelin, G. v., 1. Ueber den Begriff der Gesellschaft und einer Gesellschaftslehre. (Deutsche Rundschau, Bd. 61, 1889.)
— 2. Ueber den Begriff eines socialen Gesetzes. (Ztschr. f. Staatswiss., 1868.)
— Rümelin: Reden u. Aufsätze, 2 Bde.
— 3. Die Marx'sche Dialektik und ihr Einfluss auf die Taktik der Sozialdemokratie. (Zeitschr. f. Staatswiss., Bd. 50, 1894.)
Rundschau (Socialpolitische). Monatsschrift für Geschichte und Kritik der socialen Bewegung. Hrsg. u. Red. Dr. Karl Munding. Jbrg. 1, Oct. 1891 — März 1892. 6 Hefte. gr. 8°. Leipzig, Fr. Richter. (Erschien nicht weiter.)
Ruppert, Joh., Das System Bazard's. Eine staatswissenschaftliche Studie. Inaug.-Diss. 8°. Würzburg, F. X. Bucher, 1890.
Ruppius, Otto, Hoch u. Niedrig, oder So sind sie! Skizzen aus dem Leben der Gesellschaft. 1. Bändchen. 8°. Belle-Vue, Verlagsbuchhdlg., 1847.
Gegen Hess, Lüning und Püttmann.
Ruskin, J., Fors clavigera, letters to the workmen and labourers of Great Britain. 11 parts. 8°. London 1871. New edit. Vol. 1—4. cr. 8°. London, Allen, 1896.
Russbüldt, Wilh., Die Antwort auf die sociale Frage. gr. 8°. Leipzig, A. Janssen, 1895.
Russell, Bertrand, German social democracy. Six lectures. With an appendix on social democracy and the woman question in Germany, by Alys Russell. 8°. London, Longmans, 1897.
Russell, I. Sentinta comisiunei judiciare a universitatei diu Jassy in procesul fratilor Nadejde. 8°. Jassy 1881.
— 2. Socialismul innainte a justici. Procesul fratilor Nadejde innainte a juriulni universitar. 8°. Jassy 1881.
— 3. Un studio al psychiatriei urmat de câte-va comentarii a supra ideilor sanatoase. 8°. Jassy 1880.
— Vide: Basarabia.
Russo-Preiti, Francesco, Su i mezzi per abbattere l'Internazionale in Italia. Riflessioni sociali politico-religiose. 18°. Napoli, stamp. govern., 1873.
Rutherford, Secret history of the Fenian conspiracy, its origin, objects and ramifications. 2 vols. 8°. London 1877.
Rutten, Le socialisme. 32°. Bruges, Beyaert-Storie, 1891.
Ryllo, F., L'associazione nella storia e nel diritto, saggio giuridico-sociale. 2 part. 8°. Catanzaro 1892.

S.

Sabatier, François. Vide: Lettre à Lamartine.

Sabatier, Ungher, Salon de 1851. 8°. Paris s. a.

Sachse, J. J., Des Lehrers Rüstzeug im Kampfe der Schule gegen die Sozialdemokratie. Allen Vaterlandsfreunden gewidmet. 8°. Leipzig, Max Hesse, 1891.

Sack, Eduard, 1. Beiträge zu der Schule im Dienste für die Freiheit. Bd. 1. Braunschweig, Bracke, 1878.
— 2. Gegen die Prügel-Pädagogen. 8°. Braunschweig, Bracke, 1878.
— 3. Schlaglichter zur Volksbildung. In 10 Heften. 8°. Nürnberg, Wörlein u. Co., 1885—1886.
— 4. Unsere Schulen im Dienste gegen die Freiheit. 8°. Braunschweig, Bracke, 1874. 2. Aufl. 8°. Ebenda 1878.

Sacy, P., Le mouvement socialiste de 1890—1894. (Revue générale, 1894, janv.)

Saffi, Il pensiero politico e sociale di Giuseppe Mazzini. 8°. Roma 1887.

Saget, P., Die Gleichberechtigung Aller, eine Forderung der Gerechtigkeit. (Christl.-sociale Lehr- u. Wehrschriften, Nr. 1.) 12°. Oelde i. W., Holterdorf, 1891.

Saillard, F., De l'éducation et du gouvernement de la démocratie, ou du seul moyen pour mettre fin à nos divisions et pour fonder l'unité de la France. Nouv. édit. 16°. Paris, impr. Motteroz, 1898.

Saint-Albin, Alex. de, Le socialisme dans la société élégante et polie. (Extr. du Correspondant, 10 mars 1850.) 8°. Paris, impr. d'E. de Soye et Co., 1850.

Saint-Auban, 1. L'histoire sociale au Palais de Justice. 18°. Paris 1895.
— 2. Plaidoyer pour Jean Grave. („La Libre Parole" du 25 févr. 1894; dans son livre: L'Histoire sociale au Palais de Justice, 18°, Paris 1895; „Le Plébéjen", Ensival 1895.)

Saint-Aubin, J., La question sociale et la mendicité, discours prononcé à l'audience solonnelle de rentrée de la Cour d'Appel de Grenoble du 16 oct. 1896. 8°. Grenoble, impr. Allier père et fils, 1896.

Saint-Ferréol, Amédée, Le propriétariat, ou la terre au paysan, la mine, la verrerie, l'usine, la fabrique aux associations ouvrières qui les exploitent. 16°. Paris, libr. socialistes non collectivistes, 1896.

Saint-Genis, Vict. de, Les adversaires de la propriété. 18°. Besançon, impr. Jacquin, 1896.

Saint-Hilaire, B., 1. De la vraie démocratie. 4°. Paris 1848.
— 2. A la démocratie française. La démocratie française en 1873. De la vraie démocratie 1848. 8°. Paris 1874.
— 3. Histoire des conspirations et attentats contre Napoléon I. 8°. Paris s. a.

Saint Just, L. L. de, Esprit de la révolution. 8°. Paris 1791.

Saint-Marc Girardin, Histoire de l'idée du travail. (Revue des deux mondes, 15 août 1848.)

Saint Omer, Mlle. Élise, Travail et famille. Études critiques, philosophiques et littéraires. Saint-Réal. 2 vols. 12°. Paris, Dentu, 1865.

Saint-Péravy, Jean-Nicolas-Marcellin (Guérineau de), Plan de l'organisation sociale divisée dans ses trois parties essentielles. 2 vols. 8°. Paris, Duplain, 1790.

Saint Rainé-Taillandier, L'athéisme allemande et le socialisme français. M. C. Grün et Proudhon. (Revue de deux mondes, 1848, nov.)

Saint-Simon, New christianity. Translated from the original French, by the Rev. J. E. Smith. 12°. London 1834.

Saint-Simonien (Un) au peuple de Lyon, à l'occasion des événements d'avril 1834. 8°. Lyon 1834.

Saint-Simoniens (Des). Enfantin rétribué suivant sa capacité et selon ses oeuvres, par S. L. B. 8°. Paris, chez les marchands des nouveautés, 1832.

Saint-Simonisme. Religion Saint-Simonienne: Aux chefs des églises des départements 26 nov. 1831. 4 pp. A la fin: Nous vous embrassons. Le chef

de la correspondance: J. Pereire. 8°. (Paris) impr. de Giraudet, s. a.
Saint-Simonisme. Religion Saint-Simonienne, association universelle, ou organisation définitive de l'humanité, pour l'amélioration, sous le rapport moral, intellectuel et physique, du sort de la classe la plus nombreuse et la plus pauvre. grand tableau. gr. fol. (Paris) Everat, févr. 1831.
Saint-Simonisme. Lettre au roi, écrite, sous l'impression des événemens des 5 et 6 juin 1832. Signée: Jeanne-Désirée, née Véret. 8°. s. l. s. a. impr. Auffray.
Saint-Victor, Paul de, Barbares et bandits. — La Prusse et la Commune. 8°. Paris 1871. 4. édit. 8°. Paris, Michel Lévy frères, 1872. (Biblioth. contemp.)
Saisset, Émile, La philosophie positive. (Extr. de la Revue des deux mondes, 15 juillet 1846.)
Sakmann, P., Bernard de Mandeville und die Bienenfabel-Controverse. gr. 8°. Freiburg 1897.
Salandra, Antonio, Socialismo antico. (Nuova Antologia, 1889, maggio.)
Salaville, J. B., L'homme et la société; ou nouvelle théorie de la nature humaine et de l'état social. gr. 8°. Paris, Carteret et Dentu, an VII.
Salderet, G. (Doux sous de bon sens.) L'union des travailleurs. 8°. Paris, impr. H. Coquelin, 1886.
Salmon, E., Domestic service and democracy. (Fortnightly Review, March 1888.)
Salmson, Jules, L'Institut devant le suffrage universel. gr. 18°. Paris 1850.
Salter, W. Mackintire, Anarchy or government? An inquiry in fundamental politics. 16°. New York, Crowell and Co., 1895.
Salut public (Le). Directeur politique: Gustave Maroteau. grand format. 7 nos. du mardi 16 mai 1871 (27 floréal an 79) au mardi 23 mai (4 prairial). Paris.
Salvadori, C., Scienza socialista e filosofia borghese: note critiche lette al circolo sociale di Sondrio il 12 giugno 1895. 8°. Sondrio, tip. E. Quadri, 1895.
Salviati, E., Capitale e lavoro. Studi di economia sociale. 16°. Genova 1884.
Salvioli, Giuseppe, La nationalisation du sol en Allemagne. (Extr. du Devoir social, no. 7, juillet 1896.) 8°. Paris, Giard et Brière, 1896.

Salzburger katholische Gewerbe- und Arbeitertag (Der). (Christl.-soz. Blätter, Jhrg. 30, 1897.)
Salzmann, Chr. G., Der Himmel auf Erden. kl. 8°. Schnepf 1797.
Sambucco, C., Obiezioni al socialismo. 12°. Torino, libr. edit. socialista del „Grido del Popolo", 1896.
Samfundet dagen efter revolutionen. 8°. London 1885.
Sammlung von socialpolitischen und ökonomischen und damit zusammenhängenden wissenschaftlichen Abhandlungen, für die österr. Arbeiter geschrieben. 3 Hefte. 8°. Graz, Emil Kaler, 1881.
Sammlung deutsch-socialer Flugschriften. Heft 1 u. 2. 12°. Leipzig, Germanicus-Verlag, 1891. Heft 3—6. 12°. Ebenda 1892.
Sammlung sozialistischer Jugendschriften. 3 Hefte. 8°. Leipzig, Ernst Wiest, s. a.
Sammlung socialdemokratischer Lieder. Hrsg. von C. E. Seyfert. 2 Hefte. 8°. Leipzig s. a.
Sammlung theologischer und sozialer Reden und Abhandlungen. Unter Red. des Pfarr-Lic. Weber-M.-Gladbach. Serie 1—6 à 12 Lfg.. gr. 8°. Leipzig, Buchh. d. Vereinshauses, 1889—1896.
Sammlung von fünf Volksgesängen, von einem Braunschweiger Arbeiter, J. Audorf jun., Gust. Kiessling, Georg Herwegh und J. Audorf aus Hamburg. 8°. Gross-Steinheim, Druck von K. Korb, 1873.
Samson-Himmelstjerna, H. von (Victor Frank), 1. Der Massen-Streik in Russland. (Die Gegenwart, Bd. 41, 1892.)
— 2. Social oder socialistisch? Antrag an die Mitglieder der deutschen Gesellschaft für ethische Kultur. gr. 8°. Freiburg i. Br., C. A. Wagner, 1895.
Samuel, H. Vide: Civilisation (La).
Samuelson, James, 1. Capital and labour. Boards of conciliation and arbitration. (The civilisation of our day, part 2.) gr. 8°. London 1896.
— 2. The progress of the labouring classes. (The civilisation of our day, part 2.) gr. 8°. London 1896.
Sanborn, F. B., Society and socialism. (Journal of social science cont. the transact. of the American Associat., no. 33, 1895, Nov.)
Sanches de Toca, J., Problemas economicas y sociales. 8°. Madrid, G. Hermandez, 1894.

Sanday, W., 1. Christianity and social duty: a rejoinder. (Economic Review, vol. 3, 1893.)
— 2. Two present-day questions. 8°. London 1892.

Sanders, G., A reality; or, law and order, vs. anarchy and socialism: a reply to Edward Bellamy's „Looking backward", and „Equality". 8°. Cleveland (Ohio), the Burrow Bros. Co., 1898.

Sanson, F. A., Offrande de quelques idées démocratiques à l'Assemblée chargée de donner une constitution. 8°. Saint-Lo 1848.

„**Sans travail**". Les travailleurs français en face de la bourgeoisie pendant les élections législatives de 1884. 16°. Paris, Guérin, 1885.

Santangelo Spoto, J., 1. La famiglia in rapporto alla questione sociale: contributo alla sociologia economica e alla scienza dell' amministrazione. Parte 1. 2. ediz. 8°. Torino, Loescher, 1888.
— 2. Les grèves d'après une statistique récente. (Réforme sociale, 1893.)
— 3. Individualisme et collectivisme. (Revue d'écon. polit., VII, 1893.)
— 4. Proprietà e collettivismo al XVIII. congresso operaio italiano in Palermo. (Rassegna nazionale, 1893, 16 dic.)
— 5. La propriété et le collectivisme au XVIII. congrès ouvrier italien de Palerme. (Revue d'écon. polit., année 7, 1893.)
— 6. Le socialisme Sicilien. (Réforme sociale, 1894.)

Santoponto, G., Sul socialismo christiano: appunti. 8°. Castrocaro, tip. A. Barboni edit., 1898.

Saporta, L., Conspiration du capital. 16°. Paris 1848.

Sardat, Antoine-Rose-Marius, Loi d'union. 8°. Paris, impr. Édouard Proux et Co., 1. mai 1847.

Sargant, W. L., Economy of the labouring classes, ou communism, wages, food, tenure of land etc. 8°. London, Simpkin, 1857.

Sarinière, Ch. de, P. J. Proudhon. (Revue polit. et parl., 1896, juillet.)

Sarkusa, oder das Land der Freiheit. Ein Märchen aus dem Monde. 8°. Wien 1791.

Sarno, Ginseppe, L'anarchico. 8°. Napoli 1891.

Sartorius v. Waltershausen, Frhr. A., 1. Die nordamerikanischen Gewerkschaften unter dem Einfluss der fortschreitenden Produktionstechnik. gr. 8°. Berlin, Bahr, 1886.
— 2. Gewerkvereine in Amerika. (Handwörterb. d. Staatswiss., IV, 1892, und Suppl. I, 1895.)
— 3. Knights of labor. (Handwörterb. d. Staatswiss., IV, 1892.)

Sarty, L., La famille. 16°. Paris, Fischbacher, 1890.

Satan und die Revolution. 8°. Luzern 1834.

Satan, Histoire de M. Proudhon et de ses principes. 8°. Paris, Georges Dairuvaell, 1849.

Sauerwein, W., ABC-Buch der Freiheit für Landeskinder. kl. 8°. Hanau 1832.

Saulmier, E., La grève des justiciables. 8°. Paris, impr. Blaupain, 1891.

Saurin, D., Lettres sur l'anarchie. („La Révolte" du 3 juin au 12 nov. 1893.)
— L'ordre par l'anarchie. 18°. Paris, impr. de la Révolte, 1893. (Bibliothèque anarchiste.)

Sauva, A., Icarie. 12 pp. 8°. Icarie, le 30 mars 1877.

Sauvage, René, Garanties sociales. gr. 8°. Paris 1869.

Sauvé, Mgr. Henry, Questions religieuses et sociales de notre temps. 2. édit. 8°. Paris, Palmé, 1888.

Sauvestre, Ch., 1. Lettres de province. 8°. Paris s. a.
— 2. Mes lundis. 8°. Paris s. a.
— 3. Visite à Mettray, colonie agricole. 8°. Paris s. a.

Savage, Richard Henry, The anarchist, a story of to-day. Copyright edit. 2 vols. 8°. Leipzig, Tauchnitz, 1894. (Tauchnitz edition.)

Savardan, Auguste, 1. Avenir, études d'économie sociale. 8°. Paris s. a.
— 2. Correspondance avec l'évêché, suivie d'un chapitre intitulé: Le curé, extrait d'un travail inédit ayant pour titre: La commune rurale, ce qu'elle est et ce qu'elle pourrait être. 8°. Paris, libr. sociétaire, s. a.
— 3. M. l'Évêque du Mans et le phalanstère. 8°. Paris, libr. phalanst., 1846.
— 4. Examen du conscience d'un médecin. 8°. Paris, libr. phalanst., s. a.
— 5. L'extinction du paupérisme réalisée par les enfants, ou la commune telle qu'elle est et telle qu'elle pourrait être.

12º. (Saint-Calais) Paris, Garnier frères, 1860.
Savardan, Auguste, 6. Le paupérisme. 8º. Paris s. a.
Savary, Hippolyte, Conciliation de tous les partis. 8º. La Rochelle, typ. de A. Dausse, 1849.
Savatier, Henry, 1. Examen des principes essentiels de la philosophie chrétienne traditionnelle sur le capital. (L'Association catholique, 1897, janv.)
— 2. Examen critique de la théorie moderne du capital. (L'Association catholique, 1896, mai.)
— 3. La théorie moderne du capital et la justice. 8º. Paris, Rondelet et Co., 1898.
Savignyes, Anna, Monsieur Yves Guyot tyrannisé par le socialisme. 8º. Paris, L'ère nouvelle, impr. Em.-Pivoteau-St. Amand, s. a.
Savoyen, Nizza und der Rhein (von Friedr. Engels). 8º. Berlin 1860.
Say, Léon, 1. Contre le socialisme. 18º. Paris, C. Lévy, 1896.
— 2. Le socialisme. (Journ. d. Économ., 1895, déc.)
— 3. Les solutions démocratiques de la question des impôts, conférences à l'École des sciences politiques. 2 vols. 18º. Paris, Guillaumin, 1886.
Sbarbaro, P., 1. L'ideale della democrazia. 4º. Parma 1883.
— 2. Della libertà. Trattato. Introduzione. 8º. Bologna 1871.
— 3. Sulle opinioni di Vinc. Gioberti intorno all' economia politica e alla quistione sociale, libri sei. 8º. Bologna 1874.
Sbrojavacca, Luigi, Die soziale Bewegung in Italien. (Sozialpolitische Rundschau, Jhrg. 1, 1891/92.)
Scailette dit Victorien, Les peuples sans armes plus forts qu'avec des armes, conséquence du problème social résolu et du sauveur de l'humanité. 8º. Paris 1849.
Scala, Rud. v., Individualismus und Sozialismus in der Geschichtsschreibung. (Das Leben, Jhrg. 1, 1897.)
Scamisciato (Lo). Giorn. Reggio d'Emilia 1885.
Scamisciato (Lo). Giorn. Reggio-Emilia, 18 marzo 1891. Numero unico.
Scarabelli, Ignazio, 1. L'evoluzione economica e la questione sociale, discorso inaugurale. 8º. Ferrara, tip. sociale, 1883.
Scarabelli, Ignazio, 2. Il socialismo e la lotta di classe. 16º. Ferrara, tip. sociale, 1894.
— 3. Il socialismo e la superstizione borghese. 12º. Ferrara, tip. sociale edit., 1896.
Scàvola, C. M., 1. Nasse Augen, blasse Lippen und andere rothe Lieder. 8º. Berlin, Gumpel, 1893.
— 2. 12 Jahre der Verbannung oder Des Ausgewiesenen Heimkehr. Episch-dramatische Dichtung in 12 lebenden Bildern. 8º. Berlin, Gumbel, 1893.
— 3. Die erste Reichstagssitzung im Zukunftsstaat. Frei nach Richter. Komödie in einem Akte. 8º. Berlin, Gumpel, 1893.
— 4. Die französische Revolution. Episch-dramatische Dichtung in 12 lebenden Bildern. 8º. Berlin, Gumpel, 1893.
— 5. Der Schneiderstreik, oder Durchlaucht als „Aujust". Humorist.-satyr. Zeitbild in 1 Akte. 8º. Berlin, Maurer u. Dimmick, 1894.
— 6. Rothe Wolken, rothe Wipfel und andere rothe Lieder. 8º. Berlin, Gumpel, 1893.
Schaching, Otto von, Wucher und Sozialdemokratie. Eine zeitgemässe Erzählung fürs Volk. 8º. Trier, Paulinus-Druckerei, 1891. (Dasbach's Volksbibl., 2. Folge, Heft 13/15.)
Schack, Adolf Friedr. Graf von, Joseph Mazzini und die italienische Einheit. 8º. Stuttgart, Union, Deutsche Verlagsgesellschaft, 1891.
Schack, Michael J., Anarchy and anarchism. 8º. Chicago 1889.
Schadeberg, J., Sozialistische Irrthümer und soziale Wahrheiten. 8º. Berlin 1876.
Schädel, Ludw., Höhere Schule und soziale Frage oder welche Aufgaben werden der höheren Schule durch die augenblicklichen sozialen Zustände gestellt? (Zeitfragen des christl. Volkslebens, Heft 140.) gr. 8º. Stuttgart 1894.
Schaefer, Alois, Klerus und soziale Frage. Schluss-Vortrag des praktisch-sozialen Kursus zu München-Gladbach (20.— 30. Sept. 1892). gr. 8º. Münster i. W., Aschendorff, 1892.
Schäfer, O. L., Das Verhältnis der 3 Geschichtsschreiber des Bauernkrieges:

Haarer (Crinitus), Gnodalius u. Leodius. 8°. Chemnitz 1876.

Schäffer, Martin, Nachträgliche actenmässige Mittheilungen über die politischen Untersuchungen im Grossherzogthume Hessen, insbesondere diejenige gegen Pfarrer Dr. Weidig, eingeleitet durch allgemeine Betrachtungen über den Inquisitionsprocess in Vergleichung mit dem öffentlich-mündlichen Anklageverfahren. 8°. Giessen, Heyer's Verl., 1844.

Schaeffle, A., 1. Die Bodenverstaatlicher und das 1. Buch Mosis. (Die Zukunft, Bd. 2, 1893.)
— 2. Die Bodenverstaatlichung unter neuen Pharaonen. (Die Zukunft, Bd. 2, 1893.)
— 3. Zwei Briefe über die bevorstehenden Gefahren der Sozialdemokratie und über die Erschwinglichkeit oder Unerschwinglichkeit des steigenden Militäraufwandes. (Deutsche Revue, 1893, Febr.)
— 4. Le collectivisme. (Revue sociale et politique, III, 1893.)
— 5. The impossibility of social democracy: being a supplement to the „quintessence of socialism". With a preface by Bernard Bosanquet. Authorised English edition. cr. 8°. London, S. Sonnenschein, 1892.
— 6. Pseudo- und Ultrakollektivismus. (Zeitschr. f. Staatswissensch., Bd. 49, 1893.)
— 7. De quintessence van het socialisme — vert. d. A. Brondelet. 8°. Goudra 1878.
— 8. La quinta esencia del socialismo. Traducción y notas de Builla Posada. 8°. Madrid 1885.
— 9. La quintessenza del socialismo. Prima traduzione italiana autorizzata sulla dodicesima edizione originale dell' avv. Angelo Roncali. 12°. Genova, A. Donath edit., 1897.

Schafheitlin, A., Visionäre. 8°. Zürich, Verlags-Magazin, 1887.

Schall, Ed., 1. Die Arbeiter und die besitzenden Klassen. Die Notwendigkeit evangelisch-sozialer Arbeitervereine. 2 Reden. 8°. Heilbronn, E. Salzer, 1894.
— 2. Der Fall „von Wächter", oder Darf und kann ein Christ und besonders ein Pfarrer eingeschriebenes Mitglied der sozialdemokratischen Partei sein? gr. 8°. Oebisfelde, A. Radwitz, 1893.

Schall, Ed., 3. Schwere Not im Nähr-, Lehr- und Wehrstand, beleuchtet. gr. 8°. Leipzig, R. Werther, 1896.
— 4. Die Sozialdemokratie auf dem Lande, ihre Abwehr und sicherste Ausbreitung. Eine Rede. gr. 8°. Oebisfelde, A. Radwitz, 1893.
— 5 Die Sozialdemokratie in ihren Wahrheiten und Irrthümern und die Stellung der protestantischen Kirche zur sozialen Frage. gr. 8°. Berlin, E. Staude, 1893.
— 6. Das Wesen der Sozialdemokratie und die christliche Religion. (Kirche und Sozialismus, II.) gr. 8°. Erfurt 1894.

Schandwirtschaft (Die) im Reich. Sep.-Abdr. aus dem „Sozialdemokrat". Flugblatt, unterzeichnet: „Deutschland im Nov. 1890." 8°. Hottingen-Zürich, Schweiz. Vereinsbuchdr., s. a.

Schäppi, J., Das Recht auf Arbeit und der Kampf gegen die Arbeitslosigkeit. Eine eingehende Beleuchtung des Initiativbegehrens. 2. Aufl. 8°. Zürich, Speidel, 1894.

Schär, J. F., 1. Allmend und Freiland. (Schweiz. Blätter f. Wirtschafts- u. Sozialpolitik, I, 1893.)
— 2. „Frei-Land". Die wahren Ursachen der sozialen Not vom Standpunkte der Bodenbesitzreform. Vortrag, geb. in der Versammlung der Statistisch-volkswirthschaftl. Gesellschaft des Kantons Bern am 23. Nov. 1892 und Diskussion. (Aus: „Zeitschr. f. schweizer. Statistik".) gr. 8°. Basel, C. Sallmann in Komm., 1893.

Scharling, Hans Will., Nutid-Proletariatet. (Das Proletariat der Gegenwart.) (Tidsskrift for Retsvoesen, 1863.)

Schätze, die nicht veralten. Für Freunde des Lichts und des Rechts und der wahren Prophezeiung zur dauerhaften Freiheit. 8°. Solingen 1850.

Schatzl, J., Die Corruption in der österreichischen Socialdemokratie. 8°. Wien (Leipzig, Liter. Anst. A. Schulze) 1896.

Schaub, Frz., Die Eigentumslehre nach Thomas von Aquin und dem modernen Sozialismus mit besonderer Berücksichtigung der beiderseitigen Weltanschauungen. Gekrönte Preisschrift. gr. 8°. Freiburg i. Br., Herder, 1898.

Schauber, M., Die Armee der Zukunft,

oder ein Feldzug gegen die sociale Noth. 8°. Berlin 1856.
Schaumann, Jh. Chr. Gli., Versuch über Aufklärung, Frei- und Gleichheit, in Briefen. 8°. Halle, Gebauer, 1793.
Schauss, G. G, Geschichtliche Uebersicht der geheimen politischen Verbindungen in Deutschland von 1807—1842, mit Einschluss der Gesellschaften „Das junge Deutschland" in der Schweiz und „Der deutsche Bund der Geächteten" in Paris. 4°. München 1847. Mscr.
Schedo-Ferroti, D. K., 1. Aus der Literatur des Nihilismus. Kritische Beleuchtung des Tschernischefsky'schen Romans: „Was thun?" 8°. Braunschweig 1871.
— 2. Le nihilisme en Russie. Études sur l'avenir de la Russie, neuvième étude. 8°. Berlin, E. Bock; Bruxelles, F. Claassen, 1867.
— 3. Was ist Nihilismus? Sachgemässe Darlegung seines Wesens und seiner Entwickelung. gr. 8°. Leipzig 1881.
Scheel, H. v., 1. Eigenthum. (Handwörterb. d. Staatswiss., III, 1892.)
— 2. Eigenthum und Erbrecht. 8°. Berlin 1877. (Deutsche Zeit- u. Streitfragen, Heft 96.)
Scheibert, C. G., Die Noth der geistig arbeitenden Classen, das geistige Proletariat und unsere Schulen. (Aus: Mayer's Pädagog. Revue, Bd. 15, Juni 1847.) gr. 8°. Zürich, Schulthess, 1847.
Scheibler, C. v., Untersuchungen über Gleichheit und Freiheit. gr. 8°. Aachen, Mayer, 1829.
Scheicher, J., 1. Christlich-sozial oder sozialdemokratisch? (Monatsschr. f. Sozialref., Jhrg. 16, 1894.)
— 2. Christlich-sozial und sozialdemokratisch. (Monatsschr. f. christl. Sozialref., Jhrg. 17, 1895.)
— 3. Le clergé et la question sociale (étude de la morale sociale); traduit de l'allemand sur la 2. édition par C. Morel. Avec une préface de G. Decurtius. 18°. Bar-le-Duc, impr. de l'Oeuvre de Saint-Paul, 1897.)
— 4. Henry George's Landtheorie. (Monatsschr. f. christl. Sozialref., Jhrg. 15, 1893.)
— 5. Eine wünschenswerte Internationale. (Monatsschr. f. christl. Sozialref., Jhrg. 17, 1895.)

Scheicher, J., 6. Die Judenfrage und die soziale Frage. (Monatsschr. f. christl. Sozialreform, Jhrg. 15, 1893.)
— 7. Der Klerus und die soziale Frage. (Monatsschr. f. christl. Sozialref., Jhrg. 15, 1893.)
— 8. Leo XIII. und Henry George. (Monatsschr. f. christl. Sozialref., Jhrg. 15, 1893.)
— 9. Ein Schritt zum allgemeinen Wahlrecht. (Monatsschr. f. christl. Sozialref., Jhrg. 15, 1893.)
— 10. Der Sozialismus fin de siècle. (Monatsschr. f. christl. Sozialref., Jhrg. 16, 1894.)
— 11. Der soziale Staat und der Staatssozialismus. (Monatsschr. f. christl. Sozialref., Jhrg. 15, 1893.)
— 12. Das allgemeine Stimmrecht in sozialpolitischer Bedeutung. (Monatsschr. f. christl. Sozialreform, Jhrg. 15, 1893.)
— 13. Die innerliche Ueberwindung der Sozialdemokratie. (Monatsschr. f. christl. Sozialref., Jhrg. 16, 1894.)
— 14. Wohlthätigkeit und soziale Frage. (Monatsschr. f. christl. Sozialref., Jhrg. 16, 1894.)
— 15. Soziale Zukunftsmusik. (Monatsschrift f. christl. Sozialref., Jhrg. 18, 1896.)
— 16. Der Zukunftsstaat. (Monatsschr. f. christl. Sozialref., Jhrg. 18, 1896.)
Scheiff, Alfons, Das Dynamitgesetz vom 9. Juni 1884. Eine systematische Darstellung als Beitrag zur Frage nach der Revision des Gesetzes. 8°. Berlin, Siemenroth, 1886.
Schelling und die Offenbarung. Kritik des neuesten Reactionsversuches gegen die freie Philosophie (von M. Bakunin). 8°. Leipzig 1842.
Schellwien, R., Max Stirner und Friedrich Nietzsche. 8°. Leipzig 1892.
Schenckendorf, E. v. Vide: Walcker, Karl, u. Schenckendorf, E. v.
Scherr, Jean, Épilogue de l'ouvrage des nihilistes, traduit par M. l'avocat Joseph Collini, pour servir de conclusion à l'ouvrage: Le nihilisme russe de M. Kupczanko, traduit par le même avocat. 16°. Milan, impr. F. Cogliati, 1886.
— 2. Gli scioperi. (Civiltà Cattolica, Roma 1870, quaderno 480.)
— 3. Vom Katholizismus und Sozialismus gegen Joh. Ronge, mit besonderer Be-

rücksichtigung seines „Aufrufs an die niedere kathol. Geistlichkeit". Stuttgart 1845.

Scherr, Jean, 4. Das rothe Quartal. Eine geschichtliche Episode (März—Mai 1871). 8°. Leipzig, Reclam, s. a.

Schers, S., Die soziale Frage auf dem Lande. (Schweiz. Blätter f. Wirtsch.- u. Soz.-Pol., Jhrg. 3, 1895.)

Scherzer, Andreas, Die deutschen Arbeiter. Schauspiel in zwei Aufzügen. 8°. Hamburg, Druck von M. Rosenberg, 1871.

Scheu, Andreas, 1. Gedichte. 8°. Stuttgart, Dietz, 1893. (Deutsche Arbeiter-Dichtung, Bd. 5.)
— 2. Die Arbeiter-Gesangvereine und ihre Bedeutung für die sozialdemokratische Partei. 8°. Dresden, J. Günther, s. a. (1897/98?).

Schiattarella, B., La filosofia positiva e gli ultimi economici inglesi. 16°. Milano, Hoepli, 1876.

Schiavi (Gli) bianchi. Giorn. San Paul 1892.

Schiavo (Lo). Giorn. Nizza 1887. 16 nos. 17—19 nouv. rédact. intransigeante.

Schiavo bianco (Il). Giorn. Torino 1874.

Schiochi, Paolo. Vide: Croce di Savoia.

Schiebler, L. W., Der Saint-Simonismus, oder die Lehre Saint-Simons und seiner Anhänger. 8°. Leipzig 1831.

Schildge, Ad., Der wirtschaftliche Mechanismus oder die Lösung der sozialen Frage. 2. Ausg. 8°. Rüss 1881.

Schiller. Vide: Freigeist (Der).

Schilling, C., Die Ausstossung des Präsidenten Bernhard Becker und der allgemeine deutsche Arbeiterverein. 8°. Berlin 1865.

Schimmelmann, Gräfin Ad., Streiflichter aus meinem Leben am deutschen Hofe, unter baltischen Fischern und Berliner Socialisten und im Gefängniss, einschliesslich „Ein Daheim in der Fremde" von Otto Funke. gr. 8°. Barmen (Elim, Buchhdlg. des blauen Kreuzes) 1898.

Schimmelpenninck, R. J., De imperio populari caute temperato. 4°. Lugd. Batav. 1784.

Schimmelpfeng, A., 1. Kritik der Quintessenz des Sozialismus von Schäffle. 8°. Bielefeld 1878.
— 2. Zur Lösung der socialen Frage. 8°. Cassel 1878.

Schindelhauer, Emma, Sozialismus und ewiger Frieden. Eine gegen die Friedensvereine gerichtete zeitgemässe Abhandlung. gr. 8°. Leipzig, W. Friedrich, 1897.

Schindling, A. v., Richtigere Gedanken über Freiheit und Gleichheit, als deren heutigen Revolutionisten. 8°. München, J. Lindauer, 1793.

Schippel, M., 1. Die Arbeiterklassen und die Landtagswahlen in Preussen. gr. 8°. Berlin 1888.
— 2. Fort mit dem Dreiklassen-Wahlsystem in Preussen. 2. Aufl. 8°. Berlin. „Arbeiterbibliothek", 1890. (Berliner Arbeiterbibliothek, Serie 2, Heft 8.)
— 3. Die Gewerkschaften, ihr Nutzen und ihre Bedeutung für die Arbeiterbewegung. Nach der Rede von M. Schippel. Geh. vor den Berliner Maurern im Sanssouci am 6. Jan. 1889. (Neudr.) (Berliner Arbeiterbibliothek, Serie 1, Heft 1.) 8°. Berlin 1889.
— 4. Die Gewerkschaftsbewegung in Deutschland und der Gewerkschaftskongress in Halberstadt. (Neue Zeit, Jhrg. 10, 1891/92.)
— 5. Die preussischen Landtagswahlen und die Sozialdemokratie. (Neue Zeit, Jhrg. 12, 1893/94.)
— 6. Die Rodbertus'sche Grundrententheorie und die Werttheorie Ricardo's. (Staatswirtsch. Abhandlungen, hrsg. von Neisser, 1882.)
— 7. Die wirthschaftlichen Umwälzungen und die Entwickelung der Sozialdemokratie. (Berliner Arbeiterbibliothek, Serie 1, Heft 8.) 8°. Berlin 1889.
— 8. Die Währungsfrage und die Sozialdemokratie. Eine gemeinfassliche Darstellung der währungspolitischen Zustände und Kämpfe. gr. 8°. Berlin, Buchhdlg. „Vorwärts", 1896.
— Vide: Arbeiterbibliothek (Berliner).
— Arendt, Otto, und Schippel, Max.

Schirmer, Paul, Bürgerliche und sozialdemokratische Heuchelei. (Die Zeit, Nr. 83, Wien, 2. Mai 1896.)

Schirmer, W. C., Sociale Not, Klerisei und Christentum. 1. u. 2. Aufl. (Freundschaftliche Streitschriften, Nr. 54.) 8°. Barmen 1894.

Schiroky, L., Les guerres de demain. 8 pp. 8°. Paris 1887. (Publications du groupe cosmopolite „Bibliothèque révolutionnaire cosmopolite".)

Schitlowski, Ch., Beiträge zur Geschichte

und Kritik des Marxismus. (Deutsche Worte, Jhrg. 15, 1895; Jhrg. 16, 1896.)

Schlaegel, Max von, Der rothe Fasching. Roman aus Frankreichs jüngster Vergangenheit. 2 Bde. 8°. Leipzig, E. J. Günther, 1872.

Schlaeger, E., Ueber und wider die Sozialdemokratie. Rede. 8°. Dresden, E. Weise, 1893.

Schlag (Der letzte). Neujahrsgruss 1880. Flugblatt. Sep.-Abdr. aus dem „Sozialdemokrat" in 7 Versen.

Schlagwörter der Gegenwart. Bildung giebt Macht. — Nieder mit dem Kapital. — Die Zunft ist todt, es lebe die Innung. 3 Hefte. 8°. Cassel 1878—79.

Schlaraffenland (Ins) mit der Sozialdemokratie. 7 Leitartikel der „Magdeburger Zeitung". (Von Wilhelm Splittgerber.) 3. Ausg. 8°. Magdeburg 1876.

Schlaraffia politica. Geschichte der Dichtungen vom besten Staate. 8°. Leipzig, F. W. Grunow, 1892.

Schlauch, Bisch. Lor., Ueber die Arbeiterfrage. gr. 8°. Neunkirchen, W. Viktoria, 1891.

Schleimer, Alexis, Der Positivismus. Eine kritische Studie. Diss. gr. 8°. Leipzig, G. Fock, 1891.

Schlesinger, Halme aus dem demnächst erscheinenden Garbenbündel: Soziale Gedichte. 8°. Berlin 1869.

Schlesinger, Max, 1. Die soziale Frage. Eine volkswirthschaftliche Untersuchung. (Bibliothek des menschlichen Wissens, Dresden 1888—90.)
— 2. Eine Reise nach Utopien. 8°. Breslau, Schles. Volksbuchhdlg., s. a.

Schlesinger-Eckstein, Therese, Die erste Konferenz deutscher Sozialdemokratinnen in Oesterreich. (Neue Zeit, Jhrg. 16, 1897/98.)

Schlettwein, Jh. Aug., Die Rechte der Menschheit, oder der einzig wahre Grund aller Gesetze, Ordnungen und Verfassungen. 8°. Giessen 1783. 2. Ausg. 8°. Ebenda 1787.

Schlichter, H., Wer wird siegen? Das Christenthum oder der Unglaube, die Monarchie oder die Revolution? Ein Wort an Alle, welche es mit der Religion und dem Vaterlande gut meinen. gr. 8°. Münster, Russell's Verl., 1891.

Schlingel (Ein). Sozialistische Theaterstücke. 8°. Zürich, Volksbuchhdlg, 1876.

Schlöffel, F. W., Mein Process wegen Anklage auf Hochverrath. 8°. Heidelberg 1846.

Schlöffel's des jüngeren Pressprozess verhandelt vor dem Kammergericht in Berlin. Mitgetheilt von ihm selbst. Dokumente der Revolutionen der Gegenwart; Kampf der jungen Pressfreiheit mit dem alten Beamtenthum. 8°. Berlin 1848.

Schloss, D. F., 1. The labour problem. (Fortnightly Review, October 1889.)
— 2. The road to social peace. (Fortnightly Review, 1891, Febr.)

Schlossmacher, J., Zur Berichterstattung über den 1. deutschen Arbeiterkongress in Gera am 21. u. 22. Oct. 1877. gr. 8°. Greiz, Löffler u. Co., 1878.

Schmalz, Th. A. H., Erklärung der Rechte des Menschen und des Bürgers. Ein Kommentar über das reine Naturrecht und natürliche Staatsrecht. 8°. Königsberg 1798.

Schmid, Ritter Thdr. Ant. Hnr., Ueber bürgerliche Freiheit: eine Rede. gr. 8°. Halle, Renger, 1804.

Schmid, Hans, 1. Lohnbewegungen und Strikes in der Schweiz seit dem Jahre 1860. (Neue Zeit, Jhrg. 14, 1895/96.)
— 2. Lohnbewegungen und Streiks in der Schweiz seit dem Jahre 1860. (Deutsche Worte, Jhrg. 15, 1895.)

Schmid, Mor., Die Eisenbahnerbewegung in Deutschland. (Monatsschr. f. christl. Sozialref., 1898.)

Schmidbauer, Jos. Edler v., Die unveräusserlichen Menschenrechte. Dargestellt und dem Schutze der National-Garde übergeben. 8°. Wien, gedruckt bei Edl. v. Schmidbauer u. Holzwarth, 1848.

Schmidkunz, Hans, Anarchistische Ethik. (Die Gegenwart, Bd. 51, 1897.)

Schmidt, Albert, Die sozialdemokratische Demonstration im Spinnsaal. Ein neuer Beitrag zur politischen Farbenlehre. 8°. Burgstädt, Walther, s. a. (1890).

Schmidt, E. Heinr., Herodes oder gegen wen ist die Umsturzvorlage gerichtet? Ein Denkmal der Reaktion des 19. Jahrhunderts. gr. 8°. Leipzig, A. Janssen, 1895.

Schmidt, F., Die glückliche Insel der Internationale oder Reichthum und Armut. 8°. Berlin s. a.

Schmidt, Heinr., Ein Beitrag zur Geschichte des „Bundes der Geächteten". (Neue Zeit, Jhrg. 16,₁₁, 1897/98.)

Schmidt, Karl, Der kleine George. Des grossen Amerikaners Meisterwerk „Fortschritt und Armuth", gemeinfasslich bearbeitet. gr. 8°. Dresden, E. Pierson, 1892.

Schmidt, Konrad, 1. The present condition of social-democracy in Germany. (Journ. of political economy, vol. 6, 1898.)

— 2. Die Durchschnittsprofitrate auf Grundlage des Marx'schen Werthgesetzes. gr. 8°. Stuttgart, Dietz, 1889.

— 3. Die Durchschnittsprofitrate und das Marx'sche Wertgesetz. (Neue Zeit, Jhrg. 11, 1892/93.)

— 4. Soziale Frage und Bodenverstaatlichung. (Berliner Arbeiterbibliothek, Serie 2, Heft 3.) 8°. Berlin 1890.

— 5. Die eiserne Maske: Das enthüllte Geheimniss der Sozialdemokratie. 8°. Berlin s. a.

— 6. Das Wertgesetz und die Profitrate. (Neue Zeit, 1889.)

— 7. Wie man Marx kritisiert. (Schweiz. Blätter f. Wirtsch.- u. Soz.-Pol., III, 1895.)

Schmidt-Warneck, Zur Sache: „Innerliche Ueberwindung der Socialdemokratie". gr. 8°. Braunschweig, Grüneberg, 1894. 2. Aufl. gr. 8°. Braunschweig, H. Wollermann, 1894.

Schmitt, J. P., 1. Le catéchisme de l'ouvrier. 8°. Paris, typogr. Panckoucke, 1848.

— 2. Ce qui est possible, ce qui n'est guère possible, ce qui n'est pas possible, suivi de la constitution et M. de Cormenin. 8°. Paris, Allouard et Kaeppelin, 1851.

Schmitt, Eug. Heinr., 1. Urchristliche Anarchisten. (Die Zeit, Nr. 180, Wien, 12. März 1898.)

— 2. Der ungarische Bauernsocialismus. (Die Zeit, Nr. 184, Wien, 9. April 1898.)

— 3. An die Sozialdemokraten. (Aus: „Die Religion des Geistes".) gr. 8°. Leipzig, A. Janssen, 1894.

Schmitz, Fr., Rodbertus' Lehre vom Wert und Mehrwert. 8°. Heidelberg 1889.

Schmitz, P. F. A., Religion, Kirche, Staat, Liberalismus und Revolution in ihren Beziehungen. 4°. Stadtamh. 1849.

Schmöle, Jos., 1. Die sozialdemokratischen Gewerkschaften in Deutschland seit dem Erlasse des Sozialisten-Gesetzes. 1. vorbereit. Theil. gr. 8°. Jena, G. Fischer, 1896. 2. Theil, 1. Abth. gr. 8°. Jena 1898.

Schmöle, Jos., 2. Gewerkvereine in Deutschland. (Handwörterb. d. Staatswiss., IV, 1892.)

Schmoller, Gust., Frau Sidney Webb und die britische Genossenschaftsbewegung. (Schmoller's Jahrb. f. Gesetzg., Jhrg. 17,₂, 1893.)

Schnabel, Herm. Phpp., Predigten über die sociale Frage. gr. 8°. Stuttgart, Greiner u. Pfeiffer, 1896.

Schnaps (Preussischer) im deutschen Reichstag (von Fr. Engels). (Sep.-Abdr. aus dem „Volksstaat", 1876, Nr. 23, 24 u. 25.) 8°. Leipzig 1876.

Schneidawind, F., Max Robespierre und seine Umgebung. 8°. Leipzig 1831.

Schneideck, Gust. Heinr., Im Osten Berlins. Ein sozialistischer Roman. 8°. Leipzig, Wilh. Friedrich, 1892.

Schneider, Ceslaus M., Die socialistische Staatsidee, beleuchtet durch Thomas von Aquin. 8°. Paderborn, Bonifacius-Druckerei, 1894.

Schneider, Chr., Welche besondere Aufgaben erwachsen der Volksschule aus der sozialen Bewegung unserer Zeit. (Aus „Rhein. Schulmann".) gr. 8°. Neuwied, Heuser's Verl., 1892.

Schneider, G., Pariser Briefe. Bilder und Schilderungen aus der letzten Periode des Kaiserreichs, der Wahl-, Plebiscit-, Kriegs-, Belagerungs- und Commune-Epoche, sowie aus der ersten Periode der Republik. 4 Theile. gr. 8°. Leipzig, O. Wigand, 1872.

Schneidt, Karl, Neue Aufschlüsse über die Hungerrevolte in Berlin. 8°. Berlin, Spottvogel, s. a.

Schnüffler, A., 1. Die Aufhebung des demokratischen Frauen-Clubs oder das schreckliche Ende. gr. 8°. Berlin 1848.

— 2. Entdeckte Geheimnisse des demokratischen Frauen-Clubs. An der Thür behorcht und ausgeplaudert. gr. 8°. Berlin 1848.

Schöbitz, Wenzel, Wer sind die Geleimten? Die Sozialdemokraten oder die Christlich-Socialen? 2. Aufl. 16°. Warnsdorf, A. Opitz, 1898.

Schöchlin, C., Der teutsche Michel auf dem Blocksberge. Infernalisch-politische Confusion aus der dämonokratischen

Diabolarchie in anarchistischen Versen. 8°. Karlsruhe 1850.
Schoelcher, Victor. Vide: Démocratie (La).
Schoenaich-Carolath (Prinz Heinrich) über die Umsturzvorlage. (Deutsche Revue, 1895, Mai.)
Schoener, Ch. Heinr., Die Aufgabe der Predigt in den kirchlichen und socialen Strömungen der Gegenwart. (Samml. theol. u. soz. Reden u. Abhandl., Serie 3, Lief. 6.) 8°. Leipzig, Wallmann, 1892.
Schoenlank, Bruno, 1. Das Heer und die Sozialdemokratie. (Die Zeit, Nr. 16, Wien, 19. Jänner 1895.)
— 2. Soziale Kämpfe vor 300 Jahren. Altnürnbergische Studien. gr. 8°. Leipzig, Duncker u. Humblot, 1894.
— 3. Die Siegesfeste und die Sozialdemokratie. (Die Zeit, Nr. 49, Wien, 7. Sept. 1895.)
— Vide: Kautsky, K., u. Schoenlank, Br.
Schöler, Herm., Die Irrthümer der Sozialdemokratie. Beleuchtet an der Hand von Bebel's Buch „Die Frau und der Sozialismus". Der wirtschaftliche, geistige und sittliche Bankerott des sozialdemokratischen Zukunftsstaates. gr. 8°. Hannover-Linden, A. Edel, 1895.
Scholl, Carl, 1. Victor Considerant über die Erlösung der Menschheit in ihrem wahren Sinne. 8°. Zürich, E. Kiessling, 1855.
— 2. Die freien religiösen Gemeinden und die Sozialdemokratie. 8°. Heidelberg 1877.
Scholtz-Knobloch, Th., Ein neues Bild. Die Lösung der sozialen Frage als Philosophie des Erwerbslebens. 8°. s. l. 1892.
Scholz, Herm., Die Weltfrage oder die Lösung der socialen Frage. gr. 8°. Leipzig-Volkmarsdorf 1891.
Schönberg, Gust., 1. Arbeit. (Handwörterb. d. Staatswiss., I, 1890.)
— 2. Arbeiter (Arbeiterklasse, Arbeiterfrage). (Handwörterb. d. Staatswiss., I, 1890.)
— 3. Die Gewerkvereine. (Zeitschr. f. Staatswiss., Bd. 27, 1871.)
— 4. Zur Litteratur der sozialen Frage. (Zeitschr. f. Staatswiss., Bd. 28, 1872.)
— 5. Strikerecht und Strikeunrecht. (Deutsche Revue, 1898. December.)
Schönerer, Georg. Vide: Reden (Zwei).
Schönfeld, E., Vortrag über die soziale Frage. 8°. Köln 1870.

Schorr, S., Zur Theorie des Zukunftsstaates. (Aus: „Deutsche Worte".) gr. 8°. Wien, Verlag der „Deutschen Worte", 1896.
Schot, J. G., Ons overzeesch bezit en de sociaale quaestie. Sociaaloeconomische lezing. gr. 8°. Amsterdam, J. A. Wormser, 1891.
Schramm, A., Die Fortschrittsprogrammisten und die Idee der Demokratie und des Volksthums. 8°. Berlin 1861.
Schramm, C. A., Ein Wort zur Verständigung in der sozialen Frage. 8°. Berlin 1871.
Schramm, Rud., 1. Das Heer der Seligmacher oder die Heilsarmee in England. gr. 8°. Berlin 1883.
— 2. Die rothe Fahne von 1848 und die schwarzweisse Fahne von 1863. 8°. Berlin, G. Walter, 1863.
— 3. Standpunkt der Demokratie in und zur octroyrten 2. Kammer. 8°. Berlin 1849.
Schramme, Jos., La veuve du gréviste. A mon père. (Magasin littéraire, Gand 1888, p. 533—536.)
Schreibebriefe des Heiri Unverzagt von Petroliken an seinen Freund Chueri Niedermueth in Elendingen. Schweizer Arbeiter, wie stellst Du Dich? 8°. Hottingen-Zürich, Volksbuchhdlg., 1880.
Schreiber, Wider die Gleichheit im Wahlrecht. gr. 8°. Berlin 1895.
Schreiber, Adele, Das Schicksal eines Fischervolkes (in Bologne-sur-mer). Ein Beitrag zur Herrschaft des Kapitals. (Neue Zeit, Jhrg. 16, 1897/98.)
Schritt (Ein) zur Lösung der socialen Frage durch die Gründung einer deutschsocialen Partei. Von einem Arbeitgeber. 8°. Stuttgart, Kohlhammer, 1890.
Schroeder, Ed. A., Das Recht der Wirtschaft, kritisch, systematisch und kodificirt. Socialwissenschaftliche Rechtsuntersuchungen. gr. 8°. Leipzig, Fleischer, 1896.
Schubert-Soldern, R. von, 1. Die Bekämpfung der Socialdemokratie vom psychologischen Standpunkte. (Grenzboten, 1892,$_1$.)
— 2. Das menschliche Glück und die sociale Frage. Beiträge zu einer Psychologie der Volkswirtschaft. (Zeitschr. f. Staatswiss., Jhrg. 52, 1896.)
— 3. Das menschliche Glück und die sociale Frage. gr. 8°. Tübingen, H. Laupp, 1896.

Schubert-Soldern, R. v., 4. Nochmals zu Marx' Werttheorie. (Zeitschr. f. Staatswiss., Bd. 50, 1894.)
— 5. Die psychologische Unmöglichkeit eines socialdemokratischen Staates. (Grenzboten, 1891,₃.)
— Vide: Reich, E.: Schubert-Soldern über die sociale Frage.

Schuhmacher (Die vereinigten) Deutschlands entbieten allen Kollegen, die dieses Blatt empfangen, den besten Gruss! Flugblatt. 8°. Nürnberg, im März 1886.

Schuhmann, Jos., Ein wissenschaftlicher Socialist. (Die Zeit, Nr. 212, 22. Oct. 1898.)

Schuhmeier, Franz, In elfter Stunde. An alle Arbeiter und Arbeiterinnen. 8°. Wien, „Volkstribüne" u. „Arbeiterzeitung", 1892.
— Vide: Glühlichter-Almanach.

Schule (Die), nach der Auffassung der Freimaurer und Socialisten. (Christl.-soz. Blätter, Jhrg. 29, 1896.)

Schüler (Ein) Saint-Simons. (Unsere Zeit, 1868.₂.)

Schultz, Alb., Wie hilft der Sozialdemokrat, wie der Landwirt dem ländlichen Taglöhner? gr. 8°. Leipzig, R. Werther, 1895.

Schults, W., Die Arbeit als Quelle und Maass des Werthes. 8°. Leipzig 1882.

Schultz, Wolfgang, Die socialistische Organisation des Aerztestandes. Ein Beitrag zur Socialreform. 8°. Berlin, Bibliogr. Bureau, 1895.

Schultze, C., Die parlamentarische Thätigkeit der sog. demokratischen Reichstagsfraction und die gegenwärtige Lage. 8°. Königsberg 1882.

Schultze, Ernst, Die Studentenschaft und die soziale Frage. Festrede auf der Eröffnungsfeier des sozialwissenschaftl. Studentenvereins zu Berlin. gr. 8°. Göttingen, Vandenhoeck-Ruprecht, 1895.

Schultze, O., 1. Die Arbeit. (Flugschriften des evangel. Arbeitervereins zu Leipzig, III.) 8°. Leipzig 1895.
— 2. Was trennt uns von der Sozialdemokratie? (Flugschriften des evangel. Arbeitervereins zu Leipzig, Nr. 1.) 8°. Leipzig, Hinrichs, 1892. 3. Aufl. gr. 8°. Ebenda 1895.

Schultze, O., 3. Die Frage der evangelischen Arbeitervereine. Vortrag. (Aus: „Neues sächs. Kirchenblatt".) gr. 8°. Leipzig, G. Wigand, 1895.

Schulz, Ign. Vide: Eisen- und Metallarbeiter Wiens.

Schulz, Wilh., 1. Die Bewegung der Production. Eine geschichtl.-statist. Abhandlung zur Grundlegung einer neuen Wissenschaft des Staates und der Gesellschaft. gr. 8°. Zürich, Lit. Compt., 1843.
— 2. Briefwechsel eines Staatsgefangenen und seiner Befreierin. 2 Bde. gr. 16°. Mannheim, Bassermann, 1846.
— 3. Ein wichtiges Zeugniss von Karl Zeuner in Nordamerika über die Nichtswürdigkeit des heimlichen deutschen Gerichtes. Mit einer Abfertigung der Schmähschrift des hessischen Hofgerichtsrath Nöllner gegen den badischen Abgeordneten Karl Welcker und den Herausgeber; und mit einer Erklärung von Ad. Follen und Fr. Freiligrath. kl. 8°. Belle-Vue, Verlags-Buchhdlg., 1846.

Schulze, F. A., Robespierre. Mit Bezug auf die neueste Zeit dargestellt. 8°. Leipzig 1837.

Schulze, G, Die Bekämpfung der Sozialdemokratie durch den evangelischen Religionsunterricht in den niederen Schulen auf Grund der allgem. Verfügung vom 18. Okt. 1890. (Aus: „Haus und Schule".) gr. 8°. Hannover, C. Meyer, 1892.

Schulze-Delitzsch, 1. Freie Arbeit. Vortrag, geh. im Okt. 1865 im Arbeiterverein zu Berlin. (Arbeiterfreund, III, 1865.)
— 2. Die Arbeit. Vortrag, geh. im Berliner Arbeiterverein am 4. Febr. 1863. 8°. Leipzig, E. Keil, 1863.
— 3. Das Kapital und dessen Verhältniss zur Arbeit. Vortrag, geh. im Berliner Arbeiterverein am 8. u. 15. Febr. 1863. gr. 8°. Leipzig 1863.
— 4. Ein deutscher Kongress für die Arbeiterfrage. (Zeitschr. d. Centralver. in Preussen f. d. Wohl der arbeitenden Klasse, I, 1859.)
— 5. Rede vor der grossen Arbeiterversammlung in Berlin im Nov. 1862 (die Abhaltung eines 1. deutschen Arbeiterkongresses betreffend). gr. 8°. Leipzig 1863.

Schulze-Delitzsch, Lassalle und der Bi-

schof von Mainz. (Magazin f. d. Literatur des Auslandes, 1865, Nr. 45.)
Schulze-Delitzsch (Die Rede des Abg.), geh. im Berliner Arbeiterverein, die Broschüre Ferd. Lassalle's betreffend, zusammengestellt von L. W. Flugblatt. Druck von J. F. Rietsch in Landshut, s. a.
Schulze-Gaevernitz, G. v., 1. Die Arbeitseinstellung auf den Kohlengruben Durhams im Jahre 1892. (Die Zukunft, Bd. 1, 1892.)
— 2. Zum socialen Frieden. Eine Darstellung der socialpolitischen Erziehung des engl. Volkes im 19. Jahrhundert. 2 Bde. gr. 8°. Leipzig, Duncker u. Humblot, 1890.
— 3. Gewerkvereine in Australien. (Handwörterb. d. Staatswiss., IV, 1892.)
— 4. Social peace. A study of the trade-union movement in England. With a preface to the English edition. Translated by C. M. Wicksteed, and edited by Graham Wells. 8°. London, Swan Sonnenschein, 1894. 8°. New York, import. by C. Scribner's Sons, 1894.
Schuré, Edouard, L'individualisme et l'anarchie en littérature. — Fréderic Nietzsche et sa philosophie. (Revue des deux mondes, 1895, 15 août.)
Schüren, Nicol., Zur Lösung der socialen Frage. Eine volkswirthschaftliche Studie. Leipzig 1860. 2. mit einer histor. Einleitung verm. Aufl. gr. 8°. Berlin, Luckhardt, 1873. 3. (Titel-)Aufl. gr. 8°. Ebenda 1878.
Schüssler, Hugo, 1. Die Lösung der sozialen Frage. gr. 8°. Dresden, E. Pierson, 1897.
— 2. Das Wesen der Welt und die Lösung der socialen Frage. 3. Aufl. gr. 8°. Berlin, Späth, 1896.
Schütte, Max, Der allgemeine deutsche Arbeiterverein. Historisches Gedenkblatt. gr. 16°. Stralsund, C. Meincke in Komm., 1898.
Schützenberger, Ch., Quelques idées à propos de la question de l'organisation du travail. 8°. Strasbourg 1848.
Schwabhäuser, M., Die Arbeiterkrisis in Mailand und die Vorschläge zu ihrer Heilung. (Arbeiterfreund, Jhrg. 29, 1891.)
Schwalb, M., Zur Beleuchtung des Stöcker-Mythus. 8°. Berlin 1885.

***Schwarcz**, Jul., Die Demokratie. Bd. 2, Abth. 2. Lex.-8°. Leipzig, W. Friedrich, 1898.
Schwarz, Leop., Auf zum Kampfe! I. 12 Proletarier-Gedichte. 8°. Zürich-Hottingen, Leop. Schwarz, 1893.
Schwarzbach, Wilh., 1. Von Rodbertus zu Bosse. (Die Zukunft, Bd. 4, 1893.)
— 2. Für den Sozialismus. (Die Zukunft, Bd. 8, 1894.)
Schwarze, F. O. v., Reichsgesetz gegen die gemeingefährlichen Bestrebungen der Sozialdemokratie vom 21. Oct. 1878 erläutert. gr. 8°. Erlangen 1879.
Schwarze, W., Was unsere Arbeiter vom sozialdemokratischen Zukunftsstaate zu erwarten haben. In einem Zwiegespräche für Jedermann verständlich nachgewiesen. 8°. Berlin, J. J. Heine, 1895.
Schwechler, Karl, 1. Freunde und Feinde des arbeitenden Volkes. Ein Wort der Warnung und Ermunterung an den Bauern-, Handwerker- und Arbeiterstand. (Moser's Sammlung zeitgemässer Broschüren, Heft 3.) gr. 16°. Graz 1896.
— 2. Kannst du einen Socialdemokraten wählen? Als Anhang: Wahlkatechismus für die 5. Curie. (Moser's Sammlung zeitgemässer Broschüren, Nr. 5 u. 6.) 16°. Graz 1897.
Schweichel, Deutschlands jüngste Dichterschule. (Neue Zeit, Jhrg. 9,$_{1,2}$.)
Schweitzer, J. B. v., 1. Der Kapitalgewinn und der Arbeitslohn. 8°. Berlin 1867.
— 2. Lucinde oder Capital und Arbeit. Ein sozialpolitisches Zeitgemälde aus der Gegenwart in drei Bänden. 8°. Frankfurt a. M., Selbstverlag (Rh. Baist in Comm.), 1863/64.
— 3. Der todte Schulze gegen den lebenden Lassalle. (Aus dem Berliner „Sozialdemokrat" 1868.) 8°. Hottingen-Zürich, Volksbuchhdlg. (Sozialdemokrat. Bibliothek, VIII.)
— 4. Ein Schlingel. Eine national-ökonomisch-soziale Humoreske. In 1 Akt. 8°. Zürich, Volksbuchhdlg. (J. Franz), 1876. (Sozialistische Theaterstücke, Nr. 1.)
— 5. Die österreichische Spitze. Ein Beitrag zur Besprechung der nationalen Frage. 8°. Leipzig, Otto Wigand, 1863.

Schweitzer, J. B. v., 6. Das Vorrecht des Genies. Original-Lustspiel in drei Akten. 8°. Berlin, Emil Dreyer, 1873.
— 7. Der einzige Weg zur Einheit. Ein Beitrag zur Besprechung der nationalen Frage. 8°. Frankfurt a. M., F. B. Auffahrt, 1860.
— 8. Widerlegung von Carl Vogt's Studien zur gegenwärtigen Lage Europas. 8°. Frankfurt a. M., F. B. Auffahrt, 1859.
— 9. Der Zeitgeist und das Christenthum. 8°. Leipzig, Otto Wigand, 1861.
— Vide: Social-Demokrat.
Schweiz (Die) und der Kommunismus. Zwei Artikel in: „Neueste Weltkunde" von Dr. H. M. Malten. 2 Bde. 8°. Frankfurt a. M., Brönner, 1844. (I, p. 12 ff.; II, p. 172.)
Schwella, Eduard, Grundsätze des Lehrinhaltes der freien Kirche der Vernunft. 8°. Wien, Selbstverlag, Druck von M. Munk, 1883.
Schwendimann, Zum Schutze des Privatbesitzes. (Schweiz. Blätter f. Wirtsch.- u. Soz.-Pol., Jhrg. 5, 1897.)
Schwicker, J. H., Der Bauernsozialismus in Ungarn. (Oesterr.-ungar. Revue, Bd. 18, 1895.)
Schwickert, Joh. Jos., Zum Frieden zwischen Philosophie und positiver Religion. Eine Recognoscirung auf dem Felde der Speculation in 3 Streifzügen: a) Von jeder Philosophie innerhalb der Schranken der Menschennatur. b) Kritik eines neuesten Philosophems. c) Ideen zu einer Systematik des menschlichen Geistes. gr. 8°. Bonn, Rhein. Buch- u. Kunst-Antiquariat, 1885.
Schwitzguébel, Adhémar, 1. De l'antagonisme des classes. („La Commune", Almanach socialiste pour 1877.)
— 2. Des causes des crises industrielles et leurs conséquences ... Rapport présenté par l'union des sections internationales du district de Courtelary. 8°. Neuchâtel 1873.
— 3. Le collectivisme. (Almanach du peuple pour 1873.)
— 4. Une commune sociale. (Almanach du peuple pour 1871.)
— 5. Quelques difficultés dans la pratique des associations ouvrières. Scènes de la vie ouvrière jurassienne. (Almanach du peuple pour 1875.)
— 6. Fédération des ouvriers graveurs et guillocheurs. Compte-rendu du 5. congrès tenu à Chaux-de-Fonds, les 17, 18 et 19 mai 1874. 8°. Saint-Imier 1874.
Schwitzguébel, Adhémar, 7. Gouvernement et administration. (Almanach du peuple pour 1874.)
— 8. La guerre et la paix. 8°. Saint-Imier, Propaganda socialiste, 1871.
— 9. La question des services publics dans l'Internationale. Rapport présenté au congrès jurassien .... le 1—2 août 1875 ... par la .... section des graveurs et guillocheurs du district de Courtelary.
— 10. Le radicalisme et le socialisme, conférence publique. (Extrait du „Révolté".) 8°. Saint-Imier 1876.
— 11. Statuts de la Fédération ouvrière du district de Courtelary. 8°. Saint-Imier 1873.
— Vide : Chacun pour soi et Dieu pour tous.
— — Libre-échange et protectionnisme.
— — Programme socialiste.
Schwurgerichtsverhandlung gegen Dr. Vict. Adler über die Anklage der Störung der öffentlichen Ruhe, der Religionsstörung, der Vergehen der Aufwiegelung etc., begangen durch Reden im Gablonzer Bezirke, durchgeführt vor dem Reichenberger Schwurgerichte vom 17.—20. Nov. 1883. Nach stenogr. Aufzeichnungen. 8°. Wien u. Reichenberg (Wien, 1. Wiener Volksbuchhdlg.) 1894.
Scie (La). Organe des aliénés. Petit feuille in 4°. Deux numéros parus, sans date, sans texte, toute entière illustrée par Moloch. Paris.
Science (La) populaire. Verviers, 27 oct. 1872—30 mars 1873. 22 nos.
Scotsburn, What is socialism ? 8°. New York, imported by C. Scribner's Sons, 1898.
Scotsman's Advice (The) to the labouring classes on the best means of raising their wages, and securing themselves and their families against want. (Reprinted from the Scotsman of Nov. 10 and 13, 1830.) 8°. Edinburgh, Ad. Black, 1830.
Scott, John, Essay on labour; its union, proper objects, just rights, duties, prospects etc., addressed to the employers, employed etc. 8°. London s. a.
Scott, W. A., Henry George and his economic system. (New World, 1898, March.)
Scourge (The) of capitalism and the breakdown of democracy in the United

States. 8°. New York 1892. ("Solidarity Pamphlets", no. 1.)
Scribe, Pierre Alex. Adolphe, Question du travail. Moyens pratiques et sociaux. 18°. Paris, Guillaumin, 1849.
Scrnet, P. de, La crise sociale de 1848 en France. (Extrait du Magasin littéraire.) 8°. Gand, A. Giffer, 1894.
Scudder, M. L. (jun.), The labour-value-fallacy. 12°. Chicago 1884. 12°. Chicago 1886.
Séance (Sur une) de Saint-Simoniens, par B—d.—e. (L'Ami de la religion, LXVI, no. 1718, 2 déc. 1830.)
Séances (Les 31) officielles de la Commune de Paris. 8°. Paris, Revue de France, 1871.
Séances du congrès ouvrier de France. Session de 1876, tenue à Paris du 2 au 10 octobre. 8°. Paris, libr. Sandoz et Fischbacher, 1877.
Séances du congrès ouvrier socialiste de France. Troisième session, tenue à Marseille du 20 au 31 octobre 1879 à la salle des folies bergères. 8°. Marseille, impr. générale J. Doucet, 1879.
Sebaut, A., Les réformes démocratiques. 1. partie: L'impôt suivi d'un projet de loi. gr. 8°. Paris 1891.
Secco, Dep., Saggio sul bosco Montello. Lettora all' Onor. Dep. Branca. 8°. Bassano, tip. Sante Pozzato, 1876.
Secrétan, C., 1. I diritti dell' umanità e la questione sociale, con note dell'autore e del traduttore Fr. Degli Azzi Vitelleschi. 8°. Napoli, tip. meridionale, 1894.
— 2. La philosophie de la liberté. 2. édit. 2 vols. 8°. Paris 1866.
- 3. La question sociale. 8°. Lausanne, Arthur Imer, 1886. (Petite bibliothèque du chercheur.)
Section (Die) New York der sozialistischen Arbeitorpartei an die Bevölkerung der Vereinigten Staaten. Flugblatt. s. l. s. a.
Section (La) de propagande anarchiste de Genève aux groupes anarchistes. 8°. Genève, impr. jurassienne, 22 juillet 1884.
Sédillon, Napoléon Adolphe, Catéchisme républicain au principes de philosophie, de morale et de politique universelle, à l'usage des tous les peuples (en vers). plano. Paris, impr. Lacour, 1848.
Seeberg, Rhold., Die Kirche und die soziale Frage. (Aus: "Neue kirchl. Zeitschrift".) gr. 8°. Leipzig, A. Deichert's Nachf., 1896.

Seger, Paul, Die Unzufriedenheit der Arbeiter. (Die Gegenwart, Bd. 48, 1895.)
Segitz, Martin, Das Unterstützungswesen der Gewerkschaften, insbesondere die Arbeitslosen-Unterstützung und deren Einführung im Deutschen Metallarbeiterverband. Rede. 8°. Nürnberg, J. Scherm, 1897.
Segody, Jos. v., Freiheit, Gleichheit, Brüderlichkeit. Abhandlung über diese Losungswörter des Zeitgeistes. 8°. Pressburg, Heckenast, 1897.
Ségur, M. de, 1. Die Freiheit. Autor. Uebersetzung von J. Molzberger. 8°. Mainz, Kirchheim, 1869.
— 2. Die Revolution und ihre Verkörperung im modernen Staate. 2. Aufl. 8°. Mainz 1865.
Ségur-Lamoignon, Le congrès socialiste international de Londres. (L'Association catholique, 1896, sept.)
Seidel, Robert, 1. Aus Kampfgewühl und Einsamkeit. Gedichte. 8°. Stuttgart, Dietz, 1895.
- 2. Socialdemokratie und ethische Bewegung. 8°. Zürich, Buchh. d. schweiz. Grütlivereins, 1897.
Seifarth, F., 1. Die Entstehung und die Ziele der deutschen Sozialdemokratie. 2. Aufl. 8°. Mannheim 1878.
— 2. Ursachen und Ziele der Umsturzbestrebungen. Bd. 1. 8°. Heidelberg 1895.
Seignouret, P. E., La démocratie, la banque et le taux de l'intérêt. 8°. (Bordeaux) Paris, Dentu, 1865.
Seilhac, E. de, Les congrès ouvriers. (Revue polit. et parlem., V, 1898.)
Seilhac, L. de, 1. Une enquête sociale. La grève de Caarmaux et la verrerie d'Albi. 18°. Paris, Perrin et Co., 1897.
— 2. M. Guesde contre le suffrage universel. (Revue polit. et parlam., IV, 1897.)
— 3. Le monde socialiste. Groupes et programmes. 16°. Paris, Colin et Co., 1896. (Questions du temps présent.)
Seiling, Max, Flürscheim's Vorschlag zur Lösung der socialen Frage. 8°. Berlin-Guben, Salli'scher Verl., 1889.
Seillière, Ernest., 1. Études sur Ferdinand Lassalle, fondateur du parti socialiste allemand. 8°. Paris, Plon, Nourrit et Co., 1897.
— 2. Pour la fête du 1. mai. (Revue des deux mondes, 1898, 1. mai.)
— 3. Littérature et morale dans le parti

socialiste allemand. Essais. 8⁰. Paris, Plon, Nourrit et Co., 1898.

Séipse, André de, solitaire, Lettre sur les anarchistes. Quels ils sont. Et comme il faut les punir. 8⁰. Paris, libr. de l'Art indépendant, 1894.

Seite (Die juristische) des Socialismus. (Grenzboten, 1891,₄.)

Sekten (Amerikanische). (Grenzboten, 1882,₃.)

Sekten (Sozialistische) in den Vereinigten Staaten. Mährische Brüder. — Rappisten. — Tunkers. (Magazin f. Litteratur d. Auslandes, 1845, Nr. 39.)

Sektenwesen (Das mittelalterliche). (Grenzboten, 1891,₁.)

Selbstkritik (Zur) des Sozialismus. (Neue Zeit, Jhrg. 13, 1894/95.)

Selchow-Rudnik, E. v., Das Evangelium der Arbeit und der deutsche Bauer. Offenes Schreiben an Herrn Prof. Lehmann-Hohenberg in Kiel als Hrsg. der Zeitschrift „Einiges Christentum". gr. 8⁰. Berlin, A.-G. Pionier, 1894.

Seletti, Enr., Se il socialismo abbia fondamenti scientifici. 8⁰. Parma 1896.

Seligman, E. R. A., Owen and the christian socialists. (Reprinted from Pol. Sc. Quart., vol. 1.) 8⁰. Boston, Ginn and Co., 1886.

Sell, Jul., Anarchie und Rechtsstaat. (Grenzboten, 1895,₂.)

Sellers, Edith, Wilhelm Liebknecht. (Fortnightly Review, 1896, July.)

Semeria, P. G., La questione sociale e la chiesa. (A proposito di un libro recentissimo di Léon Grégoire.) (Rivista internaz. di scienze sociali, 1893, agosto.)

Sémérie, E., La république et le peuple souverain. 8⁰. Paris 1871.

Semmig, Hermann, Communismus, Socialismus, Humanismus. (Rheinische Jahrbücher, Bd. 1, 1845.)

Sempé et Gasano, La famille et la propriété. 30 pp. 32⁰. Paris, Jouaust, 1874.

Sempre Avanti! Giorn. Livorno, 10 mai 1874 sq.

Sempre Avanti! Giorn. Livorno 1887.

Sempre Avanti! Giorn. Livorno, 22 giugno 1890, numero unico; 2 luglio 1892 —94. 74 nos.

Senamaud, J. Vide: Danton, J. F.

Sencer, G. M., Le socialisme en Espagne. (Revue polit. et parlem., 1898, août.)

Sénignon, Toussaint, La liberté. 18⁰. Paris, Haton, 1875.

Sentinelle (La), journal hebdomadaire. Verviers 1882—84.

Sepp, J. N., Der bayerische Bauernkrieg mit den Schlachten von Sendling und Aidenbach. 8⁰. München 1884.

Serda, Marcus, La revanche des travailleurs, ou la victoire de demain, chanson. plano. Lille, impr. Delory, 1895.

Sergent à ses concitoyens. 4 pp. 8⁰. Paris, impr. nation, le 21 févr. 1793, l'an II de la République.

Sering, Max, Arbeiterfrage und Kolonisation in den östlichen Provinzen Preussens. Rede zur Vorfeier des Geburtstages Sr. Majestät des Kaisers und Königs in der Königl. landwirtschaftl. Hochschule zu Berlin am 26. Jan. 1892 geh. (Aus: Deutsche landwirthsch. Presse.) gr. 8⁰. Berlin, P. Parey, 1892.

Sernicoli, E., L'anarchia e gli anarchici: studio storico e politico. 2 vol. 16⁰. Milano, frat. Treves, 1894.

Serno-Solowiewitsch, Unsere russischen Angelegenheiten. Antwort auf den Artikel des Herrn Herzen: „Die Ordnung herrscht." Aus dem Russischen übersetzt von S. L. Borkheim. 8⁰. Leipzig 1871.

Serrano y Otoisa, Juan, Moral de progreso o la religion natural. 12⁰. Sabadell 1888. (Agrupación de propaganda socialista, no. 7.)

Servizii pubblici (I) nel socialismo. 32⁰. Milano, tip. Annoni e Miller, 1882.

Serwy, V., 1. La première bataille du suffrage universel 1894. 8⁰. Bruxelles, au journal Le Peuple, 1895. (Bibliothèque de propagande socialiste, no. 16.)

— 2. Le mouvement socialiste en Belgique. (Revue socialiste, 1894,₂.)

— 3. Rapport sur la situation du parti ouvrier et sur le mouvement socialiste de Belgique présenté au congrès international de Zurich du 6 au 12 août 1893. 8⁰. Bruxelles, impr. Vve. Brismée, 1893.

Settembre (Il 20). Giorn. Buenos-Aires 1895. Numero unico.

Setti, Augusto, La famiglia e l'Internazionale: considerazioni in risposta alla difesa proferita dall' avv. G. Barbanti per Costa Andrea e Matteuzzi Vincenzo. 8⁰. Modena, libr. Benaglia, 1877.

Seux, fils, Du positivisme dans la science. 8°. Marseille, Camoin, 1873.
Seyfert, C. E. Vide: Sammlung socialdem. Lieder.
Seyffarth, L. F., Die Veranstalter der Eisenacher Versammlung vom 6. u. 7. Oct. 1872 in ihrem Gegensatze zur deutschen Grossindustrie. 8°. Crefeld 1872.
Seymour, Henry, 1. The two anarchisms. Leaf. 4°. 1895.
— 2. Anarchy: Theory and practice. 8°. London 1888.
— 3. The anarchy of love. 8°. London 1888.
— 4. Michel Bakounine. (Reprinted from the „Anarchist".) 8°. London 1888.
— 5. An examination of the Malthusian theory. 8°. 1889?
— 6. The monomaniacs: A fable in finance. (Reprinted from London „Liberty".) 8°. London, Free Currency tracts no. 1, 1885.
— 7. Philosophy of anarchism. 8°. London 1887. 2. edit. 8°. London 1888.
— 8. P. J. Proudhon. (Reprinted from the „Anarchist".) 8°. London 1888.
— Vide: Anarchist (The).
— — Free exchange (The).
— — Revolutionary Review (The).
Sfinge (La). La questione sociale. Parte 1: Il conflitto fra capitale e lavoro. 16°. San Remo, tip. G. B. Bianchieri, 1887.
Shaftesbury, Earl of, Speeches upon subjects relating to the claims and interests of the labouring classes. 8°. London 1868.
Shaw, George Bernard, 1. Anarchism versus statessocialism. 16°. London 1889. („Revolutionary Reprints", no. 1.)
— 2. Die Illusionen des Sozialismus. (Die Zeit, Nr. 108, Wien, 24. Oct. 1896; Nr. 109, 31. Oct. 1896.)
— 3. The impossibilities of anarchism. 8°. London, July 1893. („Fabian Tracts", no. 45.)
— 4. Het onmogelijke van het anarchisme. Uit het engelsch door H. Polak. 8°. Amsterdam 1894.
— 5. An unsocial socialist. 8°. London 1887.
Shaxby, W. J, An eight-hours day. The case against trade-union and legislative interference. 8°. London, „The Liberty Review" publ. Co., 1898.
Sheffield Anarchist (The). Journ. Sheffield, 28 Juny 1891 sq. 10 nos.

Shepard, E. M., The work of a social teacher being a memorial of Richard L. Dugdale. 8°. New York 1884.
Shepheard, A., Christianity and socialism examined, compared, and contrasted, as means for promoting human improvement and happiness. 12°. London 1840.
*****Shepherd** (The), a London weekly periodical. Aug. 30, 1834 — March 31, 1838. 4°. London.
Sherard, Rob. Harborough, 1. Alphonse Daudet on social problems. (The Humanitarian, vol. 7, 1895.)
— 2. Sir Walter Besant on social problems. An interview. (The Humanitarian, 1896, January.)
Sherwin, W. T., Memoirs of the life of Thomas Paine, with observations on his writings. 8°. Carlile 1819.
Shirley, Stephen, Our national sinews, or a word on, to and for the working classes. 12°. London 1854.
Shuttleworth, Sir James Kay, Thoughts and suggestions on certain social problems, contained chiefly in addresses to meetings of workmen in Lancashire. 8°. London 1873.
Siauve, Gust. (Evausy), Roubaix socialiste, ou Quatre ans de gestion municipale ouvrière (1892—1896). Nouv. édit. rev., corr. et compl. 8°. Lille, impr. Delory, 1896.
Sick, P., Krankenpflege und soziale Frage. Bei Eröffnung der Vorträge über Krankenpflege im Diakonissenhaus zu Stuttgart am 8. Jan. 1890 gesprochen. gr. 8°. Stuttgart, Steinkopf, 1890.
Sidgwick, H., The economic lessons of socialism. (Economic Journal, vol. 5, 1895.)
Siècle socialiste (Le), revue mensuelle, politique, philosophique et littéraire. No. 1, févr. 1893. 8°. Marseille, impr. Soullier.
Sieg und Freiheit. Lied. 8°. Verlag von A. Schierwater in Hamburg, s. a.
Sieg und Sorge der Christlich-Sozialen in Wien, von A. Tr. (Christl.-soz. Blätter, Jhrg. 8, 1895.)
Sieg (Der) der Sozialdemokraten oder die Idee Deutschlands als Republik von einem Parteifreunde. 8°. Magdeburg, Herm. Leuschner, März 1880.
Siegemund, R., Die individuelle und soziale Aufgabe der Erziehung und die Pädagogik der Sozialdemokratie. Vor-

trag. gr. 8°. Netzschkau, A. Stein, 1896.
Siegfried, Elend und Erlösung. Ein socialen Zeitgedicht. 8°. s. l. s. a.
Siegfried, Nik., Durch Atheismus zum Anarchismus. Ein lehrreiches Bild aus dem Universitätsleben der Gegenwart. 12°. Freiburg i. Br., Herder, 1895.
Siegfried, Paul, Die Bodenbesitzreform. (Die Gegenwart, Bd. 43, 1893.)
Siegmund, G., Preussen, seine Revolution und die Demokratie. 8°. Berlin 1849.
Sieyès, Em., 1. Qu'est ce que le tiers état? Mit histor.-biogr. Einleitung von F. Koppel. 8°. Dresden 1875.
— 2. Was ist der dritte Stand? (Polit. Schriften, I, 1796.)
Sieghieri, Ett., Corso di conferenze sulle associazioni operaio. 8°. Pisa 1892.
Siglo (El) da oro, par M. B. („Segundo Certamen socialista", Barcelona 1890, p. 229—237.)
Signatura temporis (von Heinr. Leo). 8°. Berlin 1848.
Signoret, A., De la nature de l'homme et des moyens d'améliorer sa condition. 12°. Paris 1849.
Signs of the time: 1) False democracy, by W. S. Lilly. 2) Sham education, by Prof. Mahaffy. 3) Trained workers for the poor, by Miss Octavia Hill. (Nineteenth Century, 1893, Jan.)
Simmel, Georg, 1. Der Frauenkongress und die Sozialdemokratie. (Die Zukunft, Bd. 17, 1896.)
— 2. Parerga zur Socialphilosophie. (Schmoller's Jahrb. f. Gesetzg., Jhrg. 18,₁, 1894.)
Simmer, J., La revolutie noodzakelijk? Voordracht gehouden 25 January 1893 in L'Union fraternelle. gr. 8°. Amsterdam, van Gerlinga, 1893.
Simmons, A., Words of warning to agricultural labourers and other workingmen. 8°. s. l. s. a.
Simon, Observations recueilies en Angleterre. 2 vols. 8°. Paris 1847.
Simon (Heinrich), Johann Jacoby und das Berliner Pressgericht 1866. 8°. Leipzig 1866.
Simon, Helene, 1. Der britische Gewerkschaftskongress in Perth. (Die Zeit, Nr. 143, Wien, 26. Juni 1897.)
— 2. Der Genossenschaftskongress in Woolwich. (Die Zeit, Nr. 91, Wien, 27. Juni 1896.)

Simon, Helene, 3. Beatrice Webb. (Die Zukunft, Bd. 21, 1897.)
Simon, J., La liberté sociale. 3. édit. 8°. Paris 1867.
Simonin, Amédée H., Synthèse sociale. Fin de l'enfer politique. Avènement du monde sociale, les trois fonctions primordiales de l'homme. 8°. Paris, impr. P. Dupont, 1894.
Simons, H., Opmerk aan de Nederl. socialdemocr. en soortgelijke wereldhervormers. 8°. Purm 1891.
Sincerus, „Christlich-sozial" oder Das Christenthum und die soziale Frage. 8°. München, M. Ernst, s. a.
Sind wir Sozialdemokraten? (Die Grenzboten, 1895,₁₄.)
Singer, J., Oesterreichische Kohlenstreiks in amtlicher Beleuchtung. (Die Zeit, Nr. 3, Wien, 20. Okt. 1894.)
Singer, Paul, Zum Bebel'schen Vorschlag. (Neue Zeit, Jhrg. 16,₁₁, 1897/98.)
Singer, Rud., 1. Ludwig Gall, der erste deutsche Sozialist. (Zeitschr. f. Volksw., Soz.-Pol. u. Verw., III, 1894.)
— 2. Das Recht auf Arbeit in geschichtlicher Darstellung. gr. 8°. Jena, G. Fischer, 1895.
Sinigaglia, Francesco, Reminiscenza di un sciopero in Belgio. 8°. Verona, tip. G. Civelli, 1881.
Siraudin. Vide: Claireville et Siraudin.
Sirven, Alfr. Vide: Chatiment (Le).
Sisyphus, Anarchistengesetze. (Die Gegenwart, Bd. 46, 1894.)
Sittengeschichte (Zur) der neuesten Philosophie: Max Stirner, der Einzige und sein Eigenthum. (Grenzboten, 1845,₁,.)
Situation (Notre) à St. Louis, éd. Bélnze. 8°. Paris 1857.
Situazione (La). (Napoli) 1867. 2 nos.? No. 2. 4 pp. 4°. s. l. s. a.
Sivieri, Emilio, Un anarchico ed un republicano. 16°. Londra 1891. (Biblioteca dell' „Associazione", no. 4.) „La Favilla", Mantova 1892.
Sjöborg, Ueber Volksdespotismus. Aus dem Lateinischen mit Anmerk. von Caesar. kl. 8°. Leipzig 1793.
Sketchley, Die sociale Bewegung in Grossbritannien. (Jahrb. f. Socialwiss., III, Zürich 1880.)
Skworzoff, A., Die Profitrate nach Marx und ihre Beziehungen zum Unternehmerzins und Leihzins. (Zeitschr. f. Staatswiss., Bd. 49, 1893.)

Slepsoff, N., Analyse du 3. livre du „Capital" de Marx. (Revue socialiste, 1898, 15 févr.)

Sloneux, 1. La grève de 1879 dans le Borinage. (Revue de Belgique, tome 34.)
— 2. Le socialisme dans le Borinage. (Revue de Belgique, 1879,₅.)

Slonimski, Ludw., Karl Marx' national-ökonomische Irrlehren. Eine kritische Studie. Uebersetzt und eingeleitet von Max Schapira. 8°. Berlin, J. Räde, 1897.

Small, Albion W., 1. The meaning of the social movement. (Americ. Journ. of sociology, vol. 3, 1897, Nov.)
— 2. Methodology of the social problem. (Americ. Journ. of sociology, vol. 4, 1898.)
— 3. Scholarship and social agitation. (Americ. Journ. of sociology, vol. 1, March 1896.)

Smalley, G. Washburn, Check on democracy in America. (Nineteenth Century, 1894, June.)

Smidt, J., Beiträge zur Förderung des Gemeinsinns und republikanischen Staatslebens. 8°. Bremen 1831.

Smith, Franklin, 1. Apostate democracy. (Popular science Monthly, 1898, March.)
— 2. Despotism of democracy. (Popular science Monthly, 1897, Aug.)

Smith, H. Llewellyn, and Nash, Vaughan, The story of the dockers strike. 8°. London 1889.

Smith, S., 1. The naturalisation of land. gr. 8°. London 1884.
— 2. On national progress and poverty. A lecture. 16 pp. 8°. London 1884.

Smyth, N., Social problems. Sermons to workingman. 8°. Boston 1885.

Snell, E. H. T., The principles of equity. 12. edit. by A. Brown. gr. 8°. London 1898.

Sociaal demokraat (De). Orgaan der sociaal-demokraat arbeiderspartij in Nederland. Utrecht en Rotterdam, année 1—3, 1896—1898. 234 nos.

Sociaal demokraat (De). Socialistisch orgaan voor de politicke aktie. Année 1, no. 1, 4 april 1894. Maastricht.

Sociaal-demokratie (De). Hare oorzak en betengeling. Populaire beschouwing door Hospes. 8°. Assen, H. Born, 1893.

Sociaal-Weekblad. Red. M. W. F. Treub. 1. an., 1887. 52 Nrn. 4°. Haarlem.
7. an., 1893.

Social democracy in Germany. Vide: Zürich (Von) nach London.

Social-Demokrat (Der). Organ des Allgemeinen Deutschen Arbeitervereins. Redigirt von J. B. von Hofstetten und J. B. von Schweitzer. Nr. 1, 15. Dec. 1864—1871, Berlin. (Nr. 1—78 in fol., ab Nr. 79 in 4°.)

*Socialdemokrat (Der). Zentralorgan der Socialdemokratie etc. Zürich u. London 1879—27. Sept. 1890.

Socialdemokrat (Der). Wochenblatt der socialdemokratischen Partei Deutschlands. Berlin. Jhrg. 1, Nr. 1, 3. Febr. 1894; Nr. 48, 27. Dec. 1894. Jhrg. 2, Nr. 1, 3. Jan. 1895; Nr. 52, 26. Dec. 1895. cpl.

Socialdemokrat (Der). Dramatisches Gedicht in 3 Abtheilungen. 8°. Nördling 1873.

„Social-Demokrat" (Der) und seine Helfershelfer. 8°. Genf, Jean Gérand, 1864.

„Socialdemokrat" (Wie man den) abonnirt. Flugblatt mit der Unterschrift: „Redaction und Expedition des Socialdemokrat."

Socialdemokraten (An die deutschen). Zwei Flugblätter, redigirt von L. v. Bornhorst. 8°. Braunschweig, W. Bracke jun., s. a.

Socialdemokraten (Die), was sie den Wählern versprechen und was sie wollen. (von Unruh.) 8°. Berlin 1876.

Socialdemokraten (Die) in Erfurt. (Grenzboten, 1891,₁₄.)

Socialdemokraten (Was versprechen die)? 3. Aufl. 8°. Stuttgart 1874.

Socialdemokraten (Die). 8°. Berlin 1876.

Socialdemokraten (Die) in ihrem eigenen Spiegel betrachtet. Zur Lehr und Warnung aller Gutdenkenden von einem Antisocialisten. 16°. Nördlingen, Th. Reichle, 1893.

Socialdemokraten (Was die) sind und was sie wollen? 8°. Hottingen-Zürich, A. Herter, s. a.

Socialdemokraten Berlins! Flugblatt mit der Unterschrift: „Vorwärts. Unser Losungswort sei Brod und Freiheit." 8°. Druckerei der socialdem. Propaganda, s. a.

Socialdemokratie (Die) im Beamtentum. (Grenzboten, 1898,₂.)

Socialdemokratie (Die bulgarische) und die Orientfrage. (Neue Zeit, Jhrg. 15, 1896/97.)

Socialdemokratie (Die deutsche) und der Bauernstand. (Monatsschr. f. christl. Socialreform., Jhrg. 17, 1895.)

Socialdemokratie (Die) und die Cholera. (Grenzboten, 1892,₂.)

Socialdemokratie und Flotte. (Grenzboten, 1898,₁.)

Socialdemokratie (Für und wider die). Von A. v. H. (Die Gegenwart, Bd. 41, 1892.)

Socialdemokratie (Die) und das Heer. (Grenzboten, 1894,₄.)

Socialdemokratie (Die) und der Kampf gegen die Stückarbeit. (Neue Zeit, Jhrg. 10, 1891/92.)

Socialdemokratie (Die) auf dem Lande und die evangelische Kirche. (Grenzboten, 1890,₁.)

Socialdemokratie (Die) und die öffentliche Meinung. (Grenzboten, 1890,₄.)

Socialdemokratie (Die) und die Militärvorlage. (Grenzboten, 1893,₁.)

Socialdemokratie (Die) und die hiesige Presse. Nebst Anhang: Programm der socialistischen Arbeiterpartei Deutschlands. 8°. Hottingen-Zürich, Genoss.-Buchdr., s. a.

Socialdemokratie (Die) auf dem Reichstage. I. Aufsatz von John Prince Smith. II. Rede des Dr. C. Braun. 8°. Berlin 1869.

Socialdemokratie (Die) vor dem Deutschen Reichstage. Heft 1: Entwurf eines Gesetzes gegen die gemeingefährlichen Bestrebungen der Socialdemokratie nebst Motiven und Anlagen. Heft 2: 1. Berathung des Gesetzentwurfes. Stenogr. Bericht der Verhandlungen des Deutschen Reichstages vom 16. u. 17. Sept. 1878. Heft 3 u. 4: 2. Berathung des Gesetzentwurfes. Stenogr. Bericht der Verhandlungen des Deutschen Reichstages vom 9.—16. Okt. 1878. Heft 5: 3. Berathung des Gesetzentwurfes. Stenogr. Bericht der Verhandlungen des Deutschen Reichstages vom 18.—19. Okt. 1878. 8°. Hamburg, Genoss.-Buchdr., 1878.

Socialdemokratie (Die) vor dem Deutschen Reichstage. Berathung der Denkschrift betreffend die Verhängung des kleinen Belagerungszustandes über Hamburg, Altona und Umgegend. Stenogr. Bericht der Verhandlungen des Deutschen Reichstages vom 30. u. 31. März 1881. (Heft 6.) 8°. Hamburg, Dietz, 1881.

Socialdemokratie (Die) vor dem Deutschen Reichstage. Berathung der Denkschrift betr. die Erneuerung der Verhängung des kleinen Belagerungszustandes über Berlin und Hamburg-Altona am Sonnabend den 31. Jan. 1885. Nach dem amtl. Stenogramm. 8°. Stuttgart, Dietz, 1885.

Socialdemokratie (Die) vor dem Deutschen Reichstage. Reichstagssitzung am 18. u. 19. Febr. 1886. Nach dem amtl. Stenogramm. Kleine Ausg. 8°. München, L. Viereck, 1886. (Sozialpolit. Zeit- u. Streitfr., Heft 26.)

Socialdemokratie (Die) vor dem Deutschen Reichstage. Erste Lesung des Socialisten-Gesetzes nach dem amtl. Stenogramm. Heft 1. Reichstagssitzung am Donnerstag den 20. März 1884. 8°. Stuttgart, Dietz, 1884.

Socialdemokratie (Die) und der deutsche Reichstag. Materialien zum Gebrauch für socialdemokratische Wähler. (Berliner Arbeiterbibliothek, Ser. 1, Heft 10.) 8°. Berlin 1889.

Socialdemokratie (Die) in den überwiegend katholischen Reichstagswahlkreisen. (Christl.-soz. Blätter, Jhrg. 26, 1893.)

Socialdemokratie (Die revolutionäre). 8°. London, Druck der socialdemokr. Gen.-Buchdr. „Freiheit", s. a.

Socialdemokratie (Die revolutionäre). Flugblatt. 8°. s. l. e. a.

Socialdemokratie (Die) am Scheidewege. Von A. v. H. (Die Gegenwart, Bd. 48, 1895.)

Socialdemokratie (Von der schwedischen). (Christl.-soz. Blätter, Jhrg. 29, 1896.)

Socialdemokratie (Die) und die Schweiz. (Grenzboten, 1888,₁.)

Socialdemokratie (Die) und der Staatssocialismus. (Grenzboten, 1892,₄.)

Socialdemokratie (Die) und die Studentenschaft. (Neue Zeit, Jhrg. 12, 1893/94.)

Socialdemokratie (Die) und die Wahlen. 8°. Berlin 1877.

Socialdemokratie (Die) eine Zuchtruthe Gottes. gr. 8°. Leipzig, Dörffling u. Franke, 1892.

Socialdemokratie (Die) und ihr Zukunftsstaat. Reichstags-Verhandlungen über die socialdemokratischen Ziele am

81. Jan., 3., 4., 6. u. 7. Febr. 1893. Mit einer geschichtl. Einleitung. 8⁰. Berlin, Ullstein, 1893.

Sozialdemokratisches. Der sozialdemokratische Arbeiterverein zu Mainz fordert alle Parteigenossen auf, für die weiteste Verbreitung der nachfolgenden Urkunden Sorge zu tragen. 8⁰. Mainz, Gottsleben, 1870.
1) Manifest an die landwirtschaftliche Bevölkerung. 2) Aufruf der besitzlosen Handarbeiter an ihre Leidensgefährten, die besitzlosen Kopfarbeiter. 3) Nationalökonomisches, ein Vortrag von J. Dietzgen. 4) Das Ziel der Arbeiterbewegung, eine Rede von Dr. Joh. Jacoby.

Sociale (La). Journ. politique quotidien du soir. grand format. 48 nos. du vendredi 31 mars 1871 (10 germinal an 79) au mercredi 17 mai (27 floréal). Paris.

Sociale (La). Paris, 11 mai 1895—18 oct. 1896. 76 nos. 1 placard in fol. publié en 1895. Suivi de „Le Père Peinard", 25 oct. 1896 sq.

Sociale (La). pet. 8⁰. Abbeville, Paillart, s. a. (1898). (Bibliothèque de l'ouvrier, no. 1.)

Social hymns, for the use of the friends of a rational system of society. 16⁰. Salford 1838. 2. edit. 8⁰. Leeds, printed and published for the central board of the „universal community society of rational religionists" by J. Hobson. 1840.

Socialism, labour and capital, being the second number of „Subjects of the day". 8⁰. London 1890.
Contents: Prescientific socialism and scientific socialism, by Rev. M. Kaufmann; Socialism and land, by Prof. Th. Rogers; Socialism and labour, by Prof. Th. Rogers; Cooperation and socialism, by Holyoake; Trade-unions policy and social work, force or conciliation in labour disputes, by Charles Bradlough; Socialism and nihilism, by Stepniac; German and French labour movements, by Sonnelson; Social problems in the United States, by Rev. W. Gladden; Appendix, Bibliography and Index.

Socialism examined. Report of a public discussion which took place at Huddersfield ... on 13., 14. and 15. Dec. 1837, between the Rev. T. Dalton and Mr. Lloyd Jones upon „The fundamental facts and the twenty laws of human nature", as found in the book of the New Moral World, written by R. Owen, Esq. 8⁰. Manchester 1838.

Socialism or protection: Which is it to be? a question for the classes and the masses, by M. H. 8⁰. London, Leadenhall Press, 1894.

Socialism. Speech of the Right Reverend the Lord Bishop of Exeter on socialism. 8⁰. London, Walter and Co., Jan. 1840.

Socialism and its advocates, a letter from J. Barker of America, with the Reply of the editor of the Reasoner. 12⁰. London 1853.

Socialism (German) of today. (Gunton's Magazine, 1896, April.)

Socialisme (Du). Amélioration immédiate du sort des ouvriers par l'association. 8⁰. Bruxelles, impr. de Ch. Vanderauwera, 1849.

Socialisme chrétien (Du), et spécialement du salaire; par A. de S. 8⁰. Aix, impr. Nicot, 1896.

Socialisme (Le). Voilà l'ennemi. 8⁰. Abbeville, libr. Paillart, 1896.

Socialisme (Le): ce qu'il faut en prendre et ce qu'on doit en laisser, par J. M. 8⁰. Bruxelles, Lebègue, 1895.

Socialisme (Le) en Chine. (Almanach de la question sociale pour 1894.)

Socialisme (Le) par la coopération. (Coopérateurs belges, 1893, 1. janv.)

Socialisme (Le) et les étudiants. 16⁰. Paris, impr. Allemane, 1894.

Socialisme (Le) et les livres saints. 8⁰. Montreuil-sur-mer, impr. Notre-Dame des prés, 1892.

Socialisme (Le) devant l'opportunisme, brochure éditée par le parti ouvrier de Tourcoing, en réponse aux discours prononcés à la réunion opportuniste du Casino (octobre 1897). 16⁰. Roubaix, impr. Lobel, 1897.

Socialisme paternel et esprit nouveau. Par un ouvrier mégissier (Aimé Dessus). 8⁰. Lyon, impr. populaire, 1896.

Socialisme (Le) progressif. Revue des idées sociales et des faits économiques. No. 1 et 2, 1. et 15 janv. 1878. Lugano, impr. Veladinie et Co.

Socialisme (Le) rationnel, ou association universelle des amis de l'humanité. 8⁰. Paris s. a.

Socialisme (Le) en 1850. Lettres sur les réunions élector. du parti socialiste. 16⁰. Paris 1850.

Socialisme et sexualisme. Programme du parti socialiste féminin. 16⁰. Paris, impr. Beaudelot, 1893. (Bibliothèque de l'harmonie sociale.)

Socialismo (Il) giudicato da letterati, artisti e scienziati italiani, con prefazione di G. Macchi. 16°. Milano, tip. C. Aliprandi, 1895.

Socialismo (El). Journ. Cádiz 1886—1891.

Socialismo (El). Journ. Guanabacoa 1890—91.

Socialismo anárquico. Como se puede restituir á la comunidad la paz, la equidad, la justicia y la libertad. Biblioteca de „El Despertar". Publicado por el grupo „Derecho á la Vida". Traducido del inglés, Brooklyn, s. a. (Tiré du „Despartar", 1. juin 1893 sq.)

Socialismo: articolo. (E. Demolins.) (Estr. dalla „Rassegna nazionale" e dalla „Scienza sociale".) 24°. Voghera 1893.

Socialismo (Il) in Italia par A(gostino) P(istolesi). („L'Avvenire", Modena, 1. juin 1878 sq.)

Socialismo (El) en España. (La Administracion, 1896, oct.)

Socialismus (Chinesischer) und Kommunismus. Von —a. (Magazin f. Litteratur des Auslandes, 1855, Nr. 120/121.)

Socialismus und Christentum. Zwei populäre Vorträge. 8°. Würzburg 1878.

Socialismus und Deportation. (Grenzboten, 1878,₂.)

Socialismus (Der) in Deutschland. (Die Gegenwart, VII, 1852.)

Socialismus (Der) nach der Encyklika Leo's XIII. über die Arbeiterfrage. (Christl.-soz. Blätter, Jhrg. 30, 1897.)

Socialismus (Der) in England, geschildert von englischen Socialisten. Herausgegeben von Sidney Webb. Deutsche Originalausgabe besorgt von Dr. Hans Kurella. 8°. Göttingen, Vandenhoeck u. Ruprecht, 1898.

Socialismus und Erziehung. (Grenzboten, 1890,₁.)

Socialismus (Der) als Feind der Religion und die Volksschule. Ein Wort zur Klärung. Von A. P. 8°. Berlin, Harnisch, 1892.

Socialismus (Der) in Frankreich vor der grossen Revolution. (Neue Zeit, Jhrg. 11, 1892/93.)

Socialismus (Der) in Frankreich. (Christl.-soz. Blätter, Jhrg. 31, 1898.)

Socialismus (Der) der Gebildeten. (Grenzboten, 1894,₁₃.)

Socialismus (Der) und seine Gönner. (Treitschke's neueste Schrift.) (Grenzboten, 1875,₂.)

Socialismus (Der) und die unabhängige Moral (nach einem Vortrage des Pater Cathrein). Zur Beschränkung des Hausirhandels, der Abzahlungsgeschäfte und schwindelhafter Reclame. (Christl.-soz. Blätter, Jhrg. 26, 1893.)

Socialismus (Der russische). (Magazin für die Litteratur des Auslandes, 1862, Nr. 15.)

Socialismus (Der russische). (Grenzboten, 1896,₂.)

Socialismus (Der) in Russisch-Polen, von Dr. F. (Deutsche Worte, Jhrg. 18, 1898.)

Socialismus und Socialdemokratie. (Grenzboten, 1892,₂.)

Socialismus und Socialdemokratie. (Grenzboten, 1894,₂.)

Socialismus (Der) in den Vereinigten Staaten. (Kritische Blätter, 1848.)

Socialismus (Wird der) siegen? Ein Ueberblick der Erscheinungen, welche das Kommende verkünden. gr. 8°. Köln (Leipzig, Leipziger Volksbuchh.) 1893.

Socialist. Zeitschr. Pest, Jänner-Mai 1882. 5 nos.

Socialist (Der). Zeitschr. Berlin, 15. Nov. 1891—12. Jänner 1895. — Neue Serie, 17. Aug. 1895 sq.

Socialist (Der). Centralorgan der socialistischen Arbeiterpartei Oesterreichs. 8°. Wien, Stephan Kohl u. Genossen, 1878.

Socialist (Ein amerikanischer). (Grenzboten, 1892,₄.)

Socialist (De), orgaan der Leuvensche Werkliedenparty. Louvain 1892.

Socialist (The); a tale of philosophical religion. 12°. Leeds 1839.

Socialista (Il). Giorn. Cosenza, Calabria, 1878. 2 nos.

Socialista (Il). Giorn. Buenos-Aires 1887. 8 nos.

Socialista (Il). Giorn. Montevideo, 18 agosto 1889 sq.

Socialiste (Le), organe de la Fédération des sections parisiennes de l'Internationale. 2 nos. Neuchâtel, 11 juin 1870 sq.

Socialiste aixois, organe du mandat impératif. Année 1, no. 1, 29 avril 1896. 4°. Aix, impr. spécial.

Socialiste de l'Allier, organe de concen-

tration des forces socialistes. Année 1, no. 1, 5 janv. 1895. fol. Montluçon.
Socialiste de la banlieue parisienne. No. 1, 3 févr. 1894. fol. Lille, impr. Delory.
Socialiste du Centre, organe du parti ouvrier de la région, paraissant tous les mercredis. Année 1, no. 1, 22 nov. 1893. fol. Saint-Amand, impr. du Socialiste du Centre.
Socialiste du Midi (Le), organe des socialistes collectivistes de Toulouse et de la région. Année 1, no. 1, 13 janv. 1894. fol. Toulouse, impr. du Socialiste du Midi.
Socialiste de l'Ouest, organe des travailleurs de Normandie et de Bretagne, paraît le samedi. Année 1, no. 1, 28 sept. 1895. fol. Cherbourg, impr. Chauvin.
Socialiste (Le) de l'Ouest et du Centre. Paraissant le dimanche. Année 1, no. 1, 6 août 1893. fol. Tours, impr. Juliot.
Socialiste (Le petit) nîmois. Organe des revendications sociales, paraissant le jeudi et le dimanche. Année 1, no. 1, 27 août 1893. fol. Nîmes, impr. Teissier et Sablet.
Socialiste (Le) patriote, organe du parti républicain socialiste français, paraissant tous les dimanches. Année 1, no. 1, 17 juillet 1898. fol. Marseille, impr. Combes et Co.
Socialiste roannais (Le). Journal hebdomadaire, paraissant le samedi. Année 1, no. 1, 6 août 1893. fol. Lyon, impr. Caffer.
Socialiste du XIX., organe indépendant pour la défense du prolétariat, paraissant tous les mois. Année 1, no. 1, 7 juin 1897. 4°. Paris, impr. Fèvre.
Socialiste de Toulouse et de la région, journal républicain des revendications sociales, paraît tous les samedis. Année 1, no. 1, 22 août 1896. fol. Toulouse, impr. spéciale du Socialiste.
Socialiste (Petit) du Var, organe des revendications prolétariennes. Année 1, no. 1, 15 juin 1895. 4°. Saint-Raphaël, impr. spéciale du Petit Socialiste.
Socialisten (Die österreichischen). (Grenzboten, 1875,4.)
Socialisten (An die deutschen). Flugblatt, gedruckt in der socialdemokr. Genoss.-Buchdr. „Freiheit" in London, Sept. 1880.

Socialisten (An die deutschen) und socialistischen Vereine im Auslande. Flugblatt der socialistischen Arbeiterpartei Deutschlands mit der Unterschrift: „Zürich, den 14. Sept. 1880. Mit socialdemokrat. Gruss. Die auswärtige Verkehrsstelle. Walther."
Socialisten (Die) im bayerischen Landtag. (Die Gegenwart, Bd. 44, 1893.)
Socialistendrusch (Der) im Reichstage. (Die Zukunft, Bd. 2, 1893.)
Socialistengesetz. Entwurf eines Gesetzes gegen die gemeingefährlichen Bestrebungen der Socialdemokratie. Mit Motiven und Bericht an die 4. Commission. gr. 4°. Berlin 1878.
Socialistengesetz (Das neue) vor dem Deutschen Reichstage. Erste, zweite und dritte Berathung des Gesetzentwurfes betreffend die Verlängerung des Gesetzes gegen die gemeingefährlichen Bestrebungen der Socialdemokratie (6. März, 17. u. 19. April und 4. Mai 1880). 5 Hefte. Leipzig 1880.
Socialistengesetz (Das) und die Rückkehr zum gemeinen Recht. (Grenzboten, 1888,1.)
Socialistengesetz (Das) und die nationalliberale Partei. (Grenzboten, 1889,4.)
Socialistengesetz (Zum). (Grenzboten, 1885,4.)
Socialistengesetz (Noch einmal das). (Grenzboten, 1890,2.)
Socialistengesetze. (Die Zukunft, Bd. 8, 1894.)
Socialistenkongress (Vom internationalen) in Zürich. (Christl.-soz. Blätter, Jhrg. 26, 1893.)
Socialistentag (Ein italienischer) am 8. September zu Reggio d'Emilia. (Christl.-soz. Blätter, Jhrg. 26, 1893.)
Socialistentödter (Ein). (Neue Zeit, Jhrg. 10, 1891/92.)
Socialistes? .... pourquoi pas? 8°. Clermont, impr. Malleval, 1897.
Socialist Party (The) in France. (North British Review, 1849, February.)
Socialists (The) in Germany. (The Economist, Sept. 14, 1895.)
Socializzazione (La) della proprietà. Appunti dal E. M. 8°. Alessandria, tip. sociale, 1889.
Sociallehren (Die) der Encyklika „Sapientiae christianae". (Christl.-soz. Blätter, Jhrg. 23, 1890.)

Social pressure. 8°. London 1875.

Social revolution (The). 8°. Sheffield, Aug. 1895. (From „The Anarchist".)

Società (Le) operaie di Torino e del Piemonte: Sunto storico dal 1850 al 1865. 8°. Roma, tip. Elzeviriana, 1883.

Società (Le) operaie: dialoghi. 16°. Varese, tip. Macchi e Brusa, 1884.

Sociétaire, organe de la science de l'association et du socialisme expérimental. Année 1, no. spéc., 7 mars 1897. fol. Paris, impr. Noizette.

Société nationale d'encouragement des travailleurs industriels. Statuts. 8°. Paris, au siège de la société, 1871.

Société (La) nouvelle, revue mensuelle. Bruxelles, 20 nov. 1884 sq.

Société nouvelle, organe de propagande et de lutte du parti socialiste dans l'Oise, paraissant une fois par semaine. Année 1, no. 1, juin 1895. fol. Breteuil, impr. Hocbard.

Sociologia (La) anarchica nella formula libertà e associazione, in risposta alla sociologia mazziniana pubblicata dall'„Emancipazione". 16°. Livorno 1892.

Soden, von, Die sociale Wirksamkeit des im Amte stehenden Geistlichen, ihr Recht und ihre Grenzen. Vortrag, geh. auf dem 7. evangelisch-socialen Congress zu Stuttgart. gr. 8°. Berlin, K. G. Wiegandt, 1896.

Söderblom, Nathan, Die Religion und die soziale Entwickelung. Vortrag. gr. 8°. Freiburg i. Br., Herder, 1898.

Soderini, Ed., 1. Socialism and catholicism, from the Italian by R. Jenery-Shee, with a preface by Cardinal Vaughan. 12°. New York, Longmans, Green and Co., 1896. 8°. London, Longmans, 1896.

— 2. Socialisme et catholicisme. Traduit de l'italien par le chanoine Le Monnier. 8°. Lille, Desclée, de Brouwer et Co., 1897.

— 3. Socialismo e cattolicismo, con documenti. 12°. Roma, tip. dell' Unione cooperativa editr., 1896.

Sohm, Rud., Die socialen Pflichten der Gebildeten. Vortrag. (Socialwissensch. Vereinigung, Heft 1.) gr. 8°. Leipzig, 1896.

Sohm, Rud., u. Lorenz, Max, Der Arbeiterstand und die Sozialdemokratie. 2 Reden. 1. u. 2. Aufl. gr. 8°. Leipzig, R. Werther, 1896.

Sohnrey, H., 1. Unsere Aufgabe auf dem Gebiete des Volksthums in Hinblick auf den Zug vom Lande und die soziale Revolution. (Das Land, II_{6}, 1. Dec. 1893.)

— 2. Der Zug vom Lande und die soziale Revolution. gr. 8°. Leipzig, R. Werther, 1894.

Sole (Il) dell' avvenire. Giorn. Ancona 1884. Numero unico.

Solidaridad (La). Journ. Madrid, janv. 1870 sq.

Solidaridad (La). Journ. Sévilla, 19 août 1886—89. Suivi de „La Alarma", ibid. 1889—91.

Solidarité (La), journal des principes, par Ch. Fauvety. T. 1 et 2. Paris, libr. des scienc. soc., s. a. T. 3. Bruxelles, impr. Vve. Parent et fils, 1869; Paris, Ch. Fauvety.
Année 1, 12 nos. (no. 12: 1. nov. 1867).
Année 2, 12 nos. (1. déc. 1867—1. nov. 1868).
Année 3, 22 nos. (1. déc. 1868—1. déc. 1869).

Solidarité (La). Neuchâtel, 11 avril— 3 sept. 1870, 22 nos. Nouv. série. Genève, 28 mars—12 mai 1871, 4 nos.

Solidarité (La) révolutionnaire, organe socialiste-révolutionnaire. Anarchie, collectivisme, matérialisme, par Paul Brousse, Charles Alerini, Camille Camet. 10 nos. Barcelona, du 10 juin au 1. sept. 1873.

Solidarity. Journ. New York, 18 Juni 1892—1893, 22 nos. New series 15 Febr.—15 April 1895, 8 nos.

Solimani, A., Il socialismo nella costituzione spartana. (Rassegna nazionale, 1893, 1. dic.)

Solitaire (Le). Le droit au capital ou testament du XIX. siècle. 8°. Paris 1886.

Solitaire (Le). Les fauteurs de la Commune. MM. Thiers et Louis Blanc. 8°. Paris 1887.

Solitaire (Le). L'impôt et la question sociale. 8°. Paris 1887.

Solms, Mme. Marie de, Lettres d'une provinciale à un grand seigneur sur l'organisation du travail et les ouvrages des écrivains socialistes. Quelques questions mises à la portée des femmes par une femme. 8°. Genève, impr. Vaney, 1858.

Soloweitschik, L., Un prolétariat méconnu. Étude sur la situation sociale et économique des ouvriers juifs. 8°. Paris, F. Alcan, 1898.

Soltyk-Romansky, Erwiderung auf die Sturmglocke der Revolutionäre. Aus dem Russischen. 2 Bl. 8°. Lemberg 1886.

Solution du problème sociale. 8°. s. l. s. a. (Paris 1848.)

Solution du problème sociale. De l'intérêt. De son illégitimité. De sa cause jusqu'ici ignorée. De ses effets sociaux et politiques. De sa suppression. Résumé. 27 pp. 8°. Aix, impr. Pust, 1878.

Solution pacifique de la question sociale; par M. L. X., ancien député. 8°. Paris, Dentu, 1896.

Soluzione della questione sociale per la scoperta d'un popolano. 16°. Genova, tip. di Luigi Sambolini e Figlio, 1889.

Sombart, Werner, 1. Friedrich Engels. (Die Zukunft, Bd. 13, 1895.)
— 2. Friedrich Engels (1820—1895). Ein Blatt zur Entwickelungsgeschichte des Sozialismus. (Aus: „Die Zukunft".) gr. 8°. Berlin, O. Häring, 1895.
— 3. Friedrich Engels und die soziale Bewegung. (Die Zukunft, Bd. 13, 1895.)
— 4. Friedrich Engels und der Marxismus. (Die Zukunft, Bd. 13, 1895.)
— 5. Zur Kritik des ökonomischen Systems von Karl Marx. (Archiv f. sociale Gesetzgebung, Bd. 7, 1894.)
— 6. Socialism and the social movement in the 19. century, with a chronicle of the social movement 1750—1896, trad. by A. P. Atterbury, with introduct. by J. B. Clark. 12°. New York, G. P. Putnam's Sons, 1898.
— 7. Le socialisme et le mouvement social au XIX. siècle. 18°. Paris, Giard et Brière, 1898. (Bibliothèque socialiste internationale.)
— 8. Sozialismus und soziale Bewegung im 19. Jahrhundert. Nebst einem Anhang: Chronik der sozialen Bewegung von 1750—1896. 8°. Jena, G. Fischer, 1896. 3.—12. Tausend. Volksausgabe. gr. 8°. Jena 1897. (Ebenso in Schweiz. Blätter f. Wirtsch.- u. Soc.-Pol., Jhrg. 5, 1897, und in: Ethisch-socialwiss. Vortragskurse, Lfg. 13—16, gr. 8°, Bern 1897.)
— 9. Der gegenwärtige Stand der italienischen Arbeiterbewegung. (Socialpol. Zentralbl., I, 1892.)
— 10. Studien zur Entwicklungsgeschichte des italienischen Proletariats. (Arch. f. soc. Gesetzg., Bd. 6, 1893; Bd. 8, 1895.)

Somerard, E., Histoire du travail. 8°. Paris 1867.

Sommer, F., Petersburg bei Tag und Nacht, oder Russische Zustände. 8°. Selbstverl. d. Verf., Druck von Eugen Lilienfeld in Breslau, s. a.

Sommer, Hugo, Die positive Philosophie August Comte's. (Samml. gemeinverst. wissensch. Vorträge, hrsg. v. Virchow u. Holtzendorff, Heft 480, 1886.)

Sommerfeldt, Gust., Nationalstaat oder Demokratie? Ueber das Woher und Wohin der Reichspartei am Ende des 19. Jahrhunderts. gr. 8°. Königsberg, B. Teichert, 1895.

Sommerlad, Theo, Bauernkrieg. (Handwörterb. d. Staatswiss., Supplbd. 2, 1897.)

Sopp, Die Bedeutung und Aufgaben der evangelischen Arbeitervereine. 8°. Bochum 1887.

Sorel, Essai sur la philosophie de Proudhon. (Revue philosophique, Paris 1892.)

Sorel, Albert, La politique de Robespierre. (Revue des deux mondes, 1889, 15 août.)

Sorel, G., 1. L'avenir socialiste des syndicats. (Extrait de l'Humanité nouvelle, 1898, mars.) 8°. Paris, libr. de l'Art social, 1898.)
— 2. Nuovi contributi alla teoria Marxistica del valore. (Giorn. degli Economisti, 1898, luglio.)
— 3. Pro e contro il socialismo (per Saverio Merlino). Discussion doctrinale. (Devenir social, III, 1897.)
— 4. Sur la théorie marxiste de la valeur. (Journ. d. Écon om., 1897, mai.)

Sorge, F. A., 1. Die Arbeiterbewegung in den Vereinigten Staaten 1877—1885. (Neue Zeit, Jhrg. 10, 1891/92.)
— 2. Die Arbeiterbewegung in den Vereinigten Staaten. (Neue Zeit, Jhrg. 13, 1894/95.)
— 3. Die Arbeiterbewegung in den Vereinigten Staaten. (Neue Zeit, Jhrg. 14, 1895/96.)
— 4. Die Jahreskonventionen der Arbeitsritter und der amerikanischen Arbeiterföderation. (Neue Zeit, Jhrg. 13, 1894/95.)
— 5. Aus den Vereinigten Staaten. (Neue Zeit, Jhrg. 15, 1897/98.)

Sorger, H., Heilsames und Gefährliches in der Sozialdemokratie, sowie derselben Aussicht für die Zukunft. 8°. Bremerhaven, Vangerow, s. a.

Soria, Ruche à espacement et sa culture. 8°. Paris 1847.

Sormani, G., L'igiene pubblica ed il socialismo. (Rivista della beneficenza pubbl., anno 21, 1893.)
Sort réservé (Le) aux empereurs et rois, par un socialiste. 8°. Bruxelles 1878.
Sotheran, C., Horace Greeley and other pioneers of socialism. 12°. New York, The Humboldt Publication Co., 1892.
Souetre, Olivier, La cité de l'égalité. .8°. Paris, Le Roy, 1896. (Bibliothèque d'avant-garde ouvrière.)
Souplet, C., Des applications diverses et des progrès de l'association ouvrière. (Société acad. des scienc., arts, belles-lettres etc. de Saint Quentin, série 3, tome 6, 1866.)
Sous la Commune. 8°. Paris 1872.
Souteneurs (Les) de la Commune. Prussiens et Bonaparte. 8°. Paris 1871.
Southcott, Joanna, Answer to Th. Paine's third part of the „Age of reasons". 8°. London 1812.
Souvenirs d'un garde national pendant le siège de Paris et sous la Commune par un volontaire suisse. 8°. Neuchâtel, libr. générale de J. Sandoz, 1871.
Souvenirs d'une fille du peuple, ou la Saint-Simonienne en Egypte 1834 à 1836 (par Mme. Suzanne Volquin). 8°. Paris 1866.
Souverain (Le), journal socialiste quotidien. Année 1, no. 1, 3 mars 1894. fol. Toulouse. impr. Duclos.
Souveraineté (La) du Peuple. Journal des idées sociales. Rédacteur en chef: Auguste Petit. petit format. N'eut qu'un numéro, sans date (mai 1871). Paris.
Souveraineté (La) du peuple et le principe de la nationalité. 8°. Bruxelles 1863.
Sozial. Vide: Social.
Spaggiari, Pietro, Il lavoro: opuscoletto morale. 16°. Parma 1874.
Specht, Fritz, Die ältesten Umsturzparteien. (Fragen des öffentlichen Lebens, Jbrg. 2, Heft 1.) gr. 8°. Berlin 1897.
Spectateur (Le) politique, scientifique et littéraire. grand format. 3 nos. du mercredi 10 mai au vendredi 12 mai 1871 (Paris).
Spedalieri, Nicola, De' diritti dell' uomo, libri VI. Ne' quali si dimostra che la più sicura custode de' medesimi nella società civile è la religione cristiana, e che però l'unico progetto utile alle presenti circostanze è di far rifiorire ersa religione. 2 vol. 8°. Venezia 1797.
Spence, Thomas, 1. The meridian sun of liberty; or the whole rights of man displayed and most accurately defined. London 1796.
— 2. The rights of man, as exhibited in a lecture, read at the Philosophical Society, in Newcastle, to which is now first added an interesting conversation (8 Nov. 1775). 4. edit. 8°. London 1793.
Spencer, Herbert, 1. L'individu contre l'État. Trad. de l'anglais par J. Gerschel. 18°. Paris, Alcan, 1885.
— 2. L'individuo e lo Stato. Traduz. di S. Fortini-Sansarelli, con prefazione di G. Barzellotti. 16°. Città di Castello 1885.
— 3. The man versus the state. 8°. London, Williams, 1884.
— 4. De Mensch tegenover den Staat. 8°. La Haye 1886.
— 5. The sins of legislators. (Contemporary Review, 1884, May—Juny.)
— 6. The great political superstition. (Contemporary Review, 1884, July.)
— 7. What is social evolution? (Nineteenth Century, 1898, Sept., and Political Science Quarterly, 1898, Nov.)
Sperber, Otto v., Die socialpolitischen Ideen Alexander Herzens. gr. 8°. Leipzig, Duncker u. Humblot, 1894.
Sperimentale (Lo). Giorn. Brescia, mai 1886 sq.; unito con „l'Humanitas", Napoli, 23 janv. 1887 sq. 23 nos. et 1 no. clandestin en 1889.
Spiegelberg, Wilh., Arbeiter und Arbeiterbewegung im Pharaonenreich unter den Ramessiden (ca. 1400—1100 v. Chr.). Eine kulturgeschichtl. Skizze. gr. 8°. Strassburg, K. J. Trübner's Verl., 1895.
Spielberg, Otto, Die Menschenrechte. 8°. Zürich 1888.
Spielhagen, Frdr., Das Umsturzgesetz und die Dichtung. (Die Zukunft, Bd. 10, 1895.)
Spies, A., Autobiography; his speech in Court, notes, letters etc. 8°. Chicago s. a. (1887).
Spiessbürger, Abr. Vide: Notenblätter.
Spindler, Will., Allerlei Gereimtes und Ungereimtes. 8°. Berlin, Elwin Staude, 1873.
Splittgerber, W. Vide: Schlaraffenland (In's) mit der Sozialdemokratie.

Spooner, Lysander, 1. A new banking system. 1873.
— 2. Gold and silver as standards of value: the flagrant cheat in repared to them. (Reprinted from the „Radical Review".) 8°. Boston 1878.
— 3. Illegality of the trial of John Webster. 16°. Boston 1850.
— 4. Free polititical institutions: their nature, essence and maintenance. An abridgement and rearrangement of Spooner's „Trial by Jury", edited by Victor Yarros. 8°. Boston 1890.
— 5. Natural law, or, the science of justice. A treatise on natural law, natural justice, natural rights, natural liberty and natural society, showing that all legislation whatsoever is an absurdity, a usurpation, a crime. 1 part. 8°. Boston 1882.
— 6. The law of intellectual property, or, an essay on the right of authors and inventors to a perpetual property in their ideas. 8°. Boston 1856.
— 7. The law of prices: a demonstration of the necessity for an indefinite increase of money. 8°. Boston 1877.
— 8. A letter to Thomas F. Bayard. Challenging his right — and that of all the other so-called senators and representatives in congress — to exercise any legislative power whatever over the people of the United States. 8°. Boston 1882.
— 9. A letter to Grover Cleveland on his false inaugural address, the usurpations and crimes of lawmakers and judges, and the consequent poverty, ignorance and servitude of the people. 1886.
— 10. A letter to scientists and inventors on the science of justice and their right of perpetual property in their discoveries and inventions. 1884.
— 11. Revolution; the only remedy for the oppressed classes of Ireland, England and the other parts of the British Empire. No. 1. A Reply to „Dunraven". 1880.
— 12. A new system of paper currency. 1861.
— 13. No treason. 6 broch. 1867—70.
— 14. Universal wealth, shown to be easily attainable. 8°. Boston 1879.
Springer, Robert, August Comte und die französischen Positivisten. (Deutsche Jahrb. f. Politik u. Literatur, Bd. 13, 1864.)
Staat (Der) und die Arbeiterfrage nach der Encyklika Leo's XIII. (Christl.-soz. Blätter, Jhrg. 30, 1897.)
Staat (Der) von Schlaraffenland. 8°. s. l. s. a.
Staatskirche (Die) und das Volkselend. Pastorenbriefe, hrsg. von A. M. 8°. Zürich, Verlags-Magazin, 1897.
Staatsromane. (Deutsche Rundschau, Bd. 71, 1892.)
Staatsromane und Gesellschaftsideale. (Monatsschrift f. christl. Sozialreform, Jhrg. 19, 1897.)
Stackelberg, F., 1. La donna e il socialismo. 16°. Padova 1893. (Biblioteca di propaganda del circolo studi sociali di Padova, no. 1.)
— 2. La femme et la révolution. 8°. Paris, L. Baillière et H. Messager, 1883.
— 3. Die Frau und die Revolution. Lichtstreifen auf Ehe und Familie. 8°. Paris, L. Baillière et H. Messager, 1884. (Identisch mit des Autors: Sozialrevolutionäre Lichtstreifen über Ehe und Familie.)
— 4. Socialrevolutionäre Lichtstreifen über Ehe und Familie. 8°. Nice, impr. des Alpes-maritimes, 1883. (Identisch mit des Autors: Die Frau und die Revolution.)
Stael-Holstein, A. v., Ueber Lassalle's Theorien in der Arbeiterfrage. 8°. Freiburg 1870.
Stagnitta, Balistreri Santi, La questione operaia ed il modo di risolverla. 16°. Firenze 1892.
Stahl, Fr. J., Was ist die Revolution. 8°. Berlin 1852.
Stahl, W., Die Bedeutung der Arbeiterassoziationen in Vergangenheit und Gegenwart. 4°. Giessen 1867.
Stalmann, B., Die soziale Frage in der Predigt. Konvents-Vortrag. (Sammlung theol. u. soz. Reden u. Abhandl., Ser. 3, Lfg. 7.) 8°. Leipzig. Wallmann, 1892.
Stamm, A. Theod., Blicke auf das Volkselend und die Volksstreblichkeit der deutschen Reichshauptstadt. (Sep.-Abdr. aus den Nrn. 38—43 der „Berliner Freien Presse".) 8°. Berlin, Allgem. Deutsche Assoc.-Buchdr.. s. a.
Stamm, Ferd., Geschichte der Arbeit. gr. 8°. Wien 1871. 2. Aufl. gr. 8°. Wien, Kirsch, 1876.
Stammbaum des modernen Sozialismus.

(Grosse Tafel mit einem Heft Erläuterungen.) Stuttgart, Dietz, s. a. (1896).

Stammhammer, Jos., Bibliographie des Socialismus und Communismus. Lex.-8°. Jena, G. Fischer, 1893.

Stammler, Rud., 1. Die Theorie des Anarchismus. gr. 8°. Berlin, O. Haering, 1894.

— 2. Die Theorie des Anarchismus. (Die Zukunft, Bd. 6, 1894.)

— 3. Utopien. (Deutsche Rundschau, Bd. 70, 1892.)

— 4. Wirtschaft und Recht nach der materialistischen Geschichtsauffassung. Eine sozialphilosophische Untersuchung. gr. 8°. Leipzig, Veit u. Co., 1895.

Stand (Der gegenwärtige) der Arbeiterbewegung. (Grenzboten, 1891, $_{1, 2}$.)

Stand (Der) der Arbeiterbewegung. (Grenzboten, 1892,$_1$.)

Stand (Ueber den) der sozialdemokratischen Gewerkschaftsbewegung. (Christl.-soz. Blätter, Jhrg. 25, 1892.)

Stand (Der) der sozialdemokratischen Partei in Deutschland. (Schweizer. Blätter f. Wirtsch.- u. Soz.-Pol., Jhrg. 2, 1894.)

Stanton, V. H., Christianity and social duty. (Economic Review, vol. 3, 1893.)

Stapleton, Th., Histoire de Thomas More, grand chancelier d'Angleterre sous Henri VIII, traduite du latin par M. Alexandre Martin, auteur de l'histoire de Saint Charles Boromée, avec une introduction, des notes et commentaires par M. Audin, auteur des histoires de Luther, Calvin, Henri VIII etc. 8°. Paris, L. Maison, 1849.

Starcke, C. N., Die primitive Familie in ihrer Entstehung und Entwickelung dargestellt. 8°. Leipzig 1888.

Stark's, J. A., Triumph der Philosophie im 18. Jahrhundert, oder Geschichte der Verschwörung gegen Religion und Kirche, Fürsten und Staaten, zur Verständigung des revolutionären Zustandes von Europa im 19. Jahrhundert. Bearbeitet von Buchfelner. 8°. Landshut 1834.

Statistique des grèves survenues en France pendant les années 1890 et 1891. 8°. Paris 1892.

— pendant l'année 1892. 8°. Paris 1893.

Statistique des grèves et ses secours à la conciliation et à l'arbitrage survenus en France pendant l'année 1893. 8°. Paris 1894.

Statuten (Allgemeine) und Verwaltungsverordnungen der internationalen Arbeiterassociation. Amtliche deutsche Ausgabe, revidirt durch den Generalrath. 8°. Leipzig, Verlag des „Volksstaat", s. a.

Statuten des Berliner Bezirks der deutschen Arbeiter-Verbrüderung. 8°. Berlin 1849.

Statuts de la société pour la transformation de la Phalange en journal quotidien. Considerant et Co. 8°. Paris, au siège de la Société, impr. Paul Renouard, 1843.

Stead, W. T., 1. Chicago to-day; or the labour war in America. 8°. London, „Review of reviews" office, 1894.

— 2. If christ came to Chicago! A plea for the Union of all, who bow in the service of all who suffer. 8°. London, published at the office of „The Review of reviews", 1895.

— 3. Incidents of labour war in America. (Contemporary Review, 1894, July.)

— 4. Der Krieg zwischen Arbeit und Kapital in den Vereinigten Staaten mit besonderer Beziehung auf Chicago. Autoris. Uebersetzung von Max Pannwitz. 8°. Stuttgart, R. Lutz, 1894.

— 5. The pope and labour: the encyclical of Leo XIII on the condition of labour, together with letters from the Vatican 1889. 4°. London, „Review of reviews" office, 1891.

Steck, Albert, 1. Schweizerisches Arbeiterlesebuch. Eine Sammlung von Aufsätzen über die soziale Frage und deren Lösung durch die Sozialdemokratie. 8°. Zürich, Buchh. d. schweiz. Grütlivereins. 8°. Bern, Selbstverl., 1890.

— 2. Beiträge zur Erkenntniss der sozialen Frage und ihrer möglichen Lösung. gr. 8°. Zürich, Buchhdlg. des schweiz. Grütlivereins, 1894.

— 3. Zur Frage des Rechts auf Arbeit. (Schweiz. Blätter f. Wirtsch.- u. Soz.-Pol., I, 1893.)

— 4. Freiheit und Gleichheit in der Sozialdemokratie. Eine öffentliche Diskussion mit der Nationalzeitung in Basel. 8°. Zürich, Buchh. d. schweiz. Grütlivereins.

— 5. Die heutige Gewerkschaftsbewegung

in der Schweiz. (Archiv für soziale Gesetzgebung, Bd. 10, 1897.)
Steck, Albert, 6. Johannes Weelde. Eine litterarische Studie. 8°. Hamburg, Herm. Grüning, 1896.
Steffelbauer (Der) von Feldmoching und die Socialdemokraten. (Eine wundersame Geschichte, wie der Steffelbauer in München mit den Socialdemokraten zusammengekommen ist, etc.) Das Ganze erzählt vom Steffelbauer selber. 8°. München, Sigm. Politzer, 1878. 2. Aufl. 8°. München, Alois Kiefen, 1878.
Steffen, Gustav F., Anarkismen och anarkisterna. („Ord och Bild", Revue de Stockholm, 1892, Oct.)
Stegmann, Carl, u. Hugo, C., Geschichte der sozialistischen Bewegung in Polen. 1) Russisch-Polen. 2) Oesterreichisch-Polen. 3) Preussisch-Polen. (Aus: St. u. H., Handbuch des Sozialismus.) gr. 8°. Zürich, Verlags-Magazin, 1895.
— — 2. Handbuch des Sozialismus. gr. 8°. Zürich, Verlags-Magazin, 1893—96.
— — 3. Handboek van het socialisme. Naar het hoogduitsch door Socius. gr. 8°. Amsterdam, J. F. Sikken, 1894.
Steigenberger, Max, Aus der Welt der Maschinen. Die Geschichte vom harten Rad und vom guten Herzen. Ein Beitrag zur Lösung der socialen Frage. 8°. Augsburg, Literar. Institut von Dr. Max Huttler, 1887.
Steiger, Edgar, Das arbeitende Volk und die Kunst. Kritische Streifzüge. 8°. Leipzig, Volkszeitung (G. Hainisch). s. a. (1896).
Stein, Ludw., 1. Das erste Auftauchen der sozialen Frage bei den alten Griechen. (Schweiz. Blätter f. Wirtsch.- u. Soz.-Pol., Jhrg. 4, 1896.)
— 2. Das Eigentum als soziales Entwickelungsprodukt. (Die Zeit, Nr. 40, Wien, 6. Juli 1895: Nr. 41, Wien, 13. Juli 1895.)
— 3. Die sociale Frage im Lichte der Philosophie. Vorlesungen über Socialphilosophie und ihre Geschichte. gr. 8°. Stuttgart, F. Enke, 1897.
— 4. Das Ideal des ewigen Friedens und die soziale Frage. 2 Vorträge. 8°. Berlin, G. Reimer, 1896.
— 5. Das Urchristentum und die sociale Frage. (Aus: Schweiz. Blätter f. Wirtschafts- u. Soz.-Pol., Jhrg. 3, 1895.) gr. 8°. Bern, A. Siebert, 1895.

Steinbach, Emil. Vide: Grundideen (Die) des Socialismus.
Steinburgk, Die Heirathswuth, ein Grund des socialen Elends. 8°. Berlin, A. Dressel, 1891.
Steiner, R., Die Philosophie der Freiheit. 8°. Berlin 1893.
Steinhammer, Die Wahrheit über den internationalen Anarchismus. Ein Beitrag zum kritischen Material. gr. 8°. Berlin, H. Steinitz Verl., 1894.
Steinle, E., Das Endziel des Anarchismus. 8°. Buffalo, N. Y., 1894. (Abdr. a. d. „Freiheit", 3.—10. März 1894.)
Steinmann, Fr., Geschichte der Revolution in Preussen. gr. 8°. Berlin 1849.
Steinmetz, S. R., Die „organische" Sozialphilosophie. (Zeitschr. f. Sozialwissensch, I,₁₂, 1898.)
Steinsvil, Rasmus, Kan politikken hjelpe os? („Fedraheimen", avril—mai 1890, nos. 18—21.)
Steinthal über den Socialismus. (Grenzboten, 1886,₁₁.)
Stellmacher, gefallen für die Freiheit, 1884. Mit dem Portrait. Flugblatt. Mit französ. Text. 8°. s. l. s. a.
Stellung (Die) der Sozialdemokratie zu dem „Kampfe um die Volksschule". (Christl.-soz. Blätter, Jhrg. 25, 1892.)
Stellwigk, Franz, Cäsarismus und Democratie. Eine Stimme aus Oesterreich, als Beitrag zur socialen Bewegung unserer Tage. Bd. 1. 8°. Wien, Druck von G. Ad. Ungar. Szent Miklosy, 1868.
Stemrecht (Algemeen). 8°. Sneek 1879.
Stendhal, de, D'un nouveau complot contre les industriels. 8°. Paris 1825.
Stenglein, Melch., Eine Umsturzvorlage. (Die Zukunft, Bd. 13, 1895.).
Stephen, J. F., Liberty, equality, fraternity. 8°. London 1873.
Stephen, Leslie, 1. Thomas Paine. (Fortnightly Review, 1893, August.)
— 2. Social rights and duties. 2 vols. 8°. London 1896.
Stepniak, S., 1. Anarchists and the dynamite scare. (New Review, 1892, Mai.)
— 2. The Russian famine and the revolution. (Fortnightly Review, 1892.)
— 3. Nihilism, as it is: a reply. (New Review, 1894.)
— 4. La Russie souterraine. Avec une préface de Pierre Lavroff. Traduction française de Hugues Le Roux. 8°. Paris, Jules Lévy, 1885.

Stepniak, S., 5. Der Terrorismus in Russland und in Europa. (Neue Zeit, Jhrg. 9, 1890/91.)
— 6. Socialism and nihilism: Vide: Socialism, labour and capital.
Stern, Alfred, Aus Georg Herwegh's Briefwechsel. (Die Zeit, Nr. 110, Wien, 7. Nov. 1896.)
Stern, C. Vide: Freiheitsbote.
Stern, J., 1. Halbes und ganzes Freidenkerthum. Zeit- und Streitschrift. 2. Aufl. 8°. Stuttgart, Dietz, 1889. 3. Aufl. 8°. Berlin 1890.
— 2. Nach zwölf Jahren. 8°. London, German Printing and Publishing Co., 1890.
— 3. Der „historische Materialismus" und die Theorie des Mehrwerths von K. Marx. Eine populäre Darstellung. (Sammlung gesellschaftswiss. Aufsätze, Heft 6.) 8°. München 1894.
— 4. Morgenroth. Socialdemokratische Fest- und Zeitgedichte. Mit einem Anhang: Prologe und Festspiele. 8°. Stuttgart, Max Helzle, 1894.
— 5. Der Werth der Organisation. Den Arbeiter-Fachvereinen gewidmet. 8°. Stuttgart, Heinrich Wandt, s. a.
— 6. Die positiven Ziele des Socialismus. 8°. Stuttgart, Druck von Christmann u. Mauser, 1887.
Stern, M. L. Vide: Lösung (Die) der sozialen Frage von einem Philosophen.
Stern, Maurice Reinh. v., 1. Proletarier-Lieder. Gesammelte Dichtungen. 8°. Jersey City, Jan. 1885.
— 2. Stimmen im Sturm. Gesammelte Dichtungen dem arbeitenden Volke gewidmet. 2. verm. Aufl. 8°. Zürich, Verlagsmagazin (J. Schabelitz), 1888.
Sterza, A., 1. Assurdità del socialismo dimostrata al popolo in alcune brevi conferenze. 16°. Parma, tip. Fiaccadori, 1895.
— 2. Assurdità del socialismo ecc. — I fiaschi del socialismo dimostrati colla storia alla mano. 16°. Parma, tip. Fiaccadori, 1895.
— 3. Il comunismo dell' antica Sparta, della primitiva chiesa e del Paraguai sotto la direzione dei gesuiti. 12°. Parma, tip. Grazioli, 1895.
— 4. Il socialismo e i padri della chiesa. 16°. Parma, tip. vesc. Fiaccadori, 1895.
Sterzel, Geo. Frdr., A. Comte als Pädagog. Ein Beitrag zur Kenntniss der positiven Philosophie. gr. 8°. Leipzig, Fock, 1886.

Stiebeling, Geo. C., 1. Zwei Briefe an Herrn Friedrich Engels in London. 8°. s. l. s. a. (New York 1895.)
— 2. Lesebuch für das Volk. Eine kurzgefasste und leichtverständliche Darstellung des Wichtigsten aus Naturlehre und Menschenkunde. 8°. New York, H. Nitzsche, 1882.
— 3. Das Problem der Durchschnitts-Profitrate. Kritik einer Kritik mit einem Nachtrag. gr. 8°. New York, Verlag der N. Y. Labor News Company (1893).
— 4. Untersuchungen über die Raten des Mehrwerths und Profits mit Bezug auf die Lösung des Problems der Durchschnitts-Profitrate. gr. 8°. New York, Verlag der N. Y. Labor News Company, 1894.
— 5. Das Wertgesetz und die Profitrate. Leichtfassliche Auseinandersetzung einiger wissenschaftlicher Fragen. Mit einem polemischen Vorworte. gr. 8°. New York, John Heinrich (1890).
Stieber, Denkwürdigkeiten. Hrsg. von L. Auerbach. 8°. Berlin 1884.
Stiebers Verdruss. Geheimschrift zur Sicherung des Briefverkehrs in und mit Deutschland. 8°. Hottingen-Zürich, Schweiz. Vereinsbuchdr., s. a. 2. verm. Aufl. ... mit Deutschland und andern Ländern, in denen die Reaktion ihr Wesen treibt. 8°. Hottingen-Zürich, Verlag d. „Socialdemokrat", 1880.
Stieger, Geo., Zur Landarbeiterfrage. Beobachtungen und Gedanken aus der Praxis. (Aus: „Festschrift zur Feier des 25-jähr. Bestehens des staatswiss. Seminars zu Halle a. S.") gr. 8°. Jena, G. Fischer, 1898.
Stimme treuer Unterthanen des Königs von Preussen, veranlasst durch die Flugschrift: „Vier Fragen, von einem Ostpreussen." 8°. Marienwerder 1841.
Stimme der Warnung bey dem Gerücht der geheimen politischen Verbindungen im preussischen Staate. 8°. Berlin 1815.
Stimmen zum Entwurf des katholisch-sozialen Programms. (Christl.-soz. Blätter, Jhrg. 26, 1893.)
Stimmrecht (Das allgemeine). (Sociale Fragen u. Antworten, Heft 6.) 8°. Bremen, s. a.
Stimmrecht (Das allgemeine) und die soziale Frage. Ein Mahnruf an die constitutionellen Gewalten zu Gunsten der

staatsbürgerlichen Heloten. gr. 8°. Wien, Klemm, 1868.

Stimson, E. J., Democracy and the laboring man. (Journ. of Social Science, 1897, Dec.)

*****Stirner,** Max, 1. Der Einzige und sein Eigenthum. (Univers. Bibl., No. 3057—3060.) 8°. Leipzig, Reclam, 1893. — Auszug in der „Freiheit", New York 1892.
— Extr. franç. les „Entretiens polit. et litter.", 1892, et dans le „Mercure de France", 1892, Nov.
— 2. Geschichte der Reaction. 2 Theile. 8°. Berlin 1852.
— 3. Kunst und Religion. (Rhein. Zeitung, 14. Juni 1842. Wieder abgedr. in d. „Magazin f Litteratur", Berlin, 29. Dez. 1894.)
— 4. Das unwahre Princip unserer Erziehung oder Humanismus und Realismus. (Beil. zur „Rhein. Zeitung", Köln, 12.—19. April 1842. Neue deutsche Rundschau, Berlin, Jänner 1895.)
— 5. Ueber K. Rosenkranz' Königsberger Skizzen. (Rhein. Zeitung.)
— 6. Kleinere Schriften und seine Entgegnung auf die Kritik seines Werkes: „Der Einzige und sein Eigenthum", hrsg. von J. H. Mackay. gr. 8°. Berlin, Schuster u. Löffler, 1898.
— Vide: Edward' G.

Stivanello, Luigi Carlo, Il Montello considerato sotto l'aspetto economico, politico e sociale: inchiesta e conclusioni. 8°. Venezia, tip. del Commercio, 1874.

Stöcker, Adf., 1. Unsere soziale Lage. Rede im Kreisverbande evangel. Arbeitervereine zu Rheydt am 5. April 1892. Nach stenogr. Aufnahme von A. Heynen. gr. 8°. M.-Gladbach 1892.
— 2. Gesammelte Schriften. Christlich-Sozial. (Reden u. Aufsätze, 2. Aufl.) und Wach auf, evangelisches Volk. Neue billige Lfg.-Ausg. gr. 8°. Berlin, Buchh. der Berliner Stadtmission, 1896.
— 3. Selbsthülfe! Staatshülfe! Gotteshülfe! Festrede auf dem 9. Vereinstag f. christl. Volksbildung in Essen am 24. Juni 1891. gr. 8°. M.-Gladbach (Hannover u. Celle, Schulbuchh.) 1891.
— 4. Volksnot und Seelennot in Berlin. Vortrag, geh. in der Tonhalle zu Düsseldorf am 12. Mai 1892. Nach stenogr. Aufnahme von A. Heynen. gr. 8°. M.-Gladbach (Hannover u. Celle, Schulbuchh.) 1893.

Stockhausen, Frhr. V. v., Die Wertlehre Proudhons in unserer Darstellung. gr. 8°. Bern 1898.

Stoffel, J., Vrije handel of kapitaal-bescherming. Bijdrage tot bestrijding der sociaaldemocratie. 8°. Deventer 1886.

Stoffert, Rud., Ein Kommunistenaufstand in der Türkei. (Preuss. Jahrb., Bd. 86, 1896.)

Stommel, Kuno, Die destructiven Elemente im Staate. (Grenzboten, 1881,₁₁.)

Stooss, K., Der Kampf um das Leben. (Das Leben, I, 1897.)

Storia del socialismo: parte antico. 12°. Milano, tip. della soc. edit. Sonzogno, 1897. (Biblioteca del popolo, no. 268.)

Stosch, Geo., Die Mission und die sociale Frage. Mit besonderer Berücksichtigung der indischen Verhältnisse. 8°. Berlin, Buchh. der Berliner evangel. Missionsgesellschaft, 1895.

Stötzel, Korreferat über Arbeitseinstellungen und die Fortbildung des Arbeitsvertrages. (Schrift. d. Ver. f. Soz.-Polit., Bd. 47. Leipzig 1890.)

Stourm, 1. Aperçu philosophique sur Ch. Fourier. 8°. Paris 1838.
— 2. A Fourier (15 mars 1836). Poème. 8 pag. lithograph. s. l. s. a.

Stradner, Alois, Arbeit und Arbeiter ohne und mit Christus. Ein Wort zur Weihnachtszeit an das arbeitende Volk. (Moser's Sammlung zeitgem. Broschüren, 2. Heft.) 16°. Graz 1895.

Stranger, James, 1. Association et statistique. (Société Nouvelle, 1886,₂.)
— 2. La grève générale. (Société Nouvelle, 1891,₂.)
— 3. Note sur les associations du travail. (Société Nouvelle, 1890,₁.)
— 4. Le socialisme. (Société Nouvelle, 1886,₂.)

Strappini, W. D., The Labour Gazette. (The Month, 1893, Juli.)

Stratenus, L., Die Anarchisten. 8°. Haarlem 1895.

Strauss, Paul, Le suffrage universel, par P. Strauss, ancien rédacteur des „Droits de l'homme" et du „Radical de Paris" avec une préface d'Alfred Naquet. 8°. Bruxelles, Henri Kistemaeckers, 1878.

Strauss, Victor v., 1. Die Communisten. Mammon. Zwei Erzählungen. (Lebensfragen und Lebensbilder, I.) 8°. Heidelberg, Carl Winter, s. a.
— 2. Ein Fastnachtsspiel von der Demo-

kratie und Reaktion. 12°. Frankfurt 1849.

Streckfuss, K., Ueber die Organisation der Volkspartei in Berlin. 8°. Berlin 1849.

Streik (Ein) aus deutscher Vorzeit. (Grenzboten, 1870,₄.)

Streik (Ein unheilvoller) der Kohlengräber in Mittelengland. (Christ.-soz. Blätter, Jhrg. 26, 1893.)

Streik-Erlass (Der) des Ministers v. Puttkammer vor dem deutschen Reichstag. Stenogr. Bericht über die Sitzung vom 21. Mai 1886. 8°. Nürnberg, Wörlein u. Co., 1886. (Socialpolit. Zeit- u. Streitfragen, Heft 29.)

Streitfrage (Die) der Budapester Arbeiter. Officieller Bericht der vom Allgem. Arbeiterverein in Budapest-Altofen entsendeten Untersuchungs-Commission. 8°. Budapest. Allgem. Arbeiter-Verein zu Budapest-Altofen, 1877.

Streitfragen (Sociale). Beiträge zu den Kämpfen der Gegenwart. Hrsg. v. Adf. Damaschke. gr. 8°. Berlin, W. Möller. 1. Heft, 1895. 2. Heft, 1897. 3. Heft, 1898.

Streven (Het) onzer sociaaldemocraten. 8°. 's Gravenhage 1885.

Strike (The) of English engineers. (Yale Review, 1897, Nov.)

Strike (The) at Pullman. Statements of (President) G. M. Pullman and (second Vice-President) T. H. Wickes before the U. St. Strike Commission. Also published statements of the Company relating to the strike. gr. 8°. s. l. (Chicago) 1894.

Strikes in Deutschland. (Christl.-soziale Blätter, Jhrg. 29, 1896.)

Strikes in Austria in recent years. (Bull. of the Department of Labor, no. 1, Washington 1895.)

Strikes in Italy in recent years. (Bull. of the Department of Labor, no. 1, Washington 1895.)

Strikes in France in recent years. (Bull. of the Department of Labor, no. 1, Washington 1895.)

Strikes and lockouts in Great Britain and Ireland in recent years. (Bulletin of the Department of Labor, no. 1, Washington 1895.)

Strikes and lockouts in the United States from January 1, 1881, to June 30, 1894. (Bulletin of the Department of Labor, no. 1, Washington 1895.)

Strikes and lockouts of 1894: Report by the chief labour correspondent to the board of trade. 8°. London, print. by Eyre and Spottiswoode, 1896. (Parl. pap.)
— of 1895. 8°. Ibid. 1896.
— of 1896. 8°. Ibid. 1897.
— of 1897. 8°. Ibid. 1898.

Strikes in Switzerland in the recent years. (Bulletin of the Department of Labor, no. 1, Washington 1896.)

Strodtmann, A., 1. Die Arbeiterdichtung in Frankreich. Ausgewählte Lieder französ. Proletarier. kl. 8°. Hamburg s. a.
— 2. Brutus! schläfst Du? Zeitgedichte. 8° Hamburg, Richter, s. a.

Strombeck, Frhr. Fr. Karl, Was ist Rechtens, wenn die oberste Staatsgewalt dem Zwecke des Staatsverbandes entgegenhandelt. Erörtert und beantwortet. gr. 8°. Braunschweig 1830. 3. Aufl. gr. 8°. Braunschweig 1831. 4. mit Zusätzen verm. Aufl. gr. 8°. Braunschweig, Vieweg, 1832.

Stromberg, Marie, 1. Bakounine en Italie. (Revue socialiste, 1878, 15 févr.)
— 2. La production capitaliste et la question ouvrière en Russie. (Réforme sociale, 1897, juillet.)

Stromeyer, F., Abhülfe der Arbeiternoth durch Organisation der Arbeit. 8°. Belle-Vue 1844.

Struve, Peter v., 1. Zwei bisher unbekannte Aufsätze von Karl Marx aus den vierziger Jahren. Ein Beitrag zur Entwickelungsgeschichte des wissenschaftlichen Sozialismus. (Neue Zeit, Jhrg. 14, 1895/96.)
— 2. Studien und Bemerkungen zur Entwickelungsgeschichte des wissenschaftlichen Sozialismus. (Neue Zeit, Jhrg. 15, 1896/97.)

Struwwel, Peter, Demagogisches Handbüchlein für Wühler, oder Anleitung in wenigen Tagen ein Volksmann zu werden. 8°. Leipzig 1848.

Stuart, Frank Q., 1. The arbitrator. 1889.
— 2. The individualist. (Highlands, Colorado, 1889—90 ...)
— 3. Natural right, natural liberty and natural law. 8°. — —.
— 4. Why I am an individualist. Vide: Why (The) I am's.

Stubbs, Ch. W., A creed for christian socialists. With expositions. 8°. London, W. Reeves, 1897. (Belamy library, no. 30.)

Student (Der sozialistische). Red.: Berth. Heymann. Jhrg. 1, 1897. 12 Nrn. gr. 8°. Berlin, H. Baake in Komm Jhrg. 2, Dec. 1897—Nov. 1898. 9 Nrn. gr. 8°. Berlin, Verl. d. sozialist. Monatshefte.

Student (Der) der Theologie und die soziale Bewegung unserer Tage. gr. 8°. Leipzig, Akad. Buchhdlg., 1897.

Studentenkongress (Internationaler sozialistischer) in Gonf. (Christl.-soz. Blätter, Jhrg. 26, 1893.)

Studentenschaft (Die Wiener socialdemokratische) und die Hochschulerlässe. (Die Zeit, Nr. 183, Wien, 2. April 1898.)

Studie (Een) over Anarchisten. („Morgenrood", Amsterdam 1896, no. 19—21.)

Studio igienico alla portata dei lavoratori. 2 pp. fol. ca. 1892.

Stuhlmann, A., Der Kaufmannsstand und die soziale Frage in materieller und sittlicher Beziehung. (Sammlung theol. u. soz. Reden u. Abhandl., VI,₂.) Leipzig 1894.

Stumm, Frhr. von, und die Sozialdemokratie. Stenogr. Bericht über die Verhandlungen des Deutschen Reichstages am 10. und 12. Febr. 1892 betr. die Massregelung sozialdemokratischer Arbeiter in den Staatsbetrieben. 8°. Berlin, „Vorwärts", 1892.

Sturm, F., Die Aufgaben der Gewerkschaftskartelle und die Generalkommission der Gewerkschaften Deutschlands. (Neue Zeit, Jhrg. 15, 1896/97.)

Sturmer, Fred., Socialism, its immoral tendency; or a plain appeal to common sense. 8°. London 1840.

Sturmglocken (Die). Zeitschr. Chicago, 28. März—18. April 1896. 4 nos.

Sturmvögel. Sozialrevolutionäre Lieder und Gedichte. 8°. London, Com. Arbeiter-Bildungsverein, 6 Rose St. Soho Squ. W., 1880.

Sturmvögel. Gedichte. 3 Theile. 16°. New York 1888.

Sturz (Der) der Sozialdemokratie oder das Ei des Kolumbus. Eine Sozialreform im grossen Stil. Von *₊*. gr. 8°. Berlin, E. Rentzel, 1893.

Stuttgarter Parteitag (Der). (Neue Zeit, Jhrg. 17,₁₁, 1898/99.)

Successo (Il) elettorale de socialisti tedeschi, per v. M. (Giorn. dogli Economisti, 1898, luglio.)

Sue, Eug., 1. Le Berger de Kravan; entretiens socialistes. 12°. Paris 1848.

Sue, Eug., 2. Entretiens socialistes et démocratiques. 12°. Paris 1848.
— 3. Félix Pyat. Le républicain des campagnes. 8°. Paris 1851.

Suermondt, W., Eeen americaanische Arbeidersvereeniging en have Eischen. 8°. Rotterdam 1890.

Suffrage (Le) universel et la révision de l'article 47 de la constitution belge au conseil municipal de Bruxelles. (Discours de M. L. Richdale et D. Vandendorpe.) 8°. Bruxelles, impr. Fischlin, 1891.

Suffrage (Le) universel. Journal. Directeur Defuisseaux.

Sullivan, J. W., Ideo-Kleptomania: The case of Henry George. His macknowledged use of old single-tax thought and the writings of advanced economists in constructing his new-fangled and inconsistent scheme of Georgism. With Henry George's denial of plagiarism from Patrick Edward Dove. 8°. New York, Twentieth century publish Co., s. a.

Sulzberger, Max, La democratie et l'art. (Société Nouvelle, 1888,₁₁.)

Sulze, E., Ueber die Aufgaben der evangelischen Kirche gegenüber den sozialen Fragen der Gegenwart. Vortrag. 8°. Dresden, Höckner, 1884.

Sulzer, Geo., Die Zukunft des Sozialismus. gr. 8°. Dresden, O. V. Böhmert, 1898.

Suñe, Sebastien, 1. El terco y el filósofo. 16°. Barcelona ca. 1895.
— 2. La utopia ó cartilla anárquista. 16°. Barcelona, ca. 1892.

Suppression des loyers. 8°. Paris s. a.

Sur le trimard. Paris, 4 juillet 1895 sq. 3 nos.

Surtur, Aufhebung des Sozialistengesetzes ? Ein Wort zur Taktik der deutschen Sozialdemokratie. 8°. Hottingen-Zürich, Deutsche Volksbuchh., 1882. (1. Flugschrift der auswärtigen Propaganda.)

Suttner, B. v. Vide: Maschinenalter.

Svoboda. Journ. Chicago 1883. Nr. 6, 17. Nov. 1883.

Svoboda. Journ. Reichenberg 1885.

Swatschina, Rud. Rob., Lehrerschaft und Sozialdemokratie. Ein Wort zur Erwägung allen Freunden von Bildung und Wissenschaft. 8°. Berlin, Magazin für Volksliteratur, F. Harnisch u. Co., 1894.

Swit. Journ. par Mauricy D. Jeger. London, 5. Dec. 1896.
Sybel, H. v., Vorträge und Aufsätze. gr. 8°. Berlin 1874.
    Enth. u. A.: Ueber die Emancipation der Frauen. — Die Lehren des heutigen Socialismus und Communismus. — Die Wirksamkeit der Staatsgewalt in socialen und ökonomischen Fragen.
Sylvester - Zeitung (Braunschweiger). 31. Dec. 1889—1. Januar 1890.
*Système social, ou principes naturels (par Mirabaud).
Système social pratique ou théorie des intérêts matériels. De la propriété par l'association et de l'organisation du travail par la corporation collective, par un ouvrier typographe. (Jolibert.) 8°. Paris, impr. de E. Brière, 1848.
Sytye i Golodnye. 8°. St. Petersbourg-Genève, impr. du „Rabotnik", 1875.
Szathmáry, Elek., A szociális munkáskérdés. (Die sociale Arbeiterfrage.) 8°. H.-M.-Vásárhely, Lapage, 1895.
Szeliga, Die Organisation der Arbeit der Menschheit und die Kunst der Geschichtsschreibung Schlosser's, Gervinus', Dahlmann's und Bruno Bauer's. gr. 8°. Charlottenburg 1846.

T.

Tabarant, Adolphe, 1. Petit catéchisme socialiste. 8°. Paris, libr. socialiste, 1893.
— 2. Catéchisme socialiste du paysan. 16°. Paris, libr. Forest, 1895.
— 3. Socialisme et antisemitisme. 16°. Paris, Revue socialiste, 1898. Petites brochures d'enseignement et de combat socialiste.
Taccone-Gallucci, N., Il socialismo, ed il cattolicismo e l'enciclica Rerum novarum. 8° Milano, L. F. Cogliati, 1891.
Taddei, Attilio, La questione sociale ed il codice civile: discorso letto per la inaugurazione degli studi nell' Istituto Cesare Alfieri, scuola di scienze sociali in Firenze, il di 11 nov. 1888. 8°. Firenze, S. Landi, 1888.
Tag (Ein) in socialistischen Utopien. Schauspiel in 5 Akten, von Z., Verfasser der „Weltuntergangsdämonen an der Arbeit". 8°. Dresden u. Leipzig, E. Pierson, 1892.
Tage (Die beiden letzten) des Hochverräthers Max Hödel. Von v. L. 8°. Kissingen, Schachenmayer, 1878.
Tage (Zwei) Etatsdebatte. Stenogr. Bericht der Verhandlungen des Reichstages über den Septemberkurs am 11. u. 12. Dec. 1895. 8°. Berlin, „Vorwärts", 1895.
Tagelöhne (Die) der europäischen Fürsten. Flugblatt mit obigem Titel. Endigend mit den Worten: „Es kommt nur auf die Völker an." 8°. s. l. s. a.
Tagen (Aus den) der Commune. (Grenzboten, 1871,₄.)
Tagliaferri, Agostino, Natura, fini e doveri della Società operaie di M. S. (Rassegna nazionale di Firenze, 1886, 1. dic.)
Tagliaferri, R., Terenzio Mamiani e le odierne questioni sociali. (Rassegna nazionale, 1882, dic.)
Taine, Hippolyte, 1. Le positivisme anglais: étude sur Stuart Mill. 12°. Paris, Germer Baillière, 1865. 2. édit. 8°. Paris 1878.
— 2. English positivism. A study on John Stuart Mill. Translated from the French by T. D. Haye. 2. edit. London 1873.
— 3. Du suffrage universel et la manière de voter. 12°. Paris, Hachette, 1872.
Tajan-Rogé, M. D., Fausses notes. Les anabaptistes et M. Félicien David. Le Saint-Simonisme et la musique. 8°. Paris, E. Dentu, 1862.
Takano Fusataro, 1. Labor problem in Japan. (Gunton's Magazine, 1896, Aug.)
— 2. Strikes in Japan. (Gunton's Magazine, 1897, July.)
Talamo, Salvatore, La questione sociale e i cattolici. 8°. Roma, tip. dell' Unione cooperativa editrice, 1896.

Talmo, S., Il futuro ordinamento economico-politico proposto da un socialista. (Rivista internaz. di scienze sociale, 1898, giuglio,)
Tambour, Rudolf, 1. Ein Bremser oder der letzte Pinselstrich an dem Freiland-Gemälde. (Billet für die Reise nach Ostafrikanaan.) 8°. Wien, R. Tambour, Druck von J. L. Bondi u. Sohn, s. a.
— 2. Freiland und die Freilandbewegung. (Freigepäck zur Reise nach Ostafrikanaan.) Sep.-Abdr. aus Nr. 15 der „Lichtstrahlen". 8°. Berlin, O. Harnisch, 1892.
— 3. Dr. Hertzka's Ostafrikanaan. Ein freiländischer Strahl-Reflex aus dem Spiegel eines Guten. 8°. Leipzig, Schaumburg-Fleischer, 1891.
— 4. Noch ein freiländisches Hühnchen (als Proviant für die Reise nach Ostafrikanaan). („Lichtstrahlen", p. 1097—1104. Berlin, O. Harnisch.)
— 5. Ost-Afrikaanitische Nachklänge. 8°. Berlin, im Redactionsverl. des „Rendezvous Guter Geister". Druck von J. L. Bondi in Wien, 1894.
Tamisier, A., Coup d'oeil sur la théorie des fonctions. 2. édit. 18°. Paris, libr. phalanst., s. a. 3. édit. 18°. Paris 1841. 12°. Paris 1846.
Tam-Tam (Le). Revue critique des polichinels politiques, financiers, religieux et autres, par Napoleon Citrouillard. Moyen format. Un numéro spécimen du 10 mars 1871; le no. 2 du 18 mars; le no. 3 et dernier du 1 avril. Il n'y a pas en de numéro 1; le numéro spécimen en tient lieu Paris.
Tandon. Vide: Guénée et Tandon.
Tandy, Francis D., 1. Free Competition. 8°. Columbus Junction, Jowa, Juni 1896, Liberty Library, no. 6.
— 2. Voluntary socialism: a sketch. 16°. Denver (Color.), F. D. Tandy, 1896.
Tante (La) Duchêne. no. 1, 26 févr. 1869 (pour 1870): no. 2, 5 mars 1870; no. 3, 12 mars 1870. Paris, Gérant: Alex. Rabutin.
Tardif, E, Leçons de droit social naturel, données à la conférence des études sociologiques d'Aix. 18°. Paris et Lyon, Delhomme et Briguet, 1894.
Tardif de Mello, L'Armée des déshérités. 8°. Paris, Dentu, 1864.
Tarn, Albert, 1. A free currency: what it means, how it can be established and what it can accomplish. 8°. London 1889.

Tarne, Albert, 2. The Individual and the State. 8°. London 1891.
— 3. The State. 8°. Birmingham 1889.
— Vide: Herold (The) of Anarchy.
Tarroux, F., Lettres sur le socialisme. 16°. Paris, Fischbacher 1894.
Taschenbuch (Demokratisches) für 1848. 8°. Leipzig 1848.
Taschenbuch (Deutsches). 1. Jhrg. 8°. Zürich u. Winterthur, Verl. d. Literar. Comptoirs, 1845.
Taschenbuch (Königsberger), hrsg. von Ludw. Walesrode. Mit Beiträgen von Crelinger, A. Jung, Joh. Jacoby, Lengerke etc. 8°. Königsberg 1846.
Tauschinsky, Hippolit, 1. Die Botschaft der Wahrheit, der Freiheit und der Liebe. 8°. Wien 1868.
— 2. Johannis-Festrede, gehalten in der □ „Eintracht" im O. Neudörfl a. d. Leitha von deren Redner. 8°. Wien, F. J. Schneeberger, 1884.
Tavares de Medeiros, J. J., 1. Le mouvement social en Portugal (1894). (Extr. de la Revue internat. de sociologie III, no. 1, 1895.) 8°. Paris, Giard et Brière, 1895.
— 2. Le mouvement social en Portugal de 1895 à 1897. (Extr. de la Revue internat. de sociologie.) 8°. Paris, Giard et Brière, 1897.
— 3. Portugal: chronique du mouvement social. (Revue internat. de sociologie, I, 1893.)
Tavassi, La fine delle monarchi. 8°. Napoli 1896.
Taxil, Leo, C'était par la peine! ... Chanson. 8°. Genève, impr. A. Alavoine, s. a.
Tayler, C. B., Social evils, and their remedy. 4 vols. 12°. London, Smith and Elder, 1834—35.
Taylor, Benjam, A study in trade-unionism. (Nineteenth Century, 1898, April.)
Tcherkesoff, W., 1. Pages d'histoire socialiste. I. Doctrines et actes de la social-demoratie. 16°. Paris, impr. Blot, 1896. (Publications des „Temps nouveaux", no. 3.)
— 2. Let us be just. 8°. London, „Liberty Press", 1896.
Tchernychewsky, N. G., 1. L'économie politique jugée par la science. Critique des principes d'économie politique de John Stuart Mill. Tome I. Bruxelles 1874.

Tchernychewsky, N. G., 2. Gemeingut und Staat. Zwei Artikel mit einem Vorwort des Herausgebers. (In russischer Sprache.) 8°. Genf, Verl. d. Journ. „Sturmglocke", 1877.
— 3. Lettre sans adresse sur l'abolition du servage en Russie. 8°. Liège 1874.
— 4. Das anthropologische Prinzip der Philosophie. (In russ. Sprache.) 8°. Genf, Basel, Lyon, H. Georg, 1875. (Russische sozialdemokrat. Bibliothek.)
— 5. Was thun? Erzählungen von neuen Menschen. Roman. Aus dem Russischen übertragen. 3 Thle. 8°. Leipzig, Brockhaus, 1883. 2. (Titel-)Aufl. 8°. Ebd. 1890.
— 6. Sämmtliche Werke. 4 Bde. gr. 8°. Veney 1868—70.
Tchernyi Peredyel. Journ. 15—27 janv. 1880; 5 nos.
Teatro social. Journ. Barcelona, 28 mai 1896.
Tedesco, Catechisme des Prolétaires. 1848.
Teichmann, Die christlich-sozialen Bestrebungen auf evangelischem Gebiete. (Zeitschr. f. prakt. Theologie, 1879.)
Teifen, T. W., 1. Die Christlich-Socialen und ihr Programm. 8°. Wien, 1. Wiener Volksbuchh., 1898.
— 3. Das soziale Elend und die Gesellschaft in Oesterreich. (Deutsche Worte, Jhrg. 14, 1894.)
— 3. Das sociale Elend und die besitzenden Klassen in Oesterreich. gr. 8°. Wien, 1. Wiener Volksbuchh., 1894.
— 4. La loi du travail, d'après l'Ecriture sainte. 8°. Nîmes, impr. Cory (1894).
Teistler, H., Der Parlamentarismus und die Arbeiterklasse. 8°. Berlin 1892. („Socialistische Bibliothek", No. 1.)
— Vide: Bibliothek (Socialistische).
Tejedor (El). Journ. Valls.
Télémaque (Le) républicain. Droits et devoirs des peuples. 8°. Paris 1848.
Tellam, de (pseudonyme de M. Mallet de Chilly), Théorie du travail. 2 vols. 8°. (Orléans, Gatineau.) Paris, Patier, 1845.
Tellering, Westdeutscher Zeitungsjammer. gr. 8°. Düsseldorf, Schaub, 1850.
Tellier, Des origines de la propriété. 16 pag. 8°. Lille, imp. Danol, 1878.
Telmann, Konr., Wo liegt die Schuld? Ein Wort zur Umsturz-Vorlage. 8°. Berlin, Deutsche Schriftsteller-Genossenschaft, 1895.
Temple, J., What is property? Observations on property. 8°. London s. a.

Temps (Les) Nouveaux. Paris, 4 mai 1894. (Vide: Le Révolté.) „Les Temps Nouveaux", supplém. littéraire 4 mai 1895 sq. in 4°.
Tendenze (Le nuove) delle „Trades-Unions" in Inghilterra. (Rivista della benefic. pubbl., XXIII, 1895.)
Tenthoff, J. F., Het socialisme. 8°. Hoorn, ca. 1884.
Teodoru, Gh. A., Social-Democrati ori Sarlatani. 8°. Bucarest 1894.
Terrat, Barthélemy, Note sur le projet de loi Goblet concernant la liberté des associations. 8°. Abbeville, Paillart, 1897.
Terrasson, Abbé. Vide: Geschichte Sethos.
Terre (Le) pubbliche e la questione sociale: cenni sul volume dell' avvocato Antonio Rinaldi. 16°. Milano 1896.
Terreur (La) en 1871. Par un condamné à mort. Dedié aux Habitants des Departements. (Les causes. — Les véritables auteurs. — Les complices. — Les instruments. — Les responsabilités.) 2. édit. 8°. Hombourg les Bains 1873.
Tersite (F. G. Carnecchia), Dell' Anarchia; tiré de l'„Ilota" de Pistoja. 16°. Torino s. a.
Terson, 1. Le cri du peuple. 8°. Paris 1835.
— 2. Un Saint-Simonien au peuple de Lyon, à l'occasion des événements d'avril 1834. 8°. Lyon, Mme. Duval, 1834.
Teste, Ch. A., Projet de constitution républicaine et déclaration des principes fondamentales de la société. 8°. Paris 1833.
Teullière, E. Vide: „_____" Revue socialiste.
Teutbold, Ad., Das Buch von der Freiheit. 8°. Frankfurt 1851.
Teutomar, Otto, Die Umsturzgefahr. Ihre Ursachen und die Mittel ihrer Abwendung, allgemein verständlich dargestellt. 8°. Berlin, O. Seehagen, 1897.
Téxenas du Montcel, P., Le socialisme chretien. 8°. Saint-Etienne, impr. Théolier et Co., 1893.
Thaller, E., A propos du socialisme. La question ouvrière et la question sociale. L'individualisme et le patronage. (Réforme sociale, année 11, 1891/92.)
Thätigkeitsbericht der Gewerkschafts-Kommission Oesterreichs für 1894—1896 und Protokoll des 2. österr. Gewerkschaftskongresses, abgehalten vom 25.—29. December 1896. Red. nach dem stenogr. Protokoll von A. Hueber und

R. Preussler. (Zum Theil auch in czechischer Sprache. gr. 8⁰. Wien, 1. Wiener Volksbuchh., 1897.
Theaterstücke (Sozialistische). Nr. 1, 2, 3. 8⁰. Zürich, Volksbuchh. (J. Franz), 1876.
Theiler, P. Placidus, St. Joseph und die Arbeiterwelt. (Aus: „Sendbote des hl. Joseph".) gr. 8⁰. Wien, Mayer u. Co., 1894.
Theodorowitsch, Die sociale Bewegung in Serbien. (Jahrb. f. Socialwiss., II u. III, Zürich 1879/80.)
Théorie de l'association. Question sociale. Par J.-B. G.... 8⁰. Genève, impr. Ducommun et Oettinger, s. a.
Théorie universelle. Organisation du travail par l'association; par B. M. T. Tome 1. 8⁰. Lyon, impr. Ve. Rougier et fils, 1872.
Theory of human progression, and probability of a reign of justice. 8⁰. London, Theobald, 1850.
Théron, E., Études sociales. Individualisme, socialisme et pauperisme. 18⁰. Paris, libr. Téqui, 1894.
Thesen über den Socialismus. 8⁰. Stuttgart, J. H. W. Dietz, s. a.
Theullier, Appel à l'ouvrier. 8⁰. Montmartre s. a.
Thibout, J. Vide: Qu'est ce que la république démocratique.
Thienne, H. C. A., Vindicae contra tyrannos, sive de principis in populum, populique in principem legitima potestate inscripta. 8⁰. Gron. 1852.
Thiers, A., 1. Discours prononcé à la chambre des députés le 17 mars 1834, sur les associations. 8⁰. Paris 1834.
*— 2. De la propriété. Nouv. édit. 8⁰. Paris, Hachette et Co., 1898.
Thiers gegen Proudhon. (Magazin f. d. Literatur d. Auslandes, 1848, 29. Aug.)
Thiers et la Commune. Récits, portraits et documents pour servir à l'histoire de la première révolution sociale. 8⁰. Paris 1871. (Genève-Bruxelles-Londres.)
Thilo, L., Die Volkssouveraineität in ihrer wahren Gestalt. 8⁰. Breslau 1833.
Thimotheus, H. F., Leben, Meinungen und Thaten von den Berliner Demokraten. Satirisches Gedicht. 8⁰. Berlin 1852.
Thirion, E., La république utile. Étude de la question sociale. 8⁰. Paris, Fischbacher, 1893.
Thomachot, A. Vide: „———", Revue socialiste.

Thomas, Thomas Morus. 8⁰. Augsburg 1847.
Thomas, A., Zur positiven Bekämpfung der Sozialdemokratie. 8⁰. Berlin s. a.
Thomas, R. P., Le socialisme, conférence donnée à Chantenay (Nièvre). 16⁰. Nevers, impr. Cloix, 1896.
Thomason, Wm., O'Connorism and democracy inconsistent with each other. 8⁰. New Castle 1844.
Thompson, D. D., John Wesley as a social reformer. 12⁰. New York, Eaton and Mains, 1898.
Thompson, H., The magna charta of democracy, or the catechism of a christian socialist. 8⁰. London, W. Reeves, 1897.
Thompson, W. M., Socialism, past, present and future. 8⁰. London 189..
Thomson, Alex., Social evils, their causes and their cure. 12⁰. London, Nisbet, 1852.
Thomson, William, The age of harmony: or, a new system of social economy, eminently calculated to improve the circumstances of the oppressed, enslaved and impoverished portion of the people of Great Britain and Ireland. Addressed to the industrious classes. 2. edit. 12⁰. Glasgow 1834.
— Vide: Chartist Circular.
Thonissen, J. J., Du rôle de l'utopie dans l'histoire de la philosophie politique. James Harrington. 8⁰. s. l. s. a. (ca. 1852).
Thonissen, Th., La lutte pour la vie. The struggle for life. La question sociale totalement résolue. 8⁰. Bruxelles, H. Dier, 1894.
Thonnissoux, Question sociale et bourgeoisie. 18⁰. Paris, Guillaumin et Co., 1883.
Thoré, Th., 1. Du communisme en France. (Article extrait du Trésor national.) 8⁰. Bruxelles, Wouters, Raspoet et Co., 1842.
— 2. La recherche de la liberté. 8⁰. Paris 1848.
— Vide: Démocratie (La).
Threlfall, T. R., 1. The political future of „labour". (Nineteenth Century, 1894, Febr.)
— 2. The Trades Union Congress and rocks ahead. (Nineteenth Century, 1892, Oct.)
Thumereau, E., Aux travailleurs de la terre. Le collectivisme et les principes du parti ouvrier. 18⁰. Dijon, impr. Carré, 1895. 2. édit. Tonnère, impr. Bertrand, 1895.

41*

Thun, Alphons, Bilder aus der russischen Revolution. (Fürst Krapotkin, Stephanowitsch, Scheljabow.) 8°. Berlin, Habel, 1885. (Deutsche Zeit- u. Streitfragen, XIV, Heft 211.)

Thurow, H., 1. L'Allemagne socialiste en 1896. (Revue socialiste, 1897, mars.)
— 2. Congrès de la démocratie socialiste allemande. (Revue social., 1897, Nov.)
— 3. Die praktischen Erfolge der Achtstunden-Agitation. 8°. Berlin, „Vorwärts", 1898.
— 4. Socialistische Moralisten. (Die Zeit, Nr. 161, Wien, 30. Okt. 1897.)
— 5. Le parti socialiste allemand en 1895. (Revue socialiste, 1896, févr.)
— 6. Le socialisme en Allemagne en 1897. (Revue socialiste, 1898, 15 févr.)
— Vide: Pronier, H., et Thurow, H.

Thurow, H., u. Pronier, H., Was haben wir erreicht? Ein Rückblick auf die Bewegung für die Achtstunden-Arbeit. 8°. Davos, Neweczerzal, 1895.

Thury, M., Idées sur la meilleure méthode à suivre dans l'étude des questions d'économie sociale et sur l'organisation du travail. 8°. Genève 1889.

Tiburtius, Carl, Bellamy als Lehrer. 8°. Berlin, Bibliogr. Bureau, 1892.

Tierra y Libertad. Journ. Gracia, 2 juin 1888 sq. 22 nos.

Tietze, R., Dr. Max Hirsch und die Gewerkvereine. Kritische Betrachtungen eines Gewerkvereinlers. 8°. Berlin, Lehmann, s. a.

Tigurinus, Ott., Annales anabaptistici, hoc est historia universalis de anabaptistarum origine, progressu, faction. et schismatis, paradoxis, tumultibus, colloquiis, pacification., locis et sedibus, scriptis hinc illinc emissis, edictis et judiciis ac quidquid praeterea ad rem facere videtur, adornata a J. H. Ottio Tigurino. 4°. Basileae 1672.

Tijd (De Nieuwe) onafhandelijk sociaaldemokratisch weekblad. Red. P. J. Troelstra en F. van der Goess. Sneek 1893. Amsterdam 1894. — Maandschrift. Amsterdam 1896—97.

Til de Unge. Oversat .... til „Arbeijderen". 8°. Kopenhagen 1891.

Tildsley, John L., Die Entstehung und die ökonomischen Grundsätze der Chartistenbewegung. (Sammlung nat.-ökon. u. stat. Abh. d. staatsw. Seminars zu Halle a. d. S., Bd. 19.) gr. 8°. Jena 1898.

Tille, Alex., 1. Der Ausstand der britischen Maschinenbauer. (Zeitschr. f. Sozialwissensch., I,₃, 1898.)
— 2. Besitzreform. (Die Zukunft, Bd. 11, 1895.)
— 3. Der Bochumer Bergarbeiter-Congress. (Die Zeit, Nr. 125, Wien, 20. Febr. 1897.)
— 4. Gewerkvereinstum und Lohnbewegung. (Die Zeit, Nr. 184, Wien, 24. April 1897.)

Tillinghurst, W. H. Vide: Tucker, B. R., and Tillinghurst, Will. H.

Timon, 1. Feu! Feu! 16°. Paris 1845.
— 2. Questions scandaleuses d'un Jacobin au sujet d'une dotation. 16°. Paris 1840.

Tiring, G., L'altruismo e la questione sociale. 8°. Livorno, R. Giusti, 1891.

Tissandier, Jean-Baptiste, Origines et développement du positivisme contemporain; critique de cette doctrine. 8°. Paris, E. Belin, 1875.

Tissier, l'abbé, La richesse et la pauvreté, leur rôle social et le devoir chrétien. 8°. Chartres, impr. Garnier, 1898.

Tissot, J., 1. P. J. Proudhon. (Revue littéraire de la Franche-Comté, 1. mars 1865, Besançon.)
— 2. Examen de la théorie de M. Proudhon sur la propriété. 8°. Paris, Joubert, 1849.

Tissot, Victor, et Améro, Const., La Russie rouge. Roman contemporain. 6. édit. 8°. Paris, E. Dentu, 1880.

Tkatchev, P. N., Anarchia myśli. („Nabat", Genève, déc. 1875 — févr. 1876.) 16°. London 1879.

Tochatti, James. Vide: Liberty, London 1894 sq.

Tode (Zum) der Umsturzvorlage. (Christl.-soz. Blätter, Jhrg. 28, 1895.)

Todtenschau (Eine politische). Zur Geschichte der staatswissenschaftlichen Anarchie in Preussen (von L. Walesrode). 8°. Kiel 1859.

Toekomst (De), orgaan der belgische arbeidersparty. Journal hebdomadaire. Gand 1880—1890.

Toekomst (De). Journ. La Haye 1870—71.

Toffoli-Addiíi, Luigi, Carmi sul problema sociale. Parte prima. 8°. Padova, frat. Salmin, 1880.

Toginam-Selraho (Charles Manigot), Le progrès, l'ordre et la liberté. Comédie en un acte. 8°. Lyon, impr. et lithogr. E. Demoly, 1893.

Tolain. Vide: Tribune (La) ouvrière.

Tölcke, C. W., Zweck, Mittel und Organisation des allgemeinen deutschen Arbeitervereines. 3 Theile. 8°. Berlin 1873.

Tölke der Jüngere, Urwählers Haus- und Reisepsalter. Socialdemokratisches. 8°. Bern und Leipzig, G. Froeben u. Co., 1878.

Tolstoï, Léon, 1. Le conseil de révision, 1893, oct., tiré du „Figaro". 8°. Paris, au bureau de „La Révolte", 1893. (Groupe de Propagande communiste-anarchiste par la „Brochure à distribuer", no. 1.)

— 2. On the doctrines of Henry George. (Review of Review, 1898, Jan.)

— 3. Geld! Sociale Betrachtungen. Deutsch von Aug. Scholz. 8°. Berlin, S. Fischer's Verl., 1891.

— 4. La guerre et le service obligatoire. 8°. Bruxelles, Bibliothèque des Temps nouveaux, année 1896, no. 7.)

— 5. Die Hungersnot in Russland. Mit einem Nachwort. Aus dem Russischen von L. A. Hauff. gr. 8°. Berlin, O. Janke, 1894.

— 6. Das Nichtsthun. Mit Genehmigung des Verfassers unter Ergänzung der Censur-Lücken, nach dem Original-Manuscript aus dem Russischen übersetzt von L. A. Hauff. gr. 8°. Berlin, O. Janke, 1894.

— 7. Skazka o Ivane Durakye i ego dvukh bratiakh. (Ivan le sot et ses deux frères.) 8°. Moskau 1886.

Tolstoï's (Leo) Moralphilosophie und der christliche Anarchismus. (Deutsche Worte, Jhrg. 16, 1896.)

Tomasini, Donato, La questione sociale o i mezzi di sussistenza per tutti. 16°. Roma, tip. Forenze, 1897.

Tondini de Quarenghi, C., 1. Un programme socialiste russo-panslaviste formulé à Londres. (Extrait de la „Revue générale".) 8°. Bruxelles, Société belge de librairie, 1892.

— 2. A russian socialpanslavist programme. Drawn up in London. 8°. London 1881.

Toniolo, G., 1. Il concetto cristiano della democrazia. (Rivista internaz. di scienze sociale, 1897, giuglio.)

— 2. La genesi storia dell' odierna crisi sociale-economica. (Rivista internaz. di scienze sociale, vol. 1, 1893, gennaio.)

— 3. L'Irlanda e la crisi sociale moderna. (Rivista internaz. di scienze sociale, vol. 3, 1893, nov.)

— 4. La notion chrétienne de la démocratie. Traduction autorisée. 8°. Paris, La bonne presse, 1897.

Tonnerre (Le), journal de combat républicain, paraissant le dimanche. Année 1, no. 1, 23 oct. 1898. pet.-fol. Narbonne, impr. Vve. Pons.

Tönnies, F., 1. Communità e società. (La Scienza sociale, 1898, genn.)

— 2. Die Enquête über Zustände der Arbeit im Hamburger Hafen. (Archiv f. soz. Gesetzg., Bd. 12, 1898.)

— 4. L'évolution sociale en Allemagne. Traduit de l'Allemand par C. de Krauz. 8°. Paris, Giard et Brière, 1896.

— 5. Hafenarbeiter und Seeleute in Hamburg vor dem Strike 1896/97. (Archiv f. soz. Gesetzg., Bd. 10, 1897.)

— 6. Der Hamburger Strike von 1896/97. (Archiv f. soz. Gesetzg., Bd. 10, 1897.)

Topinard, The social problem. (Monist, 1898, Oct.)

Torch (The). Journ. London, 1—5 polygr., no. 5, 15 Oct. 1891. 1891—Sept. 1893. printed. New serie 15 Juni 1894— 1. Juni 1896, 24 nos. („The Torch of Anarchy" from 18 Nov. 1895.)

Torche (La). Bruxelles, 25 juin 1886. 1 no. in 18°. 24 pp.

Torpilleur, organe socialiste dunkerquois. Année 1, no. 1, 12—19 octobre 1896. fol. Calais, impr. Peumery. Dunkerque, 41, rue des Bassins.

Torrigiani, P., Intorno all' avenire delle classi operai. gr. 8°. Parma 1863.

Toscin, Jean, La réalité sociale; poésie. 4°. Lille, impr. Lagrange, 1897.

Toscin (Le). Londres, 31 déc. 1892—93 ou 94. 9 nos. (dont plusieurs en placard).

Toscin (Le). Alger, 25 avril 1890 sq. 12 nos. (?).

Toscin (Le). In russischer Sprache gedruckt mit dem Titel: „Nabat", Organ der russischen Revolutionäre. Genf, Typogr. des „Nabat", 1878.

Toscin (Le). Journ. Bruxelles.

Tosti, G., 1. L'avenir de la démocratie. (Revue internat. de sociologie, V, 1897.)

— 2. L'avvenire della democrazia. (Rivista italiana di sociologia, I, 1897.)

Touché, C. F. W., An das deutsche Volk, meine Brüder, October 1847. kl. 8°. Breslau.

Tounissoux, abbé, Question sociale et bourgeoisie. 18°. Paris, Guillaumin, 1883.

Toupel, A., Examen du socialisme. 18°. Lille, impr. Bergés, 1893.

Tournier, E., La question sociale. Esquisse familière des divers systèmes socialistes. 8°. Genève, impr. coopérative, s. a.

Tourreil, L. J. B. de, Religion fusionienne, ou doctrine de l'universalisation réalisant le vrai catholicisme. Livre de la connaissance. 4 vols. 8°. Paris 1864—68.

Toussaint, E., Question sociale. Conférences prêchées dans l'église du Fond-de-Givonne les 7 et 10 mars 1892. 8°. Balan-Sedan, impr. du Patronage, 1894.

Toussenel, A., 1. Par la poste. 8°. Paris, libr. phalanst., s. a.

— 2. Tristia, histoire des misères de la chasse. 8°. Paris 1863.

Tout à l'Egout. 32°. Londres, déc. 1894. (Brochure du „Père Peinard".)

Towards Utopia: being speculations in social evolution, by a free lance, author of „the cry of the children" etc. cr. 8°. London, Swan Sonnenschein, 1894.

Tra cattolici e socialisti: spigolature, dedicate ai padroni ed agli operai cristiani. 12°. Camerano, tip. Giorgetti, 1896.

Trabajo (El), eco de los trabajadores malagueños. Malaga 1882.

Trabajo (El). Journ. Ferrol.

Trabajo (El). Journ. Guanabacoa 1891—92.

Trabajo (El). Journ. Puerto-Principe 1894—95.

Trabert, A., Was will die Sozialdemokratie und in wie weit hat sie Recht? gr. 8°. Wien, St. Norbertus, 1893.

Trades-Unions and strikes. 12°. London, C. Knight, 1884.

Trade-unions in Great Britain and Ireland. (Bull. of the Department of Labor, I. Washington 1896).

Trade-Unions in practice and theory. (Quarterly Review, 1898, April.)

Trahison et défection au sein de la Commune. 8°. Paris 1872.

Train, George Francis, The Free Speech Champion. Kansas City, Mo.

Trait-d'Union (Le). Journ. français. Directeur-gérant: L. Deplace. moyen format. 5 nos. du samedi 8 avril au jeudi 13 avril 1871. Paris.

Trakimor, oder das goldene Land. Aus dem Engl. übersetzt. 2 Thle. 8°. Leipzig, Siegfr. Lebrecht Crusius, 1787.

Tramontana (La). Periódich politich vermell ilustrat ab caricaturas; en catalan. Barcelona.

Transon, Ab., 1. Exposition succinte. Fragments sur les institutions républicaines. 8°. Paris 1832.

— 2. Fourier's theory of attactive industry and the moral harmony of the passions, translated from the French of Abel Transon, to which is prefixed a Memoir of Fourier by Hugh Doherty. 8°. London 1841.

Tratchevski, Alexandre, L'Évolution sociale en Russie. (Extr. de la Revue internat. de sociologie, III, 1895.) 8°. Paris, Giard et Brière, 1895.

Trau, schau, wem! 8°. London 1886.

Trausil, M., Der Sozialisten-Prozess vor dem Reichsgerichte zu Leipzig. 8°. Leipzig 1881.

Trautner, Max, Wie John Neve verhaftet wurde. 8°. London 1889.

Trautzsch, K. Herm., Der christliche Zukunftsstaat. Zwei Predigten, gehalten am 1. und 3. Sonntag nach Trinitatis 1891. gr. 8°. Chemnitz, E. Focke, 1891.

Travail (Le). Genève, 21 août—13 sept. 1873; 4 nos.

Travail (Le), organe mensuel; directeur L. Verrycken et Brousse. Bruxelles et Londres 1879.

Travail (Du) et du pain. Par un travailleur. 8°. Paris, Auguste Durand, 1849.

Travailleur (Le). Le Mans, 1888; polygraphié. Journal.

Travailleur (Le) organe du groupe socialiste, révolutionnaire de Cherbourg, adhérent au comité révolutionnaire central de Paris, paraissant les 5 et 20 de chaque mois. Année 1, no. 1, 20 févr. 1898. fol. Cherbourg, impr. Varlet.

Travailleur (Le). Journal hebdomadaire. Liège, après 1850.

Travailleur (Le), organe mensuel des revendications sociales, industrielles et commerciales. Année 1, no. 1, mai 1898. fol. Paris.

Travailleur (Le), organe des comités radicaux-socialistes de l'arrondissement de Digne, paraissant le samedi. Année 1,

no. 1, 15 oct. 1898. fol. Digne, impr. Salvagy.
Travailleur (Le), revue socialiste révolutionnaire. Genève, 20 mai 1877—avril 1878.
*Travailleur (Le). Journal des ouvriers et des paysans, organe républicain de l'arrondissement d'Ussel. Année 1, no. 1, 25 févr. 1894. fol. Ussel, impr. Faure.
Travailleur (Le) du bois, organe national des chambre syndicales des menuissiers, charpentiers etc. de Belgique. Bruxelles 1892.
Travailleur des champs, organe anti-socialiste de la démocratie terrienne, paraissant le dimanche. Année 1, no. 1, 9 août 1896. 4°. Paris, 22, rue Clignancourt.
Travailleurs et Électeurs. Bruxelles 1894.
Travailleurs!!! (Les vrais). Chanson: par Un indetté. in plano. Lille, impr. Delory, 1894.
Travailleurs (Les) organisés de Tours à tous les travailleurs de la première circonscription. 18°. Tours, impr. Debenay-Lafond, 1898. (Brochure de propagande socialiste.)
Travailleurs (Les) des villes aux travailleurs des campagnes. 8°. Lyon, impr. de „l'Insurgé", 1893. (Publication anarchiste. „Lire et faire circuler.")
Travicelli, G., La questione sociale. 12°. Spoleto, tip. dell' Umbria, 1896.
Travis, Henry, 1. A manual of social science for the working classes, explanatory of the .... True parts of the educational, economical, and social views of the late Robert Owen. 12°. London 1877.
— 2. Effectual reform in man and society. 8°. London 1875.
Treiben (Das) der deutschen Flüchtlinge und Arbeiter im westlichen Theil der Schweiz. Amtl. Promemoria. fol. s. l. s. a.
Treizième (Le) socialiste, journal hebdomadaire politique. Année 1, no. 1, sans date (1898). fol. Paris.
Treu bis in den Tod. Lied. 8°. Verlag von A. Schierwater in Hamburg, s. a.
Treub, M. W. F. Vide: Sociaal Weekblad.
Treumann, R., Die Monarchomachen. Eine Darstellung der revolutionären Staatslehren des 16. Jahrhundertes. (Staats- u. völkerrechtl. Abhandlungen, Bd. 1, Heft 1.) 8°. Leipzig 1895.
Treves, Claudio, Der fünfte Kongress der Sozialdemokratie Italiens zu Bologna. (Neue Zeit, Jhrg. 16, 1897/98.)
Trevor, John, Die Arbeitskirche in England. Eine nicht gehaltene Anrede an die fremden Mitglieder des internationalen socialistischen Congresses in London, Juli 1896. Aus dem Engl. übersetzt von L. A. Caumont. 8°. London, Offices of the „Labour Prophet", s. a.
Trial of Feargus O'Connor, Esquire, and 58 other Chartists, on a charge of seditious conspiracy. Avec le portr. de Baron Rolfe. 8°. London 1843.
Tribout, Jules, Qu'est-ce que la république démocratique? Lettre à Jacques Bonhomme par un ignorant. 8°. Paris, au bureau de la propagande démocratique et sociale, 1849.
Tribun (Le) du Peuple. Rédacteur en chef: Lissagary. grand format. 8 nos. du mercredi 17 mai 1871 (26 floréal an 79), au mercredi 24 mai (5 prairial). Paris.
Tribuna dell' Operaio. Giorn. Firenze, 2 giuglio 1892 sq.
Tribune catholique du travail, journal mensuel, paraissant le 1. de chaque mois. Année 1, no. 1, janv. 1895. fol. Bordeaux.
Tribune (La) coopérative, journal mensuel de propagande au profit des associations ouvrières et agricoles. Année 1, no. 1, févr. 1898. 4°. Paris, impr. Mangeot.
Tribune libre (La). Londres, 15 nov. 1890 sq. 4 nos. (?)
Tribune (La) locale et régionale, journal socialiste hebdomadaire. Année 1, no. 1, 10 juin 1894. fol. Bruay.
Tribune (La) ouvrière, par Tolain, Limousin, Fribourg etc. 5 nos. Paris 1865. (Suivie de la „Presse ouvrière", impr. à Bruxelles et saisie en France.)
Tribune (La) du Peuple. Bruxelles, du 12 mai 1861 au 4 avril 1869. La Nouvelle Tribune du Peuple, Bruxelles 1869, quelques nos.
Tribune du XII. (La), organe special des intérêts locaux, journal independant républicain socialiste, paraissant tous les dimanches. Année 1, no. 1, 14 janv. 1894. 4°. Paris, impr. Coutures.
Tricoche, George Nestler, Le Communisme en action. Étude des communistic-societies aux États-Unis. (Journ. d. Econ., 1896, mars.)
Tricot, Henri, Confessions d'un anarchiste. 3. édit. revue et augm. 16°. Paris, Fischbacher, 1898.

Tridon, G., La Commune de Paris de 1793. Les Hebertistes. 2. édit. 8°. France et Belgique, 1871.

Trinks, F., u. Julius, G., Sylvester Jordan's Leben und Leiden. Mit Portr. 8°. Leipzig 1845.

Triomphe (Le) de la République. moyen format. 6 nos. du 23 au 27 mars 1871. Paris.

Trique (La), organe socialiste satirique illustré. Bruxelles 1879—1880.

Tristan, Flora, Promenades dans Londres, ou l'aristocratie et les prolétaires Anglais. Édit. popul. 8°. Paris, Reymond-Bocquet, Révot, 1842.

Trobaso, A. da, Il socialismo e la questione sociale: conferenza recitata il di 6 giugno 1894 al circolo cattolico di Mondovi-Breo. 16°. Mondovi, tip. vesc. Musso et Avagnina, 1894.

Tröbst, C. G., Leben und Gedicht des Tom. Campanella. 4°. Weimar 1856.

Troelstra, P. J., 1. De S. D. A. P. (Sociaaldemokratische arbeiderspartij) in Nederland, har ontstaan, doel en streven geschetst. Met een aanhangsel, bev. het program, de statuten en op de partijkongressen aangenomen resolutiën. 8°. Amsterdam, J. A. Fortuyn, 1896. (Sociaaldemokratische Bibliotheek, no. 3.)
— 2. Het kiesrecht en de sociaal-demokratie. 8°. Utrecht, Bureau „De Sociaaldemokrat", 1894.

Trohel, Les Martyrs de la Commune et leurs bourreaux (vers et prose). 8°. Paris, Laplanche, s. a. (1898).

Trumbull, General M. M., 1. Gary vor Gericht. („Freiheit", 9. u. 16. Nov. 1895.)
— 2. Was it a fair trial? 8°. s. l. s. a. (1887).

Trunk, J. J., Des französischen Tyrannen Max Robespierre politisches Leben, merkwürdige Thaten und trauriges Ende. Aus dem Franz. 8°. Heidelberg 1808.

Truth about the Salvation Army. Papers by A. White, Fr. Peak, Archdeacon Farrar. 8°. London, Simpkin and Co., 1892.

Trybun ludowy. Journ. par Mauricy D. Jeger. Lemberg, 5 janv.—juin 1896.

Tscherkesoff. Vide: Tcherkesoff.

Tschiderer, E. Frhr. v., Die Anarchisten. (Das Leben, Jhrg. 2, 1898.)

Tuchmacherstreik (Der) in Kottbus. (Grenzboten, 1896,₂.)

Tucker, B. R., 1. Instead of a book, by a man too busy to write one: a fragmentary exposition of philosophical anarchism, culled from the writings of B. R. Tucker. 8°. New York, Tucker, 1893.
— 2. State socialism and anarchism: How far they agree and wherein they differ. Reprinted from „Instead of a book". 8°. London, Reeves, 1895.
— 3. Staatssocialisme en anarchisme. In hoever zij overeenstemmen en waarin zij sich onderscheiden. 8°. Amsterdam, J. Sterringa, 1897.
— 4. Staatssocialismus und Anarchismus: in wieweit sie übereinstimmen und worin sie sich unterscheiden. Ins Deutsche übertragen von Georg Schumm. Mit einem Anhang: Die Litteratur des individualistischen Anarchismus. 8°. Berlin, B. Zack, 1895.
— 5. Why I am an anarchist. Vide: Why (The) I am's.
— Vide: Libertas.
— — Liberty.
— — Radical (The) Review.

Tucker, B. R., and Tillinghurst, Will. H., Anarchism or anarchy. A discussion between William H. Tillinghurst and B. R. Tucker. Prefaced by an open letter to Rev. William J. Potter. 1881?

Tufferd, Fred., L'union en socialisme. (Société Nouvelle, 1887,₂.)

Tuffet, Louis, Le Problème social, livre dédié à la jeunesse. 18°. Vichy, impr. Bougarel, 1895.

Turati, F., 1. Il delitto e la questione sociale. 12°. Milano 1883.
— 2. Notes sur Bakounine. Publiées par E. Darnaud, Foix 1890? (diverses éditions).

Turgeon, Ch., Les dangers de l'internationalisme ouvrier. (Rev. d'écon. polit., IX, 1895.)

Turgenieff, Nikolas, Russland. Bild in politischer und socialer Beziehung. 8°. Grimma, Verlags-Comptoir, 1847.

Turiello, Pasquale, Governo e governanti in Italia: Saggio. 2 vols. 8°. Bologna-Modena, tip. Zanichelli, 1882.

Türk, Jul., Hervorbringung und Vertheilung der Werthe in der sozialistischen Gesellschaft. 8°. Hamburg, Fr. Meyer, 1892.

Turigny, Abel, La question sociale. 4°. Nevers, impr. Vincent, s. a. (1897).
Turot, Henri, Un programme socialiste. 18°. Paris, à la Petite République, 1898.
Tutti in Maschera! Giorn. San Remo, 1888, numero unico.
Tveter, Mieczislaus, Ritter von Lubomir, Der Kampf um Raum und Nahrung. Eine politisch sociale Studie. 8°. Lemberg, 1. Vereinsdruckerei, s. a.
Twentieth Century, New York 1890, red. by Hugh. O. Pentecost.
Tyche, Jul. v., Die Todsünden der modernen Gesellschaft. Ein Protest gegen die bestehende Wirtschaftsordnung und ihre Folgen. gr. 8°. Wien, Dirnböck, 1892.
Typographe (Le). Journal. Liège 1885.
Typographe (Le). Bruxelles 1877—1889.
Tyran (Le). pt. 12°. Bruxelles 1862.
Tytler, James, Answer to the Second Part of Paine's „Age of Reason". 8°. Edinburgh 1797.

U.

Uchronie (L'utopie dans l'histoire). Esquisse historique apocryphe du développement de la civilisation Européenne, tel qu'il n'a pas été, tel qu'il aurait pu être. 8°. Paris, bureau de la critique philos., 1876.
Udny, E., The Freeland colony: Cooperation in East-Africa. With preface by Dr. Hertzka. 12°. London, Wass, 1894.
Ueberblick (Kurzer) über die Lage der Metallarbeiter Münchens. Nebst einer allgemeinen Einleitung für Arbeiter jeden Berufes geschrieben. 8°. München, Thomas Weindl, 1887.
Uebersicht über die Literatur des individ. Anarchismus. 2 pp. 8°. Berlin, B. Zack, 1895.
Uguaglianza (L'). Napoli, nov. 1869—1870.
Uguaglianza (L') sociale. Giorn. Marsala 1892.
Uhlhorn, G., 1. Die Arbeit im Lichte des Evangeliums betrachtet. Vortrag, gehalten in Bremen am 8. Febr. 1877. 8°. Bremen, Müller, 1877.
— 2. Evangelisch-soziale Bestrebungen. (Handwörterb. d. Staatswiss., V, 1893.)
— 3. Katholizismus und Protestantismus gegenüber der socialen Frage. 1. u. 2. Aufl. gr. 8°. Göttingen, Vandenhoeck u. R., 1887.
Ulfers, S., 1. Christendom en sociale quaestie voor achttien eeuwen. 8°. Rotterdam, M. Bredó, 1893.
— 2. Het socialisme. 8°. Amsterdam 1897.
— 3. De sociale vragen en de evangeliedienaar. 1887.
Ulmo, L., Le problème social. 18°. Genève 1897.
Ulrich, Ed., Staatserhaltende Demagogie und staatsgefährdende Leisetreterei. gr. 8°. Dresden, Druckerei Glöss, 1893.
Umbildung (Die) der socialdemokratischen Partei. (Grenzboten, 1891,₄, 1892,₄.)
Umbreit, P., 1. Die Aufgaben der Gewerkschaftskartelle. (Neue Zeit, Jhrg. 16, 1897/98.)
— 2. Aus den deutschen Ziegelböllen. (Neue Zeit, Jhrg. 14,₂, 1895/96.)
Umsturz und Parlamentarismus. Den Umstürzlern und Parlamentariern gewidmet. 8°. Deutschland, im Sommer 1887 (Hottingen-Zürich, Genoss.-Druck.).
Umsturz und Socialdemokratie. Verhandlungen des deutschen Reichstages am 17. Dec. 1894 und 8.—12. Jan. 1895 nach dem officiellen stenogr. Bericht. 2 Hefte. gr. 8°. Berlin, Verlag des „Vorwärts", 1895.
— 2. Berathung der Umsturz-Vorlage. Verhandlungen des deutschen Reichstages vom 8.—11. Mai 1895 nach dem

officiellen stenogr. Bericht. 3.—5. Heft. gr. 8°. Ebenda 1895.

Umsturzbestrebungen und Volkserziehung. gr. 8°. Berlin 1898.

Umsturzvorlage (Die). (Grenzboten, 1895,₇.)

Umsturzvorlage (Die). (Christlich-soziale Blätter, Jhrg. 28, 1895.)

Umsturzvorlage (Die) und (Zur). (Grenzboten, 1894.₄.)

Umsturzvorlage (Die) und der Reichstag. (Grenzboten, Jhrg. 54,₁₁, 1895.)

Umsturzvorlage und Revolution. Von einem Volksfreund. 1.—24. Aufl. gr. 8°. Berlin, H. Kracht. 1895.

Umtriebe (Die aristocratischen) zur Verständigung über die historisch begründete Gliederung der Gesellschaft. 8°. Leipzig 1843.

Umtriebe (Die politischen) der deutschen, italienischen, französischen und polnischen Flüchtlinge in der Schweiz, aktenmässig dargestellt (Malten's Weltkunde, VIII—XII, 1836.)

Under röd flagg. Journ. 16°. Stockholm, 5 mars—6 juin 1891. 9 nos.

Ungleichheit (Die) des allgemeinen gleichen Wahlrechts, von E. v. L. 8°. Berlin 1868.

Union (L') française. Journal de la république fédérale. grand format. 12 nos. du vendredi 5 mai au mardi 16 mai 1871. Paris.

Union (La) Gremial, organo de las sociedades de resistencia (en espagnol, italien et français). Buenos-Aires 1895 sq.

Union (L') industrielle. Manifeste. (Projet de phalanstère.) 8°. s. l. s. a.

Union (L') de Lille et le prolétariat. 4°. Lille, impr. Delory, 1896.

Union obrera. Revue mensuelle. Barcelona 1885—86.

Union (La) obrera. Journ. San Martin de Provensals, 21 déc. 1895—96.

Union (L') républicaine du Calaisis, organe de la démocratie libérale et progressiste, paraissant les lundis, mercredis et samedis soir. Année 1, no. 1, 26 mars 1898. fol. Calais, impr. Tartar.

Union républicaine de Gaillac, journal du parti républicain radical socialiste, paraissant le jeudi et le dimanche. Année 1, no. 1, 14 juillet 1895. fol. Albi, impr. Astié.

Union sociale, organe des comités de la Seine pour la défense des travailleurs,

journal paraissant le dimanche. Année 1, no. 1, 3 nov. 1895. fol. Paris, impr. Alcan-Levy.

Union socialiste, organe politique et économique de Rouen et de la région. Année 1, no. 1, 22 mars 1896. fol. Rouen, impr. Maréchal.

Union (L') socialiste, organe pour la défense des travailleurs de l'arrondissement d'Aix, paraissant le jeudi. Année 1, no. 1, 9 juin 1898. fol. Aix, impr. Bernex.

Union (L') socialiste, organe mensuel du comité d'union socialiste de Besançon, paraissant le 1ᵉʳ de chaque mois. Année 1, no. 1, juillet 1898. fol. Oyonnax (Ain), impr. populaire.

Union socialiste rennaise, organe des travailleurs républicains socialistes de l'Ille-et-Vilaine. Année 1, no. 1, du 12—18 avril 1896. fol. Paris, impr. Allemane.

Union (L') des travailleurs, journal hebdomadaire. Bruxelles 1875.

Union (L') des travailleurs dans l'enseignement, l'industrie, le commerce, les sciences. 8°. Paris 1844.

Unkel, Th., Ueber die Arbeiterfrage, ihre Entstehung und die Bestrebungen zu ihrer Lösung. (Monatsschr. f. christl. Sozialref., Jhrg. 16, 1894.)

Unruh, v. Vide: Socialdemokraten (Die), was uns den Wählern versprechen.

Unterdrückten (An die) und Enterbten. Flugschrift, deutsch und böhmisch. s. l. s. a.

Unternehmen (Ein antisozialdemokratisches). (Zeitschrift: „Social-Correspondenz".) (Grenzboten, 1878,₁.)

Unversagt, Gottfried, Socialdemokratische Windbeuteleien und Was dagegen hilft. Ein Wort an das Deutsche Volk. 2. Aufl. 8°. Neu-Erkerode, Buchhdlg. d. Idioten-Anstalt, 1877.

Unverzagt, Traug., Zeitgemässe Gedanken über Socialdemokratie, Christentum und Schule. 8°. Leipzig, Dürr'sche Buchh., 1893.

Urangia-Tazzoli, Gino, Nuovi orizzonti del diritto: il contratto di lavoro e la questione operaia. 8°. Mantova, tip. G. Mandovi, 1898.

Urbain. Vide: D'Eichthal, G., et Urbain.

Urban, Fr. L., Waldeck und die Demokratie. gr. 8°. Berlin 1862.

Urio (L') della Canaglia. Giorn. Padova, 2 sett. 1888. Numero unico.
Ursachen (Die) der Arbeiterfrage nach der Encyklika Rerum novarum Leo's XIII. (Christl.-soz. Blätter, Jhrg. 30, 1897.)
Ursachen (Die wahren) vom Tode Ferdinand Lassalle's. Von *₌*. gr. 8°. Leipzig, K. F. Pfau in Komm., 1895.
Usmrtjavanieto i recta na Vaiana ot N. G. 16°. Sevlievo 1895. (Izdava „Rabotnik", Sevlievo.)
Utopiae accurata tabula, d. i. der neuentdeckten Schalckwelt, oder des so offt benannten und doch nie erkannten Schlaraffenlandes Neu erfundene lächerliche Landtabelle. Worinnen alle und jede Laster in besondere Königreiche, Provintzen und Herrschafften abgetheilet, beyneben auch die nächst angränzende Länder der Frommen: des zeitlichen Auff- und Unterganges auch ewigen Verderbens Regionen sammt einer Erklärung anmuthig und nutzlich vorgestellt worden durch Author anonymus. Prostat in Officina Homanniana s. l. s. a.

V.

Vaccaro, M. A., 1. La legge ultima dell'evoluzione sociale. (Rivista italiana di sociologia, I, 1897.)
— 2. La lutte pour l'existence et ses effets dans l'humanité. Traduit par J. Gauro. 2. édit. revue et augm. sur la question sociale actuelle. 8°. Paris, Marosque aine, 1892.
Vadalà-Papale, G., Il fenomeno sociale della proprietà privata. 8°. Milano, Pensiero italiano, 1893.
Vahlteich, Julius, 1. Der Deklamator. Gedichtsammlung. 2 Hefte. 8°. Chemnitz, Genoss.-Buchdr., 1878.
— 2. Der Parteikampf zwischen den Socialisten in Deutschland. 8°. Chemnitz (187.).
Vaihinger, Hartmann, Dühring und Fr. Alb. Lange. 8°. Iserlohn 1876.
Vaillant, Auguste, 1. Déclarations. („La Révolte" du 20 janv. 1894; „L'Avenir", Genéve, 28 janv. 1894; „Le Libertaire", Bruxelles, 28 janv. 1894.)
— 2. Mes derniers jours de liberté (Extraits). („Le Figaro", 21 juillet 1894.)
— 3. Lettres. („Révolte", 6 janv. 1894.)
Vaillant, E., Le parti socialiste. (Almanach de la question sociale pour 1894.)
Vaillant, Ed., et Millerand, A., L'organisation du socialisme en France. (Revue socialiste, 1896, déc.)

Vairasse, Geschichte der Sevaramben, aus dem Französischen übersetzt. 2 Theile. 8°. Itzehoe 1783.
— Vide: Historie der Sevarambes.
— — History (The) of Sevarites.
Vaisse, J. L., 1. Un mot à Félix Pyat, représentant du peuple à propos de la question du droit au travail. 8°. Paris 1848.
— 2. La République universelle de l'avenir. Le vote des femmes. 8°. Paris, Cherbuliez, 1871.
Valdarnini, A., 1. I massimi problemi dell' età nostra a proposito di un recente libro di Terenzio Mamiani. (Nuova Antologia, 1882, marzo.)
— 2. Riforme sociali in Montesquieu e Mamiani e la conferenza internazionale di Berlino.
— 3. Saggi di filosofia sociale. 16°. Torino 1890.
Valdera, Paolo, 1. Alla conquista del pane. 16°. Milano, G. Cossi edit., 1882.
— 2. Fasto e miseria: conferenza tenuta a Londra il 15 gennaio 1887. 24°. Torino, tip. cooperativa, 1887.
Vale, G., The life of Thomas Paine. 8°. New York 1850.
Valenti, Ghino, Le forme primitive e la teoria economica della proprietà: saggio. 8°. Roma, E. Loescher, 1892.

42*

Valera, P., 1. L'insurezione chartista in Inghilterra, con proemio di F. Turati. 12°. Milano, Critica sociale edit., 1895.
— 2. Lasciatemi passare. 8°. Milano 1889.
— 3. La vendetta sociale. 8°. Milano 1887.

Valeriani, V., Il principio d'autorità nella questione sociale. 8°. Siracusa, tip. del Tamburo, 1894.

Vallance, A., W. Morris, his art and his writings and his public life. With portr. and illustrat. 8°. London 1897.

Vallat, G., 1. Étude sur la vie et les oeuvres de Thomas Moore. 'gr. 8°. Paris 1887.
— 2. Thomas Moore et son oeuvre immortelle. 8°. Tours, Mame et fils, 1895.

Vallès, Jules. Vide: Cri (Le) du peuple.

Vallès, M. F., 1. Études philosophiques sur la science du calcul. 8°. Paris 1841.
— 2. Théorie élémentaire des logarithmes. 8°. Paris 1840.
— 3. Théorie des imaginaires, lettre à Arago. 8°. Paris 1847.

Valleton, H. Vide: Armand-Levy et Valleton, H.

Valori, do, Les droits du peuple. 8°. Paris 1860.

Valségane, F. A. de, Essai sur l'organisation sociale. 12°. Paris, Bray et Retaux, 1873.

Valserres, Droit rural. Dialogues populaires. 8°. Paris 1848.

Van de Laar, A. R., Landnationalisatie. Beoordeeling van de voor en tegen landnationalisatie aangevoerde gronden. gr. 8°. Utrecht, J. de Kruyff, 1895.

Van de Stad, E. M., Willem Strijder, de werkman socialist en zijn gezin. 8°. Arnh. s. a.

Vandendorpe, D. Vide: Suffrage (Le) universel.

Van den Heuvel, Jules. Une citadelle socialiste. Le Vooruit de Gand. (Extrait de la Réforme sociale.) 8°. Paris, impr. Levé, 1897.

Van der Goes, F., Organische ontwikkeling der maatschappij. Socialistische studie. gr. 8°. Amsterdam, H. J. Poutsma, 1894.

Vanderkindere, L., Le socialisme dans la Grèce antique. Conférence fait au cercle des étudiants liberaux de l'Université de Bruxelles, le 28 janv. 1896. (Extrait de la „Revue de l'Université de Bruxelles", mars 1896.) 8°. Bruxelles, Bruylant, 1896.

Vandermeulen, A., Enthüllungen aus der höheren Region der politischen Spionage, in Berichten eines ungarischen Judas Ischariot. Nebst sonstigen Aufdeckungen in Bezug auf das Treiben der geheimen Polizei. 8°. Berlin, Schlingmann, 1862.

Vandermeulen, J., Pro memoria. Cantate en l'honneur des héros de la Commune. 8°. Gand, impr. de Vooruit, 1894.

Van der Smissen, L'encyclique de la paix sociale conférence donnée à la maison des ouvriers de Bruxelles. 8°. Gand, A. Siffer, 1891.

Vanderstegen. Vide: Anseele, Ed., Waxweiler en Vanderstegen.

Van der Tunk, M. T., 1. Bijdrage tot oplossing der sociale kwestiën. Rede, uitgesproken te Assen, 22 febr. 1891. gr. 8°. Assen, van Gorkum, 1891.
— 2. Een betere toekomst. gr. 8°. Amsterdam, W. Versluys, 1897.

Van der Veer, Kollectivisme en kommunisme. Een vordracht. 8°. 's Hage, J. Hoekstra, 1892.

Vandervelde, Emil, 1. Der Agrarsozialismus in Belgien. (Neue Zeit, Jhrg. 15, 1896/97.)
— 2. Die Arbeiterpartei Belgiens. (Neue Zeit, Jhrg. 13, 1894/95.)
— 3. Les associations professionnelles d'artisans et ouvriers en Belgique. 2 T. Roy.-8°. Bruxelles 1892.
— 4. Les bureau de statistique du travail. (Revue de Belgique, 1893.)
— 5. Le collectivisme. (Revue socialiste, 1894,₁₁.)
— 6. Le collectivisme. 1. et 2. partie. 8°. Bruxelles, au journal Le Peuple, 1893. (Bibliothèque de propagande socialiste, no. 5 et 6.) Nouv. édit. 8°. Bruxelles, au journal Le Peuple, 1896. (Bibliothèque de propagande socialiste sans no.)
— 7. Le dixième congrès ouvrier belge. (Revue socialiste, 1894,₁₁.)
— 8. Les contrepoids du parlementarisme. (Avenir social, 1876, no. 7.)
— 9. Cours sur les doctrines sociales au XIX. siècle. Syllabus de l'extension universitaire. 8°. Bruxelles 1893.
— 10. La décadence du capitalisme. Conférence donnée au jeune barreau de Bruxelles le 7 avril 1892. (Extrait de la „Revue de Belgique".) 8°. Bruxelles, P. Weissenbruch, 1892.

Vandervelde, Émile, 11. Les difficultés de l'assurance ouvrière en Belgique. (Société Nouvelle, 1889₁₁.)
— 12. Les élections en Belgique. (Revue socialiste, 1894,₂.)
— 13. Les élections communales en Belgique. (Revue socialiste, 1896, févr.)
— 14. Enquête sur les associations professionnelles d'artisans et d'ouvriers en Belgique. 2 vols. 8°. Bruxelles, impr. trav. publ., 1891.
— 15. L'évolution régressive des corporations de la West-Flandre. (Société Nouvelle, 1892,₁.)
— 16. Die sozialistische Genossenschaft in Belgien. (Archiv f. soz. Gesetzg., Bd. 6, 1893.)
— 17. La grève des mineurs en Belgique. (Revue socialiste, 1893,₂.)
— 18. L'inspection du travail en Belgique. (Revue socialiste, 1896,₁.)
— 19. Institutions diverses crées par les chefs d'exploitations en faveur de leur personnel. 8°. Bruxelles, impr. P. Weissenbruch, 1889.
— 20. Les institutions économiques du parti ouvrier belge. 8°. Bruxelles, au siège de l'Institut des sciences sociales, 1894.
— 21. Leçon d'ouverture du cours sur l'évolution industrielle, fait à l'Institut des Hautes Études. 8°. Bruxelles, H. Lamertin, 1896.
— 22. Législation ouvrière. La loi belge du 15 juin 1896 sur les réglements d'atélier. (Extrait du Devenir social.) 8°. Paris, Giard et Brière, 1897.
— 23. Lettre collectiviste au courrier de Bruxelles. 8°. Bruxelles, au journal Le Peuple, 1895. (Bibliothèque de propagande socialiste.)
— 24. La limitation des heures de travail en Belgique. (Revue socialiste, 1892,₂.)
— 25. La limitation des heures de travail en Belgique. Rapport au congrès de la réglementation du travail. 8°. Anvers 1889.
— 26. Le livre III du capital de Marx. (Annales de l'Institut des sciences sociales, Bruxelles 1897, et „Avenir social", 1897, no. 3.)
— 27. Le livre du „capital" de Marx, et la théorie de la rente foncière. (Annales de l'Institut des sciences sociales, IV, 1898.)

Vandervelde, Émile, 28. La loi belge du 15 juin 1896 sur les réglements d'atélier. (Devenir social, 1897, janv.)
— '29. Les lois sociales en Belgique. Discours. 12°. Bruxelles, impr. Vve. Brismée, 1897. (Bibliothèque de la propagande socialiste.)
— 30. La monnaie et la mesure des valeurs. (Science sociale, 1897, mai.)
— 31. Les origines du mouvement coopératif en Belgique. (Coopérateurs belges, 1893, 1. juin.)
— 32. Le projet de loi sur les unions professionnelles devant le parlement belge. (Extrait du Devenir social, III, 1897.) 8°. Paris, Giard et Brière, 1897.
— 33. La question agraire en Belgique. (Devenir social, III, 1897.)
— 34. La question agraire on Belgique. 18°. Paris, libr. Giard et Brière, 1897. (Publications du groupe des étudiants collectivistes.)
— 35. La révolution chrétienne. (Société Nouvelle, 1890,₁.)
— 36. La situation en Belgique. (Revue socialiste, 1893,₁.)
— 37. Le socialisme à l'Université libre de Bruxelles. Discours inaugural d'Hector Denis. (Revue socialiste, 1892,₂.)
— 38. Le socialisme agricole. Discours prononcé à la chambre. 8°. Bruxelles, au journal Le Peuple, 1895. (Bibliothèque de propagande socialiste, no. 4.)
— 39. Socialismo agrario: discorso pronunciato alla Camera dei deputati del Belgio, discutendosi il bilancio dell'agricoltura. 12°. Milano, tip. Morosini e Co., 1895.
— 40. Der gegenwärtige Stand der socialistischen Arbeiterbewegung Belgiens. (Socialpolit. Zentralblatt, 1893, Nr. 24.)
— 41. Statistique du travail en Belgique. (Revue socialiste, 1893,₁₁.)
— 42. Vive la Commune. 8°. Bruxelles, au journal Le Peuple, 1895. (Bibliothèque de propagande socialiste, no. 10.)
— Vide: Destrée, J., et Vandervelde, E.
— — Massart, J., et Vandervelde, E.
— — Ninauve et Vandervelde.

Vandervelde, E., et Massart, Jean, Parasitisme organique et social. (Société Nouvelle, 1893,₁,₂.)

Van der Voorst, A., De Volksbond, von 1875—1890. 8° Haarlem 1890.

Van der Woo en Nieuwenhuis, Der Leer

von Saint-Simon Ontvound. 8⁰. Amsterdam 1860.
Van Hamel. Vide: Bérard Alex, C. Lombroso et Van Hamel.
Van Loo Romain. Vide: Bertrand, L., et Van Loo Romain.
Vanni, J., La funzione pratica della filosofia del diritto considerata in sè ed in rapporto al socialismo contemporaneo. 8⁰. Bologna, Ditta Zanichelli, 1894.
Van Nu en Straks. Anvers, Revue, 1. série, avril 1893—oct. 1894 (surtout littéraire). 2. série, janvier 1896, 3 nos. (anarchiste).
Vansittart-Neale, E., The labour association. 8⁰. London 1887.
Vara, A. de, Consigli agli operai. 8⁰. Milano 1877.
Varchmin, F. W. v., Die Ursachen zur Unzufriedenheit in der arbeitenden Klasse auf ihren wahren Wert geprüft. 8⁰. Köstrin 1887.
Varennes, Henri, De Ravachol à Caserio (notes d'audience). 18⁰. Paris, Garnier, s. a. (1896).
Vargas, Maccincca M. de, Il socialismo e la questione sociale. 8⁰. Napoli 1893.
Varigny, C. de, Un devoir social. (Journ. des Écon., 1896, juillet.)
Varin et **Roger de Beauvoir,** Les femmes saucialistes. A-propos mêlé de couplets. 8⁰. Paris, Beck, 1849.
Varlope (La). Paris, 1. mars 1895 sq. (organe corporatif).
Vaterlandsliebe (Die) in der sozialen Frage. (Sozialpolit. Rundschau, Jhrg. 1, 1891/92.)
Vaucheret, Guerre à la misère. 8⁰. Paris 1855.
Vaughan, Cardinal, A key to the social problem. (Humanitarian, vol. 3, 1893.)
Vauthier, Octave. Vide: Coeurderoy, Ernest, et Vauthier, Oct.
Vazeille, A., La question sociale est une question de méthode. 8⁰. Paris, Giard et Brière, 1897.
Veblen, Thorstein, 1. The beginnings of ownership. (Amer. Journ. of Sociology, vol. 4, 1898.)
— 2. The instinct of workmanship and the irksomeness of labor. (Amer. Journ. of Sociology, vol. 4, 1898.)
— 3. Some neglected points in the theory of socialism. (Annals of the Amer. Academy of pol. and soc. science, vol. 2, 1891.)
Vega-Rey, Falco L., La cuestión social en España. 8⁰. Madrid, M. G. Hernandez, 1893.
Veidaux, André. Vide: Plume (La).
Veille (La) du Sacre. Par l'auteur de „La Voix mysterieuse". 44 pp. 12⁰. Londres 1853.
Velsen, Dr. W. v., Religion und Freiheit, als Grundlage des Staates und des Thrones. 8⁰. Cleve 1817. (Halle, Schwetschke u. S.)
Vendemiaire. Paris, 1. juillet 1891 sq. 4 nos.(?).
Venedey, J., 1. John Hampden. Nebst einem Nachtrage: Flüchtlingslehrjahre und Amnestie. 8⁰. Carlsruhe 1849.
— 2. Machiavel, Montesquieu, Rousseau. 2 Bde. Berlin 1850.
— 3. Der Nürnberger Vereinstag und das Programm der internationalen Arbeiterassociation. gr. 8⁰. Mannheim 1868.
Venedey, M., Die deutschen Republikaner unter der französischen Republik, hrsg. von J. Venedey. 8⁰. Leipzig 1870.
Vengeur (Le). Directeur-politique: Félix Pyat.
Grand format. Ce Journal a eu deux périodes distinctes: La première qui commence au no. 1 le vendredi 3 février 1871 (15 pluviôse, au 79), et qui finit au no. 35, samedi 11 mars (21 ventôse) par suite du décret de suppression du général Vinoy. — La seconde qui commence sous la Commune, au no. 1 (2. série) le jeudi 30 mars (10 germinal) pour finir au no. 56, le mercredi 24 mai (5 prairial). En tout 91 numéros. Paris.
Vengeur (Le). Journ. hebdomadaire, organe des intérêts de la région bordelaise. Année 1, no. 1, 4 mai 1895. gr. fol. Bordeaux, impr. du Vengeur.
Venti Settembri. Giorn. Buenos-Aires 1889, numero unico.
Ventura, Le R. P., La religion et la démocratie. Discours funèbre pour les morts de Vienne prononcé à Rome le 27 nov. 1848, précédé d'une aperçu sur la situation romaine et le règne temporel de Pie IX. Traduit de l'italien et annoté par l'abbé Anatole Leray. 8⁰. Paris, Vaton 1849.
Venturi, A. Mme., Biographie de Mazzini, suivie de deux essais pensées sur la démocratie en Europe, les devoirs de l'homme; traduction par Mme. E. de M. 18⁰. Paris, Charpentier, 1881.
Veränderungen (Die) im Organismus der Arbeit und ihr Einfluss auf die socialen Zustände. Von S. (Deutsche Vierteljahrsschrift, 1840_2)

Verband (Der) der katholischen Arbeitervereine Frankreichs. (Christl.-soz. Blätter, Jhrg. 25, 1892.)

Verbandstag (Der) der katholischen Arbeitervereine Süddeutschlands. (Christl.-soz. Blätter, Jhrg. 29, 1896.)

Verbauwen, Paul, 1. Minimun van dagloon en maximun van werkuren. 8°. Gent, Drukk. Hardyns, 1892.
— 2. Redevoering uitgesproken op het arbeidersfeest van Zondag, 20. april 1897, ter geledenheid zyner invryheidstelling. 8°. Gent, F. Hage, 1879.

Verbindung (Die polnisch-demokratische) an die Deutschen. 8°. Leipzig 1848.

Verbindungen (Die geheimen, deutschen) in der Schweiz seit 1833. Beitrag zur Geschichte des modernen Radikalismus und Communismus. 8°. Basel 1847.

Verbot (Das) des Königsberger Volksblattes, nebst Beschwerden an die Reichskommission. 8°. München, Pollner (Viereck), 1884. (Sozialpolit. Zeit- u. Streitfragen, Heft 15.)

Verbot (Das) der „Süddeutschen Post" und die dagegen erhobene Beschwerde an die Reichskommission. 8°. München, G. Pollner, 1883. (Sozialpolit. Zeit- u. Streitfragen, Heft 8.)

Verbot (Das zweite) Verbot der „Süddeutschen Post" und Stimmen der Presse zu demselben. 8°. München, Viereck, 1884. (Sozialpolit. Zeit- u. Streitfragen, Heft 10.)

Verbrechen (Das) am Niederwald, von O. M. (Preuss. Jahrb., Bd. 55.)

Verbrie, A., Le cri suprême, ou le Bleu, le Blanc et le Rouge, suivi de la déclaration des droits de l'homme, de la constitution du 24 juin 1793, de la constitution du 5 fructidor an III. 8°. Paris 1848.

Verbruggen, F., 1. La délivrance. — Le socialisme régenera. 8°. Bruxelles, impr. Fischlin, 1890.
— 2. Le triomphe de la justice. 8°. Bruxelles, impr. Vogels, 1892.

Verdad (La). Journ. Rosario de Santa Fé, 1894—96; 21 nos.?

Verein (Demokratischer) zu Lyon an das deutsche Volk. Eine Probe, wie die Deutschen in Frankreich denken. gr. 8°. s. l. s. a.

Vereinstag (Fünfter) der deutschen Arbeitervereine. 8°. Nürnberg 1868.

Vergnügungssucht und Socialdemokratie. (Christl.-soz. Blätter, Jhrg. 31, 1898.)

Verhaegen, P., Socialistes anglais. 8°. Gand, Engelcke; Paris, Larose, 1898.

Verhandlung (Zur) über das Sozialistengesetz. (Grenzboten, 1886,₃.)

Verhandlungen gegen Wirth, Siebenpfeiffer, Hochdörfer, Scharpff, Becker, Grosse, Pistor, Rost und Baumann wegen Aufforderung zum Umsturze der Staatsregierung, ferner gegen Schüler, Savoye, Geib und Eifler wegen Complottes zum Umsturz der Staatsregierung. 4°. Zweibrücken 1833.

Verhandlungen (Die) des 1. ordentl. Verbandstages der deutschen Gewerkvereine, abgehalten zu Berlin am 26., 27., 28. und 29. Aug. 1871. gr. 8°. Leipzig, Duncker, 1871.
— des 2. ordentl. Verbandstages, abgeh. zu Berlin vom 16.—21. April 1873. gr. 8°. Ebd. 1874.
— des 3. ordentl. Verbandstages, abgeh. zu Leipzig vom 27.—31. März 1875. gr. 8°. Ebd. 1875.

Verhandlungen über den Antrag Liebknecht und Genossen, betreffend die Aufhebung sämmtlicher im Deutschen Reiche existirenden Ausnahmegesetze, in der Reichstagssitzung vom 11. Jänner 1883. Wörtlicher Abdruck des amtl. stenogr. Berichtes. 8°. Nürnberg, Wörlein u. Co., s. a.

Verhandlungen des deutschen Reichstages über den Entwurf eines Gesetzes betreffend die Verlängerung der Giltigkeitsdauer des Gesetzes gegen die gemeingefährlichen Bestrebungen der Sozial-Demokratie v. 21. Oct. 1878. Wörtlicher Abdruck des amtl. stenogr. Berichtes über die Reichstags-Sitzungen vom 27., 28. u. 30. Jänner 1888. 3 Liefrg. 8°. Nürnberg 1888.

Verhandlungen des Parteitages der deutschen Socialdemokratie in St. Gallen. Abgehalten vom 2.—6. Oct. 1887. 8°. Hottingen-Zürich, Volksbuchhdlg., 1888.

Verhandlungen des 3. österr. socialdemokratischen Parteitages, abgehalten zu Wien am 5., 6., 7., 8. und 9. Juni 1892 in den Drei-Engel-Sälen. Nach dem stenogr. Protokolle. 8°. Wien, L. A. Bretschneider, 1892.
— des 4., abgeh. zu Wien vom 25.—31. März 1894 in Schwenders Kolosseum.

1. u. 2. Aufl. gr. 8°. Wien, 1. Wiener Volksbuchhdlg. J. Brand, 1894.
Verhandlungen des 5. österr. socialdemokratischen Parteitages, abgeh. zu Prag vom 5.—11. April 1896 auf d. Schützeninsel. gr. 8°. Ebd. 1896.
— des 6., abgeh. zu Wien vom 6.—12. Juni 1897 im Saale des Hotel Wimberger. gr. 8°. Ebd. 1897.
Verhandlungen des Ersten österr.-ungar. Tischlertages in Wien, 7. und 8. Sept. 1890. Nach d. stenogr. Protokoll hrsg. von Adolf Presl. 8°. Wien, Math. Eibensteiner, 1890.
Verhandlungen des Kongresses der Berg- und Hüttenarbeiter Oesterreichs in Wien am 7. und 8. Dec. 1890. Nach d. stenogr. Protokoll hrsg. von E. Berner. 8°. Prag 1891.
Verhandlungen des evangelisch-sozialen Kursus in Elberfeld am 22.—24. Jan. 1893. 8°. Hottingen 1893.
Verhandlungen und Beschlüsse des internationalen Arbeiter-Kongresses zu Brüssel (16.—22. Aug. 1891). 8°. Berlin, Verlag d. „Vorwärts", 1893.
Verhandlungen des 4. österr.-ung. Tischler-Congresses, abgehalten in Wien am 2. und 3. Juni 1895. Nach der stenogr. Aufnahme. 8°. Wien, Verbandsorgan der Holzarbeiter, 1895.
Verhandlungen und Beschlüsse des internationalen socialistischen Arbeiter- und Gewerkschafts-Kongresses zu London vom 27. Juli bis 1. Aug. 1896. gr. 8°. Berlin, Buchhdlg. Vorwärts, 1896.
Verhandlungen (Die) des 8. evangelischsozialen Kongresses, abgeh. zu Leipzig am 10. und 11. Juni 1897. Nach den stenogr. Protokollen. gr. 8°. Göttingen, Vandenhoeck u. Ruprecht, 1897.
Verhandlungen des 1. österreichischen Eisenbahner-Congresses. Abgehalten zu Wien am 22. bis einschliesslich 24. März 1896 Nach dem stenogr. Protokolle. 8°. Wien, „Eisenbahner", 1896.
Verhandlungen der freien kirchlich-socialen Konferenz zu Kassel am 27. und 28. April 1897. 8°. Berlin, Buchhdlg. d. Berliner Stadtmission in Komm., 1897.
Verhandlungen des Congresses der Vereine der Buchbinder und verwandten Berufe Oesterreich-Ungarns. Abgeh. am 25. und 26. December 1896. Redigirt und mit einem Vorworte versehen von J. Grünwald. 8°. Wien, Verlag der „Einigkeit", 1897.
Verhandlungen (Die) des 9. evangelischsozialen Kongresses, abgeh. in Berlin am 2. und 3. Juni 1898. Nach den stenogr. Protokollen. Aufgenommen vom Parlam.-Stenogr. Linschmann u. Journalisten Berlowitz. gr. 8°. Göttingen, Vandenhoeck u. Ruprecht, 1898.
Verhandlungen (Die) des 9. evangelischsozialen Kongresses. (Grenzboten, 1898,₃.)
Verhandlungen des Parteitages der deutschen Sozialdemokratie Oesterreichs, abgehalten zu Linz vom 29. Mai bis einschliesslich 1. Juni 1898. gr. 8°. Wien, 1. Wiener Volksbuchh., 1898.
— Vide auch: Compte-rendu.
— — Protokolle.
Verhandlungsbericht über den 1. allgemeinen Kärntner Handwerkertag, abgehalten am 6., 7. und 8. Dec. 1891 im Hôtel „Ross" in St. Veit a. d. Glan. 8°. Selbstverlag d. Actions-Comité, Druck von H. Schlick, St. Veit a. d. Glan.
Verità (La). Dichiarazione del grupo anarchico-intransigente di Parigi. 2 pp. fol.
Veritas, Vinc., Die Wünsche und Forderungen der Arbeiter an ihre Arbeitgeber und an den Staat. 8°. Leipzig 1848.
Veritas. Giorn. Milano, 16 agosto 1893, numero unico.
Vérité (La). Journal politique quotidien. Rédacteur en chef: Edouard Portalis. grand format. 231 nos. (—23 mai 1871). Paris.
Vérité (La), organe socialiste, paraissant les mercredi et samedi. Année 1, no. 1, 17 mars 1898. fol. Alger, impr. Franck et Solal.
Vérité (La) sur la Commune, par un ancien conscrit. 8°. Paris s. a.
Vérité (La) sur la démocratie socialiste allemande. 16°. Lille, impr. Lagrange, 1896.
Vérité (La) sur la liberté, l'égalité, la fraternité, par un Rémois. 8°. Reims, impr. Bugg, s. a. (1895).
Vérité (La). Journ. Ensival, 5 déc. 1896 sq.
Vérité sociale, organe des démocrates ardennais, journal paraissant le samedi. Année 1, no. 1, 11 mai 1895. fol. Charleville, impr. spéciale.
Verlängerung (Die) des Socialistengesetzes. (Grenzboten, 1884,₁₁.)
Verly, Hipp., 1. Le socialisme en Belgi-

que. (La Vie contemporaine et Revue Parisienne réunies, Paris, 1. août 1896.)

Verly, Hipp., 2. Les socialistes au pouvoir, simple histoire à la portée de tout le monde. Version nouvelle du „Triomphe du socialisme". 18⁰. Paris, Le Soudier, 1898.
— 3. Le triomphe du socialisme. Journal d'un ouvrier révolutionnaire, imité de Richte. 8⁰. Paris 1892.

Vermorel, A., 1. Les hommes de 1848. 3. édit. 8⁰. Paris, Décembre-Alonnier, 1869.
— 2. Les hommes de 1851. Histoire de la présidence et du rétablissement de l'empire. 8⁰. Paris, Décembre-Alonnier, 1869.
— 3. Mirabeau, sa vie, ses opinions et ses discours. 5 vols. 32⁰. Paris, libr. de la bibl. nat., 1876.
— 4. Les vampires. Pamphlet électoral. 8⁰. Paris, Décembre-Alonnier, 1869.
— Vide: Ami (L') du peuple.
— — Courier français.

Verneuil, V., Affranchissement de la classe ouvrière ou solution de nos principales questions sociales. 8⁰. Paris 1848.

Vernier, P., La chasse aux nihilistes. 8⁰. Paris 1880.

Verrijn, Stuart, Ricardo en Marx. Eene dogmatisch-historische Studie. 8⁰. 's Hage 1890.

Verrycken, L. Vide: Travail (Le).

Versicherungsanstalt (Eine) gegen den Anarchismus der That. Projekt für die Anarchistenkonferenz in Rom. (Schweiz. Blätter f. Wirtsch.- u. Soz.-Polit., VI, 1898.)

Verslag (Officieel) van het derde Nederlandsche Werklieden-Congres, op 28 en 29 mei 1871. 8⁰. Amsterdam 1871.

Versuch einer Aufklärung der Freiheit, welche Frankreichs Revolutionen auch in Deutschland verbreiten wollten. 8⁰. Frankfurt a. M., Gebhardt u. Co., 1793.

Versuch über die gesellige Ordnung (von Isaak Iselin). 8⁰. Zürich 1772. Neue Aufl. in 2 Theilen u. d. Titel: Träume eines Menschenfreundes. 2 Theile. 8⁰. Basel, Schweighäuser, 1776.

Verteilung (Die) der Sozialdemokratie nach den Wahlkreisen. (Christl.-soz. Blätter, Jhrg. 26, 1898.)

Vertheidigung des Dr. Becker am Assisenhofe zu Köln. 8⁰. Erfurt, Faust, s. a.

Verus, Die Organisation. Ein Leitartikel. 8⁰. Wien, Volksbuchhdlg., 1897. (Socialpolitische Flugschriften, Nr. 2.)

Verwarring (Sociale). Een bedenkelijk teeken des tijds d. Noorman. 8⁰. Amsterdam 1893.

Verzeichniss von sozialistischen Schriften, welche durch die Expedition der Berliner Freien Presse, Berlin SO., Kaiser Franz Grenadier-Platz 8a, gegen baar oder Postvorschuss zu beziehen sind. 8⁰. Berlin, Allgem. Deutsche Associat.-Buchdr., s. a.

Veste (Eine) des Sozialismus (der „Vooruit" [Vorwärts]) in Gent. (Deutsche Worte, Jhrg. 18, 1898.)

Vetter Niemand, Trutz-Eisenstein. Erzieherisches aus Puttkamerun. Ein vierblättriges Broschüren-Kleeblatt nebst einem Anhang. 2 Hefte. 8⁰. London, German Cooperat. Print. et Publ. Co., 1889. (Sozialdemokr. Bibliothek, Nr. 29 u. 30.)
Inhalt: I. 1) Anarchismus, Socialdemokratie und revolutionäre Taktik. 2) Warum verfolgt man uns? Zur Naturgeschichte des Socialistengesetzes. II. 3 u. 4) Umsturz und Parlamentarismus.

Veuillot, Louis, 1. Paris pendant les deux sièges. 2 tom. 8⁰. Paris, Victor Palmé, 1871.
— 2. Socialisme en christendom. Naar het Fransch door P. v. O. 8⁰. Alkmaar, A. Kusters, 1893.

Vialatte, J., Le droit au travail; l'organisation du travail; le pain du lendemain assuré. 8⁰. Levallois-Perret, impr. Mottelet, 1897.

Vianna, J. M. Gonçalves, 1. O anathema (philosophia e critica sociale). 8⁰. Porto 1891. (Bibliotheca do grupo anarchista „Revolução social", no. 1.)
— 2. O derrocada. 8⁰. Porto 1891. (Bibliotheca do grupo anarchista „Revolução social", no. 2.)
— 3. A evolução anarchista en Portugal. 8⁰. Porto 1895. (Bibliotheca do grupo anarchista „Revolução social", no. 6, 7.)
— Vide: Bel-Adam: A „defeza".

Viardot, Louis, La science et la conscience. 8⁰. Paris, libr. de la Bibliothèque démocratique, 1873. (Bibliothèque démocratique.)

Victima (La) del Trabajo. Journ. Valencia-Játiva 1889—90.

Victor-Antoine, F., Appel aux ouvriers et

aux ouvrières, plus de pauvres, plus de malheureux. 8°. Paris 1848.

Victor-Henry, L'hymne des peuples. Paroles et musique de Victor-Henry. 8°. Paris, Allemane, 1893.

Vidal, E., 1. Au peuple de Montpellier. Chastelnaudary, le 12 avril 1833.
— 2. Organisation du travail. 12°. Paris (ca. 1858).

Vidal, Fr., 1. Économie sociale. — De la justice distributive. — Études sur le principe de la répartition. — De la répartition selon les socialistes. (Revue indépendante, 1845, février, mars, avril, juillet.)
— 2. Théologie de la religion. 8°. Paris 1850.

Vidal, F., apôtre, compagnon de la femme en prison. 8°. Béziers 1833.

Vidal, H., Simple réplique au livre de M. Louis Blanc de l'organisation du travail. 8°. s. l. 1848.

Vie (La) et l'oeuvre d'Auguste Comte, d'après le discours du docteur Constant Hillemand, prononcé à l'un des anniversaires de la naissance du maitre. 8°. Paris, aux bureaux de la Revue occidentale, 1898.

Vie et mémoires de Marie Wollstonecraft Godwin, auteur de la Défense des droits de la femme, d'une Réponse à Edm. Burck, des Pensées sur l'éducation des filles. Traduit de l'anglais par le citoyen D*****n. 8°. Paris, Testu etc., an X (1802).

Viereck, L., Zur Kritik des Dynamitgesetzes. Motive zum Antrag Viereck und Genossen auf Aufhebung des R.G. vom 9. Juni 1884 gegen den verbrecherischen und gemeingefährlichen Gebrauch von Sprengstoffen. 8°. München 1886.

Vieux Cordelier (Le). Journ. redigé par Desmoulins. 8°. Paris, frimaire (5 déc. 1793) à pluviôse an II. 7 nos.

View and Review of R. Owen's projects, or the Manspel according to R. Owen, criticised by the Gospel according to R. Carlile. 12°. London s. a. (1838).

Vigliacochi e farabutti alla porta. 2 pp. fol. Cosmopoli.

Vigouroux, Louis, Les rapports du capital et du travail aux États-Unis. (Journ. des Économ., 1896, juin.)

Vila y Pons, José, La République et la Commune démasquées. 8°. Paris 1871.

Villa-Pernice, A., La questione sociale: conferenze tenute al circolo Manzoni in Milano. — L'opinione pubblica: conferenza tenuta al circolo filologico di Milano. 16°. Milano, tip. Lombardi, 1891.

Villard, A., Le socialisme moderne, son dernier état. 8°. Paris 1889.

Villari, Pasquale, La Sicilia e il socialismo. 16°. Milano 1896.

Villecrosse, Julien, Les lamentations du peuple. 18°. Paris, Giard et Brière, 1898. (Bibliothèque socialiste internationale.)

Villemessant, H. de. Vide: Autographe (l'.).

Villetard, E., Geschiedenis van de Internationale. 8°. Amsterdam 1871.
— 2. L'insurrection du 18 mars. Extraits des dépositions. 8°. Paris 1872.

Villey, Edm., 1. Charles Fourier. (Revue d'écon. polit., XI, 1897, déc.; XII, 1898.)
— 2. Qu'est-ce que le capital? (Revue d'écon. polit., III et IV, 1889/90.)
— 3. Les causes morales et sociales du socialisme contemporain. (Revue polit. et parlem., 1895.)
— 4. Le socialisme contemporain. (Revue d'écon. polit., année 6, 1892.)
— 5. Le socialisme contemporain. 8°. Paris, Guillaumin et Co., 1895.
— 6. Les transformations de l'idée socialiste. (Rev. d'écon. polit., IX, 1895.)

Vinçard ainé, Mémoires épisodiques d'un vieux chansonnier Saint-Simonien. 8°. Paris 1878.

Vinçard, P., Les chants du travailleur, recueil de chansons et poésies sociales, avec 37 airs notés en musique. 8°. Paris 1869.

Vincens Marc-Antoine-Émile, Sur l'organisation sociale et particulier sur l'organisation industrielle. 6 art. (Revue économique, 1830—37). broch. Paris, Bourgogne et Martinet, 1836.

Vincent, A., 1. Étude sur la révolution communale de 1871, avec la collaboration pour la partie militaire de M. A. Ramier. 8°. Paris s. a.
— 2. Socialismo y anarquismo. La enciclica de nuestro santisimo padre Leo XIII De conditione opificum. 4°. Madrid, Hernandez, 1893.

Vincent, John-Martin, Le mouvement social aux États-Unis en 1896. (Extrait de la Revue internat. de sociologie.) 8°. Paris, Giard et Brière, 1897.

Vinck, E., 1. Entwickelung der belgischen Arbeiterpartei. (Neue Zeit, Jhrg. 14, 1895/96.)
— 2. Le mouvement social en Belgique. (Revue socialiste, 1895.)
— 3. Die Parlamentswahlen in Belgien und die sozialistische Partei. (Neue Zeit, Jhrg. 14, 1895/96.)
Vindex, Études sociales. Bilan de la révolution. 18°. Poitiers, Oudin, 1881.
Vindication (A) of natural society: or, a view of the miseries and evils arising to mankind from every species of artificial society (by Edmund Burke). 8°. London 1756.
— Idem in: Fugitive pieces on various subjects by several authors. 2 vols. 8°. London 1761; Dublin 1762; London 1765, 1771, 1780.
— A vindication of natural society .... in a letter to Lord .... by Edmund Burke. A new edit. 8°. Oxford 1796.
— Vide: Burke: The inherent evils.
Vindication (A) of Mr. Owen's plan for the relief of the distressed working-classes, in reply to the misconceptions of a writer in no. 64 of the Edinburgh Review. 8°. London 1820.
Vinoy, Campagne de 1870—71. L'armistice et la Commune. Opérations de l'armée de Paris et de l'armée de réserve. 8°. Paris, Henry Plon, 1872.
Virbès de Montvaillier, Ch., L'avenir. Poème en quatre chants sur la mutualité. 8°. Paris, P. H. Krabbe, 1845.
Virchow, Sozialismus und Reaktion. Vortrag. 8°. Berlin 1878.
Virgilii, F., 1. Il problema della popolazione e il socialismo. (Giornale degli Economisti, 1892.)
— 2. Der wissenschaftliche Sozialismus in Italien. (Vierteljahrsschr. f. Staats- u. Volkswirtsch., Bd. 5, 1896.)
Visalli, Salvatore, Le due Utopie, studio sociale. 8°. Messina 1895.
Visscher, J. Vide: Alarmklok (De).
Vitalis, P., Das höchste Recht des Volkes. Darstellung der verschiedenen Wahlsysteme. 8°. Berlin, Volksbuchh., 1891.
Vivaldi, C., Pane e lavoro per tutti, ovvero la soluzione della questione sociale. 16°. Intra 1890.
Vivarelli, Vivarello, Il lavoro e la civiltà: conferenza popolare, tenuta il giorno 6 marzo 1887 in Casalmaggiore. 8°. Casalmaggiore, tip. Aroldi, 1887.

Vivus, Etwas vom Musterheer der Sozialdemokraten. (Preuss. Jahrbücher, Bd. 73, 1893.)
Vliegen, W. H., 1. Das Agrarprogramm der niederländischen Sozialdemokratie. (Neue Zeit, Jhrg. 17, 1898/99.)
— 2. Hoe de bezitters den Staat exploiteeren. Een vlugschrift. 8°. Amsterdam, J. A. Fortuyn, 1897. (Sociaaldemokratische Bibliotheek, no. 5.)
— 3. Der IV. Kongress der sozialdemokratischen Arbeiterpartei in den Niederlanden. (Neue Zeit, Jhrg. 16, 1897/98.)
— 4. Licht naar aanl. van Croll's Toelichting. 8°. 's Gravenhage 1890.
— 5. Der Zusammenbruch der Nieuwenhuis'schen Partei. (Neue Zeit, Jhrg. 16, 1897/98.)
Vloten, J. van, Over arbeider-vereenigingen en vennootschappen handwerkslui. een lichtpunt in de toekumst der zamenleving. Staatshuishoudkundige nuts-lezing. 8°. Deventer 1863.
Vocabulario (Nuovo) filosofico democratico, indispens. per agnuno che brama intendere la nuova lingua rivoluzionaria. 8°. Venezia 1799.
Vogel, H., Kapitalgewinn und Arbeitslöhne in der chemischen Industrie. (Neue Zeit, Jhrg. 15, 1896/97.)
Vogelsang, M., 1. Arbeitskriege in Nordamerika. (Monatsschr. f. christl. Sozialref., Jhrg. 16, 1894.)
— 2. Der fünfte internationale Bergmannskongress. (Monatsschr. f. christl. Sozialref., Jhrg. 16, 1894.)
— 3. Der II. österreichische Gewerkschaftskongress. (Monatsschr. f. christl. Sozialref., Jhrg. 19, 1897.)
— 4. Parteitag der österreichischen Sozialdemokratie in Wien (5.—9. Juni 1892). (Monatsschr. f. christl. Sozialref., Jhrg. 14, 1892.)
— 5. Eine Wendung im englischen Gewerkschaftsleben. (Monatsschr. f. christl. Sozialref., Jhrg. 17, 1895.)
Vogl, J. S., Die Kommune. 8°. Zürich 1880.
Vogt, Carl, Studien zur gegenwärtigen Lage Europas. 2. Aufl. 8°. Genf u. Bern, Selbstverlag, 1859.
Vogt, W., 1. Die bayerische Politik im Bauernkrieg und der Kanzler Dr. L. v. Eck, das Haupt des schwäbischen Bundes. 8°. Nördlingen 1883.

Vogt, W., 2. Bayerns Stimmung und Stellung im Bauernkrieg 1525. 8°. Stadtamhof 1877.
— 3. Die Vorgeschichte des Bauernkrieges. 8°. Halle 1887.
Vogüé, E. M. de, 1. Regards historiques et littéraires. gr. 8°. Paris 1892. Cont. entre autres: N. A. Nekrassoff, La poésie socialiste en Russie.
— 2. Un regard en arrière. Les terroristes russes. (Revue des deux mondes, 1894, 1. mars.)
Voigt, Chr. Fr. Traug., Morus, Beitrag zur Charakteristik des unsterblichen Mannes. 8°. Leipzig, Sommer, 1792.
Voigt, J. F., Gewerkschaften von Handwerkern und Fabrikarbeitern. gr. 8°. Jena 1879.
Voilquin, Suzanne, Journal d'une Saint-Simonienne en Egypte. 1866.
Voix (La) de l'ouvrier. Bruxelles 1878—1885.
Voix (La) du peuple, journal quotidien socialiste indépendant. Année 1, no. 1, 13 nov. 1898. fol. Reims, impr. ouvrière.
Voix (La) du peuple ou les républicains de 1848. Recueil des chants populaires, démocratiques et sociaux publiés depuis la révolution du février. 8°. Paris, libr. chansonnière de Durand, s. a.
Voix du peuple, journal ouvrier de l'arrondissement de Grasse, paraissant le samedi. Année 1, no. 1, 29 sept. 1896. fol. Cannes, impr. Robaudy.
Voix (La) du peuple, organe socialiste de la première circonscription de Bayonne. Année 1, no. 1, 27 mars 1898. fol. Biarritz, impr. Baylion.
Voix du peuple de Nyons, journal hebdomadaire socialiste, antisémite, littéraire et d'annonces, paraissant le jeudi. No. 1, 25 avril 1896. pet.-fol. Vaison, impr. Roux-Nyons.
Voix (La) du peuple, journal socialiste, hebdomadaire, publié sous les auspices de la Fédération socialiste de l'Ouest et des groupes du parti ouvrier français des Deux-Sèvres et de la Charente-Inférieure. Année 1, no. 1, 6 févr. 1898. fol. Niort.
Voix du plébéien (La), organe des revendications ouvrières, paraissant tous les samedis. Année 1, no. 1, oct. 1893. 8°. Montpellier.
Voix (La) des travailleurs, organe du parti ouvrier socialiste révolutionnaire de Seine-et-Marne. Année 1, no. 1, 5 sept. 1897. fol. Moret.

Volders, Jean, 1. Le parti ouvrier belge. (Société Nouvelle, 1888,₁.)
— 2. Le parti ouvrier belge. (Revue socialiste, 1892,₂.)
— 3. Le peuple et le suffrage universel. 8°. Gand, impr. J. Foucaert, 1890.
Volk (Das) und sein Recht. Eine Sammlung von publicistischen Abhandlungen, Tagesfragen und Kritiken von Brackenhoeft, Buchner, Delbrück, Eberty, Eisenhart, Hälschner, Hinrichs, Oppenheim, Pütter etc. 2 Bde. 8°. Halle 1845.
Volk (An das). Flugblatt, dto. Hamburg, Anfang Febr. 1883, mit der Unterschrift: „Die Sozialdemokraten von Hamburg, Altona und Umgegend."
Volk (An das arbeitende). Flugblatt, hrsg. vom sozialdemokr. Comité. s. l. s. a.
Volk (An das arbeitende)! Hrsg. von dem in Zürich-Riesbach erscheinenden Wochenblatte „Der Socialdemokrat". 8°. Zürich-Hottingen, Schweiz. Vereins-Buchdr., s. a.
Volk (An das arbeitende) von Lüdenscheid und Umgegend. 8°. Hottingen-Zürich, Genoss.-Buchdr., s. a.
Volk (An das arbeitende) von Magdeburg. 8°. Magdeburg, O. Grimm; Druck von A. Vogel u. Co. in Braunschweig, s. a.
Volk (An das arbeitende) der Rheinprovinz! Flugschrift mit der Unterschrift: „Das sozialdemokratische Wahlkomité." 8°. Hottingen-Zürich, Genoss.-Buchdr., s. a.
Volk (An das arbeitende) in Stadt und Land. Brüder und Freunde. Aufruf mit der Unterschrift: „Mainz im Febr. 1881." 8°. Mainz, Jos. Leydenecker, s. a.
Volk der Arbeit aufgewacht! Bürger! Arbeiter! Handwerker! Kaum dass der Sozialismus in Düsseldorf an Bedeutung gewonnen hat, etc. Flugblatt, Düsseldorf, Franz Horn, s. a.
Volk (An das deutsche). Flugblatt, s. l. s. a.
Volk (An das deutsche). Flugblatt, dto. Berlin, 14. Jan. 1887. 8°. Nürnberg, Woerlein u. Co.
Volk (An das deutsche). Flugblatt, hrsg. von der Zeitschrift „Der Sozialdemokrat" in Riessbach-Zürich.
Volk (An das rechtlose)! Aufruf zur Betheiligung an der für den 1. Mai 1895 in Czernowitz geplanten Volksversammlung. Unterschrift: Das Comité. s. l. s. a.

Volk (Das). Zeitschrift. London, Nr. 1, 7. Mai 1859. 16 Nrn.
Volk denke nach! Flugblatt. s. l. s. a.
Volk (Das) in Waffen im Sinne der Demokratie. Ein Bild aus den Märztagen. 8°. Berlin 1887.
Volke (Dem) werde sein Recht, oder die christlich-demokratische Republik die Staatsform der Zukunft. 8°. Freiburg 1876.
Völkergeist (Der moderne). Organ des socialitären Verbandes. Schriftleitung: E. Keil. 1. Jhrg., 1894, 12 Nrn. gr. 4°. Berlin, P. Struppe. 2. Jhrg., 1895, 12 Nrn. 4. Jhrg., 1897, 24 Nrn.
Volkmar, F. N., Ueber ursprüngliche Menschenrechte, Freiheit und Gleichheit. 8°. Breslau 1793.
Volkmar, G., Die Währungs- und die Arbeiterfrage. 8°. Wien, Manz, 1893.
Volksalmanak „Vooruit" voor Noord- en Zuid-Neederland 1880—1898. 8°. Gent, Drukk. „Vooruit".
Volksbibliothek (Socialwissenschaftliche). Hrsg. von Pfarrer Pflüger. 1—9. Heft. 8°. Zürich, Grütliverein, 1897 ff.
Volksbibliothek (Wiener politische), hrsg. von L. A. Bretschneider und A. Heiman. 5 Hefte. gr. 8°. Wien, L. A. Bretschneider, 1891—94.
Volksblad (Het); journal hebdomadaire. Gand 1868—1870.
Volksdespotismus (Ueber). Ein Versuch. 8°. Leipzig 1793.
Volksdienst. Von einem Socialdemokraten. gr. 8°. Berlin, Wiener, 1893.
Volksfreund (Der). Chur. Probenummer 28. Dec. 1878. Nr. 1—7, 8. Jan.—29. Jan. 1879.
Volksfreund. Socialdemokratisches Organ für die Volksinteressen im Maingau. 8°. Frankfurt a. M., Heinr. Schäfer, 1877.
Volksfreund. Zentralorgan der sozialdemokrat. Arbeiterpartei Oesterreichs, hrsg. von Wilh. Kissewetter und Genossen, redigirt v. L. Zápobocki. Jhrg. 1, Nr. 1, 5. Nov. 1879. Reichenberg, Böhmen.
Volksgesang. Melodie: Eine feste Burg ist unser Gott. „Eine feste Burg ist unser Bund, Wie ihn Lassall geschaffen." 8°. Leipzig, Druck von Osw. Kollmann, s. a.
Volksgesänge (Fünf). Flugblatt. Volksgesang I beginnend: „Arbeiter all' erwacht!" 8°. Hanau, Waisenhausbuchdr., s. a.
Volksgesänge zum Arbeiterfest am Sonntag den 27. Aug. 1876 in Pinneberg. Druck von W. G. Nagel.
Volkspresse (Die). Organ für die Interessen des arbeitenden Volkes. Nr. 1, 25. Nov. 1889. Wien.
Volksrecht (Het). Socialistisch weekblad voor West-Vlaanderen. Gand 1891—98.
Volksschule (Die allgemeine) und die sociale Frage. (Grenzboten, 1892,₁₈.)
Volksschulreform (Die), ein Hauptmittel zur Bekämpfung der Sozialdemokratie. Von einem Lehrer in Elsass-Lothringen. gr. 8°. Mainz, F. Kirchheim, 1892.
Volksstaat-Kalender. Für das Jahr 1873. 8°. Leipzig, Genoss.-Buchdr. Jhrg. 2, 1874. Jhrg. 3, 1875.
Volksstimme (Deutsche). Organ des deutschen Bundes für Bodenbesitzreform und des deutschen Volksbundes. Hrsg. u. Red.: Ad. Damaschke. Jhrg. 1, 1896. gr. 8°. Berlin, W. Möller. Jhrg. 2, 1897.
Volkstribun (De), socialistisch weekblad voor Noord-Brabant en Limburg. Jaarg. 1, no. 1, oct. 1890. fol. Maastricht, Pietters et Co. Jaarg. 5, 9 oct. 1894—28 sept. 1895.
Volkstribüne (Die), hrsg. von W. Messenbauser. Nr. 1—4 (107 pp.). 8°. Wien, Tendler, 1848.
Volksvertreter (Der) von Held. Jhrg. 1, Sept.—Dec. 1845. 4°. Berlin, Reichardt u. Co. Jhrg. 2, 1846. 12 Hefte. 1847, Juli u. Aug. Red.: Aug. Peters. 1847, Sept.—Dec. 1848, Jan.—Mai. Red.: Beta. Monatl. 1848, Juni—Dec. 31 Nrn. 4°. Berlin, L. Schlesinger.
Volkswacht (De), socialistisch weekblad. Gand 1891.
Volkswil (De), organe hebdomadaire de la Fédération Louvaniste.
Volkswille. Zeitschr. Pest 1882—1883.
Vollmar, Geo. v., 1. Zur Aufklärung für Mittel- und Klein-Bauern, Häusler und Gütler und die sonstige arbeitende Bevölkerung auf dem Lande. Rede des Reichst.-Abg. Vollmar zu dem Antrag d. Abgg. Graf v. Kanitz etc. wegen Ankaufs und Verkaufs von ausländischem Getreide nur für Rechnung des Reichs. (Sitzung des Reichstages vom 30. März 1895.) 8°. Nürnberg, Wörlein u. Co., 1895.
— 2. Die Bauern und die Socialdemokratie. Rede des Abg. G. v. V. zu den Wirtschaftsreform-Anträgen der Abgg. Dr. Jäger u. Genossen in der Sitzung der

bayer. Abg.-Kammer vom 24. Okt. 1893. 8°. Nürnberg, Wörlein u. Co., 1893.
Volné Listy. Journ. New York, Febr. 1890 — Jänner 1891. 12 nos. und 1. Jänner 1893 ff. (erscheint noch).
Volné Listy. Journ. Wien, 18. März 1893 ff.
Volnost. Journ. Mährisch-Ostrau 1896.
Volny Duch. Journ. Zizkov-Prag, 17 nov. 1894—17 déc. 1896; continué par „Volné Listy", 1897.
Volonté du peuple, organe du parti ouvrier socialiste révolutionnaire de la région du Nord. Année 1, no. 1, 12 janv. 1895. fol. Armentières, impr. de la Volonté du peuple.
Volpes, Cesare, Studio sulla questione sociale. 8°. Palermo, tip. dello Statuto, 1884.
Volquin, Suzanne. Vide: Souvenirs d'une fille du peuple.
Volta, Avit., La mutualité sociale, ou l'impôt proportionnel sur le revenu global exclusivement affecté à atténuer les inégalités sociales. 32°. Paris 1896.
Vooruit. Organ der Belgische Werkliedenpartij. Jaarg. 14, 1898. fol. Gent.
Vooruit (Le) de Gand. (Société Nouvelle, 1889,11.)
Vooruit (Le): La coopération et l'organisation socialiste en Belgique. (Musée social, série A, no. 20.)
Voorwaarts. Socialistisch weekblad voor Gelderland. Red.: A. Emmenes. Jaarg. 1, 1892. fol. Arnhem. Jaarg. 4, 1895.
Voorwacht. Journal. Anvers.
Vor der Wahlschlacht. Lustspiel in 1 Aufzuge. Von W. L. R. 8°. New York, National Executive Committee of the Socialistic Labor Party, 1886. (Socialistic Library, no. 12.)
Vorbote. Unabhängiges Organ für die wahren Interessen des Proletariats. Chicago. Jhrg. 8, 1881.
Vorhölser, K., Zur Praxis des Strikbeschlusses. (Neue Zeit, Jhrg. 16,11, 1897/98.)
Vorsicht, hütet euch, — die Socialdemokraten kommen! 8°. Zeitz, A. Hoffmann, s. a.
Vorster, Jul., Der Socialismus der gebildeten Stände. Vortrag. 1. u. 2. Aufl. gr. 8°. Köln, J. G. Schmitz, 1894.
Vortmann, Th., Die Reform der Ehe. gr. 8°. Zürich, Verlags-Magazin, 1894.
*****Vorwärts.** Centralorgan der Socialdemokratie Deutschlands. fol. Leipzig, Nr. 1, 1. Oct. 1876. Jhrg. 1, 39 Nrn. Jhrg. 2, 1877, Nr. 1—152. Jhrg. 3, 1878, Nr. 1 —127 (2. Oct. 1878, Socialistengesetz). Jhrg. 15, Berliner Volksblatt, Zentralorgan etc., 1898.
Vorwärts. Volkstaschenbuch für die Jahre 1843—1845 (Jhrg. 1—3), hrsg. von Rob. Blum und F. Steger. gr. 12°. Leipzig, Friese.
— für das Jahr 1847 (Jhrg. 5), hrsg. von R. Blum. 8°. Ebenda.
Vorwärts heisst die Losung. Lied in in 3 Versen. 8°. Verlag von A. Schierwater in Hamburg, s. a.
— Ebenso. Lied in 5 Versen. 8°. Verlag ebenda.
Vorwerg, O., Reformation oder Revolution. gr. 8°. Herischdorf b. Warmbrunn, A. Vorwerg, 1892.
Vospominania Vl. Debagorio — Mokrievitcha. 1. livr. 8°. Paris 1894.
Vossion, L., Un réformateur américain „Henry George". 8°. Paris, Guillaumin et Co., 1898.
Vovard, André, La propriété est-elle légitime? 18°. Besançon, impr. Jacquin, 1896.
Vox Clamantium: the gospel of the people, being a series of essays by Hall Caine, S. R. Crockett, Le Gallienne, Grant Allen, Walter Crane, A. R. Wallace, Lewis Morris, Tom Mann, Dean Stubbs and others on christian socialism, economic and social justice etc. etc., edited by A. Reid. 8°. London 1894.
Voyage et avantures de Jacques Massé. 8°. Bourde 1710. 12°. Cologne, chez J. Kainkus, 1710.
Voyage de Candide fils au pays d'Eldorado. 2 parts. 8°. Paris 1803.
Voyage autour du Catéchisme socialiste de Jules Guesde, député de Roubaix; par un profane de la ville sainte. pet.-18°. Lille, Desclée, de Brouwer et Co., 1895.
Voyage de Nicolas Klimius dans le monde souterain contenant une nouvelle téorie de la torro et l'histoiro d'une cinquième monarchie inconnue jusqu'à présent. Ouvrage tiré de la bibliothèque de M. B. Abelin et traduit du latin par Mr. de Mauvillon (Holberg). 8°. Copenhagne, Preuss, 1741.
Voyages imaginaires alégoriques, critiques etc. Songes, visions et romans

cabalistiques (rec. p. Garnier). Avec figures. 36 vols. et 3 vols. suppl. 8°. Paris 1787—89.
Voz (La) de la Mujer. Journ. Buenos-Aires, 8 janv. 1896 sq.
Voz (La) de Ravachol. Journ. Buenos-Aires, 11 nov. 1895.
Voz (La) del Trabajador. Journ. Montevideo, 1. déc. 1889—90. 10 nos.
Voz (La) del Trabajador. Journ. Bilboa.
Vraagstuk (Het sociale) en de kerk. Uit het Italien d. J. F. Beijen. 8°. s. l. s. a.

Vries, T. de, Bezwaren tegen het socialisme zoals het zich in Nederland openbaart. 8°. Appingedam, A. Knaap, 1894.
Vrije Pers (De). Journ. La Haye 1887.
Vrijheid (De). Journ. La Haye 1871—72.
Vuilemet, Projet de constitution pour la république universelle. 8°. Bruxelles 1872.
Vuillemot, Lucien, L'impôt sur le capital et le droit de propriété. 18°. Poligny, impr. Jacquin, 1898.

W.

Wach, Die Stellung des Geistlichen zur socialen Frage. Rede in der 10. Sitzung der 6. evangelisch-luther. Landessynode des Kgr. Sachsen und Verhandlungen hierüber. (Sonderabdr. aus den Synodalverhandlungen.) gr. 8°. Dresden, v. Zahn u. Jaensch, 1896.

Wachenhusen, Hans, 1. Eine Anarchisten-Kolonie? (Die Gegenwart, Bd. 46, 1894.)
— 2. Erinnerungen an die Pariser Commune. (Die Gegenwart, Bd. 45, 1894.)
— 3. Das Weib der Commune. Persönliche Erinnerungen. (Die Gegenwart, Bd. 46, 1894.)

Wachsmuth, W., Der deutsche Bauernkrieg zur Zeit der Reformation. Mit Münzer's Portrait. 8°. Leipzig 1834.

Wachsthum (Das) Berlins und der Maurerstreik. (Grenzboten, 1885, 3.)

Wachsthum (Das) der Socialdemokratie nach der Statistik der Reichstagswahlen 1867—84. (Grenzboten, 1886, 4.)

Wacht (De), orgaan der socialistische arbeiderparty. Antwerpen 1892.

Wächter, G., Die sociale Gefahr in Sachsen. 8°. Glauchau 1887.

Wächter, Th., Wie ich Sozialdemokrat wurde? (Die Zukunft, Bd. 1, 1892.)

Wacker, Thdr., Wie stellt sich die sozialdemokratische Presse zu dem, was dem gläubigen Christen vor Allem heilig ist? Ein Mahn- und Weckruf für Alle im Lande, welche nicht haben wollen, dass Gottesglaube und Christentum aus der menschlichen Gesellschaft verschwinden. 8°. Offenburg (Freiburg i. Br., Literar. Anst.) 1893.

Wackernagel, W., Offener Brief eines Urwählers dritter Klasse, der nicht „Arbeiter", an Herrn Ferd. Lassalle. 8°. Elberfeld 1863.

Waddington, Ch., L'athéisme en France à la fin du XVIII. siècle. 8°. Paris 1891.

Waentig, Heinr., August Comte und seine Bedeutung für die Entwickelung der Socialwissenschaft. (Staats- u. socialwissensch. Beiträge, Bd. 2, Heft 1.) gr. 8°. Leipzig 1894.

Waffle, A. E., Christianity and property: an interpretation. 8°. Philadelphia, American Baptist Publ. Soc., 1897.

Wage (Die). Wochenblatt für Politik und Litteratur, hrsg. von Guido Weiss. Mit Beiträgen von K. Grün, J. Jacoby, J. Duboc, Fr. Engels, Ldw. Büchner, Victor Hehn etc. 8°. Berlin 1873—79.

Wagner, Ad., 1. Die akademische Nationalökonomie und der Socialismus. Rektoratsrede. gr. 8°. Berlin, J. Becker, 1895.
— 2. Das neue sozialdemokratische Programm. Vortrag, geh. auf dem 3. evangelisch-sozialen Kongress zu Berlin am 21. April 1892. gr. 8°. Berlin, Rehtwisch u. Seeler, 1892.

Wagner, Ad., 3. Unternehmergewinn und Arbeitslohn. Rede, geh. in Bochum auf der Versammlung des Gewerkvereins christlicher Bergarbeiter für den Oberbergamtsbezirk Dortmund. gr. 8°. Göttingen, Vandenhoeck u. R., 1897.
— 4. Vortrag über Sozialismus, Sozialdemokratie, Katheder- und Staatssozialismus. Nebst einem Bericht über Prof. Wagner's Erscheinen an der Saar. gr. 8°. Berlin, Vaterland. Verl.-Anst. in Komm., 1895.

Wagner, Dr., Der Anarchismus. Eine Studie. 8°. Linz, Verlag der Linzer Tagespost, 1894.

Wagner, E. Fr., Critische Bemerkungen und Enthüllungen über viele Vorgänge und Verhältnisse der neuesten Zeit, oder die europäische Revolutionspropaganda in ihren Wirkungen. Allen deutschen Regierungen und allen deutschen Wahrheitsfreunden gewidmet. 8°. Berlin, Decker'sche Geh. Ober-Hofbuchdr., 1849.

Wagner, G., Die demokratische Zukunftsschule und ihre Wegbereitung in der Gegenwart im Lichte des Christenthums. Ein Zeitspiegel. 8°. Karlsruhe, J. J. Reiff, 1892.

Wagner, Jer., Lehrbuch der Reaction. kl. 8°. Berlin 1849.

Wahle, Herm., Die naturwissenschaftliche Maske der Sozialdemokratie. Ein Appell an das Gewissen ihrer Schriftsteller. gr. 8°. Magdeburg, Creutz, 1894.

Wahlprogramm (Socialistisches). Sep.-Abdr. aus der 2. Aufl. des im Verlage der Schabelitz'schen Buchhdlg. in Zürich erschienenen Werkes: Die Erlösung der darbenden Menschheit. 8°. Leipzig, Buchdr. O. Wigand, s. a.

Wahlrecht (Das allgemeine). Hrsg. von dem polit. Verein „Vorwärts" in Brünn. 8°. Brünn. Jos. Hannich, s. a.

Wahrheit (Die) im Streik der Hafenarbeiter und Seeleute in Hamburg im Jahre 1896/97. (Jahrb. f. Gesetzg., Verw. u. Volksw., Jbrg. 21,₂, 1897.)

Wahrheit (Die) über den Streik der Hafenarbeiter und Seeleute in Hamburg 1896/97. 8°. Hamburg, F. Engelke, 1897.

Wahrheit (Truth). Journ. New York 1890. 20 Nrn.

Währungsfrage (Nur die) löst die soziale Frage. Eigenartiger Kurs von Sincerus. gr. 8°. Berlin, Cassirer u. Danziger, 1892.

Walcker, Karl, 1. Die Anarchistenfrage. (Die Gegenwart, Bd. 44, 1893.)
— 2. Die englische Arbeiterbewegung. (Die Gegenwart, Bd. 40, 1891.)
— 3. Karl Marx. Gemeinverständliche kritische Darlegungen seines Lebens und seiner Lehren. gr. 8°. Leipzig, Rossberg, 1897.

Walcker, Karl, u. **Schenckendorf, E. v.,** Zur Versöhnung des Besitzes und der Arbeit. (Deutsche Schriften für nationales Leben, Reihe 1, Heft 2.) gr. 8°. Kiel, Lipsius u. Tischer, 1891.

Waldeck, Oskar, 1. Die Nihilisten. Trauerspiel in 5 Aufzügen. 8°. Leipzig, Oswald Mutze, 1882.
— 2. Aus der Welt des Elends. Heft 1: Das Gebiet der Erziehung und des Unterrichts. gr. 8°. Dresden, E. Pierson, 1895.

Waldeckische Prozess (Der). Authentischer Bericht über die Verhandlungen des Berliner Schwurgerichtes. 2. Aufl. 8°. Berlin 1849. 1. Aufl. Vide: Bericht (Stenogr.) 1849.

Waldheim, Sibylle v., Die Frau ist schuld! Ein Weckruf zum Kampf gegen die soziale Not. gr. 8°. Leipzig, R. Werther, 1896. 3. (Titel-)Aufl. gr. 8°. Gotha 1897.

Walesrode, L., 1. Lose Blätter. 8°. Berlin 1869.
— 2. Die Glocke. 13 Nrn. 8°. Königsberg 1850, April—Juni.
— 3. Glossen und Randzeichnungen zu Texten unserer Zeit. 4 Vorlesungen. 8°. Königsberg 1842.
— 4. Der Humor auf der Bank der Angeklagten. 8°. Mannheim 1844.
— 5. Unterthänige Reden. 8°. Zürich 1843.
— 6. Sendschreiben an die Landtagsdeputirten in Ostpreussen. 8°. Königsberg 1842.
— Vide: Todtenschau (Eine politische).

Walker, E. C., Prohibition and selfgovernment; their irreconcilable antagonisms. A collection of fugitive pieces. („Kansas Liberal Tracts", no. 1.) Valley Fall, Kansas, 1883.
— Vide: Fair-Play.
— — Kansas Fight.
— — Kansas Liberal (The).
— — Lucifer.

Walker, F. A., The labor problem of to day. An address before the alumn

Association of Leigh University. 8°. New York 1887.

Walker, H. C. R., Australian democracy. 8°. London 1897.

Walker, Jas., Ethiks of labour; lectures to working classes. 12°. London, Simpkin, 1856.

Wallace, A. R., Réoccupation de la terre. (Humanité Nouvelle, 1898, oct.)

Wallace, R., 1. Single chamber „Democrats". (Nineteenth Century, 1895, Febr.)
— 2. The psychology of labour and capital. (Fortnightly Review, 1893, Nov.)

Wallner, A. F., Charactere und Sittenbilder aus der Zeit der Commune 1871. Aus dem Geheimbuche der Pariser Commune. (Unsere Zeit, N. F. XIV,.. 1878.)

Wallon, La presse de 1848, ou Revue critique des journaux publiés à Paris depuis la révolution de février jusqu'à la fin de décembre. 8°. Paris, Pillet fils ainé, 1849.

Wallstein, Ad., Ueber Demokratie. 8°. Czernowitz, R. Schally, 1898.

Walras, Léon, Recherche de l'idéal social, leçons publiques faites à Paris. Série 1 (1867—68). Théorie générale de la société. 8°. Paris, Guillaumin et Co., 1868.

Walsh, W., Jesus the demagogue. (Contemporary Review, 1896, March.)

Walter, Thomas Morus et son époque. 5. édit. 8°. Tours 1868.

Walter, Frz., Das Eigentum nach der Lehre des hl. Thomas von Aquin und des Socialismus. Gekrönte Preisschrift. gr. 8°. Freiburg i. Br., Herder, 1895.

Walter, H. (Pseudon. f. Gust. Przibram), Die Socialisten. Drama. 8°. Wien 1881.

Walter, R. (W. Rogge), Parlamentarische Grössen. 2 Bde.: Die Conservativen und die Demokraten. 8°. Berlin 1850—51.
Gerlach, Stahl, Walter, Radowitz, Dahlmann, Camphausen, Simson, Hansemann, Vincke. — Curuh, Uhlich, Rodbertus, Berg, Temme, Kirchmann, Waldeck, Bucher, Kinkel, D'Ester, Jacoby.

Walther, H., Der Sozialdemokrat. Ein Vortrag für alle Berufsklassen zur Werbung von Meinungsgenossen. 8°. Berlin 1890. N. T.-Aufl. 8°. Berlin, N. Graudenz, 1890 (1892).

Wander, K. F. W., Drei Jahre aus meinem Leben, oder: Mein Prozess wegen Erregung von Missvergnügen und Unzufriedenheit, meine Suspension und Wiedereinführung ins Lehramt 1845—47. gr. 8°. Leipzig 1878.

Wart, Lester F., 1. Collective telesis. (Americ. Journ. of Sociology, vol. 2, 1897, May.)
— 2. Individual telesis. (Americ. Journ. of Sociology, vol. 2, 1897, March.)

Ward, W., Positivism in christianity. (Nineteenth Century, 1887.)

Waring, G. E., The labor question in the department of street cleaning of New York. (Municipal Affairs, 1897, Sept.)

Warnemünde, Carl, Eine soziale Epistel an das deutsche Volk. gr. 8°. Berlin, Bibliogr. Bureau, 1894.

Warren, G. O., 1. Anarchism. Politicians. Leaf in 4°.
— 2. Freedom, rent, interest, profit and taxes, the true causes of wage slavery discussed and exploded; conference in the „Dublin Ethical Society" the 16 Nov. 1893. 8°. London, Reeves.

Warren, Josiah, 1. True civilization: a subject of vital and serious interest to all people, but most immediately to the men and women of labor and sorrow. 3 parts. 8°. Boston 1863. 5. edit. 8°. Boston 1881.
— 2. The peacefull Revolutionist. Journal. Utopia (Ohio) 1845.

Warren, Sam., Labour, its rights, difficulties, dignity and consolations. 8°. London 1856.

(Warren's, G. E.) Trakimor, oder das goldene Land. Aus dem Englischen übersetzt von C. F. Sintenis. 2 Bde. 8°. Leipzig 1787.

Warschauer, Otto, 1. Louis Blanc und der Socialismus in Frankreich. (Jahrbuch der internat. Vereinig. f. vergleich. Rechtswiss. u. Volkswirtschaftslehre, Jhrg. 1, Abth. 1.) gr. 8°. Berlin 1895.
— 2. Geschichte des Socialismus und neueren Kommunismus. 2. Abth. Fourier, seine Theorie und seine Schule. gr. 8°. Leipzig, G. Fock, 1893. 3. Abth. Louis Blanc. gr. 8°. Berlin, H. Bahr, 1896.

Wartenberg, J. F., Weisse Sklaven oder ein Opfer der Kirche. Sozialpolitischer Roman. 3 Bde. 8°. Berlin, Otto Freitag, s. a.

Wartensleben, Const. Graf, Die von der Sozialdemokratie geforderten Eigenthums- und Productionszustände in geschichtlicher Beleuchtung. gr. 8°. Leipzig, R. Werther, 1893.

Warum sind wir arm? Ein Mahnwort an Alle, die arbeiten. Nach dem Holländischen des Rienzi. 8°. Wien, Volksbuchhdlg., s. a. (1896).

Warum muss die Socialdemokratie wachsen und immer wachsen? 8°. Leipzig, Th. Fritsch, s. a.

Warum verfolgt man uns? Zur Naturgeschichte des Sozialistengesetzes. Puttkammer und den Puttkämmerlingen gewidmet. 8°. Hottingen-Zürich 1886.

Was ist, was wir wollen. Eine Epistel für die arbeitende Bevölkerung. 8°. Brünn 1887.

Was ist der Arbeiter? s. l. s. a.

Was ein katholischer Arbeiter wissen muss. 16°. Stuttgart, Verlag des „Deutschen Volksblattes", 1897.

Was hat die ländliche Bevölkerung von der Sozialdemokratie zu erwarten? Flugblatt mit den Anfangsworten: „Ueberall hört man" und dem Schluss: „nicht mitmachen". 8°. Hottingen-Zürich, Schweiz. Genoss.-Buchdr., s. a.

Was heisst christlich-sozial? (Christl.-soz. Blätter, Jhrg. 28, 1895.)

Was ist der Nihilismus? Von einem Eingeweihten. 8°. Leipzig 1881.

Was ist Noth? Von einem Republikaner. (Stimmen der Zeit, 1860, Juli.)

Was hat der Pfarrer zu thun, um dem Eindringen und der Ausbreitung der Sozialdemokratie zu wehren? (Christl.-soz. Blätter, Jhrg. 31, 1898.)

Was heisst revolutionär? (Grenzboten, 1861,₁₁.)

Was versprechen die Sozialdemokraten? 8°. Stuttgart 1873.

Was will die Sozialdemokratie? Beschlüsse der sozialdemokratischen Arbeiterpartei Oesterreichs am Parteitag zu Hainfeld (30—31. Dec. 1888 u. 1. Jänner 1889), ergänzt am Parteitag zu Wien (Pfingsten 1892). gr. 8°. Wien, 1. Wiener Volksbuchhdlg., 1895.

Was kann die Sprache zur Lösung der socialen Frage beitragen? gr. 8°. Breslau 1890.

Was bedeutet die Staatshilfe? Beitrag zur Arbeiterfrage von einem Lassalleaner. gr. 8°. Graz 1868.

Was die Umstürzler wollen! Können wir Socialdemokraten wählen? Ein Wegweiser für die Wähler, insbesondere der 5. Curie. 12°. Wien, 1. Wiener Volksbuchhdlg., 1896.

Watt's (James) Life, with Memoir on machinery considered in relation to the prosperity of the working classes, by M. Arago, with Eulogium of Watt, by Lord Jeffery. 3. edit. 8°. Edinburgh 1839.

Wauterniaux, Le socialiste. Livre 1: Proudhon. 8°. Liège, J. Godenne, 1893.

Waxweiler. Vide: Anseele, Ed., Waxweiler en Vanderstegen.

Weaver, R., A vous! 7 Discours dédiés aux ouvriers. 8°. Toulouse 1863.

Webb, Katharina, Die Machinerie der englischen Genossenschaft, übersetzt von H. Minos. (Deutsche Worte, Jhrg. 16, 1896.)

Webb, Sidney, 1. Das Ende des Maschinenbauerstrikes in England. (Die Zeit, Nr. 176, Wien, 12. Febr. 1898.)
— 2. Englands Arbeiterschaft 1837 und 1897. Uebersetzt von Dora Landé. gr. 8°. Göttingen, Vandenhoeck u. Ruprecht, 1898.
— 3. Die brittische Genossenschaftsbewegung. Hrsg. von Lujo Brentano. (Sammlung älterer u. neuerer staatswissensch. Schriften, Nr. 1.) gr. 8°. Leipzig, Duncker u. Humblot, 1893.
— 4. Labour in the longest reign, 1837—1897. Issued under the auspices of the Fabian Society. 12°. London, G. Richards, 1897.
— 5. Der Sozialismus in England, geschildert von englischen Sozialisten. Deutsche Originalausgabe, besorgt von Hans Kurella. 8°. Göttingen, Vandenhoeck u. Ruprecht, 1898.
— 6. Der wahre und der falsche Sozialismus. (Deutsche Worte, Jhrg. 14, 1894.)
— 7. Strikeverhütungen in Neuseeland. (Die Zeit, Nr. 169, Wien, 25. Dec. 1897.)
— 8. Aus dem Tagebuch einer Arbeiterin. (Die Zukunft, Bd. 21, 1897.)

Webb, Sidney, u. **Webb,** Beatrice, 1. Die Geschichte des britischen Trade-Unionismus. Deutsch von R. Bernstein. Mit Noten und einem Nachwort versehen von E. Bernstein. gr. 8°. Stuttgart, J. H. W. Dietz, 1895.

Webb, Sidney, u. **Webb**, Beatrice, 2. Die englischen Gewerkvereine nach ihrem wirtschaftlichen Wert. (Archiv f. soziale Gesetzgebung, Bd. 11, 1897.)
— 3. Histoire du trade-unionisme. Traduit par Albert Métin. 8°. Paris, Giard et Brière, 1897. (Bibliothèque socialiste internationale, no. 1.)
— 4. The history of trade-unionism. gr. 8°. London, Longmans, Green and Co. 1894. New edit. gr. 8°. London 1896.
— 5. Industrial democracy. 2 vols. London, Longmans, Green and Co., 1897.
6. The methods of collective bargaining. (Economic Journal, vol. 6, 1896, March.)
— 7. The standard rate. (Economic Journal, vol. 6, 1896.)
— 8. Die Stellung der britischen Gewerkvereine gegenüber der Einführung neuer Arbeitsmethoden. (Archiv für soziale Gesetzgebung, Bd. 10, 1897.)
— 9. Theorie und Praxis der englischen Gewerkvereine (industrial democracy). Deutsch von C. Hugo. gr. 8°. Stuttgart, J. H. W. Dietz Nachf., 1897/98.
— 10. Are trade-unions benefit societies? (Economic Review, vol. 6, 1896.)
11. Trade union democracy. (Political Science Quarterly, vol. 11, 1896.)
— 12. The moral aspect of socialism. (Internat. Journal of Ethics, 1896, Oct.)
Weber, Die evangelischen Arbeitervereine, ihre Bedeutung und weitere Ausgestaltung. Bericht des evangelisch-socialen Kongresses. 8°. Berlin 1890.
Weber, E. oder J., Zur Lehre vom Capital. 4°. Neu-Ruppin 1872.
Weber, Jacques, Que fait la république? Dort-elle? 8°. Paris, L. Terry, 1850.
Weber, Pfr. Lic., 1. Practische Anweisung zur Begründung und Leitung evangelischer Arbeitervereine. 2. (Titel-)Aufl. gr. 8°. Leipzig, Buchhdlg. d. Evangel. Bundes von C. Braun, 1894.
— 2. Die Behandlung der socialen Frage auf evangelischer Seite. (Flugschrift des Evangel. Bundes, Ser. 2, Heft 3, 1888.)
— 3. Christenthum und Arbeit. Vortrag. 2. Aufl. gr. 8°. Berlin, Tractatgesellschaft, 1887.
— Vide: Arbeiterbibliothek (Rheinisch-westphäl.
Weber, Ludw., Ein christlicher Gewerkverein. (Die Zukunft, Bd. 10, 1895.)

Weber, Simon, Evangelium und Arbeit. Apologetische Erwägungen über die wirtschaftlichen Segnungen der Lehre Jesu. gr. 8°. Freiburg i. Br., Herder, 1898.
Wechsler, Utopien. 8°. Königsberg, Dalkowski, 1859. (Programm der höheren Burgschule etc.)
Weckruf (Ein) für Bauer, Handwerker und Arbeiter des Wahlkreises Altena-Iserlohn. 8°. s. l. s. a.
Wedde, J., Grüsse des Werdenden. Gedichte eines demokratischen Redacteurs im Deutschen Reich. 8°. Hamburg 1884.
Wedde, Joh., Wie kam Joh. Wedde zur Sozialdemokratie? 8°. Hamburg, H. Grüning, 1894.
Wedekind, Geo. (Chr. Gli.) v., Ueber Freiheit und Gleichheit. 8°. Mainz 1792.
Weder Kommunismus noch Kapitalismus (von Jentsch). (Grenzboten, 1893,₁₁.)
Wegfall (Der) des Socialistengesetzes. (Grenzboten, 1890,₃.)
Wegweiser zur Gründung von Arbeitervereinen, sowie von Büchern und Broschüren für Arbeitervereine. 8°. Prag, Verlag der Socialpolit. Rundschau, s. a.
Wehberg, Heinr., 1. Die deutschen Gewerkvereine und die moderne Arbeiterbewegung. In Form einer Rede als Quintessenz einer grösseren Anzahl vor Gewerkvereinen gehaltenen Vorträgen. (Tages- und Lebensfragen, Nr. 10.) 8°. Bremerhaven, Chr. G. Tienken, 1892.
— 2. Der humanistische Sozialismus im Lichte des Freihandels. Zugleich eine Kritik zur nötigen Klärung der Bodenreform. 8°. Berlin 1891.
— 3. Welches ist der erste Stand? Beantwortet im Geiste des humanistischen Sozialismus. gr. 8°. Berlin, Staude, 1888.
— 4. Die Verstaatlichung der Bergwerke, ein Stück staatserhaltender, organischer Bodenreform. (Tages- und Lebensfragen, Nr. 2.) 8°. Bremerhaven, Chr. G. Tienken, 1892.
— 5. Die Wohnungsfrage im Lichte des humanistischen Sozialismus. Vortrag als Protest gegen die Wohnungspolitik der Düsseldorfer Stadtverwaltung. (Tages- und Lebensfragen, Nr. 20.) 8°. Bremerhaven 1895.
Weichs-Glon, F. v., 1. Kapitalismus. (Das Leben, Jhrg. 2, 1898, Jan.)
— 2. Freier Boden! (Aus: „Die Wahrheit".) gr. 8°. München, R. Abt, 1896.

Weidig's Reliquien. Hrsg. von einigen Freunden. 8° Mannheim 1838.

Weihnachtsgruss! Flugblatt, mit dem Schluss: „Ein Hoch dem arbeitenden Volke, das seine Ketten bricht." 8°. Hottingen-Zürich, Schweiz. Genoss.-Druckerei, s. a.

Weil, Georges-Denis, Un siècle d'histoire politique et religieuse. Le droit d'association et le droit de réunion devant les chambres et les tribunaux. 18°. Paris, F. Alcan, 1893.

Weilgart, Paul, Die positiven Ziele der Sozialdemokratie und die Stellung letzterer in der heutigen Gesellschaft. gr. 8°. Strassburg i. E., H. Friedemann's Nachf., 1892.

Weill, Alex., 1. Zehn Monate Volksherrschaft, vom 24. Febr. bis zum 10. Dec. 1848. Aus dem noch nicht erschienenen Französischen. 8°. Frankfurt a. M., Hermann'sche Buchhdlg., 1857.
— 2. Qu'est ce que la république? Tout ou rien. 12°. Paris 1848.
— 3. Neuf semaines de gouvernement provisoire. Livr. 1: Les usurpateurs. 8°. Paris, impr. de Wittersheim, 1848.

Weill, Georges, 1. L'école Saint-Simonienne: son histoire, son influence jusqu'à nos jours. 18°. Paris, F. Alcan, 1896.
— 2. Un précurseur du socialisme: Saint-Simon et son oeuvre. 16°. Paris, Perrin et Co., 1894.
— 3. Le socialisme de Saint-Simon. (Revue internat. de sociol., 1, 1893.)
— 4. Les théories sociales de Necker. (Revue internat. de sociol., II, 1894.)

Weinheimer, Herm., Arbeiterorganisationen, ihre Bedeutung und ihre Geschichte. (Göttinger Arbeiterbibliothek, Bd. 2, Heft 6.) 8°. Göttingen 1897.

Weinhold, Mor., Geschichte der Arbeit. gr. 8°. Dresden, Heinsius, 1869.

Weinlig, Ed., Was drückt das Hannöversche Volk und wie könnte ihm vielleicht geholfen werden? Ein durch die revolutionären Attentate des letzten Jahres veranlasster kritischer Versuch. 8°. Hamburg, Nestler u. M., 1832.

Weisengrün, Paul, 1. Die Geschichte des Rechts auf Arbeit. (Deutsche Worte, Jhrg. 15, 1895.)
— 2. Die socialwissenschaftlichen Ideen Saint-Simon's. Ein Beitrag zur Geschichte des Socialismus. gr. 8°. Basel, Dr. H. Müller, 1895.

Weisengrün, Paul, 3. Kapitalismus und Sozialismus. (Die Zukunft, Bd. 22, 1898.)
— 4. Fr. Alb. Lange als Soziologe und Nationalökonom. (Deutsche Worte, Jhrg. 12, 1892.)
— 5. Die Zukunft der Sozialdemokratie. (Die Zukunft, Bd. 22, 1898.)

Weiss, A. M., 1. Sociale Frage und sociale Ordnung oder Institutionen der Gesellschaftslehre. 2 Theile. 8°. Freiburg i. Br., Herder, 1892. 3. Aufl. 2 Bde. gr. 8°. Freiburg i. Br. 1896.
— 2. Individuum und Gesellschaft. Sociale Vorträge, geh. bei dem Wiener socialen Vortragscurse 1894. gr. 8°. Wien 1895.

Weiss, Alois, Poesie und Leben. Gedichte und Lieder, verfasst und den gesammten Kollegen gewidmet. 8°. München, Müller u. Renkewitz, 1891.

Weiss, G., Für Johann Jacoby. 8°. Berlin 1862.

Weiss, Guido. Vide: Wage (Die).
— — Zukunft (Die).

Weiss, J. G., Die sozialen Reformpläne der Heilsarmee. (Vierteljahrsschr. f. Volkswirtschaft, 1893,3.)

Weiss, Karl Friedr., Zur Arbeiterfrage. 8°. Chemnitz, W. Kohlmann, 1868.

Weiteres zur Charakteristik Ferdinand Lassalle's. Sein Ende. (Christl.-soz. Blätter, Jhrg. 25, 1892.)

*****Weitling**, W., 1. Das Evangelium eines armen Sünders. 2. Neudruck, mit einem Vorwort von E. Fuchs. (Sammlung gesellschaftswiss. Aufsätze, Heft 4 u. 5.) gr. 8°. München 1897.
— 2. Die Menschheit wie sie ist und wie sie sein sollte. Nebst einem Anhang: Nachtrag zu: Das Evangelium eines armen Sünders. Von Wilh. Weitling. (Sammlung gesellschaftswiss. Aufsätze, Heft 9.) gr. 8°. München 1895.

Welcker, C. D., 1. Ein staatsrechtlicher Injurienprocess in actenmässiger Mittheilung. 8°. Mannheim 1843.
— 2. Die geheimen Inquisitionsprozesse gegen Weidig und Jordan. Zur Unterstützung des Antrages auf öffentliches Anklageverfahren und Schwurgericht. 8°. Karlsruhe, Braun, 1843.
— 3. Zur gerichtlichen Vertheidigung gegen die Ehrenkränkungsklage der hessischen Regierung wegen der Schrift:

„Geheime Inquisition, Censur und Cabinets-Justiz." 8°. Karlsruhe 1846.
Wells, J., Working mon's clubs. (Economic Review, vol. 4, 1894.)
Wellwood, Sam., Letter to Feargus O'Connor against his plan of dividing the land, and in favour of association of property, skill and labour. 8°. London 1842.
Welt (Die neue) oder das Reich des Geistes auf Erden. Verkündigung. (Von Kuhlmann.) 8°. Genf, Marc Vaney, 1845.
Weltcongress und Weltarmee oder der Weltfrieden. Ein Versuch zur Lösung der „socialen Frage" vom psychologischen Standpunkte — populär dargestellt. Von N. gr. 8°. Wien, C. Gerold, 1895.
Weltgericht (Das). Ein Freiheitslied in 3 Epochen. 12°. Leipzig 1842.
Weltmarkt (Der) und der kapitalistische Anarchismus. (Monatsschr. f. christl. Sozialref., Jhrg. 12, 1890.)
Weltuntergangsdämonen an der Arbeit. Von Z. 8°. Dresden 1891.
Wemyss, Earl of, The socialist spectre. (Humanitarian, vol. 7, 1896.)
Wenck, Mart., 1. Kirchenregiment oder Gewissenssache. Ein Wort über die Stellung des evangelischen Geistlichen zur socialen Frage, socialer und politischer Thätigkeit. gr. 8°. Hannover, Münden, R. Werther, 1898.
— 2. Das Programm der evangelischen Arbeitervereine. (Christliche Welt, 1893, Nr. 31.)
Wenck, Wold., Die revolutionäre Propaganda auf deutschem Boden. (Grenzboten, 1889,$_2$.)
Wenckstern, A. v., 1. Le Play. (Jahrb. f. Gesetzg. etc., Jhrg. 18,$_{11}$, 1894.)
— 2. Marx. gr. 8°. Leipzig, Duncker u. Humblot, 1896.
— 3. Die Karl Marx eigentümliche materialistische Geschichtsauffassung und Deutschland am Ende des 19. Jahrhundertes. (Jahrb. f. Gesetzg., Verwalt. u. Volkswirtsch., Jhrg. 22, 1898.)
*Wendel-Hippler = pseudon. für Herm. Everbeck.
Wengraf, Edmund, Wie man ein Socialist wird. 8°. Wien, Pollak, 1888. (Tagesfragen, Neue Wiener Flugschriften, Heft 1.)

Wensel, 1. Das „arbeitslose" Einkommen. (Monatsschr. f. christl. Sozialref., Jhrg. 14, 1892.)
— 2. Wahrer Kapitalismus und falscher Kapitalismus. (Monatsschr. f. christl. Sozialref., Jhrg. 14, 1892.)
Wer hat Recht? I. Die geschichtlichen Anfänge der socialdemokratischen Partei. II. Die Socialdemokratie und die üble Laune. (Grenzboten, 1891,$_3$.)
Wer macht die Revolutionen? 8°. Leipzig, Th. Fritsch, s. a.
Wer sind die Strikehetzer, und was bezwecken dieselben? 8°. Leipzig, Th. Hentzschel, s. a.
Werker (De), organe hebdomadaire de 1870 à 1894; quotidien actuellement. Anvers 1898.
Wermert, Geo., 1. Pro patria. 2 Vorträge. I. Ueber die wirtschaftliche Bedeutung des Zwischenhandels und seinen Einfluss auf die Waarenpreise. II. Ueber Individualismus und Sozialismus in Bezug auf die zukünftige gesellschaftliche Entwickelung. gr. 8°. Halle, C. A. Kaemerer, 1893.
— 2. Pro societate. 2 Abhandlungen: I. Ueber den christlichen Sozialismus und seine wirtschaftliche Bedeutung. II. Zur Würdigung des Rodbertus und seines Staatssozialismus. gr. 8°. Halle, C. A. Kaemerer u. Co, 1897.
Werner, Jul., 1. Zur sozialen Bewegung im heutigen England. (Kirchliche Zeit- und Streitfragen, Jhrg. 1, Heft 6.) gr. 8°. Hadersleben 1892.
— 2. Die Bibel und die evangelische Kirche in ihrem Verhältnis zur sozialen Frage und die christlich-sozialen Reformbestrebungen in England. (Sammlung theolog. und soz. Reden u. Abhdlg., Ser. 5, Heft 1.) gr. 8°. Leipzig 1893.
— 3. Sociales Christenthum. Vorträge und Aufsätze über die grossen Fragen der Gegenwart. gr. 8°. Dessau, P. Baumann, 1894. 2. (Titel-)Ausg. gr. 8°. Dessau 1896.
— 4. Deutsch-konservativ und Christlich-sozial. Vortrag. 8°. Frankfurt a. M., K. Brechert, 1896.
Werner, S., Der Anarchisten-Process Reinsdorf und Genossen. Mit 8 Portraits. 8°. Leipzig 1884.
Werra, Theobald, 1. Hass und Liebe. (Frei nach Romeo und Julia auf dem Dorfe von Gottfried Keller.) 8°. Leipzig,

Ernst Wiest, s. a. (Sammlung socialist. Jugendschriften.)
Werra, Theobald, 2. Hans Röders Abenteuer. 8°. Leipzig, Ernst Wiest, s. a. (Sammlung socialist. Jugendschriften.)
— 3. Treu bis in den Tod. (Frei nach Enoch Arden von Adf. Tennyson.) 8°. Leipzig, Ernst Wiest, s. a. (Sammlung socialist. Jugendschriften.)
Weryho, Ladisl, Marx als Philosoph. gr. 8°. Bern, A. Siebert, 1894.
Wesen (Ueber das) des Christentums in Beziehung auf den „Einzigen und sein Eigentum". (Feuerbach.) (Wiegand's Vierteljahrsschr., Bd. 2, Leipzig 1845.)
Wesen (Das) der menschlichen Kopfarbeit. Dargestellt von einem Handarbeiter. Eine abermalige Kritik der reinen und praktischen Vernunft. (Von Jos. Dietzgen.) 8°. Hamburg, Otto Meissner, 1869.
Wessel, Zur Praxis des „Rechts auf Arbeit". (Preussische Jahrbücher, Bd. 54, 1884.)
Wesslau, O. E. Vide: Hake, E., and Wesslau, O. E.
Wey, Michael, Neueste Betrachtungen bewerkstelligend himmlischen Frieden auf Erden anstatt fortwährenden Zank, Hass, Streit und Krieg. 8°. Luzern, Selbstverlag, 1884.
What is socialism? and what would be its practical effects upon society? A correct report of the public discussion between Robert Owen and Mr. John Brindley, held in Bristol on the 5, 6 and 7 of January 1841. 8°. London 1841.
Wheelbarrow, Articles and discussions on the labor question, including the controverse with Lyman I. Gage on the ethics of the board of trade, and the controversy with Hugh O. Pentecost and others on the single tax question. 12°. Chicago, Open Court Publication Co., 1890. 12°. Chicago 1895.
White, Arnold, 1. The english democracy, its promises and perils. 8°. London 1894.
— 2. The truth about the salvation army. (Fortnightly Review, 1892, July.)
Whittick, William A., Bombs: the poetry and philosophy of anarchy. 12°. New York, B. B. Tucker.
Why (The) I am's (by Conrad Naowiger, G. B. Shaw, J. Armsden, William Morris, L. S. Bevington). 2 parts. 8°. London, „Liberty Press", 1894.

Why (The) I am's. An economic symposium. 2. edit. New York 1892. („Twentieth Century Publication Co.)
Cont.: Why I am a communist, by John Most. — Why I am an anarchist, by Benj. R. Tucker. — Why I, an anarchist, work with socialist, by William Holmes. — Why I, as an anarchist, will not work with socialists, by Victor Yarros. — Why I am an individualist, by Frank G. Stuart. — Why I am a social revolutionist, by Dyer D. Lum.
Why we are anarchists. („The Commonweal", 4 Aug. 1893—6 Jan. 1894.) 8°. London 1894.
Wichern, Joh. Heinr., An die sozialdemokratischen Arbeiter. 8°. Hamburg 1892.
Wichers von Gogh, Otto, 1. Die beiden Alexander. Sensations-Schauspiel aus Europas jüngster Vergangenheit in 5 Aufzügen. 8°. Zürich, Caesar Schmidt, s. a.
— 2. Bruderliebe. Sociales Schauspiel in 5 Akten. 8°. Mels, Buchdr. Otto Hidber, s. a.
— 3. Das Evangelium des Gottesleugners. Feinden und Freunden der Wahrheit gewidmet. 8°. Magazin f. Volkslitteratur, 1893.
— 4. Flügelschläge des neuen Jahrhunderts. 8°. Zürich, Verl.-Magazin, 1891.
— 5. Die reiche Frau. Original-Lustspiel in 5 Aufzügen. 8°. Mels, Otto Hidber, 1890.
— 6. Krieg dem Kriege. Socialpolitisches Schauspiel in 4 Akten und einem Nachspiele: Nach der Revolution. 8°. Zürich, 3. Socialdemokrat. Verlag, 1893.
— 7. Proletarisches Manifest. 8°. Berlin 1893.
— 8. Das Recht auf Arbeit. Eine Lanze für das Recht auf Arbeit. Eine Kampfschrift. gr. 8°. Zürich (Leipzig, F. E. Fischer) 1892.
— 9. Der Renegat. Freiheits-Komödie in 4 Akten. 8°. Zürich, Buchdr. Em. Meyer, 1890.
— 10. Rettet die Kinder! Ein Mahnruf. 8°. Berlin, O. Harnisch, 1892.
— 11. Sieger und Besiegte. Original-Lustspiel in 4 Aufzügen. 8°. Wien, Selbstverlag, Druck v. Kreisel u. Gröger, 1887.
Wichert, Max, Der Himmel auf Erden. Eine christlich-soziale Studie. 8°. Berlin, Spamer, 1895.
Wicks, Fr., The insignificance of trades-union vote. (Nineteenth Century, 1894, April.)

Widmann, M. A. v., Albrecht v. Haller's Staatsromane und Haller's Bedeutung als politischer Schriftsteller. 8°. Biel 1894.

Wie sich die Demokratie das Volk in Waffen dachte. Ein zeitgemässer Rückblick. 8°. Berlin 1886.

Wie kam es doch? Ein von Eugen Richter (in „Sozialdemokratischen Zukunftsbildern") vergessenes Kapitel. Aus glücklich bewahrten Briefen. 8°. Leipzig, Grunow, 1892.

Wie ein Schweizer auf sozialpolitischem Boden die Arbeiterfrage gelöst und Streikbewegungen unterdrückt hat. (Schweiz. Blätter f. Wirtsch.- u. Soz.-Pol., Jhrg. 4, 1896.)

Wie stelle ich mich zur sozialen Frage? Gedanken und Vorschläge eines Schweizers. gr. 8°. Bern, Schmid, Francke u. Co., 1892.

Wie können wir gegen die Sozialdemokratie kämpfen? Von einem preussischen Beamten. gr. 8°. Bielefeld, Velhagen u. Klasing, 1894.

Wie der Peter Zapflhuber aus Penzing die Sozialdemokraten aufsucht. 8°. Altenburg s. a.

Wiechmann, E., Der Kampf mit geistigen Waffen gegen die Socialdemokratie. (Grenzboten, 1890₁₁.)

Wiegleb, Carl, Mahnruf. Helft ihm. Wahllied. Bundeslied. Vier Gedichte. 8°. Berlin, Druck von C. Ihring's Witwe, s. a.

Wietersheim, Ed. v., Die Demokratie in Deutschland. 8°. Leipzig 1849.

Wilbrandt, C., Des Herrn Fr. Ost's Erlebnisse in der Welt Bellamy's. 8°. Wismar 1891.

Wilhelm II., Romantiker oder Sozialist? Von ٭٭٭. gr. 8°. Zürich, Verl.-Magazin, 1892.

Wilhelmi, Heinr., 1. Maurice Reinhold von Stern, ein socialdemokratischer Dichter. Vortrag. 8°. Gütersloh, C. Bertelsmann, 1894.

— 2. Strike und öffentliche Meinung. Ethische Erwägungen zur socialen Frage. gr. 8°. Güstrow, Opitz u. Co., 1895

— 3. Sociale Ziele. (Aus: „Monatsschr. f. innere Mission".) gr. 8°. Gütersloh, C. Bertelsmann, 1894.

Williquet, C., Les grèves et le maintien de l'ordre. Précis des droits et des devoirs de l'autorité et du citoyen.
2. édit. 16°. Frameries et Mons, Dufrane-Friart, 1891.

Wilkins, W. H., Anarchists and the right of asylum. (Humanitarian, 1894, May.)

— 2. How long, o Lord, how long? (Nineteenth Century, Aug. 1893.)

Wille, Bruno, 1. Einsiedler und Genosse. Sociale Gedichte nebst dem Vorspiel. Vorwort von Julius Hart. 8°. Berlin, Freie Verlags-Anst., s. a.

— 2. Vom rothen Götzen. (Die Zukunft, Berlin 1894.)

— 3. Die Jugend. Eine Schrift zur Unterhaltung und Belehrung für Söhne und Töchter des arbeitenden Volkes. 8°. Berlin, Freie Verlags-Anst., 1891.

— 4. Das Leben ohne Gott. Vortrag, geh. am 9. März 1890 in der freireligiösen Gemeinde zu Berlin. 8°. Berlin, W. Rubenow, 1890.

— 5. Philosophie der Befreiung durch das reine Mittel. Beitrag zur Pädagogik des Menschengeschlechtes. 8°. Berlin 1894.

— 6. Schattenbilder vom Zukunftsstaate. („Freie Bühne", Oct. 1894; „Der Socialist", 20—27. Oct. 1894.)

— 7. Sibirien in Preussen. Auf administrativem Wege — ohne Richterspruch — als religiöser und politischer Ketzer hinter Schloss und Riegel gebracht. Ein Weckruf aus dem Gefängnis. 8°. Stuttgart, Rob. Lutz, 1896.

— 8. Der Tod. Vortrag zum Todtenfest der freireligiösen Gemeinde zu Berlin. Neue Aufl. 8°. Berlin, Freie Verlags-Anstalt, 1892.

Willey, Freeman Otis, The labourer and the capitalist. 12°. New York, Equitable Publishing Co., 1897.

Williams, W., Rights of the people and reasons for rigicide peace, containing an investigation of the rights and progress of despotism, calculation of the durability of the funding system. 8°. London 1796.

Williamson, St., Socialism: an address, delivered in the Corn Exchange Hall, Kilmarnock, on 15. Dec. 1891. Together with correspondence on the subject of socialism with the Rev. J. Herkless of Tannadice. 8°. Kilmarnock, Dunlop, 1892.

Willmanns, C., Die Reception des römischen Rechts und die sociale Frage der Gegenwart. 8°. Berlin 1890.

Wilms, Wilh., Das Recht auf Arbeit.

Vortrag. 2. Aufl. 8°. Hamm, Verlag volksth. Schriften, 1894.
Wilson, Charlotte M., 1. Anarchism and outrage. („Freedom", Dec. 1893.) 8°. Dec. 1893.
— 2. Social democracy and anarchism. („Practical Socialist", Jan. 1886, p. 8 —12.)
Wimpfen, Max v., Kampf ums Dasein und Association. 8°. Wien, C. Konegen, 1892.
Win, Ch., Glückseligkeit im Zukunftsstaate. (Die Zukunft, Bd. 3, 1893.)
Winchell, Alexander, Communism in the United States. (North American Review, May 1883.)
Wines, F. H., Social evils and their cure. (Charities Review, 1897, May.)
Winiarsky, Léon, 1. Étude critique sur la troisième volume du „Capital" de Karl Marx. (Revue d'écon. polit, XI, 1897.)
— 2. Der Sozialismus in Russisch-Polen. (Neue Zeit, Jhrg. 10, 1891/92.)
Winkelblech. Vide: Marlo, Karl.
Winspear, W. R. Vide: Hamilton Radical (The).
Winter, Georg, 1. Individualismus und Sozialismus. (Die Gegenwart, Bd. 42, 1892.)
— 2. Die Wahrheit über den Sozialismus. (Die Gegenwart, Bd. 45, 1894.)
Winterer, L., 1. Le danger social ou deux années de socialisme en Europe et en Amérique. 8°. Paris 1886.
- - 2. Le socialisme contemporain. 2. édit. entièr. refondue et continuée jusqu'à l'année 1894. 18°. Paris, Lecoffre, 1894.
- - 3. El socialismo contemporáneo, version de J. del Mazo Franza; prologo de F. Rubio y Contreras. gr. 8°. Madrid, Suárez, 1896.
Wirth, Max, Le mouvement économique et social en Autriche en 1890. (Revue sociale et politique, année 1, 1891.)
Wiskemann. Vide: Boer und Wiskemann.
Wiss, Der Magistrat von Berlin und der demokratische Club. gr. 8°. Berlin 1848.
„Wissenschaft" (Die) der Socialdemokratie. (Zeitfragen, hrsg. vom Vaterlands-Verein, Heft 3.) gr. 8°. Berlin 1890.
Wissenswerthes aus dem neuen Reichstag. Rede des Abg. Auer zur Diätenfrage in der Sitzung vom 26. Nov. 1884 und Rede des Abg. Bebel zum Reichshaushalts-Etat in der Sitzung vom 28. Nov. 1884. Wörtl. Abdr. des amtl.

stenogr. Berichtes. 8°. Nürnberg, C. Grillenberger. s. a.
Withington, Lothrop, Constructive murder: a protest against the judicial sentence of death upon the Chicago anarchists. („Anarchist", London, 1 Nov. 1887.) 8°. London 1887.
— Vide: Democratic Review.
Witt, Sociétés secrètes de France et d'Italie avant de 1830. 8°. Paris 1830.
Witt Hamer, M. J. de, De arbeidersvereenigingen. 8°. Leyden 1866.
Witte, H., Monarchie oder Demokratie. 8°. Greifswald 1867.
Wittenberg, Hans, Was bietet die Sozialdemokratie dem Landarbeiter? 1.—3. Aufl. gr. 8°. Leipzig, R. Werther, 1894. 4. Aufl. gr. 8°. Hannover-Münden, R. Werther, 1898.
Wittich, Manfred, Gelegenheitsgedichte und Prologe für Arbeiterfeste. Mit einem Anhang: Winke für Redner. Den deutschen Arbeitern gewidmet. 8°. München, M. Ernst, 1892.
Witzbacher, A., Der gesprengte Demokratenklub in der Paddengasse. gr. 8°. Berlin 1848.
Wisorowski, Georg, Wahrheit, Freiheit, Recht. Gedichte eines Gefangenen. Zum Besten der Familien der Stassfurter Inhaftirten. Hrsg. von den Stassfurter Parteigenossen. 8°. Stassfurt, Gottl. Hartmann, 1893.
Wo ist Europa's Zukunft? 8°. Freiburg 1871.
Enth.: „Theorien des Sozialismus".
Wo ist das Zuchthaus? Darstellung der sozialdemokratischen Volkswirthschaft. 8°. München, Münchner Handelsdr. u. Verl.-Anst. M. Ploess, 1893.
Wochenstube (Die politische). Von einem deutschen Socialisten. gr. 8°. Nossen, P. Westphal, 1892.
Wodehouse, Th., Grammar of socialism. 2. edit. 8°. London 1895.
Woeste, Ch., Les ouvriers et les associations conservatrices. (Revue générale, Bruxelles, 1894, févr.)
Wohlthätigkeit (Die) der Freimaurer und Sozialisten. (Christl.-soz. Blätter, Jhrg. 29, 1896.)
Wolbers, J., Robert Owen. De vader van het socialisme in Engeland. 8°. Utrecht 1878.
Wolf, Gerson. Vide: Demokratie und der Socialismus.
Wolf, H., Die Naturheilkunde und die

Sozialdemokratie. (Neue Zeit, Jhrg. 17,11, 1898/99.)

Wolf, Jul., 1. Die soziale Frage im Lichte der Philosophie. (Zeitschr. f. Socialwiss., I, 1898.)
— 2. Sozialismus und Liberalismus in ihren geschichtlichen Beziehungen. Vortrag. 8°. Wien 1887.
— 3. System der Sozialpolitik. Bd. 1: Sozialismus und kapitalistische Gesellschaftsordnung. Kritische Würdigung beider als Grundlegung einer Sozialpolitik. gr. 8°. Stuttgart, J. G. Cotta Nachf., 1892.
— Vide: Bernstein, E.: Der neueste Vernichter.
— — Bertheau, F.: Fünf Briefe.

Wolff, H. W., The autonomy of labor. (Contemporary Review, 1896, Aug.)

Wolff, J., Coup d'oeil sur l'évolution sociale. (Revue d'écon. polit., année 6, 1892.)

Wolff-Laitzen, A. v., Beitrag zur ländlichen Arbeiterfrage in Pommern. 8°. Dessau 1875.

Wolfgruber, Mathias, Das Vater-Unser im Munde des Arbeiters. Ein kleiner Beitrag zur Lösung der socialen Frage. 16°. Salzburg, A. Pustet, 1897.

Wollstonecraft, Mary, 1. Eine Verteidigung der Rechte der Frau mit kritischen Bemerkungen über politische und moralische Gegenstände. London 1792. Aus dem Englischen von P. Berthold. 8°. Dresden, E. Pierson, 1898.
— 2. Posthumous works of the author of a Vindication of the rights of women. 4 vols. 8°. London 1790.

Wolter, Aug., Zwei Attentate auf das Leben unseres theuern Kaisers. Ein ernstes Wort zur Sedanfeier für Deutschlands Jugend. 8°. Hagen, Otto Hammerschmidt, 1878.

Woltmann, L., 1. Die Darwinische Theorie und der Socialismus. gr. 8°. Düsseldorf 1898.
— 2. System des moralischen Bewußtseins, mit besonderer Darlegung der Verhältnisse der kritischen Philosophie zu Darwinismus und Socialismus. 8°. Düsseldorf 1898.

Wolzogen, E. v., Linksum kehrt, schwenkt
— Trab! Mahnwort an die herrschenden Klassen. 8°. Berlin 1895.

Woods, R. A., English social movements.

8°. London, Swan Sonnenschein, 1892. 2. edit. 8°. Ibid. 1895.

Woodward, Rich., Argument in support of the right of the poor in the Kingdom of Ireland to a national provision..... on the footing to justice. 8°. Dublin 1768. 8°. Ibid. 1772. 8°. s. l. s. a. (1775).

Woollen, Evans, 1. Labor and the injunction. (Yale Review, vol. 5, 1896, May.)
— 2. Labour troubles between 1834 and 1837. (Yale Review, vol. 1, 1892.)

Workers (International socialist), and trade-union congress. London 1896. Report of proceedings, list of british and foreign delegates and balance sheet. 8°. London, The twentieth Century Press limited, s. a.

Workingmen (To the) of America. Flugschrift. 8°. Chicago s. a.

World unmasked (The) or the philosopher the greatest cheat: in twenty four dialogues between Crito, a philosopher, Philo, a lawyer, and Erastus, a merchant translated from the French (Bernard Mandeville). 8°. London 1736.

Wort (Ein) über den Allgemeinen deutschen (Lassalle'schen) Arbeiterverein. Correspondenz vom Rhein. (Grenzboten, Jhrg. 27, Nr. 43, 1867.)

Wort (Ein) an die Armen. Flugblatt. Sep.-Abdr. von den in der am 15. Nov. 1879 erschienenen Nummer der zu London hrsg. Zeitung „Freiheit" enthaltenen Artikeln: „Hungertyphus", „Vernichtet die Infamie", „Es lebe die Ordnung". s. l. s. a.

Wort (Ein) zur Aufklärung. Flugblatt. 8°. Hottingen-Zürich, Schweiz. Genoss.-Buchdr., s. a.

Wort (Ein) an unsere Brüder. Flugblatt, beginnend: „Den Kampf, welchen wir gegen die masslose Willkührherrschaft aller Despoten und Volksausbeuter führen". s. l. s. a.

Wort (Ein) an die landwirtschaftliche Bevölkerung. Flugblatt. 8°. Riessbach-Zürich, Verlag von A. Herter, s. a.

Wort (Ein) aus Wien über die Christlich-Sozialen Oesterreichs. (Christl.-soziale Blätter, Jhrg. 28, 1895.)

Wort (Ein praktisches) an die Reichen und Armen. 8°. Schwaz 1853.

Wort (Ein) über Strikes. (Grenzboten, 1873,11.)

Worte (Flammende) des Protestes. Deutsch-

lands führende Geister über die Umsturzvorlage. gr. 8°. Zürich, C. Schmidt, 1895.
Wosu noch mehr Papier? Flugblatt. Abdr. des gleichlautenden Artikels aus Nr. 40 der in London erscheinenden Zeitschrift „Freiheit" vom 5. März 1881. s. l. s. a.
Wren, J., Monarchy asserted or the state of monarchicall and popular government in vindication of the considerations upon Harrington's Oceana. 8°. Oxford 1659.
Wright, Caroll D., 1. Die grosse Arbeitseinstellung in Chicago. (Die Zeit, Nr. 1, Wien, 6. Oct. 1894.)
— 2. Are the rich growing richer and the poor, poorer? (Atlantic, 1897, Sept.)
— 3. Historical sketch of knights of labor. (Quarterly Journal of Economics, 1887.)
Wrixon, H., Socialism, being notes on a political tour. gr. 8°. London, Mac Millan, 1896.
Wuarin, Louis, 1. L'évolution de la démocratie en Suisse. (Revue des deux mondes, 1891, 1. août.)
— 2. Recent political experiments in the Swiss democracy. (Annals of the Americ. Acad. of Pol. and Soc. Science, vol. 6, 1895.)
— 3. Une vue d'ensemble de la question sociale: le problème, la méthode. 8°. Paris, Larose, 1896.
Wullschläger, O., 1. Zum internationalen Arbeiterkongress in Zürich. (Schweiz. Blätt. f. Wirthsch.- u. Soz.-Pol., I, 1893.)
— 2. Der internationale Kohlengräberstreik. (Schweiz. Blätter f. Wirtsch.- u. Soz.-Pol., I, 1893.)
— 3. Das Recht auf Arbeit in der Schweiz. (Schweiz. Blätter f. Wirtsch.- u. Soz.-Pol., I, 1893.)
Wycoff, W. A., The workers: An experiment in reality. Vol. 1: The East. 8°. New York, Chas. Scribner's Sons, 1897.
Wygodzinski, Willy, Das Privatgrundeigentum in jesuitischer Beleuchtung. (Cathrein: Das Privatgrundeigentum und seine Gegner.) (Deutsche Worte, Jhrg. 13, 1893.)
Wyneken, E. F., 1. August Bebel. (Moderne realist. Litteratur im Lichte der Ethik und Aesthetik, Heft 2.) gr. 8°. Berlin, Evangel. Ver.-Buchh., 1892.
— 2. Der evangelische Pfarrer und die sociale Frage. Eine Kritik. (Aus: Hannover. Pastoral - Korrespondenz.) gr. 8°. Hannover, H. Feesche in Komm., 1891.
— 3. Der sozialistische Zukunftsstaat oder die Verstaatlichung der Produktionsmittel. (Zeitfragen des christl. Volkslebens, Heft 142.) gr. 8°. Stuttgart 1894.
Wynn, W., Social inequalities. cr. 8°. London, Simpkin, 1894.
Wyrouboff, G., Le communisme russe. 8°. Versailles, Cerf; impr. de l'Assemblée nat., 1870.
— Vide: Philosophie positive (La).
Wysewa, T. de, 1. Die socialistische Bewegung in Europa. Ihre Träger und ihre Ideen. Deutsche autoris. Uebersetzung von Dr. Hans Altona. gr. 8°. Braunschweig, O. Salle, 1892.
— 2. Le mouvement socialiste en Europe. Les hommes et les idées. 18°. Paris, Perrin et Co., 1892.

Y.

Yarros, Victor, 1. Anarchism, its aims and methods. 16°. Boston 1887.
— 2. Unscientific socialism. (Articles in the: „Liberty".)
— 3. Why I, as an anarchist, will not work with socialists. Vide: Why (The) I am's.
Ygn. Vide: Maximes sociales.
Young Germany. An account of the rise, progress, and present position of German communism; with a Memoir of Wilhelm Weitling, its founder: and a Report of the proceedings at the banquet given by the English socialists, in the John Street Institution, London, 22 Sept. 1844. 12°. London 1844.
Yriarte, Les Prussiens à Paris et le 18 mars. 8°. Paris 1871.

Z.

Zablet, Maurice, Le crime social. 16°. Paris, Perrin et Co., 1894.

Zacharias, O., Das socialistische Freiheitsideal. (Grenzboten, 1874,1.)

Zacharias, Otto, Die Gefährdung der socialen Wohlfahrt durch die zu frühen Eheschliessungen der Besitzlosen. gr. 8°. Hirschberg, Heilig, 1880.

Zacher, Arbeiterbewegung und Sozialreform in Deutschland. Vortrag auf dem internationalen Congress in Chicago. gr. 8°. Berlin, C. Heymann's Verl., 1893.

Zanardelli, F. Vide: Almanacco socialista per 1873.

Zanetti, F., Il socialismo: sue cause e suoi effetti. 16°. Torino 1893.

Zani, Bart., 1. La questione monetaria in relazione alla questione sociale. 8°. Mantova, tip. G. Mondovi, 1893.
— 2. La questione sociale. (Estr. dagli „Atti e Memorie della Reale Acad. Virgiliana in Mantova".) 8°. Mantova 1893.

Zbyszewski, K. L., Demokracya katolicka w Polsce. (Die katholische Democratie in Polen.) 8°. Lwów (Lemberg), Gubrynowicz, 1896.

Zeerleder, Alb., Kirche und Recht. Privatrecht und soziales Recht. 2 Vorträge. gr. 8°. Bern, Goepper u. Lehmann, 1896.

Zeisler, Salomon. Vide: Black, W. P., and Zeisler, S.

Zeit (Die). Organ für nationalen Sozialismus auf christlicher Grundlage. Jhrg. 1. Berlin 1896.

*****Zeit** (Die neue). Jhrg. 17, 1898/99. 8°. Stuttgart, Dietz.

Zeiten (Schlechte). Ein Flugblatt für Bürger und Bauer, für Handwerker und Arbeiter. Mit den Eingangsworten: „Die Zeiten sind schlecht" und dem Schluss: „der trete ein in die Reihen der Socialdemokratie". 8 pp. 4°. Hottingen-Zürich, Schweiz. Genoss.-Buchdr., s. a.

Zeit- und Streitfragen (Christlich-sociale). 8°. Wien, Drescher u. Co. Heft 1, 1890; Heft 2, 1892.

Zeitgeist, R., Entlarvung der sog. demagogischen Umtriebe. 8°. Altenburg 1832.

Zeitgeist (Der). Eine Skizze von E. K. 8°. London, German Cooperative Publishing Co., 1890. (Sozialdemokrat. Bibliothek, Nr. 32.) 3. Aufl. 8°. Berlin, „Vorwärts", 1893.

Zeitraketen aus Oesterreich. 8°. Zürcher Verl.-Magazin, 1891.

Zeitung (Freie) des Lassalle'schen Allgemeinen deutschen Arbeitervereins. Hamburg, später Leipzig, Januar 1868. Wöchentlich.

Zeller, Les tribuns et les révolutions en Italie. 8°. Paris 1874.

Zeller, E., Eine Arbeitseinstellung in Rom. 8°. Leipzig 1865.

Zenker, E. V., 1. Anarchism: a criticism and history of the anarchists theory. 12°. New York, H. P. Putnam's Sons, 1898.
— 2. Der Anarchismus. Kritische Geschichte der anarchistischen Theorie. gr. 8°. Jena, G. Fischer, 1895.
— 3. Der Anarchismus und seine Bekämpfer. (Zeitschr. f. Sozialwiss., Jhrg. 1, 1898.)
— 4. Die Wiener Revolution 1848 in ihren socialen Voraussetzungen und Beziehungen. 8°. Wien, Pest, Leipzig, A. Hartleben, 1897.

Zéo, 1. Les cantines scolaires et les institutions scolaires similaires. 8°. Bruxelles, libr. du Peuple, 1896.
— 2. Les élections législatives en Belgique. (Avenir sociale, 1896, no. 4.)
— 3. Rapport sur l'organisation de la propagande socialiste parmi les campagnards. Rapport présenté au congrès du parti ouvrier, tenu à Gand, en 1897.

Zerboglio, Ad., 1. Le socialisme et la psychologie du raisonnement. (Revue socialiste, 1876, mars.)
— 2. Il socialismo e le obiezioni più comuni. 16°. Palermo, Remo Sandron edit., 1895.

Zetkin, Clara. Vide: Gleichheit (Die).

Zetkin, Ossip, 1. Charakterköpfe aus der französischen Arbeiterbewegung. (Berliner Arbeiterbibliothek, Serie 1, Heft 5.) 8°. Berlin 1889.
— 2. Der Sozialismus in Frankreich seit der Pariser Kommune. (Berliner Arbeiterbibliothek, Serie 1, Heft 4.) 8°. Berlin 1889.
Zevort, Edgar, La France sous le régime du suffrage universel. 8°. Paris, May et Motteroz, 1894. (Bibliothèque d'histoire illustrée.)
Zeyttung (Newe). Wie die Statt Münster erobert vnnd gewunnen worden ist, am Freytag nach Sant Johannes des Teüffers tag, den 25. Junij des 1535 jar. 4 Bl. 4°. s. l. s. a. (1535).
Ziegler, H. E., Die Naturwissenschaft und die sozialdemokratische Theorie, ihr Verhältniss dargelegt auf Grund der Werke von Darwin und Bebel. Zugleich ein Beitrag zur wissenschaftlichen Kritik der Theorien der derzeitigen Sozialdemokratie. gr. 8°. Stuttgart, Enke, 1894.
*Ziegler, Theob., 1. Die sociale Frage eine sittliche Frage. 6. (Titel-)Aufl. 8°. Leipzig, Göschen, 1898.
— 2. La question sociale est une question morale. Traduit de l'allemand sur la 4. édit. et précédé d'une introduction. 18°. Paris, F. Alcan, 1893. (Bibliothèque de philosophie contemporaine.) 2. édit. 18°. Ibid. 1895.
— 3. Der Student und die sociale Frage. (Die Zeit, Nr. 32, Wien, 11. Mai 1895.)
Zielowsky. Vide: Aufzeichnungen (Eigenhändige).
Zimmermann, Karl, Die Störungen im Mechanismus der Gesellschaft. 12°. Karlsruhe, F. Kundt, 1892.
Zimmermann, Lud. Rich., Drei Viertel auf Zwölf. Zeitglossen. 8°. Oldenburg, Selbstverlag, Juli 1871.
Zini, Zino, Proprietà individuale o proprietà collettiva? Ricerche sulle tendenze economiche delle società moderne. 8°. Torino, Bocca, 1898.
Zirndorfer, S., Hermine oder der Aprilabend zu Frankfurt. 12°. Hanuau 1844.
Zo d'Axa, 1. En dehors. 18°. Paris 1896.
— 2. Le grand trimard. 18°. Bruxelles, Mai 1895.
Zola, E., Le collectivisme. (Almanach de la question sociale pour 1894.)

Zolla, Daniel, 1. L'agriculture et le socialisme. (Extr. de la Réforme sociale.) 8°. Paris, impr. Levé, 1896.
— 2. Salaires et capitalistes. (Extr. de la Réforme sociale, 1897, 16 févr.) 8°. Paris, impr. Levé, 1897. 3. édit. 16°. Besançon, impr. Jacquin, 1897.
Zollmann, Der evangelische Geistliche und die volkswirtschaftlichen Fragen. (Auch eine Entgegnung gegen Beyschlag: „Die evangelische Kirche als Bundesgenossin wider die Socialdemokratie".) (Sammlung theologischer und sociater Reden und Abhandlungen, Serie 2, Lfg. 9.) gr. 8°. Leipzig, Wallmann, 1890.
Zöllner, R., Zur Vorgeschichte des Bauernkrieges. 8°. Dresden 1872.
Zöpfl, Heinrich, Die Demokratie in Deutschland. Ein Beitrag zur wissenschaftlichen Würdigung von: „Gervinus, Einleitung in die Geschichte des 19. Jahrhundertes". 8°. Stuttgart, Krabbe, 1853.
Zosin, Panaite, 1. Determinismul. 16°. Jassy 1895.
— 2. Stiinta sociala. Conferinta pregatita pentru al XVII-lea Congres stutentesc romin din Folticani. 8°. Jassy 1896.
— 3. Catre studenti. Conferinta pregatita pentru al XVI-lea Congres stutentesc romin din Cîmpu-lung. fol. Bucarest, août 1895.
Zródłowski, Ferd., Staat und Geld. Ein Baustein zur Lösung der socialen Frage. gr. 8°. Zürich, Verlags-Magazin, 1892.
Zubku - Kodreanu, Nicolai Petrovitch, Biografitcheskii otcherk. Izd. tip. „Rabotnika" i „Gromady", 16°, Genève 1879, par R. Zalli.
Zuccarini, E., Pisacane e il socialismo moderno. („Biblioteca Humanitas", no. 6, Napoli 1887; „Lo Sperimentale", Brescia; „Humanitas", no. 17, 2 juillet 1887.)
Zuccarini, E., Penna, L., Cantiello, 1. Alleanza anarchica internazionale. 16°. Napoli 1887. („Biblioteca Humanitas", no. 2.)
— 2. La nuova religione. 16°. Napoli 1887. („Biblioteca Humanitas", no. 3.)
— 8°. Napoli 1890. („Biblioteca del Gruppo 1. Maggio".)
— 3. Una pagina dell' anarchismo Italiano 1880—1887. 8°. Napoli. („Biblioteca Humanitas", no. 8.)
Zueblin, Charles, A sketch of socialistic thought in England. (Americ. Journ. of Sociology, vol. 2, 1897, March.)

*Zukunft (Die). Socialistische Revue. Jhrg. 2, Heft 1—3 (Heft 1/2 15. Oct., Heft 3 1. Nov.). gr. 8°. Berlin 1878.

Zukunft (Die). Ztschr. Wien, 10. Okt. 1879—24. Jänner 1884; Pest, 15. Febr. 1884.

Zukunft (Die). Organ der radicalen Socialisten Oesterreichs. Nr. 1, Juli 1885. Gedruckt in Wien, Neulerchenfeld.

Zukunft (Die). Ztschr. Philadelphia, 17. Febr. 1884 sq.

Zukunft (Die). Organ der unabhängigen Socialisten. Wien, 27. Aug. 1892—Ende 1895, und 1 Nr. 1. Mai 1896.

Zukunft (Die). Demokratische Zeitung, begründet von Dr. Joh. Jacoby u. And., redig. von Guido Weiss. Jhrg. 1—5, 1867--1871. fol. Berlin. 15 Bde.

Zukunftsstaat (Der sozialdemokratische). Verhandlungen des deutschen Reichstages am 31. Jan., 3., 4., 6. u. 7. Febr. 1893, veröffentlicht nach dem officiellen stenogr. Bericht. gr. 8°. Berlin, Verlag des „Vorwärts", 1893.

Zukunftsstaat (Der sozialdemokratische) vor dem deutschen Reichstag. Wortlaut der Reden vom 31. Jan. bis 7. Febr. 1893 nach dem stenogr. Bericht des Drucksachen-Materials des Reichstages. 12°. Elberfeld, S. Lucas, 1893.

Zukunftsstaat (Der socialdemokratische) vor dem deutschen Reichstage (Febr. 1893). 8°. Wien, Verlag d. Industriellen Clubs u. d. Nieder-österr. Gewerbe-Ver., 1893.

Zum 18. Januar. Flugblatt. Druck von J. Noordnyn u. Zoon in Gorinchen, s. a.

Zum 1. Mai. gr. 8°. Halle a. S., E. Strien, 1893.

Zum socialen Ideal. Studienplan eines Gestorbenen. gr. 8°. Dresden 1888.

Zunahme (Die) des Socialismus. (Grenzboten, 1884,₁.)

Zur Agitation! Vertraulich und nur Rednern einzuhändigen. Flugblatt. s. l. s. a.

Zürich (Von) nach London. („Socialist", Berlin 1896.) broch. Berlin 1896.

Zürick-Zee, Peter Cornelius, A way propounded to make the poor in these and other nations happy by bringing together a fit suituable and well qualified people unto one Household government or little Commonwealth etc. 8°. London 1659.

Zurigo (De) a Londra. 8°. Forli 1896. (Biblioteca studi sociali", no. 1.)

Zustände (Die gesellschaftlichen) der civilisirten Welt. Hrsg. von M. Hess. (Neue Titelausgabe des „Gesellschaftsspiegels".) 2 Bde. Lex.-8°. Elberfeld, Bädeker, 1846—1847.

Zwaan, Az., Het socialisme als levensverzekering. 8°. Enkhuizen, gedrukt voor rekening van den schrijver, 1898.

Sach-Register.

Absolutismus und Socialismus.
Horn, E., 1.

Adressen. Vide: Aufrufe, Ansprachen etc.

Agrarcommunismus.
Costa, J. — Cunow, H., 5, 6.

Agrarsocialismus. Agrarian socialism. Socialisme agraire.
Bethlen, Graf N. — Deutsch, J., 1. — Gumplowicz, L., 8. — Henry, R. — Langerock, H. — Lavollée, R., 1. 3. — Limbourg, A. de. — Rocquigny, C. de. — Schmidt, E. H., 2. — Schwicker, J. H. — Vandervelde, Em., 1, 38, 39.
— Vide: Bodenbesitzreform.
— Landwirtschaft.
— Verstaatlichung von Grund u. Boden.

Alkoholismus und Arbeiterfrage.
Herkner, H., 1.

Almanache etc.
Album (Demokratisches). — Almanach. — Almanacco. — Amico (L') del Popolo. — Bilderbuch. — Cabet 3. — Exilé (L'). — Faure, Seb., 1. — Glühlichter-Almanach. — Guerre aux préjugés. — Lantarn (de vlaamsche). — Lluhas y Pujals, 1. — Questione sociale (La). Almanaque. — Rabineau. — République (La) du peuple. — Taschenbuch (Demokratisches). — Taschenbuch (Deutsches). — Taschenbuch (Königsberger). — Volksalmanak. — Vorwärts, Volkstaschenbuch.
— Vide auch: Arbeiterlesebücher.
— — Catechismen.

Altertum. Vide: Arbeiter im A.
— Demokratie im A.
— Sociale Bewegung im A.
— Sociale Frage im A.
— Socialismus im A.

Amerika. Vide: Arbeiter in A.
— Arbeiterassociationen in A.
— Arbeiterbewegung in A.
— Arbeiterfrage in A.
— Arbeitseinstellung in A.
— Communismus in A.
— Demokratie in A.

Amerika. Vide: Socialdemokratie in A.
— Sociale Bewegung in A.
— Socialismus in A.

Anabaptistes. Vide: Wiedertäufer.

Anarchismus.
Abasso gli anarchici. — Abattoir (L') patriotique. — Accused (The). — Adam, P. — Adler, G., 5. — A las madres. — Albert, Ch., 1, 2. — Alleanza. — Allen, Gr., 3. — Almeras. — Al Popolo. Altgeld, J. P. — Alvarez, Ern., 1 3. — Anarchia. — Anarchismus. — Anarchist. — Anarchist manifesto. — Anarchiste (L') Jahn. — Anarchisten. — Anarchistes. — Anarchist. Litterature. — Anarchists. + Andrade, David A., 1–4. — Andrews, J. A., 1–5. — Andrews, St. P., 1, 2. — Andrews, St., P., and Greeley. — Antrobus, Ed. Ed. — Antwort. — Arana, E. Z. — Arbeidsdag. — Arbeiter (An die) im Soldatenrock! — Arbure, Z., C. — Argentino, A. + A roublard. — Attentat (L') de la Bourse. — Attenhofer, F., 1. August (Im) 1886. Axelrod, P., 4, 5. — Baglivio A. del. — Bakounin, M. — Balogh, A. — Barucand, V. Bel-Adam, 1 3. — Berend, Alex., Lombroso, C., et Hamel, van. + Bericht über die Untersuchung. — Bernatzik. — Bernstein, Ed., 11. Bevington, L. S., 1, 2. — Bewegung (Die anarchist.). — Bibliothek (Anarchistische). — Bibliothek (Anarch.-communist.). — Biedenkapp, G. — Bigot, Ch., 2. — Bildung (Unsere). — Bilgram, Hugo, 1–3. — Biondi, G. Blind, Karl. — Bliss, W. D. P., 1. — Bluturtheil (Das). — Boa-Nova. — Boglietti, G., 3. — Boilley, P. — Boletin. — Bonthoux, A., 1–6. — Boppe, C. H., 1. — Borde, Fréd. — Botella, C. — Bourc. — Bourriques (Les). — Bouvery, J. — Brano (Un). — Breuil, Vict. — Bripon. — Brissot, J. P., 1, 2. — Brousse, P., 1–7. — Bulletin. — Burke, Ed., 4. Bus, G. Cafiero, Carlo, 1, 2. — Caserio, Santo. — Catéchisme d'un anarchiste. — Catilina. — Cecilia. — Ce que veulent les anarchistes. — Ce qu'il faut faire. — Certamen (Segundo). — Chacun pour soi. — Chambers, R. W. — Charles, Albert. — Chaumet, Ch. — Chicago-Martyrs (The). — Chiefly. Chirac, Aug., 2. — Circular. — Clemens, G. C. — Cless, A., 1. — Coeurderoy, E., 1–3. — Coeurderoy, E., et Vauthier. — Colajanni, Nap.,

4. — Colin, Benj. — Commune (La) de Paris devant les Anarchistes. — Complainte. — Conelli, Giov. Ant. — Converti, Nic., 1—4. — Cosmo, Serg. — Covelli, Em. — Cronica. — Culture and anarchy. — Cyon, E. de. — Durnaud, Em. — Davis, John. — Déclaration (La). — Déclaration des soldats. — Défense de Cyvoct. — Défense de l'anarch. Gille. Défense du compagnon Pini. — Déjacque, E. — Déjacque, J. — Demade, Pol. — Democrite. — Demolinmo. — Denk, M. — Deschanel, P., 3. — Deval, Arth. — Deville, Gabr. — Dialogue entre un anarchiste. — Diehl, K., 1. — Digéon, Emile. — Dombre, R. — Domenico, Z. — Donati, V. — Donisthorpe, W. — Dubois, F., 1—4. — Duncan, H. H. — Du Prel, K. — Dva Goda. — Dybfest, A. — Dyctoubiistvo. — Dybamite (La). — Dynamite et l'anama. — Dynamit-Gesetz. — Dynamitis. — Ecos. — Edinger, G., 1, 2. — Edward, G. — Elory.] — Enero (8) 1892. — Entwickelung (Die histor.) — Episodio (Un). — Erhebung. — Erinnerung (Zur). 2 nos. — Esperson, A. — Esteve, Petro. — Etiévant, G. — Fais ce que veux. — Falletti, G. — Faure, Seb. — Federazione. — Feigenbaum, R. — Ferry, Jules. — Ferreiro (10 de). — Fiorentini, Luc. — Fischer, Ad. — Fischer, Arn., 1. — Fisher, J. Gr. — Flaustier, P. — Flürscheim, M., 9. — For Freedom. — Fowler, Ch. T. — Freedom. 3 Nrn. — Freida, A. — Fröhlich, Conr., 1—4. — Gambirasio, L. — Gandon. — Gante, Em. — Garborg, Arne. — Garraud, R. — Gascogne, J. — Gautier, Em., 1—6. — Gazetta operaia. — Gazetta (Nuova) operaia. — Gedächtniss (Zum) .... an Stellmacher. 3 Nrn. — Gedeukblatt. — Geschichte (Zur) des A. — Gesellschaft (Die moderne). — Gherea, D., 1, 2. — Gilmour, W. — Gori, P., 1—5. — Goron. — Grave, Jean, 1—9. — Greene, W. B., 1—4. + Grey, John. — Grupos (Los). — Guérard, E. — Guerra (La). Guerra (La) all' Oppressore. — Guerre aux préjugés. — Guillaume, J., 1—4. — Gumprecht, A. — Gustavo, S., 1—4. — Guy, Fr. — Guyau, J. M., 1—5. — Hall, W. K. — Hamon, A. — Harman, M., 1, 2. — Hartmann, Ed. v., 1. — Heinzen, K., and Anarchism. — Henry, E., 1—3. — Herbert, Aub. — Hertzka, Th., 1. — Heywood, Ezra. — Holmes, W., 1, 2. — Horn, E., 2. — Huxley, Th. H., 1, 3.— Ibels, H. G. — Ideals (The). — Idée du progrès. — Idees (The). — Illenatuom, J. — Individualismo. — Ingalls, J. K. — Izdanie Socialno-revoljucionnoi partii. — James, C. L., 1, 2. — Janowsky, Sch. — Jean, L. — Jéhan-Préval. — Jets. — Joukowsky, N. Judas! — Julho (11 de). — Kalandar. — Kampffmeyer, B. — Kanewi Minna, 1, 2. — Khitraia mekhanika. — Kimball, John C. — Körber, Vil. — Krapotkine, Pierre. — K russkim revoljucioneram. — Landauer, G. — Lapeyre, P., 1. — Laprade, V. de. — Latorre, Paulino. — Laurentius. — Lazare, B. — Léauthier. — Lee, Vern., 1. — Lefrançais, G., 3. — Le Gall. — Leger, Aug. — Leibbrand, Ch. H. — Lence, De., 1, 2. — Lesigne, E. — Lettre (Première, Deuxième, Troisième). — Levasseur, G. — Leverdays, E., 1—3. — Ling, L., 1, 2. — Lluhas y Pujals, 1—6. —

Loewenthal, Ed. — Lollini, Vitt. — Lombroso, C., 1—4, 6. — Lorenzo, Ans., 1—5. — Lum, D. D., 1—4. — Lusa. — Mackay, John Henry. — Maestre, Man. Gil. — Maia, Ed. — Majovè Pisnè. — Malatesta, E. — Malato, Ch. — Malfatore (Un). — Manazéine, Marie de. — Manifeste des anarchistes suisses. — Manifeste des dynamiteurs. — Manifeste électoral. — Manifeste aux étudiants. — Manifesto degl' anarchici. — Manifesto (An anarchist). Maniugsrop. — Manuale anarchico. — March, Vic. — Mars 18. — Marselau, Nic. A. — Mürtyrer (Die). — Martyros (Aos). — Martyres (Os). — Massacre (Le) des anarchistes. — Mayo (E 1° de). — Mazzoni, V. S. — Medico (I.). — Mela, Ric. — Meloni, P. — Merlino, F. S. — Message au Peuple. — Michel, Louise, 10, 12, 13. — Michel, Louise, et Maria. — Michel, Louise, et Gautier, Em. — Milano, Ed. — Minzes, Bor., 2. — Molinari, Luigi. — Monin, H. — Montels, J. — Monticelli, C. — Montseny, Juan. — Moral (Anarchist). — Morel, Hect., 1, 2. — Morès. — Morozond. Nik. — Morris, W., 13. — Mort à Carnot! — Mort au juges! — Most, Joh. — Mozzoni, A. M. — Munteanu, Gr. — Mut (Der). — Nacimiento (Del). — Narodt i revoluciata. — Netchaev, S. G. — Nettlau, M. — Nicoll, Dav. J. — Nitti, F. S., 2. — November (Der 11.). 3 nos. — Novembre (11 de). — Novi embre (11 di). — Objeto. — Odescalchi. Bald. — Oelsnitz, A. — Olerich, H. — Opinion. Organamento (L'). — Ornum, W. H. van. Orsat. — Orsolini, P. — O'Squarr, Fl. — Owd Smeeton. — Pailette, P. — Papus. — Parsons, A. R. — Parsons, L. E. — Paultre, P. — Pelletier, Cl. — Pellicer, Ant. — Pellontier, F. — Pensa, Pasq. — Pentecost, H. C. — Perrare, A. — Peukert, Jos. — Picrate. Pisacane, C., 1—3. — Pisacane e i Mazziniani. — Pittsburger Proklamation. — Plechanow, G., 1. — Plume (La). — Poesia. — Polo y Peyrolan. — Polska. — Posada, Ad., 6. — Potter, Ag. de, 22. — Proal, L. — Procès (Le) des anarch. — Procès des trente anarch. — Procès des anarch. — Procès de Berkmann. — Procès d'Emma Goldmann. — Procès de Paola Lega. — Procès de Lorion. — Procès de Montbrison. — Procès des „Trente". — Proceso. — Process piatidesiati. — Processo. 3 nos. — Processo degli internazionali. — Propaganda (Die anarchist.). — Proni. — Quack, H. P. G., 2. — Ramages (Les). — Rane, A. — Rapport. 5 Nrn. — Ravachol. 2 Nrn. — Ravachol anarchiste? — Rebellus. — Reclus, El. — Réformes ou révolution. — Reglamento. — Reichesberg, N., 3. — Reinsdorf, Aug. 3 Nrn. — Reminiscenzen. — Renard, G., 13. — Réponse à l'appel. — Réponse à M. Coegg. — Réponse aux fusilleurs. — Réponse à Jules Ginesde. — Réponse de quelques internationaux. — Réponse d'un socialiste. — Résolutions. — Retté, Ad. — Révolutionnaires (Les). — Rey-Miguel. — Rieuzi, 1. — Robin, P., 1, 2. — Rossi, Giov., 1 4. — Round, J. H. — Roux, J., 1—3. — Royer, Em., 1, 2. — Ruiz, J. M., 1, 2. — Russell, 1—3. — Saint-Auban, 2. — Salter, W. M. — Samfundet. — Sanders, G. — Sarno, Gius. — Saurin, D. — Savage, R. H. — Schack, Mich. J. — Scheiff, Alf. —

Schirocky, L. — Schmidkunz, Hans. — Schmitt, E. H., 1. — Schuré, Ed. — Schwitzguébel, Adh. — Scourge (The). — Section (La). — Séjour, André de. — Sernicoli, E. — Serrano y Oteiza, J. — Seymour, Henry. — Shaw, G. B. — Siegfried, Nik. — Siglo (El). — Sivieri, Emilio. — Social Revolution (The). — Sociologia (La) anarchica. — Spencer, Herb., 5, 6. — Spies, A. — Sponer, Lys. — Stammler, R., 1, 2. — Steffen, G. F. — Steinhammer. — Steinle, E. — Steinsvil, R. — Stellmacher. — Stepniak, S., 1. — Stirner, M. — Stratenus. — Stuart, Fr. Q. — Studie (Een). — Studio. — Suñe, Seb., 1, 2. — Sytyc. — Tandy, F. D., 1, 2. — Tarn, A. — Tcherkesoff, W. — Teodoru, Gh. A. — Tersite. — Til de Unge. — Tkatchev, P. N. — Tolstoi, L., 1, 7. — Tolstoi's Moralphilosophie. — Tout à l'Egout. — Train, G. F. — Trauschau, wem! — Trautner, Max. — Travailleurs et Electeurs. — Tricot, H. — Trumbull, 1, 2. — Tschiderer, E. Frhr. v. — Tucker, B. R. — Tucker, B. R., and Tillinghurst, Will. H. — Uebersicht. — Umztiavanieto. — Vaillant, Aug., 1—3. — Valera, P., 2, 3. — Varennes, H. — Verità (La). — Veritas. — Vetter Niemand. — Vianna, J. M. Gonc., 1—3. — Vigliacchi. — Vincent, A., 2. — Vospominania, Vl. — Wachenhusen, Hans, 1. — Wagner, Dr. — Walcker, K. — Walker, E. C. — Warren, G. O., 1, 2. — Warren, Jos., 1, 2. — Whittick, W. — Why (The) I am's. 2 Nrn — Why we are anarchists. — Wilkins, W. H., 1, 2. — Wille, Br., 2. — Wilson, Charl. M., 1, 2. — Withington, Loth. — Yarros, Vict., 1—3. — Zenker, E. V., 1, 2. — Zo d'Axa, 1, 2. — Zosin, Pan., 1—3. — Zubku-Kodreanu. — Zuccarini, E. — Zuccarini, E., Pensa, L., Cantiello, 1—3. — Zurigo (De) a Londra. — Zürich (Von) nach London.

Anarchismus, Bekämpfung.

Anarchismus (Gegen den). — Bähr, O. — Beltrami-Scalia, M. — Brief (Ein) Jules Simon's. — Dreyfus, F. — Emanuel. — Fricke, G. A. — Hamel, G. A. van. — Jousseaume, Rob. — Lenz, Ad. — Lombroso, C., 5. — Lynkeus. — Massregeln (Die). — Merlino, F. S., 16. — Naquet, A., 2. — Philosophie (Moderneste anarch.). — Sell, Jul. — Sisyphus. — Versicherungsanstalt (Eine). — Zenker, E. V., 3.

Anarchismus, Zeitschriften.

Acracia. 2 Nrn. — Action (L') Paris. — Action (L') révolutionnaire. — Agitador. — Agitateur. — Alarm. — Alarma. — Allgemeine Zeitung. — Altrurian (The). — Ami (L') des ouvriers. — Amico (L') del Popolo. — Anarchia. — Anarchie. — Anarchie. — Anarchist. — Anarchy. — Anarquia. — Antipatriote. — Arbeit (Die) (Villach u. Marburg). — Arbeiterfreund (The workers friend). — Arbeiter-Zeitung (Bern). — Arbeiter-Zeitung (Amerikan.). — Arbeiter-Zeitung (Berlin). — Archivo social. — Ariete anárquista. — Armée (L') nationale. — Articolo (L'). — Asino. — Asino (L') umano. — Attaque (L'). — Audace (L'). — Australian Radical. — Autonomia. — Autonomie. — Aux affamés. — Aux étudiants. — Aux jeunes gens. — Avant-Garde cosmopolite. — Avant-Garde, organe de la féder. franç. — Avenir (Liège et Genève). — Avvenire (L'). — Avvenire (L') sociale. — Bachi-Bozuki Petersburga. — Bandera roja. — Bandera social. — Bandit. — Barbaros (Os). — Bassarabia. — Beacon (The). — Boletin. — Bolletino. — Boudouconost. — Brandfackel (Die). — Bulletin des groupes anarch. — Bulletin de Propagande. — Cahiers (Les) du travail. — Ça ira. Campagna (La). 2 Nrn. — Canaglia (La). — Capestro (Il). — Caserio. — Cervanky lipanske. — Che siamo. — Christ anarchiste. — Ciclone (Il). — Ciencia social. — Clameur amiénoise (La). — Combate. — Combattiamo. — Combattiamo (Il nuovo). — Commonweal (The). — Commmunist (Pest). — Communist (London). — Communiste (Le). — Comunardo. — Comunista. — Contenado (El). — Conquista. — Conquista (La) del Pan. — Conscrit (Le). — Controversia. — Cossario (El). — Cosmopolita (El). — Courier français. — Courier social. — Cri (Le) des opprimés. — Cri typographique. — Crise sociale. — Critique sociale. — Croce (La) di Savoia. — Cuarto (El). — Cuestion (La) social. — Cyclone (Le). — Dacia viitoare. — Daily Psycho-Anarchist. — Débacle (La). — Débacle (La) sociale. — Déchard (Le). — Defi (Le). — Dělnické Lišty. — Demolitore (Il). — Derecho (El). — Derecho (El) á la vida. — Descamisado (El). — Descamisados (Los). — Desheredados (Los). — Despertar (El). — Diritto (Il). — Discredato (Il). — Drapeau (Le) noir. 3 nos. — Drapeau (Le) rouge, 1880. — Drapeau (Le) rouge, 1889. — Drepturile Omului. — Droit (Le) social. 2 Nrn. — Duch Casu. — Duch Volnosti. — Eco (L') de Ravachol. — Eco (El) del Rebelde. — Égalitaire. — Égalité. — Egoism. — Eguaglianza (L'). — Eigene (Der). — Einbrecher (Der). — Emancipador (El). — Emancipazione (La). — En-Dehors. — Enfant terrible. — Entretiens politiques. — Esclavo (El). — Esclavo (El) moderno. — Escravo (O). — Esprit (L'). — Expansión. — Fair Play. — Fakkel (De). — Falot (Le). — Fame (La). — Fascio (Il) operaio. — Favilla (La). 2 nos. — Federación (La). 5 Nrn. — Fedraheimen. — Fer (Le) rouge. — Fiaccola (La) rossa. — Firebrand (The). — Folgore (La). — Forçat. — Forçat (Le) du travail. — Forche (Le) republicane. — Fratellanza. — Freedom. 2 Nrn. — Free Exchange. — Free Life (The). — Free Trade. — Freie Gesellschaft. 2 Nrn. — Freie (Erste) Presse. — Freiheit. 3 Nrn. — Fuerza de la Razon. — Genossenschafts-Pionier. — Giugno. — Giustizia (La). — Glaneur (Le). — Grido (Il) dell' Operaio. — Grido (Il) degli Oppressi. — Grido del Popolo. — Grido (El) del Pueblo. — Grito de Revolta. — Gueux (Le). — Harmonie (Marseille). — Hereje (O). — Herold (The). — Heywood, Ezra, 4. — Hijo (El). — Homme (L') libre. — Honesty. — Hydre (L'). — Idea. — Idée (L'). — Idée (L') libre. — Idée (L') ouvrière. — Ilota. — Indépendant (L'). — Indicateur. — In Marcia! — Insurgé (L'). — Internacional. 2 nos. — International (L'). — Internationale (L'), Bulletin. — Internationale (L'), Bruxelles. — Internazionale. — Invencible (El). — Izdanie Obchtchestva. — Jeune (La) Icarie. — Jeunesse (La) nouvelle. — Jovenes Hijos del

Mundo. — Justicia. 2 Nrn. — Kampf (Der).
— Kämpfer (Der). — Kansas Fight (The). —
Kansas Liberal (The). Karabáč. — Konrad
(Der arme). — Korrektie (De). — Labor (La).
— Lanterna (La). — Lavoratore (Il). 2 Nrn.
— Lavoriamo. — Legalidad (La). Lettres
prolétariennes. — Libero Pato (Il). — Libertà
e Giustizia. — Libertaire (Le). 4 Nrn. —
Libertario. — Libertas. — Liberté (La). 4 Nrn.
— Liberty. 2 Nrn. — Liberty Leaflets. —
Libre Iniciativa. — Licht en Waarheid. —
Londoner Arbeiter-Zeitung. — Loteling (De).
— Lotta (La). — Lotta (La) sociale. — Lotta
Umana. — Lucha (El) obrero. — Lucha obrero
(La). — Lucha (La) obrero. — Lucifer. —
Lumpenproletarier (Der). — Lutte (La) pour
la vie. — Luz (La). — Maggio (1°). 3 Nrn.
— Malfattori (I). 2 Nrn. — Marinile sociale.
— Martello (Il). 2 Nrn. — Marzo 18. — Match
(The). — Matice dělnická. 3 Nrn. — Metall-
arbeiter (Der). — Mirabeau (Le). — Miserabili
(I). — Misère (La). — Miseria (La). 2 Nrn.
— Mistoufe (La). — Moutagna (La). — Moto
(Il). — Motto d'Ordine (Il). — Movimento
(El) social. — Movimento sociale. — Mujer
(La). — Mujickaia Pravda. — Narodnoe Dyelo.
— Nemesis. 2 Nrn. — Nettuno (Il). — New-
England-Anzeiger. — New Jersey Arbeiter-
Zeitung. — Ni dieu, ni maître. — Ni Dios
ni Amo. — Noodkreet (De). — Noógrafo (El).
— Nouvelle Humanité. — Nueva Idea (La).
— Nuova Gioventu. — Obchtchina. 2 Nrn.
— Obrero. 4 Nrn. — Oeuvre social (L'). —
Omladina. — Ontwaking (De). — Operaio
(L'). 4 Nrn. — Oppresso (L'). — Oprimido
(El). 3 Nrn. — Opstand (De). 2 Nrn. —
Opstandeling. — Orden (El). 2 Nrn. — Or-
dine. — Ottantonove (L'). — Our New Hu-
manity. — Ouvrier (L') révolté. — Paria (Il).
— Paria (Le). — Parole (Die). — Paupertas.
— Pensiero (Il). — Pensiero e Dinamite. —
Père Duchêne. — Père Peinard (Le). 2 Nrn.
— Per la Propaganda. — Per la Verità. —
Perseguido (El). — Persévérance (La). —
Petrolio (Il). — Piccone (Il). 2 Nrn. — Pisa-
cane. — Plebaglia (La). — Plebe (La). —
Plébéien (Le). — Pokrok. — Pomsta. —
Popolo (Il). — Porvenir (El) anarquista. —
Porvenir (El) social. — Pot-à-Colle (Le). —
Práce. 2 Nrn. — Primero (O). — Primero
Maggio. — Producteur (Le). — Productor (El).
3 Nrn. — Progrès (Le). — Prokrokové Listy.
Proletár. 3 Nrn. — Proletären. — Proletariato
(Il). — Proletario (Il), 5 Nrn. — Propaganda
(La). 3 Nrn. — Protesta (La) Umana
(Le). — Proximus tuus. — Pugnale (Il). — Pygmée
(Le). — Questione sociale (La). 6 Nrn. —
Rabotnik. — Rache (Die). — Radical. 4 Nrn.
— Radical Review (The). — Raggi (I). —
Ravachol, Journ. — Razón. — Razvratirea.
— Reason. — Rebelde. 3 Nrn. — Rebell.
2 Nrn. — Represalias (Las). — Revancha
(La). — Réveil (Le) des Masses. — Réveil
(Le) des mineurs. — Revendicateur. — Re-
vista social. 2 Nrn. — Revolt. — Revolta (A).
2 Nrn. — Revoltado. — Révolté (Le). —
Révolte (La). — Révolte (La) des affamés. —
Révolté (Le) sédanais. — Revolução social. —
Revoluce. — Revolución (La) popular. —
Revolución (La) social. 4 Nrn. — Revolucio-
nario (El). — Révolution (La) cosmopolite. —
Révolution (La) sociale. 2 Nrn. — Revolutionär
(Der). — Revolutionary Review. — Revue
anarchiste. — Revue antipatriote. — Ribelli
(I). — Ricordiamoci. — Riflard (Le). 2 Nrn.
— Riscatto (Il). — Riscossa (La). 3 Nrn. —
Risveglio (Il). — Rive gauche (La). — Ri-
vista social. — Robotnik. — Romagnolo (Il).
— Rothschild (Le). — Scamisciato (Il). 2 Nrn.
— Schiavi (Gli) bianchi. — Schiavo (Lo). —
Schiavo bianco (Il). — Science (La) populaire.
— Sempre avanti. 3 Nrn. — Settembre (Il 20).
— Sheffield Anarchist (The). — Situazione
(La). — Sociale (La). — Socialismo (El).
2 Nrn. — Socialismo anárquico. — Socialist
(l'est). — Socialist (Berlin). — Socialista (Il).
3 Nrn. — Socialiste (Le). — Société (La)
nouvelle. — Sole. — Solidaridad (La). 2 Nrn.
— Solidarité (La). — Solidarité (La) révo-
lutionnaire. — Solidarity. — Sperimentale
(Lo). — Sturmglocken (Die). — Sur le trimard.
— Svoboda. 2 Nrn. — Swit. — Tchernyl-
Peredyel. — Teatro social. — Tejedor (El).
— Temps (Les) Nouveaux. — Tierra y Liber-
tad. — Toekomst (De), Journ. — Torch (The).
— Torche (La). — Toscin (Le), Londres. —
Toscin (Le), Alger. — Toscin (Le), Genf. —
Trabajo (El). 4 Nrn. — Tramontana (La). —
Travail (Le), Genève. — Travailleur (Le),
Le Mans. — Tribuna dell' Operaio. — Tri-
bune libre (La). — Tribune (La) ouvrière. —
Tribune (La) du Peuple. — Trybun ludowy.
— Tutti in maschera. — Twentieth Century.
— Uguaglianza (L'). 2 Nrn. — Under röd
flagg. — Union (La). — Union obrera. 2 Nrn.
— Urlo (L'). — Van Nu en Stracks. —
Varlope (La). — Vendemiaire. — Venti Set-
tembri. — Verdad (La). — Vérité (La). —
Victime (La) del Trabajo. — Volkswilla. —
Volné Listy. 2 Nrn. — Volnost. — Volny
Duch. — Voz (La) de la Mujer. — Voz (La)
de Ravachol. — Voz (La) del Trabajador.
2 Nrn. — Vrije Pers (De). — Vrijheid (De).
— Wahrheit (Truth). — Zukunft (Wien).
3 Nrn. — Zukunft (Philadelphia).
— Vide auch: Bakunin.
— — Communismus, anarchistischer.
— — Stirner.

Ansprachen. Vide: Aufrufe.

Antiquité, Antiquity. Vide: Altertum.

Antisemitismus und Arbeiter.
Elbogen, Fr., 2.

Antisemitismus und Socialdemokratie.
Antisemiten. — Antisemitismus. — Bebel,
Aug., 30. — Falk, Kurt, 1.

Antisemitismus und Socialismus.
Tabarant, Ad., 3.
— Vide auch: Judentum.

Antisocial.
Boucheville, A. de. — Deschanel, Paul, 5, 6.
— Du Péral, G. — Epstein. — Hugenpoth,
J. R. v.

Arbeit, Allgem.
Albing, R., 1. — Anzenberger, Jos. — Anzi,
Don G. — Arm und Reich. — Aureli, Ces.
— Bach, Hugo. — Baudrillart, H., 3. —
Baumgartner, Andr. Frhr. v. — Bellentani, V.

Arbeit 362 Arbeiter

— Blackie. W. G. — Bonar. J. — Brewster, M. E. — Brissac, H., 7. — Bücher, Karl, 1. — Burri. Ant. — Carlyle. — Carton de Wiart. — Caumont, A. — Chauvet. E., 1—6. — Claverie, Maur. — Conny, J. A. de. — Cook, Jos. — Constanzi, E., 3. — Courlay, H. — Crippa, D. — Deschamps, Aug. — Dick, R. — Diessel, G. — Discours sur le travail. — Engels, Fr., 1. — Fabrizi, U. — Friedenthal. M. B. — Friedländer, M. H. — Garnier. Barth. — Garnier, J., 1. — Gauthereau. J. B. — Gautier, J. B. — Guyot. Y., 12. — Heger. R. — Herpfer. J. D. — Hoffmann, Adf., 1. — Iron, 2. — Jefimenko, A. — Jelley, S. M. — Krafft. — Krapotkine. P., 10. — Labor and social problems. — Laupertico, Fel., 1. — Lieber, Fr. — Louis. Paul. — Lurine, L. — Mach, E., 1, 2. — Mallock, W. H., 1. — Manning, Kard. — Martin, M. — Meyer, Ch., 1. — Meyer. Jul., 1. — Meyer, J. B., 2. — Mony. — Morandi, G. — Napier, Jos. — Neuberg, J. — Nitti, F. S., 7. — Offermann, A., 1. — Olive, l'abbé. — Ott, Alex. — Paepe, C. D., 40. — Pfizer, G., 1. — Philip, A. — Plevna (The). — Politik. — Rabbeno, U., 3. — Reichenbach, A., 1. — Reiff. — Riant, Aimé. — Saint-Omer, Mlle. El. — Schönberg. Gust., 1. — Schultz, W. — Schultze, O. — Schulze-Delitzsch, 2. — Scott, John. — Selchow-Ruduik, E. v. — Spaggiari, Pietro. — Tellam, de. — Threlfall, T. R., 1. — Travail (Du). — Uhlhorn, G., 1. — Veblen, Th., 2. — Veränderungen (Die). — Vivarelli, V. — Walker, Jas. — Warren. Sam. — Weber, Simon. — Wellwood. Sam. — Wesen (Das). — Wolff, H. W. — Woolen, Ev., 1.

Arbeit, Freiheit der.
Abolicionista (El). — Baudouin, Fél. M. — Chevalier. Mich., 2. — Couturier, A. F. — Dunoyer, Ch. — Étude sur la liberté. — Fanveau, G. — Felt, C. W. — Foville. A. de. — Free labour. — Frühauf, Jul. — Liberté (De la). — Müller, J. E. Th., 1. — Passy, Fr., 3. — Phipson, C. B. — Poisson. — Ricca-Salerno, G., 2. — Schulze-Delitzsch, 1.

Arbeit, Geschichte.
Dufrené, Hect. — Foucon, Fél. — Geschichte der A. — Girardin, St. M. — Ideen. — Jentsch, K., 3. — Keyth, James. — Kirchmann, P. F. — Le Play, F., 1. — Notice sommaire. — Passy, Fr., 2. — Pelletan, E., 4. Richard, Ch., 7. — Rogers, J. E. Th., 1-3. — Saint-Marc Girardin. — Somenard, E. — Stamm, Ferd. — Weinhold, Mor.

Arbeit, Gesetze der Arbeit.
Babut. — Gesetze der A. — Guesde, E., 5. — Jaudeau, Fr. — Jouffroy d'Albans. — Nitti, F. S., 10. — Rabaud, Cam. — Rondelet, A., 2. — Teifen, T. W., 4.

Arbeit, Organisation der Arbeit.
Baudet-Dulary, M., 2. — Bemis, Edw. W., 4. — Bertrand, L., 27. — Bijleveld. — Blaise, Nic. — Blanc, L., 1. — Bonnard, A. de. — Bonnard, E., 1—3. — Bourreiff, Am., Briancourt, Mich., 1, 2, 3. — Brière, A. — Brisson, J. — Brunhes, M. — Budin. — Capot, An. — Chabanne, H. — Clément, A. — Confais. — Conférences. — Corville, Joh. — Coster, - Coutarel, A. — Dairnvael, G. — Darbaumont.

— Debessé, T. — Delagrange, P. — Denis, H., 17. — Derrion. — Doctrine de l'harmonie. — Doré, P. — Dry-Dupré. — Dumous, F., 2. — Dumoulin. A. — Duru, H. — Enquête (L') sociale. — Filette. J. B. A. — Fitau, A. — Fougerousse, A. — Giraud, L. A. — Gobin, Ad. — Gouvernement (Du) de l'industrie. — Guillard, E. — Hébras. — Hennequin, V., 1. — Howell, G., 2. — Jay, Raoul. — Jobard. J. B. A. M. — Koranbrun, A. — Kosegarten, Wilh. — Labor organization papers. — Laboulaye, Ch. P. L. — Lacombe, Fr. — Lechevalier, J. — Leclaire. — Ledoux. — Le Play. F., 7, 8, 10. — Leullier. A. — Levèque, A. et Martin, P. — Loesevitz, J. — Luro. Vict. — Malglaive, de. — Marchant. — Mark, K. — Martial, D. — Mémoire couronnée. — Morin, T. — Organisation (Zur). — Organisation du travail. 4 Nrn. — Organisez le travail. — Organized labor. — Pachnicke, H. — Paupe. — Pestalozzi, J., 2. — Petit-Crétal. — Pétition. — Pottier-Gruson, 1, 2. — Psenner, Ldw., 1. — Questions sociales et ouvrières. — Reydemorande. — Ribbe, Ch. de. — Rousseau, J. Math. — Schützenberger, Ch. — Solms, Mme. Marie de. — Stromeyer, F. — Système social pratique. — Szeliga. — Théorie universelle. — Thury, M. — Vialatte, J. — Vidal, E., 2. — Vidal, H.

Arbeit, Recht auf Arbeit.
Adler, G., 14. — Anéthan, J. d', 1. — Barbet, Aug., 3. — Barclay, Th. — Beck, G., 1, 3. — Blanc, L., 2, 3. — Böhrig, Ed. — Caselis, A. — Delasaive. — Delbrück, H., 1. — Delcuze. — Destrem, H., 2. — Drexler, A., 3, 4. — Dufaure. — Esquiros, A. de, 1. — Frage (Zur). — Friedrich, K., 2. — Gegen das Recht auf A. — Genilier. — Geschichte (Zur) des R. — Gespräche (Politische). — Guyot, Y., 2. — Larcher, L. J. — Lenzmann und Philipps. — Liberty Leaflets. — Maier, Gust., 2. — Marjoux, A. — Mehring, O. — Morhard. — Mutahoff, Chr. — Nazzani, Em. — Prochownik, Berth. — Proudhon, P. B., 17. — Rautenberg, A. — Recht auf Arbeit. 3 Nrn. Schäppi, J. — Singer, Rud., 2. — Steck, A., 3. — Vaisse, J. L., 1. — Vialatte. J. — Weisengrün, P., 1. — Wewel. — Wichers von Gogh, Otto, 8. — Wilms, Wilh. — Wullschläger, O., 3.

Arbeit und Moral.
Goguel, G.

Arbeit und Socialismus.
Bugeaud, Marsch.

Arbeit. Vide auch: Capital und Arbeit.
— — Christentum und Arbeit.
— — Pflicht zur Arbeit.

Arbeiter, Allgem.
Adrien. — Arbeiter als Unternehmer. — Arnoux, Cl. — Balas, B. — Bax, W., en Nieuwenhuis. F. D. — Benvenuti, G., 2. — Berner, E., 2. — Bertheau, Ch. — Bimetallismus (Der). — Cayley, G. J. — Classe (La) ouvrière. — Delphi-Fabrice. — Demolière, H. — Dialogue entre un ouvrier et un patron. — Dietrichson, L. — Eylenbosch, G. — Farbstein, Dav. — Greulich, H., 3. — Guichard, C. — Harnel, L., 1. — Harrison. — Hints

(Useful). — Jentsch. K., 6, 7. — Keller, Em. — Labourers Friend. — Lassalle, F., 22. 1— Lupicin, P. — Mac Gregor, Hugh. — Mallock, W. H., 9. — Means. — Meifredy, H. — Meyer. Ch. 2. — Ouvrier (L') chrétien. — Pascal, de. — Pigs' Meat. — Politique (La). — Qu'est-ce que le travailleur? — Questions sociales. — Rocher, I. — Samuelson, J., 2. — Sargant, W. L. — Schönberg, G., 2. — Schwechler, Karl, 1. — Simmons, A. — Società (Le) operaie. — Was ist der A. — Was ein kathol. A. wissen muss. — Wycoff, W. A.

Arbeiter im Altertum.
Spiegelberg, Wilh.

Arbeiter in America.
Bertolini, Aug., 5. — Rousiers, P. de, 5.

Arbeiter in Belgien.
Bertraud, L., 20. — Degreef, Guill., 11.

Arbeiter in Deutschland.
Bestrebungen (Die). — Gendre, B. — Groupe, P. M. — Komplott (Ein). — May, R. E. — Tönnies, F., 2, 5. — Ueberblick. — Umbreit, P., 2.

Arbeiter in England.
Bernstein, Ed., 1. — Engels, Fr., 6, 14. — Gaupp, Otto, 1. — Hancock, W. N. — Lebensgeschichte. — Luzzatti, Luigi, 1. — Trevor, J. — Webb, Sidn., 2, 4, 8.

Arbeiter in Frankreich.
Alliance. — Benoist, Ch., 3. — Bertucci, P., et Pauwels, J. — Clément, H., 1. — Commission. — Leo XIII. und die französ. Arbeiter. — Merklen, A. — Sans travail. — Schreiber, Adele.

Arbeiter in Italien.
Gendre, B. — Luzzatti, Luigi, 4. — Mazzini, G., 71, 77, 78, 79, 92. — Poli, L. — Società (Le) operaie di Torino.

Arbeiter in Russland.
Erwachen (Das politische). — Plechanow, G., 2. — Stromberg, M., 2.

Arbeiter, jüdische.
Solowcitschik, L.

Arbeiter, Geschichte.
History of the middle and working classes.

Arbeiter, Zukunft.
Fabre, Aug., 1. — Fraineau, M., 2. — Göhre, P., 1. — Marshall, Alfr. — Présent et avenir. — Torrigiani, P.

Arbeiter und Gesellschaft.
Fiorese, Sab. — Schall, Ed., 1.

Arbeiter und Socialdemokratie.
Fischer, Ernst. — Gaupp, Otto, 1. — Schultz, Alb. — Sohm, Rud., u. Lorenz, Max. — Wittenberg, Hans.

Arbeiter und sociale Frage.
Mainate, N.

Arbeiter und Socialismus.
Frémont, Aug.

Arbeiter. Vide auch: Antisemitismus u. A.
— — Parlament u. A.
— — Recht (Das bürgerl.) u. A.
— — Religion u. A.
— — Steuern u. A.
— — Strafrecht u. A.

Arbeiterassociationen, Gewerkvereine, Associations ouvrières, Trades-unions.
Associations ouvrières. — Bancel, A. D., 3. — Bernstein, Ed., 4. — Beurtheilung (Zur). — Biermer, M., 6, 7. — Birks, J. — Black, Clem. — Bradlaugh, Ch., 2. — Brentano, L., 6. — Brooke, Rev. St. — Brooks, J. G. — Burnott, J. — Celosia, F. — Clair. — Courcelle-Seneuil, J. G., 4. — Cox, J. C. — Cree, J. S. — Crüger, H., 1, 2. — Dunning, T. J. — Erzberger, M. — Evelyn, J. — Faucher, L., 3. — Feringa, F. — Free Trade and tradeunionism. — Galton, F. W. — Gewerkschaften (Christl.) — Gewerkschaftsbewegung. — Gilbert-Boucher. — Godin, J. B. A., 1. — Greulich, H., 4. — Hammer, M. J. — Hansen, Chr. — Hasbach, W., 2. — Heinemann, E. — Heurtaux-Varsaveaux. — Hewins, W. A. S. — Holland. — Howell, G., 3, 4. — Kampffmeyer, P., 1. — Kralik, Em. — Labor organization papers. — Leimbach, K. A. — Mahaim, E., 2. — Mann, T., 2. — Manuel des assoc. ouvr. — Maxim, H. S. — Methods (The). — Müller, H., 5. — Otto, A. — Paepe, C. D., 27. — Pagnoncelli, Ant. — Panattoni, Car. — Phillipps, Miss E. M. — Poersch, Br., 1, 2. — Porritt, Edw., 1. — Potter, Beatr. — Pradinaud, F., et Devillers, L. — Projet d'association. — Report (Annual). — Rieu, Fern. — Schleicher, J., 5. — Schippel, M., 3. — Schönberg, G., 3. — Schwitzguébel, Adh., 5. — Segitz, Mart. — Sieghieri, Ett. — Souplet, C. — Stahl, W. Stand (Der). — Stern, J., 5. — Strauger, Jam., 1, 3. — Tagliaferri, Ag. — Taylor, Benj. — Terrat, Barth. — Tille, Alex., 4. — Trades-Unions and strikes. — Trades-Unions in practice. — Umbreit, P., 1. — Union (L') des travailleurs. — Vansittart-Neale, E. — Vloten, J. van. — Voigt, J. F. — Webb, Sidn., u. Webb, Beatr., 3, 4, 5, 10, 11. — Weber, Ldw. — Wicks, Fr. — Witt, Hamer, M. J. de. — Woeste, Ch.

Arbeiterassociationen in Amerika.
Bemis, Edw., 1, 2, 5. — King, W. L. Mack. — Parsons, Alz. — Sartorius v. Waltershausen, Frhr. A., 1, 2, 3. — Suermondt, W. — Wright, C. D., 3.

Arbeiterassociationen in Australien.
Schulze-Gaevernitz, G. v., 3.

Arbeiterassociationen in Belgien.
Andrimont, Léon d', 1, 2. — Dubois, E., 1, 2. — Falkenburg, Ph. — Gutenberg (Le). — Incidents (Les). — Mahaim, E., 1. — Müller, Vict. — Vandervelde, E, 3, 14, 16, 31, 32. — Vooruit (Le). 2 Nrn.

Arbeiterassociationen in China.
Fromageot, H. — Mac Gowan, D. J.

Arbeiterassociationen in Dänemark.
Lexis, W., 5.

Arbeiterassociationen in Deutschland.
Arbeiterassociationen. — Arbeitsstatistik. — Association des ouvriers de Berlin. — Aufgaben (Die nächsten). — Elm, A. v., 1. — Erfurter Association (Die). — Gasch, Arth. — Gewerkschaften (Die deutschen). — Gewerkschaftsbewegung (Ueber die). — Gewerkvereine (Sind die deutschen). — Hirsch, M., 2, 3, 4. — Hofmann, Frdr. — Huber, V. A., 2.

46*

— Katzenstein, S., 2. — Korrespondenzblatt.
— Legien, C., 1. — Monstreprozess. — Oldenberg, K., 2. — Organisationsfrage. — Poersch, Br., 4. — Pötzsch, H. — Reich, M. — Schippel, M., 4. — Schmöle, Jos., 1, 2. — Sturm, F. — Tietze, R. — Verhandlungen (Die) des 1. ordentl. Verbandstages. — Wehberg, H., 1.

Arbeiterassociationen in England.
Association des class. ouvr. — Aveling, Edw., 3, 5. — Bernstein, Ed., 21, 22. — Biermer, M., 5. — Brentano, L., 7, 8, 9, 10, 11. — Briggs, Henry C. — Congresso (Il). — Durando, C. — Dyrhenfurth, G., 1, 2. — Fagnot, F. — Falkenburg, Ph., 2. — Feig, J. — Forbes, J. M. — Gewerkvereine (Die engl.) — Hirsch, M., 3. 4. — History of the working tailors ass. — Howell, G., 1. — Huber, V. A., 2. — Hugo, C., 3, 6. — John, V., 1, 2. — Ludlow, J. M., 4. — Massingham, H. W. — Nash, Vaugh. — Nostiz, H. v. — Philipson, F. C. — Pictet, E. — Rabbeno, U., 8. — Robert, W. P. — Rousiers, P. de, 1, 2, 7, 8. — Schmoller, G. — Tendenze. — Trade-Unions in Great Britain. — Vogelsang, M., 5. — Webb, Kath. — Webb, Sidn., 3. — Webb, Sidn., u. Webb, Beatr.

Arbeiterassociationen in Frankreich.
Briquet, C. M. — Clavé, J. — Congrès des directeurs. 2 Nrn. — Faucher, L., 1. — Flammermont, J. — Gewerkschaftsbewegung (Zur) in Fr. — Histoire d'une Association. — Huber, V. A., 2. — Hubert, Em. — Jourdain, Vict. — Lexis, W., 4. — Mabilleau, Léop. — Monanges, Maur. — Osten, v. d. — Programme et statuts de l'Universelle.

Arbeiterassociationen in Italien.
Associazione. — Atto di costituzione. — Bonfadini, R. — Canedi, P., 1, 2. — Faucher, L., 2. — Gonetta, G. — Lexis, W., 5. — Mazzini, Gius., 125.

Arbeiterassociationen in den Niederlanden.
Heldt, B. H. — Nederlandsch werklieden verbond.

Arbeiterassociationen in Oesterreich.
Gewerkschaftsbewegung (Zur) in Oesterr. — Herkner, K., 3. — Thätigkeitsbericht. — Vogelsang, M., 3.

Arbeiterassociationen in der Schweiz.
Herkner, K., 4. — Märtens, O. — Platter, J., 6. — Steck, A., 5.

Arbeiterassociationen in Spanien.
Garrido, F.

Arbeiterassociationen und Socialdemokratie.
Hugo, C., 2. — Lorenz, Max, 6.
— Vide auch: Arbeiterorganisation.
— — Kirche und Arbeiterassociation.

Arbeiterausbeutung.
Appel respectueux. — Arbeiter-Wurzerei. — Barker, W. — Befreiung. — Fliegen (Die). — Helps, Sir Arth. — Paepe, C. D., 12, 13.

Arbeiterbefreiung.
Landauer, G., 3.

Arbeiterbewegung, Allgem.
Arbeiterbewegung (Die moderne). — Brentano, L., 5. — Casaretto, P. Fr. — Drury, Vict. — Felton, Kath. — Hausen, Fritz. — Hardyns, F., 1. — Hobhouse, L. T., 2. — Jentsch, K., 9. — Kautsky, K., 11. — Krassow, v. — Mac Neill. G. E. — Most, J., 19. — Müller, H., 4. — Oberwinder, H., 1. — Philippovich, E. v., 1. — Roesler, Max. — Stand (Der). 2 Nrn. — Wehberg, H-inr., 1.

Arbeiterbewegung in Amerika.
Arbeiterbewegung (Zur amerik.). — Engels, Fr., 2, 26. — Sorge, F. A., 1—5. — Vogelsang, M., 1.

Arbeiterbewegung in Australien.
Aldrich, Mort. A. — Bertram, A., 1, 2.

Arbeiterbewegung in Belgien.
Vandervelde, E., 40.

Arbeiterbewegung in Dänemark.
Linderberg, F., 1.

Arbeiterbewegung in Deutschland.
An den Züricher Congress. — Berger, Adel. — Bueck, H. A., 1. — Denkschrift zur Leipziger Maurer-Bewegung. — Fridrichowicz, E. — Hirsch, M., 1. — Holzerland, Franz. — Ihrer, E., 1, 2. — Kapell, O. — Laicus, Ph., 2. — Parvus, 1. — Reissmann-Grone, 2. — Zacher.

Arbeiterbewegung in England.
Arbeiterbewegung (Die) in Engl. 2 Nrn. — Arbeiterführer (Der engl.). — Biermer, M., 4. — Brentano, L., 4. — Herron, G. D., 2. — Marx-Aveling, El., 1. — Petit-Dutaillis, Ch. — Réville, André. — Walcker, K., 2.

Arbeiterbewegung in Frankreich.
Lavy, A. — Zetkin, O., 1.

Arbeiterbewegung in Italien.
Sombart, W., 9.

Arbeiterbewegung in den Niederlanden.
Bijnholt, R.

Arbeiterbewegung in Oesterreich.
Arbeiterbewegung (Die) in Oesterreich. — Deutsch, J., 2. — Kreal, Aug. — Raunig, A. G.

Arbeiterbewegung in Schweden.
Branting, H.

Arbeiterbewegung in der Schweiz.
Becker, J. Ph., 1. — Lang, O., 1.

Arbeiterbewegung. Vide auch: Sociale Bewegung.

Arbeitercongresse.
Arbeiter-Gewerkschaftskongress. — Arbeiterkongress (Der). — Arbeiterkongress (Der internat.). — Atti. — Bergarbeiterkongress (Der). — Bergarbeiterkongress (Internat.). — Bericht des Bundeskomitees. 2 Nrn. — Bernstein, Ed., 51, 52. — Bertrand, L., 7. — Beschlüsse des Provinzial-Arbeiter-Congresses. — Compte-rendu du congrès ouvrier chrétien. — Compte-rendu du I. congrès du Parti ouvrier. — Compte-rendu des travaux du congrès ouvrier. — Conferencia. — Congrès. — Congreso. — Decurtins, C. — Gaussen, M. — Gewerkschaftskongress. 4 Nrn. — Lassalle, F., 2. — Maguin, Fab. — Manifestà. — Peter, H. — Potter. Ag. de, 6. — Schlossmacher, J. — Schulze-Delitzsch, 4, 5. — Séances du congrès ouvrier. 2 Nrn. — Seilhac, E. de. — Tille,

Alex,. 3. — Van der Velde, E., 7. — Vereinstag (5.). - Verhandlungen des 1. österr.-ung. Tischlertages. — Verhandlungen des Kongresses der Berg- und Hüttenarbeiter. — Verhandlungen und Beschlüsse. — Verhandlungen des 4. österr.-ung. Tischlertages. — Verhandlungen und Beschlüsse. — Verhandlungen des 1. österr. Eisenbahner-Congresses. — Verhandlungen des Congresses der Vereine der Buchbinder. — Verslag. — Vliegen, W. H., 3. — Vogelsang, M., 2. — Workers (International socialist). — Wullschläger, O., 1.
— Vide auch: Arbeitertage.
— — Congresse.
— — Socialdemokratische Parteitage.
— — Socialistische Parteitage.

Arbeiterforderungen.
Béchaux, A., 1, 2. — Capes, J. M. — Clément, H., 1. — Forderungen (Nothwendige). — Forderungen (Die). — Ihrlinger, A. — Morhard. — Petition. — Peus, Heinr., 4. — Phijson, C. B. — Pioger, Jules, 1, 2. Pompéry, Ed. de, 2. — Potter, Ag. de, 12. — Revendications. — Veritas, Vinc. — Was ist.
— Vide auch: Arbeiterprogramme.
— — Mai, der 1.
— — Programme.
— — Socialistische Programme.
— — Wahlrecht, Allgemeines.

Arbeiterfrage, Allgem.
Arbeiterfrage (Zur). — Anlant, E. — Bamberger, L., 1. — Bertrand, L., 25. — Biederlack, Jos., 1. — Blondel, G., 3. — Böhmert, V., 1. 3, 6, 7. — Bolles, A. S. — Chamberlain, J. — Courché, T. F. — Desjardins, Arth., 3. — Doutreboux. — Drage, G., 2. — Ducpétiaux, E., 2. — Du Maroussem, P., et Guérie, P. — Ferret, P. — Fowler, Ch. T., 4. — Friedensburg, Wilh. — Füllner. — Gedanken über die A. — Gefahr (Die sociale). — Geigy-Merian, R. — George, H., 1, 2, 3, 9, 16. — Giftmischerei. — Gräbner, A. L. — Guidi, A. — Halphen, L. — Henniker. — Herkner, H., 2. — Herrmann, Chr. — Johnston, A. W. — Koechlin-Geigy. — Labour leaders. — Lassalle, F., 4. — Martin Paul. — Materialien. 2 Nrn. — Meyer, B. v. — Meyer, Rud., 6. — Meyer, Th., 1, 2. — Nollet, P. — Osius, R. — Ouvrier. J. — Panizza, Mar. — Question ouvrière. 2 Nrn. — Ransome, J. St. — Rapport à la Société positiviste. — Reichesberg, N., 1. — Rosenberg, Wilh. — Schlauch. Bisch. Lor. — Schloss, F. D., 1. — Schönberg, G., 2. — Scribe, P. A. A. — Stael-Holstein, A. v. — Szathmáry, El. — Thaller, E. — Urangia-Tazzoli, G. — Ursachen (Die). — Volkmar, G. Walker, F. A. — Was bedeutet die Staatshilfe. Weiss, K. Fr. — Wheelbarrow.

Arbeiterfrage in Amerika.
Hecht, E. - Labour war (The). — Stend, W. T., 1, 3, 4. — Vieyra Ulg. E.

Arbeiterfrage in Deutschland.
Bernstein, Ed., 5. — Böhmert, V., 4. — Fechenbach-Laudenbach, 2. — Schulze-Delitzsch, 4, 5. — Sering, Max.

Arbeiterfrage in England.
Arbeiterfrage (Die) in Engl. — Brassey, Th., 1, 2. — Drage, G., 1. — Jannasone, P. — Labor question (The). — Questions (Few plain). - Questions (A few plain). — Rousiers, P. de, 4, 6.

Arbeiterfrage in Frankreich.
Fuld, L., 3, 5. — Labor question. - Maroussem, P. de. — Paricu, F.

Arbeiterfrage in Italien.
Bottini, Lor. — Quartini, L. — Schwabhäuser, M.

Arbeiterfrage in Japan.
Takano-Fusataro, I.

Arbeiterfrage in den Kolonien.
Engler, J.

Arbeiterfrage (Ländliche).
Arbeiterfrage (Die ländliche). — Arnnussen, P. — Czettritz-Neuhaus, Frhr. v. — Fiedler, H. E. — Goltz, Frhr. Th. v. d., 1, 2. — Knapp, G. F. - Löwe, W. — Nobbe, M. A., 1. — Pflug, A. — Phillimore, Marg. — Richter, Stef., 2. — Stieger, Geo. — Wolff-Laitzen, A. v.

Arbeiterfrage in Norwegen.
Hertzberger, H.

Arbeiterfrage in Oesterreich.
Návay, L. v. — Neupauer, Jos. Rtt. v., 3. — Streitfrage.

Arbeiterfrage, Lösung der Arbeiterfrage.
Adolf, F. — Bertouch, E. v. — Cook, Ch. H. W. — Huber-Liebenau, Th. v. — Husson, F. — Imer, F. — Königslöw, C. v. — Kyle. — Materialien für prakt. Versuche. — Milhaud, Léon. — Poinsard, L., 1. — Rees, W. L. — Stagnitta, B. S. — Unkel, Th. — Wie ein Schweizer.

Arbeiterfrage. Vide auch: Alkoholismus u. A.
— — Christentum u. A.
— — Kartelle u. A.
— — Kirche u. A.
— — Papst u. A.
— — Statistik u. A.

Arbeiterlage. Vide: Bibliographie der Socialpolitik.

Arbeiterlesebücher.
Adler, E. — Bréviaire du peuple. — Capresi, Ett. — Goldbeck, Ed. — Heugel, C. — Lassalle, F., 5, — Leben und Meinungen. — Lerminier, E., 1. — Lesebuch (Soc. dem.). — Märchenbuch. — Steck, A., 1. — Stieboling, Geo. G., 6.
— Vide auch: Almanache.
— — Catechismen.

Arbeiter-Orden.
Fink, Ph., 1, 2.

Arbeiterorganisation.
Arbeiterorganisation. — Bernstein, Ed., 4. — Brentano, L., 4. — Camus, M. — Choisy. — Debessé, M. — Figarollo di Gropello. — Hagedorn. — Ihrer, E., 2. — Kolossow, Nic. — Kulemann, W., 4. — Organisation der Arbeiter. — Organisation (L'). — Organisation

Arbeiterparteien

corporative. — Organizzazioni (Le). — Paepe, C. D., 15. — Petitjean. — Powderly, T. V. — Salderet, G. — Stern, J., 5. — Weinheimer, Herm.

Arbeiterparteien.
Arbeiterpartei. — Guesde, J., 6. — Hardie, J. K. — Hasenclever, W., 5. — Hirsch, K., 1. — Iron, 3. — Keir-Hardie, M. P. — Kutschbach, A., 2. — Lafargue, P., 12. — Lavy, A. — Lazzari, Cost. — Léo, 3. — Lorentzen, Thdr., 1. — Mallock, W. H., 6. — Moore, C. — Müller, C. — Paepe, C. D., 22. — Parti (Le). — Troelstra, P. J., 1. — Vandervelde, E., 2. — Vinck, E., 1. — Voldern, J., 1, 2.
— Vide auch: Socialdemokratische Parteien.
— — Socialistische Parteien.

Arbeiterprocesse. Vide: Processe.

Arbeiterprogramme.
Bertrand, L., 16, 17. — Guesde, J., et Lafargue, P. — Lafargue, P., 12. — Lassalle, F., 24. — Lazzari, Cost. — Programme agricole. — Programme et statuts. 2 Nrn.

Arbeitertage.
Arbeitertag (Der) zu Nürnberg. — Arbeitertag (Der) zu Olten. — Arbeitertag (Der ausserordentl. schweiz.). — Bericht (Ausführlicher). — Bericht (Stenogr.). — Bericht über die Verhandl. des 9. deutschen Odd-Fellow-Tages. — Bericht über den 1. Delegirtentag. — Protokoll. — Salzburger.
— Vide auch: Arbeitercongresse.
— — Congresse.
— — Socialdemokratische Parteitage.
— — Socialistische Parteitage.

Arbeiterunruhen.
Berchy, H. — Dextrée, Jul., 5. — Michel, Louise et Maria. — Woolen, Ev., 2.
— Vide auch: Arbeitseinstellung.
— — Aufstand.

Arbeiter-Unzufriedenheit.
Levinstein, Gust. — Seger, Paul. — Shaftesbury, Earl of. — Varchmin, F. W. v.

Arbeitervereine.
Anträge. — Arbeitervereine. — Arbeitervereinswesen. — Auflösung (Die). — Eisenbahner-Gesetzentwurf. — Ellenbogen, W., 2. — Furnivall, F. J. — Geschichte (Zur) der A. — Gründet A. — Grundstatuten. — Herkner, K., 8. — Höger, Karl. — Koalitionsrecht. — Lange, F. W. — Lassalle, F., 1. — Norrenberg, P. — Polak, H., 1. — Posadowsky, Graf. — Recht (Zweierlei). — Rohrback, G. — Sarlat. — Scheu, Andr., 2. — Schmid, Mor. — Société nationale. — Statuten. — Turgeon, Ch. — Wegweiser. — Wells, J. — Wenck, Mart., 2.

Arbeitervereine, katholische.
Arbeitervereinswesen (Das kathol.). — Brüll, Andr., 1. — Eckarl, A., 2. — Generalversammlung. — Huber, L. — Merendini, G. M. — Papst Leo XIII. — Verband (Der). — Verbandstag (Der).

Arbeitervereine, protestantische.
Deutelmoser. — Göhre, P., 2, 3. — Lorenz. — Märker, O. — Schall, Ed., 1. — Schultze, O., 3. — Sopp. — Weber. — Weber, Pfr. Lic., 1.

Arbeiter-Zeitschriften.
Arbeiterfreund. — Arbeiterfreund (Neuer). — Arbeiterwohl. — Arbeiter-Zeitung (Oesterr.). — Bataillo (La). — Bataille sociale (La). — Blätter (Soc.-pol.). — Concordia. — France-ouvrière. — Gleichheit (Die). — Glühlichter. — Industrie (L') nouvelle.
— Vide auch: Socialismus, Ztschr.

Arbeitgeber und Socialismus.
Andelfinger, Aug. — Gibon, A., 1.

Arbeitseinstellung.
Anton-Evar. — Arbeitseinstellung. — Bellom, J. — Bernier, C. — Bernstein, Ed., 49. — Biermer, M., 1. — Bosak-Hauke. — Bouloc, E. — Brentano, L., 1. — Brouez, Jul., 4. — Brugbmans, V. — Bueck, H. A., 4. — Caisse de grève. — Cogley, T. S. — Cucuat, A. — Defence. — Delin, P., 2. — Deschamps, Des. — Deshayes-Dubuisson, A. — Dunning, T. J. — Eckstein, N. — Essai. — Fabreguettes, P., 1. — Fawcett, Henry, 2, 3. — Fontaine, Arth. — Fontanelli, C. — Frankenstein, K., 1. — Giovanola. — Gompers, S. — Grève (La) générale. — Grèves (Les). — Grèves (Plus de). — Guyot, Y., 4. — Hall, F. S. — Held, A., 1. — Johnston, A. W. — Kenny, P. D. — Kettle, R. — Kiriaki, dc. — Koechlin-Geigy. — Lehmkuhl, Aug., 1. — Lohren, A. — Massé-Dari, E., 1, 2. — Mataja, Vict., 5. — Michel, Louise et Maria. — Mosca, G. — Moses, Jac. M. — Nicholson, J. S., 2. — Osselin, A. — Paepe, C. D., 27. — Pagnoncelli, Ant. — Panattoni, Car. — Pelloutier, F., et Girard, Henry. — Poersch, Br., 3. — Remedy. — Rose, C. M. — Rossmann, Wilh. — Roussel, Fel. — Santangelo Spoto, J., 2. — Scherr, A., 2. — Schönberg, G., 5. — Stötzel. — Stranger, J., 2. — Trades-Unions and strikes. — Vorbölzer, K. — Wer sind die Strikehetzer. — Wilhelmi, Heinr., 2. — Wiliquet, C. — Wort (Ein) über Strikes. — Wullschläger, O., 2.

Arbeitseinstellungen, Geschichte.
Roskoschny, H.

Arbeitseinstellungen in Amerika.
Bacon, Th. R. — Bemis, Edw. W., 3. — Bericht (Der) über den Ausstand in Chicago. — Brann, Gfr. H. — Bremie, E. — Cheveval-Clarigny. — Grèves (Les) aux Etats-Unis. — Kohlengräberausstand (Der). — Leyen, A. von der. — Strike (The) at Pullman. — Strikes and lockouts in the U. St. — Wright, C. D., 1.

Arbeitseinstellungen in Belgien.
Dechesne, L. — Ducpétiaux, Ed., 1. — Grève (La) générale. Rapport. — Le Hardy de Beaulieu. — Luzzatti, Luigi, 3. — Paepe, C. D., 14, 27. — Pépin, L. — Richemond, de. — Rousseau, A. — Sinigaglia, Fr. — Sloneux, 1, 2. — Vandervelde, E., 17.

Arbeitseinstellungen in Deutschland.
Arbeitseinstellung (Die) im Buchdruckereigewerbe. — Ausstand (Der). — Ausstand in

Hamburg. — Ausstände (Die). — Bericht (Histor.) — Bericht über die Ursachen. — Bierner, M., 3. — Broesicke, M. — Buchdruckerstreik (Ein). — Corvey, Joh. — Ehrenberg, Rich., 1, 2. — Elm, A. v., 2. — Friedrich. K., 1. — Fürth, H. — Hoch. Gust. — Jahresbericht (2.) — Kardorff-Wabnitz. — Legien, C., 2. — May, W. — Olberg, O., 2. — Oldenberg. K., 1. — Streik (Ein deutscher). — Streik-Erlass. — Strikes in Deutschland. — Tönnies, F., 6. — Tuchmacherstreik (Der). — Wachsthum (Das) Berlins. — Wahrheit (Die). 2 Nrn.

Arbeitseinstellungen in England.
Abraham, W. H. — Adlerley, J. G. — Bailhache, J. — Bainbridge, E. — Bernstein, Ed., 42. — Bierner, M., 2. — Champion, H. — Dalla Volta. R., 2. — Edwards, Cl., 1, 2. — England. — Frankenstein, K., 2. — Friedensbedingungen. — Gaupp, Otto, 3, 4. — George, J. E. — Gumplowicz, L., 7. — Jurnitschek, O. — Longe, F. D. — Macrosti, H. M. — Mann, T., 1. — Manning, Card., and Burns, J. — Quarck, M., 1. — Rabbeno, U., 8. — Reissmann-Grone, 1. — Report on the strikes. — Report by the Chief labour correspondent. — Riesenausstand (Der). — Rousiers, P. de, 3. — Schulze-Gaevernitz, v., 1. — Smith, H. L., and Nash, Vaugh. — Streik (Ein unheilvoller). — Strike (The). — Strikes and lockouts in Great-Britain. — Strikes and lockouts of 1894. — Tille, Alex., 1. — Webb, Sidn., 1.

Arbeitseinstellungen in Frankreich.
Blanc, J. — Briquet, C. M. — Coulazou, J. M. — Ferrand, St. — Fischer, Frz. — Flammermont, J. — Gibon, A., 2. — Grève (La) des charpentiers. — Grèves (Les) en janvier. — Grèves (Les) d'Amiens. — Hauser, H., 1, 2, 3. — Heckel, M. v., 3. — Historique de la grève. — Hubert-Valleroux, 2. — Lafargue, P., 19. — Lambertenchi, P. — Le Cour-Grandmaison, Ch. — Lespilette, C. — Lexis, W., 1. — Lozé, E. — Malo, L. — Maron, Alb., 1. — Mutaja, Vict., 1. — Mazaroz, J. P., 2. — Mot (Un). — Office du travail. — Princeteau. — Saulnier, E. — Seilhac, L. de, 1. — Statistique. 2 Nrn. — Strikes in France.

Arbeitseinstellungen in Italien.
Balconi, Gius. — Bertagnolli, F. — Bertolini, Aug., 9. — Caminetti, Giov., et Basso, Lor. — Jacchini, F. — Lebrecht, G., 1. — Rabbeno, U., 1. — Relazione. — Strikes in Italy. — Zeller, E.

Arbeitseinstellungen in Japan.
Tokano-Fusataro, 2.

Arbeitseinstellungen in den Niederlanden.
Polak, H., 2, 4.

Arbeitseinstellungen in Oesterreich.
Arbeitseinstellungen (Die). — Arbeitseinstellungen und Aussperrungen. — Ereignisse (Die). — Kaff, S., 2. — Mataja, V., 2, 3. — Philippovich, Eug. v., 3. — Raunig, A. G. — Singer, J. — Strikes in Austria.

Arbeitseinstellungen in Russland.
Samson-Himmelstjerna, 1.

Arbeitseinstellungen in der Schweiz.
Bücher, K., 2. — Ruedi, F. — Schmid, Hans, 1, 2. — Strikes in Switzerland.

Arbeitseinstellungen und sociale Frage.
Leuschner, R.

Arbeitseinstellungen. Vide auch: Aussperrung.

Arbeitsertrag.
Bonthoux, A., 6. — Hartmann, Ed. v., 4, 6, 7. — Honrwich, J. A. — La Rochejaquelein, H. de. — Scudder, M. L.

Arbeitsertrag, Recht auf den vollen.
Johannsen, Alb., 1. — Menger, Ant., 6, 8.

Arbeitslohn.
Behauptungen (Socialistische). — Bendt, Frz. — Bernstein, Ed., 16. — Bilgram, Hugo, 2. — Birks, J. — Jannin, Em. — Krapotkine, P., 50, 62. — Lenzi, Oraz. — Lohmann, W. — Marx, K., 19, 25, 27. — Mindestlohn (Der). — Osselin, A. — Paine, Th., 1. — Potter, Ag. de, 16. — Scotsman's Advice. — Verbauwen, P., 1. — Vide auch: Lohngesetz, ehernes.

Arbeitsloses Einkommen.
Dawson, W. H. — Wenzel, 1.

Arbeitslosigkeit.
Andrews, J. A., 5. — Haenisch, Konr., 1, 2. — Kautsky, K., 5. — Labour leaders. — Mac Cormac, H., 3.
— Vide auch: Arbeit, Recht auf Arbeit.

Arbeitszeit.
Acht Stunden Arbeit. — Acht-Stunden-Tag. — Bebel, A., 1, 12. — Bernstein, Ed., 48, 50. — Gnevde, J., 7. — Kampf (Der) um den Achtstundentag. — Kautsky, K., 3. — Lütgenau, Frz., 3. — Mai (Premier). — Marbaux, A. — Most, J., 3. — Mottola, D. — Shaxby, W. J. — Thurow, H., 3. — Thurow, H., u. Promer, H. — Vandervelde, E., 24, 25. — Verbauwen, P., 2.

Armee und Socialdemokratie.
Armeen (Die). — Bürkli, L., 2. — Cluseret, 1. — Hoenig, Fritz. — Kampf (Der). — Lattorf, A. v. — Memminger, Ant., 2. — Schoenlank, Br., 1. — Socialdemokratie (Die) und das Heer. — Socialdemokratie (Die) und die Militärvorlage. — Vivus. — Wie sich die Demokratie.

Armee und Socialismus.
Armée (L') et le phalanstère. — Armée (L') et le socialisme. — Buhr, Vict. — Hickmann, E. — Maurin, Alb.

Armuth und Reichthum.
Braun, Ferd. — George. — Kalthoff, A. — Leroux, P., 2. — Potter, Ag. de, 9. — Rechts, El., 18. — Riches et pauvres. — Richesse et misère. — Ruggles, Th., 1, 2. — Schmidt, F. — Tissier. — Wort (Ein praktisches). — Wright, C. D., 2.

Art. Vide: Kunst.

Artels. Vide: Arbeiterassociationen in Russland.

Association.
Adolf, E. — Alix, G., 1. — Assailly, Ch. d'. — Association (De l'). — Associations (Les). — Baillet, Fél. — Bancel, A. D., 1. —

Association 368 Aufrufe

Blanqui, A., 1. — Briancourt, Math., 1. — Brice, H. — Brisbane, A., 1, 2. — Brismée, Des., 1. — Bry. — Cardaillac, X. de, 1. — Conil, P. — Cucuat, Ad. — Dareste, P. — Des Cilleuls, Alfr. — Drioux, Jos. — Fevez. — Formento, G. — Giddings, F. H., 2, 3. — Goldoni, G. M. — Guizot, Fr., 2. — Henderson, C. R., 2. — Holbrock, M. L. — Huet, A., 1, 2. — Journet, J., 1. — Lagraverie, R. de, 2. — Langlois, A. — La Rochejaquelin, H. de. — Loreau, Alph. — Pascaud, H. — Picot, G., 5, 6. — Ryllo, F. — Système social pratique. — Théorie de l'assoc. — Thiers, A., 1. — Wimpfen, Max v.

Association internationale des travailleurs. Vide: Internationale.

Associations ouvrières. Vide: Arbeiterassociationen.

Atheismus.
Alihausen, M. — Athée (L'). — Atheismus. — Bleau. — Bouilla-Contréras. — Carlisle. — Christentum oder Atheismus. — Collet, S. — Congress (Inter-denominatial). — Dupanloup. — Eger, Bisch. — Friedheim, J. — Fröhlich, Conr., 3. — Grault euch nicht! — Guyau, J. M., 4, 5. — Heigl, F., 3. — Kühne, P. B. — Langénieux, le card. — Lebeau. — Ligneau, J. de. — Magalotti, L. — Nicolas, Aug. — Ni dieu, ni maitre. — Parker, Th. — Religion und Moral. — Roussel, Nap., 1, 2. — Saint Rainé-Taillandier. — Siegfried, Nik. — Waddington, Ch. — Wichern von Gogh, Otto, 3. — Wille, B., 4.

— Vide auch: Christentum.
— — Kirche.
— — Religion.

Attentate.
Anarchistenthat (Eine). — Attentat (Das). — Bebel, Aug., 3. — Braun-Wiesbaden, Karl. — Castelot, E., 2. — Colajanni, Nap., 4. — Ermordung (Die) des Polizeiraths Dr. Rumpf. — Ermordung (Die) Carnots. — Friedländer, H. — Fuld, L., 7. — Genfer Mord (Der). — Gerbel-Embach, C. N. v. — Le Roux, Hugh. — Mölk. — Moraview-Burjalow, H. v. — Orsolini, P. — Saint-Hilaire, B., 3. — Verbrechen (Das). — Wolter, Aug.

— Vide auch: Aufstand.
— — Verschwörung.

Aufreizung.
Anreizung. — Bolanden, G. — Boppe, C. H., 2. — Demophilus.

Aufrufe, Ansprachen, Adressen. Flugblätter.
A bas les affameurs! — A bas socialistes. — Addresse. — Adresse. — Agitationsnummer. — An unsere Brüder. — An das deutsche Volk. — Antisemiten. — Anti-Sklaverei. — Appel. — Appell. — Appello. — Arbeiter! — Arbeiter! Brüder! — Arbeiter! Bürger! — Arbeiter und Bürger Berlins! — Arbeiter, Genossen und Freunde! — Arbeiter! Handwerker! — Arbeiter! Kameraden! — Arbeiter! Mitbürger! — Arbeiter aller Länder! — Arbeiter, Parteigenossen! — Arbeiter (An die). — Arbeiter und Socialisten. — Arbeiterbund (Der internat.) von Genf. — Arbeitertreue. — Arnoul, H. — Audry. — Aufgepasst! — Aufruf! — Auf zur Rache! — Aux affamés. — Aux Communaux. — Aux étudiants. — Aux jeunes gens. — Aux ouvriers. — Aux paysans. — Aux typographes. — Avis (Simple). — Bäckermeister Südermarks! — Bahn frei! — Barbe, M. — Bauern, vereinigt Euch! — Becker, J. Ph., 3. — Bernard, Th. — Biard, G., 2. — Bidermann, J. — Bonhorst, L. v. — Branquardt, R. — Brief (Offener). 2 Nrn. — Brod, Arbeit und Wahrheit. — Brüder, Arbeiter! — Brüder (An unsere). — Bruderparteien (An die). — Buchdruckerei-Arbeiter. 2 Nrn. — Bürger! — Bütow, Otto v., 1. — Chatenet, G., 2. — Circulare. — Classe (An die beherrschte). — Colonna. — Comité de propaganda. — Dittrich, F. J. — Do Robotnikow Poznania. — Dulon, R., 1. — Dumartherny. — Eigenthumswahnsinn. — Einigkeit (Durch). — Eisen- und Metallarbeiter Wiens (An die). — Empereur (A l'). — Endlich! — Ennemi (L') voilà! — Faber, Heinr. — Falckenheiner, W., 2. — Faulheit (Die). — Flugblätter (Sociale). — Flugschriften. — Franklin, Benj. — Frauen und Mädchen. — Frauen (An die). — Freiheit (Für die). — Fremdenführer. — Freunde etc. 7 Nrn. — Fröbel, Rau, Kriege, Meyen und Hemmer. — Funck, Fr. — Geib, August. — Genossen! — Gespräche (Polit.) — Grab (Das) zu Ottensen. — Gross-Hoffinger, A. J. — Grupos (Los). — Hannich, J. — Harkort, F., 2. — Held, E. — Herrschaft (Die). — Hoch die Arbeiter-Solidarität! — Houssaye, A. — Hungrigen (An die). — Jeannin, Jules. — Kampf bis zum Sieg. — Kunert, Fritz. — Lage (Unsere). — Landarbeiter (An die). 3 Nrn. — Landleute (An die). — Lassalle, F., 3. — Lavoratori (Ai) della terra. — Ledru-Rollin, 3, 4. — Leroux, Jos. — Letters by a labourer. — Mahuruf! — Mahnwort (Ein). — Maillard, J. T. — Malato, Ch., 7. — Malfatore (Un). — Manifest. — Manifeste. — Manifesto. — Männer (An die). — Manufakturarbeiter (An die). — Marteau, Améd. — Marx, K., u Engels, F. — Maurer, Hilfsarbeiter. — Maurer und Steinmetze. — Mazzini, Gius., 1, 2, 8, 38, 39, 74, 75, 76, 78, 79, 105, 113, 121, 122. — Metallarbeiter! — Mission. — Mitbürger! — Mitbürger und Arbeitsgenossen. — Mitglieder (An die). — Morris, W., 6. — Neujahrsgruss. 4 Nrn. — Opinion (A l'). — Ouvrier prends la machine! — Ouvriers (A tous les). — Ouvriers (Aux). — Partei (Die socialdem.). — Parteigenossen! 8 Nrn. — Patek, Jos. — Pertusi, L. — Picard, Edm., 8. — Pittsburger Proklamation. — Pluyette. — Postbeamten (An die). — Proklamation. 2 Nrn. — Proletariat (An das deutsche). — Proletarier. — Proni. — Pyat, Fel., 1–4. — Recht (Das) auf Revolution. — Révélations. — Rodbertus, Berg, v., Bucher, Loth. — Röhrich, W. — Schlag (Der letzte). — Schreibebriefe. — Schuhmacher (Die vereinigten). — Schuhmeier, Franz. — Section (Die). — Section (La). — Sergent à ses concitoyens. — Shirley, Steph. — Socialdemokraten Berlins. — Socialdemokratischen. — Socialisten (An die deutschen). 2 Nrn. — Tagelöhne (Die). — Theullier. —

Touché, C. F. W. — Travailleurs (Les) organisés. — Travailleurs (Les) des villes. — Union (L') industrielle. — Unterdrückten (An die). — Vara, A. de. — Verbauwen. P., 2. — Verbindung (Die). — Verein (Demokratischer). — Victor-Antoine, F. — Vidal, F., 1. — Volk (An das). — Volk (An das arbeitende). 6 Nrn. — Volk der Arbeit aufgewacht! — Volk (An das deutsche). 3 Nrn. — Volk (An das rechtlose). — Volk denke nach! — Warnemünde, C. — Warum sind wir arm. — Weaver, R. — Weckruf (Ein). — Weihnachtsgruss. — Wichern, J. H. — Wichers von Gogh, Otto, 7. — Wolzogen, E. v. — Workingmen (To the). — Wort (Ein) an die Armen. — Wort (Ein) zur Aufklärung. — Wort (Ein) an unsere Brüder. — Wort (Ein) an die landw. Bevölkerung. — Wozu noch mehr Papier? — Zeiten (Schlechte). — Zum 18. Januar. — Zum 1. Mai. — Zur Agitation.

Aufstand.
Arbeiteraufstand (Der). — Aufruhr. — Cavaignac, E. L. — Cosmo, Serg., 7. — Diamant, Th. — Friess, G. E. — Murhard, F., 2. — Schneidt, Karl. — Stoffert, Rud.

Aussperrungen, Lockouts, Boykotts.
Arbeitseinstellungen und Aussperrungen (Die). — Auer, E., 1—3. — Bierboykott. — Boh. F. — Boycott. — England. — Entwickelung (Zur). — Freudenstein, G. — Hall, F. S. — Haller, Conr. — Heckel, M. v., 1, 2. — Heinemann. — Liechti, Eug. — Lux, H., 1. — Prothero, R. E. — Reed, Chester, A. — Report on the strikes and lockouts. — Report by the chief labour correspondent. — Roesicke, Rich., 1, 2.

— Vide auch: Arbeitseinstellung.

Australien. Vide: Arbeiterassociationen in A.
— Arbeiterbewegung in A.
— Communismus in A.
— Demokratie in A.
— Socialismus in A.

Avenir. Vide: Zukunft.

Babeuf.
Adler, G., 1. — Lecocq, G. — Quack, H. P. G., 1.

Bakunin, M.
Adler, G., 2. — Alerini, Ch. — Bakounin, M. - Biographie (Zur). — Costa, Andr. — Dragomanow, Mich., 1, 2. — Heritier, L., 1. — Herzen, A., 1. — Internationale (L'), K. Marx etc. — Izdanie Socialnorevolјucionnoi partii. — Lamé-Fleury, E. — Matthey, A. — Mieroslawski, L. — Polska. — Quack, H. P. G., 1. — Reichel, Ad. — Seymour, H., 4. — Stromberg, M., 1. — Turati, F., 2.

— Vide auch: Anarchismus.

Banken.
Cristoforis, C. de. — Greene. W. B., 2. — Sponer, Lys., 1.
— Vide auch: Credit.
— — Volksbanken.

Banque du Peuple. Vide: Volksbanken.

Banquet.
Banquet (Premier). — Banquet des Egaux. — Banquet donné à Clermont. — Banquet des travailleurs. — Job (Le socialiste).

Banquetreden. Vide: Aufrufe, Ansprachen.

Bauern und Socialdemokratie.
Bauer und Socialdemokrat. — Bauernfrage. — Calwer, Rich., 2. — Kätzler, G. — Mehrmann, Pfr. — Vollmar, G. v., 2.

Bauern und Socialismus.
Bauern (Die) und der S. — Budzynowskij, W. — Kubinek, Gyula. — Lagardelle, H.

Bauernbewegung.
Bauern, vereinigt Euch! — Bauernbewegung. — Deploige, S., 1. — Engels, Fr., 4. — Franko, Iwan.

Bauernkrieg.
Baumann, F. L., 1, 2. — Boell, B. — Cromthal, M. — Dass weltl. Oberkeit. — Elben, A. — Falckenheiner, W., 1. — Fischer, J. G. — Fleischmann, G. W. — Geschichte des deutschen B. — Gnodalius, P. — Haarer, P., 1, 2. — Loserth, Joh., 5. — Luther, Mart., 1—4. — Luther's Character. — Melanchthon, Ph., 2, 3. — Mitras, Herm. — Müller, L. — Neumann, R. — Quellen. — Schüfer, O. L. — Sepp, J. N. — Sommertad, Theo. — Vogt, W., 1—3. — Wachsmuth, W. — Zöllner, R.

Beamtentum und Socialdemokratie.
Häntzschel, W. — Socialdemokratie (Die) im B.

Bebel, Aug.
Ball, Sidn. — Bebel, Aug. — Bebel im Lichte der Bibel. — Bebel (August), der Arbeiter-Bismarck. — Bebel (Und) sprach. — Bebel und sein Zukunftsstaat. — Bebel (Der Sozialdemokrat). — Bebel's Bäcker-Enquête. — Geiregat, P., 1. — Georg. — Germaniens. — Jardon, Corn. — Katzenstein, S., 1. — Klaar, E. — Ley, C. A. — Pressstimmen. — Prozess (Der) de Liebknecht, Bebel, etc. — Prozess (Der) Bebel-Liebknecht. — Richter, E., 3. — Singer, Paul. — Wyneken, E. F., 1.

— Vide auch: Socialdemokratie in Deutschland.

Belgien. Vide: Arbeiter in B.
— Arbeiterassociationen in B.
— Arbeiterbewegung in B.
— Arbeitseinstellung in B.
— Sociale Bewegung in B.
— Sociale Frage in B.
— Socialismus in B.

Besitz. Vide: Eigentum.
— Pflichten des Besitzes.
— Ungleichheit des Besitzes.

Bevölkerungsfrage.
Alison, Arch. — Cox, Har., 2. — Kautsky, K., 32. — Leroux, P., 2. — Loria, Ach., 3. — Nitti, F. S., 4, 5, 6. — Owen, R. D., 1. — Proudhon, P. J., 13. — Reinwald, Etta. Remarks on Godwin's inquiry. — Virgilii, F.

— Vide auch: Malthus.

Bewegung, sociale. Vide: Sociale Bewegung.

Bibel.
Apocalypse (Politische). — Clement, F. B. — Ehelsing, H. — Galandauer, Hch. — Jäger, Adf., 1. — Nieuwenhuis, Dom., 4. — Oehninger, Frdr. — Romann, A. — Socialisme (Le) et les livres saints.
— Vide auch: Christentum.
— — Evangelium.
Bienfaisance. Vide: Wohlthätigkeit.
Bildungswesen. Vide: Schule.
— Studenten.
— Universität.
Blanc, Louis.
Edmond, Ch. — Ferraz, M. — Mirecourt. E. de, 1. — Robin, Ch. — Warschauer, Otto, 1.
Bodenbesitzreform.
Andresen, Carl. — Arnold, Arth. — Backhaus, W. E. — Beta, Ott., 1. — Block, Maur., 4. — Bodenbesitzreform. — Deutsch-Land. — Diehl, K., 2. — Drexler, A., 1. — Essay (An). — Eulenstein, B., 1-3. — Flürscheim, M., 2, 7, 11. - Flürscheim, Mich., und die B. — Freiland, Zeitschrift. — Harmening, E. — Jones, Eben. — Klopp, W. — Kreutzer, Jhs. — Landagitation (Zur). — Lehmann, E. — May, M., 1. — Miraglia, L. — Murdoch, J. — Preuss, Hugo. — Schär, J. F., 1, 2. — Siegfried, Paul. — Tille, Alex., 2. - Volksstimme (Deutsche). — Wallace, A. R. - Wellwood, Sam.
— Vide auch: Agrarsocialismus.
— — Verstaatlichung von Grund und Boden.
Bodenrente.
Kirchmann, J. v. — Kriegel, Frdr.
— Vide auch: Rodbertus.
Boykott. Vide: Aussperrungen.
Briefgeheimniss.
Briefgeheimniss vor dem Reichstage. — Briefgeheimniss (Das).
Buddhismus.
Müller, F. Max.
Budget.
Block, M., 1. - Budget (A). — Lagrue, A. - Tage (Zwei).
— Vide auch: Finanzen.
— — Steuern.
Bulgarien. Vide: Socialdemokratie in B.
Bürgertum und sociale Frage.
Bürgerthum (Das). — Kwestie (De sociale). — Thonnissoux.
C. Vide auch: **K.**
Cabet.
Beluze, J. P., 1—10. — Cabet. — Cabet (M.), ancien procureur général. — Cabet (A Monsieur). — Cabétise (La). - Célébration. 2 Nrn. — Défense et acquittement. — Départ. Fournier de Virginie. — Guerre de l'opposition. — Holinski, A. — Hopf, A. — Icarie. — Inauguration du Cours. — Job. — Lexis, W., 2. — Lux, H., 2. — Mort du fondateur d'Icarie. — Prat, D. Marc. — Rouges (Les).
— Vide auch: Colonien, ikarische.

Campanella, T.
Calenda di Tavani, A. — Gothein, E., 1. — Lexis, W., 3. — Tröbst, C. G.
Capital.
Bartlett, E. J. — Bittner, Ed. — Böhm-Bawerk, E. v., 2, 3, 5, 6, 7. — Cheysson, E., 4. — Clark, J. B. — Davis, J. — Examen de la critique. — Flürscheim, M., 8. — Gnocchi-Viani, O., 2. — Hawley, F. B. — Hohoff, W., 2—5. — Huxley, Th. H., 2, 3, 5. — Lassalle, F., 13, 23. — Macht (Die). — Marcus, Synd. — Marx, Karl, 4 8, 13 16. — Mono, A. — Pascal, G. de, 3. — Rames, J. — Rodbertus, C., 3. — Rossi, Aless., 2. — Savatier, Henry, 1—3. — Villey, Edm., 2. — Weber, E.
Capital. Recht auf Capital.
Banchery, 1. — Martin-Bruere. — Solitaire (Le).
Capital und Arbeit.
Alpdrücken. — Arcangeli, F., 2. — Avogadro, A. — Baldwin, H. — Barnes, W. — Benson, Marg. — Binuchi, G. — Bianchini, G. — Bueck, H. A., 2. — Capital and labour. — Cheysson, 1. — Chiazzari de Torres. — Clouzard, J. J. A. — Collin, Bern. — Conflict. — Congress (Interdenominatial). — Coste, Ad. — Courcelle-Seneuil, J. G., 2. — Cramp, C. C. - Danton, D. — Darlegung (Offene). — Desroches, P. — Dieterici, W. — Donisthorpe, W., 1. — Drexler, A., 5. — Dupont-White, Ch. — Ernst, Paul, 8. — Froehlich, R. — Fulda, Fr. C. v. — Garnier, J. Cl. — Giles, C. — Guillois, F. — Gustave. — Hake, E., und Weszlan, O. E. — Hall, B. — Hallez, O. — Hancock, W. N. — Harris, John. — Hartmann, Ed. v., 4, 6, 7. — Hayter, A. D. — Hodgskin, Th., 1. — Kapital und Arbeit. — Larned, J. N. — Lohren, A. — Lowell, C. R. — Magnus, J. — Marken, J. C. van. — Molinari, G. de, 3. — Most, Jh., 10. — Moulin, Oct. — Nundet, I. — Nieuwenhuis, D., 5. — Nogues, A. — Norman, G. W. — Notice complémentaire. — Nuéjoube, E. — Pernet. — Perrin, J. B. — Planck, Stadtpfr. — Platt, J. — Poli. — Publicola. — Rebeyrol, J. — Rétablir. — Ricci, L. — Rieck, C. — Rights (The) of industry. — Rochard, J. C. — Salviati, E. — Samuelson, J., 1. — Schulze-Delitzsch, 3. — Schweitzer, J. B. v., 1, 2. — Sfinge (La). — Socialism, labour and capital. — Vigouroux, L. — Vogel, H. — Wagner, Ad., 3. — Walcker, K., u. Scheuckendorf, E. v. — Wallace, R., 2. — Willey, Fr. O. — Zolla, Dan., 2.
Capitalismus.
Argyriadès, P., 1. — Bedeutung. — Bernstein, Ed., 25. — Cunow, H., 7. — Flürscheim, M., 10. — Graziadei, A. — Kampfmeyer, P., 2. — Kautsky, K., 22. — Kennzeichnung (Zur). — Lafargue, P., 1, 8, 10, 16, 17. — Leo, 1, 2. — Lux, H., 3. — Manzel, A. — Rienzi, 2. — Ronxel. — Saporta, L. — Scourge (The). — Stromberg, M., 2. — Vandervelde, E., 10. — Weichs-Glon, F. v., 1. — Weisengrün, P., 3. — Weltmarkt (Der). — Wenzel, 2.

Capitalismus. Bekämpfung desselben.
Anti-capital crusade. — Castelot, E., 1. — Communismus (Weder). — Flürscheim, M., 10. — Forderungen (Die). — Gall, Ldw., 5, 7. — Hübsen, v. — Jentsch, K., 4. — Johannsen, Alb., 2. — Kaiserreich (Das sociale). — König Mammon.

Capitalzins.
Blissard, W. — Böhm-Bawerk, E. v., 2. — Flürscheim, M., 12. — Galopin, A. — Hawley, F. B. — Lagardesse, P. — Lowrey, D. M. — Mülberger, A., 2.

Catechismen.
Amnestie. — Berner, E., 1. — Calwer, Rich. — Castelar, Em., 9. — Catechism. — Catéchisme. — Chevé, C. F. — Defuisseaux, A., 1–4. — Dehon, L. — Douai, Ad., 4. — Du Pérat, G. — Durant, fils, J. P. — Eric, Carl. — Gräbenteich, E. — Hamburgin, M. — Harkort, F., 1. — Joynes, J. L. — Kanonen-Katechismus. — Katechismus (Republikanischer). Katechismus (Rother). — Knorr, Ldw. Lamarche, H. Levêque, Isid., 1, 2. — Meesters, P. — Naumann, Fr., 5. — Potter, Ag. de, 3. — Schmitt, J. P., 1. — Schwechler, K., 2. — Sédillon, Nap. A. — Tabarant, Ad., 1, 2. — Tedesco.
Vide auch: Almanache.
— — Arbeiterlesebücher.

Chansons. Vide: Gedichte, Gesänge.
Charity. Vide: Wohlthätigkeit.

Chartismus.
Adler, G., 3. — Bary, R. B. de. — Brentano, L., 2, 3. — Catechism (A new). — Chartist Circular. — Cooper, Thom. — Gammage, R. G. — Held, A., 3. — O'Brien, J. Bront. — Phillipps, Mr. — Tildsley, John. L. — Trial. — Valera, P., 1.
— Vide auch: Sociale Bewegung in England.
— — Socialismus in England.

China. Vide: Arbeiterassociationen in Ch.
— Socialismus in Ch.

Christentum.
Beard, J. R. — Becker, Bernh., 4. — Beelzebub. Channing, W. E. — Chesnelong. — Christianity. — Engels, Fr., 11. — Furrer, K. — Griesenthwaite, W. — Guyot, Y., 3. — Guyot, Y., et Lacroix, S. — Huet, F. — Kambli, C. W., 3. — Krasser, Fnlr., 4. — Lorimer, G. Cl. — Lütgenau, Frz., 2. — Owen, R., and Campbell, A. — Schlichter, H. — Wesen (Ueber das) des Christentums.

Christentum und Arbeit.
Rostan, L. — Stradner, Alois. — Theiler, P. Plac. — Weber, Pfr. Lic., 3.

Christentum und Arbeiterfrage.
Bréda, Comte de, 2. — Brüggemann, Fnlr. Greene, G. F. — Ketteler, W. E. v.

Christentum und Communismus.
Faber, W. — Finger, F. A. — Gütergemeinschaft (Die). — Lilly, W. S., 3.

Christentum und Demokratie.
Fonsegrive, G. — Hansen, J. A. J. — Janin, Olga.

Christentum und Eigentum.
Herron, G. D., 1. — Waffle, A. E.

Christentum und Sozialdemokratie.
Abel, K., 1. — Fricke, Ferd., 1. — Hammerstein, L. v., 2. — Held, A., 6. — Hoensbroech, Graf Paul v., 1. — Hoffmann, Ldw., 2. — Jentsch, K., 2. — Kambli, C. W., 2. — Keller, Past. S. — Kempe, Paul. — Pflüger, P., 1. — Schall, Ed., 2, 6. — Wacker, Th.

Christentum und sociale Frage.
Abott, L. — Böhmer, H. — Calazou, S. Catolicismo (El). — Christentum und sociale Frage. — Christianisme (Le). — Crönert, Fr. — Davies, J. L. — Diekmann, E. — Drummond, H. — Gapp, J. — Girard, E. de — Grégoire, L. — Greiffenrath, F. — Holbrook, Z. S., 1. — Jäger, Adf., 1. — Kambli, C. W., 1. — Kuyper, A., 2. — Le Gouillou, Corr. Mart. — Marchese, V. — Nash, H. S. — Pascal, G. de, 1, 2. — Planck, Stadtpfr. — Pressensé, Ed. de, 1. — Sanday, W., 1. — Schirmer, W. C. — Sincerus. — Stein, Ldw., 5. — Talamo, Salv. — Uhlhorn, G., 3. — Ulfers, B., 1.

Christentum und Socialismus.
Cherouny, H. — Christentum und Socialismus. — Defré. — Deschanel, Em. Flamma, Jul. Galandauer, H. — Garnier, l'abbé. — Henne, W. J. W. — Hass der Br. — Martensen, H. — Nicholas, M. — Pesch, Heinr., 2. — Plumptre, F. H. — Stepheard, A. — Socialismus und Christentum. — Soderini, Ed., 1–3. — Tra cattolici. — Veuillot, L., 2.

Christentum. Vide auch: Arbeitervereine, katholische.
— — Bibel.
— — Christlich-sociale Bewegung.
— — Christlicher Socialismus.
— — Christus.
— — Demokratie, christliche.
— — Evangelium.
— — Kirche.
— — Papst und sociale Frage.
— — Religion.

Christlicher Socialismus. Christlich-social.
Argyll, Duke of, 1. — Banz, P. P. — Bauernprogramm. — Benz, G. — Bewegung (Die internat. kath.-soc.). — Bischof (Ein amerikan.). — Blackwell, E. — Blätter (Christl.-soc.). — Brüll, Andr., 2. — Carter, J., 2. Cattolici (I). — Cetty, H, — Chambly, 1, 2. — Christian socialism. — Christlich-social. — Curci, C. M. — Dieu et humanité. — Dupuynode, G., 2. — Durham, Lord Bish. of. — Elberskirchen, Joh., 2. — Etudes sociales catholiques. — Feddersen, F. A. — Fischer, Arn., 3. — Fratini, G. — Gendre, B. — Girard, E. de. — Gonnelle, El. — Goyau, G. Haussonville, Cte. d', 3. — Hilty, E., 2. — Hughes. — Hughes, H. P. — Joly, Henry. — Kalthoff, A. — Kambli, C. W., 4. — Kirmss, P. — Kober, Johs. — Krieg, Sim. — Lager (Aus dem). — Lapeyre, P., 3. — Laporte-de la Porte, H. — La Tour du Pin La Charce, le Marq. — Laverdant, Dés., 4. — Lecoq, C. — Linee (Alcune). — Ludlow,

47*

J. M., 1, 3. — Mac Caudlich, J. M. — Mathews, Sh. — Meyer, Th., 1, 2. — Mühlemann, C. — Nathusius, Mart. v., 2. — Naudet, 1. — Naumann, Fr., 1, 2. 3, 4, 6. Nippold, Prof. — Nitti, F. S., 1, 8, 9. — Ouvrel. J. S. — Papst (Der). Programm (Ein kath.-soz.). — Programm (Das kath.-soz.). Ramsay, Thom. — Rashdall, H., Fry, T. C. and Carter, J. Raux, S. — Sanday. W., 2. — Santoponto, G. — Scheicher, J., 1, 2. — Schöbitz, W. — Schwalb, M. — Seligmann, E. R. A. — Sincerus. — Socialisme chrétien (Du). — Stimmen. (Stöcker, Adf. — Stuhls, Ch. W. — Teichmann. — Tézenas du Montcel, P. — Thompson, H. — Vox Clamantium. Was heisst christlich-sozial. - Wermert, Geo., 2. — Werner, Jul., 3, 4. — Wichert, Max. - Zeit und Streitfragen (Christl.-soc.).

Christlich-sociale Bewegung in Deutschland.

Gendre, B. — Girard, E. de. - Göhre, P., 6. — Lebon, E. Nöltingk, G. C. — Pestalozzi, J., 1. — Pfaffentrug.

Christlich-sociale Bewegung in England.

Bewegung (Die christl.-soc.). - Carter, J., 1. — Headlam, St. D. — Held, A., 8. — Kaufmann, M., 1, 2. — Nielsen, Fr. — Werner, Jul., 2.

Christlich-sociale Bewegung in Oesterreich.

Christlich-Sozialen (Die). — Christlich-Soziales. — Deutsch-national und christlich-social. - Fractionis christiano-socialis. Kaempfe, Walt. — Liechtenstein, Prinz. — Liechtenstein (Fürst Alois). — Sieg und Sorge. — Teifen, T. W., 1. — Wort (Ein) aus Wien.

Christus.

Barrault, E. - Bénard, C. Berry, L. F. — Borkenhagen, H. Constant, A., 1. — Dieterle, Chrn. — Justus Veracius. 1. — Kempe, Kaul. — Kuyper, A. 1. — Lommel, G., 2. — Mathews, Sh., 2. — Meunier, Vict. - Nieuwenhuis. F. D., 9. — Proudhon. P. J., 10. — Walsh, W.

— Vide auch: Christentum.

Church. Vide: Kirche.

Citisen, Citoyen. Vide: Bürger.

Civil law. Vide: Recht.

Classe ouvrière. Vide: Arbeiter.

Classes dangereuses. Vide: Gefährliche Klassen.

Collectivismus.

Alavaill, Just. — Application. — Baisur. A. Baronchelli, Don. Bange, A. — Bertolini. A., e Pantaleoni, M. — Block, M.. 1. — Boilley, P. — Bonthoux. A., 1, 2. — Bonge. A. — Boulard, E. — Bousies, A., 1—3. — Brevans, A. de. — Brisac, H., 1, 2. — Brissac, H., et Naquet. A. — Brousse, P., 6. — Burdean, A. — Capart. A. — Cavaglieri. G. — Clarke, W. — Cloix, P. — Collectivisme (Le). — Courtney, Léon. — Deschanel, P., 2. — Eichthal, E. d'. 2. Gide, Ch., 1, 2. — Graham, Prof. — Guesde, J., 1, 2. 3. —

Hobhouse. L. T.. 1. — Jäger, Adf., 3. — John, V., 1. — Kohler, J. — Lacau, R. — Laviron, P. E., 3. — Leroy-Beaulieu, P., 2. - Lesigne, E. — Limousin, Ch., 1. - Lluñas y Pujals, J. - - Malon, B., 3, 11. Manoury. A. Mela, Ric., 5. — Merlino. Fr. Sav., 4, 28. — Montore, P. — Naquet. A., 1. — Neupauer, Jos. Rit. v., 1. Paepe, C. D., 23, 25, 31, 32. — Pascal, G. de, 1. — Paulus, A. — Payn, Luc. — Potter, Ag. de. 10. — Pourquoi. Rachfahl, Fel. — Reinach, Th. Rost (Ein). — Santangelo Spoto. J., 3, 4, 5. — Schaeffle, A., 4. 6. — Schwitzguébel, Adb., 3. — Thumereau, E. — Van der Veer. Van der Velde, E., 5, 6, 23. — Wart, L. F., 1. — Zola, E.

Collectivismus und Socialismus.

Capodieci, A. Hugas y V. Serrano. E. — Lavergne, B., 2. Paultre, P.

Colonien, ikarische.

Cabet, 6, 11, 16, 17, 19, 20, 27, 38, 40, 41, 61. — Colonie icarienne. — Communist (Der). - Communiste (Le) libertaire. — Compte-rendu. (d. Béluze. — Compte-rendu de la Gérance. - Confession. — Contrat social. — Guénée et Tandon. — Handbook. — Job. — Lettre sur la colonie Icarienne. — Lettre à Maximilien. Organisation du travail. — Précis. - Réalisation. — Revue (Nouvelle) icarienne. - Sauva, A. — Situation (Notre).

— Vide auch: Cabet.

Colonien, socialistische.

Droulers, Ch., 1, 2. — Duret. Vict. — Pactow, Fr., 1—3.

Colonisation und sociale Frage.

Froger.

Commune (Pariser).

Acollas, E., 4. — Action (L'). — Adler, G., 4. — Adler, J. B. — Affranchi (L'). — Agonie (L'). — Alix. — Ameline. — Ami du Peuple. — Audrien. — Anonyme (L'). — Arnould, Arth. — Arsac. — Assassinat. — Assedio (L') di Parigi. — Autographe (L'). Avant-Garde (L'). Édition du soir. — Bakounin, M., 13, 16. — Balathier-Bragelonne. — Bax, E. B., Dave, V., and Morris, W. — Beiling, Ch. — Belma. — Béluze, E. — Bergerand. — Bertall, 1, 2. — Bertezène, Alfr. Biré, E. — Blanqui, A., 3. — Blos, W., 1. — Blum, H., 2. — Blümel, E. — Boeck. Bojanowski, P. v. — Bongeart. — Bonhomme-Franklin. — Bonnet, Ch. Bonnet-Rouge (Le). — Bon Sens (Le). Bos, A. — Bourloton, E., et Robert, E. Buisson, Benj. — Bulletin Communal. — Bulletin (Le) du jour. — Cain et Abel. Caricature (La). — Carmagnole (La). — Chasteau. - Chatiment (Le). Chausson, G. — Chincholle. — Cladel, 1. Clère, J., 1. — Commune. 9 Nrn. — Constitution. — Corsaire (Le). Courier (Le) du dimanche. — Courier (Le) du soir. — Cri (Le) du peuple. Cricri (Le). — Crisenoy, J. — Dalsème, 1, 2. — Damé. — Daudet, E. — Debock, G. — Declaration (Public). — Delachenalle. Delavigne, Cas. — Delescluze, Ch. — Delessert, Eug. — Delion. — Delmas. — Delpit. — Des Étrivières, Joh. — Dessaigne, L. — Devinne, Aug., 2. — D'Heylli, G., 1, 2.

— Diehl, K., 3. — Digéon, Émile. — Documents. — Drammer, Jos. — Drapeau (Le). — Drapeau (Le) rouge; Rev. hebd. — Dréolle, E. — Dubois, Luc. — Du Camp, M. — Dupont, L. — Duruy. — Écho de Paris. — Echo (L') du soir. — Eggenschwyler, K. Euault, L. — Enquête (1871). — Esbœufs, V. d', 1, 2. — Estafette (L'). — Étoile (L'). — Evrard, Ferd. — Faubourg (Le). — Fédéraliste (Le). — Fédération (La) communale. — Fédération (La) républicaine. — Féléré (Le) des Batignoles. Fetridge, W. P. — Feugère. — Fiaux. — Fils (Le) du père Duchêne. — Flambeau (Le) républicain. — Flèche (La). Fleischmann, Otto, 1. — Flourens, G. — Fontoulieu, P. — Fonvielle, W. de, 1, 2. — Forni, J. — Fort, Fr. — Fongerouse. Fronde (La) illustrée. Gaboriau. — Gagnière, A. — Gaillard, fils. — Gallet, L. — Gastyne, J. de. — Gedächtniss (Zum). Gerspach, E. — Gnocchi-Viani, C., 3. — Gracklauer, O. — Grelot (Le). — Gromier, A. — Grousset, P., et Jourde, Fr., 1, 2. Guêpe (La). — Guérin, E., 1–3. — Guerre (la) et la Commune. — Guerre des Communeux. — Hans, Lud. — Heppner, Ad., 3. — Hérisson, le comte d'. — Heylli, G. d', 1, 2. — Histoire de la Commune. — History of the Commune. — Homme (L'). — Homme (L') Libre. — Hommes (Les). — Honneur (L') national. — Ideville. — Indépendance (L') française. — Insurrection (The). — Iron, 1. — Jacques. — Jacques Bonhomme. — Jeanneret, G., — Jezierski, L. — Jourde. — Journal (Mon). — Journal de l'Insurrection. — Journal des Journaux. — Journal officiel. 3 Nrn. — Journal populaire. — Journal du Soir. — Junius. — Justice (La) 1871. — Kämpfe (Die). — Kommune (Die Pariser). — Krapotkine, P., 13, 14. — Lacroix. — La Guéronnière, A. de, 2, 3. — Laïcus, Ph., 1. — Lamazou, Pablo, 1, 2. — Lambry, E. — Lano, P. de. — La Rochethulon, Marq. de. — Larocque, Jean. — Lauser, W. — La Vauserie. — Leben und Thaten. — Le Chevalier. — Lecuyer. — Lefrançais, G., 1, 2. — Lemonier. — Lemonayer, J. — Le Roy, Ach. — Ligue (La) du bien public. — Lille, Fort. de. — Lissagaray, 1–3. — Littérature (La). — Livre noir (Le). — Livre rouge (Le). — Lock, Fr. — Lux, Jean. — Mai 1871. — Maillard, Firm., 1, 2. — Marbaix, T. — March, Thom. — Marseillaise (La). — Martin, 2. — Marx, K., 12. — Massacre de la rue Haxo. — Matillon. — Mauer-Anschläge. — Mazzini, G., 11, 12, 35, 67, 127. — Mémoires (Les) du Père Duchêne. — Mendel, Eug. — Mendès, Cat. — Mère (La) Duchêne. 2 Nrn. — Michel, Louise, 1, 2, 6, 7. — Mirbach. — Money. — Moniteur (Le) du Peuple. — Moutagne. — Montagne (La). — Montand, C. Bar. de. — Mont-Aventin (Le). — Monteil. — Morel, Henry. — Moriae, Ed., 1, 2. — Morris, W., 10, 20. — Mot d'Ordre (Le). — Mottu, John. — Murailles (Les). — Nation (La) souveraine. — Némésis (La) galante. — Noël, Oct. — Nuit (La). — Ordre (L'). — Page d'histoire. — Paris sous la C. — Paris-Commune. — Pariser-Kommune. — Patrie (La) en danger. — Patriote (Le). — Pan. — Pelletan, C., 1, 2. — Père Duchêne (Le). — Père Fouettard. — Perny. — Pfaff. — Picpus. — Pierotti, E. — Pirate (Le). — Pistolesi, Ag. — Pol. — Politique (La). — Ponlevoy, P. A. de. — Pourille, Stas. — Paetor, Jul. — Pressensé, Edm. de, 2. — Procès de la Commune. — Procès des membres de la C. — Process (Der). — Prolès, Ch., 1–3. — Prolétaire (Le), Organe des revendications sociales. — Quinet. — Rafina, G. — Ralli, Z., 1. — Ranc, A., 3. — Rappel (Le). — Raspail. — Régénération sociale (La). Réparateur (Le). — Revanche (La) de la France. — Révolution (La). — Révolution (La) politique et sociale. 2 Nrn. Rigoletto. — Rodrigues, Edg. — Rolland, L. — Rossel. — Rouge (La). — Saint-Victor, P. de. — Salut public (Le). — Scherr, J., 4. — Schlaegel, M. v. — Schneider, G. — Scie (La). — Séances (Les 31). — Sociale (La). — Solitaire (Le). — Sous la Commune. — Souteneurs (Les). — Souvenirs d'un garde. — Souveraineté (La) du Peuple. — Spectatour (Le). — Tagen (Aus den). — Tam-Tam (Le). — Terreur (La). — Thiers et la Commune. — Trahison. — Trait-d'Union (Le). — Tribun du Peuple. — Triomphe (Le). — Trochel. — Union (L') française. — Van der Meulen, J. — Vandervelde, E., 12. — Vengeur (Le). — Vérité (La). — Vérité sur la Commune. — Veuillot, L., 1. — Vila y Pons, José. — Villetard, E., 2. — Vincent, A. 1. — Vinoy. — Vogl, J. S. — Wachenhusen, Hans, 2, 3. — Wallner, A. F. — Yriarte.

Communismus.

Argentino, A. — Bakany, Kár. — Bertulus, Ev. — Boppe, C. H., 1. — Cabet. — Caboulot. — Cafiero, C., 1. — Cantú, Ces. — Charges. — Class, A., 2. — Communismus. — Considerant, V., 2. — Davis, J. — Discours (Petit). — Dupré, J. — Eichthal, E. d', 2. — Fournier de Virginie. — Fröhlich, Conr., 1. Greene, W. B., 3. — Guarin de Vitry. — Gumplowicz, L., 2. — Hammann, Otto. — Herrmann, Chr. — Houzel. — Knortz, K., 2. — Krogmann, W. H. — Lafargue, P., 1, 8. — Limousin, Ch., 7. — Loserth, Joh., 2, 3. — Macé, J., 1. — Manifest (Das communist.). — Manifest der communist. Partei. — Manifesto of the Communists. — Marx, K., et Engels, F. — Marx, C., e Engels, F. — Medepligtigen (De). — Merlino, Fr. Sav., 4. Monarchy (Old). — Nicotra-Randazzi, G. — Onclair, Aug., 3. — Owen, R. — Paepe, C. D., 5. — Pareto, Vilfr., 2. — Pidgeon, Dan. — Prolo, Jacq. — Rathbone, W. — Romano-Catania, G. — Ross, D. W. — Sargant, W. L. — Van der Veer.

Communismus in Amerika.
Winchell, Alex.

Communismus in Australien.
New-Australia.

Communismus in Deutschland.
Adler, G., 15. — Engels, Fr., 10. — Labriola, A., 3. — Young Germany.

Communismus in Frankreich.
Auszüge. — Communismus. — Thoré, Th., 1.

Communismus in Russland.
Wyrouboff, G.

Communismus in der Schweiz.
Kommissionalbericht. — Schweiz (Diet.).

Communismus in Sparta.
Sterza, A., 3.

Communismus, anarchistischer.
Bertrand, L., 6. — Communisme (Le) anarchiste. — Darnand, E., 5. Dejacque (Jos.). — Giehlsen, H. J. — Henry, Agn. — Henry, Em., 3. — Hugas y V. Serrano, E. — Krapotkine, P., 9, 48. — Lane, Jos. — Merlino, Fr. Sav., 6, 27. Molinari, Luigi, 1. Most, J., 2. — Organamento (L'). — Tolstoi, L., 1.

Communismus, individualistischer.
Dragnicha, Stan.

Communismus, revolutionärer.
Cornelissen, Ch., 1, 3.

Communismus, Bekämpfung des.
Cavour, Gust. de. — Communismus (Wesler). — Cri (Le) d'alarm. — Dassel, Ad. v. — Jentsch, K., 4. — Lacombe, Fr.

Communismus, Geschichte.
Dietzel, H., 1. — Engels, Fr., 10. — Gedenktag. — Kautsky, K., 10. — Knortz, K., 1. — Letzner, Frdr. — Pöhlmann, Rob, 2.

Communismus. Vide auch: Agrarcommunismus.
— — Proletariat u. C.
— — Socialismus u. C.

Communitäten.
Adderly. — Ashley, W. J., 2. — Cecilia. — Elting, J. — Escard, Fr., 1, 2. — Flürscheim, M., 6. — Freiland und die Freilandbewegung. Freiland. — Freilands Wirtschaftsordnung. Gedge, J. D. — Gemeinden (Dict.). Gottschall, R., 3. — Ivic, Mt. — Knortz, K., 3. — Laveleye, Em. de, 1. — L'Eleu, A. — Loraux. — Maron, Alb., 2. — Mikkelsen, M. A. — Mittheilungen. — Oppenheimer, Frz., 1, 4, 5. — Owen, Rob., 6, 20. — Owen's Society. — Owen, R. D., 2. — Pollak, A. — Projet de Communauté. — Radnitz, M. W. — Rose, D. W. — Roucir. — Schwilzgebel, Adh., 4. — Tambour, Rud., 1—5. — Tönnies, F., 1. — Tricoche, G. N. — Udny, E. Vide auch: Colonien, ikarische, socialistische.
— — Eigentum, gesellschaftliches.
— — Familistère.
— — Phalanstère.

Comte, August.
Carlisle. — Elster, L., 1. Faguet, Em., 1. Gruber, H. P., 1. Lietz, Herm. Littré, Em., 3. Rig. Jul., 1, 2. Roberty, E. de. — Robinet, J. Fr. E., 2, 3. Sommer, Hugo. Springer, Rob. — Sterzel, G. F. Vic (La). — Wuentig, Heinr.
Vide auch: Positivismus.

Congresse.
Bericht über die Verhandlungen des 1. evangsoc. Congresses. — Bernstein, Ed., 20. Boiervoise, L. — Brentano, L., 9, 11. — Bromez, Fern., 1. — Bromez, F., et James, A. — Compte-rendu. — Congrès. — Congresso. — Congress. — Congresso. Devinne, Aug., 1. Endemone. — Engelmann, P. — Gatti, Gerol., 1, 2. — Graetzer, R. — Guérard, E. — Hirsch, R., 2. — Ingwer, J., 1. — Kaempfe, W. — Kaff. S., 1. — Kongres. — Kongress. Krafft, Otto. — Kritisches. — Kulemann, W., 1, 3. — Lambrechts, H. — Londoner Congress. — Massingham, H. W. — Mazzini, G., 17, 19. — Merlino, F. S., 5. — Molinari, G. de, 2. — Nobbe, M. A., 3. — Olberg, O., 1. — Paepe, C. D., 7, 8, 9. — Philippson, F. C. — Pictet, E. — Pötzsch, H. — Pouget, Em., 1. — Pressensé, Fr. de. — Procès-verbal. — Protokoll — Röder, A. — Rousiers, P. de, 1. — Ségur-Lamoignon. — Simon, Hel., 1, 2. — Socialistenkongress. — Studentenkongress. — Threlfall, T. R., 2. Treves, Cl.
— Vide auch: Arbeitercongresse.
— — Arbeitertage.
— — Socialdemokratische Parteitage.
— — Socialistische Parteitage.

Contrat social.
Benjam. — Contrat social. — Duplan, J. — Galcotti, E. — Merkel, G. — Rauh. Ritchie, D. G., 2. — Rousseau, J. J., 1, 2, 3. — Vide auch: Rousseau, J. J.

Co-operation. Vide: Association.

Credit.
Barbet, Aug., 2. — Coignet, F., 2, 7, 8, 9. — Conil, P. — Dubois de l'Etang, E. — Gagneur, Wlad., 1. — Galopin, A. — Moutry, A. de. — Noejonls, E. — Proudhon, P. J., 3, 17. — Rapport sur le crédit mutuel. — Ravanier. — Rostand, Eug., 1.
— Vide auch: Banken.
— — Volksbanken.

Criminalrecht. Vide: Processe.
— — Strafrecht.

Cultur und sociale Frage.
Drews, Arth.

Dänemark. Vide: Arbeiterassociationen in D.
— — Arbeiterbewegung in D.
— — Socialdemokratie in D.
— — Socialismus in D.

Dante.
Aroux, E. — Boissard, F.

Darwinismus und Socialdemokratie.
Darwinismus. — Ziegler, H. F.

Darwinismus und Socialismus.
Aveling, Edw., 1, 2. Büchner, G., 3. Ferri, Enr., 4, 5, 6, 9. Gaupp, O., 2. Kirkup, T., 1. Lorin, Ach., 2, 3. — Papale, G. V. — Pearson, K., 1, 2. — Woltmann, L., 1, 2.

Demagogentum.
Arndt, E. M. Brief über die Demagogie. Dunban, C. A. — Demagogues. — Follenberg, C., 1. — Frary, R., 1, 2. — Frohme, K., 1. — Handbüchlein. — La Gueronière, A. de, 1. — Pöltz, K. H. L., 4. — Reinach, Jos. — Struwwel, Peter. — Ulrich, Ed. — Zeitgeist, R.

Démocratie sociale. Vide: Socialdemokratie.

Demokratie.
Adams, F. C. — Alix, G., 2. — Allen, Gr., 1. — Altmeyer, J. — America. — Armand-Levy u. Valleton. — Barbet, Aug., 2. — Barry, W. — Baussnern, O. v. — Bimetallism, free trade and democracy. — Bizot de Fontenay, etc. — Buckie, J. S., 1. — Blackmar, F. W. — Blätter (Demokrat.). — Bobée, A. — Boer u. Wiskemann. — Bonn, M. J. — Briol, J. — Brownson, H. F. — Büchner, Ldw., 4. — Carneri, B. — Castelar, E., 3, 4. — Castian, Ad. — Chailley, Jos. — Charavey, G. — Chronik. — Classes (Les) moyennes. — Conservativism. — Contrat (Le) dém. — Courcelle-Seneuil, J. G., 3. — Courthe, 1, 2. — Democracy. — Démocratie et protection. — Démocratie (De la). — Demokratie. — Droz, N. — Dumont, A., 1. — Dunckley, H. — Ehrenberg, A. v. — Emeritus. — Ernst, C. B. — Ernst, Paul, 1, 2. — Esenbeck, N. v. — Fèvre, 2. — Flürscheim, M., 1. — Forchhammer, P. W. — Gallenga, A. — Gedanke (Der demokratische). — Gegen Demokraten. — Gengel, F., 1. — Gildings, F. H., 1. — Godkin, E. L., 1, 2. — Grodeck, C. Th., 1, 2. — Guizot, Fr., 1. — Hengel, C. — Hodgson, Earl W., 1. — Ingersoll, C. — Jones, E., 1. — Keine Demokratie. — Kern, Ed. — Knoepfler, L. — Lecky, W. E. H., 2. — Liber. — Lowell, J. R. Macy, Jesse. — Mailfer, H. Ch., 1. — Mallock, W. H., 4. — Manuel démocr. — Möge, M. — Morley, John. — Moses, A. — Motley, J. L. — Muser, Osk. — Nationaldemokratie. — Naville, E. — Norman, G. W. — Outis. — Parisis. — Pradines. — Prinzip (Das demokrat.). — Qu'est ce qu'un démocrate? — Renzlaw, E. R. — Roche-Gardon, L. P., 2. — Ridpath, J. C., 1, 2. — Roescher, Wilh. — Saint-Hilaire, B. — Salmon, E. — Sbarbaro, P., 1. — Schramm, A. — Schwartz, Jul. — Seignouret, P. E. — Signs of the times; 1. — Smith, Fr., 1, 2. — Stimson, E. J. — Strauss, V. v., 2. — Thompson, Wm. — Tosti, G., 1, 2. — Ventura, le R. P. — Vocabulario. — Wallace, R., 1. — Wallstein, Ad. — Witte, H.

Demokratie (Christliche).
Crawford, Mrs. — Demokratie (Christliche), Fraineau, M., 1. — Hurmel, L., 2. — Maurel, A., 1, 2. — Naudet, 2. — Pastori, G. Renkin, J. — Toniolo, G., 1, 4. — Zbyszewski, K. L.

Demokratie, Gefahr.
Hartmann, Ed. v., 2.

Demokratie, Geschichte.
Capen, Nah. — Rezawa. — Rose, J. H.

Demokratie, republikanische.
Jousserandot, Louis. — Qu'est ce que la rép. dém. — Tribout, J.

Demokratie im Altertum.
Filon, A. — Flegler, A. — Hottinger, J. J. — Platon, G., 1.

Demokratie im Mittelalter.
Prins, A., 1.

Demokratie in Amerika.
Eichthal, E. d', 4. — Holst, H. — Morse, A. D. — Moses, B. — Nordamerika (Ueber). — Overmyer, D. — Rossi, Pel. — Scourge (The). — Smalley, G. W.

Demokratie in Australien.
Walker, H. C. R.

Demokratie in Deutschland.
Aegidi, K. L. — Blum, Rob. — Buss. — Club (Der demokratische). — Clubs (Die). — Contrasignatur. — Demokrat (Der). — Demokrat (Der bekehrte). — Demokraten und Conservative. — Demokratie (Die deutsche). — D'Ester, Carl. — Dulon, R., 2. — Ester, C. d'. — Fetzer, C. A. — Freiheit und Gleichheit. — Fröbel, Rau, Kriege, Meyen u. Heramer. — Fröhlich, Ab. Em. — Gallerie. — Gedenkbuch. — Gegen die signatura. — Geschichte (Zur) der deutschen demokrat. Legion. — Heinzen, K. — Heise, H. — Herwegh, Emma. — Hochverrath. — Jacoby, Joh. — Jacoby, Leop., 2. — Kapp, E. — Kayser, Max. — Köberle, J. G. — Koennecke, F. W. — Liebknecht, W., 6, 8. — Marx, K., 23, 24. — Notenblätter. — Opitz, Th., 1. — Oppenheim, H. B., 1, 3, 4. — Piersig, W. — Raimund. — Reichensperger, Peter. — Republikaner (Die deutschen). — Ronge, J. — Röse, F. — Schnüffler, A., 1, 2. — Schramm, Rud., 2. — Siegmund, G. — Signatura temporis. — Sommerfeldt, Gust. — Streckfuss, K. — Thimotheus, H. F. — Urbain, Fr. L. — Volk (Das) in Waffen. — Walesrode, L. — Walter, R. — Wietersheim, E. v. — Wiss. — Witzbacher, A. — Zopfl, H.

Demokratie in England.
Amos, Sch. — Brooke, J. W. — Davidson, Th. — Democracy (English). — Democracy and Irish loc. gov. — Gooch, G. P. — King, J., 1. — Koller, Ad. — Lecky, W. E. H., 1. — Lilly, W. S., 1. — Macdonald, J. R., 2. — Rickman, Th. Cl. — White, Arn., 1.

Demokratie in Frankreich.
Adams, Ch. K., 1, 2. — Bourgeois, L. — Démocratie (La) devant la guerre. — Dupuy, J. — Duveyrier, Ch. — Essais. — Girardin, Em., 2. — Joigneaux, P., 1–3. — Lubitte, Ch. — La Chapelle, A. Comte de. — Lacombe, Am. — Livres (Les petits). — Morin, Fr. — Pauli, J. W. — Plou, J. — Proulié. — Réforme démocratique. — Saint-Hilaire, B., 2. — Sanson, F. A. — Weill, Alex., 1–3.

Demokratie in Italien.
Maurizio, Ad., 2, — Mazzini, Gius.

Demokratie in Oesterreich.
Demokratie (Ueber österr.). — Likawetz-Oberhauser, A. — Raussnern, Guido v.

Demokratie in der Schweiz.
Benoist, Ch., 1. — Chatelanat, A. — Cherbuliez, A. E., 1. — Democracy in Switzerland. — Demokratie (Schweizerische). — Demokratie (Die schweizer.). — Dubs, J., 1, 2. — Laveleye, Em. de, 3. — Richman, J. B. — Wuarin, L., 1, 2.

Demokratie und Finanzen.
Ernetem, A.

Demokratie und Freiheit.
Eichthal, E. d', 1.
Demokratie und Industrie.
Festy, O.
Demokratie und sociale Frage.
Demofilo, A.
Demokratie und Socialismus.
Acciaresi. — Belmont Perry. — Briganti, Ant.
— Demokratie und Soc. — Mazzini, G., 119.
— Platter, J., 4.
Demokratie. Vide auch: Christentum u. D.
— — Kirche u. D.
— — Parlament u. D.
— — Politische Oekonomie u. D.
— — Schule u. D.
— — Statistik u. D.
— — Steuern u. D.
Despotismus. Vide: Tyrannei.
Deutschland. Vide: Arbeiter in D.
— Arbeiterassociationen in D.
— Arbeiterbewegung in D.
— Arbeiterfrage in D.
— Arbeitseinstellung in D.
— Christlich-sociale Bewegung in D.
— Communismus in D.
— Demokratie in D.
— Socialdemokratie in D.
— Sociale Bewegung in D.
— Sociale Frage in D.
— Socialismus in D.
Dienstleute und Socialismus.
Laan, C. L.
Droit. Vide: Recht.
Droit au travail. Vide: Arbeit. Recht auf Arbeit.
Droit de vivre. Vide: Recht auf Existenz.
Droits de l'homme. Vide: Menschenrechte.

Économie politique. Vide: Politische Oekonomie.
Éducation. Vide: Erziehung.
Église. Vide: Kirche.
Ehe.
Andrews, St. P., and Greeley. — Bernstein, Ed., 12. — Cabet, Et., 33. — Carpenter, E., 1. — Channing, W. E. — Emo, N. — Liberty Leaflets, 2. — Liebe (Freie). — Owen, R., 12. — Preller, C. H. — Pressigny, J. — Proudhon, P. J., 1. — Rüdebusch, E. F., 1. — Stöckelberg, F., 2, 3, 4. — Steinburgk. — Vortmann, Th. — Zacharias, Otto.
— Vide auch: Familie.
Eigentum.
Aichinger, C. — Arcangeli, F., 1, 2. — Argentino. — Baksay, K. — Bertini, R. — Bramwell, Lord. — Budgell, A. — Calippe, Ch. — Calmes, Th. — Cipolli, P. — Cobb, W. F. — Constançon, Maur. — Converti, Nic., A. — Courcelle-Seneuil, J. G., 1. — Dallemagne, J. — Dillon, J. F. — Dubois de

l'Étang, E. — Eigentum. — Eigenthum (Das). — Eigenthumswahnsinn. — Faventine, de. — Ferret, Ablé. — Fouillée, A., 8. — Fournière, Eug., 3, 4. — Friedenthal, M. B. — Froude, J. A. — Gabelli, A., 2. — Garelli, A. — Garnier, le Marq. G. — Gesterding, F. C. — Godwin's political justice. — Guichard, V. — Gumplowicz, L., 1. — Helot, C. — Hémieut. F. — Houten, S. van. — Inviolabilité. — Laboulaye, R. de. — Lampertico, Fed., 2. — Letourneau, Ch., 1, 2. — Levasseur, E., 2. — Liberty and property. — Lieber, Fr. — Lomanoco, G. — Loria, Ach., 1. 3. — Mallock, W. H., 2. — Mono, A. — Musatti, Eug. — — Naudet, I. — Nelson, R. A. — Owen, R., 12. — Paepe, C. D., 40. — Palombo, Ern. — Pascal, G. de, 4. — Peñalver, D. Nic. — Pfizer, G., 4. — Preller, C. H. — Proprieté (La). — Proudhon, P. J., 17, 20, 21, 22. — Proudhon und das geistige Eigentumsrecht. — Raleigh, Th. — Reclus, El., 12. — Riston. V. — Ritchie, D. G., 1. — Roszkowski, Gust. — Santangelo, Spoto, J., 4, 5. — Scheel, H. v., 1, 2. — Sempé e Gazano. — Stein, Ldw., 2. — Stirner, M., 1, 6. — System social pratique. — Telliez. — Temple, J. — Thiers, A., 2. — Valenti, Ghino. — Vovard, André. — Vuillemot, Luc. — Walter, Frz. — Wartensleben, Const., Graf. — Wellwood, Sam.
Eigentum, gesellschaftliches und privates.
Block, M., 4. — Brousse, P., 6. — Capart, A. — Cathrein, V., 1. — Cencelli-Perti, Alb. — Colajanni, Nap., 3. — Cornelissen, Ch., 2. — Darlington, J. J. — Engels Fr., 17, 18. — Gand, Maur. — Goodleve. — Kovalewsky, Max, 1. — Lafargue, P., 13. — Lafargue, P., et Guyot, Yv. — Marcus, Synd. — Mesdach de ter Kiele. — Meyer, E., 1. — Petitier. — Platter, J., 7. — Proprietà privata. — Saint-Genie, Vict. de. — Schwendinsam. — Tchernychewsky, N. G., 2. — Vadalà-Papale, G. — Wygodzinski, Willy. — Zini, Z.
Eigentum, Geschichte des.
Avenel, G. de. — Felix, Ldw., 1. — Frohme, K., 2. — Lafargue, P., 4, 5, 9, 13. — Platon, G., 2. — Rosenthal, Ed. — Rubinstein, J. — Veblen, Thorst., 1.
Eigentum. Recht auf Eigentum.
Blanc, L., 3. — Castelein, A. — Cryse, E. de. — De Metz-Noblat. — Essay (An). — Grysse, E. de. — Hoadly, G. — Hodgskin, Th., 3. — Martin-Bruere. — Morhard. — Nieuwenhuis, F. D., 10. — Paredes, V. S. de. — Piccione, Enr. — Saint-Ferréol, Am.
Eigentum und Socialismus.
Bonomelli, G., 1. — Castelein, A. — Cencelli, A. — Delville, G. — Deville, Gabr., 5. — Grosse, E. — Léo, 4. — Proprieté et le socialisme. — Schaub, Frz. — Socializzazione (La). — Walter, Frz.
Eigentum. Vide auch: Christentum u. E.
— — Communismus.
— — Grundeigentum.
Einkommen. Vide: Arbeitsloses Einkommen.

Eisenbahnen und Socialdemokratie.
Eisenbahner-Gesetzentwurf. — Ellenbogen, W., 1.

Elend.
Abel, K., 2. — Bosanquet, B., 1. — Brentano, L., 15. — Burgy, J. — Cosmo, Serg., 7. — Dupin, Ch. — England (In darkest). — Fischer, Carl, Paul, 2. — Grabowsky, Norb., 1. — Humanité (L'). — Jay, A. O., 1. — Kall, J. — La Landelle, G. de. — Mazo, H. — Mela, Ric., 8. — Mello, T. — Meyer, J. B., 1. — Michel, Louise, 9. — O'Flynn, J. — Palmer, E. — Pelletier. — Rocco di Zerbi. — Staatskirche (Die). — Stamm, A. Th. — Stöcker, Ad., 4. — Teifen, T. W., 2, 3. — Valdera, P., 2. — Vaucheret. — Villecrosse, Jul. — Waldeck, O., 2. — Was ist Noth?

Emeuten. Vide: Arbeiterunruhen.
— Arbeitseinstellung.
— Aufstand.

Encyclica. Vide: Papst und Arbeiterfrage.

Enfantin. Vide: Saint-Simon.

Engels, Friedrich.
Briefen (Aus den letzten). — Engels, Fr. 6 Nrn. — Kanner, H. — Kautsky, K., 13, 14. — Meyer, Rud., 3. — Plechanow, G., 6. — Reichesberg, N., 2. — Reidlinger. — Sombart, Werner, 1—4. — Stiebeling, G. C., 1.

England. Vide: Arbeiter in E.
— Arbeiterassociationen in E.
— Arbeiterbewegung in E.
— Arbeiterfrage in E.
— Arbeitseinstellungen in E.
— Christlich-sociale Bewegung in E.
— Demokratie in E.
— Socialdemokratie in E.
— Sociale Bewegung in E.
— Sociale Frage in E.
— Socialismus in E.

Erbrecht.
Boyenval, A., 2. — Brater, K. — Hallier, E. — Paepe, C. D., 28. — Rülf, J. — Scheel, H. v., 2.

Ernährung und sociale Frage.
Noese, C. — Paepe, C. D., 12, 13.

Erzählungen, socialistische. Vide: Gedichte, Gesänge.

Erziehung.
Dall, Guill. — Deridé, Th. — Hood, E. P. — Kemsies, F. — Payot, Jul. — Saillard, F. — Siegemund, R. — Socialismus u. E. — Waldeck, O., 2.

Erziehung und sociale Frage.
Giuffrida, S. — Luporini, C.

État socialiste. Vide: Socialistische Zukunftsbilder.
— Zukunftsstaat.

Evangelisch-social.
Baumgarten, O. — Bericht über die Verhandlungen des 1. evang.-soc. Congresses. — Bewegung (Die evang.-soc.). — Dechesne, L., 2. — Dieckmann, Aug., 1. — Göhre, P., 4, 5. — Gounelle, El. — Grossmann, Frdr. — Gümpel. — Harnack, Ad. — Harnack, Ad., u. Delbrück, H. — Hauptversammlung. — Hegewisch, K. — Jasper, Chr. — Jentsch, K., 1. — Kambli, C. W., 4. — Kongress (Der evang.-soc.). — Kongress (Evang.-soc.). — Kongress (Ein protest.-soc.). — Kulemann, W., 1, 3. — Meyer, Rud., 1. — Naumann, Fr., 8. — Nippold, Prof. — Nobbe, M. A., 3. — Röler, A. — Uhlhorn, G., 2. — Verhandlungen des evang.-soc. Kursus. — Verhandlungen (Die) des 8. evang.-soc. Kongresses. — Verhandlungen des 9. evang.-soc. Kongresses.
— Vide auch: Arbeitervereine, protestantische.
— — Protestantismus.

Evangelium und sociale Frage.
Dieckmann, Aug., 2. — Ebel, Ed. — Ulfers, S., 3.

Evangelium und Socialismus.
Camauer, J.

Evangelium. Vide auch: Bibel.

Existenz. Vide: Recht auf Existenz.

Existenzminimum.
Existenzminimum.

Familie.
Achelis, Th. — Assirelli, P. P. — Bergeron, L. — Brüllow. — Buisson, Eug., 1, 2. — Clerici, S. N. — Dike, S. W. — Engels, Fr., 17, 18, 25. — Ernst, Paul, 9. — Gagern, H. C. E. v. — Garnier, Ch. — Garroni-Olivari, Ad. — Godelle, C. — Gothein, E., 2. — Hellwald, F. v. — Hément, F. — Herrmann, Eman. — Houten, S. van. — Jouet, l'abbé P. — Kessler, G., 2. — Langsdorff, W. v. — Le Play, Fr., 6. — Leynadier, Cam. — Lhotsky, J. — Linati, F. — Milancee, G. — Mucke, J. R. — Pallazzini, N. — Passez, E. — Pelletier, Eug., 2, 3. — Peñalver, D. Nic. — Pinot, R. — Posada, Ad., 7. — Preller, C. H. — Saint-Omer, Mlle. E. — Santangelo Spoto, J., 1. — Sarty, L. — Sempé et Gazano. — Stackelberg, F., 2, 3, 4. — Starcke, C. N.

Familistère.
Bernadot, F., 1, 2. — Bertrand, L., 33. — Brelay, Ern. — Deynaud, S. — Familistère (The). — Godin, J. B. A., 2, 3. — Hancock, Ch. — Horn, E., 3. — Lippert, 2. — Pompery, Ed. de, 3. — Rowland, Edw.
— Vide auch: Communitäten.

Femmes. Vide: Frauen.

Fenier.
Boissevain, Ch. — Lemoine, J. — O'Brien, W. — Rutherford.

Feudalismus und Socialismus.
Beaux-Wascheul.

Fichte, J. G.
Diehl, K., 4. — Eitelberg, M. — Fichte, J. G. — Jaurès, J., 6. — Langermann, Jhs. — Lassalle, F., 12, 15. — Quack, H. P. G., 1.

Finanzen und sociale Frage.
Flora, Fed.
— Vide auch: Budget.
— — Demokratie und Finanzen.

Flugblätter. Vide: Aufrufe, Ansprachen etc.

Forderungen. Vide: Arbeiterforderungen.
— Mai, der 1.
— Programme.
— Wahlrecht, allgemeines.

Fortschritt.
Castelar, Em., 1, 3. — Colnart. — Doctrine (De la) du progrès. — Gramegna, L., 2. — Hisely, Fr. — Köhler, Osw., 2. — Monicat, P. — Rostand, Eug., 3.

Fourier.
Abolition de l'esclavage. — Adler, G., 7. — Anniversaire (Centième). — Aucaigne. — Avril (Les sept). — Chaudes-Aigues, J. — Cherbuliez, A. E., 2. — Czynski, Jean. — Debrit, M. — Desjardins, Arth., 1, 2. — Doherty, H., 2. — Faguet, Em., 2. — Ferraz, M. — Fourier et le journal la Champagne. — Fourier o sua explanacion. — Fourier'sche Socialsystem. — Gatti de Gamond, 1, 2. — Gide, Ch., 3. — Godwin, P. — Guillot, A. — Krantz, J. B. — Laviron, P. E., 1, 2. — Leçons (Trois). — Limousin, Ch., 2, 3. — Notions. — Pellarin, Ch., 1. — Quack, H. P. G., 1. — Stourm 1, 2. — Villey, Edm., 1. — Warschauer, Otto, 2. — Wellwood, Sam.

Fourierismus.
Age (L'). — Ah! le bon temps. — Alhaiza, A. — Amour (L'). — André, Ferd. — Armée (L') et le phalanstère. — Asseline, L. — Association (De l'). — Association expérimentale. — Barat, Et. — Barrier, F., 1—5. — Baudet-Dulary, M., 1—3. — Bellin, A. G. — Beynet, L. — Blanc, E. — Blignières, C., 4-6. — Bonnemère, E., 1—3. — Bonnier, Ch., 2. — Boulanger. — Bourdon, A. — Bouteville. — Bratowski, St. — Bréton, Ph., 1, 2. — Brisbane, Red. — Bureau, All., 1—3. — Caboulot. — Cantagrel, F., 1—6. — Chatenet, G., 1, 2. — Cheré, E., 1, 2. — Clavel, A., 1—3. — Coignet, F., 1—9. — Colonisation. — Commune démocratique. — Considerant, V. — Constant, A., 1—3 — Dain, Ch., 1, 2. — Défense du Fouriérisme. — Delbruck, J., 1, 2. — Deschenaux. — Destrem, H. — Doctrine de l'harmonie. — Dogmes (Les). — Doherty, H., 1. — Dylac, P. — Durand. — Ecole sociétaire. — Epitre de Paul Jean. — Espinassous. — Esquiros, A. de, 1—7. — Étude sur le socialisme. — Ferraud, F. — Flottard, F. — Gagneur, M. L., 1 — 5. — Gagneur, Wlad., 1, 2. — Galin. — Gallus. — Gamet, H. — Garnier, J. Cl. — Gilliot, Alph. — Grandage. — Guillemont. — Guinault. — Hennequin, V., 3. — Izalguier. E. d'. — Journet, J., 1, 2. — Lachambeaudie. — Laroque. — Laverdant, Dés., 1—4. — Lecoq, P. de. — Lecoq de Boisbaudran, H. — Le Moyne, N. R. D., 1—7. — Lenglet, L. — Le Rousseau, Jul., 1. — Lettro à Lamartine. — London Phalanx (The). — Lourdoneix, H. de. — Love, 1, 2. — Lullier. — Magnier, L. — Maitre Pierre. — Marchef Girard, Mlle. — Martin, 1, 2 — Maurize, A. — Méray, Ant., 1, 2. — Meunier, Vict. — Michel, J.—3. — Mirou, 1, 2. — Morale (La) universelle. — Morale universelle. — Muiron, Just., 1—4. — Nicolo, J. — Nus, Eug., 1, 2. — Pellarin, Ch. — Pelletan, Eug. — Perreymond, 1—4. — Pompery, Ed. de,

1—7. — Prélude. — Presles. — Quack, H. P. G., 1. — Renaud, H., 1—3. — Ribes, F., 1—5. — Richard, Ch., 1—7. — Richardson. — Richer. — Roueir, F. — Sabatier, U. — Sauvestre, Ch., 1 - 3. — Savardan, Aug. — Simon. — Soria. — Suppression. — Tamisier, A. — Tourreil, L. J. B. de. — Toussenel. A., 1, 2. — Transon, Ab., 1, 2. — Union (L') industrielle. — Vallès, M. F., 1, 2. — Valserres. — Vide auch: Phalanstère.

Frankreich. Vide: Arbeiter in F.
— Arbeiterassociationen in F.
— Arbeiterbewegung in F.
— Arbeiterfrage in F.
— Arbeitseinstellungen in F.
— Communismus in F.
— Demokratie in F.
— Socialdemokratie in F.
— Sociale Bewegung in F.
— Sociale Frage in F.
— Socialismus in F.

Frauen.
Carpenter, 2, 3. — Contrat social (Le nouveau). — Cosmo, Serg., 3. — Defuisseaux, A., 1. — Kelly, M. E. J. — Pompery, Ed. de, 4. — Richter, Hel. — Rouzade, L., 3. 4. — Waldheim, Sib. v. — Wollstonecraft, Mary, 1, 2.

Frauen und Socialdemokratie.
Braun-Gizycki, L. — Simmel, G., 1.

Frauen und sociale Frage.
Bobertag, G. — Malthusius, F.

Frauen und Socialismus.
Argyriadès, P., 4. — Bebel, Aug., 8, 35, 36, 37 — Bebel im Lichte der Bibel. — Dostrée, Jul., 4. — Drioux. — Dubost, P., 2. — Elberskirchen, Joh., 2. — Frau (Die). 2 Nrn. — Germanicus. — Ghesquière, H. — Jardon, Corn. — Katzenstein, S., 1. — Linton, Mrs. Lyn. — Mazzoni, A. M. — Socialisme et sexualisme. — Stackelberg, F., 1. — Varin et Roger der Beauvoir.

Freiheit.
Bauer, Edg., 1. — Brousse, P., 4. — Buch der Freiheit. — Budgell, A. — Constant, Rev. P. — Daudville, Ch. — Doctrine de la liberté. — Domanski, L., 2. — Evangelium (Das). — Freistaat (1). — Fröhlich, Conr., 4. — Froude, J. A. — Geiger, Frz. — Gerlach, 1. — Gross, Fr. — Guyot, Y., 5. — Hebler, C. — Henckell, K., 1. — Hilty, E., 1. — Hohenthal, C. A. Fr. v. — Horn, Chr. A., 1. — Ives, G. — Kaulich, W. — Kodrle, K. — Kurt, V. — Lamennais, F. de, 1. — Lavergne-Peguilhen, M. v. — Lecky, W. E. H., 2. — Leger, Cam. — Le Rousseau, Jul., 2. — Levasseur, E., 1. — Liberté (De la). — Liberty and property. — Limousin, Ch., 4, 5. — Loria, Ach., 3. — Loveseau, Jean, 1. — Madsen-Mygdal, V. J. — Martin, W. W. — Matthias, K. G. W. — Mendthal, S. — Mill, J. St. — Mill, J. St., über die Freiheit. — Monicat, P. — Morel, M. — Moriaud, P. — Napoleoni, L. — Olive, l'abbé. — Ott, Alex. — Palma, Luigi. — Perdignier, A., 2. — Petitin, Ant. — Peus, Heinr., 2. — Pfyffer v. Heidegg. —

Picot, G., 8, 9. — Plea. — Price, Rich. — Priestley, Jos. — Prins, A., 3, 4. — Réflexions sur la perfectibilité. — Rick, C. — Sarkusa. — Sauerwein, W. — Sbarbaro, P., 2. — Schmid, Rit. Th. A. H. — Secrétan, C., 2. — Ségur, M. de, L. — Sénignon, T. — Simon, J. — Stoiner, R. — Teuthold, Ad. — Thoré, Th., 2. — Velsen, W. v. — Versuch einer Aufklärung.

Freiheit und Gleichheit.
Domanski, L., 3. — Frey- und Gleichheits-Büchlein. — Köhler. — Nebr, J. G. — Platter, J., 5. — Schaumann, Jh. Chr. Gli. — Scheibler, C. v. — Schindling, A. v. — Segudy, Jos. v. — Steck, A. 4. — Stephen, J. F. — Vérité (La) sur la liberté. — Volkmar, F. N. — Wedekind, Geo.

Freiheit und Socialismus.
Colas, Alb. — Desjardins, Arth., 4. — Guyot, Y., 2. — Lovisoni, Erm. — Rienzi, 3, 4, 5. — Zacharias, O.

Freiheit. Vide auch: Demokratie und Arbeit.

Freiheit der Arbeit. Vide: Arbeit, Freiheit der A.

Freimaurerei und Socialismus.
Massoneria. — Mazaros, J. P., 3. — Politik (Die).

Future State. Vide: Socialistische Zukunftsbilder.
— Zukunftsstaat.

Futurity; Coming ages. Vide: Zukunft.

Gall, Ldw.
Ferraz, M. — Gall, Ldw. — Singer, Rud., 1.

Gebildete und Socialismus.
Mittelstädt, O., 1. — Saint-Albin, Alex. de. — Socialismus (Der) der Gebildeten. — Vorster, Jul.

Gedichte, Gesänge, Erzählungen etc.
Allemane. — Arbeiterdichtung (Die). — Arbeiter-Dichtung (Deutsche). — Arbeiterlieder. — Arbeiterliederbuch. — Arbeiter-Marseillaise. — Arnold, J. Juss. — Athos. — Audorf, J., 1–3. — Ausgewiesene (Der). — Beck, Karl. — Becker, J. Ph., 3, 4, 5. — Berk, F. — Berte, L. — Berthold, H. — Biedenkapp, G. — Bolanden, C. v., 1, 2. — Brissac, H., 3, 4. — Brüder (Fromme). — Brügel, Ldw. — Brunet, Cam. — Bundeslied. — Cabrini, Aug. — Capart, V., 1, 2. — Castellane, Marg. de. — Cech, Swat. — Chansonnier populaire. — Chant. — Chants. — Classe ouvrière. — Communarde (La). — Conelli, Giov. Ant. — Cordonnier, Th. — Cri (Le) du travailleur. — Debock, G. — Deklamator. — Deleroyère, H. — Delobel, J. B. — Delory, Jul., 1, 2. — Démoulin, G. — Dessaint, E. — Devernay, Gust. — Doehler, G. — Domenico, Z. — Dornbusch, F. W. — Drapeau (Le) rouge. — Dubruel, L. — Dufai, Alex. — Dugge, Ch. — Edelstat, D. — En avant, socialistes! — Etincelle (L'). — Festeau. — Festlieder. — Foi nouvelle (La). — Franz, J., 2. — Freiheitsfunken. — Freiheitsgedichte. — Freiheitslied. — Freiheitspoesie. — Freiligrath, F., 1–3. — Fricke, Ferd., 2. — Friedel, Fdr. —

Friedrich, Heinr., 1–5. — Fritzauer, Fr. — Fröblich, Conr., 2. — Frohme, K., 4, 5, 6. — Fuchs, J. — Gaillard, fils. — Gamelle (La). — Garnier, Barth. — Garwood, J. — Gedichte, 2 Nrn. — Geib, Aug. — Gent, P., 1, 2. — Gersdorf, Em. — Gori, P., 2, 3. — Görwitz, H. — Gottschall, R., 1, 2, 6, 7. — Greulich, H., 5. — Guénée et Tandon. — Guillemont. — Hanser, Rud., 1, 2. — Hasenclever, W., 1, 3. — Hasenclever, W., Frohme, K. F., und Lepp, Ad. — Hauptmann, Gerh. — Hélynck, Arth. — Henckell, K., 2. — Henry, Fort. — Hernu, Ch. — Herwegh, G. — Heste, Ed. — Hille, K. — Hoffmann v. Fallersleben. — Hopf, A. — Hondoux, H. — In Reih' und Glied. — Internationale (L'), choeur. — Jacoby, Leop., 1. — Junius, H. — Kegel, Max, 1–5. — Keller, Ch. — Klassenkampf (Aus dem). — Klein, J. L. — Krasser, Frdr., 1, 4. — Krausse, W. — Laforest, Ad., 1–3. — Lamour, Ch. — Lassalle, F., 18. — Lassallesches Liederbuch. — Leforest, A. — Légion. — Le Roy, Ach., 2, 3. — Lied. — Lieder. — Liederbuch. — Liederen. — Liedersammlung. — Liederschatz. — Linderer, R. — Lipinski, Rich. — Lluñas y Pujals, G. — Lombart, G. — Mackay, John H. — Majově Písně. — Marcho (La). — Masurel, G. — Menu, P. — Mercier. — Michel, Louise, 3, 4, 5, 11, 13. — Moreau, J. — Morris, W., 1, 3. — Most, Jh., 11. — Muse (La). — Nealo, J. M. — Niederberger, L. — Niedergall, Fr. — Nihilisten (Die). — Nöldechen, Wilh. — Nolte, W. — Notre Union. — Nötscher, Th. — Oelsner-Monmerqué, G. — O'lumpiade (Die). — Opfer (Ein). — Otto-Walster, A., 1–7. — Owen, R., 18. — Paillette, P. — Parteilied. — Patriotenlied. — Pauvres. — Pedron. — Pergameni, 11. — Perrin, Luc., 2. — Petroleumspritzen. — Pfau, Ldw., 1. — Pfeiffer, Gust. — Poesia. — Pottier, Eug. — Preczang, E. — Proletarierdichter. — Proletarierlied. — Proletarierliederbuch. — Püttmann, H. — Quaglio, Alb. — Ramages (Les). — Recueil. 3 Nrn. — Refrains (Les). — Renard, G., 1. — Renegaten- u. Communisten-Lieder. — Renker, F. — Resel, J. — Rethel, Alfr. — Riche (Le) et l'ouvrier. — Richter, Jul. — Richter, Jul. — Rives. — Roller, Heinr. — Rossbach, F. — Röthing, J. — Sammlung socialdemokratischer Lieder. — Sammlung von 5 Volksgesängen. — Savage, R. 11. — Scávola, C. M., 1–6. — Schaching, O. v. — Schafleitlin, A. — Scherzer, Andr. — Scheu, Andr., 1. — Schlaegel, Max v. — Schlesinger. — Schlingel (Ein). — Schneideck, G. 11. — Schöchlin, C. — Schramme, Jos. — Schwarz, Leop. — Schweitzer, J. B. v., 4, 5. — Seidel, Rob. — Serda, Marc. — Sieg und Freiheit. — Siegfried. — Socialdemokrat (Der). — Social hymns. — Stern, J., 4. — Stern, M. Rh. v., 1, 2. — Strauss, V. v., 1, 2. — Strodtmann, A., 1, 2. — Sturmvögel. 2 Nrn. — Tag (Ein). — Taxil, Leo. — Tchernychewsky, N. G., 6. — Theaterstücke (Socialistische). — Thimotheus, 11. F. — Tissot, Vict., et Améro, Const. — Toginam-Selrach. — Toscin, Jean. — Travailleurs (Les vrais). — Treu. — Vahlteich, Jul., 1. — Varin et Roger de Beauvoir. — Victor-Henry. — Vinçard, P. — Virbès de

48 *

Gefährliche
Montvaillier, Ch. — Voix (La) du peuple, ou les Républicains en 1848. — Volksgesang. — Volksgesänge, 2 Nrn. — Vor der Wahlschlacht. — Vorwärts heisst die Losung. — Waldeck, Osc., 1. — Walter, H. — Wartenberg, J. F. — Wedd, J. — Weiss, Alois. — Weltgericht. — Werra, M. Th., 1—3. — Wichern von Gogh, Otto, 1, 2, 4, 5, 6, 9, 11. — Wiegleb, Carl. — Wille, B., 1, 3. — Wittich, Manfr. — Wizorowski, Georg. — Zeitraketen. — Zirndorfer, S.

Gefährliche Klassen.
Bassermannische Gestalten. — Bolis, Giov. — Brace, Ch. L. — Klassen (Die gefährlichen).

Geheime Gesellschaften.
Aken, N. A. M. van. — Blick. — Brück, H. — Brühl, J. H. M. — Busch, Mor. — Chenu, A., 1—3. — Döring, H. — Eckert, E. E., 1, 2. — Féréal, M. V. v., 1, 2. — Follenberg, C., 1, 2. — Foster, J. M. — Fuld, L., 1. — Geschichte (Zur) der geh. G. — Gesellschaft (Die geheime). — Gesellschaften (Die geheimen). — Glauuct. — Heckethorn, C. W. — Henne am Rhyn, A., 2. — Kronawetter, Ferd. — Lecouteulx de Canteleu. — Mannsdorf, J. D. F. — Memoirs of the secret societies. — Niebuhr, B. G. — Pachtler, G. M. — Report of the Commission. — Schauss, G. G. — Schmidt, Heinr. — Schnüffler, A., 1, 2. — Stimme der Warnung. — Verbindungen (Die geheimen deutschen). — Witt.

Geld.
Bilgram, H., 3. — Borchardt, Jul. — Conil, P. — Degreef, G., 6. — Denis, H., 25. — Dirichlet, W. L. — Harper, J. W. — Hazell, A. P. — Hucke, Jul. — Sponer, Lys., 2, 12. — Tarn, A., 1. — Tolstoi, L., 3. — Vandervelde, E., 30. — Zani, Bart., 1.
— Vide auch: Währungsfrage und Socialdemokratie.

Genossenschaft.
Bernstein, Ed., 19. — Burdinski, Rich. — Gronlund, L., 1. — Guerre (La) aux coopérateurs. — Hirsch, K., 2.

Genossenschaft und Socialdemokratie.
Gerhard, Ad., 2. — Produktivgenossenschaften (Sozialdemokratische). — Quelch, H.

Genossenschaft und Socialismus.
Rassi, Em. — Beevers, Edm. v., 1. — Bertrand, L., 3. — Bertram, L., et Van Loo Romain. — Coopération et socialisme. — Gerhard, Ad., 1. — Holyoake, G. J., 1. — Hoorn, J. — Hubert-Valeroux, L. — Marle, P. H. P. van. — Paepe, C. D., 33. — Reich, Em., 1. — Socialisme (Le) par la coopération.

George, Henry.
Berghoff-Ising, Frz., 3. — Bruce, F. J. — Eulenstein, B., 2, 3. — Fitzgibbon, E. G. — George, H. — Giulietta, Lu. — Hobson, J. A., 2. — Kelly, John F. — Lippert, L. — Lohmann, W. — Lowrey, D. M. — Murdoch, J. — Pauw v. Wieldrecht, M. J. — Rose. — Scheicher, J., 4, 8. — Schmidt, Karl. — Scott, W. A. — Sullivan, J. W. — Tolstoi, L., 2. — Voswion, L.

Geschichte. Vide: Arbeit, Geschichte.
— Arbeiter, Geschichte.

380

Gleichheit

— Communismus, Geschichte.
— Eigentum, Geschichte.
— Socialdemokratie, Geschichte.
— Sociale Bewegung, Geschichte.
— Socialismus, Geschichte.

Gesellschaft.
Andrews, St. P., 2. — Arana, E. Z. — Argyll, Duke of, 2. — Asmirelli, P. P. — Bell, T. H. — Blanqui, A., 2. — Buisson, Eug., 1, 2. — Burke, Ed., 4. — Filzer, Joh. M. — Fiocchi, G. U. — Freiheit und Ordnung. — Geschichte der menschlichen Entartung. — Gesellschaft (Die menschliche). — Giuliani, A. — Grundlage (Die) — Güttinger, G. — Kampfmeyer, P., 3. — King, J., 2. — Lambert. — Lange, J. P. — Levacher. — Lietz, H. — Linati, F. — Manatschal, F. — Meliora. — Menschheit (Die) — Mingardi, G. — Morgan, L. H., 1, 2. — Nietzsche, Fr. — Novikow, J., 1, 3. — Offermann, Alfr., 2. — Posada, Ad., 7. — Psenner, Ldw., 2. — Pyrau, D. — Questions sociales. — Röder, K. — Rümelin, G. v., 1. — Salaville, J. B. — Travis, H., 2. — Umtriebe (Die aristocratischen). — Vindication (A). — Walras, Léon. — Weiss, A. M., 1, 2. — Zimmermann, K.

Gesellschaft und sociale Frage.
Borin-Fournet, J. — Robin-Fournet, J.

Gesellschaft und Socialismus.
Sanborn, F. B.

Gesellschaftsorganisation.
Ammon, Otto. — Frohschammer, J. — John, ouvrier.

Gesellschaft. Vide auch: Arbeiter u. G.
— — Eigentum, gesellschaftliches.
— — Geheime Gesellschaften.
— — Staat in Bezug auf Gesellschaft.

Gesetze. Vide: Arbeit, Gesetze der.
— Socialistengesetz.
— Umsturzvorlage.

Gesetzgebung (Directe).
Baerwaert, Th. — Bryan, Will. — Bürkli, K., 3. — Charnay, Maur. — Dunant, Ad. — Kautsky, K., 19. — Oswald, Eug. — Pomeroy, Eli. — Rittinghaus, Mor., 1, 2.

Gesundheitspflege und Socialismus.
Sormani, G.
— Vide auch: Krankenpflege, unentgeltliche.
— — Krankenpflege und sociale Frage.

Gewerbe und Socialdemokratie.
Agitation.

Gewerkvereine. Vide: Arbeiterassociationen.

Gleichheit.
Appleton, Henry. — Argyriades, P., 5. — Ayala, M. le Cte., 1, 2. — Brown, W. L. — Brownson, H. F. — Bryce, Jam. — Carteret, Ant. — Cazzaniga, F. — Challié. — Chataing, A. — Conséquences (Quelques). — Constable, A., 2. — Cox, A. — Domanski, L., 1, 3. — Echstein, N. — Gasparin, Cte. Ag. — Gerand, P. — Girardin, Em., 1. — Giustiniani, Giamb. — Haulik, G. v. — Horn, Chr. A., 2. —

Hubbard, Arth. — Leury. — Mallock, W. H., 3, 5. — Mohl, Mor. — Réflexions sur la perfectibilité. — Saget, P. — Snell, E. H. T. — Souetre, Oliv.

Godin.
Rabbeno, U., 4.

Godwin, Will.
Booth, D. — Godwin. — Lippert, 3. — Remarks on Godwin's inquiry.

Goethe, W. v.
Gerlach, 2. — Mühlhausen, Aug.

Grève. Vide: Arbeitseinstellung.

Griechenland. Vide: Sociale Bewegung in G.
— Socialismus in G.

Grundeigentum und sociale Frage.
Grossgrundeigentum. — Loria, Ach., 4. — Oppenheimer, Frz., 2. — Paope, C. D., 17. — Rabbeno, U., 2.

Güter-Verteilung.
Gespräche (Polit.). — Vidal, F., 1.

Handel und Socialismus.
Grabscheidt, Frz. v.

Handelsstand. Vide: Sociale Frage im Handelsstande.

Handwerkerbewegung.
Handwerkerbewegung (Zur). — Handwerkerbewegung (Die).

Heere. Vide: Armee.

Hegel.
Plechanow, G., 5.

Heilsarmee.
Ashley, W. J., 1. — Booth, General. — Booth-Tucker, F. de L., 1, 2. — Brown, D. — Darkest England. — Greenwood, H. — Hardeland, Th. — Heilsarmee. 2 Nrn. — Hollins, J. — La Clercq, T. — Peek, Fr. — Roxby, R. B. — Schramm, Rud., 1. — Truth. — Weiss, J. G. — White, Arn., 2.

Hérédité, Heredity. Vide: Erbrecht.

Herwegh, Georg.
Bernstein, Ed., 30. — Briefe von und an G. H. — Briefe (1848). — Erinnerung (Eine). — Herwegh, E. — Herwegh, G. — Herwegh (Georg). — Herwegh, G., u. Prutz, R. — Lassalle, F., 10. — Publicola, A. — Stern, Alfr.

Hersen, Alex.
Althaus, Fr. — Herzen, A. — Jollos, Gr. — Kawelin, Konst. — Rosen, H. v. — Sperber, Otto v.

Ideale. Vide: Sociale Ideale.
— Socialpolitische Zukunftsbilder.
— Zukunftsstaat.

Imperialismus, socialistischer.
Bauer, Br., 1.

Individualismus.
Andrews, E. B., 1. — Ansiaux, Maur. — Ball, Sid., 3. — Bertolini, A., e Pantaleoni, M. — Block, M., 3. — Bonthoux, A., 2. — Courtney, Leo. — Darlu, A. — Dietzel, H., 2. — Donisthorpe, W., 3. — Fitz-Gerald, Ch. — Fouillée, A., 3. — Hertzka's individualist. Soc. — Holbrook, Z. S., 2. — Kohler, J. — Lacy, G. — Lagrasserie, R. de, 1. — Le Gall. — Mac Cal, Will. — Manoury, A. — Merlino, F. S., 10. — Moore, W. — Morpurgo, Em. — Parseval, F. de. — Pol, Justus. — Robertson, E. St. — Santangelo Spoto, J., 3, 4, 5. — Schuré, Ed. — Thaller, F. — Wart, L. F., 2.

Individualismus und Socialismus.
Block, M., 2. — Caird, Edw. — Flürscheim, M., 5. — Geesink, W. — Guyot, Y., 11. — Hirst, F. W., and Ball, S. — Individualists. — Leroy-Beaulieu, Anat., 1, 2. — Mac Kechnie, W. S. — Ripon, Dean of. — Rissmann, R. — Scala, Rud. v. — Théron, E. — Wermert, Geo., 1. — Winter, Georg, 1.

Individualismus. Vide auch: Communismus, individualistischer.

Industrie.
Denis, H., 12. — Fourier, Ch., 1. — Krapotkine, P., 11, 61. — Laboulaye, Ch. P. L. — Lechevalier, J. — Rights (The) of industry. — Rittinghaus, Mor., 3. — Rother, Er. — Vandervelde, E., 21.

Industrie und Socialismus.
Gibon, A., 3, 4. — Seyffarth, L. F.

Industrie. Vide auch: Demokratie und Industrie.

Internationale.
Accarini, J. — Adler, G., 11. — Anniversario. — Arbeiter-Association (Internationale). — Arbeiterbund (Der internationale). — Asociación Internac. — Association internat. — Bakounin, M., 6, 38, 42, 44, 48. — Becker, J. Ph., 1. — Bericht des Generalrathes. — Bericht (Officieller) des Londoner Generalrathes. — Bernstein, Ed., 18. — Beschlüsse der Delegirten-Konferenz. — Bolotin. — Bottero, G. — Brief aan alle nederl. werklieden. — Brousse, P., 3, 5. — Bulletin de la Fédération. — Candaux. — Castelar, Em., 5. — Ce que c'est que l'Internationale. — Circulaire. — Colacito, F. — Comité (Le) italien. — Commune (Die) und die Internationale. — Compte-rendu du congrès ouvrier de l'Ass. int. des trav. — Denis, H., 4. — Engels, Fr., 13. — Feringa, F. — Franz, J., 2. — Gracklauer, O. — Greene, W. B., 1. — Guadagnin, G. S. — Hillmann, Karl. — Hudault, A., 1. — Internationale (Die). — Internationale (L'), Karl Marx etc. — Internationale (L') choeur. — Internationale et révolution. — La Guéronnière, A. de, 3. — Landfrage (Die). — Lange, F. W. — Libre noir (Le). — Luzzatti, I., 2. — Malatesta, E., 3. — Manifeste adressé à toutes les associations. — Manifeste de l'Assoc. internat. — Mazzini, G., 26, 46, 47, 48, 68. — Meyer, Rud., 4, 5. — Montpellier. Pachtler, G. M. — Populus. — Pottier, Eug. — Procès de l'Internationale. 2 Nrn. — Rapport. 3 Nrn. — Richard. — Russo-Preti, Fr. — Schilling, C. — Schütte, Max. — Schwitzguébel, Adh., 9. — Setti, Aug. — Statuten (Allgemeine). — Tölcke, C. W. — Venedey, J., 3. — Villetard, E., 1. — Wort (Ein) über d. allg. deutsch. Arbeiterverein. —

Irrtümer. Vide: Socialdemokratie, Irrtümer.
— Socialismus, Irrtümer.
Italien. Vide: Arbeiter in I.
— Arbeiterassociationen in I.
— Arbeiterfrage in I.
— Arbeitseinstellungen in I.
— Demokratie in I.
— Sociale Bewegung in I.
— Sociale Frage in I.
— Socialismus in I.

Jakobiner.
Archenholz, J. W. v. — Aulard, F. A., 2. — Barruel, 1—3. — Bowles, John. — Calinau. — Cordelier (Le vieux). — Drake, Fr. — Geschichte (Geheime) des Verschwörungssystems. — Jacobiner (Die Pariser). — Jacobiner (Die) in Wien. — Jacobiner (Die neuen). — Jacobinism. — Jakobiner (Die wahren). — Leriche. — Levae, A. — Müllinen, Wolfg. Fr. v. — Péchenet, Ch. — Playfair, W., 1, 2.
— Vide auch: Revolution 1789.

Jacoby, Joh.
Begräbnissfeier. — Braun, K., 2. — Erörterungen. — Frey, A. — Für Joh. Jacoby. — Gallerie. - Jacoby, Joh. — Möller, J. — Simon, Heinr. — Stimme treuer Unterthanen. — Walter, R. — Weiss, G.

Japan. Vide: Arbeiterfrage in J.
— Arbeitseinstellung in J.

Jordan, Sylvester.
Blackert, J. G. — Boden, A., 1—4. — Fischer, F. — Georgi. — Jordan, Sylv. — Jordan u. Dingelstedt. — Jordan's Ankunft. — Trinks, F., u. Julius, G. — Welcker, C. D., 1—3.

Journale, Journaux. Vide: Zeitschriften.

Judentum und Socialdemokratie.
Jude.

Judentum und sociale Frage.
Scheicher, J., 6.

Judentum und Socialismus.
Elieser, Benj. — Feigenbaum, R., 1, 2. — Galandauer, H. — Judéo-Maçonnerie (La). — Juifs (Les). — Renan, E.

Judentum. Vide auch: Antisemitismus.
— — Arbeiter, jüdische.

Justiz.
Begehungssünden. — Berthold, A. — Bertrand, L., 3. — Justizgreuel. — Lambilotte et Ansèele. — Saint-Auban, 1.
— Vide auch: Processe.
— — Recht.
— — Strafrecht.

K vide auch C.

Kalender.
Arbeiterkalender (3 Nrn.). — Arbeiter-Notizkalender. — Calendrier Saint-Simonien. — Conrad (Der arme). — Eichhoff, A. — Kalandár. — Kalender (Demokrat.). — Lévesque. — Republikaner (Der). — Volksstaat-Kalender.

Kartelle und Arbeiterfrage.
Lehr, J., 2.

Katholicismus. Vide auch: Arbeitervereine, katholische.
— — Christentum.

Kirche.
Ammann, Frz. Seb., 1, 2. — Aristoteles. — Enne, Franc. — Schmitz, Pf. A.

Kirche und Arbeiterassociationen.
Eberl, Frdr.

Kirche und Arbeiterfrage.
Ely, The Dean of. — Guillemenot, P. — Kirche (Die) und die Arbeit. — Kirche (Die) und die A.

Kirche und Demokratie.
Boudin, Fréd. — Dumolard. — Innes, A. T. — Maumus, V.

Kirche und Socialdemokratie.
Heath, Rich. — Keeser, K. — Was hat der Pfarrer zu thun.

Kirche und sociale Frage.
Böhmert, V., 2. — Boullay, C. — Chiesa (La). — Ciampi, E. — Clasen, L. — Costanzi, E., 1, 4. — Criconia, Giov. — Donno, Ach. de. — Dreslach, Ew. — Droit (Le) social de l'église. — Ede, W. M. — Épiscopat (L'). — Gouzien, A., 1. — Hirscher, J. B. v. — Hirtenbrief. — Höchstetter en Oschwald. — Holland, P. G., 1. — Kirche (Die kathol.). — Kirche (Die protestant.). — Kögel, Rud. — Lehmkuhl, Aug., 3, 4. — Marquardt, Ludw. — Matheson, Scott. — Nathusius, Mart. v., 1. — Nava, Cos. — Oertzen, D. v. — Onclair, Aug., 2. — Perino, G. G. — Pesch, Heinr., 1. — Rastoul, A. — Rauschenbusch, Walt. — Régénération sociale. — Rôle (Le). — Roscher, C. — Schoener, Ch. H. — Seeberg, Rhold. — Semeria, P. G. — Stahlmann, B. — Vraagstuk (Het sociale). — Wyneken, E. F., 2.

Kirche und Socialismus.
Compas. V. — Église (L') et le socialisme. — Falk, Kurt, 3. — Galletti, B. — Giraud-Teulon, A. — Kirche und Soc. — Lorenz, Past. — Reichenbach, A., 2. — Sterza, A., 4.

Kirche. Vide auch: Bibel.
— — Christentum.
— — Evangelium.
— — Klerus.
— — Papst.
— — Protestantismus.
— — Religion.
— — Sekten.

Klassenkämpfe.
Beer, M. — Bernstein, Ed., 26. — Bretschneider, K. G., 1. — Brouez, Jul., 6. — Cheysson, E., 3. — Classenkampf. — Clodio. — Cunow, H., 3. — Fiamingo, G., 1. — Funck-Brentano, Fr. — Hebert, E., 1. — Ihrer, E., 1. — Kautsky, K., 19. — Landrin, E. — Loncao, E. — Lotta (La) di classe. — Luzzatti, Luigi, 1. — Marx, K., 17. — Menschenliebe (Allg.). — Milhaud, Alb. — Müller, H., 2. — Novikow, J., 3. — Paepe, C. D., 15.

— Poinsard, L., 2. — Rappaport, Ph., 1. — Scarabelli, J., 2.
— Vide auch: Socialer Krieg.
Klerus und sociale Frage.
Schaefer, Al. — Scheicher, J., 3, 7. — Soden, v. Wach. — Wenck, Mart., 1.
Klerus und Socialismus.
Bernard, André.
König.
Claudel. — Sort réservé (Le).
Krankenpflege, unentgeltliche.
Bancel, A. D., 2. — Beck, G., 2. — Herman, R.
Krankenpflege und sociale Frage.
Sick, P.
Krankenpflege. Vide auch: Gesundheitspflege.
Kritik. Vide: Politische Oekonomie, Kritik.
— Socialismus, Kritik.
Kunst und sociale Frage (Socialismus).
Burckhardt, Max. — Destrée, Jul., 1, 2, 3. — Favre, L. — Hansen, Fritz. — Kunst (Die brgl.). — Kunst und Socialdemokratie. — Morris, W., 2. — Nossig-Prochnik, F. — Philimund. — Reich, Em., 2. — Rosenthal, Léon. — Steiger, Edg. — Sulzberger, Max.

Labor. Vide: Arbeit.
Labourer. Vide: Arbeiter.
Labour mouvement. Vide: Arbeiterbewegung.
Labour question. Vide: Arbeiterfrage.
Landfrage und Socialdemokratie.
Böhmert, V., 8.
Landtag und Socialdemokratie.
Bernstein, Ed., 28, 55. — Schippel, M., 1, 5.
Landwirtschaft und Socialdemokratie.
Agrarfrage (Die). — Agrarprogramm.
Landwirtschaft und sociale Frage.
Cavazzi. — Heine, Aug. — Richter, Stef.
Landwirtschaft und Socialismus.
Bertolini, Aug., 11. — Deschanel, P., 1. — Ruhland, G., 2. — Zolla, Dan., 1.
Landwirtschaft. Vide: Agrarcommunismus.
— Agrarsocialismus.
— Arbeiterfrage, ländliche.
— Bauern und Socialdemokratie.
— Bauern und Socialismus.
— Bauernbewegung.
— Socialdemokratie auf dem flachen Lande.
— Sociale Frage auf dem Lande.
— Socialismus auf dem flachen Lande.
Lange, Fr. Alb.
Bernstein, Ed., 56. — Braun, Heinr., 2. — Cohen. — Ellissen. — Lippert, 5. — Vaihinger. — Weisengrün, P., 4.
Lassalle.
Amore (L'). — Anders, R. — Bahr, Herm. — Becker, Bernh., 1, 5. — Becker, J. Ph., 2. — Berg, R. — Bernstein, Ed., 8, 29, 30. —
Böhmert, W. — Brandes, G. — Brandt, L. O., 1, 2. — Brief (Ein) von Karl Marx. — Briefe von und an G. Herwegh. — Bucher und Lassalle. — Büchner, Ldw., 1. — Burdinski, Rich. — Büttner, H. — Cassetten-Diebstahl. — Charakteristik (Zur). — Davoglio, G. — Dibbley, G. B. — Diehl, K., 5. — Elvers, R. — Ernst, Paul, 6. — Fritzauer, Fr. — Fritzsche, F. W. — Giger, J. — Geburtstagsfeier (Zur). — Gedanke (Der). — Gottschall, R., 4, 5. — Heinze, Rud. — Hieronymi, W. — Inauguration de la statue. — Jockusch, W. — Kutschbach, A., 1. — Lassalle, Fr. — Liebesepisode (Eine). 2 Nrn. — Lindau, Paul. — Mariano, R. — Mayer, Gust. — Mehring, F., 2, 8. — Oppenheim, H. B., 3. — Programm zur Todtenfeier. — Racowitza, Hel. v. — Rechtlieb, Tr. — Reifling, Fr. — Reusche, Fr. — Röhrich, W. — Röthing, Jul. — Schulze-Delitzsch, Lassalle und der Bischof von Mainz. — Schulze-Delitzsch (Die Rede des Abg.). — Schweitzer, J. B. v., 3. — Seillière, Er., 1. — Stael-Holstein, A. v. — Ursachen (Die wahren). — Wackernagel, W. — Weiteres. — Zeitung (Freie).
Le Play.
Auburtin, J. — Blondel, G., 1. — Catineau, P. H. — Cheysson, E., 2. — Du Parc, Fr. — Lippert, 6. — Wenckstern, A. v., 1.
Liberalismus.
Bracke, W., 2. — Lavergne-Peguilhen, M. v. — Madrolle, A. — Schmitz, P. F. A.;
Liberalismus und Socialdemokratie.
Freund, G., 1.
Liberalismus und sociale Frage.
Held, A., 4.
Liberalismus und Socialismus.
Wolf, Jul., 2.
Liberté, Liberty. Vide: Freiheit.
Liebknecht, W.
Bebel, Aug., 15. — Liebknecht, W. — Liebknecht über Marx. — Procès de Liebknecht etc. — Prozess (Der) Bebel-Liebknecht. — Prozess Liebknecht. — Sellers, Edith. — Verhandlungen über den Antrag Liebknecht.
Litteratur. Vide: Socialdemokratie, Litteratur.
— Socialismus, Litteratur.
Lockouts. Vide: Aussperrung.
Lohngesetz, ehernes.
Jockusch, W. — Lassalle und das eherne Lohngesetz. — Lavollée, R., 1, 2. — Lohngesetz (Ehernes). — Lütgenau, Frz., 3.
— Vide auch: Arbeitslohn.
Luther, Martin.
Braasch, A. H.

Mai (Der 1.).
Acht Stunden Arbeit. — Ajon, &c. — Armelani, Fr., 2. — Bebel, Aug., 10. — Bel-Adam, 2. — Cassel, Paul, 1. — Duclos, L. — Festschrift. — Galbert. — Lee, C. — Liebknecht, W., 9. — Mai (Der 1.). — Mai (Premier). — Maifeier. — Maifestschrift. — Manifestation (La). — Manifeste de la Com-

Malthus

mune révolut. — Mariani, Em. — Protot, Eng., 2. — Seillière, Er., 2. — Zum 1. Mai.
— Vide auch: Arbeiterforderungen.

Malthus und dessen Theorie.
Cannan, E. — Luzzatti, Giac., 2. — Seymour, H., 5.
— Vide auch: Bevölkerungsfrage.

Marat.
Bougeart, A. — Ewerbeck, Herm. — Heritier, L., 2. — Leben und Tod. — Marat's, J. P., Leben. — Maton de la Varenne. — Nachrichten. — Pilotelle, G.
— Vide auch: Revolution 1789.

Marx, Karl.
Adler, G., 12. — Albing, R., 2. — Ankersmit, J. F. — Aveling, Edw., 1, 2, 6. — Bakounin, M., 37. — Barth, Paul, 1, 3, 4. — Bedeutung. — Beleuchtung (Zur). — Berardi, D. — Bernstein, Ed., 3, 9. — Bertheau, Frdr., 1, 2. — Boenigk, Frhr. O. v. — Böhm-Bawerk, E. v., 1, 4. — Borchardt, Jul. — Bourguin. — Brief (Ein) von K. Marx. — Brousse, P., 5 — Busch, E. — Croce, Ben. — Diehl, K., 14. — Engels, Fr., 8, 10, 15. — Ernst, Paul, 7. — Fall (Der). — Ferri, Enr., 4, 5, 6. — Fiebig, A. — Firemann, P. — Fischer, Paul, 1. — Friedländer, B. — Gärtner, F. W. — Gide, Ch., 4. — Grabski, St., 1. — Hazell, A. P. — Heine, Wolfg., 1. — Hohoff, W., 6. — Internationale (L'), K. Marx etc. — Issaieff, A. — Jentsch, K., 5. — Kapital (Das). — Kautsky, K., 12, 26. — Kerdijk, A. — Knoop, H. — Komorzynski, J. v., 1. — Kraus, Jos. — Krause, Gerh., 2. — Kritiek. — Labriola, A., 6. — Lange, F. — Lessner, Fr. — Lexis, W., 7. — Liebknecht, W., 7. — Liebknecht über Marx. — Lobrandt. — Lohmann, W. — Lorenz, Max, 3. — Loria, Ach., 7. — Marx, K. — Masaryk, Th. G., 1, 2, 3. — Mehring, F., 11. — Menza, Gius. di. — Merlino, F. S., 7. — Mühlpfordt. — Mühlberger, Art., 1, 3, 4, 5. — Müller, H., 1. — Nieuwenhuis, F. D., 11. — Novikow, N. — Pareto, Vilfr., 1. — Platon, G., 3. — Plechanow, G., 3, 6. — Quack, H. P. G., 1. — Renard, G., 12. — Richard. — Rüefli, J. — Rümelin, G. v., 3. — Schitlowski, Ch. — Schmidt, Konr., 2, 3, 7. — Schubert-Soldern, R. v., 4. — Skworzoff, A. — Slepzoff. — Slonimski, Ldw. — Sombart, W., 4, 5. — Sorel, G., 2, 4. — Stern, J., 3. — Struve, P. v., 1. — Vandervelde, E., 26, 27. — Verijn, Stuart. — Walcker, K., 3. — Wenckstern, A. v., 2, 3. — Weryho, Lad. — Winiarsky, L., 1.

Maschinen.
Davis, C. W. — Dialogue entre plusieurs ouvriers. — Frederick, J. M. H. — Machine breaking. — Machines (Des). — Maschinenalter (Das). — Watt's James Life.

Mässigkeit und sociale Frage.
Halpin, T.

Materialistische Geschichtsauffassung.
Abramowski, Ed., 1, 2. — Barth, Paul, 1–5. — Bax, E. B. — Belfort-Bax, E., 3. — Cunow, H., 4. — Engels, Fr., 5. — Ernst, Paul, 5. — Flügel, Otto. — Greulich, H., 2. — Gunter, S. — Heine, Wolfg., 1. — Jaurès,

Mormonen

J., et Lafargue, P. — Kautsky, K., 18. — Krause, Gerh., 1, 2. — Labriola, A., 2. — Mehring, F., 9. — Minzes, B., 1. — Müller, Mor. — Ostwald, W. — Pasmanik, D., 1, 2. — Plechanow, G., 3, 4. — Stammler, Rud., 4. — Stern, J., 3. — Wenckstern, A. v., 3.

Mazzini, Gius.
Antologia mazziniana. — Rocci, G. — Bakounin, 12, 39, 52, 54, 50, 60. — Boullier, A. — Breval. — De Nardi, P. — Florian, E. — Gnocchi-Viani, O., 9. — Internationale (L'), K. Marx etc. — Lettere edite ed inedite. — Linton, W. J. — Luigi, St. — Mario Jessie, W. — Mazzini, Gius. — Mazzini, Joseph. — Mondanari, T. — Mormina, Fr., 1, 2. — Nardi. — Pederzani-Weber, J. — Pisacane e i Mazziniani. — Reichenbach, M. — Risposta. — Rodbertus, C., 3. — Rodbertus, Berg, v., Bucher, Loth. — Rose. — Saffi. — Schack, Ad. Fr. Graf v. — Venturi, A. Mme.

Menschenrechte.
Adams, J. — Altaroche, D. M. M. — Arnim, Fridm. v. — Articles (Les soixantes). — Bausset-Roquefort. — Benitez, J. — Camps, Patr. — Castelar, Em., 7. — Déclaration des droits. — Droits (Les) de l'homme. — Ferreira, S. P. — Fiore, Pasq. — Geist (Der). — Harembert, A. — Heinzig, B. — Hey, Rich. — Hirschel, M. — Hodgson, Earl W., 2. — Jellinek, Georg. — Jones, J. — Lionell, Ernst, 2. — Manual of liberty. — Marion, H. — Memoirs of Hildebrand Freemann. — Menschenrechte. — Paine, Th., 3, 6, 7, 8. — Paine's pol. and moral maxims. — Protest. — Remarks (Cursory). — Rights (The) of necessity. — Rössig, K. G. — Schlettwein, J. G. — Schmalz, Th. A. H. — Schmidbauer, Jos. Edl v. — Secretan, C., 1. — Spedalieri, Nic. — Spence, Thom., 1, 2. — Spielberg, Otto. — Verbric, A. — Volkmar, F. N.

Militarismus.
Allyre. — Bebel, Aug., 17, 34. — Bebel, A., u. Liebknecht, W. — Caserne (La). — Conscrit (Le). — Engels, Fr., 9. — Erasmus, Radiv. — Impôt (L') du sang. — Jacoby, Joh., u. Kirchmann, v. — Laboureur et soldat. — Looteling. — Lorand, G., 1. — Militarismus (Der). — Nieuwenhuis, F. D., 12. — Scailette dit Victorien.
— Vide auch: Armee.

Misère, Misery. Vide: Elend.

Mittelalter. Vide: Demokratie im M.
— Sociale Frage im M.

Monarchie und Socialismus.
Awanti, A. — Delbrel, P.

Monopol.
Dauphin, M. l'abbé. — Morris, W., 7.

Moral und Socialismus.
Merlino, F. S., 14. — Pecori, G. — Socialismus (Der) und die unabhängige Moral. — Thurow, H., 4.
— Vide auch: Arbeit und Moral.

Mormonen.
Brunialti, A. — Green, N. W. — Lum, D. D., 3. — Mormonen (Die). — Mormonisme.

Morus, Thomas.
Baumstark, Rhld. — Beger, Lina. — Bridget, T. M. — Craon, Wm. — Diehl, K., 7. — Gibbins, H. — Guendeville. — Hallberg. — Hutton, W. H. — Louis, Gust. — Morus, Th. — Opitz, Herm. — Roper, Guil., 1, 2. — Rowper, Will. — Stapleton, Th. — Thomas. — Vallat, G., 1, 2. — Voigt, Ch. Fr. Tr. — Walter.

Mouvement ouvrier. Vide: Arbeiterbewegung.

Mouvement social. Vide: Sociale Bewegung.

Naturwissenschaft.
Bernstein, Ed., 34, 35. — Bulla, Eug.

Naturwissenschaft und Socialismus.
Ferri, Enr., 1. — Rosenfeld, S.

Naturwissenschaft. Vide auch: Darwinismus.

Niederlande. Vide: Arbeiterassociationen in den N.
— Arbeiterbewegung in den N.
— Arbeitseinstellungen in den N.
— Socialdemokratie in den N.
— Sociale Bewegung in den N.
— Sociale Frage in den N.
— Socialismus in den N.

Nihilismus.
Abc-Buch. — Alexandra. — Alexei, de, G. Attenhofer, F., 1. — Bauer, Erw. Bemmelen, P. van, 1. — Beschouwingen. — Boglietti, G., 1, 2. — Bourdeau, J., 2. — Briefe (16) eines Nihilisten. — Cyon, E. de. — Danevsky, W. — Denkschrift (Eine geheime). — Erlebnisse. — Gagneur, M. L. — Gätschenberger, L. — Gubernatis, A. de. — Helwigk. — Hopkins. — Iwanow, P. — Jegorow, J. — Jéhan-Préval. — Kaemmel. O., 1, 2. — Kupczanko, Greg. — Meschtscherski, Fürst K. W. — Meyer v. Waldeck, Fr. — Nihilisten (Die). — Nihilister (Les). — Qnack, H. P. G., 2. — Quillot, M. — Roux, X. — Schedo-Ferroti, D. K., 1—3. — Scherr, J. — Stepniak, S., 3, 6. — Vernier, P. — Was ist der N.
— Vide auch: Russland.

Oesterreich. Vide: Arbeiterassociationen in Oe.
— Arbeiterbewegung in Oe.
— Arbeiterfrage in Oe.
— Arbeitseinstellungen in Oe.
— Christl.-soc. Bewegung in Oe.
— Demokratie in Oe.
— Socialdemokratie in Oe.
— Sociale Bewegung in Oe.
— Sociale Frage in Oe.
— Socialismus in Oe.

Organisation. Vide: Arbeit, Organisation.
— Arbeiterorganisation.

— Gesellschaft, Organisation.
— Sociale Organisation.

Owen.
Beard, J. R. — Bible (Social). — Brown, J. — Budget (A). — Combe, Abr. — Cowan, W. A. — Debate on the Evidence. — Dialogue sur le système social. — Dibdin, R. W. — Ecclesbion. — Erinnerungen (Aus den). — Examination. — Exposure. — Fabre, Aug., 2. — Garwood, J. — Gibbins, H. — Greaves, J. R. — Hampden. — Hanson, J. — Held, A., 5. — Herkner, K., 6. — Herzen, A., 4. Holyoake, G. J., 3. — Hutchinson, G. — Lees, Fr., 1, 2. — Liebknecht, W., 11. — Lloyd, Jones. Mac Gavin, Wm. — Martin, Wm. — Mather, Jos. — Murphy, J. L. — Observations. — Owen, Robert. — Pièges. — Quack, H. P. G., 1. — Roebuck, J. H. — Seligman, E. R. A. — Social hymns. — Travis, H., 1. — View and Review. — Vindication (A) of Mr. Owen's plan. Wolbers, J.

Paine, Thomas.
Adams, J. — Boothby, Sir Br. — Broome, R. — Conway, Monc. D. — Greis, J. — Grisenthwaite, W. — Jones, J. — Liberty Leaflets. — Oldys, F. — Paine, Th. — Protest. — Remarks (Cursory). — Rights of citizens. — Sherwin, W. T. — Southcott, Joanna. — Stephen, L., 1. — Tytler, James. — Vale, G.

Papst und Arbeiterfrage. Encyclica Rerum novarum.
Andelfinger, Aug. — Bertolini, Ang., 3. — Biederlack, J., 1. — Blanc, Elie, 1. — Cappelluzzi, A. — Cazajeux, J. — Charpillet, C., 2. Eckard, J., 1. — Fischer-Colbrie. — Freund, J., 2. — Grégoire, L. — Holland, H. S., 2. — Hug, G. J. — Kean. — Kirche (Die) und die Arbeiterfrage. — Koneberg, H. — Lehren (Die). — Leo XIII., 1. — Leroy-Beaulieu, Anat., 3, 4, 5. — Manahd. — Martineau, E., 1. — Mindestlohn (Der). — Papst (Der). — Papst Leo XIII. — Perin, Ch. H. X., 1. — Pesch, Chrn. — Quaestio (De sociale). — Richard, Mgr. — Risposta. — Rossignoli. — Socialismus (Der) nach der Encyklika. — Sociallehren. — Staat (Der). — Stead, W. T., 5. — Taccone-Gallucci, N. — Ursachen (Die). — Vincent, A., 2.

Pariser-Commune. Vide: Commune, Pariser.

Parlament und Arbeiter.
Arbeitervertreter (Die). — Feistleg, Herm. — Herrenhausjunker. — Jouin. — Laboureurs et députés. — Teilster, H.

Parlament und Demokratie.
Prins, A., 2. — Schultze, C.

Parlament und Parteien.
Braun, Ad. — Burns, John, and Keir Hardie, J.

Parlament und Socialdemokratie.
Bürkli, K., 5. — Ellenbogen, W., 3. — Findel, J. G., 3. — Handbuch. — Hoensbroech, Graf P. v., 2. — Kautsky, K., 28. — Kühn, Aug. — Kutschbach, A., 3. — Martin, K. — Reichstag (Der deutsche). — Reichstag (Was der). — Schwechler, K., 2. — Socialdemokratie (Die) auf dem Reichstage. — Social-

Parlament | 386 | Privateigentum

demokratie vor dem Deutschen Reichstage.
6 Nrn. — Socialdemokratie und die Wahlen.
Parlament und sociale Frage.
Bronez, Fern., 3. — Delon, 1.
Parlament und Socialismus.
Action (L') socialiste. — Bebel, Aug., 4, 5. —
Delon, 2. — Diogenes. — Grimari, G., 1, 2. —
Jaurès J., 5. — Malatesta, E., 2, 5. — Merlino,
F. S., 8. — Raffalovich, A., 1. — Socialisten-
drusch. — Socialistengesetz (Das neue).
Parteien. Vide: Arbeiterparteien.
— Parlament und Parteien.
— Socialdemokratische Parteien.
— Socialistische Parteien.
Paysan, Peasant. Vide: Bauern.
Peuple. Vide: Volk.
Pflicht zur Arbeit.
Brix, Th.
Pflichten des Besitzes.
Carnegie, And., 3. — Hoffmann, Adf., 3. —
Kurrein, Ad.
Pflichten. Vide: Sociale Pflichten.
Phalanstère.
Berthaut. — Dulary, B. — École sociétaire. —
Enfants. — Giatti de Gamond, 2. — Perusson,
E. — Phalanstère du Brésil. — Phalanstère
d'enfants. — Renaud, H., 1.
— Vide auch: Fourier, Fourierismus.
Philosophie und sociale Frage.
Engel, Gust. — Langermann, Jhs. — Oncken,
A. — Philosoph (Ein). — Rappoport, Ch.
Reich, Em., 3. — Reichesberg. N., 4.
Stein, Ldw., 3. — Wolf. J., 1.
Philosophie und Socialismus.
Liane. — Nerrlich, P. — Philosoph (Ein).
Vauni, J.
Philosophie. Vide auch: Rechtsphilosophie.
— Sociale Philosophie.
— Socialismus, Philosophie.
Physiologie und sociale Frage.
Albertoni, P.
Plato.
Beyer. Lina. — Blaschke, S. — Natorp, P., 2.
— Noble, Carl. — Quack, H. P. G., 1.
Poesie, sociale Frage und Socialismus.
Hamstein, A. v. — Nekrassoff, N. A.
— Vide auch: Gedichte.
— — Theater.
Polen. Vide: Sociale Bewegung in P.
Politik.
Amari, A. — Deploige, S., 2. — Fröbel, Jul.
— Fröbel's Theorie. — Wochenstube (Die
politische).
Politische Oekonomie.
Arnd, K. — Becker, Bernh., 7. — Bernstein,
Ed., 34. — Bertini, R. — Brentano, L. 15.
— Buratti, C. — George, H., 14. — Hodgskin,
Th., 2. — James, C. L., 2. — Levi, G. G., 2.
— Merlino, F. S., 13. — Meyer, Jul., 2. —
Paepe, C. D., 20. — Read, Sam. — Rose. —
Schubert-Soldern, R. v., 2, 3.
Politische Oekonomie, Kritik.
Armadeu. — Eccarius, J. G. — Kriegel, Frdr.

— Lacy, G. — Malon, B., 4. — Marx, K., 18.
— Memminger, Ant., 3. — Merlino, F. S., 27.
— Tchernychewsky, N. G., 1.
Politische Oekonomie und Demokratie.
Baudrillart, H., 1. — Mailfer, H. Ch., 2. —
Wo ist das Zuchthaus.
Politische Oekonomie und sociale Frage.
Blondel, J. E., 2. — Contzen, Heinr. — La-
benow, Hugo. — Margani Ortisi, A. —
Osensky, Joh. — Owen, R., 5. — Perin,
Ch. H. X., 1. — Sbarbaro, P., 3.
**Politische Oekonomie und sociale Philo-
sophie.**
Pick, G. V.
Politische Oekonomie und Socialismus.
Covelli, Em., 1. — Delmasso, A., 1. — Denis,
H., 8, 9. — Hyndman, H. M., 1. — Hynd-
man, H. M., et Magny, J. — Laycock. F. U.
— Majoranna, A. G., 1. — Martello, Tullio.
— Muri, R. — Perin, Ch. H. X., 2. — Quack,
H. P. G., 1. — Rabbeno, U., 5. — Sidgwick.
H. — Talmo, S. — Wagner, Ad., 1.
Polizei.
Debatte (Die). — Eichhoff, W. — Polizei (Die).
— Polizei (Die politische). — Polizeischutte-
reien. — Vandermeulen, A.
Population. Vide: Bevölkerungsfrage.
Portugal. Vide: Sociale Bewegung in P.
Positivismus.
Audiffrent, G., 1, 2. — Bases de la politica
positiva. — Bilguières, C., 1—3. — Broglie.
— Caro, E., 1, 2. — Denis, H., 2, 14.
Desdouits, Theoph. — Dorado y Montero, P.
— Duboul, Jul. — Dühring, Eug., 1. —
Ferraz, M. — Fouillée, A., 5, 6. — Gambi-
rasio, L. — Gilardoni, C. — Gruber, H. P.,
1, 2. — Harrison, Fred., 1, 2. — Homberg,
Th. — Hulst, Abbé d'. — Jackson, W. —
Ladévi-Roche, J. — Lagarrigue, J. — Littré,
Em., 1—4. — Mollin, Gab. — Muri, R. —
Philosophie (La) positive. — Pinel, Louis. —
Ribes, F., 4. — Rig, Jul., 1, 2. — Robinet,
J. Fr. E., 1, 2. — Romani, Pomp. — Saisset,
Em. — Schiatarella, B. — Schleimer, Alex.
— Seux. — Sommer, Hugo. — Springer,
Rob. — Sterzel, G. F. — Taine, Hipp., 1, 2.
— Tissandier, J. B. — Ward, W.
Positivismus und Socialismus.
Ferri, Enr., 3, 4, 5, 6, 9.
Positivismus. Vide auch: Comte, Aug.
Presse.
Adler, Vict., 3. — Blos, W., 2. — Cabet, Et.,
31. — Delbreil, F. — Estate (The fourth). —
Heppner, Ad., 1. — Izambard, H. — Lassalle,
F., 11. — Mehring, F., 7. — Paepe, C. D.,
11. — Quarck, M., 3. — Strappini, W. D. —
Verbot (Das), 3 Nrn. — Wallon.
Presse und Socialdemokratie.
Gumprecht, W. B. A. — Presse (Die soc.-
dem.). — Socialdemokratie (Die) und die
hiesige Presse.
Presse und Socialismus.
Erz, Rud. — Kergorlay, Louis. — Renzlaw,
E. R.
Privateigentum. Vide: Eigentum, gesell-
schaftliches und privates.

Processe.
Accused (The). — Acten. — Actenstücke. — Affaire Reséguier. — Aktenstücke. — Altgeld, J. P. — Anarchia (L') alle Corte d'assise. — Anarchiste (L') Emile Henry. — Anarchiste (L') Jahn. — Anarchitcheski proces. — Anneke, F. — Anonymus Veritas. — Antwort (Die). — Arrestation (L'). — Assisen-Procedur. — Attentat (L') de la Bourse. — Barbanti, Avv. — Barbes, A. — Bauer, Edg., 3. — Bebel, Aug., 21. — Bedenken. — Belagerungszustand (Der). — Belagerungszustand (Der Leipziger). — Berathung der Denkschriften. — Berathung des Rechenschaftsberichtes. — Bericht (Stenogr.) — Bericht über die Schwurgerichtsverhandlung. — Beschwerde. — Bluturtheil (Das). — Bottero, G. — Braun, K., 1. — Cabet, Et., 10, 15, 57. — Cassetten-Diebstahl. — Coalitionsrecht (Das) vor Gericht. — Complot. — Compte-rendu du procès (2 Nrn.). — „Conserit" (L'). — Darlegung (Amtl.). — Darstellung (Actenmässige). — Défense de Cyvoct. — Défense de l'anarch. Gille. — Défense du Compagnon Pini. — Defuisseaux, A., 7. — Defuisseaux, Léon. — Dunkelarrest. — Eisenbahn-Unglück. — Engels, Fr., 10. — Enthüllungen. — Ermordung (Die) des Polizeirath Dr. Rumpf. — Errore giudiziario. — Extraits. — Faure, Seb., 2, 4. — Ferri, Enr., 2. — Freiheit-Prosecution (The). — Freiligrath's erster polit. Process. — Friedländer, H. — Fuld, L., 1. — Gedanken über den Prozess Weidig. — Georgi. Gleichheit (Die) vor dem Ausnahmegerichte. — Gori, P., 1, 4. — Gräff, H. — Grüning, H. — Henry, Em., 1. — Heppner, Ad., 4. — Hobein, Th. L. A. — Hochverraths-Process (Der). 4 Nrn. — Ihre, L. Fr. — Infanterie-Regiment. — Interpellation. — Jacoby, Joh., 15, 21, 22, 25. — Jacoby, Joh., vor dem Kriminalsenate. — Justizgreuel. — Katastrophe. — Koch, C. Krapotkine, P., 39, 60. — Kritik. 2 Nrn. — Künzel, E. — Landauer, G., 2. — Lassalle, F., 6. — Lassalle's Schreiben. — Lassalle. Der Hochverrathsprocess. — Lassalle. Der Process F. Lassalle's. — Latorré, Paulino. — Léauthier. Liebe (Freie). — Lütgenau, Fr., 1. — Majestäts-Beleidigungen (Die). — Märtyrer (Die). — Martyres (Los). — Marx, Karl, vor den Kölner Geschworenen. — Massacre (Le) des anarchistes. — Mazzini, G., 42. — Memminger, Ant., 2. — Michel, Louise, 7. — Monstreprozess. — Montseny, Juan, 3. — Müller, Ad. — Nichtgentleman (Der erste). — Pensa, Pasq., 2. — Pentecost, H. C. — Perrin, Luc., 1. — Pezzi, Fr. — Pillage (Le). — Politzer, Sigm. — Polizei (Die). — Polizei (Die polit.). — Polizeischuftereien. — Pressprocess. — Pressprocesse (Zwei). — Presstimmen. — Procès. — Proceso. — Process. — Processo. — Proudhon, P. J., 10. — Prozess (Der) Bebel-Liebknecht. — Prozess Liebknecht. — Rechtlieb, Tr. — Reicharus Hochverrathsprocess. — Reinsdorf und Genossen. — Rhaye, Pasc. — Rosenblatt, Jos. — Rover, Em., 1, 2. — Saint-Aulan, E. — Schäffle, F. W. — Schlöffel's des jüngeren Prossprocess. — Schulz, Wilh., 2, 3. — Schwurgerichtsverhandlung. — Simon, Heinr. — Tage (Die beiden letzten). — Trausil,
M. — Trautner, Max. — Trumbull, I. — Usmrtiavanieto. — Verhandlungen gegen Wirth etc. — Vertheidigung. — Waldeckische Prozess (Der). — Walcarode, L., 4. — Wander, K. F. W. — Welcker, C. D., 1, 2, 3. — Werner, S. — Wille, Br., 7. — Withington, Loth.

Profitrate, Mehrwert.
Hourwich, J. A. — Hubert-Valleroux, 3. — Kapitalprofit. — Knoop, H. — Lagarosse, P. — Landé, H. — Lehr, J., 1. — Marx, K., 19, 25, 27. — May, M., 2. — Mühlpfordt. Schmidt, Konr., 2, 3, 6. — Skworzoff, A. — Stern, J., 3. — Stiebeling, Geo. C., 3, 4, 5.
— Vide auch: Marx.
— — Werthlehre.

Programme. Vide: Arbeiterprogramme.
— — Socialdemokratische Programme.
— — Sociale Programme.
— — Socialistische Programme.

Proletariat.
Beaux, Aug. — Berner, E., 4. — Biard, G. — Blonval. — Bréal, Mich. - Bresson, Eug. — Brismée, Dés., 2, 7. — Denis, H., 24. — Domanico, G. — Dupin, Ch. — Esse, El. — Feraud, Sev. — Gnocchi-Viani, G., 5, 10. — Henrich-Wilhelmi, Hdw. — Labriola, A., 1. — Lafranchise. — Lapenta, G. — Leverdays, E., 2. — Max, A. — Museux, E. — Noeller, E. — Paquai, O. — Pellegrini, Pietro. — Proletariat (Das). — Proletariat (Our american). — Roche, Ach. — Scharling, H. W. — Scheibert, C. G. — Sombart, W., 10. — Tardif de Mello. — Tristan, Fl. — Union (L') de Lille.

Proletariat und Communismus.
Hagen, K.

Propriété, Property. Vide: Eigentum.

Protestantismus und Socialdemokratie.
Schultze, O., 2. — Socialdemokratie (Die) auf dem Lande.

Protestantismus und sociale Frage.
Felix, Th. — Schall, Ed., 5. — Stosch, Geo. — Sulze, E. — Uhlhorn, G., 3. - Weber, Pfr. Lic., 2. — Wyneken, E. F., 2.

Protestantismus und Socialismus.
Angot des Rotours, J. — Kambli, C. W., 4. — Protestanten.

Protestantismus. Vide auch: Arbeitervereine, protest.
— — Evangelisch-social.
— — Kirche.
— — Religion.

Proudhon.
Bernstein, Ed., 41. — Bourguin. — Boyenval, A., 1. — Cham. — Dana, Ch. A. — Denis, H., 20. — Diehl, K., 8, 9, 10. — Faguet, Em., 3. — Ferraz, M. — Gall, Jean. — Herzen, A., 6. — Izdanie Socialno-revolucionnoi partii. — Junius. — Kuntz, H. — La Messine, Mme. Jul. — Larivière, Ch. de. — Lecouturier, Ch. H. — Lourdoueix, H. de. — Lubanski, H. G. — Mirecourt, E. de, 6. — Mülberger, A., 2, 6, 7. — Nyblaeus, Axel. — Opitz, Th., 2. — Pfau, Ldw., 2, 3. — Prévost. — Proudhon en voyage. — Proudhon und

49*

das geistige Eigentumsrecht. — Proudhon, der Original-Sozialdemokrat. — Proudhon als Politiker. — Réponse à Satan. — Rosenthal, Léon. — Rouges (Les). — Saint René. — Taillandier. — Sarinière, Ch. de. — Satan. — Seymour, H., 8. — Sorel. — Stockhausen, Frhr. V. v. — Tissot, J., 1, 2. — Wauterniaux.

Question ouvrière. Vide: Arbeiterfrage.
Question sociale. Vide: Sociale Frage.

Radikalismus.
Calamandrei, Rod. — Constable, A., 1, 2. — Monsabré, J. M. L. — Naquet, A., 3. — Schwitzguébel, Adh., 10.

Reaction.
Elizard, Jul. — Pölitz, K. H. L., 2. — Stirner, M., 2. — Strauss, V. v., 2. — Virchow. — Wagner, Jer.

Recht.
Acollas, E., 2. — Boss, Fr. — Brocher de la Fléchère, H. — Desewffy, Graf M. — Hildebrand, R., 1, 2. — Katô, H.

Recht (Das bürgerliche) und die Arbeiter. Desjardins, Arth., 3. — Endemann, W. Fuld, L., 2. — Gesetzbuch (Bürgerl.). — Gröber. — Lange, W. — Menger, Ant., 4, 5. — Noeller, Ernst.

Recht auf Existenz. (Kampf um die Existenz.)
Barbet, Aug., 3. — Bertrand, L., 9. — Böhm, C. — Brunel, Franç. Chirac, Aug., 1. — Ecker, A. — Hallmann, H. G., 1, 2. — Huxley, Th. H., 3, 6. — Jourdan, Ch. — Kempner, N., 2. — Laviron, P. F., 2. — Lence, D., 1. — Nieder mit dem Hunger! — Peyer, W. — Stoos, K. — Thonissen, Th. — Tveter, M. — Vaccaro, M. A., 2.

Recht und Socialdemokratie.
Herlin, A. N. — Kautsky, K., 33.

Recht und sociale Frage.
Forrer, R. — Malgarini, Aless. — Menger, A., 1, 2, 7, 9. — Posada, Ad., 1. — Recht (Das) und die soz. Frage. — Taddei, Att. — Willmanns, C. — Zeerleder, Alb.

Recht und Socialismus.
Dürrnberger, Ad. — Grundideen (Die). — Nani, C. — Seite (Die juristische).

Recht auf den Tod.
Jost, Adf.

Recht, wirtschaftliches.
Denis, H., 6, 19.

Recht. Vide auch: Arbeit, Recht auf Arbeit.
— — Arbeitsertrag, Recht auf den vollen.
— — Capital, Recht darauf.
— — Eigentum, Recht darauf.
— — Sociale Rechte.

Rechtsphilosophie und Socialismus.
Dalla Volta, R., 3.

Reichtum.
Allard, A., 3. — Bergery. — Carnegie, Andr., 1—3. — Cosmo, Serg., 9. — George. — Potter, Ag. de, 9.
— Vide auch: Armut und Reichtum.

Religion.
Bachmann, Rich. — Barthel, N. — Clement A., 1. — Coloquies. — Couret, Em. — Emo, N. — Existence (The). — Glauben und Wissen. — Hennequin, V., 2. — Houten, S. van. — Jacques, frère, 1. — Kessler, G., 1. — Krasser, Frdr., 3. — Lütgenau, Frz., 4. — Maisch, G., 1. — Montlosier, F. D. R. — Nieuwenhuis, Dom., 8. — Nonsensonieter. — Oehninger. Frdr. — Owen, Rob., 12. — Ruge, A., 2. — Schmitz, P. F. A. — Söderblom, Nath. — — Velsen, W. v. — Ventura, le R. P. — Vidal, F., 2.

Religion und Arbeiter.
Frage (Die religiöse). — Wolfgruber, Math.

Religion und Socialdemokratie.
Arndt, Thdr. — Auerswald, O. Th. — Herrmann, W. — Lorenz, Max, 4. — Mügel, H. — Religion und Schule. — Religion und Sozialdemokratie. — Scholl, C., 2.

Religion und sociale Frage.
Constanzi, E., 1. — Funcke, O. — Huckert, Egon. — Kleckamm, Joh. — Lodi, E. — Montesury, Juan, 4. — Müller, Rekt. — Rade, Pfr. — Raimund, M.

Religion und Socialismus.
Ausonio. — Boruttau, C. — Giles, J. E. — Malon, B., 10. — Meacci, C. C. — Negri, Aug. — Poulin. — Reichenbach, A., 2. — Socialismus (Der) als Feind.

Religion. Vide auch: Bibel.
— — Christentum.
— — Evangelium.
— — Judentum.
— — Kirche.
— — Papst.
— — Protestantismus.
— — Vernunftkultus.

Republik.
Billiard, Aug. — Boppe, C. H., 1. — Brothier, L. — Castelar, Em., 2, 6, 8, 9. — Chambers, R. W. — Chambrun, A. de. — Constitution républicaine. — Converti, Nic., 4. — Cosmo, Serg., 11. — Delbrel, P. — Entwurf, 2 Nrn. — Gespräche (Polit.). — Hislop, A. — Lamarche, H. — Lanessan, J. de. — Laprade, J. de. — Livre (Le) rouge. — Macé, J., 2. — Maître Pierre. — Mazzini, Gius. — Nougaret, P. J. B. — Onesicratus. — Panse, K. — Republik. Republik oder nicht. — République (La) démocratique. — Rousseau, P. — Sémérie, E. — Smidt, J. — Tavassi. — Teste, Ch. A. — Thirion, F. — Transon, Ab., 1. — Vuilenet.

Republik und Socialismus.
Malardier. — Martineau, E., 3.

Republik. Vide auch: Demokratie, republikanische.

Revolution.
A (L') B. C. D. de la révolution. — Abt. — Arnswaldt, C. H. v. — Aufschlüsse. — Baader, F. — Bach, Max, 1, 2. — Bachelery, Ch. — Bakounin, M., 21. — Balogh, A. — Bauer,

Br., 3. — Berjean, J. Ph., et V⁰ Borie. — Blos, W., 3. — Bonnet, J. E. — Boutou, Vict. — Bretschneider, K. G., 2. — Bürgers, H. — Chateaubriand, F. A. de, 1, 2. — Clemens, A. — Courcelle-Seneuil, J. G., 5. — Deschamps. — Dusch, A. v. — Duval, Ad. — Eckartshausen, K. v. — Engelmann, M. — Evolution. — Ewald, J. L. — Faliés, G., 12. — Fleischmann, Otto, 2. — Garnier-Pagès. — Geschichte der nachtheiligen Folgen. — Golowin, J., 1. — Gordon, S. R. — Grabinski, Comte J. — Gregoire. — Greulich, H., 3. — Hägele, J. M. — Heydenreich, K. H. — Hipler, W. — Hoffmann, Ldw., 1. — John, G. Fr. — Kastner, J. B. — Krapotkine, P., 12, 19, 24, 30, 43, 45, 46, 47. — Lagoutte, M. — Lallemand, L., 2. — Lavergne, Léonce de. — Lazare, B., 3, 4. — Lazarus, H. — Le français, G. — Levasseur, E., 1. — Liebknecht, W., 5, 6. — Lilly, W. S., 2. — Lorenzo, Ans., 5. — Lores, M. — Loria, Ach., 3. — Massow, C. v., 2. — Mendel, Eug. — Mittel. — Origine (De l'). — Pölitz, K. H. L., 2. — Präservative. — Preller, C. H. — Proudhon, P. J., 8. — Recht (Das) auf Revolution. — Revolutionen (Die). — Rivoluzione (La). — Rossi, Virg. — Saint-Just, L. L. de. — Satan und die R. — Schmitz, P. F. A. — Ségur, 2. — Simmer, J. — Sponer, Lys., 11. — Stahl, Fr. J. — Starke, J. A. — Steinmann, Fr. — Treumann, B. — Vorweg, O. — Wagner, E. Fr. — Was heisst revolutionär? — Wenck, Wold. — Wer macht die R.? — Zenker, A. V., 4.

Vide auch: Communismus, revolutionärer.

— — Socialdemokratie, revolutionäre.
— — Sociale Revolution.

Revolution 1789.
Adler, J. B. — Beaulieu, Cl. Fr. — Becker, Bernh., 3. — Burke, E., 1-3, 5, 6. — Clavel, Ad., 1. — Desmoulins, Cam. — Diktatur. — Du Bois, A. — Dumont, A., 2. — Du Roys. — Freppel. — Guyot, Y., 7. — Joly, M. — Krapotkine, P., 44. — Lafargue, P., 20. — Lincoln, C. H. — Mazzini, G., 111. — Merivale, Herm. — Origine (De l') du terrorisme. — Pölitz, K. H. L., 1. — Pons, Mlle. de. — Principes (Des premiers). — Richter, C. — Rocquain, F. — Tridon, G. — Vermorel, A., 3.
— Vide auch: Marat.
— — Robespierre.

Rights of labour. Vide: Arbeit, Recht auf Arbeit.

Robespierre, M.
Courtois, E. B. — Crimes (Les). — Elsner, H. — Herrmann, J. — Histoire de la conjuration. — Le Blond de Neuveglise, 1, 2. — Lewes, G. H. — Lodieu, J. — Memoiren. — Mémoires d'un détenu. — Mémoires authentiques. — Mundt, T. — Robespierre, Charlotte. — Robespierre, M. — Schneidawind, F. — Schulze, F. A. — Sorel, A. — Trunk, J. J.
— Vide auch: Revolution 1789.

Rodbertus.
Andrews, E. B., 2. — Bericht der vom 3. Congress eingesetzten Commission. — Diehl, K., 11.

— Dietzel, H., 3. — Gallerie. — Kolischer, H. — Lexis, W., 6. — Mehring. F., 2, 13. — Meyer, Rud., 2. — Quarck. M., 4, 5. — Reichensperger, Peter. — Rodbertus. — Rodbertus, Berg. von Bucher. Loth. — Röhrich, W. — Ruhkopf, K. — Schippel, M., 5. — Schnitz, Fr. — Schwarzbach, Wilh., 1. — Walter, R. — Wernert, Geo., 2.

Rousseau, J. J.
Diehl, K., 12. — Galeotti, E. — Haymann, Frz. — Krutschewsky, S. B., 1. — Lincoln, C. H. — Merkel, G. — Rousseau, J. J. — Venedey, J., 2.
— Vide auch: Contrat social.

Rumänien. Vide: Sociale Bewegung in R.
— Socialismus in R.

Russland.
Alisoff, Pierre. — Axelrod, P., 3, 6. — Bericht der zur Ausmittlung etc. — Borkheim. S. — Choiseul-Gouffier. — Dacier, H. — Dragomanow, Mich., 3. — Écrivains (Aux) russes. — Engels, Fr., 20. — Frei Russland. — Gendre, B. — Gerbel-Embach. C. N. v. — Geschichte (Zur) der geb. Gesellschaften. — Herzen, A., 5, 7, 8, 9. — Holthof, Ldw. — Hudault, A., 2. — Ist Netschajeff etc. — Kawelin, Konst. — Kennan, G. — Khoudinkoff, J. A. — Kolossow, Nic. — Krapotkine, P., 20, 35, 37, 38, 40, 60. — Louguinine, W. — Lux, H., 4. — Minzès, B., 1. — MoraviewBurjalow, H. v. — Nekrassoff, N. A. — Nihilisten (Les). — Ogareff, N. — Ours (Les). — Plechanow, G., 9. — Programe de la dém. soc. — Revolutionselemente. — SernoSolowiewitsch. — Soltyk-Romansky. — Sommer, F. — Stepniak, S., 2, 4, 5. — Thun, Alph. — Tissot, Vict., et Améro, Const. — Tolstoi, L., 5. — Tratchevski, A. — Turgenieff, Nikol. — Vogüé, E. M. de, 1, 2.
— Vide auch: Arbeiter in R.
— — Arbeitseinstellungen in R.
— — Communismus in R.
— — Nihilismus.
— — Socialismus in R.

Saint-Simon.
Adler, G., 10. — Bazard. — Boissier, G. — Chandes-Aignes, J. — Coignet, C., 2. — De Lepine. — Faguet, Em., 4. — Ferraz, M. — Mémoire. — Quack. H. P. G., 1. — SaintSimon. — Van der Wocer Nieuwenhuis. — Weill, Georges, 1—3. — Weisengrün, P., 2.

Saint-Simonismus.
Adieux. — Adler, G., 6, 16. — Année (L') de la Mère. — Anniversaire (Quatrième). — Apôtre (L'). — Assier, Alex. — Boissieu, A. de. — Brisbane, Red. — Cabuchet. — Calendrier Saint-Simonien. — Carnot, M. — Castille, Hipp. — Charléty, Séb. — Chevalier, M. u. d. S.-S. — Codet, S. — Coignet, C., 2. — Compagnons (Les). — Crédit (Le). — De Lepine. — Dialogues Saint-Simoniens. — Duguet, Ch., 1—4. — Eichthal, G. d'. — Eichthal, d', et Urbain. — Elster, L., 1. — Enfantin, P., 1—3. — Épître aux Saint-Simoniens. — Femme (La) nouvelle. — Femmes (Aux). — Foi nouvelle. 2 Nrn. — Fontana and Prati. — Ginoux, Edm. — Homme nouveau. — In-

vocation. — Julien, Louis. — Justus, P. — La Grue. — Lebassu. Mne. Jos. — Lebensweise. Lemonnier, Ch. — Lerminier, E., 2. — Livre des actes. — Mercier, J. — Modave. Moens, G. — Mohler, J. A. — Monnier. Marc. Morainville. — Nain (Le). — Pellarin, Ch., 3. — Pièges. — Pinet. — Pol. Justus. — Politique nouvelle (La). — Quack, H. P. G., 1. — Religion (Die Saint-Simonistische). — Renouvier, Ch. — Résumé. — Ruppert, Joh. — Saint-Simonien (Un). — Saint-Simoniens (Des). — Saint-Simonisme. 3 Nrn. — Schiebler, L. W. — Schüler (Ein). — Séance (Sur une). — Souvenirs d'une fille. — Stendhal, de. — Tajan-Rogé, M. D. — Terson, 1, 2. — Vidal, Fr., apôtre. — Vinçard ainé. — Voilquin, Suz.

Salaire, Salariat. Vide: Arbeitslohn.

Salvation Army. Vide: Heilsarmee.

Sammelwerke.
Arbeiterbibliothek (Berliner, Göttinger, Jüdische, Rheinisch-westphälische, Wiener). — Bibliothek. — Bibliothèque. — Brochure (La). Familienbibliothek. Flugblätter (Sociale). Freund, G., 3. — Library (Socialistic). — Sammlung. 4 Nrn. — Streitfragen (Sociale). — Volksbibliothek (Socialwissenschaftl.) Volksbibliothek (Wiener politische).

Schriftsteller, Dichter, Socialistische etc. Argyriades, P. — Bernstein, Ed., 31. 37. — Bondilh, H. — Brisbane, Red. — Brouez. Fern., 2. — Büchner, Ldw., 2. — Coignet, C. Denis, H., 13. — Discailles, E. — Döll, E., 1. — Edmond, Ch. — Elster, L., 2, 3. — Ely, R. E. — Goblet d'Alviella. — Grabski. St. — Groth. E. — Hamel, E. — Hasbach. W., 1. — Hertzka, Th. — Joubert, Ch. — Kaufmann, M., 1. — Kober, Jhs. — Malon. B., 8. — Mataja, V., 4. — Mircourt, Eug. de, 2, 3, 4, 5. — Pioger, Jul. — Plechanow. G. S. — Schuhmann, Jos. — Schweichel. — Shaw, G. B., 5. — Simon, Hel., 3. — Vallauré, A. — Vie et mémoires. — Wilhelmi, H., 1.

Schule und Demokratie.
Fouillée, Alfr., 1, 2. — Passy, Fr. — Wagner, G.

Schule und Socialdemokratie.
Düring, A. — Grohmann, A. F., 1. — Hart, Joh. — Religion und Schule. — Sachse, J. J. Sack, Ed., 1—4. Stellung (Die). — Swatschina, Rud. Rob.

Schule und sociale Frage.
Denzin, R. — Esperson, A. — Gourdon, Cam. — Hogeweg, D. u. Krüssenberg. A. — Schädel. Ldwg. — Schneider, Chr. — Volksschule.

Schule und Socialismus.
Bartels. — Buono, L. — Gymnasium (Das preuss.). — Protzen, Rud. — Schule (Die). — Socialismus (Der) als Feind.

Schule. Vide auch: Studenten.
— — Universität.

Schweden und Norwegen. Vide: Arbeiterbewegung in Sch.
— Arbeiterfrage in N.
— Socialdemokratie in N.

— Socialismus in N.

Schweiz. Vide: Arbeiterassociationen in der Sch.
— Arbeiterbewegung in der Sch.
— Arbeitseinstellung in der Sch.
— Communismus in der Sch.
— Demokratie in der Sch.
— Socialdemokratie in der Sch.
— Sociale Bewegung in der Sch.
— Socialismus in der Sch.

Secret societies. Vide: Geheime Gesellschaften.

Sekten.
Busch, Mor. — Chaigne. — Corvelle, Fr de. Leconteulx de Canteleu. — Lenz, Soph. — Leven, G. F. von der. — Paetow, C. D., 3. — Rowntree, J. S. — Sekten (Amerikanische). — Sekten (Sozialistische). — Sektenwesen.
— Vide auch: Heilsarmee.
— — Mormonen.
— — Wiedertäufer.

Selbsthilfe.
Offenbarung. Picot, G., 4. — Stöcker, Ad., 3.

Serbien. Vide: Sociale Bewegung in S.
— Socialismus in S.

Socialdemokratie.
Adler, G., 16. — Anarchismus, Socialdemokratie etc. — Berner, E., 1. — Bernstein, Ed., 23. — Bibliothek (Russische sozialdemokrat.) — Bibliothek (Sozialdemokrat.). — Conrad, M. G. — Conzett, C., 3. Dehn, P., 1. — Ebenhoch, A. — Fauth, Ad. — Fechenbach-Laudenbach, 1, 3. — Fornasini, E. — Frohme, K., 1. — Für wen arbeitet die S. — Ganz-Ludassy, J. v. Gesellschaft (Die sozialdem.) — Godau, A. — Gotthardt, K. — Grundsätze. — Hartmann, Ed. v., 5. — Hobelspäne. Hoerenz. Hospes. — Kalthoff, A. — Kannst du. — Kautsky, K., 20. — Kautsky, K., u. Schönlank, Br. — Klein, E. — Köhler, H. — Kulemann, W., 2. — Liebknecht, W., 14, 17. — Loge. — Lorentzen, Th., 2. — Lorenz, Max, 5. — Marken, J. C. van. — Meincid u. S. — Merlino, F. S., 4. — Möser, G. — Müller, Mor., sen. — Mutter. - Nestor. — Oldenburg, H. — Ondei, G. — Quarck, M., 2. — Richter, E., 5. — Richter's, Eug., Sprengbombe. — Richter, Fr. — Rössler, Const., 1. — Ruhland, G., 1. — Scheicher, J., 1,2. — Schlaeger, E. — Schmidt, Konr., 5. — Schmitt, E. H., 3. — Schöbitz, W. — Seidel, Rob., 2. — Sind wir Soz.-Dem.? — Social-demokratie (De). — Socialismus u Socialdemokratie. — Sorger, H. — Teodoru, Gh. A. — Tölke, der Jüngere. — Unverzagt, Traug. — Vergnügungsucht. — Wächter, Th. — Wagner, Ad., 4. — Wahle, Herm. — Walther, H. — Warum muss die S. wachsen? — Was versprechen die Socialdemokraten? — Was will die S.? — Wie der Peter Zapfelhuber. — Wissenschaft (Die). — Wolf, H.

Socialdemokratie in Amerika.
Doehn, R., 1. — Rappaport, Phil., 2.

Socialdemokratie in Bulgarien.
Socialdemokratie (Die bulgar.).

Socialdemokratie in Dänemark.
Bang, Gust. — Knudsen, Olsen, S., u. Olsen, M.

Socialdemokratie in Deutschland.
Adler, G., 10. — Agitationsprogramm. — Albinu, Max. — Anti-Most. — Auer, 4. — Axelrod, P., 8. — Bebel, Aug. — Bernstein, Ed., 26, 28, 36, 43, 44, 45, 46. — Beurteilung (Zur). — Bismarck u. die Socialdem. — Blum, H., 2, 3. — Bodemer, H. — Boettcher, Fr. — Braun, Heinr., 1. — Bundeslied. — Calwer, Rich., 4, 5. — Cassel, Paul, 4. — Charakteristik (Zur). — Charakteristik (Zur weiteren). — Cholera (Die). — Dalla Volta, R., 1. Démocratie (La) socialiste allemande. — Denkschrift (Eine soz.-dem.). — Denkschrift (Eine zweite). — Eulenburg (Minister). — Falk, Kurt, 2. — Findel, J. G., 2, 3. — Friedländer, S., u. Nordeck, E. — Frohme, K., 7. — Geck, O. — Goltz, Frhr. Th. v. d., 3. — Gröteken, H. — Heath, Rich. — Held, A., 2, 3. — Herbert. Fritz. — Herkner, K., 5. — Hüter, A. — Ibbeken, H. G. — Kampffmeyer, P., 5. — Kantsky, K. — Kellner, G., u. Heise, H. — Krafft, Rud. — Kühn, Aug. — Kutschbach, A., 3. — Lorenz, Max., 1. — Manifest (Socialdemokrat.). — Mehring, F., 12. — Michel (Der rothe). — Mook, Fr. — Müller, H., 2. — Neumann-Hofer, Ad. — Nieuwenhuis, Dom., 6. — Nieuwenhuis, F. D., 20. — Orest-Pylades. — Pfand, Max. — Protot, Eng., 1. — Reay, Lord. — Rechenschaftsbericht. — Reichstag (Der deutsche). — Reichstag (Was der). — Renzlaw, E. R. — Revolution oder Reform. — Richter, E., 1. — Russell, Bert. — Schmidt, Alb. — Schmidt, Kour., 1. — Schoenlank, Br. 3. — Seifarth, F., 1. — Sieg (Der). — Socialdemocracy. — Social-Demokrat (Der). — „Socialdemokrat" (Wie man den) abonnirt. — Socialdemokraten (An die deutschen). — Socialdemokraten, 7 Nrn. — Socialdemokratie (Die deutsche). — Socialdemokratie und Flotte. — Socialdemokratie (Die) in d. überwieg. kath. Reichsrathswahlkreisen. — Socialdemokratie (Die) am Scheidewege. — Socialdemokratisches. — Stand (Der). — Steffelbauer (Der). — Stumm, Frhr. v., u. die S.-D. — Tellering. — Unbildung. — Verhandlungen. — Vérité (La) sur la démocratie socialiste. — Verteilung. — Wachsthum (Das) der Socialdemokratie. — Wedde, Johs. — Wer hat Recht?

Socialdemokratie in England.
Petzler, Joh.

Socialdemokratie in Frankreich.
Delbrück, H., 2.

Socialdemokratie in den Niederlanden.
Croll, C. — Heldt, B. H. — Raay, J. C. van. — Simons, H. — Troelstra, P. J., 1, 2. — Vliegen, W. H.

Socialdemokratie in Oesterreich.
Adler, Vict., 1, 2. — Agrarisches. — Christlich-Sociales. — Ellenbogen, W., 3. — Gessmann, A. — Nationalitäten (Die). — Partei (Die socialdem.). — Schatzl, J. — Schlesinger-

Eckstein, Th. — Verhandlungen. — Vogelsang, M., 4. — Was will die Soz.-Dem.?

Socialdemokratie in Russland.
Axelrod, P., 1, 3.

Socialdemokratie in Schweden.
Socialdemokratie (Von der schwed.).

Socialdemokratie in der Schweiz.
Müller, H., 3. — Socialdemokratie (Die) und die Schweiz.

Socialdemokratie auf dem flachen Lande.
Effner, Em. — Schall, Ed., 4. — Schultz, Alb. — Socialdemokratie auf dem Lande. — Was hat die ländl. Bevölkerung.

Socialdemokratie, Bekämpfung ders.
Aufgabe (Eine). — Bekämpfung (Die). — Bekämpfung. — Blumenthal, W. v. — Bruchhausen, C. v. — Dieckau, Konr. — Findel, J. G., 1. — Fokke, Arn. — Freymund, H. — Galland. — Geheimpolizei (Die deutsche). — Gessmann, A. — Gewehr, W., 2. — Gottfried, V. — Grupp, Phpp. — Hartmann, Ed. v., 3. — Hasenclever, W., 2. — Hoffmann, Adf., 4, 5, 6. — In's Schlaraffenland. — Kampf (Der). — Lampa, A. — Leo XIII., Papst, u. Graf Moltke. — Lorenz, Max. 2. — Lynkeus. — Marschall v. Nibelung, A. — Massow, C. v., 1. — Mehrmann, Pfr. Mohnike, O. — Nieder mit der S. — Niles, F. — Papst Leo XIII. — Partus, 2. — Quacksalber. — Raydt, Th. — Recht (Das natürliche). — Richter, E., 6. — Rössler, Const., 1. — Sachse, J. J. — Schnelffle, A., 3. Scheicher, J., 13. — Schirmer, Paul. — Schlaeger, E. — Schlaraffenland (Ins). — Schmidt-Warneck. — Schubert-Soldern, R. v., 1. — Schulze, G. — Schwechler, K., 2. — Socialdemokratie (Für und wider die). — Socialdemokratie (Die) eine Zuchtruthe. — Stoffel, J. — Sturz (Der). — Thomas, A. — Unternehmen (Ein antisocialdem.). — Unverzagt, G. — Vetter Niemand. — Volksschulreform (Die). — Vorsicht. — Was hat der Pfarrer zu thun. — Wie können wir gegen die S. kämpfen. — Wiechmann, E. — Zollmann.

Socialdemokratie, Geschichte.
Entwickelung (Zur). — Frotscher, Paul. Geschichte des Sozialismus. — Mehring, F., 1, 5. — Schippel, M., 7.

Socialdemokratie, Irrthümer.
Braasch, Aug. — Hammerstein, L. v., 1. — Himmel (Der). — Rhenanus. — Schall, Ed., 5. — Schöler, Herm. — Schubert-Soldern, R. v., 5.

Socialdemokratie, Literatur.
Hülle, F. — Partei-Litteratur.

Socialdemokratie, revolutionäre.
Auerbach, Wilh. — Socialdemokratie (Die revolutionäre), 2 Nrn.

Socialdemokratie, Zerfall.
Elberskirchen, Joh., 1. — Findel, J. G., 4. — Rathlosigkeit.

Socialdemokratie, Ziel.
Klenze, H. — Köhler, Osw., 1. — Lischka, Jos. — Pachtler, Mich. — Peus, Heinr., 3. — Seifarth, F., 1. — Streven (Het). — Trabert, A. — Weilgert, Paul.

Socialdemokratie | 392 | Sociale Bewegung

Socialdemokratie, Zukunft.
Dietzgen, J., 2. — Hill. — Platter, J., 1. — Schäffle, A., 5. — Sorger, H. — Weisengrün, P., 5.

Socialdemokratische Führer.
Aufzeichnungen. — Hartmann, Geo. W.

Socialdemokratische Parteien.
Brief (Offener) an die deutschen Arbeiter. — Erdmannsdörffer, H. G., 1. — Fraction (Die soc.-dem.). — Franz, J., 1. — Kautsky, K., 29. — Kessler, G., 3. — Lerda, Giov., 2, 3. — Partei (Die soc.-dem.). — Programm der soz-dem. Arbeiterpartei. — Programm und Organisation. — Rappaport, Ph., 2. — Stand (Der). — Troelstra, P. J., 1. — Umbildung. — Was will die Soc.-Dem.? — Wer hat Recht?

Socialdemokratische Parteitage.
Adler, Vict., 2. — Bebel, Aug., 9, 19, 21, 22, 32. — Bericht über die Verhandlungen. — Blatt (Das lose). — Breslauer Parteitag. — Cölner Parteitag. — Herkner, K., 7. — Hirsch, R., 1. — Kautsky, K., 8, 9, 30. — Kolk, H. v. — Liebknecht, W., 4, 13. — Parteitag. 10 Nrn. — Protokoll. — Schlesinger-Eckstein, Th. — Stuttgarter Parteitag. — Thurow, H., 2. — Verhandlungen des Parteitages. — Verhandlungen des 3.–6. österr. soc.-dem. Parteitages. — Verhandlungen des Parteitages. — Vogelsang, M., 4.

Socialdemokratische Programme.
Bernstein, Ed., 54. — Erfurter-Programm (Das). — Hellen, Ed. v. d. — Kautsky, K., 15, 16, 31. — Kautsky, K., u. Schönlank, Br. — Kellner, G. u. Heise, H. — Merlino, F. S., 7. — Naumann, Fr., 7. — Oberbreyer, Max. — Ofner, Jul. — Programm der soz.-dem. Arbeiterpartei. — Programm und Organisation der soc.-dem. Partei. — Programme de la dém. soc. — Vliegen, W. H., 1. — Wagner, Ad., 2.

Socialdemokratie. Vide auch: Antisemitismus u. S.
— — Arbeiter und S.
— — Arbeiterassociationen u. S.
— — Armee u. S.
— — Bauern u. S.
— — Beamtentum u. S.
— — Christentum u. S.
— — Darwinismus u. S.
— — Eisenbahnen u. S.
— — Frauen u. S.
— — Genossenschaft u. S.
— — Gewerbe u. S.
— — Judentum u. S.
— — Kirche u. S.
— — Landfrage u. S.
— — Landtag u. S.
— — Landwirtschaft u. S.
— — Liberalismus u. S.
— — Parlament u. S.
— — Presse u. S.
— — Recht u. S.
— — Religion u. S.
— — Schule u. S.
— — Studenten u. S.
— — Trinksitten u. S.
— — Währungsfrage u. S.

Sociale Bewegung, Allgem.
Caracteres. — Emancipation. — Foerster, Fr. W. — Haurion, Maur. — Menger, Ant., 3. — Medier, J. — Mollicone, Ces. — Montagu, A. de. — Small, A. W., 1.

Sociale Bewegung im Altertum.
Nikel, Joh.

Sociale Bewegung in Amerika.
Araujo, Osc. d'. 1. — Ballesteros, E. — Bogart, E. L. — Borsenko, A. — Chronique. — Henderson, C. R., 3. — Vincent, John M.

Sociale Bewegung in Belgien.
Anéthan, J. d', 2. — Bewegung (Die kathol. demokr.). — Vinck, E., 2.

Sociale Bewegung in Deutschland.
Bauer, Br., 2, 3. — Becker, Bernh., 2. — Beringer, Fr. — Bewegung (Die deutsch-sociale). — Jannet's (Claudio) Kritik. — Proklamationen. — Rettung (Die). — Schoenlank, Br., 2. — Zimmermann, L. R.

Sociale Bewegung in England.
Bernstein, Ed., 24, 38, 39. — Hugo, C., 4. Hunt, H. — Mann, T., 1. — Sketchley. — Werner, Jul., 1. — Woods, R. A.

Sociale Bewegung in Frankreich.
Bewegung (Die sociale). — Cluseret, 2. — Homme (L') s'agite. — La Hodde, Luc. de. — Lavarenne, Ch. de. — Lettres du diable. — Liebermann v. Sonnenberg. — Longepied et Langier. — Malon, B., 1. — Marx, K., 17. — Maubert, P. — Maurize, A. — Morin, H. — Musée (Le) social. — Nougarède, Aug. Paris révolutionnaire. — Pertus, C. — Pineau ainé, F. — Poubelle, J. N. — Projet de constitution. — Propagande (La) démocratique. — Réflexions d'un cultivateur. — Remy, A. — Rénovation (La) française. — Restauration (De la). — Romieu, A. — Romulia — Rufini. — Saint-Hilaire, B., 3. — Savary, Hipp. — Schneider, G. — Scruet, P. de. — Vendley, M. — Vermorel, A., 1, 2, 4. — Weber, Jacq.

Sociale Bewegung in Griechenland.
Costa. — Politis, Nic., 1, 2.

Sociale Bewegung in Italien.
Battaglia, A. — Colajanni, Nap., 1. — Fiamingo, G. 3. — Gnocchi-Viani, O., 1. — Groppali, A. — Hugo, C. 1. — Lettere edite ed inedite. — Merlino, F. S., 3. — Pinnaferra, G., 1. — Rossi, Ad. — Sbrojavacca, L. — Zeller.

Sociale Bewegung in den Niederlanden.
Hoogeboom — Liebknecht, W., 15.

Sociale Bewegung in Oesterreich.
Gumplowicz, L., 3, 4, 5, 6. — Mandello, Ch. — Oberwinder, H., 2. — Stellwigk, Fr. — Wirth, Max.

Sociale Bewegung in Polen.
Limanowski, Bol.

Sociale Bewegung in Portugal.
Tavares de Medeiros, J. J., 1, 2, 3.

Sociale Bewegung in Rumänien.
Axelrod, P., 2.
Sociale Bewegung in der Schweiz.
Greulich, H., 1.
Sociale Bewegung in Serbien.
Theodorowitsch.
Sociale Bewegung in Spanien.
Bewegung (Die sociale). — Posada, Ad., 2, 3, 4, 5.
Sociale Bewegung, Gefahr ders.
Aufgabe (Die sittliche).
Sociale Bewegung, Geschichte.
Lion, I. J. — Maier, Gust., 1. — Weil, George-Denis.
Sociale Bewegung. Vide auch: Arbeiterbewegung.
— — Sociale Frage.
— — Socialismus.
Sociale Entwickelung.
Acolas, E., 3. — Baldwin, J. M., 1. — Bernard-Lavergne. — Bonardi, E. — Bresson, Leop. — Brunetière, Fern. — Cairnes, J. E. — Carrau, Lud. — Comas, D. N. — Cox, A. — Cunow, H., 1. — Dreyfus, F. C. — Duc, V. M. — Evolution. — Farrer. — Gramegna, E., 1. — Hobson, J. A., 3. — Jones, Henry. — Kidd, 1-5. — Kidd on social evolution. — Lavergne, B., 1. — Le Bon, G., 1. — López, J. Fr. — Mac Dermot, Geo. — Spencer, Herb., 7. — Tönnies, F., 4. — Towards Utopia. — Tratchevski, Alex. — Vaccaro, M. A., 1. — Wolff, J.
Sociale Frage.
Amicis, Edm. de, 1, 2, 3, 5. — Angelo, F. P. — Ansprache. — Bastian, A. — Baudissin, Graf Wolf. — Bax, E. B., 2. — Belitz, K. — Bemelen, P. van. — Benoit, J. B. — Berger, George. — Bertoglio-Pisani, N. — Bismarck-Bohlen, Graf v. — Blackie, J. S., 2. — Blanc, El., 2. — Bolo, H. — Bonomelli, G., 2. — Bova, G. — Bovier-Lapierre, G. — Boyer de Bouillane. — Brennecke, Dr. — Brentano, L., 14. — Bruni, T., 1. — Busch, Ernst. Bütow, O. v., 2. — Calaber. — Capraro, T. — Cassel, Paul, 2. — Castagnola, Stef. — Cavallina, C. — Chaplet, F. — Clément, J. B. — Cosmo, Serg., 8. — Coyteux, F. — Debarli, C. F. — Debatten. — Delaire, A., 1. — Delbreil, F. — Delfico, T. — Dénouement. — Deschanel, P., 4, 5, 6. — Desonches, Ch. — Dessi-Magnetti, V. — Devaux, R. L. — Diepen, Arm., 1, 2. — Esperson, A. — Examen de quelques questions. — Fabreguettes, P., 1, 2. — Fauconnier, E. - Fava, N. — Fertilizzazione (La). — Frage (Zur socialen). — Francini, V. — Franz, P. — Frey, Thom. — Fumeron d'Ardeuil. — Galdieri, G. — Gayraud, l'abbé. — Geiregat, P., 2. — Gerlach, 2. — Geschriften. — Granuola, Ant. - - Grimaldo, Enzo. — Heigl, F., 2. — Hiltrop. — Hottinger, Ch. — Huret, Jules. — Legrim. — Jäger, Adf., 1, 2. — Jaeger, Mart. — Jannet, Cl. — Jonker, J. A. Th. — Jounet, Alb. — Kernpunkt (Der). — Kernpunkt (Der bisher verheimlichte). — Kill, Kast. — König Lear-Methode. — Kraneburga, Wilh. — La Paliza, M. de. —
Lapeyre, P., 2. — Laterade, A. — Lehmkuhl, Aug., 2. — Lermina, Jul. — Liechtenstein (Prinz). — Liesse, And., 1, 2. — Loria, Ach., 3. — Mac Lean, G. J. — Mangoldt, K. v. — Mayer-Ebstein, 2. — Mazaroz, J. P., 1. — Mazzei, R., 1, 2. — Mazzini, G., 103. — Minzès, B., 3. — Missstände. — Monti, Aug. — Mormina-Penna, Fr., 1. — Mottola, D. — Musatti, Eug. — Natorp, P., 1. — Nieva, T. — Noel, R. R. — Nübling, Eug. — Paradoxa. — Piche, Louis. - Pierson, N. G. — Pobédonostzeff, C. P. — Question sociale. — Questions sociales. — Rambonnet, C. L. — Reich, Em., 4. — Reinwald v. Birkenfeld, J. G. — Robert, Ch. — Rodbertus, C., 3. — Rückblicke. — Rümelin, Em. — Saint-Aubin, J. — Sauvé, Mgr. H. — Scarabelli, J., 1. — Schlesinger, Max, 1. — Schnabel, Herm. Php. — Schönberg, Gust., 4. — Schönfeld, E. — Schramm, C. A. — Schubert-Soldern, R. v., 2, 3. — Secrétan, C., 1, 3. — Stein, Ldw., 4. — Tagliaferri, R. — Terre (Le) pubbliche. — Thaller, E. — Tiring, G. — Tournier, E. — Toussaint, E. — Travicelli, G. — Traboso, A. da. — Turigny, Ab. — Valeriani, V. — Vargas, Macc. — Vaterlandsliebe (Die). — Vazeille, A. — Villa-Pernice, A. — Volpes, Ces. — Weiss, A. M., 1. — Wie stelle ich mich. — Wuarin, L., 3. — Zani, Bart., 1, 2. — Ziegler, Th., 1, 2.
Sociale Frage, Geschichte.
Grimaldo, Enzo. — Hirsch, Heinr. — Hohoff, W., 1. — Lemme, Fr. — Löser, J. — Royer, A. — Stein, Ldw., 1.
Sociale Frage, Lösung ders.
Anglemont, Arth. d'. — Anthenaise, D. — Appy, F. — Aristokratie (Die). — Antfalck, Cars., 1, 2. — Beigel, R. — Beitrag. — Bertrand, V. — Biederlack, J., 2. — Bilz, F. E., 1, 2. — Blondel, J. E., 3. — Böhmert, V., 9. — Bonupf, K. u. Haberreiter, K. — Boutin, J. B. — Braun, Gfr. H. — Brodbeck, Adf. — Bruck, F. F. — Büchner, Paul. — Cercueil, E. — Charlier, J., 1, 2. — Cornelius, Bodo. — Cossmann, Frdr. — Curtius, P. — Dambor. — Dame Opulence. — Delory. — Deval, Arth. — Dieskau, Konr. v. — Diessel, G. — Durr, Em. — Dyrs, L. G. — Ego, Ad. — Elbogen, Fr., 1. — Escard, Fr., 1, 2. — Fierfort, Stan. — Fornovi, J. — Frage (Die eine). — Frage (Die sociale). — Friede wollt' er Sperlinge. — Frohme, K., 3. — Garnier, J., 2. — Gedanken des 19. Jahrh. — Glück (Das wahre). — Guelin, J. — Hahn, H. — Hallmann, H. G., 1, 2. — Hurlegg, G. D. — Hoffmann, B. A. — Huber, V. A., 1. — Husson, F. — Ideen. — Jaena y Cuadras. — Jonanne. — Kampf oder Kompromiss? — Kauffmann, Gil. — Köhler, Br. — Kraemer, Ch. — Legay, Ch. — Lehmkuhl, Aug., 5. — Le Play, F., 5. — Lewetzki, S. — Liebermann, Bernh. — Lösung (Die). — Mayer-Ebstein, 1. — Meitinger, G. — Messie (Le). — Molinari, G. de, 1. — Müller, Gust. — Notes sur la question sociale. — Oekel, C. G. — Olivier, Em. — Osensky, Joh. — Proudhon, P. J., 17. — Randu, N. — Rebe, M. — Reconciliation. — Robert, Will. — Rousseau, P. — Russbüldt, Wilh. — Schildge, Ad. — Schimmelpfeng, A., 2. —

Scholl, C., 1. — Scholtz-Knobloch, Th. —
Scholz, Herm. — Schritt (Ein). — Schüren,
Nic. — Schüssler, Hugo, 1, 2. — Seiling,
Max. — Solution pacifique. — Soluzione. —
Steck, A., 2. — Steigenberger, Max. — Thonissen, Th. — Tomasini, Don. — Van der
Tunk, M. T., 1. — Verneuil, V. — Vivaldi,
C. — Währungsfrage. — Was kann die
Sprache. — Weltcongress. — Wolfgruber,
Math. — Zródlowski, Ferd.

Sociale Frage auf dem Lande.
Borchard, Paul. — Scherz, S.

Sociale Frage im Altertum.
Adler, G., 8. — Boggiano, Ant. — Lewandowski, Maur. — Lewy, Heinr. — Ménard,
L. — Meyer, E., 2.

Sociale Frage im Mittelalter.
Adler, G., 9. — Kovalewsky, Max, 2.

Sociale Frage in Belgien.
Rameix, de.

Sociale Frage in Deutschland.
Bohmer, G. — Frage (Die sociale) im Reichslande. — Geigel, Mart. — Parteien (Die).

Sociale Frage in England.
Bernstein, Ed., 10. — Cabet, Ét., 55. —
Question sociale (La).

Sociale Frage in Frankreich.
Cabet, Ét., 55. — Gibel, G. — Méline. —
Picot, G., 7. — Routier, Gast.

Sociale Frage in Italien.
Capelli, V. — Carini, S. — Ferrari, Pietro. —
Ferraris, A. — Geschäftskrisis (Die).
Gramatieri, Dem.

Sociale Frage in den Niederlanden.
Schot, J. G.

Sociale Frage in Oesterreich.
Mayer, Sigm.

Sociale Frage in Spanien.
Cuestion (La) social. — Vega-Rey, Falco L.

Sociale Frage im Handelsstande.
Feilbogen, S. — Stuhlmann, A.

Sociale Frage. Vide auch: Arbeiter u. soc. Fr.
— — Arbeitseinstellungen u. soc. Fr.
— — Bürgertum u. soc. Fr.
— — Christentum u. soc. Fr.
— — Colonisation u. soc. Fr.
— — Cultur u. soc. Fr.
— — Demokratie u. soc. Fr.
— — Ernährung u. soc. Fr.
— — Erziehung u. soc. Fr.
— — Evangelium u. soc. Fr.
— — Finanzen u. soc. Fr.
— — Frauen u. soc. Fr.
— — Gesellschaft u. soc. Fr.
— — Grundeigentum u. soc. Fr.
— — Judentum u. soc. Fr.
— — Kirche u. soc. Fr.
— — Klerus u. soc. Fr.
— — Krankenpflege u. soc. Fr.
— — Kunst u. soc. Frage.
— — Landwirtschaft u. soc. Fr.
— — Liberalismus u. soc. Fr.
— — Mässigkeit u. soc. Fr.
— — Parlament u. soc. Fr.
— — Philosophie u. soc. Fr.
— — Physiologie u. soc. Fr.
— — Poesie u. soc. Fr.
— — Politische Oekonomie u. soc. Fr.
— — Protestantismus u. soc. Fr.
— — Recht u. soc. Fr.
— — Religion u. soc. Fr.
— — Schule u. soc. Fr.
— — Steuern u. soc. Fr.
— — Studenten u. soc. Fr.
— — Theater u. soc. Fr.
— — Wissenschaft u. soc. Fr.
— — Wohlthätigkeit u. soc. Fr.

Socialer Friede.
Brodbeck, Ad. — Bueck, R. A., 3. — Delaire, 2—5. — Godefroy, E. L. — Guérin, C. —
Le Play, F., 2, 9, 11. — Mahaim, E., 3. —
Momo, C. G. — Paix sociale (La). 2 Nrn. —
Schloss, F. D., 2. — Schulze-Gaevernitz, G. v.,
2, 4. — Van der Smissen. — Wey, Mich.

Sociale Gefahr.
Billard, Eug. — Gefahr (Die sociale). —
Giraud-Teulon. — Isenburg-Birstein, C. Fürst
zu. — Meyer, B. v. — Péril social (Le). —
Questions sociales. — Wächter, G.

Sociale Gerechtigkeit.
Dubost, P. — Fili, E. — Giustizia (La) sociale. — Godwin, Will. — Morgani Ortisi, A.
— Pachini, S. — Sponer, Lya, 4, 5. —
Theory of human progression.

Sociale Gesetze.
Auger, 2. — Bonald, H. v., 1, 2. — Bréda,
Comte de, 1. — Cavel, H. — Dauray de Brie.
— Harcourt, le duc d'. — Jacolliot, Jules. —
Pilo, Ad. — Rümelin, G. v., 2.

Sociales Gleichgewicht.
Ardy, L. Fr. — Batchelor, G.

Sociale Ideale.
Foray, Adr. — Fournière, Eug., 1, 2, 4. —
Gnocchi-Viani, O., 6. — Ideal commonwealth.
— Ricciotti, P. — Roques, J. — Rüdebusch,
F. F., 2. — Salzmann, Chr. G. — Walras,
Léon. — Zum socialen Ideal.
— Vide auch: Socialistische Zukunftsbilder.

Sociales Königtum (Kaisertum).
Etwas. — Hipler, W. — Kaiserreich (Das
sociale). — Kaisertum (Das sociale). — Königtum (Das sociale). — Wilhelm II.

Socialer Krieg.
André, L. — Kämpfe (Die socialen). — Leo, A.
— Vide auch: Klassenkämpfe.

Sociale Krisen.
Allard, A., 1, 2. — Brouez, Jul., 2. — Justus,
S. — Michaux, Ed. — Mojon, H. — Ostrander, D., 1. — Poujol, A. — Scruet, P. de. —
Toniolo, G., 2, 3.

Sociale Ordnung.
Grundbegriffe. — Madrolle, A. — Montlaur,
J. E. de Villardi. — Potter, Ag. de, 7. —

Prieur-Duperray, Th. — Ravoire, L. — Redem. Comte de. — Versuch über die gesellige Ordnung. Weiss, A. M., 1.
Sociale Organisation.
Baldwin, J. M., 3. — Bergeret. — Boulard, E. — Brun, l'abbé. — Cherbuliez, A. E., 3. Cocq, G. — Coignet, F., 4. — Considérations. — Dameth, H., 3. — Damiron, A. — Danton, J. F., et Bonamaud, J. — Erba, Virg. — Giddings, F. H., 2, 3. — Guillaume, J., 2, 3. — Guyon de Saulieu. — Ibarra, D. — Jannet, S. — Jaurès, J., 3. — Kannengiesser, A. — Martin-Bruere. — Masurel, G. — Mazaroz, J. P., 2. — Mondenard, J. S. — Muiron, Just., 1, 2. — Possibilité. — Programme de gouvernement. — Rouzade, L., 4. — Saint-Péravy. — Valségane, F. A. de. — Verus. — Vincens, M. A. E.
Sociale Pflichten.
Bucssard, P. — Drummond, Hen. — Duties (Social). — Étude philos. — Fiddis, S. — Ghinassi. — Gisborne, Th. — Hubert-Galisson. — Lefebure, L. — Leslie, St. — Prins, A., 3, 4. — Riche-Gardon, L. P., 4. — Sanday, W., 1. — Sohm, Rud. — Stanton, V. H. — Stephen, L., 2. — Varigny, C. de.
Sociale Philosophie.
Albasio, L. — Bavoux, E. — Blot-Lequesne, J. B. G. — Bon-Nova. — Bray, C. — Buhr, Gust. — Charma, A. — Crozier, J. B. — Cunow, H., 2. — Delron, Ch. — Diehl, K., 15. — Dietzgen, J., 1. — Dollfus, Ch., 1. — Durant, Léop. — Egoismus (Der). — Espinas, A. — Fallmerayer, J. Ph. — Fiamingo, G., 2. — Fierfort, Stan. — Frohschammer, J. — Gedanken eines arbeitslosen Philosophen. — Hast, Joh. — Hebler, C. — Hugonin. — Jacoby, Leop., 3, 4, 5. — Leroy, L. Am. — Mackenzie, J. S. — Mainländer. Ph. — Margani Ortisi, A. — Marx, K., 9, 11. — O'Flyn, J. — Oppenheim, H. B., 2. — Origine, H. — Pascal, R. P. de. — Philosophie sociale. — Philosophy (Social). — Philosophie (Unbound social). — Pick, G. v. — Rae, J. — Ratzenhofer, Gust. — Rauh. — Rondelet, A. — Schroeder, Ed. A. — Schwickert, Joh. Jos. — Simmel, G., 2. — Stammler, Rud., 4. — Steinmetz, S. R. — Tchernychewsky, N. G., 4. — Valdarnini, A., 3. — Wille, Br., 5.
— Vide auch: Philosophie.
— — Politische Oekonomie und sociale Philosophie.
Sociale Probleme.
Belmon. — Benvenuti, G., 1. — Bermudez de Castro, S. — Boccardo, G., 1. — Booth, Gen. — Brouez, Jul., 7, 8. - - Cagnola, C. — Caro, E., 3, 4. — Constanzi, E., 4. — Cristoforis, F. de. — Dain, Ch., 1. — Danguin, X. — Di Bernardo, L. — Dollfus, Ch., 2. — Ede, W. M. — Fabiani, Luc. — Fabre, J. A. — Fili, F. — Fischer, Arn., 2. — George, H., 11. — Harper, J. W. — Holbrook, Z. S., 1. — Huzard, Gust. — Izoulet, J. — Jay, A. O., 2. — Johannsen, Alb., 2. — Kay-Shuttleworth, J. — Knapp, J. M. — Labor and social problems. — Lallemand, L., 1. — Leibbrand, Ch. H. — Loria, Ach., 3. — Matheson, Scott. — Mordiconi, Mich. — Nicholson, J. S., 2.

— Nolli, Rab. — Operaio cattolico (L'). — Paepe, C. D., 24. — Poli, Bald. — Problem (Das sociale). — Sanchez de Toca, J. — Sherard, Rob. Har., 1, 2. — Shuttleworth, Sir J. K. — Small, A. W., 2. — Smyth, N. — Solution du problème social. 2 Nrn. — Toffoli-Addàli, L. — Topinard. — Tuffet, Louis. — Ullmo, L. — Vaughan, Card.
Sociale Programme.
Achtung! Démolins, Ed., 4. — Förster, P. — Lange, Frz. — Program (Het sociaal). — Programm (Ein kath.-soz.). — Programm (Das kath.-soz.). — Programm (Ein prakt. soz.).
Sociale Rechte.
Auger, 1. — Leslie, St. — Pfizer, G., 2. — Planck, K. Chr.
Sociale Revolution.
Georges, Edw. — Koelreuther, G. A. — Malato, Ch., 6. - Masse, Capt. — Morris, W., 12. — Naudier, F. — Potter, Ag. de, 20. — Reden (Zwei). — Richard, Alb. — Sohnrey, H., 1, 2.
Sociale Systeme.
Audrade, David A., 4. — Debate on the Evidence. — Grey, J., 2. — Holbach's soc. System. — Loria, Ach., 6. — Nitti, F. S., 4, 5, 6. — Principes (Des premiers). — Quételet, A. — Rabbeno, U., 6. — Tournier, E.
Sociale Theorien.
Bösch, J. M. — Charles, E. — Doctrines (Les) sociales. — Dohany, Conr. — Giddings, F. H., 4. — Hasner, L. v. — Henderson, C. R., 1. — Le Moyne, N. R. D., 6. — Maier, Gust., 1. — Maximes sociales. — Michael, J. R. — Pensieri. — Pflüger, P., 3. — Platter, J., 2. — Vandervelde, E., 9. — Weill, Georges, 4.
Sociale Uebel, Heilmittel.
Boutry, C. — Diagnosi. — Di Castania, U. — Doergens, R. — Elphe, A. d'. — Greinz, R. H. — Laparra, H. — Mallock, W. H., 6. — Maurel, A., 1, 2. — Müller, K. G. — Ollé-Laprune. — Pflüger, P., 2. — Rivière, L. — Roumieux, Jr. — Tayler, C. B. — Thomson, Al. — Wines, F. H.
Social Evolution. Vide: Sociale Entwickelung.
Socialisme agraire. Vide: Agrarsocialismus.
Socialismus.
Abc-Buch. — Alfani, G. — Alist (The). — Amadeo, G. — Ambrus, J. — Anti-Syllabus. — Anton, J. S. — Arcès-Sacré, 1, 2. — Arcozzo, M. — Argentino, A. — Aristoteles. — Ar Lamech. — Armciani, Fr., 1, 3. — Arnswaldt, C. H. v. — Aroux, Fel. — Attenhofer, E., 1. — Baju, Anat. — Bakounin, M., 27. — Ball, S., 1-3. — Ballerini, G. — Barnett, S. A. — Barrier, F., 1. — Baudouin. — Bax, E. B., 3, 4. — Behr, A., 1, 2. — Berger, O. — Bernard, Pierre. Bernstein, Ed., 33, 40, 47. — Bertolini, Ang., 10. Bertrand, L., 5. — Beta, Ott., 2. — Bibliothek (Internationale). — Bibliothek (Sozialistische). — Bibliothèque de propaganda socialiste. — Bibliothèque de la Revue socialiste. — Bibliothèque des „Temps Nouveaux". — Biederlack, J., 3. — Biraghi, Gius. — Blätter (Flüchtige). — Bliss, W. D. P., 1, 2. — Blot-Lequesne, J. B. G. — Boccardo, G., 2.

50 *

— Boerl, A. — Boilley, P. — Bonardi, F. — Bonnet, H. — Bonomelli, G., 3. — Borkheim, 1. — Botella, C. — Boullieux, L. — Bourdeau, J., 1. — Bradlaugh, Ch., 1. — Briefe (Neue) des Junius. — Brodrick, G. C. — Bruni, T., 2. — Burnell, A. — Burton-Piérard, Vict. — Calwer, Rich., 3. — Cambier-Dupret. E. — Capelle, E., 1. — Cappello, L., 1, 2. — Carlantonio Biagio, T. — Cathrein, Vict., 2, 3, 4. — Cerminara, G. — Charges. — Chaumet, Ch. — Chiapelli, A., 1—3. — Ciccotti, E. — Cipriani, A. — Civilisation (The). — Clairville et Siraudin. — Clamadieu. — Clément. — Colajanni, Nap., 2. — Colas, Alb. — Colins. — Combe, Abr., 1—5. — Compère-Morel. — Congress (Interdenominatial). — Constable, A., 1, 2. — Conzett, C. — Corto, Matteo. — Costanzi, E., 2. — Co to jest socyalizm? — Cours of thirteen lectures. — Crowther, Rich. — Dal Monte, Giov. — Dameth, H., 1—3. — Dancsi, A. G. — Daulny, P. — Dawson, W. H. — Decourson, Aur. — Delasiauve. — Delbrel, P. — Del Drago, P. — Delmasso, G., 2. — Delville, A. — Denis, H., 3. — Des Aspres, G. — Deshayes, F. V. — Deville, Gabr., 2—6. — Dio lo vuole! — Domet de Vorges, E. — Doret, J. — Douai, Ad., 1, 2, 5. — Duboc, J. — Dum-Gardner, A. — Dupont, P. — Dupuy, S. R. — Dupuynode, G., 1, 3. — Duyvis, J. — Edmonds, T. R. — Eckhoud, G. — Eichthal, E. d', 2. — Eidlitz, Otto. — Ely, R. T. — Endean, J. R. — Enselbo, L. — Ernst, Paul, 4. — Ethnicus. — Étiévant, Alfr. — Études sur le socialisme. — Eusebio, Lud. — Eychène, A. — Fellowes, Rob. — Ferri, Enr., 10. — Fiorentini, Luc. — Flint, R. — Fontaine, J. S. J., 1, 2. — Fontana, Fern. — Fontana, F., e Gnocchi-Viani. — Fra contadini. — Frage (Zur socialistischen). — Freistaat (Der). — Friedländer, B. — Frigieri, A. — Gabet, Ch. — Garofalo, R. — Gedanken (Einige). — George, H. — Gerau, Fr. — Gesetz. — Gewehr, W., 1. — Gibelli, Pas. — Gilman, N. P. — Golowin, J., 2. — Grault euch nicht! — Greene, W. B., 3. — Grimard, G., 3. — Grimaux, E. — Gronlund, L., 2. — Guesde, J., 8. — Guyot, Y., 1, 2, 7, 8, 9, 10, 13, 14. — Hallay, Maur. — Hamon, A., 3, 9. — Hampden. — Hardeg, A. R. — Haushofer, M. — Herrmann, Chr. — Hill, W. — Hyndman, H. M., 2. — Ihonney, A. — Jäger, Adf., 4. — Jaurès. J., 1. — Junius. Junior. — Kampffmeyer, P., 4. — Kaufmann, M., 3. — Kempner, M., 1. — Kingsbury, Mary M. — Komorzynski, J. v., 2. — Labriola, A., 1, 5. — Lacou, J. — Lacy, G. — Laerla, Giov. — Lamennais, F. de, 1. — Landi, G. — Langner, Carl. — Le Bon, Gust., 2, 3. — Lebrecht, G., 2. — Lecouturier, Ch. H. — Lehmann, Dan. — Leibbrand, Ch. H. — Leloup, J. — Letainturier, Jul. — Lettre d'un bourgeois. — Libre pensée (La). — Linderberg, F., 2. — Liquidation sociale. — Longoni, A. — Loria, Ach., 3. — Lovisoni, Ern. — Ludlow, J. M., 2. — Macdonald. J. R., 1. — Maclure, W. — Malatesta, E., 4. — Mallock, W. H., 7, 8. — Malon, B., 6, 9, 12, 13, 14, 15. — Maltese, Fed. — Manini, Cand. Cav. — Marescotti, A. — Martin, L., 2.

— Mash-Dari, E., 3. — Mattia, Ed. — Maxwell, D. — Meloni, P. — Merle, Js. — Merlino, F. S., 9, 16, 20, 23. — Métreau, J. — Meyboom, H. U. — Mezöfi, N. — Mono, A. — Morant, A. C. — Morris, W., 4, 5, 14, 15. — Morris, W., and Bax, E. B. — Müller, Mor. — Munari, P. — Naudier, F. — Nazarbeck, A. — Neale, Ed. V. — New social teachings. — Nicholson, J. S., 1. — Nieuwenhuis, F. D., 15, 16, 17, 18, 21, 22. — Norton, Lord. — Nyström, Ant. — Oggero, G. — Onclair, Aug., 1. — Papa Koch. — Parisi, Gius. — Paultre, P. — Pearson, G. — Perdiguer, A. — Perenno, Aug. — Phillpotts, H., 1, 2. — Pisa, Ug. — Plechanow, G., 1, 7. — Polozow, A. L. — Prange, O. — Questions (Simples). — Rau, H. — Ravet-Anceau. — Regime socialista (Il). — Reichesberg, N., 3. — Reinach, Jos. — Renard, G. — Renzlaw, F. R. — Richard, Gast. — Richardson, J. — Rienzi, 2. — Rosa, Gabr., 1, 2. — Rossi, Aless., 1. — Rostand, Eug., 2. — Rousseau, Eug., 2, 3. — Rouzade, L., 1, 2. — Ruge, A., 1. — Rutten. — Salvadori, C. — Samson-Himmelstjerna, 2. — Sanders, G. Say, L., 2. — Scarabelli, Jg., 2, 3. — Schaeffle, A., 7, 8, 9. — Schätze. — Schimmelpfeng, A., 1. — Schindelhauer, Emma. — Schwarzbach. Wilb., 2. — Schwitzguébel, Adh., 10. — Scotsburn. — Seilbac, L. de, 3. — Socialism, labour and capital. — Socialism examined. — Socialism or protection. — Socialism, speech. — Socialism and its advocates. — Socialisme (Du). — Socialisme (Le): ce qu'il faut en prendre. — Socialisme (Le) devant l'opportunisme. — Socialisme paternel. — Socialisme (Le) rationnel. — Socialismo: articolo. — Socialismus und Socialdemokratie. — Socialist (The). — Socialistes? — Sorel, G., 5. — Stegmann, C. u. Hugo, 6. — Steinthal. — Stepniak, S., 6. — Stern, J., 1, 2, 6. — Stranger, Jam., 4. — Sue, Eug., 1, 2. — Tandy, F. D., 2. — Tarroux, P. — Tauschinsky, H., 1, 2. — Tenthoff, J. F. — Thesen. — Thomas, R. P. — Thompson, W. M. — Trubasso, A. da. — Tufferd, Fred. — Ufern, S., 2. — Valdera, P., 1, 2. — Vargas, Macc. — Veblen, Th., 3. — Verly, Hipp., 2, 3. — Villard, A. — Villey, Edm., 3, 4, 5, 6. — Vincent, A., 2. — Vindication (A) of natural society. — Virchow. — Virgilii, F., 1. — Voyage autour du Catéchisme socialiste. — Wagner, Ad., 4. — Webb, Sidn., 6. — Webb, Sidn., u. Webb, Beatr., 12. — Webberg, Heinr., 2, 3, 5. — Weisengrün, P., 3. — Wemyss, Earl of. — Wengraf, Edm. — What is socialism. — Williamson, St. — Winter, Georg, 2. — Wo ist Europa's Zukunft. — Wodehouse, Th. — Wolf, Jul., 3. — World unmasked (The). — Wrixon, H. — Zanetti, F. — Zeitgeist (Der). — Zerbuglio, Ad., 1, 2. — Zunahme (Die) des S. — Zustände (Die gesellschaftl.). — Zwaan, Az.

Socialismus im Altertum.
Allard, P. — Potwin, Th. S. — Salandra, Ant. — Sohmani, A. — Vanderkindere, L.

Socialismus in Amerika.
Black, W. P., and Zeisler, S. — Clercy, D. de. — Cognetti de Martiis. — Gronlund, L., 3. — Heppner, Ad., 2. — Knortz, K., 2. —

Levasseur, E., 3. — Socialismus (Der) in d. Vereinigten Staaten. — Socialist (Ein Amerikanischer).

Socialismus in Australien.
Leroy-Beaulieu, P., 3.

Socialismus in Belgien.
Anseele, Ed., 1—5. — Anseele, Waxweiler et Vanderstegen. — Arnould, V., 1, 3, 4. — Bertrand, Louis. — Bewegingen. — Brismée. — Brismée, Des., 1, 2. — Brissac, H. — Brouez, Fern., 1—3. — Bronez, Fern., et James, A. — Brouez, Jul., 1—10. — Chirac, Aug., 3. — Defuisseaux, A. — Degreef, Guill. — Demarteau, J. — Denis, H. — Destrée, J., et Vandervelde, E. — Deutscher, P. — Deviune, Ang., 3. — Duc-Quercy. — Einblicke. — Frédéric, Al. — Grimard, G., 1, 2. — Janson, P. — Lambillotte et Anseele. — Limousin, Ch., 6. — Lorand, G., 1. — Marbaix, T. — Meeting. — Oswald, Marie. — Paepe, C. D. — Picard, Edm. — Potter, Ag. de. — Potter, L, de. — Rienzi, 6. — Serwy, V., 2, 3. — Van den Heuvel, Jul. — Vandervelde, E. — Verbruggen, F., 1, 2. — Verly, Hipp., 1. — Veste (Eine). — Vinck, E., 1—3. — Volders, J., 1, 2, 3. — Vooruit (Le). — Zéo, 1—3.

Socialismus in China.
Goebel, J. — Leseur, Fél. — Socialisme en Chine. — Socialismus (Chinesischer).

Socialismus in Dänemark.
Bewegung (Die socialist.). — Jensen, Ad. — Liljenkrantz. — Martinet, C.

Socialismus in Deutschland.
Anekdota. — Argyriadès, P., 2. — Auerbach, Leop. — Bamberger, L., 2. — Bang, A. Chr. — Bimetallism and socialism. — Blondel, G., 2. — Bourdeau, J., 2. — Buhr, Vict. — Daszynska, Z. — Ebray, A. — Eckrad, W. — Engels, Fr., 24. — Ernouf, Bar. — Gall, Ldw. — Geiregat, P., 1. — Gendre, E. — Göhre, P., 7. — Häcker, S. — Jaurès, J., 6. — Kokosky, S. — Lavisse, E. — Lazare, B., 4. — Luxemburg, Rosa, 1. — Pinardi, G. — Raffalovich, A, 1, 2. — Ruppius, Otto. — Scherr, J., 3. — Schimmelmann, Gräfin Ad. - Schwarzbach, Wilh., 1. — Scillière, Er., 3. — Socialism (German). — Socialismus in D. — Socialisten (An die deutschen). 2 Nrn. — Socialism (Die) im bayer. Landtag. — Socialists (The). — Stieber. Stieber's Verdruss. — Successo (Il). — Thnrow, H., 1, 2, 5, 6. — Todtenschau. — Vahlteich, Jul., 2.

Socialismus in England.
Bernstein, Ed., 6, 37. — Bertolini, Ang., 12. — Bewegung (Die socialist.). — Bland, H. — Blatchford, Rob. — Bouet, H. — Crane, Walt. — Dilke, Sir Ch. W. — Gampp, O., 5. — Gibbins. — Gissenq, Geo. — Gizycki, L. v. — Held, A., 8. — Idées. — Justice for England. — Kaufmann, M., 2. — Labour and luxury. — Laveleye, Em. de, 5. — Majornnna, A. G., 2. — Metin, Alb. — Morris, W., 9. — O'Brien, J. Bront. — Philip, Rob. — Porritt, Edw., 2. — Ricca-Salerno, Gius., 1. — Ruhland, G., 2. — Ruskin, J. — Smith, S., 2. — Socialismus (Der) in E. — Sotheran, C.

— Thompson, D. D. — Verhaegen, P. — Webb, Sidn., 5. — Zueblin, Ch.

Socialismus auf dem flachen Lande.
Pagès-Duport, A.

Socialismus in Frankreich.
Advielle, Vict. — Annuaire de la L. — Arnould, V., 2. — Baissas, Jér. — Biographie complète. — Bonnier, Ch., 1, 3. — Briefe aus Italien und F. — Cartouche (La dernière). — Communismus und Soc. — Costes, Paul. — Débacle bourgeoise. — Déclaration de la sect. franç. — Despres, Arm. — Dezamy, Th. — Du Gers, J. L. — Dumas, Alex., fils. — Faillet, E. — Ferraz, M. — François, G. — Guyot, Y., 10. — Hebert, E., 2. — Histoire ancienne. — Hugo, C., 5. — Il n'est pas mort. — Jahre (100). — Jaurès, J., 1, 2, 4, 5. — Joie (Une). — La Bedollière, E. de. — Lafargue, P., 2, 11, 18. — Laisné, Ph., 1. — Laviron, P. E., 3. — Leroy-Beaulieu, P., 1. — Lettres d'un bourgeois. — Levavasseur, G. — Lichtenberger, A., 4. — Marrast, A. — Martin, L., 1. — Mazzini, Gius., 120. — Millet, H. — Naturgeschichte (Zur). — Niederlage (Die dritte). — Paris révolutionnaire. — Parteien (Die socialist.) Pouget, Em., 2. — Pourquoi. — Pronier, H., et Thurow, H. — Pyat, Fel. — Qnack, H. P. G., 1. — Réponse d'un républicain. — Rey, J. — Richard, A. — Robert, Ch., 1. — Rochefort, H., 1—3. — Rocher, 2. — Rouges (Les). — Saint Rainé-Taillandier. — Savignyes, Anna. — Sauve, Gnst. Socialisme (Le) en 1850. — Socialismus in Frankreich. 2 Nrn. — Socialist Party. — Statuts. — Sue, Eng., 3. — Vaillant, Ed. — Vaillant, Ed., et Millerand, A. — Warschauer, Otto, 1. — Zetkin, O., 2.

Socialismus in Griechenland.
Platon, G., 4.

Socialismus in Italien.
Agnoletti. — Alivetti, B. A. — Allonghi, Gius. — Antinori, Gius. — Bertolini, Ang., 2, 6, 13. — Bosio, Gius. — Briefe aus Italien. — Bulle, Osc. — Buono, L. — Cardias, G. R. — Compiano, A. — Concetto (Il). — Conquista (La) delle campagne. — Corniano, R. — Di Broglio. — Domanico, G. — Ellero, Pietro. — Exul. — Favero, L., 1, 2. — Ferri, Enr., 8, 10. — Fisher, D. W. — Franceschi, Gius. de. — Gabelli, A., 1, 2. — Gatti, Gerol., 1, 2. — Gnocchi-Viani, O., 7. — Guarnieri, L. — Lorda, Giov., 1, 2. — Marcacci, P. — Maurizio, Ad., 1. — Pinnaferra, G., 2. — Pistoja, Ad. — Rabbeno, U., 7. — Rae, Giov., 1. — Rossi, Ag. — Rossi, Giov., 2. — Russo-Preiti, Fr. — Santangelo Spoto, J., 6. — Secco. — Socialismo (Il) in Italia. — Stivanello, L. C. — Turiello, Pasq. — Valdarnini, A., 1, 2. — Villari, Pasq. — Virgilii, F., 2.

Socialismus in den Niederlanden.
Leven (Ons). — Nieuwenhuis, Dom. — Paepe, C. D., 3, 11. — Polak, H., 3. — Van de Stad, E. M. — Van der Goes, F. — Van der Voorst, A. — Verwarring (Sociale). — Vries, T. de.

Socialismus in Oesterreich.
Aufgaben (Ueber die nächsten). — Avarna, G. — Bewegung (Die socialist.) im Bauern-

stande. — Bewegung (Die socialist.) in Oesterreich. — Bewegung (Die socialist.) in Ungarn. — Budzynowskij, W. — Daszynska, Z. — Ganz, Hugo. — Grossmann, St. — Kaufmann, M., 3. — Luxemburg, Rosa, 1. — Socialisten (Die österr.).

Socialismus in Rumänien.
Bericht über die socialist. Bewegung. — Marculescu, Gh.

Socialismus in Russland.
Feigenbaum, R. — Ferrero, Gugl. — Herzen, A., 5. — Materialien zur Geschichte. — Pensa, Pasq., 1. Ralli, Z., 2. — Socialismus (Der russische). 2 Nrn. — Socialismus (Der) in Russisch Polen. — Winiarsky, Leon, 2.

Socialismus in Schweden und Norwegen.
Liljenkrantz. - Regungen (Socialistische).

Socialismus in der Schweiz.
Altenhofer, Ed., 2. — Berghoff-Ising, Frz., 1, 2, 4. - Chez nous. — Claris, A. — Kampffmeyer, B. — Promemoria. — Treiben (Das). — Umtriebe (Die polit.).

Socialismus in Serbien.
Bosso, F. C.

Socialismus in Spanien.
Bewegung (Die socialist.). — Constitution de la Fédération Ibérica. - Iglesias, P. — Mazesencier, G. — Organisacion. — Sencer, G. M. — Socialismo (El) en España.

Socialismus, Bekämpfung.
Amicis, Edm. de, 4. — Astfalck, Caes., 2. — Attenhofer, Ed., 2. — Bayrhoffer, K. Th. — Bernstein, Ed., 53. — Berton, Paul. — Bischoff, Dietr. — Buerbaum, J. F. — Cardaillac, X. de, 2. — Conway, J. — Ebray, A. — Endrici, C. — En Garde! — Hirschfeld, Ldw. v. — Kergorley, R., Comte de. — Kräcker, Jul. - Leroy-Beaulieu, Anat., 7, 8. — Liebermann, Bernh. — Marcacci, P. — Möller, L., 2. — Ni socialistes. — Nietzsche gegen den S. — Picot, G., 1, 2. — Russo-Preiti, Fr. Sambucco, C. — Say, L., 1. — Socialisme (Le). Voilà l'ennemi. — Socialistentödter (Ein). — Sorel, G., 5. — Sturmer, Fred.

Socialismus, Geschichte.
Agitator. — Auerbach, Leop. — Bliss, W. D. P., 2. — Brouez, Jul., 9. — Clément, H. 2. — Darnaud, E., 17. — Desloges, L. Destrée et Vandervelde. — Diehl, K., 13. — Dietzel, H., 1. — Ernouf, Bar. — Esclavage (L'). — Ferraz, M. — Geschichte des S. — Gnocchi-Viani, O., 9, 11. — Gombareff, D. — Hertzka. Th., 8. — Huber, J., 2. — Hugo, C., 5. — Jaurès, J., 6. — Kirkup, T., 2. — Lafargue. P., 18. — Lang, O., 2. — Laveleye, Em. de, 2, 4, 5. — Lichtenberger, A., 1—5. — Mehring, F., 3. — Mémoires aux sections générales. — Michelini, A. — Notes sur le mouvement. — Pöhlmann, Rob., 1, 2. Quack, H. P. G., 1. — Rae, Giov., 1, 2. — Reybaud, Louis. — Rousseau, Eug., 1. — Sacy, P. — Scheicher, J., 10. — Sombart, W., 6, 7, 8. — Stammbaum. — Stegmann, C., u. Hugo, C., 1. — Stieber. — Storia. — Tcherkesoff, W., 1. — Villey, Edm., 6. — Warschauer, Otto, 2. — Winterer, L., 1, 2, 3. — Wyzewa, T., 1, 2. — Zetkin, O., 2.

Socialismus, Irrtümer, Widersprüche.
Derfel, R. J. — Graue, Dr. — Hanne, W. J. W. — Levi, G. G., 1. — Mayer, A. — Pintaura, A. — Schadeberg, J. — Shaw, G. B., 2. — Sterza, A., 1, 2.

Socialismus, Kritik.
Armsden, J. — Étude critique. — Felix, Ldw., 2. — Görne, G. v. — Levy, R. G., 1, 2. — Selbstkritik (Zur). - Socialismo (Il) giudicato. — Toupel, A. — Zerboglio, Ad., 2.

Socialismus, Litteratur.
Bertolini, Aug., 6, 7, 8. — Bibliographie. — Bliss, W. D. P., 2. — Catalogue. — Destrée, J., et Vandervelde, E. — Einsle, Anton. — Gnocchi-Viani, O., 7. — Gracklauer, O. — Katalog. - Mehring, F., 10. — Stammhammer, J. — Verzeichnis.

Socialismus, Philosophie dess.
Deville, Gabr., 3. — Fiamingo, G., 4. — Hicks, E. L.

Socialismus, Realisirung desselben.
Anhuth, Paul. — Goepel, Dr.

Socialismus, wissenschaftl. und unwissenschaftl.
Argyriadès, P., 3. — Engels, Fr., 16, 21, 22, 23. — Kaufmann, M., 5. — Kraus, Jos. — Loria, Ach., 5. — Merlino, F. S., 28. — Moretti, A. — Noyes, John H. — Pompery, Ed. de, 5. — Potter, Ag. de, 22. — Poulin, P. — Schuhmann, Jos. — Seletti, Enr. — Struve, P. v., 2. — Virgulti, F., 2. — Yarros, Vict., 2.

Socialismus, Zeitschriften.
Abeille du XII. — Abeilles (Les). - Action, Lyon. 2 Nrn. — Age (The New). — Akademiker (Der socialist.). — Alarmklok (De). — Ami du Peuple. — Annalen. — Antikrat. — Anti-Vorwärts. — Arbeiter (Der). — Arbeiter-Bewegung. — Arbeiterstimme. — Armentiérois. — Association traternelle. — Atelier démocratique. — Atelier (L') socialiste. — Avant-Garde. — Avenir d'Albertville. — Avenir du Cher. — Avenir des employés. — Avenir social. — Avenir (L') socialiste. — Avenir des travailleurs. — Banlieue socialiste. — Barrikade (La). — Bas Quercy. — Bataille (La). — Bataille socialiste. — Bauer, Edg., 2. - Bellevillois (Le). — Blätter (Kritische). — Blätter (Christl.-soz.) - Botschaft (Die neue). — Breton socialiste. — Broedermin. — Bulletin de la Revue socialiste polon. — Cahiers du prolétariat. — Candidature socialiste. — Carmausien. — Chambard (Le). — Cigale (La). — Civilisation (La). — Clairon (Le). — Clairon socialiste. - Clement, A., 2. — Combat (Le). 7 Nrn. — Commune (La). Revue socialiste. — Contrat (Le) social. — Corrèze (La). — Coup de feu. — Cravache (La). Cravacheur (Le). — Crédit (Le). — Creuse. — Cri (Le) social. — Cri (Le) des travailleurs. — Critica sociale. — Débat (Le) social). — Democrate (Le). 6 Nrn. — Democratic Review. — Democratie (La). 12 Nrn. — Devenir social. — Devoir (Le). 3 Nrn. — Drapeau (Le) rouge. 1882. — Droit (Le). — Droit (Le) du peuple. 2 Nrn. — Droit de la vie. — Droits (Les) de l'homme. — Echo (Rheinisches). — Echo (L') du Peuple. — Echo des prolétaires. — Echo de Var. — Echo socialiste. — Eclaireur (L'). 2 Nrn. —

Égalité (L') 1880. — Émancipation (L'). — Emancipation, org. hebd. — Émancipation, org. offic. — Émancipation socialiste. — Employé (L'). — En garde. — Ère (L') du socialisme. — Esclave (L'). 2 Nrn. — Espiègle (L'). — Espoir (L'). — Etendard. — Etoile (L') socialiste. — Etudiant (L') socialiste. — Evolution sociale. — Fédération (La). — Fédération française. — Fédération nationale. 2 Nrn. — Fédération des syndicats. — Fédération du travail. — Fédération des travailleurs. — Fédération (La) typogr. — Fils Duchêne (Le). — Fouet. — France (La) libre. — Franc-Parleur. — Fraternité (La). - Freie Meinung. — Freigeist (Der). — Freiheit, 1896. — Freiheitsbote. — Frondeur. — Gautier (Le). — Geächtete (Der). — Gedanke (Der). — Gesellschaft (Die neue). — Gids (De sociale). — Gleichheit (Die). — Harmonie (Liège). — Houtbewerker (De). — Indépendant de la Côte-d'Or. — Indépendant de Noisy. — Jacques Bouhomme. — Jeune (La) Garde. — Jeunesse socialiste. — Jongeling (De). — Journal (Le) du Peuple. — Justice (La). 2 Nrn. — Justice sociale. 2 Nrn. — Kleermaker (De). — Kolokol (Le). — Labourer (The). — Laboureur (Le). — Laterne (Die). — Luchonnais (Le petit). — Lutte (La) des classes. — Lutte sociale. 3 Nrn. — Mandat (Le) impératif. — Midi. — Monatshefte (Socialist.). — Monatsschrift (Soz.-dem.). — Montagnard (Le). — Montagne (La). — Morgenrood. — New Age (The) and Concordium Gazette. — Nordstern (Der). — Nouveau Nord-Est. — Nouvel Etendard. — Operaio (L'), Giorn. dem. — Organe (L') socialiste. — Organisation (L') sociale. — Ouvrier (L'). — Ouvrier (L') de l'Est. — Ouvrier (L') du Finistère. — Ouvrier en voiture. — Parl, Pierre. — Patriote (Le) belge. — People (The). — Peper en Zout. — Petite (La) Sociale. — Petit Sparnacien. — Peuple (Le). — Peuple (Le) belge. — Peuple de la Loire. — Phare (Le) de l'Est. — Philosophie (La) de l'avenir. — Pique hardie. — Ploeg (Le). — Précurseur (Le). — Presse (La) ouvrière. — Progrès (Le). — Progrès du XV. — Progrès social. — Progrès socialiste. — Prolétaire (Le). 5 Nrn. — Prolétariat, Organ etc. — Propaganda révolutionnaire. — Prophète (Le). — Question (La) sociale, Revue. — Radical de l'Hérault. — Ralliement (Le) socialiste. — Rappel endurcien. — Rappel du Centre. — Rappel (Le) social. — Rappel socialiste. — Recht voor allen. — Réforme (La). 3 Nrn. — Réforme (La) sociale de l'Yonne. — Reichsbürger. — Républicain (Le). 6 Nrn. — Républicain (The). — République (La) belge. — République (La) progressiste. — République (La vraie). — République sociale. 2 Nrn. — Réveil. — Réveil (Le) du XV. — Réveil des campagnes. — Réveil de Créon. — Réveil (Le) de la Drôme. — Réveil des Flers. — Réveil fourmisien. — Réveil (Le) français. — Réveil libournais. — Réveil lillebonnais. — Réveil nantais. — Réveil de l'Ouest. — Réveil des ouvriers. — Réveil des paysans. — Réveil (Le) du Peuple. — Réveil (Le) du prolétaire. — Réveil républicain. 3 Nrn. — Réveil de Saint-Fargeau. — Réveil social. 2 Nrn. — Réveil socialiste de la Dordogne. — Réveil socialiste d'Oullins. — Réveil de l'Yonne. — Revendication (La). — Revue du mouvement social. — Revue nationale. — Revue (La) rouge. — „—" Revue socialiste. — Revue socialiste. — Rivista popolare. — Rochefort, H., 1. — Roubaigno (Le vraie). — Rundschau (Soz.-polit.) — Sentinelle (La). — Shepherd (The). — Siècle (Le) socialiste. — Socialdemokraat (De). 2 Nrn. — Social-Weekblad. — Social-Demokrat (Der). 3 Nrn. — Socialisme (Le) progressif. — Socialist (Der). — Socialist (Der). Centralorgan. — Socialist (De). — Socialiste aixois. — Socialiste de l'Allier. — Socialiste de la banlieu parisienne. — Socialiste du Centre. — Socialiste du Midi. — Socialiste de l'Ouest. — Socialiste (Le) de l'Ouest et du Centre. — Socialiste (Le petit) nîmois. — Socialiste (Le) patriote. — Socialiste (Le) roannais. — Socialiste du XIX. — Socialiste de Toulouse. — Socialiste (Petit) du Var. — Sociétaire. — Société nouvelle. — Solidarité (La), journal des principes. — Souverain (Le). — Student (Der socialistische). — Suffrage (Le) universel. — Sylvester-Zeitung. — Tante (La) Duchêne. — Tijd (De Nieuwe). — Toekomst (De). — Tonnerre (Le). — Torpilleur. — Toscin (Le), Bruxelles. — Travail (Le), Bruxelles et Londres. — Travailleur (Le). 8 Nrn. — Treizième (Le). — Tribune catholique. — Tribune coopérative. — Tribune (La) locale. — Tribune du XII. — Trique (La). — Typographe (Le). 2 Nrn. — Tyran (Le). — Union (L') républicaine du Calaisis. — Union républicaine de Gaillac. — Union sociale. — Union socialiste. 4 Nrn. — Union (L') des travailleurs. — Vengeur (Le). — Vérité (La), organe socialiste. — Vérité sociale. — Vieux (Le) Cordelier. — Voix de l'ouvrier. — Voix (La) du peuple. 4 Nrn. — Voix du plébéien. — Voix (La) des travailleurs. — Volk (Das). — Völkergeist (Der moderne). — Volksblad (Het). — Volksgeist. 3 Nrn. — Volkspresse. — Volksrecht (Het). — Volkstribun (De). — Volkstribüne (Die). — Volksvertreter. — Volkswacht (De). — Volkswil (De). — Volonté de peuple. — Vooruit. — Voorwaarts. — Voorwacht. — Vorbote. — Vorwärts. — Wacht (De). — Wage (Die). — Werker (De). — Zeit (Die). — Zeit (Die neue). — Zeitung (Freie). — Zukunft (Die). Revue. — Zukunft (Die). Demokrat. Zeitung.

Socialismus, Zukunft.
Forecast. — Mazimann, Aug. — Memminger, Ant., 1. — Richter, E., 2, 4, 7. — Socialismus (Wird der) siegen? — Sulzer, Geo. — Thompson, W. M.

Socialismus und Communismus.
Adler, G., 17. — Dassel, Ad. v. — Huber, Joh., 1. — Hundeshagen. — Mann, Frdr. — Missbrauch (Vom). - Semmig, Herm. — Sybel, H. v.

Socialistengesetz.
Abschied. — Blum, H., 1. — Bosse, Dr. — Brandt, L. O., 3. — Debatte (Die). — Geiser u. Bebel. — Kühn, Em. — Maurer, Th. — Müller, Ph. — Nationalliberalen (Die). — Neuler, A. — Nobbe, M. A., 2. — Schwarze, F. O. v. — Socialdemokratie (Die) vor dem deutschen Reichstage. — Socialistengesetz.

Socialistische

7 Nrn. — Surtur. — Verhandlung (Zur).
Verhandlungen über den Antrag Liebknecht.
— Verhandlungen des deutschen Reichstages.
— Verlängerung (Die). — Vetter Niemand.
— Warum verfolgt man uns. — Wegfall (Der).

Socialistische Parteien.
Aufgaben (Ueber die nächsten). — Beitrag (Ein) zur Geschichte. — Frage (Zur oriental.)
— Gatti, Gerol., 1, 2. — Gouzien, Al., 2. —
Guettré, J. — Henry, Vict. — Iglesias, P. —
Lavisse, E. — Limousin, Ch., 6. — Oswald, Marie. — Parteien (Die socialist.). — Parti (Le) progressiste. — Richard, A. — Seillière, Er., 3. — Serwy, V., 3. — Socialist Party.
— Vaillant, Ed.

Socialistische Parteitage.
Parteitag (Der socialistische). — Parteitag d. socialist. Arbeiter. — Protokoll. — Socialistentag.

Socialistische Programme.
Bakounine, M., 49, 50, 51. — Bertrand, L., 22. — Cartouche (La dernière). — Du Gers, J. L. — Jaubert, D. — Maffei, G. — Martineau, E., 2. — Paepe, C. D., 16. — Program socyalistów. — Program (The radical).
— Programm der socialist. Arbeiterpartei. 5 Nrn. — Programma. 3 Nrn. — Programme des socialistes Polonais. — Projet de programme. — Raffalovich, A., 1, 2. — Seilhac, L. de, 3. — Socialdemokratie u. die hiesige Presse. — Tondini de Quarenghi, C., 1, 2. — Turot, H. — Wahlprogramm (Socialistisches).

Socialistische Propaganda.
Morgari, Odd. — Propaganda socialista. — Rathschläge. — Socialismus (Der) u. seine Gönner. — Zéo, 3. — Zur Agitation.

Socialistische Zukunftsbilder.
Bosanquet, B., 2. — Brandt, Seb. — Clews, A., 3. — Doole, C. F. — Emil, C. — Fauconnier, E. — Fournière, Eug., 1. — Grabowsky, Norb., 2. — Heigl, F., 1. — Heine, Heinr. — Heller, Leop. — Hertzka, Th., 11. — Hipler, W. — Introduction. — Kaufmann, M., 6. — Kemsies, F. — Krapotkine, P., 61. — Lamennais, F. de, 3. — Maas, B. — Mercier, Hel., 1, 2. — Meyers, A. — Morin, P. — Obrigkeit. — Paepe, C. D., 21. — Paradijs (Het). — Piria, Fr. — Presswerk, R. — Prométhée. — Prophétie. — Rechtsfrage (Die). — Religion (Die neue). — Republiek (Een sociaal-democraat). — Revolution (Die friedliche sociale). — Rienzi, 3. — Rochussen, W. H., 2. — Rostand, Eug., 4. — Schauler, M. — Scheicher, J., 15. — Schneider, Carl. W. — Schultz, Wolfg. — Servizii pubblici. — Sorel, G., 1. — Türk, Jul. — Welt (Die neue). — Wichert, Max. — Zacharias, O.

Socialismus. Vide auch: Absolutismus u. S.
— — Agrarsocialismus.
— — Antisemitismus u. S.
— — Arbeit u. S.
— — Arbeiter u. S.
— — Arbeitgeber u. S.
— — Armee u. S.
— — Bauern u. S.

Société

— — Christentum u. S.
— — Christlicher Socialismus.
— — Collectivismus u. S.
— — Darwinismus u. S.
— — Demokratie u. S.
— — Dienstleute u. S.
— — Eigentum u. S.
— — Evangelium u. S.
— — Feudalismus u. S.
— — Frauen u. S.
— — Freiheit u. S.
— — Freimaurerei u. S.
— — Gebildete u. S.
— — Genossenschaft u. S.
— — Gesellschaft u. S.
— — Gesundheitspflege u. S.
— — Imperialismus, socialist.
— — Individualismus u. S.
— — Industrie u. S.
— — Judentum u. S.
— — Kirche u. S.
— — Klerus u. S.
— — Kunst u. S.
— — Landwirtschaft u. S.
— — Liberalismus u. S.
— — Monarchie u. S.
— — Moral u. S.
— — Naturwissenschaft u. S.
— — Parlament u. S.
— — Philosophie u. S.
— — Poesie u. S.
— — Politische Oekonomie u. S.
— — Positivismus u. S.
— — Presse u. S.
— — Protestantismus u. S.
— — Recht u. S.
— — Rechtsphilosophie u. S.
— — Religion u. S.
— — Republik u. S.
— — Schule u. S.
— — Statistik u. S.
— — Steuern u. S.
— — Strafrecht u. S.
— — Studenten u. S.
— — Wissenschaft u. S.
— — Wohlthätigkeit u. S.

Socialwissenschaft, Allgemein.
Antoine, Vict. — Bernstein, Ed., 35. — Brouez, Jul., 3. — Calland, V., 1, 2. — Charpillet, C., 1. — Cours (Petit). — Degreef, G., 9, 10, 17. — Demolins, Edm., 1, 3. — Grohmann, A. F., 2. — Hagen, Th. — Müller, H., 4. — Paepe, C. D., 10, 40. — Potter, Ag. de, 1, 21. — Resch, H. — Rey, Jos. Aug. — Richard, Gast. — Schulz, Wilh., 1.

Socialwissenschaft, Zeitschr.
Archiv f. soc. Gesetzgebung. — Meliora.

Société, Society. Vide: Gesellschaft.

Sociétés   401   Utopien

Sociétés secrètes. Vide: Geheime Gesellschaften.
Sociologie.
Andler, C. — Denis, H., 1, 3.
Spanien. Vide: Arbeiterassociationen i. Sp.
— Sociale Bewegung in Sp.
— Sociale Frage in Sp.
— Socialismus in Sp.
Staat, in Bezug auf Gesellschaft und Individuum.
Beaulieu, P. L. — Spencer, Herb., 1—4. — Strombeck, Fbr. Fr. K. — Tarn, Alb., 2, 3.
Staat. Vide auch: Verstaatlichung von Grund und Boden.
— — Zukunftsstaat.
Staatsromane. Vide: Utopien.
Statistik und Arbeiterfrage.
Hirschberg, E.
Statistik und Demokratie.
Faure, Fern.
Statistik und Socialismus.
Harris, W. J. — Harris' (Commissioner).
Steuern.
Bracke, W., 1. — Bradshaw, J. C. — Bréton, Phil. — Degreef, W., 3, 8. — Delaurier, 1, 2. — Denis, H., 10, 11. — Eulenstein, B., 4. — Fisher, J. Gr. — Kiebel, H. — Lassalle, F., 20. — Proudhon, P. J., 19.
Steuern und Arbeiter.
Impôt (L') contre les travailleurs. — Ingwer, J., 2.
Steuern und Demokratie.
Baudrillart, H., 2. — Impôt (L') dans les démocraties. — Jay, J. — Kergall. — Raiga, E. — Say, L., 3. — Sebant, A.
Steuern und sociale Frage.
Bauchery, 2. — Belastingstelsel. — Held, A., 9. — Impôt (L') et la question sociale. — Pozzoni, C. — Solitaire (Le). — Volta, Avit.
Steuern und Socialismus.
Hont, H. d'. — Hütet Euch.
Steuern. Vide auch: Budget.
— — Finanzen.
Stirner.
Arnim, Bett. v. — Bernstein, Ed., 13. — Edward, G. — Feuerbach und der Einzige. — Fischer, Kuno. — Horn, E., 2. — Kalthoff, A. — Mackay, John H., 17. — Schellwien, R. — Sittengeschichte (Zur). — Wesen (Ueber das) des Christentums.
Strafrecht und Arbeiter.
Heinemann, Hugo.
Strafrecht und Socialismus.
Ferri, Enr., 1, 7. — Fuld, L., 4, 6. — Luzzatti, G., 1. — Socialismus und Deportation.
Strikes. Vide: Arbeitseinstellung.
Studenten und Socialdemokratie.
Akademiker. — Heine, Wolfg., 2. — Socialdemokratie und die Studentenschaft. — Student (Der). — Studentenschaft.
Studenten und sociale Frage.
Pap, Jul. — Philippi, A. — Renard, G., 15.

— Schultze, Ernst. — Turati, F., 1. — Ziegler, Theob., 3.
Studenten und Socialismus.
Bebel, Aug., 3. — Bergener, Osw. — Étudiant (L') socialiste. — Étudiants (Aux). — Misère et mortalité. — Propagande communiste. — Socialisme (Le) et les étudiants. — Studentenkongress.
Studenten. Vide auch: Schule.
— — Universität.
Theater in Bezug auf sociale Frage.
Araujo, Osc. d', 2.
— Vide auch: Gedichte.
— — Poesie.
Tocqueville, Al. de.
Droz, N. — Eichthal, E. d', 4, 5.
Trades-Unions. Vide: Arbeiterassociationen in England.
Travail. Vide: Arbeit.
Trinksitten und Socialdemokratie.
Blocher, Herm.
Tyrannei.
Alfieri, V. — Briefe eines reisenden Punditen. — Capadose, A. — Cramer, F. — Despotismo (El). — Fischer, F. C. J. — Heldengeist. — Knox, Vics. — Masers de Latude, H. — Mirabeau, H. G. R. de. — Moses, A. — Perdiguer, A., 2. — Thienne, H. C. A.
Umsturzbestrebungen.
Jentsch, K., 11, 12. — Otto, Berth., 2. — Paulsen, Frdr. — Picot, G., 1, 2. — Robinski, Sever. — Seifarth, F., 2. — Specht, Fritz. — Teutomar, Otto. — Umsturz. — Umsturzbestrebungen. — Vetter Niemand. — Was die Umstürzler wollen! — Weltuntergangsdämonen.
Umsturzvorlage.
Baumm, W. — Betrachtungen. — Blumenthal, W. v. — Bogulawski, A. v. — Brentano, L., 13. — Fuld, L., 6. — Genesis (Zur). — Giese, W. — Haeckel, E. — Jacoby, Leop., 6. — Kautsky, K., 34. — Lamprecht, K. — Mittelstädt, O., 2. — Normanus. — Quidde, L., u. Conrad, M. G. — Reichs-Umsturzgesetz. — Schmidt, E. H. — Schoenaich-Carolath, Prinz H. — Spielhagen, Frdr. — Stenglein, Melch. — Telmann, Konr. — Tode (Zum). — Umsturz und Socialdemokratie. — Umsturzvorlage. 5 Nrn. — Worte (Flammende).
Ungleichheit des Besitzes und der Stände.
Allen, Gr., 2. — Egidy, M. v. — Gouraud, Ch. — Huxley, Th. H., 3, 4. — Kempe, A. — Laffitte, P., 1. — Malon, B., 5. — Millar, J., 1, 2. — Rousseau, J. J., 3, 4. — Wynn, W.
Universität und Socialismus.
Dippe, Afr. — Feuchtwanger, Ed. — Renard, G., 16.
Unzufriedenheit. Vide: Arbeiterunzufriedenheit.
Utopien.
Adler, G., 13. — Alexis. — Aventures. — Baldur, J. — Barklay, J., 1—3. — Beffroi de Regny, L. A. — Bellamy, Edw., 1—3. —

Bernardini. — Benda, A., 1—3. — Bisselii Joan. — Blondel, J. E., 1. — Bonifacio, Giov. — Brasch. M. — Bungeroth, Herm. — Clarendon, Edw. — Cornelii Luc. Europ. — Dénouement des utopies. — Desjardins, N. — Döhlers, Ph. Jh. — Döll, E.. 2. — Doni, Fr. — Drones (The) and the bees. — Equality. — Erdmannsdörffer, H. G., 2. — Erklärung. — Fable (La) des abeilles. — Fable of the bees. — Flürscheim, M., 4, 9. — Friedheim, W. — Geschichte des Gaudentio von Lucca. — Geschichte Sethos. — Goldbach, P. — Greg, P., 1, 2. — Gregorovius, Em., 1, 2. — Gueudeville. — Hallberg. — Harrington, J., 1, 2. — Hasbach, W., 1. — Heinse. — Hertzka, Th., 2, 3, 4, 7, 9, 10. — Historie der Severambes. — History (The) of Sevantes. — Hobson, J. A., 1. — Hochfärber, Fr. — Holberg, Ldw. — Kirchenheim, A. v., 1, 2. — Klimii, Nic. Klims. — Kritschewsky, S. B., 2. — Lafontaine, H. — Lahrssen, H. — Lasswitz, Kurd. — Law. Will. — Leixner. — Lichtenberger, A., 5. — Lippert, 4, 7. — Manndorf, R. Frhr. v. — Marperger, Paul Jac. — Mela, Ric., 11. — Moormeister, Ed. — Morris, W., 8. — Morus, Th. — Müller, E., 1. — Mundus alter et idem. — Naz. — Neupauer, Jos. Rtt. v., 2. — New Republic (The). — Noble, Carl. — Norton, Seym. — Olerich, H. — Osterberg-Verakoff. — Quack, H. P. G., 1. — Ramsay, A. M. v., 1, 2. — Reichardt, A. — Reise (Die). — Roman (Ein socialistischer). — Rosewater, Fr. — Sakman, P. — Sarkusa. — Schlaraffia politica. — Schlesinger, Max, 2. — Schmidt, F. — Staat (Der) von Schlaraffenland. — Staatsromane. 2 Nrn. — Stammler, R., 3. — Thoniesen, J. J. — Tolstoi, L., 7. — Trakimor. — Uchronie. — Utopiae accurata tabula. — Vairasse. — Visalli, Salv. - Voyage et avanturen de J. Massé. — Voyage de Candide fils. — Voyage de Nicolas Klimius. — Voyages imaginaires. — Warrens, G. E. Trakimor. — Wechsler. — Widman, M. A. von. — Wilbrandt, C. — Wren, J.

Verbesserung der Lage der unteren Volksklassen.
Affranchissement. — Anthélme Pierre. — Boon, M., 2. — Dumons, F., 1. — Mac Cormac, H., 1, 2. — Répos du Monde. — Signoret, A. — Thomson, Will. — Woodward, Rich. — Zürick-Zee, P. C.

Vernunftkultus, Vernunftreligion.
Ammon, C. F. v. — Aulard, F. A., 1. — Darstellung. — Daumer, G. Fr. — Leroux, P., 1. — Riche-Gardon, L. P., 3. — Schwella, Ed.
— Vide auch: Religion.
— — Revolution 1789.

Verschwörung.
Bussy, Ch. de, 1, 2. — Corcolle, Fr. de. — Fermé. Alb. — (Geschichte (Geheime) des Verschwörungssystems.
— Vide auch: Attentate.

Verstaatlichung von Grund und Boden.
Boon, M. J., 1. — Conrad, J. — Costa, J. — Cox, Har., 1. — Dawson, W. H. — Diehl,

K., 6. — Di Fratta, P. — Étude sur la nationalisation. — Fawcett, H., 1. — Fischer, Joh. — Flürscheim, M., 3. — Fratta, di. — Fuld, L., 8. — Jacques, Frère, 2. — Laar, A. R. van de. — Leroy-Beaulieu, P., 2. — Mormina-Penna, Fr., 2. — Novikow, L. — Ogilvy, A. J. - Platter, J., 3. — Potter, Ag. de, 17. — Ricca-Salerno, G., 3. — Rinaldi, A. — Salvioli, G. — Schaeffle, A., 1, 2. — Schmidt, Konr., 4. — Smith, S., 1. — Terre (Le) pubbliche. — Van de Laar, A. R. — Webberg, Heinr., 4. — Weichs-Glon, F. v., 2.
— Vide auch: Bodenbesitzreform.

Vierter Stand.
Emancipation (Die). — Fèvre, 1. — Garelli della Morea.

Volksbanken.
Banque du peuple. — Banque (La) Proudhon. — Banque générale. — Bürkli, K., 1, 4. — Leibbrand, Ch. H. — Martin, 3. — Mutualité.

Volksbildung.
Aschrott, P. F.

Volksherrschaft. Volkssouverainität.
Abus (De l'). — Appel au peuple. — Benoist, Ch., 4. — Boschkemper, Jer. de. — Brousse, P., 7. — Caunes, Aug. — Debost. — Deinhardt, H. — Duareg. — Eichthal, E. de, 3. — Flotte, P. de. — Fröbel, Jul., 1. — Gengel, F., 3. — Gwinner, W. F. R. — Königsberger. — Ledru-Rollin, 1. — Ligner, F. G. — Loder, B. C. J. — Mäcenas. — Maillet-Lacoste. — Maine, H. S., 1, 2. -- Massias. — Murhard, Fr. 1. — Needham, M. — Oppenheim, J., 1—3. — Pellissery, Fr. — Preller, C. H. — Réflexions sur la perfectibilité. — Ribot, P. — Schimmelpenninck, R. J. — Sémérie, E. — Sjöborg. — Souveraineté (La). — Thilo, L. — Volksdespotismus.

Volksrechte.
Curti, Th. — Gengel, F., 2. — Grundrechte (Die). — Heuslein, B. — Télémaque (Le) républicain. — Valori, de. — Volk (Das) und sein Recht. — Williams, W.

Volksverderber.
Ambach, E. v. — Mucker. — Stommel, K.

Volkswohl.
Arctäus. — Badewitz, R. — Blätter für Menschenwohl. — Chevalier, M., 1. — Decoux, A. — Eudämonia. — Félicité publique. — Feuerbach, Fr. — Gall, Ldw., 3. — Gilon, E. — Hürlimann, H. — Loos (Das unglückliche).

Wahlrecht, Allg.
Acht-Stunden-Tag. — Adler, Vict., 4. — André, J. — Antensteiner, Frz. — Arbeiter (Die) und die Dreiklasseuwahl. — Armiger. — Bases de l'élection. — Bebel, Aug., 32. — Beveren, Edm. v., 2, 3. — Bel-Adam, S. — Bennett, Ch. G. — Benoist, Ch., 2. — Berthé, Ch. — Bertrand, L., 23, 26, 28. — Biard, G., 3. — Böhmert, V., 5. — Bose, E. — Brouez, Jul., 10. — Brousse, P., 7. — Brusshaver, J. Carton de Wiart. — Clère, 1, 2. — Colin, Jules. — Courbehaisse. — Defuisseaux, A., 6. — Delattre. — Delvan, A. — Demokratie und Socialismus. — Denis, H., 1. — Doehn, R., 2. — Dupont, J. F., et Marast, A. —

Eisenhart, W. — En avant pour le suffrage univ. — Ferneuil, Th. — Feuille (La). — Fouillée, A., 7. — Foulon, Ch. C. — Frowein, P. C. F. — Garnier de Nimes. — Geschichte (Zur) des a. W. — Gleichheitsprinzip (Das). — Guesde, J., 9. — Hainisch, M. — Hardyns, F., 2. — Hartmann, A. — Holyoake, G. J., 2. — Labarre, L. — La Chapelle, Sév. — Laffitte, P., 2. — Lagrasserie, R. de, 3. — Landtag (Der bayer.). — Lettre ouverte. — Liebknecht, W., 3. — Lotsy, C. L. — Loyseau, J., 2. — Ludwig, Frz. — Manning, Will. — Marraut, A., 2. — Montry, A. de. — Nieuwenhuis, F. D., 10. — Ouvriers (Les). — Paepe, C. D., 38. — Pernolet. — Philippovich, E. v., 2. — Potter, Ag. de, 8. — Protest. — Ribot, P. — Riche-Gardon, L. P., 1. — Salmson, Jul. — Scheicher, J., 9, 12. — Schreiber. — Seilhac, L. de, 2. — Serwy, V., 1. — Stemrecht (Allgemeen). — Stimmrecht. — Strauss, P. — Suffrage (Le) universel. — Taine, H., 3. — Ungleichheit. — Vandervelde, Em., 8. — Vitalis, P. — Volders, J., 3. — Wahlrecht (Das allgemeine). — Zevort, Edg.

Währungsfrage und Socialdemokratie.
Arendt, Otto, u. Schippel, Max. — Schippel, M., 8.
— Vide auch: Geld.

Weidig.
Gedanken über den Prozess. — Georgi. — Kritik. 2 Nrn. — Reliquien. — Schäfer, Mart. — Weidig's Reliquien. — Welcker, C. D., 1, 2, 3.

Weitling.
Clark, F. C. — Gloss, A. — Kommissionalbericht. — Lippert, B. — Weitling. — Young Germany.

Wertlehre.
Kriegler, F. — Labriola, A., 6. — Lafargue, P., 6, 7. — Loria, Ach., 7. — Marx, K., 26. — Mehring, F., 14. — Pascal, G. de, 3. — Rüefli, J. — Schippel, M., 6. — Schmidt, Konr., 2, 3, 6. — Schmitz, Fr. — Schubert-Soldern, R. v., 4. — Sorel, G., 2, 4. — Stiebeling, Geo. C., 5. — Stockhausen, Frhr. v. — Vandervelde, E., 30.
— Vide auch: Marx.
— — Profitrate.

Wiedertäufer.
Bahlmann, P. — Beck, Jos. — Benrath, K. — Das weltliche Oberkeit. — Dorpius, H. — Herenbachius, O. — Histoire des anabaptistes. — Jochmus, H. — Leo, Heinr. — Lawerth, J., 1—4. — Maisch, G., 2. — Melanchthon, Ph., 1, 4. — Münsterischen König-

reich (Das). — Rambot, G. — Rembert, K. — Tajan-Rogé, M. D. — Tigurinus, Otto. — Zeythung (Newe).

Wissenschaft und sociale Frage.
Bulgarini. — Criconia, Giov. — Mannequin, T. — Question sociale (La) et la science.

Wissenschaft und Socialismus.
Gotta, Car. — Held, A., 7. — Puccini, E.
— Vide auch: Socialismus, wissenschaftlicher.

Wohlthätigkeit und sociale Frage.
Ferroglio, G. — Ghezzi, L. — Scheicher, J., 14.

Wohlthätigkeit und Socialismus.
Haussonville, Cmte. de, 1, 2. — Riazzi, Folch.
— Wohlthätigkeit.

Women. Vide: Frauen.

Working classes. Vide: Arbeiter.

Zeitschriften. Vide: Anarchismus. Ztsch.
— Arbeiter. Ztsch.
— Socialismus. Ztsch.
— Socialwissenschaft. Ztsch.

Zukunft. Vide: Arbeiter, Zukunft.
— Socialdemocratie, Zukunft.
— Socialismus, Zukunft.

Zukunftsstaat.
Amber. — Amerain, Fr., 1—3. — Atlanticus, 1, 2. — Barkan, L. — Bebel, Aug., 38. — Bebel und sein Zukunftsstaat. — Bonhoure. — Carta in tavola. — Dahn, E. — Definizione. — Deloire, P. — Dochler, G. — Drabitius, W. — Drexler, A., 2. — Ehrmann, K. M. — Einheits-Staat. — Engels, Fr., 27. — Engländer, S. — Eric. — Flürscheim, M., 13. — Frič, J. V. — Fulvius, F. — Gregorovius, Em., 1, 2. — Hart, Joh. — Hellenbach, L. B., 1, 2. — Henne am Rhyn, A., 1. — Hipler, W. — Kautsky, K., 36. — Köhler, Osw., 3. — Ostrander, D., 2. — Piria, Fr. — Pfenner, Ldw., 3. — Richter, E., 3. — Rochussen, W. H., 1. — Scheicher, J., 16. — Schneider, Ces. W. — Schöler, Herm. — Schorr, S. — Schwarze, W. — Socialdemokratie (Die) und ihr Zukunftsstaat. — Trautzsch, K. H. — Vaisse, J. L., 2. — Volke (Dem) werde sein Recht. — Wille, Br., 6. — Win, Ch. — Wyneken, F. F., 3. — Zukunftsstaat (Der sozialdem.). 3 Nrn.
— Vide auch: Socialistische Zukunftsbilder.

51*